《近代史研究》编辑部◎编

《近代史研究》40年文存

（2013—2018年）

中国社会科学出版社

图书在版编目（CIP）数据

《近代史研究》40年文存．2013—2018年／《近代史研究》编辑部编．—北京：中国社会科学出版社，2019.10

ISBN 978-7-5203-4836-2

Ⅰ.①近… Ⅱ.①近… Ⅲ.①中国历史—近代史—文集 Ⅳ.①K250.7-53

中国版本图书馆CIP数据核字(2019)第171420号

出 版 人 赵剑英
选题策划 赵剑英
责任编辑 安 芳
责任校对 王佳玉
责任印制 李寡寡

出 版 中国社会科学出版社
社 址 北京鼓楼西大街甲158号
邮 编 100720
网 址 http://www.csspw.cn
发 行 部 010-84083685
门 市 部 010-84029450
经 销 新华书店及其他书店

印刷装订 北京市十月印刷有限公司
版 次 2019年10月第1版
印 次 2019年10月第1次印刷

开 本 710×1000 1/16
印 张 51.75
插 页 2
字 数 819千字
定 价 258.00元

目　　录

晚清的"共和"表述*

李恭忠

辛亥革命期间，"共和"一词曾经与"民主"一道风行一时。革命之后的一个世纪里，"民主"持续成为学术界和公众关注的焦点，"共和"则显得"门前冷落鞍马稀"。虽然几乎所有关于中国近代民主发展史的论著多少都会涉及"共和"①，宽泛意义上的"民主共和"也屡屡被人论及，但针对近代中国共和概念变迁问题的专门探讨较为少见。直至近十余年来，受欧美理论界古典共和主义复兴潮流影响，中国法学界、政治学界开始重新关注"共和"，试图发掘、弘扬这一"古老而伟大的传统"。② 史学界不约而同，也开始重新关注孙中山、梁启超、章太炎等人共和思想的内涵及其与中西政治思想的关系，或者与概念史研究潮流互

---

* 本文原载《近代史研究》2013 年第 1 期。本文撰写过程中，孙江教授和陈力卫教授提供了重要帮助。《近代史研究》编辑部及匿名审稿人提供了富有启发性的修改意见。论文初稿曾经提交韩国高丽大学亚细亚问题研究所 2011 年 10 月 7—8 日举办的"东亚'共和'的受容与变容"国际学术讨论会，承蒙评论人韩国中央大学李春馥教授提出宝贵批评。谨此一并致谢。

① 早期代表性成果有熊月之《中国近代民主思想史》（上海人民出版社 1986 年版），最新成果有闾小波《近代中国民主观念之生成与流变——一项观念史的考察》（江苏人民出版社 2011 年版）。

② 天成：《论共和国——重申一个古老而伟大的传统》，王焱编：《宪政主义与现代国家》，生活·读书·新知三联书店 2003 年版。另参见刘训练《共和主义的复兴》，马德普主编：《中西政治文化论丛》第 4 辑，天津人民出版社 2004 年版；张凤阳《共和传统的历史叙事》，《中国社会科学》2008 年第 4 期。

为呼应[①]，探讨“民主”“共和”“革命”等概念在近代东亚的翻译和传播过程。[②]

已有研究呈现了近代共和概念演变的大致路径：“共和”本是一个古汉语词汇，被近代日本人借用来翻译 republic 一词，清末民初又作为一个新概念从日本回流中国。在前贤研究基础上，本文尝试从“名”与“实”关系这一视角出发[③]，对近代共和概念在晚清时期的输入与接受情况作一专门梳理，希望能对如下问题有所补充：西方共和制度作为一种外来事物，鸦片战争之后如何与东方既有的知识资源对接；19 世纪 80 年代以后，特别是 1898—1902 年间，共和概念具体如何传入中国，又如何与“共和行政”这一中国古典含义区别开来；1903 年以后共和概念在中国的进一步传播，如何与政治领域的行动选择互为纠缠[④]，这种互动又对共和概念在民初的理解和接受情况产生了什么影响。

---

① 关于概念史研究的兴起和旨趣，参见黄兴涛《近代中国新名词的思想史意义发微》，《开放时代》2003 年第 4 期；黄兴涛《清末民初新名词新概念的“现代性”问题》，《天津社会科学》2005 年第 4 期；孙江《语言学转变之后的中国新史学》，孙江主编：《新史学》第 2 卷《概念·文本·方法》，中华书局 2008 年版。

② 熊月之：《晚清几个政治词汇的翻译与使用》，《史林》1999 年第 1 期；熊月之：《自由、民主、总统三词在近代中国之翻译与使用》，《百年》1999 年 5 月号；熊月之：《理解的困难与表达的偏差——晚清中国对美国总统制的解读》，《史林》2007 年第 1 期；方维规：《东西洋考“自主之理”——19 世纪“议会”、“民主”、“共和”等西方概念之中泽、嬗变与使用》，《中外法学》2000 年第 3 期；谢放：《戊戌前后国人对“民权”、“民主”的认知》，《二十一世纪》总第 65 期，2001 年 6 月；狭间直树：《对中国近代“民主”与“共和”观念的考察》，中国史学会编《辛亥革命与二十世纪的中国》，中央文献出版社 2002 年版；冯天瑜：《“革命”、“共和”：清民之际政治中间概念的形成》，《武汉大学学报》2002 年第 1 期；冯天瑜：《新语探源：中西日文化互动与近代汉字术语生成》，中华书局 2004 年版；皮后锋：《严复评传》，南京大学出版社 2006 年版；金观涛、刘青峰：《观念史研究：中国现代重要政治术语的形成》，法律出版社 2009 年版；陈力卫：《近代中日概念的形成及其相互影响——以“民主”与“共和”为例》，《东亚观念史集刊》第 1 期，台北，政大出版社 2011 年版。

③ 名与实作为中国本土逻辑学和认识论传统中的一对核心范畴，在墨子那里得到了集中阐述，“名”指概念、名称、词语，“实”指客观事实、事物对象的基本特征（邢兆良：《墨子评传》，南京大学出版社 1993 年版，第 315—317 页）。“名”与“实”后来经常在更加宽泛的意义上被对举使用，成为一种描述性的两分框架，既可以用来描述虚名与实际之间的差异，也可以用来描述形式与内涵、表象与本质之间的距离。本文借鉴这一传统的描述性框架，以便大致呈现“共和”概念在晚清中国的演变轨迹。这一框架的缺陷是不够精细，尚不足以用作分析模型。

④ 限于篇幅，关于辛亥革命前夕的共和表述，本文将以梁启超和孙中山这两个代表人物作为探讨重点。

一　西方共和传统的名与实

与现代汉语词汇“共和国”对应的英语 republic 源于拉丁文 res publica，后者又与古希腊文 πολιτεία 密切相关。πολιτεία、res publica 在西方古典政治学说中具有多重内涵，从柏拉图、亚里士多德到西塞罗，这两个名词既可作为国家、宪法、政体的泛称，又可作为一种混合政体的专称。伴随着从 πολιτεία、res publica 到 republic 的概念变化①，其内涵也从古典时代国家、宪法、政体的泛称，逐渐转变为近代以来特定政体类型的专称。

亚里士多德以统治权的归属和利益导向为标准，提出了三类基本政体及其变体：第一，一人统治，以全邦利益为依归即为君主政体，其变体则为僭主政体，只以个人利益为依归；第二，少数统治，以全邦利益为依归即为贵族政体，其变体则为寡头政体，只以富户的利益为依归；第三，多数统治，以全邦利益为依归即为 πολιτεία（politeia），其变体则为χλοκρατία（ochlocracy），只以穷人的利益为依归。对于第三类政体 πολιτεία，亚里士多德立足于古希腊城邦公民自治的经验基础，阐述了它作为一种混合政体类型的内涵。他主张“最好把政体保持在中间形式”，“在混合政体中应有三项同等重要的因素——自由出身、财富和才德”。兼顾财富和自由出身两个要素、倾向于多数主义的混合政体，可称为πολιτεία。②

关于上述前两类政体，后人基本无甚分歧。然而第三类政体 πολιτεία 这一名称，却给后人带来了概念上的麻烦。亚里士多德《政治学》一书大量使用该词泛指政制、政府、宪法、政体③，但在这里，他却使用该词作

① 此外还有一条概念演变的线索，即从 πολιτεία、res publica 到 constitution，参见徐国栋《宪法一词的西文起源及其演进考》，《法学家》2011 年第 4 期。这两条线索之间的互动关系，值得进一步探讨。

② ［古希腊］亚里士多德：《政治学》，吴寿彭译，商务印书馆 1965 年版，第 133—135、198—200、207、311—312 页。其中，王政又分五种，最弱的一种为斯巴达式无治权、依法为政的终身军事统帅，或者世袭或者公举，有点类似于近代以来的虚君制，甚至不能算是君主政体的一种（［古希腊］亚里士多德：《政治学》，第 167 页）。

③ ［古希腊］亚里士多德：《政治学》，吴寿彭译，商务印书馆 1965 年版，第 479—480 页。

为特定政体类型的名称。古罗马政治家西塞罗将该词译为拉丁文 res publica，仍然保留了既作为国家和一般政体泛称，又作为特定政体类型专称的内涵。① 近代以来，随着 res publica 演变为 republic 并逐渐成为特定政体类型的专称（详后），πολιτεία 也多被直接译为 republic。明末清初，耶稣会士高一志撰写的《平治西学》一书率先提到了亚里士多德关于政体的分类，并根据拉丁文将亚氏所说第三类政体译为“民众之政”。② 1899 年，梁启超根据日文著述，将 πολιτεία 及其变体转译为“合众政治”与“乱民政治”③，1902 年又译为“民主政体（polity or democracy）”与“暴民政体（ochlocracy）”④；严复 1906 年根据英文著作译述《政治讲义》，分别将其译为“民主，波理地”与“庶政，德谟括拉寺”⑤；后来吴寿彭根据希腊文重新翻译亚里士多德《政治学》，则分别将其译为“共和政体”“平民政体”⑥，并成为当代中文语境里的流行译名。

在柏拉图、亚里士多德政体分类学说的基础上，西塞罗阐述了与 res publica 之名对应的混合政体之实。“国家乃人民之事业”（res publica res populi），而人民则是“基于法权的一致和利益的共同而结合起来的人们的集合体”。理想的 res publica，应该“由王政的、贵族的和人民的这三种政体适当地混合而成”；“最好是国家包含可以说是卓越的王政因素，同时把一些事情分出托付给显贵的权威，把另一些事情留给民众们协商和决定”。⑦ 这种混合模式的现实样本，就是古罗马共和国中期的制度，具体包括法治、分权、制衡、任期制、直接选举制，以及政治领导人的美德，等等。⑧ 当然，与亚里士多德所说的 πολιτεία 一样，res publica 也离不开两个经验前提，即小规模的政治共同体（城邦）和公民自治传统。

---

① 徐国栋：《宪法一词的西文起源及其演进考》，《法学家》2011 年第 4 期。

② 此点承黄兴涛教授见示，谨此致谢。

③ 《国家论卷一》，《清议报》第 23 册，1899 年 8 月 6 日，（台北）成文出版社 1967 年影印版，第 3 册，第 1509 页（本文引用《清议报》页码均依影印版，后文不另注）。

④ 中国之新民：《亚里士多德之学说》，《新民丛报》1902 年第 20 号。

⑤ 王栻主编：《严复集》，中华书局 1986 年版，第 1257 页。

⑥ ［古希腊］亚里士多德：《政治学》，第 133—134 页。

⑦ ［古罗马］西塞罗：《论共和国论法律》，王焕生译，中国政法大学出版社 1997 年版，第 39、60、83、100 页。

⑧ 施治生：《西塞罗的共和国政治理论》，《史学理论研究》1998 年第 1 期，

可见，从亚里士多德到西塞罗，πολιτεία 和 res publica 这两个古典词汇，在专指一种混合政体的方面而言，二者既有连续性，又发生了变化。一方面，πολιτεία 和 res publica 都强调兼顾贫与富、少数与多数，在很大程度上包含了平民主义、公民参政、群众统治的内涵，从而为后来西方语境中 republic 之名与 democracy 之实的交叠以及这两个词汇之间的纠缠不清埋下了伏笔。另一方面，从 πολιτεία 到 res publica 的变化也很明显。亚里士多德所说的 πολιτεία 并不包含王政或君主政体因素，西塞罗所阐述的 res publica 却包容了王政的要素，从而为近代西方“共和”与“有限君主制”或者“立宪君主制”在实际内涵上的趋近提供了理论渊源。

近代以来，随着民族国家建国潮流的兴起，拉丁文 res publica 逐渐衍生出 republiche、republic、république、republiek 等西文词汇。就其专指特定政体类型的义项而言，这些词汇在内涵上逐渐偏离了西塞罗的解释，部分回归亚里士多德的思考方向，也就是从包容王政要素重新走向与君主政体完全分离。16 世纪，马基雅维利在《君王论》的开篇就将共和国（Republiche）与君主制（Prencipati）当作两种不同的基本政体类型相提并论。[①] 到了 18 世纪，英文单词 republic、commonwealth 的含义已经基本定型，都去除了君主制的内涵。[②] 在 18 世纪孟德斯鸠那里，république 也成为与君主制区别开来的政体类型的专称：“政体有三种：共和政体、君主政体、专制政体……共和政体是全体人民或仅仅一部分人民握有最高权力的政体；君主政体是由单独一个人执政，不过遵照固定的和确立了的法律；专制政体是既无法律又无规章，由单独一个人按照一己的意志与反复无常的性情领导一切。”[③] 至此，作为一种政体类型的西方近代共和概念，从“名”的层面而言与君主制划清了界限。

然而，西方近代共和概念对应的制度之“实”的变化，又加剧了 republic 与其他相关概念的纠缠关系。在不同于古典城邦的情境下，美国在

① Niccolò Machiavelli, *IL Prencipe*, 1584, p. 3. http://books. google. com. hk/books? id = GLw6AAAAcAAJ, 2012—11—27 登陆。

② 刘训练：《共和考辨》，《政治学研究》2008 年第 1 期。

③ ［法］孟德斯鸠：《论法的精神》，张雁深译，商务印书馆 1983 年版，第 7—8 页。

“合众建国”过程中继承了西方古典共和制度的意涵，基于美国市镇自治的传统和各州自为治理的现实，以代议制民主取代了古典的直接民主，并且引入了宪政框架。① 这套以地方自治为基础，以宪法、选举、分权制衡、任期制为特征的复合共和制度，成为近代共和制度的模板。这样一来，democracy 与 republic 概念的内涵之间有了更加密切的交叠，两个词语经常被混同使用。由此，西方共和概念本身的“名”与“实”之辨，更加不易厘清。在近代以来该概念的跨文化移植过程中，这个问题显得尤为棘手。

二 初识共和:实与名的脱节

对于近代中国人而言，“republic/共和”是一个全新的外来事物。因此，中国知识人对它的了解不是“循名责实”，而是先触及零散的事实，而后在概念上混淆不清。至于学理层面的探讨，在很长时期内都付之阙如。

1. 初遇共和之实的陌生感

学术界讨论近代中国人对于西方民主政治（包括共和体制）的最初认识，多以鸦片战争之后的林则徐、魏源、徐继畬等人为样本②，因为他们较早接触了关于西方近代民主制度的信息，特别是关于美国的总统、选举和议会制度的新鲜信息。③ 当然，这些新鲜信息的获得，主要借助了外国传教士这一中介。④

林则徐主持编译的《四洲志》作为一部翻译作品，打开了中国人了解西方世界的视窗。该书详细介绍了美国的政治制度，提到了“勃列西

---

① 关于美国建国之初的复合共和体制，参见［美］文森特·奥斯特罗姆《复合共和制的政治理论》，毛寿龙译，上海三联书店 1999 年版。

② 1837 年 5 月，《东西洋考每月统计传》提到，美国“居民不服王君，而每省良民立公会，自选人才忠烈缙绅，代庶民政治修举”。见潘光哲《晚清士人对英国政治制度的认识(1830—1856)》，台北《政治大学历史学报》2000 年总第 17 期。不过，这种描述还很简略，且在士大夫当中影响有限。

③ 参见熊月之《中国近代民主思想史》。

④ 王立新：《美国传教士与鸦片战争后的“开眼看世界”思潮》，《美国研究》1997 年第 2 期。

领”（即总统）、“衮额里士”（即国会）、“西那多”（即参议员）、“里勃里先特底甫”（即众议员）等一系列陌生的名词，并且评论说：美国“总无终身世系之事”，“虽不立国王，仅设总领，而国政操之舆论，所言必施行，有害必上闻，事简政速，令行禁止，与贤辟所治无异。此又变封建、郡县官家之局，而自成世界者”。①

梁廷枏《合省国说》（1844 年）序文中对美国的政治制度颇为赞赏：“彼自立国以来，凡一国之赏罚、禁令，咸于民定其议，而后择人以守之。未有统领，先有国法……统领限年而易，殆如中国之命吏，虽有善者，终未尝以人变法……盖取所谓视听自民之茫无可据者，至是乃彰明较著而行之，实事求是而证之。”② 不过，梁廷枏认为这种制度只能在特殊的时间出现于美国这一特殊空间和人群当中，无法为其他国家所仿效。

徐继畬的《瀛寰志略》（1848 年）对“米利坚合众国”的总统制度也有详细叙述，并且评论说：“米利坚，政最简……合众国以为国，幅员万里，不设王侯之号，不循世及之规，公器付之公论，创古今未有之局，一何奇也。”③ 徐继畬还将华盛顿与中国历史上的陈胜、吴广、曹操、刘备进行比较，突出表彰他不以国家为私产、不称王位、不传子孙的高尚品德，认为这种风范与中国古老的天下为公理想非常契合。

上述文字中传达的关于美国政治体制的信息，主要是国家元首的任期制和权力限制、投票选举制、议会制度、法治原则，以及政治领袖应该具有的高尚品质。这些信息汇总起来可以构成一幅共和制度的基本图像。直至民国初年，中国人对于西方共和制度的基本印象依然如此。

另外，由魏源编纂、于 1852 年刊行的百卷本《海国图志》，收录了澳门葡萄牙人玛吉士 1847 年刊印的《新释地理备考全书》中的一段话：“欧罗巴中所有诸国，政治纷繁，各从其度。或国王自为专主者，或国主与群臣共议者，或无国君，惟立冢宰执政者。”④ 这是近代知识人对西方不同政体类型的最初认识，不过仍是现象的描述，尚未及于政治学概念

---

① 林则徐：《四洲志》，华夏出版社 2002 年版，第 146—147、155 页。

② 梁廷枏：《合省国说序》，《海国四说》，中华书局 1993 年版，第 50 页。

③ 徐继畬：《瀛寰志略》第 9 卷，道光庚戌年版，第 33—35 页。

④ 转见潘光哲《晚清士人对英国政治制度的认识（1830—1856）》，台北《政治大学历史学报》2000 年总第 17 期。

论说的层次。

总的来说，近代中国人最初接触西方共和制度时，难免援引儒家传统的知识资源，比如民本、德政、天下为公等作为参照。诚如有学者指出，这是“戴着中国古代贤人政治的视镜”来观察西方政治制度[①]，或者说“中国固有的思想资源……被转化为理解西方民主传统的触媒”。[②] 他们尚不了解西方的政体分类知识和 republic 概念，因而只能介绍、描述具体的制度表象，却不知如何为之命名。“自成世界”“古今未有之局”“一何奇也”等评论文字，既可以形容西方共和制度的独特性，更表达了他们对这种制度的陌生感。

2. “民主”与 Republic 的对译和混淆

鸦片战争之后，外国传教士和中国人编撰的英汉字典已经较为清楚地给出了 republic 一词的中文释义，比如《英华韵府历阶》（1844 年）释为“合省国”，《英华字典》（1866 年）释为“众政之国”“公共之政”，《华英字典集成》（1882 年）释为“合众出治之国”“公同之政”，但在 19 世纪的很长时间里，这些说法并未得到普及。[③] 在这种情况下，晚清中国人对于 republic 概念的认知和表述，很长时期内都以“民主”一词作为媒介，并且往往与 democracy 的内涵混同在一起。

已有研究注意到，传教士丁韪良（W. A. P. Martin）1864 年主持翻译的美国人惠顿（H. Wheaton）所著《万国公法》一书，既用“民主”一词来指 democracy，也多次在“民为主”的意义上使用该词来指称一种不同于君主国的政体类型。[④] 从具体语境来看，“民主”一词与 republic 之间的对应关系非常明显。以下是《万国公法》中一些译文与原文的比对，分别涉及共和政体的基本形态以及遣使、缔约等不同方面：

---

① 冯天瑜：《新语探源：中西日文化互动与近代汉字术语生成》，第 546—548 页。

② 潘先哲：《晚清士人对英国政治制度的认识（1830—1856）》，台北《政治大学历史学报》2000 年总第 17 期。

③ 方维规：《东西洋考“自主之理”——19 世纪“议会”、“民主”、“共和”等西方概念之中译、嬗变与使用》，《中外法学》2000 年第 3 期。

④ 熊月之：《中国近代民主思想史》，第 10 页；熊月之：《晚清几个政治词汇的翻译与使用》，《史林》1999 年第 1 期；方维规：《东西洋考“自主之理”——19 世纪“议会”、“民主”、“共和”等西方概念之中译、嬗变与使用》，《中外法学》2000 年第 3 期。

美国合邦之大法，保各邦永归**民主**。（And the constitution of the United States of America guaranties to each state of the federal union a **republican** form of government.）①

遣发第一等钦差，惟君主之国或民主之大国方可。（The right of sending ambassadors is exclusively confined to crowned heads，the great **republics**，and other states entitled to royal honours.）②

君主之国，则盟约归君掌握；**民主之国**，则首领或国会、或理事部院均可任其权焉。（In absolute，and even in constitution monarchies，it is usually vested in the reigning sovereign. In **republics**，the chief magistrate，senate，or executive council is in-trusted withe exercise of this sovereign power.）③

由上可见，丁韪良所说的数例“民主”，不是偏正结构意义上的“民之主”（即中国古典的含义），而是主谓结构④意义上的“民做主”，或者是主谓宾结构意义上的“民主国”。不管是主谓结构还是主谓宾结构意义上的“民主”，都是与“君做主”“君主国”相对而言的，是对近代西方相对于君主制而言的 republic 意涵的吸纳和简练表达。

经由《万国公法》的传播效应，中国人开始在“民主”“君主”的名称之下接触和运用西方关于政体分类以及共和政体特征的知识。已有的研究表明，《万国公法》中文本出版后，“民主”一词逐渐成为中国出使外国人员用以表述不同于君主制的政体类型的通行术语。⑤ 改革派思想

---

① 丁韪良译：《万国公法》第 2 卷，同治三年京都崇实馆版（以下各卷同），第 13 页；Henry Wheaton，*Elements of International Law*，London：1836，p. 96. http：//books. google. com. hk/books? id = GKdJAAAAcAAJ，2012—11—27 登陆。

② 丁韪良译：《万国公法》第 3 卷，第 3 页；Henry Wheaton，*Elements of International Law*，p. 171.

③ 丁韪良泽：《万国公法》第 3 卷，第 14 页；Henry Wheaton，*Elements of International Law*，p. 185.

④ 关于“民主”一词在偏正结构和主谓结构上的用法区别，见［意］马西尼《现代汉语词汇的形成——十九世纪汉语外来词研究》，黄河清译，汉语大辞典出版社 1997 年版，第 172—173 页。

⑤ 熊月之：《晚清几个政治词汇的翻译与使用》，《史林》1999 年第 1 期。

家郑观应、王韬，也都使用“民主”一词来指称西方的共和政体。王韬的说法最清楚:“泰西之立国有三：一曰君主之国，一曰民主之国，一曰君民共主之国……如法、如瑞、如美等，则为民主之国，其称尊号曰伯理玺天德，即中国之所谓统领也……国家有事，下之议院，众以为可行则行，不可则止，统领但总其大成而已，此民主也。”① 显然，王韬这里描述的“民主之国”，正是名为“民主”、实为 republic 的政体类型。只不过在他看来，这种“民为主”的政体并非最理想的选择，只有“君民共主”政体才是首选。直到 19 世纪 90 年代，“民主”一词依然经常被用来表述 republic，即无世袭君主、国家元首由人民直接或间接选举。比如，1890 年薛福成作为出使大臣向法国总统呈递国书，第一句话就是“大清国大皇帝问大法民主国大伯理玺天德好”。②

共和制度长期被冠以“民主”之名，导致近代以来中文语境里“共和”与“民主”这两个概念长期纠缠不清。已有的研究表明，近代中日概念史上都存在这一现象。③ 那么应当如何理解丁韪良以来的这种“误译”？一方面，如前所述，在西方的语境中，从 πολιτεία、respublic 到 republic，一直都在很大程度上包含了 democracy 的内涵，以至于概念之间纠缠不清。惠顿的《万国公法》英文原著中也是如此，republic、democracy、democratic republic 相互混用。另一方面，这一现象体现了西方共和传统东渐时与中国人既有知识资源对接的困难。《万国公法》中文版的译者署名为丁韪良，实际参与翻译者还包括一批中国人，例如江宁何师孟、通州李大文、大兴张炜、定海曹景荣等。④ 面对全然不同于中国的西方政制，他们已有的“知识仓库”中尚无相应的概念。⑤ 中国历史上没有“共和国”的事例，只有两千多年“君为主”的传统，以及儒家学者关于君权如何配置、君—臣关系和君—民关系等问题的断续讨论，大致形成

① 王韬:《弢园文录外编 · 重民下》，中华书局 1959 年版，第 22—23 页。

② 薛福成:《出使英法义比四国日记》第 1 卷，光绪壬辰年版，第 42 页，见《庸盦全集》(2)，(台北) 华文书局股份有限公司 1971 年影印版，第 857 页。

③ 陈力卫:《近代中日概念的形成及其相互影响——以“民主”与“共和”为例》，《东亚观念史集刊》第 1 期，(台北) 政大出版社 2011 年版。

④ 丁韪良译:《万国公法》，“凡例”，第 1 页。

⑤ 关于“知识仓库”对于近代中西知识互动的意义，见潘光哲《追索晚清阅读史的一些想法——“知识仓库”、“思想资源”与“概念变迁”》，台北《新史学》2005 年第 16 卷第 3 期。

了“君—民”两分的思考框架。近代西方共和制度的一个明显特征就是无“君”，这与中国的君权制度形成了极大反差。面对这种情况，当时知识人在“君—民”两分的思考框架下，很容易从“民”这一端来理解这种新鲜的共和制度。中国古时已有偏正结构意义上的“民主”一词，其中的“主”字原本是名词。古汉语名词用作动词的情况很常见，“民主”一词转为主谓结构，用来表述无“君”的共和制度，亦属自然。

三　共和输入：名与实的对接

“共和”为儒家经典中已有的词汇，从司马迁开始一般解释为西周末年厉王出奔，周、召二公“共和行政”①，也有人解释为共伯和摄政。②但近代意义上的“共和”词汇是在19世纪80年代初期从日本传入中国的。戊戌之后的四五年里，经由以梁启超为代表的一批知识人的介绍，西方政体分类知识得以系统输入中国。此后，以孙中山为代表，少数直接受过英美教育、对西方政治制度有所体验的中国人，也开始以“共和”来表达自己的民权追求。在多方合力下，“共和”作为一个近代概念逐渐在中文语境里传播开来。

1. 甲午以前近代“共和”语汇的传入和使用

已有的研究表明，以汉字“共和”对译英语 republic，最早是由日本学者完成的。19世纪80年代，这种译法正式进入了日英辞典。1882年，大筑拙藏翻译的《惠顿氏万国公法》，开始用“共和政治”替代之前来自中国的译语“民主之国”。到了19世纪八九十年代之交，一系列西方政治学著作相继被翻译成日文，作为政体意义上的“共和”“共和政治”在日语中得到广泛使用。与此同时，“民主”一词的含义则从原先表示政体，扩大到表示一种制度、主义和精神，与“共和”概念在内涵上保持着密切相关性。③

---

① 《附释音春秋左传注疏》第52卷，嘉庆二十年南昌府学重刊宋本十三经注疏本。

② 《春秋左传注解辩误》下卷，明万历刻本。

③ 陈力卫：《近代中日概念的形成及其相互影响——以“民主”与“共和”为例》，《东亚观念史集刊》第1期，（台北）政大出版社2011年版。

最迟至1882年，近代意义上的“共和”一词已通过日文传入中国，随后得到了零星使用。1882年12月22日，《申报》的“东报杂录”栏目提到，日本栖川亲王巡游“至法国附近之共和国，该国大统领先期预备迎迓之”。[①] 1884年，《申报》转载日本报纸的消息：法国左派批评“政府所施政略，未经两院议允，用兵东洋……非共和政治之本意”，“直使向定宪制为废文”。[②] 1886年，《申报》一篇文章提到法国的“共和党”。[③] 1888年，《申报》从日本报纸转载了“瑞西共和国大统领”逝世的消息。[④] 1889年，《申报》上一则短文提道：“南美共和国名埃秦他英，欧州人民皆视之为乐土，移家往住者纷纷不绝……诚海外桃源欤！”[⑤]

然而，直至戊戌前后，中文语境里的“共和”一词尚未完全发展为一个近代概念。首先，它往往作为一个孤立的外来新词汇在中文语境里出现，未能与其他政治学术语共同构成一幅清晰的概念图景，难免令读者（受众）感到莫名其妙。其次，它与republic的对应关系尚未完全确立，“民主”依然是republic的通行译法。1893年，驻美公使崔国因日记记载：“美国为民主之国，总统断不能与民争胜。”[⑥] 1898年黄遵宪《日本国志》云：“有一人专制，称为君主者；有庶人议政，称为民主者；有上与下分任事权，称为君民共主者。”[⑦] 再次，作为一个古汉语词汇，“共和行政”这一古典含义，在中国知识人当中依然有强大影响。1882年2月，“共和考”仍被宁波辨志文会列为史学兼掌故科题目之一。[⑧] 1893年，上海求志书院史学科的夏季试题中也出现了“共和考”。[⑨] “尧舜之禅让、共和之并治”，依然被视为中国古代罕有的善政。[⑩]

---

① 《东报杂录》，《申报》1882年12月22日，第2版。
② 《扶桑杂志》，《申报》1884年11月7日，第3版。
③ 《论法国党祸》，《申报》1886年4月27日，第1版。
④ 《东报汇译》，《申报》1888年12月19日，第2版。
⑤ 《海外桃源》，《申报》1889年4月30日，第2版。
⑥ 崔国因著，刘发清、胡贯中点注：《出使美日秘日记》，黄山书社1988年版，第607页。
⑦ 黄遵宪：《日本国志》第1卷，光绪二十四年上海图书集成印书局印行，第1页。
⑧ 《宁郡辨志文会二月分题目》，《申报》1882年3月24日，第2版。
⑨ 《上海求志书院癸巳夏季题目》，《申报》1893年7月15日，第2版。
⑩ 《论宜通民情》，《申报》1887年5月1日，第1版。

2. 戊戌之后的学理输入与共和概念的流行

1898—1902 年间，言论先锋梁启超长期流亡日本，同时中国留日学生逐渐增多。他们通过日文书刊翻译、介绍了大量西方的人文、社会科学知识（包括政治学知识），形成一股蔚为壮观的知识潮流。借助梁氏言论的巨大影响力，近代共和学说在中国知识人当中逐渐传播开来，“共和”作为与 republic 对应的新概念也广为流行。

1898 年 12 月 23 日，梁启超主持的《清议报》创刊号在横滨出版，开始连载日本著名政治小说《佳人奇遇》，旨在借助小说的感染力来影响舆论、促进中国的政治变革。① 小说第一卷以某日本志士邂逅西班牙和爱尔兰美女的浪漫故事为引子，敷陈了西班牙、墨西哥、法国政治制度变革的曲折历程，译文中反复出现“共和”“民政共和”“共和党”“议院”等词汇。② 小说虽然力图宣扬君主立宪制度，但客观上构筑了一幅新鲜的概念图景和具体的文本语境，从而有助于读者对“共和”这一新词汇进行理解。

1899 年 4 月 10 日开始，《清议报》断续连载德国学者伯伦知理《国家论》卷一的译文。③ 这本书结合欧洲国家发展的历史，讨论了国家的含义、立国的依据和条件、国家之建立沿革及亡灭、立国之渊源、国家的目的，旁及近世以来关于国家的各派学说，包括社会契约论，等等。该书第一章“国家之改革”提道：“今举政学家之著名者略述之……所论分为共和、专制、立宪三种，各不相同也。”④ “北美利加之民，脱英国束缚，立代议共和政府，自称合众国。”⑤ 断续连载于《清议报》各册的《国家论》译文，1902 年被编辑为《清议报全编》第 3 辑，由横滨新民社印行单行本，在中国知识人当中进一步传播开来。

---

① 当时梁启超的日文水平还很有限，但小说的日文原著以华丽典雅的诗化汉文体见长，大量使用了中国式的诗文、典故、人物和景色描写（黎跃进：《简论东海散士及其代表作〈佳人奇遇〉》，《日本研究》2006 年第 3 期），因而梁启超阅读起来容易找到熟悉的感觉。

② 《佳人奇遇卷一》，《清议报》第 2 册，1899 年 1 月 2 日，第 123—128 页。

③ 关于中译本的来源，法国学者巴斯蒂和日本学者狭间直树认为依据吾妻兵治的日译本，郑匡民对《国家论》一书不同日译本进行了比较，更倾向于认为依据平田东助的日译本（郑匡民：《梁启超启蒙思想的东学背景》，上海书店 2003 年版，第 232—234 页）。

④ 《国家论卷一》，《清议报》第 11 册，1899 年 4 月 10 日，第 692 页。

⑤ 《国家论卷一》，《清议报》第 15 册，1899 年 5 月 20 日，第 955 页。

1899年4月，梁启超在《清议报》发表译作《各国宪法异同论》，介绍了共和制度的一些基本内容，比如国会制度、国家元首制度，以及君主和大统领在军事、宣战、媾和、缔约、复议法律、召集与解散国会等方面的职权差异。文章前言明确告诉读者："宪法者，欧语称为孔士九嵩，其义盖谓可为国家一切法律根本之大典也。故苟凡属国家之大典，无论其为专制政体（旧译为君主之国），为立宪政体（旧译为君官共主之国），为共和政体（旧译为民主之国），似皆可称为宪法。"① 括号中的话，是梁启超对新旧译名的解释。这里明确将"共和"作为政体类型的一种介绍给中国人，并且明确指出，它就是以往经常提及的"民主之国"。这样，19世纪后期流行的"君主之国""民主之国""君民共主之国"政体三分法，在梁启超这里变成了另一套全新的类型。以往政体分类的关注点在于谁做主，而梁氏分类的关注点则落在宪法的有无上。②

1899年12月，梁启超在《清议报》发表《蒙的斯鸠之学说》一文，介绍了孟德斯鸠关于政体的分类："蒙氏又分各国之政体为三大类，曰专制政体，曰立君政体，曰共和政体。而于共和政体中复分两种，一曰贵族政体，二曰平民政体，后世谈政体者，多祖述其说。""凡邦国之初立也，人民皆惧伏乎君主之威制之下，不能少伸其自由权，是谓专制政体。及民智大开，不复置尊立君，惟相与议定法律而共遵之，是谓共和政体。此二者，其体裁正相反。"专制政体的特征是"君主肆意所欲，绝无一定之法律"，"君主惟务以武力威吓其民"，"必禁遏一切新奇议论"，"守一二陈腐之主义"，"以使民畏惧为宗旨，虽美其名曰辑和万民，实则斩伤元气，必至举其所赖以立国之大本而尽失之"；立宪政体的特征是"威力与法律并行"，君权稍微得到贵族的制约。③ 但文中没有对共和政体作具体介绍，文末注明"未完"。

1902年3、4月间，梁启超又在《新民丛报》发表《法理学大家孟德斯鸠之学说》一文，除了重复两年多以前那篇文章中关于专制政体和立君政体（此时已称之为立宪政体）的内容，还详细介绍了共和政体主权

① 新会梁任译：《各国宪法异同论》，《清议报》第12册，1899年4月20日，第747页。

② 闾小波：《近代中国民主观念之生成与流变——一项观念史的考察》，第178页。

③ 任公：《蒙的斯鸠之学说》，《清议报》第32册，1899年12月13日，第2071—2078页。

在民的特征：“若夫共和政治，则人人皆治人者，人人皆治于人者……而其本旨之最要者，则人民皆自定法律、自选官吏，无论立法、行法，其主权皆国民自握之，而不容或丧者也。”他对孟德斯鸠“共和国尚德”这一观点尤其叹服，并且解释说：“其所谓德者，非如道学家之所恒言，非如宗教家之所劝化，亦曰爱国家、尚平等之公德而已。”①

梁启超不仅办报纸、写文章，还办学校、教学生，直接传播西学知识。1899年9月，梁启超创办的东京高等大同学校正式开学，他既任校长又任教员，开设的课程即包括政治学、泰西学案等，向学生们传播卢梭、孟德斯鸠等人的政治学说。② 除了梁启超，其他留日学生也致力于将近代意义上的共和概念介绍给中国人。1900年，留学生戢元丞等人在日本东京创办《译书汇编》月刊，致力于编译西方的政治学名著，孟德斯鸠关于法律和政体的学说，也是该刊介绍的重要内容。③

经过学理层面的系统输入，到1902年以后，“共和”与republic之间的对译关系逐渐固定下来，作为一个概念而不仅仅是孤立的词汇，为越来越多的新知识人乃至士大夫精英所了解和接受，甚至成为士子们应试的必备知识。1902年湖北乡试，第二场第一题即为“俄主专制，英主立宪，美主共和，政策之宗旨不同，国民之感受顷异，试为抉其利病得失之数策”④。同年，张百熙考查京师大学堂师范馆学生，其中外国史题目也包括如下内容：“福禄尔特之说，多排宗教；卢梭之说，多主共和。二氏之说，皆圆密欤？抑有可攻之懈？”⑤

值得注意的是，“共和”与republic的对译关系确定下来的同时，它与“民主”（democracy）一词在内涵上的关联依然很密切。如前所述，这两个概念在英文和日文当中具有高度关联性，经由日文进入中文以后，也常被当作一对相互联系的概念来使用。1901—1902年间，梁启超介绍卢梭的自由民权主张时多处使用“民主”一词，称他为“近世真民主主

① 中国之新民：《法理学大家孟德斯鸠之学说》，《新民丛报》第4号，1902年3月24日，第19、20页。

② 李喜所、元青：《梁启超传》，人民出版社1993年版，第139页。

③ 冯自由：《革命逸史》第3集，中华书局1981年版，第143页。

④ 《湖北乡试二场题》，《申报》1902年9月20日，第1—2版。

⑤ 《大学试题二志》，《申报》1902年12月5日，第2版。

义开山之祖”，并引述其结论说：“凡政体之合于真理者，惟民主之制为然耳。”[①] 严复在 1903 年出版的一系列西学译著，也将“共和”与“民主”相提并论。他将穆勒《论自由》一书提及的 the best government 译为“民主共和”，并在《法意》中添加按语：“民主者，治制之极盛也”，“民主者，天下至精之制也”。[②]

盛宣怀的例子显示了“共和”与“民主”这对关联概念的影响力。1902 年 11 月，盛宣怀奏陈南洋公学翻译外国书籍的选择原则，提到了新的共和概念以及相关政体知识：“泰西政俗流别不同，有君主专制之政治，有君主宪法之政治，有民权共和之政治，有民权专制之政治。美民主而共和，法民主而专制，其法律议论判然，与中夏殊风。英之宪法，略近尊严顾国体，亦与我不同。惟德意志自毕士马以来，尊崇帝国，裁抑民权，画然有整齐严肃之风，日本法之，以成明治二十年以后之政绩。俄虽号称君主专制之国，其法律多效自法人，制度与国体参差，故邦本杌陧，而世有内乱，不若德日之巩固也。较量国体，惟德日与我相同，亦惟德日之法与我适宜而可用。”[③] 对于如何借鉴各国的政法制度，盛宣怀显得胸有成竹，他的自信显然又与对这些新概念的掌握和运用有关。

3. 近代共和概念与中国古典“共和”的分离

随着近代共和概念的流行，它与中国古典“共和”的区别也变得清晰。

日本学者最初借用古汉语“共和”一词对译荷兰语 Republiek（即英文 republic），参考了中国古典“共和”的内涵。1845 年前后，箕作省吾根据荷兰的地理书籍编写《坤舆图识》时，碰到荷兰语 Republiek，求证辞典后得知是指非君主制的政体，但仍然无从转译，于是咨询宿儒大槻盘溪。后者说，国无君主乃是有变，比如中国古代周王出逃，周、召二公协力主政 14 年，史称“共和”，因此无国王之政体宜可称作“共

① 《民约论巨子卢梭之学说》，《新民丛报》第 12 号，1902 年 7 月 19 日，第 16 页。

② 皮后锋：《严复评传》，第 514 页。

③ 《工部侍郎盛杏荪少司空奏陈南洋公学译书纲要折》，《申报》1902 年 11 月 20 日，第 2 版。

和政治”。[①] 此后，汉字“共和”逐渐成为日语当中 republic 一词的习惯译法。

严格说来，大槻盘溪的解释有点牵强。周公、召公“共和行政”，儒家的经典解释是“虽偶无君……而礼义不废”[②]，即本有君主制度，但君主临时缺席；这与非君主制、根本没有国王的政体有实质性差异。大槻的例子与其说表明中国古典“共和”约略体现了“公”“共”“和”三层意蕴，从而具有与西方近代“共和”概念相通和对接的内在基础[③]，还不如说置身于中西知识交汇格局之下、较早开眼看世界的近代知识人，在理解和诠释西方共和概念时，难免以自身所属的文化体系为本位，援引东方传统的知识资源作为参照。[④] 当然，“共和行政”这一东方事例很难被化约为“原始民主”，进而与近代意义上的“民主共和”在逻辑上连接起来。事实上，大槻之后的日本学者在谈论“共和”“共和政治”时，也不再将其与中国古典的“共和行政”联系在一起。

“共和”作为新式概念从日本传入以后，它与古汉语“共和”的区别也为时人所关注。严复明确指出，古汉语“共和”一词是指大臣暂时代摄君权的事例，并未形成一种制度，与“异乎今之共和”的西方“公治之制”，“其实无一似者”；“今之共和非东方所旧有也”。[⑤] 他更愿意在中

---

① 陈力卫：《近代中日概念的形成及其相互影响——以“民主”与“共和”为例》，《东亚观念史集刊》第 1 期，(台北) 政大出版社 2011 年版。

② 《论语注疏》第 3 卷，第 2 页。

③ 冯天瑜：《新语探源：中西日文化互动与近代汉字术语生成》，第 549 页。冯天瑜先生关于“共和”一词在近代中国生成与流变情况的研究，采用了刘军宁作为一个无时空的理想类型而提出的共和概念，即认为“共和”理念包含“公”“共”“和”三层意蕴（刘军宁：《共和·民主·宪政——自由主义思想研究》，上海三联书店 1998 年版，第 105 页），侧重于从古今演绎、中西对接的理路展开分析，强调“共和行政”这一中国古典内涵与西方 republic/共和概念之间的相通。

④ 与此相似，明治时期日本学者长与专斋，也有意采用《庄子》当中原本意指个人养生的“卫生”这一古汉语词汇，来翻译意指国家日益致力于增进和监控国民健康的 sanitary、hygiene 等新概念，从而使译笔显得“高雅而意味无穷”。见 Ruth Rogaski, *Meanings of Health and Disease in Treaty-Port China*, University of California Press, 2004, pp. 136 – 137。

⑤ 转见皮后锋《严复评传》，第 147、148 页。清末民初报人刘成禺据传闻称，严复认为“共和”在《汉书》中为第十四等女官的名称，地位卑微，不宜尊为国号。皮后锋教授指出，刘成禺此说为孤证，不足为据。

国古典而非近代意义上使用该词。当代学者注意到[①]，《天演论》里有一则严复自己的按语："夫主治者，或独据全权之君主；或数贤监国，若周共和；或合通国之权，如泰西之民主。其制虽异，其权实均，亦各有推行之利与弊。"[②]

与此相应，严复 1903 年集中出版的一系列西学译著基本不使用"共和"一词，而试图另起炉灶，采用"民主""公治""公产"等汉语字词来对译 republic、republican、commonwealth 等英文词汇，尤其是《群学肄言》，英文原著中 republic、republican 共出现 7 次，但严复译著中或省略，或改译，绝不使用"共和"二字。[③] 严译《法意》一书，同样以自创的名词来指称孟德斯鸠所说的政体类型："治国政府，其形质有三：曰公治，曰君主，曰专制……公治之制，更分二别：曰庶建，曰贤政。庶建乃真民主，以通国全体之民，操其无上主权者也。贤政者，以一部分之国民，操其无上主权者也。"[④]"公治"即 republic，"庶建"即 democracy，"贤政"即 aristocracy。

严复这种译法虽然古雅，但却曲高和寡，不如梁启超的译笔那样雅俗共赏。结果，"公治"远不如"共和"那样流行，以至于严复自己也不时在文章和书信中使用近代意义上的"共和"一词。[⑤] 1906 年出版的《商务印书馆英华字典》收录词条如下："Republic 共和政治、民政国、共治国；Republican 共和国的、共和政治的、共和党、民政党。"[⑥]

当然，中国古典"共和"没有完全被遗忘，但已与近代共和概念泾渭分明。武昌起义爆发后不久，劳乃宣出于对共和革命的抵制，在《民是报》发表了《共和正解》一文，认为中国历史上"共和"的本义是"君幼不能行政，公卿相与和而修政事"，将"共和"理解为民主政体乃是"谬解"，而将其理解为君主政体才是"正解"；中国只能实行"正解

① 皮后锋：《严复评传》，第 148 页。

② 《天演论手稿·卷上·卮言十六》，王栻主编：《严复集》，第 1433—1434、1353 页。

③ 皮后锋：《严复评传》，第 149、477 页。

④ ［法］孟德斯鸠：《孟德斯鸠法意》上册，严复译，商务印书馆 1981 年版，第 11—12 页。

⑤ 皮后锋：《严复评传》，第 149、597 页。

⑥ 陈力卫：《近代中日概念的形成及其相互影响——以"民主"与"共和"为例》，《东亚观念史集刊》第 1 期，（台北）政大出版社 2011 年版。

之共和"，而不能实行"谬解之共和"。① 劳乃宣的诠释随即遭到反驳。《进步》杂志刊登了一篇题为《共和解》的随笔，言简意赅地阐述了共和概念的含义："共和政体，英语谓之利泼白利克 Republic 政体，大旨为无君主，而或由少数或由多数行政，均得以共和称。若纯粹的共和，则必如瑞士与北美，方足以副厥名焉。"② 文中还扼要介绍了中国古代的"共和"，指出那只是"摄政之事，绝非今日之共和政体"。

四 共和落地：实与名的疏离

在 19 世纪末 20 世纪初救亡图存的呼声愈益高涨的背景下，西方共和概念的输入与现实制度变革的吁求密切交织，"共和"尚未得到充分的学理探讨，就成为优先选择的行动方案，迅速在中国的政治制度框架和大众观念土壤中落地。但在此过程中，"共和"之实与名之间再度呈现疏离倾向。

1. 共和概念与革命潮流互为推演

共和概念传入中国以后，不仅在知识领域逐渐流行，而且与"革命"潮流互为推演。

最初介绍西方的政体类型知识时，梁启超对共和政体的倾向性非常明显。孟德斯鸠在三种政体当中最为推崇英国式君主立宪，梁启超对此表示不以为然。他征引卢梭的观点，批评孟德斯鸠"未知民政之真精神"；又征引美国的体制，批评孟德斯鸠"未达法治之大原"。在梁启超看来，孟德斯鸠"未真知平等之义"，"心醉英风太甚，而不知英国此等现象乃过渡时代不得不然，非政治之极则也"。③

梁启超倾心于美国式的共和政体，一度鼓吹暴力革命。1899 年 10 月，梁启超在文章中公开鼓吹"快刀断乱麻，一拳碎黄鹤"。④ 1900 年 1 月 30 日午夜，梁启超乘船从檀香山前往美国本土途中，即兴写下了一首

① 《桐乡劳先生（乃宣）遗稿》第 1 卷，丁卯冬日桐乡卢氏校刊，沈云龙主编《近代中国史料丛刊》(36)，台北，文海出版社 1969 年版。

② 皕诲：《皕诲堂随笔·共和解》，《进步》1912 年第 4 期。

③ 中国之新民：《法理学大家孟德斯鸠之学说》，《新民丛报》1902 年第 5 号。

④ 任公：《破坏主义》，《清议报》1899 年第 30 册。

《二十世纪太平洋歌》，表达了“誓将适彼世界共和政体之祖国，问政求学观其光”的热切向往。① 此后，梁启超撰写了《拟讨专制政体檄》一文，对中国传统政治制度发起酣畅淋漓的批判：“我辈实不可复生息于专制政体之下，我辈实不忍复生息于专制政体之下。专制政体者，我辈之公敌也，大仇也！有专制则无我辈，有我辈则无专制。”② 1902年9月，梁启超在《新民丛报》撰文反驳“今日之中国，必不可以言共和，必不可以言议院，必不可以言自治”之类的说法，认为这种观点其实是想让中国继续维持“数千年专制之治”。③ 1902年11月，梁启超还在《新民丛报》撰文批判中国的专制政体：“专制政体者，实数千年来破家亡国之总根原也。”他提醒当时的统治者和一般中国人：专制政体在当今世界已经没法存在下去，如果试图以人力来抗拒“理势”，那就好比以卵击石、螳臂当车，自不量力。④

随着共和概念的逐渐流行，革命派也明确采用“共和”一词来表述自己的民权革命主张。1903年，邹容出版《革命军》一书，猛力抨击“数千年种种之专制政体”，替代的选项则是革命，号召以美国为蓝本，建立“中华共和国”。全书以两句口号结尾：“中华共和国万岁！中华共和国四万万同胞的自由万岁！”⑤ 随着这本书的畅销，作为“专制”对立面的“共和”概念，在中国得到了更为广泛的传播，并成为革命派的鲜明旗帜。

1903年12月，孙中山在檀香山发表演说，正式提出“共和革命”纲领：“我们必要倾覆满洲政府，建设民国。革命成功之日，效法美国选举总统，废除专制，实行共和。”“中华民族必将使其四亿人民的力量奋起并永远推翻满清王朝。然后将建立共和政体，因为中国各大行省有如美利坚合众国诸州，我们所需要的是一位治理众人之事的总统。”1904年8

① 任公：《二十世纪大平洋歌》，《新民丛报》1902年第1号。

② 梁启超：《拟讨专制政体檄》，李华兴编《梁启超选集》，上海人民出版社1984年版，第380页。

③ 中国之新民：《新民说十四·论合群》，《新民丛报》1902年第16号。

④ 中国之新民：《论专制政体有百害于君主而无一利》，《新民丛报》1902年第21号。

⑤ 邹容：《革命军》，周永林编《邹容文集》，重庆出版社1983年版，第41、72、73、74页。

月，孙中山撰写《支那问题真解》，提出将“满洲往日专制政体，变为支那共和之政体”。[①] 1905 年 11 月，中国同盟会机关报《民报》创刊号发表陈天华的文章，明确提出：“苟革彼膻秽残恶旧政府之命，而求夫最美最宜之政体，亦宜莫共和若。”[②] 1906 年 4 月，胡汉民发表文章，详细解释《民报》所持的六大主义，提出“反乎专制政体”“建设共和政体”。[③] 1906 年 12 月，孙中山在东京《民报》创刊周年纪念大会发表演讲，再次提到“中国数千年都是君主专制政体”，因此要仿效当时法兰西的例子，建立“民主立宪政体”。[④]

2. 共和阶段论与条件论

来势汹汹的民权共和思潮，引起了保守人士的批判。1902 年 11 月，《申报》刊载一篇文章，批评当年湖北乡试士子多受“君民平等之邪说”影响，并指出美国以民权著称，但贤明的林肯、麦根来却“被弑于乱党”，可见共和政治之弊难以估量。[⑤] 1903 年 8 月，武昌某小学开学，署理湖广总督端方亲临训话，告诫学生不要“浮薄忘本，张自由之狂谈，

---

① 《孙中山全集》第 1 卷，中华书局 1981 年版，第 226、227、241 页。一般认为，1894 年兴中会成立时即已明确了“驱除鞑虏，恢复中华，创立合众政府”这一目标。据日本领事报告，1895 年 3、4 月，孙中山两次在日本驻香港领事面前提到起义成功后“使两广独立为共和国”的构想（［日］狭间直树：《对中国近代“民主”与“共和”观念的考察》，《辛亥革命与二十世纪的中国》，第 1589 页）。1897 年 8 月，孙中山与宫崎寅藏、平山周谈话时表示：“余以人群自治为政治之极则，故于政治之精神，执共和主义”；“共和政治”是“政体之极则”，主张“豪杰之士起而倒清虏之政府”，“联邦共和之名之下，其夙著声望者使为一部之长，以尽其材，然后建中央政府以贺（驾）驭之，而作联邦之枢纽”（《孙中山全集》第 1 卷，第 172—173 页）。值得注意的是，这些记载都是日本人留下的。当时日文“共和政治”一词既可对应英文 republic，也可对应 federal government。如中村敬宇 1873 年翻译的《共和政治》一书，英文原著即为 *The Federal Government*。从 1895 年广州起义的实际构想来看，孙中山并未明确提出以建立共和政体为目标（史扶邻：《孙中山与中国革命的起源》，中国社会科学出版社 1981 年版，第 37、64—65 页）。细审兴中会誓词及 1897 年谈话，甲午前后孙中山对“共和”的理解，可能更偏重于“联邦主义”（Federalism）、联邦建国，而不是“共和主义”（Republicanism）、民权宪政。他早年揭橥的颇具种族色彩的武装斗争路线，与“共和革命”容或有所差异。戊戌之后几年里，随着抨击君主专制、力倡民权共和思潮的兴起，孙中山从中吸取思想营养，对“共和”的理解乃逐渐偏重于“民权”方面。

② 思黄：《论中国宜改创民主政体》，《民报》1905 年第 1 号。

③ 汉民：《民报之六大主义》，《民报》1906 年第 3 号。

④ 《孙中山全集》第 1 卷，第 325 页。

⑤ 《君权民权释义》，《申报》1902 年 11 月 17 日，第 1 版。

慕共和之治体”。[①] 湖南巡抚赵尔巽也提醒湖南高等学堂学生不要盲目追随民权自由、共和政体之说，而应重视中国国民素质不高的现实。[②] 也有人试图“和稀泥”，认为专制、共和、立宪各有所宜、各有其弊，中国折中了三种政体类型，“未尝有共和之号”，却“暗合于民主国之制度”，“不共和而共和，不专制而专制，不立宪而立宪”，“非泰西所能望其项背”。[③]

改革派代表人物康有为、梁启超，则试图从学理层面讨论共和政体的现实适应性问题。1902 年春，康有为撰写《论语注》一书，糅合西方进化论与传统儒学三世说，阐述了下列观点：“升平世则行立宪之政，太平世则行共和之政……由独人而渐立酋长，由酋长而渐正君臣，由君主而渐为立宪，由立宪而渐为共和……进化有渐，因革有由，验之万国，莫不同风。”[④] 康有为并不否认共和制度是最好的制度，但他强调政治制度的演进有阶段性，即由野蛮走向专制，由专制走向立宪，再由立宪走向共和，不能以人力强求。这种渐进式的共和表述，可以概括为共和阶段论。

一度鼓吹过共和政治、对共和革命思潮的流行起过重要推动作用的梁启超，此时思想也发生了很大转变。他着重阐述了“共和条件论”，与乃师的“共和阶段论”相互呼应。

梁启超在 1902 年 11 月发表的《亚里士多德之学说》一文，已经受亚氏关于民主政体（democracy）蜕变之后回归君主政体的说法影响，结合古罗马共和国恺撒、法国拿破仑和拿破仑三世回归君主制的实例，深感“民智民德之程度，未至于可以为民主之域而贸然行之，此最险事！言政治者不可不熟鉴也”[⑤]。对欧洲学者论著的进一步研读，对美国政治的实地考察，加上师友康有为、黄遵宪等人的规劝[⑥]，梁启超对于欧洲共

① 《告诫学生》，《申报》1903 年 9 月 25 日，第 2 版。

② 《湖南巡抚赵大中丞劝诫高等学堂肄业生文》，《申报》1903 年 7 月 27 日，第 2—3 版。

③ 《君主之国、民主之国、君民共主之国得失利弊论》，《申报》1903 年 11 月 29 日，第 1 版。

④ 康有为：《论语注》第 2 卷，中华书局 1984 年版，第 17、28 页。

⑤ 中国之新民：《亚里士多德之学说》，《新民丛报》1902 年第 21 号。

⑥ 张朋园：《梁启超与清季革命》，台北，“中研院”近代史研究所 1999 年版，第 123、129 页。

和制度得以确立的历史和社会条件、共和是否适合当时中国国情等问题有了全新认识。

1903 年底梁启超游历美国结束，撰写了《新大陆游记》一书，记载了在美国考察的感受。他特别留意到，美国共和政治发达的基础在于“市制之自治”，而中国只有“族制之自治”。他细致考察了旧金山华侨社会，结合国内人民的情况，将中国人的缺点概括如下：一是有族民资格而无市民资格；二是有村落思想而无国家思想；三是只能受专制而不能享自由；四是无高尚之目的。他的结论是，从大多数人民的程度来看，中国当时还不具备成立共和政体的条件。①

与此同时，梁启超在《新民丛报》发表《政治学大家伯伦知理之学说》一文，着重介绍德国学者伯伦知理和波仑哈克关于共和政体的分析。伯伦知理分析了近代法国、美国和瑞士共和政治的成败经验，认为共和政体顺利运行的前提是人民接受完整的教育、具有圆满的共和品德；否则实行共和政体不但不能收到良好效果，反而可能导致暴民政治乃至亡国。波仑哈克比较了近代美国、法国、南美和中美洲诸国的共和历史，认为共和制度的成功须以人民具有自治习惯、养成自治能力为前提。“专制”历史悠久、人民缺乏自治习惯的国家倘若匆忙实行共和制度，只会导致一团混乱，终将回归“民主专制政体”，近代法国和南美各国的“共和”历史就是典型例证。波仑哈克强调：“因于习惯而得共和政体者常安，因于革命而得共和政体者常危。”两位德国学者的学说，让梁启超看到了自己以前所鼓吹的共和，其实是无源之水、无本之木：“共和国民应有之资格，我同胞虽一不具，且历史上遗传性习，适与彼成反比例……稽之历史，乃将不得幸福而得乱亡；征诸理论，乃将不得自由而得专制。”他不禁感到后怕：“吾心醉共和政体也有年，国中爱国踸踔之士之一部分，其与吾相印契而心醉共和政体者，亦既有年。乃吾今读伯、波两博士之所论，不禁冷水浇背，一旦尽失其所据，皇皇然不知何途之从而可也。”因此，梁启超不得不沉痛地向共和告别：“呜呼！共和！共和！吾不忍再污点汝之美名，使后之论政体者，复添一佐证焉以诅咒汝。吾

① 梁启超：《饮冰室丛著第十二种 · 新大陆游记》，上海商务印书馆 1916 年版，第 194—199 页。

与汝长别矣！”①

梁启超的共和条件论，在后代学者看来虽然不无袭用日文论著之嫌②，但却显示了一条由共和之“名”进而深入探讨共和之“实”的路径。他沿着“循名责实”的方向，尝试着从学理层面展开细致探讨，进行东西政治制度的横向比较，开始触及西方共和传统的历史、文化与社会根基。

无独有偶，严复也在大约同一时期表达了与梁启超类似的观点，而且比梁启超更见学理深度。严复的思想主要来自对斯宾塞《群学肄言》、穆勒《群己权界论》、甑克斯《社会通诠》以及孟德斯鸠《法意》等西文学术著作的直接研读和翻译。基于这些著作中传达的理论观点，尤其是《群学肄言》提供的关于墨西哥、南美诸国以及美、法两个大国政治制度演变的知识，结合自己对中国民众素质的观察，严复一再强调政治制度演变的渐进性和长期性，反对通过暴力革命从君主专制跳跃式实行民主共和。③

3. 共和跨越论及优选论

在以孙中山为代表的革命派看来，共和阶段论根本没有道理，共和条件论也不足为信，在文明交汇、有不同方案可资选择的时代，政治制度的变革无须拘泥于自然演进的轨道，而应该“取法乎上”，选择最新式的东西。对于正在追求政治制度变革的中国而言，共和就是最优的选择。这就是共和跨越论及优选论，也可以简单概括为共和速成论。

孙中山灵活运用来自欧洲的知识资源来反驳共和阶段论，努力证明“共和”应该是优先选择。1904 年 1 月，他撰写长篇文章，对檀香山保皇派报刊主笔陈某的观点进行批判：“不知天下之事，其为破天荒者则然耳，若世间已有其事，且行之已收大效者，则我可以取法而为后来居上也。”他又以交通工具为例：中国从来没有火车，最近才开始制造，都是采用最新的式样；可是，如果按照保皇派的逻辑，那么中国目前还处在

① 中国之新民：《政治学大家伯伦知理之学说》，《新民丛报》第 38、39 号合本，1903 年 10 月 4 日，第 35—48 页。

② ［法］巴斯蒂：《中国近代国家观念溯源——关于伯伦知理〈国家论〉的翻译》，《近代史研究》1997 年第 4 期。

③ 皮后锋：《严复评传》，第 150—159 页。

起步阶段，就应当采用英美国家几十年前的老产品，然后逐渐更新，最后才可以采用目前的新式火车，这样才符合进化的顺序。孙中山然后反问：世界上怎么有这种道理？人世间怎么会有这样愚蠢的人？他还指出：当前中国依然处于“专制之时代”，不管是追求君主立宪还是追求共和，都势必要经过一次破坏；既然经过强力的破坏，那么君主立宪也好，共和也好，就可以任由自己选择了。在这种情况下，为什么不选择最终的结果，而要选择过渡状态的政体呢？在孙中山看来，后者才是“一劳永逸之计”。[①]

1905 年 8 月 13 日，孙中山在东京中国留学生欢迎大会发表演说，再次详细阐述了“民主大共和国”作为优先选择方案的观点。他反驳共和阶段论说：“我们中国的前途如修铁路，然此时若修铁路，还是用最初发明的汽车，还是用近日改良最利便之汽车，此虽妇孺亦明其利钝。所以君主立宪之不合用于中国，不待智者而后决。”孙中山以一种革命浪漫主义的姿态，坚决主张跨越式变革，跳过君主立宪制度，从速直接建立共和制度。在他看来，这就是“取法乎上”。他认为：“若我们今日改革的思想不取法乎上，则不过徒救一时，是万不能永久太平的……若此时不取法他现世最文明的，还取法他那文明过渡时代以前的吗？我们决不要随天演的变更，定要为人事的变更，其进步方速。兄弟愿诸君救中国，要从高尚的下手，万莫取法乎中，以贻我四万万同胞子子孙孙的后祸。”对于康有为、梁启超等人的共和条件不足论，孙中山将美国南方及檀香山的情况与中国进行比较，据此进行反驳：“我们人民的程度比各国还要高些。兄弟由日本过太平洋到米国，路经檀香山，此地百年前不过一野蛮地方，有一英人至此，土人还要食他，后来与外人交通，由野蛮一跃而为共和。我们中国人的程度岂反比不上檀香山的土民吗？后至米国的南七省，此地因养黑奴，北米人心不服，势颇骚然，因而交战五六年，南败北胜，放黑奴三百万为自由民。我们中国人的程度又反不如米国的黑奴吗？我们清夜自思，不把我们中国造起一个二十世纪头等的共和国来，是将自己连檀香山的土民、南米的黑奴都看作不如了。”[②] 孙中山显

---

① 《孙中山全集》第 1 卷，第 236—237 页。

② 同上书，第 280—282 页。

然坚信，中国人并不缺乏共和国民的资格，即便能力上暂时尚不充分，也可以在追求共和的革命过程中培养起来。

孙中山这种跨越式的共和速成论，在革命派当中是一种共识。在与梁启超的论战中，其他人也表达了与孙中山类似的观点。陈天华认为，日本能够在 40 年里赶上欧美，一跃成为世界强国，中国也可以采取“特别之速成法”，“五年小成，七年大成”。[①] 胡汉民也认为，以当前中国的政治形势而言，革命是不可避免的，既然如此，就“不可不实行至公至良之政体”，免得将来还要再次进行改革；他并且批评梁启超歪曲中国历史，认为历史证明汉族人恰恰具有实行共和的条件。[②] 汪精卫则与梁启超一样，援引伯伦知理和波仑哈克的国家学说，并且展开学理辨析，在此基础上对梁启超的共和条件论展开批判。[③] 总体而言，革命派主张快刀斩乱麻，坚持中国可以而且应该走跨越式道路，直接移植最先进的政治制度——共和制。

4. “共和”的凯旋和悬置

孙中山等人的跨越式共和优选论，在梁启超看来并不符合逻辑。1906 年 1—3 月，梁启超在《新民丛报》连载《开明专制论》一文。他反驳革命派说，国家不同于具体的机械，乃是人类心理的集合体，需要从“人”“地”“时”三个要素，也就是具体的时空环境和行为主体出发，才能对某种政治制度的优劣做出评判，离开此三要素漫谈孰优孰劣，只是“梦呓之言”；至于革命派宣称政治制度的取舍可以像交通工具的改良那样简单，可以在短短十几年、二十年内养成西方人数百年间自然形成的共和国民资格，则是大言欺人，或者是自欺欺人。梁启超批评革命派热切鼓吹共和，却没能从理论和历史方面给出有力证明。他再次详细征引了波仑哈克关于共和政体必以人民自治习惯为前提的论述，比较了各国的经验和中国的情况，得出结论说：“国民有可以行议院政治之能力者，即其有可以为共和国民之资格者也……今日中国国民，未有可以行议院政治之能力者也……故今日中国国民，非有可以为共和国民之资格

① 思黄：《论中国宜改创民主政体》，《民报》1905 年第 1 号。

② 汉民：《民报之六大主义》，《民报》1906 年第 3 号。

③ 孙宏云：《汪精卫、梁启超“革命”论战的政治学背景》，《历史研究》2004 年第 5 期。

者也；今日中国政治，非可采用共和立宪制者也。”[①]

梁启超上述观点一经发表，自然遭到了革命派的批判。面对革命派的文字攻势，1906 年 4 月，梁启超又在《新民丛报》予以回应，从理论、历史和现实等方面详细阐述了自己的观点：“一曰，未有共和资格之国，万不能行共和立宪；二曰，今日中国国民，实未有共和资格；三曰，共和资格，非可以短期之岁月养成；四曰，革命军倥偬骚扰时代，必不适于养成共和资格。”他强调：“共和之真精神，在自治秩序而富于公益心。国民心理而能如是者，则共和不期成而自成，美国是也；或且无共和之名而有其实，英国是也……自由、平等，固共和精神之一部分，然必与自治心、公益心相和合，乃成完全之共和心理。”梁启超还注意到，当时“自命为忠于共和主义之人”“闻共和而好之者”，都抛开自治、公益，片面谈论自由、平等。在他看来，他们其实“绝未知共和为何物”，这种心理“先已不适于共和”。[②]

不过，孙中山和革命派专注于直接的革命行动，已经无心与梁启超继续展开学理辩论，也不把严复的书生之见放在眼里。[③]

孙中山和革命派无视现实条件而欲速行共和，此“共和”是怎样一种目标？中国同盟会确立了 16 字纲领“驱除鞑虏、恢复中华，创立民国，平均地权”，对于何为“民国”，孙中山和黄兴等人在 1906 年制订的《中国同盟会革命方略》中这样解释说：“今者由平民革命以建国民政府。凡为国民皆平等以有参政权。大总统由国民公举。议会以国民公举之议员构成之。制定中华民国宪法，人人共守。敢有帝制自为者，天下共击之。”[④] 由此可见，革命派对于共和的构想，最明确、最具体的就是坚决打倒“帝制”。在与改良派论战过程中，革命派“共和”话语的焦点逐渐集中于以“革命”破除“专制”这一笼统的口号，以及“排满”、废除帝制这一具体目标；相比之下，如何在有着两千多年帝制传统的辽阔国土上建设一套合宜的共和制度、真正贯彻民权，这个问题还缺乏深入细

---

① 饮冰：《开明专制论》，《新民丛报》1906 年第 3 号（原第 75 号）。
② 饮冰：《答某报第四号对于本报之驳论》，《新民丛报》1906 年第 7 号（原第 79 号）。
③ 皮后锋：《严复大传》，福建人民出版社 2003 年版，第 356—359 页。
④ 《孙中山全集》第 1 卷，第 284、297 页。

致的考虑。

随着政治形势的快速变化，清王朝的统治迅速垮台。值此维系中华统一秩序的帝制趋于瓦解、新的多民族国家急需整合之际，原本专心致志于打倒清王朝的孙中山和革命派，在具体建国方案方面的准备不足凸显出来。而立宪派对此却有所构思。早在 1903 年，梁启超就提出了“以汉人为中心”，“合汉、合满、合蒙、合回、合苗、合藏，组成一大民族”的思路。[①] 1907 年，杨度继之提出“五族合一”构想[②]；到了 1911 年底，张謇等人正式提出汉、满、蒙、回、藏“五族共和”建议。[③] 在这种情况下，革命派不得不吸收这一建议，“共和”的焦点于是从武力排满变成五个族群联合建国。及至民国成立、袁世凯上台后，在复杂的政治格局之下，“共和”的焦点又变成如何与以袁世凯为代表的强大保守力量斗争，尽量维护任期制总统这一形式要素，坚决防止君主之“名”再度复活。

这样，民初的“共和”成了一个略显含混的概念，越来越偏重于共和之“名”，即无君的政体；却逐渐疏远了 republic 之“实”，即公共精神的培养和宪政民主制度的完善。“共和”一词在中国流行开来，几乎成为口头禅，但其制度和精神内涵却尚未为国人所理解，更遑论付诸实施。结果，“共和”由令人憧憬的目标，很快变成令人失望、招致质疑乃至批判的对象。1913 年 9 月，林纾痛感于“共和”有名无实，写了一首具有讽刺意味的诗歌《共和实在好》：“共和实在好，人伦道德一起扫！……四维五教不必言，但说造反尤专门……得了幸财犹怒嗔，托言举事为国民……全以捣乱为自由……如此瞎闹何时休。”[④] 严复也对“所谓共和”深感失望，认为“共和万万无当于中国”。[⑤] 守旧名士辜鸿铭干脆将民初四处奔走的政客与沿街拉客的妓女相提并论，认为“不废共和政体，国

---

① 中国之新民：《政治学大家伯伦知理之学说》，《新民丛报》1903 年第 38、39 号合本。

② 黄兴涛：《现代“中华民族”观念的最初形成——兼论辛亥革命与中华民族认同之关系》，《浙江社会科学》2002 年第 1 期，

③ [日] 村田雄二郎：《孙中山与辛亥革命时期的“五族共和”论》，《广东社会科学》2004 年第 5 期。

④ 张俊才：《林纾评传》，南开大学出版社 1992 年版，第 176 页。

⑤ 皮后锋：《严复评传》，第 144、160 页。

不可一日安也”。[①] 至于曾经的革命者，武昌起义领导人之一蔡济民发出如下感慨：“无量头颅无量血，可怜购得假共和。”[②] 到了20世纪20年代初期，就连孙中山也认为“现在的中华民国只有一块假招牌”[③]，“徒有民国之名，毫无民国之实”[④]，打算从根本处入手“把国家再造一次”。[⑤] 孙中山身故之后，国民党打着他的旗号实施“党国”体制，“共和”事实上被束之高阁。

五　结语

“republic/共和”概念在晚清的传播，体现了西方共和传统与中国本土知识资源在近代中西文明交汇背景下的艰难对接。这一对接过程，既是知识领域的概念输入和转化问题，又是政治领域的行动选择问题。

一方面，晚清知识人对西方共和概念的了解和表述，首先是一个知识领域的跨文化互动问题。共和作为一种来自西方的古老传统，“名”与“实”之间的关系本来就很微妙。面对这一陌生而复杂的传统，当时人免不了援引本土传统知识资源作为参照和对应。在这种情况下，他们对西方共和概念的认识长期呈现出名与实依违不定的特征。日本知识人最早采用汉字“共和”来翻译republic一词。19世纪80年代初期，近代意义上的汉字“共和”词汇通过日文中介传入中国。戊戌维新失败之后的几年里，梁启超等人又借助于日文书刊，对作为一种政体类型的共和概念以及相关学说作了系统介绍。到了1903年前后，近代共和概念已在中文语境中流行开来，与革命潮流互为推演，并逐渐与中国古典“共和”划清了界限。

另一方面，来自西方的共和概念在中国的辗转传入，又是在救亡图

① 读易老人（辜鸿铭）：《纲常名教定国论》，黄兴涛等译：《辜鸿铭文集》（下），海南出版社1996年版，第262页。

② 熊月之：《中国近代民主思想史》，第481页。

③ 《孙中山全集》第5卷，中华书局1985年版，第262页。

④ 《孙中山全集》第8卷，中华书局1986年版，第280页。

⑤ 《孙中山全集》第9卷，中华书局1986年版，第97页。

存的急迫形势下匆匆展开的，从一开始就未停留在学理层面，而是与现实政治领域的吁求紧密相连。由此，汉字“共和”与英文 republic 的名实对接，就不仅仅是知识领域的跨文化互动问题，还是政治领域的“yes or no”问题。“共和”表述日益呈现为两条相互竞争的路径。作为改革派代表人物的梁启超，一度鼓吹直接的革命行动，但很快回归言论家、启蒙者的角色，尽量持稳健态度，侧重于从学理层面探究共和概念的要义，更多考虑到西方共和传统与中国社会文化的适应性问题，在行动方面主张缓行共和。作为革命派代表人物的孙中山，则始终以行动家自任，相对于知识和学理而言，他更强调实际行动，追求跨越式的政治变革，主张速行共和。

知识领域的问题与政治领域的问题交织在一起，使得西方共和传统在中国的输入呈现为概念与制度的落差，或者说“名”与“实”的疏离。一方面，共和概念的传播过程颇为迅速，两种相互竞争的“共和”表述一度互为映衬，“共和”迅速成为辛亥前后令人耳熟能详的新名词。虽有个别守旧人士搬出“共和行政”这一中国古典来诠释 republic，却并不妨碍略显含混的近代共和概念迅速确立其在现代中国政治话语体系当中不容置疑的地位。另一方面，由于文化传统、社会现实以及发展时序等方面的巨大差异，西方共和制度的移植过程不如革命派当初想象的那样顺利，未能达到预期效果，以至于被视为“假共和”，甚至原本持乐观态度的孙中山也彻底感到失望。一度在清末“共和”话语竞争中落于下风的梁启超等人的共和表述，尤其是关于共和条件论的分析，此时反而令人深思。

北洋时期的政治分立与司法统一*

唐仕春

袁世凯病逝后，中国进入一个分裂、纷争与混战的时代。北洋军阀分裂，皖、直、奉三大派系互相争夺中央政权；中央与地方分裂，地方军阀坐大，各行其是；南北分立，革命党人发起反军阀斗争，西南地方实力派往往自立行动。① 然而，乱世中各领域、各省区是否都成为一盘散沙，以致各自为政？是否存在中央与地方大体能保持统一的部门或领域？司法领域既与政治关系密切，又追求相对独立于行政，在北洋时期政治分立的局面下，其走向又如何？

既有的近代法制史论著多聚焦于司法独立而忽略司法统一，其实，司法统一与司法独立相辅相成，在近代法制建设中都占据举足轻重的地位。北洋时期共召开两次全国性的司法会议，均有谋求司法统一之宗旨。② 中央司法会议“所斤斤致意者尤在司法之独立与统一两端，凡通过之议案十之七八均与此两者息息相关”③。1912 年，司法总长许世英在中央司法会议上指出：“法制紊淆，京省自为风气，命令干涉，

---

* 本文原载《近代史研究》2013 年第 4 期。

① 参见汪朝光《民国的初建》，张海鹏主编：《中国近代通史》第 6 卷，江苏人民出版社 2007 年版，第 152 页。

② 整个民国时期共召开四次全国性司法会议，分别召开于 1912 年、1916 年、1935 年和 1947 年。

③ 《会员呈报文》，《中央司法会议报告录》，司法部 1913 年印行，第 1—2 页。

奉行无所遵从，实为司法上一大阻力。”[①] 的确，司法领域如果不能上下统一，各项司法制度的推行势必受阻。如果案件终审不能出各省范围，中央不能督饬各地司法，诉讼的公平与公正也将大受影响。因此，司法统一对北洋时期司法建设乃至整个近代法制的变迁都至关重要。值得追问的是，在北洋时期，中央推行的法制建设能否向各派势力范围渗透？各势力范围内部的纠纷上达中央寻求解决的渠道是否畅通？

朱勇曾探讨南北分立与司法统一问题，其基本看法是，袁世凯病逝后，在法律适用与审级管辖方面，司法统一仍在一定程度上得到保持。他对该问题的开创性研究颇具启示意义。如关于审级管辖，他以 1917 年湖南、四川的两个案件为例，指出：“北洋政府时期，司法体制上的四级三审制基本得以遵行，而大理院作为全国最高审判机关，基本起到终审法院的作用。”[②] 问题是，1917 年后的十年间，湖南、四川等省是否发生变化？南方阵营的广东等省与湖南、四川是否形成密不可分的整体而共进退？它们是否承认北京的大理院为全国最高审判机关？如果不是，其审级管辖情形如何?[③] 除南方分立之外，北方的政治分立对北方诸省的司法统一有多大影响？审级管辖之外，司法部对各省司法人员的任免奖惩、对各省诉讼的督饬等司法行政的诸多面相又是怎样的？俞江对司法储才馆进行研究时也注意到了司法统一的问题，惜未展开。[④] 欧阳湘和胡震虽不专门研究南北分立与司法统一问题，但分析了南方政权设置各级法院特别是设立大理院的情况。[⑤] 至于南方司法分裂的范围有多广，实际影响力有多大，则需要进一步探讨。

司法统一包括法律适用、审级管辖与司法行政等内容，其中审级管

---

① 《许总长中央司法会议开会演说词》，《中央司法会议报告录》，第 1 页。

② 朱勇主编：《中国法制通史》第 9 卷《清末 · 中华民国》，法律出版社 1999 年版，第 532—536 页。

③ 广东、广西、云南、贵州、四川、湖南 6 省在地理意义上并不尽属西南或者南方，但在北洋时期，这 6 省在政治意义上通常被视为西南地方集团，以及南北之争中的南方。根据约定俗成的看法，本文将上述广东等省称为南方 6 省，此外的其他省区称为直隶等省区。

④ 俞江：《近代中国的法律与学术》，北京大学出版社 2008 年版，第 280—297 页。

⑤ 胡震：《南北分裂时期之广州大理院（1919—1925）》，《中外法学》2006 年第 3 期；欧阳湘：《近代中国法院普设研究——以广东为个案的历史考察》，知识产权出版社 2007 年版。

辖与司法行政比较明显地体现了中央与地方之间的统属关系，与政治关系密切。下文将以《政府公报》所载1916—1928年间大理院审判的数万个案件，《司法公报》所载1916—1925年间各省司法人员的任免奖惩及收结民刑案件等资料，以及1914—1923年度“民事统计年报”与“刑事统计年报”所载各项统计资料为基础，从审级管辖与司法行政等领域考察政治分立格局下司法系统的维持与断裂，并进一步讨论政治与司法的关系。[①]

一 司法部对各省司法人员的任免奖惩

司法人员的任免奖惩是司法行政的重要内容之一。[②] 从中央政府能否对各地司法人员进行任免奖惩可以看出中央权力向下延伸的程度。司法部任免奖惩的对象包括各级法院的法官、书记官和未设法院各县的县知事和承审员。由于这4类司法人员在司法体系中所处的地位不同，司法部对他们的任免奖惩权限又略有差异。

司法部对各级法院法官和书记官有任免奖惩之权。[③] 1916—1925年《司法公报》中列有“京外各法院法官任免奖惩员数表”，反映了各省荐署、荐补法官受司法部任免奖惩的状况；而“京外各法院书记官任免奖惩员数表”所列荐任书记官长、书记官以曾经呈荐者为限，委任书记官

---

① 1916年之前政治基本统一，司法系统至少在形式上也是统一的，故本文仅考察1916年之后政治分立时期的司法系统。

② 经费为司法行政的另一重要内容，但本文不打算讨论司法经费问题。比较全面反映司法经费预算与实支数目的资料是《司法公报》所载各省审检厅及新监所（某）年度概（预）算经费表。如果地方与中央在政治上处于分立状况，中央可以照常做出预算，各地则未必听命于中央，并根据该预算拨司法经费。因此，该表每年的司法经费预算中都列有广东等省司法经费若干，也不一定表明该地与中央的司法关系没有断裂。尤其是财政部呈定的各地司法经费预算在1919年后多年不变，不能反映实际司法经费需求的变化，更难以从预算的司法经费数观察到司法系统是否断裂。司法部所核准各年之间的司法经费数目多处于变化之中，它表明司法部根据实际情况对各省司法经费作出了调整。一些省份数年间司法费都没有变化，可见司法部对政治上分立省份仍难以核实司法费的实支数目。从该表所载司法费的预算与实支数很难做出各省与司法部之间是否维持着上下级关系的判断。

③ 法官虽由法官惩戒委员会惩戒，但需司法总长呈请，并由司法部执行。

长、书记官以曾经司法部委任者为限。①

北洋时期，所建法院甚少，多数时候全国 90% 以上的县都由县知事兼理司法（详另文）。县知事为行政官，司法部不对其进行任免；但因他们兼理司法，可以对其进行奖惩。奖励主要分两种情况：一是司法部会同内务部呈请奖励；二是各省高等厅呈准省长记功，呈司法部备案并经司法部核给奖章。惩戒也分两种情况：一是由文官惩奖委员会作出决定，交司法部执行；二是由各省高等厅呈请扣俸或记过，报司法部备案。1916—1925 年《司法公报》所载“各省区兼理司法县知事奖惩员数表”，反映了司法部参与奖惩兼理司法县知事的相关状况。②

承审员由县知事呈请高等审判厅厅长审定任用，高等审判厅厅长委任承审员后向司法部、民政长报告。1916—1925 年《司法公报》中有“各省区承审员任免奖惩员数表”，反映了在司法部备案的承审员的任免奖惩情况。③

由于政治分立，司法部对各省法官、书记官、县知事和承审员行使任免奖惩权往往受到抵制。各年、各省份抵制司法部对司法人员任免奖惩的情况，可参见“1916—1925 年司法部任免奖惩法官的省区表”(表 1)。书记官、县知事和承审员的任免奖惩情况也可制作类似表格，限于篇幅，兹不一一列出。

---

① 参见《京外各法院书记官任免奖惩员数表》,《司法公报》第 78 期（《司法部 5 年度办事情形报告》), 第 12—17 页；第 96 期（《司法部 6 年度办事情形报告》), 第 13—19 页；第 108 期（《司法部 7 年度办事情形报告》), 第 15—21 页；第 128 期（《司法部 8 年度办事情形报告》), 第 13—19 页；第 161 期（《司法部 9 年度办事情形报告》), 第 13—20 页；第 181 期(《司法部 10 年度办事情形报告》), 第 11—18 页；第 195 期（《司法部 11 年度办事情形报告》), 第 10—18 页；第 212 期（《司法部 12 年度办事情形报告》), 第 11—19 页；第 214 期（《司法部 13 年度办事情形报告》), 第 12—20 页；第 247 期（《司法部 14 年度办事情形报告》), 第 14—22 页。

② 参见《各省区兼理司法县知事奖惩员数表》,《司法公报》第 78 期，第 17—18 页；第 96 期，第 19—20 页；第 108 期，第 21—22 页；第 128 期，第 19—20 页；第 161 期，第 20—21 页；第 181 期，第 18—19 页；第 195 期，第 18—19 页；第 212 期，第 19—20 页；第 214 期，第 20 页；第 247 期，第 22—23 页。

③ 参见《各省区承审员任免奖惩员数表》,《司法公报》第 78 期，第 18—19 页；第 96 期，第 20—21 页；第 108 期，第 22—23 页；第 128 期，第 20—21 页；第 161 期，第 21—22 页；第 181 期，第 19—20 页；第 195 期，第 19—20 页；第 212 期，第 20—21 页；第 214 期，第 21 页；第 247 期，第 23 页。

表 1　　1916—1925 年司法部任免奖惩法官的省区

年份	1916	1917	1918	1919	1920	1921	1922	1923	1924	1925
京师	√	√	√	√	√	√	√	√	√	√
直隶	√	√	√	√	√	√	√	√	√	√
奉天	√	√	√	√	√	√	√	√	√	√
吉林	√	√	√	√	√	√	√	√	√	√
黑龙江	√	√	√	√	√	√	√	√	√	√
山东	√	√	√	√	√	√	√	√	√	√
山西	√	√	√	√	√	√	√	√	√	√
陕西	√	√	√	√	√	√	√	√	√	√
河南	√	√	√	√	√	√	√	√	√	√
江苏	√	√	√	√	√	√	√	√	√	√
安徽	√	√	√	√	√	√	√	√	√	√
浙江	√	√	√	√	√	√	√	√	√	√
江西	√	√	√	√	√	√	√	√	√	√
湖北	√	√	√	√	√	√	√	√	√	√
湖南	√	√	√	√	√					
四川	√	√	√		√					
广东	√	√	√							
广西	√	√	√							
云南	√		√							
贵州	√	√	√							
福建	√	√	√	√	√	√	√	√	√	√
甘肃	√	√	√	√	√	√	√	√	√	√
绥远		√	√	√	√		√	√	√	√
察哈尔		√	√	√	√		√	√	√	√
热河			√	√	√		√	√	√	√
东省①						√	√	√	√	√
新疆										

说明：若某年司法部任免奖惩了该省法官，在相应位置标出“√”；如果没有任免奖惩，则相应位置为空白。

资料来源：《京外各法院法官任免奖惩员数表》，《司法公报》第 78 期，第 7—12 页；第 96 期，第 7—13 页；第 108 期，第 9—15 页；第 128 期，第 7—13 页；第 161 期，第 7—13 页；第 181 期，第 4—11 页；第 195 期，第 3—10 页；第 212 期，第 3—11 页；第 214 期，第 4—12 页；第 247 期，第 6—14 页。

① 东省铁路界内为诉讼上便利起见定为东省特别区域，严格意义上并不是一个独立行政单位，当时的司法统计经常把它与其他省区并列，本文也将其作为一个独立的司法单位予以考察。

在1916—1925年的10年间，司法部几乎每年都对京师、直隶、吉林、奉天、黑龙江、山东、山西、河南、江西、湖北、福建、浙江、江苏、安徽、陕西、甘肃16省区的法官、书记官、兼理司法县知事与承审员等司法人员进行任免奖惩，基本没有中断，维持着司法系统的统一。

司法部也对绥远、察哈尔、热河等特别区审判处的司法人员进行任免奖惩。这表明，北京政府的司法行政权延伸到了这些特别区域。但司法部并非每年都任免奖惩这些地区的司法人员，主要原因可能是这些地方司法机关较少，司法人员相应也少。

司法部对东省特别区域司法人员的任免奖惩基本是连续的。东省特别区域管辖区域为铁路沿线，因此，受任免奖惩的只有该区域的法官和书记官，而无兼理司法县知事与承审员。

从法官、书记官、承审员的任免奖惩情况来看，新疆与司法部在司法行政方面的关系似乎已经断裂。但是，司法部对新疆兼理司法的县知事有所奖惩，这说明新疆在司法行政上并没有完全脱离司法部。

从1916年开始，司法部陆续中断对南方6省法官、书记官、兼理司法县知事与承审员中某一类或几类司法人员的任免奖惩。司法部中断对法官的任免奖惩，云南始于1917年，广东、广西、云南、贵州、四川5省始于1919年，湖南始于1921年。司法部中断对书记官的任免奖惩，云南、贵州始于1917年，广东始于1918年，广西、四川始于1919年，湖南始于1921年。司法部中断对兼理司法县知事的奖惩，广东、广西、贵州、四川始于1917年，云南始于1918年，湖南始于1922年。司法部中断对各省承审员的任免奖惩，云南、广东、广西、贵州始于1916年，四川始于1919年，湖南主要在1921年以后。司法部中断对南方6省某一类司法人员的任免奖惩之后，只在极少数年份得以恢复，可以说二者之间的司法行政关系出现断裂。

南北分立初期，司法部对南方6省司法人员的任免奖惩大体尚能维持。若以四类司法人员的任免奖惩全部中断方算作中断人事关系（其中某一类人员的任免奖惩没有中断，就算关系维持），则1916年的护国战争以及1917年开始的护法运动并没有导致司法部对这6省司法人员任免奖惩的中断。真正的转折发生在1919年，司法部开始中断广东、广西、云南、贵州、四川5省各类司法人员的任免奖惩；从1922年开始，对湖南亦如此。各省中断的时间长短又略有不同。在中断法官的任免奖惩方面，云南为8年，广东、广西、贵州为7年，四川为6年，湖南为5年。在中断书记官的任免奖惩方面，云南为9年，广东、贵州为8年，四川、广西为7年，湖南为5年。在中断兼理司法县知事的奖惩方面，广东、贵州为9年，四川、广西、云南为8年，湖南为4年。在中断承审员的任免奖惩方面，云南、广东、广西为10年，贵州为9年，四川为7年，湖南为6年。

在与司法部中断任免奖惩关系的省份中，云南、广东、贵州、广西等省中断的范围广、时间长，四川次之，湖南最少。从中断任免奖惩的司法人员类别来看，通常先中断的是对承审员的任免奖惩，兼理司法县知事次之，书记官又次之，最后是法官。中断的总年份也是依此顺序由多到少排列，这反映司法部与地方中断人事任免奖惩关系，是从未设法院各县（承审员、县知事）到法院（书记官、法官）的顺序层层推进。①

二　司法部对各省诉讼的督饬

中央与地方司法机关间的统属关系不仅体现在人事任免奖惩上，而且还反映在对司法业务的督饬稽核方面。人事任免更多地反映了政令自上而下的贯彻过程，督饬稽核则更多地反映了下情由下而上的传递过程。司法部要求各省区向其上报各项收结案件数据，各省区如上报，则表明其至少在形式上承认司法部为上级机关，并接受其督饬稽核，这时司法行政还保持统一；如较长时期不上报，则表明该省区极有可能与司法部脱离了隶属关系，不接受其督饬稽核，司法行政便不再统一。

1914—1925年度“司法部办事情形报告”的“各审判厅处收结民刑

① 10年间中断任免奖惩承审员、县知事、书记官、法官的总年份，云南共35年。35除以40则为平均中断率88%。广东共中断34年，平均中断率85%。贵州共中断33年，平均中断率83%。广西共中断32年，平均中断率80%。四川共中断28年，平均中断率70%。湖南共中断20年，平均中断率50%。10年间6省共中断任免奖惩承审员52年，省均约87%；共中断奖惩兼理司法县知事46年，省均约77%；共中断任免奖惩书记官44年，省均约73%；共中断任免奖惩法官40年，省均约67%。

案件表”①，以及1914—1923 年度“民事统计年报”与“刑事统计年报”的各项统计报表都是根据各地上报诉讼案件数目等编制，大致能反映司法部与各省在司法业务方面的督饬稽核关系。笔者根据该表资料制作了“1916—1925 年向司法部呈报收结案件数据的省区表”（详见表2）。

表2　1916—1925 年向司法部呈报收结案件数据的省区

年份	1916	1917	1918	1919	1920	1921	1922	1923	1924	1925
京师	√	√	√	√	√	√	√	√	√	√
直隶	√	√	√	√	√	√	√	√	√	√
奉天	√	√	√	√	√	√	√	√	√	√
吉林	√	√	√	√	√	√	√	√	√	√
黑龙江	√	√	√	√	√	√	√	√	√	√
山东	√	√	√	√	√	√	√	√	√	√
山西	√	√	√	√	√	√	√	√	√	√
陕西	√	√	√	√	√	√	√	√	√	√
河南	√	√	√	√	√	√	√	√	√	√
江苏	√	√	√	√	√	√	√	√	√	√
安徽	√	√	√	√	√	√	√	√	√	√
浙江	√	√	√	√	√	√	√	√	√	√
江西	√	√	√	√	√	√	√	√	√	√
湖北	√	√	√	√	√	√	√	√	√	√
湖南	√	√	√	√	√					
四川	√	√	√					√	√	√
广东	√	√								
广西	√	√	√	√	√			√	√	√
云南	√	√			√	√	√			

① 不同年份该表名称略有出入，除了“各审判厅处收结民刑事案件表”之外，有时又称为“各审判厅处收结民刑事案件比较表”等，本文统称“各审判厅处收结民刑事案件表”。

续表

年份	1916	1917	1918	1919	1920	1921	1922	1923	1924	1925
贵州	√	√	√							
福建	√	√	√	√	√	√	√	√	√	√
甘肃	√	√	√	√	√	√	√	√	√	√
绥远	√	√	√	√	√	√	√	√	√	√
察哈尔	√	√	√	√	√	√	√	√	√	√
热河	√	√	√	√	√	√	√	√	√	√
东省					√	√	√	√	√	√
新疆										

说明：制作方法同表1，一年中只要有数月上报，则算作该年有上报。1914—1925年度“司法部办事情形报告”和1914—1923年度“民、刑事统计年报”等资料都记载了各省上报到司法部的诉讼案件统计资料，两类资料虽同为司法部所编，但记载偶尔略有出入。本表综合两类资料编制而成。“司法部办事情形报告”的“各审判厅处收结民刑事案件表”比较集中地反映了诉讼案件统计数据，故注明表名及页码；而“民、刑事统计年报”的诸多表格都记载了诉讼案件统计数据，为省文不一一注明页码。

资料来源：(1)“各审判厅处收结民刑事案件表”，《司法公报》第78期，第36—43页；《司法公报》第96期，第34—43页；《司法公报》第108期，第33—41页；《司法公报》第128期，第33—40页；《司法公报》第161期，第33—40页；《司法公报》第181期，第33—40页；《司法公报》第195期，第33—41页；《司法公报》第212期，第35—44页；《司法公报》第214期，第35—44页；《司法公报》第247期，第39—48页。(2)司法部总务厅第5科编：《中华民国3年第1次民事统计年报》，1917年4月印行；《中华民国4年第2次民事统计年报》，1918年8月印行；《中华民国5年第3次民事统计年报》，1919年12月印行；《中华民国6年第4次民事统计年报》，1921年12月印行；《中华民国7年第5次民事统计年报》，1921年12月印行；《中华民国8年第6次民事统计年报》，1922年12月印行；《中华民国9年第7次民事统计年报》，1923年12月印行；《中华民国10年第8次民事统计年报》，1923年12月印行；《中华民国11年第9次民事统计年报》，1924年12月印行；《中华民国12年第10次民事统计年报》，1924年12月印行。同年度“刑事统计年报”与“民事统计年报”出版时间亦同。

1916—1925年，京师、直隶、吉林、奉天、黑龙江、山东、山西、河南、江西、湖北、福建、浙江、江苏、安徽、陕西、甘肃16省，以及绥远、察哈尔、热河等特别区每年都将收结案件数据上报司法部。1920年底，东省特别区域设立司法机关后，也开始向司法部上报收结案件数据，此后一直没有间断。司法部尚能通过收结案件数据的呈报而实现对该省区诉讼的督饬稽核，表明司法行政方面尚能统一。

新疆的情况较特殊。袁世凯在位时，新疆便没有向司法部上报收结案件数据；袁世凯去世之后，状况依旧。在形式上，新疆并未与中央政府分裂，因此，它没有向司法部上报收结案件数据，不是政治分立下的司法系统断裂。在政治统一的情况下司法不统一，新疆是个比较特殊的例子。

南北分立期间，南方 6 省均有数年不向北京政府上报收结案件数据。1916—1917 年，广东、云南、广西等省有若干月份没有将收结案件等数据上报司法部。从 1918 年开始，广东、云南等省整年都不向司法部上报收结案件等数据。1919 年，四川、贵州等省不将收结案件数据报送司法部。1920 年，湖南有若干月份不将收结案件数据报送司法部，1921 年开始整年不上报。1921—1922 年，广西没有向司法部呈报收结案件数据。

同一年份不向司法部上报收结案件等数据的，1918 年有两省，之后逐渐上升至四五个省。10 年间，各省中断向司法部上报收结案件数据的年份，广东达 8 年，贵州为 7 年，云南和湖南为 5 年，四川为 4 年，广西为 2 年。与此同时，有不少年份南方 6 省也向司法部上报收结案件数据。1916 年和 1917 年南方 6 省都向司法部上报过收结案件数据，之后每年上报省份通常有两个左右。

有学者指出，1917 年护法运动后，南方各省收结案件数据不再上报司法部，法律与司法方面也形成了南北分裂与对峙的局面。① 本文研究表明，1917 年护法运动后，南方各省并非同时中断向司法部上报收结案件数据，有的省仍然上报，因此这一结论其实是不准确的。

司法人员的任免奖惩和收结案件数据的上报为司法行政的两个重要方面。从北京政府对各地司法人员进行任免奖惩和各省上报收结案件数据的情况，大致可以看出全国在司法行政方面是断裂还是统一。北方的直隶等省区与司法部保持比较密切的关系，上下级司法关系没有中断；

---

① 欧阳湘：《近代中国法院普设研究——以广东为个案的历史考察》，第 160 页。

南方6省则在某些年份不同程度地中断了与司法部的司法行政关系。[①]

南方6省与司法部在处理这两个方面关系时，整体上步调比较一致。司法部保持对司法人员任免奖惩的年份，同时也是南方6省上报收结案件数据的年份，反之亦然。不过也有少数时候，司法部中断了对南方6省司法人员的任免奖惩，但后者并没有中断上报收结案件数据。[②] 反过来，有时司法部尚未中断对司法人员的任免奖惩，但南方6省却中断了收结案件数据的上报。[③]

由此可见，政治上的纷争、分立乃至战争并不必然导致司法行政上的分立。虽然北方省区各派势力明争暗斗不已，甚至有直皖战争、两次直奉战争这样的大战，但司法行政关系一直没有遭到破坏。即便是南方6省，在政治上时常与北京政府分立，但也不乏在司法行政方面仍继续与北京政府保持统一的情况。1916—1918年，南方6省与司法部基本保持着司法行政的统一，之后一些省份在某些年份仍与司法部保持着司法行政方面的统一。

三 大理院对各省案件的审理

审级管辖是审判制度的最重要组成部分。大理院作为全国最高审判机关，是否审理各省上诉案件，是北洋时期司法是否统一的重要标志。大理院审判各地上诉案件的情况，则反映各地与北京政府在审判系统上是断裂还是统一。

大理院是清末司法改革中建立的最高审判机关。1912年5—8月，大理院进行改组，至8月底基本完成。9月3日，大理院通告其刑庭、民庭公开审判的日期。刑庭自9月17日、民庭自9月14日起公开审判；刑庭逢星期二、星期五，民庭逢星期三、星期六为公开审判日期；所有日期审判案件均提前在该院门首公布，并刊登于《政府公报》。[④] 之后，大理

---

① 司法部与南方6省中断司法行政关系的年份如下：广东、贵州7年，湖南4年，四川、云南3年，广西1年。

② 此类情况广西有5年，四川、云南各有3年。

③ 此类情况广东、广西、湖南、四川、云南各有1年。

④ 《大理院刑庭民庭公开审判各日期通告》，《政府公报》1912年第129号。

院的刑、民庭数均有增加，开庭日期也略有调整，提前通告变成事后布告。但大理院审判案件的基本信息都比较完整地刊登在《政府公报》上。因此，通过考察《政府公报》所载大理院审判的案件，可以分析政治分立下司法系统是得以维持还是断裂。①

值得说明的是，大理院受理的案件，除已审判的，尚有未进入审判程序的。因此，用已审案件来判断各省上诉渠道是否畅通时应注意：若是上诉案件本来较少的省区，某年没有大理院对该省区上诉案件的审判，极有可能是该省没有案件上诉至大理院；但若是上诉案件原本较多的省区，大理院突然在某年没有对该省区上诉案件的审判，已受理而不审判的可能性极小，则很有可能是这些省区不再将案件上诉到大理院，上诉渠道很有可能发生了断裂。

《政府公报》上的大理院通告或布告包含所审判案件的省区来源信息。本文据此制作了“1916—1927 年大理院审判各省上诉案件情形”表。(详见表 3)

表 3　　1916—1927 年大理院审判各省上诉案件情形

年份	1916	1917	1918	1919	1920	1921	1922	1923	1924	1925	1926	1927
京师	√	√	√	√	√	√	√	√	√	√	√	√
直隶	√	√	√	√	√	√	√	√	√	√	√	√
奉天	√	√	√	√	√	√	√	√	√	√	√	√
吉林	√	√	√	√	√	√	√	√	√	√	√	√
黑龙江	√	√	√	√	√	√	√	√	√	√	√	√
山东	√	√	√	√	√	√	√	√	√	√	√	√
山西	√	√	√	√	√	√	√	√	√	√	√	√
陕西	√	√	√	√	√	√	√	√	√	√	√	√
河南	√	√	√	√	√	√	√	√	√	√	√	√
江苏	√	√	√	√	√	√	√	√	√	√	√	√
安徽	√	√	√	√	√	√	√	√	√	√	√	√

① 南方政权也设有大理院，如无特别说明，本文所指大理院均为北京政府的大理院。

续表

年份	1916	1917	1918	1919	1920	1921	1922	1923	1924	1925	1926	1927
浙江	√	√	√	√	√	√	√	√	√	√	√	√
江西	√	√	√	√	√	√	√	√	√	√	√	√
湖北	√	√	√	√	√	√	√	√	√	√	√	√
湖南	√	√	√	√	√	√				√	√	√
四川	√	√	√	√	√	√	√	√	√	√	√	√
广东	√	√	√							√		
广西	√	√	√	√	√	√	√	√	√	√	√	√
云南	√	√	√		√	√						
贵州	√	√	√	√	√	√						√
福建	√	√	√	√	√	√	√	√	√	√	√	√
甘肃	√	√	√	√	√	√	√	√	√	√	√	√
绥远			√	√	√	√	√	√		√	√	√
察哈尔			√	√	√	√	√	√		√	√	√
热河		√	√	√	√	√	√	√	√	√	√	√
东省							√	√	√	√	√	√
新疆	√	√	√	√			√					

说明：某年大理院有审判某省上诉案件的情形，便在表格相应位置标注“√”；无审判上诉案件情形，则相应位置为空白。1928 年处于北伐结束时期，司法状况比较混乱，且大理院只有半年的数据，故本文不予讨论。

资料来源：1916—1927 年《政府公报》。

大理院对来自直隶等北方 16 省，热河等 3 个特别区，南方的四川、广西，以及东省特别区域的上诉案件进行了审理。这些地方与大理院的审级管辖关系基本得以维持。北伐时期大理院仍审判来自北伐军占领省区的上诉案件。1926 年 7 月北伐军占领长沙，10 月攻下武昌，11 月占领南昌，12 月进入福州，1927 年 2 月攻占杭州，3 月占领上海、南京。1926 年与 1927 年，被北伐军占领的湖南、湖北、江西、浙江、江苏等省的案件仍上诉大理院。1927 年 6 月 18 日，张作霖在北京称大元帅，此后，大理院审判南方省份的案件才大幅度减少。

1916—1927 年的 12 年间，有 5 年大理院审判了来自新疆的上诉案件，有7年没有审判，所审案件总数也屈指可数。这大概与新疆本身上诉案件较少有关。

真正与大理院中断审级管辖关系的有广东、云南、贵州、湖南4省。大理院从1919年便开始中断审判来自云南、广东（1925年和1926年除外）的上诉案件。不过，1920年、1921年，大理院又重新开始审理来自云南的上诉案件。1922年也是一个具有转折性的年份，广东、云南、贵州与湖南4省同时中断与大理院的审级管辖关系，而且这种局面持续到1924年。1925—1926年，大理院恢复审理来自湖南与广东的上诉案件，只有云南、贵州两省仍未恢复。1927年大理院只未审理来自广东与云南两省的上诉案件。

广东等省自设最高审判机关，当属促使其与北京政府中断审级管辖关系的最重要因素。1918年2月18日，军政府内政部上呈大元帅，建议军政府设立大理院。3月5日，大元帅孙文将该呈咨交非常国会讨论。4月17日，国会非常会议对孙文设大理院的咨文进行讨论后认为：目前没有正式国会，不便讨论大理院的组织和选举院长，待将来国会正式开会后再议；至于目前应设终审机关，可由军政府按照法院编制法办理。不久军政府进行了改组。1918年11月，政务会议议决筹设大理院。1919年3月5日，军政府大理院在广州成立。[①] 大理院成立之后，要求广东、广西、陕西、云南、福建、湖南、贵州、四川8省将依法上告大理院案件汇送核办。广东、云南高等审判厅审理的案件从1919年开始不向北京的大理院上诉，大约缘于此。不过，广州的大理院成立后，其管辖范围和实际的影响力还比较有限，虽然其名义上管辖广东等8省，其实有6省在多数年份仍然以北京的大理院为最高审判机关。[②] 广州大理院的案件受理及审理情况很不理想，受

---

① 广东大理院成立经过参见胡震《南北分裂时期之广州大理院（1919—1925）》。

② 欧阳湘指出，云南、贵州设立大理院分院，广州大理院终审案件除来自广东、广西外，主要是四川、湖南两省。本文研究表明，广西、四川一直未中断将上告案件呈送大理院进行审判；湖南、云南、贵州在1919年广州大理院成立后数年内，将上告案件呈送北京大理院进行审判。上述情况存在两种可能性：一是广西、四川、湖南等省既向广州大理院上诉，又向北京大理院上诉；二是四川、广西等省仅向北京大理院上诉。

理案件不多，而且许多人对其审判也并不信任。[①] 南方6省没有形成一个独立、稳定、强力的司法系统，导致它们并非铁板一块，与北京政府的司法关系也不能保持一致。

除广州的大理院外，南方政权还在云南与贵州等省设有大理分院。1918年，云南设大理分院、总检察分厅；1921年遵广州司法部令取消，案卷移交广州；后再度筹设，直到1927年改为最高法院云南分院。贵州于1920年设大理分院，直到1926年4月周西成主黔后裁撤。[②] 云南、贵州在设大理分院后不久，便不见北京的大理院审判来自这两个省的上诉案件，显然是因其已有自己的最高审判机关，无须上诉到北京。

湖南的联省自治运动尤其是省宪对最高审判机关的规定，对其与北京政府的司法关系有重大影响。1920年直系军队撤退之前，曾控制湖南数年，故无论是在司法行政还是审级管辖方面，湖南都与司法部、大理院保持统一。1920年5月20日，吴佩孚的直军在湘南撤防北上之后，湘军谭延闿、赵恒惕不到半个月便将张敬尧赶出了长沙。旋即，湖南宣告省自治，进而掀起联省自治的高潮。1921年4月完成省宪草案，1922年1月1日公布实施省宪。《湖南省宪法》第八章规定，该省设立高等审判厅，为一省最高审判机关，负责本省民事、刑事、行政及其他一切诉讼的最终审判。[③] 既然省高等审判厅为最高审判机关，自然不必再向大理院上诉，由此不难理解为何在湖南自治运动期间，该省没有在北京大理院审判的上诉案件。其实，司法行政关系的断裂也是如此。司法部中断对湖南省法官、书记官、承审员、兼理司法县知事的任免奖惩，大体也发生在1921—1925年湖南自治运动期间，二者的关联不言而喻。

1925年湖南与北京政府恢复审级管辖关系，这也与湖南修改省宪有密切关系。湖南省宪原本存在若干不能令人满意之处，因此，1923

---

① 参见胡震《南北分裂时期之广州大理院（1919—1925）》、欧阳湘《近代中国法院普设研究——以广东为个案的历史考察》。

② 欧阳湘：《近代中国法院普设研究——以广东为个案的历史考察》。

③ 参见胡春惠《民初的地方主义与联省自治》，中国社会科学出版社2001年版，第158—219、200页。

年全省县议会联合会便有过修正省宪案的表决。1923年8月，谭延闿奉孙中山之命，倡言修宪。由于护宪战争，吴佩孚的直系军队得以进入湖南。迫于吴佩孚的压力，1924年湖南开始省宪的修改。10月23日，湖南宪法会议完成修改司法制度办法的讨论，11月20日宣告完成省宪修改工作。在司法方面的修改为：(1) 改行四级三审制；(2) 国政府未成立前法官由省长任免；(3) 依法应送大理院、总检察厅经审案件，得送国政府的大理院、总检察厅审理。将原省宪第八章"省设高等审判厅，为一省之最高审判机关，对于本省之民事、刑事、行政及其他一切诉讼之判决，为最终之判决"中的"最高审判"及"最终之判决"等字样，予以删除，而自行降为"第二审"或"第三审"，以符合修订后省宪第100条"依法终审重大案件，得送国政府之大理院、总检察厅审理"之规定。[①] 这样，北京的大理院重新成为上诉机构，为湖南与北京政府恢复审级管辖关系打开了大门。从此，大理院重新开始审判来自湖南的上诉案件。由于省宪修改仍规定，国政府未成立前法官由省长任免，故1925年后湖南与司法部的司法行政关系未能修复。

20世纪20年代的联省自治运动波及全国十余省，云南、贵州、广东等省均参与其中。20年代初，南方的云贵等省中断与大理院审级管辖关系，联省自治运动所起作用虽不如在湖南那样具有决定性，但仍不失为其重要背景。

四 司法系统的维持与断裂

在袁世凯统治时期，政治虽时有分立，但司法系统至少在形式上仍保持统一。袁世凯病逝后，这种统一开始遭到破坏。各省区与北京政府维持或中断司法行政与审级管辖两方面关系的情形如下。(见表4)

---

① 胡春惠：《民初的地方主义与联省自治》，第213—215页。

表 4　　1916—1925 年司法系统之维持与断裂状况

年份	1916	1917	1918	1919	1920	1921	1922	1923	1924	1925
京师	√	√	√	√	√	√	√	√	√	√
直隶	√	√	√	√	√	√	√	√	√	√
奉天	√	√	√	√	√	√	√	√	√	√
吉林	√	√	√	√	√	√	√	√	√	√
黑龙江	√	√	√	√	√	√	√	√	√	√
山东	√	√	√	√	√	√	√	√	√	√
山西	√	√	√	√	√	√	√	√	√	√
陕西	√	√	√	√	√	√	√	√	√	√
河南	√	√	√	√	√	√	√	√	√	√
江苏	√	√	√	√	√	√	√	√	√	√
安徽	√	√	√	√	√	√	√	√	√	√
浙江	√	√	√	√	√	√	√	√	√	√
江西	√	√	√	√	√	√	√	√	√	√
湖北	√	√	√	√	√	√	√	√	√	√
湖南	√	√	√	√	√	√				√
四川	√	√	√	√	√	√	√	√	√	√
广东	√	√	√							√
广西	√	√	√	√	√	√	√	√	√	√
云南	√	√	√		√	√	√			
贵州	√	√	√	√	√	√				
福建	√	√	√	√	√	√	√	√	√	√
甘肃	√	√	√	√	√	√	√	√	√	√
绥远	√	√	√	√	√	√	√	√	√	√
察哈尔	√	√	√	√	√	√	√	√	√	√
热河	√	√	√	√	√	√	√	√	√	√
东省					√	√	√	√	√	√
新疆	√	√	√	√		√	√	√		
中断省数	0	0	0	2	2	1	3	4	5	3
总省数	26	26	26	26	27	27	27	27	27	27
中断比例（%）	0	0	0	8	7	4	11	15	19	11

说明：本表根据本文第一至第三部分相关资料制作。法官、书记官、县知事、承审员的任免奖惩，收结案件数据的上报，大理院审判各省案件这几类资料中，只要其中任何一项表明某省与司法部保持司法关系，就在相应位置填写"√"；如果没有，则相应位置为空白。

从表 4 可知，1916—1918 年，全国司法系统尚能大体保持统一。至 1919 年，才发生一些省份全面中断与北京政府司法关系的情形。

北洋乱世中，并非各领域、各省区都成为一盘散沙。在司法领域，北京政府与多数省份尚能大体保持统一。除了云南、贵州、广东、广西、四川、湖南和新疆之外的 20 个省区（包括东省特别区域），一直与北京政府保持较为稳定的司法关系。这 20 个省区在全国 27 个省区中所占比例为 74%。这些省区虽时常发生军阀混战，但却未中断与北京政府的司法关系，说明政治分立对司法统一的影响有限。

不仅如此，虽然广东、新疆等 7 省有若干年在司法行政或审级管辖上与北京政府中断司法关系，不过，在同一年中与北京政府中断司法关系的省区最多为 5 省（1924 年），只占 19%。这也意味着，每年至少有 81% 的省区与北京政府保持司法统一。除 1924 年外，1923 年有 4 个省区中断与北京政府的司法关系，其余年份的数目则在 3 个以下。

政治分立所造成的司法系统断裂，主要集中在南方。不过，何为“南方”却是个需要认真辨析的问题。南北分立的“南方”并非一成不变的，而是不断分化组合。1916—1925 年的 10 年间，南方 6 省与北京政府中断司法关系的年份，从 3 年到 6 年不等。广东中断 6 年（1919—1924 年），云南中断 4 年（1919 年、1923—1925 年），贵州中断 4 年（1922—1925 年），湖南中断 3 年（1922—1924 年）。若进一步观察司法人员的任免奖惩、收结案件数据的上报以及大理院审判各地上诉案件等具体情形，南方各省不同步的情况更多。如广东、云南、贵州、湖南、新疆等省在某些年份与北京政府既中断司法行政关系，也中断审级管辖关系；广西、四川两省在某些年份中断与北京政府的司法行政关系，但维持审级管辖关系。这种不同步反映出南方 6 省在处理与北京政府的司法关系方面，行动往往不一致。

南方各省与北京政府的司法关系，不仅不同省份受政治分立的影响有所不同，而且在司法关系的不同方面，即司法行政或审级管辖，受政治分立的影响也有所不同。

各省与北京政府中断司法行政关系的年份，通常早于与其中断审级管辖关系的年份；而中断审级管辖关系的年份，往往少于中断司法行政的年份。[①] 比如，1916 年，北京政府中断对广东承审员的任免奖惩；1917 年，中断对广东兼理司法县知事的奖惩；1918 年，中断任免对广东书记官奖惩，广东不再向北京政府上报收结案件数据；到 1919 年，司法部才中断对广东法官的任免奖惩，同时，大理院中断审判来自广东的上诉案件。贵州、湖南等省与广东的情形类似。各省与司法部中断司法行政关系后，可能仍维持审级管辖关系；但在中断审级管辖关系时，通常已经中断司法行政关系，意味着所有司法关系的中断。

总之，司法系统的断裂过程往往存在不同步的现象：就全国而言，北方未断，南方中断；在南方各省中，又不一定同步中断与北京政府的司法关系；即使对同一省而言，其与北京政府的司法行政与审级管辖关系也不一定同时终止。那么，如何解释这种现象？

首先，政治分立的性质对南北司法系统产生决定性的影响。北方各大派系争夺中央权力过程中，失败者在政治上失势后，在名义上依然承认北京的中央政权，并未另立中央。地方军阀虽各行其是，但还没有明目张胆地脱离中央政权，因此中央政权保持对其司法人员的任免奖惩，各省仍向司法部上报收结诉讼案件等统计数据，大理院也仍然审判来自各省的上诉案件。故在皖、直、奉三大派系互相争夺中央政权以及北方各地方军阀坐大的过程中，司法系统所受的冲击并不大，北方各省区仍维持与北京政府在司法方面的统一。但是，南方政治分立的性质不同于北方的政治分立。南方否认北京政府的合法性，并于 1917 年 9 月 10 日产生大元帅制军政府。1918 年 5 月 20 日，改组成立总裁制军政府。1921 年 5 月，孙中山在广州出任大总统，建立正式政府。1923 年，孙中山重回广东建立大元帅大本营。南方在建立最高政权后，与北京政府中断司法关系并建立自己的司法系统就顺理成章了。至于湖南，其政治分立的性质不仅仅在于其归属于南方阵营，还在于其处于联省自治运动的最前沿，打着联省自治的旗号将司法权收归自身。

其次，南方各省之间的政治关系影响着其在司法领域的抉择。自护法战争之后，南方各省不时“团结”在南方政权的领导下，但与南方政

① 1922 年云南的情况是个例外，该省向司法部上报了收结案件数据，但该年大理院没有审判来自云南的上诉案件。

权之间也矛盾重重。袁世凯去世后，唐继尧长期控制云南，视四川、贵州为附庸。陆荣廷于广西之外兼有广东。总裁制军政府中，岑春煊负责一般政务，陆荣廷为实际决策者。1920 年发生驱桂战争，10 月底桂系军阀退出广州，结束对广东 4 年多的统治。1922 年，孙陈战争爆发，南方政府无形取消。南方政权对各省控制力较弱，内部又纷争不断，致使各省与北京政府的司法关系时断时续，往往不能同步行动。

第三，审级管辖与司法行政之间的性质差异，是造成一省之内司法关系中断过程不同步的重要因素。司法行政主要涉及政府，与民众的直接关系不大，而且专业化程度不深，中断关系相对容易。审级管辖更多涉及广大民众自身权利，而且相对司法行政更为专业化，政治分立对其虽有影响，但有时不足以使其中断。南方 6 省与北京政府中断审级管辖关系的时间，往往迟于中断司法行政关系，四川、广西等省甚至一直与北京政府保持审级管辖方面的统一。促使审级管辖关系中断的最主要因素，是南方建立最高审判机关，如广州大理院，云南、贵州大理分院，或者如湖南以该省高等审判厅为最高审判机关。

五　结论

清末以来，中央集权与地方分权之争持续不断。北洋时期政治分立与司法统一的并存，正是在这一历史脉络里展开的。政治分立对司法统一造成了一定程度的破坏，导致司法权的地方化。在南北分立的政治格局下，南方 6 省与北京政府之间的司法关系发生了不同程度的断裂，往往首先是司法行政关系的断裂，接着是审级管辖关系的断裂。由于政治分立的复杂性以及司法领域本身的专业化倾向等因素，中央司法权至少在形式上实现了全国绝大多数省区的统一，成功地抵制了司法权的地方化。审判的专业化致使其与政治保持一定距离，多少影响了审级管辖断裂的进程。因此，政治分立并不必然导致司法系统的断裂，尤其是审级管辖关系的断裂。①

---

① 北洋时期，中国之所以仍是中国，或许是因为有司法系统这样的纽带来维系。类似司法领域的现象是否存在其他领域，尚待进一步考察。

虽然北洋时期特有的政治分立不复存在，然而地方分权会以别的形式存在。地方分权是司法权地方化的源泉，而司法权的地方化与司法权的统一之间存在的矛盾，至今尚未完全解决。

章太炎在台湾与明治日本思想的初遇

——兼论戊戌后康有为、章太炎政治主张之异同*

彭春凌

引 论

与东亚各国同处儒教圈的明治日本领先走上了近代化之路，随后便是侵略扩张，以至于日本思想史家都对此段历史发出了“爱憎并存”的感喟。[①] 明治维新“一利一害”[②] 的两个面相究竟如何影响了中国的现代进程，学界须作长久的关注和思索。黄遵宪《日本国志》、康有为《日本书目志》当时即领时代风骚。在梁启超、鲁迅与日本之关联上更已有深耕细作的研究。[③] 与此形成对照的是，章太炎三次旅日，思想上受明治思

* 本文原载《近代史研究》2013 年第 5 期。本文为国家社会科学基金青年项目“中国近代‘国学’构想的建立：章太炎与明治思潮”（12CZS042）的阶段性成果、中国社会科学院创新工程项目“抗战建国与民族复兴”的前期成果。

① ［日］源了圆：《德川思想小史》，東京，中央公論社，第 12 页。

② 周作人：《游日本杂感》，《新青年》第 6 卷第 6 号，1919 年 11 月 1 日，第 606 页。

③ 从宏观层面研讨近代中日思想文化关系的著作，可参实藤惠秀著，谭汝谦、林启彦译《中国人留学日本史》（生活·读书·新知三联书店 1983 年版）、王晓秋《近代中日文化交流史》（中华书局 1992 年版）。研究近代思想家与日本关系的专著，则有朱忆天《康有为的改革思想与明治日本》（上海人民出版社 2011 年版），狭间直树编《梁启超·明治日本·西方——日本京都大学人文科学研究所共同研究报告》（社会科学文献出版社 2001 年版），郑匡民《梁启超启蒙思想的东学背景》（上海书店出版社 2003 年版），伊藤虎丸著，李冬木译《鲁迅与日本人——亚洲的近代与“个”的思想》（河北教育出版社 2001 年版）等。

潮刺激和濡染甚巨，但关于他与明治日本关系的研讨却较为沉寂。小林武等学者开创性的研究颇集中于1902年以及1906—1911年章太炎后两次日本经验，尤其关注章氏如何以姉崎正治、中江兆民等为津梁，接纳和回应西洋近代思想。[①] 至于章氏与明治日本的初遇（1898年12月至1899年6月间章氏先流亡于沦为日本殖民地的中国台湾，后又转赴日本），学界在资料辑录和章氏思想学说的整理上已有一定拓掘，对章氏接触中国台湾社会、评骘日本人治台政策亦有所探研。[②] 然而，相关著论大多未将太炎旅台时期的文章，还原到他所任职的《台湾日日新报》的舆论大背景上去，亦未由此进一步追索他与日本学者往复论辩衍生的议题。这导致太炎刊发于该报上的一些佚文迄今未被辨识，他这一时期与康梁交往的相关史事仍未得到澄清。而章太炎与明治日本初遇所引发的重要思想史命题，即戊戌变革时期，中国知识人与明治维新后以“国体论”为基底的日本思想界，在士人应持守的伦理根底以及现代国家制度设计上的分歧，尚且属于空白领域。

在日本，“国体论”的共同认知是，日本帝国的基础为“一君万民”“君民同祖”、天皇“万世一系”的拟血缘制国家观念。这是1889年《大

---

① 中文研究界尚未见探讨章太炎与明治日本思想关系的专著，王汎森在《章太炎的思想（一八六八——一九一九）及其对儒学传统的冲击》（台北）时报文化出版事业有限公司1985年版）中分析了章氏《订孔》与远藤隆吉、白河次郎著作的关联，汤志钧《乘桴新获——从戊戌到辛亥》（江苏古籍出版社1990年版）有论文涉及章太炎在中国台湾时期的思想及其与日本学者馆森鸿的交往。彭春凌则论析了《章太炎对姉崎正治宗教学思想的扬弃》（《历史研究》2012年第4期）。在日本研究界，西顺蔵、近藤邦康编译了《章炳麟集：清末の民族革命思想》（東京，岩波書店1990年版），为日语学界读解章氏学说的重要著作。近年来，小林武先生以其专著《章炳麟と明治思潮：もぅ一つの近代》（東京，研文出版社2006年版），论文《章炳麟（訄書）と明治思潮——西洋近代思想との關连で》（《日本中國學會報》第55集，2003年）、《章炳麟と姉崎正治——（訄書）ょり〈齊物論釋〉にいたる思想的關係》（《東方學》第107辑。東京，東方學會，2004年），在该领域做出了开创性的贡献。

② 对章太炎中国台湾时期的思想言论，相关的资料整理及研究参见：［日］阿川修三《〈臺湾日日新報〉所載章炳麟論文につぃて》（《中国文化——研究と教育》，漢文学会会报第40号，1982年6月，第83—98页）；汤志钧《章太炎在台湾》（《社会科学战线》1982年第4期）；《〈章太炎年谱长编〉补——光绪二十四年十月至光绪二十五年五月》（《文史》1983年第18期）；《章太炎传》［（台湾）商务印书馆1996年版，第50—67页］；姜义华：《章太炎思想研究》（上海人民出版社1985年版，第80—111页）；王飞仙：《章太炎与台湾》（台北《新史学》2001年第12卷第3期）；彭春凌：《思想史视野中的章太炎与台湾》［《台湾研究新视界：青年学者观点》，（台北）麦田出版社2012年版］。

日本帝国宪法》的立宪精神，也是维系近代日本政治运作的机轴。而由元田永孚、井上毅等人起草，明治天皇颁发的《教育敕语》，则演绎儒学忠、孝的伦理原则，要求“臣民克忠克孝”，“扶翼天壤无穷之皇运”。[①] “日本与中国的思想有些歧义的原因”，差不多就是从“万世一系”出发的。[②] 日本殖民中国台湾以后，为尽快在意识形态上收拢人心，在当地强力推行这种“国体论”。自 1898 年底，章太炎受戊戌党祸牵连而旅居台湾，任职于殖民当局所办媒体《台湾日日新报》，发文悼念维新六贤，声援康有为，思索中国未来的政治方向。此时日本学人为彰显、灌输“忠臣”观念，正猛烈抨击流亡中的康有为，章太炎与他们发生了直接的思想冲突。两方面对立的实质在于，清末以康章为代表的中国儒学笃信人得于上天而有所同然的内在良知是道德理性的基础，并承认“革命”作为自然趋势具有合法性，日本明治维新后借助儒学君臣名分观念建构起来的国体论，则要求臣民无条件忠诚于天皇。这两种儒学就伦理根底而言是绝难共存的。彼时太炎念兹在兹的《客帝论》被日本人视为“非例”[③]，进一步彰显了变革期的中国，知识人从“孔子改制”出发设计的政治蓝图，在国体层面上殊别于以天皇“万世一系”作支撑的明治维新。

本文强调“相遇”，将后人视如武术套路表演的“优雅”思想，还原为瞬间攻防转换且拳拳到肉的现场搏击，力图凭借具体的历史事件和人物境况，对思想进行动态的理论辨析，把握其分歧的内在机理。这样做不仅有助于体验历史的鲜活生命感，更重要的是，纳入明治日本这一新的参照系，可激活并深化对中国近代思想史上一些关键问题的认知。

一则，章太炎戊戌时期的日本观长期不为学界重视[④]，其原因，大半

---

① ［日］重野安绎：《大日本维新史》，東京，善鄰譯書館明治三十二年（1899）版，第 84、85 页。

② 周作人：《日本管窥》（1935），《周作人文类编》（7），湖南文艺出版社 1998 年版，第 19 页。

③ ［日］籾山衣洲：《感旧录》，《台湾日日新报》1912 年 5 月 1 日（15 周年纪念号），汉文第 57 版。

④ 笔者迄今未见讨论戊戌时期太炎日本认知的论文，对章氏与日本关系研究甚深的小林武先生，也未特别关注该问题，还误认为《訄书》初刻本中直接言及的日本人、日本书仅限于冈本监辅及其著作［《章炳麟（訄書）と明治思潮——西洋近代思想との關連で》，《日本中國學會報》第 55 集，第 197 页］。实际上，《官统》篇就较长篇幅地援引了源之熙的《艺苑日涉》。

在于他当时的言说跟同时代知识精英处于相同的水准线上，自家面目比较模糊。中日“改革时期的气分总是相像的”，充满着“破坏尝试”的“情热与希望”[①]，章氏因此频频饱含热情地赞美幕末志士破坏旧制度的决心和勇气。[②] 从观念上，因与日本同文同种、“近在肘腋”，章氏倡导“相倚依”[③]，“与日本合从”[④]，呼应着彼时联合日本的思潮。[⑤] 同时由于日本率先走上西洋近代化的道路，康有为就宣扬，“我朝变法，但采鉴于日本，一切已足”[⑥]，而章氏于1900年梓行《訄书》初刻本，举凡官职的命名（《正名略例》）、迁都选址的考量（《宅南》）、学堂制度的拟定（《改学》），也在在以日本为榜样。此即为戊戌变革时期章氏日本观之大略。然而就在1900年的《訄书》初刻本中，章氏已显露了对日本的不满。其《官统》篇斥东方日本，“其民蹲夷不恭，故贤者犹侏张”[⑦]，是说日本不但百姓踞坐不合礼仪，其有才德者亦嚣张跋扈、强横放肆。此番表态呼应着太炎“旅食台湾，不怡于众”[⑧] 的懊恼心情。章氏此后从情感上与日本渐次疏离[⑨]，1907年更将日本排除在“亚洲和亲”的国家之外。[⑩] 分析章太炎如何在中国台湾遭遇帝国主义之日本，并以《答学究》（1899）等文从思想上与之冲撞，有助于更深入地理解章氏此后反日思想

---

① 周作人：《清浦子爵之特殊理解》（1926），《周作人文类编》（7），第683页。

② 如章太炎《东鉴》，《訄书》初刻本，《章太炎全集》第3册，上海人民出版社1984年版，第64页。《读〈日本国志〉》（1897），汤志钧编：《章太炎政论选集》上册，中华书局1977年版，第48页。

③ 章太炎：《论亚洲宜自为唇齿》（1897），汤志钧编：《章太炎政论选集》上册，第5页。

④ 章太炎：《与李鸿章书》（1898），汤志钧编：《章太炎政论选集》上册，第55页。

⑤ 1897年，章太炎与人合作创办《译书公会报》，频发文章，宣扬中日合作共御外辱的论调。日本人森本藤吉所著《大东合邦论》，对康有为、梁启超、蔡元培等皆有影响（参见茅海建《从甲午到戊戌：康有为〈我史〉鉴注》，生活·读书·新知三联书店2009年版，第387—389页）。

⑥ 康有为：《日本变政考》（1898），《康有为全集》第4集，中国人民大学出版社2007年版，第274页。

⑦ 章太炎：《官统》，《訄书》初刻本，《章太炎全集》第3册，第71页。

⑧ 蓟汉阁主：《游西京记》，《亚东时报》1899年第17号。

⑨ 太炎与日本情感上的疏离，在1906年他第三次旅日期间表现得最为明显。他在与《东亚月报》武田范之的论辩中，曾斥责日本是“封建变形之国”，国民“情存势力”（章太炎：《答梦庵》，《民报》1908年第21号）。当然，章太炎仍旧持续受到明治日本思想界的影响，从《訄书》重订本大量援引日本知识人的著作即可见一斑。

⑩ 章太炎：《亚洲和亲会约章》，汤志钧编：《陶成章集》，中华书局1986年版，第456页。

及言论肇端和酝酿的过程。

再则，章太炎戊戌年赴中国台湾，正值中日思想文化传译的大方向发生逆转、从传统进入现代的关键时刻。思想文化授受身份的对换（一方主要由传播者变为接受者，另一方主要由接受者变为传播者），使两国知识人交流时的心理产生尊与卑的冲撞和调适，反复叠加着傲慢与偏见的情绪，又使这一时期中日两国的思想对话呈现出多层面“同中有异”的繁复情状。当以汉字、儒学的文化符码进行沟通时，太炎难掩中国千百年来的自豪之情。他撰《书〈原君〉篇后》，以文化原发地的眼光，审视并指责已被纳入日本“国体”、充分本土化的儒学君臣伦理。而日本知识人早就有和中国“夷夏”易位的思想，或谓，“今也夷入夏，则夏变为夷；虽圣人之邦，礼乐文物，几乎熄矣；何必中于彼而夷于此哉”。[①] 日本甲午一战胜过中国，其民族自信心高涨，转而以礼乐文明在兹的优越感，运用儒学话语来抨击儒教中国。中国知识人呼吁“变器”“变事”“变政”“变法”，全面步武日本。[②] 然而，购船置械、设邮便、开矿务等质实具体的“变器”“变事”固可分毫不爽、纤微必至，改官制、变选举的“变政”也不难照葫芦画瓢，一旦涉及碰触政治体制根源性问题的“变法”，以及更加形而上的民族精神之模仿，文化传译中为我所用乃至貌合神离的面貌就会逐渐显露。比如，在梁启超鼓吹“大和魂”尚武风气时，日本学人却以“大和魂”的忠君精神抨击康梁，并与章太炎辩论。章太炎撰《客帝论》，倡导模仿明治维新以大政奉还天皇，展望以孔子后裔为共主的政治图景，日本人却识破了其“客帝”主张背后的革命意图，认为其说与“万世一系”的天皇制简直谬以千里。凡此均证明，中日近代虽面临富国强兵、重建社会秩序等相同使命，但因历史文化根基的差异，主导变革的伦理价值以及各自规划的政治蓝图有深刻的差别。

《答学究》的缘起、依据及相关拥康佚文

戊戌政变后，章太炎在日本友人山根虎臣（1861—1911，名虎之助，

---

① ［日］村濑之熙（源之熙）：《艺苑日涉》第 1 卷，日本文化四年（1807）刻，安政四年（1857）丁巳春补刻，数库堂合梓，第 10 页。

② 康有为：《日本变政考》（1898），《康有为全集》第 4 集，第 198 页。

号立庵）、安藤阳洲的帮助下，由台湾总督府民政长官后藤新平邀请并推荐给《台湾日日新报》总编辑守屋善兵卫，而任职于该报。1898年12月4日太炎抵台北，11日就开始在《台湾日日新报》上发表文章，一面有“以清酌庶羞，致祭于维新六贤之灵”的《祭维新六贤文》；一面以《佞贼盗名》，痛斥“翦除新党勿留余地”的张之洞等人“毛羽不若”。[①]“满地江湖吾尚在，棋枰声里俟河清”[②]，其感伤里蕴含着激情。太炎此时期的文章着力弘扬正义，批判邪恶，痛悼死难者，憎恶叛徒与伪士。12月15日，太炎写信慰问在东京的康有为，劝他“西渡欧美”，躲避追杀，对孙文的革命党“抚而畜之”。[③] 此信很快获得回复，太炎兴奋地将复书加上自己的按语，刊发于1899年1月13日的《台湾日日新报》上。章太炎修复了《时务报》时期与康梁的紧张关系，并获梁启超邀请在《清议报》上发表文章。《台湾日日新报》上章太炎与日本学人发生摩擦，就肇端于评价戊戌政变后的康有为时，双方立场有激烈的冲突。

这里有必要回顾一下政变前后，康有为在《台湾日日新报》上的形象从“忠臣”向“罪臣”“乱臣”急剧滑落的过程。

早在1898年3月，《康工部的上疏文》已在《台湾新报》（《台湾日日新报》前身）连载。[④] 康有为“以俄国大彼得之心为心法，以日本明治之政为政谱”，倡议变法，受到关注。[⑤] 报纸表彰康氏“一腔热血”，更留意到康梁联日、合邦的思想，以及接触日本公使、倡大东协助会的

---

① 清国章炳麟：《祭维新六贤文》、莿汉阁主：《佞贼盗名》。二文分别见《台湾日日新报》1898年12月11日，汉文第5、6版。《佞贼盗名》一文至今未见研究者提及，是太炎的佚文。

② 章炳麟：《饯岁》，《台湾日日新报》1898年12月31日，日文第1版，“文苑”栏。

③ 此信即匿名刊发的《寄康氏书》（《台湾日日新报》1899年1月1日，汉文第12版）。详细考证参见彭春凌《章太炎致康有为的一封佚信》，《文史知识》2011年第3期。

④ 《台湾日日新报》由合并《台湾日报》及《台湾新报》而来，1898年5月6日刊行改版第1期。该报是台湾第4任总督儿玉源太郎、行政长官后藤新平上台后的政举之一。

⑤ 《康工部の上疏文》，《台湾新报》1898年3月27、29、31日，日文版第2版、第4版、第3版；引文出自31日日文版第3版。经对勘，此文其实就是由康有为《外衅危迫分割洊至急宜及时发愤大誓臣工开制度新政局折》（1898年1月29日，即通常所称《上清帝第六书》的原本）简缩而来的。

行动。[①] 他们基于日本的国家利益及“国体论”的立场，打量着接踵而至的戊戌政变。政变后一度谣传光绪驾崩。[②] 到 9 月底，消息日益确实，政局轮廓才逐步清晰。其大要是，满洲大臣联合上奏，要求中止过激的改革，清帝被幽禁，慈禧太后摄政，张荫桓之徒被罢免，康有为出逃。该报发表《支那帝国的政变》《帝国对于清国政变的态度》等文，显示了日本人看待政变的复杂心态。

一方面，凭着对中华文明千年来的深入研究，日本学者认为，易姓革命、改朝换代，乃是“支那帝国的常态”，“革命犹如沛然之豪雨，一到即驱散漫天的沼气”，“革命之于支那，并非国家衰弊之因，却更多乃元气复活之基”，政变对中国未必是坏事。[③] 不过，由于明治日本的普通知识人信奉绝对的皇权观念，在他们看来，“革命”并非一定要具备群众运动、自下而上等条件，只要最高权力转移，简单地说，皇权更革，就是革命。另一方面，报纸舆论呼吁政府拒绝承认清廷的政变结果，要求确保皇帝安全，谴责“依靠政变、幽闭皇帝等非义无道的暴举”，主张维护“全世界君主政体国的前途”，担忧政变殃及日本“万世一系的皇统”。他们提出，从世界范围看，“君主政体渐次消灭，共和政体愈益增加，时有狂妄之徒出现，如有弑杀君临一国者；有人嫌忌君主政体还尚可，甚至有人还倡导无政府主义，则不可不大大警惕”[④]；西班牙、俄国、澳国(奥地利)、韩国，弑君浪潮涌起，令帝国日本风声鹤唳，产生唇亡齿寒之忧。[⑤]

日本学者进而将清廷政变的原因追溯到戊戌过激维新的失败，视维新的失败并非由于皇帝昏庸，而是臣下无能所致，故谓，“清廷谋变法者

---

① 《大东协会》，《台湾日日新报》1898 年 7 月 3 日，汉文第 5 版。《台湾日日新报》对戊戌变法的主要兴奋点是它的日本元素。日本国内政府系的媒体，如《东京日日新闻》《报知新闻》及《时事新报》等，虽对变法派比较冷淡，对康有为的改革方式有所怀疑，却都兴奋地看待他对日本经验的重视。（参见［日］山根幸夫《戊戌変法と日本——康有為の〈明治維新〉把握を中心にして——》，《論集近代中国と日本》，東京，山川出版社 1977 年版，第 25 页）

② 《清國皇帝崩御の風説》，《台湾日日新报》1898 年 9 月 25 日，日文第 2 版。

③ 《支那帝國の政變》（上、下），《台湾日日新报》1898 年 9 月 27、28 日，日文第 2 版。

④ 《清國政變に對する帝國の態度》，《台湾日日新报》1898 年 9 月 29 日，日文第 2 版。

⑤ 《清帝无恙》，《台湾日日新报》1898 年 9 月 27 日，汉文第 3 版。

特新进纷更之见，非老成持重之思，固难免祸及其君”[①]。由此，《台湾日日新报》上的康有为便从拥君革新之“忠臣”，变成了轻浮无德之“罪臣”。报纸刊文，批评康等“图治太急，变法过多，卒使萧墙祸起”，致“君若臣共蒙不白之冤”。[②] 鉴于维新诸贤政变后的作为，日本人只表彰谭嗣同视死如归，以“峻节大义”“鼓励一世人心”，说他“志趣超群”，“有古名臣之风标”[③]；暗讽康有为“独无事”，在听闻皇帝驾崩的传闻后，不但不“出而自首”，“殉帝于九泉之下”，反倒“侥幸一生，于积冤之际，以为自得”。[④] 这意味着，变法失败，康有为不殉死就是道德上的污点。通过评述戊戌政变，近代日本国体论背景下的君臣伦理观念已经显露无遗：皇帝的绝对权威与正确地位是神圣不可动摇的，即使万方有罪，亦罪在臣子，不杀生成仁、报答君恩，就是道德上的亏欠。

政变后康有为逃到香港，又辗转抵达日本。随着康氏自己讲述政变的始末，他在《台湾日日新报》上的形象在由“忠臣”蜕变为“罪臣”后，更朝“逆臣”“乱臣”方向迅速滑落。1898 年 10 月 25 日，该报汉文版、日文版同时刊登了光绪皇帝赐予康有为的两道“密诏”，即康氏后来屡屡提及的“衣带诏”。一件由杨锐带出，皇帝深感变法受“守旧衰谬”大臣及太后阻挠，“朕位几不保”，希望康有为与谭嗣同、林旭、杨锐、刘光第等“妥速密筹”，“设法相救”。一件由林旭带出，告诉康有为，让他督办官报“有不得已之苦衷”，令康氏“迅速出外，不可延迟”，“爱惜身体，善自调摄，将来更效驰骋，共建大业”。[⑤] 10 月 29 日，该报评论感叹，“噫嘻！密谕暴露，必得自西太后之手，尤安知非‘莫须有’三字，固以为废帝藉口乎？哀哉，国家不造，变起萧墙，殆比唐武氏而过焉”。[⑥] 评论认为，此密谕暴露了帝后不和的宫廷秘辛；康有为公布密诏，使原本可以掩饰的矛盾顿时尖锐，令慈禧骑虎难下，甚至会逼她断

① 《清政激变》，《台湾日日新报》1898 年 9 月 28 日，汉文第 3 版。

② 《千古奇冤》，《台湾日日新报》1898 年 10 月 6 日，汉文第 3 版。

③ 《志趣超群》，《台湾日日新报》1898 年 10 月 26 日，汉文第 3 版。

④ 《据昨来所传电信》，《台湾日日新报》1898 年 10 月 6 日，汉文第 3 版。

⑤ 《清帝密谕二道》《密谕两道》，《台湾日日新报》1898 年 10 月 25 日，日文第 2 版，汉文第 3 版。

⑥ 《祸及兄弟》，《台湾日日新报》1898 年 10 月 29 日，汉文第 3 版。

腕废帝，终将危及光绪性命及清廷国体。11 月 3 日，该报又刊发了康有为在香港答西方记者问全文，其间康氏一则自炫对维新的主导作用，陈述皇上赐密诏后自己的逃难经历，二则指责西太后阻挠变法，“固执己见，不欲将权交与皇上”。该报愈发蔑视康有为，称“如以上所说，听其言可以知其为人矣”。①

11 月 13 日，《台湾日日新报》进一步披露了康氏随密诏投寄给上海新闻社的书简，内中康有为骂慈禧如“吕、武临朝”，“贪淫昏乱”，幽废并欲加害皇帝，感叹自己“受衣带之诏，不能尽徐敬业之力，只能效申包胥之哭”。② 该报认为，康有为公布光绪密诏本属不智，但如公布该诏出自皇帝意愿，做臣子的履行君意，尚说得过去。③ 然而，康有为此时跳出来责骂慈禧，除了证明自己受权于皇帝的政治合法性“以自洁”外，对改善时局毫无益处，其举“既于皇帝无所济，又足自速其殃祸而贻口实于外邦”。如书简“果出于康氏之手”，则康氏“适可谓乱臣”。④ 后来该报更登载梁鼎芬驳斥康有为的文章，借梁之口，斥责康有为违背“孔子教”，“不知忠孝，不顾廉耻，既莠言乱政，又畏罪潜逃”，“无父无君无人理”。⑤ 出逃在日的康有为此时也深深感受到日本类似舆论的压力，称，“又有引天王明圣、臣罪当诛之说，以仆訾西后为反叛者”。⑥

在《台湾日日新报》汉文版侧重就道德伦理抨击康有为“不忠不孝”时，日文版则考虑着更有深度的帝国利益问题；这正体现了该报汉、日两种版本所预设的台湾读者群，存在尚不懂日文与已接受“皇化”的差别。11 月 26 日到 12 月 9 日，日文版连载《东洋的危机》，一方面，给康有为的政治前途下诊断书，鉴于他在政变后公布密诏、谴责西太后等行

---

① 《康氏答问》，《台湾日日新报》1898 年 11 月 3 日，汉文第 5 版。

② 《康氏鲤牍》，《台湾日日新报》1898 年 11 月 13 日，汉文第 6 版。注：该信内容与康有为 10 月 25 日抵达东京后公布的《致日本驻华公使照会》并无二致，《康有为全集》失收。

③ 这两道密旨的真实性受到普遍的怀疑。参见黄彰健《康有为表带诏辨伪》，《戊戌变法史研究》，台北，“中研院”历史语言研究所 1970 年版，以及汤志钧《关于光绪“密诏”诸问题》，《乘桴新获——从戊戌到辛亥》，江苏古籍出版社 1990 年版。

④ 《康氏鲤牍》，《台湾日日新报》1898 年 11 月 13 日，汉文第 6 版。

⑤ 《辩驳谤书》，《台湾日日新报》1898 年 12 月 4 日，汉文第 6 版。

⑥ 康有为：《复依田百川君书》（1899 年 3 月前，录《日本东京报》），《康有为全集》第 5 集，中国人民大学出版社 2007 年版，第 108 页。

为，断言他不具备成熟政治家的风范、智慧及手段。以日本明治维新来类比，康有为宛然佐久间象山或吉田松荫，仅是幕末“振作国家元气”的“鼓吹者”，不能以维新三杰“西乡隆盛、木户孝允、大久保利通”以及伊藤博文的能力期待康氏，“建设的事业、国运的伸张”非其所长。另一方面，列国虎视眈眈预谋瓜分中国，日本人痛感“在支那无有立脚之地”，他们希望日本作为黄色人种中最“卓出”者，“提携”中、韩两国使之“文明”化，以东洋对抗白色人种。[①] 该计划实施的前提，是维护支那的“国体”，尤其是清朝帝制统治，由此必然要在伦理上，持续谴责康有为实际上的破坏行为。

总而言之，《台湾日日新报》视政变后的康有为为“乱臣”，符合日本用“臣民克忠克孝”的国体论来统治中国台湾的现实利益，也符合日本以中国台湾为“帝国南进”[②] 之跳板觊觎中国大陆的雄心。当然，本质上还体现了他们对日本“一君万民”的“国体论”，有神圣不可动摇的忠诚信仰。章太炎在经历恐怖的政变、见证同志鲜血以后，初临台湾，就必须直面日本人评价康有为这一历史背景。《答学究》一文即缘起于为康氏辩白，以澄清“邪正枉直”。[③]

1899 年 1 月 22 日，太炎发表《答学究》[④]，正面回应“台湾之学究”对康氏“非忠非恕”、不能殉死的道德谴责（“非忠”指斥康有为泄秘谋，“非恕”指斥康有为批慈禧）。太炎实际上针对的是《台湾日日新报》“污蔑”康有为的评论。[⑤] 从行文看，他将矛头指向了“台湾之学究”，且似乎有意区隔“台湾”和“邻国”，但这恐怕是避免与日本人直

---

① 《東洋の危機》，《台湾日日新报》1898 年 11 月 26、27、29、30 日，12 月 1、2、3、4、7、8、9 日，日文第 2 版。引文部分主要是 12 月 3、4、8 日。

② “台湾开发的先导者与帝国南进的指路人”，乃《台湾日日新报》自身的定位，参见《社告》，《台湾日日新报》1898 年 6 月 1 日，日文第 1 版。有趣的是，同年 6 月 4 日汉文第 5 版的《本社例言》删掉了这句话。

③ 章太炎：《〈康氏复书〉识语》，《台湾日日新报》1899 年 1 月 13 日，汉文第 3 版。

④ 支那章炳麟：《答学究》，《台湾日日新报》1899 年 1 月 22 日，汉文第 6 版。此文后署“台湾旅客来稿”，转载于《清议报》第 14 册，1899 年 5 月 10 日。

⑤ 1899 年 5 月 10 日《清议报》第 14 册转发了该文。高田淳《戊戌・庚子前後の章炳麟の思想》（《章炳麟・章士釗・鲁迅：辛亥の死と生と》，東京，龍溪書社 1974 年版，第 29—30 页）据此认为，《答学究》的“学究”是沿用太炎《论学会有大益于黄人亟宜保护》（《时务报》第 19 号）中“学究”的负面意味，他没有意识到《答学究》针对日本人论述的本旨。

接冲突的论辩策略（所谓“台湾”兼有“在台湾”和“台湾本地”两意，亦正可含混其事）；他针对的部分言论即便由台湾本地学者提出，也由日本殖民当局主导。该文篇首称：

> 章夫子读《傅燮传》，曰：呜呼！生民之瘼，身世之哀，别成知之矣。自古志节才行之士，内不容于谗构，奉身而出，语稍卓诡，而见诋于俗儒乡愿者，皆是也。

据《后汉书·傅燮传》，汉末朝廷腐败，社会动荡，汉阳为乱兵包围，太守傅燮决心以死守城，战殁前尝引《左传·成公十五年》所记“圣达节，次守节”，以守节者自居，以达节者勉励其子傅幹（小名别成）。[①] 在章太炎眼中，为变法牺牲的“六贤”类似傅燮，奉身而出者则有如傅幹，不是惧死，而是追求“达节”。康有为就是“志节才行之士”，因“不容于谗构，奉身而出”，公布光绪密诏，撰“奉诏求救”檄文昭告天下，用语稍有“卓诡”，而遭俗儒乡愿诋毁（乡愿指内地梁鼎芬等人，俗儒字面上指“台湾之学究”）。他们批评康有为“博一身之高名，而不恤王事”；“泄秘谋以速主祸，非忠也；讦宫闱以崇婞直，非恕也”。

实事求是地讲，从摆事实的层面上，章太炎能为康党开脱“泄秘谋”之责的空间是非常有限的。因为清廷对康有为的罪名已有定论，“初则曰酖弑皇上，继则曰结党营私，终则曰谋围颐和园”——命谭嗣同策反袁世凯，企图包围颐和园，捉拿慈禧太后，是清廷给康党的最终定谳。梁启超曾在《清议报》上极力否认“谋围颐和园”的指控，认为清廷“十日之间，罪名三变，信口捏造，任意指诬”。[②] 然而，梁氏《谭嗣同传》却大力宣扬谭如何游说袁世凯，如何拿出光绪密诏令其救圣上等[③]，不啻默认围园的图谋。其《戊戌政变记》又称，政变前一日（八月初五日），光绪帝对袁世凯“尚有密诏赐之”，“诏中何语，则非外人所能知也，然

---

① 《后汉书》第 58 卷，中华书局 1965 年版，第 1878 页。

② 梁启超（署“任公”）：《戊戌政变记》，《清议报》第 3 册，1899 年 1 月 12 日，中华书局 1991 年影印版，第 143 页。

③ 梁启超：《戊戌政变记·谭嗣同传》，《清议报》第 4 册，1899 年 1 月 22 日，第 208 页。

自是越一日，而垂帘之伪诏已下矣”①，还是暗示光绪有捉拿慈禧的旨意。② 这当然给康党奉诏勤王提供了政治上的合法性，但无疑加重了光绪的罪名，对正被幽禁的皇帝是非常不利的；这就是日本学人批评的，“移宫一案，尤莫能代君任过，且必欲证君密谋”。③

章太炎反驳以上事实十分无力，他坚持康氏公布密诏不会加速光绪之祸，理由是慈禧太后不是“庸女”，“彼其阴贼黠深，方什伯于吕雉，必有秘谋，自康氏之出而知之矣”。必有秘谋，慈禧不待康氏出走后的所作所为便可知晓，“康氏虽不言，何损于祸？”④

如果说在摆事实层面上，章太炎略逊一筹，难以提供康氏并非“泄秘谋以速主祸”的证据，那么他讲道理则是胸有成竹，气势磅礴。在他心目中，对“忠”“恕”的判断和践行必须超越“成俗”，取得政教伦理上更高的基点。其《答学究》曰：

> 且夫华士之选懦亦甚矣，彼拘于成俗，而不足以陟皇之赫戏者，横九服而皆是也。是故山崩陵阤，而宴卧者如故，非有驰檄，则气何自作？愤何自发？四邻何自动？武蜂精兵何自附？蒯生有言，“虽有舜、禹之智，吟而不言，不如喑聋之指扮也”。夫为康氏者，其当杜门宛舌，以责成亏于上天乎？其抑当哗扣而与天下陈其义也。若夫以讦发宫闱为婞直者，则可谓僿隶之见耳矣。古者绝交必曰无恶声，居其国必曰不非其大夫，此经常之论，执雌免祸之道，非所语于行权之事也。今祸患之端，始于宫邻，卒于金虎掖庭之上，而罪人在焉。讨之尤可，况数其罪乎？

太炎批评那些不敢对抗统治者暴行、责骂康有为的人太过柔弱怯懦，谓

---

① 梁启超（署“任公”）：《政变之分原因》，《戊戌政变记・政变前记》，《清议报》第1册，1898年12月23日，第23页。

② 康有为在《我史》中称，“闻五日袁召见，上另有密诏与袁，则不知其云何矣”，显然含有类似的暗示。茅海建对比手稿，断定此段乃后来添加（茅海建：《从甲午到戊戌：康有为〈我史〉鉴注》，第762页）。

③ 梯云楼主：《谋臣论》，《台湾日日新报》1899年2月17日，汉文第3版。

④ 支那章炳麟：《答学究》，《台湾日日新报》1899年1月22日，汉文第6版。

皇帝方有性命之忧，康有为不驰檄天下，诘责慈禧，不足以作气、发愤、动四邻、附武蜂精兵。故康有为之驰檄天下、诘责慈禧，不是违背恕，而正是实践对皇帝的忠。[①] 康氏“陟皇之赫戏”，“哗扣而与天下陈其义”，是他对成俗的超越。“陟皇之赫戏”一语，本于屈原《离骚》“陟升皇之赫戏兮，忽临睨夫旧乡。仆夫悲余马怀兮，蜷局顾而不行”。太炎多次使用，如《訄书·制币》篇又曰“陟皇之赫戏，诹素王之眇论”。[②] 登上光明灿烂的天空，挣脱俗儒乡愿之见以及切身利害的考量，奉行天下真正的公义和大道，这才是政教伦理更高的基点，是儒者立身制法的根本。

分析章太炎的话语，“上天”不是人格神，而是代表天道、公意的自然法；“素王”孔子，以及历代仁人志士屈子、傅燮等均是凭借着上天所赋予的人心同然之良知，以确立对体制有某种超越性的道德立足点。儒者之所以能做到“亦余心之所善兮，虽九死其犹未悔”，“自反而缩，虽千万人，吾往矣”，就本于这一共同的精神源泉。[③] “把天看作万物的依据，承认天的生成万物的条理性，想使人的道德与天的条理性相贯通等等这些天本思想基础上的东西”，正是“中国儒教区别于日本或朝鲜儒教的特征”。[④]《周易·乾·象》云：“天行健，君子以自强不息。”《周易正义》曰：“‘天行健’者，谓天体之行，昼夜不息，周而复始，无时亏退，故云‘天行健’。此谓天之自然之象。‘君子以自强不息’，此以人事法天所行，言君子之人，用此卦象，自强勉力，不有止息。”[⑤] 儒者承担着上天赋予的公道，是行为的主体，就不能“以责成亏于上天”，将成损归于

---

① 康有为《奉诏求救文》列数慈禧毒杀咸丰的显皇后、挪用海军费用 3000 万两建造颐和园等十宗罪。说慈禧废光绪以立私生子晋明，则最耸人听闻。章太炎谓此文用语“稍卓诡”，对它有一定的保留。

② 章太炎：《制币》，《訄书》初刻本，《章太炎全集》第 3 册，第 95 页。

③ 引语分别出自屈原《离骚》（洪兴祖：《楚辞补注》，中华书局 1983 年版，第 14 页）及《孟子·公孙丑上》（朱熹：《四书章句集注》，中华书局 1983 年版，第 230 页）。郭沫若认为：“其实屈原的思想，简单的说，可以分而为：一、唯美的艺术，二、儒家的精神。”（郭沫若：《屈原的艺术与思想》，《郭沫若古典文学论文集》，上海古籍出版社 1985 年版，第 279 页）

④ ［日］溝口雄三：《〈儒教ルネサソス〉に際して》，《方法としての中国》，東京，東京大学出版社 1989 年版，第 192 页。

⑤ 《周易正义》，北京大学出版社 2000 年版，第 11 页上、12 页下。

上天而无所作为。所以康有为“哗扣而与天下陈其义”，完全正当。而进一步讲，现在祸患、罪人在宫廷，“讨之尤可，况数其罪乎”？不管对方身份如何，基于终极关怀的道义同样适用。①

章太炎很自然地引进了“权”这一儒家政教伦理的重要维度，它被视为“吾国古伦理学中一要义”。②“权”与“经”或“常道”相对而言，但非背经叛道。王弼注《周易·系辞下》“巽以行权”，说：“权，反经而合道。”③ 宋儒对此说颇有修正。如程伊川强调：“权只是经所不及者，权量轻重，使之合义，才合义，便是经也。”④ 不仅如此，行权还是更高的政教伦理要求。孔子说：“可与共学，未可与适道；可与适道，未可与立；可与立，未可与权。”⑤ 太炎《答学究》开篇即引傅燮勉励傅幹一事，证明康有为在变革失败后，不殉死而奉身出逃，有其合理性。而傅燮引《左传》“圣达节，次守节”之说，以“圣达节”期望傅幹。《春秋左传正义》释此语，云：“节，犹分也。人生天地之间，性命各有其分。圣人达于天命，识己知分，若以历数在己，则当奉承灵命，不复拘君臣之交、上下之礼，舜、禹受终，汤、武革命，是言达节者也。”⑥ 简言之，“达节”即不拘常规而合于节义，亦含“行权”之意。太炎认为康有为出走不是道德上的污点，他讦发宫闱也是“行权”。

总之，太炎《答学究》认为，康有为等人如与光绪有秘谋，不待康氏公布密诏，慈禧必早已知之，故其公布密诏并无“泄秘谋以速主祸”的问题；康氏不殉死而出走，合乎“达节”之义；康氏攻讦慈禧，亦不违“行权”之旨。

章太炎一面驳斥“台湾之学究”，视之为“乡愿之驸骖”⑦，一面批判张之洞和梁鼎芬混淆了是非，损毁天下公道，所谓“诗礼发家［冢］

---

① 章太炎又引唐中宗时候，太子李重俊讨伐擅权之皇后韦氏。春秋时穆姜议废立，其子鲁成公幽之于东宫，以证明皇帝及康氏伤法于慈禧的合理性。

② 钱锺书：《管锥编》第1册，中华书局1986年版，第206—207页。

③ 《周易正义》，第370页下。

④ 程颢、程颐：《河南程氏遗书》第18卷，《二程集》，中华书局2004年版，第234页。

⑤ 《论语·子罕》，朱熹：《四书章句集注》，第116页。

⑥ 《春秋左传正义》，北京大学出版社2000年版，第882页上。

⑦ 支那章炳麟：《答学究》，《台湾日日新报》1899年1月22日，汉文第6版。

之害，有甚于躬行綦［篡］逆者”。[①] 1899年1月29日，太炎发表《党碑误凿》，继续揭露张之洞“倒戈新党”“不欲与满人立异”。[②] 在章氏看来，张之洞等人对儒学之“忠”有迂腐的理解，只强调臣子无条件效忠君主。1898年春，他在武昌谒见张之洞，后来曾回忆说：“张之洞始为《劝学篇》以激忠爱，摧横议，就余咨度。退则语人……古之谟训，上思利民，忠也；朋友善道，忠也；憔悴事君，忠也。今二者不举，徒以效忠征求氓庶。”[③] “上思利民，忠也”，出自《左传·桓公六年》所记。“朋友善道，忠也”，转化自孔子之语（《论语·颜渊》篇载：“子贡问友。子曰：‘忠告而善道之，不可则止，无自辱也’”）。章太炎认为“忠”作为社会成员相互的义务，是人出于本心善意和真诚，去做分内的事情；它包括甚至首先意味着在上者想着利于百姓，对朋友善加诱导，绝非仅仅要求在下之氓庶对在上者单向度、无条件忠诚。“忠”乃是人类社会基于天地间正义与良知的伦理要求。在中国儒教传统中，君臣关系的本质便在此。太炎强调，康有为对慈禧“数其忮恶，斥其淫昏”，正是“人臣之分”；康氏在儒家道义上有高度的合理性。他对这个“全身则废道，持正则见訾”[④] 的伪善世界深感悲哀。

《答学究》刊发后，章太炎在《台湾日日新报》上还有一系列推介康有为《奉诏求救文》以及劝责张之洞的举动。他为此撰写了一些“按语”，发表时未曾署名，故不为世人所知。

1月26、27、29日以及2月1日的《台湾日日新报》上，连载了康氏《奉诏求救文》。编者所加按语全文如下：

> 康工部奉诏求救文，自岭南传至，其文驱迈伉爽，读之令人按剑。或言工部手笔素尚雅澹，此或为同志代作。要之，檄移之体，

---

① 菿汉阁主：《佞贼盗名》，《台湾日日新报》1898年12月11日，汉文第6版。按：“冢”字原作“家”，殆形近而误。《庄子·外物》篇谓：“儒以诗礼发冢。”（郭庆藩：《庄子集释》，中华书局1961年版，第927页）“篡”字原作“綦”，殆亦为形近而误。

② 菿汉阁主：《党碑误凿》，《台湾日日新报》1899年1月29日，汉文第5版。

③ 章太炎：《艾如张、董逃歌序》，《章太炎全集》第4册，上海人民出版社1985年版，第240页。

④ 支那章炳麟：《答学究》，《台湾日日新报》1899年1月22日，汉文第6版。

欲使妇孺咸知，非此固不足感动也。今将其文登录如左。[①]

在《康氏复书》的识语中，太炎曾赞誉康有为“自述怀抱，卓诡切至，语不缴绕，而入人肝脾，志士诵之，靡不按剑”[②]。《奉诏求救文》之按语同样表彰康文“读之令人按剑”。两文所叙感受及用语雷同。而《答学究》为康氏辩白，谓：“非有驰檄，则气何自作？愤何自发？”《奉诏求救文》的按语则说：“檄移之体，欲使妇孺咸知，非此固不足感动也。”两者又是互相映照和贯通的。《奉诏求救文》之按语为章太炎手笔，断无可疑。

1899年2月17—19日，《台湾日日新报》又登载了推衍康有为檄文的《镜湖传檄》，文前编者按语曰：

镜湖传檄，词义近俚，盖推衍工部移文而为之者，然上说下教，号召忠义，不得不为此格，里闾市井之间，岂无乃心王室者，读此当不胜漆室之愤矣。[③]

而此前一天（2月16日），章氏在给汪康年的信中称：“对山移檄数四……近复有镜湖同人移檄自日本来，想孙实甫为之耶？”[④] 事实显然是，章氏得《镜湖传檄》一稿，很快将其编发，按语也是章氏所加。其中“上说下教，号召忠义……读此当不胜漆室之愤矣”，与《答学究》“非有驰檄，则……愤何自发？四邻何自动”亦相通。

1899年2月25、26日，《台湾日日新报》连载了远游斋主人《拟致湖广总督张公书》，信前按语为：

顷得访友传来远游斋主人一稿，其文洋洋洒洒二千余言，皆责

① 《〈康工部奉诏求救文〉按语》，《台湾日日新报》1899年1月26日，汉文第3版。

② 章太炎：《〈康氏复书〉识语》，《台湾日日新报》1899年1月13日，汉文第3版。

③ 《〈镜湖传檄〉按语》，《台湾日日新报》1899年2月17日，汉文第3版。

④ 章太炎：《致汪康年》（1899年2月16日），《汪康年师友书札》，上海古籍出版社1986年版，第1951页。笔者按：孙淦，字实甫。晚清上海商人，长期在日本经商，与汪康年熟识，曾出任浙江留日学生监督。章氏笔下的“对山”指康有为。

张公以瞻徇利害，不偕烈士以殉名，亦可谓竭尽忠告矣。究诸人事是非，没世后决有定论，兹姑将原稿照录，以公众览。①

1899 年 2 月 1 日《清议报》第 5 册曾载远游斋主人《拟致湖广总督张公书》，《台湾日日新报》属于转载。笔者判断，“远游斋主人”就是梁启超。② 梁氏听闻荣禄派心腹赴武昌游说张之洞，便撰写了此文，劝说曾襄助维新活动的张之洞谨守大义，保护皇上。章太炎自与康有为通信后，又与梁启超有诗文往来。太炎《寄梁启超》诗及《答梁卓如书》先后刊于《台湾日日新报》。梁氏请太炎“惠示”“新作”③，太炎《祭维新六贤文》《春风一首寄卓如》（即《寄梁启超》）又随即转发在《清议报》第 7、8 册上。如今《台湾日日新报》转载了梁启超《清议报》上的文章，既体现了章太炎自政变以来特别关注张之洞的一贯倾向，也是和梁氏“礼尚往来”的互相唱和。因此，该信的按语亦当是出自太炎之手。

太炎编发这些文章，又以按语提示或推扬文章的主旨，其核心关注在于支持康有为出逃后的行动，为康氏正名，回击学究和乡愿，与《答学究》完全一致。

---

① 《〈拟致湖广总督张公书〉按语》，《台湾日日新报》1899 年 2 月 25 日，汉文第 3 版。

② 此信初载于《清议报》，迄今并无研究揭破其为梁启超所作，故须略加考证和澄清。该信作者在信中以“某”自称。称“去岁某与李编修盛铎，谋共创《公论报》于上海，既而某应公之召游鄂，与公述及此事”。《公论报》乃是梁启超、陈炽、李盛铎商议创办的报纸，后并未实行（事件始末参见马忠文《戊戌时期李盛铎与康、梁关系补证——梁启超未刊书札释读》，《江汉论坛》2009 年第 10 期）。该信又说“某以不才屡蒙奖誉，与杨君（按：指杨锐）同被公荐举经济特科，其谁不知之”。查 1898 年张之洞举荐经济特科，共 18 人，即黄绍箕、杨锐、徐建寅、蒯光典、易顺鼎、钱恂、胡惟德、华衡芳、郑孝胥、汤寿潜、陈骧、邹代钧、梁启超、汪鸾翔、王季锴、陶保廉、汤金铸、罗照沧（参阅《湖广总督部堂张咨送特科人才稿》，《湘报》第 114 号，1898 年 7 月 18 日，中华书局 2006 年版，第 1082 页）。两条材料对照，更可断“某”为梁启超无疑。该信中的其他论述也与梁启超的特点一致。如文中提及，“某自去岁由鄂渡湘，宿节署，作三日夜谈”；“某虽不才，顾数年以来，承公以国士相待，致之于幕府登之于荐牍，所以奖借而引进之者甚厚”。凡此俱合梁启超与张之洞关系的实情。梁氏 1898 年 1 月 17 日抵武昌，曾晤张之洞，张氏屡次邀梁启超入幕府，为梁拒绝。该信发表于《清议报》第 5 册，与同期所发《戊戌政变记·政变近报》内容吻合，文句都有很多一致处。

③ 支那章炳麟：《答梁卓如书》，《台湾日日新报》1899 年 2 月 5 日，汉文第 5 版。

《书〈原君〉篇后》与《谋臣论》的两种儒学伦理

《答学究》刊出后，《台湾日日新报》上刊发署名“梯云楼主”的文章，再次就戊戌政变及康梁行止发表评论，显有与太炎对话的意味。梯云楼主是该报汉文栏同期十分活跃的评论员，他称日本为“帝国”、中国台湾的抵抗势力为“本岛跳梁之辈”①，十之八九是日本人或者完全接受日本统治秩序及意识形态的中国台湾人。② 太炎与该报日本人的个人关系还算良好，他在致汪康年的信中，曾言“在台官吏，颇有佳者”，“文士在此者，以法院长水尾晚翠，报馆主笔籾山逸，督抚小吏馆森某为最”。③ 主持该报汉文栏的籾山衣洲（1855—1919），本名“逸也”，通称“逸”，是日本文坛著名的汉诗人。和太炎交情深厚的馆森鸿（1862—1942，号袖海）则师承大汉学家重野安绎（1827—1910）。④ 太炎与他们沟通毫无文字障碍，彼此常以诗文酬唱往来。籾山衣洲同情太炎因党祸流亡、心忧国事的身世际遇，谓太炎诗作《寄梁启超》乃“真情流露”，“吾辈读之，亦为黯然，况启超其人乎”；又赞美太炎诗品“锵然古调，断不在晋宋以下，末段悲愤填胸，惟见泪痕，而不见墨痕矣”。⑤ 梯云楼主于1899年2月4日发表《论清党祸》，回应太炎的《答学究》，体现了日本人与流亡党人私交虽厚，但价值立场却难以相通。

梯云楼主谓，支那帝国的衰亡如同宏伟大厦倾圮，令人十分“寒心”。《论清党祸》抨击当权者“穷治异己之党，追捕将及处士。而苛禁且在报文，遂使惧捕者纷投邻国奔驰”，此言体现了报社同仁对章太炎的同情。但话锋一转，梯云楼主就批评流亡在外的党人，“出走绝望，言旋

---

① 梯云楼主：《辟谣》，《台湾日日新报》1899年4月22日，汉文第3版。

② 据籾山衣洲回忆，1898年冬，《台湾日日新报》“汉文部颇振。邦人有市村、日下两氏，华人有章枚叔，台人有粘伯山、翁林煌、黄植亭、李逸涛，及他三四辈”。见《感旧录》，《台湾日日新报》1912年5月1日（15周年纪念号），汉文第57版。

③ 章太炎：《致汪康年》（1899年1月4日），《汪康年师友书札》，第1953、1955页。

④ 章太炎与重野安绎的交往，参见陈力卫《在日本新发现的章炳麟致重野成斋的书简》，陈少峰主编：《原学》第5辑，中国广播电视出版社1996年版，第353—367页。

⑤ 籾山逸批语（章炳麟《寄梁启超》），《台湾日日新报》1898年12月27日，日文第1版，“文苑”栏。

益相视如仇敌，谋托公愤，泄其私憾，乘机造谤，摇动人心”，矛头直指康有为在海外公布密诏、“散布流言”的举动。日本人以“一君万民”的国体为原则，既反对慈禧幽禁光绪皇帝的“革命”，又抨击海外流亡党人“造谤”、危及皇帝生命的变相“革命”。①

章太炎随即于1899年2月10日发表《书〈原君〉篇后》，论述君臣伦理关系的本质。该文极隐晦曲折，但终难掩盖讥讽明治国体的锋芒。议论清廷国事，日本人尚有隔岸观火的阔达，牵涉日本“国体”，则拨动了他们最敏感的神经。梯云楼主于2月17日再刊《谋臣论》，语气峻厉地指责康梁等流亡党人违背臣子之伦行。2月22日，该报又刊发《国体说》，更语带威吓地回击太炎的论述。同属儒教圈，中日两国的知识人却就儒学中极为重要的“君臣”观念，展开了正面交锋。促成中日近代不同政治走向的思想根源，由此愈益明晰。

《书〈原君〉篇后》开篇曰：

> 黄太冲发民贵之义，紬官天下之旨，而曰天子之于辅相，犹县令之于丞簿，非夐高无等，如天之不可以阶级升也。挽近五洲诸大国，或立民主，或崇宪政，则一人之尊日以骞损，而境内日治。太冲发之于二百年之前，而征信于二百年之后，圣夫！②

黄宗羲指出，君臣关系（天子之于辅相）本质上基于道义原则，即在治理天下时分司其职、承担不同责任，“犹县令之于丞簿”；两者间并无不可逾越的等级。其《明夷待访录》谓，“夫治天下尤曳大木然，前者唱邪，后者唱许；君与臣，共曳木之人也”；“君臣之名，从天下而有之也，吾无天下之责，则吾在君为路人”。③ 此种“官天下”视野中的君臣关系，已成为晚清向往民主制度的儒学家的共识。康有为《礼运注》定义“官天下”为“天下为公，选贤与能”；谓“君臣之公理”在于，“夫天

① 梯云楼主：《论清党祸》，《台湾日日新报》1899年2月4日，汉文第3版，“论议”栏。

② 支那章炳麟：《书〈原君〉篇后》，《台湾日日新报》1899年2月10日，汉文第3版。

③ 黄宗羲：《明夷待访录·原臣》，《黄宗羲全集》第1册，浙江古籍出版社1985年版，第5页。

下国家者，为天下国家之人公共同有之器，非一人一家所得私有，当合大众公选贤能以任其职，不得世传其子孙兄弟也”。[①]

《书〈原君〉篇后》并未援引黄宗羲《明夷待访录·原君》篇的任何话语。应该是太炎顾忌《原君》的表述句句击中明治国体的痛点，才以隐其文、标其名的方式委婉发表意见。但对汉学功底深厚的日本学人来说，是否引用原文无关紧要，单提示《原君》的篇名，已足以使他们心领神会了。《原君》以上古“天下为主，君为客”，尧舜禅让天下的事实，来对照后世君主世袭专制制度。它批评小儒“规规焉以君臣之义无所逃于天地之间，至桀纣之暴犹谓汤武不当诛之”；推扬与殷纣相对的周武王：“武王圣人也，孟子之言，圣人之言也。”《原君》篇云，“后世之君，欲以如父如天之空名，禁人之窥伺者，皆不便于其言，至废孟子而不立，非导源于小儒乎”。[②] 太炎殆有意将日本国体论吸附的儒学原理以及《台湾日日新报》的相关言论归为“小儒”之见。在太炎心中，大儒与“小儒”之殊异，也就是他和日本学人在儒学伦理上的区别。

“除去中国儒教中所包含的革命思想，使它和日本的国体趋于一致”[③]，这是儒学在日本本土化过程中的重要环节。儒典《孟子》有肯定汤武放伐之论，“与日本神道之御意不合”，因此它被视为威胁现有秩序的洪水猛兽，相传赴日之船“如载有此书，必遭覆没”。[④] 而《春秋公羊传》“有承认革命是自然的倾向”，“例如言儒教的开山祖孔子既据鲁行王政，有将周室降为诸侯，使与殷之后裔——宋同等之想”，“这种思想，不消说是与拥戴万世一系的皇室的日本的国体不能相容”；因此，日本奈良时代全面学习隋唐文化，依据唐令和唐律制定了《养老令》，但相比于唐令，最大的差别是排除《公羊》《穀梁》。[⑤]《台湾日日新报》日籍学人不屑“革命”，可谓由来有自。

与之成为鲜明对照的是，如日本 9 世纪儒学大家菅原道真（845—

---

① 康有为：《礼运注》，《康有为全集》第 5 集，第 555 页。

② 黄宗羲：《明夷待访录·原臣》，《黄宗羲全集》第 1 册，第 2、3 页。

③ ［日］武内义雄：《日本之儒教》，《儒教之精神》，太平书局 1942 年版，第 166 页。

④ 周作人：《和魂汉才》（1926），《周作人文类编》（7），第 177 页。

⑤ ［日］武内义雄：《日本之儒教》，《儒教之精神》，第 114 页。

903）所言，革命是中国的“国风”。[①] 儒学一直为中国的政治革命提供思想资源和伦理支撑。不仅章太炎欣赏汤武革命之论，就连保皇派康有为，1902年在题为《不能行革命》的政论中都声明，“君而无道，不能保民，欲革命则革命耳”[②]；虽然康氏主张当下不宜革命，但他不否认革命在价值上的正义性。康氏后来更通过《易传》《公羊》《孟子》阐述孔孟之道与“革命”的关系：“莒人弑其君庶其，《公羊》曰：书人以弑者，众弑也。君无道也。岂止诛臣弑君而已哉？故孟子曰：闻诛一夫纣矣，未闻弑君。孔子曰：汤武革命，顺乎天而应乎人。今之言革命者，实绍述于孔子。”[③] 章太炎坦承自己与康有为在学术上不可调和的分歧在于“左氏、公羊门户师法之间”；但又强调，他们在政治思想上，“黜周王鲁、改制革命，则亦未尝少异”。“黜周王鲁、改制革命”乃《春秋》公羊学的术语，但章太炎“紬绎周秦西汉诸书，知左氏大义与此数语吻合”。[④] 他一再宣称，“《春秋》称国弑君者，君恶甚，《春秋》三家所同也”[⑤]；换言之，《春秋》三传都秉承公道、正义的价值，认同驱逐恶君、进行“革命”的正当性。后来，在政治策略的选择上，康章代表的不同政治派别容或有异，但关于“革命”则并无根本的价值分歧。

《原君》称“后世之君，欲以如父如天之空名，禁人之窥伺”，此语用来指斥日本“国体论”君权神授的观念，也是十分对位的。据日本8世纪出现的《古事记》及《日本书纪》，天祖天照大神将“丰苇原瑞穗国”日本赐给天孙，令其管辖，同时还授予镜、剑、玉三件宝物，作为皇位承继的凭据，天皇自此起“万世一系”，从未中断。14世纪日本南北朝时代，北畠亲房撰《神皇正统记》，“力言日本国体之所以度越万邦，

① ［日］加藤熊一郎：《民间信仰史》，东京，秀英舍1925年版，第304—305页。

② 康有为：《答南北美洲诸华商论中国只可行立宪不能行革命书》（1902），《康有为全集》第6集，中国人民大学出版社2007年版，第330页。

③ 康有为：《以孔教为国教配天议》（1913），《康有为全集》第10集，中国人民大学出版社2007年版，第92页。按：“莒弑其君庶其”出自《春秋·文公十八年》，《公羊》的解释参见《春秋公羊传注疏》，北京大学出版社2000年版，第368页上。孟子曰“闻诛一夫纣”云云，参见《孟子·梁惠王下》（朱熹：《四书章句集注》，第221页）。“汤武革命，顺乎天而应乎人”出自《周易·彖传》（《周易正义》，第238页上）。

④ 章太炎：《〈康氏复书〉识语》，《台湾日日新报》1899年1月13日，汉文第3版。

⑤ 章太炎：《艾如张、董逃歌序》，《章太炎全集》第4册，第240页。

是因为皇位继承，永远不替，一如天祖之所神敕”。今人武内义雄为此感叹，“日本的国家是为超绝人间的思虑、超绝人间的力的一种伟大的力所领导”。[①] 江户时代，国学运动兴起。本居宣长提出“清除汉意、坚固和魂”等思想，复兴《古事记》等所载日本固有之神道，确认日本“皇国之道”是通往世界的普遍之道。[②] 在“国体”的论述中，“一国犹之一家，我天祖之敕，即祖宗之训也”[③] ——天祖天照大神是大和民族的共同祖先，天皇不仅是君，亦是民族大家长“父”。

明治维新以来，日本官方非常重视国学派。[④] 日本占领中国台湾后，灌输国体论成为管控意识形态的重要举措。殖民政府通过《台湾日日新报》宣扬国史[⑤]，要求中国台湾人“上戴万世一统之皇室，而下为首先效顺之臣民”[⑥]。总督府“欲使其民知国家治化之所由”[⑦]，还请重野安绎出马，于明治三十一年（1898）编纂刊行了宣扬万世一系的《大日本史略》，并将该书与明治三十二年出版的《教育敕语述义》一起，列为中国台湾的教科书。[⑧] 儒学“忠”“孝”伦理条目被编织进信仰天皇的“国体论”，凸显了万民作为臣子单向度对天皇效忠的道德观；相较于同时期以康章为代表的中国儒学所持守的君臣观念及“忠”的伦理，这是一个巨大的变形。

章太炎甫入台就注意到，日本殖民者宣传占有中国台湾乃“天意显征”[⑨]，并不断要求臣民祝颂皇国、赞美天皇。他撰《人定论》《绝颂》，

---

① ［日］武内义雄：《日本之儒教》，《儒教之精神》，第125、130页。

② ［日］源了圆：《德川思想小史》，第177—209页。关于本居宣长的研究，日文参见［日］子安宣邦《本居宣長》，東京，岩波書店2001年版；中文有蒋春红《日本近世国学思想：以本居宣长研究为中心》，学苑出版社2008年版。以上著作均分析了本居宣长排除儒家的“天”，宣扬日本之“神”的理论过程。

③ 《国体说》，《台湾日日新报》1899年2月22日，汉文第3版，“论议”栏。

④ ［日］重野安绎：《大日本维新史》，第21页。

⑤ 例如，从1899年1月15日开始，《台湾日日新报》汉文第6版开始连载籾山衣洲（署名“秋莲庵主”）的《国史一斑》，宣传天皇万世一系的历史。

⑥ 《礼法示民》，《台湾日日新报》1898年6月19日，汉文第5版。

⑦ ［日］重野安绎：《〈大日本史略〉序》，《大日本史略》，台湾总督府民政部学务科出版，明治33年（1900），台北，《台湾日日新报》社印刷，第1页。

⑧ 陈培豊：《“同化”の同床異夢：日本统治下台湾の国语教育史再考》，東京，三元社2001年版，第53页。

⑨ 《承天意论》，《台湾日日新报》1899年1月14日，汉文第3版。

发挥荀子《天论》的观念、阻绝《诗经》中的颂诗，曲折地挑战神道思想①；但碍于寄人篱下的客居身份，始终未在《台湾日日新报》上正面回击君权神授论。《书〈原君〉篇后》增改后更名为《冥契》，编入《訄书》，添加了一段驳斥中外天人感应神秘传说的文字。文章指出，传说中商周两朝“创业之主，其母必上帝冯身以仪之”，简狄吞玄鸟蛋生契，姜嫄履巨人脚印生弃，此类“天子”神话实乃愚民的统治术：

> 自东自西，自南自北，凡长人者，必雄桀足以欺其下，以此羑民，是故拱揖指麾，而百姓趋令若牛马。②

此言顺承《书〈原君〉篇后》澄清君臣关系的逻辑而来。由于该篇曾登载于《台湾日日新报》，且是太炎与日本学人论战的成果，《冥契》中新加的这段文字可说兼有明确抨击日本“国体论”的用意。

《书〈原君〉篇后》又曰：

> 予观明武宗尝自号“总督军务威武大将军”，兵部宣敕，虽御名不讳。传之后世，以为谈笑。又上求之，则汉灵帝尝纳许凉、伍宕之说，谓《太公六韬》有天子将兵事，因讲武平乐观，躬擐甲介马，称“无上将军”。此事稍不章。要之，二君皆淫酗昏虐之主，佻狎自丧，替其球玺，固无不醜嘲于后世者。然挽近尚武之国，其君皆自称提督，或受邻国武臣官号，佩其章韨，恹然勿以为怪，而戎事日修，则天子诚与庶官等夷矣。嗟乎，彼汉、明二主者，宁逆计至是哉？事之票忽而得之者，千世以后辄与之相契合。于是知妄人之议未可非，而举其事以醜嘲者，适咫尺之见也。③

太炎借批评明武宗及汉灵帝，斥责“挽近尚武之国”的君主“自称提

---

① 参见彭春凌《思想史视野中的章太炎与台湾》，《台湾研究新视界：青年学者观点》，第75—116 页。

② 章太炎：《冥契》，《訄书》初刻本、重订本，《章太炎全集》第 3 册，第 30、241 页。

③ 章炳麟：《书〈原君〉篇后》，《台湾日日新报》1899 年 2 月 10 日，汉文第 3 版。

督”，“或受邻国武臣官号，佩其章韨”，谓千世以后其行事与汉、明二主相契合，这显然是批评日本明治天皇。明治十五年（1882），天皇发布《军人敕谕》，称“我国军队，世世皇帝所亲统率”，“夫兵马大权，是朕所统，而百司诸务，乃任臣下，然至其大纲，朕自览之。切望子子孙孙，笃体斯旨，知天子掌握文武大权之义”。天皇自号“军人大元帅”，统帅海陆军。① 明治天皇身着西式军服、腰挎军刀的照片更是广为流传。为避免太露骨，太炎谓“其君皆自称提督”，模糊所针对的焦点，在《訄书》重订本《冥契》篇中，“提督”一词被改为“元率”②，其批评更明确地指向明治天皇。汉灵帝、明武宗“二君皆淫酗昏虐之主，佻狎自丧”；“以天子为军吏”，“荼生民、覆宗稷”。③ 国家过度军事化、穷兵黩武，必使生灵涂炭。《书〈原君〉篇后》抨击明治日本的感情色彩十分鲜明，笔锋也相当锐利。在该文发表之次日，即1899年2月11日，日本迎来了庆祝皇祖建国、皇统延绵2559年的“纪元节”，该节名称由明治天皇十年前拟定。报纸循例发表社论，表彰皇国的“武功”，最得意的当然是“征清之役，握东洋霸权，发扬国威于世界”。④

国体上是日本天皇“万世一系”，伦理上要求臣民无条件效忠，天皇带动举国尚武、称霸之气象。在日本侵略扩张的第一块殖民地中国台湾，章太炎从这些事实中体察了军国主义意识形态的面貌。他基于掘发中国儒学君臣关系之本质，就儒学传入日本后，忠孝伦理被吸纳到国体论中，产生扭曲和变形，给予了稍显隐晦（论辩策略所需要）但理论上十分到位的回击。梯云楼主随即发表《谋臣论》，以大和魂的伦理标准来批判康梁，回应章太炎。无巧无不巧，其时梁启超恰好正在日本本岛鼓吹武士道精神（“武士道”即“大和魂”）。⑤ 如果说章太炎撰文批评日本，显示

① ［日］重野安绎：《大日本维新史》，第72—73页。

② 章太炎：《冥契》，《訄书》重订本，《章太炎全集》第3册，第241页。

③ 支那章炳麟：《书〈原君〉篇后》，《台湾日日新报》1899年2月10日，汉文第3版。

④ 《社论》，《台湾日日新报》1899年2月11日，日文第2版。

⑤ 梁启超《中国魂安在乎》称：“日本魂者何，武士道是也”（《饮冰室自由书》，《清议报》第33册，1899年12月23日，第2128页）；《〈中国之武士道〉凡例》又说：“武士道者，日本名词，日本人所自称大和魂。”（《饮冰室合集》专集之二十四，第1页）“大和魂”与“武士道”，异名而实同。武士道的精神价值，“实不仅为武士独守之道，凡日本之人，盖无不宗斯道者”（杨度：《〈中国之武士道〉叙》，《饮冰室合集》专集之二十四，第5页）。

出文化交流中，思想的原创首发、原初本真令输出者对输入方拥有某种优越感的话，那么，梯云楼主的反击则体现了甲午之后，中日间思想文化之授受方向发生了整体性的逆转，两国学人在谦卑与骄傲之间的心理状态也随之易位。

梯云楼主的《谋臣论》刊发于《台湾日日新报》1899年2月17日汉文版的“论议”栏，内容与太炎《书〈原君〉篇后》针锋相对。文中说，“嗟乎！太后非庸妇比也，其决计废立与否，固不必因乎外言”，这明显是接续太炎《答学究》的话头：“夫谓泄之而足以速主祸者，此以慈禧太后为庸女尔”。章太炎与日本学人在思想观念上的分歧和矛盾逐渐表面化了。《谋臣论》在篇首借教导康梁，阐述忠君爱国的“贤臣”标准：

> 古贤臣之为君谋事也，进思尽忠，退思补过。谋而克济，功归诸君，谋而不臧，咎归诸己。即处廷闱，乾纲有所独断，而所谋既偾败无成、酿起祸端，与谋之臣，亦必引为己过，谓其事由吾辈激烈陈情，君无是心。冀其君于骨肉间或得消夫嫌隙，决不敢显白隐情，分过于君，自求谅乎。①

日本的君臣关系“一贯强调从者、臣下、臣民一方的无条件忠诚”，“君即使不君，臣亦不可不臣”。它包含着将“不能随便离去”的“穷途末路的宿命感”，“转化为能动的实践的可能性”。② 梯云楼主认为，贤臣忠君，有功归于君，君有过则担之，而康梁等流亡党人，公布密诏，打着“保皇”“勤王”的旗帜，实则“自博名高，全不为其君计”。太后于政变后对六君子“不定谳而骤诛之”，避免供词牵涉皇帝，又以“龙体得病”的名义训政，显出“母子恩义未遽绝”。此种情势下，只有出现两种情况，流亡党人才能正当地公布密诏：“宫车晏驾”和“乘舆出狩他邦”。“宫车如果晏驾，则死难复生，生者之人，难复加害于死者，显揭当日秘

---

① 梯云楼主:《谋臣论》,《台湾日日新报》1899年2月17日，汉文第3版，“论议”栏。

② ［日］丸山真男:《关于思想史的思考方法——类型、范围、对象》，氏著，区建英、刘岳兵译《日本的思想》，生活·读书·新知三联书店2009年版，第97—98页。

谋布告中外，使逖听者咸知故主苦衷”；“乘舆出狩他邦，则述其密诏以耸动夫仗义者，共兴勤王之旅，而建复辟之勋”。但这两种情形都未出现，而“清皇性命悬于太后之手”，“诸臣在外为指证其隐情，不但无益于清皇，且必至加速祸焉”。①

康氏《奉诏求救文》称：“自古废立，岂有免于幽弑之祸者哉？”②他早就预想到皇帝被废黜，将遭幽弑之祸，故为此谋划，公布密诏勤王就是其中的一步棋。③ 王照认为康公布伪密诏，遂使“太后与皇上之仇……终古不解”。④ 康氏情感上对光绪确有知遇报恩之心⑤，但他以春秋三世说作思想根底，认为人类终将实现削天子的太平大同世，故不会将忠君作为自己宿命般的政治选择。而不以保护君主为责任伦理的实践原则，是梯云楼主所不能理解的，故他从伦理上谴责康党。在他看来，光绪如被废，康党“檄天下有心人共图匡救”，“兵临城下，清皇在宫廷内难保万全”，康党之举止“适以重清皇之累，致难望夫复立”。⑥

梯云楼主张扬的“谋臣”的精神，就是《台湾日日新报》一直宣传的“大和心”“大和魂”，即神道教给武士道灌输的彻头彻尾的“忠君爱国的精神”。⑦ 日本学人以“大和魂”抨击康梁，梁启超却在东京被武士道感染，“矍然肃然”于日本人以“祈战死”三字送亲人当兵。⑧ 梁氏撰《新民说》，推崇“尚武”；1904 年，更出版《中国之武士道》，鼓吹复兴

---

① 梯云楼主：《谋臣论》，《台湾日日新报》1899 年 2 月 17 日，汉文第 3 版，“论议”栏。

② 《康工部求救文（续）》，《台湾日日新报》1899 年 1 月 27 日，汉文第 3 版。

③ 黄彰健《康有为衣带诏辨伪》详细分析了康有为刊布密诏的心态，认为他判断光绪帝必被废，“奉诏求救”是他的姿态，“我们不要为他的表演逼真所迷惑”，“他所写的公开信及《奉诏求救文》，对慈禧备极丑诋，还可以是借刀杀人”（氏著《戊戌变法史研究》，第 451 页）。

④ 《王照与木堂翁笔谈》，《关于戊戌政变之新史料》，《戊戌变法文献汇编》第 4 册，台北，鼎文书局 1973 年版，第 333 页。

⑤ 参见李云光《康南海先生的报恩思想》，夏晓虹编：《追忆康有为》，中国广播电视出版社 1997 年版。

⑥ 梯云楼主：《谋臣论》，《台湾日日新报》1899 年 2 月 17 日，汉文第 3 版，“论议”栏。

⑦ ［日］新渡户稻造：《武士道》，张俊彦译，商务印书馆 1993 年版，第 20 页。

⑧ 梁启超（署“任公”）：《祈战死》，《饮冰室自由书》，《清议报》第 33 册，1899 年 12 月 23 日，第 2127 页。

“轻死尚侠”[①] 的精神。在倡言“武士道”时，梁启超和中国台湾的日本学人依自身价值需求强调它的不同面相，其间差异同样透显了中日近代儒学的深层歧趋。

值列国竞争、不反抗即灭亡的时代，梁启超等晚清士人召唤为“性命财产而战”的中国魂。[②] 不过，晚清革新期的儒学完全拒绝已被整合进日本近代“国体论”的武士道的根底——绝对忠君的思想。梁启超对武士道仅是取我所需，希望发扬“我先民脑识中最高尚纯粹之理想”，坚守国家、朋友、然诺、道义等高于生命的崇高价值，以灵魂支配肉体，雄健刚强，不怕牺牲，血性抗敌。此种信念源于个体扪心自问的良知以及为他人的道德自觉，乃是维系理想主义与浪漫主义的火焰。梁氏认为，春秋战国后中国武士道精神湮灭、“民族武德”斫丧，原因在于“统一专制政体之行”，“务在使天下皆弱，惟一人独强”。[③] 他分析了《吕氏春秋·忠廉篇》“弘演剖腹”的故事，特别强调，弘演将卫懿公的肝纳入自己体内，“以一死动强邻，使国家亡而不亡，是则非为独夫死，为国民死也”。[④] 梁启超谓“惟一人独强”的专制政体阻碍武士道精神的培育，与日本近代史可谓大相径庭。

同样是 1899 年，新渡户稻造（1862—1933）用英文发表了传世之作《武士道》，指出天皇“不是法律国家的警察的首长，或者文化国家的保护人”，“他是昊天在地上的肉身代表，在他那尊贵的身上同时具备昊天的权力和仁爱”；“爱国心和忠义”乃日本民族“感情生活中两个压倒一切的特点”。[⑤] 在日本人看来，一君万民的国体，恰是他们勇于为皇国神国献身的原因，而康梁海外“散布谣言”，章太炎为康梁辩护，都背离了大和魂之本——无条件地忠诚于君主。

1899 年 2 月 22 日，《台湾日日新报》发表了论议《国体说》，批评道：“支那曰尧曰舜，惟急于求贤而不定君臣之分，以是后世龙拿虎

① 杨度：《〈中国之武士道〉叙》，《饮冰室合集》专集之二十四，第 5 页。

② 梁启超（署“任公”）：《中国魂安在乎》，《饮冰室自由书》，《清议报》第 33 册，1899 年 12 月 23 日，第 2128 页。

③ 梁启超：《〈中国之武士道〉自叙》，《饮冰室合集》专集之二十四，第 20 页。

④ 梁启超：《中国之武士道》，《饮冰室合集》专集之二十四，第 3 页。

⑤ ［日］新渡户稻造：《武士道》，第 19 页。

掷，甲败乙兴；其有天下，以周六百年为最长，其他概不过二三百年，甚则有若秦之三世但数十年者”，又警告“蒙昧之徒，未涉史乘，或谓我国亦与支那无异”。[①] 这既是震慑太炎《答学究》之类著作的理论挑战，也是试图遏止《书〈原君〉篇后》对日本“国体”意识形态的冲击。

围绕《客帝论》的争论与中日近代政治图景的异同

章太炎1904年出版了《訄书》重订本，起首一篇是《〈客帝〉匡谬》。太炎1901年左右“知罪”而勇于自新，愤然将《客帝》踢出了《訄书》。学界一般认为，此举意味着太炎向“与尊清者游”[②] 的昨日之我告别，是他政治上由保皇转向“排满”革命的分水岭。《訄书》初刻本之《客帝》篇，原型是刊于《台湾日日新报》1899年3月12日的《客帝论》，中经《清议报》第15册转载，后又增加千余字而成定稿。《客帝论》谓，“仲尼之世胄”，“自汉以来，二千余年，而未尝易其姓”，为掌握政教伦理统系的“支那之共主”，而“二千年之以帝王自号者”均系履行治理权的“霸府”。文章认为，“逐满之论殆可以息”，其政治前提是，清帝承认衍圣公的“泰皇”地位，并交付其帝王的象征及威严，自己仅以“客帝”的身份保留执政权。章氏勾勒这一政治图景，自认是呼应甲午后康有为“保中国不保大清”的主张。他以明治维新前幕府与天皇的关系，比拟清帝与孔子后裔的关系，以此为理论基础和现实参照物，倡议清帝将帝王符号奉还衍圣公：

> 若犹是世及也，冠冕未裂，水土未堙，则支那之共主，国［其］

---

① 《国体说》，《台湾日日新报》1899年2月22日，汉文第3版，“论议”栏。

② 章太炎：《〈客帝〉匡谬》，上海图书馆藏作者自校初刻本，“匡谬”初稿，《章太炎全集》第3册，第120页。上海图书馆所藏的《訄书》初刻补佚本《客帝》篇，有太炎手书眉批，写作于1901年2月之后，曰：“辛丑后二百四十年，章炳麟曰：余自戊、己违难，与尊清者游，而作《客帝》。弃本崇教，其流使人相食。终寐而颎，著之以自劾录，当弃市。”《訄书》重订本《〈客帝〉匡谬》篇在此段文字基础上，作了更理性的分析。详细考证参见《章太炎全集》第3册，朱维铮：“前言”，第11页。

必在乎曲阜之小邑，而二千年之以帝王自号者，特犹周之桓、文，日本之霸府也。苟如是，则主其赏罚而不得窃其名位。支那有主，则为霸府于丰、镐、北平者，汉乎？满乎？亦犹鹳雀蚊虻之相过乎前而已矣。[①]

馆森鸿尝阅《訄书》，称其“往往证我维新事例，以讥切时政”。[②]籾山衣洲回忆，台湾时期的太炎日日论说“客帝论”。[③] 细察太炎当时与日本人的思想互动，围绕《客帝论》的日本因素其实更为复杂和诡异，绝不仅仅是援引维新事例的问题。最吊诡的是，太炎竭力论证孔子世胄与帝王的关系类同于日本的天皇和幕府，日本学人非但没有沾沾自喜，反而拼命否认这两者之间的联系。太炎祈盼的同和日本人申明的异，《客帝论》与明治维新政治模式似与不似之间，恰恰体现了中日近代政治转型过程的离合。进一步以明治日本为参照，将《客帝论》(1899) 与之后的《正仇满论》(1901)、《驳康有为论革命书》(1903)、《〈社会通诠〉商兑》(1907)、《中华民国解》(1907)、《排满平议》(1908) 等置入同一脉络来考察，太炎政治思想逻辑的连续一贯，其具体策略选择变化发展的不同面相，以及匡《客帝》之谬究竟在何种意义上表征着太炎政治思想的“突变”等，才能得到历史性的揭示。

《客帝论》重点论述以衍圣公为帝的根据，回应“难者”的质疑。其文曰：

难者曰：今之衍圣公，其爵则五等，其册封则必于京室。今倒植其分，霸其封之者，而帝其受之者，其可乎？

曰：已矣，勿言之矣。吾固曰《云门》之均，勿可以入里耳矣。《繁露》有言，天子不臣二代之后，而同时称王者三。是则杞、宋之在周世，其名则公，其实则王也。夫以胜国之余孽，不立其图法，

① 章炳麟：《客帝论》，《台湾日日新报》1899 年 3 月 12 日，汉文第 6 版。

② 馆森鸿：《送章枚叔序》，《台湾日日新报》1899 年 5 月 28 日，汉文第 6 版。

③ 籾山衣洲：《感旧录》，《台湾日日新报》1912 年 5 月 1 日（15 周年纪念号），汉文第 57 版。

> 不用其官守，而犹通三统而王之，况朝野皆奉其宪，以纲纪品庶者欤？名曰衍圣公，其实泰皇也。若夫锡命之典，自汉之封绍嘉以至于今，更十七姓，七十有余主，而不能以意废黜之。夫非一代之主所得废黜者，则亦非一代之主所得册封也。虽无册封，于孔氏之位何损？其册封者，骄主媚臣之自为僭滥，亦犹乾隆之世，英吉利尝一通聘，而遽书之以为入贡之藩也。且昔者成周之末，王赧已虏，而东周特畿内之侯耳，其于七国之王，爵位固不相若，亦奉事贡献惟谨，且听其黜陟焉。宋氏之于金元，亦尝固称臣称侄矣。然而言神州之王统者，终不以彼而夺此。苟以是为比，则衍圣当帝，而人主之比于桓、文、霸府也，其可议哉？①

迄今所有对《客帝论》以及由它发展而来的《訄书·客帝》篇的解读，均未揭明此段文字乃是章太炎与《台湾日日新报》所代表的殖民地官方舆论的实际对话。《客帝论》的“难者”，并非传统问答体文章中作者虚设的辩论对象，而是实有其人，其发难则实有其事。

“难者”依霸府与王室间名分关系的史实来质疑太炎。日本古代的幕府将军名义上由天皇册封，绝不是以受册封者为“帝”，以施册封者为“霸”。而衍圣公的爵位则是历代王室册封的。基于此，“难者”指责太炎以孔子后裔为“共主”是“倒植其分”，颠倒了作为册封者的王室与被册封者的臣子之间的名分秩序，“霸其封之者，而帝其受之者”。这也就是籾山衣洲批评章氏《客帝论》“非例”的原因。“难者”的质疑有浓厚的日本色彩，其观念完全是从明治日本的国体论出发的。章太炎旅台期间，曾和日本同事就政治观点讨论、辩难；梯云楼主《论清德启争之大势》同样采用问答体，文中之“客”俨然有章太炎的影子。② 《客帝论》中“难者”之责难必是太炎与《台湾日日新报》日本学人论辩之实情。

为避免社会秩序的崩溃，“万世一系”的天皇制作为广泛社会合意的产物，有力地塑成了近代日本国民国家的形质。③ 深受传统儒学滋养的中

---

① 章炳麟：《客帝论》，《台湾日日新报》1899 年 3 月 12 日，汉文第 6 版。

② 梯云楼主：《论清德启争之大势》，《台湾日日新报》1899 年 4 月 9 日，汉文第 5 版。

③ ［日］安丸良夫：《近代天皇像の形成》，東京，岩波書店 2007 年版，第 295 页。

国近代知识人清醒而痛楚地面对天下秩序的崩溃和解体，明了中国“在大地中为五十余国之一，非复大一统之治也”①。依恋和恐惧的情感复杂交错，令他们在拟定中国向近代民族国家转型的政治蓝图时，仍力图创造新的统一方案。章太炎 1908 年批驳规模日本的《钦定宪法大纲》，指出日本宪法规定“大日本帝国以万世一系之天皇统治之”，是“从其历史成事而施名号，初有日本国，便有此姓之日本天皇，故曰万世一系之天皇，而不曰此后当万世一系”；满族统治中国“自古无万世一系之历史”，与日本天皇不相类，也不能“规定其后使匕鬯永属于一家”。② 此语有助于理解章太炎台湾时期的主张。太炎心仪天皇制解决了日本一统的法理问题。衍圣公“自汉之封绍嘉以至于今，更十七姓，七十有余主，而不能以意废黜之”。衍圣公的制度凌驾于王朝频繁更替的政治变动之上，从既往的历史成事论，拥有赓续至今的权威性。这一点和天皇的传系是相似的。后来康有为更放眼全球，断言唯有东亚中日两国的衍圣公与天皇，在“一姓传系”“无事权而极尊荣”上“全同”；他甚至称，“衍圣公为先圣之后，人心共戴，其为中国万世一系，比日本天皇尤为坚固矣”。③ 以孔子后裔作为王统所在，有助于维系中国社会的一统。这也是章太炎不顾日本人质疑，执意以衍圣公比拟天皇的根本原因。他还讥讽不解此义的日本人如里巷鄙人不懂《云门》般的高雅乐舞。

然而，日本学人之所以竭力反对以衍圣公类比天皇，则是因为他们看到了以衍圣公为王统，隐含着颠覆现有皇权的革命的本质。“客帝”与大政奉还天皇，两者表面轨迹是相似的，但就中日两国各自“皇帝”地位的转变看，结果竟全然相反。日本明治维新使本处虚位的皇帝拥有了实权，帝王的符号象征和掌握政柄的统治权合二为一，天皇权力由虚转实。而章太炎的方案，令清帝交出王统，仅“主其赏罚”、握行政权，为“客帝”；“客帝”如果“怠惰苟安”、不作为，有随时被革命的危险。④

① 康有为：《日本书目志》（1898），《康有为全集》第 3 集，中国人民大学出版社 2007 年版，第 357 页。

② 章太炎：《代议然否论》附《虏宪废疾》，《民报》1908 年第 24 号。

③ 康有为：《与黎元洪、黄兴、汤化龙书》（1911），《康有为全集》第 9 集，中国人民大学出版社 2007 年版，第 211 页。

④ 章太炎：《客帝》，《訄书》初刻本，《章太炎全集》第 3 册，第 68、69 页。

原本拥有实际帝王名分和统治权的清帝，其权力基础便会逐渐松动乃至虚无化。《台湾日日新报》早就洞察"孔子改制"包藏着破坏皇权的"祸心"，故谓康有为等"言词过于矫激，意见失之张皇"，"若所云兆民立权、孔子改制等，语则近于蔑视朝廷"。[①]

日本学人必须阻遏章太炎宣传"客帝"之说，除因"国体论"受到挑战外，还有一个具体原因，即是以孔子后裔为王，切切实实地违逆了彼时日本统治中国台湾所行尊孔祭圣政策的本旨。这也进一步证明"难者"实有其人。1899 年 3 月，日本殖民当局决议恢复领台之初曾驻扎军队，后变为卫戍医院的台北南门城内的文庙，"便此间之学者岁时入庙焚香瞻拜先圣诸神位"。[②] 4 月 1 日，汉文版"论议"栏上登载了梯云楼主的《全台以时祭圣议》，针对台南官绅于 3 月 20 日启圣庙大成殿举行祭圣典礼一事，特别申明政府立场。

《全台以时祭圣议》简要梳理了祭孔祀典的由来和演变。谓日本尝行此典，明治维新后则略具空文，而各地官绅有行其事者，不加禁止。此典于中国，汉以来历代行之，即便"以旧邦膺新命者"，如辽、金、元、清等异族政权，在"抚神州境土"后亦"皆以祭圣为重"。日本政府于台湾"尤多酌量权宜"，其习惯不遽令改，其旧俗可取者则存之，而行祭孔祀典"尤足辅国家以广怀柔"。文中甚至提到俄国人为"收物望""拓邦基"而"欲兴祭圣礼"。[③] 日本殖民当局只是期望借祭孔收拢台湾民望，巩固殖民统治。而章太炎《客帝论》指出，孔子后裔乃是中华"共主"，"非一代之主所得废黜"，"亦非一代之主所得册封"，即便如宋朝对异族的金元曾"称臣称侄"，神州王统依然在衍圣公。假使台湾人接受太炎所言，归属以衍圣公为共主的"神州之王统"，那么，日本力图培养对"万世一系"之天皇的认同、同化中国台湾为帝国一部分的企图就会落空。章太炎的观念淆乱了日本在中国台湾统治的正当性，挑战了日本的殖民政策，令日本学人十分警惕，他们必然向太炎发难。

---

① 一空道人：《六才士论》，《台湾日日新报》1898 年 10 月 23 日，汉文第 5 版。

② 《文庙将复》，《台湾日日新报》1899 年 3 月 21 日，汉文第 3 版，"杂事"栏。

③ 梯云楼主：《全台以时祭圣议》，《台湾日日新报》1899 年 4 月 1 日，汉文第 5 版，"论议"栏。

围绕“客帝论”的论争表明，中日近代政治思想的分歧，不在是否坚持一统，而端在价值上是否肯定革命。就中国知识人而言，在坚守中国儒学传统中“一统”与“革命”价值的合理性的前提下，于不同时期如何协调与缓和两者在激烈动荡时代必然呈现的紧张关系，是其政治论述潜伏的关键理论问题。康有为如此，章太炎也如此。《客帝论》可以作为观察他们政治思想走向的重要起点。

彼时，章太炎“迷于对山之妄语”①，《客帝论》深深烙上了康有为以孔子改制保中国政治思想的痕迹。文中数次论及西汉经学家梅福：

> 梅福之讼王章也，见新室盗汉之朕而塞之也，及王章不可讼，而上绍殷之议，其指归则以“圣庶夺嫡”为梟，是何忘汉之社稷，而为此阔疏之计耶。夫固曰：素王不绝，黑丝（绿）之德不弛，则支那之城（域），亘千百世而有共主。若夫摄斧展［扆］、掌图籍者，新乎？汉乎？则犹鸖雀蚊虻之相过乎前而已矣。

> 由福之说，苟言大同，必求可恃者而后君之，则君固在乎会推，而不得世及矣。若犹是世及也，冠冕未裂，水土未堙，则支那之共主，其必在乎曲阜之小邑。②

在此基础上，《訄书》初刻本《客帝》篇又增加了一条：

> 今以素王空帝，尸其名位，而霸者主其赏罚，则吾震旦所君事者，固圣胄已。其建霸府于域中，则师不陵正，而旅不逼师。臣民之视客帝，非其后辟，其长官也。霍光也，金日磾也，李晟也，浑瑊也，其种系不同，而其役使于王室也若一，则部曲之翼戴之也。汉乎？满乎？亦犹菌鹤马蜩之相过乎前而已矣。君臣不属，则报志可以息，虽勿攘

① 章太炎：《致陶柳二子书》（1903），马勇编：《章太炎书信集》，河北人民出版社 2003 年版，第 69 页。

② 章炳麟：《客帝论》，《台湾日日新报》1899 年 3 月 12 日，汉文第 6 版。此段入《訄书》时，文字略有变动。

逐，无负于高义。然则二族皆宁，而梅福之大义，且自今始既其实焉。以是流衍于百王，而为宪度，其有成劳于震旦也，亦大矣！[①]

据《汉书·梅福传》，王章因讥讽外戚王凤专势擅朝，为凤所诛，戮及妻子，梅福上书汉成帝，为王章鸣不平，并主张“建三统，封孔子之世以为殷后”。[②] 太炎将康有为以孔子为王的学说投射到梅福身上（或以康说修正梅福之议），期望君事圣胄而由霸者主其赏罚，使满汉二族皆宁。太炎《董逃歌》曰，“大角非辰出，端门恸宣尼。梅福真神仙，一言存奉祀”，同样联系着康有为“变更法度，名为有条贯，能厌民望”的举措。[③]《台湾日日新报》所刊《客帝论》之“新室”一语殆含双关意，明指王莽之新朝，暗指褫夺汉族政权的满族政权。《清议报》发表的《客帝论》改为“新莽”，更明确直接地指称王莽，这应该是梁启超做的调整。《清议报》此时高举保皇旗帜，不愿凸显满汉问题，故转发《客帝论》时，凡直称“汉满”或可意会为“汉满”处，均改为“汉蒙”。[④] 后来章太炎自订《訄书·客帝》篇，恢复了《台湾日日新报》的版本，以重申本旨。

《客帝论》所及“大同”“素王制法”诸说均是康有为的思想。“素王不绝，黑绿之德不弛”，源自《孝经援神契》“丘为制法，主黑绿，不代苍黄”，以及《春秋演孔图》“丘为制法之，主黑绿，不代苍黄”等类似文字[⑤]；这正是康氏《孔子改制考》倡言“孔子为制法之王”的直接

---

① 章太炎：《客帝》，《訄书》初刻本，《章太炎全集》第3册，第68—69页；相比于《客帝论》，此段为《訄书·客帝》篇新增内容。

② 《汉书》第67卷，中华书局1964年版，第2924页。

③ 章太炎：《董逃歌》《艾如张、董逃歌序》，《章太炎全集》第4册，第240、241页。

④ 具体改动情况为：(1)《台》报版“若夫摄斧扆、掌图籍者，新乎？汉乎？则犹鹳雀蚊虻之相过乎前”；《清议报》版改为“若夫摄斧扆、掌图籍者，蒙乎？汉乎？则犹鹳雀蚊虻之相过乎前”。(2)《台》报版“支那有主，则为霸府于丰、镐、北平者，汉乎？满乎？亦犹鹳雀蚊虻之相过乎前而已矣”；《清议报》版改为：“支那有主，则为霸府于丰、镐、汴、洛、北平者，汉乎？蒙乎？亦犹鹳雀蚊虻之相过乎前而已矣。”（台湾旅客：《客帝论》，《清议报》第15册，1899年5月20日，第918页）章太炎收入《訄书》的《客帝》篇，仍旧保留了《台湾日日新报》的“新”与“满”字，更可证《清议报》中的改动应是梁启超所为。

⑤ 参见［日］安居香山、中村璋八辑《纬书集成》，河北人民出版社1994年版，第987、578页。按《礼记·中庸》“故大德必得其位，必得其禄，必得其名，必得其寿”，孔颖达疏曰：“案《援神契》云：‘丘为制法，主黑绿，不代苍黄。’言孔子黑龙之精，不合代周家木德之苍也。”（《礼记正义》，北京大学出版社2000年版，第1677页上）

论据。[1]《台湾日日新报》的《客帝论》曰:“昔者《春秋》以元统天,而以‘春王’为文王。文王孰谓?则孔舒元以为仲尼是已。”在《清议报》和《訄书》版本的《客帝论》中,“孔舒元”皆改为“王愆期”。孔舒元、王愆期二人,晋时都曾为《春秋公羊传》做注。《清议报》改原文“孔舒元”为“王愆期”,章太炎自订《訄书·客帝》篇,承认了《清议报》的修改,应该是和康梁“统一口径”,因为康有为关于“孔子改制”的论述中,引据的都是王愆期的观点。[2]《客帝论》创作、修改、定稿前后的种种细节,表明它与康有为的政治思想有紧密联系。

康有为戊戌前,“望在上者而一无可望,度大势必骎骎割鬻至尽而后止”,“专以救中国四万万人为主”。[3] 他以孔子为改制新王,希望在时代剧变中,平衡维系国家统一与实现社会变革的诉求。将孔子作为数千年中国文化、天下归往之“王”,事实上具备“改正朔”、颠覆清朝统治合法性的革命效果,所谓“保中国不保大清”。[4] 这是《强学报》以孔子纪年遭查封的原因,也是保守派攻击康氏的主要罪状。戊戌变法时,康有为出于尊君改制的务实政治考虑,未倡议以衍圣公取代光绪的帝位。不过,他还是主张衍圣公开教会,来解决教案问题,并进呈《孔子改制考》给皇帝,申明以孔子“为中国教主,为神明圣王”,用天子礼乐祀孔。[5] 政变后康有为流亡在外,始终强调“爱大中国、爱一统”[6],“同为中国人,宜合一大团体,不必再分畛域疆界,不论何省、何府、何县,皆当合而为一以爱国”[7]。他坚持“不能行革命”,并非革命和民主不具备正义性,而是不合时宜。其具体考虑是,道难躐等,“以中国之政俗人心”,不能“超跃

---

① 康有为:《孔子改制考》,《康有为全集》第 3 集,第 101 页。

② 比如,康有为《孔子改制考》卷八称:“孔子质统为素王,文统则为文王……王愆期谓:文王即孔子。盖有传授也。”(《康有为全集》第 3 集,第 105 页)其《以孔教为国教配天议》(1913)云:“《孝经》曰:宗祀文王于明堂,以配上帝。王愆期曰:文王者,孔子也。”(《康有为全集》第 10 集,第 94 页)

③ 康有为:《与赵曰生书》(1901),《康有为全集》第 5 集,第 400 页。

④ 参阅黄彰健《论康有为“保中国不保大清”的政治活动》,《戊戌变法史研究》。

⑤ 康有为:《请商定教案法律、厘正科举文体、听天下乡邑增设文庙、谨写〈孔子改制考〉进呈御览、以尊圣师而保大教折》(1898),《康有为全集》第 4 集,第 93—94 页。

⑥ 康有为:《答南北美洲诸华商论中国只可行立宪不能行革命书》(1902),《康有为全集》第 6 集,第 324 页。

⑦ 康有为:《保皇会草略章程》(1899),《康有为全集》第 5 集,第 130 页。

而直入民主之世界”；“排满”将糜烂同胞，瓜分中国。何况光绪乃有道之君，“汤、武之革命，乃诛无道之桀、纣耳，非诛有道之夏启、武丁也”。[①]

《客帝论》演绎、引申了康有为以孔子为王的政治思想。日本学人与章太炎围绕“客帝论”的论争，凸显了中日近代政治变革图景的差异。康有为辛亥革命后对虚君制的阐述，更如现身说法，进一步澄清了以孔子后裔为共主与大政奉还天皇的差别。康氏立“木偶之虚君”的人选，上策是旧朝旧君，中策是衍圣公。清帝排在衍圣公前，因为“衍圣公之尊奉，合于汉族之人心矣，惟虑非所以合蒙、回、藏诸族之心也”，为“争一冷庙木偶，而弃三倍内国之地与千数百万之同胞”，并不值得。而“因旧朝而共和之”，可以顺理成章地继承清朝的疆域与民族，以达到“安全中国”的目的。当然，前提是“改国号为中华或中国”。[②]《客帝论》的制度构想，就是康有为虚君共和的中策。康氏论述拥有政柄的“百揆”与“虚君”的关系，说：“百揆之与虚君，不过略有正副之别，至于实权乎，虚君等于日本古代之天王，副王等于日本之大将军。”[③]康氏表明，他心目中的国体架构类似于日本的过往，而非现在。从这个层面上讲，援引相似符号元素的“客帝论”正是对明治维新政治图式的反动！日本古代王与实权的分离，为康有为提供了现代政治制度的想象空间。康氏晚年更表白，其追慕的是英国光荣革命后的国体，而非日本明治维新后的国体，称其一生，“断断守之，终不少变者，诚以救中国四万万生民，非用英制虚君莫由”[④]。

---

① 康有为：《答南北美洲诸华商论中国只可行立宪不能行革命书》，《康有为全集》第6集，第313、315页。康有为《法兰西游记》（1905）同样论及中国不能行革命但不否定革命的正义性，曰：“若使吾中国而有十万淫暴之诸侯，占国地三分有一专横之僧寺，举中国平民不得任权要之职，而鄙人必先奋笔焦唇而倡自由，攘臂荷戈而诛民贼。革命吾国自有之义，岂待译书之人？先卢骚、福禄特尔而力为之矣。然试问中国有此否乎？”（《康有为全集》第8集，中国人民大学出版社2007年版，第199页）

② 康有为：《与黎元洪、黄兴、汤化龙书》（1911），《康有为全集》第9集，第210—217页。康氏辛亥革命后在《救亡论》（1911）、《共和政体论》（1911）等文中，反复表达此类观点。

③ 康有为：《与黎元洪、黄兴、汤化龙书》（1911），《康有为全集》第9集，第215页。

④ 康有为：《告国人书》（1925），《康有为全集》第11集，中国人民大学出版社2007年版，第405页。

从《客帝论》出发，观察章太炎的政治思想，会打开崭新的空间。

学界已普遍认识到，“排满”是章太炎“政治革命的权宜之计”。[①] 然而，章太炎曾说，“秩乎民兽，辨乎部族”，“一切以种类为断”。[②] 他还用消极口吻阐述过，“汉人以一民族组织一国家，平等自由，相与为乐，虽曰主义狭隘，然以自私为乐，亦未尝非一义”。[③] 这些都令人忧虑民族革命理论威胁一统秩序。基于此，有研究者提出，辛亥革命“毋宁说是‘排满论’的败北”。其理由是，《民报》时期，太炎已从“排满”转变为了“排清”、建立统一的“民国”。[④] 事实上，一旦悉心考察太炎 1900 年后的革命思想与《客帝论》（1899）的关联，可以更妥帖地解释他政治思想的演变。与其说章太炎思想有阶段性的发展——从因“革命”而搁置“一统”到重新建构“一统”，不如说，在勾勒中国的政治蓝图时，他始终持守儒学的这两种价值。只不过随着他吸收新的知识营养，构建统一理论的资源有所移易。而由于“物势之相因若激湍”[⑤]，不同时期他选择的政略不同，故对这两者的强调亦各有偏重。

太炎于 1904 年出版《訄书》重订本，所匡正的《客帝》之谬误，是以满族君主为客帝的主张，而非其倡导的以孔子后裔为共主。既往研究往往笼而统之，以为太炎对“客帝”与“共主”的思想均有捐弃，实则不然。最明显的证据就是，《訄书》重订本第六十篇《杂志》，几乎未加任何删改地继承了《訄书》初刻本第四十八篇《杂说》的论述，申明以孔子后裔为中华共主：

> 后唐明宗夜祝天曰：“臣本蕃人，岂足以临天下?”乌乎！载其玄德，贤于菟裘，其违务光不远。惜乎未闻五始之义也！丧有无后，无无主。族姓皆绝，则里尹主之。《易》称：“群龙无首，其血玄

---

① 汪荣祖：《章太炎对现代性的迎拒与文化多元思想的表述》，《中央研究院近代史研究所集刊》2003 年第 41 期。

② 章太炎：《原人》，《訄书》初刻本，《章太炎全集》第 3 册，第 24 页。

③ 章太炎：《中华民国解》，《民报》1907 年第 15 号。

④ 林義强：《章炳麟における排满思想の形成とカァィデンティティの变容》《排满論再考》(《東洋文化研究所紀要》第百四十六册、第百四十九册，東京大學東洋文化研究所，2004 年 12 月、2006 年 3 月)。

⑤ 章太炎：《藩镇论》(1899)，汤志钧编：《章太炎政论选集》上册，第 102 页。

> 黄。”自素王之兴，吾以知诸夏之无是患也。王者代替，而孔不代丧。当其无君，则褎成之胄为里尹。虽有戎狄以盗我九鼎，诚无若共主何！①

后唐明宗李嗣源自愧以蕃人身份君临天下，太炎先表彰他的德行，说他不仅贤于鲁隐公（“菟裘”为春秋时鲁邑，此处暗指鲁隐公），甚至还接近拒绝汤让天下于己、投水而死的隐士务光。不过太炎也指出，李嗣源的自责之语，说明他不了解《公羊》家的“五始”学说。《春秋》称“元年春王正月”，其纪事始于元年、春、王、正月、公即位五事，谓之“五始”。颜师古释王哀褒提及的“五始”之说，曰：“元者气之始，春者四时之始，王者受命之始，正月者政教之始，公即位者一国之始。”②《春秋》纪事以“五始”开端，根本在于“审己正统”③，即明确正统所在，省察自己的名分位置。“丧”有无后者，却没有无主者。自素王孔子出现，中国便不必担忧无主之患了；历代君王更迭交替，孔子后裔作为共主，却从未绝灭。即便戎狄盗取中国之政权，也无奈中华之共主何。

由此而言，以孔子后裔为中华共主，不仅与章太炎革命时期的“排满”主张不冲突，反而能为他提供“革命”的理论凭依。《訄书》重订本《杂志》篇尝解释清朝二百余年统治中国时期诸夏民之所隶，云，“诸夏之有君，四千年矣，二百年指麾无君，民犹隶诸夏矣”。④ 太炎完全没有必要因否定《客帝》以满族皇帝为客帝的主张，而摒弃其中以孔子后裔为共主的思想。换言之，章太炎删除《客帝》，并非挑战《客帝》的大一统观念；直到1904年，其思想中仍残存着康有为以孔子为王来建构中国一统的政治思想。

值得注意的是，主观上，革命时期的章太炎有意挣脱康有为保皇纪孔思想的制约。而客观上，他日益深入地理解了外来的“历史民族”观念。主客观两方面的因素，促使他逐步确立了如下构想：先通过革命打

---

① 章太炎：《杂志》，《訄书》重订本；《杂说》，《訄书》初刻本，二文见《章太炎全集》第3册，第335、100页。

② 《汉书》第64卷下，第2824页。

③ 同上书，第2823页。

④ 章太炎：《杂志》，《訄书》重订本，《章太炎全集》第3册，第336页。

破满汉不平等、民族压迫的现状格局①，再融合成新的中华民族，建立中华民国。新的统一蓝图愈加清晰了，以孔子后裔为共主的思想渐次淡出。对章太炎来说，这样一个平衡“革命”与“一统”两项价值的方案，明显有别于康有为。

太炎《驳康有为论革命书》申明，“近世种族之辨，以历史民族为界，不以天然民族为界”。②《訄书》重订本《序种姓》(上)则进一步指出，人类产生以来，20万年间，由于居住的地理温度条件、部族征战引发的复杂婚姻融合，及其他文明方式的差异，生成了不同的民族：“燥湿沧热之异而理色变，牝牡接构之异而颅骨变，社会阶级之异而风教变，号令契约之异而语言变。”而“民族”始终是历史的概念，“今世种同者，古或异；种异者，古或同。要以有史为限断，则谓之历史民族，非其本始然也”。③

“历史民族”的观念，一方面，帮助章太炎回顾过往，厘清了华族(或曰汉族、夏族)的历史形成和演变。④“建国大陆之上，广员万里，黔首浩穰，其始故不一族”，自古帝太皞以降，“力政经营，并包殊族，使种姓和齐，以遵率王道者”。“自有书契，以《世本》、《尧典》为断，庶方驳姓，悉为一宗，所谓历史民族然矣；自尔有规划者，因其类例，并包兼容。”太炎指出，“历史民族”形构的标志，是言语文字与政教风俗的趋同，“文字政教既一，其始异者，其终且醇化”。⑤另一方面，由太炎对未来的展望，可知“历史民族”观念主导下的民族主义，不仅可

① 满汉不平等的现实，是章太炎重要的“逐满”理由。其《正仇满论》曰：“今满人之阘茸者，进不知政，退不知农桑，睢盱獉狉状若鹿豕。惟赖宗室米禄以为养。”“汉人无民权，而满人有民权，且有贵族之权。”“若夫两种杂居，犷者处上，束钳缚制。使其一种欲为牛马臧获而不可得，我欲以大度容人，而如人之不以大度容我何?”《国民报》1901年第4期，《国民报汇编》，(台北)中国国民党中央委员会党史史料编纂委员会1968年版，第200、202、204页。

② 章太炎：《驳康有为论革命书》(1903)，汤志钧编《章太炎政论选集》上册，第195页。

③ 章太炎：《序种姓》(上)，《訄书》重订本，《章太炎全集》第3册，第170页。

④ 章太炎在《中华民国解》中，详细辨析了“汉”“华”“夏”三种名称，称：“华云、夏云、汉云，随举一名，互摄三义。建汉名以为族，而邦国之义斯在。建华名以为国，而种族之义亦在。此中华民国之所以谥。”《民报》1907年第15号。

⑤ 章太炎：《序种姓》(上)，《訄书》重订本，《章太炎全集》第3册，第172页。

“促宗法社会之镕解”①，还有助于中华民国的最终实现。比如，关于如何将西藏、回部、蒙古三荒服纳入中华民国，太炎倡言，“语言文字之化当尽力者莫西藏若也”，“居食职业之化当尽力者莫蒙古若也”，“法律符令之化当尽力者莫回部若也”，着力点和目标，则在于“言语风俗渐能通变，而以其族醇化于我”②；简单地说是以文字、政教两端的融合作为依据。太炎从解释历史、谋划未来两个层面上，夯筑了建立中华民族的理论基础。③

清末，康有为、章太炎分属海外保皇、革命两党。他们对时势判断存在差异，并生发出温和改良与暴力革命两种不同的政治行动纲领。但是，就对儒学“一统”及“革命”两种基本价值的认知而言，他们并无本质的分歧。即便如此，无事生非、同中求异，才往往是政治攻伐的常态。两党也每每故意将焦点转移到价值层面上，指责对方丧失正义与道德。康梁攻击革命派撕裂民族、破坏统一；太炎则指责保皇党贪恋权位、不愿革命。

时人已意识到这一问题。如 1903 年蔡元培言，“近日纷纷‘仇满’

---

① 章太炎：《〈社会通诠〉商兑》，《民报》1907 年第 12 号。

② 章太炎：《中华民国解》，《民报》1907 年第 15 号。

③ 章太炎《序种姓》展现的历史民族观念，有明显的西学痕迹。梁启超在同时期作《政治学大家伯伦知理之学说》，称引伯伦知理的民族界说，强调民族有八个最重要的特质，即“同地，同血统，同面貌，同语言，同文字，同宗教，同风俗，同生计（地与血统二者就初时言之）”，“而以语言文字风俗为最要焉”。有趣的地方在于，章、梁对“民族”的认知虽然高度相似，但梁启超却根据伯伦知理的民族界说，批评章太炎是“汉族对于国内他族”而言的“小民族主义”，而自己则是“合国内本部属部之诸族以对于国外之诸族”的“大民族主义”（《新民丛报》第 38、39 号，标署出版日为 1903 年 10 月 4 日，第 32 页）。这一贴标签的做法，误导了后世对章太炎民族观念的理解。黄兴涛指出，“从现代中华民族意识或观念的形成视角去认知，就会惊奇地发现”，革命与改良两派“彼此间的‘互动’和‘同一’的效果也甚为明显”（《现代“中华民族”观念形成的历史考察——兼论辛亥革命与中华民族认同之关系》，《浙江社会科学》2002 年第 1 期，第 139 页）。章太炎用民族生成的历史性，来解释“中华民族”的过去，形构它的未来，是清末民初众多思想家的共同理路。梁启超《历史上中国民族之观察》（《新民丛报》1905 年第 65、66 号），吴贯因《五族同化论》（《庸言》1913 年第 1 卷第 7、8、9 号）等，均循此路径。最妙的是，1917 年 12 月 15 日，《东方杂志》转录了《地学杂志》所发的《中国民族同化之研究》一文，该文声称依据的是吴贯因《五族同化论》及章绛（即章太炎）的《种姓篇》，开篇就逐句摘引了章太炎《序种姓》中对历史民族的论说（《东方杂志》第 14 卷第 12 号，第 157 页）。这篇文章非常直观地证明，革命、改良两党共同奠定了“中华民族”理论的基石。

之论，皆政略之争，而非种族之争也”。[①] 当事人也力图矫正论敌给自己打造的“刻板形象”。康有为称，“有皇上之圣仁而已遭毒弑之大变”，“言革命犹可也”[②]，澄清自己并非否定革命。章太炎撰《〈社会通诠〉商兑》，主张“以四百兆人为一族，而无问其氏姓世系”[③]，撰《排满平议》，澄清“排满洲者，排其皇室也，排其官吏也，排其士卒也”，“非排一切政府，非排一切满人”[④]，表白革命不是种族仇杀。在时过境迁后，太炎甚至为论敌洗冤。1912 年，他客观评价道：“康、梁辈数人，本与西太后抗，而非为保其旧君”[⑤]，康梁亦有革命的“基因”。

章太炎与日本学人围绕《客帝论》的论争，最有意义的地方就在于，引入了一个第三方作为参照系，来审视清末康、章的政治分歧。东亚儒教圈的中国和日本同样面临近代转型问题。明治日本基于天皇万世一系的“国体论”，吸纳了儒学忠孝伦理，要求臣民无条件效忠天皇，拒绝革命。对比明治国体论这个更加疏离的“他者”，尤可知康有为、章太炎的政治主张实际上“同”大于“异”，如黑白双丸滚动于近代中国儒教转型之盘中，从价值上两者均未曾溢出“一统”与“革命”之外。他们对这两项价值的确认，共同撑起了中国近代政治转型的空间。

天皇万世一系的历史成事，有效地解决了日本在近代化过程中，如何避免社会秩序崩溃的难题。而衍圣公制度自西汉开始，不为朝代更替影响，绵延至清末，这一历史曾令康章十分心动，他们比之于天皇万世一系，期待它在历史剧变中维系中国的统一。然而最终，他们均未将以孔子后裔为共主视为建构中国一统的最优方案。无论是康有为的“因旧朝而共和”，还是章太炎以文字政教醇化为基础建立中华民族，都更多地考量中国多民族、多文化、多宗教共生并存的现实。这也表明，在现代政治制度的设计上，中日两国之殊途不仅肇端于儒学传统的差异，还受

① 蔡元培：《释“仇满”》（1903），高平叔编《蔡元培全集》第 1 卷，中华书局 1984 年版，第 172 页。

② 康有为：《答南北美洲诸华商论中国只可行立宪不能行革命书》，《康有为全集》第 6 集，第 321 页。

③ 章太炎：《〈社会通诠〉商兑》，《民报》1907 年第 12 号。

④ 章太炎：《排满平议》，《民报》1908 年第 21 号。

⑤ 章太炎：《致张继、于右任书》（1912），汤志钧编《章太炎年谱长编》上册，中华书局 1979 年版，第 396 页。

制于民族形态的区别。日本天皇“万世一系”的国体论是建立在单一民族的创世神话之上的。日本民族整体上的排他性就令太炎深感不适。章太炎离台后致信汪康年，称“鄙意必不欲入大东版籍，凡入日本籍者，多为所鄙弃”。①

余 论

章太炎旅居台湾，来时颇有挣脱政变后清政府舆论管控的自由感，尝谓“罗网勿及，得以慆抒所见”②，去时则深悟在思想表达上，殖民地台湾实有别样的深层压抑，可谓败兴而走。籾山衣洲民初尝回忆太炎在台湾的状态：

> 今者，中华民国参议院领袖中之章枚叔，亦当时一不谙世务之学者耳，日日论说非例之“客帝论”，唯极力攻击那拉氏（西后），往往有过激之语，余窃忠告，而望以务切台地之论者。一日作《租税论》，余忘其详，大义谓今之租税，高于台民之程度。余告之曰：“事或有之，然世之开发，租税从而高者，势所不免。不独本岛一处，各国皆然，今欲怀新附之民者，不可不说明租税之所以，使彼等知之。如君之论，则台民必且至于弥怨政府矣。”章氏怫然怒曰：“此稻江商人之直辞也，如其实，又何讳耶？”匆匆归去，后与人不合，愤忿不平，遂辞职，赴东京，余每立于其间，执笔为两者通译，迄以不满于余，至于绝交。③

太炎虽有评骘清廷时事的自由，但因不“切台地之论”，而不获日本人欣赏；其议论台湾政情，又因挑战日本殖民政策，而不受欢迎。籾山衣洲提及太炎曾作《租税论》，该文未见于《台湾日日新报》，应是触怒了日

---

① 章太炎：《致汪康年》（1899年7月17日），《汪康年师友书札》，第1955页。

② 章太炎：《致汪康年》（1899年1月4日），《汪康年师友书札》，第1952—1953页。

③ 籾山衣洲：《感旧录》，《台湾日日新报》1912年5月1日（15周年纪念号），汉文第57版。

本人，而无缘面世。太炎与该报总编辑守屋善兵卫不合，1899 年 6 月愤然辞职离台。他在该报发表的最后一篇讨论时政的文章，是《书甘庄恪公事有感》。太炎叙康熙末年甘汝来任涞水知县，拘系殴打汉民的满族人侍卫毕里克，赢得了民心，盖委婉敦促殖民当局以民族平等的“兼爱之道”来“怀远人”。①

总体而言，太炎台湾时期与日本明治国体论的对话，在文本中留下的是蛛丝马迹。只有回到《台湾日日新报》的舆论环境中，探赜索隐，他与日本人反复辩论的来龙去脉，中日近代变革期儒学在伦理价值及政治图景方面的分歧，才得以渐次清晰。这些论辩虽是在太炎和日本学人之间展开的，但由于太炎是为康有为做辩护，其政治思想受康的影响，文章又多为横滨《清议报》转发，故看似是两方的辩难，实则蕴藏着康、章、日本人三方的对话。明治国体论这个他者，映衬出康章伦理、政治思想异流中的同源。近代中日两国分别走向多民族的共和制及单一民族的君主制，由各自儒学传统来看，非无以也。太炎与日本人的碰撞，肇因于二者在价值观念上根深蒂固的差异，发生得特别自然，也使他们的论争更像自说自话，而不会令对手产生任何立场上的改变，哪怕是游移。

此外需要说明的是，明治儒学呈现了异彩纷呈的面貌。② 新渡户稻造向全世界讲述了武士道，但却反对“尚武”；他指出，生活的通俗化及民主主义的潮流足以“吞没武士道的残余”，“建立在武德之上的国家——不管是斯巴达那样的城邦国家，或是像罗马那样的帝国——不会是在地上保持其永恒的都市”。③ 这彰显了明治思潮的多元性。在日本的第一块殖民地中国台湾，章太炎与明治思想相遇。他体察的明治儒学，是被吸纳进国体论，意在维系近代天皇制权威主义政治的“忠孝”之道；他感受更多的是耀武扬威、军国主义的武士道。就是说，太炎初遇的明治日本思想基本上是单面的。然而，随着《教育敕语》呼吁的“克忠克孝”

---

① 章炳麟：《书甘庄恪公事有感》，《台湾日日新报》1899 年 4 月 19 日，汉文第 3 版。

② 关于明治儒学的研究，可参见［日］黒住真《德川儒教と明治におけるその再編》，《近世日本社会と儒教》，東京，ぺりかん社 2003 年版。

③ 新渡户稻造：《武士道》，第 101、102 页。

逐渐成为日本民众的通俗道德，日本侵略中国的步伐由中国台湾推进到中国大陆，近代中国深受明治儒学这一面相的压迫，章太炎特殊、单面的经历，不期然成为民族经验的象喻。

“私产”抑或“国宝”：民国初年清室古物的处置与保存*

季剑青

中国历代王朝都有皇室收藏的传统。清朝内府堪称集历代皇室收藏之大成，特别是在乾隆年间，由于乾隆皇帝极其强烈的占有欲，皇室收藏达到顶峰。①皇权的无远弗届，在此得到了淋漓尽致的表现。然而，这些藏品只是供皇帝一人玩赏，除少数亲近大臣外，外人无由得见。皇室收藏的秘密性质，赋予皇权以某种神秘色彩，如同紫禁城的高墙昭示着朝廷的深不可测一般。近代以来，伴随着西方列强的入侵和王朝制度的崩溃，大量清宫古物流落散失在外，它们进入公众的视野中，其命运引起了强烈的关注和讨论。在新的观念和视野中，这些古物不再被视为皇帝一人的“私产”，而是象征民族和国家悠久历史和不朽荣耀的“国宝”。但是，这一崭新而清晰的定义在实际操作层面上却变得异常暧昧和复杂。1912 年民国的建立并没有给清室古物安排好一个明确的归宿。由于《清室优待条件》的存在，这些古物仍被认为是属于清室的私产，虽然民国政府曾经以各种方式（如建立古物陈列所）试图将它们挪用为新生的中华民国的政治合法性资源，但是古物的所有权与其象征意义之间的错位和龃龉，仍然是一个令人头疼的难题。直到 1924 年 11 月 5 日北京政变，

---

* 本文原载《近代史研究》2013 年第 6 期。

① 杨仁恺：《国宝沉浮录》，上海人民美术出版社 1991 年版，第 49—54 页。

溥仪被迫出宫后，清室古物中何者属于私产何者属于公产依然存有争议。一年后故宫博物院的成立，终于确立了清室古物作为一个现代国家的文化遗产的地位。

一

清朝末年，博物馆这一来自西方的文化建制进入中国人的视野。在欧洲和日本，许多现代国家博物馆正是以皇室收藏为基础而建立起来的。当时张謇和金梁均曾提议，开放皇室收藏，建立皇家博物馆，将皇室展现为国家的化身，在现代国家的框架下确立君主制的合法性①，但并未得到清王朝的响应。中国历代的皇室收藏皆极为注重私密性（从“内府”“秘殿”等词汇中即可看出），并不习惯于权力和财富的公开展示，这或许可以部分地解释，清政府为何会对张謇和金梁建立皇室博物馆的建议无动于衷或者干脆拒绝，虽然朝廷对博物馆这一舶来品并不陌生。② 然而，与博物馆观念相伴而来的强大的帝国主义军事和经济力量，却是清王朝无法抵抗的。它在保存严密的皇室收藏上撕开了一个缺口，那些秘不示人的珍宝以一种始料未及的方式呈现在公众的目光下，并被卷入近代以来急剧变化的历史洪流之中。咸丰十年（1860）八月，英法联军焚毁圆明园，光绪二十六年（1900）六月，英、俄、法、日等11国联军攻陷北京，皆给皇室收藏带来了巨大损失。③

皇室收藏的流失，引起了晚清士人的强烈关注。在晚清驻外使节、

---

① 张謇：《上南皮相国请京师建设帝国博览馆议》，张謇研究中心、南通市图书馆、江苏古籍出版社编：《张謇全集》第4卷，江苏古籍出版社1994年版，第272—273页；金梁：《道咸同光四朝佚闻》，（台北）广文书局1978年版，第54页。

② 光绪三十一年（1905）十一月至次年（1906）六月，戴鸿慈、端方等五大臣受命出国考察宪政，回国后上奏：“各国导民善法，拟请次第举办。曰图书馆，曰博物院，曰万牲园，曰公园。”朝廷谕下学部、巡警部知之，表示认可。参见魏开肇、赵蕙蓉辑《清实录北京史资料辑要》，紫禁城出版社1990年版，第582页。清政府将博物馆建设纳入其新政之中，看重的是其教育民众（“导民”）的社会功能，并未考虑皇室收藏与博物馆的关系。

③ James Hevia, “Looting Beijing: 1860, 1900”, in Lydia H. Liu (ed.), *Tokens of Exchange: The Problem of Translation in Global Circulations*, Durham: Duke University Press, 1999, pp. 193 - 203.

官员和文士的海外游记中，经常能看到对欧美各国博物馆的记述。他们或欣羡其建筑的宏伟壮丽[①]，或赞叹其教育民众的良法美意[②]，但是当他们在博物馆中与来自中国皇室内府的器物不期而遇时，心头或许会别有一番滋味。光绪三年（1877）五月，时任驻英公使的郭嵩焘在巴黎遇见一位收藏家，“收藏中国古铜器大小数千种”，“其宣德法铜器，及乾隆朝所制，及古盘大围丈许，大率圆明园陈设古器也”。[③] 光绪三十一年（1905）七月，流亡海外的康有为游巴黎欹规味博物院和乾那花利博物院，两处皆为伤心之地，前者藏有无数“中国内府图器珍物”，其中“玉玺甚多，则庚子之祸也”；后者“内府珍器，陈列满数架，凡百余品，皆人间未见之瑰宝”。[④] 光绪三十二年（1906）二月，出洋五大臣之一戴鸿慈在大英博物院中国室内看到“内廷玉玺两方”，“吾国宫内宝物流传外间者不少，此其一也。若叩所从来，固亦凡国民所铭心刻骨、永不能忘之一纪念物也”。[⑤] 康、戴两人地位境遇迥然不同，然而在异国看到流失的皇室珍宝，油然而生的国耻之感却是相近的。

颇具反讽意味的是，这些“人间未见之瑰宝”正是在从内府流失之后才进入士人的视野中，并在他们那里引发出对于国家命运的深刻忧惧和思考。换言之，这些流失的皇室珍宝的意义在新的语境中发生了变化，它们不再是皇帝一己之私产，而在思想和话语层面获得了某种“公共性”：它们成了中国在不平等的全球权力结构中的地位的象征。这种“公共性”可以跨越地位和身份的差异，凝结在“国家”这一新的观念和符号上。光绪三十四年（1908）正月，《国粹学报》第38期上登出了《晋顾恺之班昭作箴谏庶姬图》，即著名的《女史箴图》。这幅名作原属于清朝皇室收藏，庚子事变时落入英国人之手，辗转流入大英博物院。编者邓实在附记中说：“不谓此神州至宝，乃远在异洲，为白人所珍也。”据

① 王韬游卢浮宫，称其“栋宇巍峨，楼阁壮丽，殊耀外观”。参见王韬等《漫游随录·环游地球新录·西洋杂志·欧游杂录》，岳麓书社1985年版，第84页。

② 薛福成认为设博物院是西人“养民之术”之一。参见薛福成《出使英法比义四国日记》，岳麓书社1985年版，第589页。

③ 郭嵩焘：《伦敦与巴黎日记》，岳麓书社1984年版，第631—632页。

④ 康有为：《欧洲十一国游记》，康有为等：《欧洲十一国游记·新大陆游记及其他·癸卯旅行记·归潜记》，岳麓书社1985年版，第214、219—220页。

⑤ 戴鸿慈：《出使九国日记》，湖南人民出版社1982年版，第110页。

王正华推测，编者很可能是从 1906 年在伦敦出版的《中国艺术》（*Chinese Art*）第 2 卷中复制了《女史箴图》的插图，刊印在《国粹学报》上，它只是原作手卷的最后一部分。但是两幅同样的图像在各自语境中的意义却是截然不同的，《中国艺术》的编者白谢尔（Stephen Bushell）并未对大英博物院收藏《女史箴图》的经过多加说明，而是强调画作本身高超的美学价值。而在《国粹学报》中，图像连同编者的附记却传达出一种文化的危机感，它成了“鸦片战争以来中国的现代处境及其饱受战争创伤的历史的象征”①。

庚子事变对清皇室收藏的沉重打击，可以从狄葆贤的记述中略窥一斑。庚子年冬，狄葆贤目睹了京师的满目疮痍。两宫“西狩”后，昔日禁地颐和园也任人游览出入了。他看到的景象是“各处皆一空如洗，佛香阁下排云殿内，什锦橱数十座，高接栋宇，均存空格。可想见当时其中陈列之品，盖不知凡几。各国游客，皆争取一二物，谓留为纪念品，遂至壁间所糊之字画，窗间雕刻之花板，亦瓜剖豆解矣”。这无异于“敛全国之精粹而歼之”②，从国家的层面上看，这种损失的惨重程度是难以估计的。

另一方面，庚子事变中大量流失的内府珍宝也带动了京师古玩市场的畸形繁荣。联军掠夺的珍宝经常就地销售或拍卖，琉璃厂的一些古董商趁机大量收购，再转手高价卖给外国商人，牟取暴利。“琉璃厂的古玩铺，在这以后，成了帝同主义者搜刮中国文物的中心市场”，不仅是清宫流出的珍宝，中原和西部新出土的古物也以琉璃厂为集散地，最后大多落入欧美和日本的商人和收藏家之手。③

皇室收藏的流散只是全国范围内古物流失的一个缩影。光绪三十二年（1906），罗振玉入都供职于学部，“京师人海，万方百物所萃，世家

---

① Cheng-hua Wang, “The Qing Imperial Collection Circa 1905 –25: National Humiliation Heritage Preservation and Exhibition Culture”, in Wu Hung (ed.), *Reinventing the Past: Archaism and Antiquarianism in Chinese Art and Visual Culture*, Chicago: University of Chicago Press, 2010, pp. 324 – 325.

② 狄平子：《庚子纪事》，阿英编：《庚子事变文学集》下册，中华书局 1959 年版，第 1001—1002 页。

③ 王冶秋：《琉璃厂史话》，生活·读书·新知三联书店 1963 年版，第 43—44 页。

旧藏与齐鲁晋郑卫燕秦古物所出者，时于肆中遇之，尽倾俸钱购之”①。罗振玉虽尽力搜求，但较之欧美人之重金购买，终究只是杯水车薪而已。他在笔记中慨叹：“近欧美人之研究东方学者日增，故中国古物，航载出疆者，亦岁有增益，而我国国学乃日有零落之叹。无识之商民，又每以国宝售诸外人，以侔一时之利，殊令人叹惋无已。”② 在罗振玉看来，古物的命运直接关系到“国学”的前途，古物的意义超越了器物自身的艺术或学术价值，而在现代国家观念之下被界定为“国宝”。

在20世纪初的语境中，“古物”这个旧词似乎被赋予了某种新的内涵。19世纪以来欧美等国在东方从事的掠夺性的考古活动开始受到国人的关注，而当这类活动蔓延到中国的西北地区时，更是激起了强烈的反响。在相关的报道中，一般都使用“古物”一词来指称被发掘和掠夺的古代历史遗存。③ 在这一特定的语境中，“古物”一方面指示着所在国家的悠久的历史，另一方面又暗示着这些国家可悲的现代境遇；“古物”的命运也是国家命运的隐喻：无力自主，任人掠夺和摆布。

如果说清王朝连自身的皇室收藏都无力保护，那么就更不能奢求它能阻止国内古物的流失了。罗振玉曾向张之洞建议在各省设立博物馆，收购出土古物，以供考究④；同时制定“古物保存律”，以阻止古物出口。⑤ 邓实也提出：“保存古物，不使流之异国，至文献无征，亦当今之急务也。所愿各行省踵而行之耳。”⑥ 事实上，清政府也采取过一些措施。按照光绪二十四年（1906）官制改革的规定，民政部负责古物古迹的保护。民政部为此曾上《保存古物推广办法折》，并详定章程，要求各地督抚饬属详查境内古物情形，咨部存案备核。罗振玉所供职的学部对此事

---

① 甘孺（罗继祖）：《永丰乡人行年录》，江苏人民出版社1980年版，第67页。

② 罗振玉：《俑庐日札》，《国粹学报》1909年第50期，“美术篇”。

③ 前者如《万国公报》第171册（1903年4月）上登载的《古物沉埋》，第173册（1903年6月）登载的《考求古物会》；后者如《东方杂志》第6卷第9期（1909年10月）“杂俎”栏《报余撷新》中“法人搜获甘肃古物”“日本人搜获新疆古物”诸条，以及第7卷第4期（1910年6月）“杂俎”栏《续报余撷新》中“俄人搜获蒙古古物”“日本人搜获满韩古物”“英人搜获中国古物”诸条。

④ 罗振玉：《集蓼编》，黄爱梅编选：《雪堂自述》，江苏人民出版社1999年版，第31页。

⑤ 罗振玉：《俑庐日札》，《国粹学报》1909年第50期，“美术篇”。

⑥ 邓实：《爱国随笔·金石保存一》，《国粹学报》1909年第52期，“丛谈”。

态度也颇为积极，曾于“预备立宪分年筹备事宜单”的1909年应办事项下，开列京师开办图书馆时附设古物保存会①。然而，这些政策大多流于具文，并未得到有效的实施。在这种情况下，少数有识之士曾试图凭借一己之力来收集和保存古物，例如身为封疆大吏和收藏家的端方，就曾于宣统元年（1909）在琉璃厂海王村筹设博物馆，展出他自己收藏的金石、书画和古器。虽然位高权重，但端方仍有力不从心之感，他在给罗振玉的信中说：“近来所得即径送博物馆中，能用资少廉，尚可为博收广求之助，但此等古物近为外人所争涎，而吾国又无禁古物出口之法律效力，则区区之愿力，盖难尽达矣。”② 不久武昌起义爆发，端方在四川资州被杀，博物馆自然也无果而终。颇具讽刺意味的是，端方珍藏的20件商周青铜酒器，在其去世后由其家人经美国人福开森之手，卖给了纽约中央博物馆（今纽约大都会博物馆）。③

尽管晚清士人无力抵挡古物外流的趋势，然而他们对古物命运的关切，以及在国家观念下保存古物的努力，仍具有重要意义。正如王正华所指出的，“清末古物保存理想确实横越政治阵营的壁垒，以‘中国’作为国家单位的观念架构进行古物保存”。④ 邓实和罗振玉政治立场大相径庭，《国粹学报》也是革命派的刊物，然而两人在保存古物上却达成了共识。国家观念具有超越特定的政治认同的抽象性，这一点对理解民国初年保存古物的观念和实践非常重要。

二

民国建立后，在新的官制体系中，由内务部负责“关于保存古物事

---

① 关晓红：《晚清学部研究》，广东教育出版社2000年版，第477页。

② 甘孺（罗继祖）：《永丰老人行年录》，第40页。关于端方筹设博物馆的思路和实践，参见赖钰匀《端方的金石收藏与晚清展示文化》，“社会·经济·观念史视野中的古代中国国际青年学术会议暨第二届清华青年史学论坛”论文，2010年。

③ 福开森：《匋斋旧藏古酒器考》，《学衡》1926年第51期，第2页。

④ 王正华：《罗振玉的收藏与出版：“器物”、“器物学”在民国初年的成立》，（台北）《美术史研究集刊》2011年第31期。

项”。[①] 当时古物流失的情形依然相当严重，1912 年 12 月，税务处曾提请内务部检送保存古物章程，以便在古物出口时依据章程加以禁阻。然而一年以后，该章程仍未能拟定。[②] 直到 1914 年 6 月 14 日，袁世凯才发布《限制古物出口令》，要求内务部与税务处会商相关办法，并由税务处拟定限制古物出口章程。[③] 据时人透露，这还是因为美国亚细亚学会等外国团体，联名上书袁世凯，建议民国订立法律，“凡国中美术及历史攸关之古物，皆定为国有，名曰公产，受国法之保护”，才有这番结果。[④] 美国亚细亚学会书记麦考密克（Fredrick McCormick）对中国古物保护尤为热心，曾于 1908 年在北京成立中国古物保存会，得到各国驻华使节和学者的响应。民国以后，麦氏继续积极推进该项事业，为此与政府高层和媒体来往密切。[⑤] 中国古物的保存却须依赖外国人的推动，实在具有讽刺意味。时人认为，这是中外古物保存观念不同的缘故：

> 盖外人之保存出于公，公故多陈诸博物院，以广资学者之研究。中华之保存出于私，私故多藏之内府，仅以供至尊之摩挲，惟其然也，故中华古物保存之久暂恒视帝位命运之久暂为转移。彼外人者，宁有是虑乎？中华古物之丧失，远者姑弗论，即如前清咸丰九年之役，英法联军逼北京，而圆明园所藏之珍宝，悉为联军所掠。光绪庚子之役，八国联军陷北京，而有清之精华，与数千年历史相传之宝物，又悉为联军战胜之纪念品。国变以后，满清皇室且不惜以秘藏之瑰宝，转售外人，至奉天热河两行宫之被窃盗者，犹其次也。[⑥]

---

① 《临时大总统为内务部官制草案提请议决咨》（1912 年 6 月 20 日），中国第二历史档案馆编：《中华民国史档案资料汇编》第 3 辑，“政治”（1），江苏古籍出版社 1991 年版，第 32 页。

② 《税务处致内务部公函》（1913 年 12 月 27 日），中国第二历史档案馆编：《中华民国史档案资料汇编》第 3 辑，“文化”，江苏古籍出版社 1991 年版，第 185—186 页。

③ 《大总统发布限制古物出口令》（1914 年 6 月 14 日），《中华民国史档案资料汇编》第 3 辑，“文化”，第 185 页。

④ 《古物保存记》，1914 年《公言》第 1 卷第 1 期。

⑤ 《马克密君保存中国古物办法之函件》，《东方杂志》1914 年第 11 卷第 6 号，“内外时报”。

⑥ 《古物保存记》，《公言》1914 年第 1 卷第 1 期。

外国人视古物为国有，为公产，故能长久妥善地保存于博物馆中。博物馆是一种永久性的机构，相比之下，皇室之安危却系于一姓之兴亡，其收藏也随着王朝的衰落和瓦解而流散。皇室尚不能保存内府收藏，又何怪“贩夫走卒之日窃以营利哉”。皇室收藏的自私性格与中国古物的大量流失之间存在着内在的逻辑关联。

吊诡的是，这种皇室收藏的自私性格并未在清朝灭亡后随之消灭。《清室优待条件》第七款规定：“大清皇帝辞位之后，其原有之私产由中华民国特别保护”，这里虽未明确“私产”的范围和内容，但从清室的角度看，“宫中所有物品，按照优待条件皆属私产，并无公产字样”。[①] 就其字面意义而言，既然未提出与“私产”相对之“公产”，即是默认清室原有之收藏为其“私产”。民国虽有“保护”之责，却无所有之权，很难将清室古物完全纳入民国的古物保存和管理体制中。如上文时人所述，当时清室古物转售于外人并非秘密，而热河行宫之失窃更是一度闹得沸沸扬扬。

1912 年 12 月，熊希龄出任热河都统，发现热河行宫内各种古物盗卖严重，加之避暑山庄房屋年久失修，古物保存状况亦堪虞。熊希龄为此连续两次上呈文给袁世凯，要求整理避暑山庄及其中的古物，并建议将古物装运到北京，作价卖给民国的博物馆收藏。袁世凯批准了熊希龄的建议，于是从 1913 年 5 月起清查热河行宫中的古物。[②] 1913 年 10 月，内务部派杨乃赓、赵秋山偕同随员十余人，与清室内务府所派文绮、曾广龄等前往热河，将宫中古物集中清点，11 月 18 日起运，至 1914 年 10 月 28 日运输结束。前后 7 批，运输古物 11 万多件。大约同时，1914 年 1 月，内务部又派治格、沈国钧偕随员十余人，与清室内务府所派福子昆等，赴盛京故宫起运古物。从 1 月 23 日开始，3 月 24 日便告结束，共 6 批，运输古物 11 万多件。[③]

熊希龄建议将热河行宫古物收入博物馆陈列，但当时民国政府尚未

---

① 中国历史档案馆：《溥仪出宫后图谋恢复优待条件史料》，《历史档案》2000 年第 1 期。

② 肖建生：《熊希龄与热河行宫盗宝案》，湘西土家族苗族自治州政协文史资料研究委员会编：《湘西文史资料》第 30 辑，“熊希龄资料专辑”，1993 年印行，第 83—84 页。

③ 姜舜源：《古物陈列所成主前后》，《紫禁城》1988 年第 5 期。

正式建立博物馆，只有设立于先农坛的古物保存所。内务部在 1912 年 10 月 1 日致袁世凯的呈文中称：“查古物应归博物馆保存，以符名实。但博物馆尚未成立以先，所有古物，任其堆置，不免有散失之虞。拟请照司所拟，于京师设立古物保存所一处，另拟详章，派员经理。”① 最晚在 1912 年底，古物保存所即已设立，但它既不是真正意义上的博物馆，也不是为陈列清室古物而建，无法容纳数量如此庞大的两处行宫的古物。1913 年 9 月朱启钤出任内务总长后，首先面临的就是这个难题。此时，包括三大殿在内的紫禁城外朝已经收归民国政府管理。内务部佥事金城建议，仿照法国卢浮宫的先例，将两处行宫运来的清室古物，在紫禁城前朝建立博物馆陈列展示。朱氏欣然采纳。② 1913 年 12 月 24 日，内务部下令筹办古物陈列所，并制定《古物陈列所章程》17 条，公布施行。1914 年 2 月 4 日，古物陈列所成立，10 月 10 日正式对外开放。③

对于新生的中华民国来说，将前朝的皇室收藏改造为公共博物馆符合普遍的世界潮流，也是现代性的一种标志。金城和朱启钤显然了解这一点。在共和政体的现代国家的建构过程中，由旧制度下的皇室收藏改造而来的国家博物馆，在凝聚民族情感、建构国家历史和塑造国家认同方面起着举足轻重的作用。1793 年，卢浮宫的开放被视为一个标志性的事件，它强化了大革命中诞生的共和政体的合法性，巩固了人们对现代法国的政治认同。④ 然而，以卢浮宫为榜样的古物陈列所，与之相比却存在着先天的不足。古物陈列所以“综吾国之古物与出品二者而次第集之，用备观览”⑤ 为职志，显然将自身定位为国家博物馆（至少是国家博物馆的预备），但古物陈列所所代表的“国家”从某种意义上说却是不完整

---

① 《内务部为筹设古物保存所致大总统呈》(1912 年 10 月 1 日)，《中华民国史档案资料汇编》第 3 辑，“文化”，第 268 页。

② 陈为：《从古物陈列所到国立博古院——中国的第一座国家博物馆》，《中国博物馆》2009 年第 4 期。

③ 关于古物保存所及其与古物陈列所的承继关系，参见杭春晓《民初绘画资源的开放：古物陈列所的成立与民初中国画》，《中国美术馆》2005 年第 9 期。

④ Andrew McClellan, *Inventing the Louvre: Art, Politics, and the Origins of Modern Museum in Eighteenth-Century Paris*, Berkeley and Los Angeles: University of Califonia Press, 1999, pp. 7 – 9.

⑤ 《内务部公布古物陈列所章程　保存古物协进会章程令》(1913 年 12 月 24 日)，《中华民国史档案资料汇编》第 3 辑，“文化”，第 269 页。

的。首先，古物陈列所接收的清室古物并非皇室收藏的主体，紫禁城中的内府收藏依然相对完好地保留在逊位后的清室手里。如果按照中国的政治传统，新王朝在建立过程中总要接收或重建前朝的皇室收藏，以证明自己是天命所归，民国其实并未完全实现其政治目标。其次，即便是古物陈列所接收的热河、奉天两处行宫的清室古物，也并不归其所有，而是属于清室的“私产”。

从古物陈列所的创建过程中即可看出其处于某种尴尬地位。当熊希龄建议将热河行宫古物卖给民国时，显然他认为这些古物产权属于清室。也正因此，热河、奉天两处行宫古物的清点和搬运，都有清室内务府人员参与。而且，虽然紫禁城外朝部分已被民国政府收归管理，但当时仍有清室所属“护军”四千余人驻扎，陈列所人员出入门禁要向“管理左右两翼前锋八旗护军营”领用门证，查验放行。用作古物陈列所筹备处的武英殿西配殿北边两间，也是向该护军营事务处借用的。古物陈列所第一任所长治格，正是原清室护军都统。故研究者认为，古物陈列所事实上乃是民国政府与清室合作的产物。①

古物陈列所成立以后，清室还参与了古物的整理与编目。1917 年 11 月，古物陈列所启动编目工作时，参与其事的就有清室内务府郎中福启。在当时拟定的《编辑古物总目办法七条》中，第一条云，“先由清皇室国务院内务部各派人员到所考查情形，随即延聘通家，尅期举办”；第二条云，“各物原于辽热运取到京时，均经内务部清皇室各派专员按册验收并加签注。嗣又经清皇室约请古玩商鉴别估价，此次编目，宜先以据册核物为入手办法”；第三条云，“各物既经核符，随即逐件审鉴，并将奉热各处物品汇列总册，详注备考，分送清皇室国务院内务部存案”。② 几乎在古物编目的每个环节，都有清室的参与。

既然古物属于清室私产，清室自然就有随时收回之权。古物陈列所中有“东海珠制成手串一挂”及“钻石宝剑二具”，就曾先后被清室内务

① 姜舜源：《古物陈列所成立前后》，《紫禁城》1988 年第 5 期，第 48 页。

② 《古物陈列所二十年经过纪略》，北平古物陈列所编：《古物陈列所二十周年纪念专刊》，北平古物陈列所 1934 年铅印本，第 8—9 页。

府收回交内库保存。[①] 1925 年 4 月，清室善后委员会在清理清室档案时，曾发现清室向古物陈列所提取物品的单子，数量不在少数。[②] 或许是因为古物陈列所中的古物产权属于清室而又归民国政府管理的灰色状态，民国政府机关也经常从古物陈列所中提取古物，或据为己有，或“惠赠友人”。[③] 内务部曾为此专门发布命令，要求“自大总统以迄各机关一律不得提用”所中古物，可见情形之严重。[④] 总之，按照现代博物馆的标准，古物陈列所对藏品的保护明显存在诸多漏洞，这在很大程度上应归咎于古物所有者与保存者分离的尴尬状况。

民国政府从一开始就曾考虑将这些古物收归民国所有，但所需的费用明显超出了民国政府的财政能力。1916 年 9 月，国务总理段祺瑞在呈总统黎元洪的文中称：“文华武英各殿所陈列之古物，均系清室私产，共七十余万件，估价约五百余万元。分列品类，登记册簿，本拟由政府备价收归国有，徒以财政支绌，迄未实行。”[⑤] 后来庄士敦获得了一份未曾公开过的文件，内容是民国政府就收购热河、奉天两处行宫古物和清室订立的协议，按照协议，所有古物，除去清室收回的以外，均由民国政府按估定价格收购。由于财力紧缺，民国政府不能当即支付购买款项，这些古物被当作民国借自清室的债款，直到民国财力允许彻底支付时为止。[⑥]

民国所代表的“国家”无法覆盖清室的“私产”，暴露出民国主权的不完整状态。对于那些将国家认同理所当然地寄托于中华民国的人来

---

① 《内廷收回宝珠》，《晨钟报》1918 年 5 月 8 日，第 6 版；《内廷收藏宝物》，《晨钟报》1918 年 5 月 31 日，第 6 版。又据后来担任古物陈列所所长的周肇祥记述：“盛京热河运来各物，因治格为所长，御书御容御宝衣物书画屡被清室提回，为数不少。余在盛京所见太宗血衣真珠朝珠皆在提回之列。”见周肇祥《古物陈列所记略》，北平《国学丛刊》第 4 册，1941 年 10 月，第 62 页。

② 顾颉刚：《古物陈列所书画忆录（并序）》，《现代评论》第 1 卷第 19 期。

③ 《国务院秘书厅为“惠赠”友人提取古物陈列所古物清单》（1918 年 9 月—1919 年 8 月），《中华民国史档案资料汇编》第 3 辑，“文化”，第 220 页。

④ 《古物陈列所 1914—1927 年大事记》，故宫博物院藏：《古物陈列所档案・行政类》第 39 卷，转引自段勇《古物陈列所的兴衰及其历史地位述评》，《故宫博物院院刊》2004 年第 5 期，第 28 页。

⑤ 《议员马小进对古物所提之质问案》，天津《大公报》1924 年 5 月 2 日，第 3 版。

⑥ 庄士敦：《紫禁城的黄昏》，陈时伟等译，求实出版社 1989 年版，第 241 页。

说，这是一个难堪的事实。1925年，顾颉刚回忆起他在1917年游览古物陈列所的经历，对古物陈列所的管理状况表达了强烈的不满：“古物是全国公有的古物，本来我们太放任！”“以亡清的皇帝而竟向民国的古物陈列所随意提取物件，这真是岂有此理！”[①] 古物的“国有化”，并未随着清朝的覆灭和中华民国的建立而自然完成，这是一个错综复杂的过程。古物陈列所涉及的只是一小部分，还有更庞大的紫禁城内府收藏前途未卜。

三

清室内府收藏既为皇帝的“私产”，清室自然有自由处置的权利。事实上，由于清室内务府开支庞大，而《清室优待条件》中规定的应由民国政府拨付的岁用400万元的经费根本无法兑现，变卖内府古物或将其抵押给银行以筹措经费，就成为清室维持日常运转的必由之路[②]，其中相当一部分落入外人之手。例如，清室内务府曾将一批包括宋代官窑在内的历代名窑瓷器抵押给金城、大陆、盐业等银行，后因无力赎回，被英国大卫德爵士收购，成为其收藏中国瓷器的基础。[③]

清室的行为时常见诸报端，引起舆论的关注。[④]《申报》甚至登出了清室拟拍卖的古物名录。[⑤] 1922年3月，京沪各报登载了清室为筹措溥仪结婚经费而准备将《四库全书》售卖于日本的新闻，北京大学沈兼士、钱玄同、周作人等得知后，极为愤慨，联名发布公开信，呼吁将此事提出于国务会议，派员彻查。信中称：“查照优待条件，爱新觉罗溥仪本应迁出大内，移居颐和园中，至于禁城宫殿及所藏之图书古物，皆系历代相传国家公共之产。其中如文渊阁《四库全书》之类，尤为可宝……亟

---

① 顾颉刚：《古物陈列所书画忆录（并序）》，《现代评论》第1卷第19期。

② 溥仪：《我的前半生》，中华书局1977年版，第127页。

③ “国立”故宫博物院七十星霜编辑委员会：《故宫七十星霜》，（台北）商务印书馆1995年版，第9页。

④ 《清室拍卖字画》，《晨钟报》1918年4月15日，第3版；《清室大售古玩》，《申报》1921年12月31日，第10版。

⑤ 《清室出售古物续志》，《申报》1922年1月3日，第10版。

宜一律由我民国政府收回，筹设古物院一所，任人观览。”[①] 公开信明确提出清室古物是“历代相传国家公共之产”，建议民国政府收回。

1922 年对于清室来说确实是一个多事之秋。该年 6 月，第一次直奉战争以奉系失败告终，吴佩孚控制北京，总统徐世昌被迫辞职。徐世昌同情清室，他任总统期间，清室基本上可以高枕无忧。然而，他一下台就传出了废除《清室优待条件》的消息。之前张勋复辟失败后，参与讨伐张勋的冯玉祥就曾经发出通电，要求取消清室优待条件，驱逐溥仪出宫，但并未得到北洋实力派的响应。[②] 这次却不一样，传闻吴佩孚入京晋谒黎元洪时，明确主张废止清室优待条件，以免再出现复辟举动。黎元洪因事关重大，答以当慎重出之。清室闻此极为恐慌，准备将清室财产变价自立银行，以资周转，并将贵重财产转移至东交民巷使馆区保管。[③] 也有消息说，清室收藏之历代宝物将送往某外国银行暂时保存。对此，报纸评曰：“该贵族等须知二百余年荟萃天下之珍奇，虽系清室私产，要为中国之精华，望主持此举之贵族，尚其十分慎重云”[④]，虽仍然承认内府收藏为清室私产，但同时指出其为“中国之精华”，语气间透出警告之意。无论产权归属为何，在清室古物对国家至关重要这一点上并无异议。

类似的批评在当时的报纸上随处可见，引起了溥仪的英国师傅庄士敦的注意。1922 年 6 月，他在给李经迈的信中提及这些“涉及出售宫廷财宝的短评”：“一些针对这类交易的抗议言论说，被处置的物品是国家的财产，皇室没有权利出卖它们。”庄士敦承认这些舆论给溥仪和清室的名誉造成了损害，他也认为“应该不失时机地将应该属于中华民族的财产与皇室的个人财产分离开来”。[⑤] 他在信中没有透露何时才是恰当的“时机”以及具体应采取何种措施，但是从该年 2 月起溥仪开始派载泽、

---

① 《为清室盗卖四库全书敬告国人速起交涉启》，《北京大学日刊》1922 年第 1005 号。

② 冯玉祥：《我的生活》，黑龙江人民出版社 1984 年版，第 255 页。

③ 《清室优待条件有将取销说》，《申报》1922 年 6 月 28 日，第 10 版；劳祖德整理：《郑孝胥日记》第 4 册，1922 年 6 月 28 日，中华书局 1993 年版，第 1911 页。

④ 《清宫珍宝入外府》，《申报》1922 年 6 月 13 日，第 11 版。

⑤ 庄士敦：《紫禁城的黄昏》，第 233—234 页。

朱益藩等人清查内府书画[①]，很可能是出于庄士敦的建议。庄士敦提醒溥仪，内务府变卖的金银制品，都是按重量而非其艺术价值来卖，损失很大。[②] 在庄士敦的支持下，溥仪决定清查清室内府的财产，并派李经迈主持此事。[③] 也正是从1922年起，溥仪与溥杰、溥佳等人开始将内府所藏古版书籍（大部分是宋版）和历朝名人字画（大部分是手卷），分批秘密运往宫外，预备为将来出宫后的生活筹措经费。[④] 从溥仪的行动来看，其实他并没有区分“中华民族的财产”和“皇室的个人财产”的打算，显然在他看来，宫中的一切古物都是他的“私产”。内府收藏几乎丧失了象征皇室权力的政治内涵，基本上成为纯粹经济意义上的个人财产。[⑤]

一些同情清室的遗老则对内府收藏有着不同的看法。罗振玉此时也密切关注着清室及其收藏的命运。1922年6月22日，罗振玉在给王国维的信中说：“连日废止优待，已有消息（尚未披露，求且秘之），中怀万分作恶，已闻朝中当事，共商对付之法”[⑥]，心情之焦虑溢于言表。罗振玉给清室开出的应对方案是由清室自建博物馆和图书馆，来保存内府收藏。7月，他托当时已经入宫的金梁向内务府诸大臣说明此意，陈宝琛、耆龄皆赞成，但考虑到清室早晚要迁出宫外（按照《清室优待条件》，清室只是暂居宫禁），“以两馆设都城，不异委之不顾”，所以目下无法实行。罗振玉向金梁申明，清室自建博物馆和图书馆的宗旨在“以开放为保存”，即通过此种形式宣示清室对内府收藏的“主权”。只要由溥仪下谕，在宫中设立两馆筹备处，即可将此事程序化，如果民国政府提出要求，就可以“自行筹备”拒绝。就算清室将来迁出宫外，“两馆已可同迁，主权即定，何施不可”。关键在确立清室的“主权”。他恳请金梁

① 王庆祥：《朱益藩与溥仪交往要事简记》，江西省莲花县政协文史办编：《末代帝师朱益藩》，海洋出版社1993年版，第30页。

② 溥仪：《我的前半生》，第128页。

③ 同上书，第157页。

④ 溥佳：《1924年溥仪出宫前后琐记》，全国政协文史资料研究委员会编：《文史资料选辑》第35辑，文史资料出版社1963年版，第249页；溥仪：《我的前半生》，第143页。

⑤ 石守谦：《清室收藏的现代转化——兼论其与中国美术史研究发展之关系》，（台北）《故宫学术季刊》2005年第23卷第1期。

⑥ 《罗振玉致王国维》（1922年6月22日），长春市政协文史和学习委员会编：《罗振玉王国维往来书信》，东方出版社2000年版，第534页。

“为当道再破析言之”。[①]

罗振玉的建议没有得到清室的积极回应，但他并未因此放弃。1923 年 5 月，王国维奉溥仪之命入直南书房。罗振玉希望利用他和王国维的个人关系来实现他的目标。[②] 7 月，罗振玉在致王国维的信中称“方拟草一稿”，由升允审定，再由杨锺羲、景方昶、王国维等人联名上奏。[③] 此稿即《陈三事》疏，其中关键内容为第二项“移宝藏”，仍主张建皇室博物馆和图书馆。不过或许是因为清室面临的压力日趋严峻，罗振玉也对自己的方案做了调整，为清室古物的安全性起见，不再坚持在宫中建馆，而是通过德人卫礼贤，在奥国使馆界内寻求馆址。[④] 罗振玉与王国维在来往信件中反复商讨疏稿，特别强调“奥馆一节，万不可删，此要紧关节，删去则成空旷语矣”[⑤]。8 月，罗振玉还将第二项建馆事单独拎出，由升允直接上奏溥仪，足见他对此事之重视。[⑥]

在东交民巷外国使馆界内建皇室博物馆的主张，体现出罗振玉借助外国势力来解决清室古物问题的趋向，这在遗老中颇具代表性。1924 年 5 月，王国维也呈上《筹建皇室博物馆奏折》，建议皇室“开放禁城离宫之一部为皇室博物馆，而以内府所藏之古器、书画陈列其中，使中外人民皆得观览，如此则禁城之内，民国所辖地面，既有文渊阁之《四库全书》，文华、武英诸殿之古器、书画，皆我皇室之重器，而皇室所辖地面，复有皇室博物馆陈列内府之重器，是禁城一隅实为全国古今文化之所萃，即与世界文化有至大之关系，一旦京师有事，万国皆有保卫之责”[⑦]。思路与罗振玉几乎如出一辙。虽然王国维仍主张在宫内建馆，但他也同样将保存清室古物的希望寄托在外国人身上。有趣的是，王国维一面承认清室古物为“全国古今文化之所萃”，另一方面又将其放置于更为超越的“世界文化”视野之中，以抵抗来自民国一方的国家话语的

① 《罗振玉致王国维》(1922 年 7 月 26 日)，《罗振玉王国维往来书信》，第 540—541 页。

② 周明之：《近代中国的文化危机：清遗民的精神世界》，山东大学出版社 2009 年版，第 185 页。

③ 《罗振玉致王国维》(1923 年 7 月 25 日前后)，《罗振玉王国维往来书信》，第 576 页。

④ 罗继祖：《庭闻忆略》，《蜉寄留痕》，上海古籍出版社 1999 年版，第 81 页。

⑤ 《罗振玉致王国维》(1923 年 7 月 27 日)，《罗振玉王国维往来书信》，第 577 页。

⑥ 《罗振玉致王国维》(1923 年 8 月 16 日)，《罗振玉王国维往来书信》，第 580 页。

⑦ 袁英光、刘寅生编著：《王国维年谱长编》，天津人民出版社 1996 年版，第 401 页。

压力。

早年主张在奉天行宫建立皇室博物馆的金梁，此时也重拾旧议。早在1921年，金梁就提出设立皇室博物馆保存清室古物，并“与东西博古学家往还讨论”。1924年初，金梁奉命为内务府大臣，对清室未来多有规划，其中重要内容之一便是设皇室博物馆。他在奏折中提出，“拟将宝物清理后，即请设皇室博览馆，移置尊藏，任人观览，并约东西各国博物馆借赠古物，联络办理，中外一家，古物公有，自可绝人干涉”，“自设博物馆，连合中西，共同筹办，非特古物古迹皆有以自保，一面清理筹款，且有以自养”。[①] 尽管罗振玉、王国维和金梁在其他事务上立场存在分歧，关系并不融洽[②]，但在设立皇室博物馆以保存清室古物方面，观点和思路都极为接近。金梁所谓“中外一家，古物公有”，“连合中西，共同筹办”，同王国维寄望于“万国”之保卫一样，都是在确保清室对古物的所有权的前提下，引入外国势力来预防来自民国政府的威胁。这既是出于实际力量对比的现实考虑，同时也显示了遗老和民国在思想上的对立。

与清末张謇、金梁的倡议不同，遗老建立皇室博物馆的设想是非常状态下基于现实考量的策略，目标很明确，就是应对民国政府的干预，保存清室的古物，进而作为复辟的政治资本和象征资本。虽然未经明言，但在他们看来，清室古物依然保留着皇室收藏的政治内涵和象征意味，对维系溥仪的皇帝身份和清室的皇室身份以及推进复辟事业，具有不言自明的重要性。[③] 然而，遗老的努力并未取得理想的效果。首先，清室内

---

① 《金梁奏请“密图恢复”五折》（1924年），吴瀛：《故宫五年记》，上海书店出版社2000年版，第109、113页。

② 罗振玉《陈三事》疏中第三项为“杜邪谋”，“即据当日有请自削尊号可以去危就安及贿选议员可得维持优待经费为说，其中有为郑、金所主张”（罗继祖：《庭闻忆略》，《蜉寄留痕》，第81页），金即指“金梁”。金梁曾建议溥仪放弃皇帝尊号，以示大公无私，树立溥仪个人的道德形象，然后再徐图恢复，罗振玉对此表示反对。他曾对郑孝胥表示，当务之急“以保现有地位为第一，千万和平省事”，并“与言日磾（按：即金梁）之种种不妥，劝渠加以忠告”。参见《罗振玉王国维往来书信》，第601页。

③ 1918年2月，张勋复辟后不久，陈宝琛在宫中组织了一次钱选《观鹅图》的观赏题跋活动，遗老参加者甚多，用意在以此确认清室的皇室身份。参见洪再新《皇家门分的确认与再确认——清宫至伪满皇宫收藏钱选〈观鹅图〉始末》，《故宫博物院院刊》2004年第3期。

务府只关心如何通过变卖和抵押清室古物来筹措经费，以维持自身的地位和利益；再者，溥仪本人也视这些古物为其个人私产，很难理解遗老的良苦用心。1923 年 8 月 17 日，罗振玉在致王国维的信中说："化国为家政策即将随其后，兄移眷入都之事，恐亦可中止矣"[①]，对溥仪整顿宫廷清理财产事不无疑虑。所谓"化国为家"，实指溥仪视清室事为其家务事，而遗老耿耿于怀的却是如何复大清之"国"。在溥仪一面，则以为罗振玉倡议设皇室博物馆是"另有打算，想把宫里东西弄到他可以支配的地方去"[②]，罗振玉在给金梁的信中亦云："弟不应再建言，若强聒不已，或且疑弟为别有怀抱矣"[③]，可见当时即有各种流言。正如后来罗继祖所分析的：溥仪"是把名贵书画当成财宝看待的，祖父上的条陈，正好触犯他的忌讳"[④]，在对清室古物之性质的看法上，遗老和溥仪之间存在难以弥合的分歧。

四

1923 年，清室古物的售卖仍在继续，招致的批评也日趋激烈。1923 年 9 月 12 日，《晨报》在新闻中披露："昨闻溥仪复拟拍卖一大批古董宝物，以资救济，日前持典招上海各大洋商来京议价"，记者提醒民国政府阻止此类行为，将清室古物一律封存。[⑤] 北京大学研究所国学门针对此事在报上发表公函，表示愤慨之情："据理而言，故宫所有之古物，多系历代相传之宝器，国体变更以来，早应由民国收回，公开陈列，决非私家什物得以任意售卖者可比"[⑥]，提议将此事提交国务会议派员彻底清查，绳以法律，"庶不致以此有限之国宝，填彼无厌之欲望，国家文献，实利赖之"，态度较一年前更为强硬。湖北省教育会则直接向职掌古物保护的内务部发去公电，亦称："清室之古物，尤为历代帝室递嬗相传之珍秘，

---

① 《罗振玉致王国维》(1923 年 8 月 16 日)，《罗振玉王国维往来书信》，第 581 页。
② 溥仪：《我的前半生》，第 189 页。
③ 《罗振玉致王国维》(1922 年 7 月 26 日)，《罗振玉王国维往来书信》，第 541 页。
④ 罗继祖：《庭闻忆略》，《蜉寄留痕》，第 161 页。
⑤ 《溥仪大拍卖古董》，《晨报》1923 年 9 月 12 日，第 3 版。
⑥ 《北大请禁清室盗卖古物》，《申报》1923 年 9 月 26 日，第 7 版。

并非一代一人所得私有”，一旦散佚，则“立国精神将无从取征”。[①] 强调清室古物并非清室私产，而为属于国家所有的“国宝”，已经成为舆论普遍的共识。

来自各方的批评不仅针对清室，更指向民国政府的不作为。国会中也出现了质问政府的声音。1924 年 3 月，众议院议员李燮阳就清室盗卖古物向政府提出质问，指出 1923 年 10 月 12 日公布的《中华民国宪法》规定，有关文化之古籍古物及古迹，应由国家立法并执行，据此政府应向清室提取所有古物，交内务部派专员保存，或发交古物陈列所。[②] 内务部对此不敢怠慢，将李燮阳质问书抄送提署两翼及清室内务府，提请注意此事，并附内务部咨文，声明“清室现存之古物古籍，非经本部核准，不得随意售卖”。然而李燮阳对此并不满意，他指出此咨文不过为一纸空文，事实上仍承认清室对古物古籍的所有权，对其发售盗卖并无约束力，正当方法是依据宪法，“迅速向清室将所有古物古籍悉数提出保存之处”。[③]

其实，《中华民国宪法》有关古物保护的条款只是抽象的原则，并未具体涉及清室，而在《清室优待条件》依然有效的情况下，民国政府从法理上无法将清室古物收回，内务部也没有这种权力。针对李燮阳的再次质问，内务部回复说：“清室内务府对于本部前咨迄未见复，本部以职掌攸关，现正根据宪法，拟订古籍古物古迹保护法，以期厘定颁布，所有全国古籍古物古迹，无论何人所有，自非经内务部核准，概不得售卖移运，以资保存。”[④] 1916 年 10 月，内务部曾颁布《保护古物暂行办法》，规定国内一切古籍古物，不得转售外人，但并未禁止国内的古物买卖。[⑤] 这次内务部决定制定更严格的规章，以阻止清室内务府任何售卖古物的行为。然而，无论对清室售卖古物采取何种严格的限制措施，内务

① 《湖北省教育会为制止清室出售古物致内务部电》（1923 年 11 月 12 日），《中华民国史档案资料汇编》第 3 辑，“文化”，第 222—223 页。

② 《李燮阳质问清室盗卖古物》，《申报》1924 年 3 月 15 日，第 7 版；郭卫编：《中华民国宪法史料》，（台北）文海出版社 1973 年版，第 42 页。

③ 《李燮阳再质问清室古物》，《申报》1924 年 4 月 16 日，第 7 版。

④ 《内部阻清室盗卖古物》，《申报》1924 年 4 月 21 日，第 4 版。

⑤ 《保存古物暂行办法》（1916 年），《中华民国史档案资料汇编》第 3 辑，“文化”，第 198 页。

部依然承认清室对古物的所有权。

从清室的角度看，古物售卖须经内务部核准，毕竟十分不便。溥仪为此曾召集御前会议，商定裁减经费至每年50万元。“此时清室拍卖古物，须经民国内务部核准，手续不易，故必须节减经费。”① 另一方面，清室托人游说吴佩孚，试图借助实力人物解决问题。吴佩孚随后让总理孙宝琦通融办理，在阁议上提出讨论，众人自然不敢有异议，“遂由院通知军警机关取消禁令，并照会清室内务府，从此清室又可自由拍卖矣”。与此同时，清室也加快了抵押和变卖古物的步伐，将十二大编钟及金器数百件抵押给中国实业银行和大陆银行。② 不久，清室内务府又将清朝历代皇后之金册金宝抵押给这两家银行。③

吴佩孚的举动引起了总统曹锟的不满。曹锟于是派冯玉祥、程克、颜惠庆、聂宪藩等10人为清室古物专员，并请清室遴选10人会同办理。4月5日，在程克宅中开保存国有古物讨论会，讨论清室古物应属国有或私有之范围。会议决定：“凡系我国历代相传之物，皆应属于国有，其无历史可言之金银宝不等物件，则可作为私有。属于国有者，即由保管人员议定保管条例，呈由政府批准颁布，即日实行。其属于私有者，则准其自由变卖。”④ 舆论盛传此10人将赴清宫点查古物，引起清室恐慌。⑤ 金梁、郑孝胥等与宗室王公商量应对办法，考虑请赵尔巽出面斡旋。⑥ 很难说曹锟此举是出于保存古物的公心，更可能是与吴佩孚的矛盾所致，后来此事也就不了了之。不过，保存国有古物讨论会首次以官方形式，明确了清室收藏中国有与私有的范围，为溥仪出宫后清宫物品的处置奠定了基本原则和框架。

与此同时，1924年4月至5月间，民国政府还以退职总长张国淦的名义与清室秘密交涉，提出由民国方面全部收购古物陈列所和内府所藏

① 《溥仪渐知稼穑艰难清室经费每年以五十万元为限》，《晨报》1924年4月22日，第6版。

② 《清室又可拍卖古物矣　不必得内务部核准》，《晨报》1924年5月2日，第6版。

③ 《清室又进行第二批古物押款》，《晨报》1924年5月12日，第6版。

④ 《清室古物仍难自由变卖　与历史有关系之古物应归国有》，《晨报》1924年5月6日，第6版。

⑤ 《清室将因古物而生内讧》，《晨报》1924年5月8日，第6版。

⑥ 劳祖德整理：《郑孝胥日记》第4册，1924年5月13、23日，第1999、2001页。

古物。具体方案是:将民国从前借陈三殿之物(即古物陈列所中古物)作价500万元,再由清室将关涉文化之物让归民国,亦作价500万元,共计1000万元,将来由英美退出庚子赔款中拨付。但须由民国经理,清室每年只能拨用息金,不能将全价交与清室。清室内务府与之反复磋商,持而未决,罗振玉则极力反对,以为有损清室尊严和利益。① 此事后来亦无下文,但从中可见,民国政府仍承认清室古物为其私产,即使收回也只能通过收购的形式。

总体而言,民元以来,面对清室拍卖或抵押古物的行为,民国政府反应迟钝,措施乏力,究其原因,约有三端。第一,由于《清室优待条件》规定清室私产受民国保护,民国政府缺少直接干预清室行为的法理依据,又无财力回购清室古物,只能在事发时采取间接迂回的临时措施,以应付舆论的压力。尽管民国方面(包括李燮阳等议员)也一直有废止《清室优待条件》的呼声,但终究未能实行。②

第二,在这样的大环境下,具体负责古物保护事务的内务部缺少阻止清室行为的足够动力和实质性权力。1916年,内务部曾制定《保存古物暂行办法》,但这只是临时性的部门规章,不具备法律效力,有劝无诫,形同虚设。1920年,时任总统府顾问的叶恭绰呈请总统徐世昌,请速拟保存古物法规,提交国会审议公布。徐将呈文下发内务总长田文烈,田表示将详细核拟保存古物法规草案,但亦无下文。③ 这些只是针对一般古物而言,尚且如此虚应故事,遑论更加棘手的清室古物。事实上,在总统内阁如走马灯般轮换的民初政坛,内务部也不可能认真对待清室古物问题。只是由于1924年春夏间清室售卖古物情形愈演愈烈,内务部在各方压力下,才正式启动古籍古物古迹保存法的拟定工作。出人意料的

① 罗继祖:《涉世琐记》,《蜉寄留痕》,第198页。《永丰老人行年录》将此事系于1923年《陈三事》疏下,并作一谈,误。又见罗振玉与王国维1924年4月28日至5月5日书信,《罗振玉王国维往来书信》,第617—620页;劳祖德整理:《郑孝胥日记》第4册,1924年5月15、20日,第1999、2000页。

② 关于清室优待条件的订立、维持与变迁,参见胡平生《民国初期的复辟派》,(台北)台湾学生书局1985年版,第382—388页。

③ 《总统府顾问叶恭绰致大总统条陈》,《中华民国史档案资料汇编》第3辑,"文化",第578—579页;《内务总长田文烈致大总统呈》(1920年3月),《中华民国史档案资料汇编》第3辑,"文化",第584页。

是，当 1924 年 7 月该法草案公布时，却招致了北京大学研究所国学门考古学会的强烈批评。因为草案中称所有全国古籍古物古迹，无论何人所有，非经内务部核准，概不得售卖移运，被该会指为“越权垄断”。考古学会认为，古物之保存，教育部应承受主要职权。内务部保存古物不善，其下属古物陈列所管理漏洞甚多，早已丧失保管古物之资格，“内务部非保管古物之机关，该部所拟保存法草案根本上无存在之价值”。[①] 古物保护本为内务部分内之事，如今却遭受否定性的质疑，说明其公信力已大打折扣。

第三，民国政坛派系林立，互相掣肘，给清室提供了转圜的空间。从 1924 年春夏间民国政府对清室采取的措施来看，显然其中牵涉多种力量，相互间不仅缺乏配合，反而彼此拆台。从历史上看，北洋系与清室关系错综复杂，同情者大有人在，清室也利用北洋系内部的派系矛盾，左右逢源，谋求生存的空间。清室近支王公经常向北洋实力派人物张作霖、吴佩孚等赠送古物，联络感情，在各派之间维持平衡。[②] 据时人披露，1924 年 9 月第二次直奉战争爆发前，清室对于双方要人均有古物馈赠。[③] 这事实上成了清室古物流失的另一条渠道。

清室古物作为国家历史和文化的象征意义已被普遍接受，与之形成对比的是民国政府在清室古物问题上的软弱无力。看来依赖现存的政治体制已经无法完成清室古物“国有化”的任务，最终只能通过非常规手段来推动问题的解决。

---

① 《研究所国学门考古学会对于内务部古籍古物暨古迹保存法草案意见书》，《北京大学日刊》1924 年第 1512 号。此文为顾颉刚所作，参见《顾颉刚日记》第 1 卷，中华书局 2011 年版，第 510 页。

② 如 1919 年下半年，清室开始与张作霖联系。载沣从内务府中选出两件古物馈赠张作霖，并派专差直接送到奉天。1922 年吴佩孚在洛阳做寿，溥仪派郑孝胥带厚礼前去拜贺。参见溥仪《我的前半生》，第 118、120 页。又据溥佳回忆，载涛平素即喜欢与民国要人来往，“每当内战结束更换新的政权时，总是送往迎来酬酢不绝，彼此之间的关系搞得相当不错”。参见溥佳《1924 年溥仪出宫前后琐记》，《文史资料选辑》第 35 辑，第 247 页。

③ 政之：《溥仪出京与日本》，《国闻周报》1925 年第 2 卷第 7 期，“社评”，第 2 页。

五

清室古物之所以被认为是“国宝”，属于国家所有，一个重要的前提和依据是这些古物乃“历代相传之宝器”，“历代帝室递嬗相传之珍秘”，并非清朝一姓所能占有。即使内务部承认清室在法理上拥有对这些古物的所有权，但也强调它们“萃历代之晶莹，实吾华之国粹”。① 换言之，这些古物的历史远远超出清朝统治的二百多年，它们理应属于一个整体性的连绵不绝的“中国”，而非某个具体王朝。

从历史上看，中国的皇室收藏确实具有极强的承继性，趋向于一元的发展，每一个新王朝都以接收或重建前朝的皇室收藏为确立自身统治合法性的重要手段。② 有趣的是，在现代国家话语兴起之后，这一王朝前后更替和循环的历史却被民国的支持者用来构造以国家为单位的连续性叙事，从而将现代国家对王朝历史的占有和挪用合法化了。正如单士元后来所说：“中国历史上历代王朝均有收藏文物之传统。一个王朝灭亡后，新的王朝则取其收藏为本朝所有，清之于明亦循其例。所以清宫中历代宫廷传世之宝，均应视为国家所有。”③ 占有古物即意味着占有连续性的历史，并将这一历史整合到现代国家的宏大叙事中去。④

然而，遗老在这个问题上明确反对民国政府的观点。罗振玉后来在他的回忆录《集蓼编》中说：

> 燕都自明季甲申之变，宫中文物一时都尽。我朝治平垂三百年，以康乾之隆盛，复为搜聚天府之藏，遂驾明季而上之。海桑以后，宫禁稍疏，间有一二为宵小窃出者。不逞之徒遂谓禁御所藏乃历代

① 《内部阻清室盗卖古物》，《申报》1924 年 4 月 21 日，第 4 版。

② ［美］埃利奥特（J. S. Elliott）：《中国皇家收藏传奇》，潘利侠、刘继月译，当代中国出版社 2007 年版，第 16 页。

③ 单士元：《庭训琐记——我与初创时期的故宫博物院》，北京市政协文史资料委员会编：《文苑撷英》，北京出版社 2000 年版，第 8 页。

④ 正如杜赞奇（Prasenjit Duara）所指出的，线性历史是前现代国家将自身转变为民族国家的主要模式。参见［美］杜赞奇《从民族国家拯救历史》，王宪明等译，江苏人民出版社 2008 年版，第 27 页。

流传，非一姓所有。[①]

据罗继祖的回忆，这里的“不逞之徒”指民国当局和当时代表学术界的马衡、沈兼士等人。[②] 王国维也持同样的主张。1924 年 8 月 9 日，北京大学研究所国学门考古学会在《北京大学日刊》上发布《保存大宫山古迹宣言》，宣称“亡清遗孽，既擅将历代相传之古器物据为己有；甚且押售外人，罔恤议论。近更有强占官产，毁坏大宫山古迹一事”。王国维阅后极为不满，致书考古学会负责人沈兼士、马衡，表示“不胜骇异”。王国维在信中针对“亡清遗孽擅将历代相传之古器物据为己有”一语，称“此语尤为弟所不解”。他认为明代学术至为荒陋，内府无收藏可言，且已为李自成军搜刮殆尽，并引吴伟业诗为证，“是本朝入关以后未尝得明代之宝器也”，“今日内府之所藏，皆本朝二百余年之所搜集”，完全为皇室之私产，毫无疑义。此事对王国维刺激极大，致使其怒而辞去北京大学研究所国学门导师职务，并要求《国学季刊》停止排印其论文。[③]

罗、王认为清朝皇室收藏完全是其自身搜集，与明朝并无承继关系，并不符合事实。李宗侗后来反驳说，清室文物“固然一部分由清代诸帝所收集，但是至少其中的一部分是经由宋、元、明而传到清代的”，“我们若细研究，不只明宫遗留下若干古物，就是北南宋的宝藏亦转由元而明而至清宫”。[④] 清朝皇室的宏富收藏固然在很大程度上拜乾隆所赐，但直接从明朝内府接收下来的亦不在少数，其中包括两宋帝王帝后像，明官窑瓷器，明皇室及宫廷画家的作品，明内府玉璧、玉琮等礼器，以及宋黄居寀《山鹧棘雀图》这样的名作，对此今人已有详细考证[⑤]，两者之间的承继关系毋庸置疑。

问题的关键并不在这里，罗、王的观点显然出于一种策略性的考虑，

---

① 罗振玉：《集蓼编》，《雪堂自述》，第 49 页。

② 罗继祖：《庭闻忆略》，《蜉寄留痕》，第 83 页。

③ 《致沈兼士马衡》（1924 年），刘寅生、袁英光编：《王国维全集·书信》，中华书局 1984 年版，第 405 页。

④ 李宗侗：《故宫博物院回忆录》，《李宗侗自传》，中华书局 2010 年版，第 145 页。

⑤ 张临生：《国立故宫博物院收藏源流史略》，（台北）《故宫学术季刊》1996 年第 13 卷第 3 期。此文对清朝皇室收藏的形成及源流做了具体而精细的描述。

是对民国一方国家话语的应激性反应。在王朝循环史观中，接收前朝皇室收藏对确立今朝的统治合法性具有重要意义，然而吊诡的是，遗老为了维护清室的利益，却不惜将清朝从这一王朝循环史观中剥离出来。这里显示出遗老政治认同的困境：当历史被现代国家话语所垄断时，遗老只能把孤零零的清朝作为自己的安身立命之所。①

但是，遗老在清室古物的处置上并没有讨价还价的资本。1924 年 4 月 5 日，冯玉祥等人召开保存国有古物讨论会，确定了划分清宫物品的原则，“凡系我国历代相传之物，皆应属于国有，其无历史可言之金银宝石等物件，则可作为私有”。物品的历史性被作为判定其为国家所有的标准，最能体现现代国家话语对线性历史的内在要求。而从另一个角度看，“古物”概念本身就预设了物品的历史性这一前提。

1924 年 11 月初，冯玉祥发动北京政变，曹锟被迫辞去总统职务。4 日，以黄郛为首的摄政内阁召开国务会议，决定修改清室优待条件，要求溥仪立刻移出宫禁。5 日下午，北京警卫总司令鹿钟麟、警察总监张璧及国民代表李煜瀛等人共同执行该项命令，溥仪当即迁出紫禁城。修改后的清室优待条件第五条规定：“清室私产归清室完全享有，民国政府当为特别保护，其一切公产应归民国政府所有。”② 这里并没有明确划分公产和私产的标准，但答案看上去已经不言自明，历史性原则已经被普遍接受。11 月 6 日，李煜瀛在接受《顺天时报》记者提问时回答说：“公私产之区别极为明白，决无混乱之虞，公产者如宫城、建筑物，及历代之至宝，其他各种即属私产。”③《社会日报》主笔林白水在时评中亦云：“至各种宝物，何者应归溥仪，何者应归民国，则纯以有无历史的价值，及与文化有无关系为标准。大抵小件珠宝金银皮货绸缎之类，皆可划归溥仪。而大件重器，及与历史文化有关之金石书画等等，则无非数千年

① 清遗老的政治认同是一个极其复杂的问题，无法在这里详细展开，相关论述可参见林志宏《民国乃敌国也：政治文化转型下的清遗民》［（台北）联经出版事业股份有限公司 2009 年版］及周明之《近代中国的文化危机：清遗老的精神世界》。

② 《摄政内阁公布“修正清室优待条件”文》（1924 年 11 月 5 日），中国第二历史档案馆编：《中华民国史档案资料汇编》第 3 辑，“政治”（2），江苏古籍出版社 1991 年版，第 1474 页。

③ 《清帝迁出皇宫之理由李石曾氏谈话》，《顺天时报》1924 年 11 月 6 日，第 7 版。

国宝所流传，与爱新觉罗全无关系，断难据为私有者也。”① 即使对清室表示同情的《顺天时报》，也承认“可以为民族或国家历史的乃至文化的资料之物为公产”在理论上是成立的。②

以物品有无历史价值来区分公产私产只是提供了一个基本的原则，具体到物品本身有时并不容易判定。即如金银珠宝是否无历史之可言就存有争议，《北京益世报》的说法是：“凡属历代相传之古物，无论金银玉石以及字画书籍等物，均为民国保管，其他行常物品，并一切桌椅床凳零星杂物，概作溥仪之私产，均已划分清楚”，将金银等也纳入“历代相传之古物”中。③ 这个问题直接影响到清宫物品的点收。1924 年 11 月 7 日，摄政内阁决定组织成立清室善后委员会，会同清室近支人员协同清理清室公产和私产。④ 14 日公布了《办理清室善后委员会组织条例》。17 日，在委员会的监视下，清宫中所存银两被发还给清室，但银两中的元宝上镌有福禄寿喜字样，系当时清帝用作犒赏之用者，被认为“富有历史价值”，于是决定留出数颗作为将来陈列展览之用。⑤ 可见，物品的历史性并无绝对的标准，须放置在具体语境中来考察。甚至可以说，“历史性”本身就是一种被赋予和阐释出的意义。⑥

清室善后委员会名义上虽由民国政府方面和清室近支人员共同组成，但事实上在具体判定公产私产时，还是民国方面说了算，因而看似困难

① 林白水：《对废帝的善后》，《社会日报》1924 年 11 月 7 日，“时评”，第 2 版。

② 《清室宝物公私产之分界及其保管方法》，《顺天时报》1924 年 11 月 11 日，“社论”，第 2 版。

③ 《清宫遗物之处分》，《北京益世报》1924 年 11 月 9 日，第 7 版。

④ 《大总统发布清室宫禁充作博物馆令》（1924 年 11 月 7 日），《中华民国史档案资料汇编》第 3 辑，“文化”，第 292—293 页。

⑤ 鹿钟麟：《驱逐溥仪出宫始末》，天津市政协文史资料研究委员会编：《天津文史资料选辑》第 4 辑，天津人民出版社 1979 年版，第 111 页。1932 年，故宫博物院准备拍卖一部分金器，称“所以拍卖，因其无关文化也”，《世界日报》对此提出质问：“故宫金器，大抵皆有历史关系，乃得谓其无关文化耶?”见《故宫古物应加保护　决不应任意拍卖》，《世界日报》1932 年 9 月 2 日，“社评”，第 3 版。

⑥ 另外一个可以说明问题的例子是后来故宫博物院对药材、茶叶、绸缎等物品的处理，它们都是各地呈送皇室的贡品。1932 年，故宫博物院呈准国民政府将这些贡品全部拍卖，显然在故宫博物院看来，这些物品并无历史和文化价值。当时故宫博物院图书馆职员李濂镗曾表示反对，指出绸缎图案为“已往五百年创制者之心血，所关实伟”。参见傅振伦《故宫博物院掌故拾零》，《傅振伦文录类选》，学苑出版社 1984 年版，第 835—836 页。

的问题在实际操作中可从权处理，解决起来并非难事。[①] 不过，也有同情清室者发出疑问：即使清室收藏中与历史和文化有关之古物为公产，那么清室或溥仪本人是否就无权拥有它们？《顺天时报》在社论中就提出：“然不许清室所持关于一切政治经济学术之物件及一切美术品，未免过酷。何则？虽属个人，亦无不能私有此等之理故也。”[②] 庄士敦后来在他的书中也对民国政府没收清室财产的行为提出了抗议：“似乎，这块土地上的皇帝和他的祖先们不能以个人的资格收集艺术品。”[③]

从民国政府的立场出发，溥仪当然不是普通的个人。溥仪出宫，摄政内阁第一步便是接收印玺。[④] 1924 年 12 月，清室方面由耆英、宝玺等私人出面斡旋，要求从宫中取回若干过冬物品，清室善后委员会同意放行，“但不许携带有关文化、历史物品，如朝冠、龙衮具有帝制性质，违反国体者，尤在禁止之列”[⑤]。显然，即使在溥仪出宫后，民国方面对其先前的皇帝身份仍抱有足够的警惕，任何与之相关的古物都受到特别的看护和保管。而更为激进的观点则认为溥仪根本不应该拥有任何私产，因为他所有的产业都是以皇帝身份取得或继承的，“这些产业，是以帝王的名义取得的，与占据中国的疆土同。自革命以后，统治权既已公诸全国，中国的疆土，既已同时交出，以同样‘清帝名义’所取得的产业，当然同时交出。准诸‘王者无私’的话，则以前清室所占据的产业，皆系公产，而非私产”[⑥]。皇权的自私性和普遍性互为表里，但在这里，皇权的普遍性却成为否定溥仪的个人权利的理由，这对于将所有清室收藏视为其个人财产的溥仪当然是一个绝大的讽刺。

从另一方面来看，当清室古物因为其历史和文化价值而被判定为属于国有时，就意味着只有“国家”才有资格拥有它们。这个“国家”虽然是一种观念和话语，或一种象征性的修辞，但却具有强大的力量。任

---

① 那志良:《抚今忆往话国宝——故宫五十年》,(香港)里仁书局 1984 年版，第 18 页。

② 《清室宝物公私产之分界及其保管方法》,《顺天时报》1924 年 11 月 11 日，“社论”，第 2 版。

③ 庄士敦:《紫禁城的黄昏》，第 253 页。

④ 吴瀛:《故宫盗宝案真相》，华艺出版社 2008 年版，第 9 页。

⑤ 吴瀛:《故宫五年记》，第 36 页。

⑥ 《溥仪的私产问题——致〈现代评论〉记者》,《现代评论》1925 年第 1 卷第 9 期，“通信”，第 18 页。

何个人、机关和政治实体（包括民国政府在内）都不能声称拥有这些“国宝”，必须建立一个新的独立的机构——故宫博物院——来容纳和保存它们。

六

溥仪出宫后，清室古物的命运成为“最足引起一般人注意者”，诸如政府部门搬运古物之类的谣言一时甚嚣尘上。[①] 清室古物既属于“国宝”，如何妥善保存，就成为一个重要问题。具体而言，“应由何人点收，何人保存，其标准与方法皆不可不从速规定。总之处理全国之公物，其手续必力求公开，而参加之人，尤不宜失之过狭”[②]。公开性与公共性成为社会舆论对清室古物处置工作的要求。

摄政内阁显然也极为重视此事。在成立正式的清室善后委员会之前，11 月 6 日先成立了清室古物接收委员会，民国政府方面派出 4 人，清室方面派出 2 人，另请李煜瀛为委员长，当晚即开始对清宫物品进行点验。然而对委员会的人员构成，舆论并不满意，因为非政府方面只有李煜瀛一人，“于公开之旨，相去仍远”，“处理全国之公物，非多得各界参与，不足以昭慎重而示坦白，况其所处理者为最贵重而易遗失之物耶”[③]，对政府方面的介入尤为敏感。后来，摄政内阁在组织正式的清室善后委员会时调整了姿态，对委员会成员不用委派或任命而改为“聘请”，意在突出委员会本身的独立与公正色彩。11 月 8 日内阁发布的通电中称：“至于清室财产，业经奉令由国务院聘请公正耆绅会同清室近支人员共组一委员会，将所有物件分别公私妥为处置”[④]，措辞极为慎重。李煜瀛后来回忆说，冯玉祥、黄郛请他出任善后委员会委员长，由政府明令发表，“吾允担任，但须多容纳几分社会及公开性质，不作为官办。遂决定委员长

① 朔一：《清帝出宫与优待条件的修改》，《东方杂志》1924 年第 21 卷第 22 号，“时事述评”，第 5 页。

② 《溥仪昨日迁出皇宫》，《晨报》1924 年 11 月 6 日，第 2 版。

③ 《皇宫昨日开始点验　李煜瀛为接收委员长》，《晨报》1924 年 11 月 7 日，第 2 版。

④ 吴瀛：《故宫五年记》，第 14 页。

与委员不用任命而用聘请，并多延览学者、专家，为学术公开张本”①，摄政内阁姿态的调整当即出于李煜瀛的建议。

1924 年 11 月 20 日，李煜瀛正式就任清室善后委员会委员长一职。其他委员共 14 人，分别是：汪精卫（易培基代）、蔡元培（蒋梦麟代）、鹿钟麟、张璧、范源濂、俞同奎、陈垣、沈兼士、葛文濬、绍英、载润、耆龄、宝熙、罗振玉。绍英以下为清室代表。民国方面，范源濂、葛文濬为政治色彩较淡的教育界人士，鹿钟麟、张璧是参与执行溥仪出宫任务的警卫总司令和警察总监，前者也是国民军方面的代表，蒋梦麟、俞同奎、陈垣、沈兼士均为北大教授，易培基为摄政内阁的教育总长，同时也是国民党人。李煜瀛则身兼北大教授和国民党人双重身份。此外还聘有监察员、事务员和顾问若干人。② 从名单上看，以教育文化界人士为主，似多为“公正耆绅”，但从善后委员会的实际运作来看，却不脱派系色彩。清室成员后来从未参与委员会事务，真正起主导作用的是国民党人和北大教员，两者亦有重合（如委员长李煜瀛），实际上当时参与其事的北大教员在政治上亦多倾向于国民党。③ 任职于内务部的委员会顾问吴瀛甚至被当作北洋系而受到排挤。④

冯玉祥发动的北京政变本来就是在南方国民党人的协助下实行的，这场政变后亦被称为“中央革命”或“首都革命”，而摄政内阁成员也具有强烈的国民党色彩。⑤ 国民党人掌握善后委员会的领导权并不奇怪。需要在这里进一步分梳的是北京大学与清室善后委员会的关系。如前所述，

---

① 李煜瀛：《故宫博物院记略》，《故宫周刊》1929 年第 2 期。

② 庄严：《前生造定故宫缘》，紫禁城出版社 2006 年版，第 31—32 页。

③ 索予明在《乾坤回首亦尘埃——复辟文证析述完结篇》中称：“溥仪出宫后，政府筹组了‘办理清室善后委员会’，参与的人多为国民党人，和接近国民党的社会知名人士。”见《漆园外摭——故宫文物杂谈》上册，（台北）“国立”故宫博物院 2000 年版，第 425 页。吴瀛也指出，善后委员会“以北大为中坚，在最初的时期，高级一些的，都是北大的高级教职员”。见《故宫盗宝案真相》，第 69 页。除四位委员外，还有以顾问身份参与其事的马衡、袁同礼、徐炳昶、李宗侗、顾颉刚、黄文弼，四位事务员董作宾、魏建功、庄尚严、潘传霖也都是北大毕业的学生。国民党方面，还有吴稚晖、张继两位监察员。参见庄严《前生造定故宫缘》，第 31 页。

④ 吴瀛：《故宫盗宝案真相》，第 73—74 页。

⑤ 关于北京政变与国民党人的关系，参见刘曼容《孙中山“中央革命”计划与冯玉祥北京政变》，中国社会科学院近代史研究所编：《中华民国史研究三十年（1972—2002）》下卷，社会科学文献出版社 2008 年版。

北大对清室古物一直相当关切，特别是 1922 年 2 月北大研究所国学门成立后，多次在报刊上发布公函，指斥清室售卖古物破坏古迹的行为以及内务部保管古物之不善。当时在北大法文系任教的李宗侗回忆说，他自 1923 年以来就经常与研究所国学门来往，与研究所主任沈兼士常常谈起欧美保存古物的办法，以及故宫文物应当公开的主张，并因此成为研究所的委员。① 国学门成立时即设置考古学研究室，1923 年 5 月在该研究室下设立了古物古迹调查会，次年 5 月改称为考古学会。考古学会成员中，马衡、沈兼士、李宗侗、徐炳昶、李煜瀛、陈垣、董作宾、庄尚严等人，均参与了清室善后委员会的工作。考古学会从事古器物的搜集、整理和研究，并在李宗侗的建议下，成立了古物陈列室，实为一小型的博物馆。从学术研究的角度看，考古学会希望故宫开放，参与整理清宫古物和档案文献，正是情理中事，不难理解其成员如此热心于清室善后委员会事务。②

或许正是因为北大考古学会的这层关系以及李煜瀛的北大教授身份，溥仪甫出宫就传出北大准备接收清室古物的流言。为此北大在《晨报》上专门发布启事予以驳斥："查接收清室古物一事，何等重大，岂一二机关可得私有，所谓'北大准备接收'及'尽归北大'等语全非事实。"③ 值得深思的并不是清室善后委员会事实上的派系色彩，而是为何各方如此强调（至少在表面上）整理清室古物工作之独立与公共的必要性。其中不仅包括参与该项工作之人员构成，还涉及由哪个机关或机构来接收或保存这些古物。1924 年 11 月 7 日摄政内阁发布命令，责成善后委员会妥慎保管清室公产，"俟全部结束即将宫禁一律开放，备充国立图书馆、博物馆等项之用"④，但并未说明由何种机关来负责博物馆图书馆的筹备。内务部认为，"清室古物，与历史文化美术有极大关系，本部有保存古物

① 李宗侗：《北大教书与办猛进杂志》，《李宗侗自传》，第 219—224 页。

② 陈以爱：《中国现代学术研究机构的兴起——以北大研究所国学门为中心的探讨》，江西教育出版社 2002 年版，第 93—95、110—111、226 页。关于北京大学研究所国学门与故宫博物院的关系，参见吴十洲《紫禁城的黎明》，文物出版社 1998 年版，第 127—133 页。

③ 《国立北京大学启事》，《晨报》1924 年 11 月 9 日，第 2 版。

④ 《大总统发布清室宫禁充作博物馆令》（1924 年 11 月 7 日），《中华民国史档案资料汇编》第 3 辑，"文化"，第 293 页。

之责，理应接收"，提出由其拟定筹办博物馆章程。① 教育总长易培基表示反对，他的看法是："清宫之古物，此后归入民国，将由何机关办理，实为一大问题。内务部与教育部孰应管理，皆可不论，惟附属于一机关中，殊觉不妥。予意拟成立一国立图书馆国立博物馆以保管之，地址即设在清宫中。"②

易培基提议成立独立的国立博物馆和图书馆，而不是像古物陈列所那样隶属于内务部。清室善后委员会贯彻了这一主张，"委员会从事清理故宫全部财产，意在公诸国人，并设立永久性机构，如图书馆，博物馆和工厂等，分别予以保管和利用，故在清理期间，即另行组织各种筹备机关，分别着手筹办，以期尽快完成"③。委员会提出设立永久性的独立机构来保存清室古物，不仅仅是为了满足一般社会舆论对清室古物整理工作之公开和公正的期望，同时也是基于现实政治的考虑。在时局动荡不安的北京，此举可以避免各派政治力量的干扰。1924 年 11 月 5 日，溥仪出宫的当天，胡适就在给摄政内阁外交总长王正廷的信中说："清宫故物应由民国正式接收，仿日本保存古物的办法，由国家宣告为'国宝'，永远保存，切不可任军人政客趁火打劫"④，即已有见及此。

果然，摄政内阁只维持了不到一个月的时间，1924 年 11 月 24 日即宣告辞职，段祺瑞随即入主北京就任临时执政，民国政府依然在北洋系的控制之下。清室近支王公和遗老也开始谋划恢复优待条件，夺回失去的古物。有报纸称："自临时政府成立，外间对于清室古物，不无与政治问题相混之嫌"，有鉴于此，北大等国立八校联席会议代表于 12 月 5 日赴吉兆胡同谒见段祺瑞，并递公函，要求政府注意清室古物问题，特别指出："此古物保存问题，虽起于清室移宫之后，然系历史文化之关系问题，绝与政治问题无涉，故清室待遇之善后，为一问题，历代古物之保

---

① 《财政整理委员会就接收清室财产事致内务部礼俗司函》（1924 年 11 月 15 日），《中华民国史档案资料汇编》第 3 辑，"文化"，第 293 页。

② 《易培基所谈之保存皇宫古物办法》，《晨报》1924 年 11 月 16 日，第 3 版。

③ 鹿钟麟：《驱逐溥仪出宫始末》，《天津文史资料选辑》第 4 辑，第 120 页。

④ 《胡适致王正廷（稿）》（1924 年 11 月 5 日），中国社会科学院近代史研究所中华民国史研究室编：《胡适来往书信选》上册，中华书局 1979 年版，第 268—269 页。

存公开，又为一问题。二者界限，必须划清，分别处置，无庸相混。”[①] 将古物保存问题与政治问题相切割，强调整理清室古物事业的文化性质，显然是为了防止临时政府和清室的介入。

面对时局的纷扰，建立独立的博物馆日益成为清室善后委员会的当务之急。1925 年 7 月，委员会委员俞同奎在《现代评论》上撰文，指出“我们务必于极短的期间内成立图书馆博物馆”，“图书馆博物馆的基础日固，渐渐可以离远政治的影响，而独立存在”。他说：

> 以目前的情景，委员会系产生于前内阁，总算受政府的委托，去接收清宫；这是政治的事情，能随政治状况而变更的。若我们将图书馆博物馆建设起来，那是社会的事业，就容易独立存在，无论政治有何变动，究不能变更社会的事业。我们的工作，当以民众的意愿为归，为清室效力固可笑，即为政府效力，也还认错了主人。我们必得供献出三百余年皇帝的宝藏，为全社会所公有共享；这方含有真的革命意味，方才对得起民国政府，方才对得起清室，方才对得起委员会本身。[②]

将博物馆定位为独立和公开的、服务于民众的社会文化事业，使其远离政治的影响，同时又指出如此“方含有真的革命意味”，其间透露出的文化与政治之间微妙的错综意味深长。事实上，无论是在当时人眼中还是在后来人的记述中，毫无疑问，溥仪出宫和故宫博物院的成立都是极具政治性的事件。从国民党人的角度看，它消除了民国主权的不完整状态，确实称得上一场革命。溥仪出宫次日，摄政内阁通知北京市民一律悬挂国旗一日以示庆祝。[③] 故宫博物院的正式成立则有意选在 1925 年 10 月 10 日国庆节，开幕式上黄郛发言：“今日开院为双十节，此后是日为国庆与博物院之两层纪念，如有破坏博物院者，即为破坏民国之佳节，

① 《国立八校请政府注意清宫古物》，《晨报》1924 年 12 月 8 日，第 3 版。

② 俞同奎：《对于清室善后委员会的希望》，《现代评论》1925 年第 2 卷第 32 期。

③ 吴瀛：《故宫五年记》，第 5 页。

吾人宜共保卫之。"[①] 李宗侗则将溥仪出宫的11月5日视为意义不亚于10月10日的纪念日，"双十节这天是清室让出政权的日期，而十一月初五日是清室将文物的所有权归还给民国"[②]。这些具有强烈政治象征意义的行为和话语，都表明清室古物的处置和保存不可能仅仅是一项文化事业。

回到当时的历史语境中，清室善后委员会及其支持者对"政治"的有意趋避，将建立博物馆定位为文化事业，带有策略性的考虑。在国民党人和同情国民党者占多数的情况下，他们刻意强调清室古物整理事业和故宫博物院的革命性质，也在意料之中。两者并不矛盾，这里面值得分析的是他们所诉诸的国家话语和民国政府之间的缝隙。在这里，"民国"事实上变成了一个抽象的政治符号，高于北洋政府这一特定政权，也超越了国民党及其同情者、北洋政府、清室近支王公及遗老三种势力间的力量博弈（即时人所谓的"政治"）。这些清室古物被判定属于"民国"，就排除了任何特定的政治实体索取和占有它们的可能。[③]

从另外一个角度看，现代国家话语和博物馆这一现代机构，拥有某些共通的机制：从诞生起便宣布自己将会永世长存的永久性，独立和超越于任何特定的政治认同的抽象性，为全体国民所共享的公共性。或者不如说，后者是从前者那里借用了它的魔力。在半个多世纪的时间里，清室古物被掠夺、盗卖和抵押，或者被皇帝随意地赏赐、馈赠或秘密地移运到别处。[④] 当留存在清宫内府中的古物躲过了这些劫难，从清室的"私产"转变为故宫博物院的藏品时，它们似乎获得了一个永久和安全的藏身之处，它们的意义和身份也稳定和凝固下来：它们是"国宝"，是一个现代国家悠久历史和灿烂文化的象征，可以永远地放在那里世代供人瞻仰。

---

① 吴瀛：《故宫五年记》，第60页。

② 李宗侗：《故宫博物院回忆录》，《李宗侗自传》，第145页。

③ 关于故宫博物院创立过程所显示的国族主义内涵，参见石守谦《清室收藏的现代转化——兼论其与中国美术史研究发展之关系》，台北《故宫学术季刊》2005年第23卷第1期，第11—12页。

④ 关于清室古物流失的总体情况，参见《故宫七十星霜》，第6—13页。

小结

晚清以降，由于西方列强的进入和王朝体制的衰落，清王朝的皇室收藏开始流失，原本秘不示人的内府古物进入士人和公众的视野中，并和新兴的现代国家观念结合起来。当时虽有将皇室收藏改建为现代博物馆的提议，但并未受到清政府的重视。1912年2月12日，民国参议院通过并宣布了《清室优待条件》，这是民国创建时一份具有条约意义和效力的重要协定，受到当时各方的普遍认可，清室古物作为清室“原有之私产”的地位亦被各方默认。然而，清室内务府为维持自身运转抵押和售卖古物，逐渐受到舆论的关注和批评，而古物被视为“一国文化之先导”[①] 的观念则日益深入人心。1917年张勋复辟之后，开始出现废止《清室优待条件》的呼声，与此同时，舆论对清室抵押和售卖古物之行为的披露也日渐增多，批评与质疑的声音不绝于耳。特别是在1922年以后，两者都达到了相当猛烈的程度。清室古物应该作为现代中国的“国宝”得到永久和妥善的保存，成为越来越多人的共识。1924年11月冯玉祥发动北京政变，摄政内阁修改《清室优待条件》，次年故宫博物院建立，清室古物最终成为国立博物馆中的藏品。意味深长的是，恢复清室古物的文化属性、确立其作为国家文化遗产之地位的努力，仍须借助政治革命的力量才得以成功。这从一个侧面揭示，王朝体制崩溃后皇室的物质遗存，在观念和制度两个层面上，被纳入和整合到现代国家架构中的复杂过程。

---

① 《内务部为调查古物列表报部致各省长都统咨》（1916年10月），《中华民国史档案资料汇编》第3辑，“文化”，第199页。

清帝逊位与“五族共和”

——关于中华民国主权承续的“合法性”问题*

杨天宏

1913 年 11 月 17 日，美国新任驻华公使芮恩施（Paul S. Reinsch）前往民国总统官邸向袁世凯递交国书。芮恩施在回忆录中记述说，那天他是“乘坐古老的皇家四轮大马车驶向民国元首的官邸”。在他看来，表面是共和主义者的袁世凯，内心里却是专制君主，“他把清朝的全部耀眼的旧服饰都保存下来，甚至他派来以极其豪华的帝国宫廷排场来迎接公使的侍从长官荫昌将军也是一个满洲人”①。芮恩施的回忆录第一章以“旧中国与新共和国”为题，其中诸多记述暗示了中华民国与清王朝的政治联系。

如果说芮恩施的记述仅包含将民国政府与清政府从政治上联系起来的暗示或隐喻，今日一些学者则直接从“主权转移”角度挑明了两者之间的联系。2011 年 10 月，当纪念辛亥革命一百周年之际，一批法学学人对《清帝退位诏书》展开研究，“他们的共同观点是，清帝在退位诏书中将统治权完整地让与民国，肯定了以五族完全领土为基础的共和宪政。这份诏书明确地建立起了清王朝与民国的主权连续性”②。不仅如此，还

---

* 本文原载《近代史研究》2014 年第 2 期。

① ［美］保罗·S. 芮恩施：《一个美国外交官使华记》，李抱宏、盛震溯译，商务印书馆 1982 年版，第 9—11 页。

② 海裔：《辛亥革命百年纪念中的主权连续性问题》，《经略》网刊，2011 年第 9 期。

有学者将《清帝退位诏书》等同于民国宪法，认为中华民国创制时期的宪法，乃是由一组宪法性法律（Constitutional Law）共同构成，所谓一组宪法性法律，就是《临时约法》和《清帝退位诏书》两个宪法性法律文件，它们作为“姊妹篇”共同构成了中华民国“立宪时刻”之宪法，是作为民国肇始之立国根基的根本法。①

“主权转移”论者在阐述自己的学术观点时表现出对史学界既有辛亥革命研究状况的极度不满，他们认为，清帝以下诏方式宣布退位，是一种有类古代帝王的“禅让”之举，通过降诏，南北达成妥协，避免了大规模流血冲突，使民国的“主权”有了合法性依据。他们宣称，对《清帝退位诏书》的“再发现”使他们提出了这一系列新的学术见解，但既有学术研究却对这样重要的历史文献视而不见：“海峡两岸占据主流的革命建国理论是相当片面的，甚至是意识形态化了的，它们只是揭示了中华民国建构的一个维度，而忽略了另外一个维度，即与辛亥革命相对立的历经数十年，同样厥功至伟的立宪主义君宪制改革路线。”这种批评，对国内外既有的辛亥革命史研究而言，几乎是颠覆性的。②

从学科交叉的学术立场审视，这一来自法学界的批评对近年来正面临艰难学术转型的史学研究是有益的，至少它提示了一些历史学者未曾思考过的问题的存在。受其启发，当然也得益于其他学术资源，主流的历史学者已开始深入思考因革命导致的政制连续性断裂及清朝统治权如

① 他们甚至认为，《清帝退位诏书》不同于传统王朝变更中的退位诏书，它是一份蕴含着现代中国宪法之精义的政治文件，其赓续晚清王朝中绵延不绝的改良主义革新力量，促成了中国政治的古今之变，为塑造新的共和立宪之国体——中华民国，培育新的国民——中华人民，做出了巨大的宪法性贡献，从而抵御了因武装革命可能导致的传统帝制国家的分崩离析和彻底崩溃。高全喜:《立宪时刻：论〈清帝退位诏书〉》，广西师范大学出版社 2011 年版，第 10、22、31、53 页。下节引文同此出处。

② 法史学界这一见解赢得不少支持者，汪晖教授就撰文表示赞同，认为辛亥革命既非独立建国，也不是以暴力方式消灭君主制度，而是由君主下诏，以传统的天命转移的话语，将统治权转移给全体国民，从国际承认的角度看，逊位和主权转让的确提供了临时政府以主权上的合法性［汪晖:《革命、妥协与连续性的创制》，章永乐:《旧邦新造（1911—1917）》，“序”，北京大学出版社 2011 年版，第 6 页］。持类似学术见解的还有杨昂（详见氏著《清帝“退位诏书”在中华民族统一上的意义》，《环球法律评论》2011 年第 5 期）。我对章永乐、高全喜等法界学者的涉史论证虽不愿苟同，对其法学素养和抽象思维能力则表示佩服。

何得以在“新中国”延续的问题。杨念群教授就敏锐地意识到近世中国已面临清朝统治“正统性危机”与民国建立“合法性困境”的两难选择，认为革命党人以传统“夷夏之辨”作为反抗清朝统治的思想武器，对是否继承清朝“大一统”疆域观态度暧昧。民初出现的“合法性阙失”与清朝统治的“正统性危机”的区别在于，清朝“正统性”的证成既依赖于“大一统”疆域的完整维系，也依赖于政教关系权威的有效支持，而这两大要素恰恰是由作为“主导性虚构”的君王加以凝聚和实施的，因为清帝作为统治广大疆域中众多民族的共主形象，具有以往汉族君主无法具备的统合多民族群体的象征意义和治理能力。因而，“如何有效地继承清朝遗留下来的某些‘正统性’因素，就有可能成为民初建立其统治合法性的关键步骤”①。

但稍作比较即可发现，历史学者基于事实的实证研究和法学界涉史学者偏重法理的宏大言说（discourse）毕竟是不同的，在成熟历史学者的研究中，即便需要推理，做出的也多属杨念群教授那样的思考性质的或然判断（Probability Judgment），其结论性的意见则立足事实材料，较少单纯基于理论的“大胆假设”。这不是否认法学界学人对于中国历史研究做出或可能做出的贡献，而是认为研究方法的选择须认真考虑研究对象所属学科性质。《清帝退位诏书》是否赋予民国统治与主权继承的“合法性”与诏书能否赋予这种“合法性”不同，乃是一个需要从事实层面加以厘清的问题。在这里，任何“大胆”的假设及“合理”的演绎均难以成功。

本文拟从“主权”与“统治权”的概念界定、民国代清过程中的“禅让”与“逼宫”说辨析、旧“法统”终结与新“法统”建立、政制转型与多民族共同体维持及民国政权的外部承认等问题的讨论入手，证诸事实，参以法理，对《清帝退位诏书》是否赋予民国统治及主权继承的“合法性”问题展开讨论。笔者虽从不认为史学界既有的辛亥革命研究已完美无缺，但因上引论述涉及近代历史研究中的重大事实辨证，故不敢等闲视之。

---

① 杨念群：《清帝逊位与民国初年统治合法性的阙失：兼谈清末民初改制言论中传统因素的作用》，《近代史研究》2012 年第 5 期。

一 “主权”与“统治权”：作为立论基础的概念辨析

作为一种包含多个重大学术判断的学术观点，“主权转移论”其实并不是中国法政学者的学术原创。汪晖在为《旧邦新造》一书所作“序言”中指出，对于《清帝退位诏书》在清朝与民国主权继承关系中的重要性，最早也最系统的论述见于日本宪法学家有贺长雄的相关论述。他认为当代中国法政学者涉及“主权转移论”的论断，无不受到有贺长雄的影响。对此，相关学者并不讳言。章永乐说：“在建立民国与清朝的主权继承关系方面，更值得参考的理论是袁世凯的宪法顾问、日本宪法学家有贺长雄提出的清室主动向民国让与主权的‘主权转移说’。在1913年一篇题为“革命时统治权转移之本末”的文章中，有贺氏将讨论的重心从武昌起义与南京临时政府成立转移到南北议和与清帝退位诏书上。其主要观点是：《清帝退位诏书》宣布统治权从皇帝转移到全体国民，因此中华民国的统治权系由清帝让与而来。有贺在此所用‘统治权’一词与我们所熟悉的博丹对‘主权’的界定（一个国家的绝对与永久的权力）意义基本相同，因此其学说也不妨被直接概括为‘主权转移说’。”他对此作了一个注释：“1912年2月清帝下诏之时，中国法政话语中尚未出现‘主权’一词，‘主权’一词要等到3月份《中华民国临时约法》出台时才出现在正式法律文件中。”①

通过这般诠释，有贺长雄的“统治权转移”被替换成“主权转移”，而“主权”与“统治权”也就成了可以交替使用的等值概念。应该承认，学者做此概念替换并非毫无道理。直到今日，“主权”仍是一个在内涵和外延上都未能严格界定的概念。② 然而在这一概念的历史演变中，一些重

---

① 章永乐：《旧邦新造（1911—1917）》，第57页。类似论述亦见前揭高全喜书。

② 正如约瑟夫等学者指出的，主权是一个历史范畴，对多数文明来说，主权不一定是政治生活的确定特征。在古代中国的列国体系中，天子与诸侯、大夫之间多变的关系就不能被描述为主权国家体系。希腊各城邦尽管不断因领土、贸易和人口争端而陷入战争，但其内部也并非根据主权的逻辑来组织。因此，不能离开特定的时空范围来理解主权。［澳］约瑟夫·A. 凯米莱里、吉米·福克尔：《主权的终结？——日趋“缩小”与“碎片化”的世界政治》，李东燕译，浙江人民出版社2001年版，第13—14页。

要的质点仍然提示了其与“统治权”的区别。

最早对主权作出定义的是法国人博丹（Jean Bodin）。他在《国家论》中将这一概念定义为共同体（commonwealth）拥有的“绝对永久之权”，是“在强制力量（power）、功能发挥（function）及时间维度（length of time）上均不受限制之威权”①。霍夫曼则将“主权”定义为国家对于强制力的合法垄断，认为对国家强制力合法垄断的宣称使国家拥有了主权。② 与博丹等人不同，现代主义者认为主权是绝对的和不受任何约束的权力，但又主张权力应有所限制，这样的宣称使主权成为一个充满争议的矛盾概念。③ 不过尽管定义有别，主权系共同体拥有的“绝对永久之权”的基本定义，至今仍为多数学者沿用，区别只在主权是否应当受限、主权是否可分及主权所属即主权者是谁上。

“统治权”是什么?“统治权”是德国公法学者创立的法律名词，在德语中有“Herrschaftsrecht”和“Hoheitsrecht”等表述形式。但德国学者对其含义的理解存在分歧，一般解释此种权力为对人的命令权，即强制个人与团体服从命令之权。多数论者认为“统治权”为可分的权力，而“主权”则不可分。④

有贺长雄是日本宪法学者，他对“统治权”的使用有着日本特定的法政语境。“主权转移”论者说，有贺说的“统治权”就是“主权”，却忽略了与有贺同时代的多数日本学者并未将两者混一，而是在分别使用这两个概念。伊藤博文在《日本帝国宪法义解》中说：“总揽统治权者，主权之体也；宪法之条规者，行使（主权）之用也，有体无用，则导致

---

① Jean Bodin, *On Sovereignty*, *Four Chapters*, *from the Six Books of the Commonwealth*, Edited and Translated by Julian H. Franklin, New York: Cambridge University Piess, 1992, Book 1, Chapter 8, On Sovereignty（“剑桥政治思想史原著系列”英文影印本，中国政法大学出版社 2003 年版），pp. 1 - 3。

② ［英］约翰·霍夫曼：《主权》，陆彬译，吉林人民出版社 2005 年版，第 4—5 页。

③ 马克斯·韦伯说，如果要以国家来定义主权，就必须指出国家对其领土和人民享有绝对的权威。国家代表人民行使这一权威，而人民则构成一个以国家边界来进行标识的地域共同体。然而韦伯并不主张下这样的定义，因为他认为定义暗含了语言和存在物之间的代表关系，而存在物是流变的，语言不可能成为反映认知主体的可靠媒介。［美］约翰·霍夫曼：《主权》，第 11—12 页。

④ 王世杰、钱端升：《比较宪法》，中国政法大学出版社 1997 年版，第 39 页。

专制，有用无体，则易生散漫。”[①] 就明显区分了两个概念。即便主张不用“主权”概念的日本学者，也不是无条件将其弃置。以宪法学者美浓部达吉为例。考虑到“主权”内涵与“统治权”部分重叠，美浓主张不用“主权”概念，或者在通常理解的“主权”四层含义的第三层含义上，用“统治权”指代“主权”。[②] 可见在严谨的日本近代学者那里，“主权”并非与“统治权”在内涵上完全重合，因而可以弃置或随意用“统治权”替换的概念。[③]

在学者对相关概念反复辨析的背景下，日本明治时期出版的《法律大辞典》对“主权”和“统治权”作了严格定义：主权是国家最高且独立之权力。所谓最高，是指存在于国家领土内所有个人或团体都要同等服从的国家权力。所谓独立系针对外部而言，是指不为国家以外其他权力所限制。以上两点为主权之性质。统治是一国之主权者支配国家之状态，统治者支配被统治者即谓统治，而支配被统治者之权力即谓“统治权”。统治权的内容即支配被统治者，对其下达命令，使其服从，有时还有强制其遵奉命令之力。该词条特别强调，即或有将“统治权”混同于“主权”者，但“统治权”与“主权”性质迥异，不可视为同一。统治权虽是支配权，但主权则指最高最上之权；在统治权成为最高之时，将其名之为主权，虽说无误，但在统治权并非最高之场合，若名之为主权，将其国之统治者名之为主权者，则为大误。[④]

---

① ［日］伊藤博文：《日本帝国宪法义解》，牛仲君译，中国法制出版社 2011 年版，第 5 页。

② 美浓所说“主权”的四层含义分别为：1. 其本来意义上的“最高”与“至上”之权，即国家的意思力最高且独立，不受其他任何人的命令支配；2. 由最高独立性质转而含有“国权”的意味，强调主权的唯一和不可分；3. 含有“统治权”的意味，因“主权”既有用于国家的意思力（国权）的意思，又有用于国家的权力（统治权）的意味；4. 主权用于国家最高机关的意思，如主权在君、主权在民等。美浓在辨析“统治权”“主权”时分别用不同的德语词汇来对应，“主权”即 Souveranitat；“统治权”即 Herrschaftsrechte，Hoheitsrechte，Herrschergewalt。［日］美浓部达吉：《宪法学原理》，欧宗祐等译，中国政法大学出版社 2003 年版，第 191、214—215 页。

③ 也有人不赞成这样的区分。日本《法律大辞书》“主权”词条的作者就认为主权是国家固有的统治权。日本百科辞书编撰部编撰：《法律大辞书》第 2 卷，日本同文馆 1910 年版，第 1456—1459 页。

④ ［日］渡部万蔵：《法律大辞典》，日本郁文舍 1908 年版，第 627、886 页。文承杨小平博士在日本代为查阅并由刘世龙教授译为中文，谨致感谢。

至于“1912 年 2 月清帝下诏之时，中国法政话语中尚未出现‘主权’一词”的说法，不知论者是在多大范围内做的文献调查。任何人稍涉典籍都会发现，在近代中国的法政话语中，“主权”已存，俯拾即是[①]，并非《中华民国临时约法》颁布之后才有了这一概念。

光绪三十二年（1906）十二月御史吴钫奏请厘定各省官制并将行政司法严格区别，有谓：“夫国家者主权所在也，法权所在即主权所在。故外国人之入他国者，应受他国法堂之审判，是谓法权。”[②] 1906 年大理院正卿张仁黻奏请修订法律，亦提到制定法律与维护及拓展主权的关系，称国家颁行法律，目的是要“维持治安，扩张主权”[③]。同年，沈家本上奏朝廷时再度提到改订刑律与废除治外法权的关系，同样直接使用了“主权”一词。[④] 吴钫、张仁黻、沈家本三人奏折中的“主权”，均与维护治外及治内“法权”有关。从身份上看，张仁黻为兼管司法的大理院正卿，沈家本为钦命修订法律大臣，二人在给朝廷奏呈如何修订法律的奏折中强调维护“主权”，证明“中国法政话语中尚未出现‘主权’一词”的说法不能成立。

不仅如此，清末一些有见识的国人已能大致区别“主权”与“统治权”。出使俄国大臣胡惟德奏请颁行地方自治制度折中说：“今中外言治者，皆曰欲期上下交泰，君民一体，明主权之作用，握万法之根源，莫急于颁行宪政，是诚探本之论，切要之图矣。”又称：“中国幅员辽阔，户口殷繁，一省之中，州县数十，大或千里，小亦数百里，统治之权，

① “主权”一词在中国出现甚早。1864 年美国传教士丁韪良译惠顿《万国公法》（*Elements of International Law*, by Henry Wheaton），经总理衙门恭亲王及诸大臣鉴定，同年由京师崇实馆印行。该“公法”第二章为邦国自治、自主之权，其中第五节“主权分内外”，第六节“在内之主权”，这很可能是国人最早接触到的“主权”概念。另据刘世龙教授检索，仅 1899 年至 1905 年 7 年间，清末报刊文章仅篇目中含有“主权”一词的便多达 44 篇。见刘世龙编《清末报刊有关“主权”一词的篇名目录（1899—1905）》，未刊稿。

② 《御史吴钫奏厘定外省官制请将行政司法严定区别折》（光绪三十二年十二月二十一日），故宫博物院明清档案部编：《清末筹备立宪档案史料》下，中华书局 1979 年版，第 822—823 页。

③ 《大理院正卿张仁黻奏修订法律请派大臣会订折》（光绪三十三年五月初一日），《清末筹备立宪档案史料》下，第 834 页。

④ 《修订法律大臣沈家本奏刑律草案告成分期缮单呈览并陈修订大旨折》（光绪三十三年八月二十六日），《清末筹备立宪档案史料》下，第 846 页。

仅委诸一二守令……治绩难期。"[1] 将"主权"视为"万法之根本"（不可分)，已与"主权"的现代定义接近；而"统治之权"则系"委诸守令"的权力，与层层分解后的"统治权"（可分）大致等同，其与"主权"的内涵差异清晰可见。

鉴于国人已频繁使用这类政治法律概念，1908年上海出版的《普通百科新大辞典》专门列出"主权"和"统治权"词条。其中"主权"的解释为："独立及最高之国权也。独立者，毫不受国家外权力制限也；最高者，国家内皆得统治，而不受他人统治者也。前者为国际法上之主权，后者为国法上之主权。"[2] 对于"统治权"，该辞典的解释是："统治权者，治者支配被治者之权，即下命令时有不服命令者，可以此权强制执行也。统治权惟国家有之，然非国家惟一之目的，而实为其手段，欲达国家目的，故用命令强制之手段。然国家行为，虽不仅在统治权之作用，而实为国家最重要之权能。"[3]

在概念辨别日渐明晰的背景下，《中华民国临时约法》以宪法性文件的形式对"主权"和"统治权"作了严格区分，明确规定："中华民国之主权属于国民全体"，"中华民国以参议院临时大总统国务员法院行使其统治权"[4]。虽然不久就引发了有关这两个概念的争议[5]，"袁记约法"及后来的几个根本法也拒绝使用"主权"概念，但熟悉民国历史的人都知道，发生在民初的这场争论本质上是政治权力之争，是倡导"民权"的国民党与主张"国权"的进步党或政体层面国民党控制的立法机关与袁世凯担任首脑的行政机关现实斗争的一种反映，概念之争只是表面文章。事实上，反对使用"主权"概念的人并没有在学理上找到摒弃这一概念具有说服力的理由。从长时段观察，"主权"概念能在世

① 《出使俄国大臣胡惟德奏请颁行地方自治制度折》（光绪三十二年七月十八日)，《清末筹备立宪档案史料》下，第714—715页。

② 黄人：《普通百科新大辞典》丑集，上海中国辞典公司1911年版，第64页。此辞典国内主要图书馆均未见收藏，承李沛容博士在哈佛大学图书馆查阅并拍照寄示，谨致谢悃。

③ 黄人：《普通百科新大辞典》申集，上海中国辞典公司1911年版，第31页。

④ 《中华民国临时约法案》（民国元年三月九日议决)，张国福选编：《参议院议决案汇编》，北京大学出版社1989年版。第25—26页。

⑤ 邹小站：《民初宪法争衡中的几个问题》，郑大华、邹小站主编：《思想家与中国近代思想》，社会科学文献出版社2005年版，第306—339页。

界范围内沿用至今，说明其与“统治权”概念并存，有着学理及现实的依据。

综上可知，辛亥革命前后的中、日法政两界，“主权”虽系有争议的法律概念，但基本定义已得到普遍认同，其与“统治权”在逻辑上属包含关系（inclusion relation），并非可以相互替换的等值概念（concept of equivalence）。即便真如“主权转移”论者所言，有贺说的“统治权”就是“主权”，也只是在美浓辨析的某一特定意蕴上吻合，不能在逻辑关系上将两者视为同一。细绎有贺文论，也很难看出他在使用“统治权”一词时选择了与博丹定义的“主权”完全相同的内涵。论者在作出二者“意义基本相同”的判断时，并未具体举证，故其论断带有主观臆断性质。以此作为展开宏大叙事及形上分析的前提，即便所论包含部分合理性，其悖理部分亦足以毁掉全部结论的可信度。

二 “禅让”抑“逼宫”：清帝降诏退位的政治背景

由于断言“主权转移”系由《清帝退位诏书》宣示实施，这种转移在形式上就只能是和平的权力让渡。出于遵从“同一律”（rule of identity）的逻辑思维，曾经在近代历史上实实在在发生的“辛亥革命”被这些研究者从历史记忆中轻轻抹去，辛亥年间中国推翻两千余年封建帝制的根本性政制变革被描绘成类似古代帝王间的“禅让”。这样的历史书写，立意大胆新颖，几乎是要颠覆前人已经做过的所有辛亥革命史研究。然而真想否定百余年来历史学人通过实证方法得出的研究结论，却并非轻而易举的事情。

从法理上讲，封建帝王的“主权”如何可以授权让渡给从来被其视为臣属的“人民”？这里明显存在“主权在君”与“主权在民”的政治紧张问题。中国历代帝王虽对权力来源有不同的解释，但都毫无例外地操控最高权力，故有所谓“主权在君”之说，而近代民主国家标榜“主权在民”，统治者与人民的关系乃“公仆”与“主人”的关系，两者属于完全不同的政治学说与权力体系。[①] 中华民国系按现代民主原则建构，其最高权力来自人民，如果民国主权可以通过清朝皇帝降诏授予，这种主权的“最高”及“绝对”性质将如何体现？“主权转移”论者声称其说源于有贺长雄，说有贺论说中的“统治权”与博丹对“主权”的定义吻合。其实博丹对主权的界定十分严格，认为主权必须有所归属，他将主权者限定在“君主”或“人民”的范围，主权者可在特定条件下赋予某人或某些人“权力”，但后者不过是权力的受托人，主权者不论将多少权力让渡他人，都将保留所有者或拥有者的身份，其地位排他，因为他绝不授出他再也不能控制的权力。[②] 所谓民国主权由清帝授予之说，显然与博丹的定义不符。

从事实层面言之，“禅让”说更难以成立。

讨论这一问题须认清当时的政治形势。一个不容否认的事实是，武昌起义发生后，各省相继独立，人心所向，大势所趋，共和建制已不可逆转。曾经在清朝担任司法要职的伍廷芳这样描述清朝的专制统治与人心向背的转变：“汉人狙伏专制之下，已历二百六十余年，帝统十传，而国政愈坏，割地赔款，几令全国人民，尽为奴隶，至荷国债之重，民力尤难转输，立宪徒托空言，格杀则听其勿论，民心之去，非一朝一夕矣。”[③] 伍廷芳所言反映的主要是南方的意见。在北方，赞成共和的呼声也十分高涨。河南谘议局在致袁内阁的电文中指出：“闻钧阁派人至沪，协议国事，务祈从多数意见，承认共和，庶解决可速，免致再开战祸。”[④] 谘议局是地方民意机关，该电称承认共和乃“多数意见”，可见河南民心

---

① 我很认同美国学者任达（Douglas R. Reynolds）对中国近代政制转型所作的性质判断，他说：“在 1898 年百日维新前夕，中国的思想和体制都刻板地遵从了中国人特有的源于中国古代的原理。仅仅 12 年后，到了 1910 年，中国人的思想和政府体制，由于外国的影响，已经起了根本性的变化。从根本含义来说，这些变化是革命性的……在体制方面，他们按照外国模式。改变了中国长期以来建立的政府组织，改变了形成国家和社会的法律和制度。”［美］任达：《新政革命与日本：中国（1898—1912）》，李仲贤译，江苏人民出版社 1998 年版，第 215 页。

② Jean Bodin, *On Sovereignty, Four Chapters from the Six Books of the Commonwealth*, pp. 1 - 3.

③ 伍廷芳：《中华民国图治刍议》（1915 年 3 月），丁贤俊、喻作凤编：《伍廷芳集》下，中华书局 1993 年版，第 646 页。

④ 《宣统三年十月十七日河南谘议局致内阁电》，中国史学会主编《辛亥革命》（8），上海人民出版社 1957 年版，第 148 页。

之所在。甚至北京也出现了“民心已去，无可挽回”的舆论。[①] 驻日公使汪大燮在请内阁代奏的文电中将这种形势概括为“举国趋向共和”。[②] 袁世凯奉清廷之命组阁，感叹已面临“人心尽去，既瓦解而土崩”的局面。[③]

军界对正在进行的战争的认知，更表明清政府大势已去，无可挽回。1912 年 1 月下旬，汉阳阵亡北方将士遗体运至保定，保定驻防官兵开会祭奠。有士兵宣称：此次战争系“自家人杀自家人”。民军因政府不好，欲为同胞争自由幸福，起而与我辈相杀，还可说出于不得已，若我辈无缘无故，仅为数两月饷而与民军血肉相搏，究何取乎？且“政府无道，尽人皆知”，我辈不能为同胞去此政府，反助桀为虐，冒天下之大不韪，岂不惧为人所笑？今死者长此已矣，我辈未死者当及早回头，若能全体反正，不为清廷效力，则战祸可息，同胞之生命财产可保，为大局计，无有善于此者。在场众兵士“大为感动”，保定驻军顿呈“解体之势”。[④]

随着形势的发展，清军中倾向共和者益多。时人对赞成共和的“北军”将领及所部官兵人数作了统计，发现各镇统制以下将校士卒赞成共和者达 14 万人。北方军队中只有冯国璋的禁卫军与张怀芝的天津镇兵不在其内。[⑤] 英国驻华公使馆武官韦乐沛的报告显示，截至 1912 年 1 月 23 日，北京及其附近的清军共约 3.34 万人，其中约 1.9 万人是汉族人，1.4 万人是满族人，满族人中包括禁卫军约 5000 人。“在北京及其附近地区，满族部队的人数已大大地被汉族部队所超过。”[⑥] 在此背景下成立的南北军界统一联合会，将在“符合共和宗旨”前提下“服从统一政府之命令”

---

① 《专电》，《申报》1912 年 1 月 15 日，第 4 版。（案：《申报》凡第一张无“前幅”或“后幅”者均仅有第几版而未注明第几张；第二张或第三张则一律注明第几张第几版。下同。）

② 《宣统三年十二月初四日出使日本大臣汪大燮致内阁请代奏电》，中国史学会主编：《辛亥革命》(8)，第 171 页。

③ 白蕉：《袁世凯与中华民国》，荣孟源等主编《近代稗海》第 3 辑，四川人民出版社 1985 年版，第 17 页。

④ 《保定军界之哭声》，《申报》1912 年 1 月 25 日，第 3 版。

⑤ 《北军赞成共和近纪》，《申报》1912 年 2 月 5 日，第 3 版。

⑥ 《朱尔典爵士致格雷爵士函》（1912 年 2 月 5 日）附件，《英国蓝皮书有关辛亥革命资料选译》下，胡滨译，中华书局 1984 年版，第 427—429 页。

作为宗旨[①]，可见北方军队变化之大概。

在清军将领中，冯国璋立场的转变最具典型性。冯是袁世凯任命的禁卫军统领，武昌起义后曾率军攻陷革命党控制的汉口和汉阳，他坚持拥护清室，不同意与南方议和，曾被清廷授予男爵头衔，是北方最重要的 15 名将领中的一员。在 1 月 2 日还宣布支持清廷，是主张君宪政体的北京同志联合会创始人之一。冯国璋曾表示欲效法文天祥、史可法，不计成败。陆军学堂总办廖宇春驳之曰："惜乎辛亥以后之历史，断不以文史推公！"冯国璋迫于大势，听从众议，不再主战，且"日为禁卫军演讲共和也"[②]。

北方军士多倾向共和，与他们所受训练有关。严复在致莫理循的信函中说，中国的新军大多由湖北人充任军官，这些人先在张之洞创办的军官学校中受训，而后均在湖北由日本军人训练，或被送往日本学习军事。在这一过程中，他们吸收了带有民族主义的革命思想。因此当接到命令前往汉口惩处那里的造反士兵时，他们敢于抗争，并宣称："我们不打我们的同种同胞！"严复发现，这种观念"简直就象个法力无边的魔王，霎时间将悉心经营二百七十年的大清王朝推向绝境"[③]。

在这种情况下，南方军队对于推倒清政府充满底气。孙中山接受记者采访，记者问须经多长时间始能恢复秩序？孙云仅须数月，将来国会公决应采何种政体，大致已可逆料，"届时满人惟有降伏之一法"[④]。黎宗岳在致孙中山的电文中指出："共和者，为铁血之共和，非哀求之共和。应请伍代表切实质问袁世凯，如力求共和，即与民军一致进行，推倒奄奄待毙之满政府，当易如反掌。"[⑤] 虽然推倒清廷"易如反掌"的说法不免夸大其词，但却反映了南方军民的信心与底气，而朝廷已"奄奄待毙"的判断更是不争的事实。

---

① 《公电·武昌黎副总统电》，《申报》1912 年 2 月 9 日，第 2 版。

② 尚秉和：《北京政府成立》，中国史学会主编：《辛亥革命》（8），第 547—550 页。

③ 《严复来函》（1911 年 11 月 7 日），［澳］骆惠敏编：《清末民初政情内幕》上，刘桂梁等译，知识出版社 1986 年版，第 783—786 页。

④ 《记孙总统之谈话》，《申报》1912 年 1 月 1 日，第 1 张后幅第 5 版（因有"后幅"故标明第 1 张）。

⑤ 《黎宗岳反对议和展期致大总统等电》（1912 年 1 月 27 日），中国第二历史档案馆编：《中华民国史档案资料汇编》第 2 辑，"南京临时政府"，江苏古籍出版社 1991 年版，第 61 页。

与此形成鲜明对照，北方对战争前景已完全丧失信心。在讨论与南方谈判的御前会议上，赵秉钧表示：“革命党势甚强，各省响应，北方军不足恃。袁总理欲设临时政府于天津，与彼开议，或和或战，再定办法。”满族亲贵群情激奋，有请太后“赏兵”赴前敌报国者，“太后问载涛：‘载涛你管陆军，知道我们的兵力怎么样？’载涛对曰：‘奴才没有打过仗，不知道。’太后默然。良久曰：‘你们先下去吧！’”① 连总管陆军的载涛都不知道兵力如何，北方的状况可想而知。在这种情况下，靳云鹏谒袁世凯密陈大计，告以“第一军全体主张共和”，袁闻言惊叹：“军心胡一变至此哉！”因北军将领大多主张共和，清廷已面临廖宇春所说的“战只速亡耳”的绝境。②

而严重的财政危机又如雪上加霜，加剧了清政府面临的危难形势。国库贮备的白银不足100万两，连支付官员的俸禄都不够，以致人们普遍预言财政恐慌将在北京发生。③ 情急之下，清廷发行“爱国公债”，但仅募得银77万两，洋54万元。④ 袁世凯担任内阁总理后发现，北京政府“库储已空，将釜悬而炊绝”⑤。他在给朝廷的奏折中分析说：武昌起义之后，民军响应几遍全国，人心动摇，异于恒有。“若激励将士勉强以战，财富省份全数沦陷，行政经费茫如捕风，搜讨军实，饷源何出？”尽管自己“早夜以思”，却毫无对策。⑥

民心、军心的失却及财政匮乏，将清政府的权力抽成真空。武昌起义月余，已有17省宣布独立，清帝国已名存实亡。处于“中立”地位的

---

① 溥伟：《让国御前会议日记》，中国史学会主编：《辛亥革命》（8），第113—115页。

② 尚秉和：《北京政府成立》，中国史学会主编《辛亥革命》（8），第547—550页。

③ 《致达·狄·布拉姆函》（1911年10月24日），骆惠敏编：《清末民初政情内幕》上，第764—765页。

④ 《申报》1912年1月28日，“专电”，第2版。

⑤ 白蕉：《袁世凯与中华民国》，荣孟源等主编：《近代稗海》第3辑，第17页。

⑥ 《袁内阁请速定大计折》，《申报》1912年1月30日，第3版。袁世凯与日本驻华公使伊集院谈到了财政问题，给伊集院的印象是为其“始料未及”，袁称“目前北京政府财政困难情况已达极点，首先令人担忧者，辄为军队饷源问题，长此下去，军队势将全部化为土匪，以至扰乱地方”。袁特别强调：“本人绝无用借款扩充军备之意，但求能维持军队衣食即可。”《伊集院驻清公使致内田外务大臣电》（1911年12月16日），中国社会科学院近代史研究所中华民国史研究室主编：《日本外交文书选译——关于辛亥革命》，邹念之等译，中国社会科学出版社1980年版，第284页。

外国人对清廷的处境看得异常清楚。比利时《独立报》评论说：此时清廷已无希望，袁内阁亦大减锐气，宣言北军势难平定内乱，并谓愿服从多数决议，凡此皆足证袁于共和已无术足以抵抗。至于满廷命运，则早已断绝，无复评论之价值。① 就连主张中国实施君宪制的日本，也认为清廷已不堪扶持，直言不讳地对美国人说："中国情形益坏，清廷之权力已等于零。"② 试问，一个自身"权力已等于零"的王朝，还能向取而代之者"让"出什么权力呢?

在这种形势下，袁世凯不得不重新做出政治抉择。其智囊杨士琦认为，袁在对待清廷问题上"难免其不怀故主之恩，因循犹豫。然大厦将圮，讵一木可支? 臆度项城，必能当机立断，以天下为己任也"③。与此同时，南方则尽力"策反"。伍廷芳在致袁世凯的电文中明确建议南北"共谋胁迫"清帝退位。他将议和中应该注意的问题电告袁世凯说："今南北协议之惟一目的，实欲早定共和大局，然欲定大局，必速下逊位明文；欲迫促清廷逊位，必南北军队连续北上，以武力胁制之。"④ 北方的唐绍仪也予以配合，公开做出"清必倒，民国必成"的预言，并"致电段君祺瑞，劝其赞成共和，讽令清帝退位"⑤。在这种情况下，段祺瑞联合北方统兵大员 42 人，号称拥兵 40 万，电请清廷宣布共和⑥，成为压垮清朝统治大厦的最后一根"稻草"。

与袁世凯关系密切的莫理循把这出逼宫剧记述得再清楚不过了，他在 1912 年 1 月 5 日致布拉姆的信中写道："昨天我把《官话报》文章的摘要用电报发给你，《官话报》是北京各报中最反对共和，全力支持清廷

---

① 远东通讯社丛录:《欧报对于中国革命之舆论》(1912 年 2 月 8 日)，中国史学会主编:《辛亥革命》(8)，第 507 页。

② 王芸生:《六十年来中国与日本》第 6 卷，生活·读书·新知三联书店 1980 年版，第 2 页。

③ 甘簃:《辛亥和议之秘史》，中国史学会主编:《辛亥革命》(8)，第 117—118 页。

④ 伍廷芳:《致袁世凯电》(1912 年 2 月 12 日)，丁贤俊、喻作凤编:《伍廷芳集》下，第 494 页。

⑤ 伍廷芳:《致黎元洪电》(1912 年 1 月 25、26 日)，丁贤俊、喻作凤编:《伍廷芳集》下，第 455 页。

⑥《宣统三年十二月十八日第一军统领段祺瑞致内阁请代奏电》，中国史学会主编:《辛亥革命》(8)，第 179 页。时论称段祺瑞"以第一军军统领衔，盈廷恼惧"，颇能说明逼宫的效果。钱基博:《辛亥南北议和别记》，中国史学会主编:《辛亥革命》(8)，第 106 页。

的报纸。该报昨天的社论完全改变了立场。社论敦促朝廷接受必不可免的事情并逊位，因为这是人民明显的意志……我见到袁世凯时，他小声对我耳语：‘再加些压力，朝廷就垮台了。’”① 将这段极为私密的对话与御前会议上袁通过军事、财政及外交局势分析对太后施加“压力”的答问相比较②，袁氏所为之性质，一望可知。事实表明，辛壬之变在南方是武装革命，在北方是响应革命的武力逼宫，丝毫没有“主权转移”论者笔下的“禅让”味道！日本驻华公使伊集院在致外务大臣内田的“绝密”电文中将“置皇帝于虚位”理解为“实质上予以废黜的问题”③，道明了问题的实质。

约言之，清帝退位是在各省纷纷独立、革命势力已将清朝统治抽成真空，且北方军队已普遍赞成共和的背景下以武力胁迫的方式完成的。谓之革命则得其真谛，名之禅让则与史不符。尚秉和著《辛壬春秋》，说清帝退位有类“禅让”，“主权转移”论者遥承其绪，言虽奇谲，却乖事实。姑不论“尧舜禅让”是礼让还是篡位尚存争议，即属礼让，清帝退位也不能与远古“史事”相仿。清帝的主观愿望是想通过将“统治权”让给袁来保护自己的利益，但皇帝变为总统不是改朝换代，而是制度变革，无论流血多少，均为“革命”。而民国政权一旦创建，新的“法统”也随之产生，无须也不能借助前朝皇帝的政治安排来获取自己统治的“合法性”。故“禅让”说若能成立，在民国业已肇建、孙中山已经担任临时大总统的情况下，只能是孙让位与袁，但这已不是清朝政治统系内的权力让渡了。

---

① 《致达·狄·布拉姆函》（1912 年 1 月 5 日），骆惠敏编：《清末民初政情内幕》上，第 826 页。

② 在讨论是否退位的御前会议上，太后询问军事情形与和议实况，“袁答以‘人心已去，和议非允认共和，不能解决，而军饷不充，若一经开战，恐四面受敌，我无持久之力，势必一败不可收拾，此军事上为难之情形也。至外交团，经臣探其意向，亦均持冷观态度，颇不承认我为有国家之资格，若一味延宕，则各国将宣告与我断绝关系，彼时更不足以自立，此外交上为难之情形也。’”正是在这一无可奈何的形势下，清帝才被迫退位。《清廷会议逊位详志》，《申报》1912 年 1 月 26 日，第 2 版。

③ 《伊集院驻清公使致内田外务大臣电》（1911 年 12 月 12 日），《日本外交文书选译》，第 269 页。

三 革命与法统:清帝“授权”说辨析

讨论“主权”问题离不开法律。法律安排是包括宪法、立法机构、法院在内的制度化主权的重要组成部分，它为对既定领土和人口行使法律和行政控制提供了依据。① 在现代主义者的传统里，主权必须是合法的(legitimate)，这种合法性要么是基于对法律的遵守，要么是基于授权。②

被视为“主权转移”论发明人的有贺长雄精通法律，作为袁世凯的宪法顾问，自然要为袁的统治作合法性论证。在这个问题上，他选择的是“授权”理论。在《革命时统治权转移之本末》一文中，有贺引述了《清帝退位诏书》并特意强调:“上谕中所言‘将统治权公诸全国，定为共和立宪国体’暨‘即由袁世凯以全权组织共和政府，与民军协商统一办法’。以上二句，为民国国法沿革上最重大之文字，革命时代统治权转移之次第，于四十有一字存焉。”③ 为证明袁世凯系“合法”从清帝那里接过了统治中华民国的权力，有贺用心良苦，将以1894年兴中会成立为开端的长达17年的中国革命历史完全置诸脑后，仅选取1911年11月2日清政府颁布“十九信条”到次年2月12日下诏退位短短3个月的时期，将其分为颁布钦定宪法以慰民军、国民会议公决政体、商议承认共和与皇室优待条件、讨论南北统一条件4个时段。认为4个时段面临的具体问题虽不同，但都是“统治权转移”的步骤或程序，其最终结果，是袁世凯按照清帝“授权”组织起统一的共和政府，实现了统治权从清朝向民国的转移。

有贺的上述论断，被“主权转移”论者将“统治权”替换为“主权”之后用作立论的依据，因而相关驳论须从有贺入手。应该承认，作为著名政治学及法学专家，有贺在诠释近代中国的政制转型时，能注意

---

① ［澳］约瑟夫·A. 凯米莱里等:《主权的终结?——日趋“缩小”与“碎片化”的世界政治》，第276页。

② ［英］约翰·霍夫曼:《主权》，第52页。

③ ［日］有贺长雄:《革命时统治权转移之本末》，北京《法学会杂志》第1卷第8号，1913年10月15日，转引自王健编《西法东渐:外国人与中国法的近代变革》，中国政法大学出版社2001年版，第107页。

到“民国国法沿革”这一涉及政制“连续性与断裂”的问题，并从法律程序角度解析“统治权转移”，言他人所未尝言，其思想见解的独到和表达技术的娴熟，度越时人，不无可取。然而有贺在任职袁政府期间发表的这一论著并非客观历史记录，而是带有明显目的性的应用文字，其涉及法理的论证也存在“法统”选择上的错位，不能为“主权转移”论者宏大的历史叙事与分析提供理论支撑。

有贺作文的目的性从最大受益人是谁这一利益关系的角度已可大致得出判断，因而至少对历史学者而言已无须赘论。

从法律角度分析，武昌起义之后中国事实上存在南北两个政府，已形成两套对立的法政统系。当是之时，南北两方都不承认对方统治的“合法”，这在南北和谈初期表现得尤为明显。孙中山当选临时大总统之后通电袁世凯，表示“虚位以待”，称谓为“北京袁总理”，暗含其权力不能及于南方之意。袁复电称“孙逸仙君”，亦不承认孙的总统位置。孙再复电即改称“袁慰亭君”，针锋相对，互不相让。[①] 南北谈判过程中双方代表的地位之争也耐人寻味。谈判开始后，伍廷芳示意第一号人物是他本人而不是北方谈判代表唐绍仪。在私下讨论如何待遇唐时，法磊斯向伍廷芳委婉暗示：“如果你愿意，唐绍仪十分乐意先拜会你，但在某种意义上说，他是这里的客人，因此也许你会愿意先去拜会他。”伍廷芳毫不犹豫地回答：“唐绍仪是来此求和的。”接着又改口说：“是来与我们安排和平条件的，因此我想他应该先来拜会。”[②] 谁先见谁虽然只是礼仪上的细节问题，但南北双方对维护自身地位的重视可见一斑。

谈判开始后，南北双方都设定了自己的谈判底线并围绕各自的设定展开了激烈的政治角逐。北方设定的底线为君主立宪。袁世凯对君主立宪曾再三致意，其致伍廷芳电称：在国民会议开会，“国体未改以前，数百年已成之政府，无取销之法”[③]。南方的底线是清帝退位，袁世凯宣誓赞成共和。对此，南方态度强硬。伍廷芳反复强调：“惟所坚持者，在清

---

① 张国淦：《北洋从政实录》，《张国淦文集》，燕山出版社 2000 年版，第 94—97 页。

② 《克·达·卜鲁斯采函》（1911 年 12 月 19 日），骆惠敏编：《清末民初政情内幕》上，第 813—814 页。

③ 观渡庐编：《共和关键录》第 1 编，上海著易堂 1922 年版，第 66 页。

帝实行逊位，盖必如是，然后共和国体乃完全成立。否则有类于虚君共和之嫌，故独于此始终坚持。要之，全国人民为共和而流之血，前后积聚，可成江河，万不能含糊了事，以贻后祸。”① 相比之下，北方立场则因内部人心离异、无所依恃而表现出柔性特征。②

南方的强硬态度系以多数省份独立暨广泛的民心支持为凭借。光复军总司令李燮和在上孙总统书中强调，控制了十六省的南方，绝无在谈判中“受制于贼虏”之理。③ 因多数省区已宣告独立，当时的谈判已不是对等意义上的南北交涉，故南方代表有恃无恐，态度强硬。德国驻华公使哈豪森的分析，反映了当时南北相争的基本态势。他说谈判中北京方面所能接受者，“已不是维持满洲朝代问题，乃是变更帝制国体问题”。他认为袁世凯所扮演的维护满洲的角色已“彻底失败”，“于是只好能替满洲救得多少，便救多少”④。在这种形势下，历史的天平明显向南方倾斜，谈判遂大致按照南方提出的条件结束。

南北谈判的结果具有划时代意义，它不仅宣告统治中国长达267 年的清王朝的覆没，也宣告在中国实施了两千多年的封建皇权政制的终结。虽然南方为此付出孙中山辞职与清室优待条件等交换代价，但所得甚大，足抵缺失。民国的创建是革命性变革，是南北志士流血牺牲并运用政治智慧换来的成果。对此，有贺本人并不讳言⑤，却又自相矛盾提出民国

---

① 伍廷芳：《致孙文、国务各总长、参议院议长电》(1912 年 2 月 6 日)，丁贤俊、喻作凤编《伍廷芳集》下，第 479 页。

② 时论指出：袁自组内阁，除用旧日所谓袁党数人及罗织一二名士以掩饰场面外，其阁员对于袁之信仰本不坚固，故内阁成立后辞职者联翩接踵。自和局开始，民军要求强劲，一般官僚知地位已难久存，而为自保身家性命起见，又不敢做官，于是纷纷挂冠而去，袁内阁之势力日孤，即亲密如唐、杨等人，亦皆远飏而去，袁内阁大有摇摇欲倒之势。《袁内阁摇摇欲倒》，《申报》1912 年 1 月 20 日，第 3 版。

③ 白蕉：《袁世凯与中华民国》，荣孟源等主编：《近代稗海》第 3 辑，第 21 页。

④ 《德国驻华公使 Haxthausen 致德国国务总理 Bethmann Hollweg 之文件》(1912 年 2 月 3 日)，《辛亥革命与列强态度》，王光祈译，中国史学会主编：《辛亥革命》(8)，第 452—453 页。

⑤ 有贺说：“既曰共和国，必将原先属于君主之统治权全然废绝，举凡一切决于民意明矣。就于此点言之，民国与法美共和政体，并无相异之理……今民国之成，在南省牺牲身命，躬冒铁火，为革命奋斗之志士，亦以为革命形象。与法美无异。夫此次革命，苟微南方志士热烈之义气，决死之奋斗，万难成功，固不待言。鄙人亦岂故意抹杀取消此千古不可忘之一大事者?” [日] 有贺长雄：《革命时统治权转移之本末》，转引自王健编《西法东渐：外国人与中国法的近代变革》，第 101 页。

"统治权"的合法性来源在于《清帝退位诏书》的主张，其依据是诏书中有"即由袁世凯以全权组织共和政府"的君上授权。但这一主张是很难成立的。

法理上，如前所述，君主制国家主权在君，共和制国家主权在民，两者不存在法律意义上的权力授受关系。深通法律的王宠惠对《清帝退位诏书》"授权"袁世凯组织共和政府深为不满，他在细读诏书后明确指出，共和政府首脑只能由人民选举，清帝命令袁世凯担任这项职务，是与人民自己选举首脑的权利相抵触的。[①] 如果中华民国的"合法性"来源在清帝，那推翻清朝统治的革命的"合道性"也将受到质疑。

对于清帝越俎"授权"，民国方面一开始就保持着高度的政治警惕。孙中山在南北谈判期间提出清帝退位自己即辞去临时大总统的条件包括"清帝退位其一切政权同时消灭，不得私授于其臣"。与此同时，孙中山电告伍，再申其意：1. 清帝退让系帝制消灭非止虚名；2. 袁须受民国推举，不得由清授权；3. 袁须对中外发表政见服从共和，以为被举之地。[②] 退位诏书颁布翌日，鉴于其中包括"授权"之意，孙中山致电袁世凯，严正指出："共和政府，不能由清帝委任组织，若果行之，恐生莫大枝节。执事明于理势，当必知此。"[③] 中山此言，义正词严，掷地有声，无可辩驳地阐明了民国主权的正当来源。

其实就是袁世凯自己，也未尝宣称是由清帝授权组建民国。1912 年 2 月 21 日，袁世凯致电孙中山解释不能即行南下就职的原因说："南行之愿，真电业已声明。然暂时羁绊在此，实为北方危机隐伏，全国半数之生命财产，万难恝置，并非由清帝委任也。孙大总统来电所论，共和政府不能由清帝委任组织，极为正确。现在北方各省军队暨全蒙代表，皆以函电推举为临时大总统，清帝委任一层，无足再论。"[④] 袁世凯这一表

---

① 《伟晋颂爵士致朱尔典爵士》（1912 年 2 月 24 日），《英国蓝皮书有关辛亥革命资料选译》下，胡滨译，第 485 页。

② 观渡庐编：《共和关键录》第 1 编，第 76—77 页。

③ 《复袁世凯电》（1912 年 2 月中旬），《孙中山全集》第 2 卷，中华书局 1982 年版，第 111 页。

④ 袁世凯：《致孙中山电》（1912 年 2 月 21 日），《骆宝善评点袁世凯函牍》，岳麓书社 2005 年版，第 335 页。

态异常重要，表明他已公开否认其统治权系由清帝授予因而具有合法性的说法并将自己纳入民国的“法统”。同年 4 月 29 日，袁世凯在参议院发表演讲，称自己系“承五大民族推举”担任临时大总统，再次回避清廷“授权”组织临时政府之说。①

除了书面及口头表态，清帝退位后统一临时政府组建的过程亦充分表明，袁世凯已在南方的政治安排面前完全就范，民国政府以将南方的共和政制拓展到北方的方式把北方纳入民国的“法统”，实现了国家的统一。

1912 年 2 月 16 日，临时参议院议决《中华民国接收北方各省统治权案》，该院致大总统咨文称：“清帝退位，满清政府亦即消灭，北方各省统治权势必由中华民国迅即设法接收，以谋统一。”具体接收办法有 5 条：“1. 未立都督各省将原有之督抚撤除，另设都督为该省之行政长官，以昭划一；2. 各省都督由各该省人民公举；3. 各省谘议局改为临时省议会，一个月之内召集临时大会公举都督；4. 公举之都督须经临时政府承认并由大总统补发委任状；5. 以上所言各省系指东三省直隶河南甘肃新疆各省而言。”② 通过该法案的实施，北方未独立各省从政治上被纳入中华民国的“统治权”范畴。

3 月 6 日，临时参议院讨论通过《袁总统受职与重行组织统一政府办法案》，具体办法包括同意袁在北京受职，但须致电参议院宣誓；参议院接到宣誓之电文后复电以确认受职并通告全国；袁拟派之国务总理及国务员须经参议院同意等六条。③ 袁接到该案后，于 3 月 10 日在北京行受

① 1914 年召集约法会议制定《中华民国约法》时，袁首次提到清廷授权的问题，但亦将国民选举置于授权之前。白蕉：《袁世凯与中华民国》，荣孟源等主编：《近代稗海》第 3 辑，第 104 页。据沈云龙先生研究，所谓清帝授权的说法，完全是袁所加入之语。袁故弄狡狯，以示其政权乃取之于清廷，而非得之于民军。孙中山颇责其不当，而袁与唐则诿之于清廷，且以其为遗言之性质，无再起死回生使之更正之理。由于南方的坚持，袁乃致电南京临时参议院与孙中山，为服从民国之表示，且通电北方各军，悉改用民国旗帜。沈云龙：《现代政治人物述评》(上)，沈云龙编：《近代中国史料丛刊》(20)，台北，文海出版社 1966 年版，第 74—75 页。

② 《中华民国接收北方各省统治权办法案》，张国福选编：《参议院议决案汇编》，“法制案”，第 1 页。

③ 《袁总统受职与重行组织统一政府办法案》，张国福选编：《参议院议决案汇编》，“法制案”，第 3 页。

任礼。受任前2日电传誓词于参议院，表示“所议六条，一切认可”。参议院照3月6日议决办法第三条，认可袁的受职，并“谨致大总统玺绶，俾公令出惟行，崇为符信”。又“代表国民”，特别告诫袁：“临时约法七章五十六条，伦比宪法，其受之维谨。”① 袁的受职程序表明，他对南方的法政统系表示了服从。

略有出入的是就职地点。袁最初曾有南下就职的打算，迎袁专使北上，“袁大总统以政府地点为议院所议定，不敢违，亦筹备南行”，因北方兵变而止。参议院复议决国都仍在北京，统一政府遂在北京成立。② 有人认为袁世凯在北京就职意味着北方在政治上占了上风，是“统治权”从清帝转移到民国的标志。其实袁就职北京并不违背民国法理。对此，蔡元培解释说：“总统就职于政府，神圣不可侵犯之条件也。临时统一政府之组织，不可以旦夕缓，而袁公际此时会，万不能即日南行，则又事实之不可破者也。于是袁公提议，请副总统黎公代赴南京受职。然黎公之不能离武昌，犹袁公之不能离北京也。于是孙公提议于参议院，经参议院议决者，为袁公以电宣誓，而即在北京就职。其办法六条，如麻电。由是袁公不必南行，而受职之式，不违法理。”③

民国政府不仅在接受北方统治权及袁世凯受任程序上坚持既定立场，还建立起一整套法政统系，包括：1. 制宪。制定并颁布《中华民国临时约法》，确定中华民国的国体和政体，宣布民国的主权及统治权之所属，并着手制宪；2. 立法。制订民刑法律，在民国新律未颁之前，参议院通过《新法律未颁行以前暂适用旧有法律案》，规定前清法律除与民主政制

---

① 白蕉：《袁世凯与中华民国》，荣孟源等主编：《近代稗海》第3辑，第29页。

② 尚秉和：《北京政府成立》，中国史学会主编：《辛亥革命》（8），第552页。或谓北方兵变系袁导演，此说值得怀疑。从迎袁南下期间，北方兵变造成的经济损失高达4000万元，也可大致得出兵变不是袁自导自演的逻辑判断。盖在财政接近枯竭的情况下，如此高昂的代价是北方承受不起的。数据见《申报》1912年5月1日，“京华短柬”，第3版。

③ 《蔡专使元培代表布告全国文》（1912年），中国史学会主编：《辛亥革命》（8），第125页。3月7日，孙中山致电蔡元培，补充提出袁在北京就职的条件。称袁可不必南下就职，“惟袁总统得参议院电复认可之日，举行仪式，应由专使等代表民国接受誓词，赍交参议院保存，以昭隆重”。孙中山：《复蔡元培等电》（1912年3月7日），《孙中山全集》第2卷，第194页。

原则相冲突者一概废除外，其余民刑各律暂时适用[①]；3. 制定国旗。以五色旗为国旗，象征五族共和；4. 厘定官制官规，以谋行政统一[②]；5. 大赦。鉴于袁世凯就职后的大赦令是在《中华民国临时约法》颁布之前发布，而《约法》规定大赦令须参议院同意，故由参议院补发《追认大赦命令案》[③]；6. 颁行新历。规定废除清朝皇帝纪年和革命期间一度使用的黄帝纪年法，改用公元纪年；7. 统一军权。"通饬各处军队一律改悬中华民国五色旗，以示划一"[④]，规定所有军队均由陆军部及海军部指挥。虽北方军队仍然保留有浓厚的"北洋"色彩，但名义上已经蜕变为民国军队；8. 剪辫。晓示人民"一律剪辫""做新国之民"，"有不遵者，以违法论"[⑤]。

民国政府这些法政措施，无不显示出打碎既有政治统系、建立一个全新国家的气象。大的建置姑且不论，即以剪辫来说，又岂止是风俗的变化，实际上已包含对清朝"统治权"加以否定的深刻含义。而袁世凯及其身边的人剪辫，尤具象征意义。1911年12月7日，南下谈判的北方代表唐绍仪在铁路卧铺车厢中剪辫，梁士诒和其他一些人也一同把头发缒子放了下来。就连袁世凯，也在"决定要就任中华民国临时大总统的时候"[⑥]，在感到"相当难为情"的情况下，于1912年2月16日下午让蔡廷干为其剪辫。为此，外交部特意打电话给莫理循说："我把这条'独家新闻'给泰晤士报。"莫理循认为打电话的人是希望他"发号外来宣布

① 《新法律未颁行以前暂适用旧有法律案》(1912年4月3日)，张国福选编：《参议院议决案汇编》，"法制案"，第119页。

② 《参议院提议咨催临时大总统迅将地方官制官规编定草案交议案》，《政府公报》第22号，1912年5月22日，"附录"，第9页。

③ 《拟任唐绍仪为国务总理求同意案》(1912年3月11日)、《拟任陆征祥等为国务员求同意案》(1912年3月29日)、《追认大赦命令案》(1912年3月29日)，张国福选编：《参议院议决案汇编》，"承诺案"，第5—7页。

④ 伍廷芳：《致孙文、黄兴电》(1912年2月13日)，丁贤俊、喻作凤编：《伍廷芳集》下，第496页。

⑤ 《命内务部晓示人民一律剪辫令》(1912年3月5日)，《孙中山全集》第2卷，第177—178页。

⑥ [美]保罗·S. 芮恩施：《一个美国外交官使华记》，第13页。

这件重大事件”[①]。随着袁世凯辮子被剪去，他与清王朝的政治联系也就一刀两断，不复赓续。

要之，南北统一是在清朝“统治权”消灭的前提下实现的，性质是先于清帝退位便已成立的中华民国“统一全国”而非清帝“授权”创建民国。参议院在袁世凯就职时致辞称“中华民国奠基于武汉起义”[②]，既奠基在清帝退位之前，则在官方认知中民国非清帝授权建立应属无疑。南北谈判期间，伍廷芳致电孙中山，强调“催袁速使清帝退位，以为与满洲政府断绝关系之实证”[③]。在伍看来，袁逼清帝退位，两者关系也就断绝，无“统治权”之授受可言。《清帝退位诏书》颁布后，伍廷芳宣称：“自此清国统治权全归消灭，中华民国统一全国，永无君主之余迹矣。”[④] 孙中山更是以民国临时总统名义宣布：“清帝退位，政权同时消灭。”[⑤] 已经“消灭”的清朝“统治权”（“主权转移”论者视之为“主权”）被有贺及其援引者在民国时期发现了同质性存在，实在是匪夷所思。

当然，有贺及其援引者的一些思考对于认知清末民初政制转型还是有价值的。这主要表现为从政治技术的立场注意到了新、旧临时政府的衔接即唐绍仪担心的“接气与不接气”的问题。盖“清帝退位后，统治权已消灭，而临时政府事实上尚不能统辖北方诸省”[⑥]。但问题的最终解决并未导向已在南方建立的中华民国“统治权”的消亡而是清政府退出历史舞台，成为谈判中的失败者。[⑦]

---

① 《蔡廷干来函》（1911 年 12 月 16 日）、《致达·狄·布拉姆函》（1912 年 2 月 16 日），骆惠敏编：《清末民初政情内幕》上，第 879、885 页。

② 《参议院致袁大总统辞》，《政府公报》第 1 号，1912 年五月初一日，“致辞”，第 5 页。

③ 伍廷芳：《复孙文电》（1912 年 1 月 23 日），丁贤俊、喻作凤编：《伍廷芳集》下，第 453 页。

④ 伍廷芳：《致孙文黎元洪各省都督电》（1912 年 2 月 17 日），丁贤俊、喻作凤编：《伍廷芳集》下，第 499—500 页。

⑤ 观渡庐编：《共和关键录》第 1 编，第 79 页。

⑥ 《逊位问题之四面观》，《申报》1912 年 1 月 23 日，第 3 版。

⑦ 伍廷芳曾致电孙中山讨论“统治权”的断续问题：“日来与袁内阁切实筹商清帝退位办法，本定于初三日即发表清帝退位之谕旨，后因发生难问，以致稍滞。此难问之发生，在清帝退位后对于北方如何处置，清帝统治权已经消灭，而我临时政府事实上尚不能直接统辖北方，别北方将陷于无政府之状态。据目下情形，是北方各官吏将士赞同共和。对于组织统一全国之政府，宜得其同意。敌廷芳以为清帝退位，宜由袁世凯与南京临时政府协商，以两方同意组织统一全国之政府。”观渡庐编：《共和关键录》第 1 编，第 83 页。

作为“旁观者”，英国公使朱尔典对南北之争的结局看得最清楚，他在致格雷爵士的信中说：最初袁世凯深信有能力与共和运动领袖达成协议，在清帝退位与国民大会在南京和北京选举总统这段时间内，组成一个临时政府负责全国的行政工作，“他的主意是，发布一道谕旨，授权他在一周或十天内组成一个临时政府，因为他需要这些天进行选举，使得他自己被任命为总统”。然而，“这项计划已经失败”，因“孙文本人 1 月 20 日的两份电报唱着大不相同的调子，并且明确说明：北方不得设立临时政府；袁世凯必须接受民国方面对他的任命，而不能从满族人那里取得任何权力……民党的目的无疑是要表明，胜利是属于他们的”①。虽然从长远看，民党未必取得胜利，但就“驱逐鞑虏，建立民国”政治目标而言，以南方作为凭借的民党却有充分理由宣告鸣金凯旋。

四　主权与疆域：政制转型与多民族国家的维持

主权理论描绘出这样一个世界，其最高权力的行使被限制在特定领土边界内，与此相关的有民族与国家。国家分单一的民族国家（nation-state）与多民族国家（nations-state），中国由于历史原因，是多民族的政治与文化共同体。

“主权转移”论者认为，在近代民族主义思潮及民族运动背景下，“民族国家”建构成为潮流，多民族的共同体如奥匈帝国、奥斯曼帝国、俄罗斯帝国纷纷解体，中国在内忧外患频仍、动荡分裂危机严重的近代，在经历“帝国”到“民国”的政制转型之后，仍然“在帝国原有的地域和人口规模上维持了国家的统一”，原因在于退位诏书保证了“主权连续性”。他们论证说，与其他三大帝国一样，清帝国具有“复合君主国”特征，存在“制度多元主义”的实践。清朝皇帝与各族臣民在不同的法理关系上建立起统治秩序，这一统治秩序从结构上具有其他三大帝国“贵族联盟”的特色，即满、蒙、藏贵族结盟，同时吸纳汉族和穆斯林的政

---

① 《朱尔典爵士致格雷爵士函》（1912 年 2 月 9 日），《英国蓝皮书有关辛亥革命资料选译》下，胡滨译，第 360 页。

治精英。[①] 由于这一政治结构并不存在于民国，故民国不具备整合满、蒙、回、藏的政治文化基因，如果没有退位诏书“钦命”组建“五族共和”，“中华帝国”必然像其他未经主权授受的帝国一样，趋于解体。

应当承认，“主权转移”论者视野宽阔，此乃其学术立足点高于许多缺乏外部世界知识、只能就中国言中国、就历史谈历史的学者之所在。然而在其宏大叙事与抽象论证背后，却隐伏着许多致命缺陷。其中最关键的是概念模糊，将《清帝退位诏书》中“仍合满汉蒙回藏五族完全领土，为一大中华民国”的言说（discourse）与清代疆域的既成事实（fact）相混淆。

清代疆域是民国疆域的历史依据之一，但退位诏书却未必可以作为民国对既有疆域实施统治的法律依据。如前所述，辛亥革命的结果是旧法统及政统被推翻，一个全新的法政统系赤地新立（尽管也存在传统因素的影响）。退位诏书虽是一个法律文件，但其历史意义基本在于宣布清帝退位。国家制度根本变革与封建谱系内的朝代嬗递不同，革命产生的新政权并不依靠继承法来确定自己对既有领土实施统治的“合法”，因革命本身就不“合法”。法国革命将专制暴虐的路易十六推上断头台，已然气绝的法皇显然不会授权将法兰西的领土主权让给属于“第三等级”的革命党人组建的法兰西第一共和国，但这并不妨碍法国共和政权拥有国家既有领土主权的合法性。1949 年中华人民共和国成立，未得到也无须得到“蒋家王朝”主权让渡的一纸“诏书”。盖“政体虽更，国犹是国”[②]，政权易手，疆域依旧，这是国际政治的通行原则，无须通过前朝“授权”来获取“合法性”资源。

在这个问题上，“当局者”未必迷，“旁观者”（如今日一些研究者）未必清。1912 年 2 月 8 日，南京临时政府北面招讨使谭人凤分别致电孙中山和袁世凯，宣称：清帝“逊位之后，领土主权一律转移于民国，此应然之势”[③]。谭人凤曾在东京法政大学肄业，深通法律，他所表达的其

---

① 章永乐：《旧邦新造（1911—1917）》，第 39 页。

② 《孙总统致蒙古王公电》，《申报》1912 年 2 月 5 日，第 3 版。

③ 谭人凤：《致孙中山黄兴等反对保留清帝尊号电》（1912 年 2 月 8 日）、《致袁内阁反对保留清帝尊号电》（1912 年 2 月 8 日），石芳勤编：《谭人凤集》，湖南人民出版社 1985 年版，第 26—29 页。

实也是当时很多明达之士的共同认知，对昧于清末民初政制鼎革与“主权转移”关系者，应该有所启发。

这样分析问题并不表明民国领土主权不需要做合法性论证，但民国既属革命建国，法统已变，所有合法性论证只能在新的法律框架内展开。事实上，民初各根本法均对民国领土做过界定。《中华民国临时约法》称：“中华民国领土为二十二行省、内外蒙古、西藏、青海。”《中华民国约法》称：“中华民国之领土，依从前帝国所有之疆域。”《中华民国宪法》则规定：“中华民国国土，依其固有之疆域。国土及其区划，非以法律，不得变更之。”从制宪技术上看，《中华民国临时约法》采用的是“列举主义”，《中华民国约法》及《中华民国宪法》采用的是“概括主义”。无论持何种“主义”，所有领土主权的宣示均由民国自己做出。[①] 如果说“主权”须“合法”，这就是民国领土主权的合法性依据之所在，至少从国内法的立场上可以这样认为。而这一规定得以成立，援据的是清代乃至历代王朝对其疆域实施有效控制的“既成事实”而非《清帝退位诏书》中“无可奈何花落去”般的表态。退一步言，即便清帝有“授权”资格，其后来的复辟行为也等同收回“授权”，使“主权转移”失去了凭借。

从中国边疆民族对新、旧中央政权的认同及其变化来看，“主权转移说”更是难以成立。历史研究需要实证，“主权转移”论者涉及蒙、回、藏地区的论证却多为假设，其最基本的假设是，如果没有退位诏书授权，既有的清帝国版图在民国时期就会四分五裂，不复以原有的形式存在。但这种假设是难以成立的。且不用说退位诏书和已然退位的逊清皇帝无力维系其既有“领土主权”，就连晚清在位皇帝在这方面的作用也每况愈下。蒙、藏等地的离心倾向非自民国创建始，近代以还，列强入侵，传统的“宗藩关系”面临内外冲击，“边疆危机”频现，离心因素早已出现。“主权转移”论者笔下清朝皇帝在政治、宗教上维系民族地区广大疆域的“天下共主”地位被严重夸大了。

以西藏为例。早在 19 世纪末，因清政府对西藏各阶层备战抵抗英军入侵态度消极，西藏上层已表现出对清政府的不信任。光绪二十五年

① 详见拙文《比较宪法视阈下的民初根本法》，《历史研究》2013 年第 4 期。

（1899）三月二十六日，驻藏大臣对英屈服让步，十三世达赖通过外蒙法王哲布尊丹巴向光绪帝上奏，要求朝廷帮助解决西藏军火与财政困难等问题，以抵御英国侵略。清廷不但不答应达赖的要求，反而指责达赖有关西藏与朝廷之间存在驻藏大臣“壅遏专擅之弊”的说法毫无根据。这就使达赖对清廷陷于失望，在英军压境的情况下，开始向外寻求支持，遂有“联俄”之举。[①]

不仅如此，朝廷对达赖封号的降格亦强化了这种离心倾向。1904 年 7 月，因英军入侵，要求直接与达赖谈判，达赖考虑若会见英国军官，恐遭胁迫，难以承担危害政教事业的责任，产生出走内地、向皇太后和皇上面奏佛业遭难的念头。[②] 但结果却令达赖感到意外，觐见时朝廷虽以极高规格接待，但封号则明显降格。1652 年五世达赖应召朝觐，顺治皇帝所赐金册上的封号为“西天大善自在佛所领天下释教普通瓦赤喇怛喇达赖喇嘛”，而光绪帝赐予十三世达赖的封号仅为“西天大善自在佛”，表现出对“所领天下释教普通瓦赤喇怛喇”的担忧，不久更将封号改为“诚顺赞化西天大善自在佛”，以弱化达赖“所领天下释教”的教权，强化对清朝的从属地位，致使达赖强烈不满。[③]

与此同时，清廷剥夺达赖世俗权力的措施激化了清政府与西藏宗教领袖的矛盾。这涉及西藏人对其与清廷传统关系的认知。英国人查尔斯说，十三世达赖曾告诉他，西藏人认为达赖是他们精神上的领路人，而清朝皇帝只是达赖的世俗支持者。查尔斯的印象是“年轻的达赖喇嘛决意不仅要当西藏之神，而且要做西藏世俗事务的独裁者”[④]。但朝廷却试图改变这种状况，具体措施是任命赵尔丰为驻藏大臣并派川军入藏。赵若入藏，意味着西藏将改土归流并实施政教分离甚至建为行省，西藏上层及各大寺的权利可能丧失。达赖遂向各国公使呼吁要求朝廷撤回川军。在达赖回到拉萨当天，驻藏大臣联豫便与之发生冲突。与此同时，川军

① 牙含章编著：《达赖喇嘛传》，人民出版社 1984 年版，第 153—155、165 页。

② 政协西藏自治区文史资料研究委员会编：《第十三世达赖喇嘛年谱》，《西藏文史资料选辑》（11），民族出版社 1989 年版，第 74、107、118 页。

③ ［英］查尔斯·贝尔：《十三世达赖喇嘛传》，冯其友等译，西藏社会科学院西藏学汉文文献编辑室 1985 年编印，第 61—65 页。

④ 同上书，第 354、347 页。

从昌都入藏，达赖下令藏军抵抗，战争因此发生。不久藏军战败，达赖出走印度。牙含章说，“十三世达赖之逃亡印度，投靠英帝，是在当时的形势逼迫之下，不得已而采取的行动”[①]。所言道明了西藏与清中央政府之间的紧张关系。

十三世达赖出走后，清廷迅即革除其达赖喇嘛名号，示谕“嗣后（达赖）无论逃往何处及是否回藏，均视与齐民无异”[②]，并指示驻藏大臣另找灵童代替之。不唯如此，朝廷还进一步剥夺西藏宗教领袖的世俗权力，议定乘达赖更迭之机，实施“政教分离”：嗣后西藏一切教务仍由达赖专司其事，但所有全藏商务、外交，在西藏省治未设以前，悉由驻藏大臣秉承政府命令相机处置，达赖不得越权干涉。朝廷并将西藏“政教分离”的具体规定由外部照会驻京各公使，强调嗣后事无巨细，非经驻藏大臣禀商政府认可，概无效力。如再有达赖与外人缔结条约情事，中央政府概不承认。[③] 由于清廷态度强硬，直到王朝覆没，其与西藏上层的紧张关系一直未能缓和。

“主权转移”论者说清帝是“西藏喇嘛教的保护者，在蒙藏信仰的黄教中，皇帝还具有特殊的宗教地位，被视为文殊菩萨的化身”，故具有维护与蒙藏关系的法力。揆诸清前期或中期史实这种说法或许尚能成立，但在晚清则明显与业已变化的西藏与中央政府的关系不符。库伦宣布“独立”时致蒙古各盟旗的电文称：“蒙古前以清皇仁德，推崇黄教，是以倾心归服。近年以来，有名无实，本蒙古所受一切困苦，逐日增加，情事昭然，人所共见。现值南方大乱，各省独立，清皇权势，日就凌夷，国体变更，指日可待……满、汉之现象如此，亦满洲之不德所致也。”[④] 其宣布“独立”的理由虽不能成立，但清帝与黄教关系已变得“有名无实”的陈述，则反映了当事蒙人的认知。与十三世达赖有过直接接触的

---

① 牙含章编著：《班禅额尔德尼传》，华文出版社 2000 年版，第 216—219 页。

② 牙含章编著：《达赖喇嘛传》，第 219—234 页。有泰等人治藏不得藏人之心姑不论，就连具有国家主权意识和改革倾向的张荫棠治藏，亦因强调“收回政权”即剥夺达赖的权力归驻藏大臣统揽，主张同化藏人及干涉西藏的宗教生活，受到藏人反对。牙含章编著：《达赖喇嘛传》，第 195 页。

③ 朱绣编著，吴均校注：《西藏六十年大事记》，青海人民出版社 1996 年版，第 28 页。

④ 阙名：《西盟会谈始末》，刘序渭编：《民国以来蒙古资料汇编》，台北，金兰文化出版社 1976 年版，第 175 页。

柔克义（W. W. Rockhill）在清末写给美国总统的信中声称自己“很可能成为推翻黄教首领世俗政权的见证人”①，所言客观反映了清廷与蒙、藏宗教领袖关系的巨大变化。

其实不仅宗教领域如此，在世俗领域，清帝曾经拥有的无上地位也严重动摇。以东三省和蒙古为例，1912 年 1 月 25 日，熊希龄、张学济等 150 人在致袁世凯的电文中提到了清廷对东三省及蒙古未能有效安抚引发的问题。关于东三省，有谓：“去年国会请愿，东省代表未蒙采纳，反被拘解”，故清室不愿尊重民意，已属昭然；关于蒙古，有谓：“蒙古王公，受数百年之压抑，时至今日，理藩部以一书吏，犹可挟制王公，故各盟旗袭爵留京者，贷借巨款贿赂宫府，以至负债售地，部落日贫，债权操于外人之手。”熊、张等人据此认为，“满室已失君主之资格，不能再临臣民之上，无可疑者”②。类似言论在蒙古及新疆回部王公给袁世凯的上书中亦可读到。③ 这些言论，尤其是“满室已失君主之资格”一语，虽系民国建元之初说出，反映的却是晚清以来的历史事实，这对迷信清帝在维护汉、满、蒙、回、藏五族共同体方面作用的人，应该是一个有力的历史提醒。

述论至此，一个相关的问题随之产生：如果退位诏书不能维系汉、满、蒙、回、藏既有的关系，中华民国如何能做到这一点？学者所揭示的“维护一个现存的王朝与维护一个历时性共同体的中国之间可能存在的矛盾与冲突”将如何解决？④ 革命初起，反清革命志士以“反满”自任，所提“驱逐鞑虏”的政治口号包含了狭隘的汉民族主义。这样的言

---

① ［英］查尔斯·贝尔：《十三世达赖喇嘛传》，第 61—65 页。

② 《熊希龄等致袁世凯电》，《申报》1912 年 1 月 25 日，第 3 版。伍廷芳在致库伦电局商会的电文中指出：“满清之待蒙人，束缚钳制，视待汉人更酷。推其政策，直欲灭蒙人之种，不乘此时机相与左提右挈，脱离羁绊，何以兴人道之公？况外人垂涎蒙古非止一日，计惟有蒙汉合力推诚布公，结合共和政治，以汉之财卫蒙，以蒙之力捍汉，强邻觊觎可以永绝。南方民军视蒙族如同胞，绝无丝毫外视之意，满清退位即在目前，共和政治成立，人人平等，大总统由人民公举，汉满蒙回藏五族皆有选举大总统之权，皆有被选为大总统资格，较之坐受满清抑制大不相同。”伍廷芳：《致库伦电局商会电》（1912 年 1 月 30 日），丁贤俊、喻作凤编：《伍廷芳集》下，第 466 页。

③ 《蒙回将非清有矣》，《申报》1912 年 1 月 2 日，第 1 张第 2 版。

④ 姚大力：《中国历史上的民族关系与国家认同》，《中国学术》2002 年第 4 期。

论在起到革命宣传作用的同时，也造成了其他民族的不安。荣祥在回忆蒙古土默特旗王公对辛亥革命的态度时说：“他们对这句口号的反感很强烈，他们虽然知道这一口号的矛头是指向清朝统治的，但‘鞑虏’二字有着牵连蒙古的意味。”①

然而随着建国问题提上日程，革命派很快意识到“反满”口号对于多民族国家建构的严重副作用。于是将最初激烈反对的立宪派提出的“五族君宪”口号加以改造，提出“五族共和”主张，表示“今后凡属蒙藏回疆同胞，在昔之受压制于一部者，皆得为国家之主体，皆得为共和国之主人翁，即皆取得国家之参政权”，绝不像“前清之于蒙藏，部落视之，俄国之于人民，奴隶视之，日本之于高丽，牛马视之”②。这一主张的提出意味着革命派在民族问题上的认知已经与曾批评其偏激的立宪派趋于一致。尚秉和注意到，立宪党与革命党，所争只在君主与民主一个问题，至“满、汉、蒙、回、藏五族，必使同立一政府之下，不使分离，以与各国保全领土主义相冲突，又两党之所同也”③。

值得注意的是，在建国过程中，“五族共和”观念得到国家根本法的确认。《中华民国临时约法》“人民”一章规定：“中华民国人民一律平等，无种族阶级宗教之区别”；“人民有信教之自由”；“参议院”一章规定：“参议员每行省内蒙古外蒙古西藏各选派五人，青海选派一人，其选派方法由各地方自定之；参议院会议时每参议员有一表决权”，给予蒙藏青海同样的政治权利。④《参议院法案》还特别给甘肃、新疆、西藏、青海、内外蒙古参议员参政提供了方便。⑤ 通过立法，民国时期各民族政治权利趋于平等并得到制度保障。

不仅如此，民国时期还致力于从行政体制上将满、蒙、回、藏地区

---

① 华国梁、戴峰：《民国初年蒙古王公对“五族共和”政策的民族认同》，《徐州师范大学学报》2003 年第 2 期。

② 转引自凌纯声《中国边政改革刍议》，《边政公论》第 6 卷第 1 期，1947 年 3 月，第 2 页。

③ 尚秉和：《北京政府成立》，中国史学会主编：《辛亥革命》(8)，第 439 页。

④ 《中华民国临时约法案》(民国元年三月九日议决)，张国福选编：《参议院议决案汇编》，“法制案”，第 25—26 页。

⑤ 《参议院法案》(民国元年三月二十九日)，张国福选编：《参议院议决案汇编》，“法制案”，第 42 页。

“内地化”。清代建制，内地事务由吏、户、礼、兵、刑、工六部分管，蒙、回、藏事务则归理藩院统辖。“藩”的称谓本不含贬义，但因远离“中央”，且经济文化相对落后，近代以后逐渐成为外部世界认知中与“宗主”对应的称谓，成为区别于内地的边缘地带，以至一些西方人认为中国对这些地区拥有的只是“宗主权”而非“主权”。① 民国时期则取消了这一机构。温宗尧在新政权建立过程中曾被任命为藩属部总长，但该项职位被各省代表会议否决，理由是新中国没有藩属。② 后来的内阁没有藩属部建置，按照总统命令，所有原属该部管辖的事务均“归并内务部接管”③。不仅如此，民国还特设蒙藏事务局，直属国务总理，以重事权。④ 朱尔典认为这一变化表明，北京政府“想要把蒙古和西藏变成民国的组成部分”⑤。通过改制，外国人认知中的“宗藩关系”被正名为中央与地方的关系，这是退位诏书所不能做到的。

为贯彻民族平等原则，民国政府还发布命令，废除清朝弊政，宣布将内外蒙古各盟旗暨两藏地方历来疾苦之事查明，次第革除，并要求各王公呼图克图喇嘛于中央大政及各该地方应兴应革事宜各抒政见，随时报告，以备采择，“务使蒙藏人民一切公权私权，均与内地平等，以昭大同而享幸福”⑥。这对消除民族隔阂起到了重要作用。

在经济上，将满、蒙、回、藏继续维系在五族共同体之内的因素之一是《清帝逊位优待条件》及《关于满蒙回藏各族待遇之条件》的颁布。

---

① ［英］查尔斯·贝尔：《十三世达赖喇嘛传》，第61页。

② 《伟晋颂致朱尔典爵士函》（1912年1月11日），《英国蓝皮书有关辛亥革命资料选译》下，胡滨译，第452页。

③ 袁世凯在大总统令中宣称：“现在五族共和，凡蒙藏回疆各民族，即同为我中华民国国民，自不能如帝政时代，再有藩属名称，此后蒙藏回疆等处，自应通筹规划，以谋内政之统一，而兼民族之大同。民国政府于理藩不设专部，原系视蒙藏回疆与内地各省平等，将来各该地方一切政治俱属内务行政范围。现在统一政府业已成立，其理藩部事务着即归并内务部接管，其隶于各部之事，仍划归各部管理，在地方制度未经划一规定以前，蒙藏回疆应办事宜均各仍照向来办理。”《大总统命令》，《申报》1912年4月24日，第1、2版。

④ 《大总统交议修改官制通则案审查报告》，《政府公报》第7号，1912年五月初七日，“通告”，第11页。

⑤ 《朱尔典爵士致格雷爵士函》（1912年4月8日），《英国蓝皮书有关辛亥革命资料选译》下，胡滨译，第546页。

⑥ 《临时大总统令》，《临时公报》1912年3月26日。

以清室优待为例，其他条款且不说，每年400万元的支给虽然只占当时国家年度财政收入的1%，但对清室而言却是一笔极具诱惑力的巨大津贴。所以当莫理循得知这一消息时，感到十分诧异，他并不是共和制度的同情者，但他认为100万两白银（当时银钱比价约为1∶1.3）就已足够，因为摄政王引退后每年也只得到5万两白银，当时一共有8个亲王，加上太后等人，100万两绰绰有余。① 马叙伦后来算过一笔账，他认为民国总统的岁费为48万元，但即便是1924年北京政变优待条例修改后清帝享有的经费亦达50万元，较之总统为多。②

这一系列措施，对于维系“五族共和”起到了重要作用。以西藏为例，进入民国之后，没有“共主”地位的中央政府，因采取务实灵活的对藏政策，落实优待条件，也在一定程度上使达赖回心转意。1912年8月29日，袁世凯致函表示恢复达赖喇嘛名号，达赖作了回应。③ 同年10月28日，北京政府明令恢复达赖名号，并否认了把西藏建为行省的一切主张。④ 1919年，北京政府派朱绣等赴藏，与达赖建立了直接联系。朱绣于次年离开拉萨回京，临行之际，达赖设宴俎饯，在对当初出走印度一事作解释时表达了对清政府的不满和对民国政府的感激：“余亲英非出本心，因钦差逼迫过甚，不得已而为之。此次贵代表等来藏，余甚感激，惟望大总统从速特派全权代表，解决悬案。余誓倾心内向，同谋五族幸福。至西姆拉会议草案，亦可修改。”⑤ 之后达赖与中央政府关系趋向密切，以至鼓吹“藏独”的英国人查尔斯也承认：“达赖喇嘛日益坚定地撇开英国，转向中国……在那些年代里，西藏的两位领袖达赖和班禅喇嘛就已经有明显转向中国的倾向。”⑥

1933年12月17日，十三世达赖圆寂，其转世灵童虽未依清朝制定

---

① 《致达·狄·布拉姆函》（北京，1912年1月16日），骆惠敏编：《清末民初政情内幕》上，第835页；［美］路康乐：《满与汉：清末民初的族群关系与政治权力（1861—1928）》，王琴、刘润堂译，中国人民大学出版社2010年版，第273页。

② 马叙伦：《清室优待务件之我见》，《晨报》六周纪念增刊，1925年，第324页。

③ 《第十三世达赖喇嘛年谱》，政协西藏自治区文史资料委员会编：《西藏文史资料选辑》(11)，第127页。

④ ［英］查尔斯·贝尔：《十三世达赖喇嘛传》，第353页。

⑤ 朱绣编著，吴均校注：《西藏六十年大事记》，第50页。

⑥ ［英］查尔斯·贝尔：《十三世达赖喇嘛传》，第365—366页。

的传统办法由中央政府专使主持“掣签仪式”产生，却在民国政府所派十四世达赖“坐床专使”吴忠信“看视”后，经民国政府批准免予掣签而取得合法地位，最能说明民国中央政府与西藏地方关系的变化。[①]

主权是合法使用暴力的权力，“一个没有武装强制力为保障的主权法律诉求将没有任何意义”[②]。在上述政策措施没有发生作用的情况下，民国朝野人士为维护满、蒙、回、藏主权，曾提出动用军事力量的问题。谭人凤指出，政权鼎革之际，蒙古宣布独立，要维护主权唯有以武装为凭借，希望“军界诸公振刷精神，严明纪律，枕戈待旦，勉为共难”[③]。已意识到解决分裂问题必须依靠军事手段。戴季陶发表《征蒙与拒俄》一文，认为单纯外交手段无济于事，宣称“今日之蒙古问题，惟有让军人奋进，以图解决”[④]。民国政府也意识到外蒙独立问题非派员交涉所能解决，于1912年春从黑龙江、新疆东西两路向外蒙进兵。后因俄国驻华公使库朋斯基（Krupensky）出面强力干涉，用兵之事遂寝。[⑤] 在西藏，对于一度出现的离心因素，民国政府恩威并重，采取优抚措施的同时，于1912年7月派四川都督尹昌衡率川军征剿，云南都督蔡锷也派兵前往川边藏区震慑，这些军事行动虽因英国的“交涉”受阻，却也在一定程度上稳定了西藏局势。

总之，“中华帝国”在清朝统治崩溃之后虽未能完整保持既有版图，却也没有像奥匈帝国、奥斯曼帝国和俄罗斯帝国那样全然解体，可谓有成有败（“主权转移”论者称退位诏书使民国得以“在帝国原有的地域和人口规模上维持了国家的统一”，显违事实）。造成这种历史结局的原因

---

① 周锡银：《从民国时期达赖、班禅的转世看中央政府对西藏主权的行使》，郎维伟等主编《民族研究文集》，巴蜀书社2000年版，第249页。

② ［美］约翰·霍夫曼：《主权》，第31页。

③ 谭人凤：《北面招讨使解职宣言》（1912年4月19日），石芳勤编：《谭人凤集》，第41页。刘揆一认为，民国肇建，或面临分裂的危险，但解决的办法在于实力。“苟民国政府强而有力，何患不能统一耶？”刘揆一：《组织中央政府意见书》（1911年11月30日）。饶怀民编：《刘揆一集》，华中师范大学出版社1991年版，第39页。

④ 戴季陶：《征蒙与拒俄》（1912年10月29日），唐文权、桑兵编：《戴季陶集（1909—1920）》，华中师范大学出版社1990年版，第539—541页。

⑤ 张启雄：《“独立外蒙”的国家认同与主权归属》，台北《中央研究院近代史研究所集刊》第20期，1991年6月。

颇为复杂。就成功一面而言，五族之间长期密不可分的联系以及民国政府维系新共同体的政策措施发挥了积极作用，其中最关键的是“民族平等”的制度规范和保护其政治经济利益的“优待条件”。该“条件”虽系南北谈判时拟定，却以民国政府名义发布，不仅说明了南方在南北谈判中的主导地位，也界定了维系“五族共和”的因素与力量之所在。[①] 就失败一面而言，近代中国国势羸弱，东西列强持续的压迫，实有以致之。但无论成与败，均与退位诏书没有内在联系，故不能夸大了诏书在维系国家领土主权方面的作用。

五　主权与邦交：中华民国的外部“合法性”问题

“主权转移”论者说，从国际承认角度看，清帝逊位和主权转让向民国政府提供了主权上的“合法性”。[②] 这一论断将讨论延伸到了国际法领域。我们知道，主权可区分为内外两个维度[③]，在对外维度上，它是一个国家得以参加国际社会的资格。[④] 但主权体现其外部存在时总是受到诸多制约。近代国家处于国际关系的复杂体系之中，是一种国际法意义上的存在。国际法是国家之间通过条约或协议做出的法律约定，一般不因国内政权的更迭而发生改变。当国家政治发生革命性变更时，外部承认总是以新政权是否稳定及能否履行既有国际关系中的约定为条件。通常情况下，对一个新“政府”（government）的承认同时包含了对其“国

---

① 尽管上述措施中有一部分是袁世凯担任总统期间颁布，但袁既非清帝“授权”担任大总统，且这些措施是以民国政府名义颁发，则其维系“五族共和”作用之发挥应与退位诏书无关。

② 章永乐：《旧邦新造（1911—1917）》，第 6 页。

③ 有西方学者认为，如果将国家作为主权的行为者，那么我们有必要区分两个方面：对内主权（internal sovereignty）和对外主权（external sovereignty）。对内主权是指国家与主权范围内事务的关系，而对外主权是指国家与主权范围边界之外事务的关系。对外，主权国家在与其他国家平等的基础上，进入国际舞台。对内，主权国家自主地行使最高权力，这种权力无论对内对外都是不可妥协的。［澳］约瑟夫·A. 凯米莱里等：《主权的终结？——日趋“缩小”与“碎片化”的世界政治》，第 131—132 页。

④ ［美］约翰·霍夫曼：《主权》，第 19—27 页。

家”（state）原有领土主权的承认。影响承认的因素极为复杂，有时外部承认的过程可能包含对主权国家利益的侵夺。就中国而言，是否有清帝“授权”并未成为条约关系国在承认中华民国时考量的因素。

对中华民国的外交承认早在武昌起义之初列强宣布“中立”时便初现端倪。西方国家宣布“中立”并不都虚伪。最能说明这一问题的一个事例是革命初起，当时还是清内阁总理的袁世凯公开宣称，英、日两国已决定采取共同行动，维护中国的君主政体，必要时将不惜动用武力。但话音刚落，英国外交部就发表声明，称袁氏所言“全与事实不符”。[①]过去人们总是将“中立”视为列强干涉中国革命的遮羞布，实际上，与其说标榜“中立”是为了更加巧妙地干涉中国革命，不如说是列强为抛弃清政府及对南方革命示以支持所运用的策略，因为宣布“中立”从法理上已将南方革命势力视为可与北京政府对等看待的一方。孙中山就任临时大总统时发表声明，对列强在中国革命过程中“所抱的中立态度及对革命事业的同情”表示“感谢”[②]，乃是对“中立”性质和作用的最好说明。

最先发现中国革命对西方价值的是与中国有着密切经济联系的外国商人。在各省纷纷独立的形势下，外国驻华商团已认识到，“现在中央及西南各省，清廷之权力已成无效，且中国之大部分，清廷应按照条约所载担任保护外人声明财产者，业已失此地位而不能尽保护之责”[③]。而革命后建立的共和政府却可能给西方世界带来商业发展的新机。巴黎《迭霸日报》驻上海记者的专函写道：“世界经济利益，于中国革命后，必大增进。共和党既得势，则内地多数均可开为商埠，厘金定可裁去，绝大之公众工程，如铁路之类，定必大加扩张，所有各项改革，需用资本极大……吾法之资本家，正宜速为注意，预备投机事业。”[④] 法国舆论传达的工商界呼声，在很大程度上反映了西方国家对中国正在发生的革命的

---

① 《山座驻英临时代理大使致内田外务大臣电》（1911年12月25日），《日本外交文书选译》，第316页。

② 《伟颂晋领事致朱尔典爵士》（1912年1月5日），《英国蓝皮书有关辛亥革命资料选译》下，胡滨译，第450页。

③ 《宣统三年十一月二十四日清议和代表译上海洋商团致内阁奕劻载沣电》，中国史学会主编：《辛亥革命》（8），第536页。

④ 远东通讯社丛录：《欧报对于中国革命之舆论》（1912年2月11日），中国史学会主编：《辛亥革命》（8），第511页。

认知。

对商业发展的殷切期待直接影响到各国政府。宣统三年（1911）十一月下旬袁世凯面谒各国公使，探询其对中国政体选择的意向。各公使答辞大略相同，“均谓中国革命之惨祸，势将与满洲君主相终始，满洲君主一日不去，即革命一日不能止息。吾辈甚愿清政府识机知命，速行允许共和，永绝扰乱中国之种子，否则相杀相持，仇怨日深，甚非中国前途之福”①。清帝不去革命不止的认知出自各国公使，意义非同寻常，说明各国对清廷已普遍失望。

在西方国家中，与中国打交道最多、利益连接最密切的是英国。英国是君主立宪国家，出于“价值趋同”的考虑，主张中国实施君宪制，但与清政府打交道的经历使英国意识到不能也无法在保留清帝的情况下达致这一目标。英国外交大臣曾设想若中国实施君宪，可否按照部分革命党人的意见，册立孔子后裔当皇帝。日本驻华公使伊集院在复日本外务大臣的电文中说，1911 年 12 月 16 日，他去访问英国公使，该公使以英国外交大臣绝密来电见示，电报略谓：“当前官、革双方在保存满洲朝廷基础上达成协议，迨已全无可能，作为此时之解决方案，册立当代孔子后裔，结果如何，希即电复。”②

英国对中国实行君宪制的坚持及对清朝皇帝的“厌弃”在时间上前后一贯。几年后，在谋求称帝的过程中，袁世凯与英国公使朱尔典有过一次密谈，袁曾以绝密件方式将此次密谈记录发给文武高官。谈话中朱尔典表示英国支持将民主共和改为君主立宪，袁世凯闻言试探说：“若行君主立宪，须另请宣统为皇帝乃可。”朱尔典明确表示：“再选满人为皇帝，各国必不承认。若大总统肯顺民意担此责任，英国必大欢迎。”③ 朱尔典所谓“各国必不承认”满族人为皇帝之说，对“主权转移”论者可

---

① 《谁谓各国不承认共和耶》,《申报》1912 年 1 月 5 日，第 1 张第 4 版。

② 《伊集院驻清公使致内田外务大臣电》（1911 年 12 月 16、17 日），《日本外交文书选译》，第 280、282 页。白克尔也表达了清帝权力不能保留的看法：“我们正屏息注视着你为我们展现的极为重要的活剧。要预料结局怎样，似乎就像预料法国革命的结局一样困难。有一点例外，那就是满人的权力一定要粉碎。”《乔·厄·白克尔来函》（泰晤士报社，1911 年 11 月 14 日），骆惠敏编：《清末民初政情内幕》上，第 787—788 页。

③ 袁世凯：《与英国公使朱尔典密谈录》（1915 年 10 月 2 日），《骆宝善评点袁世凯函牍》，第 379 页。

谓当头棒喝。连清朝皇帝也不为看重，遑论一纸“退位诏书”！

民国建立后，国际承认问题提上南京临时政府的议程。民国成立当天，伍廷芳以外交总长名义发布《中华民国对于租界应守之规则》，申明在租界收回之前须按照规则维持租界秩序，保护中外利益，俟大局底定，再制定新的办法。① 次日，孙中山发布《临时大总统宣告各友邦书》，表示革命以前所有前清政府与各国缔结的条约“均认为有效”；革命以清政府所借外债和承认的赔款，民国政府将承担偿还之责，不变更其条件；革命以前让与各国国家及个人的权利，民国政府照旧予以尊重；凡各国人民之生命财产，在共和政府法权所及范围内，民国当一律尊重保护。② 袁世凯就任民国大总统时发表的就职宣言，亦申述了与南京临时政府“告各友邦书”中近乎一致的对外政策。③

民国政府的承诺，为新政府的国际承认奠定了基础，因维护既得利益是各国承认民国的基本前提。在这个问题上，各国既有共同利益的考量，也有维护单一国家特殊利益的用心。关于共同利益，日本政府1912年2月21日的一份备忘录做了如下表述：“当中国建成巩固之新政府，而此新政府又能显示出具有履行该国所承担之各项国际义务的意志及实力时，各国即应对此新政府予以承认。但鉴于中国目前现状，各国政府应在此时先就有关承认之各项问题加以慎重考虑。”日本政府所说的“问题”包括外国人是否继续保有在中国的既有权利、特权和豁免权及新政府是否承诺继续。承担过去承担的一切外债。④ 按照备忘录的表述，日本向各国政府发起交涉，提出在承认中国新政府问题上列强共同行动的原则，各国政府初无异议。⑤

---

① 《中华民国对于租界应守之规则》，《申报》1912年1月1日，第2张第3版。

② 《临时大总统宣告各友邦书》，中国史学会主编：《辛亥革命》（8），第22—23页。

③ 外交学院编：《中国外交史资料选辑》第1辑（1840—1917），外交学院1957年版，第133页。

④ 《日本国政府（承认中国新政府）备忘录》，《日本外交文书选译》，第397页。

⑤ 《牧野外务大臣复珍田驻美大使电》（1913年3月23日），《日本外交文书选译》，第424页。英国政府表示：“按照国际惯例，对于一国之政府，应俟其召开国会，制定宪法，根据宪法选出大总统，并使现时之临时政府成为具有宪法权能之永久政府，或由此种永久政府所代替时，方能正式予以承认。”《加藤驻英大使致内田外务大臣电》（1912年8月12日），《日本外交文书选译》，第419页。

至于“特殊利益”，因在华利益不一致，列强在承认民国问题上表现出不同的态度和立场。英国关心的是长期以来在长江中下游的利益。1912 年 2 月 3 日，当南北谈判已成定局之时，德国驻华公使哈豪森曾指出，英国的势力范围在长江一带，英国之所以放弃援助北京政府，是因为受制于英国商人，担心商业会因此受损。① 日本除了继续保持并扩大其在华势力范围以外，对于向中国贷款的关注异常强烈。② 俄国在华也有特殊的利益。1912 年 9 月，俄国正式向民国政府提出修改 1881 年所订中俄《改订条约》及《改订陆路通商章程》的问题，并单方面宣告继续有效 10 年。俄国之所以提出这一问题，原因在于看到英国已提出以西藏问题作为承认新政府之先决条件而与中国开始交涉。俄国亟欲乘中国此次变乱之机扩大其在华利益。③ 其他各国也都有着自己特殊的利益关注。

有时在华列强国内政治形势也会影响对民国的外交承认，其中包含一些重要的政治价值因素。如美国就存在政府迫于国会（民意）压力而倾向承认中华民国，其国内的选举活动亦有利用承认仿效美国共和制度而建立的“共和中国”来争取选票的政治需要。④ 在与日本驻美大使珍田会晤时，美国众议院外交委员会主席沙尔萨就承认问题表达了这样的意见：“此次中国建成共和政体，乃近世最堪叹赏之一大进步，各国本应尽早予以承认，并尽可能给予援助与支持。然而迄今为止，各国不但计不出此，反而在借款问题上横生枝节，提出监督条件，纠缠不休。其目的无非为庇护欧美资本家之私利，不得不谓为横暴之举。”珍田分析说，在目前形势下，国会虽不致向政府施压，但希望及早予以承认乃无可争辩之事实，且总统亦有履行诺言之责。若长期迁延，则如沙氏所说，政府将被指责在庇护资本家的私利，并被美国政界限制资本扩张之思潮所利用，以至对总统再次当选的前景产生不利影响。⑤

---

① 《辛亥革命与列强态度》，中国史学会主编：《辛亥革命》（8），第 451 页。

② 王芸生：《六十年来中国与日本》第 6 卷，第 4—5 页。

③ 《本野驻俄大使致内田外务大臣电》（1912 年 9 月 10 日），《日本外交文书选译》，第 420—421 页。

④ 《伊集院驻华公使复内田外务大臣电》（1912 年 7 月 24 日），《日本外交文书选译》，第 414 页。

⑤ 《珍田驻美大使复内田外务大臣电》（1912 年 7 月 24 日），《日本外交文书选译》，第 415 页。

后来美国抛弃六国协同行动原则，退出六国银行团，单独正式承认民国政府，就明显与其国内政治因素及认同共和中国的价值选择有关。①1913 年 4 月 2 日，美国国务卿召见与中国有条约关系之各国使节，表示美国总统拟于 4 月 8 日中国国会开幕之际承认民国政府。② 日本以“宋案”为由向美交涉，希望采取与日本同样的立场，美国政府的回答是：“美国政府认为，中国若能成立正式、合法之议会，即可认为已具备承认之首要条件，而且美国政府业已告知中国政府将予承认，时至今日已不能遽改前态。”③ 结果，美国政府于中国国会正副议长选出之后即率先承认中华民国。墨西哥亦于同日宣告承认。10 月 6 日袁世凯当选大总统，日本随即宣布承认，其他各国的承认手续也先后完成。④

民国承诺信守既有的中外条约以及列强对民国予以外交承认，在国际关系上构成了一个新的中外约定。民国既已承担保护各国在华利益的义务，理论上也应同步取得与所承担的义务相对应的权利，这就从国际法意义上获取了维护包括领土主权在内的完整主权的合法性。这是所有条约关系国应当加以维护的权利，因为既已承认民国，也就意味着承认了作为民国国家建构基础的宪法，而领土疆域的确认正是宪法的重要规范之一。

然而在中国领土主权问题上，已经建立起新的国际法约定的各国并不都遵守国际法原则。美国大致保持了承认民国与承认其主权及领土完整的一致性。美国早在第二次“门户开放”照会中就已提出“保持中国领土和行政完整”的原则。1913 年 3 月 18 日美国政府发表公开宣言，称六国银行议定的借款条件“似已触及中国之行政独立，本政府感觉即使被牵连，亦不应参与此类条件”⑤。美国总统塔夫脱宣称：“美国仍主持海

---

① ［美］保罗·S. 芮恩施：《一个美国外交官使华记》，第 55 页。

② 《珍田驻美大使致牧野外务大臣电》（1913 年 4 月 2 日），《日本外交文书选译》，第 427—428 页。

③ 《牧野外务大臣致有吉驻上海总领事电》（1913 年 4 月 8 日），《日本外交文书选译》，第 436 页。

④ 《艾斯敦先生致格雷爵士函》（1913 年 10 月 4 日）、《格雷爵士致艾斯敦先生函》（1913 年 10 月 6 日），《英国蓝皮书有关辛亥革命资料选译》下，胡滨译，第 712—713 页。

⑤ 王芸生：《六十年来中国与日本》第 6 卷，第 8—9 页。

约翰保存中国领土完全，政治独立之政策。”① 由于美国持此立场，民国政府对美国帮助维护中国领土主权充满期待。美国驻华公使芮恩施就任不久，包括张謇在内的两位民国部长即拜访他，讨论了日、俄在蒙古及南满制造分裂的侵略活动，希望美国对制止日俄的行动有所作为。②

相比之下，日本在中国领土主权问题上扮演了极不光彩的角色。当中日就“二十一条”进行交涉之时，日本驻华公使日置益“使用一个迅速传遍远东的明喻”。他绘声绘色地说：“目前世界危机势将迫使我国政府采取影响深远的行动。当珠宝店着了火的时候，要住在珠宝店附近的人不去拿几个珠宝，是办不到的。”日本这种不打自招的盗窃行为主要表现为策划蒙古独立和炮制伪满洲国。

武昌起义发生 20 年后，《时事新报》发表社评，揭露了日本侵犯中国满、蒙领土的历史：“日本人觊觎内蒙，处心积虑，已非一日。自沈变以来，其侵蒙野心，尤昭然若揭，是故有识之士，靡不隐忧于蒙古将为沈阳之续也。前者日方尝唆使王公，倡言自治，脱离中国，附庸于傀儡，耸听中外，形势严重……内蒙决非一单纯之问题，其中包括者至为错综复杂，不仅有日本帝国主义之蹂躏中国，同时尤含有日本对俄备战之成分。故解决之途径，不在于宣慰蒙旗，而在于如何对日。兹据昨日本报暴日一面决定使其傀儡溥仪称帝，改满洲国为满蒙国，一面复与蒙王接洽，加重王公封号，将东蒙一带，划入所谓满蒙伪国之版图。以是证诸去冬日军之寇察（哈尔），则颇有蛛丝马迹之联系焉。日本之窥蒙，固为世人所共见，满洲伪国之扩大而改为满蒙伪国，亦在意料之中。”③

学界对日本策划蒙古独立的历史已做了很深入的研究，且不赘言。至于所谓“满洲国”的颠末，兹援引堪称“权威”的“国联”调查结论于下：“九一八”事变之前，东三省从无所谓“独立运动”，“九一八”事变之后的“自治运动”完全是日本军事当局在实施对东北的占据后策

① 《宣统三年十月十一日驻美国大使施肇基致外务部胡惟德电》，中国史学会主编：《辛亥革命》(8)，第 530 页。

② ［美］保罗·S. 芮恩施：《一个美国外交官使华记》，第 62—63 页。下节引文同出此书，第 105 页。

③ 潘公弼编：《时事新报社评集》（四社文库第 1 辑第 1 册），常州人文印书馆 1934 年版，第 4 页。

划的，“所谓满洲国成立的原动力，一为日本军队之在场，一为日本文武官吏之活动，两者联合，发生之效力最大，依我等之判断，若无此两者，新国家不能成立。基此理由，现在政体，不能认为由真正的就自然的独立运动所产生”①。很明显，满洲国是日本炮制的，日本的所作所为已严重违反其“承认”民国所应包含的维护中国既有领土主权完整的国际约定。

然而无论列强在承认中国共和政府问题上持何种立场，其承认或不承认的表示均未体现出与《清帝退位诏书》“授权”转让帝国“主权”有任何联系，如果一定要说两者之间存在联系，那也只能是一种“负相关性”（negative correlation），整个承认过程中列强的政治经济考量都包含着对清政府的否定性因素。某种程度上，列强承认中华民国的过程也就是他们在中国弃旧图新、建立一种全新国际关系的过程。多数列强对中国局势的判断，正如 1912 年 1 月 4 日俄国外交总长萨索诺夫（Sasonow）向德国驻俄大使波塔里斯（Pourtale's）所言，武昌起义发生后从中国传来的“一切消息”均表明，“清室命运实已完全告终”②。很难想象，一个已经寿终正寝的末代帝王的诏书，可以对中华民国的国际承认产生什么作用和影响。

六　结语

中华民国的建立是中国历史上一次根本性制度变革，是追求自由民主制度及现代价值的“先进中国人”历经多年艰苦努力、通过武装斗争手段换来的制度成果。在这一过程中，南北立宪党人发挥过积极作用，清帝降诏退位也有效缩短了革命进程。以往的辛亥革命史研究忽视立宪党人的作用，不无偏颇；不承认清帝退位对减少流血冲突所起的作用，也有失客观。但在中华民国创立过程中起主导作用的是南方革命党人及其推进的旨在学习西方的革命，应无疑义。

① 《华译国联调查团报告书》，满洲报出版部发行，昭和七年十二月，第 104 页。

② 《德国驻俄大使 Pourtale's 伯爵致德国国务总理 Bethmann Hollweg 之文件》（1912 年 1 月 4 日），《辛亥革命与列强态度》，王光祈译，中国史学会主编：《辛亥革命》（8），第 434—435 页。

"革命"在民国建立之后被长期滥用，引发了值得深刻反思的诸多问题。民国移植西方政制的实践出现了很多艰难曲折，其原因极为复杂，革命党人有时也难辞其咎，但发生在辛亥年间的中国革命却不应当成为历史追诉中的"原罪"。[①] 有学者因看到革命的副作用而讴歌改良，赞扬君宪，不知辛亥革命完全是被逼出来的，清政府早已错失了实施君主立宪的机会。民国建立之初，曾经的君宪论者杨度转而赞同共和，与薛大可等发起共和促进会，发表宣言称："彼亲贵王宫及顽旧之徒，在人民希望君主立宪之时，则主张君主专制，于人民希望民主共和之时，又主张君主立宪，既不能于未革命之先实行宪政，预测革命之萌芽，乃于既革命后，又复反对共和，忍以皇室为孤注，拥护二百年一姓之私产，甘弃数千年文明之古国，何其本末倒置若此其甚乎?"[②] 不知道中国民主革命的缘由，抽象的谈论革命的利弊，是革命一度受到包括杨度在内的国人排斥的重要原因。杨度作为历史当事人所做深刻反思，足供追求历史新论者参考。

确定了革命的缘起及其在中国政制转型中的决定作用，对《清帝退位诏书》的性质和作用才可能得出符合历史实际的判断。质言之，中华民国是革命建国而非前朝皇帝授权变政；君主专制与民主共和分属两种不同的政治体制，各有"法统"和"政统"，法理上不可能存在权力授受关系。事实上民国也非秉承"圣意"创建，即便承接诏书的袁世凯，其总统权力也是严格按照民国法定程序，通过选举，由民国参议院颁玺授予。从时间上讲，民国成立在前，清帝颁诏退位在后，逻辑上前者也不可能由后者授权创建。至于领土，中国版图，得之不尽在清朝，失之却多在清朝，仅第二次鸦片战争及稍后丧失的领土便多达 150 余万平方公里。民国政府"五族共和"的主张及维护领土主权的内外努力，虽未完全保住既有疆土，却也避免了全局性"崩盘"，这一历史事实，不应漠视。将《清帝退位诏书》的颁布视为"中华帝国"没有像其他帝国那样

① 详见拙文《政党建置与民初政制走向》，《近代史研究》2007 年第 2 期。

② 杨度:《与薛大可等发起共和促进会宣言书》(1912 年 1 月 26 日)，《杨度集》，湖南人民出版社 2008 年版，第 543—544 页。杨度作为一贯的君宪论者，此时赞成共和，未必出于真心，后来他支持袁世凯复辟足以证明这一点，但所谓清帝已丧失实施君宪制机会的说法却是可以成立的。

四分五裂的原因，甚至将其拔高到与奠定了民国政制及法理基础的《中华民国临时约法》“姊妹篇”的地位，有违历史，非伦非类，难以服人。

“主权转移”论者声称其理论来源为有贺长雄的《革命时统治权转移之本末》，姑不论“主权”与“统治权”逻辑上属包含关系，不可随意替换，忽略或故意隐去有贺其文出笼的语境及显而易见的政治目的，便已构成所论的致命伤。在中国，上台不久的袁世凯出现了专制集权倾向；而日本自明治维新之后，神化天皇，对外扩张，亦成潮流。有贺作为袁世凯的宪法顾问，夸大退位诏书的作用，除了为袁氏独揽大权并改制君宪张目外，还有为日本人谋求在华利益的考虑。论者以有贺为依据，却罔顾有贺言论的出台场景，岂能获得文本真解？

倒是一些需要对变化中的中国局势做出客观判断以免将来陷于被动的西方人说话比较客观。退位诏书颁布翌日，深谙现代政治内涵的英国驻华公使朱尔典在给英国外交大臣格雷的信中对诏书做了评价，他说：“作为统治中国二百六十七年，而且它早期的皇帝们曾使中国达到空前兴旺发达状态的一个王朝的最后法令，这道告别谕旨是有某些历史兴味的。”[①] 朱尔典说得再明白不过了，《清帝退位诏书》不过是一道末代皇帝退出历史舞台的“告别谕旨”而已，并无后来诠释者赋予的那么多深意。

---

① 《朱尔典爵士致格雷爵士函》（1912 年 2 月 13 日），《英国蓝皮书有关辛亥革命资料选译》下，胡滨译，第 465 页。

太平天国史观的历史语境解构

——兼论国民党与洪杨、曾胡之间的复杂纠葛*

刘浦江

晚清以来，太平天国可能是评价最为分歧、是非变幻最多的一段历史。在清朝统治者眼里，太平军是“粤匪”“发逆”；在清末革命党看来，太平天国是一场伟大的民族革命运动。民国以后，太平天国民族革命史观得以确立，孙中山领导的国民革命与太平天国之间一脉相承的关系也得到普遍承认。然而，自20世纪30年代初以降，在清末民初被革命党视为“汉奸”的曾国藩，又开始受到人们的追捧。研究者据此认为，南京政府建立以后，国民党主流意识形态对太平天国的评价经历了一个从肯定到否定的转变过程。① 本文的研究结果表明，历史的真相远非如此简单，国民党对于洪、杨与曾、胡的态度，其实是颇为微妙而暧昧的，其中还纠结着国共之间的意识形态冲突。至于国民党有意淡化它的民族革命传统与太平天国之间的渊源关系，则已是1949年以后的事情。所谓“学术流变，与时消息”，国民党太平天国史观之嬗变，包含着十分丰富的历史信息，不乏深入发掘研究的价值，通过对它赖以生成的历史语境

* 本文原载《近代史研究》2014年第2期。本文系国家社会科学基金项目“历史学视野中的正统论：以华夷观念为中心”（12BZS092）的阶段性研究成果。

① 参见［德］施泰格（Brunhild Staiger）《民族主义者对太平天国的看法》，《太平天国学刊》第5辑，中华书局1987年版；方之光、袁蓉《国民党对太平天国评价转变的历史启示》，《南京大学学报》2010年第1期。

加以解构，可望澄清某些似是而非的认识。

一　太平天国的“民族革命”想象

太平天国的民族革命性质，经清末革命党人的大力阐扬，并经由三民主义的广泛传播而得以深入人心。谈到太平天国的民族革命，自然要牵涉到三民主义的渊源问题，有学者认为，孙中山的民族主义首先来自朱元璋，其次才是洪秀全。[①] 但从清末革命思潮的肇始过程来看，显然主要还是受到太平天国的直接影响。

宫崎寅藏曾经问过孙中山这样一个问题：“先生中国革命思想胚胎于何时?”孙回答说：“革命思想之成熟，固予长大后事。然革命之最初动机，则予在幼年时代与乡关宿老谈话时已起。宿老者谁？太平天国军中残败之老英雄是也。”[②] 据宫崎寅藏说，青年时代的孙中山已自命为“洪秀全第二”。与孙中山在香港西医书院同学的陈少白后来也回忆说，孙中山在该校读书时，即有“洪秀全”的绰号。[③] 黄兴走上革命道路的经历也与之大体相似。1912 年，黄兴曾对人谈道：“我革命的动机，是在少时阅读太平天国杂史而起。”[④] 像孙中山、黄兴这样的革命家，其所处的时代既与太平天国相去不远，其生长的地域又皆为太平军的主要活动地区，因此不难理解，他们民族革命思想的最初来源当然就是太平天国。虽然同盟会誓词中“驱除鞑虏，恢复中华”的口号取自于朱元璋的《谕中原檄》，但其民族主义的基本要素却是以太平天国革命为依托的。

大约在 1903 年前后，革命党人开始大肆宣传太平天国的民族革命传统。是年，孙中山在《支那保全分割合论》中倡言：“夫汉人失国二百六

---

① 参见张正明、张乃华《论孙中山的民族主义》，《纪念辛亥革命七十周年学术讨论会论文集》下册，中华书局 1983 年版，第 1796—1797 页。

② 宫崎滔天（即宫崎寅藏）：《孙逸仙传》，南京《建国月刊》第 5 卷第 4 期，1931 年 8 月，第 10 页。据《孙中山全集》编者考订，此次谈话当在 1897—1900 年间（见广东省社会科学院历史研究室等编《孙中山全集》第 1 卷，中华书局 1981 年版，第 583 页题注）。

③ 陈少白：《兴中会革命史要》，（台北）“中央文物供应社” 1956 年版，第 4 页。

④ 黄兴：《与李贻燕等的谈话》，湖南省社会科学院编：《黄兴集》，中华书局 1981 年版，第 211 页。

十年于兹矣，图恢复之举不止一次，最彰彰在人耳目者莫如洪秀全之事。”① 明确指出太平天国革命性质为汉族人的复国运动。1906 年，章太炎在东京举行的《民报》创刊纪念会上发表祝词，为《民报》创刊周年昭告“皇祖轩辕、烈祖金天、高阳、高辛、陶唐、有虞、夏、商、周、秦、汉、新、魏、晋、宋、齐、梁、陈、隋、唐、梁、周、宋、明、延平、太平之明王圣帝”。② 值得注意的是，在章氏列出的这一中国历史谱系中，排除了所有的异族政权，而太平天国被列入其中，无非也意在强调它是一场汉族的复国运动。同年出版的《民报》第五号，在卷首同时刊载朱元璋、洪秀全、孙中山三人像，题为“中国大民族革命伟人肖像”③，最清楚不过地表明了孙中山民族主义的历史渊源及其与朱、洪二人一脉相承的关系。

因太平天国革命的性质被认定为民族革命，故清末革命党人多利用太平天国来进行“反满”宣传。最典型的例子莫过于辛亥元老刘成禺的《太平天国战史》。据作者晚年回忆，此书是 1902 年在日本横滨由孙中山提议撰写的。孙中山谓“太平天国一朝为吾国民族大革命之辉煌史”，建议他“搜罗遗闻，撰著成书……发扬先烈，用昭信史，为今日吾党宣传‘排满’好资料”④。次年成书后，孙中山又亲自为之作序。⑤ 简又文等对此书评价甚高，称“以科学方法及历史眼光叙述太平史者，先生实开其端”云云。⑥ 其实此书只可当作“反满”宣传读物来看，书中的许多内容都经不起考究，哪里谈得上什么“科学方法”和“历史眼光”？姑举一例。据《清史稿·洪秀全传》记载，咸丰三年（1853）洪秀全攻入金陵

---

① 《孙中山全集》第 1 卷，第 222 页。

② 章太炎：《民报一周年纪念会祝辞》，汤志钧编：《章太炎政论选集》上册，中华书局 1977 年版，第 326 页。

③ 《民报》第 5 号，1906 年 6 月 26 日。

④ 刘成禺：《先总理旧德录》，尚明轩等编：《孙中山生平事业追忆录》，人民出版社 1986 年版，第 673 页。此文写于 1936 年。

⑤ 孙中山：《〈太平天国战史〉序》，《孙中山全集》第 1 卷，第 258—259 页。

⑥ 简又文、谢兴尧：《洪宪纪事诗本事注·弁言》，《洪宪纪事诗本事簿注》，山西古籍出版社 1997 年版，第 4 页。按：简氏是一位坚定的太平天国民族革命论者，直至晚年仍坚持这一主张，他对此书有如此高的评价，与此不无关系。

后，“称明代后嗣，首谒明太祖陵，举行祀典”①。太平天国史研究者对这一记载大都不肯轻信②，但却不清楚其史源出自何处。今查《太平天国战史》亦有同样的记载：

> 时天王已据金陵……建号太平天国，称明代世嗣。首谒明太祖陵墓，举行大祀典仪式。其祝词曰：“不肖孙子洪秀全，得光复我大明先帝南部疆土，登极南京，规模一遵洪武初年祖制。”……立洪武木主，每月率百官将士一祭。③

很明显，这就是《清史稿》上述记载的来历。这个故事一看即知不可靠，洪秀全一向不赞成天地会反清复明的主张，岂有自称明代世嗣、拜谒明太祖陵的道理？不过，这一故事并非完全出自刘成禺的杜撰，早在咸丰三年（1853）天地会伪托洪秀全所作《奉天承运皇帝诏》中，已有“朕太祖高皇帝以布衣取天下，削平祸乱，统一寰区……朕以天潢嫡派，为中外所推，招集忠良后裔，起事粤西……兹以二月朔日抵南京应天府，祗谒祖陵”的说法。④ 因清末革命党人将朱元璋、洪秀全视为其民族革命的两大先驱，自然很乐于相信洪秀全拜谒明太祖陵的故事，刘成禺遂据此敷衍成文。

黄世仲（小配）《洪秀全演义》也是革命党人利用太平天国进行“反满”宣传的一个成功个案。此书创作于1906年，旨在以小说鼓吹“反满”革命，作者自称其书“皆洪氏一朝之实录，即以传汉族之光

---

① 《清史稿》第42册，中华书局2003年版，第12867页。

② 如郭廷以《太平天国史事日志》就说：“或云天王曾谒明太祖陵，举行祀典，恐不可信。”（上册，商务印书馆1946年版，第236页）

③ 汉公（即刘成禺）：《太平天国战史》，长沙中华书局1911年版，前编第21页。按此书原为16卷，其前两卷1904年初版于东京，笔者所见此本仅分为前编、后编。不分卷，大概就是该书前两卷的内容，疑为辛亥革命后的翻印本。参见傅德元《刘成禺主要著述史实考订》，《历史研究》2006年第3期。

④ 见佚名《粤匪杂录》第1册，中国国家图书馆藏民国抄本，第49a—49b页。原题“金陵伪诏”，此诏首云“奉天承运皇帝诏曰”，今据以改题。按《粤匪杂录》之成书当在咸丰三年八月以后，其中收录有多篇天地会伪托太平天国发布的文告。

荣”①。章炳麟为之作序，且对其宣传革命的功效抱有很高的期待。果不出章氏所料，此书“出版后风行海内外，南洋、美洲各地华侨几于家喻户晓，且有编作戏剧者，其发挥种族观念之影响，可谓至深且巨”②。阿英也说：“书中竭力宣扬民族思想，并有章太炎的叙文，与史实尽多不符，在当时却是很重要的政治宣传读物。”③ 关于此书的社会影响，不妨举两个例子。如《翼王石达开布告天下檄》在清末民初被广为传诵，其中“忍令上国衣冠，沦于夷狄；相率中原豪杰，还我河山”两句，尤为脍炙人口。罗尔纲指出，“此檄见于清朝末年反清党人黄世仲著的《洪秀全演义》，大约就是黄世仲伪造来鼓吹反清革命的”④。指责黄世仲“伪造”此檄未必恰当，《洪秀全演义》本是文学作品，自然是允许虚构的，而后人竟信以为真，可见此书影响之大。又如《太平天国诗文钞》录有一篇洪秀全《祭明太祖陵寝文》⑤，后王焕镳据以收入《明孝陵志》⑥，今人尚有信以为真者。今考此文亦出于《洪秀全演义》⑦，当为黄世仲所杜撰。由上两例，足以看出此书对于“反满”宣传的效果如何。

更有甚者，则是为了宣传“反满”思想而有意伪造太平天国文献，罗尔纲在这方面做过很多辨伪工作。如南社诗人高旭（天梅）伪撰石达开诗作 20 首，并刊行《石达开遗诗》一书，一时广为流布。另一位南社成员胡怀琛亦托名太平天国黄公俊作诗多首，后来胡本人承认黄公俊其人其诗皆系他一手捏造，目的就是鼓吹“反满”革命。⑧ 这些革命宣传的

---

① 黄世仲:《洪秀全演义》，人民文学出版社 1999 年版，“自序”，第 4 页。

② 冯自由:《〈洪秀全演义〉作者黄世仲》，《革命逸史》第 2 集，中华书局 1981 年版，第 42 页。

③ 阿英:《晚清文学丛钞 · 小说三种》上册，中华书局 1960 年版，“叙例”，第 1 页。

④ 罗尔纲:《太平天国的文书》，《太平天国史丛考甲集》，生活 · 读书 · 新知三联书店 1981 年版，第 202—203 页。

⑤ 罗邕、沈祖基辑:《太平天国诗文钞》上册，商务印书馆 1931 年版，第 4a—4b 页。1934 年修订本已删去此文。

⑥ 王焕镳:《明孝陵志》，南京出版社 2006 年版，第 132 页。此书初版于 1934 年，由南京钟山书局刊行。

⑦ 见黄世仲《洪秀全演义》第二十五回《李秀成平定南康城，杨秀清败走武昌府》，第 230 页。

⑧ 参见罗尔纲《石达开假诗考》《〈太平天国诗文钞〉订伪》，《太平天国史料辨伪集》，生活 · 读书 · 新知三联书店 1985 年版，第 117—138 页。

效果，直至很多年后还能看出端倪。1929年，有人撰文指出，从石达开诗中可以看到两种主义，一是太平天国绝对的坚持民族主义，二是太平天国绝对的表现英雄主义。[①] 半个多世纪以后，简又文仍然坚定地宣称："翼王石达开为最彻底之民族革命者。"[②] 石达开的民族主义之所以给他们留下如此深刻的印象，自然应该归功于《石达开遗诗》以及《翼王石达开布告天下檄》的宣传作用。

经过清末革命党人的竭力鼓吹，辛亥革命后，人们对于太平天国的民族革命性质逐渐达成了共识。在后来很长一个时期里，这种认识一直代表着国民党人的主流观点。下面这个例子很能说明问题。在国民党执政后的1928年，罗邕、沈祖基将其所辑《太平天国诗文钞》送请国民政府要人作序题词，蒋介石、于右任、白崇禧三序及于右任、李济深题诗均对太平天国民族革命给予高度肯定和评价，蒋介石序说："往者洪杨诸先民，崛起东南，以抗满清，虽志业未究，遽尔败亡，而其民族思想之发皇，轰轰烈烈，在历史上足以留一重大之纪念焉。"于右任序谓此书可"拟之'铁函井底《心史》'"，也旨在强调太平天国的民族革命性质。[③] 从这些作序题诗者的身份及其倾向不难看出，当时国民党内对于太平天国的评价问题具有高度的共识。

自三民主义提出之日起，太平天国革命就被认为是其民族主义的主要来源之一。民国以后，这一观点得到人们的普遍认同。如李大钊评价孙中山在中国民族革命史上的地位时，便称"他承接了太平天国民族革命的系统"[④]。1930年出版的杜冰坡《中华民族革命史》，上起1851年金田起义，下至1925年孙中山逝世，"前后约八十年，纯以民族革命为主眼"，其基本结论是："中国之种族革命，洪杨革命种其因，辛亥革命收

---

① 朝华：《石达开诗中所表现的太平天国底两种主义》，上海《复旦》第3期，1929年6月。

② 简又文：《太平天国与中国文化》（上），台北《大陆杂志》第35卷第1期，1967年7月。

③ 罗邕、沈祖基辑：《太平天国诗文钞》上册，台北文海出版社1971年影印商务印书馆1934年修订本，第5、8页。蒋序作于1928年6月，于序作于1929年5月。

④ 李大钊：《孙中山先生在中国民族革命史上之位置》，原载《国民新报·孙中山先生逝世周年纪念特刊》，见北京市委党校中共党史教研究室编《李大钊文集》下册，人民出版社1984年版，第848页。

其果。"[①] 将辛亥革命与太平天国视为一脉相承的关系。1943 年，萧一山为简又文《太平天国全史》所作序中有这样一段文字："太平军为我国近代民族革命之壮澜，行动思想，均有源流可寻，事之不成，盖由时代使然……然一线相承之民族主义，一瞥所见之民权、民生主义，均足以启后圣而开新运，为国民革命之先河。"[②] 照他这个说法，则不仅是民族主义，就连民权、民生主义，都可以从太平天国找到其思想渊源。直至 20 世纪 60 年代末，简又文还在撰文重申这一观点："朱明之覆元复国，太平天国之讨满兴汉，与国父倡导的国民革命之打倒满清而建立民国，是六百年来我国一脉相承之民族革命运动。其间虽有成有败，而革命的意义与性质之重要则同一。"[③] 这种表述与孙中山在同盟会时期所倡导的民族主义是完全吻合的。

不过，就在清末革命党人大肆鼓吹提倡太平天国民族革命说的同时，持异议者也不乏其人。1903 年，梁启超在《新民丛报》上发表《新民说·论私德》，对当时盛行的太平天国民族革命论就颇有几分不以为然："吾见世之论者以革命热之太盛，乃至神圣洪秀全而英雄张献忠者有焉矣。吾亦知其为有为而发之言也，然此等孽因可多造乎？……即如洪秀全，或以其所标旗帜有合于民族主义也，而相与颂扬之，究竟洪秀全果为民族主义而动否，虽论者亦不敢为作保证人也。"[④] 值得注意的是，持这种论调者并不限于维新派，就连蔡元培这样的革命派也发表过类似的见解："洪杨之事，应和之者率出于子女玉帛之嗜好；其所残害，无所谓满汉之界；而出死力以抵抗破坏之者，乃实在大多数之汉族。是亦足以证其种族之见之薄弱也。"[⑤] 此时的蔡元培虽已倾向于革命，但他与那些职业革命家毕竟有所不同，在主张"反满排满"的同时仍保持着一份难得的理性，故对太平天国民族革命说亦不肯苟同。民国以后，在太平天

---

① 杜冰坡：《中华民族革命史》，北新书局 1930 年版，"凡例"第 1 页、正文第 1—2 页。

② 简又文：《太平天国全史》上册，香港，猛进书屋 1962 年版，"萧序"，第 7 页。

③ 简又文：《再论太平天国与民族主义》，台北《大陆杂志》第 39 卷第 3 期，1969 年 8 月。

④ 见张品兴主编《梁启超全集》第 2 册，北京出版社 1999 年版，第 720 页。

⑤ 蔡元培：《释"仇满"》，连载于《苏报》1903 年 4 月 11、12 日。见高平叔编《蔡元培全集》第 1 卷，中华书局 1984 年版，第 172 页。末句"亦"原误作"无"，则语义正相反，今据张枬、王忍之编《辛亥革命前十年间时论选集》第 1 卷下册（生活·读书·新知三联书店 1978 年版）第 679 页校订。

国民族革命说几乎已成定论的情况下，仍有少数学者对此提出质疑，其中最具代表性者便是钱穆。钱穆在《国史大纲》中指出，太平天国起事之初，虽以种族观念相号召，但“似乎只可谓利用此种民间心理，而非纯由此发动”[①]。后因《国史大纲》出版审查遇阻，他在回应审查意见时，又对太平天国民族革命论给予明确否定：“洪杨起事，尊耶稣为天兄，洪秀全自居为天弟，创建政府称为太平天国，又所至焚毁孔子庙，此断与民族革命不同。”[②] 钱穆的这种见解，代表着历史学家的一种纯学术判断，在20世纪30年代能够有如此认识，亦属难能可贵。

那么，自清末以来主张太平天国民族革命论者，究竟是基于什么理由来判定这场革命的性质呢？仔细考究起来，除去革命党人伪造的太平天国文献以及出自文学作品中的某些诗文之外，真正靠得住的，其实只有起事之初以杨秀清、萧朝贵二人名义发布的《奉天讨胡檄》。[③] 后人往往将这篇檄文与朱元璋《谕中原檄》相提并论，视为太平天国民族革命的一个重要象征。如萧公权谓此文“以较朱元璋之谕中原，词气激扬，殆无逊色，吾人如谓朱檄为中华民族革命之第一声，此足为其铿，硡之嗣响”[④]。萧一山亦称此檄文“重在‘排满’，未多倡教，用语颇类明太祖之讨元檄文，可见太平起义，仍以民族主义为号召，与天地会之反清革命如出一辙也”[⑤]。但无论对此文有多么高的估价，它毕竟只是“揭举出种族革命的旗号”（钱穆语）而已[⑥]，其象征意义远大于实际意义，能够说明的问题十分有限，单凭这篇檄文去断定太平天国的民族革命性质，结论未免太过牵强。

太平天国的革命性质向来是一个极富争议的话题，本文无意对这个问题展开讨论，而仅以揭示民族革命论产生的时代背景为目的。今天看来，无论是太平天国革命还是元明革命，都没有太多的民族革命内涵，

---

① 钱穆：《国史大纲》下册，商务印书馆1996年版，第874页。

② 钱穆：《师友杂忆》，生活·读书·新知三联书店2005年版，第222页。

③ 《颁行诏书》，太平天国历史博物馆编：《太平天国印书》上册，江苏人民出版社1979年版，第108—110页。

④ 萧公权：《中国政治思想史》，新星出版社2010年版，第440页。此书成稿于1940年。

⑤ 萧一山：《清代通史》第3册，中华书局1986年版，第73页。

⑥ 钱穆：《国史大纲》下册，第874页。

它们浓厚的民族革命色彩主要是由后人涂抹上去的。元明革命的民族主义想象始于明中叶以后，在长期面临“北虏”之患的时代背景下，元明鼎革的历史记忆被重新唤起，并且自然而然地被解读为一场“驱逐胡虏，恢复中华”的民族革命，而清末“反满排满”的时代氛围，使元明嬗代呈现出愈益浓厚的民族革命色彩。① 至于太平天国的民族革命标签，则可以说是清末革命党人一手打造的。孙中山领导的国民革命揭橥民族主义的大旗，并将其思想渊源追溯到太平天国及元明革命。但元明革命过于遥远，且除了一篇朱元璋的《谕中原檄》之外，也实在没有什么文章好做，而刚刚过去的太平天国运动则耳目相接，并且所针对的革命对象又同是清朝政权，故太平天国便理所当然地成为可堪利用的最佳历史资源。太平天国的“民族革命”想象由此而产生，一种新的太平天国史观被成功地塑造出来，并伴随着三民主义的广泛传播而逐渐融入社会主流意识形态。

二　20世纪30年代的“曾国藩热”

辛亥革命后，太平天国民族革命的历史观念得到广泛认同，如上所述，直至南京国民政府建立之初，国民党内对于太平天国的评价仍具有高度共识。然而，20世纪30年代初以后，情况似乎发生了变化。

作为太平天国革命的对立面，曾、胡、李、左等所谓中兴名臣在清末民初受到人们的猛烈抨击，时人谓“清末士人，倡言革命，詈曾、左如盗贼，以神圣颂洪、杨”②，正是当时的真实写照。孰料时移世变，从30年代初开始，一股“曾国藩热”在不经意间悄然兴起。世风之转换，其实早在20年代末已有征兆。1929年，有人注意到这种现象：“自洪秀全覆灭，国人莫不乐道曾、胡。清末革命党以‘排满’相号召，乃于曾、胡辈无恕词。近岁，则党国要人始复以曾、胡相勖励，并引为治军、训

① 参见刘浦江《元明革命的民族主义想象》，《中国史研究》2013年第4期。

② 见何贻焜《曾国藩评传》附录一《李肖聃先生来书》（作于1933年3月18日），正中书局1937年版，第622页。

属之范则……凡此之属，屡见于报纸记载，不遑备举。”[①] 如果说当时对曾、胡的推崇主要还只限于“党国要人”的话，那么从1931年或1932年以后，曾国藩就开始受到整个社会尤其是知识阶层的追捧，各种书刊中充斥着曾文正公的事功、言论和思想，曾国藩再度成为内圣外王的完人。

对于30年代“曾国藩热”的成因，美国学者芮玛丽（Mary Clabaugh Wright）有这样一个解释：“国民党于1927—1928年的掌权标志着革命旋律在党纲中占支配地位时代的结束……如果说国民党在其革命的年代里还曾把自己看成是伟大的太平军起义的后继者，那么掌权后的国民党则认同清代帝国政府。”[②] 也就是说，曾国藩的价值之所以被重新发现和承认，主要是由于南京国民政府建立之后，国民党从革命党向执政党的立场转变造成的——因为这一转型在意识形态上主要表现为有意识地继承同治中兴的遗产。[③] 这一看法颇有见地，但仅凭这一点恐怕还不能对当时整个社会的“曾国藩热”做出圆满的解释。笔者更为关注的是，30年代的文化保守主义思潮与“曾国藩热”之间究竟存在着什么样的关系？不妨通过1934年开始的新生活运动和1935年的中西文化论战来解读产生“曾国藩热”现象的时代氛围及历史语境。

（一）新生活运动：重建传统的努力

蒋介石于1934年在南昌发起的新生活运动，从表面上看是一场改良国民素质的社会运动，但它的出发点是要重建传统，主张以儒家文化的“四维八德”来进行价值与道德的重构，故被国民党人定位为“文化复兴运动”。

在新生活运动的倡导者们看来，五四运动是传统文化的破坏运动，

---

① 徐凌霄、徐一士：《〈曾胡谭荟〉序》，天津《国闻周报》第6卷第26期，1929年7月7日。此文作于1929年5月10日。

② ［美］芮玛丽：《同治中兴：中国保守主义的最后抵抗（1862—1874）》，房德邻等译，中国社会科学出版社2002年版，第377—378页。

③ 关于国民党掌权后由革命党向执政党的转型，已有学者着眼于其社会阶级基础的变化加以分析（参见王奇生《党员、党权与党争：1924—1949年中国国民党的组织形态》第五章“蜕变：革命党向执政党转型”，华文出版社2010年版），芮玛丽则主要是从意识形态的角度去关注这一转型。

而新生活运动则是传统文化的建设运动。1934 年 4 月 16 日，陈立夫在南京市政府扩大纪念周会上的演讲中说道：“吾国自五四运动以来，所有文化工作……大部分均系破坏工作，以致吾国固有之文化摧毁无余。”① 次年，他在《新生活运动发微》一文中阐释这项运动的主旨时说，以前的革命主要在于破坏，“现在大破坏的时期已属过去，大建设的时期方在开始。在如此伟大的递进阶段中，不能不有一种大刀阔斧普及深入的运动，将破坏期中遗留的恶习惯举行总清算，一举而廓清之，否则不足以创造新的时代，开始新的生命。新生活运动者，即本乎此种适要而产生之大运动也”②。按他这种说法，新生活运动的一个主要目的，就是要彻底清算过去革命时期养成的破坏“恶习”。

力行社是新生活运动的重要推动力量，力行社骨干贺衷寒在一次名为“新生活运动之意义”的演讲中明确指出，这场运动是对五四新文化运动的反动：“五四的新文化运动，是把外国的东西搬到中国来，把中国固有的东西都摧毁了。我们今天的新生活运动，是要把中国固有的东西来发扬，所以五四的新文化运动与今天的新生活运动，完全是那样绝对不同的东西。”因此他宣称“新生活运动惟一的目的，就是要把五四的新文化运动底破坏运动，改变成一个建设运动……因为破坏是目前所不需要的，建设才是目前所需要的”③。

通过上面这些有代表性的言论，不难看出新生活运动的旨趣所在。回归传统，从五四以来的“破坏”主旋律回到“建设”的轨道上去，是新生活运动的主要诉求之一。这种价值取向反映了国民党在成为执政党之后，从破坏者向建设者的立场转变。新生活运动所代表的文化保守主义思潮，是曾国藩的价值被重新发现和认识的重要时代背景：在以前的“破坏时期”，曾国藩代表着民族革命的镇压者和旧传统的卫道者；而在如今的“建设时期”，曾国藩则成为抵御洋教、捍卫中国文化的一面旗帜。

过去国内学者习惯于用政治意识形态思维去评价新生活运动，认为

① 陈立夫：《文化建设之前夜》，南京《南京市政府公报》第 140 期，1934 年 4 月 30 日。
② 陈立夫：《新生活运动发微》，上海《东方杂志》第 32 卷第 1 号，1935 年 1 月 1 日。
③ 贺衷寒：《新生活运动之意义》，上海《中国革命》第 3 卷第 9 期，1934 年 3 月 10 日。

它是为配合“围剿”共产党的军事行动而开展的一场社会文化运动。近年有学者从“重建合法性”的角度对新生活运动进行重新诠释，姜义华认为：“新生活运动可以说就是蒋介石试图依靠韦伯所说的‘传统型权威’来树立自身‘魅力型权威’，从而构建其统治合法性的努力。”[①] 近代以来，曾国藩无疑就是最有资格代表“传统型权威”的人物之一，若从这个角度来考虑，也不难理解新生活运动重建传统的追求与“曾国藩热”之间的逻辑关系。

（二）中西文化论战：以传统文化抵御外来文化的主张

1935 年的中西文化论战是由王新命、何炳松、陶希圣等十教授联名发表的《中国本位的文化建设宣言》（又称“一十宣言”）引起的，该宣言反复强调“中国空间时间的特殊性”“中国此时此地的需要”[②]，代表文化保守主义的立场，因此被全盘西化派讥为“中体西用”论的翻版。尽管本位文化派的政治立场和文化取向不尽一致，但谁也不否认“一十宣言”具有明显的官方背景，而在这场中西文化论战中，最能反映国民党当局文化意识形态的，就是以传统文化抵御外来文化的主张。

本位文化派既反对英美资本主义，也反对苏俄社会主义，那么，究竟什么才是“中国此时此地的需要”呢？对此有各种不同答案，其中一种说法是：“三民主义的实行是此时此地的需要。”[③] 本位文化派中的一个活跃人物李绍哲说得更明白：“近来剿匪胜利的事实，是告诉我们共产主张与三民主义何者足以适应中国需要，而证明共产主义的文化是不能建设得起来的。”[④] CC 系的蒋建白也有类似的论调：“外来文化亦未必能完全适宜于此时此地之需要……如共产主义，为现代苏俄之国家文化，若

① 温波：《重建合法性——南昌市新生活运动研究（1934—1935）》，“姜义华序”，学苑出版社 2006 年版，第 1—2 页。

② 王新命等：《中国本位的文化建设宣言》，上海《文化建设》第 1 卷第 4 期，1935 年 1 月 10 日。

③ 翁率平：《论中国文化运动》，南京《正论》第 22 期，1935 年 4 月。

④ 李绍哲：《论存在即合理与把握现实》，原载 1935 年 5 月 29 日上海《晨报》，转载于上海《文化建设》第 1 卷第 11 期，1935 年 8 月 10 日。

以之移植中国，势必殃国祸民，故必须加以排除。”[①] 在他们看来，只有源自中国传统的三民主义才符合“中国空间时间的特殊性”，才能顺应“中国此时此地的需要”，而像共产主义这样的外来文化并不适合中国国情。虽然这种观点未必能够代表本位文化派的主流价值观，但确实表达了当时官方意识形态的真实诉求。

对于本位文化派的文化立场，中国共产党具有高度的意识形态敏感。1940年1月5日，张闻天在延安举行的陕甘宁边区文化界救亡协会第一次代表大会上所作的报告中，对此进行了针锋相对的批判：“中华民族的新文化，也决不像‘中学为体，西学为用’的‘中国本位文化’论者那样，只吸收外国的自然科学的技术，来发展中国的物质文明。它要吸收外国文化中的一切优良成果，不论是自然科学的、社会科学的、哲学的、文艺的。而‘中国本位文化’论者，却正在以中国的陈旧的、保守的、落后的思想，反对外国先进的、革命的思想。”[②] 张闻天将矛头直指本位文化派的文化保守主义立场，认为他们的文化主张与“中体西用”论毫无二致，其目的就是要用腐朽落后的传统文化来抵制革命的、先进的外来文化。半个多世纪以后，冯友兰在评价“一十宣言”时说得更为直截了当：“这个宣言是国民党授意作的。一篇洋洋大文，实际所要说的只有三个字：‘不盲从。’不盲从什么呢？不要盲从马克思列宁主义，不能‘以俄为师’。”[③] 虽然“一十宣言”提出的文化建设宗旨是“不守旧，不盲从”，但本位文化派大抵都是围绕着“不盲从”三个字做文章，这是无可否认的事实。在过去很长一个时期里，国内学者普遍将这场中西文化论战视为国民党文化统制政策的产物，90年代以后有一种去意识形态化的倾向，多从现代化研究的视角发掘它的文化意义，这恐怕只能视为本位文化派的当代解读，不免有矫枉过正之嫌。

---

① 蒋建白：《教育救国论与国难教育论》，上海《文化建设》第2卷第9期，1936年6月10日。

② 张闻天：《抗战以来中华民族的新文化运动与今后任务》，《张闻天文集》第3卷，中共党史出版社1994年版，第43页。原载中共中央机关刊物《解放》第103期，1940年4月10日，署名“洛甫”。

③ 冯友兰：《中国哲学史新编》第7册，《三松堂全集》第10卷，河南人民出版社2000年版，第581页。

文化保守主义以传统文化抵御外来文化的主张，也可以为20世纪30年代“曾国藩热”的成因提供一个合理的解释。让我们来看看当时人的说法。1935年，蒋星德在为《曾国藩之生平及事业》一书所作的自序中说道：“自从民族革命的高潮侵入中国以后，一般人对于曾国藩，具有深切的反感……因为共匪的骚扰和国民道德的低落，最近的风气似乎改变了，被遗忘的曾国藩，最近又似乎慢慢引起国人的注意了。”① 这段话解释了曾国藩被重新发现的时代背景：“因为共匪的骚扰”，所以要仿效曾国藩用传统文化来抵御外来的苏俄文化，于是久被遗忘的曾国藩又再次引起国人关注。李朴生说得更为直白：“曾国藩时代可以捧出孔子号召群伦，征讨‘发逆’，我们要如法炮制，对付共匪，便给实验主义的信徒讥为太不替孙中山先生争气了！”② 这里表达的是同一个意思：为了“对付共匪”，需要像曾国藩那样祭出传统文化大旗来作为号召，于是尊孔读经、追捧曾国藩便成为时尚。从时人的这些言论中，可以清楚地看出30年代的文化保守主义思潮与“曾国藩热”之间的因果关系。

然而，曾国藩的回归面临一个很棘手的问题：自清末以来，曾国藩一直被人们视为镇压太平天国革命的“元凶”，甚至被革命党称为“汉奸”③，而太平天国则被公认为是孙中山民族主义的一面旗帜。因此，要想重新肯定曾国藩的价值，就有一个如何为他正名的问题。

1914年，日本学者稻叶君山在《清朝全史》一书中对曾国藩镇压太平天国的性质提出了不同看法，他认为湘军与太平军之间实为一场宗教战争：“湘军非勤王之师……意在维持名教，其最终之目的，即恢复异宗

---

① 蒋星德：《曾国藩之生平及事业》，上海商务印书馆1947年版，“编者叙言”，第6—7页。按此书初版于1935年。“编者叙言”写于1935年4月15日。

② 李朴生：《曾国藩的用人方法》，南京《行政效率》半月刊第1卷第7号，1934年10月1日。据作者自注，可知其最后一句话是针对胡适《写在孔子诞辰纪念之后》一文反对尊孔的主张而发。

③ 章太炎《检论》卷八《杂志》曰：“曾国藩者，誉之则为‘圣相’，谳之则为‘元凶’。”（见《章太炎全集》第3卷，上海人民出版社1984年版，第583页）又章太炎《逐满歌》有云：“地狱沉沉二百年。忽遇天王洪秀全。满人逃往热河边，曾国藩来做汉奸。”（见汤志钧编《章太炎年谱长编》上册，中华书局1979年版，第222页）

教之南京是也。是故湘军可称为一种宗教军。”[①] 这个说法颠覆了过去的传统认识。稻叶君山指出，曾国藩并非是为维护清王朝统治而战，而是为捍卫中国传统文化而战，因此维持名教的湘军与信奉洋教的太平军之间就不是民族冲突而是文化冲突。

《清朝全史》中译本出版后风靡一时，但稻叶君山的上述观点在很长一个时期里并未引起什么反响。[②] 直至 20 世纪 30 年代初，曾国藩的价值被重新发现和认识，于是稻叶君山的宗教战争说便因此受到人们的格外青睐。1930 年，陈训慈在《太平天国之宗教政治》一文中对此说大加发挥：

> 近人既推太平军为种族革命，因而遂有责曾氏甘为满洲之奴隶者，此盖未明曾氏出兵之意义。彼之文告，对太平军之民族主义绝无指摘，即于清政之坏亦未尝为之辩护。惟伦常破坏，且使孔孟之传统精神扫地，则彼所认为较外族统治更为严重，不能不并力以争。由是以论，曾之理想，殆为人伦名教而战，而非徒为清室而战。湘军亦非一姓之军，而有如主义之军矣。[③]

陈文认为，太平天国之所以能够立国达 14 年之久，其统治基础在于宗教政治而非种族思想，太平天国以宗教而兴，亦以宗教而败，其宗教观念与中国传统文化大相径庭，这是太平天国失败的主要原因。按照他的解释，曾国藩与太平天国之间不是一个民族矛盾的问题，而是一种深层次的文化冲突，因此过去人们指责曾国藩效忠异族的说法就不攻自破了。

30 年代以后，这种说法变得十分流行。如 1936 年出版的胡哲敷《曾国藩》一书，在谈到曾氏《讨粤匪檄》时发了这样一通议论：“这是曾氏

---

① ［日］稻叶君山：《清朝全史》下卷，但焘译，中国社会科学出版社 2008 年版，第 682、684—685 页。此书日文本问世于 1914 年，同年但焘中译本由上海中华书局出版。

② 据笔者所见，此说在 30 年代前少有应和者，成书于 1923 年的柳诒徵《中国文化史》虽曾引述稻叶君山之说（下册，上海三联书店 2007 年版，第 762—763 页），但未作任何引申和发挥。

③ 陈训慈：《太平天国之宗教政治》（下），南京《史学杂志》第 2 卷第 1 期，1930 年 1 月。

与太平军根本抵触的所在，简直可以说是一种宗教战争。所以他始终不懈，为的就是要保持名教，恐怕中国数千年礼义人伦、诗书典则，一旦扫地荡尽，这是曾氏的心迹。是故湘军初起之时，只在保卫乡土，后来便在维持名教。"[①] 就连历来秉持太平天国民族革命史观的萧一山，在抗战期间写出的《曾国藩传》中亦有类似的说法："洪秀全虽不是纯粹的宗教革命，而曾国藩却是为宗教而战争，好像欧洲的十字军。"[②] 替曾国藩翻案最彻底的要数王德亮，针对曾国藩"扶满抑汉"的问题，他甚至专门写了一部《曾国藩之民族思想》来为之辩解。该书第一章题为"组织湘军志在保卫乡里维持名教"，力辩湘军非勤王之师，而是为保卫中国传统文化而战，且极力表彰曾国藩重刻《船山遗书》、传播民族思想的功绩。[③] 直至半个多世纪以后，冯友兰仍在老调重弹："曾国藩和太平天国的斗争，是中西两种文化、两种宗教的斗争，即有西方宗教斗争中所谓'圣战'的意义。这是曾国藩和太平天国斗争的历史意义。"[④] 不过冯氏重拾此说主要是出于否定太平天国的目的，与三四十年代汲汲于为曾国藩开脱"汉奸"罪名的出发点有所不同。

值得注意的是，在30年代以后力主湘军与太平军为宗教战争的言论中，除了替曾国藩辩白之外，还不难读出某些弦外之音。如1937年出版的何贻焜《曾国藩评传》，其结语中有这样一段文字："观其所作檄文，兢兢以扶持名教是尚，更足见效忠异族，绝非曾公之本意。史家谓'湘军非勤王之师'，'湘军如宗教军'，诚为笃论……洪杨信奉耶教，不合国情，曾公崇尚儒教，深得民心，于军事之利钝，更有重大之关系，自极显然。"[⑤] 这里的最后几句话明显是另有所指的，它很容易让我们联想起当时常见的一种说法：国民党要维护传统儒教文化，故深得民心，而中共信奉外来的马列主义，所以不适合中国国情。这样的影射在王德亮

① 胡哲敷：《曾国藩》，中华书局1936年版，第27页。

② 萧一山：《曾国藩传》，东方出版社2009年版，第120页。此书撰于1938年，1944年由重庆胜利出版社出版。

③ 王德亮：《曾国藩之民族思想》，商务印书馆1946年版，第1—14、52—55页。此书初版于1943年。

④ 冯友兰：《中国哲学史新编》第6册，人民出版社1989年版，第75页。

⑤ 何贻焜：《曾国藩评传》，正中书局1943年版，第613页。此书初版于1937年。

《曾国藩之民族思想》中看得尤为真切，作者在该书“后记”中写道：“三民主义其所以能成为救中国之唯一主义者，即因其渊源于中国固有思想与民族精神。太平军历时十四载略地十七省，而终致失败者，则因其所持之主义不适合中国之国情。此总理所以异于洪杨也！此本书所以编著也！”[①] 虽然只字未提中国共产党，但意思已经表达得很明白了。

上文谈到，在南京国民政府建立之后，由于国民党从革命党向执政党的立场转变而引起意识形态的相应变化，对于曾国藩的认同就是其理所当然的结果，曾、胡等中兴名臣也因此成为国民党人的精神楷模。早在北伐时期，已经有人拿蒋介石与曾国藩相类比，据《曾胡谭荟》说：“蒋介石、唐孟潇（即唐生智）之携手北伐也，谭组庵（即谭延闿）贻书唐氏，谓蒋为今之曾涤生，愿君以胡润芝为法，以收和衷共济之效。”[②] 谭延闿时任国民革命军第二军军长，他将北伐军总指挥蒋介石及前敌总指挥唐生智分别比作曾国藩和胡林翼，似乎主要还是出于对曾、胡二人济世安邦雄略的推崇佩服，并没有什么复杂的政治寓意。20 世纪 30 年代以后，随着“曾国藩热”的升温，这样的比拟便越来越带有浓厚的意识形态色彩。如王德亮将蒋介石与曾国藩相提并论，就有这样一段别有用意的发挥：“虽时代有先后，而其生平志业行谊，则颇相类似。总裁之黄埔建军，是犹曾氏之创立湘军也。而皆遭值事变，秉承中华固有之传统文化……力图自立自强，践履笃实，以诚为一世倡。其结果均能转移风气，安内攘外，立大功，建大业，炳耀寰宇。”[③] 王德亮是一位职业报人，抗战前后长期供职于《中央日报》和《扫荡报》，政治立场右倾。不难看出，他的这段议论背后暗含玄机，意在表明国共双方对于“中国道路”的不同选择：国民党继承了曾国藩的文化立场，主张维护传统文化，故只有三民主义才能救中国；而共产党则信奉外来的主义，所以不适合中国国情。

另一方面，当抗战后期国共关系趋于恶化后，中国共产党也开始拿

---

① 王德亮：《曾国藩之民族思想》，“后记”，第 1 页。

② 徐凌霄、徐一士：《〈曾胡谭荟〉序》，天津《国闻周报》第 6 卷第 26 期，1929 年 7 月 7 日。

③ 王德亮：《曾国藩之民族思想》，第 78 页。

曾国藩来影射蒋介石。在共产党人的笔下，曾国藩被贴上了更加鲜明的意识形态标签。1943 年 7 月，陈伯达在《评〈中国之命运〉》一文中明确表明了对于曾国藩的批判态度："中国从来显然有两种文化传统思想：一种是民众的、革命的、光明的；一种是反民众的、反革命的、黑暗的。近代中国一开始时候，太平天国与孙中山就是代表前者，曾国藩及现在中国的一切反共反人民分子就是代表后者。不管太平天国有外国的思想，却是真正代表中国人的思想，中国人的英雄；不管曾国藩满口旧中国的仁义道德，却仍是双重的奴才！满奴才和洋奴才。中国共产党人继承中国从来以至洪秀全、孙中山一切优良的革命的传统，而一切反动派则继承曾国藩、叶德辉的传统。反动派想取消前一种传统，保留后一种传统，而我们则正相反。关于中国思想文化问题上的分别，就在这里。"[①] 陈文将中国近代以来的文化传统划分为两个敌对的阵线，一个是以太平天国和孙中山为代表的"革命传统"，另一个是以曾国藩为代表的"反革命传统"，共产党继承了前者的传统，而国民党继承了后者的传统。当然谁都明白，陈伯达的批判矛头其实是针对蒋介石的，曾国藩不过是一个虚设的靶子而已。看得出来，作为一个政治文化符号的曾国藩，在国共两党的意识形态纷争中具有极强的寓意作用。

两方面对于曾国藩的批判，在 1944 年达到了高潮。范文澜的《汉奸刽子手曾国藩的一生》是专借曾国藩来抨击蒋介石的一篇名作，被时人称作"理解古代和现代中国政治的一柄钥匙"[②]。此文最初连载于 1944 年 7 月 25、26 日的延安《解放日报》，同年延安新华书店、山东新华书店出版单行本，此后数年中，各解放区新华书店再版不下十次之多，其影响之大可想而知。此文虽以曾国藩为批判对象，但矛头处处指向蒋介石，如谓曾国藩"是鸦片战争后百年来一切对外投降、对内屠杀的反革命的汉奸刽子手们的'安内攘外'路线的第一个大师"，又称"孙中山先生自幼即以太平天国的继承者自许，并终于完成了太平天国推翻满清的未竟

① 陈伯达：《评〈中国之命运〉》，中央档案馆编：《中共中央文件选集》第 14 册（1943—1944），中共中央党校出版社 1992 年版，第 521 页。此文最初发表于 1943 年 7 月 21 日延安《解放日报》。

② 范文澜：《汉奸刽子手曾国藩的一生》，新华书店 1944 年版，卷首"出版者的话"，第 2 页。

之业，这正如他的叛徒们以曾国藩的继承者自许，并幻想完成曾国藩消灭中国革命的未竟之业一样，完全不是偶然的”云云①，所指皆极为明确。后来范文澜将此文收入《中国近代史》作为附录，并写下一段文字说明当时写作该文的背景：“《汉奸刽子手曾国藩的一生》是1944年我在延安时写的。曾国藩是近百年来反动派的开山祖师，而他的伪善乔装却在社会上有很大的影响。他的继承者人民公敌蒋介石把他推崇成‘圣人’，以为麻醉青年、欺蔽群众的偶像。为了澄清当时一些人的混乱思想，所以有揭穿曾国藩这个汉奸刽子手本来面目的必要。这篇文章便是在这种情况之下写出的。”② 应该说，曾国藩的意识形态化是国共双方相互推波助澜的结果，中国共产党方面之所以要拿曾国藩来影射蒋介石，与国民党以曾、胡继承者自居的立场有很大的关系。

三　国民党与洪杨、曾胡之间的复杂纠葛

清末民初一度被打入另册的曾国藩，在20世纪30年代以后得到了重新承认，由此引出的一个问题是，此事对国民党传统的太平天国史观究竟造成了什么影响？

按照某种习惯思维，曾胡与洪杨是一对不可调和的矛盾，肯定一方则必然意味着否定另一方。冯友兰就曾说过这样的话：“否定太平天国必然为曾国藩翻案，为曾国藩翻案必然否定太平天国，可以说这是一个问题的两个方面。”③ 唐德刚在谈到国民党与洪杨、曾胡之间的关系时也说：“国民党人谈洪杨，始则是之，如孙中山先生和一些早期的革命党人；终则非之，转而崇拜曾、胡。”④ 不过他们两人并未对这个问题做过专门研究，这些说法只是凭印象得到的一种感觉。

---

① 范文澜：《汉奸刽子手曾国藩的一生》，蔡美彪编：《范文澜集》，中国社会科学出版社2001年版，第177、179页。

② 范文澜：《中国近代史》上册，人民出版社1955年版，“九版说明”，第2页。

③ 刘鄂培：《早春——访冯友兰教授》，《新观察》1989年第7期。又冯友兰《中国哲学史新编》第6册“自序”说：“把洪秀全和太平天国贬低了，其自然的结果就是把它的对立面曾国藩抬高了。”（第2页）也是同样的逻辑。

④ 唐德刚：《晚清七十年》，岳麓书社1999年版，第115页。

最早对国民党执政后的太平天国史观进行深入研究的是美国学者芮玛丽，她主要是从南京国民政府建立后如何继承同治中兴遗产的角度去关注这个问题，其基本结论是：在国民党成为执政党之后，便不再承认自己是太平天国革命事业的继承者，而是以同治中兴名臣曾、胡的继承者自居。① 20 世纪 80 年代，德国学者施泰格（Brunhild Staiger）又专门讨论了抗战前后国民党人太平天国史观的变化情况，认为在南京政府成立以后，尤其是抗战期间，否定太平天国的意见在国民党内已得到普遍赞同。② 不过，她所举出的论据却全是时人为曾国藩翻案的言论，以及中国共产党方面对曾进行的针锋相对批判，并没有提供国民党否定太平天国的直接证据。近年方之光、袁蓉发表的《国民党对太平天国评价转变的历史启示》一文（以下简称“方文”），与施泰格的观点基本相同，其结论则更为明确，认为“对洪秀全与太平天国的评价，国民党主流意识经历了从肯定到否定的转变过程”，甚至十分肯定地说：“1930 年后，国民党对太平天国的评价来了一个 180 度大转变。”③ 但遗憾的是，方文未能提供相应的史料来支持这一结论，而唯一一条用来证明国民党否定太平天国的论据又是靠不住的（详见下文）。

上述研究成果存在的一个共同问题，就是试图以国民党为曾国藩翻案的事实来推导出它否定太平天国的结论，这个推理有一个预设前提，即“为曾国藩翻案必然否定太平天国”的习惯性思维。那么，究竟有没有什么直接证据可以说明国民党为曾国藩翻案导致了否定太平天国的结果呢？目前能够找到的只有三条“疑似”证据，首先需要对它们的适用性加以分析。

其一，关于国民党当局禁演话剧《李秀成之死》。

1944 年，范文澜的《汉奸刽子手曾国藩的一生》由延安新华书店出

---

① 参见［美］芮玛丽《同治中兴：中国保守主义的最后抵抗（1862—1874）》第 12 章“中兴的遗产”，第 377—395 页。此书英文版最初于 1957 年由斯坦福大学出版社出版。

② 施泰格：《民族主义者对太平天国的看法》，《太平天国学刊》第 5 辑；《太平天国对早期国民党的影响》，广西太平天国史研究会等编：《太平天国史论文集》（续集），广西人民出版社、广东人民出版社 1989 年版。

③ 方之光、袁蓉：《国民党对太平天国评价转变的历史启示》，《南京大学学报》2010 年第 1 期。此文发表后引起了广泛的社会关注，2012 年国内有多个省市高考模拟卷采用该文的观点，其影响可见一斑。

版时，卷首“出版者的话”中有这样一段文字：“现在大后方的一切反动统治人物却以祖先崇拜的虔诚来供奉曾国藩，把曾国藩的著作大量翻印来作为他们训练干部、麻醉青年的教材，对于太平天国的宣传则加以限制及禁止，譬如关于李秀成的戏剧即被禁演，并因此在四川綦江酿成过可惊的屠杀青年的血案。他们这种对于孙中山先生的公然的反叛，当然是他们整个地背叛革命三民主义的逻辑结果。”① 这里举出的“对于太平天国的宣传则加以限制及禁止”的例证，是指发生在 1939 年冬的“綦江惨案”。

据“綦江惨案”的一位当事人回忆，1939 年，在綦江的军事委员会战时工作干部训练团（即战干团）一团组织的忠诚剧团演出阳翰笙创作的历史剧《李秀成之死》，特务密报此事后，教育长桂永清称“此剧内容是宣传共产主义，并说该剧团中有共产党组织”，于是在该团中大肆清查共产党，先后杀害 200 余人。②“綦江惨案”真相当时是由阳翰笙首先向重庆新闻界披露的，阳翰笙晚年在谈到此事经过时，称其起因是忠诚剧团的一些青年与文艺界的某些进步人士有接触，被怀疑与共产党有联系，却未说此事与《李秀成之死》有何牵连。③

阳翰笙是著名的左翼剧作家，《李秀成之死》被今天的研究者称为抗战初“最具现实政治寓意的名剧”，具有“浓重的借古讽今政治意图”④。因此，“綦江惨案”的起因即便与《李秀成之死》有什么牵连，也是针对其“借古讽今”的问题，或是被认为借历史剧来“宣传共产主义”，与国民党当局对待太平天国的态度毫无关系。况且无论是在“綦江惨案”发生之前还是发生之后，《李秀成之死》从未被禁演过，根本不存在对太平天国的宣传“加以限制及禁止”的事情。

---

① 范文澜：《汉奸刽子手曾国藩的一生》，“出版者的话”，第 1 页。

② 周振强：《四川綦江战干团惨案回忆》，《文史资料选辑》第 5 辑，中华书局 1960 年版，第 143—146 页。

③ 《阳翰笙选集》第 2 卷，四川人民出版社 1983 年版，“自序”，第 3 页。

④ 解志熙：《历史的悲剧与人性的悲剧——抗战时期的历史剧叙论》，《中国现代文学研究丛刊》2007 年第 2 期。《李秀成之死》创作于 1937 年“七七事变”前后，关于该剧的创作动机，可参见唐纳《关于〈李秀成之死〉——与剧作者阳翰笙氏的谈话》，原载《抗战戏剧》半月刊第 2 卷第 4、5 期合刊，1938 年 7 月 25 日，收入《阳翰笙选集》第 4 卷，四川文艺出版社 1989 年版，第 253 页。

在抗战时期左翼剧作家创作的多种太平天国历史剧中，确实有一种曾遭到过禁演，这就是陈白尘的《大渡河》。此剧原系作者在抗战前创作的《石达开的末路》，1942 年改编为《翼王石达开》，1943 年春更名为“大渡河”后在重庆上演，结果被当局强行删削，并遭到禁演。禁演的原因，据陈白尘说，一是因为“1943 年春河南正闹灾荒，我这写于 1942 年的剧本，在第一场中正有着一段天灾人祸，民不聊生，老百姓只好铤而走险的描写。真是我‘预言’得罪！”二是因为该剧中有关杨秀清与韦昌辉关系的描写，被怀疑有影射之嫌。[①] 这么看来，《大渡河》被禁演与国民党如何评价太平天国并不相干。

其二，关于叶青攻击“毛泽东主义”是“太平天国洪秀全的再版”。

这是方文提供的唯一表明国民党在 1930 年后否定太平天国的证据：早在国民党对中央苏区发起五次“围剿”时期，就将红军污蔑为“粤匪”，国民党宣传部部长叶青（任卓宣）在《抗战与文化》半月刊上发表文章，攻击“毛泽东主义”是“中国的农民主义”，是“太平天国洪秀全的再版”[②]。首先需要说明的是，叶青公开投靠国民党已是在 20 世纪 40 年代，他未曾担任国民党宣传部部长，仅在 1949 年短期出任过国民党中央宣传部副部长；而他撰文攻击“毛泽东主义”既不是在 30 年代初国民党对中央苏区发起五次“围剿”时期，也不是在他正式加入国民党阵营之后，而是 30 年代末 40 年代初的事情，不管他的政治倾向如何，此时他基本上还是一个文化人身份，不能代表国民党的态度。况且，叶青究竟是否曾将红军污蔑为“粤匪”，是否说过“毛泽东主义”是“太平天国洪秀全的再版”这样的话，也是有疑问的。

因为“毛泽东主义”的提法最初出自叶青笔下，故上面这一说法常为研究毛泽东思想史的学者所引用，但所据出处均为张如心 1942 年 2 月 19 日发表在延安《解放日报》上的《学习和掌握毛泽东的理论和策略》一文，该文中有这样一段话：“中国反革命的托派‘理论家’——叶青早

---

① 陈白尘：《〈大渡河〉校后记》，原载 1946 年 8 月 3 日《文汇报》，收入董健编《陈白尘论剧》，中国戏剧出版社 1987 年版，第 130 页。

② 方之光、袁蓉：《国民党对太平天国评价转变的历史启示》，《南京大学学报》2010 年第 1 期。

在专门破坏抗战、破坏文化的《抗战与文化》上极力污蔑毛泽东主义是'中国农民主义'、'太平天国洪秀全的再版'(??)……毛泽东主义决不是什么农民主义、洪秀全主义,它是廿世纪的中国无产阶级的理论和策略。"① 方文的上述说法想必即出于此。叶青当时常在《抗战与文化》上撰文攻击中国共产党确是事实,但笔者却未能查到他说过这样的话。1938 年,他在《抗战与文化》上发表《中国共产党在抗日救国时代》,其中说道:"要在由封建到资本的阶段干社会革命,只能是张献忠主义和洪秀全主义。"② 1941 年,他在《国防周报》上发表《与毛泽东论共产主义》,称中国共产党"一点不像俄国底布尔塞维克,却十分类似中国底李自成、张献忠,只见烧杀抢劫……又有的人说,这简直连巴枯宁主义都配不上,只能说是毛泽东主义"③。我怀疑或许是张如心记忆有误,由叶青的上述言论推衍出"毛泽东主义"是"太平天国洪秀全的再版"这样的说法,以致后人以讹传讹。

其三,关于以中国共产党比附"发匪"的说法。

1931 年 7 月,《铲共半月刊》发表明志《曾文正公练军剿匪格言》一文,开篇就说:"今者赤祸滔天,有比之于发匪者,思仿曾文正公练军剿匪之成法以剿赤匪,其意殊可嘉矣。"④ 此文作者署名"明志",即中国青年党骨干陈启天的笔名,《铲共半月刊》就是由他和左舜生等人在 1930 年创办的。由此推断,陈启天所谓中国共产党"有比之于发匪者",大概就是国家主义派的说法。因为青年党不像国民党那样与太平天国有千丝万缕的瓜葛,故可如此肆言无忌。

中国青年党虽然极端反共,但在 20 世纪 30 年代中期以前,它与国民党也是水火不相容的。1930 年 8 月发表的《中国青年党暨国家主义青年

① 张如心:《学习和掌握毛泽东的理论和策略》,连载于 1942 年 2 月 18、19 日延安《解放日报》,此处引文见 2 月 19 日第 3 版。"太平天国洪秀全的再版"这句话后的两个问号,大概是在强烈质疑国民党背叛了孙中山所继承的太平天国的革命传统。

② 叶青:《中国共产党在抗日救国时代》,西安《抗战与文化》半月刊第 2 卷第 10 期,1938 年 11 月。

③ 叶青:《与毛泽东论共产主义》(下),桂林《国防周报》第 1 卷第 7 期,1941 年 6 月 15 日。

④ 明志:《曾文正公练军剿匪格言》,上海《铲共半月刊》第 17、18 期合刊,1931 年 7 月 10 日。

团第五次全国代表大会宣言》，仍表明了对国民党绝不妥协的政治立场："本党同志为国家主义全民政治作战，对于一党专政的国民党，祸国殃民的新军阀蒋中正，誓死反对，毫无妥协的余地。"① 因此，青年党人以中国共产党比附"发匪"的说法，自然不能代表国民党对太平天国的评价。

概而言之，从以上三条"疑似"证据中均不能得出国民党在30年代以后否定太平天国的结论：所谓国民党当局对太平天国的宣传"加以限制及禁止"的说法，实属中国共产党的一面之词；而叶青及国家主义派将中共与洪、杨相比附的说法又不能代表国民党的立场，无法据此判断国民党人的太平天国史观。

看来要想准确解读国民党太平天国史观的历史语境，并不是一件很容易的事情。国民党与洪杨、曾胡之间的纠葛，其实是一个相当复杂的问题，并非有些学者所想象的那种非此即彼的关系。有证据表明，虽然国民党在成为执政党之后有意识地继承了曾、胡的文化立场，虽然曾国藩的价值在30年代以后得到了重新承认，但国民党对太平天国的评价非但没有因此发生"180度大转变"，反而与此同时，以一种更明确的方式表达了对太平天国的肯定态度：1930年，由国民党官方出面为晚清以来饱受攻讦的太平天国进行了正式平反。

1930年7月16日，曾编辑过《太平天国诗文钞》的罗邕致函国民党中央党部宣传部，敦请政府明令禁止一切污蔑太平天国的言论：

> 太平天国一朝，迄今尚备受轻蔑，拟请明令禁止，以保民族革命之光荣……先总理出而提倡国民革命，当时同志乃稍稍留心太平史实，或稍加以重视，然民间轻蔑之处依然如故也。降至晚近，各种记载，各地报张，以及编纂县志，遇太平事仍多沿用"粤贼"等轻蔑之称者；而对于清廷诸将，则又满纸曾文正、李文忠。一贬一褒，轻重显然……特呈请钧部拟请转咨行政院通令各省市县，凡以前著作轻蔑太平军之处，事属既往，不必改动，以存其真。至嗣后如有记述太平事实者，禁止沿用"粤贼"诸称，而代以"太平军"

① 《中国青年党暨国家主义青年团第五次全国代表大会宣言》（1930年8月15日），中国第二历史档案馆编：《中国青年党》，档案出版社1988年版，第117页。

或相等之名称。①

罗邕的建议很快就有了结果。7 月 24 日，中央党部宣传部就此事函请内政部、教育部参考酌办，并明确表示了支持的态度：“查洪杨事件为狭义之民族革命，自应加以承认，现今各地修志及报张纪载，仍沿旧习，加以轻蔑，殊于本党主义有悖。该罗邕所称各节，不无见地，相应据情函达，即希予以考虑。”② 8 月 9 日，内政部按照宣传部的意见给各省市政府发函，要求遵照执行。③

需要说明的是，笔者从《国民政府公报》《行政院公报》和《内政公报》中均未能查到上述档案，好在罗邕已将这些档案全部作为附录收入《太平天国诗文钞》，其真实性是无可怀疑的。另外，从地方政府公报中也可了解到各地传达执行这项政令的情况。如 1930 年 8 月 13 日，江苏省政府分别向通志编纂委员会及民政厅、教育厅转发了内政部咨文，并请加以落实。④ 同年 8 月 19 日，广东省政府专函广东通志馆，明令今后修志时不得再有污蔑太平天国人物的字句。⑤ 同年 9 月 2 日，浙江省民政厅向各县县政府传达上述文件，要求“一体遵照”执行。⑥

虽然孙中山一向自认是太平天国革命事业的继承者，但自辛亥革命以来，以官方政令的形式正式为太平天国平反，这还是第一次！尤其不同寻常的是，此次平反发生在国民党已经成为执政党、曾国藩的声誉正在蒸蒸日上的 1930 年，这就为我们深入认识国民党与洪杨、曾胡之间的复杂纠葛提供了更多的思考空间。对于罗邕提出的明令禁止污蔑太平天国言论的建议，国民党中央党部宣传部的态度十分明确，宣称太平天国

① 罗邕：《呈中央党部宣传部文》，罗邕、沈祖基辑：《太平天国诗文钞》下册，附录二《禁止轻蔑太平军案文件》，第 419—420 页。

② 《中央党部宣传部致内政部、教育部公函》（1930 年 7 月 24 日），罗邕、沈祖基辑：《太平天国诗文钞》下册，第 422 页。

③ 《内政部咨各省市政府文》（1930 年 8 月 9 日），罗邕、沈祖基辑：《太平天国诗文钞》下册，第 422—423 页。

④ 《部咨请禁诬蔑太平天国》，《江苏省政府公报》1930 年第 521 期。

⑤ 《禁止诬蔑太平天国人物案》，《广东省政府公报》1930 年第 121 期。

⑥ 《取缔修志记载沿用旧习诬蔑太平天国一朝人物事项通饬遵照令各县县政府》，《浙江民政月刊》1930 年第 35 期。以上地方政府公报中的相关信息承王奇生教授提示。

的性质“为狭义之民族革命”，轻蔑太平天国的言论“殊于本党主义有背”，这立场是何等的鲜明，哪里有一点否定太平天国的意思？

从多年后发生的钱穆《国史大纲》出版风波，还能看出国民政府此次为太平天国平反所带来的影响。1939 年，钱穆《国史大纲》交付上海商务印书馆刊行，出版社将书稿送至重庆审查，结果审查未能通过，要求修改后方可出版。关于此事的原委，据钱穆后来回忆说：

> 读审查处批示，所命改定者，尽属“洪杨之乱”一章。批示需改“洪杨之乱”为“太平天国”。章中多条亦须重加改定。余作答云，孙中山先生以得闻洪杨故事，遂有志革命，此由中山先生亲言之。但中山先生排除满清政府，创建中华民国，始是一项正式的民族革命。至于洪杨起事，尊耶稣为天兄，洪秀全自居为天弟，创建政府称为太平天国，又所至焚毁孔子庙，此断与民族革命不同。前后两事绝不当相提并论。凡本书指示需改定语，可由审查处径加改定。原著作人当保存原稿，俟抗战事定，再公之国人，以待国人之公评。审查处得余函，乃批示可一照原稿印行。然已为此延迟近半年。①

这个故事的结局是，由于钱穆坚持己见，审查官最终让步了，后来出版的《国史大纲》，有关太平天国的一节仍题为“洪杨之乱”。但从这件事情可以清楚地看出，国民党对太平天国的评价一仍其旧，“洪杨之乱”的说法不能为出版审查者所接受，这与 1930 年国民政府为太平天国平反时的态度是完全一致的。

种种迹象表明，从 30 年代初直至整个抗战时期，国民党主流意识形态仍然坚持其传统的太平天国史观，对于孙中山领导的国民革命与太平天国之间一脉相承的关系，并没有否认或忌讳的意思。1943 年，蒋介石在《中国之命运》中说过这样一段话：“自太平天国举义以来九十三年的历史证明：惟有我们国父倡导的国民革命与三民主义为我民族复兴的惟

---

① 钱穆：《师友杂忆》，第 222 页。

一正确的路线。”[①] 这里称太平天国为“举义”，不消说是明确肯定的态度，更重要的是，这句话实际上表达了将国民革命的传统上溯至太平天国的一贯主张。

下面两个例证尤能说明问题。据钱穆说，抗战期间他在后方各地常常见到悬挂于室内的孙中山画像，“注意到画像下附中山先生年历，第一项即为洪杨起事年月，第二项始为中山先生之生年”[②]，这是一个颇为玩味的细节。此画像下方附有孙中山生平大事年表，将“洪杨起事年月”列在首行，可能相当于年谱的谱前部分，意在表明画像主人的历史传统和思想渊源；画像所附年表想必非常简略，但即便是这么简略的年表也要标出太平天国起事年月，可见对孙中山与太平天国之间一脉相承的关系是何等看重。无独有偶，在毛思诚编撰的《蒋介石年谱初稿》中，也能看到与此相似的观念表达。此谱始于光绪十三年（1887），在记述蒋介石诞生于是年后，即云：“是年，距太平天国之亡二十三年。”[③] 毛思诚是蒋的启蒙老师，此书原名“蒋公介石年谱初稿”，后经蒋本人修订，改题为“民国十五年以前之蒋介石先生”，于1937年刊行。在这部经蒋介石亲自修改定稿的年谱中，于蒋生年下特意标明“是年，距太平天国之亡二十三年”，这与钱穆见到的孙中山画像所附年表首先列出“洪杨起事年月”是同样的意思，无非意在强调蒋介石是太平天国革命事业的继承者而已。

对于国民党与洪杨、曾胡之间的复杂纠葛，陶希圣曾经有过一个解释。1943年初，王德亮《曾国藩之民族思想》一书完稿后，送请陶希圣审阅，陶给他复函说：“弟以为中国国民党于太平天国与曾文正，实两承之，其渊源实微妙而错综，且历史上亦颇有先例。弟稍缓当另函略论之，或可为兄订此稿之一助也。”[④] 这段话关系到国民党对于其自身传统的理

---

① 蒋介石：《中国之命运》，正中书局1946年版，第39页。

② 钱穆：《师友杂忆》，第222页。

③ 毛思诚撰，中国第二历史档案馆校订：《蒋介石年谱初稿》，档案出版社1992年版，第1页。

④ 王德亮：《曾国藩之民族思想》，“附陶希圣先生复著者原函”，第79页。此函写于1943年1月26日。按王德亮曾供职于《中央日报》，而陶希圣时为《中央日报》总主笔，故有此交谊。

解和认识，然陶氏仅点到为止，语焉不详。王德亮在该书“后记”中对此有所回应：“洪杨发难于金田，以推翻满清统治，恢复汉族政权相号召；湘军崛起于岳麓，以保卫桑梓安宁，维持中华名教为职志。一则追念远祖丰功，一则不忘先民劳绩，名相反，实相成，而皆有裨于总理所倡导之辛亥革命，是亦殊途而同归也。”① 很显然，这是在阐释陶氏上面那段话的意思，但作者的发挥有点不着边际，似乎并未明白陶氏之真义。

作为国民党的权威理论家，陶希圣的上述说法有助于我们理解这个棘手的问题。依笔者之见，所谓“两承之”者，对于太平天国，继承的是它的民族革命传统；对于曾国藩，继承的是他捍卫中国传统文化以抵御外来文化的立场。在国民党成为执政党之后，一方面有意识地继承曾、胡的文化立场，主张以传统文化来抵御英美自由主义和苏俄共产主义；另一方面仍以太平天国革命事业的继承者自居，认同孙中山民族主义的思想渊源，坚持其传统的太平天国史观。

国民党与洪杨、曾胡之间这种“微妙而错综”的关系，似乎很难为人们所理解。在当时的中国共产党人看来，以太平天国和孙中山为代表的“革命传统”与以曾国藩为代表的“反革命传统”是截然对立的，故屡屡指责国民党背叛了孙中山的革命立场。如陈伯达称“中国共产党人继承中国从来以至洪秀全、孙中山一切优良的革命的传统，而一切反动派则继承曾国藩、叶德辉的传统”（《评〈中国之命运〉》），范文澜谓“孙中山先生自幼即以太平天国的继承者自许”，而“他的叛徒们以曾国藩的继承者自许”（《汉奸刽子手曾国藩的一生》），都是针对20世纪30年代以后国民党师法曾、胡的政治立场而进行的批判。在今天的研究者看来，为曾国藩翻案必然意味着对太平天国的否定，则是由于对这段历史的隔膜而得出的一个想当然的结论。

---

① 王德亮：《曾国藩之民族思想》，“后记”，第1页。

从本土资源建树社会文化史理论*

刘志琴

一　走上人文学科前沿的社会文化史

史学在人文学科中是历史最悠久、知识最密集的学科。它涉及人类生存、发展的广阔领域，既有物质的、制度的内容，又包括非物质的精神活动和风俗民情。改革开放以后，随着文化史和社会史的复兴，史学研究突破既定的框架，表现出生气勃勃的活力，以丰富的题材和多向度的视角，刷新了史学的风貌，史书从枯燥无味的说教，变为生动具体的叙事。

文化史本是历史学和文化学交叉产生的综合性学科，它是在近代中国形成的新兴的学术领域，既有与社会史共生、共荣的特点，又各有特定的研究对象和知识系统。伴随学术的积累和开发，各个专业之间经常交叉，到一定程度发展出边缘学科乃是现代科学发展常有的现象。在法学与哲学之间兴起的法哲学，对法学的发展是具有革命意义的建构；从语言学与哲学交叉中产生的语言哲学，被认为是对思维和存在关系的一种突破。尽管这些新兴学科还很稚嫩，有的还存在学术分歧，但毫无疑义的是，它以跨学科的长处，提出新的见解，越来越引起学术界的重视。近年来在国外兴起大文化史的概念，国内有社会文化史的兴旺，不同国家有相似的学科出现，说明社会文化本身乃是人类社会共有的现象。社

* 本文原载《近代史研究》2014 年第 4 期。

会文化融通物质生活、社会习俗和精神气象，从上层和下层、观念与生活的互动中，揭示社会和文化的特质，这对历史悠久、积累深厚的中国文化传统来说，更具有本土特色和发展优势。

在当前的社会文化史著述中，普遍存在叙述烦琐、细碎的现象，有的按词条堆砌材料，进行简单的描述。社会文化史研究的对象大都是具体的细节，但这不等于研究的碎化和支离，能不能对零散、割裂的资料进行统合研究，关键在于是否有理论的支点，这是建构学科大厦的重要支柱，有了理论来搭桥架屋，那些零散的砖石、瓦块才能成为有机的整体。

西方人类学、新社会史、大文化史、民俗学等最新理论和方法的引进，对正在发展的中国社会文化史研究起了重要作用。杜赞奇的《文化、权力与国家》、周锡瑞的《义和团运动的起源》、孔飞力的《叫魂：1768年中国妖术大恐慌》等著作中译本的出版，在学术界有热烈的反响，也有人尝试借鉴其研究方法，并取得丰硕的成果。一般来说，作为人文学科，有它普遍的法则，可以在不同的国家、民族中发挥作用，然而，基于西方文化背景形成的学术话语，未必完全符合中国的国情。如在西方民俗学中把渔猎民族的神职人员都叫萨满，可在中国，这一名称特指通古斯族的神职，用西方的萨满信仰来分析满族的萨满信仰，就会发生错位。中国自古以来的礼俗观念和礼治，在西方也很难找到相应的词汇。

一门学科的建构首先要有科学的概念，而概念的形成并非一蹴而就，有时通行已久的概念，也会经受新形势的挑战，当前哲学界关于有无中国哲学的争论，就源于哲学概念的不确定性。一个概念会关系一门学科的盛衰，这是新学科尤需重视的经验。

哲学史本是外来学科，“哲学”一词也是古希腊的用语，19世纪末由传教士引进，成为西学的话语之一。而对“哲学”概念做出最早解释的是王国维，说“夫哲学者，犹中国所谓理学云尔”；又说“哲学为中国固有之学”①，将西来的哲学等同中国的理学。这说明中国学者最初是参照中国传统思想来认识哲学的。五四新文化运动的领军人物胡适，其《中国哲学史大纲》成为中国思想史研究的开山之作，可这部著作在金岳霖

---

① 佛雏校辑：《王国维哲学美学论文辑佚》，华东师范大学出版社1993年版，第1页。

看来,“难免有一种奇怪的印象,有的时候简直觉得那本书的作者是一个研究中国思想的美国人”①。胡适不仅把中国哲学史写成西方化的哲学史,其笔下的哲学史与思想史也难分难解,此种套用西方哲学概念和框架写就的中国哲学史,对中国学人来说,既不生疏,也不熟悉。许多哲学概念,如感性与理性,个别与一般,存在与本体,假设与实验,唯物与唯心,等等,是中国传统典籍从未应用的语词,在观感上是陌生的,在内容上却依然相识,因为阐述的对象和内容仍是四书五经、诸子百家。所以这一新型的学说对中国人来说是不生不熟,从这方面说,中国哲学史从一诞生就成了夹生饭,这也势必带来不良的后果。

用西方哲学的观念和方法解释中国思想家的思想,这一思路主导中国思想史研究,造成思想史与哲学史的边界长期混淆不清,直到近几年才有将这两者相区别的自觉。试看现代著名的思想史或哲学史的著作,如胡适的《中国哲学史大纲》、冯友兰的《中国哲学史新编》、侯外庐的《中国思想通史》、钱穆的《中国古代思想史》、任继愈的《中国哲学史》、杨荣国的《中国古代思想史》,等等,诸多著作是哲学史又似思想史,是思想史又似哲学史。这两者所以很难区分,是因为思想史用以分析对象的概念、阐述的体例和框架与哲学史大同小异,学术词语极其相似,所以这两者既有分别而又分别不清,这已成为当今中国哲学史的通病。

一门学科发展一个世纪,竟然遭遇是否具有合法性的诘难,哲学面临如此重大的困境,自然也成为思想史的困惑,因此提出为中国哲学寻根、中国思想的根在哪里的问题。呼声最高的是贴近生活,建立中国的理论体系。汤一介提出,从中国典籍中发掘解释系统,创建不同于西方的解释学;李泽厚将生活提高到新高度,认为生活是历史的本体;黄玉顺则把传统儒学归结为生活儒学;葛兆光认为思想史应扩大到一般知识和民间信仰的范畴。② 从当代哲学的自省中,可以看到生活研究对中国思

---

① 金岳霖:《审查报告二》,冯友兰:《中国哲学史》,“附录”,中华书局 1981 年版。

② 汤一介:《创建中国解释学问题》,《学术界》2001 年第 4 期;李泽厚:《历史本体论》,生活·读书·新知三联书店 2002 年版;黄玉顺:《复归生活重建儒学》,《人文杂志》2005 年第 6 期;葛兆光:《什么是思想史——“中国哲学”问题再思》,《江汉论坛》2003 年第 7 期。

想形成的重要价值。

20 世纪西方文化哲学的一个重要倾向，是将日常生活提高到理性层面来思考。胡塞尔对“生活世界”的回归，维特根斯坦对“生活形式”的剖析，海德格尔有关“日常共在”的观念等，表明一代哲人均把注意力转向日常生活的研究。从物质生活到精神生活，将人类文化的外显形式与深层的价值内核结合起来考察，体现了人文社会科学研究深化的趋势。

社会文化史既以研究生活为本，责无旁贷地要担当从生活中建构中国文化观念的系统、建立自己的学科理论的重任，这一领域的研究成果必将丰富甚至改写中国哲学史和思想史，社会文化史也因此走向人文学科的前沿。

二　从生活日用中提升中国理念

社会文化史以生活方式、社会风俗和民间文化为研究对象。其研究的内容与社会史、民俗史和文化史有交叉，不同的是它并非各别的单个研究，而是对这三者进行统合考察，对生活现象做出文化解析和社会考察；从一事一物的发展和上层与下层的互动中，引出深度的阐释和思考。似文化史，可不是精英文化史；似社会史，但并非单纯描述社会现象；有思想史内涵，却迥异于传统的观念史。简而言之，可称为富有思想性的社会生活史。这样一种研究思路，最能展现中国传统社会、文化思想的本土特色。社会文化史在中国有丰富而深厚的历史资源，足以创生不同于西方文化的中国理论。

生活包含物质的、非物质的文化遗产，内容广泛而丰富。以生活为本，具有人类性，不分民族、国别，无论中外古今，也不论文明发展的先进和落后，凡是有人类生存的地方，都要对人类自身的来源、生存和发展做出自己的解释，这是一个族群生存发展必须具有的人生态度和对世界的认识。

首先要认识什么是中国特色的生活观念。

生活，是人类生存的基本需求。不同国家、种族和地区的人们，都需要吃饱穿暖，而对生活的理解却各有不同。生活作为研究的对象，是一个古老的命题。但生活是源于人的创造，还是神的恩赐，在中西文化中各有不同的解释。西方文化通常把生活来源追溯为上帝的恩赐，而在中国人的心目中，生活原料的创造者不是上帝和神仙，而是中华民族的祖先黄帝。古籍记载，从黄帝开始才有了衣服、旃冕、房车和播种耕作，蒸谷为饭，采药为医。传说中燧人氏取火，有巢氏筑屋，伏羲氏养牲畜，神农氏种谷，受到后代尊崇的先人们，无一不是在衣食住行中建功立业。

所以黄帝受到中国人的崇拜，不仅因为他是中华民族的祖先，还因为他教民农耕、熟食、建房、造车，是缔造中国人生活方式的始祖。由他发明的“饮食”成为儒家文化的核心思想——礼——的本源。《礼记·礼运》篇说：“夫礼之初，始诸饮食，其燔黍捭豚，污尊而抔饮，蒉桴而土鼓，犹若可以致其敬于鬼神。”爆粟粒，烤小猪，挖土坑盛酒，用手掬饮，再用草槌敲地取乐，这大约就是先民视为美食美酒的盛事，用自己最得意的生活方式，祭祀鬼神，表示对祖先和神灵的崇拜和祈祷，这就开始了礼仪的行为。据王国维考证，在食器中盛放玉，是“礼”字的原初形态，此种食器也就成为至尊至荣的礼器。所谓礼之初始诸饮食，揭示了文化现象是从人类生存的最基本的物质生活中发生的，这是中华民族顺应自然生态的创造，也表现了日用器物与观念形态不可分解的因缘。

“生活”，在中国是古老的用语，它的原义只是生命的延续。《尚书》云：“流谓徙之远方，放使生活。”《孟子》说：“自作其灾孽，不可得而生活也。”东汉应劭的《风俗通义》记载，秦始皇释放燕国的人质太子丹，使他“可得生活”。在古人眼中，把犯人流放、释放人质回国，或诅咒对手不得活命，都可谓“生活”，就是让人活下去或不让人活，使生命继续存在或不存在，因此“生活”与“活命”是同一意义。

活着，是人类来到世界的第一需要，活着才能实现生命存在的意义。为了活着，首先要有供应身体成长的生活资料，古人对此统称为“日用器物”“服食器用”或“百姓日用”。在《尚书》《诗经》中就已提出日用器物的概念，有关“服”“食”“器用”的用词，出现在《论语》中有 111 次，《孟子》中 218 次，两者相加高达 329 次。① 以如此高的频率出现

---

① 笔者据杨伯峻《论语译注·论语词典》（中华书局 1962 年版）和《孟子译注·孟子词典》（中华书局 1963 年版）统计。

在儒家的经典著作中，充分表明早在先秦，百姓日用之学就已经成为儒家的经典之教。嗣后的重要学者没有不对器用进行论述的。到明后期，在理学中出现泰州学派，王艮认为：“圣人经世，只是家常事。”[①] 李贽提出：“穿衣吃饭即是人伦物理。”[②] 将日用之学提到新的高度，促使这一学说发展到极点，以芸芸众生穿衣吃饭的欲望，突破以天理克制人欲的禁锢，萌生早期启蒙思潮。

日用之学发生、发展的过程，也是伦理观念不断渗透到日用器物的过程。日用器物本是人类劳动的产品，按照人们的意愿，用自然界的原料加工成适合人们使用的器物，以改善和提高生活水平，这是社会文明和生产者聪明才智的表现。就这些成品本身而言，乃是无知无识的客观存在，古代思想家却给这无知无识的存在物赋以“道”的含义。“道”是什么？是伦理化的观念。“形而上者谓之道，形而下者谓之器”，这句出自《易经》的名言，在该书的注疏中释为：“道是无体之名，形是有质之称。凡有从无而生，形由道而立，是先道而后形，是道在形之上，形在道之下。故自形外已上者谓之道也，自形内而下者谓之器也。形虽处道器两畔之际，形在器，不在道也。既有形质，可为器用，故云‘形而下者谓之器’也。”[③] 王夫之对此补充说：“无其器则无其道。”[④] 就是说，器由道而生，无道不成器，故道在形之上，器为形之下，这上下之别，是因为道为器物之本源，但是无器也就没有道的存身之处，所以这道和器虽有形上和形下之分，两者却密不可分，道是器的内涵，器是道的外在形式，器有粗细之别，道也有深浅之分，两者相依共存。所以这“器”在常人看来是家常日用，在圣人看来却是“道”之所寓，即器即道是成圣的体验。一方面是圣人的眼光下移到家常事，另一方面是将日用事物伦理化，从这里可以理解朱熹所谓“盖衣食动作只是物，物之理乃道也。

---

① 袁承业：《王心斋先生遗集》第1卷，“语录”，《王心斋全集》，江苏教育出版社2001年版，第5页。

② 李贽：《答邓石阳》，《焚书续焚书》，中华书局1975年版，第4页。

③ 王弼、韩康伯注，孔颖达疏，陆德明音义：《周易注疏》第11卷，“系辞上”，上海古籍出版社1989年版，第263页。

④ 王夫之：《周易外传》第5卷，“系辞上·传第十二章”，中华书局1977年版，第203页。

将物便唤做道，则不可。且如这个椅子有四只脚，可以坐，此椅之理也。若除去一只脚，坐不得，便失其椅之理矣。‘形而上为道，形而下为器。’说这形而下之器之中，便有那形而上之道。若便将形而下之器作形而上之道，则不可。且如这个扇子，此物也，便有个扇子底道理。扇子是如此做，合当如此用，此便是形而上之理。天地中间，上是天，下是地，中间有许多日月星辰，山川草木，人物禽兽，此皆形而下之器也。然这形而下之器之中，便各自有个道理，此便是形而上之道。所谓格物，便是要就这形而下之器，穷得那形而上之道理而已，如何便将形而下之器作形而上之道理得！饥而食，渴而饮，日出而作，日入而息，其所以饮食作息者，皆道之所在也”①。从日用器物中体认天理人情的无所不在，由此得出“格物致知”的知识论。人们不仅从文本的传授和阅读中接受伦理教育，也从日常生活消费与物质用品中接受伦理教化，对不识字的“愚夫愚妇”来说，后者更是接受教诲的主要渠道，这就是百姓日用之学的价值所在。

对物的伦理化还形成中国思想史的一系列概念。从先秦儒学、汉代经学、魏晋玄学到宋明理学，历代的鸿儒硕学无不善于从日常生活中阐扬哲理，并从具体的器物层面，上升到抽象的理念。在中国思想史中覆盖面最广的两个概念是“礼”和“法”。“礼”的字形据王国维考证是“盛玉以奉神人之器”②；“法”在甲骨文中又作“彝”字③，此乃米、丝和豕的字形组合，是祭品也是食品，所以这“礼”和“法”的原生态，都是从生活日用中发源。至于道和器、理和欲、义和利、形上和形下等常用概念，都不是脱离物质生活的独立存在，每个概念都有与之相匹配的对应物。其实质是将伦理观念寓入日用器物之中，将有形可见的器物内化为理性的东西，使之秩序化、信仰化。在这内化的过程中，器物已超越它的使用价值，成为人们沟通道体的媒介。因此形上有外在的形下表现，形下有内在的形上寓意，道器有分，而又无分，促使人们达到道器合一、即道即器的境界。对事物的认识是直接从器物一步登天，跃至

① 《朱子语类》第 4 册，第 62 卷，“中庸一”，中华书局 1986 年版，第 1496—1497 页。

② 王国维：《观堂集林》，“释礼”，中华书局 1959 年版，第 291 页。

③ 参见詹鄞鑫《释甲骨文“彝”字》，《北京大学学报》1986 年第 2 期。

形而上学，从形下到形上依凭对生活的感悟，而无须逻辑推理。概念的形成不是依靠逻辑思辨，而是基于人人可以感受的生活经验，所以生活日用在中国，是思想观念之源，从概念的发生学来考察，中国哲学的长处不在思辨的形上学，而是经验的形上学，这是中国人的思维方式。

生活与观念本是人类分别在物质生活和精神生活领域的行为和反映，生活是感官的满足和享受，观念是理性的思考和选择；在认知方面也有感性认识和理性认识的差异。这两者各有相应的范畴，并不等同。把伦理观念融入生活日用之中，使日用器物伦理化，这就可能把矛和盾置于相互冲突的境地。试想，伦理是道德精神、价值观，这是稳定的不易变动的因素；器物乃是人的享用物，它随着社会经济的发展和生活需求的增长不断更新，这是易变的不稳定的因素。这两者共生、共处引出发展中的悖论，即一方面是生活日用承载伦理说教，扩大了教化的领域；另一方面又造成生活日用对伦理规范的冲击。明末的中国早期启蒙思潮，就是在生活欲望不断追新求异、越礼逾制的浪潮中催生的。百姓日用之学的本意是在生活领域加强封建伦理教育，它的发展又对封建伦理起了削弱的作用，最后成为顾此失彼的双刃剑，其根源就在于对“物”的伦理化。

中国人对“物”构成世界的理解，与西方迥然不同。例如五行说，《尚书·洪范》曰：“五行，一曰水，二曰火，三曰木，四曰金，五曰土。水曰润下，火曰炎上，木曰曲直，金曰从革，土爰稼穑。”这金、木、水、火、土五种物质，是中国人对世界生成的看法。若论对单个元素的看重，与古希腊相似，泰勒斯提出“水”，赫拉克利特提出“火”，等等，都是有关世界本原的看法。但中国并不像古希腊那样，从单个物质追究世界的本源，而是讲究金、木、水、火、土的关系。这五行即这五种元素相生相克，木克土，土克水，水克火，火克金，金克木；金（铁）能砍木，木能扎进土，土可堵水，水可灭火，火可熔金。一物制一物，绕行一周是个连锁的圆。相反则是，水生木，木生火，火生土，土生金，金生水；木有赖水而生，木燃烧生火，火烧成灰土，土中有矿生金，金熔化成液体生水。一物生一物，也是一个连锁的圆。如此相反相成，周而复始，都是一环套一环，环环相扣，这反映在历史观上就是循环史观，天下大事，分久必合，合久必分。虽然在漫长的历史发展中也有柳宗元的《封建论》表现出进化史观，但循环史观长期占据正统的地位。每逢改朝换代，都要改正朔，易服色，以示崇尚的不同，要的就是一物克一物，以示今朝胜前朝。从自然代谢推向人事兴亡，自然观与历史观合而为一。对天、对人、对物、对世界的认识充分伦理化，是中国思想史的重要特征。

三 礼俗互动是中国社会文化史的特色

在中国人心目中，大至天道运行，小如日用器物，深到修身养性，无不以伦理为本位，修身、齐家、治国、平天下概以伦理为出发点和归宿。伦理在中国，内化为修己之道，外化为治人之政，已超出一般意识形态的范畴，形成一系列的社会制度，即礼治秩序，这是礼俗社会的实质。

礼俗本于生活，但礼和俗并不是一回事。古人所谓礼始诸饮食，本于婚，揭示了这一文化形态是从饮食男女的生活习惯中起源的。礼的雏形，成形于氏族社会的祭祖仪式，商代人将其神化。祭祖的重点是祭君主的祖先，只有君主的祖先才能聆听上天的意旨统治人间，并按照与君主血缘的亲疏远近，界定尊卑贵贱的等级关系，使得原始的礼注进阶级统治的内容。周代形成系统的典章制度，以嫡长制为中心确立宗法制和分封制，用以维护贵族内部各阶层的特权，包括爵位、权力和衣食住行、日用器物的享用。“礼者，别尊卑，定万物，是礼之法制行矣。”（《礼记·乐记》孔颖达疏）礼同权力、财产的分配和日用消费结合在一起，展开法制的、经济的、文化的全面联系。春秋战国经过“礼崩乐坏”的震荡和孔子、荀子的再造，建构了系统的礼教学说，强调人不学礼，无以立身处世，因此要“道之以德，齐之以礼”。设立以礼为中心的六艺之教，教育及诲人概以礼为重要内容，使得法定权利与知识教育、道德修养融为一体。

礼制是王朝钦定的器物分配制度。历代王朝都以“会典”“典章”“律例”或“车服制”“舆服制”“丧服制”等各式条文，规范和统御人们的物质生活。所以，礼在中国不仅是道德信仰和思想观念，也是日用消费品分配的准则和人际交往的规范。日用器物对消费者来说兼有物质待遇和精神待遇双重价值。早在先秦时期，荀子就为这种分配方式提供了理念："德必称位，位必称禄，禄必称用。"（《荀子·王制》）有德才有位，有位才有禄，以物可以观位，以德又可量物，道德表现、社会地位与财禄器用相应相称。权力通过日用器物的等级分配，物化为各个阶层生活方式的差异，这是社会模式，也是文化模式，正如司马迁所说，礼能"宰制万物，役使群众"①。管天、管物、也管人，这是意识形态与社会生活高度契合的形态。

对于"风俗"，中外文化有不同的认识和阐释。古人称为"风俗"的，今人称为"民俗"，这一字之差，表现了中国风俗的特色。"风"，出于《尚书·说命下》："咸仰朕德，时乃风。"后世解释为"风，教也"。"俗"，郑玄在《周礼注疏》中释为"土地所生，习也"。所以风俗在汉语的语义中，带有对"俗"进行教化的寓意。这才有所谓："道德仁义，非礼不成；教训正俗，非礼不备。"（《礼记·曲礼》）突出以礼治俗的统治思想，受到历代帝王的重视。为政必先究风俗，观风俗、知得失，这是历代君主恪守的祖训，帝王不仅要亲自过问风俗民情，委派官吏考察民风民俗，在制定国策时作为重要参照，并由史官载入史册，为后世的治国理政留下治理风俗的经验。

现代民俗学使用的"民俗"话语，是西方在19世纪形成的一个新概念，与中国的"风俗"观不尽相同。民俗虽然在各个民族中都有漫长的历史，但在近代以前并没有形成一门独立的学问，直到18、19世纪之交，民族主义的兴起激发了人们对民族生存状态的兴趣，才引起对风俗习惯和信仰仪式的关注。1864年，英国的古生物学家汤姆生创造出"民俗"（Folklore）这一由民众（Folk）和知识（Lore）组成的新词语，随后才有民俗学的诞生。即使如此，仍然有人视其为难登大雅之堂，打入另册，如在日本称为"土俗学"，在美国与"赝品学"同义，这类名称在不同程度上表示这是又俗又土的学问，是专指下层的、民间的习惯。若从研究的内容来说，确实如此，但从学科来说，以土俗和赝品相称，反映了鄙视下层文化和土著文化的精英观念和殖民意识，这与中国重视风俗的传统很不相同。概念不能取代内容，但概念却能影响资料的取舍和

① 《史记》第4册，第23卷，"礼书第一"，中华书局1997年版，第296页。

阐述。

所以，礼与俗，无论就其社会功能还是文化属性来说，分处于国家与民间的不同层次。孔子说“礼失而求诸野”，“礼从宜，使从俗”。有生活才有规范生活的礼，所以俗先于礼，礼本于俗。俗一旦形成为礼，上升为典章制度和道德准则，就具有规范化的功能和强制性的力量，要求对俗进行教化和整合。所以礼虽然起源于俗，却高踞于俗之上，成为国家制度和意识形态的主流，其涵盖面之广，几乎成为中国文化的同义语，而在西方思想史中根本找不到与“礼”相似的语词，这是有别于西方，从中国社会土壤中形成的特有概念，理应成为本土社会文化史的重要概念。

柳诒徵早在 20 世纪 40 年代就指出，以礼俗治国“博言之，即以天然之秩序（即天理）为立国之根本也”。在世界上并不乏遵循天然秩序生活的民族，但在中国“礼俗之界，至难画分”①。这是中国特色。与此同时，社会学家费孝通经过社会调查，写成《乡土中国》一书，提出中国基层社会本于礼治秩序，乡土中国是礼俗社会的见解。值得注意的是，古代思想家经常运用礼、智、仁、义、诚、信、和、中庸等概念，其中的礼，不仅是思想观念和道德准则，也是制度的实体，更是唯一经过现代社会学家论证的，具有涵盖社会上下、贯穿精神和物质、得到全国各地最大范围认同的价值观念。这是中华文化历史悠久、覆盖面最广、传承力最顽强的重要原因。

从礼俗互动的视角考察中国人的衣食住行，有助于深入认识中国的国情和民性。例如，中国人传统的住房多以平面建筑为主，为什么很少向高层发展？地理环境、建筑材料固然有影响，更重要的原因在于社会制度的制约和社会观念的崇尚，缘于礼制以尊卑贵贱的等级限定民居的高度，即使拥有钱财，也不能随意建高层。不向高处发展，就横向发展，因此形成多进的深宅大院。

中国人崇尚金木水火土五行学说，土是承载负重的大地，木能建构空间，土和木是建筑平房的最佳材料，却不宜造高楼，所以中国的民居

---

① 柳诒徵：《中国礼俗史发凡》，《柳诒徵说文化》，上海古籍出版社 1999 年版，第 270、261 页。

沿着地平线延伸，平稳舒缓、布局均衡。每所住宅由东西南北四向构成四合院，正房、偏房、厢房、穿廊，主次分明，充分体现一家之中长幼有序、上下有分、内外有别的规则。宅院中最大、最好的为正房，由一家之长居住，子女儿孙分别居于附属的厢房或耳房。居室由面积的大小、方向的阴阳，表现权威性和仆从性。一家之主，往往是一夫多妻，元配居正房，小妾住偏房，因此古人常以“正室”称呼大夫人，用“偏房”称呼小妾，以正和偏表示不同的身份，用居室标志地位的高低。这比一般性的描述多了一份居家伦理。所以中国人的衣食住行、婚丧节庆，不论形制、仪式和内容，莫不体现出礼制的主导作用。

再以饮食为例，随处可见饮食烹调与伦理政治相通的倾向，普普通通的日用器物，一旦注以伦理政治的观念，立即神圣不可侵犯。鼎就是突出的一例。

鼎，自古以来被认为是国家的重器，其实是只饭锅。它鼓腹，比其他容器能盛放更多的食物；两耳，便于提携移动；三足鼎立，方便置火燃烧。炊具和餐具合一，比当时的笾、釜、镬、豆、簋等食器具有更大的实用价值。所以古人认为是“调和五味之宝器”。用宝器供奉祖先和神灵，施行祭祀的重大礼仪，这就不同凡响，因而被尊为礼器。传说黄帝铸造了三只鼎，以此象征天地人；夏禹收罗全国的金属，铸成九个大鼎，作为传国之宝。周灭商后，移九鼎于镐京，举行隆重的定鼎仪式，自此，定鼎喻为国家政权的奠基，鼎也就成为权力的象征。鼎有了这样特殊的价值，就不能再为普通人所拥有，因此又有列鼎制度。天子可以有九鼎，诸侯七鼎，大夫五鼎，士三鼎。士、大夫、诸侯、天子，权力愈大拥有的鼎数就愈多。“调和鼎鼐”这一本来纯属烹饪的术语，在古代亦可作为宰相治理国政的代称。春秋时晏婴对齐景公谈论君臣关系时，以和羹做比喻。孙子论兵学是烹饪之学，《淮南子》论治学以烹饪为例证，老子的“治大国若烹小鲜”传诵千古。这些都是古代著名的政治家和思想家，他们不厌其详地从烹调方法论及国家大事，是治国理政高度权术化的表现，也是伦理政治对生活强力渗透的结果。诸如此类在服饰文化中更有充分的体现，这里不一一列举。

总之，在传统中国，衣食住行，百姓日用，无不具有伦理的意义，有的已成为政治伦理的符号，这种生活方式在世界上也属独一无二。从这里可以理解任继愈先生为什么强调，外国人学汉学要从认识中国人的生活方式开始。

贴近生活日用，从礼俗互动中认识中国人的生活和思想，撰写具有本土特色的社会文化史，是建设这一学科的重要使命。

近代中国“道”的转化*

罗志田

尽管现在越来越多的人不很接受所谓“冲击—反应”的解释模式，近代中国在西潮冲击下发生了急遽而重大的转变，仍是不可否认的。近代汹涌而来的西潮，很多时候是伴随着武力的。中国的领土主权得以基本保存，西方的“文化侵略”则远更成功。相当多中国读书人的思想方式被改变，接受了以强弱定文野的判断标准。① 由于中外武力竞争基本以中方失败为结果，各自的文明与野蛮似乎昭然若揭。于是，以西方观念为世界、人类之准则，并努力同化于这些准则之下，逐渐成为很多读书人普遍持有的愿望。

这一初或起于民间的思想趋势逐渐得到朝廷重臣的支持，形成了大致的朝野共识，最终影响到高层的决策，导致了国家目标外倾这样一个几千年不曾有的根本性大逆转。原本“四裔”对“中国”而言基本是存而不论的，后来则外来标准成了制定国策的基础，而基本的国策也以外向为主，充分表现出“近代”与“古代”的一个重大区别。在相当广袤的土地上，由人类很大一部分人在两千年以上的时间里所共遵的政治体制、政治秩序或政治生活方式，逐渐淡出时人以及后人的心胸，不复为

---

* 本文原载《近代史研究》2014 年第 6 期。本文是教育部人文社会科学重点研究基地项目“东方学视野下的文学、学术思想变化与学科认同”（08JJD752081）和四川大学 985 工程三期建设项目“区域历史与民族研究创新基地”的阶段成果。

① 参见罗志田《权势转移：近代中国的思想与社会》，北京师范大学出版社 2014 年版，第 2—52 页。

认识自己和他人的思想资源。①

“西学”在士人心目中的确立，也使传统的“道”被时空化。从以前相信“天不变，道亦不变”，亦即“道一而已”，到逐步承认“道出于二”，进而衍化为以西学为基础的“道通为一”。② 在此三阶段中，“道”从普适于“天下”（即全人类）的大方向，缩小为中西学区分下的区域成分，并有“过时”之嫌；后再上升为“世界”通行的模式，而其内涵已基本面目全非了。

这一根本性的大转向，是近代这一特殊时代的特殊产物，非常值得梳理和反思。“道”的转化进程当然并非单线的，而常常是多程并进的，中间有无数错综复杂的演变。本文仅以一些象征性的时人表述，简单勾勒这一转化的发展轨迹，兼及一些读书人因此而起的困惑，以为理解近代中国特异性的参考。

一 “道一而已”乎?

王国维曾简明指出：“自三代至于近世，道出于一而已。泰西通商以后，西学西政之书输入中国，于是修身齐家治国平天下之道乃出于二。”③这很容易让人想起欧阳修所说的：“由三代而上，治出于一，而礼乐达于天下。由三代而下，治出于二，而礼乐为虚名。”（《新唐书·礼乐志》）

或许王国维说这话的时候，心里就想着欧阳修的话。也许他曾读过此语，印象颇深，虽非有意模仿，无意中却影响了他的言说。若两相对照，则即使在三代以下“治出于二”的时段，仍然是“道出于一”。可知在王国维心目中，西学输入中国造成的根本性转变，远大于三代与后世的差异。

---

① 参见罗志田《国家目标的外倾——近代民族复兴思潮的一个背景》，《近代史研究》2014 年第 4 期。

② 按“道一而已”语出《孟子》，“道通为一”语出《庄子》，此皆借喻。下文使用的古籍和民国早年的文籍，都尽可能使用后出的标点本，一些标点已略作更易，恕不一一说明。

③ 王国维：《论政学疏稿》（1924 年），《王国维全集》第 14 卷，浙江教育出版社、广东教育出版社 2009 年版，第 212 页。

其实，在中国历史上，即使在“天不变道亦不变”① 的时代，“道”也不总是那么“独一无二”的。在后来以道名家的老子那里，道是“有物混成、先天地生。寂兮寥兮，独立而不改，周行而不殆，可以为天下母”（《老子》）。然而当孔子说“人能弘道，非道弘人”（《论语·卫灵公》）之时，这“道”又是发展的，需要维护的，故“君子谋道不谋食……忧道不忧贫”（《论语·卫灵公》）。这里的“道”，是可通达而重在实行的，故可以忧，可以谋，也需要弘；其所忧所谋的，应当更多是道的实行（即欧阳修所说的治）；而所弘的，既可以是道的实行，也包括道的本体。

同时，孔子也说过“道不同，不相为谋”（《论语·卫灵公》）。则“道”似非“一”。从学理上言，“道”之“不同”，既可以是“道”本身不同，也隐伏了以多种形式来表现唯一之“道”的可能性（后来很多“三教合一”的主张，正由此生发）。然而孔子又明确了不与同流的态度，则即使是那些表述或表现不同的“道”，也应非“一以贯之”的“吾道”。既然不同的“道”（包括表述或表现不同者）不是唯一之“道”，孟子要辟杨、墨，也就可以理解了。

而孟子则确实说过“道一而已”。那是出自《孟子·滕文公》中的一句，本述实而无深意。② 更明确的表述，是荀子所强调的“天下无二道，圣人无两心”（《荀子·解蔽》）。韩非子也说过“道无双，故曰一”（《韩非子·扬权》）。另一方面，不仅孟子曾辟杨、墨，同属孔门的荀子也诋及子思、孟轲，言词颇不留余地（参见《荀子·非十二子》）。可知有了

---

① 按“天不变道亦不变”出自董仲舒的对策，其背景是汉武帝先提出“三王之教，所祖不同，而皆有失”，与一般所说道是“久而不易者”不同。董仲舒显然不同意，故明言“道之大原出于天，天不变，道亦不变”。然因其在反驳皇帝的主张，不得不在尧舜禹“三王之道”的不变和夏殷周“三代之礼”有损益之间，绕着说什么“继治世者其道同，继乱世者其道变”。三王皆治世，自不必有所损益；而三代之季世则皆无道而为乱世，故需“救弊之政”。实则他先已说了“道者，所繇适于治之路也；仁义礼乐，皆其具也”。则夏殷周之所损益者，非“道”而“具”，故道仍未变。同时他也确实感觉汉代继乱世之后，须有所变，故呼应汉武帝的意思，建议汉当“用夏之忠”（可知三代虽不如三王，也差不太多）。参见《汉书·董仲舒传》，中华书局1962年版，第2518—2519页。

② 原文是：“滕文公为世子，将之楚，过宋而见孟子。孟子道性善，言必称尧、舜。世子自楚反，复见孟子。孟子曰：‘世子疑吾言乎？夫道一而已矣。’”

竞争性的“对手方”，就与面向人人的自述心得不同。后来的理学家尊孟轻荀，故多赞孟子捍道而斥荀子诋毁圣贤，恐怕有所误解①，至少可见当年思想竞争相当激烈。②

或因遵循了这样的斗争精神，面临禅道有力冲击的宋代理学家，在言及儒道佛三家之关系时，便据孟子所说的“道一而已”申发出不少严正的意思。张载就强调：“道一而已，此是则彼非，此非则彼是，固不当同日而语。”③ 然如前所述，孔子心目中的“道”可能非“一”，也隐伏了可以有多种形式来表现唯一之“道”的意思。宋代便有人引荀子“天下无二道，圣人无两心”之语，来论证“儒释虽不同，毕竟只是一理”。朱子对此不能赞同，称“惟其天下无二道，圣人无两心，所以有我底着他底不得，有他底着我底不得。若使天下有二道，圣人有两心，则我行得我底，他行得他底”④。

不过，如陶希圣曾说，宋代理学的特色即“一面援道与佛，一面排道与佛”⑤。从北宋到南宋，从天子到一般士人，一直存在一股融汇儒释道三教的倾向。北宋真宗即曾对宰相说：“三教之设，其旨一也，大抵皆劝人为善，惟达识者能总贯之。滞情偏见，触目分别，则于道远矣。”⑥ 而南宋圭堂居士也说，“道由心悟”，隐显不一，“佛者见之谓之佛，道者见之谓之道，儒者见之谓之儒”⑦。

明代大儒王阳明是向三教融和说倾斜的⑧，他晚年曾对弟子明言：

---

① 江瑔曾专门写了《论孟子非拒杨墨、荀子非非思孟游夏》以解释之，参见江瑔著、张京华点校《读子卮言》，华东师范大学出版社 2012 年版，第 49—55 页。

② 后来学术观念转变，章太炎则把《荀子·非十二子》和《韩非子》所说的“儒分为八”作为学术能独立而不调和的正面表征，强调其“虽同在一家者，犹且矜己自贵，不相通融”。参见章太炎《诸子学略说》(1906 年)，汤志钧编《章太炎政论选集》上册，中华书局 1977 年版，第 285—286 页。

③ 张载：《正蒙·乾称篇》，章锡琛点校：《张载集》，中华书局 1978 年版，第 65 页。

④ 黎靖德编，王星贤点校：《朱子语类·释氏》第 8 册，中华书局 1986 年版，第 3015 页。

⑤ 陶希圣：《北大、五四及其应负的责任》，董鼐总编：《学府纪闻：国立北京大学》，台北，南京出版公司 1981 年版，第 41 页。

⑥ 李焘：《续资治通鉴长编·真宗大中祥符六年》，中华书局 1985 年版，第 1853 页。

⑦ 圭堂居士：《新编佛法大明录·篇终杂记》，转引自杨曾文《佛教与中国历史文化》，金城出版社 2013 年版，第 334 页。

⑧ 参见陈立胜《王阳明三教之判中的五个向度》，《哲学研究》2013 年第 3 期。本文使用的一些材料，也从此文得到提示。

“道一而已，仁者见之谓之仁，知者见之谓之知。释氏之所以为释，老氏之所以为老，百姓日用而不知，皆是道也，宁有二乎?”且“正以此道之无二，而其变动不拘，充塞无间，纵横颠倒，皆可推之而通”。[①] 其说与圭堂居士相近。

当被问及“三教同异”时，阳明更提出“道大无外，若曰各道其道，是小其道矣”。就像一家厅堂被隔为三间，其后子孙分居，数传而渐设藩篱，由相助而相争，甚至相敌。若去其藩篱，仍是一家。“三教之分，亦只似此。其初各以资质相近处学成片段，再传至四五，则失其本之同，而从之者亦各以资质之近者而往，是以遂不相通。”[②] 这大致即是《庄子》道术裂而方术生这一思路的通俗化，不过已扩充到更广阔的空间里了。

以今日的后见之明看，且不论三教是否要“合一”，它们之间确有竞争，但不必是敌进我退、敌退我进的零和关系，而可以是一种能够彼此相容甚或在学理上相融的关系。观王阳明之意，三教均为道之一种表现形式。如此则“教”虽为三，其“道”则一。但“道”或是形而上的学理，“教”却有一整套组织、仪式和推行方式。“道”可以是开放的，“教”是否也如此呢？这个问题宋人已在考虑，苏辙就以为不然。

苏辙曾对僧道全说，佛法所言，可以从儒书得之，并论证了《中庸》与六祖所言相通处，使道全惊喜而以为“儒佛一法”。而苏辙又说“不然。天下固无二道，而所以治人则异。君臣父子之间，不可一日无礼法。知礼法而不知道，世之俗儒，不足贵也。居山林，木食涧饮，而心存至道，虽为人天师可也，而以之治世则乱。”故“古之圣人，中心行道，而不毁世法”[③]。后者或即庄子所谓“道之真以治身，其绪余以为国家，其土苴以为天下”（《庄子·让王》）之引申，但庄子的原意是治世非道之

① 王守仁:《寄邹谦之（四)》，吴光等编校:《王阳明全集（新编本)》第1册，浙江古籍出版社2010年版，第219页。

② 朱得之编:《稽山承语》，吴光等编校:《王阳明全集（新编本)》第5册，浙江古籍出版社2010年版，第1611页。按此条与《明儒学案》第二十五卷“朱近斋先生得之语录”第七条同，唯首句为“道大无名”。《明儒学案》当有所本，不排除后某句起为朱得之本人语，则全段标点需易。

③ 苏辙:《老子解》，中华书局1985年版，第64页。

所侧重，小苏则发展为道只宜治身而不能治世。

本《易·系辞》的“形而上者谓之道，形而下者谓之器”，苏辙进而说，自五帝三王以来，皆“以形器治天下，导之以礼乐，齐之以政刑，道行于其间而民莫知”，故“泯然不见其际而天下化”。老子则“体道而不婴于物”，似有“舍礼乐政刑而欲行道于世”的倾向，孔子只能“以龙比之”。“东汉以来，佛法始入中国，其道与老子相出入，皆《易》所谓形而上者。”至魏晋而“好之笃者，则欲施之于世；疾之深者，则欲绝之于世。二者皆非”。盖“道之于物，无所不在”，古之君子，以之“治气养心”；若以“行道于世，其弊必有不可胜言者”。简言之，“老、佛之道与吾道同而欲绝之，老、佛之教与吾教异而欲行之，皆失之矣”①。

道行于其间而民不知，大概就是《易·系辞》所谓“百姓日用而不知”，《孟子》所谓“习矣而不察”（《尽心上》），抑或《庄子》所说的“因是已，已而不知其然谓之道”（《齐物论》）。欧阳修所描述的情景是：由三代而上，“其岁时聚会，以为朝觐聘问；欢欣交接，以为射乡食飨；合众兴事，以为师田学校。下至里闾田亩，吉凶哀乐，凡民之事，莫不一出于礼。由之以教其民为孝慈、友悌、忠信、仁义者，常不出于居处、动作、衣服、饮食之间。盖其朝夕从事者，无非乎此也。此所谓治出于一，而礼乐达天下，使天下安习而行之，不知所以迁善远罪而成俗也”（《新唐书·礼乐志》）。

但苏辙所谓“以形器治天下”，则不仅“导之以礼乐”，并且要“齐之以政刑”，与欧阳修所说的“不知所以迁善远罪”又不同，故“君臣父子之间，不可一日无礼法”。这大概是佛、道二氏之“至道”可以“治气养心”却不足“治世”的关键所在。简言之，儒释道三家是道同而教异，即其形而上者同，形而下者异，故当不绝其道，而不行其教。“道”可以开放，“教”却不能不封闭；若以二氏之道治世，则必致乱。

盖孔子说过：“唯器与名，不可以假人。”因为“器以藏礼，礼以行义，义以生利，利以平民，政之大节也。若以假人，与人政也。政亡，

① 苏辙：《梁武帝》，陈宏天、高秀芳点校：《苏辙集》第 3 册，中华书局 1990 年版，第 994—996 页。

则国家从之”（《左传·成公二年》）。器不仅藏礼，且礼之以利平民，也落实在器之上。如果器转移了（进出皆然），政也就不在了，于是国亡。这里的“器”，便近于苏辙所说的“教”。故小苏的思路，或隐受此说影响。施行于民的“器”或“教”一旦改变，“礼”或“道”也就被架空而名存实亡了，天下焉能不乱？

或延续这一思路，王阳明有新的发挥。他说：

> 夫佛者，夷狄之圣人；圣人者，中国之佛也。在彼夷狄，则可用佛氏之教以化导愚顽；在我中国，自当用圣人之道以参赞化育。犹行陆者必用车马，渡海者必以舟航。今居中国而师佛教，是犹以车马渡海，虽使造父为御、王良为右，非但不能利涉，必且有沉溺之患。夫车马本致远之具，岂不利器乎？然而用非其地，则技无所施。①

此处虽未言明“佛氏之教”和“圣人之道”是否单一之道的不同表述，然据其“道大无外”之说，似当如此理解。若空间或语境不同，器便有别，且到了车马不能渡海的程度，则器的地位显然提高了。《庄子》中的师京曾说：古今犹水陆，而周鲁之道类舟车，若“行周于鲁，是犹推舟于陆”，必“劳而无功”（《庄子·天运》）。此水陆舟车之差，已有空间异而道不同的意思。阳明所说，则是空间异而器不同。然从实施层面言，几乎是以器之成败定道之当否，实不啻一种空间化的器决定论。道亦器的意味，似不呼已出了。

按历代说道器者甚夥，尤其从宋儒开始，兼及理气、体用、本末等，论述极多，而同一人在不同语境下所说也不尽同。② 如朱子就既说“道器之间，分际甚明，不可乱也”；又说“器亦道，道亦器也。道未尝离乎器，道亦只是器之理”。但这都是基于《易·系辞》区分的，是形上与形

---

① 王守仁：《谏迎佛疏（稿具未上）》，吴光等编校：《王阳明全集（新编本）》第2册，浙江古籍出版社2010年版，第313页。

② 关于历代论道和道器观，参见葛荣晋《中国哲学范畴通论》，首都师范大学出版社2001年版，第155—202页。

下，而不是有形与无形，故道和器“有分别而不相离”[①]。上下非有无，故看似对立的言说，未必冲突。朱子此说，最为通达。

后来章学诚也强调“官师治教，未尝分歧为二”，故“道器合一”。且“道不离器，犹影不离形”；天下没有“离器言道，离形存影者”。因“先圣先王之道不可见”，故夫子“述六经以训后世”，则“六经即其器之可见者”，亦即“六经皆器”。后人“当据可守之器而思不可见之道”，并“即器存道”，而不当“自著为说，以致离器言道”。实斋侧重的是“道之隐”，或类《庄子》所说的“不道之道”（《齐物论》），故只能是“道因器而显”[②]。然若从后世重物质的眼光看，以器为形而道为影，也已是器先于道了。无论如何，这样的“道器合一”主张，进一步提升了器的重要性。

在章学诚之前，王夫之已提出了“天下唯器”“盈天地之间皆器”的主张。不过他是基于“无其道则无其器，人类能言之”；而“无其器则无其道，人鲜能言之”，故有意侧重后一方面申论[③]，甚至说出了“据器而道存，离器而道毁”的话。[④] 历代对“器”的重视和强调，这可能是最高峰。不过王氏学说在当世流传不广，真正产生影响，大概已到同治年间曾国藩刻《船山遗书》之后了。本文无意细绎历代道器论发展演化的理路，但器的提升与器的空间化相结合，意味就远更深长了。

明儒焦竑便曾引据苏辙关于天下无二道而治人则异的见解来思考儒释同异的问题，以为“内典所言心性之理，孔孟岂复有加。然其教自是异方之俗，决不可施于中国”[⑤]。焦竑是阳明心学在晚明的要角，也一向赞同三教融通，他有一段广被引用的名言：“道是吾自有之物，只烦宣尼与瞿昙道

---

① 朱熹：《答黄道夫》，《朱子全书》第 23 册，上海古籍出版社、安徽教育出版社 2002 年版，第 2755 页；黎靖德编，王星贤点校：《朱子语类》第 5 册，“易十三、易十一”，中华书局 1986 年版，第 1970、1935 页。

② 章学诚：《文史通义 · 原道中》，仓修良编注：《文史通义新编新注》，上海古籍出版社 1993 年版，第 50—51 页。

③ 王夫之：《周易外传 · 系辞上》，《船山全书》第 1 册，岳麓书社 1988 年版，第 1026—1028 页。

④ 王夫之：《周易外传 · 大有》，《船山全书》第 1 册，第 861 页。关于王夫之的道器观，参见萧萐父、许苏民《王夫之评传》，南京大学出版社 2002 年版，第 112—121 页。

⑤ 焦竑：《古城答问》，李剑雄点校：《澹园集》，中华书局 1999 年版，第 738 页。

破耳，非圣人一道、佛又一道也。大氐为儒佛辨者，如童子与邻人之子，各诧其家之月曰：尔之月不如我之月也。不知家有尔我，天无二月。”①

在焦氏看来，“道一也，达者契之，众人宗之。在中国曰孔、孟、老、庄，其至自西域者曰释氏。由此推之，八荒之表，万古之上，莫不有先达者为之师，非止此数人而已”。那些瓜分而株守之人，都是“见迹而不见道”的“昧者”。② 所谓先达者“非止此数人而已”，其态度之宏通，已超越很多时人以及后人了。然其道一无二的开放观是建立在对“教”或“器”有保留而封闭的基础之上，却也是不能忽视的。

且晚明早已不能维持所谓“道一同风”的状态，据焦竑的观察，“晚近世上失其道，人奋其私智，家操乎异说”③。“道”既失范，典范不能维持，才导致杂说并出，即《礼记·表记》所谓“天下无道，则言有枝叶”。到明末清初，情形更为复杂，因西方天主教的传入，儒生所面临的竞争局面，由“三教”增为“四教”。④ 到近代则新入的西教影响越来越大⑤，而西学亦随风而至，形成席卷天下之势，于是出现了前引王国维所说的“道出于二”。王说虽晚出，实简明概括了已经发生的进程。

二　转向“道出于二”

与西学对应的“中学”，本是晚清西潮入侵所促生；没有外来且获得承认的“西学”，便也无所谓“中学”。清末流行的“中学为体、西学为用”说，等于承认有两种体用的并存，也就是两套道器并存，其实已是一种“道出于二”的局面，不过未曾言明而已。夏震武后来就说，近代“新学者流，以《大学》之格致诚正为治己，修齐治平为治人；治己者圣人与佛老同，治人者圣人与佛老异”，其实就是受了前引苏辙说法的

---

① 焦竑：《明德堂答问》，《澹园集》，第745页。

② 焦竑：《赠吴礼部序》，《澹园集》，第196页。

③ 焦竑：《同仁书院记》，《澹园集》，第247页。

④ 当然，天主教也为当时的士人增添了思想资源。如基层儒学的宗教化，天主教就提供了参照。参见王汎森《晚明清初思想十论》，复旦大学出版社2004年版，第52—57页。

⑤ 后来康有为试图创立孔教，便主要是以模仿西教来因应西教的冲击，与陶希圣眼中的理学颇为相似。

迷惑。①

夏氏所谓佛老，乃明喻西学。而他看出了近代“新学者”与苏辙思路的关联，甚可思。他自己实际主张道器不可分，若引进外来的“世法”，就等于承认了“天下有二道”。与夏震武思路相近而主张相反的是严复，针对“中体西用”的主张，他曾引裘可桴关于“体用一物”的见解说：

> 有牛之体，则有负重之用；有马之体，则有致远之用。未闻以牛为体、以马为用者也。中西学之为异也，如其种人之面目然，不可强谓似也。故中学有中学之体用，西学有西学之体用，分之则并立，合之则两亡。②

简言之，中体和西用不可能“合之而以为一物”。严复所说的不同之体有其相应的用，很像前引苏辙所谓表述不同的道各有相应的教；而此体用之不能与他体用混，尤其牛体与马用之譬，颇类王阳明舟车适用于水陆的说法。不过严复与苏、王二氏有根本的区别，苏、王坚持“道一而已”，唯释、道两家表述不同；而严复的西学却不是“学一而已”的不同表述。苏、王尊重表述不同的“道”，却不能行其“教”或“器”，亦即“道”开放而“器”封闭；严复此时的意思，中学既然不能“救弱救贫”，只能暂束高阁，而整体引进西学的体用。其实就是要实行“道”和“器”的全面转换，实现以西学为基础的“道通为一”（详后）。

尽管都是因应文化竞争的语境，王阳明的“道一无二”是允许多种形式来表述或表现唯一之“道”，严复实际主张（后来由王国维表出）的“道出于二”则正式承认中西各有其“道”。问题是，至少对以前的中国士人而言，“道”本是普适于天下即全人类的，既然西方自有其“道”，则中国的“道”也就成为中西学区分下的一个区域成分了。可以说，随着“西学”在近代中国的确立，传统的“道”便正式被空间化了。

① 夏震武：《孟子讲义》，开封新民社 1921 年版，第 237—238 页。

② 严复：《与〈外交报〉主人书》（1902 年），王栻主编：《严复集》第 3 册，中华书局 1986 年版，第 558—559 页。

而道的空间化与前述器的空间化是不可同日而语的，盖不论器的实际地位有多重要，它仍是形而下的，那隐而不显的道仍处形而上的指导位置。从“天不变道亦不变”的视角言，道变也意味着天变，一旦道被空间化了，就是彻底地变天了。

清季已有人认识到，一些看似“保守”的言说，实际等于承认了道出于二。继“中学”之后，清末又开始兴起所谓“国学”，希望借以保存国粹（当年言国粹者不少是名副其实的“新派”，唯在我们的历史叙述中常被视为“守旧”）。比很多时人更敏锐的窦士镛在清末即已认识到，以国粹、国学等为言，其实已是接受了道出于二的表征。窦氏在光绪末年著《历朝文学史》，书分五部分：文字原始第一、志经第二、叙史第三、叙子第四、叙集第五。名为“文学”，实大体涵盖当时所谓“国学”的内容。然其名为“读书偶得”之序言则说：

> 有益之学，大致备矣。则所以转弱为强、转衰为胜者，天下本无他道，安得名之某国之学哉？则概之曰“读书偶得”云尔。[①]

这段话似言犹未尽，故不易标点（其“转弱为强、转衰为胜”半句，不论是连在上句还是下句，都嫌不甚妥洽，而又不能独立成句）。但意思大体是清楚的，即中国既存的学问是可以“转弱为强、转衰为胜”的，因而也是“有益”的（窦氏虽未明言，大概是在回应严复所说中学不能“救弱救贫”故已“无用”的见解）。他的意思，其所著书已大致涵括了中国的学问，或当仿时人而名之为“国学”。然若依宋明儒强调的“道一无二”，天下既无他道，便不宜有“某国之学”的名称。窦士镛显然认识到，说“国学”就是承认道出于二（甚或更多），故强调他是有意不名其书为“国学”。[②]

---

① 窦警凡（士镛）:《历朝文学史》（约1906年），出版信息不详，国家图书馆古籍分馆藏本，第2A页。

② 在此意义上言，此书名为“文学史”，或亦避“国学”之名的意思，而并非着意于“文学”本身。观其序中所言，一开始就说：“文以明理，文以述事。”而此理此事，皆在于是否守“先王之道”。并强调“国之败，不在财力之贫弱，而由上下之离心；国之胜，不在兵力之盛强，而在士民之协力”。故“知事本于理，理原于文”，则“古今天下”，皆“一文之所维系”（窦警凡:《历朝文学史》，第1A—2A页）。则其意不在说“文学”（更非今人所谓“文学”），不过借其名一用，似亦昭然若揭。

从清末朝野受日本影响言保存国粹，大部分人似乎都自然而然地追随，很少有人注意到，既有国粹，必当有他粹，天下已然多道并存。则进一步的问题是，对于道出于二的局面，究竟是否承认和接受。民国初立，严复就任京师大学堂总监督。1912 年 3 月，因“国体变更，政体亦因之不同”，他召集中西教员讨论各科改良办法。会上议及“将经、文两科合并，改名为国学科”[①]。此虽报纸言说，应是严复自己的意思。他在私下给熊纯如的信中说：

> 欲将大学经、文两科合并为一，以为完全讲治旧学之区，用以保持吾国四、五千载圣圣相传之纲纪彝伦道德文章于不坠。且又悟向所谓合一炉而冶之者，徒虚言耳。为之不已，其终且至于两亡。故今立斯科，窃欲尽从吾旧，而勿杂以新；且必为其真，而勿循其伪。[②]

严复关于中西两学分则并立、合则两亡的主张仍旧，但立意已根本转变。他早年强调中西学各自有其体用，虽辩称不是“尽去吾国之旧，以谋西人之新”[③]，其主张实接近全盘西化。但若两学分立是建立在“道出于一”的基础之上，则即使尽从西学，“西人之新”也还有转化为“自身之新”的可能性。他后来仍主张划分中西，却明言“尽从吾旧，而勿杂以新”，乃是要维护本原性的中国旧学，显然是基于“道出于二”格局的退守。

“国学科”在国立大学堂里正式提出，充分体现了辛亥鼎革的意义——此前关于“国粹”的言说主张，如今需要在制度上付诸实践了。稍后“国学”确实成为北京大学和清华大学两校研究院最先成立的一科，在相当一段时间里也是唯一的一科。然而随着西学分科的逐渐确立，“国学”的内涵如何，甚至“国学”究竟是否是一正当的“学科”，又成为

① 《燕京零拾》，《申报》1912 年 4 月 8 日，第 2 版。

② 严复：《与熊纯如书》（1912 年 4 月 19 日），《严复集》第 3 册，第 605 页。

③ 严复：《与〈外交报〉主人书》（1902 年），《严复集》第 3 册，第 560 页。

学界争论的新议题。[①]

只有少数像王国维这样的人在民元时尚存乐观，针对“今之言学者，有新旧之争，有中西之争”的现状，他感到有必要“正告天下”曰：“学无新旧也，无中西也。”[②] 那时他似乎仍持一种道一无二的观念，但约十年后，“道出于二”就由王氏自己明白表出，实际承认了学有中西。其他一些中国读书人，则不仅同意学有中西，且承认中学不如西学，因而主动向化，希望达成以西学为基准的“道通为一”。

需要说明的是，尽管这西向的“道通为一”应在“道出于二”之后，由于“道出于二”从隐约觉察到普遍确认有一个过程，其间一些“先知先觉”者已开始了“道通为一”的努力。

三　往“道通为一”的再转向

从学理言，西向的“道通为一”与王阳明等人的“道一无二”论，是有相通之处的。其初不过将释、道二氏转为西学、西教而已，但新来的西道却与汉武帝以后的儒术一样，想要一统天下，唯我独尊。而王夫之的道也“因时万殊”观念，则提示了道的时段化，给“道不远人”的旧说增添了新的注释，促成了以西学为基准的“道通为一”。

明确指出道为中西共通者，较早有太平天国的《天条书》，此书在辩白遵信拜上帝教并非“从番”时说：

> 拜皇上帝这条大路，考中国、番国鉴史，当初几千年，中国、番国俱是同行这条大路。但西洋各番国行这条大路到底，中国行这条大路到秦汉以下，则差入鬼路……孟轲云：“夫道一而已矣。”世人有能知“道一”者乎，便能知中国、番国皆当同行当初这条

---

① 参见罗志田《国家与学术：清季民初关于“国学”的思想论争》，生活·读书·新知三联书店 2003 年版，第 8 章。

② 王国维：《观堂别集·国学丛刊序》（1912 年），《王国维遗书》第 4 册，上海古籍出版社 1983 年影印版，第 6B 页。

大路。[①]

据说这《天条书》是洪秀全和冯云山编写的，两人俱为科举失利的塾师，对经史有其心得，故能引孟子“道一而已”的话来助其述说。但这里的“道一”虽声称是中西共通的，实际却是名为拜上帝教的基督教，其所谓共通的“道”已明显向西倾斜了。

在曾国藩看来，太平天国不仅是“外道”，也是匪类。他们让“中国数千年礼义人伦诗书典则”全都扫地荡尽，是“开辟以来名教之奇变”；且其对“佛寺、道院、城隍、社坛”，亦“无庙不焚，无像不灭”。则“外夷之绪”的冲击使中国“抱道君子”和鬼神“共愤”，治明的“王道”和治幽的“神道”也成了同盟，反促成另类的道一无二境界。不过，曾国藩所谓“汉唐元明之末，群盗如毛，皆由主昏政乱，莫能削平”，而“今天子忧勤惕厉，敬天恤民”，故讨贼必胜的说法，可能使一些“赫然奋怒以卫吾道者”产生联想。[②] 当其痛定思痛，对中国问题所在，便可能产生新知。

后来在英国看到“三代”景象的郭嵩焘，就受西人指点而产生出了新思想。他于光绪初年在英国下院听到阿尔该尔公爵说，因为土耳其自己“无政事，无教化”，不能自立，于是英人需代为拒俄。并云：“往册所载，国家有道，得以兼并无道之国，自古皆然。”所以英国兼并印度，即是以有道兼并无道，符合“天地自然之理”[③]。这番话显然深深地触动了郭氏，几个月后他就在与人交谈时提出：

> 三代以前，皆以中国之有道制夷狄之无道。秦汉而后，专以强弱相制。中国强则兼并夷狄，夷狄强则侵陵中国，相与为无道而已。自西洋通商三十余年，乃似以其有道攻中国之无道，故可危矣。

虽然他接着解释说：“三代有道之圣人，非西洋所能及也。即我朝圣

---

① 中国史学会主编：《中国近代史资料丛刊·太平天国》(一)，上海人民出版社 1957 年版，第 81—82 页。

② 曾国藩：《讨粤匪檄》，《曾国藩全集》第 14 册，岳麓书社 1986 年版，第 232—233 页。

③ 郭嵩焘：《郭嵩焘日记》(三)，1878 年 1 月 18 日，湖南人民出版社 1982 年版，第 530 页。

祖之仁圣，求之西洋一千八百七十八年中，无有能庶几者。”但仍表出“圣人之治民以德”，似不如“西洋治民以法”更为有效。且他与洪秀全等一样轻视甚至否定秦汉以后的两千年传统，以为三代是师道与君道并立，“自六国争雄以讫于秦，而君道废；自汉武帝广厉学官，而师道亦废”。宋代虽有程、朱崛起一时，但因“君道既废，师道亦无独立之势”，故其教未能溉之天下。而“西洋创始由于教士，至今尤分主朝权”，虽“不足为师道也，而较之中国，固差胜矣”①。

与当时一般表现出尊西趋向者不同，郭嵩焘是先在经学上下了功夫并有著述的（他在咸丰年间就开始研究《礼记》，其《礼记质疑》在同治年间已定稿），固不能与一般所谓游谈无根者比。而常人眼中罢黜百家、独尊儒术的汉武帝，竟被他视为废师道者，与废君道的秦始皇并论，足见其思想的确独特。若结合他前面所说秦汉以后中国与夷狄都是以强弱相制，“相与为无道”，则西洋哪里是什么“似”有道，根本就“是”以其有道攻中国之无道。其言外之意，中国若没有根本性的转变，其沦为印度也不违“天地自然之理”。

郭嵩焘这些言论还是私下的忧思，后来另一位湖南人谭嗣同在《仁学》中多次引用“道通为一”，并说“循环无端，道通为一”是他所著书的主旨。他在书中提出，“仁以通为第一义”，而通之义又“以‘道通为一’为最浑括”。而其“通”的四义之一即是“中外通”，最终要实现“有天下而无国”的“地球之治”。盖“无国则畛域化，战争息，猜忌绝，权谋弃，彼我亡，平等出”，则“虽有天下，若无天下”。是一个像“西书中百年一觉”或“《礼运》大同之象”的世界。② 在往西走的方向上，谭嗣同看似比郭嵩焘略退了一步。但这是基于其赞同孔、佛、耶“三教教主，一也。吾拜其一，则皆拜之矣”的超越观念。③ 在对时局的分析上，他有时比郭走得更远（详后）。

按“道通为一”是《庄子·齐物论》中的概念，强调的是事物之大

---

① 《郭嵩焘日记》（三），1878 年 6 月 20 日，第 548—549 页。

② 谭嗣同：《仁学》，蔡尚思、方行编：《谭嗣同全集（增订本）》，中华书局 1981 年版，第 289、291—293、296—297、367 页。

③ 同上书，第 335 页。

小美丑、“恢诡谲怪”皆通为一，甚至“无成与毁，复通为一”。近代严复颇乐道之[①]，唯视为《易经》之说。[②] 在他看来，“道通为一”与西方的最高存在（Summum Genus）、自然公例，以及《易》之太极、老子的“众妙之门”和佛家的不二法门，都是一类。[③] 他也知道这是“通众异为一同，更进则此所谓同，又成为异，而与他异通于大同”[④]。

更多时候，严复是从学理层面申论“道通为一”。他一则曰，“格物穷理之事，必道通为一，而后有以包括群言”。要使“支叶扶疏，派流纠缭”之，能“循条讨本”，以“归于一宗”。若“单词碎义，固未足以融会贯通也”[⑤]。再则曰，“穷理致知之事，其公例皆会通之词”。其“所会通愈广，则其例亦愈尊。理如水木然，由条寻枝，循枝赴干；汇归万派，萃于一源；至于一源，大道乃见。道通为一，此之谓也。”[⑥] 他也曾称赞斯宾塞的各项学问“皆旁通交推，道通为一”[⑦]。

在严复看来，能够“道通为一”，正是西学的长处和中学的短处。早在 1895 年，他就提出了一个影响甚远、后来很多学者一直在回应（虽隐显不一）的问题：

> 学之为言，探赜索隐，合异离同，道通为一之事也。是故西人举一端而号之曰“学”者……必其部居群分，层累枝叶，确乎可证，涣然大同，无一语游移，无一事违反……首尾赅备，因应釐然，夫而后得谓之为“学”……故取西学之规矩法戒以绳吾学，则凡中国

---

① 参见吴展良《中西最高学理的绾合与冲突：严复“道通为一”说析论》，《台大文史哲学报》第 54 期，2001 年 5 月。

② 大概是指《易·系辞》中“形而上者谓之道，形而下者谓之器；化而裁之谓之变，推而行之谓之道……圣人有以见天下之赜，而拟诸其形容……圣人有以见天下之动，而观其会通，以行其典礼”一段。参见严复《西学门径功用》（1898 年），王栻主编：《严复集》第 1 册，中华书局 1986 年版，第 93 页。

③ 严复：《穆勒〈名学〉按语》（1905 年）、《〈老子〉评语》（1905 年），王栻主编：《严复集》第 4 册，中华书局 1986 年版，第 1051、1075 页。

④ 严复：《天演论》（下），“佛法·案语”（1898），王栻主编：《严复集》第 5 册，中华书局 1986 年版，第 1381 页。

⑤ 严复：《〈原富〉按语》（1901—1902 年），《严复集》第 4 册，第 875 页。

⑥ 严复：《穆勒〈名学〉按语》（1905 年），《严复集》第 4 册，第 1041 页。

⑦ 严复：《〈天演论〉手稿》（1901—1902 年），《严复集》第 5 册，第 1415 页。

之所有，举不得以“学”名。吾所有者，以彼法观之，特阅历知解，积而存焉，如散钱，如委积。[①]

简言之，中国各项学问，都不过是“散见错出、引而未申者”。而“西学格致，则其道与是适相反。一理之明，一法之立，必验之物物事事而皆然，而后定之为不易”。“其究极也，必道通为一，左右逢原，故高明。”[②] 大体上，严复是将“道通为一”视为言有枝叶状况下的一种汇通和归纳，但若联系《礼记》所谓“天下无道，则言有枝叶”，而散碎和会通又分别与中西挂钩，这些论学表述的言外之意就昭然若揭了。

严复进而明言，不仅中国的“形名象数”一类学问如此，“即所谓道德、政治、礼乐，吾人所举为大道，而诮西人为无所知者，质而言乎，亦仅如是而已矣”[③]。这已图穷匕见，直言中国历来的“大道”本有问题，其实一直都处于“天下无道”的状态。比郭嵩焘所想的秦汉以后才天下失道，又进了一大步。

这种关于中国一直处于“天下无道”状态的极端说法，是严复想要“救亡”时的愤言。联系到大约同时他关于中学不能救亡故当束之高阁的见解，可以看出甲午战败对当时读书人的冲击有多么强烈。那时以为中国既存的“道”出了问题，应非一两人的看法。到 1903 年，一个湖南留日学生问道：“中国有何种学问适用于目前，而能救我四万万同胞急切之大祸也?”他自己的回答是，“惟游学外洋者，为今日救吾国唯一之方针”[④]。可知其答案是否定的。

在这样的语境下，中国既存的“道”似乎只能苦撑以待变，而西向的“道通为一”乃成为合乎逻辑的自然发展。

---

① 严复：《救亡决论》(1895 年)，《严复集》第 1 册，第 52 页。

② 同上书，第 45 页。

③ 同上书，第 52—53 页。

④ 《劝同乡父老遣子弟航洋游学书》，张枏、王忍之编：《辛亥革命前十年间时论选集》第 1 卷上册，生活·读书·新知三联书店 1960 年版，第 381 页。

四　近代道的时段化

庄子说过，“道行之而成”（《齐物论》）。据中国古训，道须可行可通，不行无道，塞亦无道；能达为通，通方为道（见《说文》本条）。但又不必是有意在意的去通去达，所谓“离形去知，同于大通”（《庄子·大宗师》），不过就是去行，“已而不知其然”，自然有道。若道不通达，便已出问题。盖“道不远人”（《礼记·中庸》）。道若远人，至少有几种可能，一是道的载体（经典）不易读，使人难以近道[①]；二是礼已成虚设，“搢绅、大夫从事其间者，皆莫能晓习”，而形成“习其器而不知其意，忘其本而存其末”的状况（《新唐书·礼乐志》）。还有一种可能，就是道不能与时俱进，没有回答所谓时代的问题。

梁漱溟曾“从主客两面”来看儒学的历史演化，其“客的一面”，是“指一时一时的社会不同，对于这学派所起的影响作用”。儒学是他所谓“早熟的”学派，虽兴起于一时，“在长时间大形势下，它之影响于社会者，远不逮社会对它的限制。只有合其时社会需要的那一面（或那一部分）会被保留下来，改头换面地去发展”。简言之，“学派是必在社会需要它之下乃得存在和发展的。社会对它无所用之，它便难以存在，更谈不到发展”[②]。

这是经过进化论洗礼之后的观念，已不再思索道与天的关联，也不提什么经典，而更多从“天演”的角度来看作为学派的“儒学”。但学派不能远离社会需要，正是道不远人的另一种理解和表述。傅斯年后来说：

> 佛教入中国，虽然靠外国人，当时外国君主提倡佛教，中国民族主义者提倡道教；然而自命儒者的一群人，“抱残守缺”，持家礼，定朝仪，浅薄之至，并不曾针对当前的问题、人心中的困惑而努力，

---

① 参见罗志田《经典的消逝：近代中国一个根本性的变化》，“中研院第四届国际汉学会议”论文，台北，2012 年。

② 梁漱溟：《东方学术概观（未完旧稿）》（约 1961 年），《梁漱溟全集》第 7 卷，山东人民出版社 1990 年版，第 392—393 页。

于是佛教就乘虚而入了。[①]

此说比梁漱溟所言更具体，是非常深入的观察和思考。尽管“道”是形而上的，守道、传道的目的还是要行道，从形而上走向形而下。不论是选择“得君行道”之路还是“觉民行道”之路，“道”之是否行于世，都是所谓天下士（即那些总想“澄清天下”并为此持续努力之士人）的职责。要使“道不远人”，须让形上的“远虑”和形下而具体的“近忧”接轨，最终落实在能够解决“当前的问题”、回应并解除时人“心中的困惑”。若不能，也就不能说适应了时代的需要，或不得不让路、让位。

然而所谓“时代的需要”，多少隐喻着每一时代皆有其“需要”，其实也已预备了寻觅和接受特定的“时代答案”。这和以前读书人相信的“天不变道亦不变”，是很不相同的。古人一般以为，万物生生不息，同时也一切都会消逝，经典似亦不能例外。但经典承载的是为万世开太平的“道”，应是超越的，固不必随时空之转变而变。然若仔细寻绎，当古人说“天不变”时，其实是寓变于其中的。

盖“时乃天道”（《尚书·大禹谟》），如《易经》“恒”卦之彖辞所说：“天地之道，恒久而不已也。‘利有攸往’，终则有始也。”苏东坡解释说：“物未有穷而不变者。故‘恒’非能执一而不变，能及其未穷而变尔。穷而后变，则有变之形；及其未穷而变，则无变之名；此其所以为‘恒’也。”而“利有攸往”，就是“欲及其未穷也。夫能及其未穷而往，则终始相受，如环之无端”[②]。

所谓“终则有始”，即四时在变化中周而复始，终点不过是一个新的起点。道是需要弘的，历代经典的理解和诠释，其实一直在变。唯除个别字因新文本出现而改变外，似更多是未穷而变，亦即在传统中变[③]；但近代的变，颇有些穷而后变的意思，已成为在传统之外变了。因“未穷

① 傅斯年：《中国学校制度之批评》（1950 年），《傅斯年全集》第 6 册，（台北）联经出版公司 1980 年版，第 93 页。按傅先生自注曰：“可看欧阳修《本论》。”应是指《本论》中篇“佛所以为吾患者，乘其阙废之时而来”的基本论旨。

② 苏轼：《东坡易传》，上海古籍出版社 1989 年影印版，第 60 页。

③ “在传统中变”（change within the tradition）这个术语借用自 E. A. Kracke，Jr.，“Sung Society：Change within Tradition”，*Far Eastern Quarterly*，Vol. 14，No. 4（1955），pp. 479 – 488。

而往”，故可以“终始相受”；若穷而后变，则隐然有不归之意。前者或可说是温故知新，后者更近于推陈出新。其间的“故”或“陈”，一是尚在延续的历史，一是已完成而结束的过去。两种取向都与未变之前关联，但一是继承，一是排斥；态度甚或性质，都很不一样了。

近代读书人大都接受一种看法，即一时代应有一时代的学问制度，而中国已进入一个新的时代，其学问制度却滞后而不适应。尽管古代也常有“一代之兴，则有一代之法（之治、之制）”的说法，但他们所思所言的，更多是“器”的层面，其心目中的“道”还是恒定的，故基本仍是道出于一；但近代人所谓学问制度的时代性，往往是整体的，在新旧与中西互换的语境下，已甚类道出于二（以观空而观时，异时即异空）。

这已是《船山遗书》刊刻之后，王夫之又提供了思想资源。他提出“道之所行者时也”，而“时之所承者变也”，故“道因时而万殊”，且“综尚往来，共役当时之实”①。道若“因时而万殊”，不啻一时代即有一时代之道，道已时段化了。而前引王氏关于“无其器则无其道”的观念，特别是他申论“洪荒无揖让之道，唐虞无吊伐之道，汉唐无今日之道，则今日无他年之道”的与时俱进主张②，给他的乡后辈谭嗣同以很大的启发。谭氏发挥说，“法也者，道之淆赜而蕃变者也。三代儒者，言道必兼言治法”，而法是“与时为变”的，所以“汉唐无今日之道”。法即器，若“道无所寓之器，而道非道矣”③。这样，器也时段化了。

谭嗣同明言：“道，用也；器，体也。体立而用行，器存而道不亡。”过去学者“误以道为体”，使道“迷离徜恍”而虚悬化，结果于世无济，“得之何益”，失亦无损。且“道非圣人所独有也，尤非中国所私有”。若视其为中国所独有，则不是“尊圣人”，乃是“小圣人”（此或本王阳明“道大无外，若曰各道其道，是小其道”之说）。由于器是体而道为用，谁能“尽之于器”，谁就是得道者。圣人之道，本顺天应人。外洋之衣食器用，法度政令，“不闻有一不备”，而西国伦常，实胜于中国。中国当如何，答案已很明确。但只要明白“道之不离乎器”，则变亦无妨。“器

① 王夫之：《周易外传·杂卦》，《船山全书》第 1 册，第 1111—1112 页。

② 王夫之：《周易外传·系辞上》，《船山全书》第 1 册，第 1028 页。

③ 谭嗣同：《报贝元徵》(1895 年)，《谭嗣同全集（增订本）》，第 200 页。

既变，道安得独不变?”然“变而仍为器，亦仍不离乎道”①。

虽然有最后的辩证补充，以器为体、以道为用，仍是一个大颠覆。在此意义上，器的时段化至少也等同于道的时段化。而道器双重时段化与前述道的空间化相配合，使道出于二以至于道出于多，几乎成为自然的结果。这些在过去看来可能已是石破天惊的思想转变，特别符合西语revolution的本义（即大翻转），同时也是一种名副其实的（观念）革命。所有这一切，其目的都是想要“共役当时之实”。

盖傅斯年所谓“当前的问题”，直接牵涉到时人“心中的困惑”。而提问是个关键：在既存典范中提问，还是在“传统之外”提问，想问的可能很不一样，在某种程度上也已预定了回答的方向，甚或答案本身。近代穷而后变的出新，是更加名副其实甚或彻头彻尾的“新”。此时提出的“时代要求”，便会不期然而然地越出传统。严复就是感觉中国学问在转弱为强方面已无用，只能“且束高阁”，别寻指引，“先求何道可以救亡”②。他和与他观念相近的读书人能够斩钉截铁地说出经史典籍全不能解决当前问题，就是因为他们问的是“传统之外”的问题，那答案也基本只能在“传统之外”寻觅。

若“道”需随时空之转变而变，原本超越的经典实已近于失范，“道”就被时空化了。从旧思路反推，道变则天变。近代读书人虽从“终则有始”的天道观转向进化的天演观，又更侧重时代的当下性，却真有“变天”的感觉。尤其甲午战败这样沉痛而剧烈的刺激，又进一步促成西向的“道通为一”倾向，形成一种天变和道变并进的态势。

这样看来，“道出于二”不仅已是现实，恐怕还是一种相对理想的状态。前述严复入民国后努力使国学体制化，其实就是要从体制上确立“道出于二”，予国学以存在的正当性。或可以说，从晚清“中学”的出现，到其后国粹、国学等以“国”为标识的名相逐渐凸显，均揭示出过去以天下（实即人类社会）为对象的学问，已逐渐转变成为一种全球竞

---

① 谭嗣同:《报贝元徵》（1895年），《谭嗣同全集（增订本）》，第196—199页。按谭嗣同其实一直在维护圣人之道，但既然器是体而道为用，又有“二千年来之政，秦政也”［《仁学》，《谭嗣同全集（增订本）》，第337页］的判断，中国早已不能“尽之于器”，自然也就长期处于失道的状态之中。

② 参见严复《救亡决论》（1895年），《严复集》第1册，第43—44页。

争语境下的民族性论述。

民国时期国学之不得不竞存，正类清末的保存国粹，大体都是“天下失道”的表征。若以观空而观时，则当年张之洞欲存古，便已不啻承认古今渐成对立，而古已非今，即古学已不能作用于当时（甚类严复的看法）。进而据时人以新旧代中西的隐衷去看，“存古”其实就是保存国粹的同义词，则国粹也已不曾作用于当时了。

从这些名相的使用去认识其背后的时代认知，是颇可以使人不寒而栗的。从清季张之洞主动存古到后来的国学被迫竞存，基本都是经典失范后的防守型努力。在中国这片土地上，攻守之势，早已非复当年。

五　中西文化的竞存与融通

前引王阳明（或朱得之）所说三教本是一道，因学成片段又数传而失其同一之本、遂不相通之后，接着还说了一句话，即“名利所在，至于相争相敌，亦其势然也”[①]。此甚可思。历代排佛，往往强调其不事生产，不纳赋税。名号认同之下，显然既有学争，也是利争。但这相争相敌，更多是一种无意之中衍化而成的异化，毕竟释道二氏在“教”的层面，都不是绝对排他的，即俗所谓多神论也。而西道背后的基督教（新旧教皆然），则尊崇绝对排他的上帝，不仅是一神论，且其态度是进取的，必须向异教徒传播福音以使其皈依，最后在精神上征服全世界。

近代中国读书人视中西文化竞争为“学战”，就是在竞争过程中逐步悟出的结论。[②] 而这恰是“道出于二”论难以化解的困境——空间化的“道”之并存，是需要相互承认的；若并存演化为竞存，情形就复杂了许多；若竞存还是排他的，局势就大不一样了。文化竞争既已形同战斗，似乎只能是一种敌进我退、敌退我进的态势，连“道不同，不相为谋”的取向也难以延续了。在竞争过程中，中国文化渐为对手所化，失去了

① 朱得之编：《稽山承语》，《王阳明全集（新编本）》第 5 册，第 1611 页（按据《明儒学案》，此为朱得之语）。

② 参见罗志田《学战：传教士与近代中西文化竞争》，《民族主义与近代中国思想》，（台北）三民书局 2011 年版，第 124—152 页。

往昔和而不同的雍容，衍成一种不共戴天的斗争精神。盖面对西方文化那咄咄逼人的进取态势（且以武力为后盾），若战不能胜，似只剩溃败一途，其差别不过是丢盔卸甲的程度而已，几乎难有退守的余地。

而西道之所长，又在于其征服是以改变思想方式为途径，让被征服者“自愿”承认野而不文，进而主动向化，要求成为外在体系的一部分。① 但这样的自愿和主动更多是在意识层面，对一个自认久居文化中心的民族，特别是其中以知“道”而居四民之首的士人，在下意识层面，其实潜存着多层次的紧张。如何接受失败而不言败，进而转向求胜，近代读书人产生出不少富于想象力的创意。化中西为新旧，便是其中最为普遍接受的一法（当然，其产生和流转，大体仍在有意无意之间）。

对于清末民初的读书人来说，若道出于一，则中西之别很容易从认知层面转换为新旧之分，故趋新、从新虽在实质上也是一种取代，但毕竟是隐晦的，还可以自视为一种本身的提升；若道出于二，则从新不啻尊西，意味着在意识层面也不得不弃中，那就可能是一种正式的“降服”。严复从实际主张道出于二，到几乎主动“皈依”（即西向的道通为一），却不明言之，或也不愿明言之，大致也因此。观其辛亥鼎革后即试图以国学科的体制化来退守道出于二，就可以明白此前看似主动的皈依，实充满了内心的紧张。

近代的“西方”本是一个充满想象的象征，仿佛既是异域的空间，也是代表着未来的时间。② 有了进化论的武装，不少中国读书人相信，西方不过先走一步，中国终会赶上，与其并驾齐驱。③ 换言之，有道之西方的现在，可以是失道之中国的未来。有了这样的时空转换，“世界”可能重新变成“天下”，随着谭嗣同所向往的“中外通”而最终实现“有天下而无国”的“地球之治”。在此认知下，从道出于二转向道通为一，也就少了许多紧张。

---

① 参见罗志田《国家目标的外倾——近代民族复兴思潮的一个背景》，《近代史研究》2014 年第 4 期。

② 此承赵妍杰博士提示。

③ 胡适很早就曾说过，中国当“取他人所长，补我所不足；折衷新旧，贯通东西，以成一新中国之新文明”，则终有“与世界各国并驾齐驱之一日”。胡适：《非留学篇》（1914 年），周质平主编：《胡适早年文存》，（台北）远流出版公司 1995 年版，第 377 页。

另一方面，西向的“道通为一”只是近代一部分读书人的努力；由于既存典范不能维持，新典范也未能一统天下，很难出现“道一同风”的状态。那时不仅杂说并出，也还有不少人心里仍坚守着中国过去的“道”。不过，在我们的近代史言说中，前者往往是所谓“场面上的人”，造势能力强，而追随者亦多；后者或不与人争而自选缄默，或因大势所趋而被迫失语，故影响有限，尚待“重访”。[①] 同时，即使那些在意识层面西向的读书人，也多熟读经史；清季开始吹进中国的一股西学劲风，就是在欧洲也正风行的民族主义。这些因素，又使得很多人在往西走的道路上，仍不免踟蹰徘徊。

钱穆晚年说：“东西文化孰得孰失，孰优孰劣，此一问题围困住近一百年来之全中国人。余之一生，亦被困在此一问题内。”[②] “全中国人”或有些放大，但在很长的时间里，大量中国读书人有意无意之间、或多或少都曾面对过这一问题。既有一些人希望跳出非此即彼的文化竞争格局，推动中西的融合；也有一些人担心若中已失落又化西不成，会是怎样一种尴尬局面?

进入民国不久，东西文化即成为当时读书人心目中最为关注的问题——此前并不出名的梁漱溟，因拈出东西文化问题，而一举成为众矢之的。他的《东西文化及其哲学》一书在 1921 年出版后（按梁先生虽把东方文化分为印度和中国两类，但大体仍是因应“道出于二”的问题)，立即引起思想界的注意，反对和赞同的都非常多。

再以后就有了中国是否要“全盘西化”的争论，胡适曾改述为“充分世界化”，以释群疑。[③] 以“世界”指代“西方”，正类此前以新旧表述中西，提示出思绪在延伸，而化除紧张的努力也在延续。大约同时又有对“中国本位文化”的提倡，反映出对文化传统的不同态度。[④] 两者的

---

① 关于“重访”，参见王汎森《执拗的低音：一些历史思考方式的反思》，生活·读书·新知三联书店 2014 年版，第 4—6 页。

② 钱穆：《八十忆双亲·师友杂忆》，生活·读书·新知三联书店 1998 年版，第 46 页。

③ 胡适：《充分世界化与全盘西化》（1935 年 6 月），《胡适全集》（4），安徽教育出版社 2003 年版，第 584—587 页。

④ 那些主张全盘西化的，其实可能更相信传统的力量（虽更多从负面的惰性着眼）；那些试图维护中国本位文化的，反有些自信不足，似乎再不做有形的提倡，传统便可能在无形中消逝。

共同点，即都将文化上升到“整体”（清末的“中学为体、西学为用”说，实潜藏着文化可分之意），说明中国思想界的分歧有向两极化发展的趋势。盖“道出于二”背后，隐伏着群体、个人以及文化、学术等全方位的认同问题。这是中国读书人挥之不去也不能不面对的。

到1950年，傅斯年仍在回应从清末关于“中学为体、西学为用”的争辩所引发的问题。他说：

> 中国的传统文化，尽管他的缺欠已经成为第二天性，抹杀是不可能的。然而必须拿现代的事实衡量一番：其中应改的东西，不惜彻底的改；应扩充的东西，不惜彻底的扩充。战前有“本位文化”之说，是极其不通的。天下事不可有二本。本位是传统，便无法吸收近代文明。这仍是“中学为体、西学为用”的说法……这实在是一种国粹论，是一种反时代的学说。与之相反，便有“全盘西化”之说，这又不通之至。一个民族在语言未经改变之前，全盘化成别人，是不可能的。①

傅先生敏锐地看到了“本位文化”西向的一面，这些人正如以前的国粹论者，实际都主张文化二本，也就承认了道分为二，却又“拒绝认识新时代”。注意这里“国粹论”与“新时代”的对应和对峙，特别是其间的时空转换，“国粹论”的“反时代”，非常明显地表示出“新时代”的空间意义。

傅斯年仿佛偏向文化“一本”，而又不赞成全盘西化，因为他知道想化也化不过去（按即使语言改变，仍不可能“全盘化成别人”，印度、非洲等实例极多），但他看到了“传统与改革”是不能回避的问题：

> 传统是不死的，在生活方式未改变前，尤其不死，尽管外国人来征服，也是无用的。但若生产方式改了，则生活方式必然改；生活方式既改，传统也要大受折磨。中国的生产方式是非改不可的，

① 本段与下两段，参见傅斯年《中国学校制度之批评》（1950年），《傅斯年全集》第6册，第119—126页。

> 无论你愿意不愿意，时代需要如此，不然的话，便无以自存。所以我们一方面必须承认传统的有效性，同时也不能不预为传统受影响而预作适应之计。

简言之，“天下事不可有二本”，却又不能仅是一本。“传统是不死的”，一个民族也不可能“全盘化成别人”。故一方面必须“承认传统的有效性”，即“认清中国文化传统的力量”，并“认定它是完全抹杀不了的”；同时“也要认定它与时代的脱节”，不能不为“彻底的修正”而“预作适应之计”。傅斯年的解决方案是“求其适中”。他特别解释说，所谓适中，“并不是一半一半揉杂着，乃是两个相反的原则，协调起来，成为一个有效的进步的步骤”。这样相反相成的对立统一，充分体现了“和实生物，同则不继”（《国语·郑语》）那可持续发展的古意。

不过，如此理想的对立统一并非易事。所谓中国文化传统与时代脱节，实即严复曾说的中国学问在转弱为强方面已无用，只能“且束高阁”，别寻指引，“先求何道可以救亡”①。在这样的局面下，还要让“两个相反的原则协调起来”，以“成为一个有效的进步的步骤”，直到今天，仍是一个发展中的进程。

六　余论

中国传统中的“道”，虽有物有象，仍“恍兮惚兮”（《老子》）；然而道不远人，又“洋洋乎如在其上，如在其左右”（《礼记·中庸》）。若简化表述，“道”或即天运行的路径和方式。唯天并不言，仅以周而复始的四时变化提示其存在，表现其运行。而中国与世界其他很多地方的一项重大不同，就是“道”或真理（价值观）不必来自超人世的上帝。另一方面，人对天道的追求又是永恒的，就像其他一些社会中的人始终在寻觅上帝一样；因为人生、社会和政治，都需要“道”的指引和指导。本文讨论的近代士人所思所言的“道一”“道二”等，大致也都在这一层面。

梁漱溟后来说：“以常例言之，则一社会中，其意识恒为其现有事实所

---

① 严复：《救亡决论》(1895 年)，《严复集》第 1 册，第 43—44 页。

映发者，其事实又恒为其意识所调整而拓展。二者互为因果，息息相关，不致相远，此社会秩序所由立也。”但近代中国则反是，“社会事实以演自中国数千年特殊历史者为本，而社会意识以感发于西洋近代潮流者为强”。其“事实所归落与意识所趋向，两不相应”，自不能不产生冲突。①

从清末起，道的外在特性与本土的社会现实（虽然也在发生急遽而且巨大的转变）之间，一直存在难以化解的紧张，甚或可以说有着根本的冲突（虽不是无法化解）。近代中国读书人早已不像苏辙那样区分“道”与“教”，而更多言体、用（或“教”与“政”）；朝廷更一反苏氏关于“道”可开放而“教”当封闭的主张，试图走一条“道”封闭而“教”开放的所谓“中体西用”之路。②

但如前所述，“中体西用”的主张实际已承认有中西两套体用。沿苏辙的思路看近代，中国在学习外国时，究竟是引进了“道”，还是并不知“道”而徒模仿其“教”？如果西方的“道”没学到多少，却一味模仿其“教”（很多时候还转手于日本），且以之治世，似难逃于乱。清季自上而下的革政，不可谓不努力，且大体为朝野所共趋，但却以土崩瓦解之势终结，显然还大可反思。③

另一方面，思想解放之后，西学也确实启发了不少人，给他们一个新的视角来看待固有学问，从而产生新的理解。陈黻宸就曾用西方的科学与哲学来对应中国传统的方术与道术，并得出了方术也可是道术的新知。他一方面说，“方术者，各明其一方，不能相通，如今科学者是”。而“欧西言哲学者，考其范围，实近吾国所谓道术”。同时又说，方术“为道术之系，而有合于古形上之学”。故“方术之始，犹是道也；方术之归，亦犹是道也。非道何术？非术何方？揆厥指归，条流共贯，莫不

① 梁漱溟：《中国民族自救运动之最后觉悟》（1930年），《梁漱溟全集》第5卷，山东人民出版社1990年版，第283—284页。

② 庚子后光绪帝发布谕旨说：“世有万古不易之常经，无一成不变之治法。”只要三纲五常不变，具体治法皆“不妨如琴瑟之改弦”（故宫博物院明清档案部编：《义和团档案史料》下册，中华书局1959年版，第914页），就是常经不易而治法可变的典型表述。

③ 一些初步的看法，参见罗志田《革命的形成：清季十年的转折》（上、中、下），《近代史研究》2012年第3期、第6期，2013年第6期。

参妙谛于阴阳，究天人之奥窔”①。

大约同时，江瑔也明言：

> 古之学术，曰道曰器。道者形而上，器者形而下。形而下者有形，形而上者无形。诸子百家之学，寄想于无朕，役志于无涯，显之家国天下之大，隐之身心性命之微，皆纯然为无形之学，故其为道。②

按《庄子》的说法，方术是道术裂之后的产物。在中国学术史里，方术和道术往往分别与诸子学和经学对应。但陈、江的思路放在近代的语境中，则有特殊含义。盖方术已不再仅指谓诸子学，它正类“方言”，在那时也指代外国物事。若方术即道术，不仅是道器合一，而且落实了道的空间化。则道出于二以至于道出于多，都是合乎逻辑的结果。这与“中学”“国学”等的出现，即从过去以天下为对象的学问转变为一种处于全球竞争中的民族性论述，是相辅相成的。

后来唐君毅本“一与多相反而相成，有一无多，一则不一”的新学理，秉持先哲“无所不涵”的德量度量，欲“聚孔子、释迦、耶稣、穆罕默德，与无数圣贤于一堂，以相揖让，而供之于中国新庙宇”③。这大体也是过去“三教合一”说的发展。意非不美，然聚无数圣贤于一堂后，怎样落实这“新庙宇”为“中国”的？是以今人所谓九百六十万平方公里的空间而定？或是凭借此空间里数以亿计的信众？其背后的大问题是：“中国”是特定空间及其中一群人的象征符号，还是也代表一种长期层累堆积的文化体系？

从某种程度言，章学诚主张的“道器合一”说，特别是他对道寓于器的强调，隐约成为道出于二的一个思想基础。而王夫之、谭嗣同的“天下唯器”以及“器体道用”的主张，从不能离器言道逐渐演变为以器

---

① 陈黻宸：《中国哲学史》（1916 年），陈德溥编：《陈黻宸集》上册，中华书局 1995 年版，第 415—416 页。

② 江瑔著，张京华点校：《读子卮言》，第 3 页。

③ 唐君毅：《中国文化之精神价值》，广西师范大学出版社 2005 年版，第 394 页。

言道，以器证道，并以器明道。本来道是形而上的，器是形而下的。道器二者当然有密切关联，却也有明显的区分，最简单的，即一无形一有形，一申虚理，一重实事。

道为无形之学，其微妙之处，大致如陈寅恪所谓以“通性之真实”来涵盖“个性不真实”①。刘咸炘所谓“拘于一事，而不引于共通之虚理，则不得旁通之益”②，最可解此。盖凡能共通者，当然也能旁通，而其通又往往不能尽合，此所以虚；能尽合，倒是实在，可通之处必狭，也就说不上通性了。无形之学，富宏识远虑，而不必斤斤于当下之一事一物。若事事需当下证明，且事事能当下证明，其形而上的一面，便杳无踪影了。

在陈黻宸等提出方术也可是道术的新知又十多年后，图书馆学家杜定友再次用西方的哲学与科学来思考中国传统的道器之分，此时他据江瑔之说重申“诸子之学，所谓道者也，为无形之学”，并以之作为讨论的基础，并明确了形而下者是指“术数方技”等“实事”。③

然而，形上与形下似不仅虚实之分，在《庄子》以及此后很长的时间里，尽管九流皆出于王官，道术与方术的一个基本差别就是一普适于天下而“无乎不在”，一则仅侧重有限的时空，“各为其所欲焉以自为方”（《庄子·天下》）；前者是会通的，后者是“独立”因而需要竞存的。一旦从普适走向独立，从通性走向个性，近于从绝对走向相对、从抽象转为具体，便已有“形”，亦即成为某种“实事”④，就不那么“形上”而转趋“形下”了。

“道”若向形下倾斜，便已远虚而近实。在这样的虚实层面谈道器差别，或类于区分近实与更实，这本身就是一种时代的转化。在某种程度上，古代的君子小人之辨在近代也发生了类似的转化。以过去的标准言，

---

① 陈寅恪：《隋唐制度渊源略论稿·唐代政治史述论稿》，《陈寅恪集》，生活·读书·新知三联书店2001年版，第44、272—273页。

② 刘咸炘：《浅书续录·教法浅论》，《推十书》，成都古籍书店1996年影印版，第2348页。

③ 杜定友：《校雠新义》上册，中华书局1930年版，第45A—46A页。

④ 《庄子·天下》明确了“百家”与“众技”同类，虽“皆有所长，时有所用”，但都属于“不该不遍，一曲之士”的范畴。

近代的实际结果乃是社会、政治的“小人化”——以前提倡的君子不器，衍化为器不足便无以言道（此见解清季已流行）；过去主张的君子不党，衍化为非党不能言政（此见解民初最流行）。这类变化其实都是颠覆性的，大体也都与近代“道”的转化相关，只能另文探讨了。

蒋介石与政学系*

金以林

1946年7月国共和谈期间，周恩来与一位美国教授谈话时，对国民党权力结构归纳道："国民党的最后决定权是操在蒋介石的手中，但蒋也不是孤立的，而是受他下面各集团影响的。每一个集团都在他之下，都非操有全部的权力。这权力是分割的，如党务操在CC系的手中，财务操在宋、孔的手中，军事操在黄埔系的手中，行政方面则政学系的势力较大。这样各集团都是只有一部分权力，而在他们的全体之上则是蒋，造成蒋的政权。同时每一个集团都对蒋有影响。"①

周恩来对蒋政权的分析，不仅代表中国共产党的认识，也得到当时社会各界的普遍认同。在蒋介石控制下的各政治派系中，CC系和黄埔系有着明确的组织形态；孔祥熙、宋子文与蒋是牢不可破的姻亲关系；而政学系究竟由哪些成员组成，始终众说纷纭。尽管事实上并没有一个明确的组织称为政学系，但除所谓的政学系成员之外，其他各派势力都一口认定有一个政学系，甚至连美国国务院1949年公布的《白皮书》中也持这样的观点。② 因此，长期以来在很多人心中形

---

* 本文原载《近代史研究》2014年第6期。

① 《中国不要成为一国的工具，应同一切盟国保持友好关系》（1946年7月9日），中共中央文献研究室、中共南京市委员会编：《周恩来一九四六年谈判文选》，中央文献出版社1996年版，第535页。

② 熊式辉著，汪朝辉编校：《海桑集——熊式辉回忆录（1907—1949）》，香港，明镜出版社2008年版，第657页。

成了一个若明若暗的谜团。本文主要利用民国时期与政学系相关的人物日记、年谱及回忆录等文献，试图梳理政学系源流和主要人物谱系，同时探讨它在蒋介石政权中的地位和作用，以及同 CC 系、黄埔系之间的矛盾关系等。[①]

为什么叫政学系?

“政学系”这一名称，完全是因杨永泰（畅卿）个人经历而得名。

民国初年，李根源在北京创办了一个政治团体，称为“政学会”。其成员大多是国会议员，杨永泰也是其中一员。1918 年广东军政府时期，李、杨等政学会要角联络旧桂系，逼孙中山辞去“大元帅”，改为七总裁制，孙中山被迫离开广州赴上海。李根源、杨永泰等人由此与国民党交恶。此后，杨永泰一直游走于南北政府之间。蒋介石日记第一次提到杨永泰，就是在孙中山离开广州的 1918 年 7 月，蒋对杨的态度完全是负面的：“今日见岑春煊通电，知其已于二日到粤，将就总裁职，呜呼，此老不死，国亡无日矣，粤省自杨永泰为财政厅长，钮永建为兵工厂监督，李根源为边防督办，李烈钧为边防总司令，大权皆落于岑派之手，作恶更甚。”[②] 然而，这样一个为蒋所不齿的杨永泰又是如何在日后成为蒋的心腹？这离不开一个人，即蒋介石的盟兄——黄郛（膺白）。

1924 年底，黄郛协助冯玉祥发动北京政变，囚禁总统曹锟，出任摄政内阁总理，第二次直奉战争以直系失败告终。不久，段祺瑞、孙中山分别入京共商国是。可惜孙中山于 1925 年 3 月去世，段祺瑞成立临时执

---

① 有关政学系的研究已有很多，其中代表性的成果，有孙彩霞《新旧政学系》（华夏文化出版社 1997 版）、唐德刚《政学系探源》（《观察》2008 年第 1 期）、赵英兰《论南京国民政府时期的新政学系》（《史学集刊》1995 年第 3 期）、王水勤《浅论政学系的兴衰及其特点》（《学术论坛》1993 年第 1 期）、李宜春《国民党新政学系述论》（《贵州社会科学》2007 年第 7 期）、林绪武《政学会与新政学系研究的回顾与展望》（《历史教学》2007 年第 9 期）等。上述研究很少使用近年来新公布的海外文献资料。

② 《蒋介石日记》（手稿），1918 年 7 月 4 日，原件藏美国斯坦福大学胡佛研究所档案馆，本文所引日记为中国社会科学院近代史研究所档案馆藏抄件，下同。

政府，任命梁士诒为财政善后委员会委员长，黄郛、杨永泰为副委员长。[①] 杨永泰开始与黄郛共事。

1927 年南京国民政府成立后，经黄郛介绍，杨永泰结识蒋介石。这年 7 月 5 日，蒋在日记中写道："下午往访（钱）新之、膺白，会杨君永泰。"[②] 此时的杨永泰在蒋介石眼中不再是九年前"作恶更甚"的"帮凶"，而称其为"君"了。但杨主要还是协助黄郛工作。1928 年黄郛因济南事件辞职引退后，杨永泰正式为蒋介石服务。

在投靠蒋介石最初的几年，杨永泰并没有获得具体的实权。他一度想在立法院谋个"委员"的职位，时任立法院院长的胡汉民坚决拒绝，并公开表示："杨某昔曾反对孙总理及陷害同志，吾焉能用之？"[③] 因此，杨根本无法进入南京的"党国"中枢，他主要的工作是给蒋介石当谋士，协助蒋收买各地反蒋实力派。例如，1929 年蒋桂战争中，杨替蒋收买桂系俞作柏；1931 年宁粤对峙期间，杨"奉命赴香港秘密工作，对西南加以分化运动"[④]。

1932 年初蒋介石第二次下野再次复出后，原本坚决反对杨永泰的党国大佬胡汉民一时脱离南京中央，为杨永泰提供了新的机会。他随蒋介石赴汉口主持鄂豫皖三省"剿共"军事。针对"剿共"问题，杨永泰提出一套系统的"三分军事、七分政治"理论，得到蒋的认可，遂被任命为三省"剿共"司令部秘书长，不久又被任命为军事委员会南昌行营秘书长，全权总揽"剿共区域"的政治事务，包括人事任免。据 CC 系领袖陈立夫回忆：

> 要知道杨永泰是怎样一个人，从政学系的领袖李根源对杨的批评可以见之。李在苏州作寓公时对人家说："杨永泰好比我们云南的

---

① 沈云龙编著：《黄膺白先生年谱长编》上册，（台北）联经出版事业公司 1976 年版，第 232 页。

② 《蒋介石日记》（手稿），1927 年 7 月 5 日。

③ 蒋永敬编著：《民国胡展堂先生汉民年谱》，台湾商务印书馆 1981 年版，第 435 页。

④ 周佛海：《盛衰阅尽话沧桑》，《陈公博周佛海回忆录合编》，（香港）春秋出版社 1971 年版，第 210 页。另据刘叔模回忆，杨永泰"到香港的任务，是收买余汉谋的"。见刘叔模《一九三一年宁粤合作期间我的内幕活动》，全国政协文史资料研究委员会编：《文史资料选辑》第 17 辑，中华书局 1961 年版，第 128 页。

烟土，吸了它觉得很舒服，上了瘾就不容易摆脱它了，吸久了就会中毒。”杨是一位道地的政客，他见蒋先生时，常对于重要问题，携带了正面和反面两种方案，他先探探蒋先生的意思，如果蒋先生偏向正面的，他就呈上正面的方案；反之则呈上反面的方案，以迎合蒋先生之意旨。①

1935 年底国民党五全大会后，蒋介石兼任行政院院长。鉴于杨永泰出色的行政能力，蒋介石任命他为湖北省政府主席。

以杨永泰的经历与资历来看，在国民党内既没有历史渊源，又没有战功，投蒋之后短短数年，便得到信任且升任封疆大吏，这自然引起跟随蒋介石一起打天下的 CC 系势力的排斥。他们原本自视为“蒋家天下陈家党”，怎能任由杨永泰随意干涉地方干部的任免？据黄埔干将康泽回忆：杨永泰“这套办法，旨在增强各级行政力量，用以镇压共产党的活动，是他的意图的一面；而另一面则是在削弱 CC 系的作用和力量。陈立夫对此曾大为不满，有一次他和我在由九江到南京的轮船上，向我讲了许多批评政学系，攻击杨永泰的话”②。陈立夫对此也不讳言，并公开表示：“其实在他（指杨永泰——引者注）来之前，蒋先生用的都是年龄较轻的人，他来了之后就开始用老年人，也开始用非国民党籍的人。”③

此后，凡是同杨永泰接近，包括与杨并不熟悉但与国民党缺乏历史渊源而获得较高政治权势的人，都被党内各派势力（无论是反蒋派还是拥蒋派）视为竞争对手和共同的敌人。而反对他们的最佳理由，就是借口杨永泰在历史上曾反对过总理孙中山，且冠以“政学系”的名义加以打击。

除杨永泰外，最无可争议的政学系领袖人物就是与杨关系密切的张群（岳军）和熊式辉（天翼）两人。但他们始终都不承认“政学系”的名号。1946 年 8 月，张群在美国同康泽谈到党内派系问题时曾说道：“人家都说我们是政学系，其实我们并没有什么组织，我们只有一批朋友，

---

① 陈立夫：《成败之鉴》，（台北）正中书局 1994 年版，第 171 页。

② 康泽：《康泽自述》，团结出版社 2012 年版，第 226 页。

③ 陈立夫：《成败之鉴》，第 166 页。

这批朋友多少有些能力和经验。”① 对张群的这种解释，陈立夫也承认：“事实上政学系是没有正式组织，但他们的组成分子都保持很密切的联系，他们不做低层工作。他们将力量集中在高层，尽力研究蒋先生、研究汪先生，想尽办法来逢迎领袖及他身边重要的人，这一做法目的是赢取信任和好感，然后再运用这些权势去实现他们的计划和他们的目标——取得重要而正式的官位及发财。”② “据国民党的传统说法，政学系的成员没有‘简任’以下的小官。所以它是个‘有将无兵’的团体。他们只与高级的政敌，决胜于千里之外；而不在大学的学生宿舍，或小职员的公共食堂内，对人家横眉竖眼地表示特殊惹人讨厌。所以政学系给予一般人的印象便是这一团体是一大批做大官、享厚禄的‘治世能臣’的组织。”③

对上述评论，熊式辉的自白更是印证了这一观点：

> “政学系”之一名词，乃由“政学会”强牵出来的。“政学会”原是民国初年北京国会议员李根源等所创立，杨永泰当时亦确是其中一分子，民国二十年间，杨任南昌行营秘书长，余为参谋长，朝夕相处，外间乃将余牵扯及，亦指为旧政学会中人。张群与杨素相善，更指为政学会重要分子，此外凡未有其他派别彩色，而常与余等稍多接触者，如吴铁城、陈仪、王世杰、翁文灏、张嘉璈、何廉等等，亦莫不加政学系之头衔。究竟“政学系”三字是由何处产生？是自何人呼出？至今尤未分明，或疑为乃共产党所制造，用以分化政府方面各干部。④

熊式辉提到的这些人大都被视为政学系的要角，这大体是无误的。但将“政学系”这一称呼归罪于共产党，明显与事实不符。

“政学系”这一名称，最早来自国民党内。1931 年宁粤对峙前后，汪

① 康泽：《康泽自述》，第 137 页。
② 陈立夫：《成败之鉴》，第 172 页。
③ 唐德刚：《政学系探源》，《观察》2008 年第 1 期。
④ 熊式辉著，汪朝辉编校：《海桑集——熊式辉回忆录（1907—1949）》，第 656—657 页。

精卫、胡汉民等党内反蒋势力在广州公开发表通电，历数蒋氏四大罪状，其中一条就是起用“政学会”的杨永泰。[①] 当杨还没有位居高位时，他仅仅被视为历史上的政学会的一员。自从他出任南昌行营秘书长后，就被黄埔、CC系等称为“政学系”了。1936年11月，杨永泰遇刺身亡后，蒋介石一度想调熊式辉接任湖北省政府主席。当时随蒋介石在前线“剿共”的黄埔将领陈诚，在一封家书中就直接将杨永泰、熊式辉称为“政学系”，并表达了自己的不满：“委座拟以天翼调鄂，一因畅卿所用者均政学系，如他人主鄂，人事易起纠纷；二以日本外交比较，以亲日派系容易应付。委座之用心可谓苦矣。惟以非有组织不能有地位，及非亲日不能为主席，实可考虑。又畅卿抚恤金，委座已批拾万元，以国家经费及过去有功者之比较，似不无失当之处。”[②]

蒋介石为什么要用政学系?

在国民党内，蒋介石的地位本不高，他起家就是靠黄埔军校。通过黄埔建军，他当上北伐军总司令，依靠他在军事方面的才华，完成北伐。从此，他成为国民党内无可替代的军事领袖，牢牢掌握军权，终此一生。但是，在“党权”高于一切的国民党体制下，自孙中山逝世后，汪精卫、胡汉民被视为当然的继承人，成为“党权”的代言人。

1927年南京国民政府成立后，虽然蒋介石一度出任国府主席，可他并没有建立起一个巩固的南京政权。在国民党的训政体制下，他主要仍是依靠军权打击汪精卫、西山会议派等公开挑战他的党内反对派和地方实力派。因此，在先后爆发的蒋桂战争、中原大战期间，他基本无暇顾及中央政府的政权建设。而帮他料理后方的主要是行政院院长谭延闿和立法院院长胡汉民两人。与此同时，他还重点扶持以陈果夫、陈立夫为首的CC系，寄希望于依靠CC系的势力控制“党权”。

1930年9月，就在蒋介石取得中原大战胜利之时，行政院院长谭延闿去世，11月，蒋介石兼任行政院院长。尽管蒋介石一时击败了汪精卫代表

---

① 《邓林萧古之卅电》，上海《民国日报》1931年5月4日，第1张第3版。

② 《陈诚先生书信集·家书》下，台北，“国史馆”2006年版，第407—408页。

的“党权”和阎锡山等地方实力派的联合反抗，但很快又同南京的另一位“党权”代表胡汉民矛盾激化，一度将胡汉民软禁在南京汤山。这件事引起国民党内更大的分裂——宁粤对峙，最终导致蒋介石二次下野。

考察蒋介石两次下野的最核心因素，主要是来自国民党内的反对派，可见在南京政府成立后的最初五年，他对党权的控制是非常有限的。而他两次复出的主要因素，则是依靠他所掌握的“军权”，这在国民党内无人能比，也是国民党的需要，因为第一次复出是要靠蒋介石的军权来完成北伐，统一中国；第二次复出是面对“一·二八”淞沪抗战，要依靠他对抗外侮。

1932 年初，蒋介石成功分化了汪精卫、胡汉民的反蒋联合阵营后，再次与汪精卫合作，重掌政权。此后，国民党内公开的武装反蒋运动告一段落，蒋介石开始关注政权建设。他在反思此前自己两次下野的教训时总结道：“无干部、无组织、无情报”是“革命失败”的重要原因。而对“智识阶级”的忽视和“教育界仍操于反动者之手”，更是上述因素造成的恶果。[①] 此前，蒋主要依靠的力量是两批年轻人，即替他打江山的年轻军事干部黄埔系和负责巩固他在党内地位的 CC 系。此后，他开始重视干部队伍的建设，逐步将目光扩展到国民党以外的社会精英中，特别是教育界学有所长者和有一定政权管理能力的旧官僚，从而改变了国民党政权的政治生态。[②]

然而，在“以党治国”体制下，南京中央政权仍摆脱不了胡汉民或汪精卫代表的国民党正统“党权”，蒋介石必须在汪、胡之间选择一个合作伙伴。蒋介石再次复出后，将行政院院长的位子让给汪精卫，自己只出任军事委员会委员长，因此对中央政府的人事任免和政权建设，不得不对汪精卫有所依赖或妥协，唯有军权和财权（汪精卫内阁的军政部部长是何应钦、财政部部长是宋子文、孔祥熙），他牢牢掌握，绝不退让。此外，他在军事委员会之下成立国防设计委员会，以此名义延揽一批党外人士，特别是教育界的精英，以此储备干部，随时为己所用。

---

① 《蒋介石日记》（手稿），1931 年 12 月 22 日。

② 有关此问题可参考拙文《蒋介石的 1932 年》，汪朝光主编：《蒋介石的人际网络》，社会科学文献出版社 2011 年版。

此后的三年间，南京的行政院大致由汪精卫做主，蒋介石的工作重心主要在“剿共”和对日交涉两方面。蒋任命杨永泰和黄郛分别担任南昌行营秘书长和行政院驻平政务整理委员会委员长，协助他解决当务之急。在这两个领域，汪精卫主管的行政院很难插手。

1935年11月1日，在国民党四届六中全会开幕式上，汪精卫意外被刺，不久即出国养病，胡汉民又远在欧洲游历，南京中央政府暂时出现了由蒋介石一人控制的局面。在不久后召开的国民党五全大会上，蒋介石将象征最高“党权”和最高“政权”的国民党中常会、中政会主席分别让给胡汉民和汪精卫，自己仅兼两会副主席，但却再次接掌了负责实权的行政院。

这时，蒋介石面临的最大问题是政权建设中人才匮乏。针对国民党五全大会上的选举，蒋在11月23日的日记中痛苦地写道：“此次选举，幼稚者争名，老病者腐败，卒使名实相反，似此选举，使本党不仅亡国，必招灭种之罪，思之苦痛悲惨!”12月4日，五届一中全会期间，蒋“为党政人事，几使脑筋刺痛。”① 蒋所称的“幼稚者”，大都是指他年轻的部下CC系和黄埔系，虽然他们对蒋的忠诚无须怀疑，但能力不足以负责政权建设；所谓的“老病者”则大都是与国民党有深厚渊源并多次参加过反蒋运动的党内大佬们，包括西山会议派、汪派、胡派。他们此前在“党权”方面都是蒋介石的竞争对手；而党内支持他的元老，又都不为蒋介石所信赖。早在南京国民政府成立之初，蒋介石就曾在日记中对支持他的戴季陶、张静江、谭延闿评价道：“季怯，而静硬，组默，皆有病也”；特别是“与静江兄谈天，格格不入，为之心碎。”② 无奈，蒋介石只能将目光扩展到那些不可能挑战自己的党外人士。这些人不但有一定的执政经验和专业才能，还暂无派系纠葛。

1935年底组成的新一届内阁成员如下：

院长：蒋介石（原汪精卫）

副院长：孔祥熙连任

① 《蒋中正总统五记·困勉记》上，台北，“国史馆”2011年版，第479、481页。

② 《蒋介石日记》（手稿），1927年1月29日、3月5日。

秘书长：翁文灏（原褚民谊）

政务处处长：彭学沛连任仅三个月，由蒋廷黻继任

内政部部长：蒋作宾（原甘乃光代理）

外交部部长：张群（原汪精卫兼）

军政部部长：何应钦连任

海军部部长：陈绍宽连任

财政部部长：孔祥熙连任

交通部部长：顾孟余，俞飞鹏代理（原朱家骅）

铁道部部长：张嘉璈（原顾孟余）

实业部部长：吴鼎昌（原陈公博），常务次长谷正纲（次年改任周诒春）

教育部部长：王世杰，常务次长钱昌照

新内阁中的成员，几乎清一色是被视为政学系的要角，如翁文灏、蒋廷黻、张群、张嘉璈、吴鼎昌，还有继任不久的王世杰，此前他们同国民党的关系都相对疏远。留任的阁员，也只属于此前汪内阁无法掌控的军权和财权部门。这自然引起党内反对派的不满，也令绝对忠诚于蒋的 CC 系、黄埔系的年轻人不服。时任国民党中央监察委员会秘书长的王子壮在日记中曾记：“自一中全会后，号称容纳各派的行政院各部，相继成立，主持其事者显然为政学系之一般人。犹忆一中全会时，张溥泉（张继——引者注）先生慨华北之紧张，欲谒蒋有所陈述而竟不得见，于是于会中（12 月 5 日第三次会）痛切陈词，除责各派之纷歧外，并直陈人欲知中国政局之真像，非至中国银行楼上探听不可，是真奇谈等语。所谓中国银行楼上者，即杨永泰、张群、吴铁城等之所在，政治上为蒋先生运筹帷幄之所也。”①

“欲知中国政局之真像”，不是在号称党权高于一切的中央党部，而“非至中国银行楼上探听不可”。此话出于局内人之口，可见党内对政学系的不满程度，但蒋介石对来自党内的诸多反对之声并不以为然。他在

① 《王子壮日记》第 3 册，1936 年 1 月 14 日，台北，“中研院”近代史研究所 2001 年版，第 15—16 页。

12 月 10 日的日记中写道："近日改组行政院以来，凡亲近之人，于人选，多表示不满，几乎视余为人人可得而欺侮者，真使余脑筋刺痛。"但他又不无自豪地表示："行政院各部人选，皆以才德为主，尤以引用党外人才之政策告成；虽内部多不谓然，但竟能贯彻主张，是亦最近之成功也。"①

政学系都有些什么人?

讨论政学系都有哪些人，最绕不过的核心人物就是黄郛。可以说黄郛是政学系真正的灵魂人物。无论是时人公认的政学系要角，还是很少被纳入视野的一般成员，都与黄郛有着千丝万缕的联系。

1928 年济南事变后，黄郛辞去国民政府外交部部长职务，下野赋闲。自 1929 年元旦开始，他取其夫妇（黄膺白、沈亦云）名字的最后一字，以"白云山馆主人"的名义留下一部日记，一直记到他去世。这部日记第一周中记到的交往人物，即可大致勾勒出政学系的人际关系网络。

> 1 月 2 日，颜骏人自津来会，午后杨畅卿及炎之夫妇来谈。
>
> 1 月 3 日，早餐后出访孙慕韩、于右任、张镕西诸君；又孟和、郑女士毓秀、孔廉白诸君来会；晚熊司令天翼邀饮，同座有朱益智、邵力子及各家属。盖熊、朱、邵及我四人皆济案中之共患难者，而我与熊、朱三人骑马出南门之情况，至今回首，思之犹历历在目也。
>
> 1 月 4 日，午后熊天翼君来谈上海特别市事，意甚恳挚，乃出前数日因此事致岳军弟函稿与阅，彼始了然于我之地位……晚间焕章来电（党家庄别后已八阅月而未通只字），请出主持导淮事，忽嘱担任沪事，忽又邀我赴宁，政府中人之不接洽不致密，真是出人意外。
>
> 1 月 5 日，午后杨畅卿来谈，乃共商定复焕章电。
>
> 1 月 6 日，晨起练拳剑后得介石来一歌电……傍晚遂复一电。
>
> 1 月 7 日，早餐后文钦来谈三点：一，出处要慎；二，私交要顾；三，国事不能放手。颇可参考……访熊天翼于其私邸（紧邻），彼又哓哓劝出任上海市不已。

---

① 《蒋中正总统五记 · 困勉记》上，第 482、484 页。

1月8日，晚间六时半宴客如下：颜骏人、孙慕韩、周季［寄］梅、张镕西、杨畅卿、张公权、林理源、陶孟和、朱炎之、金纯孺。餐后杂谈新约及财政等各端，至十一时散。①

从黄郛一周日记中涉及的人物，我们大致可以总结出与其交往密切的几种政治势力。

一是张群、熊式辉、杨永泰。这三人被称为政学系的核心人物。

二是国民党内派系色彩不浓的党国元老，如于右任、邵力子、朱培德（益之，黄郛日记中称“益智”）。再有一位就是与黄郛关系密切的冯玉祥（焕章）。

三是北洋旧人，包括政界和金融界两部分。政界有颜惠庆（骏人）、孙宝琦（慕韩）、张耀曾（镕西）；金融界的有张嘉璈（公权）。

四是教育界的陶孟和、周诒春（寄梅）等。

先谈第一组人同蒋介石的关系。黄郛、蒋介石、张群三人是结拜兄弟。1926年，蒋介石率部北伐前，特地招他的盟弟张群前来效力，任命张群为北伐军总司令部总参议。北伐军占领江西后，蒋介石又请他的盟兄黄郛协助北伐军底定东南。黄郛一到南昌，即通过中国银行“透支100万元供国民革命军军饷”②。另外，冯玉祥领导的国民军之所以支持蒋介石，可以说黄郛也是功不可没。但黄郛始终没有加入国民党。1927年5月，南京国民政府成立不久，蒋介石任命黄郛为上海特别市市长。8月，蒋介石第一次下野时，黄郛也辞去市长一职。张群则陪同蒋介石赴日本，蒋介石与日本首相田中义一会谈时的翻译就是张群。③ 1928年蒋介石复出后任命黄郛为外交部部长。济南惨案发生后，黄郛负责处理善后，张群则赴日本协助。在处理济南惨案的过程中，黄郛代蒋受过，引起国人不满而辞职下野，蒋则任命张群为上海特别市市长，熊式辉为上海特别市警备司令。1936年黄郛病逝后，所有政学系成员与蒋的关系大都由张群

① 《黄郛日记》第1册，1929年1月2—8日，原件藏美国斯坦福大学胡佛研究所档案馆，本文所引用的为中国社会科学院近代史研究所藏复印件，下同。

② 沈云龙编著：《黄膺白先生年谱长编》上册，第267页。

③ 张群口述，陈香梅笔记：《张岳公闲话往事》，（台北）传记文学出版社1978年版，第37页。

继承。在公认为政学系的诸多人物中，能够长期得到蒋介石的信任、并唯一与蒋善始善终的就是张群。

第二组人物，在国民党内虽有一定的历史地位，但派系色彩不浓。其中最重要的一个原因，就是同以孙中山为首的粤籍国民党人的历史渊源不够深厚。虽然他们并没有被视为政学系成员，但此后大都同政学系保持着良好的关系。

此外，还有一些准政学系成员，如河南省政府主席刘镇华因与杨永泰关系密切而被视为政学系；陈仪（浙江人，曾出任浙江、福建省政府主席、台湾行政长官）、吴铁城（中原大战时随张群赴东北说服张学良，此后接张群任上海市市长）、黄绍竑（虽是桂系出身，中原大战后与李宗仁、白崇禧和平分手，投靠蒋介石，先后担任广西善后督办、内政部部长、浙江省政府主席）等人。他们大都官至省主席，资历老，有一定的行政能力，与传统粤籍党国领袖没有渊源。因此，常被年轻一代的黄埔、CC 系或党内反蒋派视为准政学系成员。

第三组人物，主要是北洋旧人，基本上与南京国民政府没有任何关系。其中颜惠庆、孙宝琦、张耀曾三人都曾官至北洋政府内阁总理，颜、孙两人出任过外交总长，张耀曾当过司法总长和北大教授。他们都是因为与黄郛的关系，开始接近南京政权。特别是自 1931 年“九一八”事变后，面对民族危机，蒋介石在解决对日交涉时，不得不依靠这批外交界的专才，陆续聘请颜惠庆、顾维钧等人为“对日特种委员会”委员。据颜回忆，委员会由宋子文负责，“我与宋氏尚属初次见面”①。第二年，颜、顾两人正式加入南京政府工作。这里有一个有趣的现象，外交界的这批北洋旧人，却很少被视为政学系成员。

这一组中另一个重要人物是金融界的张嘉璈。蒋介石领导下的南京政权之所以能击败胡汉民、汪精卫等国民党内的广东帮，很重要的原因就是蒋介石得到了江浙财阀的支持。这其中的核心人物就是张嘉璈。以往学界对蒋介石与江浙资本家的研究已有很多，细细考察，我们不难发现蒋介石同民族资本的联系，主要集中在金融资本方面，很少有工商资本。特别是在南京中央政权对国家金融尚未控制之时，更加看重和依赖金融资本。

① 颜惠庆：《颜惠庆自传》，姚崧龄译，（台北）传记文学出版社 1989 年版，第 165 页。

中国的金融资本，主要是在第一次世界大战前后发展起来的。当时最著名的银行莫过于“北四行”和“南五行”。“北四行”的中坚是盐业银行和金城银行，核心人物就是两行总经理吴鼎昌和周作民。“南五行”的核心是中国银行和交通银行。张嘉璈、钱永铭分任两行总经理。因此，时人称北四行主持人是“清一色的政学系正统的金融资本”，南五行为“政学系官僚资本的核心”[①]。他们在北洋时代即与黄郛有着密切的往来。蒋介石能同他们建立联系，黄郛功不可没。

1927 年 3 月，蒋介石率北伐军占领上海不久，即依靠黄郛引荐，结识了这批金融资本家。3 月 26 日，蒋介石在日记中曾记道：“（吴）稚晖、（李）石曾、（蔡）孑民（元培）、膺白诸同志来见，谈党务。（虞）洽卿、（陈）光甫、（钱）新之、（陈）蔼士兄来谈财政委员会之组织。”[②]正是有了这一批人的大力支持，蒋介石才有本钱同武汉方面对抗。1928 年 1 月，蒋介石得以复出的一个重要原因，就是得到了江浙财团的支持。[③]

第四组教育界人士。他们与蒋介石和政学系的关系，以往的研究非常不足。黄郛在此同样起了非常重要的穿针引线作用。特别是黄郛日记中提到的陶孟和，对此后政学系的形成贡献最大，他向蒋介石推荐了两个著名人物：翁文灏和吴鼎昌。

提到陶孟和，不能不提钱昌照。他们两人和黄郛是连襟，关系自然密切。陶和钱两人前后毕业于英国伦敦政经学院。黄郛出任南京国民政府外交部部长时，钱昌照经妻兄沈怡推荐，开始给黄郛当机要秘书。“当时黄郛打算让陶孟和当外交部次长，陶孟和是一个学者，不愿搞政府实际工作，推荐蒋廷黻。”[④] 蒋也不愿担任，黄郛后来找杨永泰等人才组成班底。1928 年济南事变后，黄郛辞去外交部部长，经张群介绍，钱昌照任国府主席蒋介石的秘书，负责“处理经济、教育和外交的文件”，“蒋每天下午见客，我（钱昌照——引者注）都陪同”。1930 年春，钱曾代

---

① 转引自孙彩霞《新旧政学系》，第 242 页。

② 《蒋介石日记》（手稿），1927 年 3 月 26 日。

③ 据蒋介石日记载：“与新之、子文、詠霓、樵峰谈财政”；“与银行界谈财政至六时，困难殊甚，而子文等以为有如此情状，尚称客气也”。《蒋介石日记》（手稿），1927 年 12 月 25、26 日。

④ 《钱昌照回忆录》，中国文史出版社 1998 年版，第 22 页。

表蒋介石到北平处理清华大学因反对 CC 系吴南轩任校长而引发的学潮。后经陶孟和推荐，钱昌照报告蒋介石提名翁文灏代理清华校长，从此结识翁文灏。[①] 1930 年，蒋介石一度兼任教育部部长，先后任命陈布雷和钱昌照两人为教育部次长。1932 年国防设计委员会成立时，钱昌照为蒋介石“联系了许多知识分子”。此外，陶孟和还特别推荐吴鼎昌，称其“能说善道，甚有用”。钱即请吴“同蒋见面，讲经济问题。吴讲起话来滔滔不绝，显示了他的才干”。“从那时起，蒋很看重吴。吴在北方办银行，有蒋作后台，对他很有利。吴背后还有《大公报》，蒋当然很感兴趣。吴还介绍何廉同蒋在庐山见面。”[②] 与此同时，钱昌照还介绍翁文灏给蒋介石授课，蒋介石在日记中讲道：“翁讲中国煤铁矿业之质量……中正梦之今日始醒，甚恨研究之晚”；“翁实有学有识之人才，不可多得也”[③]。

钱昌照还向蒋介石推荐了王世杰。王世杰同钱昌照是伦敦政经学院的同学。钱任教育部次长时，王世杰是武汉大学校长。他每次来南京都找钱昌照帮忙解决学校困难。据钱昌照回忆，“汪精卫担任行政院长时，提出一个阁员名单，讨论时只有蒋、汪和我三人。名单大体可行，只有所提教育部长褚民谊，蒋不赞成，因为褚当时名声不好，不宜当教育部长。蒋考虑改换一个人。我说如果换一个同汪合不来的人，是不行的，我想到王世杰同汪还不坏，因此就建议由王世杰做教育部长”[④]。

在第四组名单中，还有周诒春。他毕业于圣约翰大学，是美国耶鲁大学硕士。1912 年南京临时政府成立时，周一度担任过孙中山的英文秘书。1913 年任清华学校校长，为清华的迅速崛起奠定了良好的基础。他还代理过燕京大学校长。20 世纪 20 年代初，周先后任中孚银行北京分行经理、全国财政整理委员会秘书长等职，当选过北洋时代的国会议员。在此期间与吴鼎昌建立了深厚的友谊，之后长期追随吴鼎昌。吴鼎昌经陶孟和介绍参加国府，任实业部部长，周任常务副部长；后吴任贵州省政府主席，周任省府委员兼财政厅厅长，直到抗战胜利。周诒春和陶孟

① 《钱昌照回忆录》，中国文史出版社 1998 年版，第 25、29 页。

② 同上书，第 146—147 页。

③ 《蒋介石日记》（手稿），1932 年 6 月 17 日、19 日。

④ 《钱昌照回忆录》，第 143 页。

和两人还有一个共同的重要职务，即中华文化教育基金委员会董事，周还一度担任基金会总干事。该基金会主要负责美国退还庚款的分配，在教育界影响重大。1932 年以后，教育界众多精英加入政府工作，多是通过周、陶两人介绍给钱昌照，再引荐给蒋介石这样一条直接有效的途径。

经陶孟和、钱昌照的引荐，1932 年翁文灏和吴鼎昌同时加入国民政府军事委员会新成立的国防设计委员会，翁文灏任秘书长。能将翁延揽纳入政府工作，蒋介石相当得意，他曾在日记中写道："以翁最有阅历，亦有能力，可喜也。"① 1935 年底，蒋介石出任行政院院长，即任命翁文灏为秘书长，吴鼎昌为实业部部长。此后陆续加入南京中央政府工作的，还有清华大学教授蒋廷黻和南开大学教授何廉。

蒋廷黻是《独立评论》的创办者和三编委之一（其他两人是丁文江和胡适），《独立评论》创办于"九一八"事变后，蒋廷黻撰写了大量时政文章，同时还为《大公报》撰稿。据蒋廷黻回忆："我们与《大公报》间从来没有默契，更谈不上正式的合作，但事实上是共守相同的原则。我在《独立评论》和《大公报》上发表的文章引起很多人的注意，其中包括蒋委员长。1933 年夏季，他约我到长江中部避暑胜地牯岭去谈话。促成此事的是《大公报》的发行人吴鼎昌和蒋的亲信干部钱昌照……因为他们两人都未说明是谁安排我和蒋见面的，所以我认为是他们二人共同安排的。"和蒋廷黻一同上牯岭的还有何廉，参加会谈时除了蒋介石的秘书外，"只有吴鼎昌一人在座"。翁文灏担任行政院秘书长后，蒋介石即任命蒋廷黻为行政院政务处处长。② 次年蒋廷黻出任驻苏联大使，即由何廉接任行政院政务处长一职。③

何廉与蒋廷黻是留美同学，又曾是南开大学的同事。1929 年蒋廷黻去清华任教。第二年何廉在南开创办经济研究所。经济研究所设有独立的董事会，董事长是颜惠庆，董事中有许多国内金融界的头面人物，如张嘉璈等人。据何廉回忆："对于研究所支持贡献最大的组织，有华北的'四大'商业银行——金城银行、盐业银行、大陆银行和中南银行——在

---

① 《蒋介石日记》（手稿），1932 年 7 月 25 日。

② 《蒋廷黻回忆录》，岳麓书社 2003 年版，第 151、153 页。

③ 《何廉回忆录》，中国文史出版社 1988 年版，第 85 页。

这些银行的经理之中有很多是我本人的朋友。”[①] 而吴鼎昌和周作民就是前两家银行的总经理。

上述四类人中，前两类已是蒋介石的幕僚；后两类涉及的外交、金融、教育界等众多人物，都是蒋介石政权所急需的专业人才。1932 年蒋介石总结下野教训时，就曾在日记中写道：“失败为外交与教育之大意，而对于该两方人才亦毫不接近搜罗，而对于国内之策划，与国外之交际，亦无专人贡献，此为招怨之大者也。此后对于外交、教育与财政人才，应十分收揽，对于策划之士亦应注重。”[②] 与黄郛交往密切的这批人，正是蒋政权建设最需要的人才。

教育界的这批精英之所以参加政府工作，还有一个重要的原因，就是“九一八”事变后面对民族危机，知识界一度围绕“民主与独裁”展开争论。参与这场争论者，大都有英美留学背景，是“受过民主政治极久的熏陶”的大学教授们[③]，论战双方的代表人物刚好就是《独立评论》的创办人，蒋廷黻、丁文江是“独裁”派的代表，胡适、陶孟和是“民主”派的代表。

为什么这样一群具有“独立精神”的自由主义者会分裂为两派，其中一派还选择支持独裁与专制？看似不可理喻，事实上并不是他们对民主价值的追求发生了改变，而是他们在内忧外患的民族危机面前，寻求了不同的“救国”之道。正如胡适在 1935 年元旦发表的《一年来关于民治与独裁的讨论》一文中所言：“这个问题的发生，当然是因为这三年的国难时期中一般人不能不感觉到国家统一政权的迫切，所以有些人就自然想寻出一条统一的捷径。”挑起这场争论的是蒋廷黻在《独立评论》第 80 号上发表的《革命与专制》一文，“他的主旨是反对革命的，所以他很沉痛地指出，革命的动机无论如何纯洁，结果往往连累国家失地丧权”。因此他主张“必须先用专制来做到‘建国’，然后可以‘用国来谋幸福’”[④]。蒋廷黻等人倡导

---

① 《何廉回忆录》，中国文史出版社 1988 年版，第 48 页。

② 《蒋介石日记》（手稿），1932 年 3 月 20 日。

③ 钱端升：《民主政治乎？极权国家乎?》，《东方杂志》第 31 卷第 1 号，1934 年 1 月 1 日。

④ 胡适：《一年来关于民治与独裁的讨论》，《东方杂志》第 32 卷第 1 号，1935 年 1 月 1 日。胡适此文的论战对象蒋廷黻、钱端升、吴景超等人不久后都参加了政府的工作。

的“专制建国”主张，同蒋介石此时推行的“攘外安内”政策，刚好不谋而合，并得到蒋介石的赏识，于是这一派纷纷参加政府工作。知识界的两派精英虽然观点不同，但并没有从此分道扬镳，他们的分歧只是选择方式的不同，终极目的是一致的。抗战全面爆发后，胡适等主张民主的一派，也纷纷加入政府工作，为抵抗日本侵略贡献一己之力。

事实上，这批教育、外交、金融界的精英，无论在朝在野，彼此间的联系都是相当密切的。在此仅以 1932 年成立的“中国太平洋国际学会”为例。该学会以倡导国民外交，抵抗日本侵略为宗旨，其十余年来仅有的数十名会员中几乎囊括了上述精英，胡适、丁文江、周诒春、徐新六、吴鼎昌、何廉、陈光甫、蒋梦麟、陶孟和、王云五、张嘉璈、周作民、颜惠庆、黄郛、钱永铭、董显光、钱端升、周鲠生等人都是该会会员或执行委员。[①]

政学系是如何控制政权的?

从政学系的发展脉络看，可以分为两个阶段：

第一阶段是政学系的形成期，大致从 1932 年初“蒋汪合流”到 1935 年底国民党五全大会期间，核心人物是黄郛，而在外间影响最大的则是杨永泰。

黄郛虽然终身没有加入国民党，但他是辛亥元勋，又同陈其美、蒋介石是拜盟兄弟，所以国民党内的反对势力，特别是 CC 系的二陈不敢把黄视为打击的主要目标，而是聚焦到杨永泰身上，甚至在党内一度传播“军事北伐、政治南伐”之说，借此表达对这批人的不满。尽管黄郛等人早在南京国民政府成立前后，即参加政府工作，并得到蒋介石的信任，但他们大都远离南京中央，出任封疆大吏。此外，黄郛、熊式辉、张群等人都有留日背景，在 20 世纪 30 年代民族危亡时期，被党内反对派和其他政治势力视为亲日派，加以打击。

此时，政学系诸人对政权的控制，主要局限在地方政府，特别是杨

---

① 张静：《中国太平洋国际学会研究（1925—1945）》，社会科学文献出版社 2012 年版，第 209—210 页。

永泰，为实现“七分政治、三分军事”，首先在“剿共”区域改革原有行政结构，在省与县之间增设行政督察专员制，并在其他各省也相继推行。为增强南昌行营辖区的行政效率，杨规定“分区设署”（指在县长以下增设区长)、“合署办公”（指省政府)，并裁减各级国民党党部工作人员。这些行政专员人选的任命和裁减，多是由杨永泰签请，以蒋介石名义交到各省执行。一度南京中央政府所能控制的“河南、湖北、湖南、江西、安徽、江苏、浙江、福建、山东和陕西十个省政府的用人行政都直接听命于南昌行营。1934 年 2 月、3 月间还召集过一次十省高级行政人员会议，南昌行营第二厅（厅长为杨永泰——引者注）俨然成为实际上的行政院”①。此外，委员长侍从室这一机构的设置和运行方式，也由杨永泰向蒋介石提出并付诸实施。正是因为他有着极强的办事能力，深得蒋的赞许和信任。

在众多口述回忆史料中，熊式辉的亲信王又庸，被普遍认为是这一时期政学系的中层骨干。王曾先后追随熊式辉出任过江西省民政厅厅长、战后东北行营民政部部长。王又庸在回忆这一时期的政学系时曾写道：

> 这个集团的特点是……没有任何组织形式，它的活动全部体现在三个主要人物——杨永泰、熊式辉、张群以及他们的几个手下人的勾结或“单干”的活动之中……曾有人粗作估计，说这批人数有 40 人左右，可能是大致不差的。有人说，杨永泰死后，新政学系分子逐渐减少了，这是可能的；另一方面，它的上层分子则逐渐增加，也是事实。②

因此，笔者认为，“政学系”完全因杨永泰个人而得名，大致从 1933 年杨永泰出任军事委员会南昌行营秘书长开始被传播。而这一时期杨永泰、熊式辉等人所任命的一批官吏，官职最大者也不过是省民政厅厅长一类的职务，他们此后虽然仍同政学系其他成员保持着一定的关系，但

① 王又庸：《关于“新政学系”及其主要人物》，全国政协文史资料委员会编：《中华文史资料文库》第 8 卷，中国文史出版社 1996 年版，第 87 页。

② 同上书，第 88、89 页。

很少再有升迁的机会，对中央政府的政策制定和具体运作也没有太大的影响，且与此后的政学系成员交集不多。

政学系的第二阶段，自1935年底国民政府改组到1949年国民党退败台湾。此后，其成员大都脱离政府，四散海外。

国民党五全大会，是蒋介石第一次在没有汪精卫、胡汉民参与的情况下主持召开的全国代表大会。“此次全会以决定政治、党部各负责人选，异常令人注意。”① 大会结束后，蒋介石接掌行政院院长，全面改组政府，吸收了一大批同黄郛有着千丝万缕关系的财界、学界精英。“汪、胡各派除汪先生略有保留外（闻顾亦不就），果夫、立夫竟未能丝毫与闻。”参加此次全会并对CC系抱有同情之心的王子壮在日记中一度将新政府视为与政学系关系密切的“混合的亲日政府”，并认为新政府的“杨（永泰）等适能代为计划亲日以免目前之危者，因乃见重于蒋”②。他的这一判断在当时国民党内相当普遍。或许是为了平衡与CC系的关系，蒋介石并没有让杨永泰加入中央政府。五全大会后，蒋任命杨永泰为湖北省政府主席。

杨永泰上任不到一年即遇刺身亡，不久黄郛因病去世。此后十余年间，被视为政学系上层骨干的主要成员变化不大。他们大都具有一定的治国能力和专业知识，与国民党缺乏渊源但受到蒋介石重用。因此，党内各派势力对其一概以“政学系”视之，并加以反对。正是上述诸多因素导致他们彼此间更为相互依靠，关系密切，很快在南京政权内部形成了一股新兴力量。而接替黄郛，代蒋介石负责联系这批人物的正是他们的盟弟张群。从此，张群成了政学系无人替代的核心。

那么，此时的政学系又是如何控制中央政府的呢？

据时任行政院政务处处长蒋廷黻回忆：“那年，正式院会改在周二上午举行，非正式会议（欲称小型院会），于周五下午在委员长官邸举行。小型院会中只有孔祥熙、张群、吴鼎昌、张嘉璈、王世杰、

---

① 《王子壮日记》第2册，1935年12月2日，台北，“中研院”近代史研究所2001年版，第524页。

② 同上书，第535—537页。

何应钦、翁文灏和我出席。秘书及书记人员均不得列席。”“在院会中，因为每个与会的人均有机会发言，而时间有限，发言人绝不可浪费时间，言词要清楚，简单扼要，而且要争取他人的好感。所有的话都是讲给院长听的，因为最后的决定不是表决的，而是由院长个人决行的。依照法律和传统，中国行政院的部会首长颇似美国的国务卿，而不像英国的阁员。”①

从上述人员中不难看出，行政院的核心会议——小型会议除何应钦、孔祥熙外，几乎成了政学系的聚会。而何、孔两人在国民党内没有一个以他们为首的相对严密的组织系统，相对不易同政学系形成对抗。尽管这批部会首长没有表决权，但“所有的话都是讲给院长听的”。因此，政学系是最有可能影响蒋介石的人，甚至可以操纵政权以及人事任免。此外，为了“争取他人的好感”，政学系成员在涉及政府重大问题前，事先都充分交换意见。在此仅摘录几段时任行政院秘书长的翁文灏的日记：1936 年 2 月 22 日，“与吴达诠（即吴鼎昌）、蒋廷黻谈六年计画工作方法”；1936 年 5 月 23 日，“访吴达诠、周寄梅……谈预算事，报告于蒋”；1937 年 1 月 12 日，“与何淬廉（何廉）会宴张公权、吴达诠、钱乙藜（钱昌照）、熊天翼、吴景超，会谈经济建设之必要”②。可见在讨论重大问题之前，政学系成员之间大都先进行了详细的内部沟通，再呈报蒋介石，寻求支持。

1936 年 8 月，蒋介石任命蒋廷黻为驻苏大使。接任政务处长的是蒋廷黻的朋友何廉。何廉上任不久，在“一次行政院的非正式会议上”，蒋介石交给何廉的第一项任务是要他研究：“一、现有政府中负责经济建设的机构；二、当前政府在经济建设中的工作；三、政府的财政收入和支出。”经过深入调查，何廉发现尽管行政院下设实业部、交通部、铁道部等，但同时还有张静江负责的全国建设委员会、宋子文控制的全国经济委员会，以及由蒋介石兼任委员长的资源委员会（秘书长是翁文灏）。上

① 《蒋廷黻回忆录》，第 191、198 页。

② 翁文灏著，李学通等整理：《翁文灏日记》，中华书局 2010 年版，第 20、47、108 页。吴景超，美国芝加哥大学博士，清华大学教授、教务长，1935 年后长期追随翁文灏参加国民政府，先后任行政院参事、经济部秘书等职。1947 年重返清华任教。

述三“部”、三“会”分别负责国家建设，彼此之间毫无协调，“例如，公路建设是全国经济委员会的事，交通部虽说理论上负责，实则什么也管不着。公用事业理应属于实业部处理，但始终集中在全国建设委员会手上”。为此，何廉建议将三会取消，将其职能并入新的机构。[①] 据何廉回忆：“我把此事和内阁中我最合得来的三位部长吴鼎昌、张嘉璈和张群说了说。张群显得合作而开明，他和委员长过从甚密，是四位所谓把兄弟中最年轻的一个，看来张是明确地支持我的设想的。三人都对我的建议表示很大的关心。”“我和内阁的许多成员进行过讨论，只有财政部是例外。他们始终不合作。”不久因西安事变爆发，何廉的计划暂时停滞。[②] 不过，从此事的具体操作过程中，不难看出政学系对政权的影响力度和控制能力。

西安事变和平解决后，蒋介石一度回奉化老家休养。1937 年 1 月，汪精卫从法国回到南京准备出席国民党五届三中全会，其间赴奉化与蒋介石会面，向蒋表示“甚欲主持经济”[③]。这自然引起政学系诸人的紧张。因为在“党国体制”下，政府的任何重大决策，都需要经过国民党中央全会的通过才可付诸实行。而在南京中央的政学系诸人除张群外均非党员，无权出席会议。何廉对此曾回忆道：“那时委员长还在奉化。翁文灏和我以及一些其他的部长如张嘉璈、吴鼎昌等这些政府里的‘装饰品’们，并不清楚幕后究竟是怎么回事。”[④]

于是，政学系诸公加紧活动。1 月 12 日晚，翁文灏“与何淬廉会宴张公权、吴达诠、钱乙藜、熊天翼、吴景超，会谈经济建设之必要”。两天后，翁文灏亲赴奉化见蒋，建议“扩大经济建设，并有一定组织”[⑤]。18 日，经过翁、何等人的游说，熊式辉也赴溪口同蒋介石“谈经济建设及汪精卫先生意见”。蒋介石听后即命熊式辉“立即起草”相关文件，熊式辉回答道：“俟回京后与关系诸人商办。”第二天，蒋再指示熊“经济建设方案原则，又谈及社会及经济人才问题”。熊式辉一到上海，“即约卢作孚（时任国民政府军委会水陆运输管理委员会主任）、杜重远（记

① 《何廉回忆录》，第 99、104 页。
② 同上书，第 105、111 页。
③ 《蒋中正总统五记·困勉记》下，第 541 页。
④ 《何廉回忆录》，第 123 页。
⑤ 《翁文灏日记》，1937 年 1 月 12、14 日，第 108 页。

者)、张嘉璈、王又庸(时任四川省民政厅厅长)、张君劢(国社党主席)等八人”,“谈经济建设问题”①。24 日,翁文灏再与何廉“宴请熊天翼、吴达诠、张公权、卢作孚等,讨论经济事业之组织。吴拟于军委会内设经济署,连系其他各部会”②。27 日,蒋介石亲笔致函翁文灏,“嘱速拟办法,三中全会后颁发”③。31 日,蒋介石在日记中记道:“精卫热心经济,其实非其所长,人事甚难安置。”④ 2 月 12 日,熊式辉“赴京出席三中全会,拟携经济建设方案就便与关系方面再加审定后呈送蒋公”⑤。22 日,全会通过《中国经济建设方案》。是年底,国防最高委员会决议将实业部改组为经济部,并最终按照何廉当初的设计,将建设委员会全部、经济委员会的一部,以及军事委员会第三、四两部,工矿、农产两部调整委员会、资源委员会及财政部之粮食运销局等并入经济部。任命翁文灏为部长、何廉为常务次长。⑥ 原实业部部长吴鼎昌转任贵州省政府主席。

抗战爆发后,国民政府迁都重庆,国家经济中心由沿海移到西南。此后,政学系为控制经济命脉,特成立“西南经济建设研究所”。据翁文灏日记载:其“董事会会议,到者张岳军、张公权、川康滇黔四省主席代表。追认张公权、何淬廉为所长,岳军、公权及余为基金保管委员”。此后,“西南经建研究所开会,张岳军言,分别计划川康经济事已奉蒋批准”⑦。

尽管政学系并没有明确的组织,但彼此之间互为奥援,事前相互商量,事后相互提携,使他们能与国民党内其他派系相抗衡,并控制政权。再有一例,抗战胜利前夕,1945 年 8 月 14 日蒋介石任命尚在苏联的熊式辉为东北行营主任,负责接收东北。20 日熊式辉回国当天,即“分别访吴鼎昌、张群、吴铁城、张治中等接谈受命东北事”。21 日“何廉交来东

---

① 熊式辉著,汪朝辉编校:《海桑集——熊式辉回忆录(1907—1949)》,第 199 页。

② 《翁文灏日记》,1937 年 1 月 24 日,第 111 页。

③ 李学通:《翁文灏年谱》,山东教育出版社 2005 年版,第 129 页。

④ 《蒋介石日记》(手稿),1937 年 1 月 31 日;《蒋中正总统五记·困勉记》下,第 541 页。

⑤ 熊式辉著,汪朝辉编校:《海桑集——熊式辉回忆录(1907—1949)》,第 199 页。

⑥ 张朋园、沈怀玉合编:《国民政府职官年表(1925—1949)》第 1 册,台北,“中研院”近代史研究所 1987 年版,第 230 页。

⑦ 《翁文灏日记》,1939 年 3 月 6 日、9 月 8 日,第 315、368 页。

北人士调查名单及行政长官公署编制”。22 日“与张群、沈鸿烈、何廉谈组织行营、东北省份重划、经济主管人选等问题。由张群代发电致犹在美国之张嘉璈速驾”。24 日“约会吴鼎昌、张群、沈鸿烈等商谈主席交下各方荐举东北各省人选名册”。26 日“王世杰来谈东北各项有关接收问题”①。由此可见，自熊式辉接任东北行营主任后，他第一时间约见的人几乎都是政学系的成员，通过政学系成员间的相互推荐，以求控制人事任免等大政方针。

政学系与 CC 系、黄埔系

蒋介石打下天下后，政权建设中人才严重匮乏，以 CC 系为首的众多党务人员感慨：“既然很难找到那么多适当的人员来分担组织党部与组织政府，则何以不让省市党部委员同时兼任省市政府官吏，而要向外去求才呢?”② 这种认识，在国民党内很有市场。国民党对外标榜“以党治国”，党内各派系自然不愿权力旁落。

1935 年，王子壮的日记中，记录了自己对杨永泰等人的观察和对政学系同蒋介石关系的思考，非常生动地展现了国民党内部分人士对所谓政学系的认识。现摘录如下：

> 兹就所闻概记于下，杨本为政学系健将，活动于北方政界既有年，对于政治方面确有若干之应付方法而为党人所不及者。故自日祸、共祸相迫而至，蒋处于应付维艰之境。杨得贡其所见以博蒋之欢，尤于整理豫鄂皖等省之政治、财政，颇有计画，蒋乃倚为左右手。杨于是得随其发展之计谋，如江西之熊式辉、湖北之张群、应付日本之黄郛俱予沆瀣一气。因其历史上与国民党之不相容，乃定“拥蒋毁党”之政策，故对于剿匪各省之党务，莫不尽其拆台之能事(今日之党团虽属无用，且多纠纷，但现在本党为“以党治国”，当谋所以改善之法，而不宜摧残之也)。

① 熊式辉著，汪朝辉编校：《海桑集——熊式辉回忆录（1907—1949）》，第 488—489 页。

② 陈立夫：《成败之鉴》，第 151 页。

然为蒋所信任，在中央负党务责任之陈果夫、陈立夫对此亦曾为各种之设计，迄今为止并无若何成功。兹举一二：如去年立夫先生介绍若干重要省市党部负责之委员为蒋之秘书，以备蒋之咨询。但为时不久为杨永泰建议改为设计委员，均不得志，纷纷告归。后又使陈布雷追随蒋之左右，原拟以之充秘书长，以陈与蒋有旧，向为蒋服文字之劳者也。但以陈之为人，器识不大。蒋之与杨信赖尤深，计不得逞。陈仍不过为蒋之机要秘书而已。以故政学系将“力事扩充以谋篡窃本党”之论时得而闻。

于此有一问题，即蒋与杨之信任关系为何种性质？一说以杨为政客，计画甚周，现为培植羽毛时期，一方面在此时期竭力交结重要军人（如顾祝同等业已声气相通）及黄埔学生，迨至羽毛丰满，即行揭开真面，以毁党而成为彼之天下；其次，则以为蒋之用人，向能用其所长而绝不能为人所买，以其独断之性，固一英雄主义之人物也。彼最初对于共党密切合作，然至必要时，断然予以清除，即其明证。蒋之对杨以目前环境需要，彼来协助，故毅然信任之。然果如见其有不逞之图，自然可立即排除。此种见解，老先生如丁(惟汾)、叶（楚伧），盖仍作如是之观察也。余以二者所见均有可能。

不过，政学系与共党相较，有不同者。以共党声势虽大，彼等始终破坏本党及蒋个人，盖属显然。而政学系则附蒋以发展，彼之作用乃在由彼等拥蒋以活动政治，根本端在排挤本党。然以蒋与党有如此深远之关系，且彼个人有相当之宗法社会思想，谓其将随杨的主张去党，亦似无可能。不过杨如得计，可任意排除党中人物，以随其操纵把持之计，似属可能也。①

王子壮的上述分析，是站在维护国民党“党权”立场上，且完全针对杨永泰个人。事实上 1936 年杨永泰遇刺身亡后，政学系并未消亡，所控制的“政权”实力反而越来越大。可见杨永泰只是政学系成员之一，且因其早年参加北洋“政学会”而为党内反对派找到一个借口，从而成

① 《王子壮日记》第 2 册，1935 年 4 月 12 日，第 291—293 页。

就了“政学系”之名。政学系之所以遭到党内各派系的反对，其核心还是因为这些派系都认为他们对“党国”并无多大贡献，却来分享政权，且势力不断坐大，这在掌握“党权”和“军权”的CC系和黄埔系看来，无疑是分割了他们的权力。

对此等议论，陈立夫深以为然：“在训政时期，党具有议会的功能，中央党部与国民大会相当，地方党部与地方议会相当。如果是这样，党肯花钱付给党员，使他们收入与政府同级人员相等，这样我们党里会有好的人员来管理政府；否则，党不给予党务工作人员必要的薪津，而要求党务工作人员在自顾自给的原则下工作，这是不切实际的……其结果，有能力的人员将转入政府服务，那么，另一种制度将会产生：党将与政府相抗，而不是督导政府。”甚至早在1931年宁粤对峙之初，陈立夫即以为：“临时约法的施行将会提高人民的地位而降低了党的地位，政学系自然赞成利用人民的地位去直接减低国民党的权力，间接用以和胡汉民对抗。”①

然而，约法尚未起草完毕，黄郛等人即从胡汉民被扣这一事件中明白，蒋介石要的约法并非他们希望的约法。据黄郛日记载：1931年3月25日，“畅卿由宁归，谈国民会议及约法两事已早失去精神，将来必有名无实”②。黄郛对《约法》的评论，颇耐人寻味。这也间接印证了王子壮指责政学系“拥蒋毁党”一说，并非完全捕风捉影。自黄郛、杨永泰去世后，政学系的其他成员则不再具备所谓“拥蒋毁党”的能力和资历了。

国民党五全大会后，尽管蒋介石暂时排除了汪精卫、胡汉民在中央政府的势力，建立了一个以政学系为主的内阁，但党内反对派为了打击政学系，马上转向尚在海外的胡汉民，再次发起“迎胡回国运动”。虽然他们同胡汉民的主张并非一致，但胡汉民强调的“党权高于一切”的主张，正是他们对付政学系最有力的武器。据王子壮观察：“行政院既如此告成，党内诸派均为不满，二位陈先生（指CC）之消极为一明证，其他诸元老多同此感想，迎胡声浪之所以响彻云霄，足以见各方面之不满现状者，欲持胡以改造现局之趋势……二位陈先生之不满现状者，以胡之

---

① 陈立夫：《成败之鉴》，第152、168页。

② 《黄郛日记》第6册，1931年3月25日。

来，亦可坚强一己之自信，故最近之将来，胡先生既必然来京，对于彼之主张意见，及能否有冲破现局之能力，实有予以最大注意之必要。"①可惜的是，胡汉民回国不久即因病去世。这反而加强了蒋介石个人在党内的地位，有效抑制了反对者企图借胡抗杨的声音。

不过，长期以来，政学系成员不仅从能力上看不起这批年轻党务工作者，对国民党组织的作用也不以为然。一次，熊式辉与蒋介石讨论"党政关系调整"时，曾"陈述近日感想所及者四事：一、党的性质不明，因此党的运用不当；二、党员身份不明，因此党部成衙门，党员成官吏；三、水流湿、火就燥。党的工作，应该帮政府，为湿为燥；四、党的组织不适于其工作"。他的这番言论，深得蒋的"嘉许"，并"令速以书面条陈"②。

抗战爆发后，黄埔势力迅速崛起，他们不断希望染指政权建设，加大对政学系的挑战。1938 年初，蒋介石为集中财力、物力抵抗日本侵略，拟成立资源委员会，重点发展重工业。在讨论该会组织条例时，黄埔系也想在新机构中分掌权力。在人事任免上，"何应钦对资委会表示不满，讲应聘军人为委员"③。但蒋介石没有接受何的意见，而是任命翁文灏为委员长，将资源委员会完全交由翁办理。翁随后"派钱昌照为资源委员会副主任委员，沈怡为主任秘书兼工业处长"④。沈怡是黄郛的妻弟。资源委员会不仅抵制来自军方何应钦的要求，对 CC 系控制的党务系统也同样是不买账。据钱昌照回忆：

> 过去在国民党时代有一句话，叫做"蒋家的天下，陈家的党"，意思是说，党部的权抓在陈家手里。我在国防设计委员会以及后来的资源委员会时期，在成立机关党部这个问题上也一直在和陈矛盾着。在 1944 年以前，党部方面前后有过三次要我们在资源委员会机关内成立党部，我都拒绝……到了 1944 年，国民党开始筹办六中全

---

① 《王子壮日记》第 3 册，1936 年 1 月 14 日，第 15—16 页。

② 熊式辉著，汪朝辉编校：《海桑集——熊式辉回忆录（1907—1949）》，第 221—222 页。

③ 《翁文灏日记》，1938 年 2 月 15 日，第 761 页。

④ 《翁文灏日记》，1938 年 3 月 2 日，第 218 页。

会大会（应为六全大会——引者注）选举，所有重要机关都要设立国民党党部，资委会乃被迫在会内成立第 78 区党部。我本人未参加此党部工作，只是嘱咐吴兆洪、戴世英等：好好安排，好好应付，不让资委会受到 CC 影响……后来我见蒋，说明我们多年来未成立党部，怕二陈插进来，把事业弄乱等等情况。他唯唯。[①]

蒋介石之所以对政学系如此信任，一个很关键的因素，就是政学系没有像 CC 系、黄埔系那样建立一套明确的组织架构。虽然政学系成员间彼此相互照顾，但基本没有建立基层组织，且绝对忠于蒋介石个人。

在政学系的众多成员中，并非都不想建立一个牢固的组织。1935 年底蒋介石改组行政院后，江西省政府主席熊式辉就想结合内阁中的政学系成员组成一核心机构。据翁文灏日记，1936 年 5 月，“熊天翼来谈组织其‘智囊团’事”[②]。尽管熊式辉在国民党五全大会上被增补为中央执行委员，但政学系的诸多成员均非国民党党员，在党国体制下，他深感很难充分掌控政局，所以想成立“智囊团”。某次他参加国民党中央全会后，觉得党国的重大方针“一切皆由中央党部组织领导，余个人无何单独建议，故少发言，鸣亦形成孤掌。平日服务于地方，对中央事固不甚清楚，而一般会议若无组织的运用，个人除尽其一分子之凑数外，不易发挥任何作用，尤以现在党的作风为然”。但政学系的其他成员，对熊式辉的建议多不以为然。会后不久，熊式辉赴抵贵阳会晤省主席吴鼎昌，吴即提醒熊：“对中央议论太直率。此与中央及地方俱无益处，多言宜戒。”并明确告诉熊：“地方不宜造成小领袖，贵州尤应为此。”熊式辉反省后意识到吴鼎昌所言“诚有至理”。[③]

政学系的其他成员大都同吴鼎昌态度一致，翁文灏就曾在日记中写道：“余全为国家工作，以蒋为唯一领袖，绝未加入任何系派（如 CC、HH、TV、CH）。”[④] 而政学系的核心人物张群更是“熟知蒋对自己属下

① 《钱昌照回忆录》，第 125—126 页。
② 《翁文灏日记》，1936 年 5 月 18 日，第 45 页。
③ 熊式辉著，汪朝辉编校：《海桑集——熊式辉回忆录（1907—1949）》，第 241、246 页。
④ 《翁文灏日记》，1942 年 4 月 10 日，第 761 页。

最忌有二：一、援有私人，自成系统，或造成小集团，利用政治机会，与蒋对抗；或朋分利润，令蒋受到损失。二、贪污”。当时，“众友评岳军，只能呼为蒋之使女而不得称为如夫人，以如夫人尚有恃宠撒娇时，而张并此无之，惟知唯唯诺诺，蒋欲如何便如何，无一丝违抗”①。张群对蒋介石的态度，更令熊式辉组织“智囊团”的想法落空。

结 语

与蒋介石有过近距离接触的何廉曾这样评价蒋介石：

> 委员长是个可以共事的好人。他十分耿直，也非常坦率……他给我的印象是：迫切要新鲜的主意，尽管是否把这个主意付诸实施是另一回事……他认识人，也懂得用人。但是他不懂得制度和使用制度。我和他谈问题时，一谈到许多事情该制度化的时候，他的注意力就会向别处转移。我对他有这样的感觉，从根本上说，他不是个现代的人，基本上属于孔子传统思想影响下的人。他办起事来首先是靠人和个人接触以及关系等等，而不是靠制度。②

政学系的这批人，刚好契合了蒋介石的上述要求。相较于CC系和黄埔系，政学系没有明确的层级架构和组织依托，体系松散，外延广阔；同时，他们又大多拥有良好的西方教育背景，具备较高的行政组织能力和人脉关系；他们彼此因政见相似而同声相求，因地位相近而相互照应。

政学系的职能及蒋介石与政学系之间的关系，大致可总结如下几点：

第一，政学系主要帮助蒋介石有效运行中央政府各部会职能（除个别出任封疆大吏），特别在国际交涉、财政金融和教育领域，依靠自己的专业知识为蒋介石出谋划策，分忧解难。其工作完全不涉及军事和党务。其成员大多是国民政府的“特任”官，由于没有基层组织，很少有“简

---

① 冯若飞：《张群其人》，全国政协文史资料委员会编：《中华文史资料文库》第10卷，中国文史出版社1996年版，第1371页。

② 《何廉回忆录》，第117页。

任”以下的小官。自其20世纪30年代中期形成以来，成员基本没有太大变化。政学系很少有“小”官僚，他们通过影响蒋介石，来影响政局的发展和人事安排。

第二，承担党国体制的政治设计，为重大人事任免向蒋介石提供意见。如在江西“剿共”时期，杨永泰出任南昌行营秘书长，熊式辉为南昌行营参谋长；军事委员会下设的国防设计委员会，其成员大多来自教育界；抗战爆发后成立的国民参政会秘书长王世杰、吴鼎昌在抗战后期先后任国民政府文官长兼国民党中央设计局秘书长、总统府秘书长等。此外，熊式辉也担任过中央设计局秘书长，张群更是出任过中政会秘书长、国防最高委员会秘书长等多项重要的幕僚职务。

第三，协助蒋介石同国民党党外政治团体和中国共产党沟通。政学系的这批成员无论是教育、金融界人士还是北洋旧官僚，本质上大都对国民党一党专政体制不以为然，而是相对乐见国民党能开放政权，从而导致他们同国民党内的其他派系矛盾重重。抗战爆发后特别是在战后，当蒋介石需要同国民参政会或政协其他团体以及中国共产党沟通时，政学系大都主动承担这项工作。

关于政学系，众说纷纭，一个重要原因，就是因为党内有“众说”。我们对政学系的诸多观察，都来源于其政治对手的言说，所以政学系的组织轮廓往往需要先勾勒其他派系后，方能得出。很多人未得政学系好处，反不小心触了其他派系的霉头，抢了其他人的风头，就被戴上这顶帽子。如果说前期的杨永泰还有伐异之举，稍符派系之说，后期则无人能担此任。换言之，往往是无派无系之行政官僚，位居高位且由学而仕，符合政学系的人员描述，故人多以政学系视之，而这些人也多因同声相求，愿与其他被认作政学系之人相往来、共取暖，两种过程，交错为用，共成政学系之名。

而政学系的尴尬，很大程度上正反映了蒋介石的尴尬、国民党的尴尬。行政权力在国民党统治期间，是一个不断受觊觎、被践踏、遭蚕食的领域。党、军似乎都很有理由主政，前者有理论基础（以党治国），后者以枪杆子为依托。但以党统政，党同伐异；以军领政，藩镇隐现。蒋介石不得不为平衡两方，而靠一帮和其面而心不一定和的行政官僚，撑起这一残缺的领域。政学系虽曰有黄郛为灵魂人物，但黄郛更似“共主”。如果说政学系，尤其是后期的政学系有所谓的领袖，只有蒋介石可堪此名，张群不过是为其穿针引线的“使女”。

政学系的一大特点，就是学者型官僚。从“政学系”三个字来分析，恰好是“由政助学，引学辅政”，能够给予蒋介石本人和其部下力所不及的帮助。而学者治政的一大特点，就是尚清流不尚党谋。所以政学系吸引蒋的，是其工具层面的行政才干，而非价值层面的高山流水，双方其实缺乏共事的强固基础，相互利用，而非相互认同。

1949 年蒋介石败退大陆后，政学系成员真正随蒋撤至台湾的并不多。他们在政治上既反对国民党独裁，也不认同共产党专政，且台湾舞台太小，蒋介石也不再需要这批中央大员，因此他们大多移居海外。只有张群、王世杰一直追随蒋介石，并得到一定的重用。

从此，政学系之名不再延续。

清末革命团体与秘密会党：以同盟会武装起义为主*

李平秀

绪　论

有关清末规模最大的革命团体同盟会与最典型的秘密会党天地会武装起义研究，迄今为止，大致分为两个方向：一类是从孙中山或者辛亥革命史的立场出发，考察武装起义在孙中山领导的革命活动中或在辛亥革命的展开过程中所占据的地位；另一类是从秘密会党史的角度出发，论述天地会等会党如何参与孙中山革命活动乃至辛亥革命的过程，以及会党在武装起义和革命过程中的作用。这些问题的研究者，不是专门从事孙中山、辛亥革命史研究，就是专门从事秘密会党史研究，他们往往会沿用其领域内约定俗成的视角、立场和眼光来看问题。另外，这些研究多强调孙中山与同盟会的作用和功能，而相对忽视直接参与武装起义的天地会等会党的主体性和自觉性。总的来看，这种研究视角可以说是“孙中山中心史观”① 的延伸，是在研究革命团体与秘密会党关系时突出表现出来的一种“革命派中心史观”。

在 1985 年北京召开的“孙中山研究述评国际学术讨论会”上，黄彦

---

* 本文原载《近代史研究》2015 年第 1 期。

① Winston Hsieh, *Chinese Historiography on the Revolution of 1911: A Critical Survey and a Selected Bibliography*, Stanford: Hoover Institution Press, 1975, pp. 25 - 77.

在其提交的论文中写道:“广州起义和惠州起义过程的研究,基本轮廓是比较清楚的”,但“兴中会与会党的关系也不很清楚”[①]。这一判断提示我们,兴中会与会党的关系,尚待深入发掘。进而言之,革命团体与秘密会党的关系,尚可拓展到对同盟会之前、之外的团体与秘密会党关系的解释与分析,这些团体主要是,广东兴中会、湖南华兴会、浙江光复会,只有将这三者及其结合体同盟会与秘密会党的关系分别进行深入研究,清末革命团体与秘密会党的关系才能全面揭示。无独有偶,在 2010 年广东省中山市举办的“孙中山·辛亥革命研究回顾与前瞻高峰论坛”上,王杰指出,目前关于兴中会、同盟会武装起义中华侨、会党、新军、民军等方面的研究虽然很多,但大多只注重分析“为什么”,而对“是什么”着墨嫌少,这样的研究几有“本末倒置之虞”,需要更为深入的研究和思考。他还指出,目前“广东会党与辛亥革命资料的整理与研究仍然乏力,有些问题得不到史料的有力支持”[②]。可见,关于清末民初革命团体与秘密会党这一主题,还有很多问题有待进一步探讨。

分析既往研究,值得检讨的一个问题是,在分析同盟会与天地会武装起义时,如何看待所谓“同时起义”的传统说法。1905 年同盟会成立后,开始计划在两广地区发动一系列武装起义,而“同时起义”是指同时在潮州、惠州、钦州、廉州发动起义,其中“以钦州、廉州为重点,潮州、惠州则是响应”。因此,同盟会一成立,革命党人就把目光注视到广西及相邻的广东边界地区,决定在两广发难,为此他们在越南河内设立“粤桂滇三省起义的领导机关”作为指挥武装起义的大本营。[③] 但笔者认为这一说法并没有充分的史料依据,需要再行讨论。

另一个有待论证的问题是关于武装起义中两个不同性质的团体,同

---

① 黄彦:《兴中会研究述评》,孙中山研究学会编:《回顾与展望:国内外孙中山研究述评》,中华书局 1986 年版,第 317—318 页。

② 王杰:《关于辛亥革命时期广东革命力量的几点思考》,孙中山研究会、孙中山故居纪念馆编:《孙中山·辛亥革命研究回顾与前瞻高峰论坛纪实》,社会科学文献出版社 2011 年版,第 11、13 页。

③ 金冲及、胡绳武:《辛亥革命史稿》第 2 卷,上海人民出版社 1985 年版,第 155—156 页;陈锡祺主编:《孙中山年谱长编》上册,中华书局 1991 年版,第 399 页;Edward J. M. Rhoads, *China's Republican Revolution: The Case of Kwangtung, 1895 - 1913*, Cambridge: Harvard University Press, 1975, p. 111。

盟会与天地会的关系问题。很多学者认为，孙中山领导的同盟会是起义“主角”，而其他被动员的天地会等秘密会党都是“配角”。此类观点影响殊大，成为主流，致使某些研究秘密会党的学者也断言，如果“得不到（兴中会、同盟会等所代表之）先进阶级的领导”，那么天地会等“洪门会党自发的反抗斗争，是不可能有所作为的”；天地会等秘密会党只不过是革命党人夺取清朝政权的“工具”而已，即天地会等秘密会党只是革命党人的“动员对象”，扮演着“雇佣军”的角色。而武装起义之所以无法取得成功也被归结为秘密会党本身的阶级落后性及组织的散漫性。① 然而，正如笔者所主张的那样，分析同盟会与天地会在武装起义中的关系时，采用近代革命团体与传统秘密会党相互“合作”的观点②或许更为贴切，更为接近历史真相。

从某种意义上说，史学即史料学。孙中山等革命党一翼对自身的革命活动有许多记录，但相形见绌的是，天地会等秘密会党一翼，却对自己的作为甚少记录，他们成为“失语”的群体。这也是造成研究格局畸轻畸重的重要原因。有学者在谈到秘密结社史料匮乏时指出：

> 史料，即所表象化的历史中，秘密结社几乎毫无意外地被表现为“他者”，秘密结社的成员没有自己的声音，也没有自己的文字，只不过是一种沉默的“被摄体”而已。即使少有的几位秘密结社的成员有幸留下了声音和文字，此内容常常以“他者”（政府审问机

---

① 秦宝琦：《洪门真史》（修订本），福建人民出版社 2000 年版，第 331 页；丁旭光：《资产阶级革命派与广东会党》，《广东社会科学》1988 年第 1 期；秦宝琦：《中国地下社会》第 2 卷（晚清秘密社会卷），学苑出版社 2005 年版，第 519 页。

② 李平秀：《天地会和兴中会》，中国社会科学院近代史研究所政治史研究室、湘潭大学曾国藩研究中心编《湘淮人物与晚清社会》，社会科学文献出版社 2011 年版，第 373—390 页。蔡少卿将辛亥革命时期会党作为连接资产阶级与农民联盟的媒介，他在说明革命党人与会党关系时，虽然使用了“联络”或“联合”等词语，但始终将二者设定为“领导（革命党人）与被领导（秘密会党）”关系，依旧没有摆脱“革命派中心史观”［蔡少卿：《论辛亥革命与会党的关系》，《中国近代会党史研究》（增订版），中国人民大学出版社 2009 年版，第 265—276 页］。这种观点在周建超的著述中也反复出现（周建超：《秘密社会与中国民主革命》，福建人民出版社 2002 年版，第 33—53 页）。两位学者不仅缺少对武装起义构成的具体分析，而且完全没有提到本文重点说明的六次武装起义。所以其虽然提出了革命党人与会党的“联络”或“联合”关系，但却与笔者提出的“合作”关系在推导方法上存在较大差别。

构、近代知识分子、革命家等）为媒介，才得以传达的。[1]

正是由于这种记录上的不平等与差异，以及“他者化”的记录状况——秘密会党成员大多没有接受过正规教育，所以自然在历史记录以及记录者方面处于劣势——在分析同盟会与天地会关系时，不论是从孙中山研究或者辛亥革命史研究的角度，还是从秘密结社史研究的角度出发，历史叙述的方向都会自然倾向于“孙中山中心史观”或“革命派中心史观”中。

本文将通过从 1907 年 5 月黄冈起义到 1908 年 4—5 月河口起义总共六次武装起义的分析，即同盟会接触新军之前与天地会等秘密会党一起在广东、广西、云南发动的武装起义，尝试重新考察上述问题。不过，由于目前有关秘密会党和辛亥革命史料的发掘尚不完备，所以有必要强调几点本文中史料使用的原则：第一，以事件发生当时所留下的史料为重点。例如，孙中山留下的演说、电报、信件等史料，只使用辛亥革命发生之前的。第二，在引用回忆录时，只选择那些能够通过其他史料进行对照互证而确认的内容，或者可以辅助说明当时情况的部分。第三，冯自由所大量记录的《革命逸史》等内容，不过向我们展示了事件的发生经过，如果有不详之处或者错误之处，本文将对照其他史料进行补充，或从批判的视角进行分析。第四，充分利用清政府留下的档案，如朱批奏折、电报档、海关档等。在以往的研究中，许多学者没有充分利用这些档案，但这些档案却从革命党人之外的角度记录了历史，为分析武装起义的结构和性质等提供了十分重要的线索。第五，革命党人主编的《中兴日报》《中国日报》等报纸，可以作为二手史料，选择其中有用信息。基于以上史料使用原则，本文探索一种有别于“孙中山中心史观”“革命派中心史观”所笼罩下的传统历史叙述，应用新文化史领域所提倡的“重读史料”方法[2]，重新认识历史现象。

---

① 孫江：《近代中国の革命と秘密结社—中国革命の社会史的研究（一八九五～一九五五）—》，東京，汲古書院 2007 年版，第 18 页。

② 조한욱:《문화로 보면 역사가 달라진다》, 책세상, 2000 년, 13－14 쪽, 61－78 쪽.

一　武装起义的开端与经过：从黄冈起义到防城起义

如前所述，学术界一般认为，同盟会创立后孙中山对武装起义的“原计划”是同时在潮州、惠州、钦州、廉州发动起义。这一观点源自著名国民党史家邹鲁提到的《孙中山复许雪秋电》，具体内容如下：

> 起义须与潮、惠、钦、廉同时发动，以便牵制清军。万勿孟浪从事，致伤元气。①

但是，若对当时武装起义的展开情况进行深入探讨的话，这份电文中提到的“同时起义”说法与孙中山等革命党人对武装起义的“原计划”并无关系。

首先要提到的就是“潮州起义”。如冯自由所述，潮州起义应该分为“潮州府城起义”和“潮州黄冈起义”两部分。② 1905年夏，逗留欧洲的孙中山为创立同盟会，于6月11日离开巴黎远赴日本，7月初途经新加坡时，与尤列、陈楚楠、张永福等人会合。③ 据张永福回忆：

> 我们因言及潮州已有余有关系的友人余既成、许雪秋在内地运动起义，闽省则此处派有黄乃裳前往宣传。孙先生一闻此语，知我们不特用文字宣传，亦能做实际上的工作，不胜喜慰。但以分道扬镳，终不如集中力量，事较易济。乃以组织同盟会，作大规模之运

① 邹鲁编著：《中国国民党史稿》第3篇，商务印书馆1944年版，第718页。又见未名《丁未潮州黄冈二役别记》，丘权政、杜春和选编：《辛亥革命史料选辑》上册，湖南人民出版社1981年版，第284页。该电报亦收入郝盛潮主编《孙中山集外集补编》（上海人民出版社1994年版，第34页），虽另拟题名，但仍来源于邹鲁《中国国民党史稿》。

② 冯自由：《中华民国开国前革命史》（1928年初刊），广西师范大学出版社2011年版，第325—338页。

③ 陈锡祺主编：《孙中山年谱长编》上册，第337页。

动为议。[①]

以上回忆大致反映了孙中山组织南洋华侨革命党人准备潮州起义的情况。潮州起义从1904年初便开始策划，主要策划者是南洋华侨陈楚楠、张永福、黄乃裳、许雪秋、陈宏生等，而执行者是余丑、余通、陈涌波等潮州三点会首领。他们原拟于1905年4月19日发动起义，占领潮州府城，但因起义计划事前被泄露而失败。[②] 1906年4月6日同盟会在新加坡成立后，潮州起义有了进一步计划。陈楚楠回忆称：

> 在丙午年黄乃裳、许雪秋、陈芸生（即陈宏生）、肖竹漪诸同志先后来新加坡，在晚晴园见总理，报告闽、潮两地革命运动的成绩，并计划在闽粤交界的黄冈起义。这个计划总理接受了，就交下秘密电码暗约并军事策略，总理又电嘱在东京留学的同志方南岗、方端麟、乔义生等和一位日本义士萱野长知前往帮忙。[③]

综合相关资料可知，1906年孙中山任命许雪秋为“国民军东军都督”，同年冬天许雪秋带领余丑、余通、陈涌波赴香港，与冯自由见面，加入同盟会。1907年2月19日，他们决定发动起义占领潮州府城，余丑等在饶平县浮山墟召集千余人准备起义，但事与愿违，起义准备再次中断。之后许雪秋为准备下一个计划而返回香港。[④] 冯自由将以上两次夭折的潮州起义合称为“潮州府城起义”。

---

① 张永福：《南洋与创立民国》（1933年初刊），章开沅、罗福惠、严昌洪主编：《辛亥革命史资料新编》第1卷，湖北人民出版社2006年版，第76页。

② 冯自由：《中华民国开国前革命史》，第325—326页；冯自由：《东军都督许雪秋》，《革命逸史》第2集（第1—6集：1939—1948年初刊），中华书局1981年版，第183—184页；又见未名：《丁未潮州黄冈二役别记》，丘权政、杜春和选编：《辛亥革命史料选辑》上册，第279—282页。

③ 陈楚楠：《晚晴园与中国革命史略》（1940年原刊），丘权政、杜春和选编：《辛亥革命史料选辑续编》，湖南人民出版社1983年版，第38页。

④ 陈锡祺主编：《孙中山年谱长编》上册，第394页；冯自由：《中华民国开国前革命史》，第326—327页；冯自由：《丁未潮州黄冈革命军实录》，《革命逸史》第5集，中华书局1981年版，第88页。

上述两个计划夭折后不久，潮州黄冈起义却突然发生。据冯自由记述，1907 年 5 月中旬，乡民们正在黄冈北门外唱戏时，防兵在舞台前调戏妇女而遭乡民反击，守备蔡河宗下令逮捕乡民。这时当地会党两名余姓乡民被逮捕，并押送至协署。随后，余丑等三点会首领在城外的连厝墓召集同志商讨营救这两人的对策，认为若不起事，两人均无生还可能。于是，1907 年 5 月 22 日晚，余丑、余通、陈涌波等人带领千余名三点会成员攻击协署，与蔡河宗军交战，翌日上午成功占领黄冈城。两广总督周馥连忙集结附近清军进行镇压，5 月 26 日起义军在汫洲的战斗中败北，并于 27 日溃散。①

当时，周馥将此事件定义为三点会突然起事，并没有认识到该事件与孙中山等革命党人有任何联系②，但这就是同盟会成立后孙中山等革命党人策划发动的首次起义，即“潮州黄冈起义”。尽管从黄冈起义的人员构成看，这次起义确实是夭折的府城起义的延续，但它具有突发性，并不是在孙中山及同盟会的严密计划下发动的。并且，作为国民军东军都督的许雪秋，在黄冈起义爆发时仍然逗留在香港，他在两天后的 5 月 24 日才收到消息急忙前往黄冈，但当他到达山头时起义军已经溃败。③

接下来的便是“惠州七女湖起义”。据冯自由记述，孙中山在 1907 年春先后派遣余绍卿、黄耀庭、邓子瑜从新加坡远赴香港。首先到达香港的是在阳江、阳春远近闻名的大盗余绍卿。他于 1907 年 4 月中旬抵达香港，负责阳江、阳春方面的军事事务，随后返回内地销声匿迹。黄耀庭曾作为兴中会时期惠州起义的前锋，于 5 月上旬抵达香港，负责惠州方面的军事事务，但在听闻香港警察署已获知其入境消息后，黄耀庭又匆忙返回新加坡。最终，孙中山只能将值得信任的同志邓子瑜派往惠州。5 月下旬，潮州方面的军事局面紧迫，邓子瑜让天地会首领陈纯、林旺、

---

① 陈锡祺主编:《孙中山年谱长编》上册，第 401—402 页；冯自由:《中华民国开国前革命史》，第 329—332 页；冯自由:《丁未潮州黄冈革命军实录》，《革命逸史》第 5 集，第 88—92 页。

② 《两广总督周馥为黄冈会党踞寨戕官事致军机处电》（光绪三十三年四月十五日），中国第一历史档案馆、北京师范大学历史系编选:《辛亥革命前十年间民变档案史料》下册，中华书局 1985 年版，第 457—458 页。

③ 冯自由:《东军都督许雪秋》，《革命逸史》第 2 集，第 186 页。

孙稳在归善、博罗、龙门等地准备举事，而其中在归善县知名墟市七女湖（今汝湖镇）发生的起义便是“惠州七女湖起义”。该起义于6月2日爆发，义军在泰尾、三连、柏塘、八子爷等地与清军展开多次战斗。6月12日两广总督命令驻惠州及周边的清军出兵镇压，水师提督李准也亲自带兵前往惠州支援。此后，起义军与清军进行了十天左右的混战，最终因弹尽粮绝而告败。[①]

当时，两广总督周馥因黄冈起义被问责而卸任，据他发送给外务部的电报可知，由于被捕会党成员供认七女湖起义以及黄冈起义都是在孙中山指示下进行的，所以他要求越南总督、香港总督搜捕孙中山、邓子瑜等七女湖起义主谋。[②] 虽然冯自由断定孙中山原本就有“惠潮同举之计划”[③]，但这只是他根据该事件结局而推断的。实际上，孙中山在创立同盟会之后曾援助南洋华侨筹备的潮州武装起义，又曾派遣余绍卿到地理位置与潮州相对之阳江、阳春进行呼应，而并无同时发动潮州和惠州起义的计划。孙中山不过是在阳江、阳春的起义计划化为泡影后，才匆忙派遣黄耀庭、邓子瑜到惠州，而且邓子瑜领导的七女湖起义也是在潮州起义结束后才发动的。

最后是“钦廉防城起义”。据冯自由记述，1907年春，钦州三那地区乡民刘思裕等无法忍受官吏对糖捐的榨取而组织万人会，由于在对抗官府的过程中乡民势力逐渐扩大，两广总督周馥遂命令统领郭人漳、标统赵声等人出兵镇压。继而，刘思裕等乡民牺牲，乡民代表梁建葵、梁少廷前往越南河内向孙中山等革命党人请求救援。此时，孙中山和黄兴认为，郭人漳、赵声为革命党，可以通过这两人的协助伺机起义。随后黄兴前往钦州，逗留在郭人漳部队中，孙中山还同时派遣胡毅生到赵声所驻屯的廉州，王和顺则作为“中华民国军南军都督”负责钦州和廉州的

---

① 陈锡祺主编:《孙中山年谱长编》上册，第402—403页；冯自由:《丁未惠州七女湖革命军实录》,《革命逸史》第5集，第100—102页。

② 《开缺两广总督周馥为要求港督驱逐孙文事致外务部电》（光绪三十三年四月二十四日)、《开缺两广总督周馥为要求越南总督驱逐孙文事致外务部电》（光绪三十三年四月二十九日)、《开缺两广总督周馥为要求港督驱逐邓子瑜致外务部电》（光绪三十三年四月二十九日)，广东省档案馆编译:《孙中山与广东——广东省档案馆库藏海关档案选译》，广东人民出版社1996年版，第697—698页。

③ 冯自由:《丁未惠州七女湖革命军实录》,《革命逸史》第5集，第100页。

军务。但孙中山的以上计划也是在王和顺在三那驻扎几个月后，随着驻屯防城的原清军内应刘永德和李之焜表现出起义意图，才得以实施的。1907 年 9 月 1 日王和顺带领会党军由王光山出发进攻防城，发动起义，三天后占领该地。随后起义军进攻钦州城，但作战失败，于是途经南劳墟、擅墟准备进攻灵山，仍旧事与愿违，在重返三那后起义军不得已于 17 日解散。最后，梁建葵、梁少廷等人带领起义军撤退到十万大山，王和顺等人返回越南。[①]

冯自由并没有记述防城起义过程的详细日期。据钦廉道王承恩禀告，刘思裕组织万人会对抗官府发生在 4 月 29 日。[②] 据清陆军部档案，刘思裕被郭人漳炮击致死的日期为 6 月 12 日。[③] 在刘思裕牺牲后，梁建葵、梁少廷才向孙中山等革命党人提出救援请求，孙中山等正式派遣王和顺，利用郭人漳、赵声，在钦州、廉州发动武装起义的时间为 6 月中旬以后。从时间上看，黄冈起义已经于 5 月失败，七女湖起义也于 6 月 22 日告终，所以说孙中山等革命党人的钦州、廉州武装起义计划是在黄冈起义、七女湖起义结束后才推进的（参见表 1）。

如果孙中山等革命党人真有潮州、惠州、钦州、廉州“同时起义”计划，表 1 中归纳出来的起义筹划、发动、起义军解散时间就不会如此的不一致。如上所述，潮州起义是 1904 年由南洋华侨与潮州天地会首领合作筹划的，孙中山等革命党人只不过是在同盟会创立后，对 1907 年黄冈起义进行了支援。虽然冯自由强调“惠潮同举之计划”，但突然爆发的七女湖起义仅仅是黄冈起义的后续行动，就连防城起义也是在黄冈起义、七女湖起义失败后才正式准备发动的。而且我们根本找不到起义指挥者许雪秋、邓子瑜、王和顺等人在发动起义前，相互联系、准备、商议的任何可信记录。总之，支持“同时起义”说的史料根据，即上引邹鲁

---

① 陈锡祺主编：《孙中山年谱长编》上册，第 411 页；冯自由：《中华民国开国前革命史》，第 345—349 页；冯自由：《南军都督王和顺》，《革命逸史》第 2 集，第 200—201 页；冯自由：《丁未钦州防城革命军实录》，《革命逸史》第 5 集，第 104—109 页。

② 《两广总督周馥为钦州刘思裕等聚众抗捐拒敌官军事致军机处电》（光绪三十三年四月十四日），《辛亥革命前十年间民变档案史料》下册，第 456—457 页。

③ 《关于三那抗捐斗争的禀报》（光绪三十三年八月以后），中国第二历史档案馆编：《中华民国史档案资料汇编》第 1 辑，“辛亥革命”，江苏人民出版社 1979 年版，第 16 页。陈锡祺主编：《孙中山年谱长编》上册，第 400 页。按：刘思裕死亡日期为 5 月 12 日，有误。

《孙中山复许雪秋电》中的内容，只能解释为孙中山的一种“个人愿望”。实际上，革命党人或者国民党史家留下的资料所描述的武装起义，与现实中的武装起义，不论是在领导者、组织者，还是在起义开端、经过和其他细节上，都有一定差距，故我们不能将这些内容完全视为事件的真相，亦不宜含混论之。

表 1　潮州府城、黄冈、七女湖、防城起义的筹划、爆发、起义军解散时间一览

	潮州府城起义ⓐ	黄冈起义ⓑ	七女湖起义ⓒ	防城起义ⓓ
起义筹划时间	1904 年		1907 年 5 月中旬	1907 年 6 月中旬
起义爆发时间	1905 年 4 月 19 日（未爆发） 1907 年 2 月 19 日（未爆发）	1907 年 5 月 22 日	1907 年 6 月 2 日	1907 年 9 月 1 日
起义军解散时间		1907 年 5 月 27 日	1907 年 6 月 22 日	1907 年 9 月 17 日

资料来源：ⓐ陈锡祺主编：《孙中山年谱长编》上册，第 334、394 页；张永福：《南洋与创立民国》，第 76 页。ⓑ陈锡祺主编：《孙中山年谱长编》上册，第 401 页；冯自由：《丁未潮州黄冈革命军实录》，《革命逸史》第 5 集，第 88—99 页。ⓒ陈锡祺主编：《孙中山年谱长编》上册，第 402—403 页；冯自由：《丁未惠州七女湖革命军实录》，《革命逸史》第 5 集，第 99—104 页。ⓓ陈锡祺主编：《孙中山年谱长编》上册，第 411—412 页；冯自由：《丁未钦州防城革命军实录》，《革命逸史》第 5 集，第 104—109 页。

二　孙中山对武装起义的“原计划”

那么，同盟会的领导者孙中山到底制订了怎样的武装起义计划呢？如果说他的“原计划”不是如潮州、惠州、钦州、廉州“同时起义”，他又有怎样的构想呢？我们可以从孙中山留下的以下记录中找到线索。

同盟会成立前，1905 年 7 月 28 日，孙中山曾在与宋教仁、陈天华等会面时，对武装起义的原则做出过如下论述：

> 现今大势及革命办法，大概不外联络人才一义。中国现在不必忧各国之瓜分，但忧自己之内讧，此一省欲起事，彼一省亦欲起事，不相联络，各自号召，终必成秦末二十余国之争，元末朱、陈、张、明之乱，此时各国乘而干涉之，则中国必亡无疑矣。故现今之主义，总以互相联络为要。方今两粤之间，民气强悍，会党充斥，与清政府为难者已十余年，而清兵不能平之，此其破坏之能力已有余矣……一旦发难，立文明之政府，天下事从此定矣。[①]

综上所述，孙中山担心的不是外国列强的瓜分，而是国内各种反清力量的分裂。他强调人才、义士联合的重要性，并指出三条革命策略：第一，开展武装起义时，一定要重视省与省之间的联系；第二，起义的主要地区是两广；第三，革命军的主要军事力量是以两广为主广泛活动的天地会等秘密会党。

孙中山在同盟会即将成立之际，更是进一步强调一定要以省与省之间的联系为基础，通过秘密会党展开武装起义。1905 年 8 月 13 日在东京留学生欢迎会上孙中山发表演说："鄙人往年提倡民族主义，应而和之者特会党耳，至于中流社会以上之人，实为寥寥。"[②] 1905 年 8 月 20 日同盟会成立大会上，由黄兴、陈天华等八人起草的《中国同盟会总章》在孙中山的主持下修正通过，其中总章第五条规定："凡国人所立各会党，其宗旨与本会相同，愿联为一体者，概认为同盟会会员。"[③] 如上所述，以孙中山为主的革命党人已经认识到秘密会党作为下层武力的重要性。

同盟会成立后约一年半，在 1907 年 1 月 5 日与日本人池亨吉的谈话中，孙中山才首次谈到武装起义的具体计划。据池亨吉记述，孙中山说：

> 自去年秋江西省萍乡之乱发生，风云忽急，全国震荡……如不乘此时机起事，我党又何时能如陈、吴之救国？不惜牺牲，我志已

① 《与陈天华等的谈话》（1905 年 7 月 28 日），广东省社会科学院历史研究室等编：《孙中山全集》第 1 卷，中华书局 1985 年版，第 276 页。

② 过庭（陈天华）：《纪东京留学生欢迎孙君逸仙事》，东京《民报》第 1 号，1905 年 11 月 26 日，中华书局 2006 年影印版，第 70 页。

③ 《中国同盟会总章》（1905 年 8 月 20 日），《孙中山全集》第 1 卷，第 284 页。

> 决。即将传檄十八省会党，联络声气，立刻举事。可使广东省罗定府的志士为前锋，他们与当地镇台的将弁等密结盟约，不战即可据有广东省城，现在只待领导者的号令下达。因此，黄兴君将先期代表我中国革命同盟会，乘搭十一日自横滨启程的便船，匆匆赴会，并可得汪兆铭君同行。①

据宋教仁日记，黄兴于 1 月 5 日离开日本前往香港，准备发动武装起义。② 此外据冯自由记述，上面提到的“镇台的将弁”就是依照两广总督命令驻扎在肇庆的郭人漳部。孙中山因为知道郭人漳与革命党有联系，所以急忙派遣黄兴、汪精卫、萱野长知到肇庆，催促郭人漳起事，突袭广州。③

对孙中山的广州占领计划，清政府似乎也有所耳闻。据《中国日报》报道，清政府发电报通知两广总督，某党党羽正迫近广州准备趁岁暮举事，令其加紧防备，由此两广总督也召集水师提督李准等谋划应对策略。④ 但是孙中山的计划随着郭人漳重返钦州而破产。据冯自由记述，黄兴和汪精卫一直逗留在香港的松原旅馆，其间同盟会评议部议员张树楠造访，告知他们郭人漳前往钦州剿匪，而且两广总督已经获知他们的行踪并要求香港总督引渡。于是，黄兴派遣胡毅生前往钦州监视郭人漳动向。⑤ 不久，黄兴于 2 月 15 日重返东京后向民报社同盟会会员说：“广东近日非常戒严，香港亦难居。”⑥

这样，在孙中山占领广州计划无疾而终之后，1907 年 5 月 22 日潮州黄冈起义和 6 月 2 日惠州七女湖起义分别发生。针对这一局面，6 月 5 日孙中山在给张永福的信中写道：“日来潮起于东，钦廉应于西，全省风动。尚有数路，次第俱发。当合广、韶、惠、潮、钦、廉诸军，以联为

① 《与池亨吉的谈话》(1907 年 1 月 5 日)，《孙中山全集》第 1 卷，第 332—333 页。

② 毛注青编著：《黄兴年谱长编》，中华书局 1991 年版，第 110 页；陈旭麓主编：《宋教仁集》下册，中华书局 2011 年版，第 704 页。

③ 冯自由：《香港同盟会史要》，《革命逸史》第 3 集，中华书局 1981 年版，第 228 页。

④ 《党人起事之风谣》，香港《中国日报》1907 年 2 月 18 日。

⑤ 冯自由：《香港同盟会史要》，《革命逸史》第 3 集，第 228 页。

⑥ 毛注青编著：《黄兴年谱长编》，第 111 页；陈旭麓主编：《宋教仁集》下册，第 714 页。

一气，则粤事机局宏远，大有可为也。”[①] 两天之后，孙中山又致平山周电称，“两广义师已分道并起，云南、四川皆可响应”[②]，以请求武器援助。而实际上，这里孙中山提到的内容并不符合事实，只是其愿望而已。因为当时除了七女湖起义正在进行中以外，不论是占领广州的计划，还是黄冈起义都已经失败，就更不要说云南、四川的响应，以及钦州和廉州发动武装起义的进展了。此外，在相继发出以上信件和电报前后，孙中山又致函萱野长知称：“今东军将起，欲得于军事上有学问经验之人以为顾问。弟念我兄雄武过人，谨以东军顾问之任相托，望襄助都督，以建伟业，并恳延揽同志，以资臂助。”[③] 这里的“东军”指潮州和惠州的起义军，而从当时的形势来判断，“伟业”应指设立军政府。也就是说孙中山打算在东军武装起义成功后，占领广州，设立军政府。但是随着惠州七女湖起义的失败，孙中山利用东军占领广州的计划也无法再行推进。

1907 年 9 月 1 日，钦州防城起义爆发。起义进行期间，为解决军饷、军械、外交等问题，孙中山于 9 月 3 日致函宫崎寅藏称：

> 近日西军已发，一举破防城县，众数千人，极得民心。现已全军北趋，以取南宁……如一发则两军合并，广西不难定也……此军初起，而势力甚固，地位甚稳，专俟一取南宁，则革命军之基础已成，广东、长江等响应之师相继而起，事可大有为也……萱野君想已到东，祈转告西军已发，东军之事望速经营，至以为望。[④]

这里的“西军”是指与东军相对应的钦州、廉州起义军。孙中山计划令西军占领南宁，以奠定革命基础。1907 年 10 月 8 日，孙中山在致邓泽如函中，明确指出：“现在全军进取南宁府城，以南宁主广西之中心点，得南宁则北取桂林以出湖南，东取梧州以出广东，革命之基础可固……南宁破后，弟即于该处建立军政府。”[⑤]

---

① 《复张永福函》（1907 年 6 月 5 日），《孙中山全集》第 1 卷，第 336 页。
② 《致平山周电》（1907 年 6 月 7 日），《孙中山全集》第 1 卷，第 337 页。
③ 《致萱野长知函》（1907 年夏秋间），《孙中山全集》第 1 卷，第 337—338 页。
④ 《致宫崎寅藏函》（1907 年 9 月 13 日），《孙中山全集》第 1 卷，第 342—343 页。
⑤ 《致邓泽如函》（1907 年 10 月 8 日），《孙中山全集》第 1 卷，第 346—347 页。

据以上论述，孙中山的武装起义“原计划”可以概括如下：一是“大计划”，即孙中山希望，在以某省为主发动武装起义后，在控制该省的基础上，进一步统一全国。如前所述，孙中山对此很早就有了明确想法，就是将两广地区作为“大计划”的核心地区。二是“小计划”，即为了实现“大计划”，要先以某个省城为根据地设立军政府。从“小计划”的层面看，孙中山希望在两广地区多个城市展开武装起义。不论是在哪个城市，只要该城市的武装起义成功，就以该城市作为踏板，进一步占领省城，设立军政府，然后再以此为基础扩张革命势力。最初，孙中山计划在罗定、肇庆、潮州、惠州等地区发动武装起义（其中有黄冈起义和七女湖起义的爆发），通过“东军”占领与这些地区临近的广东省城广州，在此设立军政府。随着该计划的失败，孙中山又计划在钦州、廉州发动武装起义（有防城起义的爆发），依靠“西军”占领广西省城南宁。总之，同盟会成立以后，孙中山等革命党人正是通过这些“大计划”“小计划”来推进武装起义展开的，尤其是其中的“小计划”变数很大，具有随机应变性质。所以从这个角度看，学术界所说的潮州、惠州、钦州、廉州“同时起义”计划根本不存在，只不过是对孙中山几个“小计划”之结果进行的总结罢了。

三　武装起义的接连爆发：从镇南关起义到河口起义

孙中山于 1907 年 10 月 8 日为介绍两广军事进展并促筹款而致函邓泽如等：

> 弟前函云数月以来，两广革命军已竖旗起义，破城略地……弟自南来，即欲经营大军，在钦廉发起，以东西兼顾，沛然进取……有两广以为根本，治军北上，长江南北及黄河南北诸同志必齐起响应，成恢复之大功，立文明之政体，在此一举。我同志诸兄筹饷之功，必与身临前敌者共垂千古而不朽矣。[①]

---

① 《致邓泽如函》（1907 年 10 月 8 日），《孙中山全集》第 1 卷，第 345—347 页。

因为防城起义在一个月之前即已失败，所以信中所言似乎有夸张成分，但也说明孙中山等革命党人想要通过东军、西军推进武装起义设立军政府的愿望一直没有改变。之后的半年时间里，东军方面毫无进展，西军方面发动了以下一系列武装起义（见表2）。

表2　镇南关、上思、河口起义的筹划、爆发、起义军解散时间一览

	镇南关起义ⓐ	上思起义ⓑ	河口起义ⓒ
起义的筹划时间	1907年11月21日	1908年1月	1908年4月
起义的爆发时间	1907年12月1日	1908年3月27日	1908年4月29日
起义军解散时间	1907年12月8日	1908年4月中旬	1908年5月下旬

资料来源：ⓐ广东省哲学社会科学研究所历史研究室等合编：《孙中山年谱》，中华书局1980年版，第90页；陈锡祺主编：《孙中山年谱长编》上册，第416—418页；冯自由：《丁未广西镇南关革命军实录》，《革命逸史》第5集，第88—99页。ⓑ陈锡祺主编：《孙中山年谱长编》上册，第428—429页；冯自由：《戊申钦州上思革命军实录》，《革命逸史》第5集，第128—131页。ⓒ陈锡祺主编：《孙中山年谱长编》上册，第429—431页；冯自由：《戊申云南河口革命军实录》，《革命逸史》第5集，第140—154页。

首先是镇南关起义。1907年11月21日，孙中山在河内召集黄兴、胡汉民及三合会首领等商量计划发动镇南关起义。[①] 据冯自由记述，孙中山先曾命令王和顺负责镇南关的军事活动，但当时与革命党有所联系的广西凭祥地区土司李祐卿却与王和顺不和，孙中山只好派黄明堂、关仁甫接替王和顺。最终，起义于12月1日爆发，黄明堂率先带领起义军进攻那模村，随后接连占领镇北、镇中和镇南三台。第二天，孙中山、黄兴、胡汉民也抵达镇南关。不过，由于4日陆荣廷率领的清军开始反攻，孙中山、黄兴、胡汉民等不得已在当晚与黄明堂作别，于5日重返越南河内。之后数天，丁槐、龙济光率领四千清军与陆荣廷部会合，并围攻义军，起义军虽然死守三炮台，但不久即弹尽粮绝，8日遂放弃炮台，黄

① 广东省哲学社会科学研究所历史研究室等合编：《孙中山年谱》，第90页。

明堂将起义部队撤退到中越边界线上。[①]

接下来是上思起义。据冯自由记述，镇南关起义失败后，孙中山于1908 年 1 月 24 日被逐出越南，前往新加坡躲避。此时孙中山命令黄兴率领镇南关及十万大山剩余兵力，重返钦州发动起义。之后黄兴致信驻屯在钦州的郭人漳，希望他提供弹药，并伺机与起义军进行呼应。1908 年 3 月 27 日，黄兴与黎仲实等人从越南芒街出发，与起义军合力，一起进攻钦州。到达广东东兴（今广西东兴市）后，黄兴以“中华民国军南军总司令”的名义发布告示。革命军与清军分别于 3 月 29 日、4 月 2 日在小峰、马督山展开激战。最终，革命军未能攻克钦州城，且虽曾浴血抵抗，还是因弹尽粮绝而败北。随后黄兴、黎仲实相继返回越南，起义军也重返十万大山。[②]

最后一次起义是河口起义。同样据冯自由记述，1908 年 4 月，孙中山命黄明堂发动起义，王和顺、关仁甫在旁辅佐，并派河内的黎仲实等八名革命党人赴老街补给军需用品。4 月 29 日，黄明堂、王和顺、关仁甫率领起义军在河口发动起义，最终占领河口城，随即以“南军都督黄明堂”名义发布安民告示。随后，黄明堂准备经蒙自进军昆明。为此，关仁甫率部分义军由曼耗（蛮耗）、个旧北上进攻蒙自。但 5 月 3 日，起义军失利，退兵河口。与此同时，王和顺率另一部分义军于 4 日占领南溪，6 日占领古林箐。至此，义军虽欲进一步进攻蒙自，但由于弹药军饷不足，只能暂时驻屯下来等待补给。正当此时，黄兴于 5 月 3 日从钦州回到越南，5 日孙中山便任命其为“云南国民军总司令”统率全军，7 日黄兴抵达河口。然而起义者并不随他进攻蒙自，无奈，黄兴重返越南，准备调动钦州起义军赴滇作战。不幸的是，黄兴于 11 日返回河内途中，被法国警察逮捕并驱逐出境。随后清军开始集合兵力攻击王和顺大营。22 日，王和顺赴河口与黄明堂商议占领思茅，并以此为根据地进攻昆明。

---

① 陈锡祺主编：《孙中山年谱长编》上册，第 416—417 页；冯自由：《中华民国开国前革命史》，第 358—363 页；冯自由：《南军都督王和顺》，《革命逸史》第 2 集，第 202—203 页；冯自由：《丁未广西镇南关革命军实录》，《革命逸史》第 5 集，第 120—123 页。

② 陈锡祺主编：《孙中山年谱长编》上册，第 428 页；冯自由：《中华民国开国前革命史》，第 366—369 页；冯自由：《戊申云南河口革命军实录》，《革命逸史》第 5 集，第 128—131 页。

但这一计划未能实现，王和顺只能带领义军退回河口，士气大挫。最后，黄明堂、王和顺、关仁甫等带领起义军撤退到中越边境。[①]

以上便是冯自由记述的从镇南关起义到河口起义的简要过程。但在记述中，冯自由并未阐明以下疑点：孙中山等革命党人为什么要占领镇南关？镇南关起义与上思起义有怎样的联系？孙中山等革命党人又为什么突然将目标从广西南宁转移到云南昆明？

从镇南关的地理位置看，孙中山等革命党人很有可能将其视为钦州、廉州起义军进攻南宁的突破口。1908 年 1 月 4 日《中兴日报》报道，闻桂省京官得有报告称："（革命）党据炮台后，势焰甚盛，钦、廉各党附之若骛，竟有北窥龙州、连城，旁窥平而，直过镇南关之势，若不迅速防御，恐南方之边患，未易猝平。"[②] 五天后《中兴日报》又刊登文章对此进行强调："革命军自破镇南关后……今镇南关之军，由西而东，钦、廉之军由东而西，以相会合，目前正如江汉合流，一泻千里，想不久定有大战，以定全局也。"[③] 当然，实际情况并没有像报纸预测的那样升级为一场"大战"。镇南关起义和上思起义的最终目标是攻陷广西南宁，设立军政府，这与之前钦州防城起义一脉相承。1907 年 10 月 8 日，防城起义失败后与镇南关起义策划前，孙中山写给邓泽如的信，即反映这一点："因现时两广之兵皆聚于南宁一带，若南宁即破，则前无强敌，大军所至，迎刃而解矣。此为胜负之关头，革命军第一级着手处也。"[④] 正是因为当时东军方面毫无进展，使孙中山对西军方面寄予如许希望，并孤注一掷想要攻克南宁，进而在此地设立军政府。镇南关起义和上思起义就是孙中山这种意图的最直接表现。

对河口起义的筹备，冯自由解释说："滇事于镇南关发难以前，早已

---

① 陈锡祺主编：《孙中山年谱长编》上册，第 429—431 页；冯自由：《南军都督王和顺》，《革命逸史》第 2 集，第 203—204 页；冯自由：《戊申云南河口革命军实录》，《革命逸史》第 5 集，第 141—146 页。

② 《桂党大炽情形（广西）》，新加坡《中兴日报》1908 年 1 月 4 日，第 2 版；又见中国国民党中央委员会党史史料编纂委员会编：《十次起义史料》，《革命文献》，第 67 辑，"中央文物供应社" 1974 年版，第 105—106 页。

③ 《本馆专函：革命军势如破竹》，新加坡《中兴日报》1908 年 1 月 9 日，第 2 版；又见《十次起义史料》，《革命文献》第 67 辑，第 106 页。

④ 《致邓泽如函》（1907 年 10 月 8 日），《孙中山全集》第 1 卷，第 346 页。

着手运动，至 1908 年 4 月，事机渐熟。”[①] 但迄今为止，尚未找到孙中山等革命党人在镇南关起义前筹划云南军事活动的记录，而镇南关起义失败后孙中山在 1908 年 2 月 8 日写给池亨吉的信中仅有只言片语提及“云南军”：于是飘然离开河内，重过沦落天涯的亡命生活。但留黄兴及胡汉民兄弟，委以当地及广西一带的筹划事宜。黄兴君更为奋发，已进入某地点。尤以云南军精心准备，照其预定计划展开工作，但何时起事，现尚难以奉告。[②] 在信中，黄兴、胡汉民、胡毅生已在广西的工作内容便是钦州上思起义，而云南军所准备者，即河口起义。由此可知，河口起义的筹备，别说在镇南关发难以前早已动手，就是在上思起义的过程中也没有完成具体策划和活动方略。

在上思起义即将失败之时，孙中山等革命党人才计划发动河口起义。反观孙中山等革命党人将目标从南宁转向昆明的背景来看，从黄冈起义到上思起义，所有为了占领广州或南宁而发动的起义都以失败告终；而以两广总督为首的地方官员已经注意到孙中山等革命党人的活动；而且，起义军士气已经受挫，当地百姓对起义军的信任也大不如前。[③] 这些情况使得孙中山等革命党人有必要将攻击目标从南宁转向昆明。特别是，在孙中山等革命党人转移目标之际，三点会正活跃于滇桂间军事要冲河口等地区。从署理云贵总督丁振铎的奏折中可知，自 1903 年起三点会就在河口至蛮耗沿河地区勒索抢夺商船。[④] 1907 年 12 月云贵总督锡良也奏称，数年前三点会扩散到河口、蛮耗等地，10 月，三点会分派忠义堂举办六次拜会活动，一个月之内聚集千名以上党羽，图谋定期叛乱，由于各地知县置之不问，三点会势力日益扩大。[⑤] 对于欲以黄明堂、王和顺、关仁甫等天地会首领为主干展开武装起义的革命党人，三点会在河口等地的发展显然为发动武装起义提供了良好的前提条件。关仁甫在回忆录中提

---

① 冯自由：《戊申云南河口革命军实录》，《革命逸史》第 5 集，第 141 页。

② 《致池亨吉函》（1908 年 2 月 8 日），《孙中山全集》第 1 卷，第 358—359 页。

③ 胡汉民：《胡汉民致孙总理报告钦军解散及滇桂军务书》（1908 年 4 月 24 日），冯自由：《革命逸史》第 5 集，第 136 页。

④ 《署云贵总督丁振铎等奏派兵搜剿河口会党情形折》（光绪二十九年六月十六日），《云南档案》2011 年第 6 期。

⑤ 《云贵总督锡良奏思茅威远会党图谋起事片》（光绪三十三年十一月十七日），《辛亥革命前十年间民变档案史料》下册，第 721—723 页。

道："余以义之所在，穷亦当干，毅然于1908年4月14日赴滇，招集（三点会）旧部，并运动防军。"[①] 这句话很好地印证了以上分析。

四 武装起义各参与组织之相互关系

同盟会成立以后，孙中山等革命党人利用天地会等会党从1907年5月至1908年5月大约一年时间里，从潮州起义到河口起义共发动六次武装起义，但最终均失败。失败原因，一般被归结为天地会等会党的自身弱点，但实际上这只是其中一部分原因。如果想要找到其中更重要的原因，就必须厘清武装起义各参与组织间的关系。

武装起义"原计划"中，孙中山为实现其"大计划"而制订了数个"小计划"，而实施这些小计划又有三个先决条件：第一，资金、武器的确保；第二，秘密会党的动员；第三，对清军的策反。但同盟会凭借自身力量难以满足上述任何一个条件，唯有通过其他组织的协助才能实现。从潮州起义到河口起义，主要的参与组织或人员可分为四类：第一类是孙中山等同盟会核心人士；第二类是南洋华侨组织以及日本后援者；第三类是天地会等会党；第四类是郭人漳等清军将领。从武装起义的展开过程看，孙中山等同盟会核心人士是"设计组织"，南洋华侨组织和日本后援者是"援助组织"，天地会等会党是"执行组织"，郭人漳等清军将领则是"辅助组织"。在这四部分力量中，以会党最为重要，一切筹谋均需要通过它来付诸实行，其他三个"组织"均围绕着"会党组织"来工作。

首先了解一下资金、武器的筹集情况。1909年10月下旬，孙中山在致吴稚晖信中写道，从潮州起义到河口起义花费了二十万元左右，大半都是由南洋各地集资而来。[②] 另外，据张玉法研究，在同盟会中，孙中山、汪精卫、邓泽如、胡汉民等人主要负责筹集资金。除匿名者外，孙中山、铃木、李卓峰、曾锡周、马培生、黄景南、张人杰等是主要资金

---

① 关仁甫：《革命回忆录》，全国政协文史资料研究委员会编：《辛亥革命回忆录》第7集，文史资料出版社1982年版，第245页。

② 《致吴稚晖函》（1909年10月下旬），《孙中山全集》第1卷，第421页。

捐赠人。而这些资金主要来自日本东京、南洋、越南河内、泰国以及法国巴黎，共计二十七万五千港元。[①]

无论如何，起义成功需要大笔资金支援，且尽管孙中山等竭尽所能，但资金和武器仍旧远远不够。据冯自由记述，潮州和惠州起义军约需军饷十万元，孙中山向香港富商陈庚如、陈席儒、杨西岩请求支援，但遭到拒绝。[②] 七女湖起义过程中，1907 年 6 月 7 日，孙中山致电平山周，请求武器支援[③]，一周后再次致电平山，恳求“订购一万（支枪），先送铳二千，弹二百万”[④]。其实，不仅上述两次起义，在每次武装起义筹划过程中，革命党都曾遇到资金与武器严重匮乏的问题。1907 年 8 月 23 日，孙中山致信张永福、陈楚楠，称：“如潮事发起，当拨新式快枪数千……前在星坡得各同志捐助三千元，其数实不敷用……若能得数千元之数专为潮用，更得数千元交子瑜兄再举于惠州，以谋牵制，则东路之师必大盛。此万余元之运动费，不能不望之星坡同志也。”[⑤] 孙中山按照该计划一方面呼吁南洋华侨捐献革命资金，另一方面用部分资金购买武器。这就是冯自由记述中提到的“汕尾运械”。具体而言，七女湖起义失败后，孙中山努力通过日本人萱野长知购买武器。当时孙中山募集到一万日元，冯自由先将这笔钱汇给萱野长知，后在日本后援者的担保下，购得新式连发枪两千支、子弹一百二十万发以及部分其他装备。按照 1907 年 10 月初计划，这批武器在许雪秋运作下第一步运往汕尾，第二步转移到平海，但此计划由于清军守备严密而流产。最后，这批武器在运回日本的过程中又被日本警察没收。[⑥] 这使孙中山等革命党人陷入严重财政困难，同时使潮州、惠州方面军事作战受到影响。

西军方面的情况也不乐观。防城起义期间，孙中山于 1907 年 9 月 13 日致函宫崎寅藏称：“现时最急者军饷、军械两大宗，望悉力筹划，以相

---

① 张玉法：《清季的革命团体》，台北，“中研院”近代史研究所 1975 年版，第 439 页。
② 冯自由：《丁未潮州黄冈革命军实录》，《革命逸史》第 5 集，第 98—99 页。
③ 《致平山周电》（1907 年 6 月 7 日），《孙中山全集》第 1 卷，第 337 页。
④ 《致平山周电》（1907 年 6 月 14 日），《孙中山全集》第 1 卷，第 337 页。
⑤ 《复张永福陈楚楠函》（1907 年 8 月 23 日），《孙中山全集》第 1 卷，第 338—339 页。
⑥ 冯自由：《丁未惠州汕尾运械失败实录》，《革命逸史》第 5 集，第 110—114 页。

接济。”[①] 而防城起义失败后，孙中山于 1907 年 10 月 1 日致函何佩琼称：“义军屡破虏兵，清朝尽调广东、广西之兵来战，我军虽勇，惟军火粮饷尚须源源添足。”与此同时，他“特派汪精卫、黄龙生、刘岐山三人来西、堤两岸（即西贡和堤岸），与各同志面商，设法速筹巨款，接济军需”[②]。

在镇南关起义到河口起义阶段，孙中山也受到武器、资金不足的困扰。1908 年 1 月 3 日，孙中山致函萱野长知，陈述“汕尾运械”计划由于宫崎寅藏等担保的贷款到期而发生了财政问题，因此，“自南关役后，机局未始无进步，然以经济问题不能解决，故做事不能快意”[③]。1908 年 4 月 22 日，孙中山又致电马来西亚挂罗庇劳（Kuala Pilah）同盟会会员称：“刻下有最急之需而不容缓者，有广西营勇约降之花红及饷需万余元，有云南待举之接济需万余元，有钦军之加补子弹需二万余元，此三宗统计不过五六万元耳”，进而强调“革命军定章称：凡出资助饷者，军政府成立之后，一年期内四倍偿还，即万元还四万元也，并给以国内各等路矿商业优先权利”[④]。1908 年 5 月 20 日，孙中山在给邓泽如、黄心持的信中，不仅承认“吾党财政之困难，真为十余年来所未有……自云南义师起后，更急如星火”，甚至提出“若秋君或弼翁肯任此十万，当酬以云南全省之矿权专利十年也”[⑤]。

如上所述，孙中山等革命党人虽然准备发动武装起义，却没能筹集到足够的资金和武器。面对这种情况，孙中山强调，武装起义“今日之得失成败，在于能速得此款否耳”[⑥]。可以说，这是多次武装起义无法成功的重要原因之一。

其次，需要探讨一下黄冈起义至河口起义中同盟会与天地会等会党的关系。表 3 列举了各次武装起义中扮演核心角色的重要人物。

---

① 《致宫崎寅藏函》（1907 年 9 月 13 日），《孙中山全集》第 1 卷，第 343 页。
② 《致何佩琼函》（1907 年 10 月 1 日），《孙中山全集》第 1 卷，第 344—345 页。
③ 《致萱野长知函》（1908 年 1 月 3 日），《孙中山全集》第 1 卷，第 357—358 页。
④ 《致挂罗庇劳同盟会员函》（1908 年 4 月 22 日），《孙中山全集》第 1 卷，第 365 页。
⑤ 《致邓泽如黄心持函》（1908 年 5 月 20 日），《孙中山全集》第 1 卷，第 367—369 页。
⑥ 《致挂罗庇劳同盟会员函》（1908 年 4 月 22 日），《孙中山全集》第 1 卷，第 365 页。

表 3　　黄冈起义至河口起义中同盟会与天地会关系

	同盟会核心人物	秘密会党核心人物	武装起义实际指挥者	起义军主要成分
黄冈起义	孙中山、许雪秋	余丑、余通、陈涌波	余丑、余通、陈涌波	天地会等秘密会党
七女湖起义	孙中山、邓子瑜	陈纯、林旺、孙稳	陈纯、林旺、孙稳	
防城起义	孙中山、黄兴、胡毅生	王和顺	王和顺	
镇南关起义	孙中山、黄兴、胡汉民	王和顺、黄明堂、关仁甫	黄明堂、关仁甫	
上思起义	孙中山、黄兴、黎仲实		黄兴	
河口起义	孙中山、黄兴、黎仲实	王和顺、黄明堂、关仁甫	王和顺、黄明堂、关仁甫、黄兴	

说明：1. 表 3 根据表 1 和表 2 所用资料制成，并且只列入起义中的核心人物。2. 虽然“同盟会核心人物”中孙中山、许雪秋、邓子瑜均曾加入天地会，所有“秘密会党核心人物”亦均曾加入同盟会，但根据他们在起义中发挥的主要作用，笔者仍将其分别归入“同盟会核心人物”与“秘密会党核心人物”栏中。

表 3 同盟会核心人物中，除“革命实行者”黄兴外，以孙中山为首的同盟会核心人物均没有在起义战场上督阵过，其余起义的实际指挥者均为天地会等秘密会党首领。由此可以说，因为只有“秘密会党核心人物”才能够指挥会党，所以同盟会为发动武装起义，必须千方百计将“秘密会党核心人物”吸收到同盟会中。

例如，潮州起义就是许雪秋与潮州饶平县黄冈地区三点会首领余丑、余通、陈涌波等人联合，在同盟会成立前秘密筹备的。而同盟会成立后，许雪秋便经张永福介绍，于 1906 年在新加坡面见孙中山时加入了同盟会。随后他被任命为“中华民国军东江都督”，奉命在广州东江流域伺机图谋起义。① 同年冬，许雪秋带领余丑、余通、陈涌波赴香港与冯自由会面，

① 冯自由：《东军都督许雪秋》，《革命逸史》第 2 集，第 184 页。

三人随之加入同盟会。[①] 其实，许雪秋之所以能够与潮州三点会取得联系，一因其籍隶潮州潮安县，二因其脾气秉性与江湖侠客合得来。[②] 据黄冈起义时两广总督的电报和奏折可知，当时该地区的三点会势力极大，有三四千名成员[③]，同时余丑等三点会首领还调动诏安县三点会首领沈牛屎、沈家塔一同参与起义。[④] 惠州七女湖起义也是如此。1907 年，孙中山在新加坡将出生于惠州归善县且参与过兴中会惠州起义的邓子瑜吸收进同盟会，并将其派遣到惠州准备发动起义。邓子瑜当时在香港进行会党动员工作，先后接触了归善县、博罗县三点会首领陈纯、林旺和孙稳。之后在陈纯等天地会首领的动员、召集下，会党军攻打了惠州府城。

在防城、镇南关、上思、河口起义中，王和顺、黄明堂、关仁甫等天地会首领同样占据着举足轻重的位置。广西邕宁人王和顺最初是广西天地会武装集团黑旗军刘永福的哨官，并曾作为天地会首领与陈亚发一起参与了 1902—1903 年广西天地会暴动。暴动失败后，王和顺经香港逃到越南西贡避难。[⑤] 广东钦州大寺镇人黄明堂则是 1901 年前后活跃在中越边境的三合会首领。他与会党首领黄志灵联合后势力逐渐扩大，并以镇南关为中心展开一系列反清、抗法斗争。[⑥] 关仁甫出生于广东钦州上思，1893 年加入活跃在中越边境十万大山的天地会，第二年被推举为该会首领。随后关仁甫转移到广西、云南交界地区作为天地会分派忠义会首领，曾与哥老会首领周云祥一起发动滇南起义，但最终失败，后不得已于 1906 年逃亡越南。[⑦] 如上所述，王和顺、黄明堂、关仁甫在加入同

① 冯自由:《丁未潮州黄冈革命军实录》,《革命逸史》第 5 集，第 88 页。

② 冯自由:《东军都督许雪秋》,《革命逸史》第 2 集，第 183 页。

③ 《两广总督周馥为黄冈会党踞寨戕官事致军机处电》（光绪三十三年四月十五日），《辛亥革命前十年间民变档案史料》下册，第 457 页。

④ 《开缺两广总督周馥奏剿平黄冈乱事办理先后情形折》（光绪三十三年四月二十六日），《辛亥革命前十年间民变档案史料》下册，第 460 页。

⑤ 冯自由:《南军都督王和顺》,《革命逸史》第 2 集，第 199—200 页；刘平、王志芳:《王和顺》，孙昉、刘旭华:《海外洪门与辛亥革命 · 外一种：辛亥革命时期洪门人物传稿》，中国致公出版社 2011 年版，第 283—285 页。

⑥ 刘平、王志芳:《黄明堂》，孙昉、刘旭华:《海外洪门与辛亥革命 · 外一种：辛亥革命时期洪门人物传稿》，第 287—288 页。

⑦ 玉军、壮强、善愚:《关仁甫革命事略》,《八桂侨史》1992 年第 2 期。

盟会之前均是著名天地会首领，且在广东、广西、云南与越南边境地区组织天地会开展反清、抗法斗争。同盟会成立以后，孙中山派黄兴等人与他们接触，并成功将其纳入同盟会。正是在他们的召集下，会党军作为主力参与了防城、镇南关、上思、河口起义。

综上所述，从潮州起义到河口起义，均与兴中会时期的武装起义类似，由孙中山等同盟会核心人物一手策划，且参加起义的秘密会党重要首领多已加入同盟会。但是作为起义军主要构成的一般会党成员并没有加入同盟会，他们只有在会党首领号召下方能集结起来参加起义。换句话说，孙中山等同盟会核心人物只是接触了天地会等会党的部分首领，而不是直接动员普通成员，所以不得不完全依靠这些首领，发动武装起义。这势必导致孙中山等同盟会成员与普通会党成员脱节，不能直接指挥并控制起义军，只能听由会党首领代为领导。同盟会只有建议筹划权，而没有直接指挥权。其对会党只停留在利用层面，而没有进入改造层面，这是上述起义失利的关键因素。

最后，是对清军将领的策反问题。从潮州起义到河口起义，对清军将领的策反虽然只起到辅助作用，但如果对清军将领的策反一旦成功，就将使武装起义的影响急剧扩大，所以，这种策反也是武装起义成功的重要因素之一。防城起义和上思起义的发展和失败均与对清军将领策反有很大关系，而主要策反对象是郭人漳和赵声。

郭人漳是镇压太平天国的湘军主要将领郭松林之子。留学日本期间，他于 1903 年加入拒俄运动者所组织的军国民教育会，在与黄兴、张继等革命党人的交流中一定程度上接受了“排满”革命与民族主义思想。但他归国后，按照家族的安排，就任山西候补道台，开始踏入官场。另一方面，黄兴于 1904 年 2 月组织华兴会发动长沙起义失败后，又于同年 11 月赴上海组织爱国协会，当时郭人漳亦曾入会。不久，由于卷入王之春暗杀事件，郭人漳与黄兴、张继等十余人一起被捕。而后经上海道袁树勋担保，他被释放，同时黄兴也使用假名，并以其文案师爷身份获释。在黄兴重返日本后，郭人漳赴南京，任新军教练。[①]

---

① 高拜石：《郭人漳参加革命始末》，《古春风楼琐记》第 9 集，台湾新生报社 1979 年版，第 101—104 页；沈寂：《军国民教育会与同盟会的成立》，《安徽史学》2008 年第 1 期。

赵声是江苏大港镇人，因义和团运动而萌发反清思想。1901 年他以第一名成绩考入江南水师学堂，但受到强国会牵累而退学，后又被江南陆师学堂特别录取。在陆师学堂，赵声认识了章士钊、卢润洲等具有进步思想的同学。1903 年毕业后，赵声在赴日进行军事视察途中，受黄兴、杨笃生、何香凝等人影响，革命思想逐渐高涨。归国后，他曾参与拒俄运动。1904 年之后，赵声为反清而加入北洋新军，虽拟伺机而动，却并未达成其革命目标。1906 年，他结识郭人漳。①

1907 年初，郭人漳任广西防营统领，而赵声任广东新军管带，由此两人再次见面。如前所述，孙中山曾对二人寄予很大希望，但由于两广总督的严密控制，郭人漳并未完全踏上革命道路，而赵声也没能找到发动起义的良好机会。

从具体历史过程看，1907 年 3 月刘思裕领导钦州三那地区人民开始展开抗捐斗争。孙中山一面特派邝敬川到三那调查事情真相，一面为利用抗捐斗争促成革命，派黄兴、胡毅生分别到钦州郭人漳处和廉州赵声处，敦促二人与革命党共谋起义。当时已奉命镇压抗捐斗争的郭人漳，虽然表面同意反清，实际上却阳奉阴违。在王和顺正式发动钦州防城起义后，新任两广总督张人骏又命令郭人漳和赵声前往当地镇压起义。当时王和顺已经率领起义军占领防城，准备进攻钦州府城，但郭人漳非但不进行呼应，反大举反攻，并收复起义军已经占领地区。此外，赵声身在合浦，也没能找到举兵反清机会。事后，两广总督张人骏在为镇压三那抗捐斗争和防城起义将领奏报论功行赏的折子中称："郭人漳自四月间调赴廉、钦，攻三那，复防城，搜剿钦西，无战不克"，因此"将已革陕西补用道郭人漳开复原官衔翎，留粤补用，并免缴捐复银两"②。显而易见，郭人漳的两面做法是防城起义失败的重要原因。

---

① 郭孝义：《赵声评传》，《镇江师专学报》1998 年第 2 期；黄德昭：《赵声》，中国社会科学院近代研究所中华民国史研究室编：《中华民国史人物传》第 8 卷，中华书局 2011 年版，第 5283—5284 页。

② 《两广总督张人骏为钦廉剿捕获胜事致军机处电》（光绪三十三年十月二十三日），《辛亥革命前十年间民变档案史料》下册，第 468 页；冯自由：《丁未钦州防城革命军实录》，《革命逸史》第 5 集，第 106—108 页；《两广总督张人骏奏剿办廉钦革党获胜出力人员择优请奖折》（光绪三十三年十一月十九日），《辛亥革命前十年间民变档案史料》下册，第 473 页。

孙中山等革命党人没能及时察觉郭人漳此种态度，反而在重新策划钦、廉武装起义时再次对郭人漳进行策反。1908 年 1 月 28 日，黄兴派谭人凤前往郭人漳军营，请求武器支援，煽动其反清。但据谭人凤回忆，当时郭人漳敌视革命的态度已然鲜明。[①] 之后郭人漳部与黄兴所率起义军发生正面冲突，据张人骏奏称，郭人漳曾率部在小峰山歼敌数十股[②]，但在随后的马笃山战斗中又被黄兴起义军击溃。由此，郭人漳视革命党人为仇敌，并悬赏三万银两捉拿黄兴。[③]

总之，在同盟会正式起义计划中，并未包括策反清军将领，个别的策反工作只是基于部分革命党人与少数清军将领之私人关系。而且，郭人漳不但没有加入同盟会，与起义会党也没有干系，是个首鼠两端的“彻头彻尾机会主义者”[④]，由其来支持会党起义，无异于缘木求鱼；对郭人漳的过度依赖，直接显示出同盟会武装起义战略的失败。

五　从革命宣传品看武装起义性质

对于同盟会和天地会共同开展的武装起义革命活动，应该如何定义其性质呢？从同盟会所制定的《革命方略》之《军政府宣言》可知，如果此前之革命被称为“英雄革命”，那么这次革命就应被称为“国民革命”，而同盟会宗旨则规定为“驱除鞑虏、恢复中华、建立民国、平均地权”[⑤]。因此，本文所述六次武装起义均以推翻清朝统治，建立共和国为最终目标，而其过渡政权形式则是“军政府”，其主力军是天地会等秘密会党组成之国民军，统率者为军都督。关于军政府与国民军、军都督之关系，《革命方略》做出如下规定：

---

① 石芳勤编：《谭人凤集》，湖南人民出版社 2008 年版，第 326—327 页。

② 《两广总督张人骏为缉捕转入越南之起义者事致外务部电》（光绪三十四年三月五日），《孙中山与广东——广东省档案馆库藏海关档案选译》，第 708 页。

③ 饶怀民编：《刘揆一集》，湖南人民出版社 2008 年版，第 154 页。

④ Edward J. M. Rhoads, *China's Republican Revolution: The Case of Kwangtung, 1895 - 1913*, p. 120.

⑤ 《中国同盟会革命方略》（1906 年），《孙中山全集》第 1 卷，第 296—297 页。

一、各处国民军，每军立一都督，以起义之首领任之。

二、军都督有全权掌理军务，便宜行事。

三、关于重大之外交，军都督当受命于军政府。

四、关于国体之制定，军都督当受命于军政府。

五、国旗、军政府宣言、安民布告、对外宣言，军都督当依军政府所定，不得变更。

六、略地、因粮等规则，军都督当依军政府所定；惟参酌机宜，得变通办理。

七、以上各条，为军政府与军都督未交通之前关系条件；其既交通后，另设规则以处理之。①

从原则上看，军政府为起义最高指挥者，但事实上从黄冈起义到河口起义均是在没有军政府的情况下进行的，孙中山等指挥武装起义的革命党人间接起到了军政府的作用。因此，革命党人实为准“军政府”主体，而天地会等秘密会党及其首领或可视为准“军都督”和准“国民军”。

孙中山等革命党人还对革命中具体事项定有诸多政策、策略，如《革命方略》中之《军队之编制》《战士赏恤》《略地规则》《因粮规则》《安民告示》《对外宣言》《招降满洲将士布告》《扫除满洲租税厘捐布告》等。② 特别是，起义军每占领一处，就要首先发布安民告示，获取民心。而安民告示的主要内容就是打倒清政府专制统治，恢复中华，建立中华民国军政府，这与《军政府宣言》大同小异。据以上同盟会《革命方略》，孙中山等革命党人任命黄冈起义中的许雪秋为“国民军东军都督”、七女湖起义中的邓子瑜为“负责人”、防城起义中的王和顺为“中华民国军南军都督”、镇南关起义中的王和顺和黄明堂依次担任“镇南关都督”、任命上思起义中的黄兴为“中华民国军南军总司令”，以及河口

① 《中国同盟会革命方略》（1906 年），《孙中山全集》第 1 卷，第 298—299 页。

② 同上书，第 299—318 页。《招军章程》和《招降清朝兵勇条件》是河口起义后孙中山、胡汉民、汪精卫在新加坡所增订，其余文件为孙中山、黄兴、章太炎等在日本制定（《中国同盟会革命方略》（1906 年），《孙中山全集》第 1 卷，第 296 页）。

起义中的黄明堂为“云南国民军总司令”，正式开展武装起义活动。[①]

与同盟会建立具有近代性质之共和国主张相比，天地会往往承袭更具传统性质之反清复明目标。由于天地会等秘密会党首领作为起义执行者作用不容小觑，遂造成其目标亦嵌入武装起义过程。例如，两广总督周馥在奏报黄冈起义时称，陈艺生（即陈宏生）等“妄称‘大明军政都督府孙’等字样，竖旗起事”[②]。不管这里的孙指的是孙中山[③]还是会党首领孙光武[④]，值得注意的是“大明”这一说法。而据闽浙总督电报，在抓捕“匪首”吴春时曾搜出两张写有“洪顺堂”的匪票。[⑤] 洪顺堂就是洪门，特指天地会的五房之二房；并且，天地会在举事时习惯制作印有“洪顺堂”字样之红旗。[⑥] 此外，《华字日报》亦报道，黄冈起义时“乱党”发布安民告示，上书“广东提督军民除满复汉”[⑦]。这里的“除满复汉”就意味着同盟会的“驱除鞑虏、恢复中华”，同时与天地会的“反清复明”异曲同工。

七女湖起义中也表现出很强的天地会特性。据说，当时陈纯、林旺、孙稳为扩充兵力，在归善、博罗、龙门等地发布告示称：“洋洋中国，荡荡中华，千邦进贡，万国来朝，夷人占夺，此恨难消，招兵买马，脚踏

① 冯自由：《丁未潮州黄冈革命军实录》，《革命逸史》第 5 集，第 88 页；冯自由：《丁未惠州七女湖革命军录》，《革命逸史》第 5 集，第 100 页；冯自由：《南军都督王和顺》，《革命逸史》第 2 集，第 200 页；邹鲁编著：《中国国民党史稿》第 3 编，第 738 页；冯自由：《戊申钦州上思革命军实录》，《革命逸史》第 5 集，第 128 页；冯自由：《戊申云南河口革命军实录》，《革命逸史》第 5 集，第 143 页。

② 《开缺两广总督周馥奏剿平黄冈乱事办理先后情形折》（光绪三十三年四月二十六日），《辛亥革命前十年间民变档案史料》下册，第 460 页。

③ 《收开缺两广总督周馥致军机处请代奏电》（光绪三十三年四月二十三日），中国第一历史档案馆编：《清代军机处电报档汇编》第 30 册，中国人民大学出版社 2005 年版，第 435—436 页。

④ 《十九日戌刻广州专电》，上海《时报》1907 年 5 月 31 日，第 2 版；又见江中孝、邓开颂主编《丁未潮州黄冈起义史料辑注与研究》，天津古籍出版社 2007 年版，第 51 页。

⑤ 《收闽督致军机处请代奏电》（光绪三十三年四月二十五日），《清代军机处电报档汇编》第 30 册，第 439—440 页。

⑥ 萧一山编：《近代秘密社会史料》第 5 卷，上海文艺出版社 1991 年版，第 1 页；光绪《香山县志》第 22 卷，“纪事”，上海书店 2003 年影印版，第 53 页。

⑦ 《本馆特电：黄冈匪乱之详情》，香港《华字日报》1907 年 5 月 30 日；又见江中孝、邓开颂主编《丁未潮州黄冈起义史料辑注与研究》，第 41 页。

花桥，木杨起义，剿绝番苗，军民等人，英雄尽招，正面天子，立转明朝。”① 虽然此布告有“兵马大元帅黄”字样，但事实上与天地会传统的招军榜传单无甚差异。② 七女湖起义中使用的传单只是在此基础之上添加了“剿绝番苗，军民等人，英雄尽招，正面天子”字句，直接反映出“立转明朝”等天地会反清复明性质。纵使冯自由曾记述“黄冈既克，党军遂依革命方略所规定布告安民”③，但上述史实表明，由于起义中同盟会派遣的许雪秋、邓子瑜并未能直接统率义军，而是由当地天地会首领负责召集会党，指挥作战，因此黄冈起义与七女湖起义均显现出很强的天地会性质。

那么，由王和顺、黄明堂、关仁甫等天地会首领直接领导的防城起义、镇南关起义以及河口起义又是怎样的情况呢？清政府亦认为，他们都是在孙中山等革命党人直接引导下加入同盟会的天地会首领。④ 但目前，关于这些起义的革命宣传品有据可查的，只有防城起义。防城起义中，起义军曾以“中华国民军南军都督”王和顺的名义，于1907年9月3日发布《报告粤东之同胞》布告，其性质与安民告示类似，主要内容可以概括为以下四部分：第一，中国被满族控制已有两百六十年之久，生灵涂炭。酿造了扬州十日、嘉靖屠城、广州十日等屠杀惨剧。虽然在粤省爆发了太平天国运动，但最终没能驱逐满族人。第二，王和顺很早

---

① 黄珍吾:《华侨与中国革命》，台北，“国防研究院”1963年版，第117页。

② John Francis Davis, *The Chinese: A General Description of the Empire of China and Its Inhabitants*, Vol. 2, London: Charles Knight &Co, 1836, p. 16, “Vast was the central nation, flourishing the heavenly dynasty, A thousand regions sent tribute; ten thousand nations did homage, But the Tartars obtained it by fraud, and this grudge can never be assuaged, Enlist soldiers, procure horse, display aloft the flowery standard, Raise troops, and seize weapons, let us exterminate the Manchow race.” 萧一山编:《近代秘密社会史料》第1卷，上海文艺出版社1991年版，第7页，“招军牌：洋洋中国，汤汤天朝，千邦进贡，万国来朝，夷人占夺，此恨难消，招兵买马，高架洪桥，木杨起义，消灭汨朝”；萧一山编:《近代秘密社会史料》第6卷，上海文艺出版社1991年版，第21页，“扬扬中国，汤汤天朝，千邦来贡，万国来朝，夷人占夺，此恨难消，招兵买马，高塔花桥，木杨起义，夺回汨朝，招军榜，天运甲寅年七月念五日”。对此传单的较详细分析，参见李平秀《预言与叛乱——咸丰四年“陈松天地会集团”叛乱的政治背景》，“第二届中国秘密社会史国际学术研讨会”论文，山东济南，2009年，第272—274页。

③ 冯自由:《丁未潮州黄冈革命军实录》，《革命逸史》第5集，第89页。

④ 《云贵总督锡良致外务部电》（光绪三十四年四月五日），中国史学会主编:《辛亥革命》第3册，上海人民出版社1957年版，第273页。

便为伸张正义投身洪门，以反清复明为宗旨在南宁等地奋战数载。这里的“明”指中国，而“清”指满族人，所以他并不是在为朱家尽忠，而是为中国浴血奋战。第三，王和顺在与孙中山的接触过程中，了解到治国根本和民族主义，领悟到一定要以自由、平等、博爱精神打倒专制，建立民主立宪政体。所以目前王和顺以都督身份发动武装起义。第四，因此王和顺呼吁粤省同胞一同参与伟业，鼓舞国民士气，驱逐满族人政权，在敌人的首府上一定插上新的旗帜。① 从上述内容看，此告示反映出会党传统理念与孙中山近代革命理念的结合。

须注意的是，同一时期所发布的《招降满洲将士布告》完全符合同盟会《革命方略》所规定的内容，但《报告粤东之同胞》这一布告与《革命方略》所规定的内容不同，因王和顺强调自己是天地会首领和同盟会革命军都督的行为违反了同盟会《革命方略》中“国旗、军政府宣言、安民布告、对外宣言，军都督当依军政府所定，不得变更”之规定。这一现象反映出天地会首领加入同盟会后其行动和观念还在传统与近代之间徘徊的状态。兴中会时期，率领广东会党势力的天地会首领郑士良作为惠州起义司令官时曾发布告示强调，“本会乃三合会会党，又名义兴会，又名天地会……本会首并副会首等誓灭满洲，重立新君，以兴中国”②，与上述王和顺行为如出一辙。

此外，虽然冯自由还曾提到防城起义中的“中华民国军都督王”安民告示、上思起义中的“中华民国军南军总司令黄”告示以及河口起义中的“南军部督黄明堂”告示③，但遗憾的是都没有转述具体内容。其中，据唐颂南回忆，防城起义时占领防城衙门后，王和顺并不是以自己的名义而是以“张都督”的名义发布安民告示。④ 这一点从当时《中兴日报》报道中可以得到确认：“防城会党聚众二千余人，于七月二十六日

① 《报告粤东之同胞》，香港《中国日报》1907 年 9 月 28 日，第 2 页。

② 《中国近事·会党致函西报》，横滨《清议报》第 62 册，光绪二十六年九月十一日，第 9 页。

③ 冯自由：《丁未钦州防城革命军实录》《戊申钦州上思革命军实录》《戊申云南河口革命军实录》，《革命逸史》第 5 集，第 107、128、142 页。

④ 唐颂南：《辛亥革命前后我参加钦防两次起义的回忆》，《广州文史资料》第 11 辑，政协广东省文史资料委员会 1964 年编印，第 77 页。

破防城……其首领名张复辉，自号中华民国军南军都督，出有吊民告示，语多光复排满字句。"[①] 池亨吉也记道，河口起义中的安民告示强调，"本军政府以义讨暴，为民请命"，除"叛乱者"等十二条例处死刑外，还有如"私斗杀伤"等八项惩罚条例。[②] 实际上这些内容均与同盟会《革命方略》规定中的安民告示性质不同。

结 论

本文对同盟会成立后发生的六次武装起义加以分析，从中得出几点结论：

首先要声明，现存史料大多系孙中山等革命党人所作，而天地会方面相对处于"失语"状态。故在分析同盟会与天地会武装起义时必然会存在一定局限性。我们固然不能否认正是冯自由、邹鲁等革命党人在民国时代呕心沥血的历史记述，使得如今孙中山等革命党人与辛亥革命研究有据可依，但这种由历史参与者叙述历史的方式本身就存有问题，因叙述者之立场、关注点及了解情况存在局限，其记述每每会多出一份主观，少了几许客观，多出一份感情，少了几许理智。现存史料的畸轻畸重也是造成"孙中山中心史观"乃至"革命派中心史观"主导学术研究的原因之一。借用一位学者的话，随着"（人工）神话和（历史）真相之间差异的增加"，"秘密结社的角色就被固定化了"[③]。当然，本文写作目的不是要专门评判这些史观的对与错，而是希望在分析和理解历史事件时能够摆正视角，以公平的尺子丈量历史。

其次，本文对潮州、惠州、钦州、廉州"同时起义"说法进行了讨论。通过对黄冈起义至河口起义等一系列武装起义展开过程的分析可以

---

① 《防城党军起事情形（广东）》，新加坡《中兴日报》1907 年 9 月 30 日，第 2 版；又见《十次起义史料》，《革命文献》第 67 辑，第 87—88 页。

② ［日］池亨吉：《中国革命实地见闻录》，罗家伦主编：《中华民国史料丛编》第 A18 册，乐嗣炳译，中国国民党中央委员会党史史料编纂委员会 1983 年影印版，第 16—19 页（总第 46—49 页）。

③ John Lust, "Secret Societies, Popular Movements, and the 1911 Revolution," in Jean Chesneaux (eds.), *Popular Movements and Secret Societies in China 1840—1950*, California: Stanford University Press, 1972, p. 173.

看出，所谓的“同时起义”不过是孙中山的一种希冀而已，而孙中山留下的文字也印证了并无“同时起义”的计划。至于武装起义的展开过程，大致可做如下概括：

1906 年 12 月，孙中山受到萍浏醴起义的激励，基于同盟会《革命方略》的战略部署，在两广地区与天地会等秘密会党进行合作，制订了推翻清政府建立共和国的“大计划”，并且还为此制订了数个“小计划”。第一个小计划是占领广州，设立军政府。孙中山等革命党人先计划从罗定、肇庆突袭广州，不幸失败；孙中山继而又从日本赴越南策划发动黄冈起义，及紧随其后的七女湖起义。须注意，以黄冈起义为代表的东军方面的武装起义，实际上是在同盟会成立之前由南洋华侨积极计划并促进开展的。无论怎样，随着东军方向的武装起义毫无进展，孙中山等革命党人开始将视线集中到西军方向。这就是第二个小计划，即占领广西南宁成立军政府。该计划直接促成的是防城起义、镇南关起义和上思起义的相继爆发，遗憾的是这些起义均以失败告终。孙中山等革命党人遂又开始着手第三个小计划，即发动河口起义，在云南昆明建立军政府。所有这些起义的依靠力量多是以天地会为主的会党势力。关于这一系列的起义，孙中山在 1909 年 10 月写给吴稚晖的信中做出如下说明：

> 自庚子以后，中国内外人心思想日开，革命风潮日涨。忽而萍乡之事起，人心大为欢迎。时我在日本，财力甚窘，运掉[调]不灵，乃忽有他方一同志许助五万金，始从事派人通达湖湘消息，而萍乡军已以无械而散矣。惟有此刺激，人心已不可止，故定计南行，得日本人资万四千元及前述所许五万元，以谋起义。初从事潮惠，潮黄冈以未期而动，事遂不成；惠七女湖怆悴[仓卒]应之，亦属无功。吾人遂转向钦廉，与该处军队相约，遂破防城，围灵山。惟此时所有之资以买械而尽，而安南同志虽陆续集款以助军需，精卫又亲往南洋筹资，惟所得不多；钦军统领终以资少不肯如约反正，钦事遂不成。吾人转破镇南关炮台，以促钦军之动，事又不成。我遂出关而入安南，过文渊，为清侦探所悉。广西官吏托龙州法领事到安南查我踪迹，知我寓某街洋楼，密告清政府，与法政府交涉，逼我退出安南。我遂往星加坡。我到星加坡后则河口之事起，占据

> 四炮台，诛彼边防督办，收降清兵陆营。本可进取，据有全滇，惜当时指挥无人，粮食不继遂退。①

从上述孙中山的总结中可以看出，除自罗定、肇庆突袭广州之计划外，从黄冈起义到河口起义的六次武装起义并不存在潮州、惠州、钦州、廉州“同时起义”。在这里，如果我们认真分析“同时起义”的提出背景，就可以知道冯自由、邹鲁等国民党史家在叙述历史时，单纯从历史结果出发，过分强调孙中山和同盟会的作用，以至于掩盖了“历史过程的真相”，把各个不同的武装起义展开过程视为一个具有连续性的事件，遂倾向于“结果论的解释”。进一步说来，与此相关的另一个传统说法，孙中山等革命党人在越南河内设立“粤桂滇三省起义的领导机关”作为指挥大本营，实际上也是从结果论的角度对“同时起义”说的发展。总之，笔者认为对以上传统观点须作修正。

再次，武装起义的角色以及起义失败的原因。综观六次起义参与组织、人员的关系，可将其约略分为四类：孙中山等同盟会人士构成的“设计组织”，天地会等秘密会党首领组成的“执行组织”，由捐献巨额资金、提供武器供给的华侨、日本后援者构成的“援助组织”，此外，起义组织者还对清军将领进行策反，而这些清军将领及所部便为“辅助组织”。

其中，孙中山等同盟会核心人士作为起义的设计组织，在起义过程中并没有发挥其应尽的责任。由于他们一直面临着资金筹集不利、武器供给不足问题，所以每逢起义爆发，都不能为起义军及时提供后续支援。另外，其对于徘徊在参与革命和反对革命之间的郭人漳等人的过分执着的期待也是招致起义失败的重要原因。因此，即使不谈孙中山等革命党人发动武装起义的行为是不是“空想的机会主义”抑或“军事的冒险主义”，之前将武装起义失败的原因主要归结于天地会等秘密会党的阶级落后性、组织散漫性的说法就值得我们反思，因为孙中山等革命党人在开始起义前必然对秘密会党的上述性质已经有所了解。由此可见，作为起义的设计组织，同盟会应对起义的失败负根本性责任。

---

① 《致吴稚晖函》（1909 年 10 月下旬），《孙中山全集》第 1 卷，第 421 页。

最后，在探讨武装起义中同盟会与天地会关系的同时，还应重新评估天地会等秘密会党的主体性和自觉性问题。一般观点认为，同盟会动员天地会等秘密会党发动了武装起义，但是严格来讲，孙中山等革命党人只是与几名天地会首领进行了接触，而武装起义的主力军实际上是由这些会党首领召集而来的。由此，只是会党首领加入了同盟会，而参加起义的大部分起义军成员却没能加入。这种武装起义的结构与同盟会的前身兴中会时期基本一致，革命党与会党合作关系的建立均以会党首领为媒介。亦因这种结构，使得在双方合作中，秘密会党同样表现出反抗清朝的主体意识和自觉意识。

进而言之，这也可以说是传统性较浓的旧式团体天地会与近代性质较强的新式团体同盟会的合作关系。以天地会首领身份加入同盟会的余丑、余通、陈涌波、陈纯、林旺、孙稳、王和顺、黄明堂、关仁甫等起义指挥者，他们既沿袭了传统思想，也受到某些近代理念的影响，即处于一种新旧杂陈的状态。由这些人召集的会党军更是严重保留着传统的观念和行为方式。他们对同盟会《革命方略》中涉及的共和革命有关的概念，例如革命、自由、平等、博爱、国家、民族、民国、国民、民生、地权、宪法、总统、议员等的理解要远远少于孙中山等革命党人，甚至一无所知。同时，起义者利用天地会招军榜传单传统语言，在反清复明的口号下号召义军，也证明比起孙中山等革命党人主张的共和革命来说，天地会反清复明这一旧口号在一般民众中仍具极大号召力。虽然史料记载存在偏颇，但这些记录至少在一定程度上反映出武装起义中天地会等秘密会党的主体性和自觉性，并曲折反映出近代革命团体同盟会与传统秘密会党天地会历史的具体合作形式。

虽然20纪初以两广地区为中心展开的六次武装起义全部失败了，却给孙中山等革命党人提供了思考共和革命、反思起义战略的机会。用1908年6月孙中山的话来讲，这就是“经一次失败，即多一次进步，然则失败者进步之原因也”，只有通过这样的屡仆屡起才能达成终极目标。① 1909年3月2日孙中山致信宫崎寅藏强调：“河口以后，已决不再为轻

---

① 《〈支那革命实见记〉序》(1908年6月)，《孙中山全集》第1卷，第325页。

举，欲暂养回元气，方图再发。”[①] 1910 年至 1911 年两次续起的起义便反映出了孙中山的这种想法。与此同步，清末天地会等秘密会党的斗争虽仍带有传统色彩，却也有相当进步，其中关键点就是“反清”不单纯与“复明”相牵连，而与孙中山的“共和革命”相挂钩。在这一点上，孙中山等革命党人是引领的旗帜，是新蓝图的构建者和新时代的召唤人，而共襄义举的会党会众则是与时俱进的追随者和新理想的践行者。

① 《致宫崎寅藏》(1909 年 3 月 2 日)，《孙中山全集》第 1 卷，第 404 页。

1905—1909年日本调查“间岛”归属问题的内幕*

李花子

前　言

20世纪初日本挑起的“间岛问题”包括两个方面：一是“间岛”领土归属权问题①，二是“间岛”地区朝鲜人裁判权问题。②“间岛”一词并非固有名称，是1880年以后朝鲜人大规模越境开垦图们江以北地区的创名③，

* 本文原载《近代史研究》2015年第2期。

① 有关“间岛”领土归属权的研究，中国学界主要有杨昭全、孙玉梅《中朝边界史》，吉林文史出版社1993年版。第446—526页；倪屹《“间岛问题”研究》，博士学位论文，延边大学历史系，2013年；等等。韩国学界自1955年申基硕发表《间岛归属问题》（《中央大学校三十周年纪念论文集》）一文以来，出现不少研究成果，如李汉基《韩国的领土》，首尔大学出版部1969年版；梁泰镇《韩国的国境研究》，首尔，同和出版公社1981年版；崔长根《韩中国境问题研究——日本的领土政策史的考察》，首尔，白山资料院1998年版；陆洛现编《白头山定界碑和间岛领有权》，首尔，白山资料院2000年版；黄铭浚《间岛领有权问题的国际法分析》，硕士学位论文，首尔大学法学科，2005年；等等。

② 有关“间岛”朝鲜人裁判权的研究，有［韩］李盛焕《近代東アジアの政治力学——間島をめぐる日中朝関係の史的展開》，東京，錦正社1991年版，第95—170页；姜龙范《近代中朝日三国对间岛朝鲜人的政策研究》，黑龙江朝鲜民族出版社2000年版；白榮勛《東アジア政治・外交史研究——「間島協約」と裁判管轄権》，大阪經濟法科大学出版部2005年版等。

③ 1880年，朝鲜会宁府使洪南周允许朝鲜边民开垦图们江以北的土地，此即“庚展开拓”，从此揭开了朝鲜人向图们江以北中国境内移民的浪潮。参见金春善《1880—1890年代清朝的“移民实边”政策与韩人移住民实态研究——以北间岛地区为中心》，《韩国近现代史研究》第8集，1998年，第17页。

主要指今天延边朝鲜族自治州的部分地区。

在日本插手“间岛问题”之前，清朝与朝鲜围绕图们江以北的领土归属问题曾发生过三次大的交涉。第一次是在 1712 年（康熙五十一年），清朝为了制作舆图即《皇舆全览图》，派遣乌喇总管穆克登调查中朝边界，在长白山分水岭上立碑，碑文记载：“西为鸭绿，东为土门，故于分水岭上勒石为记”，从而划分了长白山地区的中朝边界。[①] 第二次是 1885 年（光绪十一年）、1887 年（光绪十三年）中朝共同勘界。自 1880 年开始朝鲜人大规模越境开垦图们江以北地区，并否认以图们江为界的历史事实，提出土门、豆满（指今图们江）“二江说”。[②] 在朝鲜的要求之下，1885 年、1887 年中朝两国派代表进行了共同勘界，结果达成了以图们江为界的共识，只是在图们江上游红土水、石乙水合流处以上未达成协议。[③] 第三次是在 1902—1904 年，朝鲜宣布成立大韩帝国[④]以后，趁俄国占领中国东北之机，实行“间岛”扩张政策，派遣李范允为“北垦岛视察使”（1903 年起称“管理使”），企图将图们江以北地区纳入其管辖。不久李范允被清朝“吉强军”赶出上述地区，双方地方官之间签订了《边界善后章程》。[⑤] 由于中朝两国并没有签订正式的边界条约，从而给日本插手提供了借口。1905 年日本控制朝鲜以后，抓住中朝边界问题和朝

① 有关 1712 年长白山定界，详见张存武《清代中朝边务问题探源》，台北《中央研究院近代史研究所集刊》第 2 期，1971 年 6 月；杨昭全、孙玉梅《中朝边界史》，第 164—206 页；李花子《康熙年间中朝查界交涉与长白山定界》，《欧亚学刊》第 5 辑，中华书局 2005 年版；李花子：《明清时期中朝边界史研究》，知识产权出版社 2011 年版，第 38—87 页。

② 本文中的“豆满江”均指今天的图们江。“豆满江”是历史上形成的朝鲜对图们江的称呼。

③ 有关 1885 年、1887 年中朝勘界，详见张存武《清代中朝边务问题探源》，台北，《中央研究院近代史研究所集刊》第 2 期，1971 年 6 月；杨昭全、孙玉梅《中朝边界史》，第 253—390 页；李花子《明清时期中朝边界史研究》，第 87—104、185—217 页。

④ 中日甲午战争以后，1895 年签订的《马关条约》规定朝鲜为“独立自主国家”，1897 年朝鲜宣布成立“大韩帝国”，1910 年沦为日本的殖民地。

⑤ 有关 1902—1904 年李范允在图们江以北地区的活动，详见杨昭全、孙玉梅《中朝边界史》，第 369—445 页；刘秉虎《在满韩人的国籍问题研究（1881—1911）》，博士学位论文，韩国中央大学史学科，2001 年；李花子《大韩帝国时期（公元 1897—1910 年）疆域观与间岛政策的出台》，《中国社会科学院历史研究所学刊》第 7 集，商务印书馆 2011 年版；［韩］殷丁泰《大韩帝国时期“间岛问题”的演变过程及“殖民化”》，首尔《历史问题研究》第 17 号，2007 年 12 月，等等。

鲜人管辖权问题大做文章，挑起了中日之间“间岛案”的交涉。

国内学界以往对“间岛”归属问题的研究，强调日本早已认识到间岛属韩的证据薄弱，却仍以本属于中国的“间岛”领土权作为交换条件，获得了在“间岛”的特权和“东三省五案”的利权。[①] 这一结论毋庸置疑是正确的，但是国内学界对于日本调查“间岛”归属问题的内幕，即通过实地踏查和文献研究，得出间岛属朝的证据薄弱的过程，讨论得还不够全面。

日本学者名和悦子著有《内藤湖南的国境领土论再考——以二十世纪初的清韩国境问题“间岛问题”为中心》一书。作者利用丰富的资料论述了内藤湖南对“间岛问题”的调查及对日本“间岛”政策的影响，可谓这方面的开拓性研究。[②] 不过作者的关注点集中在内藤湖南个人身上，而没有对长白山踏查活动等进行论述。另外，作者虽然认识到中朝边界纠纷存在“松花江说”和“豆满江说”，但是并不了解所谓松花江说先由朝鲜人[③]、后由日本人在实地踏查中杜撰。另外，对于中日谈判的结果——签订《间岛协约》和《满洲五案件协约》，作者认为这是中日双方达成的双赢局面，而没有认识到日本“间岛”政策的狡猾性和欺诈性的一面，特别对于日本通过《满洲五案件协约》攫取东北利权，认识也较模糊。[④]

本文利用《日本外交文书》《统监府文书》、日本外务省史料馆收藏的地图资料，以及中朝两国边务交涉资料，再结合笔者近几年研究和实

---

① 杨昭全、孙玉梅：《中朝边界史》，第 520—521 页；姜龙范：《近代中朝日三国对间岛朝鲜人的政策研究》，第 131、144 页。

② ［日］名和悦子：《内藤湖南の国境領土論再考——二〇世紀初頭の清韓国境問題「間島問題」を通じて》，東京，汲古書院 2012 年版。

③ 最初提出土门、豆满为二江的是朝鲜人。1883 年朝鲜北道经略使鱼允中派钟城人金禹轼等到长白山踏查后，指出立碑处东边的黄花松沟子与松花江相连，认为这是碑文中的“东为土门”，并把它和豆满江（今图们江）区别开采，进而主张由朝鲜人开垦的土门以南、豆满以北的“间岛”属于朝鲜。参见金鲁奎编《北舆要选》，梁泰镇：《韩国国境史研究》，首尔，法经出版社 1992 年版，第 348—354 页。

④ 名和悦子：《内藤湖南の国境領土論再考》，第 193、202 页。

地考察的结果①，探讨日俄战争以后日本通过实地踏查、文献研究两方面来确定“间岛”假定区域的范围，形成对“间岛”归属问题的认识，制定对清谈判策略的过程。这将有助于我们加深理解日本蓄意挑起“间岛”交涉案，并借机向东三省扩张利权的侵略本质。

一 对“间岛”假定区域的调查及长白山踏查活动

在日俄战争结束以后，日本开始关注“间岛问题”，准备以“保护”朝鲜人的名义向这一地区渗透、扩张。首先要解决的是“间岛”到底指哪里，其范围有多大。“间岛”一词属于朝鲜人的创名，最初用来指图们江流经朝鲜钟城、稳城之间形成的江中岛屿，被朝鲜边民开垦出来，又被称作“垦岛”。后来随着朝鲜人渐向图们江以北地区越境开垦，便成为滥觞，图们江以北的所有新垦地均被称作“间岛”，实则已非岛屿。② 由于它是新创名，最初其范围也是不确定的，有人认为指海兰河以南，有人认为指布尔哈通河以南，总之与朝鲜人移住开垦图们江以北地区有关。③

日本驻朝鲜军最早参与了此项调查。1905年11月，驻朝鲜军司令官长谷川好道向陆军参谋本部提交了一份报告书，叫作《间岛境界调查材料》。④ 该调查材料篇幅不长，主要搜集了朝鲜人对中朝边界及“间岛”

---

① 笔者有关中朝边界史的研究，包括专著《清朝与朝鲜关系史研究——以越境交涉为中心》（延边大学出版社2006年版）、《明清时期中朝边界史研究》，以及论文《康熙年间中朝查界交涉与长白山定界》（《欧亚学刊》第5辑）、《朝鲜王朝的长白山认识》（《中国边疆史地研究》2007年第2期）、《康熙年间穆克登立碑位置再探》（《社会科学辑刊》2011年第6期）、《康熙年间长白山定界与图们江上流堆栅的走向》（《朝鲜·韩国历史研究》第13辑，延边大学出版社2013年）、《黑石沟土石堆考》（《清史研究》2014年第1期）等。笔者对长白山碑、堆的考察，详见《康熙年间中朝边界的标识物——长白山土堆群的新发现》，中国朝鲜民族史学会编《朝鲜族研究2013》，民族出版社2014年版。

② ［朝鲜］李重夏：《乙酉别单》，《土门勘界》（1885年），首尔大学奎章阁收藏，21036，胶片第8页。

③ 朝鲜咸镜道观察使赵存禹等认为“间岛”指布尔哈通河以南（参见图1，从水流方向看“分界江”实指布尔哈通河），而日本驻朝鲜军则认为“间岛”指海兰河以南（参见图2）。

④ 《間島境界調查材料》（1905年11月），日本防衛省防衛研究所藏，陸軍省－日露戰役－M37－6－127/1424－1431（アジア歷史資料センター网，レファレンスコード：C06040131500，下同）。

的看法，包括咸镜道观察使赵存禹（1897）和庆源郡守朴逸宪（1899）的调查记，其内容为：第一，有关1712 年中朝定界，指出中朝两国派官员在长白山（朝鲜称白头山）分水岭上立碑，以西边的鸭绿江、东边的“土门江”为界。[①] 土门江因碑东的沟壑（指黄花松沟子）[②] 到了大角峰呈“土壁如门”状而得名；建有石堆 20 里，土堆 70 里，共有 180 余处，其上树木老而拱；堆止处涧水流出即杉浦，杉浦之水流入松花江。[③] 而“豆满江”发源于长山岭池（指圆池），距离分水岭立碑处为 90 里。[④] 以上内容是朝鲜人典型的土门、豆满“二江说”，意在说明康熙五十一年(1712）穆克登定的是“土门江”（指松花江上流）而不是豆满江，那么由朝鲜人开垦的土门江以南、豆满江以北的“间岛”属于朝鲜。

第二，指出朝鲜人移住的范围：“位于茂山以东至稳城之间的六百里间，长百里或数十里，广五六十里或二三十里，韩人移住者有数万户，受到清人的压制，而清人不足韩人的百分之一。”[⑤] 这个范围实际上是早期朝鲜人移住图们江以北的地理分布，即朝鲜人所谓“间岛”的范围。另参见该报告书的附图（参见图 1），“间岛”位于“分界江”和豆满江之间，这里的“分界江”指布尔哈通河[⑥]，即认为间岛位于布尔哈通河和图们江之间。

---

① 《間島境界調查材料》(1905 年 11 月)，陸軍省 - 日露戰役 - M37 - 6 - 127/1426。

② 黄花松沟子是 1885 年中朝勘界时起的名称，是因为沟子里有很多落叶松即黄花松树，朝文叫“伊戛力盖”。1907 年刘建封受东三省总督徐世昌之命考察这里时，起名叫“黑石沟”，是因为沟子里有很多黑石，此名沿用至今。参见李重夏《乙酉别单》，《土门勘界》(1885)，首尔大学奎章阁收藏，21036，胶片第 6 页；刘建封《长白山江岗志略》，李澍田主编：《长白丛书》初集，吉林文史出版社 1987 年版，第 344—345、370、380 页；《中朝边界议定书》(1964)，[韩] 徐吉洙《白头山国境研究》，“附录”，首尔，与犹堂 2009 年版，第 422 页。

③ 《間島境界調查材料》(1905 年 11 月)，陸軍省 - 日露戰役 - M37 - 6 - 127/1429。

④ 《間島境界調查材料》(1905 年 11 月)，陸軍省 - 日露戰役 - M37 - 6 - 127/1427 - 1428。

⑤ 《間島境界調查材料》(1905 年 11 月)，陸軍省 - 日露戰役 - M37 - 6 - 127/1428。

⑥ 在朝鲜古地图上，图们江支流海兰河、布尔哈通河往往被标为“分界江”，这是一种错误的地理认识，这与朝鲜人对 1712 年穆克登定界的认识有关。朝鲜人认为穆克登定界的南流之水并不是正源，正源应该是从天池发源后向东流的水，而海兰河、布尔哈通河都是自西向东流的，所以常被误认为是图们江正源，在地图上标为“分界江”。1880 年朝鲜人越过图们江以后，将“分界江”（指海兰河、布尔哈通河）与“间岛”联系起来，提出分界江以南是“间岛”。有关朝鲜的“土门江”“分界江”认识，详见于李花子《明清时期中朝边界史研究》，第 120—147 页。

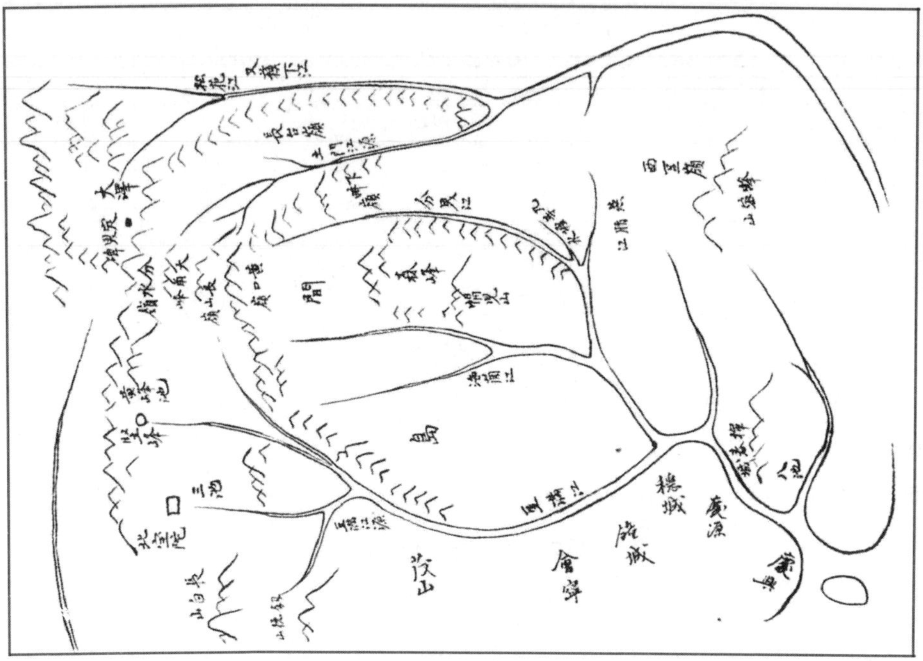

图1 “间岛”范围①

第二年（1906）3月，日本驻朝鲜军再次提交了一份报告书，题为“关于间岛的调查概要”。这份“调查概要”除了参考已有文献外，还结合了驻朝鲜军搜集情报的结果，其内容包括：“间岛”名称的起因、地域、地势、生产，以及清人、朝鲜人居住状况，清朝的统治，朝鲜对“间岛”的政策，国境问题的起因，乙酉（1885）、丁亥（1887）中朝边界谈判要领，“间岛”在国防上的价值等，另附有长白山碑文（1712）抄本和“间岛”范围图（参见图2）。②

---

① 此图及文中所附其他3幅图均拍摄自日本外務省外交史料館藏《間島ノ版図二関シ清韓両国紛議一件》第1卷，MTl4133/090。

② 《間島二関スル調査概要》（1906年3月），外務省外交史料館藏，《間島ノ版図二関シ清韓両国紛議一件》第1卷，アジア歴史資料センター网，レファレンスコード：B03041192800（下同），REEL No. 1－0350/0444－0454。

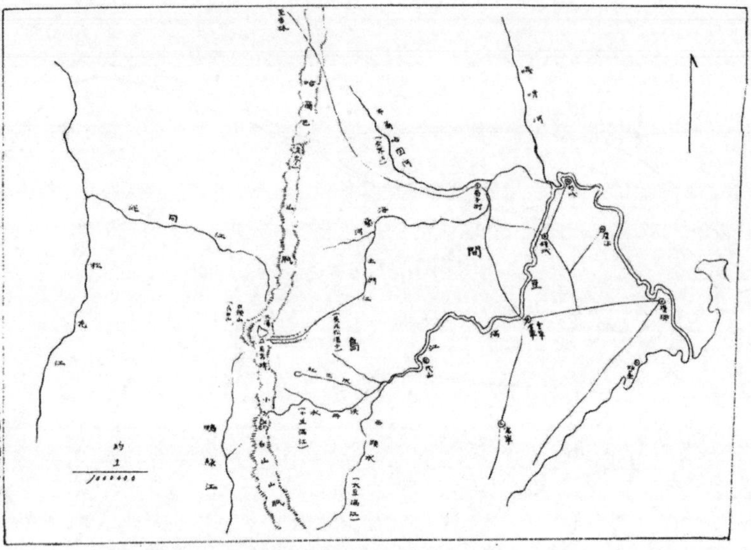

图 2 “间岛”范围图①

从这份“调查概要”所述间岛的范围来看，指海兰河和图们江之间，如记载：间岛地域“从白头山沿土门江，到达海兰河的合流点，再沿海兰河到达布尔哈图（通）河的合流点，从这里沿北方的布尔哈图河到达豆满江”②。值得注意的是，这里的“土门江”并不是指松花江上流，而是指海兰河上流（参见图 2），这与驻朝鲜军对长白山碑文“东为土门”的看法有关，如指出：“根据韩国人的传说和记载，土们（门，下同）江发源于白头山向东流，再向北流入松花江。如果以这样的河流为土们江，那么韩领区域会甚广大，等于说现在的俄、清地域均为韩领，然而这毕竟不过是韩人特有的牵强附会。”③ 即从中俄两国的领土现状考虑，朝鲜人所谓中朝两国以“土门江”即松花江上流为界是不能成立的。该“调

① 《間島二関スル調査概要》，《間島ノ版図二関シ清韓兩国紛議一件》第 1 卷，REEl No. 1 - 0350/0445。

② 此图参考了 100 万分之一《东亚舆地图》、俄版 42 万分之一图，以及清朝军队实测图等绘制而成。《間島二関スル調査概要》，《間島ノ版図二関シ清韓兩国紛議一件》第 1 卷，REEl No. 1 - 0350/0445。

③ 《間島二関スル調査概要》，《間島ノ版図二関シ清韓兩国紛議一件》第 1 卷，REEl No. 1 - 0350/0445。

查概要”值得关注的一点是强调了“间岛”在国防上的价值，如指出：其一，间岛位于由吉林通往朝鲜咸北的要冲，物资丰富，敌人若先占有该地，就可以方便地从当地获得粮食，而咸北处于无人之地，不得不仰赖远处后方的物资。其二，会宁对岸的间岛地势较高，敌人如果占有了这块高地，就会使会宁平地委之于敌人。日本若采取进攻之势，从咸北进军吉林，就必须占有间岛，否则难以达到目的。因此，间岛属于中、朝哪一方，从朝鲜国土防御上讲，不可等闲视之。① 以上内容无疑对日本在第二年（1907）设立“统监府临时间岛派出所”起了促进作用，即为了巩固对朝鲜的殖民统治，作为向中国东北扩张的新据点，以及牵制近邻俄国，日本都需要占有这块战略要地。② 不难看出这是日本实施“间岛”扩张政策的原因和目的所在。

1907 年，日本为了设立统监府“间岛派出所”，紧锣密鼓地进行准备。3 月日本参谋本部派遣东京第一地形测图班在图们江上游地区进行测量。这个测图班分为四个组，分别在茂山、会宁、钟城、稳城等地进行测量，准备制作五万分之一的“间岛局子街表面略测图”。这是作为陆军参谋本部正在实施的“外邦测量”计划的一环而进行的。③

同年 4 月 7—20 日，日本驻朝鲜的统监府派遣陆军中佐齐藤季治郎和“嘱托”筱田治策两人潜入图们江以北地区，其目的一是考察当地一般情况，二是物色将要设置的统监府派出所的位置。两人从朝鲜会宁渡江，经过东盛涌、局子街（延吉）、铜佛寺、天宝山、头道沟、六道沟（龙井村），返回朝鲜钟城。他们用两周时间集中考察了朝鲜垦民聚居的海兰河、布尔哈通河流域，最后决定在海兰河流经的六道沟建立统监府派出所。④

---

① 《間島ニ関スル調査概要》，《間島ノ版図ニ関シ清韓兩国紛議一件》第 1 卷，REEL No. 1 - 0350/0451。

② 有关牵制俄国及借“保护”朝鲜人的名义在间岛地区设立统监府派出所，从而使“间岛问题”朝有利于朝鲜的方向解决的研究，参见篠田治策《間島問題の回顾》，首尔，谷岡商店印刷部 1930 年版，第 1—15 页。

③ 《外邦測量沿革史》（1907 年 3 月），“草稿第 2 编前，明治 40 年度”，“13、明治 40 年 3 月 28 日於東京第 1 地形測図班命令”，日本防衛省防衛研究所藏，支那—兵要地志—129，アジア歷史資料センター网，レファレンスコード：C13110088900，0537。

④ 篠田治策编：《統監府臨時間島派出所紀要》（1910 年），水原，史芸研究所 2000 年影印本，第 47 页。

8 月 19 日，日本在龙井村正式设立了“统监府临时间岛派出所”。同日，日本驻北京公使向清外务部发出照会指出：“间岛为中国领土，抑为韩国领土，久未解决。该处韩民十万余，受马贼及无赖凌虐。拟即由统监派员至间岛保护，请速电该处华官，免当误会。”① 可见日本以“间岛”所属未定和“保护”朝鲜人的名义在中国领土内设立了非法的侵略机构。对此，8 月 24 日清外务部复照表示：“此地隶属延吉厅，确系中国领土”，“查中朝边界向以图们江为天然界限，本无间岛名目”，“来照所称统监府派员一节，中国断难允议”②。自此，日方向中方挑起了有关“间岛问题”的外交交涉。

与此同时，为了解康熙五十一年（1712）设立于长白山的碑、堆的情况，特别是碑以东“土门江”的实际流向，9 月 5 日，日本参谋本部派出两名测量手大曾根诚二、中原佐藏，与派出所的铃木信太郎一起，前往长白山进行考察。一行人溯图们江而上，在途中铃木因身体不适在茂山休养，其余两人继续前行。从他们行进的路线看，先到达图们江发源地和圆池附近，再转往天池东南立碑处。观天池以后，沿碑东的“土门江”（指黄花松沟子，又称黑石沟）前行，在东南岸发现了石堆。继续沿沟下行，一直走到了松花江上游小沙河口。再沿图们江上游红旗河顺流而下，到达红旗河与图们江汇合处，沿图们江而下，于 10 月 2 日返回派出所所在地龙井村（参见图 4）。③

在考察结束以后，两名测量手绘制了两幅地图，一是五万分之一的“自白头山至小沙河线路图”（参见图 3）④，实为黄花松沟子图；二是四十万分之一的“长白山附近线路测图”（参见图 4）。⑤ 此外，两人还留下

---

① 日本外務省编：《日本外交文書》第 40 卷第 2 册，“間島問題一件”，東京，巖南堂書店 2001 年版，第 92 页。

② 《日本外交文書》第 40 卷第 2 册，“間島問題一件”，第 92—93 页。

③ 篠田治策編：《統監府臨時間島派出所紀要》，第 89—91 页；《统监府文书》2，“有关间岛问题的书类一 ~ 三”，首尔，国史编纂委员会 1998 年版，第 349、356、369 页。

④ 《自白頭山至小沙河線路図配置図》，日本外務省外交史料館藏，《間島ノ版図ニ関シ清韓兩国紛議一件》第 7 卷，MT14133/3443。

⑤ 《長白山付近線路測図》，《間島ノ版図ニ関シ清韓兩国紛議一件》第 7 卷，MT14133/1903。

了定界碑的拓本和照片等。[①] 这些材料于 10 月 18 日由统监府寄至外务省，成为外务省制定“间岛”政策和对清谈判策略的重要参考依据。[②]

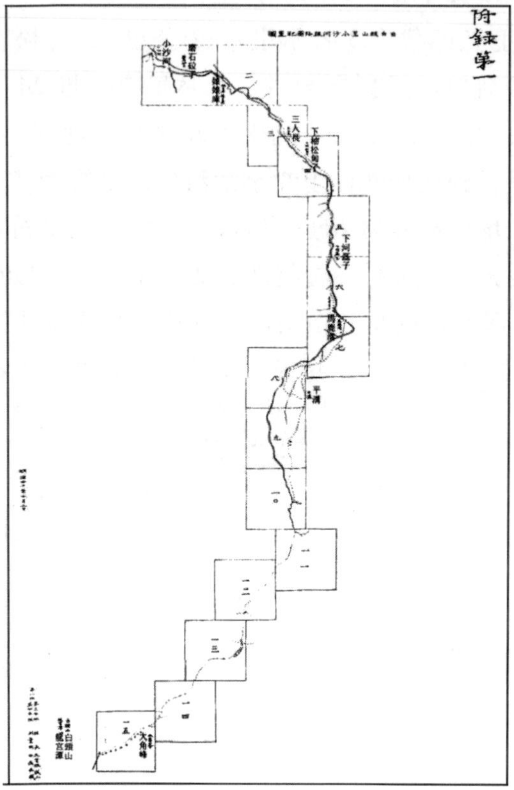

图 3　自白头山至小沙河线路

根据这两名测量手的踏查结果，派出所报告如下：“从定界碑的东边开始有一道地罅（指黄花松沟子——笔者注）向东北行，这就是土门江的本流”，其东南岸建有石堆，延长约 7 公里（一说 5 公里）。[③] 到了石

① 篠田治策编：《統監府臨時間島派出所紀要》，第 90 页。

② 《统监府文书》2，“有关间岛问题的书类一～三”，第 415 页。

③ 《统监府文书》2（第 369 页）记载，石堆从定界碑开始延长 5 公里，与《統監府臨時間島派出所紀要》所载 7 公里有出入（第 90 页）。另据朝鲜学者黄铁山于 1948 年考察后指出，此沟东南岸有石堆 106 个，从第一个石堆到最后一个石堆相距 5391 米（Yun Howoo：《“间岛 Odyssey”白头山的历史之谜》，首尔，《周刊京乡》848 号，2009 年 11 月）。

堆尽头，两岸断崖深百米，如门耸立，“土门”名称由此而来。从石堆尽头，沟子呈河川形状，在大森林中向东北延伸 16 公里（记载为 4 日本里≈16 公里；1 日本里≈3.927 公里），再向北有 1 公里的砂川，向下有细流 12 公里（记载为 3 日本里≈12 公里），与松花江上流二道江汇合，流至小沙河口。另据向导讲，森林里有土堆 24 公里（记载为 6 日本里≈24 公里），但由于杂草丛生，并没有发现。[①] 总之，一行人沿沟下行数十公里，到达松花江上流小沙河口，最终确认康熙五十一年定界时设置的碑、堆与松花江相连。[②] 这一考察结果支持了所谓土门、豆满二江说，成为支撑“间岛”属朝观点的一个基石。以后日方在与中方交涉、谈判时，屡屡强调与长白山碑、堆相连的实际水流并不是豆满江（今图们江）而是“土门江”，这里“土门江”指的是松花江支流。

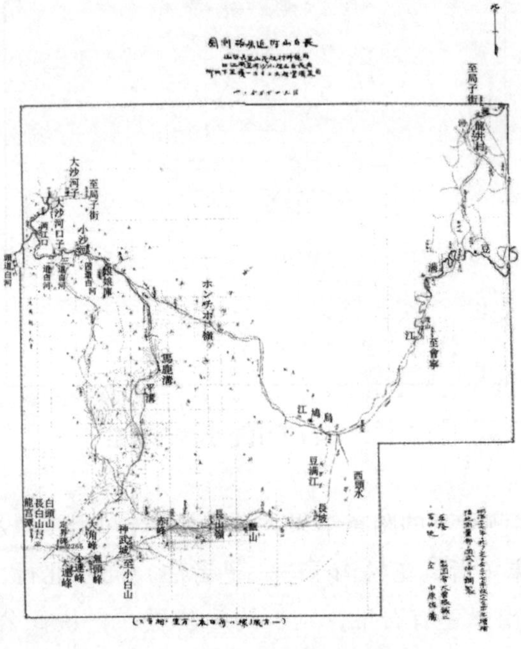

图 4　长白山附近线路测图

① 篠田治策編:《統監府臨時間島派出所紀要》，第 90、91 页；《统监府文书》2，“有关间岛问题的书类一～三”，第 369 页。

② 日本外務省編:《日本外交文書》第 41 卷第 1 册，“間島問題一件”，東京，巖南堂書店 2002 年版，第 455—457 页。

笔者发现，上述测量手的考察结果有两处值得怀疑的地方：一是黄花松沟子下游果真与松花江相连吗？据笔者近几年实地踏查发现，黄花松沟子（今称黑石沟）到了下游沟形消失无踪，并不和松花江相连。其真实情况是，土堆先于沟形消失，沟子再向前延伸数百米后消失，沙道最后在距离黄花松草甸子500 米处断掉，表明曾在沟里流淌的水流至此全部渗入地下，再向前跨过森林和大草甸子才有松花江支流发源。[①] 另外，这条沟除了夏季短时间内部分地段有水流以外，大部分时间没有水流，属于一条干沟，正如1887 年朝鲜勘界使李重夏所说：“所谓松花之源，只是干川，元无点水。”[②] 换言之，此沟没有水流入松花江，并不是松花江支流。二是这两名测量手似乎隐瞒了沟子东南岸有土堆的事实，这一点令人费解。只要到现场考察，就不难发现石堆下面相沿十几公里的土堆，但他们为什么没有看到呢？是因为土堆尽头并不和松花江相连，所以故意隐瞒吗？这将是个无解之谜。

这两名测量手不仅对碑以东的黄花松沟子进行了详细的考察和测量，还对位于天池东南的立碑处也进行了考察和测量，据记载：定界碑高二尺余，宽一尺余，位于“白头山绝顶湖水东南麓 1 里（约 4 公里）多，鸭绿、土门两江源所挟，向东南倾斜的平坦鞍部，碑面朝南，由西向北成 30 度方向。从立碑处至西边鸭绿江源断崖处约三町（1 町≈109 米，3 町≈327 米），至东方土门江约五六町（545—654 米）”[③]。由此可见，立碑处位于天池东南约 4 公里，向西 300 多米有鸭绿江发源，向东 500 多米有“土门江”（指黄花松沟子）发源。

以上的考察结果，除去黄花松沟子和松花江相连的部分以外，其他的考察数据还是较客观的，尤其测量手所绘制的五万分之一“等高线图”（图 3），是迄今为止有关黄花松沟子（黑石沟）的最详细的地图。其实，从前述内容中仍可以分辨出黄花松沟子的长度，如记载石堆延长 7 公里（一说 5 公里），再加上在大森林中延伸的 16 公里（这里应该有土堆），

---

① 李花子：《康熙年间中朝边界的标识物——长白山土堆群的新发现》，《朝鲜族研究 2013》；《黑石沟土石堆考》，《清史研究》2014 年第 1 期。

② 李重夏：《勘界使交涉报告书》（1887），“4 月 15 日答华员”，首尔大学奎章阁收藏，11514—2。

③ 篠田治策编：《統監府臨時間島派出所紀要》，第 10—11 页。

总长度为 23 公里（或者 21 公里），这应该是黄花松沟子的总长度。这个数据与笔者近几年考察、研究所得的数据相近。[①] 从这里再向前有 1 公里的砂川（沙道），一般称为“杉浦”，这是沟的下游，至此沟形基本消失无踪。再向前记载有 12 公里的细流，但这已经不是黄花松沟子的自然延伸，在细流和沟子的中间有森林、草甸子分布，将二者隔开，换言之，黄花松沟子和松花江上流其中间是断开的，并不相连。但就在砂川和细流的过渡部分，日本人似乎进行了模糊处理，从而造成二者相连的假象（参见图 3）。这与 1883 年朝鲜北道经略使鱼允中的做法如出一辙[②]，其真实目的是杜撰土门、豆满“二江说”，因为这是“间岛”属朝成立的前提条件。

二　中井喜太郎和内藤湖南对“间岛”归属问题的文献研究

为了与中方进行“间岛问题”的谈判，日方需要了解中朝双方边界纷争的由来及症结所在，以便制定针对清朝的谈判策略。为此在日俄战争结束后不久，日本着手进行有关“间岛”归属问题的文献研究。中井喜太郎被统监府任命为“嘱托”，内藤湖南（号湖南，本名虎次郎）被参谋本部、外务省任命为“嘱托”。

中井喜太郎曾担任过《读卖新闻》的总编和主笔，1902 年作为“朝鲜协会”的干事来到朝鲜，之后参加“对俄同志会”，鼓吹主战论。日俄战争结束以后，俄国人还没有完全撤出延边地区时，他便和日本驻朝鲜

---

① 笔者对中国境内黄花松沟子（黑石沟）东南岸的土堆进行了全程实地考察，认为石堆延长约 5.3 公里（采纳朝鲜学者黄铁山的 5391 米说），土堆延长约 18 公里，土石堆总长度约 23 公里，黑石沟全长约 24 公里。详见拙文《康熙年间中朝边界的标识物——长白山土堆群的新发现》（《朝鲜族研究 2013》，以及《黑石沟土石堆考》，《清史研究》2014 年第 1 期）。

② 1883 年朝鲜北道经略使鱼允中派钟城人金禹轼等考察后，指出黄花松沟子（称之为“土门江”）与松花江相连，这是土门（松花江上流）、豆满（今图们江）“二江说”的最初发端。其后 1885 年、1887 年中朝勘界时，由于双方代表对此沟的看法不同，各执一词，争论不休，所以未能纠正这一错误。相关研究详见拙文《黑石沟土石堆考》，《清史研究》2014 年第 1 期。

军司令部的调查员一起，于 1905 年 5 月潜入延边地区进行情报搜集活动。[①] 不仅如此，他还在首尔查阅了有关中朝界务交涉的资料，包括 1712 年定界时洪世泰的《白头山记》，《朝鲜肃宗实录》的相关记载，《同文汇考》的设栅咨文，以及《北舆要选》（金鲁奎编）中朝鲜军官李义复的记事、肃宗国王的"白头山诗"等。另外，他还查阅了 1885 年、1887 年勘界时朝方勘界使李重夏的状启，双方的往复文书、谈判记录（《覆勘图们界址谈录公文节略》）等。还查阅了 1902—1904 年朝鲜派李范允为"北垦岛管理使"，以及他在图们江以北地区活动的资料。在以上资料的基础上，中井于 1907 年 9 月完成了《间岛问题的沿革》，提交给了统监府，11 月转至外务省。[②]

中井的这份报告书，分为三部分，即"定界使"（指穆克登）、"勘界使"（指李重夏）、"视察使"（指李范允）。第一，有关 1712 年定界，他指出穆克登在长白山立"定界碑"以后，沿豆满江而下到达茂山，经过会宁、庆源到下游观入海口，之后从庆源越向珲春，由吉林回到北京，这说明穆克登定的是豆满江。他还指出，在穆克登回国以后，朝鲜沿碑的东边连设石堆、土堆，再从土堆尽头到豆满江上流红土水源头设置了木栅，后来木栅年久朽烂，这同样说明穆克登定的是豆满江。[③] 另外，他指出朝鲜人所说的碑以东的"土门江"（指黄花松沟子），实际上是穆克登被朝鲜土人（金爱顺）所骗而定错的豆满江源。[④] 但是笔者并不认同这个观点。参考《朝鲜肃宗实录》《同文汇考》，齐召南的《水道提纲》及奎章阁收藏的《白山图》等可以确认，黄花松沟子从一开始就是指图们江水"入地暗流"，即表示水在地下伏流，到了发源地再涌出地面流为图

---

① 名和悦子：《内藤湖南の国境领土論再考》，第 52 页。

② ［日］中井喜太郎：《間島問題ノ沿革》（1907 年 9 月），外務省外交史料館藏，《間島ノ版図二関シ清韓兩国紛議一件》第 3 卷，アジア歷史資料センター网，レファレンスコード：B03041195400 - B03041195600。

③ 中井喜太郎：《間島問題ノ沿革》，《間島ノ版図二関シ清韓兩国紛議一件》第 3 卷，アジア歷史資料センター网，レファレンスコード：B03041195500，REEL No. 1 - 0352/0336 - 0337。

④ 中井喜太郎：《間島問題ノ沿革》，《間島ノ版図二関シ清韓兩国紛議一件》第 3 卷，アジア歷史資料センター网，レファレンスコード：B03041195400，REEL No. 1 - 0352/0272。

们江。[1] 所以说，黄花松沟子并非穆克登定错的图们江源，而从一开始就被认为是连接图们江发源地的陆地边界的重要组成部分。[2] 总之，中井认为1712年穆克登定的是今图们江，而不是松花江上流。

第二，有关1885年、1887年中朝勘界，他根据资料梳理出两次勘界的原因、经过和结果，并指出：朝方对于"穆碑所谓'土门江'承认即是图们江，提议以此定界（当然不清楚是否接受了中央政府的命令），由此豆满江上流境界，尤其茂山以下的会宁、钟城、稳城两岸，明明白白以豆满江为两国境界。从朝鲜政府来说，毫无疑问地确实承认现今的间岛地方属于清国领土"[3]。还指出："（韩方）勘界使李重夏通过再勘，明确勘定豆满江红土水为两国境界，只是红土水上流二水中以何为界未了。"[4] 以上中井对1885年、1887年勘界的看法也是较客观的。

第三，有关1902—1904年李范允在图们江以北地区的活动，他记述了朝鲜派遣李范允为"北垦岛管理使"的背景、经过及中韩交涉等内容，并指出："《清韩条约》(1899）第十二条规定，'边民已经越垦者听其安业，俾保性命、财产安全，以后如有潜越边界者，彼此均应禁止'，这表明（韩方）承认间岛为清国领地。"[5] 尽管如此，他仍强调当1904年清政

① 参见金鲁奎编《北舆要选》，梁泰镇《韩国国境史研究》，第337—340页；《朝鲜肃宗实录》肃宗三十八年五月丁酉、六月乙卯、十二月丙辰，肃宗三十九年四月丁巳，首尔，国史编纂委员会1969年影印本；［朝鲜］洪世泰《白头山记》，东北亚历史财团编《白头山定界碑资料集》(6)，2006年版，第138页；金指南《北征录》（1712），"五月十五日""五月二十三日""六月二十三日"，"朝鲜总督府朝鲜史编修会"1945年抄本；朴权《北征日记》，《白头山定界碑资料集》(6)，第122页；承文院编《同文汇考》原编卷48，"疆界"，首尔，国史编纂委员会1978年影印本，第907页；齐召南《水道提纲》第26卷，"东北海诸水·土门江"，《景印文渊阁四库全书》，台湾商务印书馆1986年影印本等。另外，首尔大学奎章阁收藏的《舆地图》（古4709—1）中的《白山图》，似为康熙五十一年穆克登定界时清朝画员绘制的山图或者模本，其上的一条断流之水标为"入地暗流"，指水在地下伏流，从其方位来看（从天池东南开始向东延伸，过大角峰），指的是黄花松沟子，它和松花江并不相连，沟尾是断开的。

② 从黄花松沟子下游的土堆尽头到图们江上游红土水之间，原来设有四十余里的木栅，后来木栅年久朽烂，才使得沟子和图们江断开。有关连接图们江的堆栅的走向，详见李花子《明清时期中朝边界史研究》，第38—87页，《康熙年间长白山定界与图们江上流堆栅的走向》，《朝鲜·韩国历史研究》第13辑。

③ 中井喜太郎：《間島問題ノ沿革》，《間島ノ版図ニ関シ清韓兩国紛議一件》第3卷，レファレンスコード：B03041195500，REEL No. 1 －0352/0330。

④ 同上书，REEL No. 1 －0352/0368。

⑤ 同上书，REEL No. 1 －0352/0368。

府要求朝方派员勘界时，日本内田公使表示日俄战争以后再谈，这得到了清政府的认可，表明中朝勘界并没有结束，日本可以利用这一点徐徐与中方谈判、交涉，“以等待时局的发展，不久清国将面临被分割、被分裂的国难”①。这最后一句话充分暴露出中井作为日本殖民政策拥护者的本来面目，不久他被任命为殖民地朝鲜的咸镜北道书记官也就不足为奇了。②

内藤湖南作为日本东洋史学界“京都学派”的创始人之一而广为人知，他在出任京都大学教授之前，曾担任《大阪朝日新闻》的论说委员，在这一任上他被参谋本部和外务省两次任命为“嘱托”，调查了“间岛问题”，撰写了两份《间岛问题调查书》。③ 这两份调查书所参考的文献略有不同，得出的结论也有差异。

1906 年 1 月，内藤湖南被参谋本部任命为“嘱托”调查“间岛问题”，2 月，他完成了《间岛问题调查书》。④ 从这份调查书所列的书目来看，主要参考了中朝两国的历史文献资料，包括朝方的《东国舆地胜览》《国朝宝鉴》《大韩疆域考》《通文馆志》《北舆要选》等，中方的资料参考了奉天翔凤阁的满文长白山地图、满文盛京图，崇谟阁的汉文旧档，以及《吉林通志》、齐召南的《水道提纲》等。⑤ 在调查书的末尾，他坦言自己并没有看到中朝边务交涉的公文书资料，包括朝鲜政府内廷保管的公文书，以及清朝盛京将军、吉林将军的档案，也未能对长白山地区及图们江本、支流进行实地考察。⑥ 或许由于这个原因，第一份调查书的结论有明显的偏颇，未能准确把握中朝边界及边务交涉的客观实际。

在这份调查书中，内藤从地理的、历史的角度分析了“间岛”归属

---

① 中井喜太郎：《間島問題ノ沿革》，《間島ノ版図二関シ清韓兩国紛議一件》第 3 卷，レファレンスコード：B03041195600，REEL No. 1 - 0352/0369。

② 《日本外交文書》第 41 卷第 1 册，“間島問題一件”，第 544 页。

③ 参见名和悦子《内藤湖南の国境领土論再考》，第 23—36 页。

④ 同上书，第 43—44 页。

⑤ ［日］内藤湖南：《間島問題調查書》（1906 年），外務省外交史料館藏，《間島ノ版図二関シ清韓兩国紛議一件》附属書（内藤虎次郎嘱託及調查報告），アジア歷史資料センター网，レファレンスコード：B03041212500，REEL No. 1 - 0364/0142。

⑥ ［日］内藤湖南：《間島問題調查書》（1906 年），《間島ノ版図二関シ清韓兩国紛議一件》附属書（内藤虎次郎嘱託及調查報告），レファレンスコード：B03041212500，REEL No. 1 - 0364/0142 - 0143。

问题。第一，有关 1712 年定界，他指出穆克登本想定的是鸭绿江、豆满江，但是他和朝鲜官员看错了江源，把松花江源（指黄花松沟子）看作豆满江源[①]，后来朝鲜人沿着看错的松花江源筑设了土石堆、木栅，因此，从地理的观察来看，朝鲜正当的主张只是好好地以现存证据物为据[②]，意思是说应该以碑堆所在的松花江为界，那么“间岛”理应属于朝鲜。[③] 其实，在这里内藤搞错了一个重要事实：他以为土石堆和木栅全部设置于黄花松沟子上连接到了松花江，但实际上木栅并没有设于黄花松沟子上，而是设于从黄花松沟子的沟尾到红土水（图们江上流）之间的平坡上[④]，这一点要等到他第二次调查“间岛问题”时，才得以搞清楚。

第二，内藤认为从历史的观察来看，“间岛”属朝有以下有利的证据：朝鲜国王的祖先在豆满江以北，此地是其坟墓所在[⑤]；明朝二百年间豆满江东北边的女真人接受朝鲜的官爵，呈现半属状态[⑥]；清太祖努尔哈赤兴起后空出其地，只是统治人民，中朝两国均禁止流民侵入江北，这里实为中立地[⑦]；鸭绿江以北也是中立地，旺清、叆阳边门外面的空地是清人犯禁开发的地方，所以朝鲜人犯禁开发的“间岛”（指图们江以北）也应属于朝鲜领土。[⑧] 以上所谓对朝方有利的证据，特别是鸭绿江、图们

---

① ［日］内藤和中井均以为黄花松沟子是松花江支流，因而认为此沟是穆克登定错的图们江源。

② ［日］内藤湖南：《間島問題調查書》（1906 年），《間島ノ版図二関シ清韓兩国紛議一件》附属書（内藤虎次郎嘱託及調查報告），レファレンスコード：B03041212500，REEL No. 1 -0364/0139 -0140。

③ 同上。

④ 朝鲜勘界使李重夏在 1885 年第一次勘界时，发现了从黄花松沟子的堆尾到图们江上源红土水之间的界标遗迹。其内容在秘密报告书《追后别单》（《土门勘界》，1885 年，首尔大学奎章阁收藏，21036）中有记载。笔者对李重夏《追后别单》的分析，详见拙文《明清时期中朝边界史研究》，第 56—87 页；《康熙年间长白山定界与图们江上流堆栅的走向》，《朝鲜 · 韩国历史研究》第 13 辑。

⑤ ［日］内藤湖南：《間島問題調查書》（1906），《間島ノ版図二関シ清韓兩国紛議一件》附属書（内藤虎次郎嘱託及調查報告），レファレンスコード：B03041212500，REEL No. 1 -0364/0139 -0140。

⑥ 同上。

⑦ ［日］内藤湖南：《間島問題調查書》（1906），《間島ノ版図二関シ清韓兩国紛議一件》附属書（内藤虎次郎嘱託及調查報告），レファレンスコード：B03041212500，REEL No. 1 -0364/0140。

⑧ 同上。

江以北属于无主“中立地”的说法[①]，纯属歪曲事实的狡辩，但这些恰恰是日本政府所需要的，因为可以用来反驳中方，起到牵制中方的作用，因而受到了日本政府的重视。

或许由于内藤提出了对日本政府“有用”的东西，在提交第一份调查书不久，他再次被外务省任命为“嘱托”调查“间岛问题”。同年(1906) 7 月，他前往首尔查阅朝方资料，这次他看到了上次未能看到的公文书资料，包括李重夏的状启、秘书报告书（《追后别单》），以及双方代表的谈判记录等。其间他还与中井喜太郎见面，两人进行了交流。同年 8 月，他到奉天查阅资料。第二年（1907），他到京都大学任教，继续研究“间岛问题”。他已经积累了不少文献资料，除了中朝双方资料以外，他还看到了法国人杜赫德编纂的《中华帝国全志》，其中的地图和雷孝思备忘录引起了他的注意。在这幅地图上，他发现在图们江以北画有一条虚线（自西向东），雷孝思（参与编纂康熙《皇舆全览图》）对此的解释是虚线以南为中朝两国达成的无人居住地带，他意识到这是对朝方有利的证据。[②]

经过近一年的搜集资料和研究，1907 年 9 月内藤湖南向外务省提交了第二份《间岛问题调查书》，其内容为：第一，有关 1712 年定界，引用中朝双方资料[③]，分析指出：“清国为了将长白山纳入其版图，遂决行此事，将分界的石碑立于山南分水岭，于是无论清国人还是朝鲜人，皆

---

① 内藤湖南有关鸭绿江、图们江以北地区为中朝两国归属未定的“中立地”的观点，后来被篠田治策写进《白頭山定界碑》（東京，楽浪書院 1938 年版）一书中。

② 参见［日］名和悦子《内藤湖南の国境领土論再考》，第 49—68 页。

③ 内藤湖南第二份《間島問題調查書》（1907）所参考的有关 1712 年定界的资料，包括定界碑的碑文，洪世泰的《白头山记》，《同文汇考》中的设栅咨文，《北舆要选》中的朝鲜军官李义复的记事，穆克登奏文，“谢定界表”，《通文馆志》中的金指南传、金庆门传，齐召南的《水道提纲》，盛京翔凤阁的满文长白山图、满文盛京图，清朝舆图的民间刻本（胡林翼、严树森编），以及金正浩的《大东舆地图》等。参见内藤湖南《間島問題調查書引用書目》（1907），《間島ノ版図ニ関シ清韓兩国紛議一件》附属書（内藤虎次郎嘱託及調查報告），アジア歴史資料センター网，レファレンスコード：B03041213300，REEL No. 1 - 0364/0244 - 246；内藤湖南《間島問題調查書》（1907），外務省外交史料館藏，《間島ノ版図ニ関シ清韓兩国紛議一件》附属書（内藤虎次郎嘱託及調查報告），アジア歴史資料センター网，レファレンスコード：B03041213400 - B03041213900。名和悦子对内藤的两份调查书及《韓国東北彊界考略》（1907 年 8 月）所引用的资料，列表进行了对比分析，这对笔者了解内藤调查书中所引资料有帮助。参见［日］名和悦子《内藤湖南の国境领土論再考》，第 99—104 页。

认定以豆满、鸭绿二江本流为界限。”① 还指出：“在间岛问题发生以后，朝鲜人认为穆使指定的境界是分界江（指布尔哈通河——笔者注）或者松花江支流，这不过是附会。从金指南在茂山对越界的韩人费力辩解来看，无疑以茂山的豆满江为界。”② 总之，他认为 1712 年穆克登定的是豆满江（今图们江）。尽管如此，他仍指出“间岛”对朝方有利的证据：在穆克登定界以后，朝鲜实际统治了鸭绿江、豆满江以南地区，但是清朝却空出其地，使江北地区不在统治范围内，成为“无人中立地”即“间荒状态”。③ 这个主张迎合了日本政府所谓“间岛”所属未定的观点，后来屡屡出现在日方致中方的照会中，用来反驳中方“间岛”属中的观点。

第二，有关 1885 年第一次勘界，他列举了李重夏的状启、秘密报告书（《追后别单》）及 1886 年朝鲜承认土门、豆满为一江的照会，指出：“这个问题缩小为单单勘定豆满江源，而间岛问题已经被放弃了。”④ 意思是说，1886 年朝方承认以图们江为界，实际上等于放弃了“间岛”所有权。有关 1887 年第二次勘界，他根据李重夏的状启指出，中朝双方对于红土水、石乙水合流处以下均已勘定，只是合流处以上二源仍未协议，李重夏主张红土水，秦煐主张石乙水。⑤ 总之，内藤有关 1885 年、1887 年勘界的评价是较为客观的，与前面中井的观点，特别是清外务部的主张基本相同，有助于外务省了解两次勘界的客观结果，以便制定对清谈判策略。

第三，有关 1902—1904 年李范允在图们江以北地区的活动，他指出朝鲜政府派李范允为“北垦岛视察使”，企图管理图们江以北地区，这是

---

① ［日］内藤湖南：《間島問題調查書》（1907）第 3，《間島ノ版図二関シ清韓両国紛議一件》附属害（内藤虎次郎嘱託及調查報告），レファレンスコード：B03041213400，REEL No. 1 - 0364/0340。

② ［日］内藤湖南：《間島問題調查書》（1907）第 3，《間島ノ版図二関シ清韓両国紛議一件》附属書（内藤虎次郎嘱託及調查報告），REEL No. 1 - 0364/0340 - 0341。

③ ［日］内藤湖南：《間島問題調查書》（1907）第 3，《間島ノ版図二関シ清韓両国紛議一件》附属書（内藤虎次郎嘱託及調查報告），REEL No. 1 - 0364/0342。

④ ［日］内藤湖南：《間島問題調查書》（1907）第 4，《間島ノ版図二関シ清韓両国紛議一件》附属書（内藤虎次郎嘱託及調查報告），レファレンスコード：B03041213700，REEL No. 1 - 0364/0359 - 0364。

⑤ ［日］内藤湖南：《間島問題調查書》（1907）第 4，《間島ノ版図二関シ清韓両国紛議一件》附属書（内藤虎次郎嘱託及調查報告），REEL No. 1 - 0364/0364 - 0365。

朝鲜借俄、日之力欲发扬国威。[①] 这一结论也是较客观的。不过内藤和中井一样所看重的是李范允被逐出该地以后，当中方要求朝方派员勘界时，日本内田公使表示日俄战争以后再谈，这得到了中方的认可，说明中朝勘界并没有结束，因此日方可以与中方进行交涉谈判。[②]

第四，有关“间岛”的名称和区域，内藤指出“间岛”（东间岛）位于布尔哈通河（图们江支流）以西，即从长白山开始，向东沿哈尔巴岭、连山，到图们江为止的区域，又称“北垦岛”。而长白山西南、鸭绿江上游以北地区，应称作“西间岛”。与此同时，他反对统监府踏查员把图们江以北至嘎呀河称作“东间岛”，而把松花江上源地区称作“西间岛”的做法，指出这是没有任何根据的。他更反对“一进会”及朝鲜人凭借定界碑及“土门”下流（指松花江）为据，将间岛的范围扩张至宁古塔、吉林地方，认为这是牵强的。[③] 以上内藤所说的“间岛”范围与统监府、一进会的主张相比，稍显保守。特别是他所指“北垦岛”的范围，与后来《间岛协约》（1909）所规定的朝鲜人杂居区的范围接近，可见外务省采纳了稍显保守的“间岛”范围主张。究其原因，是因为“北垦岛”（图们江以北）地区[④]朝鲜移民相对集中，清朝统治相对薄弱，日本可以打着“保护”朝鲜人的名义向这一地区渗透、扩张。而一旦将“间岛”范围扩大到鸭绿江流域或者松花江流域，只会引起中方更大的抗议，招来列强的干涉，考虑到这些因素，后来“间岛”范围被限定在朝鲜人相对集中的图们江以北地区。

---

① ［日］名和悦子：《内藤湖南の國境領土論再考》，第 126 页。

② ［日］内藤湖南：《間島問題調查書》（1907）第 5，《間島ノ版図二関シ清韓兩国紛議一件》附属書（内藤虎次郎嘱託及調查報告），レファレンスコード：B03041213700，REEL No. 1 -0364/0371 -0372。

③ ［日］内藤湖南：《間島問題調查書》（1907）第 6，《間島ノ版図二関シ清韓兩国紛議一件》附属書（内藤虎次郎嘱託及調查報告），レファレンスコード：B03041213800，REEL No. 1 -0364/0374。

④ 北垦岛即北间岛，位于图们江以北，相对于刘青云你鸭绿江以北的“西间岛”，它又被称作“东间岛”，指今天的延边地区。

三 外务省出台对清谈判策略及《间岛协约》的签订

日本外务省作为对清谈判的担当机构，自身也通过各种途径搜集资料和进行研究。如 1907 年 10 月 30 日，驻朝鲜的统监府向外务省抄送了李重夏的启草、别单草、“辨析考证八条” 及两份咨文。[①] 12 月 3 日，朝鲜内阁总理大臣李完用抄送了 1711 年及 1712 年定界时《同文汇考》中的往复公文，包括清礼部咨文等。[②] 然而在朝鲜宫内府并没有找到光绪十三年（1887）八月十九日朝鲜致清礼部咨文中的地图和《覆勘图们界址谈录公文节略》（谈判记录）等，于是外务省下令驻北京公使与清外务部交涉获得这些资料。[③] 12 月 7 日，驻京公使与清外务部的那桐、袁世凯见面时，要求描摹 1885 年、1887 年勘界地图，得到了允许。12 月 27 日包括两次勘界地图及 1887 年李重夏致秦烘的照会、朝鲜国王致北洋大臣的咨文等，均被抄送回国。结果外务省发现在 1885 年、1887 年勘界地图上，并没有在朝鲜认为的“土门江”（黄花松沟子）上记载其名称，据此外务省认识到中朝两国在土门江即豆满江上分歧并不大。[④]

经过前述 1907 年 9 月的实地踏查（参谋本部测量手）、文献研究（中井、内藤），以及外务省自身的搜集资料和调查研究，到了 1907 年 12 月 6 日外务省终于得出如下结论：“据我方调查，有关间岛问题的朝鲜政府的主张，其论据薄弱”，于是下令驻京公使“为了制定境界的基础，先要了解对方的论据”[⑤]。这里所谓韩政府的“论据薄弱”，指的是建立在

---

① 《统监府文书》2，“有关间岛问题的书类一～三”，第 422—423 页。两份咨文分别为光绪十三年八月十九日朝鲜国王致礼部咨文，以及光绪十四年四月二十日朝鲜国王致北洋大臣的咨文。

② 《统监府文书》2，“有关间岛问题的书类一～三”，第 455 页。

③ 《日本外交文書》第 40 卷第 2 册，“間島問題一件”，第 141—142、145—147、171 页。

④ 《日本外交文書》第 40 卷第 2 册，“間島問題一件”，第 173—175、187—188、190—191 页。

⑤ 《日本外交文書》第 40 卷第 2 册，“間島問題一件”，第 172 页。

土门、豆满“二江说”基础上的“间岛”属朝的观点难以成立。

既然“间岛”属朝的论据薄弱，那么日本理应撤回“间岛派出所”，放弃“间岛”交涉案才是正理，但是正相反，外务省准备利用“二江说”及所谓“间岛”对朝方有利的证据与中方周旋、谈判，以便争取日方利益。12月28日外务省提出“关于间岛所属问题在沿革上有助于韩方证据的诸要领”，其内容包括：1.“间岛”又称垦岛、垦土，是移住的新垦地，即无住之地。爱新觉罗氏兴起后，带领豆满江左岸（北岸）住民南征北战，而“间岛”地方全然空虚。中、朝各自禁止人民移住该地，宛然中立地带。另据法人雷孝思的“备忘录”记载，“在长栅和朝鲜国境之间设立了无人地带”，这说明豆满江左岸（北岸）具有中立地带的性质。2.“间岛”处于清朝政令之外，是无主的中立地带，相反在这一地方行使实力的是朝鲜官宪，这可以通过文献得到证明。李朝发祥于豆满江下游，旧基陵寝在豆满江外（图们江以北）。3.清朝主张以豆满江为界，这颇值得怀疑。雷孝思奉康熙帝之命实测国境后所绘制的地图，以该江左岸（图们江以北）山脉为中朝境界。其后康熙帝虽然派穆克登定界，但是仍未对豆满江左岸行使统治权。只是在下流地方建珲春厅，但上流地方全部抛弃，对岸（图们江以北）不得建房。4.对朝方最不利的是1887年勘界时李重夏的措施，清朝主张石乙水说，还搬运碑石欲诉诸威力来决定界址，但是双方终未达成任何协议。对于李重夏的独断越权行为，朝鲜政府并未加以承认，这一点从后来朝鲜政府派李范允到“间岛”主张茂山以下的豆满江左岸（以北）为朝鲜领土，以及试图加以管辖的事实可以得到证明。[①] 以上“诸要领”特别是有关“间岛”对朝方有利的证据，参考了内藤湖南的第二份调查书[②]，而有关李重夏的独断越权行为则出自“间岛派出所”的意见。[③]

---

① 《日本外交文書》第40卷第2册，“間島問題一件”，第192—194页。

② 参见外务省“诸要领”的内容，不少地方标有引用内藤湖南第二份调查书的卷、页标记（《日本外交文書》第40卷第2册，“間島問題一件”，第192—194页）。

③ 篠田治策编：《統監府臨時間島派出所紀要》，第22—27页。

同一天，外务省将上述要领和雷孝思备忘录、法文地图、参考书等[①]，分发给了驻京公使、驻奉天总领事、驻吉林领事，总理大臣、陆军大臣、海军大臣、参谋总长、军令部部长、曾弥副统监、在英大使、在安东事务代理、伊藤统监、山县公爵，以及其他驻外使领馆（美、法、德、意、俄、奥、上海、天津、汉口）等[②]，其意图是通告各方将利用这些有利于朝方的证据与中方进行谈判。其实从所提供的参考书即内藤湖南的调查书来看，不利于朝方的内容更多，如指出 1712 年定的是豆满江(今图们江)，1885 年、1887 年勘界时在红土水、石乙水合流处以下达成了以豆满江为界的共识，特别是 1886 年朝方承认以豆满江为界，等于放弃了“间岛”所有权等。[③] 即便如此，外务省仍准备利用所谓有利于朝方的证据与中方进行谈判。

几天后（1908 年 1 月 15 日），驻京公使提出了“有关间岛境界碑文中‘土门’的意见”，指出长白山碑文中的“土门”就是指豆满江（今图们江)，以此表明赞同外务省有关朝方“论据薄弱”的观点，其详细内容为：1. 1712 年定界碑中的“土门”与 1711 年上谕中的“土门”，都是指豆满江，朝方对此无异议。2. 李重夏在 1885 年要求以误定的水流（指

① 从外务省档案资料来看，外务省向各部门长官和驻外使领馆寄送的材料，除了“要领”以外。还有法文地图、雷孝思备忘录和参考书（两部）、派出所的电文等。在这些资料中，只有驻京公使得到了全部资料。其余各部门长官得到了要领书、法文地图、雷孝思备忘录和一部参考书（内藤湖南的第二份调查书），而驻外使领馆（美、法、德、意、俄、奥、上海、天津、汉口）只得到了要领、法文地图和备忘录（日本外務省外交史料馆藏，《間島ノ版図二関シ清韓兩国紛議一件》第 5 卷，アジア歴史資料センター网，レファレンスコード：B03041197400 - B03041197500。REEL. No. 1—0353/0563—0581)，而没有得到其他资料。这两部参考书，一部是内藤湖南提交给外务省的调查书（参见名和悦子《内藤湖南の国境领土論再考》，第 170—171 页)，另一部参考书是什么，尚不清楚。笔者推测似为日本驻朝鲜军于 1906 年提交的《間島二関スル調查概要》(收入《間島ノ版図二関シ清韓兩国紛議一件》第 1 卷和“参考书”第 2 卷。参见《間島ノ版図二関シ清韓兩国紛議一件》第 1 卷，レファレンスコード：B03041192800，REEL No. 1 - 0350/0444 - 0454；以及《間島ノ版図二関シ清韓兩国紛議一件》“参考书”第 2 卷，REEL No. 1 - 0366/0328 - 0338)。

② 《間島ノ版図二関シ清韓兩国紛議一件》第 5 卷，レファレンスコード：B03041197500，REEL No. 1 - 0353/052 - 0481。

③ 内藤湖南：《間島問題調查書》(1907) 第 3，《間島ノ版図二関シ清韓兩国紛議一件》附属書（内藤虎次郎嘱託及調查報告)，REEL No. 1 - 0364/0340 - 341；《間島問題調查書》(1907) 第 4，《間島ノ版図二関シ清韓兩国紛議一件》附属書（内藤虎次郎嘱託及調查報告)，REEL No. 1 - 0364/0359 - 364。

黄花松沟子）为界，但是清朝未接受。3. 李重夏在秘密复命书（指《追后别单》）中指出，碑东的土石堆、木栅到达豆满江边。1886 年朝方承认以豆满江为界，1887 年主张红土水说（图们江上流）。这以后中朝境界交涉，只是 1887 年的未勘部分（指红土水、石乙水合流处以上未定）。4. 从外务省寄送的参考书来看，认为碑文中的“土门”非豆满的朝方主张极其遗憾，缺乏理由。以此为论据，主张以流入松花江的支流为界，决难支持。即便以错定的松花江支流为界，但到什么地方为止也不好主张，到头来不过是红土水（图们江上流）附近的问题。最后，驻京公使提出了处理“间岛问题”的对策：牵制性地利用这一问题，使清朝承认“间岛”地方和朝鲜有密切的关系，签订“国境贸易条约”，以扩大朝鲜人的保护管辖设施。①

4 月 7 日，外务省向驻京公使下达了更加具体的对策，此即“间岛问题内训”，指出：朝方的主张其根据有些薄弱，结果不得不承认以图们江为界，准备向清提出如下要求：1. 允许日、朝人杂居于此；2. 在局子街设立领事馆，在其他重要地点设分馆或出张所，朝鲜人的裁判权由领事馆行使；3. “吉长铁路”沿长至会宁，即提出修筑“吉会铁路”的建议；4. 天宝山矿及其他事业的权利使之承认；5. 中韩两国承认以豆满江为界，红土、石乙二水由日、清查员立会调查。对于以上条件，考虑到清政府不可能立即接受，暂时仍坚持过去的方针，即主张“间岛”所属未定，在适当的时机再提上述条件。另外，有关“吉长铁路”延长件，在适当时机与“间岛问题”分开。② 这份“内训”具备了后来的《间岛协约》(1909 年签订）的雏形，只差“满洲五案件”与此挂钩。该内训的出台标志着日本的“间岛”政策及对清谈判策略基本形成。日本准备以承认图们江为界，换取在间岛的特权，包括对日本人、朝鲜人的领事裁判权等。4 月 11 日，日本政府通过敕令公布了“统监府临时间岛派出所官制”③，其用意是一方面通过驻在当地的派出所继续向中方施加压力，另一方面与清外务部进行谈判，争取实现上述目标。

---

① 《日本外交文書》第 41 卷第 1 册，“間島問題一件”，第 418—420 页。

② 同上书，第 437—439 页。

③ 同上。

按照上述“内训”，4月14—28日，“间岛派出所”所长齐藤季治郎前往北京与驻京公使一起讨论撰写反驳中方照会的事宜。① 5月10日，这份照会正式出笼。其核心内容是土门、豆满二江说、1887年勘界成果无效及“间岛”对朝方有利的证据。如前所述，外务省已经了解了土门、豆满为一江，以及1887年勘界时双方达成了以豆满江为界的共识，但是为了牵制中方和讨价还价，决定仍坚持二江说和1887年勘界案无效。日方照会的详细内容如下：1. 中朝两国境界以白头山（长白山）上的碑为起点，西边以鸭绿江为界，东边以土门江为界。土门江是与碑堆相连的实际水流，而非豆满江。2. 1885年朝方要求以土门江为界，1887年朝方迫于清方的压力，同意红土、石乙二水合流处以下以豆满江为界，但是合流处以上相争未决，因此1887年会勘结果全然无效。1888年以后两国进行复勘的交涉，但至今仍未实行。3. 1903年朝鲜派李范允管理豆满江以北地方，并向清朝知照，但是从两国近年的交涉来看，以白头山碑为起点，东方一带的境界全线仍未确定。4. 1904年中朝“善后章程”第一条规定，两国界址以白头山上碑记为证（暗指“东为土门”不是豆满江），表明豆满江并不是两国确定的境界。除此以外，该照会还列举了在历史上“间岛”对朝方有利的证据：1. 豆满江以北为朝鲜发祥地，该地方内附于朝鲜并成为朝鲜藩屏，古城址、古坟遗迹丰富。2. 康熙年间老爷岭以南没有一处清朝卡伦，表明此地在清朝统治之外。3. 白头山建碑后清人在豆满江以北结舍垦田，朝鲜人一旦抗议，清朝则加以毁撤。② 另外，在1883年以前豆满江以北没有清朝地名。总之，以为两国境界自古以豆满江为界，这和历史事实不符。③ 以上照会内容显然杂糅了参谋本部测量手调查碑东之沟的结果（认为和松花江相连）和内藤湖南所谓“间岛”对朝方有利的证据，以此来反驳中方以图们江为界和“间岛”属中

① 《日本外交文書》第41卷第1册，“間島問題一件”，第437—439、441—442页。

② 康熙五十三年（1714）清朝撤毁图们江以北兵民的房舍、垦田，是出于怀柔朝鲜边疆的措施。参见《备边司誊录》第67册，肃宗四十年六月七日、八月八日、九月二十八日，首尔，国史编纂委员会1959年、1960年影印本；《朝鲜肃宗实录》肃宗四十年八月丁丑、十二月辛未，《同文汇考》原编卷48，“疆界”，第909—911页等。相关研究，详见张存武《清韩陆防政策及其实施——清季中韩界务纠纷的再解释》，台北《中央研究院近代史研究所集刊》第3期，1972年；李花子《清朝与朝鲜关系史研究——以越境交涉为中心》，第127—133页。

③ 《日本外交文書》第41卷第1册，“間島問題一件”，第444、455—457页。

的观点。

日方并不满足于在“间岛”获得特权，不久又追加了“满洲五案”，形成了“满洲六案”。[①] 1908 年 9 月 25 日日本阁议决定：“韩政府的主张其根据甚薄弱，从康熙定界以来清韩交涉的历史，以及清朝先于韩国在该地方实施行政的事实，可以证明豆满江是两国的国境，这是毋庸置疑的。现在留下来的问题只是豆满江上源（红土水、石乙水）哪一个是该江上流境界的问题。”考虑到双方官宪之间的冲突不断，为了防止激起异变和影响大局，推进日本在满洲的经营，决定向清提出以下条件：1. 承认豆满江为中朝两国的国境，上游地方的境界，由中日两国派共同委员调查决定。2. 清朝承认日本人、朝鲜人杂居于间岛。3. 在局子街及其他枢要地方设立日本领事馆或分馆，根据条约行使领事官的权利。4. 清朝承认该地方日本人、朝鲜人已经获得的财产及所进行的事业。5. 有关“吉会铁路”在适当之时再与清方交涉。6. 提出“满洲五案”的要求，包括修筑法库门铁路，撤毁大石桥、营口铁路，开采抚顺、烟台煤矿，延长京奉铁路至奉天城根，安奉线及其他铁路沿线矿山开采等要求。[②]

第二年（1909）1 月 11 日，日本伊集院公使向清外务部提出“间岛问题”和“满洲五案”一起解决。[③] 2 月 17 日，在双方进行第六次谈判时，伊集院公使表示只要清政府接受“间岛问题”的五个条件和满洲其他悬案，那么日本可以在“间岛”所属问题上做出让步[④]，表明日本拿“间岛”所属问题与中方讨价还价。9 月 4 日，中日两国正式签订了《间岛协约》和《满洲五案件协约》。《间岛协约》[⑤] 规定：中日两国政府彼此声明，以图们江为中朝两国国界，其江源地方自定界碑至石乙水为界。还规定开放龙井村、局子街、头道沟、百草沟四处为商埠，日本可以建

---

① 有关“间岛问题”与“满洲五案”一起解决的建议，是由寺内正毅任陆相兼外相时提出的（1908 年 7—9 月），其目的是巩固日俄战争以后日本获得的南满铁路的利益。参见名和·院子《内藤湖南の国境领土蒲再考》，第 183—186 页。

② 日本外務省編：《日本外交文書》第 41 卷第 1 册，“満州二　スル日清協約締結一件，東京，巌南堂书店 2002 年版，第 685—691 页。

③ 日本外務省編：《日本外交文書》第 42 卷第 1 册，“満州二　スル日清協約締結一件，東京，巌南堂书店 2002 年版，第 222—203 页。

④ 《日本外交文書》第 42 卷第 1 册，“満州二　スル日清協約締結一件”，第 235—239 页。

⑤ 《间岛协约》又称“图们江中韩界务条款”，但后者并不是签订条约时的正式名称。

立领事馆或分馆。还规定了图们江以北允许朝鲜人居住的杂居区的范围，绘制了地图，其范围东边是嘎呀河，西边和北边是哈尔巴岭（老爷岭），南边是图们江。还规定在上述杂居区内统治权归中国，但是对于针对朝鲜人的民、刑事案件的审判，日本领事有到堂听审及要求复审的权力，这一条为后来日本干涉“间岛”的司法权埋下隐患。还规定了日本修筑“吉会铁路”的权力。另外，通过《满洲五案件协约》，日本获取了修筑新法铁路、京奉铁路延长至奉天城根，以及开采抚顺、烟台煤矿等利权。至此，近两年之久的中日“间岛”交涉案告一段落。11 月 3 日，统监府派出所从龙井村撤退，代之而立的是日本的领事馆和分馆。

总之，日本一方面通过设立非法的统监府派出所向中方施加压力，另一方面提出所谓“间岛”所属未定的假命题与中方周旋、谈判，最终以承认“间岛”属中作为交换条件，获得了在间岛设立领事馆、修筑“吉会铁路”及“东三省五案”等利权。这不能不说是日本借日俄战争胜利的余威靠推行强权外交而获得的。尽管如此，由于中方的反对，日方并不能在“六案”问题上全部得逞，比如朝鲜人裁判权问题，日本只在四处商埠内获得领事裁判权，而在商埠以外者由中国处分。[①] 而对中方来说，在自身实力弱小的情况之下，不得不靠出让部分利权来保住领土权。值得一提的是，以吴禄贞为首的“吉林边务公署”与派出所进行了针锋相对的斗争，使日方感受到了压力，更担心引起列强的干涉，影响其在满洲全局的利益，这是迫使日方最终在领土权问题上让步的一个重要原因。

小　结

日俄战争以后，日本接续大韩帝国政府的“间岛”扩张政策，以“保护”朝鲜人的名义，于 1907 年 8 月在延边的龙井村设立了统监府“间岛派出所”，从而向中方挑起了“间岛案”的交涉。为了与中方进行谈判，需要了解中朝边界纠纷的由来及症结所在，以便制定谈判策略，为此日本一方面派人前往长白山进行实地踏查，另一方面任命“嘱托”

① 参见姜龙范《近代中朝日三国对间岛朝鲜人的政策研究》，第 140 页。

进行文献研究。

日本驻朝鲜军最早参与有关“间岛问题”的调查，分别于 1905 年、1906 年提交了两份报告书。第一份报告书搜集了韩人对“间岛”问题的看法，指出“间岛”位于布尔哈通河和图们江之间，另有所谓“土门江”指松花江上流，位于“土门江”以南、豆满江以北的“间岛”属于朝鲜。第二份报告书结合日军情报搜集的结果，指出“间岛”位于海兰河和图们江之间，否认朝鲜人所谓“土门江”指松花江上流的看法，认为从中俄领土现状考虑，松花江不可能是两国边界，指出“土门江”是海兰河上流。由于这两份调查书所指“间岛”的范围不一致，长白山碑文中的“东为土门”也不一样，一个指松花江上流，另一个指海兰河上流，为了搞清楚真相，1907 年由参谋本部派遣两名测量手与派出所的官员一起对长白山的碑、堆进行了考察。

测量手经过考察指出，碑东之沟与松花江相连，沟的东南岸建有约 7 公里（一说 5 公里）的石堆。这一考察结果支持了所谓土门、豆满“二江说”，为日方反驳中方提供了依据。但是其结果有两处值得怀疑的地方，一是黄花松沟子的下游并不和松花江相连，换言之，黄花松沟子是一条干沟，并不是松花江支流。二是测量手似乎隐瞒了石堆下面相沿十几公里的土堆，这似乎同样是为了造成沟子与松花江相连的假象，因为只有二者相连了，土门、豆满“二江说”才能成立，“间岛”才会属于朝鲜。与此同时，日方还任命“嘱托”进行文献研究，以便了解中朝边界纠纷的症结所在，制定对清谈判策略。中井喜太郎被统监府任命为“嘱托”，内藤湖南被参谋本部和外务省任命为“嘱托”。二人除了在首尔查阅资料以外，中井还潜入“间岛”搜集情报，内藤则到奉天查阅地图、档案资料等，二人于 1907 年 9 月分别提交了报告书。此二人参考的文献差不多，得出的结论也相似。有关 1712 年定界，指出穆克登定的是豆满江，土门、豆满实为一江；朝鲜人所指以分界江或者松花江为界，那不过是附会；朝鲜人所说的碑东的“土门江”（指黄花松沟子，以为与松花江相连），那是穆克登定错的豆满江源。另外，有关 1885 年、1887 年勘界，认为中朝两国在图们江上游红土、石乙二水合流处以下既已勘定，只是合流处以上未达成协议。而 1886 年朝方承认以图们江为界，实际上等于放弃了“间岛”所有权。以上基于文献的研究结果是较为客观的，有助于外务省客观了解中朝边界纠纷的由来及交涉的历史。据此，1907 年 12 月 6 日外务省得出间岛属朝的论据薄弱、准备以承认图们江为界来换取在间岛的特权和东三省的利权。

为了牵制中方使其接受日方提出的各项条件，日方一面通过间岛派出所向中方施加压力，一面利用土门、豆满“二江说”，光绪十三年勘界案无效，以及所谓“间岛”对朝方有利的证据，来与清外务部周旋、谈判。1908 年 4 月外务省向驻京公使下达“间岛问题内训”，决定以承认图们江为界，获取在“间岛”设立领事馆和修筑“吉会铁路”等特权，同年 9 月又经阁议讨论，决定除了要求在“间岛”享有特权以外，再追加“满洲五案”，形成了所谓的“满洲六案”。

1909 年 9 月，中日两国签订了《间岛协约》和《满洲五案件协约》。日本以承认“间岛”领土权归属中国作为谈判筹码，迫使中方接受了有关“间岛”及“满洲五案件”的要求。这不能不说是日本借日俄战争胜利的余威靠推行强权外交而获得的。对中方来说，在当时国力不济的情况下，针对日本在中国领土内设置非法的统监府派出所的侵略行径，一方面以吴禄贞为首的“吉林边务公署”与派出所进行了针锋相对的斗争，使日方感受压力和有所收敛；另一方面通过谈判出让部分利权，从而守住了领土权。这是迫不得已而为之。中方为了维护国家领土、主权而进行的斗争是值得肯定的。由于中方的坚决斗争，日方并不能全部实现“满洲六案”的要求，做出了部分让步。

“新党”抑或“逆党”

——论戊戌时期“康党”指涉的流变*

贾小叶

“康党”是戊戌时期的一个重要概念，学界并不陌生，研究戊戌变法史的学者也经常使用，但“康党”究竟何所指？不同时空条件下，“康党”的指认对象与判分标准有何变化？这种变化又与戊戌政局的变动有何关联？对这诸多问题，迄今学界尚无人进行深入的探讨。① 事实上，“康党”的称谓早在百日维新之前就已出现，并在戊戌政变前后经历了复杂的流变，其指认对象与判分标准也有很大的差异，对之进行梳理，不仅可以厘清“康党”概念的演变轨迹，而且可以揭示“康党”的流变与戊戌政局变动之间的复杂关联。有鉴于此，本文拟对这些问题进行探讨，以期对戊戌变法史的研究有所深化。

---

* 本文原载《近代史研究》2015 年第 3 期。本文系国家社科基金一般项目“‘康党’与戊戌时期的学术、政治纷争研究”（13BZS062）的阶段性成果。感谢匿名审稿人提出的宝贵意见，本文在修改的过程中已尽力吸收了他们的意见；感谢郑师渠老师对本文修改给予的耐心指点。

① 茅海建在其研究中多次使用“康党”，但并未对“康党”进行界定。见氏著《从甲午到戊戌：康有为〈我史〉鉴注》，生活·读书·新知三联书店 2009 年版；《戊戌变法的另面：“张之洞档案”阅读笔记》，上海古籍出版社 2014 年版。桑兵撰文对“康梁并称”问题进行了研究，重点考察了康梁并称的缘起与流变，但与本文以“康党”为视角的研究取向不同，关心的问题也有很大的差别。桑兵：《康梁并称的缘起与流变》，《近代史研究》2013 年第 2 期。

一 变法视野下的“康党”

甲午战败，中国民族危机加深，变法维新的呼声渐趋高涨，不同派系、不同主张的人们聚集在变法的旗帜下商讨对策。康门师徒也因疾呼变法而被变法派官绅引为同类，并参与了一系列政治活动，发动“公车上书”，倡办京师强学会和上海强学会等，影响力随之大增。而后，随着康门弟子梁启超主笔《时务报》，康门师徒的影响力进一步扩大。然而，也正因康门师徒与变法派官绅交往的深入，其政治主张与做派逐渐显露，并因此引发了时人的不满、批评、疏离，甚至冲突，“康党”之称随之而来。①

上海强学会的停办，可视为甲午战后康门师徒因政治主张、做派问题，与变法派官绅冲突之始。光绪二十一年（1895）九月，康有为应署两江总督张之洞之邀来到南京，时人的记载与康有为的回忆都表明，张之洞对康有为礼遇有加，而且评价颇高。正是基于对康有为的欣赏，张之洞才同意在沪、粤两地同开强学会，并决定由汪康年“主沪”，康有为“主粤”。遗憾的是，事情并没有按预定的方向发展，上海强学会未等汪康年到达已由康有为主持开办，并约其弟子徐勤、何易一共办《强学报》。而强学会、《强学报》开办未久，张之洞即勒令停办。

对于强学会、《强学报》停办的原委，康有为如是说：“香涛以论学不合背盟，电来属勿办。则以‘会章大行，不能中止’告，乃开会赁屋于张园旁”，“吾以十二月母寿，须归，先调君勉、易一来办事，急须开报，以用孔子纪年，及刊上谕事，江宁震动。适有京师劾案，遂藉此停止”②。从

① 关于康党之名，据梁启超回忆，最早始于万木草堂时期。见《南海先生七十寿言》，《饮冰室合集》文集之四十四上，中华书局 1989 年版，第 28 页。然梁启超此文作于 1927 年，距离 1891 年康有为万木草堂开班授课已三十余年，将“康党”之得名追溯于此，不免有倒放电影之嫌疑。故本文不采此说。

② 楼宇烈整理：《康南海自编年谱》（外二种），中华书局 1992 年版，第 31—32 页。此条史料虽为康有为的事后追忆，但经茅海建考订，“康称‘因孔子纪年及刊上谕事’与张之洞分裂，当属事实”。见氏著《从甲午到戊戌：康有为〈我史〉鉴注》，第 157 页。后文所用该年谱史料，均经茅海建书考订属实或基本属实，方加引用。对于此事，康有为当时即有信致何树龄、徐勤（光绪二十一年十二月十二日），说：“览邓仲果书，乃知为学术不同，疑我借局以行其经学，故多方排沮。”姜义华、吴根樑编校：《康有为全集》第 2 册，上海古籍出版社 1990 年版，第 205 页。

康有为的叙述中可见，"论学不合"是张之洞停办强学会、《强学报》的重要原因。而这里的"学"，即是指由"孔子纪年"反映出来的、康有为由"公羊"学而来的思想主张，其核心为"素王改制"、创立孔教，已非单纯的学术，更多的是政治主张，时人称为"康学"或"康教"。

关于康、张因"论学不合"走向分裂，还可以从时人的相关论述中见及。参与其事的经元善在强学会、《强学报》停办后不久，即致函汪康年，谈及会、报封禁的原因，说："惟康长翁之手段，似长于坐而言，绌于起而行，欲集众人之资以逞一已之见，物议之来，或有由致。"[①] 这里，经元善所说的"一已之见"，即指"孔子纪年"，与康有为所说的"论学不合"相一致。值得注意的是，"论学不合"之外，经元善还指出了导致强学会、《强学报》停办的另一原因，即康有为"欲集众人之资以逞一已之见"所体现出的独断自是的做派。同年十二月十二日，《申报》刊出消息说："自强学会报章，未经同人商议，遽行发刻，内有廷寄及孔子卒后一条，皆不合。现时各人星散，此报不刊，此会不办。同人公启。"[②] 其中"未经同人商议，遽行刊发"，说的也是康有为独断自是的做派。

合观上述史实可见，康有为的政治学说与其独断自是的做派是造成张之洞停办强学会、《强学报》的主要原因。此乃张之洞抵制"康学"之始。由于此次与张之洞交手的只有康有为一人，因此便没有出现后来的"康党"之谥。但此中所暴露出的康门的问题，却带有普遍性，是日后时人指认"康党"的重要依据。

强学会、《强学报》停办后，张之洞将余款交予幕僚汪康年，支持其开办《时务报》。在张之洞、黄遵宪等人的支持下，《时务报》于光绪二十二年（1896）七月初一日创刊，汪康年任总经理，梁启超任总主笔。于是，便有了张之洞支持下的汪康年与康门弟子在《时务报》馆的合作。鉴于上海强学会、《强学报》的前车之鉴，《时务报》创刊伊始，汪康年等人便坚决抵制"康学"。尽管康有为再度授意梁启超在《时务报》实行

---

① 上海图书馆编：《汪康年师友书札》第3册，上海古籍出版社1987年版，第2425页。

② 《强学停报》，《申报》，光绪二十一年十二月十二日，第2版。

"孔子纪年"，但出于同人的压力，梁启超并没有坚持[①]，甚至表示"必不以所学入之报中"[②]。但这只是梁启超的权宜之计，在写给康有为的信中，他说得很明确："故毋宁稍谐众论，俟局面既定，然后徐图。"而梁启超"徐图"的背后正是黄遵宪的支持："此事惟公度一人全力举之，而公度于（弟子），以非常相待，此馆全权，时时可以在我。日内（弟子）病，公度疑其太劳，觅同门襄其事。"[③] 很快，在黄遵宪的支持下，康门弟子麦孟华、徐勤、欧榘甲来到《时务报》担任主笔。此外，康门的另外三个弟子韩昙首、龙泽厚和梁启超的弟弟梁启勋也都到报馆工作。这种人事上的安排无疑是康门师徒扩大其在《时务报》馆势力的明证。

随着康门弟子在《时务报》馆的聚集，不久复因"论学不合"与《时务报》的另一位主笔章太炎发生冲突。冲突中，章太炎直呼康门弟子为"康党"。在章看来，此次冲突缘于"论及学派，辄如冰炭"，"康党诸大贤，以长素为教皇，又目为南海圣人，谓不及十年，当有符命，其人目光炯炯如岩下电，此病狂语，不值一欶。而好之者乃如蛣蜣转丸，则不得不大声疾呼，直攻其妄"。正是出于对"康学"的不满，光绪二十三年（1897）三月十三日，章太炎于酒后"大声疾呼"，直攻"康学"之妄，遂有"康党麇至，攘臂大哄"，甚至"梁作霖复欲往殴仲华，昌言于众曰：昔在粤中，有某孝廉诋諆康氏，于广坐殴之，今复殴彼二人者，足以自信其学矣"[④]。当康门弟子为维护师说对章太炎大打出手时，其党同伐异的结党做派便暴露无遗。因此，章太炎直呼其为"康党"。据笔者有限的阅读，此乃有可靠记载的"康党"得名之始。而章太炎眼中的"康党"，包含了康门弟子的政治主张与结党做派两层含义，这与康有为在强学会、《强学报》中所暴露出的问题颇为相似。不同的是，张之洞一派重点攻击"康学"中的"素王改制"，而章太炎则主要攻击其创教、传

---

① 梁启超：《与康有为等人书》，夏晓虹编：《〈饮冰室合集〉集外文》上，北京大学出版社 2008 年版，第 4 页。

② 梁启超：《致汪康年》，上海图书馆编：《汪康年师友书札》第 2 册，上海古籍出版社 1986 年版，第 1843 页。

③ 梁启超：《与康有为等人书》，夏晓虹编：《〈饮冰室合集〉集外文》上，第 4 页。

④ 章太炎：《致谭献书》（光绪二十三年三月十九日），汤志钧编：《章太炎政论选集》上，中华书局 1977 年版，第 14—15 页。

教思想，即“以长素为教皇”，“谓不及十年，当有符命”等。

创立孔教不仅是“康学”的核心内容之一，更是“康党”的终极关怀。光绪二十二年（1896），梁启超曾致函康有为，说：“我辈以教为主，国之存亡于教无与。或一切不问，专以讲学授徒为事，俟吾党俱有成就之后，乃始出而传教，是亦一道也。”同年，在写给康有为的另一封信中，又说：“某昔在馆亦曾发此论，谓吾党志士皆须入山数年，方可出世。而君勉诸人大笑之……不知我辈宗旨乃传教也，非为政也；乃救地球及无量世界众生也，非救一国也。一国之亡于我何与焉。”[①] 据此可见，“吾党”也是康门师徒的自我认同，其终极关怀在于创教、传教，以至于梁启超萌生专主传教的主张。但梁启超的这一主张过于幼稚，同门“诸人大笑之”，也未能得到老师的认可，他们选择的路径仍然是通过政治变革达到创教、传教的目的。只是“康党”所传之“教”，其自认是“孔教”“圣教”，而在他人看来却是“康教”，其教主即是康有为。“康学”也因此被时人称为“康教”。

尽管此次冲突以康门弟子的胜利告终，章太炎随即离开《时务报》馆，但康门弟子欲借《时务报》宣传“康学”“康教”的意图并未实现。在此背景下，梁启超于光绪二十三年（1897）十月离开《时务报》馆，入湘执教时务学堂。但这并不意味着“康党”放弃《时务报》这块阵地。入湘后的梁启超虽不热心作文，却仍兼任《时务报》主笔。直到戊戌年初，当汪康年告知梁启超，欲聘郑孝胥担任总主笔时，梁启超遂与汪康年摊牌。光绪二十四年（1898）二月十一日，梁启超致函汪康年，表示“非兄辞，则弟辞；非弟辞，则兄辞耳”，“如兄愿辞，弟即接办”，“如兄不愿辞，弟即告辞，再行设法另办此事”[②]。看来，在“康党”眼中，《时务报》志在必得，即使此时不能得手，日后还会“再行设法另办此事”。戊戌年三月十四日，陈庆年在日记中记曰：“汪穰卿见过，言梁卓如欲借《时务报》以行康教（康长素为梁师，其学专言孔子改制，极浅

---

① 丁文江、赵丰田编：《梁启超年谱长编》，世纪出版集团、上海人民出版社 2009 年版，第 39 页。

② 《汪康年师友书札》第 2 册，第 1854 页。

陋），积不相能，留书痛诋，势将告绝。殊非意料所及，可叹也。”[①] 确如所言，“康党”控制《时务报》意在宣传“康学”“康教”。

在双方的较量中，时任湖南盐法道的黄遵宪成了“助梁逐汪”的主力。为了将汪康年逐出《时务报》馆，“康党”不惜借汪康年东游日本会见孙文一事大做文章。但与黄遵宪相比，汪康年的支持者更胜一筹。陈庆年戊戌闰三月二十日日记曰：“闻康长素弟子欲攘夺《时务报》馆，以倡康学。黄公度廉访复约多人，电逐汪穰卿，悍狠已极。梁节庵独出为鲁仲连电达湘中，词气壮厉，其肝胆不可及也。”陈、梁同为张之洞的幕僚，他们对“康学”的反感由来已久，汪康年的支持者正来自张之洞及其幕僚。就在梁鼎芬的电报发出后不久，黄遵宪便放弃了对梁启超的支持。四月初一日，陈庆年又记：“闻节庵说，黄公度复电，以路远不及商量为词，且诬汪入孙文叛党。其实公度欲匈挟湘人以行康学，汪始附终离，故群起攘臂。爰发其隐情以复公度。公度嘱陈伯严（陈三立）电复，谓其徇人言逐汪太急是实，并无欲行康学之事云。”[②] 在梁鼎芬看来，黄遵宪“欲匈挟湘人以行康学”，显然已是“康党”。对此，邹代钧表示异议。五月三十日，他致函汪康年谈及“康党”与黄遵宪，说：“东游事（汪赴日会见孙文事），公之心鄙人与伯严都知之，惟若辈甚欲以此相陷。公度已将此电节庵，伯严极言公度不可如是，公度始改悔，而康党用心尚不可知（徐勤屡械言）。”这里，邹代钧有意将黄遵宪与“康党”加以区分。在邹代钧看来，黄遵宪与“康党”不同，“大约公度虽不达人情，而心术尚不至阴狠。康党则不然，同我者党之，异我者仇之，势可杀则杀之，其奸诡亦不可不防”[③]。邹代钧抛开政治主张不论，而是从做派入手将黄遵宪与“康党”区别开来。可见，随着康门师徒影响力的扩大，时人对“康党”的指认已不再限于康门，开始向康门师徒的支持者扩张。而由于各人所依据的标准不同，其对“康党”的指认也不尽相同。

面对《时务报》馆的纷争，身在北京的汪大燮提醒汪康年要对“康

① 陈庆年：《戊戌己亥见闻录》，《近代史资料》总第 81 号，中国社会科学出版社 1991 年版，第 107 页。

② 同上书，第 110—111 页。

③ 《汪康年师友书札》第 3 册，第 2757—2758 页。

党"保持足够的警惕。在他所开列的"康党"名单中，又多出了夏曾佑及其任职的《国闻报》。汪大燮告诫汪康年凡重要信件绝不可交夏曾佑代转，"顷得初五书，乃由夏穗卿寄来，骇极。以后凡有要信，望径寄兄或菊生处，至以为要。《国闻报》专门主张康教，穗卿从前陷弟，岂忘之耶？……此时梁、康恐正在津。其与康、梁之交则不待言矣"。"近来《国闻报》谅亦阅之，真康党也。"① 汪大燮是汪康年的堂兄，而夏曾佑又是二汪的表兄弟。信中所言均为私密之事，从中我们可以感受到，在汪大燮的眼中，夏曾佑虽是其表兄弟，但此时在私人关系上却与康梁更近，甚至视其为"康党"。汪大燮的上述两函分别写于戊戌四月十四日和五月二十日。在此前后，《国闻报》对"康党"的政治活动进行了大量报道与宣传②，而且褒扬有加，这成为汪大燮判定其为"真康党"的主要依据。而《国闻报》之所以连篇累牍地报道"康党"变法之事，确与主笔夏曾佑有关。正如汪大燮所言，夏曾佑与康、梁特别是梁启超的关系非常亲密，并通过《国闻报》大力声援"康党"的变法。"康党"在京开办保国会的活动，正是因夏、梁的特殊关系才大量出现在《国闻报》上。当《国闻报》对康、梁的保国会活动多所报道，刊发保国会章程和成员名单等时，汪大燮便认定夏曾佑与《国闻报》是"康党"。

如果说"康党"欲借《时务报》宣传"康学"的努力屡屡受阻的话，那么康门弟子入湘后的情况就大不相同了。自光绪二十三年（1897）十月始，因湖南官绅的盛情邀请③，康门弟子梁启超、叶湘南、韩文举陆

---

① 上海图书馆编：《汪康年师友书札》第1册，上海古籍出版社1986年版，第781—782、787页。

② 光绪二十四年闰三月十七日，《国闻报》刊出《拟保国会章程》；闰三月二十三日、二十四日，《国闻报》以"京城保国会题名记"为题，连续刊出保国会第二次与会人员名单及入会列名之人；闰三月二十九日《书保国会题名记后》，对"康党"倡开保国会给予了高度赞杨；四月初三日又刊出《论保国会》《闻保国会事书后》；从四月初十日开始到十三日，连续刊出《保国会三月二十七日第一集演讲》（康有为）、《演说保国会开会大意闰三月初一日第二集》（梁启超）；四月十五、十六日连续刊出《如有三保》；四月十六日刊出《会事续闻》；四月十九日、二十日连续刊出《保教余义》（上、下）；四月二十三、二十四日连续刊出《保种余义》等。这些或是直接宣传康、梁保国会的活动，或与保国会的宗旨相关。

③ 参见熊希龄《上陈中丞书》，《湘报》第112号，光绪二十四年五月二十七日，中华书局2006年影印版，第445页。皮锡瑞《师伏堂未刊日记》，光绪二十四年六月二十二日，《湖南历史资料》1959年第2期。

续入湘，执教时务学堂。身为《时务报》的主笔，梁启超无疑是变法的倡导者，而湖南官绅能“同出一心”欢迎梁启超，正说明他们在变法上的共识。然而，以梁启超为首的康门弟子很快便将时务学堂变成了宣传“康学”的阵地，并使湖南的诸多新政如学堂、报刊都染上了“康学”的印迹，甚至湖南学政徐仁铸也公然著书宣传“康学”。这很快便引发了部分官绅批评“康学”、指认“康党”。

早在是年十一月间，叶德辉即致函弟子，对梁启超可能会在湖南宣传师说表示担忧：“时务学堂梁卓如，主张公羊之学，以佐其改制之谬论，三尺童子无不惑之……梁卓如人尚笃实，信其师说，则将祸我湘人。”[①] 戊戌年正月，当徐仁铸的《辅轩今语》问世后，叶德辉进一步意识到“康学”对湖南的影响与“危害”。叶德辉本为徐仁铸的门下士，但在看到《輶轩今语》后，便不顾师生情谊，挺身而出，作《〈輶轩今语〉评》[②]，攻击“康学”“康教”。通观《〈輶轩今语〉评》，通篇没有攻击徐仁铸本人之语，而是直指“康有为”“康门”“康学”“康教”[③]，因为在他看来，徐仁铸已是“康党”。这在其后来写给友人的信中说得很清楚：“今岁正月得见梁代宛平（徐仁铸）所作《輶轩今语》，主张康教不遗余力……学使为风教之官，岂可以之垂训？……鄙人虽以师门之故，亦断不能含默无言。否则月旦乡评，交相讥刺，不目为耶氏之奴隶，或目为康党之门人，则鄙人将见外于乡人，而终身不能言学矣。评语之作，亦乌能已乎！”[④] 这里，叶德辉说得很清楚，徐仁铸因《輶轩今语》主张“康教”被判为“康党”，而他本人绝不会因为姑息与徐的师生情谊保持缄默，被指为“康党”之门人，因此起而攻击“康学”“康教”。

在叶德辉看来，徐仁铸的《辅轩今语》即本源于康有为的《长兴学

---

① 《与邵阳石醉六书》，见叶启倬辑《郎园先生全书·郎园论学书札》，中国古书刊印社 1935 年版，第 2—3 页。这句话后半句在收入苏舆编的《翼教丛编》时做了改动，删去了对梁启超为人的肯定，但表达的意思大体一致。《叶吏部与石醉六书》，苏舆编：《翼教丛编》，上海书店出版社 2002 年版，第 163 页。

② 《〈輶轩今语〉评》刊出日期不详，但戊戌年闰三月二十九日皮锡瑞已收到叶德辉的送书，可见该书最晚当刻于此月。皮锡瑞：《师伏堂未刊日记》，《湖南历史资料》1959 年第 1 期。

③ 苏舆编：《翼教丛编》，第 78 页。

④ 《与俞恪士观察书》，叶启倬辑：《郎园先生全书·郎园论学书札》，第 33 页。

记》、梁启超的《读西学书法》等[①]，其为"康学"绝无疑问。而徐又利用学使之便，宣传"康学"，自然是"康党"中人。叶德辉在《〈读西学书法〉书后》中如是说："湘中时务学堂诸生，信其邪说，群立党名，父兄不能稽，长官不能禁，推原其故，则以康、梁之死党高据要津，主持风会，驱以利禄之路，弛其名教之防，而人心之败坏，逐［遂］岌岌若有不可终日者。"[②] 这"高据要津，主持风会"的"康梁之死党"，自然是指徐仁铸。对于徐仁铸利用学使职权宣传"康学"之事，时人多有言之者。王先谦曾致函徐仁铸，不无讥讽地说："阁下主持康教，宗风所扇，使承学之士望景知归，此次敝郡岁试，弟之亲友以南海圣人获隽者不下十人，以南海先生入选者则指不胜屈。两次面谕生童，赞扬康学，大众皆点头领会，足见湘人虽愚，未尝不可化诲。惟事必行之以渐，似不宜过于迫急，若以威势强人服从，则与西国以兵力胁持行教何异？"[③] 邹代钧在写给汪康年的信中，也有"研甫（徐仁铸）考事，多有骇人听闻者，极力表扬康旨，卷中有康南海三字，必列上等，如此狓猖，奈何奈何"之语。[④] 以学使的身份宣传"康学""康教"，无疑扩大了其在湖南的影响。也正是学使的身份，使徐仁铸的"主持康教""赞扬康学"之举备受关注，也引人担忧。上述诸人众口一词，道出了湖南维新中徐仁铸与"康党"的密切关系。

三月初三日，《湘报》刊发了《南海康工部有为条陈胶事折》（即康有为"上清帝第五书"），前附谭嗣同所写跋文。其中，谭嗣同称康有为为"南海先生"，并有"先生于是愤不顾身，伏蒲而谏，敬王莫如我敬，言人所不敢言，其心为支那四万万人请命，其疏为国朝二百六十年所无

---

① 《叶吏部〈长兴学记〉驳义》，苏舆编：《翼教丛编》，第 97 页。

② 苏舆编：《翼教丛编》，第 130 页。叶德辉该文写作时间不详，该文附于其光绪二十四年七月所作《〈长兴学记〉驳义》之后，据此断定该文当作于此前。

③ 《王祭酒与徐学使书》，苏舆编：《翼教丛编》，第 162 页；又见《虚受堂书札》，沈云龙主编：《近代中国史料丛刊》（683），台北，文海出版社，第 62 页。王先谦此信日期不详，但从其内容判断，当在戊戌年六七月间，因为该信针对的是书院、学堂之间的匿名揭帖一案。该案即发生于此时。

④ 《邹代钧致汪康年》（光绪二十四年七月二十八日），《汪康年师友书札》第 3 册，第 2762 页。

也”之语。[①] 该文刊出当日，有人即不以为然，“并谓‘先生’之称谓，为嗣同等钻营康名士，自侪于门人之列；又谓湖南不应有此”[②]。王先谦致函毕永年，也有“报馆之文杂袭鳞萃，或侈口径情，流为犯讪；或党援推奉，自召不平”之语[③]。其中，“党援推奉，自召不平”一语，即是针对谭嗣同的跋文而言的，谭嗣同因溢美康有为而被指为结党康门。

三月初八日，易鼐的《中国宜以弱为强说》一文刊于《湘报》。三月十八日，叶德辉便致函皮锡瑞，谈及易文说：“同邑易生有《中国以弱为强论》，为通教、合种之说，同邑之士群起而攻之。有来告者，鄙人告以易生所论并非出于本心，乃袭《时务》议论中之残唾。”在叶德辉这里，易鼐只不过是一个引子，他由易文的合种、通教之说引出了康有为，然后对其为人与学说大加攻击：“夫康有为《改制》、《伪经》，其狂悖骇俗与吾邑易生同，而其袭人之说以为己说亦复相类。……六经既伪，人不知书，异教起而乘其虚，岂非孔子之大祸？居恒与友人戏谈云，‘宁可以魏忠贤配享孔庭……断不可以康有为搅乱时政，使四境闻鸡犬之不安。其言即有可采，其人必不可用’。”[④] 可见，叶德辉真正担心的不是易鼐，而是“康学”“康教”对湖南乃至全国新政的影响。

闰三月二十一日，远在湖北的张之洞致电湖南巡抚陈宝箴，也对易鼐之文提出批评：“近见刊有易鼐议论一篇，直是十分悖谬，见者人人骇怒。公政务殷繁，想未寓目，请速检查一阅便知其谬……亟宜谕导阻止，设法更正。公主持全湘，励精图治，忠国安民，海内仰望，事关学术人心，不敢不以奉闻。”[⑤] 同时，张之洞还致电徐仁铸，称：“去岁驺从过鄂

① 《湘报》第 16 号，光绪二十四年三月初三日，第 61 页。

② 谭嗣同：《上欧阳中鹄》，蔡尚思、方行编：《谭嗣同全集》（增订本）下，中华书局 1981 年版，第 477 页。信中谭嗣同未明言此语出自陈三立，但根据上下文可以判断出其为陈三立所言。

③ 《王益吾祭酒复毕永年书》，苏舆编：《翼教丛编》，第 158 页；又见《虚受堂书札》，沈云龙主编：《近代中国史料丛刊》（683），第 34 页。王先谦此信没有日期，但从其中“南学启会，迄今月余”一语，结合该信内容，可以判断其写于谭文发表之后，因为南学会是二月一日正式“启会”的。

④ 《叶吏部与南学会皮鹿门孝廉书》，苏舆编：《翼教丛编》，第 168—169 页。

⑤ 《致长沙陈抚台、黄臬司》（光绪二十四年闰三月二十一日午刻发），苑书义等主编：《张之洞全集》第 9 册，河北人民出版社 1998 年版，第 7581 页。

时，鄙人力言《湘学报》多有不妥，恐于学术人心有妨，阁下主持风教，务请力杜流弊，承台端允许，谓到彼后必加匡正……乃近日由长沙寄来《湘学报》两次，其中奇怪议论较去年更甚，或推重摩西，或主张民权，或以公法比《春秋》。鄙人愚陋，窃所未解，或系阁下未经寓目耶？此间士林见者啧有烦言，以后实不敢代为传播矣……学术既不敢苟同，士论亦不敢强拂。”[①] 对比张之洞的上述两份电文可见，其对陈宝箴与徐仁铸的态度有着极大的不同，如果说对陈宝箴更多的是提醒的话，那么对徐仁铸则明显含有批评之意。张之洞之所以要批评徐仁铸，关键在于徐仁铸对“康学”的认同与倡导。在张之洞看来，作为巡抚的陈宝箴尚可因“政务殷繁”未能过目，但作为专门主持风教的学使，徐仁铸怎能“未经寓目”？《湘学报》之所以会出现“奇怪议论较去年更甚”的现象，正是徐仁铸倡导“康学”的结果。《輶轩今语》的刊刻充分显示了其与“康学”的关系。以学使的身份宣传“康学”，这是张之洞绝对无法容忍的。因此，他断然表示“学术既不敢苟同，士论亦不敢强拂”。显然，徐仁铸已是张之洞眼中的“康党”。与叶德辉一样，易鼐之文不过是张之洞对“康学”发难的一个契机。

随后，陈宝箴对《湘报》进行了整顿。[②] 对于陈宝箴整顿《湘报》与“康学”“康教”之间的关联，五月三十日，邹代钧曾致函汪康年，说：“《湘报》出事故甚多，大约以倡康教为宗旨，而擅操骂人之权。右丈属其停止，熊不愿也，再三言之，始允于明日停止。果停与否，尚难料也。即停止，渠必改换名目，另开报馆，将来不知作何狓猖。”[③] “倡康教”“擅操骂人之权”，这显然是“康党”的路数。在邹代钧看来，熊希龄已与“康党”无异。但熊希龄最终未能阻止《湘报》的整顿。六月初一日，该报刊出“本馆告白”，因“须酌议章程”，“暂行停报”。[④] 在经历了近半个月的整顿后，六月十五日《湘报》复刊。复刊后的《湘报》

---

① 张之洞：《致长沙徐学台》（光绪二十四年闰三月二十一日），苑书义等主编：《张之洞全集》第 9 册，第 7582 页。

② 关于陈宝箴整顿《湘报》之过程，参见拙文《“康学”与湖南的维新运动》，郑大华、邹小站主编：《中国近代史上的激进与保守》，社会科学文献出版社 2011 年版，第 414—415 页。

③ 《汪康年师友书札》第 3 册，第 2758 页。

④ 《湘报》第 115 号，光绪二十四年六月初一日，第 460 页。

便没有了“康学”“康教”的印迹。

《湘报》之外,“康党”传播“康学”“康教”的另一阵地湖南时务学堂也很快引起了时人的注目。据梁启超说,春节学堂放假,学生携教习日记批答回家,其激进言论开始“流布人间”,于是全湘哗然。[①] 戊戌三月,陈宝箴便有更动时务学堂总办、教习的考虑[②],意在去除“康学”对湖南新政的影响。戊戌闰三月十二日,邹代钧曾致函汪康年,谈及此事说:“现为湘中时务学堂,鄙人已与谭、熊树敌(公度助谭、熊),能挽回与否,尚不能必,又何能维持《时务报》?……湘事大坏,义宁有忌器之意,鄙人力量何能胜之,言之愤甚。谭猖狓过于熊,若早去谭,事犹可挽回。”[③] 陈宝箴的这次换人打算,因谭、熊力争“有忌器之意”而没有强行。随后于闰三月底四月初,陈宝箴趁谭嗣同回浏阳老家期间突然调阅了时务学堂学生的札记,找到了康门弟子在学生批札中宣传“康学”的证据,康门弟子被迫离开时务学堂,支持康门弟子的谭嗣同、熊希龄也因此与陈三立、邹代钧等人彻底决裂。在双方的对立中,谭、熊便成为邹、陈等人眼中的“康党”:

> 鄙人为时务学堂事,竟与谭、熊为深仇,谭虽得保而去,熊则仍踞此间,动辄以流血成河为言,且行同无赖,似难与计较。学堂事渠虽交出,费尽许多心力,实一言难罄。右丈委汪颂年与鄙人接办,而熊怒未息,其无状竟及于义宁乔梓矣。湘中万难相容,势必走附康门,求一出身也。公以恬退责我,我不受也。苟不恬退,谭、熊必以洋枪中我矣。此二人者,鄙人向引为同志,本有才,从前作事尚为公,一旦陷入康门,遂悍然不顾。吁!康徒遍天下,可畏也。时务学堂各分教习,均一律辞去。卓如得保,自不再来。右丈意拟请子培为总教,其分教则用湘人士之通达者……得此君,湘氛当可廓清。[④]

---

① 丁文江、赵丰田编:《梁启超年谱长编》,第 56 页。

② 唐才常:《上欧阳中鹄书》(九),湖南哲学社会科学研究所编:《唐才常集》,中华书局 1980 年版,第 237 页。

③ 《汪康年师友书札》第 3 册,第 2754、2756 页。

④ 《邹代钧致汪康年》(戊戌年五月三十日),《汪康年师友书札》第 3 册,第 2757 页。

邹代钧认为谭、熊从"同志"转为"行同无赖"，缘于"陷入康门，遂悍然不顾"，并发出"吁！康徒遍天下，可畏也"的慨叹。显然，谭、熊已是"康党"。而他眼中的"康党"正是从做派入手判定的。其实，谭、熊二人的情况又有不同。熊希龄与康门弟子关系密切，为保护康门弟子不惜与变法派同人决裂，在做派上给人以"康党"印象。谭嗣同则不同，不但在做派上与"康党"一致，而且在变法中积极宣传"康学"，甚至在其进京后还师从康有为。因此，他不仅在湖南被指为"康党"，奉旨北上后也被指"最党康有为"①。陈庆年在戊戌四月三十日的日记中也有谭为"康党"之说。② 当然，近在湖北的张之洞等人对于熊希龄与康门弟子的密切关系也很清楚，自然视其为"康党"。戊戌政变前夕，当张之洞听说熊希龄可能被派充驻日公使后，便致电钱恂，有"熊希龄乃康死党，赴东必不相宜"之语。③

康门弟子离开时务学堂后，陈宝箴便于五月下旬决定委派汪颂年为绅总办④，并拟请沈曾植为中文总教习。在清除了"康党"对湖南新政的影响后，陈宝箴于光绪二十四年五月二十七日上《请厘正学术造就人才折》，对"康学"及"康党"之是非，作了深入剖析，指出，康有为"所以召毁之由"在其"所著《孔子改制考》一书"，此书"据一端之异说，征引西汉以前诸子百家，旁搜曲证，济之以才辩，以自成其一家之言，其失尚不过穿凿附会"。但在当日"中弱西强，黔首坐困"之时，康有为此书"意有所激，流为偏宕之辞，遂不觉其伤理而害道"。更为重要的是，"其徒和之，持之愈坚，失之愈远，嚣然自命，号为'康学'，而民权、平等之说炽矣。甚或逞其横议，几若不知有君臣父子之大防"。于是，《改制》一书"遂为举世所忿疾，其指斥尤厉者拟为孟氏之辟扬［杨］墨，而康有为首为众射之的，非无自而然也"。为避免因康门师徒

① 《杨锐与弟肖岩书》（戊戌年七月二十八日），见叶德辉编《觉迷要录》第4卷，光绪三十一年刊本，第18页。

② 陈庆年：《戊戌己亥见闻录》，《近代史资料》总第81号，第113页。

③ 《致钱念劬》（八月初五日亥刻发），《张之洞电稿》（光绪二十五年二月至八月），中国社会科学院近代史研究所档案馆藏，甲182—457。茅海建发现整理者有误，根据内容，该电发于光绪二十四年。见氏著《戊戌变法的另面："张之洞档案"阅读笔记》，第206页。

④ 《湘报》第112号（光绪二十四年五月二十七日）刊载熊希龄的《上陈中丞书》，其中已经有"委汪颂年太史为总理绅董"之语，可见陈之批札最晚在五月二十六日已经作出。

宣传“康学”引发“门户纷争’互相水火”，重蹈宋明党争之覆辙，陈宝箴断然奏请光绪帝，命康有为将《孔子改制考》自行毁版。[①] 这里，陈宝箴对康门师徒的评判，正是基于其对湖南维新中康门弟子的观察得出的。与叶德辉等人将徐仁铸、黄遵宪均归为“康党”不同，陈宝箴眼中的“康党”仍限于康门师徒。

合而观之，当戊戌年春夏之交，康门弟子在湖南维新中宣传“康学”“康教”的做派暴露无遗，激起了湖南部分官绅的反对，并被定为“康党”。而徐、谭、黄、熊等人与康门弟子的关系非常密切，且非秘密，因此也被两湖地区的很多人指为“康党”。而黄遵宪之被归入“康党”，不仅因为其在湖南支持康门弟子宣传“康学”，而且缘于其在《时务报》纷争中对康门师徒的鼎力相助。对于时人的“康党”指认，黄遵宪除了在上述陈三立代复的电文中，略明其“并无欲行康学之事”外，似未太多置辩。谭嗣同则对时人的“康党”指认，不无认同，在为跋文之事写给其师欧阳中鹄的信中，说：“犹有持不通之说者，谓嗣同等非其门人，何为称先生？不知一佛出世，旷劫难逢，既克见圣，岂甘自弃，不以师礼事之，复以何礼事之？且普观世间，谁能禁嗣同等之不为其门人者，忌妬者又将奈之何哉！请转语伯严吏部，远毋为梁星海所压，近毋为邹沅帆所惑，然后是非可出，忌妬之心亦自化。”[②] 可见，谭嗣同自己并不反感被指为“康党”，不以入“康门”为耻，却以为幸。熊希龄对时人的指认作了辩解，他说，当初时务学堂总教习、分教习的聘请均非由他决定，学生读“公羊”学也是由教习所定，“龄本无学术，只管办事，不知其他……其不能越俎而谋功课者，权限为之也，此可明读公羊之非由龄主定也”[③]。显然，熊希龄对时人的“康党”指认并不认同。而徐仁铸则对于自《輶轩今语》刊刻以来时人的诸多责难，迟迟未见回应，直到戊戌政变前夕才进行了辩解。他致函王先谦说，自己与康有为仅一面之交，尚在七八年前，且无深谈。于康有为的著述，只见过《伪经考》，连《改

① 陈宝箴：《请厘正学术造就人材折》，汪叔子、张求会编：《陈宝箴集》上，中华书局 2003 年版，第 780 页。

② 谭嗣同：《上欧阳中鹄》，蔡尚思、方行编：《谭嗣同全集》（增订本）下，第 475 页。

③ 熊希龄：《上陈中丞书》，《湘报》112 号，光绪二十四年五月二十七日，第 445—446 页。

制考》都未过目，"至于民权、平等之说，向所深绝"，"在本棚堂上讲论康某，则裁抑之词，十居八九。若谓大赞康学，尤不明其传讹之故也"。然而，连徐仁铸本人都无法否认的事实是，"康学"在湖南方兴未艾。究其原因，徐仁铸认为与其说是自己的《輶轩今语》助长了"康学"在湖南的兴盛，不如说是叶德辉的《〈輶轩今语〉评》鼓动了湖南的"康学"热："叶君奂彬一无商量，于所刊平［评］语中，谓侄推重康学。试问有何证据？若谓铸与其徒梁君稔，则梁亦非铸延来者也。士子信以为实，乃致援以为揣摩之端。郴州已见数卷，记有何树荧者用之，曾大加申斥。本棚则尤繁矣。来函谓见取列者有之，不知有万余卷以此黜落者也。推原其故，则奂彬实鼓动其机。"[①] 将"康学"在湖南的兴盛归结为叶德辉的"鼓动"，显然是徐仁铸的一己私见，不无自我开脱之嫌，而否认《輶轩今语》与"康学"的关系更是难以服人。徐仁铸该信写于戊戌年八月初四日，距离戊戌政变只有一日之遥，或许此时的他已经看到了"康学"的弊端，因此尽量撇清与"康党""康学"的关系，想必其心境已与《輶轩今语》刊出之时大不相同。

当康门弟子及其支持者在湖南维新中被指为"康党"时，康有为及其弟子在京师的变法活动也遭受非议。光绪二十三年（1897）十月，康有为由沪进京，抵达北京之际，正值德占胶州湾事件发生，国人群情激奋，人心思变。心怀救亡大志的康有为遂再度疾呼变法。此一时期，康有为的变法活动主要在两个方向上进行，即"上书求变法于上""开会振士气于下"[②]。所谓"上书求变法于上"，主要是指康有为自己上书光绪帝与为各路言官草拟奏折；所谓的"开会振士气于下"，主要是指开京师保国会。与对上的"上书"相比，康有为对下的"开会"非但没有为其赢得士论的支持，反而招来了极大的非议。保国会仅举行了两次集会（分别为戊戌年三月二十七日、闰三月初一日）后，便遭到了时人的批驳与弹劾。闰三月十二日，潘庆澜上《请饬查禁保国会片》，次日李盛铎上

① 王先谦：《虚受堂书札》，"附复书"，沈云龙主编：《近代中国史料丛刊》（683），第63—64页。

② 梁启超：《记保国会事》，中国史学会编：《戊戌变法》第4册，上海人民出版社1957年版，第416页。

《会党日盛宜防流弊折》，矛头所指均为京师保国会。浙人孙灏作《驳保国会议》，对康有为“厚聚党徒”“自比教皇”等大加揭发。①

面对弹劾保国会的奏章，光绪帝并没有下旨查封。据戊戌年闰三月十五日梁启超给夏曾佑的信所说：“京中卧病，办保国会，昨十二日为潘庆澜所劾。今上神明，谓会能保国岂不大佳，遂尔留中，吾华之兴废有自乎。付章程请将其事刊之于报，虽西人闻之亦必惊为创事，非如强学之封禁也。”② 受此鼓舞，“康党”以《国闻报》为阵地，加紧宣传保国会事，以此来回击反对派的奏劾。如前所述，自闰三月十七日至四月二十四日，《国闻报》对京师保国会的活动进行了连篇累牍的报道。特别值得注意的是，闰三月十七日，《国闻报》在刊出《拟保国会章程》的同时，并以“保国会事”为题，发表“访事西人来函”，称：“本月十二日潘侍御庆澜劾之。今上谓，会能保国，西国与日本会亦甚多，今非昔比，可置勿论。遂而留中。今得其章程，附刊于左，将来访得其演说，再为续登。此为中国千年未有之风，继强学之后。其章程想必以先睹为快也。”③ 所谓“访事西人”不过是假托，其真正的消息来源正是上述梁启超写给夏曾佑的信。据此可见，夏曾佑与“康党”的关系非同一般。而“康党”将光绪帝的私下赞词公然刊发于《国闻报》，显然有挟天子以压对手之意；闰三月二十三日、二十四日，《国闻报》以“京城保国会题名记”为题，连续刊出保国会第二次与会人员名单及入会列名之人。

当保国会屡遭弹劾之际，“康党”不是低调行事，锋芒暂避，而是挟天子之命，高调宣传，甚至将保国会成员的名单公之于众，最终使其陷入更为被动的局势。据汪大燮说：“惟长素在此开讲，夙与台谏联络，自谓足以笼罩而出言无忌。近有潘安涛劾之，请封其万木草堂。全台诸公亦翻然欲与康敌，幸其门大同学会四字早刮去，否则牵连更甚也。”④ “全台诸公亦翻然欲与康敌”之说，虽不免夸大之词，但也可见此时康有为处境之窘迫。四月十五日，汪大燮致函汪康年，就保国会名单刊出之事，

---

① 叶德辉编：《觉迷要录》第 4 卷，第 4—9 页。

② 丁文江、赵丰田编：《梁启超年谱长编》，第 72 页。

③ 《保国会事》，《国闻报》，光绪二十四年闰三月十七日，第 2 版。

④ 《汪康年师友书札》第 1 册，第 780—781 页。

对“康党”进行了深入剖析：

> 今御史有劾保国会者，而《国闻报》将所有赴会听讲之人姓名籍贯尽刻之。兄揣其用心有二端，非刻论也。一则藉众人以自保，此浅说也。一则甚欲兴衣冠大狱，狱兴则人心去……彼无成事之才，彼固不自量也。然其意界限极分明，其门墙中之私党为一类，其平日来往知名之人，是面子之党为一类，叫人替他出官，可谓之官党。官党为之前驱，若能多死数人，便有生法，此深说也。此种人不必显与为难，亦何可为其所愚。①

汪大燮所说的“其门墙中之私党”即是指康门师徒，后入康门的谭嗣同、林旭当属此类，这也是“康党”自我认同的部分；“其平日来往知名之人，是面子之党为一类”，夏曾佑、黄遵宪、徐仁铸及保国会中的知名人士，似可归为此类；而御史宋伯鲁、杨深秀便是“官党”一类。

尽管康有为对下的“结社开会”活动未能真正联络士人，但其对上的活动却赢得了光绪帝的信赖。在康有为策划草拟的一系列奏折的推动下②，四月二十三日，光绪帝下“明定国是之谕”，百日维新就此拉开序幕。至此，变法不再只是有识者的共识，更是皇帝的谕令，其合法性不言而喻。对于“康党”与国是诏之间的关系，梁启超致函夏曾佑（五月十七日），说：“新政来源真可谓令出我辈……仆等于彼时，乃代杨侍御徐学士各草一奏，言当定国是，辨守旧开新之宗旨，不得骑墙模棱，遂有二十三日之上谕。”③ 四月二十八日，光绪帝召见康有为，随后康有为便获得了上书皇帝的便捷通道。康有为遂利用这一捷径积极上奏，并联络台谏影响光绪帝的决策。不容否认，“康党”的努力，不但直接促成了“国是诏”的颁发，而且推动了变法的深入。特别是八股的废除，与“康党”的努力密不可分。但是，“康党”偏激的变法理论与党同伐异的做派，也随着康有为的得势而倍加引人注目，对变法产生了极其负面的影

---

① 《汪康年师友书札》第1册，第783页。

② 楼宇烈整理：《康南海自编年谱》（外二种），第41页。

③ 丁文江、赵丰田编：《梁启超年谱长编》，第79页。

响。早在四月三十日，当陈庆年得知光绪帝召见康有为之事后，便在日记中记曰：“康有为等为侍讲学士徐致靖所保，着于二十八日照［召］见……康之命意在解散君权，以便其改制之邪说。如朝廷知是保之由来，恐不免于罣斥……南皮师知康学之为邪说，而不敢公发难端，作书与梁节庵云：‘康学大兴，可谓狂悍！如何，如何！’梁答之云：‘贼猖悍，则讨之，不当云“如何”也。’”① 这里，张之洞等人担心的是，“康党”将借助君权以行其私谋。而“康党”随后的作为，也在不断地增加时人的疑虑。在光绪帝召见后不久，康门师徒便通过结交台谏，屡上弹章，弹劾大臣，并将《孔子改制考》进呈皇帝，大有以小臣压大臣、假公济私之嫌。于是，百日维新中，时人对“康党”的指认便聚焦于其结党营私。

五月二日，杨深秀、宋伯鲁联名弹劾礼部尚书、总理衙门大臣许应骙，说其“庸妄狂悖，腹诽朝旨，在礼部堂上倡言经济科之无益……此外，见有诏书关乎开新下礼部议者，其多方阻挠，亦大率类是”②。对于康有为与杨、宋弹章之间的关系，陈庆年在日记中说：“南海康有为嗾御史宋伯鲁劾礼部尚书许应［骙］阻挠新政。”③ 本来，康有为以一名小小的工部主事一跃而为皇帝近臣，已是越出常规，令很多人侧目。而“康党”又不知收敛，终至引火烧身。杨、宋的弹章引出了许应骙与文悌对“康党”的揭发。

五月初四日，许应骙在“遵旨明白回奏折”中，说康有为进京后“终日联络台谏，夤缘要津，托词西学，以耸观听。即臣寓所，已干谒再三，臣鄙其为人，概予谢绝”，“今康有为逞厥横议，广通声气，袭西报之陈说，轻中朝之典章，其建言既不可行，其居心尤不可问……长住京邸，必勾结朋党，快意排挤，摇惑人心，混淆国事，关系非浅”④。这里，“联络台谏”“勾结朋党”成为许应骙揭发康有为的重点所在。许应骙对康有为的揭发引发了文悌的共鸣。五月二十日，文悌上严劾康有为折，

---

① 陈庆年：《戊戌己亥见闻录》，《近代史资料》总第 81 号，第 113 页。

② 《掌山东道监察御史宋伯鲁等折》（光绪二十四年五月初二日），国家档案局明清档案馆编：《戊戌变法档案史料》，中华书局 1958 年版，第 5—6 页。

③ 陈庆年：《戊戌己亥见闻录》（光绪二十四年五月二十五日），《近代史资料》总第 81 号，第 115 页。

④ 《许筠庵尚书明白回奏折》，苏舆编：《翼教丛编》，第 27—28 页。

声援许应骙。他以自己与康有为的交往现身说法，在指出“康学”悖谬的同时，重点弹劾其结交台谏、勾结朋党。他说，康有为“曾于闰三月间拟有折底二件，属奴才具奏”，一件欲参广东督抚，一件请厘正文体、更变制科。在遭他拒绝之后，“厘正文体一事，已有杨深秀言之矣”，而康广仁所主张的“罢制艺不必待下科，小试尤宜速改策论，而宋伯鲁又适有此奏”。据此，他断言“许应骙谓其联络台谏，诚不为诬”。对于康有为与宋伯鲁、杨深秀之结党，文悌更是言之凿凿。在他看来，“以康有为一人在京城任意妄为，遍结言官，把持国是，已足骇人听闻”，“而宋伯鲁、杨深秀身为台谏，公然联名庇党，诬参朝廷大臣”，其害更不胜言。[①] 文悌以当事人的身份，详细披露了康有为结党台谏的事实，其说服力自不待言。时在北京的张权写信给其父张之洞，说：“文侍御参康折，句句确实。”[②] 唐烜在日记中也记曰：“此人（文悌）向在户部有声，阎文介深重之，学问亦淹雅绝伦。上月中旬，专折纠参康有为暨宋伯鲁、杨深秀多人……洋洋数千言，语极痛切。奏上，上谕斥其迹近朋党，难保无受人指使情事，不胜御史之任，著仍回原衙门行走。近日折已发抄，都中人士盛传诵，以为朝阳鸣凤，虽不见听，亦足作中流之砥柱矣。”[③] 可见，文悌对“康党”的弹劾虽遭到了皇帝的申斥，却赢得了都人的赞誉。几天后，宋伯鲁奏请《时务报》改归官办之举，再度有力佐证了许应骙、文悌的说法。

戊戌年五月二十九日，光绪帝发布上谕，从御史宋伯鲁之请，《时务报》改归官办。联系该年二月梁启超说过的“再行设法另办此事”，可知此一上谕正是梁启超所找到的“另办此事”的绝佳途径，也是百日维新中，“康党”“挟朝［命］以行其私谋”的又一举措。此谕一下，舆论哗然，纷纷谴责“康党”假公济私、不顾大局。陈庆年六月十三日日记曰：“前月二十九日上谕：以上海《时务报》改为官报，从御史宋伯鲁之请也。今年康党欲逐汪穰卿，以夺报利，为梁节庵所阻。故此次嗾宋为此

---

① 《严劾康有为折》，苏舆编：《翼教丛编》，第28—33页。

② 《张权来信》（光绪二十四年六月十二日），《张文襄公家藏手札·家书类》，中国社会科学院近代史研究所档案馆藏，甲182—264。

③ 唐烜：《留庵日钞》，转引自孔祥吉《难得一见的百日维新史料——读唐烜日记〈留庵日钞〉未刊稿本》，《清人日记研究》，广东人民出版社2008年版，第46页。

奏，挟朝［命］以行其私谋，攘大利以行其邪说。此等心术，安能任变法之事乎?”[①] 曾被汪大燮视为“康党”的《国闻报》，却刊出了《〈时务报〉各告白书后》，对“康党”挟天子之命将《时务报》改为官报给予了严厉的批评，指出：“既知公义捐款至万金，《时务报》为公事非私事矣，则何人实畀梁君以全权，使之以众人之捐款为一家之芹献，辄请奏改公立民报为官报乎？借曰此举而义，亦不应以众人之资，市一家之义，而悉掩总理及诸捐友之公义也。然则梁之所谓私者，正吾之所谓公。梁之所谓公者，正吾之所谓私。”[②] 《国闻报》对“康党”的责难咄咄逼人，不留情面。其对“康党”挟天子之命以行私见的批评，道出了很多人的心声。据考证，此文为严复所作。[③] 如果说戊戌四五月间，《国闻报》曾因夏曾佑的缘故与“康党”关系密切的话，那么此时，它却以批判的立场改变了《国闻报》被视为“康党”的印象。而宋伯鲁却因公然支持“康党”“挟朝［命］以行其私谋，攘大利以行其邪说”而被指为“康党”。至此，宋伯鲁等人与“康党”的关系，也大白于天下。张之洞于戊戌六月收到的京中密札，即有“此时台谏中，惟杨深秀、宋伯鲁最为康用”之说。[④] 张之洞之子张权在六月十二日写给张之洞的密信中，更是详细说明了宋、杨与康的关系：“杨深秀、宋伯鲁与康最密。闻人言，杨有悔心，宋则五体投地到底，心悦诚服。宋对人言，自觉与之当学生，尚属不配，惟有叩头而已。”[⑤] 在时人的眼中，宋伯鲁、杨深秀已是“康党”。

综上所述，在变法的视野下，尽管时人眼中的“康党”不尽一致，但总体而言，不同地域不同个人的“康党”指认又不乏共性。具体言之，就“康党”的指认对象而言，最初时人眼中的“康党”仅限于康门师徒，其指认标准有二：一是在政治主张上，认同并宣传“康学”“康教”；二

---

① 陈庆年：《戊戌己亥见闻录》，《近代史资料》总第81号，第116页。

② 《〈时务报〉各告白书后》，《国闻报》，光绪二十四年七月初十日，第2版。

③ 王栻编：《严复集》第2册，中华书局1986年版，第492页。

④ 《百日维新密札考释》，见孔祥吉《戊戌维新运动新探》，湖南人民出版社1988年版，第80页。

⑤ 《张权来信》（光绪二十四年六月十二日），《张之洞公家藏手札·家书类》，中国社会科学院近代史研究所档案馆藏，甲182—264。

是在行为做派上党同伐异、结党营私。正是康门师徒身上的这两个特征，才使其有了“康党”之谥。而后，随着康门影响力的扩大，“康党”的指认对象便不再限于康门，那些与康门师徒关系密切、有结党嫌疑者，或认同并公然宣传“康学”、助益康门师徒变法者，均被视为“康党”，徐仁铸、黄遵宪、谭嗣同、熊希龄、夏曾佑、宋伯鲁、杨深秀等人即是如此。不过，此时“康党”的指认范围虽有所扩大，且不太确定，但并非漫无边界。只要不是公然支持康门师徒宣传“康学”或打击异己，即使认同素王改制、支持变法，一般也不会被视为“康党”，在上者如张荫桓、李端棻、徐致靖等，在下者如皮锡瑞等湖南士绅，无不如此。而那些指认“康党”者，由于各自所处的时空条件不同，其指认“康党”的标准也不尽一致，但他们都是曾经与“康党”交手、对“康党”有着深入了解的人群。需要指出的是，由于“康党”一词带有明显的贬义色彩，被指为“康党”者，多不认同时人的“康党”指认。即使康门师徒，虽然他们有着“吾党”的自我认同，但也宁愿自居为“新党”，而非“康党”。

因此，当反对派将康门师徒及其支持者指为“康党”时，康门师徒则努力将“康党”变为“新党”，将一切反对派置于“旧党”之列加以回击。自戊戌闰三月以后，时人对“康党”的弹劾不断见诸奏章。康有为回忆说：“时旧党焰甚炽，常熟频被劾，以吾行后，无人鼓舞，故欲成数事乃行。（四月）十八日（应为十三日），乃草折请定国是而明赏罚，交杨漪川上之。略谓：‘门户水火，新旧相攻，当此外患交迫，日言变法，而众论不一，如此皆由国是未定故……’又为一篇，交徐子静学士上之。”① 此为康有为的事后回忆，然其中所说的为杨、徐草拟大谈新旧相攻的奏折，确是实情。按照康有为的说法，弹劾翁同龢的自然是“旧党”。但有研究指出：“翁同龢此期正式被劾，前后共有两次。其一是三月二十五日安徽布政使于荫霖上奏‘时局危急请简用贤能大员补救折’……其二是四月初十日，御史王鹏运上奏‘大臣误国请予罢斥折’……从弹劾者的身份来说，于、王并非为康所称的‘旧党’。”② 而

① 楼宇烈整理：《康南海自编年谱》（外二种），第41页。

② 见茅海建《从甲午到戊戌：康有为〈我史〉鉴注》，第391—392页。

且，从弹劾的内容来看，也与变法无关，甚至翁同龢本人对于于荫霖的奏劾还不无共鸣，并在闰三月初八日日记中记曰："是日安徽藩司于荫霖陈时政……痛斥李鸿章、臣龢、张荫桓误国无状，并谓臣之先人廉正传四海，而臣不肖如此。其词严厉，臣惟有引咎，且谓于某知臣之心，不敢辨也。此折留中，所以笔于私记者，著余之罪，用以自励也。"① 与翁同龢的反躬自省不同，康有为却统统将之归入"旧党"，并代杨、徐草拟奏折，大谈"新旧相攻"，谓："内外臣工，讲求时变，多言变法，以图自保。然旧人多有恶为用夷变夏者，于是守旧开新之名起焉。其守旧者，谓新法概宜屏绝，其开新者，谓旧习概宜扫除。小则见诸论说，大则形之奏牍，互相水火，有如仇雠。"② 其实，康有为所说的"时旧党焰甚炽"，不单指对翁同龢的弹劾，更主要的是指各路言官对他自己的弹劾。如闰三月十二日，潘庆澜弹劾保国会，闰三月十三日，李盛铎弹劾保国会等。但这些弹章同样不反对变法，仅及保国会。面对上述弹劾，康有为不是就保国会问题据理力争，而是另辟蹊径，转移视线，大谈新旧党争，将对方归入"旧党"，自立于"新党"，似有通过控制变法话语权打击对手之意。

百日维新开始之后，"康党"继续沿用"新旧党争"的思路来对付异己。不容否认，随着各项变法的推进，特别是科举废除、机构裁撤后，在现实利益的驱动下，革新与守旧的矛盾日渐凸显③，作为变法的重要推动者，康有为自然成为守旧者攻击的对象。但需要指出的是，当时公然攻击康有为的并非都是守旧者，而"康党"的行为也并非都是出于变法的目的。如前所述，五月初二日，"康党"以阻挠经济特科为由，弹劾许应骙。但事实上，"许应骙绝无阻遏经济特科的举动"，"康有为及其党人选择许应骙下手"的目的之一，就是"打击对康不利的主要人士"④。五

① 陈义杰整理：《翁同龢日记》第 6 册，光绪二十四年闰三月初八日，中华书局 1998 年版，第 3117 页。

② 《山东道监察御史杨深秀折》（光绪二十四年四月十三日），《戊戌变法档案史料》，第 1 页。

③ 关于因变法措施触及时人的切身利益而引起的不满，可从皮锡瑞、宋恕等人政变后对变法的反思中见及。见皮锡瑞《师伏堂未刊日记》，《湖南历史资料》1959 年第 2 期，第 155 页；孙宝瑄：《忘山庐日记》上，光绪二十七年正月二十九日，上海古籍出版社 1983 年版，第 314 页。

④ 茅海建：《从甲午到戊戌：康有为〈我史〉鉴注》，第 475—476 页。

月二十日，文悌上折参劾康有为，同样不谈变法，仅及康有为的学说悖逆及其联络台谏、结党营私。五月二十七日，湖南巡抚陈宝箴奏劾康有为之《孔子改制考》，涉及“康党”之学术悖逆、做派张扬，并奏请将《孔子改制考》毁版。五月二十九日，管学大臣孙家鼐对康有为《孔子改制考》中的“孔子改制称王”之说大加驳斥。① 这一系列有关“康党”的弹章，很难用“新旧党争”来概括。同样不能用新旧概括的，还有戊戌年湖南维新中的诸多纷争。但康有为则将之统统归为新旧之争，谓：“时王先谦、欧阳节吾在湘猖獗，大攻新党新政，学会学堂一切皆败，于是草折交杨漪川奏请奖励陈宝箴。”② 同样，当谭嗣同与邹代钧、陈三立等人发生冲突时，谭便自居于“新党”，而将对手统统归为“旧党”，表示：“平日互相劝勉者，全在‘杀身灭族’四字，岂临小小利害而变其初心乎？……今日中国能闹到新旧两党流血遍地，方有复兴之望。不然，则真亡种矣！”③

应当说，戊戌年春夏之交，“康党”与非“康党”的矛盾，既有新旧冲突，也有变法派内部的冲突。“康党”以“康学”为理论的变法及其党同伐异的做派，遭到时人的质疑，这种质疑既有来自叶德辉、梁鼎芬等相对保守者，也有来自邹代钧、汪康年、陈宝箴等维新者。当“康党”讳言后者而努力宣传前者时，其掌控变法话语权以压制异己的用意便暴露无遗。

对于“康党”的此种用心，作为其反对派的叶德辉、王先谦等人早有察觉。叶德辉在《〈读西学书法〉书后》中如是说：“异哉！梁氏之学也。彼欲亡中学，而藉口于中学之将亡；彼欲兴西教，而藉口于西学之不兴；彼欲如日本之立新党，而诋朝野之老成，目之曰守旧。”④ 立“康党”为“新党”，朝野之老成即为“旧党”，这是“康党”的有意为之。当“康党”的反对者发现，“康党”自居于“新”派而将其反对者置于

---

① 孙家鼐：《译书局编纂各书宜由管学大臣进呈并禁止悖谬之书折》，北京大学、中国第一历史档案馆编：《京师大学堂档案选编》，北京大学出版社 2001 年版，第 46 页。

② 楼宇烈整理：《康南海自编年谱》（外二种），第 52 页。

③ 谭嗣同：《上欧阳中鹄》，蔡尚思、方行编：《谭嗣同全集》（增订本）下，第 474 页。该信写于陈宝箴调阅学堂学生札记之后。

④ 《叶吏部〈读西学书法〉书后》，苏舆编：《翼教丛编》，第 124 页。

“旧”派时，他们便出而为“新旧”正名。《湘省学约》在“核名实”一条中分辨“新旧”，说：

> 今日议论，动言守旧维新，而于新、旧之实或未尽知。所谓旧者，研经史、阐义理，以及词章训诂，致力颛精，此吾人应修之业，言学者不废也。而株守帖括，迂腐鲜通者，托之曰“吾守旧”也，彼其讲求西学，皆异教也，如是而旧之实湮，旧之名病。所谓新者，讲工艺制造之理，通环球政学之要，择善而取，不耻相师，亦吾人应修之业……而为改制创教之说，持平等民权之议，逞一切悖谬之谈者，托之曰“吾维新”也，彼其诋我者，皆沮挠新政者也，如是而新之实湮，新之名病。故非揭明新、旧两宗，学者仍恐误会，徒启纷争，无裨要务。①

这里所要辨明的是“康党”非“新党”，“康学”非“新学”，真正的“新”学“亦吾人应修之业”。

可见，当变法已成为皇帝谕令的戊戌之年，无论“康党”还是非“康党”，都想掌控变法的话语权。只是，“康党”的变法，因其偏激的变法理论而被视为“始倡言变法以乱政”“继阴乘变法而行教”。但“康党”又确有变法、趋新的一面，这恰是“康党”自居于“新党”的基石。戊戌政变发生后，张元济在致函汪康年时所说的“康固非平正人，然风气之开，不可谓非彼力”，正是对“康党”变法、趋新一面的肯定。而那些因支持康门师徒被指为“康党”者，也正是出于变法的目的才与康门师徒走到一起的，即使认同“孔子改制”说，也不过是欲借此以实现其变法的目的而已，与康门师徒所持有的创立孔教的目标相去甚远。如此看来，“康党”的核心成员康门师徒，与那些因支持康门变法而被指为“康党”者之间，确有不小的差距。

---

① 《湘省学约》，苏舆编：《翼教丛编》，第 151 页。

二 政变后的"康党":从"逆党"到"新党"[①]

戊戌政变发生后，"康党"的指认标准与对象都发生了很大的变化。政变之初，政治上的"谋逆"与否，成为清廷判定是否"康党"的主要标准。而后，在各种因素的交互作用下，本来被清廷判为"逆党"的"康党"却出现了与"新党"混一之势。[②]

八月初六日，戊戌政变发生，慈禧太后开始训政。尽管政变的原因颇为复杂[③]，但在政变发生之初，慈禧太后并不想背上反变法的罪名，因此其追捕的对象仅限于"康党"。慈禧太后训政当天，即发布谕旨捉拿康有为。[④] 同天，宋伯鲁因保举康有为被革职，永不叙用。而后，随着袁世凯告密、"康党"围园密谋的消息传到北京后，政变加剧。八月初九日，步军统领衙门续奉上谕，张荫桓、徐致靖、杨深秀、杨锐、林旭、谭嗣同、刘光第，均著先行革职，交步军统领衙门拿解刑部审讯。[⑤] 清廷的追捕引起了"新党"的恐慌，传言纷起，有谓政变起于变法者，有谓政变起于康有为、张荫桓进呈药丸导致光绪帝圣体违和者[⑥]，众说纷纭，莫衷一是。人心惶惶之际，八月十一日，清廷发布上谕，首次谈及政变，似有安抚人心之意。上谕称："刑部奏，案情重大，请钦派大臣会同审讯一

① 这里的"政变后"，大体限定于政变发生后的半年时间。因为，政变后清朝的政局变动不安，影响政局变动的因素随着时间的推移也在增多，因此本文尽量将时间限定在政变后半年左右，以观察政变后"康党"指涉的流变及其对政局变动的影响。

② 这里的"新党"是在广义上使用，并非特指以往所说的"维新派"，而是包括所有讲求西法、主张变法的趋新人士。至于清廷将"康党"目为"逆党"，时人多有言之者。如孙宝瑄在戊戌八月初十日的日记中记曰："闻奉旨缉捕十六人，有谭嗣同、张元济、杨深秀、杨锐、林旭、刘光第等，目为逆党下狱。"孙宝瑄：《忘山庐日记》上，第259页。逆党之外，也有使用"乱党"的。

③ 关于慈禧太后发动政变的原因，说法颇多。其中颇有代表性的观点，一为"康党"持有的反对变法说；二为权力之争说。见陈夔龙《梦蕉亭杂记》，北京古籍出版社1985年版，第16页；王照《方家园杂咏二十首并纪事》，《戊戌变法》第4册，第359页。

④ 《清实录》第57册，中华书局1987年版，第598页。

⑤ 《刑部尚书崇礼等折》（光绪二十四年八月十一日），《戊戌变法档案史料》，第465页。

⑥ 《西报述国事要闻》，《申报》，光绪二十四年八月十三日，第2版；《中外日报》，光绪二十四年八月十二日，第3版。

折，所有官犯徐致靖、杨深秀、杨锐、林旭、谭嗣同、刘光第，并康有为之弟康广仁，著派军机大臣会同刑部、都察院严行审讯。其张荫桓屡经被人参奏，声名甚劣，惟尚非康有为之党，著刑部暂行看管，听候谕旨。至康有为结党营私，情罪重大，业将附和该犯之徐致靖等交部严讯，此外难保官绅中无被其诱惑之人，朝廷政存宽大，概不深究株连，以示明慎用刑至意。"[①] 这道谕旨透露的重要信息是，此次抓捕对象仅限于"康党"，徐致靖、杨深秀、杨锐、林旭、谭嗣同、刘光第即因"附和""康党"而被抓，"康党"之外，即使"被其诱惑"者，"朝廷政存宽大，概不深究株连"，张荫桓也因非"康党"而被区别对待。尽管张荫桓被划出"康党"，得益于英、日两国公使的干涉，但该上谕对当时惶惶不安的"新党"的确是一种安抚。

对上述清廷所列"康党"名单，时人颇有异议。张之洞即认为杨锐绝非"康党"，并多方设法援救。[②] 据陈夔龙记载，主审该案的奕劻也认为："同案六人，情形亦复不同。闻杨君锐、刘君光第均系有学问之人，品行亦好。罗织一庭，殊非公道，须分别办理。君等到部，可与承审诸君商之。"[③] 八月十一日，高燮曾奏请"将张荫桓、徐致靖、康广仁、谭嗣同、林旭五人速行惩办"，杨锐、刘光第则"俟讯供后，分别办理"[④]，显有区别对待之意。八月十二日，福建道监察御史黄桂鋆其所上"妥速迅明定案片"中，所列"康党"名单也将杨锐、刘光第排除在外。[⑤] 连杨锐与刘光第自己也都很坦然，认为只要经过讯问便可证明自己并非"康党"。此外，林旭也不认为自己是"康党"，据郑孝胥记载，八月八日

---

① 中国第一历史档案馆编：《光绪朝上谕档》第 24 册，广西师范大学出版社 1996 年版，第 426 页。

② 参见茅海建《"张之洞档案"阅读笔记之二：张之洞与杨锐的关系——兼谈孔祥吉发现的"百日维新密札"作者》，《中华文史论丛》2010 年第 4 期。

③ 陈夔龙：《梦蕉亭杂记》，第 16—17 页。

④ 《兵部掌印给事中高燮曾等折》（光绪二十四年八月十一日），《戊戌变法档案史料》，第 466 页。

⑤ 《福建道监察御史黄桂鋆片》（光绪二十四年八月十二日），《戊戌变法档案史料》，第 467 页。

晚上，林旭曾到其住所，"谈良久，自言不得以康党相待"[1]。但遗憾的是，八月十三日，为了避免列强的干涉，慈禧太后下旨对"六君子"不审而诛。

就在六君子遇难的次日，清廷又下发一道朱笔上谕，对政变的来龙去脉作了解释，中称：

> 近因时事多艰，朝廷孜孜图治，力求变法自强……乃不意主事康有为，首倡邪说，惑世诬民，而宵小之徒，群相附和，乘变法之际，隐行其乱法之谋。包藏祸心，潜图不轨。前日竟有纠约乱党，谋围颐和园，劫制皇太后及朕躬之事。幸经觉察，立破奸谋。又闻该乱党私立保国会，言保中国不保大清，其悖逆情形，实堪发指……康有为实为叛逆之首，现已在逃。著各直省督抚一体严密查拿，极刑惩治。举人梁启超与康有为狼狈为奸，所著文字语多狂谬，著一并严拿惩办。康有为之弟康广仁及御史杨深秀、军机章京谭嗣同、林旭、杨锐、刘光第等，实系与康有为结党，隐图煽惑……于昨日谕令将该犯等即行正法。此事为非常之变，附和奸党，均已明正典刑。康有为首创谋逆，罪恶贯盈，谅亦难逃显戮。现在罪案已定，允宜宣示天下……至被其诱惑、甘心附从者，党类尚繁，朝廷亦皆察悉。朕心存宽大，业经明降谕旨，概不深究株连，嗣后大小臣工，务当以康有为为炯戒，力扶名教，共济时艰。所有一切自强新政，胥关国计民生，不特已行者，亟应实力举行。即尚未兴办者，亦当次第推广。[2]

这道谕旨明确传达了三层意思：其一，"康党"之获罪由于谋逆作乱，与变法无关；其二，附和"康党"之"奸党均已明正典刑"，其他"被其诱惑者"，一概不深究株连；其三，政变不会影响新政，"不特已行者，亟应实力举行。即尚未兴办者，亦当次第推广"。按照此一谕旨，政变与新政

① 劳祖德整理：《郑孝胥日记》第2册，光绪二十四年八月初八日，中华书局1993年版，第682页。

② 《光绪朝上谕档》第24册，第430—431页。

无关，只与“康党”“谋逆”有关，新政不会因此而停罢，“新党”也不会因此而受牵连，故而“康党”的界限是清楚的，其性质也是明确的，即“谋逆”之“逆党”。

也正因如此，身为康门弟子的梁启超自然在拘捕之列。其实，早在政变次日，张之洞即发电孙家鼐，直言：“梁乃康死党，为害尤烈。”① 八月十一日，兵部掌印给事中高燮曾等的奏折中也有“其死党梁启超”之语，其时弹劾“康党”的奏折几乎都有梁启超的大名。梁启超自己也深知这一后果，故而先逃。而“尚非康有为之党”的张荫桓被“发往新疆，交巡抚严加管束”，徐致靖“著刑部永远监禁”②。张荫桓被划出“康党”得益于列强的干涉，而且时人及后人虽然多指认其与康有为关系亲密，但尚无人能够提供其参与“谋逆”的证据，甚至皇上和庆邸也曾为他辩护，据苏继祖记载：“太后深恶张侍郎蛊惑皇上，定欲杀之。上代白非康党，庆邸亦奏并非康党，始获生全。”③ 张荫桓本人更不认为自己是“康党”，曾于戊戌八月十五日“满面流泪”地对陈夔龙说：“我非康、梁一党，不知何以得此重谴?”④ 徐致靖则不同，他不仅保荐了康、谭、梁等“逆党”要犯，更为重要的是参与了“谋逆”⑤，是真正的“康党”。只不过由于当时清廷不掌握其“谋逆”的证据，故李鸿章托荣禄向慈禧太后的求情得以奏效，徐致靖得以幸免于难。同样因为没有证据，参与“谋逆”的徐仁镜、徐仁録也仅受到革职的处分。⑥

其实，将“康党”与“新党”区别对待，不仅是该道谕旨的意图，也是多数维新人士的心愿。八月十一日，《国闻报》以“汪进士呈文”为题，刊登了政变前汪康年关于“康党”奏劾其抗旨不交

---

① 《致孙中堂》(光绪二十四年八月初七日亥刻发)，苑书义等主编：《张之洞全集》第 9 册，第 7657 页。

② 《光绪朝上谕档》第 24 册，第 434 页。

③ 苏继祖：《清廷戊戌朝变记》，中国史学会编：《戊戌变法》第 1 册，上海人民出版社 1957 年版，第 349 页。

④ 陈夔龙：《梦蕉亭杂记》，第 13 页。

⑤ 参见《关于戊戌政变之新史料》，《戊戌变法》第 4 册，第 332 页；《方家园杂咏二十首并纪事》，《戊戌变法》第 4 册，第 360 页。

⑥ 许姬传在《戊戌变法侧记》中对其外祖徐致靖、二舅徐仁镜、堂舅徐仁録参与密谋之事，及李鸿章托荣禄保徐致靖的过程，有详细的叙述。见《文史杂志》1985 年第 1 期。

《时务报》的申明，后附"本馆谨案"，称："新党议论之盛行，始于《时务报》；新党人心之解体，亦始于《时务报》。自汪、梁之狱起，识者已知维新党之厄运将临，咨嗟太息，欲为保全者，颇不乏人。而康党不悟也，怙而不改，遂有今日。独惜新党中多有并非康党中人，而亦横罹其祸者。故先箸［著］录此文，以见新党中又自分党，不能以康党一概相量也。"①《国闻报》之所以急于刊登该文，突出汪康年与"康党"政变前的矛盾，意在将"新党"与"康党"区别开来，从而保护"新党"免受牵连。同一天，在得知荣禄奉旨进京的消息后，《国闻报》再度表达了同样的意愿："中堂此行，其庶几与父言慈，与子言孝，使中国臣民、外人观听，晓然于皇太后之训政与廷旨之密拿康有为，不过罪康有为一人，而于皇上数月以来维新变法之事，三五新近之臣，均无所妨碍，则中国之幸，即支那皇太后、皇上万寿无疆之福。"② 这里，《国闻报》殷切期盼的是，新政、"新党"能够免受"康党"株连。清廷公布了"康党"的围园逆谋之后，八月二十五日《申报》发表消息，强调了政变与"康党"、变法的关系："逆犯康有为图谋不轨，事洩后奸党伏诛，朝廷既明降谕旨，暴其罪于天下，中西人士，皆可晓然于康之获罪非因变法而起，而无容为之惋惜、袒护矣。乃近闻各国公使，仍连日会商，意欲干预此事，众啄哓哓，莫衷一是，以致华人谣言蜂起。"③ 既然朝廷谕旨已明确"康党"获罪，非因倡导变法，而是图谋不轨，那么"奸党伏诛"，便无须惋惜、袒护，"康党"与"新党"的界限因此泾渭分明。报刊舆论再三强调"康党"与政变的关系，其用心可谓良苦，也道出了多数"新党"中人的心声。

站在变法的立场上看，为了顺利推行变法，康梁"围园锢后"的密谋不无可取之处，但在当时的政治伦理下，这种举动无疑是叛逆之举，多数时人难以认同。对此，胡思敬曾说："戊戌康党搆逆，论者不直德宗"，"保皇党之误，一误于甲午之役，导珍妃夺嫡，再误于戊

① 《汪进士呈文》，《国闻报》光绪二十四年八月十一日，第1、2版。
② 《中堂入京》，《国闻报》光绪二十四年八月十一日，第2版。
③ 《西人越俎》，《申报》光绪二十四年八月二十五日，第2版。

戌之变，导德宗叛母，知其事者，颇不直之”[①]。这里，甲午之时的保皇党另有所指，但戊戌时则专指“康党”。这也正是“康党”政变后坚决否认围园密谋的原因所在。相反，慈禧太后此时及时做出“概不株连”、继续推行新政的承诺，对惶恐不安的“新党”而言，无疑是一种安抚。时人记曰：“前数日本人心惶惑，汹涌已极，自斩官犯及降谕安慰天下，严拿康党而后，人情莫不大快，而心亦定矣。”[②] 历史给了慈禧太后亲手推行新政的机遇，慈禧太后似乎也抓住了这一机遇，人们翘首以盼的是新政的继续。

然而，后来的事实证明，清廷“概不株连”与继续新政的承诺未能兑现，“六君子”的被诛并未给“党”案画上句号，在言官们的弹劾下，株连的范围不断扩大，“康党”名单不断增加，远远超出了“逆”“乱”的范围，很多“新党”中人遭受牵连。八月初九日，缪润绂奏劾“康党”一折，在强调清廷已拿解的谭嗣同、刘光第、林旭、杨锐等人“实皆逆党”外，又列上王照，认为“王照、杨深秀皆该逆丑类”[③]。八月初十日，刘坤一奉上谕密拿文廷式。[④] 对此，张謇质疑道：“闻查拿文廷式之电谕。康事与芸阁（文廷式）无涉，何以及之?”[⑤] 八月十二日，黄桂鋆上奏，指认“康党”，除张、徐、谭、林、宋、梁、杨深秀之外，又多了黄遵宪、熊希龄、陈宝箴、徐仁铸及康门弟子麦孟华、徐勤等。[⑥] 八月十四日，徐仁铸被革职，永不叙用。革职后，徐仁铸曾有信致汪康年，说：“昨得粤友来函，称康逆家查抄物件内有《人才表》一本，各省知名之士，无论识与不识，皆列名品第之。言语悖谬，是非颠倒，有极可笑可诧者，海内读书人遭此点窜，真士林一厄运矣。”[⑦] 政变前，徐仁铸曾被

① 胡思敬：《国闻备乘》，《戊戌变法》第4册，第275、279页。

② 胡寿颐：《春明日居纪略》，《戊戌变法》第1册，第559页。

③ 《改归知县庶吉士缪润绂折》（光绪二十四年八月初九日），《戊戌变法档案史料》，第464页。

④ 《上谕》，《戊戌变法》第2册，第101页。

⑤ 张謇研究中心、南通市图书馆编：《张謇全集》第6卷“日记”，光绪二十四年八月十六日，江苏古籍出版社1994年版，第414页。

⑥ 《福建道监察御史黄桂鋆片》（光绪二十四年八月十二日），《戊戌变法档案史料》，第467页。

⑦ 《汪康年师友书札》第2册，第1504页。

指为“康党”，他进行了自我辩解，否认自己是“康党”。这里，他再次否认与“康逆”的关系。的确，以政变后的“逆”“乱”标准衡量，徐仁铸与“康党”的距离还很远，尽管其父、其弟都曾参与“逆谋”，但远在湖南的徐仁铸却未闻其事①，而且其父、其弟之事除了“康党”之外也无人知晓，因此徐之被革可视为株连的结果。

八月十五日，张之洞发电黄绍箕，指认黄遵宪为“康党”：“黄遵宪实是康党，都人有议之者否?”② 八月十六日，工科给事中张仲炘参劾“康党”，黄遵宪、熊希龄、李岳瑞、王照、洪汝冲、宋伯鲁等都在其列。八月十九日，上谕将礼部尚书李端棻革职，发往新疆交地方官严加管束；王照即行革职，严拿务获。八月二十一日，掌陕西道监察御史黄均隆参劾“康党”，将湖南维新之士一网打尽。③ 当天，慈禧太后下发谕旨，罢免陈宝箴、陈三立、江标、熊希龄等人的职务，永不叙用。④ 八月二十二日，黄桂鋆再上“为惩治奸党，宜按情罪轻重区为数等”折，请将“康党”分为四等，其一为同恶相济，结为死党，如黄遵宪、熊希龄、徐勤、韩文举等；其二为奏荐匪人，妄希大用，如陈宝箴、王锡蕃、李端棻等；其三为咨保匪人，以应特科，如张百熙、张之洞、唐景崇等；其四为趋附党奸，受其指使，如王照、洪汝冲、郑孝胥、李岳瑞等。⑤ 在此影响下，八月二十三日，清廷再下几道谕旨，一连罢免了詹事府少詹事王锡蕃、工部员外郎李岳瑞、刑部主事张元济，张百熙也因保送康有为使才，交部严加议处。⑥ 刘坤一奉旨秘密看管黄遵宪。⑦ 之后，黄遵宪在日本代理公使林权助的帮助下，得以无事回籍。十月二十一日，翁同龢被革职，永不叙用。

---

① 参见许姬传《戊戌变法侧记》，《文史杂志》1985 年第 1 期。

② 《致黄绍箕》（八月十五日亥刻发），《张之洞电稿》（光绪二十五年二月至八月），中国社会科学院近代史研究所藏，甲 182—457。茅海建发现，整理者有误，根据内容该电应发于光绪二十四年。见氏著《戊戌变法的另面：“张之洞档案”阅读笔记》，第 291 页。

③ 《掌陕西道监察御史黄均隆折》（光绪二十四年八月二十一日），《戊戌变法档案史料》，第 472—473 页。

④ 《光绪朝上谕档》第 24 册，第 445 页。

⑤ 《福建道监察御史黄桂鋆折》（光绪二十四年八月二十二日），《戊戌变法档案史料》，第 476 页。

⑥ 《光绪朝上谕档》第 24 册，第 450 页。

⑦ 《清实录》第 57 册，第 619 页。

上述诸人，王照与“康党”的关系最为复杂。尽管政变前各人所指认的“康党”中并无王照，但王照与“康党”关系密切已有人见及，刑部主事唐烜曾于戊戌七月在日记中记载，王照“近来专主西学……与广东康有为交最密，凡所议论，皆康所著录者也”①。康有为后来也承认曾授意王照保举康广仁、麦孟华、徐仁镜、徐仁铸、宋伯鲁等康党成员。更为重要的是，王照曾被“康党”运动与闻“围园锢后”之谋②，尽管他断然拒绝参与其事，但政变后还是畏罪出逃，与康梁同往日本。王照的出逃引起了时人的关注，八月十六日张仲炘在奏劾王照时即指出，王照等“于初八、九等日先后逃匿……该员等若非情虚胆怯，何以弃官如遗?”随后，慈禧太后先后发布三道谕旨，命查明王照下落后，将其革职拿问。③ 可见，王照之被通缉与其政变后的出逃关系密切。而后王照在日本，一度追随康、梁，进行各种政治活动，攻击慈禧太后，进一步坐实了其为“康党”的罪名，遂成为清廷通缉的“康党”要犯。④ 应当说，王照之被划为“康党”事出有因，与其他人之无辜遭受株连似有不同，以至于时人评论王照说：“王照，康党也。当康逆未经败露之际，同在京邸商略阴谋。及事发而逃，则又与梁逆同往日本。迹其种种行止，实不能辞党逆之名。”⑤

黄遵宪与“康党”的关系也很密切，政变之前就曾被指为“康党”。对此，黄遵宪似未作太多的辩解。而政变后，在得知梁鼎芬指认其为“康党”后⑥，便于八月十六日发电张之洞进行了辩解与求助，称：“近有人言，汪接梁电云，首逆脱逃，逆某近状，逆超踪迹何若。闻之骇诧。

---

① 唐烜：《留庵日钞》，光绪二十四年七月十七日，转引自孔祥吉《难得一见的百日维新史料——读唐烜日记〈留庵日钞〉未刊稿本》，《清人日记研究》，第44页。

② 《关于戊戌政变之新史料》，《戊戌变法》第4册，第332页。

③ 《光绪朝上谕档》第24册，第435、439页。

④ 参见马忠文《维新志士王照的“自首”问题》，《近代史研究》2014年第3期。

⑤ 《原王照功罪》，《申报》光绪二十六年三月十一日，第1版。

⑥ 《梁鼎芬致汪康年》，《汪康年师友书札》第2册，第1910—1911页。该信未署日期，但从其中所说的“逆桓”拿而不斩、“逆铸”“不免学政如故”可见，应写于得知八月十一日清廷宣布张荫桓尚非“康党”上谕之后，得知八月十四日徐仁铸被革之前。而从黄遵宪八月十六日便得知这一消息并发电张之洞进行辩解的事实来看，梁鼎芬此信最晚八月十六日已经送到汪康年手中并传出消息。

宪生平无党，识康系梁介绍，强学会亦梁代列名。乙未十月在沪见康后，未通一信。卓如实宪至交，偶主张师说，辄力为谏阻。此语曾经佑帅奏闻。在湘每驳康学，曾在南学会中攻其孔子以元统天之说，至为樊锥所诟争。此佑帅所深悉，湘人所共闻。不意廿年旧交之星海，反加以诬罔。宪不与深辨。伯严曾一再函电代鸣不平……当此危疑时局，遏冤杜祸，均惟宪台是赖。”① 政变后的“康党”与政变前已然不同，“逆党”之罪名是有杀头危险的，因此黄遵宪得知被指为“康党”后，便在第一时间出而辩解。黄遵宪之所以会求助于张之洞，是因为他尚不知道张之洞早已与梁鼎芬一样指其为“康党”了。黄遵宪的上述辩白并非虚妄，其所言“此语曾经佑帅奏闻”，的确见于陈宝箴五月二十七日的奏折中；其与“康学”的距离也是事实②；更不曾与闻“康党”的“逆谋”。因此，其被指为“康党”也是株连的结果。

与黄遵宪相比，陈宝箴、陈三立父子与“康党”的关系要疏远得多，如前所述，陈氏父子不仅在湖南的维新变法中，尽力抵制“康党”“康学”的影响，不惜与谭嗣同等人决裂，陈宝箴还于五月二十七日奏劾康有为及其《孔子改制考》，要求自行毁版。其与“康学”“康党”的对立有迹可循，但在政变后同样遭受株连。

可以说，由于清廷株连范围的扩大，“康党”与“新党”原本清晰的界限日渐模糊，“康党”逐步向“新党”扩张。李鸿章与慈禧太后之间的一段君臣对话，正反映了这一事实。政变发生后，慈禧太后召见李鸿章，“太后以弹章示之曰：‘有人谗尔为康党。’合肥曰：‘臣实是康党，废立之事，臣不与闻，六部诚可废，若旧法能富强，中国之强久矣，何待今日。主张变法者即指为康党，臣无可逃，实是康党。’太后默然。”③ 这一对话出自孙宝瑄的日记，是李鸿章亲口对孙所言，也许未必完全是李鸿章与慈禧对话的实录，但也足以透露出其对清廷大肆株连的不满。同时

---

① 《上海黄钦差来电》（光绪二十四年八月十六日亥刻发），《张之洞存来往电稿原件》第14函，中国社会科学院近代史研究所档案馆藏，甲182—385。

② 黄遵宪与“康学”的分歧，一是不信“六经皆孔子自作”，二是不认同康有为“尊孔子为教主”“以元统天”说。《致梁启超书》，吴振清等整理：《黄遵宪集》下，天津人民出版社2003年版，第486—487页。

③ 丁文江、赵丰田编：《梁启超年谱长编》，第129页。

也显示，随着清廷株连范围的扩大，本为“逆党”的“康党”却在变法的意义上，出现了与“新党”的混同。

在“新党”不断受到株连的同时，清廷继续推广新政的承诺也未兑现。早在八月十一日的上谕中，清廷已停废了几项新政，如复冗官，裁撤《时务官报》，禁止士民上书等。八月二十四日谕旨，恢复八股，停止经济特科，裁撤农工商总局；八月二十四日谕旨，禁止各处报馆，严拿捕报馆主笔。八月二十六日谕旨，严禁结会，拿获入会人等，分别治罪。[①]

对清廷旨意的前后变化，时人看得很清楚。光绪二十四年（1898）九月初四日，《国闻报》发表评论，说：“中国政府自杀四卿之后，本无钩稽株连穷治新党之意，亦并无将皇上数月以来开创百度之事全行反复之意。而都察院各道御史以为趁此机会，不分青黄皂白，凡有关涉皇上所创行之新政，皆指为康有为之邪说，太后无不立予平反。凡有曾经皇上所赏识之小臣，皆指为康有为之徒党，太后无不严加惩治。”[②] 将清廷旨意的前后变化归结为言官的推动，不免夸大了言官的作用而低估了太后的意志。八月二十七日上海《新闻报》同样表达了对这种无限株连的担忧：“虽垂帘听政以后，奉有‘一切自强新政，胥关国计民生，不特已行者亟应实力举行，即尚未兴办者，亦当次第推广’之旨，特未知衮衮诸公，能不视若具文否？能不于素日讲求西法者，再以康党目之，而一网打尽否？”[③]

清廷对“新党”的株连、停罢新政，引起了很多有识之士的不满。八月十八日，皮锡瑞在日记中记曰：“现在严究康党，虽有官绅被惑，免其株连之谕，然已一网打尽；且恐乘机报复，纷纷不已，从此言路闭塞，人才消沮，如宋禁元祐学术……卒至神州陆沉，岂不痛哉！”[④] 八月二十八日，刘坤一电奏总署，称：“国家不幸，遭此大变。经权之说须慎，中外之口宜防。现在谣诼纷腾，人情危惧，强邻环视，难免借起兵端。伏

① 《光绪朝上谕档》第 24 册，第 425、451—453、455 页。

② 《言官之言》，《国闻报》光绪二十四年九月初四日，第 2 版。

③ 《论康有为》，《新闻报》，光绪二十四年八月二十七日，第 1 版。

④ 皮锡瑞：《师伏堂未刊日记》，光绪二十四年八月十八日，《湖南历史资料》1959 年第 2 期，第 156 页。

愿我皇太后，我皇上，慈孝相孚，尊亲共戴，护持宗社，维系民心。并请查照八月十一日、十四日两次谕旨，曲赦康有为等余党，不复追求，以昭大信，俾反侧子自安，则时局之幸矣。"[①] 刘坤一重提八月十一日、十四日谕旨，是因为清廷后来的一系列举动已经违背了这两道谕旨的承诺。当慈禧太后盛怒之下，刘坤一公然奏请"曲赦康有为等余党，不复追求"，正反映出他对清廷株连扩大的不满，也道出了多数"新党"中人的心声。

这种不满在陈宝箴与翁同龢被株连之后反映得更为清晰。刘坤一在给欧阳润生的信中，谈及陈宝箴与翁同龢被革之事，如是说："承示陈右帅函及厘正学术疏稿，读竟为之喟然……乃康有为案中诖误，内则有翁中堂，外则陈右帅，是皆四海九州所共尊为山斗倚为柱石者，何以贤愚杂糅至此！若为保康有为以致波及，闻翁中堂造膝陈词，亦是抑扬之语，右帅此疏，更足以自明矣……右帅抉其隐微，斥为异说，伤理害道，甚至比之于言伪而辩行僻而坚两观行诛之少正卯，并请将所著书自行销毁，而犹诬指为康党也耶!"[②] 翁同龢被革后，郑孝胥在十月二十三日日记中感叹道："诋翁之辞甚多，使上失师傅之恩，君臣情谊、国家体统扫地尽矣。呜呼，女德无极，女怨无终，昌被至此，其能久乎!"[③] 在郑孝胥看来，慈禧太后对两朝帝师的恣意诋毁，无疑是目无体制的"昌被"之举，其直接的后果便是为天下士人所尊奉的"君臣情谊、国家体统扫地以尽"，"其能久乎"的反问正道出了国家体统尽失后清朝统治的危机。不久之后，郑孝胥在南京见到刘坤一，再度谈及翁同龢被革一事，刘坤一"叹曰：'昔宋濂之孙与于胡惟庸之乱，明祖欲治之，马后谏曰：田舍家尚知尊敬师傅，况帝王乎？宋先生尝为诸子师，宜免其裔。明祖从之。今国家于两朝师傅恩薄如此，天下有不寒心者乎?'"[④] 较之那些公开的言论，刘、郑的私下议论更能反映其真实的想法，"天下有不寒心者乎"的

---

① 《寄总署》（光绪二十四年八月二十八日），《刘坤一遗集》第 3 册，中华书局 1959 年版，第 1415 页。

② 《复欧阳润生》［光绪二十四年七（八?）月二十八日］，《刘坤一遗集》第 5 册，中华书局 1959 年版，第 2230 页。

③ 劳祖德整理：《郑孝胥日记》第 2 册，光绪二十四年十月二十三日，第 699 页。

④ 劳祖德整理：《郑孝胥日记》第 2 册，光绪二十四年十一月十八日，第 705 页。

反问，说明天下士子人同此心、心同此理。在相近的时间里，梁启超于《清议报》刊出《时事十大新闻汇记》，对翁同龢被革一事的评论正与刘坤一不谋而合："吾不知与明太祖之欲杀宋濂，而马后以太子曾经授读，谓贫家请一先生训子，尚能始终保全，太祖卒为悔悟。其持论之厚薄，相去为何如也?"① 梁、刘的议论一明一暗，却不约而同地道出了清廷的株连已造成天下人心尽失的恶果。

与此同时，清廷对新政的罢废也引起了有识之士的反感。郑孝胥看到八月十一日上谕"言路复塞，罢报馆，复通政使、詹事府等各衙门"后，"哀叹曰：从此又是偷生世界，亡可立待矣"②。陈庆年八月十七日日记记道："康宜诛，法宜变，惟不能如康之浸欲变本，且漫无次序。宜入告我皇太后、皇上，不可因噎废食也。惜无入言之者，为之太息。"③ 九月初二日，李鸿章在写给其子李经方的信中，对清廷停罢新政表示不满："太后临朝，诛遣十数人，大变新政，又成守旧世界。学堂虽未废罢，听官民自为。庐守圆通，揣摩风气，改创归并之说将作罢论，汝自可置身局外矣。"④ 如果说上述不满尚属私下议论的话，那么掌云南道监察御史王培佑与湖北巡抚曾鉌的上奏，则是这种内在不满的公开发声。

当各路言官纷纷迎合太后，奏请严查康党、停罢新政时，王培佑于九月初一日上奏，对那些事后弹劾的章奏表示鄙视，认为那只是"窥朝廷意旨所在，而揣合以希荣，盖但为一己之利害计，而国家政事之得失所不遑计也"。在他看来，为"国家政事之得失"计，当务之急在于将"变法"与"谋乱"区别开来，然后去"新旧之见"，继续变法。他说：

> 今之乱者，窃变法之说，为作乱之谋，实则其人，原不足与变法，其志亦不在变法，特藉以谋乱而已。
>
> 臣恭读屡次诏旨，罪其谋乱，并非罪其变法，使第以变法为罪，

---

① 佗城热血人：《时事十大新闻汇记》，《清议报》第 7 期，光绪二十五年一月二十一日，第 4 页。

② 劳祖德整理：《郑孝胥日记》第 2 册，光绪二十四年八月十一日，第 683 页。

③ 陈庆年：《戊戌己亥见闻录》，《近代史资料》总第 81 号，第 121 页。

④ 李鸿章：《致李经方》（光绪二十四年九月初二日），顾廷龙、戴逸主编：《李鸿章全集》第 36 册，安徽出版集团、安徽教育出版社 2008 年版，第 196 页。

> 则彼转得未灭矣。且以变法归之乱党，壹似其人真能变法，其志真在变法，不反假之口实乎？况此后因时制宜，若援以为戒，亦恐因噎废食，此所以详审案情，而知圣明分别核办，悉归至当也。

以“谋乱”罪“康党”，“康党”罪有应得，人人信服；若以变法罪“康党”，不但不能服人，反使“康党”“转得未灭”，而且“假之口实”。可见，此时的变法已是大势所趋，人心所向。这也是慈禧太后政变之初屡次强调继续新政的原因所在。基于此，王培佑认为，新政之取舍，当“一秉大公”，断不可“以乱党曾经言及，遂概从蠲除”①。政变后新政的无端停废，让王培佑感到担忧，在言官们的众声喧哗中，他大胆地说出了多数人的心声。

继王培佑之后，再度公开呼吁变法的是湖北巡抚曾鉌。十月六日，曾鉌上“酌量变通成例疏”，重提变法，指出：“新猷未焕，百僚无所适从。实惠未沾，群黎不知感化……奴才在外十余年服官……有不敢不据实胪陈而亟求变通者。”随后，曾鉌便一口气提出了包括补官之例宜请变通、掣签之例宜请变通、度支之例宜请变通、讼狱之例宜请变通等内容。特别是在“讼狱之例宜请变通”条下，他列举了按照外国律例变通中律的“十利”，并强调“有此十利”，“可期化浇漓为敦厚，变顽梗为善良，内患潜消，外侮何由而至！感动编氓之道莫速于此”②。本来作为满族人，曾鉌以其在外十余年的服官经历，提出变通成例的重要性和急迫性，无疑是出于对朝廷的忠心。满族人的身份给了曾鉌公开呼吁变法的胆量，或许也正是这满族人的身份为其赢得了下部议的机会，清廷当日“降旨令该衙门议奏以占见众论”。然而，两个月后，曾鉌的奏疏遭到了翰林院侍讲学士贻谷和光禄寺少卿张仲炘的参劾，视其为“康逆党与”，大肆攻击，称：“曾鉌原奏……无非鄙薄本朝，颂扬彼族，包藏异志，情见乎词。其注意外国，必欲变我祖法之心，实与现在印行之康党逆词，同一

① 《掌云南道监察御史王培佑折》（光绪二十四年九月初一日），《戊戌变法档案史料》，第481—482页。

② 《奏疏照登》，《申报》光绪二十四年十二月十三日，第2版；《奏疏续登》，《申报》光绪二十四年十二月十四日，第2版；《奏疏续登》，《申报》光绪二十四年十二月十五日，第2版。

传述，断为康逆党与，其何以辞?”[①] 最终，清廷以曾鉌之奏“语多纰缪，于朝廷整顿庶务，力图自强之本意，大相剌谬，是为乱法，不得以变法藉口。曾鉌著革职永不叙用，以为莠言乱政者戒”[②]。

至此，清廷无情地打消了群僚重启新政的念想，皮锡瑞不无遗憾地在日记中记道：“湖北巡抚曾鉌奏请变法，革职，不知所说何语？从此益钳天下之口矣!”[③] 孙宝瑄也评价说：“曾鉌请变通成例疏，沉痛明辨，有为四百兆人请命之概。因是罢职，曾公不朽矣。”[④]

如果说“康党”的围园密谋违背了当时的政治伦理，失去了应有的同情的话，那么慈禧太后对“新党”的株连、对“新政”的罢废，同样因有失国体、有违常理而大失人心。光绪二十四年（1898）九月十六日，《新闻报》发表《论党祸》一文，明确谈及清廷株连“康党”、停罢新政与人心离散之关系，并劝谏清廷继续推行“新政”，“以维中国之人心”，称：“党祸之兴，岂中国之福哉！……康可仇也，新政不可仇也……废已行之新政，灭未散之人心，使局外者深抱不平，洶汹然仗义执言，且欲［兴］师动众，以与政府为难。正不知守旧诸公，将何所恃而不恐也。然则新政之不废罢，康党之不宜穷究也，明矣……亟宜举巳［已］前之新政，实力奉行，一切持以镇静，以杜他人之窥伺，以维中国之人心，勿踏［蹈］汉、唐、宋、明党祸之覆辙，则天下幸甚!”[⑤]

政变反新政的一面暴露无遗。这在引起有识之士不满的同时，却为“康党”有关政变的宣传提供了有力证据。“康党”的核心成员从政变一开始便努力将“康党”塑造成“新党”的代言人，谴责慈禧太后镇压“新党”、推翻新政的行为，矢口否认围园“逆谋”。政变发生后，梁启超跑到日本使馆求救，其对政变的解释即是从镇压新政的角度进行的，指出“皇帝以变法之故，思守旧老耄之臣，不足以共事，思愿易之，触太

① 《翰林院侍讲学士贻谷折》（光绪二十四年十二月初六日），《戊戌变法档案史料》，第500 页。

② 《光绪朝上谕档》第 24 册，第 594 页。

③ 皮锡瑞：《师伏堂未刊日记》光绪二十四年十二月十二日，《湖南历史资料》1981 年第2 期，第 159 页。

④ 孙宝瑄：《忘山庐日记》上，光绪二十四年十二月二十日，第 296 页。

⑤ 《论党祸》，《新闻报》，光绪二十四年九月十六日，第 1 版。

后之怒"，谭嗣同等"志士都被逮捕，其首领是康有为，想也快要被捕被杀头"[①]。八月十日，康有为在吴淞口外英轮上与班瑞德的谈话中也说："我所领导的维新党完全由位置卑下的小汉官所组成……现在我的唯一罪名，是因为我曾劝谏过皇上，说除了变法维新以外，不能救中国。"[②] 八月十五日，康有为逃到香港与英人贝思福会谈，直接将"吾党"等同于"新党"。当贝思福问康有为"目下新党若何"时，康有为说："吾党固未死也，特被压耳。迟以岁月，必将重兴。所虑者，中国危如累卵，遽尔分裂，虽有忠爱之新党，急起而直追之，其何及乎？"[③] 与清廷大肆渲染"康党"的结党营私、图谋不轨不同，"康党"则努力宣传其倡导维新、遭遇党祸的不幸，否认"围园锢后"的密谋，视"吾党"即"新党"，使得"康党"与"新党"的界限在此全然消弭。之后，康有为通过报刊先后发表了"与德臣西报记者在香港的问答""致上海新闻报信并公开两道密谕""奉诏求救文"等，大力丑诋慈禧太后，并公布密诏，公开太后与光绪的矛盾，意在说明以慈禧为首的旧党株连复旧和他所代表的"新党"助光绪帝推行变法。而梁启超于光绪二十四年（1898）十一月在《清议报》创刊号上开始刊载并于次年出版的《戊戌政变记》，更是系统讲述了戊戌变法的始末，建构了一个以康有为为"新党"首领的戊戌变法史。该书影响极大，"自五月二十三日始"《戊戌政变记》被"悉数颁布于欧洲、美国、新加坡、香港、其他清国人居留之地"[④]。通过这些宣传，康有为作为"新党"首领的地位得到了国外舆论的认可，而清廷对"新党"的不断株连恰为"康党"的宣传提供了有力证据，以至于不明就里的外国人甚至怀疑"康党"的围园密谋是守旧党捏造出来的。《台湾日日新报》在得到"康党"围园废后的消息后，便认为："是则衅起宫闱，殆为流言所误也。况闻政变以后，在朝之司枢机者，同派诸人，互相援引，或经罢职，复据要津，可见守旧党人，原早蓄阴谋。特藉口于沮变法，以排挤夫新进辈。而康有为等，适际其冲，清帝遂为之累耳。

① 林权助：《戊戌变法的当时》，中国史学会编：《戊戌变法》第3册，上海人民出版社1957年版，第571页。

② 王崇武译：《戊戌政变旁记》，《戊戌变法》第3册，第526页。

③ 转引自茅海建《从甲午到戊戌：康有为〈我史〉鉴注》，第838—839页。

④ ［日］狭间直树：《梁启超〈戊戌政变记〉成书考》，《近代史研究》1997年第4期。

嗟乎！清帝之履霜也，不在变法之失宜，而在用人之寡助，其意见虽甚善，其举动则近轻。此废太后之诬所由致焉。”①

面对清廷的大肆株连与“康党”的宣传，部分“新党”中人处境尴尬。最初，他们希望通过与“康党”划清界限以达到自我保全与继续新政的目的。然而，后来清廷的举措令他们希望落空，在被株连的恐慌中，他们不得不思考重启新政的门径。身处日本的南洋留学生监督邹殿书(字凌瀚)，一方面尽力驳斥“康党”的宣传，“每与日本人晤谈，抱定谕旨中‘康某乘变法之际，阴行其乱法之谋’二语，立论亦正大，亦切时。因康某托辞以变法获罪，故日本人视为国事犯，照万国公法以姑容之。今弟斥非变法，实乱法，所谓攻其要害，无处避藏”。另一方面则设法呼吁清廷重启新政，他先向寿富转达了日本外务大臣青木周藏的告诫：“贵国亟须维新……贵国强，则各国畏之，愿为友邦。否则，己之不振，而欲各国敬待，不可得也……不可因康党事错误了国事。”在以青木大臣的建议做铺垫后，邹殿书说出了自己的想法：“今康党在外国流言以中国不肯变法，逐康有为后，则中国无复兴之望。斯言可恶可恨，吾辈实为痛心。惟我政府事事振作，如练兵、理财、兴学育才诸政，皆扩充举行，则该逆党遂无所藉口，不必弟等在外国以口舌争胜，可以固金瓯而消外侮。”② 显然，在邹殿书看来，问题出在了清廷的停废新政。如果清廷能够“事事振作”，康党的宣传不攻自破，自然“不必弟等在外国以口舌争胜”。这里，邹殿书委婉地揭出了清廷罢废新政与“康党”宣传效果之间的因果关系，也道出了自己夹在两者之间的尴尬境遇。对于这种尴尬处境，郑孝胥不无风趣地解嘲说：“今日王稷堂言，有参黄仲弢、江建霞、张菊生及余者，又有言拿问张季直者。余笑曰：今日人尚以被累为耻，将来恐将有以不被累为耻者，则士君子尽矣。余所同召见者张荫桓、谭嗣同，所同被旨者江标，今皆败；余虽未斥，度非久当出国门矣。彼曹固当及罪，然生于今日而冀有贤不肖之分，亦难矣哉。”③ 贤与不肖之难

① 《清事述辨》，《台湾日日新报》光绪二十四年九月初七日，第 141 号，汉文报第 3 版。

② 《邹部郎凌瀚致宗室寿富伯福庶常论康有为书》，叶德辉编：《觉迷要录》第 3 卷，第 14—15 页。

③ 劳祖德整理：《郑孝胥日记》第 2 册，光绪二十四年八月二十一日，第 687 页。

以分辨，端在清廷的株连。而贤与不肖的判分，不同时代也有不同的标准。从当时的政治伦理出发，"康党"图谋不轨当然是叛逆之举，因附和"谋逆"被累，自然是耻辱；但站在变法的立场上来看，变法乃大势所趋，将来的中国必然是变法者的天下，"康党"是变法维新的倡导者，因变法附和"康党"被累，将来必不以为耻反以为荣。从两种不同的立场出发，郑孝胥道出了"新党"夹在清廷与"康党"之间的尴尬境地与复杂心态。

正是这种尴尬的处境在推动一部分人一面驳斥"康党"、一面呼吁清廷重启变法时，也推动另一部分人转而同情"康党"，离心清廷。政变发生之初，具有维新思想的汪有龄正在日本，当时日本士大夫"咸为康抱屈，并恐旧党用事不能变法"，汪有龄曾站在清廷立场上，为政变辩护①，驳斥"康党"，日本人"未能深信"。而后清廷的复旧株连之举恰好证实了"康党"关于"旧党不能变法"的宣传，日本人对汪有龄的辩驳更不信服，他不禁慨叹道："念朝政之紊乱，党祸之惨酷，悲愤交集，非言可喻。向恨新党（指康党），今恨旧党，一腔热血，何处可洒，惟有自行饮之而已。"② 从"向恨新党"到"今恨旧党"的转变，反映了清廷株连逼迫下很多"新党"中人的态度变迁，以"新党"指代"康党"则又隐约可见"康党"宣传的影响。而曾经有意区分"康党"与"新党"的《国闻报》，发表《论中国党祸》一文，也以"新党"指代"康党"，对"康党"的同情跃然纸上，认为"维新之徒纵曰植党营私矣，守旧之辈，亦何尝非植党营私哉？但新党未尝以杀人为事，旧党先以杀人为功，是党祸之开，开自旧党也"，因此告诫旧党不得以"作福作威独行独断，中国之法也"为借口，为所欲为，应当以"三宥之说、八议之条"为律，宽宥"以素王纪年、以总统期许"之"新党"："或曰作福作威、独行独断，中国之法也。不思三宥之说、八议之条，独非中国之法乎？康熙之世，有身为探花作忠臣不可为之论者；同治之朝，有职居御史而为今上不应立之奏者，其视以素王纪年、以总统期许者，相去几何？而当时皆

① 《汪康年师友书札》第1册，第1088页。

② 同上书，第1089页。

不以罪也。”[1] 显然，面对清廷的株连与复旧，以变法为事业的《国闻报》与“康党”有着更多的共鸣，曾经有意界划“康党”与“新党”，不过是恐怖株连下自我保全与保全新政的策略，而今以“新党”指代“康党”正是对清廷失望后内在共识的表白。其对“以素王纪年、以总统期许”之“康党”的同情，直接对话的是两个月前清廷再度声讨“逆党”的一道谕旨。戊戌十一月十六日，清廷在两广总督谭钟麟抄没康有为老家的书信后颁发上谕，意在坐实“康党”“谋逆”之罪，说明“康党”意不在变法，“大逆不道”，罪不容赦，从而挽回人心。[2] 不料《国闻报》竟针锋相对，历数“旧党”处置“康党”的失当，并与康熙、同治朝的案例相比照，认为“以素王纪年、总统相期”的“康党”并非罪不可逭，而是应当宽赦。这里《国闻报》公然对抗上谕之举，已与政变之初积极配合清廷区分“新党”与“康党”的做法，迥然不同。

由于清廷对“康党”的株连波及“新党”、新政，“康党”有关慈禧太后发动政变反对新政的宣传便有了实据；而“康党”将自己等同于“新党”的宣传也在清廷的配合下渐为很多人所接受。可以说，政变后，负有“逆”名的“康党”与“新党”界限分明，但这一原本清晰的界限却由于清廷的株连与“康党”的宣传变得模糊不清，甚至于出现了“康党”与“新党”的混一。于是，有人便出来辨析“康党”与“新党”。《申报》刊发《新党康党辨》一文，明确指出了“康党”非“新党”：“新党能阐新理，发新机，奋发有为……故用其说，行其事，而国可以强”，“若夫大逆不道之康有为、梁启超，则乱党，而非新党也，欲行其悖乱之谋，乃先为维新之说……是康梁者，乃败新法之乱党，而非新党也……康梁既为乱党，而其徒托为新党之鼻祖，以摇乱天下，吾是以辨其为乱党非新党，俾海内维新之士勿以康梁二逆而沮其志，康梁二逆之党不得托新党以行其诈”[3]。政变后的《申报》一直站在清廷的立场上攻击“康党”，为慈禧太后辩护。从这一立场出发，该文再度强调了“康党”“逆”“乱”的一面，从而将“新党”与“康党”区别开来。

---

① 《论中国党祸》，《国闻报》光绪二十五年正月十六日，第 2 版。

② 《光绪朝上谕档》第 24 册，第 569—570 页。

③ 《新党康党辨》，《申报》光绪二十六年二月十一日，第 1 版。

这也是政变以来清廷对“康党”的定性。《申报》之所以再度强调“新党”“康党”之别，是因为政变后已出现了二者混一而论的现象。至于造成这种混一的原因，该文认为是“康党”宣传的结果，这显然是忽视了清廷株连、复旧所起到的“共谋”作用。不容否认，“康党”确有趋“新”、变法的一面，这正是“康党”与“新党”混一的基础，“康党”的宣传也正基于此。当“康党”紧握“维新”“变法”的话语权，大力宣传时，清廷的株连复旧恰好配合了“康党”的宣传，使其效果倍增，遂有“康党”与“新党”的混一。《申报》的这篇论说刊发于光绪二十六年（1900）二月十一日，距离戊戌政变已一年有余，但其中所辨析的“康党”“新党”混一之势，却发端于戊戌政变后清廷的复旧、株连。

三　结语

戊戌时期，“康党”最早得名于康门弟子与章太炎的冲突中，但早在上海强学会的康、张矛盾中，康门的政治主张（即“康学”“康教”）与做派问题已露端倪。这也是日后时人指认“康党”的主要依据。而且，最初的“康党”仅指康门弟子。“康党”之被广泛使用则是戊戌年的事。其时，由于康门师徒深入参与湖南及京师的变法运动，其政治影响力不断扩大，反对者也越来越多，“康党”便被越来越多的人使用。尽管“康党”的指认对象并不确定，往往因人因地而异，但又相对集中，除康门师徒外，主要包括那些公然支持康门师徒宣传“康学”、助益变法者。戊戌政变后，“康党”的指认对象与判分标准都发生了很大的变化。政变之初，清廷判定的“康党”就是“逆党”，即附和康有为“谋逆”者。而后，随着清廷株连范围的扩大，便出现了“康党”与“新党”的混一之势。与此同时，康门师徒以当事人的身份紧握变法这一主流话语权，大力宣传，进一步强化了“康党”即“新党”的说法。对此，梁鼎芬不无愤慨地说：“康有为自称此次变法者谓维新党，且自名曰党魁，中外报馆不察，群以变法推之，可谓侥幸得名。”[1] 殊不知，梁鼎芬只说对了一半，其实，推动“康党”成为“维新党”的另一种力量正来自清廷。对此，张謇曾在戊戌年十一月初二日的日记中记曰：“与伯茀（寿富）谈。伯茀曰：‘康、梁盖我政府尊奉而保护也。’甚当。斥之为康教，罪之为党魁，皆尊奉之词。”[2]

而“康党”指涉的流变实与戊戌政局的变动有着复杂的关联。戊戌变法为康门师徒提供了自我展示的平台，但当其登上变法的舞台后，其偏激的变法理论与党同伐异的做派很快成为时人攻击的焦点，“康党”之名随之而来，弹劾奏章雪片飞来，对变法产生了极大的负面影响。而后，随着百日维新的推进，废八股、裁冗官，特别是“康党”联络台谏、弹劾大臣的做派，进一步激化了时人对“康党”的不满。在各种因素的交互作用下，“康党”遂成众矢之的，其命运已在很多人的预料之中。政变发生后，身在日本的邹殿书致函汪康年说：“忆在沪时与兄言，康某必败，今果如所料，然亦不想如此之速也……前者告兄以京师众怒，必杀康某，斯语兄当忆之。”[3] 汪有龄也有“知康党已仆，此事早在人意中，然非趾高气扬至于斯极，其得咎当不若是之速。今而后东粤伧夫，当无能为役矣”之说。[4] 如此看来，戊戌政局从“变政”到“政变”的逆转，“康党”具有不可推卸的责任。这也是政变后“新党”中人深恨“康党”的原因所在。

戊戌政变发生后，本来“康党”被清廷判为“逆党”，孤立“康党”、继续新政，此乃清廷收拾人心、稳定大局的不二法宝，八月十四日的谕旨已体现出了这一意向。但遗憾的是，清廷随后便放弃了这一法宝，转而株连“新党”、停罢新政。这在激怒“康党”使其决然对抗政权之外，也大寒天下士人之心。于是，政变初为清廷辩护者，转而规劝清廷重启新政；与“康党”划清界限或保持沉默者，转而同情“康党”，离心清廷，甚至转向革命。本来由清廷定性为“逆党”的“康党”转而出现了与“新党”混一之势。此中的转换枢机，正是戊戌政变后清廷的复旧株连。当庚子年

① 梁鼎芬：《康有为事实》，见清华大学历史系编《戊戌变法文献资料系日》，上海书店出版社 1998 年版，第 1257 页。

② 《张謇全集》第 6 卷，“日记”，光绪二十四年十一月初二日，第 416 页。

③ 《汪康年师友书札》第 3 册，第 283 页。

④ 《汪康年师友书札》第 1 册，第 1088 页。

清廷重拾新政的法宝收拾人心、挽救时局时，其所面对的人心离散、革命潜藏的危局，已与戊戌年的光景不可同日而语。有趣的是，庚子年重启新政时的清廷，仍然要面对那个动摇其统治基础的“康党”。庚子年十二月初十日，朝廷颁发的新政上谕称：“自丁戊以还，伪辩纵横，妄分新旧。康逆之祸，殆更甚于红拳。迄今海外逋逃，尚以富有、贵为等票诱人谋逆。更藉保皇保种之妖言，为离间宫廷之计。殊不知康逆之谈新法，乃乱法也，非变法也。”[①] 这里，清廷断断辨析的仍然是戊戌年八月十四日谕旨的内容，即“康党”为“逆党”，其“谈新法”乃“乱法”，非“变法”。在经历了两年多的迂回之后，清廷的决策又回到了戊戌政变之初。

拨开历史的迷雾，还原“康党”的本真，应当说“康党”乃“新党”之一，而非“新党”之唯一，其核心永远是康门师徒，而“康党”所特有的做派终使其与其他趋新之“新党”的界限难以消弭。章太炎曾作《箴新党论》，在将“康党”还原为“新党”之一的同时，也强调了以康有为为首的“康党”不同于其他“新党”的做派：“新党之萌芽，本非自有为作，挟其竞名死利之心，而有为所为，足以达其所望则和之，不足以达则去之，足以阻其所望则畔之，故有为虽失助，而新党自若。”[②]

---

① 《上谕》（光绪二十六年十二月初十日），故宫博物院明清档案部编：《义和团档案史料》下，中华书局1979年版，第915页。

② 章太炎：《箴新党论》，《章太炎全集》第4册，上海人民出版社1985年版，第291页。

一战爆发后中国的中立问题

——以日本对德宣战前为主的考察*

侯中军

1914年8月6日，袁世凯以大总统令宣布对欧战保持中立。学界对第一次世界大战（以下简称“一战”）初期中国的中立多不持肯定态度，认为系袁世凯应对一战的被动之举。客观而言，中国的中立未能避免战火延及国内，青岛及胶济铁路被日本侵占。此后，限定战区的提议又因日本的反对而未能实现。从一战爆发的7月28日到8月6日，北京政府在这短短的9天里为何决定采取中立态度？其外交考量如何？8月15日，日本对德发出最后通牒，为维护自身的中立，北京政府在内政外交方面又做了哪些努力？英、美、日之间围绕中国的中立问题进行了哪些外交交涉？目前学界对这方面的研究还比较薄弱。② 本文拟就一战爆发后北京政府出台中立政策的背景和原因以及英、美、日等列强在中国中立问题

* 本文原载《近代史研究》2015年第4期。

② 目前涉及一战初期中国中立问题的论著主要有王建朗《北京政府参战问题再考察》（《近代史研究》2005年第4期）、黄嘉谟《中国对欧战的初步反应》（《中央研究院近代史研究所集刊》第1期，1969年）；Madeleine Chi，*China Diplomacy 1914—1918*（Cambridge：Harvard University Press，1970，利用英国外交档案重点关注英日之间在中国中立问题上的矛盾与合作）；张水木《欧战时期中国对德关系之转变》（硕士学位论文，台湾东海大学历史学研究所，1973年）第一章的第一、二两节；陈廷湘《民众情绪变化与抗议二十一条运动》（《社会科学研究》2005年第4期）；石源华《中华民国外交史》（上海人民出版社1994年版）；［美］徐国琦《中国与大战：寻求新的国家认同与国际化》（马建标译，上海三联书店2008年版）。

上的态度作一考察，以期加深中国与一战关系的研究。

一

1914 年 6 月 28 日，奥匈帝国皇储费迪南大公一世在塞尔维亚的萨拉热窝遇刺身亡。以此为借口，7 月 28 日奥匈帝国向塞尔维亚宣战，第一次世界大战正式爆发。北京政府在一战爆发的当天即得到消息，并于同日致电相关驻外使馆："奥塞失和，所驻国对此持何态度，有何举动，确切密探，随时电部。"① 此封电文的传达对象，并未包括中国驻美公使。此时，敌对双方阵营尚未明朗化。29 日，外交部再电中国驻欧、日公使，并将驻美公使纳入询问对象，"奥塞开战，各国守中立如何情形，希速探明电复"②。外交部前后两次发电，目的明确，希望探听中立情形。战事迅速发展之际，7 月 31 日驻英公使刘玉麟复电："英现联合德法义俄会商调停办法，德不全认，能否转圜，尚未可期。"③ 驻日公使陆宗舆认为，"各国大约用武装的仲裁，约可望和平"。至于外交部所关心的中立一事，陆宗舆的回复是"日本对巴尔干战事，并未宣告也"④。各使传回外交部的消息，多为推论。在战争爆发初期，一切都在迅速变化之中，从中能得出的预判其实较为有限。

虽然战事远在欧洲，但由于条约关系的存在以及多国在华拥有租界和租借地，仍不能忽视其对中国产生的影响。中国国内最初的担忧是：在华有利益的各国是否会借此侵犯中国的主权和利益？尤其是日本，是否会借机侵华？8 月 3 日，重庆海关监督颜锡庆即致电外交部，担忧日本将趁机利用乱党，图谋中国商务利益。⑤ 山东交涉署更担心日本趁机谋取

---

① 《发俄、法、英、奥、义、德、日本各驻使（刘镜人、胡惟德、刘玉麟、沈瑞麟、高尔谦、颜惠庆、陆宗舆）电》（1914 年 7 月 28 日），"中研院"近代史研究所编：《中日关系史料——欧战与山东问题》上，"中研院"近代史研究所 1964 年版，第 1 页。

② 《发欧洲各使日美驻使电》（1914 年 7 月 29 日），《中日关系史料》上，第 1 页。

③ 《收驻英刘公使（玉麟）电》（1914 年 7 月 31 日），《中日关系史料》上，第 1 页。

④ 《收驻日本陆公使（宗舆）电》（1914 年 7 月 31 日），《中日关系史料》上，第 1—2 页。

⑤ 《收重庆关监督（颜锡庆）电》（1914 年 8 月 3 日），《中日关系史料》上，第 2 页。

青岛。[①] 因敌对双方在汉口均有租界，江汉关监督丁士源担心租界会因此发生骚乱。由于没有明确宣布中立，无法援用相关国际法规处置相关事情，更不便处置敌对双方的行动。此时，宣布中立对于中国而言，可以节制敌对双方在中国的行动，确立维护自身利益的法理依据，这应是中国中立的主要目的。

此时中国国内的舆论，大体持局外中立观点。[②] 国人要求政府不要采取“保守中立”，免蹈日俄战争之覆辙，希望“陆军部勿仅注意于民间言论而自忘其职守焉”[③]。中国于 8 月 3 日向美国提议限制战区，继而于 8 月 6 日同时向日、美两国提出此议。但在蓝辛（Robert Lansing）文件中，有更早的记载。在 8 月 1 日前后，中国驻美公使夏偕复已经向美国国务卿布赖安（William Jennings Bryan）提议此事。夏公使询问布赖安，“是否有此种可能，即让交战双方达成协议，以保证远东的中立”[④]。此次预先探询，夏偕复并未事先征求外交部同意，美国方面亦未给予具体答复。[⑤] 8 月 2 日，日本宣布中立，但同时亦表示，因英日同盟的存在，如果英国加入战争，日本为了履行协约义务，亦将采取相应行动。[⑥] 日本的中立宣言，为随后的举动预留了各种可能。

8 月 3 日，美国政府通过两个渠道收到了中国希望限制战区的提议，一是中国驻美公使，二是美国驻华代办。是日，北京政府致电驻美公使夏偕复，请其向美探询是否有意限制战区。同日，美国驻华代办马克谟（MacMurray）致电美国政府，建议美国应保全远东地区，“即使所有阻止欧洲当下战争的手段都归于失效，类似的战争行为也不应该波及远东。

① 《收山东交涉署函》(1914 年 8 月 4 日)，《中日关系史料》上，第 2 页。

② 见陈廷湘《民众情绪变化与抗议二十一条运动》，《社会科学研究》2005 年第 4 期。

③ 《保守中立》，《申报》1914 年 8 月 1 日，第 1 张第 3 版。

④ Robert Lansing, Memorandum by the Counselor for the Department of State (Lansing) on Course to be Pursued to Preserve the “Status Quo” in China, Washington, August 7, 1914, LANSING PAPERS, 1914 - 1920, Vol. I, *Foreign Relationships of the United States* (hereafter *FRUS*), Washington: United States Government Printing Office, 1939, p. 2.

⑤ 见黄嘉谟《中国对欧战的初步反应》，《中央研究院近代史研究所集刊》第 1 期，第 5 页。

⑥ 《日本外务省关于欧战之最初宣言》(1914 年 8 月 2 日)，程道德等编：《中华民国外交史资料选编》(一)，北京大学出版社 1988 年版，第 149 页。

美国可以提议各国不要在远东地区采取敌对状态，正如美国于1870年普法战争时所做的那样”[①]。在马克谟致电美国政府前，北京政府曾派代表与其接洽，请美国出面，限制交战国在中国境内作战。马克谟当时未予答复，而是表示将向国务院请示。同日，北京政府外交部致电有关各国，要求不得在中国领土、领海，及英、俄、德、法、日等租借地交战。[②]

在8月3日电文中，马克谟细分了中国中立的范围和类别，将租界和租借地区分开来，“中立提议仅指所有的在华外国租界，不包括租借地，在正式向各国进行外交斡旋前，我恳请政府授权我参与外交使团的提议”。美国政府予以肯定答复：“授权参与中国中立化倡议，但中立地区不包括租借地。”[③]

同日，外交部致电中国驻俄、德、英、法四国公使，令其探询所在国态度。电文有两层含义：一是“战区能否限在欧境，在华各租借地，是否注重”；二是“英国能守中立否”。前层含义在于自保，避免战祸延及中国境内；后层表面上是关心英国的中立，实则是担心日本卷入战团。如果联系7月31日陆宗舆的电文，此层意义更加明显。[④] 德国方面对中国的建议反应积极。德国驻华公使电告德国外交部，他将在8月6日的公使团会议上正式提出此议，保持胶州湾和汉口、天津德租界的中立。但出于谨慎，在回复中国政府的建议时却提出：只有在列强均表同意的情形下，德国方能保证中国的中立。[⑤]

英国、日本此时亦曾考虑通过外交途径保持中国中立的问题，但由于英国已经于8月4日夜间对德宣战，在6日的公使团会议上，交战双方代表互不说话，并未有人提出有关中国租界中立化问题的议题。会后，

---

① The Chinese Legation to the Department of State, Washington, August 3, 1914, LANSING PAPERS, 1914 - 1920, Vol. I, *FRUS*, p. 1.

② 郭廷以编著：《中华民国史事日志》第1册，“中研院”近代史研究所1979年版，第151页。

③ Robert Lansing, Memorandum by the Counselor for the Department of State (Lansing) on Course to be Pursued to Preserve the “Status Quo” in China, Washington, August 7, 1914, LANSING PAPERS, 1914 - 1920, Vol. I, *FRUS*, p. 2.

④ 《发驻俄德英法公使（刘镜人、颜惠庆、刘玉麟、胡惟德）电》，《中日关系史料》上，第2页。

⑤ Madeleine Chi, *China Diplomacy 1914 - 1918*, p. 1.

顾维钧拜访美国驻华代办马克谟，询问公使团会议的结果，得到的回答是“朱领袖公使屡以有无他项公共问题提议，询诸各使，而彼皆缄默无言”，“对于租界及东交民巷，应如何布置，以保中立一层，并未提议”。马克谟告诉顾维钧，他正准备向美国政府发电，转达中国政府的建议，即“在中国及中国领海内，不得有交战行为，以保东亚和平”①。马克谟的电文当日下午就已经发出，“中国政府将照我 8 月 3 日下午 11 时电报中所述内容向国务院提出请求。同时也请求日本政府在这件事情上与我国政府合作。中国政府拟于明日把他们的请求直接寄给总统”。电文坦言，公使团在 6 日的会议上不愿涉及租界中立，但马克谟仍希望美国政府向交战国提出该建议，“这可能是得当的，它即使不能把远东完全置于敌对的战区之外，但交战国仍可指示它们的驻华代表，可在其管辖地区保持中立的原则”②。蓝辛在其备忘录中提及此电文，“8 月 6 日，美国驻北京公使陈明，北京公使团不愿提出中国条约口岸的中立化问题，但美国或许可以向各国倡议保持中国的中立”③。

8 月 5 日，外交部已经确定了中国对此次大战的态度。透过前几日的电文，可以看出大概的端倪。当时外交部得到的最新消息是：英国已经派兵赴法，但并未对德宣战。④ 外交部在观察日本的动向时，其出发点是英日同盟的存在，以英国的态度推测日本的倾向，认为在英国尚未参战的情形下，日本不会宣布参战。“日以英盟，愿为后援，日当局态度静慎”，日本的暂时观望，使得北京政府难以出台相应的对策。⑤ 此时宣布中立的欧洲国家中，已有瑞士、瑞典、丹麦、挪威和意大利。各国相继宣布中立，无形中促使北京政府考虑早日宣布自身态度。同日，外交部复电湖北将军段芝贵、广东将军龙济光、广东巡按使李国筠，称“初三

① 《顾参事（维钧）赴美馆会晤马代使问答》（1914 年 8 月 6 日），《中日关系史料》上，第 9 页。

② 《驻华代办马克谟致国务卿电》（1914 年 8 月 6 日午夜），章伯锋、李宗一主编：《北洋军阀（1912—1928）》第 2 卷，武汉出版社 1990 年版，第 753 页。

③ Robert Lansing, Memorandum by the Counselor for the Department of State (Lansing) on Course to be Pursued to Preserve the “Status Quo” in China, Washington, August 7, 1914, LANSING PAPERS, 1914 - 1920, Vol. I, *FRUS*, p. 2.

④ 见《收驻英刘公使（玉麟）电》（1914 年 8 月 5 日），《中日关系史料》上，第 4 页。

⑤ 《收驻日本陆公使（宗舆）电》（1914 年 8 月 5 日），《中日关系史料》上，第 4 页。

口电悉，欧洲战局已成，我国中立条件办法现已拟定，不日宣布”[①]。对一战保持中立政策，并非北京政府内部的一致声音。为防止出现别国在中国领土作战的被动局面，曾有人提出较为积极的主张，张国淦即为其中之一。[②] 在中国宣布中立之前，张国淦特访时任陆军总长的段祺瑞，提出“因为青岛问题，日本倘借口英日同盟先我而为之，则我即难于应付，而且日后纠葛更多”，建议中国应该“运动德国自动的交还青岛，日本自无所藉口，如不行，则我即宣战，亦是与日英共同动作，不使在中国土地上，我守中立，彼来用兵”。段祺瑞表示他本人也赞成宣战，“奈一般军人，都不赞成”[③]。

5 日，驻日公使陆宗舆致电外交部，传达以下信息：日本政府表示将确守中立态度，但如战事变化，英国投入战局，“日本以协约义务，必至执必要之措置”[④]。已经明确，如英国参战，日本必将参战。

中立既为政府既定方针，何时宣布仍然是一个问题。早在 8 月 3 日，龙济光、李国筠致电政事堂，催促政府宣布中立。由于德俄已经宣战，德国军舰“青岛”号在珠江水域游弋，俄国驻广州领事向广东当局交涉：“想贵国对于此次俄德宣战，似守中立，请将该青岛军舰，从速处理”，由于政府未公开宣布中立，李国筠等予以婉拒。同日，湖北将军段芝贵亦电政事堂，以中国为海牙国际公约缔约国为由，要求政府即刻宣告中立。“奥塞德俄及我国均为缔约国，有遵守及施行正当手段之义务”，于中国实际而言，“奥德俄在各口岸，或有兵舰，或有战斗员，宜规定一种办法”。如果中国未能及时宣布中立，“设有一国，因我未履行此项义务，挟其威力来相诘问，似于独立国主权关系甚大”。由于缺乏中立条规，最坏的局面可能是“既不便以海军监视德舰，亦不能要求俄兵解除武装”[⑤]。

5 日，驻俄公使刘镜人亦致电外交部，催促政府宣布中立，“我国宣

---

① 《发湖北将军（段芝贵）电》（1914 年 8 月 5 日），《中日关系史料》上，第 4 页。

② 见王建朗《北京政府参战问题再考察》，《近代史研究》2005 年第 4 期，第 3 页。

③ 许田：《对德奥宣战》，中国科学院历史研究所第三所编：《近代史资料》总 2 号，科学出版社 1954 年版，第 51 页。

④ 《收驻日本公使（陆宗舆）电》（1914 年 8 月 6 日），《中日关系史料》上，第 5 页。

⑤ 《收政事堂交电》（1914 年 8 月 6 日），《中日关系史料》上，第 11 页。

布中立似不宜缓”[①]。处于风口浪尖的山东也于同日来电，催问政府态度。山东将军靳云鹏、巡按使蔡儒楷认为“战机逼紧，青岛更加吃重，我国中立如何办法，钧处想已筹定，乞示遵”[②]。

面对各方的催促，1914 年 8 月 6 日，袁世凯颁布大总统令，宣布中国对于此次欧洲战事“决意严守中立”[③]，并于同日申令中国人民“遵照中立条规，严密防范”[④]。同时，颁布《局外中立条规》24 条。该条规要求各交战国在中国领土、领海内，不得有占据及交战行为，不得将中国任何地点作为根据地攻击对方；条规对于交战国在华的人员、军舰和武装部队的行为规范都有详细的规定，并明确了交战国违反中立条规的处置办法。对于未能涉及的事项，条规要求按照 1907 年的陆战中立条约、海战中立条约办理。[⑤]

广东、湖北两地催促中立的电文，均发到当时的最高行政机构政事堂，由政事堂于宣布中立的当日转交外交部。[⑥] 政事堂于 8 月 6 日集中将这些催促电文转给外交部，其意图何在？一般认为，这些电报的集中出现，其目的是解释为何须于 6 日宣布中立。笔者以为，政事堂将这些电文打包转给外交部，最大的可能是因为外交部在何时颁布中立条文方面与政事堂存在分歧。这种分歧程度不得而知，但影响到了政府的决策。审视 8 月 6 日前北京政府的外交活动，可以认为，外交部希望能在宣布中立之前，先得到美国的赞同。最理想的结果，莫过于由美国向相关国家建议勿将战局扩至远东，如此一来，中国的中立地位方能得以维持。美国的建议如果发出，在外交上是对中国中立的支持，此点当是北京政府外交部力争的目标。但由于国内各方的压力，政事堂不能无限期等待外交部不能确定结果的对外交涉，尽早宣布中立地位以便国内从容应对战

① 《收驻俄公使（刘镜人）电》（1914 年 8 月 6 日），《中日关系史料》上，第 11 页。

② 《收山东将军（靳云鹏）巡按使（蔡儒楷）电》（1914 年 8 月 6 日），《中日关系史料》上，第 12 页。

③ 《大总统袁世凯关于严守中立令》（1914 年 8 月 6 日），中国第二历史档案馆编：《中华民国史档案资料汇编》第 3 辑，“外交”，江苏古籍出版社 1991 年版，第 383 页。

④ 《大总统袁世凯恪守局外中立申令》（1914 年 8 月 6 日），《中华民国史档案资料汇编》第 3 辑，“外交”，第 384 页。

⑤ 参见《中华民国史档案资料汇编》第 3 辑，“外交”，第 380—383 页。

⑥ 1914 年，袁世凯将国务院改为政事堂，袁世凯称帝失败后，裁撤了该机构。

局的发展，是此时政事堂的最高决策意见。但此时美国传来的消息，仅同意中国租界和租借地保持中立。各国对中国中立地位的确认一直拖到了8月12日。

宣布中立前，外交部关心的另外一件事情是：日本是否能确守中立。由于英日同盟的存在，日本有无可能因英国参战而加入战团？一旦成为事实，届时日本将侵夺德国原在山东的权益，这是一个比较现实的问题。虽然中国已经准备好了中立的条文，但如果在英国尚未参战前就贸然宣布中立，对于一直希望借英日同盟加入战团的日本的动向，尚不可完全预料，可能会处于外交上的被动。与外交部不同的是，政事堂考虑的不仅是外交问题，还有国内政治形势，它需要一个通盘的考虑。

综合多方因素的考虑，在未能获得最佳的外交形势下，8月6日北京政府最终宣布中立，正式昭告世界中国对此次战争的中立态度。外交部于同日致电各驻外使领，“欧洲战事，政府现已宣布中立，条文另寄”①。同日，外交部收到驻英公使刘玉麟电报，得悉英国已经于8月4日夜对德宣战，“德侵比国中立，英政府按公约质问，未能照覆，英遂于昨夜宣战”②。此份迟来的电报，已经无法让中国决策者修改已颁布的中立条规，从而避免中国政府最担心的问题，即日本是否将跟随英国加入战团，从而危及青岛。8月7日，英国驻华公使朱尔典（J. Jordan）照会外交部，英国已经与德国处于战争状态。③ 事实上，《局外中立条规》已经做到了尽可能的防范，将战争延及中国的可能性降到了最低。已有研究指出，“如果各方行事皆尊重国际法原则，中国的主权是应该得到保护的”，但北京政府并未就此止步，而是积极寻求外交上的保障。④

二

中国于8月6日宣布中立。此时，北京政府一直努力希望获得的中立

① 《发驻外各领馆电》（1914年8月6日），《中日关系史料》上，第13页。

② 《收驻英刘公使（玉麟）电》（1914年8月6日），《中日关系史料》上，第6页。

③ 《收英公使（朱尔典）照会》（1914年8月7日），《中日关系史料》上，第13页。

④ 见王建朗《北京政府参战问题再考察》，《近代史研究》2005年第4期。

保证，大为缩水。美国只是建议各国保证租界和租借地的中立，而非整个中国及远东地区。由于英国已经对德宣战，因此，原先计划的日本中立几不可能。如果日本因此进攻青岛，将使中国的中立事实上很难维持。在此种形势下，为了维持中立，保证自身不被战火波及，北京政府从外交和内政两个方面入手，采取相应措施。由于各国在华的利益格局相互交错，而中国又无足够力量伸张自身权利，在中立问题上，此时外交的因素要强过内政，中国的中立保证寄希望于美、英、日之间的牵制。美、日、英之间的交涉虽然与中国有关，但中国有时难以与闻。

宣布中立的当日，外交部致电各驻外公使，要求其将中国中立之事照会所在国：中国必将按照中国现行法令条约以及国际公法，恪守中立义务。① 驻外各使遵照指示，分别照会所在国政府，并建议中国应采取的相应措施，其中驻法公使胡惟德的回复较有代表性，“中国除中立无他策，但恐战事愈久则影响愈大。惟有格外防范，严束人民，加慎交涉，庶无藉口生事之机”②。

同日，外交部致电日本和美国，希望两国共同出面“限制战区，保全东方。劝交战各国，勿及远东”③。在中国向美方发出限制战区提议前后，美国政府亦在考虑自身对远东地区的外交政策。虽然美国已经通过外交途径答复中国，同意中国租界和租借地保持中立，但在内部，仍在观察时机，不断调整自身政策。英国对德宣战后，日本必将以英日同盟为借口加入战争，美国对此有清楚的认识。8 月 7 日，马克谟在与德国驻华代办会谈后向美国政府报告，称“英、日、俄相约在将来的欧战发生后，日本将与英俄一道在太平洋对德作战，以获得德国在胶州的权利作为补偿”，再次提出日本参战问题。④ 出于对日本即将采取参战行动的预判，8 月 14 日蓝辛又提出，暂时应不主动提出中国的中立问题。“在日本正式对德宣战前，如果我们致力于使条约口岸中立化，并保证中国的中

---

① 《发驻外各使电》(1914 年 8 月 6 日),《中日关系史料》上，第 13 页。

② 《收驻法公使（胡惟德）电》(1914 年 8 月 11 日),《中日关系史料》上，第 31 页。

③ 《外交部致陆宗舆电》(1914 年 8 月 6 日)，王芸生编著：《六十年来中国与日本》第 6 卷，生活·读书·新知三联书店 1980 年版，第 39 页。

④ 《驻华代办马克谟致国务卿电》(1914 年 8 月 7 日上午)，章伯锋、李宗一主编：《北洋军阀（1912—1928)》第 2 卷，第 754 页。

立和现状，则需要与日本政府协商，以符合两国 1908 年的备忘录”，如果美国不如此做，则日本将推迟美国的提议，美国将一无所获；另一方面，如果美国持观望态度，不主动提议中国中立和维持现状，则“在日本对德宣战前，美国不一定成为第一个向日本政府提出这一问题的国家”。蓝辛坚持认为，“如果我们一直坚持到日本对德采取决定性行动前，我们会获得外交利益”①。

对于中国联合美国限制战区一事，日本不以为然。日本首相大隈重信告诉陆宗舆：“宣言限制战区，如他国不听，须以兵力干涉，美总统仅以空言宣告，有何效力?”虽然他一再向陆宗舆表示日本“必力保东亚和平，且深与中国友好，决无野心”，但又同时表示：“德虽与日不表敌意，青岛舰队难免与英法冲突。日以英国同盟关系，如东方有战，日本不能中立。”② 大隈此番谈话，进一步验证了中国此前的担心：日本必将随英国参战，夺取青岛。大隈谈话后，日本驻华代理公使责难中国政府有联合美国调停之举，“此等关系东方重大事件，中国何径先向美邦提议?”③日本为了稳住北京政府，掩饰其侵占山东之意图，有意通过第三国向中国传达信息。10 日，瑞典驻华公使访问外交部，称“日政府对华，纯抱和平宗旨”④。此时距日本对德发出最后通牒仅剩 5 天的时间。

在建议美国出面调停一事上，拉美各国亦曾向美国提出类似建议，虽然其出发点与中国的建议有区别，但共同之处甚多。蓝辛甚至认为：“关于调停可能性的建议实际上来源于欧洲，拉美代表是受到了欧洲某些国家的影响。”蓝辛建议美国政府此时不应讨论调停问题，“除非有公开调停的要求，现在讨论该议题实属不宜”。即使美国准备调停，亦应采取“单独调停”，而不是与他国联合调停。但同时蓝辛亦承认，“很难拒绝他国联合美国调停的善意，我坚信，他们愿意跟随美国一起调停”。蓝辛向威尔逊总统正式提出三个建议，供其提前考虑：一旦有调停可能，美国

① Robert Lansing, The Counselor for the Department of State (Lansing) to the Secrerary of State, Washington, August 14, 1914, LANSING PAPERS, 1914 - 1920, Vol. I, *FRUS*, p. 4.

② 《收驻日本陆公使（宗舆）电》（1914 年 8 月 9 日），《中日关系史料》上，第 19 页。

③ 《北京政府外交部致驻日公使陆宗舆电》（1914 年 8 月 10 日），程道德等编：《中华民国外交史资料选编》（一），第 155 页。

④ 《发驻日本陆公使（宗舆）电》（1914 年 8 月 10 日），《中日关系史料》上，第 22 页。

是否单独调停；如果邀请他国参加，是否应该限于南美的三大共和国，使其成为美洲的调停；是否将欧洲国家列入邀请调停名单。[①]

无论如何，美国总统调停战事之举并未取得效果。由于日本反对与美国联合在远东限制战区，北京政府不得不改变策略，“原拟联合日、美，日不赞同，出头无益，美国方面，已电令夏使婉词取消六日电意”[②]。

当美国犹豫是否调停时，英国正考虑是否邀请日本加入战争。1914 年 8 月 1 日，英国外交大臣葛雷（Edward Grey）在致英国驻日大使格林（C. Greene）的电文中说：“我们还未决定自身应采取何种行动，但在一定情形下，如果需要，我们可能会加入战争。一旦我们决定参战，我们将与法、俄站在一起。我不认为英国参战需要以英日同盟的名义，或者出于维护同盟共同利益的原因要求日本参与进来，我看不到这种可能性”，要求将此告诉日本外相。[③]

日本政府清楚英国的顾虑，因此力图打消英国对日本参战的担心。8 月 3 日，英国驻日大使格林致电葛雷，“一旦德国进攻香港或采取其他攻击行动，陛下政府可以信赖日本，一旦召唤，即将全力援助盟邦；援助的理由和性质完全由陛下政府决定”[④]。8 月 4 日，葛雷告诉格林，日本在日俄战争期间并未向英国寻求任何帮助，我们应避免将日本牵涉进来，“但如果情势发展到我们需要日本帮助的时候，我乐于寻求帮助，并将对此种帮助心存感激”[⑤]。参战后，英国发现，为了摧毁德国在亚洲的军事力量，日本的合作实有必要。8 月 7 日，英国照会日本，表示仅希望日本舰队消灭德国武装船只，保护远东自由贸易。此时，日本召开临时内阁会议，已经决定参加对德作战。[⑥] 为达参战目的，加藤外相对英日同盟的

① Robert Lansing, The Secretary of State to President Wilson, Washington, October 7, 1914, LANSING PAPERS, 1914 - 1920, Vol. I, *FRUS*, p. 9.

② 《发驻日本陆公使（宗舆）电》(1914 年 8 月 11 日),《中日关系史料》上，第 29 页。

③ Sir Edward Grey to Sir C. Greene, Foreign Office, August 1, 1914. *British Documents on the Origins of War*, 1898 - 1914, Vol. XI, London: His Majesty's Stationery Office, 1926, p. 245.

④ Sir C. Greene to Sir Edward Grey, Tokyo, August 3, 1914, *British Documents on the Origins of War*, 1898 - 1914, Vol. XI, p. 305.

⑤ Sir Edwand Grey to Sir C. Greene, Foreign Office, August 4, 1914. *British Documents on the Origins of War*, 1898 - 1914, Vol. XI, p. 329.

⑥ 见郭廷以编著《中华民国史事日志》第 1 册，第 152 页。

利用发挥到极致，以“义务”和“情谊”两点解释日本与英国的关系，认为“即使没有发生德国攻击了威海卫或香港这种明确的同盟上的义务，也可以‘情谊’作为对德参战的根据，以确保日本在亚洲的军事行动的自由”[1]。8 月 11 日，顾维钧会晤英国驻华公使朱尔典，向其解释中国仅向美、日提议限制战区的原因，意在争取英方的理解。顾维钧指出，中国最初亦曾准备联合英国一起行动，然正磋商间，英国已经参战。会谈中，顾维钧试探英国是否知悉日本即将进攻青岛，朱尔典只是含糊答以“或者如是”[2]。

日、英即将会攻青岛，德国方面亦试图通过外交手段阻止日本的行动。虽然德国目的是保住青岛，但在客观上有利于中国维护中立的目的。在当时，能在远东抗衡日本的唯有美国，非但中国对此有明确的认识，德国亦明了此点。透过开战以来德国的对美外交，已经可以看出德国有意借助美国。8 月 7 日，德国驻华代办与马克谟晤谈，意在提醒美国提防日本。10 日，德国驻日大使会晤美国驻日大使，再次提醒美国，日本即将对德作战，并认为德国不可能在青岛坚守得住。“德国被挤出远东及把它的属地转交给日本，是有损于美国利益的”，希望美国牵制住日本。[3]此时美国的考虑是，维持中国现状。蓝辛在此基础上提出了太平洋中立化的建议，并通过美国驻英大使发表声明，探听英方的态度。美国从英国得到的消息是，防止战事发生在中国或中国的领海内，以致引起骚乱，此点与美方提出的中立化提议大致相同。布赖安在其回复美国驻英大使的电文中称：“葛雷爵士对你的声明极为满意，认为它符合该政府欲维持在华现状的愿望。”[4] 美、英之间达成一致认识后，美国开始试探德国的态度。11 日，美国国务卿致电美国驻德大使：“小心打听一下德国政府关于限制远东战区及维持该处现状可能性的目的，注意的是，这必须还不

① ［日］信夫清三郎：《日本外交史》上册，天津社会科学院日本问题研究所译，商务印书馆 1980 年版，第 393 页。

② 《顾参事（维钧）赴英馆会晤朱使问答》（1914 年 8 月 11 日），《中日关系史料》上，第 27 页。

③ 《驻日大使格恩里致国务卿电》（1914 年 8 月 10 日），章伯锋、李宗一主编：《北洋军阀（1912—1928）》第 2 卷，第 755 页。

④ 《美国驻英大使佩奇致国务卿电》（1914 年 8 月 11 日），章伯锋、李宗一主编：《北洋军阀（1912—1928）》第 2 卷，第 756 页。

能认为是本政府的正式提出，而是普通的询问。”[①] 德国方面的答复如下：德国并不想与日本作战；如果日本请求德国不对英国在东方的殖民地、军舰或商业采取任何敌对行动，如果英国愿意，德国也同样愿意；日、英、德三国约定，三国均不攻击其他任何一国在东方的军舰、殖民地、领土或商业。[②] 德国的愿望在日本的野心下，已经变得不切实际，战争已经不可避免。

美、英关于维持中国现状的外交斡旋，为日本所关注。在获得日本保证尊重中国的中立及领土完整后，英国同意日本加入对德作战。8 月 11 日，英国方面告诉美国，日本将“不能不与德国作战”。[③] 12 日，美国驻日武官致电国内，指出日本海军正在作战争动员，“可能要对德宣战”，这进一步验证了从英国传来的消息。[④] 13 日前后，北京政府外交部亦收到消息，指出日本随时可能宣战，“探闻日本政府于八月九日议定，按照日英同盟条约，与英国共同从事战斗”[⑤]。实际上，在 8 月 8 日，日本舰队已经出没于青岛附近。

北京政府向美、日发出联合限制战区的外交倡议，目的是从外交上获得中国中立的国际保证，上述美、英、日之间的外交交涉与中国的中立直接相关。美、英两国虽与日本有着不同的利益关系，但在维护中国中立方面立场大体一致，其交涉目的核心，在于限制日本借对德宣战之名，扩大侵华权益。美英的最终目的是，不希望因日本参战而损害其自身已经在华的各项利益。当英、美因日本倾向出兵参战而进行交涉时，北京政府亦从内政方面着手，维护自身的中立。

8 月 6 日，广西复电外交部，表示已经严令本省各级官员交涉员，竭力保护外国人和教堂，并肃清内匪，防止革命党勾结外人，尤其要防范

① 《国务卿致驻德大使杰勒德电》（1914 年 8 月 11 日），章伯锋、李宗一主编：《北洋军阀（1912—1928）》第 2 卷，第 757 页。

② 《驻德国大使杰勒德致国务卿电》（1914 年 8 月 13 日），《北洋军阀》第 2 卷，第 759—760 页。

③ 《驻英国大使佩奇致国务卿电》（1914 年 8 月 11 日），章伯锋、李宗一主编：《北洋军阀（1912—1928）》第 2 卷，第 758 页。

④ 《海军部长丹尼尔斯致国务卿电》（1914 年 8 月 12 日），章伯锋、李宗一主编：《北洋军阀（1912—1928）》第 2 卷，第 758 页。

⑤ 《收直隶巡按使（朱家宝）电》（1914 年 8 月 13 日），《中日关系史料》上，第 41 页。

日本人。[①] 8 月 9 日，福建巡按使、护军使致电政事堂，强调福建全力“对内以力保治安为宗旨，对外以和平忍耐为主义”[②]。上海特派员 10 日来函，密切关注英国军舰在上海周边的活动。[③] 黑龙江特派员于 10 日来函，表示将加意联络俄国，“江省交涉不重在寻常诉讼，而重在军事上之关系，对于俄领多愿倾心接纳”，意在维持北方平静。[④] 除此之外，还有奉天、广东、江苏、云南等多地来电、来函，表示将恪守中立，维持地方平静。

8 月 11 日，外交部发函内务部，“我国宣布中立，嗣后一切关系紧要事件，或应预为防范，或应禁止报纸登载及应行更正者，应请随时知照本部”，要求加强对新闻舆论的监管。[⑤] 为配合外务部中立布告，内务部发函各省警察厅，要求警察厅出示布告，预先防止“不肖之徒造作谣言，以致有碍邦交，动摇市面”[⑥]。8 月 11 日，政事堂致电沿海各省及相关地方，要求严格遵守中立条规，随时注意外人举动，不为外人生衅制造借口。电文特别强调，应斟酌参战国之人乘坐中国铁路、轮船回国参军的处置办法。电文指出：“查国际公法，交战国军队，不得经过中国地境，交战国人民虽意在回国投军，亦可经过，但须避军队之嫌疑”，并建议四条办法：不得穿军服或携带军械；不得结队出行，或组成编制；交通机关不得予以特别便利；各国人待遇应一致。[⑦] 上述事实都体现了中国在内政方面维护中立的努力。

中国中立的目的是维护自身的利权，主要担心日本借宣战之际侵夺权益。德国在华租界及胶济铁路是最容易被侵占的目标，因此，山东问题是中国中立的核心问题。如果此时能将胶澳租借地解决，或者收回，或者开辟为国际共管，日本即使对德宣战，也无从出兵山东，中国的中立亦可得以维持。在对外宣布中立的同时，北京政府仍有机会采取外交

---

① 《收广西将军、巡按使电》(1914 年 8 月 6 日)，中研院近代史所档案馆藏，北洋政府外交部档案（下称外交部档案，藏所省略），03—36—008—021。

② 《收福建巡按使、护军使电》(1914 年 8 月 9 日)，外交部档案，03—36—008—034。

③ 《收上海特派员函》(1914 年 8 月 10 日)，外交部档案，03—36—008—036。

④ 《收黑龙江特派员函》(1914 年 8 月 10 日)，外交部档案，03—36—008—035。

⑤ 《发内务部函》(1914 年 8 月 11 日)，《中日关系史料》上，第 32 页。

⑥ 《收内务部函》(1914 年 8 月 12 日)，外交部档案，03—36—008—01—052。

⑦ 《收政事堂交致沿海各省电》(1914 年 8 月 11 日)，《中日关系史料》上，第 29—30 页。

或武力的手段解决山东问题。针对美、英、德、日主要相关国，有人建议采取秘密外交，分别接触，以达目的。对美积极联络，“要求各国承认凡中国之租借地均不作交战地”；与美国或英国秘密接触，“予以特别利益，使维持东亚平和”；对德接触，“请其相机将胶州湾交还中国，如美国可以依托，并可密托美国劝其实行”；对日办法，同对英办法，以利益换和平。对德办法并非完全不可行，因此时德国在胶州湾之守兵“不及一团，无论如何精锐，终必不能保守”，届时与其为敌人陷落，“何若以条件交付中国，犹可收原来租借时条约之利益”。上述对策，“恐非大总统亲自裁处难以办到”，建议由袁世凯直接出面。[①] 亦有人建议外交与武力行动同时进行，采取武力办法，直接解除德国在华武装，收回胶州湾及德国在华利益。梁士诒曾向袁世凯力倡此议，并劝袁世凯对德宣战。[②]

面对日本即将出兵青岛的危急情形，处于风口浪尖的山东地方提出应急对策，即先解决最为危急的胶济铁路问题。山东将军认为，青岛由德国交还“固难实行”，但“胜负尚有应付余地”，而胶济铁路因有铁路三十里内可以驻兵的规定，一旦落入敌手，“彼节节驻兵，直贯济南，不但［难］为南满东清之续矣”。提出此时与德国交涉，运用外交手段，从德国手中收回胶济铁路，“德人决不拒绝”，“一面立一借款合同，一面立一收路契约，即可宣布实行”，其中的关键在于获得英、法、俄公使的同意，“俄英法虽与德失和，谅不愿日本在中国独享利益，似可望通过”[③]。

中国内部的这些建议，并非完全不可实行，但在日本决定参战的背景下，中国的举措显得苍白无力。

三

8月15日，已经完成各方面准备的日本对德发出最后通牒。日本要

---

① 《寿荣拟呈袁世凯中国在欧战中对英、美、日、德之办法及理由书》（1914年8月），北洋军阀史料编委会编：《天津市历史博物馆藏北洋军阀史料：袁世凯卷》第2册，天津古籍出版社1996年版，第1015—1021页。

② 见王建朗《北京政府参战问题再考察》，《近代史研究》2005年第4期，第6页。

③ 《收山东将军（靳云鹏）、巡按使（蔡儒楷）电》（1914年8月13日），《中日关系史料》上，第41—42页。

求德国立刻从日本及中国的领海上撤出各种军舰及武装船只，不能撤走的船只立刻解除武装；在9月15日前，无条件交出胶州全部租借地，以便将来归还中国。如果德国未能在1914年8月23日正午前接受上述条件，日本将采取应付局势所必要的行动。日本强调此举是为“保护英日同盟协定中所期待的共同利益”[①]。8月15日晚9点，日本加藤外相约见中国驻日公使陆宗舆，面交日本政府对德最后通牒。加藤告诉陆宗舆，日本政府此举系为“永保东亚和平起见，并无占领土地野心”，希望中国深信日本诚意，“不施策划”。如果中国国内因日本出兵青岛出现骚乱，日本将会同英国进行平乱，但绝无“从中图利之心”。对于中国的中立身份，加藤将其解释为“中国既守中立，自无预战之处”[②]。

在日本对德发出最后通牒前，北京政府已经预料日本将对德宣战，进而出兵山东。在如何阻止日本出兵山东，从而维护自身中立方面，北京政府采取的最为重要的外交举措就是与德国交涉收回青岛，让日本失去进攻青岛的理由。

材料表明，在日本对德发出最后通牒前，北京政府曾就德国归还胶州湾问题试探日本的态度。8月13日，外交总长孙宝琦会晤日本驻华代理公使小幡酉吉，谈及有传言德国将胶州湾归还中国一事。面对小幡酉吉的询问，孙宝琦回答道：确曾有德国人私下询问，但并非德国政府意见，并询问小幡持何种态度。小幡认为，如果无条件交还，可以接受，但如果是战争期间交还，战争完后仍取回，“万不可接受”[③]。小幡所说的传闻，并非虚言。当时的消息灵通人士似乎多已了解到德国驻北京公使有意交还胶州湾。[④]

在日本对德发出最后通牒的同日，北京政府派员直接与德国接洽，询问归还青岛的可能性。一方面尽力希望能直接收回青岛，免去日本开

---

① 《日本致德国之最后通牒》，王芸生编著：《六十年来中国与日本》第6卷，第42页。

② 《收驻日陆公使（宗舆）电》（1914年8月15日），《中日关系史料》上，第50—51页。

③ 《总长（孙宝琦）会晤小幡代理公使问答》（1914年8月13日），《中日关系史料》上，第40页。

④ ［澳］骆惠敏编：《清末民初政情内幕（1912—1920）》（下），刘桂梁等译，知识出版社1986年版，第377页。

战的借口；另一方面亦在准备应对日本可能的军事行动。

8 月 15 日，外交部佥事王景岐会见德国驻华使馆参赞夏某，探听德国对于交还青岛的态度。德国参赞询问王景岐，中国外交部是否已经致电柏林，商讨由德国归还青岛问题。王景岐没有正面回答该问题，但却借机询问德皇对于交还青岛一事的态度。夏参赞认为，德皇必加反对，外交部的意见不会被接受。王景岐进一步询问，可否于欧洲君主中寻找到一个能和德皇说上话的人，并提议荷兰女皇，但遭该参赞否定。[①] 会谈中，王景岐希望德国能切实向日本声明不侵犯英国商务，换取日本不攻击青岛的许诺，并建议由德国驻华公使和驻日大使联名发电给德国驻青岛总督，由其出面声明保护远东商务。[②] 但该参赞并未对此表态。

对于中德接洽归还胶州湾一事，日本警告中国政府“此事不向英日咨，直接与德商，必生出日后重大危险。嘱警告政府，速即停止以上之进行”[③]。

北京政府外交部清楚，日本参战已经不可避免，所做的一切，只是在尽最后的努力。[④] 同日，顾维钧与英国公使朱尔典会谈，要求英国在决定进攻青岛前能将具体日期告诉中国，目的是向各国声明胶州租借地的范围，以保护中国的相应权利。朱尔典告诉顾维钧，“胶州租借地之界线及周边一百华里地之性质，各交战国均已深悉，贵国在彼所有人民财产，是当格外注意而保护之”，但又劝顾维钧不必划定战区，因为事实上很难做到。[⑤]

18 日，北京政府外交部致电陆宗舆，要其向日本政府转达中国对日本对德最后通牒的意见：中国的中立及限制战区之议，与日本所宣称的对德最后通牒的目的是一致的，二者均为保卫东亚和平起见，只是“其

---

① 《王佥事（景岐）接见德馆夏参赞问答纪要》(1914 年 8 月 15 日)，《中日关系史料》上，第 47 页。

② 同上书，第 48 页。

③ 王芸生编著：《六十年来中国与日本》第 6 卷，第 41—42 页。

④ 《总长会晤丹阿使问答》(1914 年 8 月 15 日)，《中日关系史料》上，第 49—50 页。

⑤ 《收顾参事（维钧）赴英馆会晤朱使问答》(1914 年 8 月 15 日)，《中日关系史料》上，第 51 页。

办法不同，而爱和平尊人道之心彼此一致”；中国注意到日本通牒中所提出“为德政府将胶州湾租借全部，以付还中国国家之目的等语”，这表明日本政府是在主持公道；至于中国内部发生问题，中国政府自己可以解决，不用日本出兵。外交部要求陆宗舆转达的几点，意在要求日本遵守承诺。①

18 日，外交部致电颜惠庆，探询德国交还胶州湾的可能性。德国外交部拒绝了中国的提议。8 月 19 日，德国外交次长明告颜惠庆，胶州归还中国系“徒自示怯，与主权友邦中德均无利益，且胶州备战，系奉德皇命令，不能挽回”②。就在同一日，德国驻华使馆面对变化了的局势，却表示愿意归还胶州湾。③ 由于战事紧张，德国驻华使馆与德国政府之间在即时通讯方面存在延迟，使馆在归还胶州湾问题上采取了更为灵活的方式。同日，顾维钧会见英国公使朱尔典，谈及胶州归还中国一事。顾维钧表示中德之间并未正式议及此事，即使有提议，也已经错过时机。朱尔典亦表示，已经太迟。顾维钧提出，如果德国遵照日本所开的通牒条件，并将青岛各租借地，不附条件、不索赔偿直接交还中国，日本将采何种态度？朱尔典则直接答以唯有开战一途。④ 在此次会谈中，顾维钧希望英国调动军队时应人械分离、不穿军服，以便维护中国的中立，而朱尔典建议顾维钧不要再强调中国的中立，因中国实力不济，很难真正实现。

中国政府并未放弃由德国将胶州直接归还中国的可能。外交部在收到的各种建议中，其所指多集中于美国。厦门交涉员陈恩涛仍提出“不如秘密授意美国，使以兹说德国，劝其将胶州直接交还中国”⑤。事实上，北京政府的确进行过此方面的试探。20 日，交通总长梁敦彦会见美国代办马克谟，劝说美国促成此事，建议美国“向英、德两国提出这个意图，

① 《发驻日本陆公使（宗舆）电》(1914 年 8 月 18 日)，《中日关系史料》上，第 57 页。

② 《收驻德颜公使电》(1914 年 8 月 22 日)，转引自张水木《欧战时期中国对德关系之转变》，硕士学位论文，台湾东海大学历史学研究所，1973 年。

③ 见郭廷以编著《中华民国史事日志》第 1 册，第 155 页。

④ 《顾参事赴英馆会晤朱使问答》(1914 年 8 月 19 日)，《中日关系史料》上，第 60—61 页。

⑤ 《收厦门交涉员（陈恩涛）电》(1914 年 8 月 20 日)，《中日关系史料》上，第 65 页。

为了避免战争，德国在胶州的权利可先让与美国，再由美国立刻移转给中国”①。22日，夏偕复传达了来自美国方面的消息：美国不支持中国向德索回胶澳租借地。美国总统在会见夏偕复时称：“闻德使建议中国，自索胶州湾，窃谓中国宜忍耐。”②

自此，中国收回青岛之议希望破灭，为维护自身的中立及利益，只有另辟他途。此时法国公使康悌（A. M. R. Conty）的建议显示出重要性。17日，外交部派秘书刘符诚赴法国驻华使馆，探询法国对日本即将参战的意见。法国驻华公使康悌认为，日本攻克青岛为必然之事，并建议为解决日本占领青岛问题，中国必须设法加入战后和平大会。③ 法国的建议，引起北京政府的高度关注，随后相关部门即开始密研加入战后和会问题。④ 在北京政府为收回青岛而多方交涉时，英、美等国也在与日方进行交涉，不过其目的是如何处理中国中立与日本出兵山东的关系，并确保日本出兵不会影响两国在华利益。对德发出最后通牒后，日本外相向英国驻日大使格林解释道：“日本目前采取的行动，不是基于任何自私的目的，而是严格履行英日同盟的行动。日本并不追求在中国扩大领土或私利，还将谨慎地尊重中国的一切权利”，以稳住英国。⑤ 日本同时暗示，中国内乱的可能性虽然存在，但主要原因可能是不能完成欧战爆发时进行交涉中的借款，如果能借到经费，内乱的危机将大为减轻。鉴于日本对德宣战是基于英日同盟而做出，而此前英国已经与美国就维持中国现状有了一致的看法，为解释日本的参战，英国特别向美国提交了一个备忘录，保证“中国的独立与完整不受侵犯”，“日本的行动不会超出中国海以外的太平洋，也不会超出中国海以西的亚细亚水面或任何外国领

---

① 《驻华代办马克谟致国务卿电》(1914年8月20日)，章伯锋、李宗一主编：《北洋军阀(1912—1928)》第2卷，第763页。

② 《收驻美夏公使（偕复）电》(1914年8月22日)，《中日关系史料》上，第71页。

③ 《秘书刘符诚赴法馆晤法康使问答》（1914年8月17日），《中日关系史料》上，第55页。

④ 见侯中军《中国与一战：中立国身份下的预筹与会》，《人文杂志》2014年第11期。

⑤ 《驻日本大使格恩里致国务卿电》(美国大使馆，东京1914年8月15日)，章伯锋、李宗一主编：《北洋军阀（1912—1928)》第2卷，第760页。

十"[①]。

英国向美国所做出的关于日本军事行动范围的许诺，并非日本的真实愿望。虽然英国最终同意日本出兵攻占青岛，但其戒心不减。当两国决定会攻青岛后，日本提出军事行动不能受限于中国的中立声明，并于8月12日首次向英国驻日大使格林进行试探。稍后，英国驻日大使亦向葛雷提出该问题。葛雷最终同意朱尔典与日本驻华公使之间就此问题共同向中国政府协商，但同时向格林强调：与日本交涉时必须保证英、日联军不损及中国在山东的主权，及战后将胶州湾归还中国。[②] 日本不同意英方意见，认为中国并非比利时，国际法对其并不完全适用，拒绝做出战后归还胶州湾的声明及维护中国中立的提议，甚至举出日俄战争的经验加以说明。[③] 因日本公使拒绝了共同协商的要求。朱尔典于8月19日要求葛雷授权他以英、日两国的名义单独与中国协商。21日，朱尔典与袁世凯达成意向：在不损及中国主权及战后将胶州湾归还中国的前提下，北京政府不反对日英联军通过中立区域进攻青岛。[④]

8月19日，美国回复日本外相的声明，表示自身将对国际纠纷严守中立，对于日本与德国之间分歧的是非曲直，"不表示任何意见"，并提醒日本不应违背英日同盟的目的，即"保证中国的独立与完整及一切国家在华工商业机会均等原则"，如果日本因中国发生内乱而采取行动，必须与美国政府磋商。[⑤] 该声明同时传达到美国驻华使馆。22日，夏偕复将美国的态度转达回国内，所述内容与上述声明大致相同，即美国政府知悉日本政府的下列意图："一、不贪中国土地；二、胶州交还中国；三、如日本国在胶州外另有举动，当先商美国。"在安抚中国的同时，亦在向

---

① 《英国代办巴克莱致国务卿电（备忘录）》，章伯锋、李宗一主编：《北洋军阀（1912—1928）》第2卷，第761页。

② Grey to Greene, August 15, 1914, FO 371, 39125/23. 转引自 Madeleine Chi, *China Diplomacy 1914—1918*, p. 19.

③ Greene to Grey, August 18, 1914, FO 371, 40579/23. 转引自 Madeleine Chi, *China Diplomacy 1914—1918*, p. 19.

④ 具体情形参见 Madeleine Chi, *China Diplomacy 1914—1918*, p. 19。

⑤ 《国务卿致驻日本大使格恩里电》（国务院，华盛顿1914年8月19日），章伯锋、李宗一主编：《北洋军阀（1912—1928）》第2卷，第761页。

日本施加压力。[①] 此时，通过美国阻止日本出兵青岛的可能性已经不复存在。

23 日，日本对德通牒最后日期已到，德国未做出任何答复，日本天皇正式下诏对德宣战。日本宣战诏书仍然强调“为防护同盟协约所预期之全般利益”，将英日同盟视为出兵的正当理由。[②] 为了保持中国的中立，并尽可能将日军作战范围限于最小区域，外交部于 25 日致电陆宗舆，要其向日方提出“行军路线宜限在潍县以东平度一带离华军较远地点。胶济路由中国尽力保全”，日本方面对此不置可否。[③] 经数度交涉，北京政府于 9 月 3 日照会相关各国：“在龙口莱州及接连胶州湾附近各地方，确实为交战国军队必须行用至少之地点，本政府不负完全中立之责任，此外各处仍悉照业经公布之中立条规完全施行。”[④]

战争已经不可避免，交战双方在要求中国严守中立的同时，却又破坏中国的中立。17 日，广东将军、巡按使致电大总统，转达德国领事要求中国严守中立的要求，即不可将米粮等物件售予香港，否则，则属帮助德国的敌国。电文同时向政府建议，如果对香港禁运米粮等物，亦应同时对胶州停运，否则必将引起英国的反对。[⑤] 8 月 20 日，德国得到消息，日本将从山东沿海登陆进攻青岛，于是照会中国，请中国政府坚守中立义务：禁止外国军队经过中国领土。中国政府复照，表示对于任何违反中国中立的行为，无不随时抗议。同时指出，德国本身在胶澳捕获商船，并在青岛港做种种作战准备，是违反条约规定的，亦属侵犯中国的中立。德国在京津地区通过铁路运输军械、军队，自由行动，各国已经向中国政府提出了责问。中国对德国的行为不能不提出抗议。[⑥]

---

① 《收驻美夏公使（偕复）电》（1914 年 8 月 23 日），《中日关系史料》上，第 72 页。

② 《日本天皇对德宣战诏书》（1914 年 8 月 23 日），王芸生编著：《六十年来中国与日本》第 6 卷，第 44—45 页。

③ 《外交部致陆宗舆电》（1915 年 8 月 25 日），王芸生编著：《六十年来中国与日本》第 6 卷，第 46 页。

④ 《东方杂志》第 11 卷第 4 号，“中国大事记”，1914 年 9 月 3 日，第 12—13 页。

⑤ 《收广东将军（龙济光）巡按使（李国筠）电》（1914 年 8 月 17 日），《中日关系史料》上，第 53 页。

⑥ 《发德马代使照会》（1914 年 8 月 23 日），《中日关系史料》上，第 72 页。

在中国的中立问题上，交战双方从自身利益出发，抗议中国未能严守中立义务。中国在发表抗议的同时，亦在向各方指明，在其自身已经触犯中国中立条规的情形下，不应指责中国政府未能履行中立义务。其实，各方的指责只是在为其自身违反国际法的行为作无力的辩护。

结　论

检视一战爆发后的中国动向，中立之议已经隐现于外交部的日常交涉之中。随着战争形势的急剧变化，中国最担心的问题在于日本是否会跟随英国而参战。北京政府蠡测日本动向的依据，其对外政策的观察点，在于已经存在的英日同盟。

北京政府外交部在宣布中立之前希望能尽可能摸清两个国家的态度：一个是美国，一个是日本。北京政府分别向美、日致电，请其共同提出限制战区的提议。这里有两点考虑：一是从美国得到外交支持，借以维护自己中立的权威性不受侵犯；二是从日本方面希望得到其保持中立的态度。对日本态度的推断，是建立在英国不参战的基础之上的。

如果能做到上述两点，中国的中立将能得到保证。此两点是中国在宣布中立前的外交考量，并希望能尽力达到该目标。然而，北京政府的外交并不顺利，一方面，没有从美国得到想要的外交支持；另一方面，日本在不时暗示将依据英日同盟帮助英国。在外交难有成效之际，国内及国际形势都不容中国推迟宣布中立的时间。内外催促之下，北京政府不再等待外交部的外交努力，决定于 8 月 6 日宣布中立。北京政府不是在最佳的外交形势下做出宣布中立的决定，但亦有一点是更为现实的考虑：能不能等来理想中的外交局势？如果推迟宣布中立的时间，等来理想中的外交局面，当然最好，但现实表明，局势走向并不利于中国。

宣布中立后，中立前中国所担忧的问题依然存在。由于英国加入战团，日本必将对德宣战，而美国对中国有限的外交支持，不足以保证日本不侵犯中国的中立。通过外交维持中立已不可能，亦有建议提出对德宣战或直接收回青岛，但迫于现实原因，宣战的可能性此时尚不存在；收回青岛之议，也不为英、美、日等国所接受。面对远东地区的新形势，英、美在中国问题上达成一致：维持中国现状，力图限制日本扩大在华权利。对北京政府而言，在各种努力无效后，等来了日本对德宣战的消息。中立之议筹议之初最为担心的问题终于发生。回顾中国宣布中立前后的外交动向，某种程度上，中国的中立主要是为了防日，但显然并未达到目的。

国民革命时期宋子文与孙中山、蒋介石关系之比较研究*

吴景平

国民革命时期是宋子文政治生涯的第一个阶段。自1923年3月出任陆海军大元帅大本营的英文秘书起，宋子文受到孙中山先生的信任和重用，很快在金融和财政领域崭露头角，为日后在广州和武汉国民政府出任财经主管奠定基础。但自孙中山去世之后，主持财经事务的宋子文与国民革命军主要负责人蒋介石之间，既有后者颇为看重的合作，更有双方都无法容忍且愈演愈烈的矛盾分歧。以宋子文为基点的这两方面关系，在时间上大体为有所交集的前后两个阶段，在内容上差别甚大。在新近问世的有关孙中山生平的著作中，甚少关于孙中山与宋子文关系的篇幅。① 这是可以理解的，毕竟孙中山只是在其整个政治生涯的最后两年即陆海空大元帅大本营时期才起用了宋子文，该时期孙中山任免的各级人员数以百计。不过，这也与多年来孙中山研究中忽略陆海军大本营时期的财政尤其是忽略该时期的货币银行领域有关。而在最新关于蒋介石的研究专著中，有关国民革命时期蒋与宋子文的关系所占篇幅也很少，且

* 本文原载《近代史研究》2015年第5期。

① 在总篇幅达120万字的《孙中山评传》（林家有、张磊主编，广东人民出版社2014年版）中，最早提及宋子文是在1925年2月24日孙中山在北京病危时，宋子文与汪精卫、孙科、孔祥熙一起见证孙中山立下遗嘱。见该书下册第776页。

宋子文最初只是作为国民政府或国民党高层群体之一出现[①]，并不构成与蒋介石的特定关系。这也与国民革命时期蒋介石的研究中未引入财经与政治互动的视域不无关系。[②] 本文拟依据已刊、未刊史料，构建相关史事，重在梳理自 1923 年到 1927 年 4 月期间宋子文与孙中山、蒋介石关系之脉络，揭示决定和影响这两方面关系的主要因素，以冀拓展国民革命时期国民党政权及相关人物的研究领域，探索民国政要的人际关系。

一

宋子文于 1894 年 12 月出生于上海。父亲宋耀如祖籍广东海南，少年时赴美，历经曲折，在美国友人的影响下受洗，先后入学北卡罗来纳州伦道夫县的圣三一学院（Trinity College）和田纳西州纳什维尔市的范德比尔特大学神学院（Biblical Department，Vanderbilt University），毕业后为美国基督教监理公会派往中国传教，后经商。母亲倪珪贞出身于江苏川沙的一个基督教传教士家庭，就读于上海第一所新教女子教会学校裨文女塾。宋氏三姐妹、三兄弟自幼便置身良好的家庭和教育环境之中。宋子文的两个姐姐蔼龄、庆龄均就读于美国监理会设在上海的中西女塾，并先后留学美国佐治亚州梅肯市威斯里安女子学院（Wesleyan Female College）。妹妹美龄幼年随庆龄赴美，毕业于韦尔斯利（Wellesley College）女子学院。两个弟弟子良、子安均就读于美国圣公会在上海创办的圣约翰大学（该校在美国华盛顿哥伦比亚特区注册），后分别留学美国范德比尔特大学与哈佛大学。宋子文本人 9 岁进上海英华学校（Anglo - Chinese School）就读，该校为美国基督教会监理会创办，又名中西书院。自 1905 年即 11 岁起，宋子文即进入上海圣约翰大学。宋子文在圣约翰大

① 在《蒋介石传》（严如平、郑则民著，中华书局 2013 年版）中，最早提及宋子文的场合，是 1926 年 12 月宋子文随宋庆龄、徐谦、孙科、陈友仁、鲍罗廷等到达南昌，以及中央党政联席会议成立，宋子文作为十余位成员之一（第 125 页）；然后出现在 1927 年 3 月的国民党二届三中全会确定的几份名单中，如中央政治委员会、国民政府常务委员、各部部长（第 129 页）。

② 与此相对应的，在专门研究民国广东财政史的研究著作中，则提到了孙中山采纳中央银行行长宋子文关于努力推行中央银行纸币的建议，以及宋子文担任广州国民政府财政部部长和广东省财政厅厅长任内财政收入增长的情况。见张晓辉主编《民国时期广东财政政策变迁》，经济科学出版社 2011 年版，第 134、129—130 页。

学学习 7 年，先后就读备馆（St. John's Preparatory School）和正馆（St. John's University），直到 1912 年赴美留学。在美国，宋子文先入学范德比尔特大学，旋即转学哈佛大学，1915 年获得学士学位后，于 9 月起又入学哥伦比亚大学，1917 年结束在哥大的学习，回到中国。

宋子文所受的教育背景中，最为突出的是经济学。他申请转学哈佛大学的材料中，证明他在圣约翰大学期间便修过一年的经济学。① 在哈佛的三年中，宋子文所修经济学课程具体情况为：1912—1913 学年，宋子文修了"经济学 1"；1913—1914 学年，宋子文连续修了"经济学 2a""经济学 2b""经济学 3""经济学 4a""经济学 4b"；在 1914—1915 学年，宋子文修了"经济学 5"。② 在哥伦比亚大学，宋子文在学籍卡上"专业兴趣"栏中填的是"经济学"，在所修 8 门课程中，其中 1 门是"公共法"，其余的 7 门都属于经济学，包括 1 门经济学的讲座讨论课。③ 回国之后的宋子文，曾经供职于汉冶萍公司在上海的机构，也尝试过自己经商，但都没有做出像样的业绩，用非所长。

1923 年 3 月，孙中山在广州组成陆海军大元帅大本营，初置四部（军政部、内政部、财政部、建设部）、二局（法制局、审计局）、一库（金库）、二处（参谋处、秘书处）。至此，孙中山第三次在广州建立革命政权。新生的革命政权急需各方面人才，也面临着诸多问题，其中最为急迫的便是财经问题。这时，宋庆龄把弟弟宋子文引荐给了孙中山。宋庆龄相信，她的这个弟弟有能力帮助解决革命政府的财经问题。

宋子文当时之所以投奔孙中山，首先是受其家庭环境的影响。孙中山很早就与宋耀如及其家人相识，关系颇为密切。冯自由《革命逸史》中"兴中会初期孙总理之友好及同志"中便列有宋耀如，称其乃"总理于甲午冬北上过上海时识之，即宋子文之父"④。孙中山本人则于 1912 年

① Hart to Prof. F. W. Taussing, January 4, 1913, Harvard University Archives, Folder of Soong, Ts Vung, UAIII 15. 88. 10, 1890 – 1968, Box 4696, HA176W.

② Record of Soong, Ts Vung, Harvard University Archives, Temp Folder Class of 1915, UAIII 15. 75. 12, Box 19.

③ T. V. S. official transcription Columbia University 1915, University Archives and Columbiana Library, Columbia University.

④ 冯自由：《革命逸史》第 3 卷，中华书局 1981 年版，第 19 页。

辞去临时大总统离宁赴沪之际，曾谈道：“宋君嘉树者，二十年前曾与陆烈士皓东及弟初谈革命者，二十年来始终不变……今宋君坚留弟住其家以话旧，亦得以追思陆皓东之事也。”[①] 也正是在宋家居住“话旧”期间，孙中山以“前中华民国总统”的身份，推荐宋子文赴美留学。[②] 宋子文的母亲倪珪贞也支持和参加过帮助孙中山先生的工作。[③] 二次革命失败后，孙中山流亡日本期间，宋子文的两个姐姐蔼龄、庆龄先后担任过孙中山的秘书[④]，孙中山与宋庆龄还结为夫妻。1917 年宋子文回国之后，孙中山、宋庆龄还与包括宋子文在内的宋家诸多成员，在上海宋宅聚会，并摄影留念。可以说，孙中山对于宋子文的家庭、教育、专业背景乃至待人处世等情况，应有较全面的了解。而宋庆龄的鼎力推荐，也有重要的作用。另外，宋子文自小便受到家中民主思想和理念的影响，5 年留美生活更使他实实在在接触到西方国家的民主制度。回国之后，宋子文曾于 1921 年赴广州探望庆龄和美龄，参加过孙中山就任非常大总统的仪式。[⑤] 在他看来，孙中山倡导的三民主义与北洋军阀的专制统治，两者间的优劣高下，不辩自明。孙中山领导的国民党及其政权正待发展壮大，急需各方人才开展工作，留学多年、系统掌握西方经济学理论与方法的宋子文，正是孙中山所需的人才，革命政权所在地广州，也为宋子文施展才华和抱负提供了一个良好的场所。

1923 年春，29 岁的宋子文便被孙中山委为大本营英文秘书，并在约一年半的时间里，被孙中山陆续委任了财经方面的数个重要职位，如中央银行筹备员、副行长、行长；两广盐务稽核所经理、大本营财政委员会委员、整理税制委员会委员、广东省河印花税支处处长，等等。

关于宋子文以孙中山秘书名义行事的直接史料，笔者仅见有 1923 年 6 月 4 日随孙中山督师惠州的大本营兼行营庶务科长郑校之所撰该日与孙

---

① 孙中山：《致李晓声函》（1912 年 4 月 17 日），中国社会科学院近代史研究所中华民国研究室等合编：《孙中山全集》第 2 卷，中华书局 1982 年版，第 342 页。

② Hart to Prof. A. F. Whittem，January 4，1913，Harvard University Archives，Folder of Soong，Ts Vung，UAIII 15. 88. 10，1890 – 1968，Box 4696，HA176W.

③ 宋庆龄：《我家和孙中山先生的关系》，《党的文献》1994 年第 5 期。

④ 张珏：《宋庆龄生前谈孙中山》，《党的文献》1994 年第 5 期。

⑤ Mayling Soong to Emma Delong Mills，May 25，1921，Wellesley College Archives，Papers of Emma Delong Mills，（1888—2007），Box 9，Folder 5.

中山合影之题照，除了郑校之本人和大本营兼行营卫士队长黄惠龙外，“督师行营长官”计有“参谋长蒋中正，参谋陈焯，参军杨虎，副馆长顾祝同，秘书宋子文、黄子聪”①。这也是宋子文与孙中山、蒋介石置身于同一场合的最初记载。

对宋子文在财经领域的实际任用，早在1923年4月2日，孙中山便派宋子文赴广东财政厅“调查各宗档案”②。而当时宋子文除了大本营秘书之外，尚无其他职位。可以想见，大本营成立伊始，孙中山对于财经实际情况不甚明了，非常需要可靠之专长人才进行专门的调查，为财政决策和措置提供依据。宋子文显然就是这样的人才。就在奉命赴广东财政厅“调查各宗档案”半年之后，宋子文便被孙中山委任为两广盐务稽核所经理。③ 这也是宋子文担任的第一个财税方面的职位。盐务收入历来是政府重要财源之一，中国的盐务稽核机构系1913年北京政府与英、法、德、日、俄五国银行团订立善后借款时确立的，在北京设盐务稽核总所，各地则在原有盐运使之外设盐务稽核分所，负责引票之发给及征收盐税和各项费用，以确保作为借款担保的盐务收入。④ 以后善后借款虽改以关税收入为第一担保，盐务稽核机构却得以保留。孙中山在推进国民革命的进程中，曾力图控制广东地区的关余，以解决财政窘迫局面，但受到来自列强和国内工商界的强烈反对，遂希望在盐务收入方面有所获益，任命宋子文担任两广盐务稽核所经理，清理相应的账目，但与北京的盐务稽核总所并无隶属关系。宋子文赴任后，即通过检查相关案卷，发现在龙济光督粤时代，盐务稽核分所曾在广州中国银行有一笔十余万元的

---

① 吴景平、郭岱君编著：《宋子文与他的时代》，复旦大学出版社2008年版，第36页。

② 孙中山：《派宋子文调查财政厅档案令》（1923年4月2日），中山大学历史系孙中山研究室等合编：《孙中山全集》第7卷，中华书局1985年版，第272页。西格雷夫于《宋家王朝》中称宋子文“于1923年10月抵达广州，并当即赴任，以使华南听命于国民党”。这一日期显然不确。见新华通讯社参考材料编辑部译编《宋家王朝和对它的评论》，1985年7月，第115页；英文版相应内容见 Sterling Seagrave, *The Soong Family*, London: Sidgwick & Jackson, 1985, p. 190。

③ 孙中山：《任命宋子文职务令》（1923年10月27日），中山大学历史系孙中山研究室等合编：《孙中山全集》第8卷，中华书局1986年版，第339页。

④ 《善后借款合同》（1913年4月26日），财政科学研究所、中国第二历史档案馆编：《民国外债档案史料》第4卷，档案出版社1990年版，第419页。

存款。由于盐务稽核方面账目混乱，没有及时催收，该行行长凌某，以事久不觉，竟将借款全数挪移埋没。宋子文遂将此案向孙中山报告，并奉令前往交涉，以冀提回该款，拨交充作军用。但该行始则托词推诿、拒不支付，继而凌某竟然携带相关单据文件潜逃香港。在这样的情况下，宋子文立即呈请孙中山饬令查封中国银行在广州的房地产等物，将其变卖，以抵充盐务稽核所的存款损失，同时大本营出动卫队将该行副行长扣留，责令缴款。最后迫使中国银行方面同意归还该笔款项。[①]

孙中山还有意让宋子文全面了解大本营财税实况，以冀更好地发挥其作用。1924年4月1日起，宋子文被孙中山委任为大本营财政委员会委员。[②] 该委员会于1923年底设立，以统筹整理财政为宗旨，成员由孙中山直接任命，根据其章程，其委员包括：财政部部长和次长、广东省省长兼筹饷局督办、禁烟督办、船民自治督办、两广盐运使、广州市市长、广东财政厅厅长、公安局局长、造币厂厂长、广州市财政局局长、广东沙田清理处处长。从该委员会会议记录来看，从1924年4月下旬起，承担大本营军需处日常军费开支的各财税机构中，排在第一位的就是盐运使署，要求每日认解6000元，而筹饷总局这样“名分所在”的机构每日的认解额只有4000元，其余各家的认解数分别是：航运保卫处3000元，公安局租捐3000元，沙田清理处2000元，广东省财政厅1000元，广州市政厅1000元，禁烟督办署500元。[③] 宋子文当时是两广盐务稽核所经理，即承担督办两广盐务之责，他以这一身份出任该委员会委员，显示当时军需之急迫和饷源之拮据两者之间的矛盾状况。宋子文清楚地认识到，盐款为收入大宗，因此随着广东各地陆续归入大本营辖属，他便呈请孙中山批准，及时派员接收相应的盐务稽核机构，以增加盐税总收入。1924年7月底，宋子文与汪精卫、廖仲恺、陈其瑗、鲍罗廷等人，被孙中山指派为整理税制委员会委员。[④] 9月，宋子文出任广东省河印花

---

① 《中行与稽核所之交涉》，《广州民国日报》1923年12月25日，第3版。

② 孙中山：《委派鲁涤平宋子文职务令》（1924年4月1日），广东省社会科学院历史研究所等合编：《孙中山全集》第10卷，中华书局1986年版，第3页。

③ 《大本营财委会关于担任每日解交中央军需处款数呈》（1924年4月），中国第二历史档案馆编：《中华民国史档案资料汇编》第4辑，江苏古籍出版社1991年版，第1346—1349页。

④ 《税制委员会之进行》，《广州民国日报》1924年8月4日，第6版。

税支处处长，这是继督办两广盐务之后，宋子文担任的又一项具体财税职务。当时在大本营地方税捐体系中，糖捐、桑田、酒精、火柴等各捐均归广东财政厅征收，只有印花税由财政部直接经理[①]，可见其重要性。宋子文对于这一新的职务亦恪尽职守，每半个月便制定收支各款数目清册暨每日收支各款清册，报请孙中山察核备案。[②] 但他做出的特有贡献，便是梳理相关法规。他通过研究印花税法的有关规定和各省的实施情况，发现广东地区执行的印花税率偏低，如其中契约簿据，系属凭证性质，各省均业已变更增加贴用印花税额，唯独广东省迄未实行，对于大本营财税收入不无影响。具体如税法第二条第一类所列支取银钱货物之凭折及各种贸易所用之账簿二种，原定每个每册年贴印花 2 分，其他各省区自 1921 年起便将上项凭折账簿更定为每个每册每年贴用印花 1 角，广东省未便独异。宋子文随即呈文大本营财政部部长古应芬，提出：应请依照将税法第二条第一类所列支取银钱货物之凭折及各种贸易所用之账簿二种，更定为每个每册每年贴用印花 1 角，以资推广，而昭一律。宋子文的这份呈文经古应芬转呈孙中山核准后，予以施行。[③] 根据该项新规定，相应种类的印花税收入可望提高 4 倍。稍后，宋子文所拟订的《修正烟酒印花税条例暨施行细则》草案，经大本营财政部长古应芬转呈孙中山核准施行。[④] 除了抓紧制度层面的革故鼎新外，宋子文还注重考查各区之印花税人员，对办事得力者，加以奖励，其不得力者予以撤换。一时间，宋子文令行禁止的工作作风在政商两界均被广泛流传。此外，宋子文开始以政府代表的身份，出席广东省财政厅、商务厅召开的会议，与广东省总商会、工团、善团、教育会等界别的人士有较多的接触，增长了阅历，开阔了视野，积累了经验。

在孙中山生前，无论在大本营财政部还是广东财政厅，宋子文都还

---

① 孙中山：《给财政委员会的训令》（1924 年 8 月 29 日），《孙中山全集》第 10 卷，第 611 页。

② 《宋子文致孙中山呈文》（1924 年 11 月 27 日），《陆海军大元帅大本营公报》第 34 号，1924 年 12 月 10 日，第 30—31 页。

③ 《古应芬致孙中山呈文》（1924 年 12 月 10 日），《陆海军大元帅大本营公报》第 35 号，1924 年 12 月 20 日，第 52—54 页。

④ 《古应芬致孙中山呈文》（1924 年 12 月 13 日），《陆海军大元帅大本营公报》第 35 号，1924 年 12 月 20 日，第 64—65 页。

没有担任主官，他在财税领域发挥作用也还只是初步和局部的。但是，在广州中央银行的筹备和初期运作方面，宋子文得到了孙中山的高度信任，发挥了全面的作用。

孙中山在 1912 年出任南京临时政府临时大总统时，便通过改组原大清银行在上海成立的中国银行，旋因临时政府解体，中国银行为袁世凯掌握的北京政府所控制。此后孙中山一度潜心于构建实业计划，强调发展银行业的重要性，提出了“实业为富国之本，而银行尤为实业之母”的重要观点，认为“以中国之大，非有多数银行不足以济贫困”[①]；“以中国地大物博，银行愈多愈好”[②]。他曾尽全力支持当时尚属弱势的华商银行，支持上海中华银行赴海外招股[③]，以及创办商办的中华实业银行。[④]还曾设想成立中外合资银行，一度在广州与荷兰银行家士丕文达成了创办中华振兴商工银行的草约[⑤]，又曾呼吁联合欧美最有力之银行，合办一中西合资的银行。[⑥] 虽然上述构思和方案均未成功，但孙中山并未放弃创办新式银行的思想主张。所以，待到陆海军大元帅大本营刚一成立，孙中山便把筹备中央银行提到议事日程。他先于 3 月 6 日委派美国芝加哥大学经济学硕士、曾任广东银行行长的程天斗为中央银行筹备员，同日另委派程为广东银行清理员。[⑦] 待到宋子文自上海南下抵达广州后，同年 4 月下旬，孙中山决定发挥宋子文在这方面的才干，便任命宋子文为中央银行筹备员。[⑧] 是年 5 月底，孙中山任命曾任大本营首位金库长和财政部

---

① 孙中山：《复中华实业银行代表函》（1913 年），中国社会科学院近代史研究所中华民国史研究室等合编：《孙中山全集》第 3 卷，中华书局 1984 年版，第 77 页。（说明：该篇原文无月日）

② 孙中山：《致邓泽如函》（1913 年 1 月 23 日），《孙中山全集》第 3 卷，第 7 页。

③ 孙中山：《致邓泽如函》（1912 年 10 月中旬），王耿雄等编：《孙中山集外集》，上海人民出版社 1990 年版，第 354—355 页。

④ 《实业银行之进行》，上海《民立报》1912 年 3 月 20 日，第 10 页。

⑤ 《创办中华振兴商工银行草约》（1912 年 6 月 11 日），《孙中山全集》第 2 卷，第 377—380 页。

⑥ 孙中山：《致邓泽如函》（1913 年 1 月 23 日），《孙中山全集》第 3 卷，第 6—7 页。

⑦ 孙中山：《委派程天斗职务令二件》（1923 年 3 月 6 日），《孙中山全集》第 7 卷，第 162 页。

⑧ 孙中山：《委派宋子文职务令》（1923 年 4 月 24 日），《孙中山全集》第 7 卷，第 394 页。

第三局局长的林云陔为筹备中的中央银行行长，宋子文被任命为中央银行副行长。[①] 但到了6月中旬，林云陔即获准辞去中央银行行长的职位，改任代理高等审判厅厅长[②]；8月份，中央银行筹备员程天斗因原广东省银行任内的账务问题，被缉拿交军法审判。[③] 这样，孙中山实际上是让宋子文来全面负责中央银行的筹备工作。待到一年之后中央银行开业前夕，1924年8月2日，孙中山正式任命宋子文为中央银行行长，另任命大本营行营军用票监督、会计司长及广东财政厅发行监督黄隆生为副行长。[④] 8月8日，孙中山颁令设立中央银行董事会，董事会成员中有国民党资深高层人士胡汉民、叶恭绰、廖仲恺、邓泽如、林云陔，以及孙中山的长子、时任广州市市长孙科，宋子文则是董事会中年纪最轻、资历最浅的成员。[⑤]

在筹备中央银行的过程中，宋子文遇到不少问题，都在孙中山的支持下获得解决。如宋子文提议，中央银行代盐务稽核所收取盐税，应获得相应的手续费，获得了孙中山的批准。[⑥] 筹备中的中央银行办公处，常会遇到军队和机关借故前来驻扎，这对中央银行的业务妨害甚大。也是经宋子文呈请，孙中山立即令行广州卫戍区总司令部和广州市公安局，驱逐擅自入驻中央银行办公处的军队或机关。[⑦] 孙中山对宋子文非常信任，委托宋主持拟定了中央银行的条例、章程和组织规程等根本性文件，并报孙中山审核后公布施行。如《中央银行条例》规定，该行的业务范围为："1. 买卖有价证券、商务确实期票及汇票或贴现；2. 办理汇兑及发行期票、支票及汇票；3. 买卖生金、生银及各种货币；4. 经收各种

---

① 孙中山：《任命林云陔宋子文职务令》（1923年5月29日），《孙中山全集》第7卷，第492页。

② 孙中山：《准林云陔辞职令》（1923年6月17日），《孙中山全集》第7卷，第546页。

③ 孙中山：《命将程天斗交军法裁判令》（1923年8月23日），《孙中山全集》第8卷，第153页。

④ 孙中山：《任命宋子文黄隆生职务令》（1924年8月2日），《孙中山全集》第10卷，第484页。

⑤ 孙中山：《委派胡汉民等职务令》（1924年8月8日），《陆海军大元帅大本营公报》第23号，1924年8月20日，第12页。

⑥ 孙中山：《给宋子文的指令》（1924年1月11日），广东省社会科学院历史研究所等合编：《孙中山全集》第9卷，中华书局1986年版，第48页。

⑦ 孙中山：《给宋子文的命令》（1924年6月16日），《孙中山全集》第10卷，第301页。

存款，并代人保管证券、票据契约，及其他贵重物品；5. 贷放定期或活期有确实担保或抵押品之借款；6. 代其他银行公司商号或个人，收取各种票据之款项；7. 买卖经政府担保之有息债票、证券，及本国铁路、公司、商场、工厂等之优先股票；8. 其他关于银行应经营之业务。”除了经营一般商业银行的主要业务之外，条例还规定，中央银行享有政府授予的下列特权：代政府募集内外实业债款，发行货币，代理金库现金之出纳及代收各种公款。[①] 根据该条例，中央银行将成为革命政权所辖地区无可争议的金融中枢。但是该条例又对中央银行的业务范围作了一定的限制，如规定除营业必需外，不得购入或承受不动产权及以不动产作放款之抵押品；不得购入或承受置业公司及其他非经政府担保之各项公司股票暨证券债票；不得购入或承受各项货物（债务清偿变卖或由审判断定归中央银行承受或营业者除外）。条例还规定：政府不得向中央银行任意支借现款，如贷款与政府，应以有确实抵押品或担保而用诸生利事业者为限，其款额不得超过资本总额 20%，偿还期不得逾 6 个月。宋子文并拟定《中央银行章程》6 章 38 条，对中央银行的业务、特权、职权、会计等方面做了进一步的规定；拟定中央银行组织规程 12 条，对中央银行与中央政府的关系、中央银行总分行各级职员的产生及职权责任，做了必要的规定。[②] 孙中山对宋子文拟定的文件十分重视，并逐条审阅，予以充分肯定，如称宋“所拟中央银行条例尚属可行，应准予公布”[③]；“所拟中央银行基金公债条例，尚属妥洽，应准照办”[④]。这些文件最后由大本营政务会议通过后颁行。

待到中央银行筹备工作就绪，孙中山亲临该行开幕典礼，当着宋子文和各界来宾的面表示了对该行的支持和厚望，指出：中央银行“是革命政府第一次开办的第一个银行，所以今日是革命政府第一次开办银行

---

① 宋子文：《附呈中央银行条例草案》（1924 年 8 月 3 日），《陆海军大元帅大本营公报》第 22 号，1924 年 8 月 10 日，第 80—82 页。

② 宋子文：《附呈中央银行章程》（1924 年 8 月 18 日），《陆海军大元帅大本营公报》第 24 号，1924 年 8 月 30 日，第 79—85 页。

③ 孙中山：《大元帅指令第 874 号》（1924 年 8 月 7 日），《陆海军大元帅大本营公报》第 22 号，1924 年 8 月 10 日，第 79 页。

④ 《核准中行公债条例之帅令》，《广州民国日报》1924 年 8 月 11 日，第 3 版。

的第一日。今日政府要开办这个银行，就是政府要经营商业，所以今日又是政府第一次经营商业的第一日”。“大家既是明白了政府开办这个银行的意思，便应该维持这个银行去进行；维持这个银行去进行，就是维持政府去进行；维持政府去进行，就是维持革命来成功；维持革命来成功，就是令贫弱之中国变成富强。”① 宋子文则以中央银行行长的名义发表开幕宣言，称：“本行系国家银行，其资本由政府借款拨充，并奉政府颁布条例，俾资遵守，此后自当遵照条例办理。惟银行虽代政府司其出纳，究系营业性质，子文承乏行长，就任之初，当奉帅谕谆谆以调剂社会金融、维持政府信用是命。”为加强中央银行的地位，提高和巩固中央银行纸币的信用，宋子文采取了多项措施，其中最重要的就是运用政权力量来确立该行纸币在流通、支付场合的特殊地位。在这方面，1924 年 8 月 15 日即中央银行在广州举行开幕典礼的当日，孙中山便命令广东省署：“中央银行定于本月十五日始业。所有发行纸币，应饬征收各机关及布告各商民一体通用。”② 当日孙中山还另颁令：“中央银行今日开始营业。所有省署辖属各机关之出纳，应严令纯用中央银行纸币。收支一切存款，应转存中央银行。倘有不遵，以违令论。”③ 当时中央银行所发行的钞票一度被广州银钱业拒收，这就极大地影响了央行纸币的信用。孙中山很清楚，要提振中央银行纸币的信用，政府机关自身必须唯央行纸币是用。8 月 20 日，孙中山向陆海军大元帅大本营财政部部长叶恭绰、建设部部长林森、兼盐务署督办叶恭绰、广东省省长廖仲恺、两广盐运使邓泽如发布训令：“中央银行成立，所以整理国家经济，调剂社会金融，用意周详，立法美备。嗣后所有各财政机关收入，应解由该银行存储，随时提用。”④ 8 月 23 日，孙中山向大本营财政部和各征收机关首长、各军总司令、军长发布训令：“查中央银行现已开始营业，所有政府

---

① 孙中山：《在广州中央银行成立典礼的演说》（1924 年 8 月 15 日），《孙中山全集》第 10 卷，第 539、543—544 页。

② 孙中山：《给广东省署的命令》（1924 年 8 月 15 日），《孙中山全集》第 10 卷，第 544 页。

③ 孙中山：《饬纯用中央银行纸币令》（1924 年 8 月 15 日），《孙中山全集》第 10 卷，第 544 页。

④ 孙中山：《给叶恭绰等的训令》（1924 年 8 月 20 日），《孙中山全集》第 10 卷，第 553 页。

收入机关应限于收中央银行纸币，不准收各银号凭单及各种银毫。但各机关所收得之中央银行纸币，亦不得直接支用，务即将该项纸币交还中央银行兑换现洋，然后支给军饷及各种政费，使收入必收纸币，而支出必支现洋，庶人民不致藉口政府滥发纸币而有所怀疑。”[①] 根据孙中山的训令，广东省长公署在中央银行成立初始便颁令各机关各县，规定：“凡中央银行发行之货币，自应视同新币，公私出纳，一律收受。至缴解公款，应由解款人向中央银行换取货币，再行照解各收款机关。对于解款，非该行货币，不得收受，以利推行。”[②] 为了利于推行上述规定，至当年底，中央银行仅在广州市内就设立了 2 个兑换发行处，并委托 8 家信誉较著的银号代理兑换业务。次年 2 月，陆海军大元帅大本营通过的《取缔外币条例》进一步规定：“所有直接交易，概以国币为限，不得行用外币”；“凡人民向征收机关缴纳田赋厘税饷捐及其他公款，均须一律缴纳国币”[③]。施行上述各项规定后，每月有数百万元的税捐收入都须以中央银行的纸币缴交。这样，在广东革命政权所辖地区里，中央银行的纸币得以逐渐流通起来。

1924 年 10 月，曹锟、吴佩孚直系军阀政府垮台后，孙中山为探寻政治和社会改造之途，抱病北上，嗣因病情加重滞留北京。在孙中山病危弥留之际，宋子文于 1925 年 2 月上旬赶抵北京随侍，对于孙中山的治疗安排十分重视乃至顶真。[④] 此外，宋子文是 2 月 24 日亲耳听取孙中山口述遗嘱的几个人之一[⑤]，是在汪精卫记录的孙中山两份遗嘱上分别签名的证明者之一。[⑥] 其中第二份即关于家事的遗嘱，是宋子文向孙中山提起并

---

① 孙中山：《给叶恭绰等的训令》(1924 年 8 月 23 日)，《孙中山全集》第 10 卷，第 569 页。

② 《通令各机关只用中行币》，《广州民国日报》1924 年 8 月 29 日，第 6 版。

③ 《杂纂：粤省实行取缔外币》，《银行周报》第 9 卷第 9 号，1925 年 3 月 17 日。

④ 如据当时参加侍疾的李仙根在日记中记载：“（1925 年 3 月 6 日）及［晨］六时，先生感痛楚。乃唤醒子文。顷刻无事。”“（1925 年 3 月 9 日）因注射事，汪、喆（哲）等与宋、孔几致冲突。”见王业晋主编《李仙根日记·诗集》，文物出版社 2006 年版，第 85—86 页。

⑤ 《汪精卫在中国国民党第二次全国代表大会上的发言》(1926 年 1 月 4 日)，中国第二历史档案馆编：《中国国民党第一、二次全国代表大会会议史料》（上），江苏古籍出版社 1986 年版，第 183—184 页。

⑥ 《北京宪治通信社关于孙中山在京逝世新闻稿》（1925 年 3 月 12 日），中国第二历史档案馆编：《中华民国史档案资料汇编》第 4 辑（1），江苏古籍出版社 1991 年版，第 263—265 页。

得到孙的同意后，由汪精卫念读的。[①] 3 月 11 日晨，孙中山病情急剧恶化之际，是宋子文与何香凝一起，劝说宋庆龄同意孙中山在遗嘱上补行签字，宋子文还念读了由陈友仁起草的致苏俄同志的英文信，亦由孙中山签字。[②] 在料理孙中山先生后事期间，宋子文奔走甚忙，他除了担任治丧处会计股主任，还陪着宋庆龄、孙科及孙中山的女婿戴恩赛等人护送孙中山遗体至协和医院施行防腐手术，亲视孙中山遗体入殓。[③] 尤其应当注意的，是宋子文对是否要在公祭之前举行基督教追思仪式和如何举行的态度。孙中山逝世不久，宋子文代表家属请路透社发出一电文云："上海某某数报，对于孙中山之殡礼，有重大之误会，孙之家属，不能不加以声明。孙于弥留之际，曾言彼当以基督教徒而死，且一再言其一生主张，政教分离，孙之家属亦奉基督教，因孙有遗言决议，虽党中同志多非基督教徒，而仍举行宗教式家祭礼云云。"[④] 但另一方面，他要求基督教会不要对此大做宣扬，避免事态复杂化。正如当时主持祭礼的刘廷芳牧师多年后所谈到的，宋子文坚持"悼念仪式不应该被基督教徒尤其是传教士利用来做宗教宣扬，而应当被视作一名基督徒生命中之例行事务，这是宋子文先生的睿智之见，我由衷赞成这样的立场。当天的很多报纸都对仪式进行了全面报道，但是笔调都是充满敬意与爱戴的，没有歪曲之意，没有反宗教的敌意或反基督教的狂热嫉恨。基督教会也明智地听从了宋子文博士的建议，只简单地报道事件。事实证明这个建议无论从政治还是宗教角度来讲都是明智的"[⑤]。3 月 19 日上午，宋子文与宋庆龄以及宋蔼龄、宋美龄、孙科等，参加了在协和医院礼拜堂举行的基督教追

---

① 罗家伦主编：《国父年谱》（增订本）下册，台北，中国国民党中央委员会党史委员会 1994 年版，第 1608 页。

② 《汪精卫在中国国民党第二次全国代表大会上的发言》（1926 年 1 月 4 日），《中国国民党第一、二次全国代表大会会议史料》（上），第 185 页。

③ 《孙中山丧礼详纪·十五日在协和医院入殓》，《申报》1925 年 3 月 19 日，第 2 张第 5 版。

④ 孙逸仙博士医学院筹备委员会编：《总理开始学医与革命运动五十周年纪念史略》，广州岭南大学 1935 年版，第 33 页。

⑤ 刘廷芳：《1942 年 11 月 1 日在威明顿第五大道卫理公会教堂查理·琼斯·宋纪念大楼命名仪式上的演讲》，上海市孙中山宋庆龄文物管理委员会编：《孙中山宋庆龄文献与研究》第 3 辑，上海书店出版社 2011 年版，第 272 页。

思仪式，然后以亲属名义护送孙中山灵柩从协和医院移至设在中央公园社稷坛大殿的灵堂，宋子文是第一组执绋人之一，并共同守灵。[①] 嗣后，宋子文被驻京国民党中央执行委员会全体会议指定为孙中山先生葬事筹备处驻沪委员之一，并被推为 3 名常务委员之一，具体负责工程事宜。[②] 可见，宋子文在操办孙中山后事过程中体现出的投入与持重，不仅使得宋庆龄及其他孙氏家人感到满意，也得到了国民党高层的认同，这对宋子文日后在国民党政权中的升迁，不无助益。

二

在孙中山生前，作为中央银行行长的宋子文与作为大本营参谋长和陆军军官学校校长的蒋介石之间，并无主管事务的交集。他们曾被安排于同一个机构共事，1924 年 8 月初，孙中山主持国民党中央政治委员会第四次会议，决议设立统一训练处，由孙中山亲任主席，委员则为杨希闵、许崇智、蒋介石、宋子文、程潜、鲍罗廷 6 人。[③] 同年 8 月下旬，孙中山又派蒋介石、马超俊、李章逵、谭平山、宋子文、孙科、甘乃光为平粜局委员。[④] 但在此类非资源配置部门中，宋子文和蒋介石均无实衔，也没有什么利害冲突。

孙中山先生逝世后，1925 年 6 月，中国国民党中央政治委员会和中央执行委员会先后举行会议，决定改组大元帅府为国民政府。7 月 1 日国民政府在广州成立，由汪精卫为国民政府委员会议的主席，胡汉民为外交部部长，廖仲恺为财政部部长，许崇智为军事部部长。甫经成立的国民政府面临推进军政统一和财政统一的急切需求，在这两个方面，蒋介石和宋子文的作用很快突显。蒋介石从国民党党军司令官、国民革命军第一军军长、东征军总指挥，一直到国民革命军总司令；宋子文则很快出任国民政府和广东省政府的财经主官。由此，宋子文与蒋介石之间的

---

① 《孙中山殡仪纪详》，《申报》1925 年 3 月 23 日，第 2 张第 5 版。

② 《孙中山葬事之筹备》，《申报》1925 年 5 月 7 日，第 4 张第 13 版。

③ 罗家伦主编：《国父年谱》（增订本）下册，第 1508 页。

④ 孙中山：《委派蒋中正等职务令》（1924 年 8 月 27 日），《孙中山全集》第 10 卷，第 603 页。

交集往来逐渐增多。

7月1日宋子文被国民政府任命的第一个职位是广东商务厅厅长，同时任命的还有民政、财政、军事、农工、教育、建设各厅的厅长。① 7月15日，宋子文被国民政府任命为中央银行行长。② 上任不久，宋子文便向报界发表谈话，称将遵照孙中山付托之遗训，中央银行决不“任意滥发纸币，或通融移挪现金”，“宁可牺牲行长地位，决不能动摇十足准备之主旨”③。表明将继续奉行孙中山生前确定的金融政策，从严控制货币发行和经费拨付。宋子文尤其对于各军队负责人（包括时任国民政府军事委员会委员和国民党党军司令官的蒋介石）任意扩大额度向国民政府索要的做法颇不以为然。8月6日，宋子文以中央银行行长的身份致英文函给时任党军党代表、国民政府财政部部长兼广东财政厅厅长的廖仲恺，大意为：廖先生，您打算给蒋（介石）将军8万元，我知道您的难处，也知道蒋将军的难处，但没有人知道我的难处，今后我也不敢奢望得到别人的理解。我答应过本月15日给您25万元的支票，如果您现在要求这8万元，只能在这25万元中扣除，不然的话我只有辞职，别无选择。在宋子文明确的态度之下，廖仲恺总体上还是很支持宋子文的，遂在宋子文来函的信笺上写明，同意在25万元中扣除给蒋的8万元。④ 当时中央银行受辖于财政部，对于宋子文担任中央银行行长的任命，就是由国民政府委员会议主席汪精卫和财政部部长廖仲恺共同签发的。宋子文致廖仲恺的这份英文信表明，当时宋子文对于经费额度的控制是非常认真与严格的，即便是面对作为上司的财政部部长，他也是秉持原则的。

---

① 《国民政府任命古应芬等人职务令》（1927年7月1日），《中华民国国民政府公报》第1号，1925年7月，第10—12页。各厅厅长均为广东省务会议委员，见《昨日之省务会议》，《广州民国日报》1925年7月4日，第3版。

② 《国民政府令》（1925年7月15日），《中华民国国民政府公报》第2号，1925年7月，第35页。

③ 《中央银行现兑与兑现》，《广州民国日报》1925年9月10日，第6版。

④ 吴景平、郭岱君编著：《宋子文与他的时代》，第39页。原英文函稿如下：Dear Mr. Liao：You want to give to General Chiang. I know your difficulties，I know General Chiang's difficulties. But nobody knows my difficulties，and I don't think anybody ever will. I promised to give you a cheque for MYM 250000. If you want eighty thousand now it must be deducted from the MYM 250000，otherwise I have to resign. That is all. Yours respectfully，T. V. Soong。

在财税领域，宋子文于 1925 年 7 月 25 日被国民政府任命为两广盐务稽核所经理。[①] 8 月 20 日廖仲恺遇刺身亡后，相应空缺的国民政府财政部长兼广东财政厅厅长职位一度由古应芬署理，不久古应芬力辞这两个职位，分别由邓泽如和李基鸿接任，但旋即邓泽如提出辞职，李基鸿因侵蚀公帑被褫夺缉拿。于是，9 月 20 日宋子文被国民政府任命为广东财政厅厅长[②]；9 月 21 日，宋子文被国民党中央执行委员会会议任命为国民政府委员[③]；9 月 22 日，宋子文被国民政府特任为财政部部长。[④] 宋子文以国民政府委员的身份，同时担任财政部部长和广东财政厅厅长，这正是两个多月前廖仲恺在国民政府和广东省政府中的主要职位，而宋子文还担任着中央银行行长和广东商务厅厅长。无论与廖仲恺还是与外交部部长胡汉民、军事部部长谭延闿相比，宋子文在年资方面的差距都很大。但这正反映出国民政府高层对宋子文的财经专长期望甚高。当时国民政府名义上所辖各军，包括党军、湘军、滇军、粤军、福军，以及赣、鄂、豫、陕等部，分别把持着各自防区内的税收机关，无论国民政府财政部还是广东财政厅，都形同虚设，收少支绌，难以维持。根据宋子文在出任财政部部长前夕的报告，当时国民政府能够支配的盐务稽核所和商务厅的收入有 40 余万元，但政府欠中央银行的垫款却高达 190 万余，对此谭延闿认为政府财政状况"信无办法"。[⑤] 这也是廖仲恺的两位后任古应芬、邓泽如对财政主官的职责视作畏途的原因。但是，宋子文却知难而进，并在履新之际"报告财政情形，似有把握"，从而给人以"此人大有进境"的印象。[⑥]

宋子文办理财政的主要举措，就是确实推进统一财政的方针。虽然

---

① 《国民政府令》（1925 年 7 月 25 日），《中华民国国民政府公报》第 3 号，1925 年 7 月，第 31 页。

② 《国民政府令》（1925 年 9 月 20 日），《中华民国国民政府公报》第 9 号，1925 年 9 月，第 17 页。

③ 《昨日本报所得之军政重要消息》，《广州民国日报》1925 年 9 月 22 日，第 3 版。

④ 《国民政府令》（1925 年 9 月 22 日），《中华民国国民政府公报》第 10 号，1925 年 9 月，第 21 页。

⑤ 《谭延闿日记》，1925 年 9 月 14 日，台北，中研院近代史研究所档案馆藏。

⑥ 《谭延闿日记》，1925 年 9 月 25 日，台北，中研院近代史研究所档案馆藏。

孙中山生前就提出过财政统一的目标①，但是，在广东地区政治版图和军事力量两方面尚未能统一的情况下，财政统一确实“知易行难”。孙中山逝世后，以国民政府的成立和国民革命军编制的出现，标志着政治和军事的双重统一已经成为国民党高层的共识，这就为财政统一提供了重要的支撑。廖仲恺去世后，国民党中央已经决定，在出兵东征的同时“统一财政，设监督委员会，强迫各处解部”，“不从，则以武力讨伐之”②。宋子文则以落实这一决策为己任，明确主张把收支权集中于财政部门。1925年10月初，宋子文以国民政府财政部名义颁令：“十月份起，各机关经费须直接向财部或财厅请领支发，以符合统一财政之旨”；“如有仍然截留抵拨，即是破坏财政之统一，一经查出，定必呈请政府严惩”③。对此，蒋介石曾声明坚决“贯彻财政统一之旨”，要求宋子文由财政部向第一军驻扎的佛山三水派出财政处长，接收当地财政。④ 实际接收过程中，宋子文需要克服重重阻力，他在当年12月致国民政府的报告中强调：“财政为政府之命脉，非使财政充裕，举凡善后一切政务，均无从着手，而征收机关，若均归军队霸收，又何从整理。”⑤ 1926年1月初，宋子文乘国民党二大召开之机，向第一军军长蒋介石和其他各军首领发出统一征收饷项通电，要求各地筹饷收入一律解交财政部库，所需饷款由中央军需局拨交；“嗣后对于驻在防务经费、及山铺票等饷款，勿得妄行干涉，强事截留，或强据包办，破坏财政统一”。宋子文并声明：“如再有上项情事，本部惟有先行停拨军费，一面咨请军事委员会，派员查明，照特别刑事条例惩办，以维法纪。”⑥ 而在国民党二大上所作的财政报告中，宋子文开篇便指出：“统一财政实为统一广东、统一民政及军政、取消个人霸有民政及军政之权衡的步骤。军政及民政均已统一之后，国民

---

① 《大元帅指令第三号》（1923年3月3日），《陆海军大元帅大本营公报》第1号，1923年3月9日，第19—20页。

② 中国第二历史档案馆编：《蒋介石年谱初稿》，档案出版社1992年版，第412页。

③ 《机关经费不得截留税款作抵》，《广州民国日报》1925年10月14日，第3版。

④ 《财部派员接收三水佛山财政》，《广州民国日报》1925年10月16日，第7版。

⑤ 《一年来国库省库之收入（一）》，《广州民国日报》1925年12月16日，第3版。

⑥ 《财部统一征收饷项通电》，《广州民国日报》1926年1月8日，第3版。

政府自能将孙总理所萃精会神期在必成之统一财政的计划实现。”① 二大期间，国民政府颁发了两项命令，一是规定：“各属党部及各种士农工商团体，概不得擅自干涉财政收入及一切行政事项，如有违抗，以破坏统一论罪。”二是宣布：“现在统一财政已积极进行，所有各地驻在军队，应负尊重保护财政机关之责，不得干涉财政收入事项，尤不得联同其他团体有干涉行为。如有违抗，当从严治罪。”② 国民党二大通过的财政决议案指出：“统一国家财政，实为发展国家之唯一基础。本党应以坚决之态度，将所有之各种收入集中于政府之财政部。其他一切国家及军事费用，均由国库支出。”③ 宋子文在接收和整顿财政机构基础上，对印花税、煤汽油税、沙田收入、禁烟收入、筹饷收入等各主要税项加以整理，进而发行短期库券和有奖债券，从而使政府收入得以大幅提高。1926 年初，国民政府每月的财政收入约达 500 万元，而两年半之前的陆海军大元帅大本营每月收入只有 30 万元左右。④ 这就为国民政府统一和巩固广东革命根据地和出师北伐，提供了一定的财力基础。

宋子文厉行财政统一，将其与实现孙中山的未竟事业紧密联系在一起，有助于整合非国民党嫡系军队，当时得到了国民党中央的高度认可与有力支持，也是直接执掌军事指挥权并且已经进入国民党高层决策圈的蒋介石所乐见的。在国民党二大上，蒋介石与宋子文都被选为中央执行委员。⑤ 而在 1926 年 1 月底召开的国民党二届一中全会上，蒋介石被选为国民党中常委委员（共 9 人），得票数与汪精卫、谭延闿、谭平山相同，均为最高的 24 票。宋子文虽然没有进入中常委，但也有 6 票，排在

---

① 《第二次全国代表大会国民政府之财政报告》，《广州民国日报》1926 年 1 月 8 日，第 3 版。

② 《国民政府令二则》（1926 年 1 月 14 日），《中华民国国民政府公报》第 21 号，1926 年 1 月，第 2 页。

③ 荣孟源主编：《中国国民党历次代表大会及中央全会资料》（上），光明日报出版社 1985 年版，第 120 页。

④ 《鲍罗廷在联共（布）中央政治局使团会议上的报告》（1926 年 2 月 15 日和 17 日），中共中央党史研究室第一研究部译：《联共（布）、共产国际与中国国民革命运动（1926—1927）》上，北京图书馆出版社 1998 年版，第 144 页。

⑤ 《中国国民党第二次全国代表大会会议记录——选举结果报告》（1926 年 1 月 18 日），《中国国民党第一、二次全国代表大会会议史料》（上），第 376 页。

何香凝的10票之后，是非“入常”者中得票次多的[①]，预示宋子文将承担新的政治责任。也正是在二届一中全会上，宋子文被选为中央政治委员会委员，并进入了政治委员会主席团，主席团其余6位成员为汪精卫、谭延闿、孙科、顾孟余、徐谦、谭平山。[②] 同年6月2日，宋子文与张静江被国民党中央政治委员会新推为国民政府常务委员。[③] 这意味着宋子文的能力、业绩以及他主持的财经领域，在国民党和国民政府高层都得到了前所未有的重视。

在广东时期，蒋介石作为国民党直辖军事力量的指挥官，深知保障饷需的重要，历来关注财政状况，重视与财经主官的关系。1923年3月初陆海军大元帅大本营正式成立运作，时在上海的蒋介石已经被宣布为参谋长，在接到孙中山以及大本营秘书长杨庶堪等人催促南返就任的电函后，蒋介石要求孙颁令“整理财政，并归仲恺负责”[④]，并向杨庶堪作了具体说明，称：“政治当以整理财政为先，厅长不速易人，延误大局必非浅鲜。弟对此点自信见解或较在粤诸公正确，故欲行之前，不得不将此等成败关键竭忠尽言，决非有何作用参于其间也。财政如无把握，军事难定计划。”蒋甚至把由廖仲恺出任广东财政厅厅长作为起程赴粤的前提条件之一：“廖任厅长……可否在弟起程前发表，俾弟到省后即可着手进行，而鼓来者之气也。”[⑤] 待到国民政府成立之初，蒋介石曾在与廖仲恺商议财政时，“以饷馈不继，徒沾余沥，为之簌然泪下”[⑥]。宋子文初掌财政部、厅并颁行统一财政令之后，1925年12月15日，蒋介石以国民革命军第一军军长和东征军总指挥的身份致国民政府军事委员会《改革军政建议书》，一方面提出军事委员会确定军额和饷额、实行军需独立，自1926年1月1日起实施，由军事委员会军需局直接向各师团按月发给

① 《第二届中央执行委员第一次全体会议之第一日情形》，《广州民国日报》1926年1月23日，第2、3版。

② 《中国国民党第二届中执会等组织人员名单》（1926年1月），《中国国民党第一、二次全国代表大会会议史料》（上），第454页。

③ 《政治委员会推举张静江宋子文为政府常务委员》，《广州民国日报》1926年6月3日，第3版。

④ 《蒋介石致孙中山电》（1923年3月21日），《蒋介石年谱初稿》，第122页。

⑤ 《蒋介石致杨庶堪电》（1923年4月8日），《蒋介石年谱初稿》，第124页。

⑥ 1925年7月23日条，《蒋介石年谱初稿》，第397页。

兵饷，“并宜确实规定，勿稍逾期”；另一方面也强调：“军人不得干涉财政、民政，凡财政、民政及司法机关人员，概须听候中央政府或省政府委派，各军队不得过问，尤属军人应守之天经地义。苟有违背此旨者，钧会应立予以最严厉之制裁，固无俟中正渎陈也。”① 对宋子文而言，这既是来自军方对于统一财政的支持，也是要求确保饷需的一种压力。1926 年 2 月 1 日蒋介石被任命为国民革命军总监，翌日即“与季新、子文二兄谈财政事，磋商至晚方得解决也”②。当时蒋介石曾把宋子文与国民政府最高领导人汪精卫同样看重，在日记中时有这方面的记载，如：“致季新、子文二兄书”③；“写子文兄、季新兄信”④。在蒋介石看来，宋子文已是国民政府财经主官的不二人选，因而需要经常与宋子文交换意见。

宋子文与蒋介石的关系，在政治领域也有交集。1926 年 3 月的“中山舰事件”发生伊始，汪精卫曾以蒋介石过去在财政问题上对宋子文很不满，劝宋不要去见面，以防不测⑤，但实际上宋子文与蒋介石之间还一度频繁会面，交换应对困局的意见。如蒋介石曾“与子文商议，找觅精卫行踪，不可得”⑥。在局势不甚明朗的情况下，蒋介石一度采取退姿，于 3 月 26 日“上午致精卫、子文、组安、任潮、益之告休养书，属其促精卫出来任事也”。但当日，“宋部长子文来挽劝我不走，我允之”⑦。宋子文不仅最早出面慰留蒋介石，在得悉蒋介石发烧卧床时，宋子文还与

---

① 1925 年 12 月 15 日条，《蒋介石年谱初稿》，第 476、478 页。

② 《蒋介石日记》(手稿影印件)，1926 年 2 月 2 日，Hoover Institution Archives of Stanford University，Chiang Kai-shek Diaries，Box 4，Folder 19。

③ 《蒋介石日记》(手稿影印件)，1925 年 11 月 21 日，Hoover Institution Archives of Stanford University，Chiang Kai-shek Diaries，Box 4，Folder 16。

④ 《蒋介石日记》(手稿影印件)，1926 年 2 月 5 日，Hoover Institution Archives of Stanford University，Chiang Kai-shek Diaries，Box 4，Folder 19。

⑤ 陈公博：《苦笑录》，东方出版社 2004 年版，第 33 页。

⑥ 《蒋介石日记》(手稿影印件)，1926 年 3 月 25 日，Hoover Institution Archives of Stanford University，Chiang Kai-shek Diaries，Box 4，Folder 20。

⑦ 《蒋介石日记》(手稿影印件)，1926 年 3 月 26 日，Hoover Institution Archives of Stanford University，Chiang Kai-shek Diaries，Box 4，Folder 20。

张静江一起前往看望蒋。[①] 根据蒋介石的记载，4 月 3 日，宋子文与谭延闿、朱培德一起面见蒋介石，共同商议如何“处置粤局”；蒋介石则在当日提出了“整军、肃党，准期北伐”的建议，一方面称对于苏俄和共产党“实有联合团结之必要”，“非使此二种势力与本党在精神上团结不可”；另一方面又提出了“共产党在本党内应注意之点”8 项和“苏俄顾问之权限”5 项；并从 8 个方面详述“北伐之准备问题”，要求确保每月 250 万元的军费额度，北伐出发时必须提供 2 个月共 500 万元的军费。4 月 8 日，宋子文、蒋介石又和张静江、谭延闿、朱培德“会商大局，及请汪复出事”[②]。尤其当宋子文知悉可能发生不利蒋的示威活动后，立即向蒋通报并提出应对建议：“上午到校作纪念周训诫约一小时毕，办公，会客。下午阅报，办公。子文兄来谈，右派拟开市党部大会，示威运动，属余致函铁城制止之。”[③] 当时有苏联顾问认为，“中山舰事件”标志着“以拥有强大力量的蒋介石为一方同以汪精卫、谭延闿、朱培德、宋子文等人为另一方之间的关系的破裂，有可能造成国民党左派的严重分裂，导致广州政府的垮台”[④]。但是，从短期来看，宋子文与蒋介石的关系不仅没有“破裂”，反而更致密切，甚至一度达到了“换帖”的程度。[⑤] 蒋介石经常与宋子文晤面，“便访子文兄”；谈话内容包括“谈经济事”“谈天”“商议时局”“研究本党本校事”。[⑥] 其中既有与宋子文单独晤谈，也有与宋以及张静江、谭延闿、鲍罗廷、朱培德等一起面商。蒋介石的地位不仅没有因“中山舰事件”受到影响，反而得到了巩固和提高：4 月中旬在国民党中央党部和国民政府联席会议上，谭延闿被推选为政治

---

① 《蒋介石日记》（手稿影印件），1926 年 4 月 2 日，Hoover Institution Archives of Stanford University，Chiang Kai-shek Diaries，Box 4，Folder 21。

② 1926 年 4 月 3 日条、4 月 8 日条，《蒋介石年谱初稿》，第 554、559 页。

③ 《蒋介石日记》（手稿影印件），1926 年 4 月 5 日，Hoover Institution Archives of Stanford University，Chiang Kai-shek Diaries，Box 4，Folder 21。

④ 《穆辛关于中共在广州的任务的提纲》（绝密，1926 年 4 月 24 日），《联共（布）、共产国际与中国国民革命运动（1926—1927）》上，第 210 页。

⑤ “晚与宋子文弟换帖”，《蒋介石日记》（手稿影印件），1926 年 4 月 25 日，Hoover Institution Archives of Stanford University，Chiang Kai-shek Diaries，Box 4，Folder 21。

⑥ 《蒋介石日记》（手稿影印件），1926 年 4 月 26、28 日，5 月 4、27 日，6 月 2 日，Hoover Institution Archives of Stanford University，Chiang Kai-shek Diaries，Box 4，Folder 21，22，23。

委员会主席，蒋介石被推选为国民政府军事委员会主席。[①] 6 月初，蒋介石被国民政府特任为国民革命军总司令[②]；到了北伐前夕的 7 月初，蒋介石被推为中常会主席，北伐期间由张静江代理。[③] 另外，在 5 月中旬的国民党二届二中全会上，宋子文、蒋介石与谭延闿、孙科、朱培德、陈公博、甘乃光、林祖涵、伍朝枢共 9 人联名提出《关于整理党事案》，主要内容共四条：第一条，改善中国国民党与共产党间的关系；第二条，纠正党内跨党党员之轨外行动及言论；第三条，保障国民党党纲党章的统一权威；第四条，确定共产党员加入国民党之地位与其意义。[④] 该案获会议修正通过，主要是第二条修正为“纠正两党党员妨碍两党合作行动及言论”[⑤]。对于蒋介石提出的共产党员跨党问题的提案，无论宋子文还是其他人，都没有参与联名，但该提案也获得会议一致通过。概言之，“中山舰事件”之后，一方面国共关系、国民政府与苏联顾问的关系需要再确认，另一方面西山会议派又在上海举行所谓国民党二大，广东的国民革命正统地位受到挑衅，而汪精卫又选择了出走。在此情况下，虽然宋子文和在广州的其他国民党高层人士对于蒋介石的政治主张未必完全赞同，但认定蒋是维系国民政府运作的稳定因素，更是发动北伐不可多得的军事帅才。

与此同时，蒋介石提出的每月 250 万元的军费额度、北伐出发时必须提供 2 个月共 500 万元的要求，在宋子文那里一时无法得到兑现，蒋介石对宋子文的不满也在积聚。7 月 26 日，蒋介石虽然“晚应子文宴”，但忍不住在日记中记载道：“为战费事，子文吝刻，使人难堪。”[⑥] 而随着北伐战事的进展，军费的开支急剧增长，以蒋介石为代表的军方不时催促财

---

① 1926 年 4 月 15 日条，《蒋介石年谱初稿》，第 569 页。

② 《国民政府令》（1926 年 6 月 5 日），《中华民国国民政府公报》第 35 号，1926 年 6 月，第 11—12 页。

③ 1926 年 7 月 6 日条，《蒋介石年谱初稿》，第 606 页。

④ 《要闻：本党第二届中央执行委员会第二次全体委员会议十五日会议情形　整理党事案原文》，《广州民国日报》，1926 年 5 月 17 日，第 3 版。

⑤ 《要闻：本党第二届中央执行委员会第二次全体委员会议十七日会议情形　第一决议案》，《广州民国日报》1926 年 5 月 18 日，第 3 版。

⑥ 《蒋介石日记》（手稿影印件），1926 年 7 月 26 日，Hoover Institution Archives of Stanford University，Chiang Kai-shek Diaries，Box 5，Folder 1。

政当局提供费用，宋子文对这类要求稍有延宕，便遭到蒋介石的压力，两人间的矛盾公开化。

1926 年 9 月中旬，江西战场呈胶着状态，蒋介石通过苏联顾问鲍罗廷催促宋子文速筹 3 个月的军费："鲍尔【罗】廷顾问勋鉴：罗密。胡定康同志有否在粤，如其能速来汉指导党务政治，尤为盼切。请兄留粤为要，江西战事非能速了，战费须续筹三个月，请催宋部长照办，盼复。中正叩。"[①] 蒋介石另直接致电宋子文，要求迅速运交大洋票和公债券，以抵军需，由于宋子文未能按照蒋介石的要求在一周内"整数"寄达，蒋便去电指责宋子文："限即刻到。广州宋部长勋鉴：子密。本日抵萍乡，明日即向袁州南昌前进，经济困难已极，大洋票及公债券何不整数寄来，必欲如此零星分寄，致不能有计画之使用，且失信用，岂兄至今犹未能深信，而必欲如此迟延耶？如何盼复。中正。"[②] 蒋介石还致电张静江、谭延闿，要求对于"前经额定之北伐费，在战事未结束前，仍拟由政府赓续依照规定额筹济，庶于战事前途不致感受影响。除电宋部长外，用电台端，即请主持为祷"[③]。除了军饷之外，蒋介石还以其他名义要求宋子文额外提供经费，如 1926 年 10 月底，以黄埔军校"需添设无线电班、工兵班、军医班"为由，要求宋子文在该校额定经费外，"每月支给特别费五万至十万元，俾得如计养成人才也"[④]。11 月底，蒋介石在电催 10 月份经费时，还要求发清服装费欠额 200 万元："查前方饷糈万急，兼之时已严冬，各军将士饥寒交迫……服装及十月份经费，应如何拨济，兄应负完全责任，祈勿漠然视之为盼。"[⑤] 不仅如此，在北伐军攻克各省设立财政机构和派遣人员方面，蒋介石与宋子文之间也发生了分歧。如蒋介石设国民革命军总部于南昌后，虽然同意由财政部直接向福建派出财政处处长和向汉口派出财政专员，但力主在江西设财政委员会，

---

① 《蒋介石致鲍罗廷电》（1926 年 9 月 16 日），台北"国史馆"藏（下同，不再一一注明），蒋介石档案，002—010100—00001—061—001x。

② 《蒋介石致宋子文电》（1926 年 9 月 20 日），蒋介石档案，002—010100—00001—065—001x 至 002x。

③ 《蒋介石致张静江谭延闿电》（1926 年 9 月 21 日），《蒋介石年谱初稿》，第 697 页。

④ 《蒋介石致宋子文电》（1926 年 10 月 28 日），蒋介石档案，002—010100—000001—097—001x。

⑤ 《蒋介石致宋子文电》（1926 年 11 月 24 日），《蒋介石年谱初稿》，第 817 页。

由国民革命军军需处处长俞飞鹏出任财政委员会主任，由省党部和各军派员任委员，只同意宋子文所派财政部处长姜济寰“可任委员，作为财政部所派，待省政府成立，再行位置”[①]；不到一个月，蒋介石向宋子文提出，将姜济寰“调为江西政务会议代理主任可也。请即转令姜处长，江西财政，归财政委员会统一为要!”[②] 蒋介石虽然无法否定财政部有权向战地各省派任财政人员，但在具体到每一省的场合，要求宋子文发表之前征得蒋的同意。如向江西委派财政人员，要求宋子文“请先来电商酌，然后发表，以免江西财政分歧，表现政府内部不能一致”[③]。又如湖北，要求宋子文事先“详示”拟派人员履历，“派往湖北财政员系何人?是否廉洁能干？……如所派人员稍一失当，即授他人口实也”[④]。平心而论，作为随国民革命军北伐的最高军事指挥者，蒋介石希望在所到之处构建起可以信赖和有效运作的财政体系，这本身无可厚非；但在宋子文看来，蒋介石的一些要求和做法，违背了在出任国民革命军总司令之前提出的《改革军政建议书》中关于军人不得干涉财政、各军队不得过问财政机关人员委派的原则，而这却是宋子文在广东实施统一财政的题中应有之义。

随着北伐的不断推进，1926年11月中旬，宋子文与在粤国民党中央和国民政府要员北上，经南昌、九江抵达武汉。在此同时，蒋介石因军费问题与宋子文的矛盾加深。如1926年12月15日，蒋介石致电宋子文，以时任武汉行营主任邓演达要求之款未能及时汇到为借口，要求宋子文“务请设法照支”，甚至以训诫的口气要宋子文“对人务勿过板，免人为难”。[⑤] 不到10天，蒋介石又致电宋子文，称在湖北的第七军因当月的饷项未领到，已经发生两起“闹饷事件”，“如长此以往，决不能过。请兄从速设法维持为要”[⑥]。这等于是要宋子文承担导致军心不稳的责任。当

---

① 《蒋介石致宋子文电》(1926年9月21日),《蒋介石年谱初稿》，第697页。

② 《蒋介石致宋子文电》(1926年10月17日),《蒋介石年谱初稿》，第746页。

③ 《蒋介石致宋子文电》(1926年10月24日),《蒋介石年谱初稿》，第758页。

④ 《蒋介石致宋子文电》(1926年10月24日),《蒋介石年谱初稿》，第759页。

⑤ 《蒋介石致宋子文电》 (1926年12月15日)，蒋介石档案，002—010100—00004—029—1a。

⑥ 《蒋介石致宋子文电》 (1926年12月24日)，蒋介石档案，002—010100—00004—052—001a。

年底，蒋介石把发生“闹饷事件”的范围，说成已蔓延到“各军”，称即便蒋本人能谅解宋子文的苦衷，“各军官与士兵决不能相谅也”，最后以命令的口吻要求宋子文“务速发清”欠款，“以维大局”。[①] 而在同时期的日记中，蒋介石发泄着对宋子文的极度不满：“子文狡赖，不肯负(责)，财政压制，不能发展自如，苦痛极矣。”[②] 而随着中央党部和国民政府究竟应当迁至武汉还是南昌的争议逐渐激化，宋子文介入了这一争议，使得与蒋介石之间在财经问题上的矛盾带有了政治属性。事实上，蒋介石在入驻南昌之后，便通过张静江、谭延闿两位中常会主席，向国民党中央和鲍罗廷提出了“中央党部移鄂”的主张。[③] 而在1927年1月在南昌举行的中央政治会议临时会议上，当蒋介石与张静江强势逼迫与会者同意中央党部和国民政府驻鄂，宋子文便以筹款需要为理由，主张迁汉，并在会下向同样主张迁汉的陈公博表示：如果国民政府不搬汉口，他就不再给钱。[④] 蒋介石对宋子文的态度颇为在意，在日记中写道：“忧患以今日为甚，逼迫振撼……上午顾孟余同志几为动摇，子文且以财政无法相要挟，办事困苦莫甚于经济相逼也。”[⑤] 在蒋看来，宋子文说到做到，在迁都问题未定的情况下，“与子文商议军费甚为费时，苦痛异甚”[⑥]。蒋介石遂以战局进展需要实施军队总动员为借口，以近乎最后通牒的方式逼迫宋子文提供军费。如1927年2月12日，蒋介石致电国民政府主席谭延闿转宋子文，提出“如再不速解一百五十万元来此济急，视为以后断绝关系也”[⑦]。2月19日，蒋在电报中限令宋子文在次日派专船

---

① 《蒋介石致宋子文电》（1926年12月31日），蒋介石档案，002—010100—00004—070—001a—003a。

② 《蒋介石日记》(手稿影印件)，1926年12月26日，Hoover Institution Archives of Stanford University，Chiang Kai-shek Diaries，Box 5，Folder 6。

③ 《蒋介石致张静江、谭延闿电》(1926年10月22日)，《蒋介石年谱初稿》，第754页。

④ 陈公博：《苦笑录》，第61页。

⑤ 《蒋介石日记》(手稿影印件)，1927年1月4日，Hoover Institution Archives of Stanford University，Chiang Kai-shek Diaries，Box 5，Folder 7。

⑥ 《蒋介石日记》(手稿影印件)，1927年2月8日，Hoover Institution Archives of Stanford University，Chiang Kai-shek Diaries，Box 5，Folder 8。

⑦ 《蒋介石致宋子文电》(1927年2月12日)，蒋介石档案，002—010100—00006—018—001a。

把 250 万元送到九江[①]；2 月 23 日，电令宋子文在两天内“无论如何困难”，必须送到 150 万元。[②] 平心而论，承担军事上重要职责的蒋介石确实不能坐视饷需不足的情况一再发生；但在宋子文看来，要限时限额满足蒋提出的拨款要求，同样是做不到的。更何况，当时武汉方面无论在迁都问题还是在“军权”与“党权”关系问题上，认为对蒋不能继续让步的主张已经占主导地位，日后宁汉对峙的态势已经若隐若现，宋子文与蒋介石之间的财政之争，已然被纳入政争的轨道。

1927 年 3 月中旬，国民党二届三中全会在汉口举行。蒋介石和朱培德以“军务繁重”为由，没有出席这次会议。会议正式确定国民党中央党部和国民政府设于武汉，通过的《统一党的领导机关决议案》《中央执行委员会军事委员会组织大纲案》《修正政治委员会及分会组织条例案》和《国民革命军总司令条例案》，对于原属于蒋介石作为国民党中央常务委员会主席、军事委员会主席以及国民革命军总司令的职权进行了限制；通过的《统一革命势力案》纠正了二届二中全会通过的蒋介石所提关于跨党问题议案中排斥中国共产党的内容，决定立即举行国共两党联席国民党会议，讨论合作中的重大问题；通过的《统一财政决议案》明确规定：“各省财政主管人员在正式省政府未成立前，由财政部选任，对财政部完全负责；凡收复省份，应即由部派员接收”；“非经财政部许可，不得征收新税，改变税率，组织新银行、新公债及钞票，或取消通行钞票之使用权”。至于蒋介石作为总司令在财政方面的权力，被明确限制为“在作战地及警备地”“指挥前方军民财政各机关”。[③] 宋子文以中央执行委员的身份出席国民党二届三中全会，并且是提案委员，对于上述提案的形成和通过，起到了重要作用。

国民党二届三中全会改选出了多个机构，其中中常会为汪精卫、谭延闿、蒋介石等 9 人入选，不专设主席；宋子文则入选中央政治委员会

---

① 《蒋介石致宋子文电》(1927 年 2 月 19 日)，蒋介石档案，002—010100—00006—034—001a。

② 《蒋介石致宋子文电》(1927 年 2 月 23 日)，蒋介石档案，002—010100—00006—041—001a。

③ 中国第二历史档案馆编：《中国国民党第一、二次全国代表大会会议史料》(下)，江苏古籍出版社 1986 年版，第 768—775、799—801 页。

（共15人，其中有蒋介石）、政治委员会主席团成员（共7人，没有蒋介石）、军事委员会委员（共16人，蒋介石为主席）、军事委员会常务委员（共8人，有蒋介石）；宋子文还成为改选后的国民政府委员（共24人，有蒋介石）、国民政府常务委员（共5人，其余4人为孙科、徐谦、汪精卫、谭延闿）。蒋介石的重要支持者张静江落选上述各项选举。

国民党二届三中全会还作出决议：指定财政部部长兼浙江、江苏财政处长，负责办理两省的财政统一。① 1927年3月下旬上海光复后，蒋介石先期进入上海，旋即在国民革命军总司令部之下成立了江苏兼上海财政委员会来处理江浙两省的财政，但对于受命于国民党二届三中决议和代表武汉国民政府前来接收江浙财政的宋子文，蒋介石最初颁发了国民革命军总司令部布告："江浙地方，现经克复。所有江浙财政事宜，应即交由财政部接收整理，以期统一。嗣后无论任何机关团体，对于财政概不得加以干涉，其对外一切契约行为，并由财政部负责办理。"② 表示支持宋子文统一江浙财政，但其前提是宋子文负责筹措所需的饷需。与此同时，宋子文亦宣布"以后所有江浙两省中央直辖财政机关，一切收入，应均扫数解交本处核收，其属于前江苏财政厅范围者，应解江苏财政处，属于浙江财政厅范围者，应解浙江财政处，概不得擅自拨支"。宋子文也确实根据蒋介石的要求，以"军需紧迫，急于星火"的名义，与上海金融界商洽续借款300万元，称其中200万元将汇往南京供蒋介石所需，另外100万元留沪维持市面，并要求"如数照拨，幸勿片延"。③ 并且公开表示将认真考虑上海银钱业公会提出的条件，双方实际上已经达成了初步意向。④ 然而，由于宁汉之间关系的急剧恶化，尤其是武汉方面对于蒋和南京政府所持的强硬立场，使得当时奉武汉国民政府为正统的宋子文必须与蒋介石切割。蒋介石曾于4月13日致电宋子文："请兄于今晚七

① 《中国国民党第二届中执会第三次全体会议第五日速记录》（1927年3月15日），《中国国民党第一、二次全国代表大会会议史料》（下），第851页。

② 《国民革命军总司令部布告》（1927年4月8日），《申报》1927年4月10日第4版。按：《申报》1927年4月9日第1版便刊登了该布告，但落款日期误作1927年3月8日。

③ 《宋子文致上海银行公会和钱业公会函》（1927年4月13日），上海市档案馆编：《一九二七年的上海商业联合会》，上海人民出版社1983年版，第53—54页。

④ 《本埠新闻——宋部长向金融界商借款》，《申报》1927年4月16日第13版。

时须与中央委员同车来宁，万勿推却。中正。”[①] 宋子文不仅拒绝赴南京出席所谓的中央执监委会议，而且停止了与上海银钱业的借款交涉，财政部驻沪办事处也停止了同国民革命军军需处的往来。这使得蒋介石十分焦虑，曾急电宋子文：“两淮两浙运使，闻兄另已委人，而前在沪借支三百万元，以二五税作抵者，兄又延宕不批，至今分文无着，如此下去，不惟于公无益，必致败亡，江浙财政事，不如仍照原议，交两省财政委员会办理，以应急需，如何盼复。”[②] 但宋子文不为所动，蒋介石只好通过陈光甫的江苏兼上海财政委员会出面继续与银钱业公会的借款交涉，并由古应芬代理南京国民政府的财政部部长。以后一直到当年8月蒋介石下野，宋子文始终没有与蒋合作，出面为其筹款。

三

在20世纪20年代投身国民革命的岁月中，宋子文接触交往的人很多，但对他影响最大的，莫过于孙中山和蒋介石。宋子文与孙中山的关系及与蒋介石的关系，分别是在国民革命的两个不同时期发生的。前一时期持续时间为两年；与蒋的关系，如果以孙中山去世为起点，大体也是两年多。

宋子文最初放弃优渥的都市生活，抱着满腔热情南下，那时广东革命政权的前景尚不明朗，工作环境并不尽如人意，困难重重。宋子文本人一直以曾经“追随孙总理从事国民革命工作”而自豪。[③] 对宋子文而言，孙中山一方面是姐夫，但更重要的是百折不挠、众望所归的革命家，而且有着令人折服的气度和人格魅力。孙中山人生阅历丰富，始终以革命事业之需要为依归，不拘一格，唯才是举，打破资历辈分，在宋子文

---

① 《蒋介石致宋子文电》（1927年4月13日），蒋介石档案，002—010100—00007—019—001a。

② 《蒋介石致宋子文电》（1927年4月16日），蒋介石档案，002—010100—00007—029—001a。

③ 《宋子文致蒋介石电》（1945年6月30日）附录：“史太林统帅与宋子文院长第一次谈话纪录”，秦孝仪主编：《中华民国重要史料初编——对日抗战时期》第3编，“战时外交”（二），（台北）中国国民党中央委员会党史委员会1981年版，第574页。

的职位安排上既充分信任，又把握节度，作为军政府大元帅，与在其他领域一样，孙中山在财经领域虽然可以发号施令，但并不颐指气使，允许部属有不同意见，同时自己也遵循既定体制的运作规则。追随孙中山倡行的国民革命事业，这与宋子文所处家庭环境尤其所受教育背景的取向相吻合，从而激发和坚定了宋子文对于国民革命事业的高度认同，他的所学专长也有着用武之地和检验机会，很快在金融和财政领域崭露头角，业绩突出，不仅在大本营时期，更在孙中山去世之后的广州和武汉国民政府时期，几乎为党政军各方面普遍认同，迅速进入党政决策核心，在更高层次和更广阔的领域施展才干和实现抱负，成为日后全国性的南京国民政府主持财经的不二人选。

孙中山生前，国民革命尚处于酝酿阶段，陆海军大元帅大本营运作过程中不无困难，但毕竟局限于广东的部分地区；国共合作刚刚建立，关系协调，矛盾尚未突显，虽然已经出现了反对国共合作的意见，但孙中山本人的存在，就是革命政权内部政治稳定的最大因素，并没有发生重大问题上的对峙和分裂；财政收入虽然少，但支出项目有限且可控。就宋子文而言，承担的责任主要是筹建中央银行和主持初期运作，在财经领域尚未承担主要职责。况且有孙中山的全力支持，与其他方面不至于发生大的矛盾冲突。

蒋介石追随孙中山的时间要比宋子文早得多，得到孙中山的任用和栽培所涉及的层次更高。孙中山去世之后，蒋介石对于国民革命尤其是军事工作的贡献，确实也是十分突出的。自国民政府成立，国民革命军成军，广东革命根据地统一，一直到中山舰事件前，蒋介石一直被苏联顾问鲍罗廷视为与汪精卫、廖仲恺齐名的“孙逸仙最杰出的信徒”。[①] 宋子文从不认为自己“追随”过蒋介石，但是，即便在中山舰事件之后，宋子文与苏联顾问、中国共产党乃至部分国民党人士一样，虽然对于蒋介石的政治主张并不完全认同，但并不怀疑蒋介石对于推进国民革命的热情和执着，认为蒋介石也是孙中山发动的事业的积极投身者，尤其是不得不承认蒋介石是整合和统御国民革命军各部队的不二人选。而在廖

---

① 《鲍罗廷在联共（布）中央政治局使团会议上的报告》（1926 年 2 月 15 日和 17 日），《联共（布）、共产国际与中国国民革命运动（1926—1927）》上，第 99 页。

仲恺去世、胡汉民和汪精卫先后离粤之后，无论国民党内的政治生态还是国共关系，都遇到了自孙中山去世之后的再度失衡，国民党无论对内对外，都不能再失去蒋介石；加上蒋介石配合与支持统一财政的基本态度，所以在北伐之前，宋子文对蒋介石的认同度较高，两人之间的关系虽然不无分歧，但基本上得以维系。

另一方面，国民革命的深入特别是北伐的迅速进展，任务繁重，牵涉的利益关系复杂，国共之间、“左”“右”之间、党权与军权之间、集体与个人之间，各种矛盾逐渐凸显，置身于国民党和国民政府决策层的宋子文无法持超然态度，更何况他是有自己的判断和取向的，这样，宋子文与蒋介石之间的矛盾已经不纯然为军费数额和财税支配权之争。随着国民革命军的扩军、北伐战场的拓展和国民政府所辖区域的增加，蒋介石强势崛起，对三大政策的否定公开化，导致国民党高层分化，出现了宁汉对峙的局面。与无条件地并且是发自内心地服膺孙中山不同，在宋子文看来，蒋介石并不等于国民革命，并不是国民革命的化身；宋子文一直视政治精英主导的武汉政权为国民党正统，是孙中山先生革命事业的合法继承者；因此当时除了中止与蒋介石的合作之外，没有其他的选择。

在国民革命时期，无论孙中山生前和逝世之后，国民党尚处于建制初期，只是到了 1924 年初才有国民党一大的召开和党章的通过，国民党无论作为一个政党，还是其主导的区域性政权，都还缺乏政治现代性，政治和财经、军事领域都缺乏完备的制度文本。孙中山生前作为众望所归的领袖，采用军事时期的统帅制，高层人际关系的简单化，制度供给的不足甚至缺失可以得到一定程度的弥补，国民党内部的分歧和矛盾处于可控和可以化解的状态，至少，陆海军大元帅大本营的运作虽然不无困难，但对内而言还是平稳有序的。孙中山去世后，由陆海军大元帅大本营改组成立的国民政府采取委员制，国民党二大明确不推出新的总理，都显示出建制方面的现代性倾向，但本质上却是孙中山事业的后继者中缺乏具有相应人望和实际权威的领袖人物使然。名义上由国民党统御的国民政府不再是军政权，可依然处于“军政”时期，军事和军队的重要性，连同军事强人的崛起，使得政治精英惊呼要“收回党权”，并力图通过体制遏制和合法性威慑来限制蒋介石势力的膨胀。在这一格局下，宋子文与蒋介石合作关系的波折乃至中止都有其必然性和普遍性。

与此同时，宋蒋关系的演变又带有特定的相互性格冲突和预期错位的特点。在宋子文看来，军权在握的蒋介石不具备人格感召力，在与政治精英的相处中不讲究尊重和信任他人；在蒋介石看来，宋子文自视甚高，行为处事不易通融，关键时刻软硬不吃，难以沟通。两位个性都很强，“换帖”未能“换心”，虽可合作，矛盾和冲突却难以避免。所以，孙中山去世之后，虽然宋子文与蒋介石之间既有后者颇为看重的合作，更有双方都无法容忍且呈愈演愈烈的矛盾分歧。只是不久汪精卫“分共”，导致武汉国民政府实际上解体和宁汉合流，稍后短命的“特委会”收场，汪精卫则因对广州起义和广州事变难辞其咎而出局，原先对蒋介石起着主要制衡作用的各种力量发生分化和顿挫，蒋介石不仅成为国民党政权的最高决策者，也是统御冯、阎、桂各主要军事力量进行“二次北伐”的不二人选。在此情况下，宋子文很难拒绝蒋介石主动发出的合作要求，遂再度与蒋介石合作。只是蒋介石对待宋子文依然无法摆脱“用人必疑，疑人不得不用”的尴尬处境，宋子文也不时面临服从“党国”利益的大局和不愿对蒋曲意逢迎的两难处境。当然，这是需要另行做专门研究的课题了。

“儒家文化的不安定层”

——对“地方的近代史”的若干思考*

王汎森

多年前我在《中国近代思想与学术的系谱》一书的“自序”中提到傅斯年的“儒家文化的不安定层”一语，傅斯年是这样说的：

> 《礼记·曲礼》：“礼不下庶人，刑不上大夫。”这两句话充分表现儒家文化之阶级性。因为“礼不下庶人”，所以庶人心中如何想，生活如何作心理上的安顿，是不管的。于是庶人自有一种趋势，每每因邪教之流传而发作，历代的流寇……就是这一套。佛教道教之流行，也由于此。这是儒家文化最不安定的一个成分。①

傅氏认为儒家经典即使在士大夫阶层中，都已经失去实际引导日常

---

* 本文原载《近代史研究》2015年第6期。本文系根据笔者在“地方的近代史：州县士庶的思想与生活”学术研讨会（第四期中国近代史论坛，《近代史研究》杂志社、四川大学历史文化学院主办，成都，2014年10月）的演讲稿改写而成。

① 傅斯年：《中国学校制度之批评》，《傅斯年全集》第6册，（台北）联经出版事业股份有限公司1980年版，第2124—2125页。

生活的效力了。[①] 儒家学说向来不关心庶民，加上“礼不下庶人”的传统，使儒家经典对下层百姓也失去力量。由于下层百姓在精神及思想上缺乏引导，使得传统社会中产生了一个不安定层，所以下层百姓特别容易被新兴宗教席卷而去。我觉得这段话颇有深意，但他没有继续说明。这么多年来，我却始终在考虑这个问题，下面稍稍阐述我的一些看法。

一

钱穆等人很清楚地指出唐宋以后的中国进入平民社会[②]；余英时也非常有力地论证了明代后期觉民行道、讲会、平民教育之发达。[③] 近年来罗志田、郑振满等学者的文章，也都在说明宋代以下力图实现“礼下庶人”的努力。罗志田指出了士人通过寓正德于厚生的方式构建下层民间社会，力图通过使“道”与乡土的衔接让“地方”具有更多自足的意义。[④] 郑振满的研究说明了虽然宗庙、家谱等往往带有“套利”或其他现实动机，但是不能否认，这些礼仪是下到民间的。[⑤] 从这一点而言，傅斯年的“礼不下庶人”，似乎只能说明宋代以前的情况，对于明清以下的时代似乎并不适用。但是傅斯年行文风格本来就有简练模糊的特色，他所谓“礼不下庶人”带有多方面的意义。

---

① 傅斯年说：“所以六经以外，有比六经更有势力的书，更有作用的书，即如《贞观政要》，是一部帝王的教科书，远比《书经》有用。《太上感应篇》是一部乡绅的教科书，远比《礼记》有用。《近思录》是一部道学的教科书，远比《论语》好懂。以《春秋》教忠，远不如《正气歌》可以振人之气，以《大学》齐家，远不如《治家格言》实实在在。这都是在历史上有超过五经的作用的书。从《孝经》，直到那些劝善报应书，虽雅俗不同，却多多少少有些实际效用。六经之内，都是十分之九以上但为装点之用、文章之资的。”《论学校读经》，《傅斯年全集》第6册，第2050页。

② 钱穆在许多地方反复说明此意，例如他说：“政府以考试取士，而进士皆出自白衣。此一形势，直至清末，余特定为名‘白衣社会’。白衣率从农村中崛起，其形势略同于汉武帝之时。”钱穆：《再论中国社会演变》，氏著《国史新论》，九州出版社2012年版，第45页。

③ 相关研究请参见余英时的两本著作《朱熹的历史世界：宋代士大夫政治文化的研究》《宋明理学与政治文化》，（台北）允晨文化实业股份有限公司2003年、2004年版。

④ 参见罗志田《地方的近世史：“郡县空虚”时代的礼下庶人与乡里社会》，《近代史研究》2015年第5期。

⑤ 参见郑振满《明清福建家族组织与社会变迁》，中国人民大学出版社2009年版，尤其是第五章。

第一，我认为傅斯年除了指礼仪之外，主要是儒家主流文化并不关心下层人民的文化、思想、心灵、信仰，而佛教、道教、基督教这些宗教却以下层人民为其主要关心对象，所以民众动辄被新兴宗教席卷而去。基督教在地方上都有教堂，信众礼拜日去做礼拜是一种下及群众的宣教活动。但儒家没有教堂。传统的府州县学往往都只是士人考试行礼的地方。相对来说，传统中国的儒学要怎么维持以庶民为主的地方社会，是一个值得深入思考的问题。

第二，地方上长期处于无治状态，事实上是无政府状态，故瞿同祖在《清代地方政府》中说，传统中国州县以下是一空虚的状态，清末的刘师培也认为县以下是一无政府状态。所以刘师培说要在中国提倡无政府主义实在太容易了，因为传统中国的地方社会本来就是乡绅和县令联合治理的一个无政府社会。[①]

第三，明清两代的主流学术跟下层的关系有相当大的变化。明代中期以后有比较通俗的宣讲活动，明代许多讲会，原本允许士农工商社会各阶层的人参加，17 世纪以后，就不太允许士大夫、有功名者以外的人参加，草根性的讲会渐渐萎缩，平民在其中渐渐没有角色了。清代考证学最盛的时候，所治的学问非常专门，非常精英，我们可以强烈感觉到上下两层之间，即主流知识分子的学问和地方上的思维不相联系。尤其是对渴望信仰的下层百姓而言，太过抽象，太过与现实抽离，太“明其道而不计其功”，对于重视实效的平民，更处处显示其不相干性。

因此，地方的空虚不只是在统治方面的空虚，同时是地方上的思想、文化、精神、心灵、信仰等层次的内容的空虚、茫然、不安定，或混乱。即使“礼下庶人”，也并不全然解决心灵、精神、信仰方面的问题，或是它所发挥的功用不足、僵化，被更强而有力的“信息”打败或取代。

这些“上下不相及”“上下不发生关系”的现象有几个主要原因。第一，士大夫思想意识中是否曾经将“下”或“地方”放入他们主要的思

---

① 这里面的问题非常之多，包括它如何形成、治理和运作，如何维持一个如此纯朴雷同的社会自行运作。相关研究可参考 Ch'ü T'ung - Tsu（瞿同祖），*Local Government in China under the Ch'ing*, Mass.: Harvard University Press, 1962；王汎森《刘师培与清末的无政府运动》，《大陆杂志》1995 年第 90 卷第 6 期。

考中?"地方"是不是始终作为附带物被考虑,而不曾作为一个"主词"被了解、被探讨?第二,一个时代占主流地位的思想或学术中,对"地方"实际的设想是什么?实际的行动是什么?

清季的动乱,譬如像太平天国,让人感觉除了土地、经济、种族等问题之外,恐怕还有前述那种上下不相连,在思想、精神、信仰上缺乏引导,没有出路,而在思想、精神上形成一个"儒家文化的不安定层"有关。洪秀全仿效《周官》设立隋代已废的乡官制度①,一方面便是着眼于下层无治、下层空虚。至于他以基督教教义为基础建立地上的天国,在我看来也是在思想、精神上提供丰沛的资源与引导。

而且有不少思想家已注意到"儒家文化的不安定层"的问题而谋补救,而且形成一条主线,"下"成为部分儒家士大夫思考重点。譬如龚自珍的《明良论》、康有为的《孔子改制考》中提出儒家设教堂、设宣教师等,宋恕由"同情心"出发的整个哲学体系,尤其是反复强调下层人民的"教""养"二事,并在某种程度上与现代的社会福利思想结合起来,都可视为这方面的表示。当然,这个问题相当复杂,比较深入的探讨,当俟他日。而对"儒家文化不安定层"这个问题的关怀,促发了我以"地方"出发来看历史变动的想法。

探讨"儒家文化的不安定层"时,首先要承认我们对"地方"了解的层次不够深。但是如果从不同的视角、注意力、主词、意向入手时,我们对很多事情的看法将会有所转变。

首先,历史上永远都有地方,但"地方"何时自觉自己为"地方",譬如永远都有"青年",但为何有时某一代人会自己强调为"青年",这种突出自觉与强调,即带有重要的历史意义。

"地方"往往没有充分的书写文献以表达自己的思想,也往往是一个限制性、封闭性的区域。但限制性并非就没有历史,地方有他们表达思考(intellection)的方式。我们应该从此有限性、限制性为出发点来探讨。此外,有没有"地方"与"全国性舞台"的区分?如果有,这个"全国性舞台"是如何产生的?如何变动的?在变动时代,这两者又是如

---

① 简又文:《太平天国典制通考》上册,"职官制",(香港)简氏猛进书屋 1958 年版,第 118—120 页。

何形成、如何互动的?

“地方”或“全国性舞台”的地位并不是固定的，一股思想运动中的核心不一定是政治中心，也不一定在大都会。而且在地的有时在受到核心区的引导之后，“颠倒正面”成为其他地方仿效的对象。如李贽学说盛行时，新学术、新思想的中心，除了北京、南京之外还有麻城等小地方；或如新文化运动时，在北京大学之外，思潮的中心有杭州、上海等地方。

探讨儒家文化不安定层时，首先要处理的便是“注意力”的问题。2014 年的诺贝尔化学奖得主们的主要贡献，是用超高解析荧光显微术来窥探细胞内部分子的活动，将注意力集中于细胞内部复杂而细致的活动。所以，从“地方”出发来看历史，可以看到地方社会中非常细致的活动。当然，历史也不可能只写各个地方，最后还是要回到大的发展脉络下来看。但是经过这一层的努力后，再回来看整体，视野、境界就变得不一样了，所以我从不认为只把细胞内的活动看得很清楚就足够了，因为细胞只是人体的一部分，最后还是要关照到整体。①

威廉·詹姆斯（William James，1842—1910）《心理学原理》中很重要的一章就是讲“注意力”，现象学中也讨论“注意力”的问题。② 一旦“注意力”转变，看到的景象便不大一样，“注意力”所及之处，很多事情就会变得清楚起来。没有预期性的注意力，对很多事件的观察及回忆都不一样。注意力所及的地方才有历史，一如调显微镜，追求聚焦，才能看得到许多原先看不到的东西。如胡塞尔（Edmund Husserl，1859—1938）所言，注意力集中的地方，好比光会有光晕及余光、残余光之分。或如柏格森（Henri Bergson，1859—1941）的研究指出，人的注意力有一个浓淡的光谱，最核心的地区最为浓密。没有注意力，即使某事发生了，也不会被看到，即使看到了，也较少去面对它，或动手处理它。③ 只有当

---

① 我们现在几乎都居住在城市里，对地方的运作、活动并不了解，没有看到细胞中分子之间的作用。我们现在的史学研究习惯犹如从人体全部来看历史，而没有从细胞的角度来看历史，中间少了一个环节。所以我讲的从“地方”出发，是一种补充，而非推翻旧有。

② William James, *The Principles of Psychology*, Chicago: Encyclopaedia Britannica, 1952; Margaret Knight ed., *William James*, UK: Penguin Book, 1950, pp. 111 – 116.

③ Henri Bergson, *Matter and Memory*, NY: Zone Books, 1988; Edmund Husserl, *On the Phenomenology of the Consciousness of Internal Time* (1893 – 1917), Boston: Kluwer Academic Publishers, 1990, pp. 119 – 124.

地人才会有当地的角度，这是从整体来看时看不到的。这也就是为什么要转一个弯看一下地方后，再回来看整体。

在研究一个地方时，必须先有一个前提，即它一方面是与各地联系的，另一方面它有一套以自己为主体出发的考虑——尽管这个考虑可能包括尽量开放自己，或强化自己的特色来赢取某种利益，但它自己仍是一个方案，不纯粹只是光源的边晕，或中央的剩余物。

接着要谈到“视角”的问题。我个人认为霍布斯鲍姆（Eric Hobsbawm，1917—2012）谈“由下而上的历史”（history from below）时所讨论的角度[①]，并未完全超出传统的注意力与视角：还是以全国性的、整体性的角度，或从动乱出发来看，并没有转换视角。以前我对农民叛变的史料相当注意，因为承平时期很少注意下层，但一有动乱，注意力就开始转移。然而这一类史料仍然有很大的局限，尤其是它们记载的往往是不服从，而且只有不服从而又爆发问题时才有史料，不能非常深入地了解服从时的状态。从“地方”出发牵动了历史书写中“主词”的变化。首先，“主词”是谁往往带有强烈的评价性。当“主词”转变时，观看事件的角度就会跟着产生巨大的变化。譬如在清代，我们都忘了主词应该是满族人的政府，忽略了以“清”而非以“汉”为主词。两者有很大的不同。此外，从特定主词出发探讨问题，跟不是主词而只是受词，也将产生角度的变化，使得人们看到的现象有很大的不同。当主词转变为“地方”时，所见亦将有所不同。[②]

将“地方”突显出来成为“主词”，可以为我们打开许多值得进一步探索的问题。以辛亥革命为例，如果各个“在地”基本上反对或怀疑革命，何以最后革命仍然会成功？在这个大事件发展的过程中，“在地”社会如何仓皇失措，如何调动、适应、重组，或彻底打破旧有结构？新的在地精英如何浮现？一旦“主体”“主词”改变了，所产生的历史视野也会随之变化。

---

① E. J. Hobsbawm, “History From Below—Some Reflection”, Frederick Krantz ed., *History from Below: Studies in Popular Protest and Popular Ideology*, NY: B. Blackwell, 1988, pp. 13 – 27.

② 19世纪中期以后，在很多西方传教士的报纸如《中国丛报》（*Chinese Repository*）中可以看到传教士眼中的广州跟传统中国的视角是不一样的。

在进入讨论之前，我必须强调本文并不是像清代的凌廷堪（1757—1809）或黄文旸（1736—?）那样在宣扬某种以历史上的异族作为主体的历史观，而纯粹是为了讨论上的方便。

日本学者杉山正明的《大漠》一书即以“匈奴”为主词，看到了许多我们所看不到、所忽略、所曲解、所不解的历史现象。不管这些观点是否完全站得住，但是它们刺激我们进一步去思考许多相沿不变的成说，丰富了我们原先的历史理解。杉山正明是以匈奴为主体由北往南看，则匈奴不再是随汉朝起舞的，或是附属的叙述，而可能许多时候是汉随匈奴起舞，为了应付匈奴，而有许多的作为。陈寅恪在《唐代政治史述论稿》中的“外族盛衰理论”，认为历史上所谓“盛世”往往只是异族互相牵制的结果，其实已多少说出这层意思了，只是没有更进一步以匈奴为主体看史局。如果暂时退出传统的史观，而以匈奴等外族为主角，则历史有不同的写法。

以匈奴为“主词”来看汉帝国，则汉武帝为何要到朝鲜设乐浪、玄菟、临屯、真番四郡的历史意义似乎就比较清楚了，因为北方的游牧民族已经开始影响到朝鲜半岛。杉山正明说百济到 5 世纪时还在用“左贤王”“右贤王”，这是标准匈奴的称谓，汉朝因为看到匈奴的势力已经到了朝鲜，才赶快去经营并设郡。我们所读的史书大多是从汉族人的角度出发，一旦换了主词，则历史可能会有出入。许多史事的发动者其实是北亚游牧民族，先是匈奴、拓跋、突厥，后来是蒙古、满洲。如哥伦布发现新大陆，人们皆习惯于从外面宏观地看这个历史性事件，但作为当事人，当时实际想法及过程究竟如何？我们不得而知。如果以清朝的某一个地方的角度看自己，和从中央看地方那般纯朴雷同，可能也是不一样的。①

二

在讨论了不同的主词、视角、注意力、意向所可能产生的转变之后，

---

① 以日本德川幕府末年为例，当时日本有二百多个藩，每个藩都是用自己的角度在看国家的变化，没有统一的视野，但为何最后还是形成以天皇为中心的国家发展？如果以每一个藩为主词去观照，可以看到很大的不同。

由于我对"地方"并无专门的研究，所以此处只能针对链接性的关系、信息与知识的向下或向上扩散、如何在一个不以文人为主体的"地方"追索无声的语言，以及"地方"上无所不在的文化"传讯机制"（signaling system）四个方面，结合东西方的史例，提出一些观察。也就是在沉默的世界中，如何察知地方上心态的变化，以及如何在一个沉静的"寓意系统"（allegorical system）中维系一个地方的道德秩序。

（一）链接性角色（linkage）

我注意到近代几个大变动时期都存在"链接性"人物或者"中介性"人物这类角色。阅读五四或辛亥时期的人物回忆，我们会发现在特定地方，往往有一个或几个链接点，也许是同学、朋友或师长之类的人物扮演链接性角色，使得核心区的活动能扩散到某些小地方。

法国年鉴学派的莫里斯·阿居隆（Maurice Agulhon，1926—2014）在他的《共和国在乡村：从法国大革命到第二共和时期的瓦尔居民》这部名著中[①]，主要关注瓦尔（Var）地区的政治意识之变化。瓦尔地区原是保皇党的大本营，可是在1810—1850年间，本来如此尊重王权的地方，竟然变成激进社会主义思想的温床，这中间的改变究竟是怎样发生的？阿居隆的解答非常清楚，这个地区有一群在地的小知识分子，他们接引了法国当时文学与教育的风潮、语言、沙龙、共和政治、通俗文化，他们仿照巴黎文人社会，组成各种沙龙及形形色色的小组织，他们成为瓦尔与巴黎之间信息思想交通的渠道，将乡村地方"巴黎化"，巴黎的思潮、文士关心的主题透过这些在地小知识人引入这个乡村地区，掀起莫大的变化。当然也有人认为阿居隆上述论点不一定完整、周全，但这是一个很有力量的解释。而且，对于这个问题，必须从出发到到达，两边都有所研究才可能回答，也就是必须同时了解巴黎引领全国风骚的那一方，以及在地的这一方。

这里面有一个重点就是"链接"，一群地方上的小读书人透过酒馆、沙龙、阅报社等，使得乡村"巴黎化"，就像五四运动时很多小地方也有

---

① Maurice Agulhon, *The Republic in the Village: The People of the Var from the French Revolution to the Second Republic*, Cambridge: Cambridge University Press, pp. 112 - 225.

阅报社或其他链接性的人物或组织，使得地方与全国性的信息得以传递。透过这些链接，使得原本相当保守的乡村地方，透过小的组织、在地的小知识分子，与巴黎或北京“链接”，进而产生变化。当然，回乡文人也是重要的链接人物，而且“链接”不一定是“从上”下渗到地方，有时候透过“链接”，也使得地方的流行上升到全国性舞台。这个在下一点会谈到。

以五四新文化运动为例，扮演“链接”性角色的人物、组织、刊物非常之多。五四时期各地的书社、阅报所、社团、歌唱队等都是。地方上的小知识分子以它们为节点与全国风潮中心相链接。链接者的身份、链接的组织、链接的方式都很值得注意。如毛泽东、恽代英等人早期的文稿中反复提到的湘江书社、利群书社都是。许多研究也都显示了地方热烈响应五四，改变了地方原先的思想氛围，将一个偏乡、小地方的文化氛围一如发生在北京般“学运化”了。[①] 又如大革命时期，许多地方上的链接团体——尤其是带有浓厚社会主义色彩的小组织，如雨后春笋般出现在地方，如尚钺年轻时在河南所参与组织的“穷党”[②]，常熟、镇江各地也有“穷社”之类的组织（风起云涌组成的无数小社团）。[③] 此外，北伐时期各地链接性的组织，如“党义研究会”“中山俱乐部”也是。中国传统社会中也有一些“链接”性的东西，如京官，地方上要推动重大事情，往往要透过京官在北京疏通，绅民与地方官冲突时，也要透过京官对地方官施压；又如明代地方上的乡宦与北京的联结也都是这方面的例子。

此外，我们应该注意链接性的在地人物不只“模仿”核心区，对他们而言，模仿同时是一个“创造”，而且地方整体是一个方案，不仅仅只是核心区的残余或变样。

（二）在地知识的向上扩散

接着我们要谈另一个面相，即链接是“下”的或“边缘”的吸收了

---

① 在辛亥、五四的回忆录中可以找到许多这方面的材料。

② 毛佩琦：《尚钺年表》，尚钺：《尚钺史学论文选集》，人民出版社 1984 年版，第 589 页。

③ 顾莲邨：《从“穷社”命名想起——缅怀吕凤子先生》，《镇江文史资料》第 17 辑，政协镇江市文史资料研究会 1990 年编印，第 109—111 页。

“上”的或“核心”的。长期以来，我们习惯于“下渗式”（trickle down）的思维。在此思维之下，大都会是上位的，地方是下位的；核心是扩散的一端，地方是接受的一端。譬如在明代，人们常常要到苏州去“观赴”，而且日常用品中有“苏趣”“苏样”等一系列以“苏州”为核心的词汇。但是我们却也不能忽视有许多后来大范围广泛流行的技术、知识或物品，是从地方上来的，或是由下往上升的。

过去我们讲思想文化时，也多将注意力集中在思想往下渗透、往下扩散，忽略了思想文化有向上扩散的力量。且让我们仔细想想胡适的《白话文学史》，书中不断地提到所有这些东西都来自民间，这不就是地方知识往上扩散的例子吗？包括像魏晋时期《孔雀东南飞》这样的乐府叙事诗，很多人说是受到佛教“佛本行赞”的影响，但胡适认为它是来自地方的，不是外来的。

欧洲史上也有很多这方面的例子。乔治·杜比（George Duby, 1919—1996）在一篇文章中讨论欧洲封建社会中下层的品味如何逐步上升成为贵族风格。杜比说 14 世纪的欧洲，基督教致力于通俗化后，许多原本属于精英的文化下降到平民。但是因为他们刻意面向下层信众，所以亦从下层文化中吸取许多观念或心灵图像（mental image）。在梅罗文加王朝时期可以看出这个现象，13—14 世纪，当道明会（Dominican）与圣方济会（Franciscan）努力使基督教成为城镇日常生活之一部分时，也有同样的情形。15 世纪，贵族阶级则刻意学习许多牧人及农村的娱乐形式，这也是从下层往上传递的例子。杜比举的另一个例子说，一方面是贵族之风习下传，另一方面是武士的风习上传，勇气、武功、忠诚在 10 世纪时越来越往上传，并成为贵族之风习。到了 1200 年，即使最高位的贵族或国王也以武士之风为尚。①

另一种类型是主流文化将在地文化吸收成为主流的一部分。在《现代主义精英文化的大众维度：以世纪末慕尼黑的戏剧为例》这篇研究中，彼德·杰拉维奇（Peter Jelavich）说 19 世纪以来戏剧、绘画、音乐等精英文化的生产者，日益依赖被他们视为通俗文化的主题与形式。彼

① George Duby, “The Diffusion of Culture Patterns in Feudal Society”, *Past & Present*, No. 39 (1968), pp. 3 – 10.

德·杰拉维奇说当时有一个潮流，艺术家转向通俗文化，以对抗布尔乔亚的精英文化，对抗 19 世纪形式化的文化。他们认为 19 世纪剧场盛行古典剧，脱离群众，年轻作家对此相当不满，形成一种“自我普罗化”运动，主动将通俗形式引入精英舞台，用杂耍来瓦解高级剧院的品味。木偶剧、哑剧、歌舞杂耍表演与马戏节目的元素，农民或城市下层民众的体裁和风格，都出现在剧作家、导演和舞台设计者的作品中。同样，大众木刻和与宗教有关的图画、农民艺术和玻璃彩绘的风格与内容也影响了现代主义绘画，现代音乐也糅合了欧洲的民歌旋律与美洲的爵士乐。①

以下我要借助于彼得·柏克（Peter Burke）的《知识社会史》一书来说明知识由下向上的流动。彼得·柏克的书强调知识如何体系化、一元化，如何疏通与扩散。如果我们换个角度读这本书，可以看到许多专业知识是从下层匠人而来的，譬如绘画与建筑的传统，矿工与采矿的知识，商人的实用知识与经济学等。彼得·柏克在这本书中重视的是各地知识的汇整，即经过一个整齐、划一化的处理，而成为一般知识的过程。而我们更想知道的是这些知识原先在各个地方的状态，以及从地方知识向上扩散并成为普遍知识的实例与过程。在这个上升的过程中存在“转换”性角色。在西方，它们通常在城市、大学、图书馆进行“转换”，譬如在亚历山德拉图书馆，地图学家们将各地的地理知识汇整为地图。又如字典、百科全书、医学百科、万用书、教科书往往也是汇整各地的地方知识而成，中心“转换”之后，以印本形式散布各地。这些整理或转

① Peter Jelavich，“Popular Dimensions of Modernist Elite Culture：The Case of Theater in Fin-de-Siécle Munich”，Dominick LaCapra，Steven L. Kaplan eds.，*Modern European Intellectual History：Reappraisals and New Perspectives*，Ithaca：Cornell University Press，1982，pp. 220 – 250，especially pp. 220 – 236. 杰拉维奇说，在戏剧方面，人们会想起魏德金特（Wedekind）、莱因哈特（Reinhardt）、布莱希特（Brecht）、雅里（Jarry）、莱热（Leger）、阿尔托（Artaud）、布洛克（Blok）、梅耶荷德（Meierhold）、叶夫列伊诺夫（Evreinov）、泰洛夫（Tairov）、埃尔·利西茨基（El Lissitzkii）与马雅可夫斯基（Maiakovskii）；在绘画方面，人们会想起康定斯基（Kandinsky）、蓝骑士派（Blue Rider group）、高更（Gauguin）、马蒂斯（Matisse）、毕加索（Picasso）、拉里奥诺夫、冈察洛娃（Larionov）、布尔柳克兄弟（the Burliuks）、马列维奇（Malevich）；在音乐方面，人们会想起威尔（Weill）、克雷内克（Krenek）、欣德米特（Hindemith）、奥尔夫（Orff）、巴尔托克（Bartok）、斯特拉文斯基（Stravinsky）。此段译文见中译本（王加丰等译：《现代欧洲思想史：新评价和新视角》，人民出版社 2014 年版，第 195 页）。

换的中心之间是互相竞争的，但后来有一个“学科化运动”（disciplinary movement）或“专业化运动”。它把地方知识一致化了、定本化了。当知识世界产生“树形图”时，即表示一种从各地而来的地方知识汇合、整理成一个一元的体系了。①

前面曾提到胡适的《白话文学史》。胡适写作这本书的主旨，是想说明中国文学史中“上”的，其实都是从“下”来的。而我的解读有些不同，我认为以下的引文，可能可以看到我所提到地方知识向上扩散的现象。胡适指出，历史进化之趋势是白话化。他说：“一切新文学的来源都在民间。民间的小儿女、村夫农妇、旷男怨女、歌童舞妓，弹唱的、说书的，都是文学上的新形式与新风格的创造者”，而且“古今中外都逃不出这条通路”。他说：“《国风》来自民间，《楚辞》里的《九歌》也来自民间，汉魏六朝的乐府歌词也都来自民间，词起于歌妓舞女；弹词起于街上唱鼓词的；小说起于街上说书谈史之人。”

胡适问道：“中国三千年的文学史上，哪一样新文学不是从民间来的?”胡适认为“上”的忍不住要模仿“下”。“文人忍不住要模仿民歌，因此文人的作品往往带着‘平民化’的趋势。”他也提到“韵文”既抒情可唱，又最容易表达百姓的情感，而且是非常实用的，“所以容易被无聊的清客文丐拿去巴结帝王卿相歌功颂德，献媚奉承，所以韵文最容易贵族化，最容易变成无内容的装饰品”。② 胡适在这里特别指出“下”的影响到“上”时，常常一方面是文人文学的“民众化”，但同时也有可能使下层文学“贵族化”或“文人化”。“到了东汉中叶，民间文学的影响已经深入了、渗透了，方才有上流文人出来公然仿效乐府歌辞，造作歌诗。”胡适举了许多例子来说明这种情况，如汉代的乐府诗，如“故事诗”，它的产生亦在民间。文人仿作这种民间的故事诗，才有《孔雀东南飞》这一类的杰作。此外像陶渊明一扫建安以后的“辞赋化”“骈偶化”“古典化”恶习，也是因为他生在民间，做了几次小官，仍回到民间。唐

---

① 值得注意的是，许多殖民专家靠在地通报人（local information）整合殖民地之传统知识，当然也不时衍生出新的“另类知识”。Peter Burke，*A Social History of Knowledge*：*from Gutenberg to Diderot*，Mass.：Polity Press，2000，pp. 75，77，110.

② 胡适：《白话文学史》，季羡林主编：《胡适全集》第11册，安徽教育出版社2003年版，第233、244页。

代诗歌文学的黄金时代也是来自民间。[①] 当然，中国文学史往往是多元的发展，胡适所指出的是其中一个突出的脉络。他的研究基本上呼应了本文所强调的一个由“下”而“上”的、由“弱势”而影响了“强势”、由边缘影响了核心的现象。[②]

新鲜而陌生的知识不是令人觉得不可信的，而是不相干的。譬如唐代征服安南，非常陌生，他们的了解多被旧有的观念所囚。对美洲大陆的了解，一开始也是尽量放在旧的认识范畴之中，到了 1650 年左右才逐渐扩大到能认识这些新的东西。而将新世界组入旧思维中，却对欧洲大地带来重大改变：新大陆改变了母国，遥远的“地方”改变了古老的欧洲。如野蛮人的存在，加强了线性史观的说服力量。影响不只及于知识，还及于经济与政治系统、国家力量、行为方式、工业、政府，它们造成经济与社会变迁，与欧洲资本主义兴起有关。此外美洲的需求刺激欧洲的制造工业，造成消费。艾略特（J. H. Elliot）在《旧世界和新世界，1492—1650》一书中描述了因为美洲殖民地，使得人们可以将“权力”放在全球的架构中看，譬如因庞大的海外传教机会，使得教会得到重振的机会，又因殖民地，使得皇权大振，足以压服敌人。以西班牙为例，加泰罗尼亚地区丧失自由，即与王权坐大有关。作者认为美洲扮演了一部分孕育 16 世纪欧洲国家主义的角色。此处并不是要详述艾略特的观点，主要是想借此说明边缘如何牵动、改变核心。[③]

（三）追索无声的世界

接着我要讨论一个我很感兴趣的问题。讨论地方，常常碰到的一个问题是没有材料。我们研究的是一群不大以文字表述自己的人，该如何钩稽他们的思想世界，这成了一道难题。但法国年鉴学派发展了一些非

---

① 胡适认为文学演变有两种趋势，“文人仿作民歌，一定免不了两种结果，一方面是文学的民众化，一方面是民歌的文人化”。胡适：《白话文学史》，季羡林主编：《胡适全集》第 11 册，第 260、265、283、296、319 页。

② 还有许多“影响”是从四面八方来的，像“风”的吹拂一般。相关论点请参见拙文《“风”——一种被忽略的史学观念》，《执拗的低音：一些历史思考方式的反思》，生活·读书·新知三联书店 2014 年版。

③ J. H. Elliot, *The Old World and the New*, 1492 - 1650, Cambridge: Cambridge University Press, 1970, pp. 41, 51, 54.

常巧妙的方法，探索心态史的世界，从中也许可以得到些启发。[①] 在这里我要以中国为主，提出我的一些观察；而我所提出的，往往不只适用于草根层次。

在这里我要做的是透过一些方法，了解看似沉默的地方社会有什么思维活动正在发生；或是透过其间之差异，了解其意向之不同。我的构想都是来自一个简单的想法。威廉·詹姆斯说：“古人说人是由三个部分组成的——灵魂、肉体和服饰。”[②] 但我认为除了上述三者，还有许多行为、象征活动等都是“自我的延伸”，而历史研究者可以透过它们来求索行动者无声的世界。譬如，1945 年，毛泽东从延安飞重庆，周恩来则由陆路从延安到重庆，周在路上只看张良庙与武侯祠，而张良与武侯都是所谓“二把手”，两人都缺乏帅才，都是追随主公筹谋策划的军师。[③] 周恩来的参拜行动，即是一种“自我延伸”。[④]

这里还要进一步引用肯尼斯·伯克（Kenneth Burke）的象征行动理论。伯克说，我们讲话、行动、穿衣、吃饭或其他生活中的行为，既反映自己，也在与自己沟通、说服自己，同时也都是在说服、沟通其他人。伯克称之为“各种情境中之策略”。既然是说服，则有“意义”蕴含其间，故他提醒我们注意地方上的日常生活行为的意图说服性。这包括精神病院病人私藏小东西的行为，在一个自我认同与尊严被威胁与剥夺的环境下，即可能代表他的自我认同。一个人挂画或照片等，可能也是自我延伸的一种方式，欺骗性行为也是如此。角色扮演有时也可以理解为一种欺骗行为，扮演者希望别人相信自己就是自己所号称的“我”，同时

---

① Nathan Wachtel 有一篇名文，讨论南美被征服者透过对通俗歌曲的微妙改动，察知他们的心态世界的变化。Nathan Wachtel, “The Vision of Vanquished: The Spanish Conquest of America Represented in Indian Folkore”, *Social Historians in Contemporary France* (*Essays from Annales*), NY: Harper and Row, 1972, pp. 231 – 260. 这篇文章也影响到本文对戏曲的文本变动的讨论。

② Margaret Knight ed., *William James*, UK: Penguin Book, 1950, p. 102.

③ 权延赤：《走下圣坛的周恩来》，光明日报出版社 2004 年版，第 12、19、20 页。

④ 此外，像阅读经典、点歌等，都可能带有对话性质。我曾经观察一群人点歌，发现即便在某一个情境下所点的歌曲，其歌词好像都贴近他们目前的心境与心情，并形成一种对话关系，往往也是一种“自我的延伸”。

也希望自己如此相信。①

象征或象征性行为既是反映（reflect）现实的，同时也是在某种情境下用来沟通的。因此，从中也可以曲折地看出社会心态情状。② 衣着、象征、符号等与角色扮演一样都表达某种思想、意义，譬如法国大革命时期百姓的衣着③，如在国丧期间刻意穿红衣服都有浓厚的政治意涵。在那么多颜色中，何以在丧礼期间选取红色，“选取”这个动作便代表政治的态度。人们描述晚明亡国时，乡间突然流行一些仪式、歌舞、演出、剧目可以如是观，日常生活中的衣着、象征符号、角色扮演的意义亦可以如是观。而了解其意义可以帮助我们重建地方上沉默世界中的思维活动。④

钱穆在《理学与艺术》中提出一个重要的论点，即汉代艺术是教化的一部分，宋代以下，则画与画家是合一的⑤，也就是说画与画后面的人是合一的。画与画家心灵境界合一，本身并未独立。我要进一步提出一点，那就是将画挂在墙上的人，与画也是合一的，挂画也是一种自我延伸，也是一种“象征行动”。人生活在一个丰富的“寓意/比喻系统”（allegorical system）中，“寓意/比喻”充满在生活空间中。而在这样一个空间中生活，艺术不纯粹只是欣赏或娱乐，一方面主人用它来显现他自己的认同，另一方面它是主人想用来传达、沟通的象征。

这里我要举几个例子。民初桂林梁济在决定投水自杀之前的遗书中有处说：“余尚须料理家事，检点装殓衣物，安排客厅字画，备吊者来

① Kenneth Burke, Joseph R. Gusfield eds., *On Symbols and Society*, Chicago: University of Chicago Press, 1989, p. 17.

② 一个历史上传下的文本，如果在某些时候再度出版或以其他方式冒出来也常常有此类意涵，公共仪式（public ritual）是一种社会活动，不只要问什么仪式（ritual），还要问如何表演这些仪式。

③ 如 Daniel Roche, *A History of Everyday Things: The Birth of Consumption in France*, 1600－1800, New York: Cambridge University Press, 2000, pp. 3, 193－205。

④ 他们也有某种思维活动，只是与我们不同，或是没有发出声音来。年鉴学派在这个主题上有贡献，如 Daniel Roche 的 *The People of Paris: An Essay in Popular Culture in the 18th Century*, Leamington: University of California Press, 1987。

⑤ 钱穆：《理学与艺术》，氏著《中国学术思想史论丛》第 6 册，安徽教育出版社 2004 年版，第 208—232 页。

观，已知我家先德”，旁有注云：“字画上有先德可征，故欲求来吊者观之。”[①] 梁济的遗书前后写了很久，篇幅非常大，他仔细反省，酌量安排，而其中有一段就是安排客厅字画，让来吊唁者知道“我家先德”。“我家先德”语意虽不甚显豁，但我认为客厅的字画是他所传承的，所认同的，所要表达的，所想向吊客沟通的。

这种“寓意/比喻系统”充斥在整个儒家文化的生活空间中。旅游手册中提供最多这方面的材料。这里仅举山西王家大院为例，它的整座建筑与装饰都是一个寓意的系统。透过“谐音”或是“寓意”，表达主人的道德要求或人生祈向：莲花与小儿图案——意指“连生贵子”；石雕鲤鱼与门是“鲤鱼跃龙门”；两只石猴子是“辈辈封侯”；石雕的两个瓜是“瓜瓞绵绵”；或以六只围绕寿字的蝙蝠强调福寿的主题；以鹌鹑和菊花谐音而成“安居乐业”；又如帘架间雕三戟插于瓶内，取二者谐音为“平升三级”；以三枚圆柿组成的图景为“连中三元”。当然还有各种牌匾、座右。[②] 这类象征系统甚至大量出现于许多地方华侨的民居，这些民居上所见的牌匾、木刻、石雕、窗花、文字等都是一种以传统儒家道德教化为主体的自我塑造（self - fashioning）。而由它们所想表达、沟通的内容可以多少窥见他们无声的世界。

此外，地方上许多带有浓厚象征意味的活动也值得注意。这里要从一段小的讨论开始。在一篇讨论高夫曼《日常生活中的自我表演》的文字中，孙中兴一再强调，自我表演、面具等是一幕欺骗剧。[③] 但我的看法稍有不同，它除了是一种欺骗之外，有时可能同时也是自我期望的表达，是自我想塑造的形象。即使是想遮掩真实的自我，选来遮掩的面具也不

---

① 梁济：《遗笔汇存》，梁济著，黄曙辉编校：《梁巨川遗书》，华东师范大学出版社 2008 年版，第 67 页。

② 如和义堡在门头题：“凡语必忠信，凡行必笃敬，饮食必慎节，字画必楷正，容态必端庄，衣冠必肃整，步履必安详，居处必正静，做事必谋始，出言必顾行，常德必固持，然诺必重应，见善如己出，见恶如己病。凡此十四者，我皆未深省。书此当座隅，朝夕视为警。”或如匾题司马光《独乐园诗》：“吾爱董仲舒，穷经守幽独。所居虽有园，三年不游目。邪说远去耳，圣言饱充腹。发策登汉庭，百家始消伏。”以上见张昕、陈捷《画说王家大院》，山西经济出版社 2007 年版，第 135—142 页。

③ 孙中兴：“导读”，［美］高夫曼《日常生活中的自我表演》，徐江敏、李姚军译，（台北）桂冠图书股份有限公司 2004 年版，第 17—18 页。

是毫无意义的。“面子”亦是如此，面子是这个文化使得自己想成为的那样。欺骗在某种情况下也有可能是自我形象的塑造。

纪念或祭拜历史名人的活动也与此相关。我认为这类行为与角色扮演有相近的意义，借着纪念或祭拜表达自己对心目中英雄或人物的认同。既表达自己，同时也说服别人或与别人沟通。除了扮演什么、如何扮演之外，是谁热情于扮演、在什么驱动下扮演、每次扮演时的差异等，都非常值得注意。是对时俗不满？寻找自我？表达自我的焦虑？定位自我？寻找方向？从这些五颜六色的象征性活动中是不是可以找出一些反映时代的趋向？

从而我们要思考地方上的庙会、八家将等，乃至近代的新剧、合唱团、歌咏队等代表什么意义？譬如扮八家将，或在民俗赛会中，人们通过扮演那些特别受人喜爱的偶像表达他们的心曲。所以我们可以说，其实民间也有类似“顾祠会”之类的东西。即使这些象征行为、角色一成不变，但一成不变的“格套”本身即富含意义，它们是一个社会中共享的“精神货币”(spiritual currency)。[①] 此外，在每次扮演中，一成不变的“格套”中间仍有细微乃至重大的改变，而带有重要意义。就像巴厘岛的戏剧化人物。吉尔兹(Clifford Geertz)说，凡爪哇人用哲学来表达者，巴厘岛人皆以戏剧表达之。他们发展出半打以上的格套、颂词、名词学等，模塑个体的存在来迁就那种规范的状态。[②]

晚清以来的新剧社团，尤其是新文化运动之后，地方上新知识分子(相对于旧知识分子)的演戏，往往就是一种角色扮演(cosplay)。而所扮演的角色，往往也富含深意，故《色戒》中的学生一面演救亡戏，一面杀汉奸。再以《终身大事》一戏为例，娜拉不只是戏中的女主角，同时也是各地无数女性的角色扮演，而扮演本身往往也是一种说服自己并传达给别人的过程。一个反对新思潮的青年不易念“你该自己决断”这句台词，一般守旧的女学生也不易扮娜拉。《终身大事》用英文写，后来

---

① 精神货币(spiritual currency)是 Kenneth Burke 提出的概念。参见 Kenneth Burke, *Attitudes toward History*, Berkeley: University of California Press, 1984, p. 179。

② [美]吉尔兹:《地方性知识:阐释人类学论文集》，王海龙、张嘉瑄译，中央编译出版社 2000 年版，第 81—82 页。

有几位女学生要排演，胡适才译成中文，但因为这戏里的女主角田女士跟人跑了，"这几位女学生，竟没有人敢扮演田女士"。[①] 洪深观察说："正如《娜拉》一开始多是由男生扮演，女生不敢扮演，一直到1923年才被打破。"[②] 演娜拉与祭拜某位古人一样，都有角色扮演的意味。后来江青扮娜拉，一举成名，她甚至宣称"我就是娜拉"[③]，而观其一生思想行事，确实与娜拉有几分神似之处。在这里，我还想以溥仪在《我的前半生》中说的一段话为例。溥仪说他祖父最爱演的一出戏是"卸甲封王"，他认为祖父之所以如此爱扮演这出戏中的角色，"如果不是一种有意的迂回表白，至少也是某种郭子仪的心理反映"。[④] "象征性行动"尚可包含具有高度象征主义的对象式行动。2012年我曾在加拿大英属哥伦比亚大学作过一个讲座，题为《豆腐、镜子、水》，其详细内容此处不能赘述，我主要是想阐述地方上的百姓如何透过一些高度象征性的东西，如豆腐、镜子、水、万名伞、脱鞋等，在官员离去时，沉默地表达他们的评价，并借着这一类象征性的活动，表达他们的标准及要求。[⑤]

最后，我还要举一个例子来说明，我们如何从一些蛛丝马迹来探索一个时代集体心态的变化。譬如歌曲、民谣在不断传唱过程中有心或无意地改变，或戏曲在流传过程中不断地修改，有些可能是演出者为了适应时代氛围或地方差异所作的修改，有些可能是地方上的扮演者无心的改变，而两者都是追索无声世界的线索。从各种版本的细致修改，有时可以看出时代及地域的差异，有时可以看出阶层、家族力量的兴起。田仲一成在《古典南戏研究——乡村、宗族、市场之中的剧本变异》一书中通过巨细靡遗的版本比较，展示了几个例子。[⑥] 随着在不同场域的演出，剧本的版本也会有所不同，如在乡村、宗族、市场三种场域，《琵琶记》的细节有微妙变动。市场演出本《琵琶记》强调蔡文姬的辛苦，批

---

① 胡适：《〈终身大事〉跋》，《新青年》1919年第6卷第3号。

② 洪深："导言"，赵家璧主编《中国新文学大系·戏剧集》第9集，（香港）香港文学研究社（出版年不详），第23页。

③ 参见叶永烈《"四人帮"兴亡》上卷，人民日报出版社2009年版，第131页。

④ 溥仪：《我的前半生》，群众出版社2013年版，第8页。

⑤ 请见我的待刊稿《明清时期地方民众的几种仪式性活动》。

⑥ 请参考［日］田仲一成《古典南戏研究——乡村、宗族、市场之中的剧本变异》，吴真校译，中国社会科学出版社2012年版，第207页。

评蔡伯喈，反映出老百姓的想法，富有讽刺官吏的意味，市场百姓喜欢这种诙谐风格的戏剧。以地域为例，吴本倾向脱离礼教，反映下层民众的想法；闽本则重视上下尊卑关系，在身份称呼上表现严格。闽本《琵琶记》认为儿子不应在父亲面前自称“蔡邕”，而改为“男邕”；重视妇德，故原来牛氏的丞相女居高临下称丈夫为“穷秀才”，改为“一秀才”，将“亲把坟茔扫，也与地下亡魂添荣耀”，改为“安宅兆”，表示虽为丞相女，但为自己公婆扫墓，仍不能用“添荣耀”。[①]

总而言之，在一个鲜少文字直接表达的地方社会，其礼仪、象征性活动，文本的微妙改动，除了反映其潜在的状态外，还带有说服他人、与人沟通的意味，特别值得我们注意。

（四）地方文化的“传讯机制”（signaling system）

在基本上静默的地方社会，人们也有一些潜在的表示。首先，人们生活在一个“可见”与“不可见”（visible 与 invisible、seen 与 unseen）交织的世界中，其中有许多是看得见的，如山川、风景、遗迹、牌坊、祠庙，也有许多是看不见的，但仍实际存在那里，产生微妙的影响。在这个系统中，意思的表达往往需要经过深刻的解读才能领会。在这里，且让我引用日本柳宗悦的一段话：“大津绘区别于其它民间绘画之特色，即是其中的诙谐。”“其中也蕴含着对浮世的观察，从书中可以看出对人类社会喜怒哀乐的种种评判，也能看出民众之心对世象的态度”，由于当时普通百姓不能公开批评世事，因此只能用这样的方法。[②] 但我们应注意，何时一件大津绘是对时局的批评，何时它只是一件作品。象征系统是“精神货币”，人们取用这个货币与别人分享、交换。既然有货币，也同时存在一个我称之为自动柜员机（ATM）式的支付系统。

我认为在地方近似空虚无治的状态下，仍然可以维持某种程度的道德秩序，其权力临在的方式，不是物理能力随时随地临场展示的方式，

① 此外，田仲一成对《荆钗记》《白兔记》《拜月亭记》《杀狗记》等皆有此类比较分析，见［日］田仲一成《古典南戏研究——乡村、宗族、市场之中的剧本变异》，第 34—35、52、61 页。

② ［日］柳宗悦：《民艺四十年》，石建中、张鲁译，广西师范大学出版社 2011 年版，第 126 页。

而是一种自动柜员机式的，也就是银行柜台或柜员机式的方式。行员或是提款机不把款项摆出来，可是任何时间要提款，钱就马上到位，如果有人发现自己从窗口放进提款单，而居然领不到钱，消息一旦传出，马上会引起挤兑，最后银行可能关门。[①] 而常民社会的道德素质，透过努力，人们可以在一个“自动存取所得账”中得到盈余。

这种权力展现的方式是隐藏的，但发现时又是丝毫没有商量余地的。而中国历史中政治权力与道德权力通常都是这样的。所以我一方面用自动柜员机，一方面用“可见”（seen）与“不可见”（unseen）来形容它，即可见的与不可见的是并存的，显现的与潜在的是同样重要的。而维系这个“不可见”，使得它随时“可见”的是一种机制。它使得“地方”上在道德、秩序、文化、心灵方面能维持一定的运作。这里牵涉到无所不在的“传讯机制”[②]，人们生活在无所不在的“传讯系统”中。

这世界评判价值的高下，或是道德水平的高低，并不是天然的，也不是透明的。好似一个皇帝不能从大臣的脸相看出他的忠与奸，也不能从一次见面中判断他行政能力的高低。这时候需要一个“传讯机制”，譬如科举考试中对四书五经的熟悉度；譬如学历、文凭、英文能力的高低。这些“传讯机制”带有相当程度的任意性，并不必然与当事人的能力有关系。而地方上维持其道德或秩序，常靠无所不在的“传讯机制”。譬如某些地方的习俗，把脸遮住是比较道德的表现，人们可以根据这个标准将人分出高、低或善、恶。从外人的眼光看，它们有时“可见”，有时“不可见”，但对生活于其间的人而言，却都是看得见、可运作的。就像一个寄信者，他只需要在信封上写上地址、贴上邮票，他可以完全不了解邮局的运作，但信件最后总会到达某一国家某个人手上。

“传讯机制”是一套潜在的大剧本，地方的人生活在一个潜在的大剧本中，即使没有明白说出的，人们仍然照着运作，后来这个潜在的大剧

---

① 譬如卓负声誉的书画出版社，突然出版一本三流的作品，人们不只对这本画册指指点点，还要进一步问：“×××是什么意思?”“×××想做什么?”出版一本不够格的书，是表示传讯系统改变了（或故障了）。一如ATM，人们一旦领不到钱，马上会问“这是怎么回事?”

② “传讯机制”（signaling system）是经济学中的概念，在这里我作了扩充的使用，未必与原先的理论完全相同。理论的原始定义可参考朱敬一、林全《经济学的视野》，（台北）联经出版事业股份有限公司2002年版，第81页。

本破裂了，没有明白说出的，就不一定能做。譬如，近代的“社会”与“契约”两个观念就与这个潜在的大剧本相出入。对许多人而言，“社会”的概念很难理解，尤其是个人的善行对整个社会不一定有利，对许多百姓来说简直不可理解，而且对千百年来的善良风俗也是一个不小的挑战。过去许多以祝颂或祝祷为基础的人际行为，现在一律改为“契约”，而“契约”也是许多人所不解或不能适应的。

维护“传讯系统”与“传讯机制”运作的，是一些我称之为“道德镇守使”的人，他们是“可见”世界及“不可见”世界的维护者。且让我引日本德川封建时期水户藩第二代藩主德川光圀（1628—1700）一段对士或武士的描述——虽然两国情形不尽相同，但仍有参考价值：“士或武士其唯一的任务，就是保护或维护情义，其他阶级的人与可见之物交往，而武士则与不可见、无色和非实体之物交往……如果没有武士存在，情义便会从人类社会中消失，人们也会丧失廉耻之心，邪恶与不正将横行于世。”[①] 在中国，“道德镇守使”包括乡宦、有科举功名者、绅董、局董，地方上的读书人，甚至作一手好诗、写一手好字的人。[②] 当然地方上的贞节牌坊、烈女祠、乡贤祠等，还有政府的其他评价活动，如挂匾，也都发挥某种作用。这里且举清代名诗人黄仲则的女婿顾麟瑞的一句话，说明地方上的“道德镇守使”怎样发挥其影响力。他说：“余憨直负气，里党间有越礼事，余必面争之，词色不稍假。”[③]

“道德镇守使”所维护的，还有“文化理想”。“文化理想”不一定是已实现的东西，但是人们总企求向它趋近。“文化理想”是一些潜规则，是一些隐蔽的筛选原则，是一些标杆，是地方上的评价系统，是一些“说法”。做任何事要给一个“说法”，而这个“说法”即像一种“精神货币”。“说法”与“做法”不一定完全相应，但一件事能做与否决定于是否能给出一个“说法”。“道德镇守使”也靠“说法”镇守

① ［美］贝拉：《德川宗教：现代日本的文化渊源》，王晓山、戴茸译，（香港）牛津大学出版社 1994 年版，第 111 页。

② 赋诗、书法等文化权力（culture power）是杜赞奇（Prasenjit Duara）在《文化、权力与国家：1900—1942 年的华北农村》一书中所未提及的，却是重要的“权威”之来源，如李立三写一手好字，成为安源煤矿工人中的权威。

③ 许隽超：《黄仲则年谱考略》，上海古籍出版社 2008 年版，第 347 页。

地方社会。在地方社会中，当"说法"尚未大变之前，它是相对比较稳定的。[①]

除了"道德镇守使"，地方也透过街口巷尾的议论，甚至匿名揭帖来表达意见。[②]《先秦汉魏晋南北朝诗》中《魏诗》卷十二"杂歌谣词"，多是歌谣官吏有善政者，其实也就是一种评价官吏的手段。此外，有一类文本常常被当作装饰性文本或俗套，但是除了有心人操作阿谀官员之外，有时它也有其社会功能，譬如官吏离任时送行的歌咏集。康熙十四年（1675），海宁148位士绅歌颂知县许三礼的《乐只集》即是一例。[③] 这些带有格套意味的文书非常流行，一直到清末民初仍然相当流行。

前文曾提到，这种评价系统有时透过一些象征符号来表示，如在官吏离任时，家家户户摆一个香案，供一杯清水，或一块豆腐，以表示其为官清贫或一清如水，或是在官吏启程离任时，强行将其靴脱下，并以木盒将靴挂在城门口，以示不忍其离去之意。这一类"被治者"（相对于官员而言，可以说是弱者）的象征性行为，案例极多，一直到民国时期仍有其痕迹。[④] 一般都只将之视为无用之具文，而忽略了它能有的现实功能。譬如清代后到民初，在一些下层读书人的日记中，都记录了县官离任时的场景。有些人愤愤不平地指摘地方官员离任时，虽有一些送行的场面，但是那些场面是势利小人帮忙做出来的，有些则以诗、画嘲讽官

---

① 用钱穆的话说是"中国社会之文化传统与其心理积习之一种无形潜势力"。钱穆：《师友杂忆》，生活·读书·新知三联书店1998年版，第287页。

② 《横山乡人日记选摘》中所说之匿名帖，即代表一种评价意见。陈庆年：《横山乡人日记选摘》，《镇江文史资料》第17辑，政协镇江市文史资料研究会1990年编印，第197页。

③ 邓之诚著，邓瑞整理：《邓之诚文史札记》，凤凰出版社2012年版，第461页。

④ 如山东临沂县长范筑先（1882—1938）之例。范筑先离任时，地方上家家户户在路旁摆上香案，"香案上并不烧香，摆着清水一碗，镜子一面，豆腐一块，青葱几棵，用以象征范县长的'清似水、明似镜'，'一清二白'。还有清酒两杯，主人的名片一张，表示饯别。只见县长在许多人簇拥下一路行来，——区长、镇长、警察局长、小学校长，少不了还有随从护卫，——鞭炮震天，硝烟满地。这一次他没有多看我们，一径来到香案之前。""香案上有两杯酒。范氏站立桌前，端起右面的一杯，——右面是宾位，——洒酒于地。就这样，一桌又一桌。兰陵本来就满街酒香，这天更是熏人欲醉。随员取出范氏的一张名片放在桌上，把主人摆在桌上的名片取回来，放进手中的拜盒。就这样，鞭炮声中，范氏一桌挨一桌受礼，临之以庄，一丝不苟。"王鼎钧：《昨天的云》，生活·读书·新知三联书店2013年版，第12页。

员离任的场面，这都代表了一种当地人的潜在评价。[①]

近代地方“舆论社会”的出现，大幅度地改变了前述的格局。随着各种报纸、刊物涌入地方，地方上出现许多新政治语言，对大部分人而言，陌生的思想如潮水般涌来。在这方面，佐藤仁史的研究值得注意。[②]佐藤借由《陈行乡土志》，研究上海陈行地方精英中的下层读书人兼领导人，指出他们所使用的措辞值得注意。一方面，新思想的下渗一般到小市镇为止；另一方面，可以比较恰当地评价究竟有哪些启蒙语言被市镇中的精英层次所运用。《陈行乡土志》中连篇累牍地铺陈“爱国”“国民”之义，“空谈爱国之士，读各国书，睥睨一世，问其本乡土一二掌故，则瞠目不能对。夫爱生于情，情生于知，不知其乡，何能爱国？不爱其乡，何能爱国？” “为我乡造成一爱国国民者，当以是编为之基本。”[③] 有意思的是，过去人们从这部书中是看不出“国民”这些意义的，但是在新概念、新思想的时代，出现了不同的认识框架。

这让我们想起肯尼斯·伯克的论点。这些新概念形成“词幕”（terminitic screen），人们用这些“词幕”来观察、诠释他们的日常生活世界。[④] 当新概念如潮水般涌入时，形成新的“词幕”，使得人们看待数百年来不怎么变化的生活世界有了很不一样的意义。如果我们把这一地区从明到清的各种村志、镇志，当作一层又一层的切面，就可以看出从明到清，每一本志书对这一个地方的看法与意义都不尽相同。由此更可以看出“词幕”之变化所产生的重大影响。

此外，在新的“词幕”出现时，也浮现了一个议题。地方上的人并不熟悉一些报纸杂志所带来的新观念，如国家、政党、社会、契约等。以“社会”来说，这是一个陌生的观念，尤其是为什么一个一个人的努

---

① 赵钧撰，周梦江整理：《赵钧〈过来语〉》，《近代史资料》总第 41 号，中华书局 1979 年版，第 124 页。张棡撰，俞雄选编：《张棡日记》，上海社会科学院出版社 2003 年版，第 128—129、187、215 页。

② ［日］佐藤仁史：《近代中國の鄉土意識——清末民初江南の在地指道層と地域社會》，（东京）研文出版 2013 年版。

③ 孔祥百等编著，石中玉整理：《陈行乡土志》，上海社会科学院出版社 2006 年版，第 1 页。

④ Kenneth Burke, Joseph R. Gusfield eds., *On Symbols and Society*, Chicago: University of Chicago Press, 1989, pp. 114 – 125.

力，却不一定能促成整个社会的美好。这个问题在尼布尔（Reinhold Niebuhr，1892—1971）《道德人与不道德的社会》中曾经提出来。

且让我们回想一下尼布尔是怎么说的。从个人的道德到社会之间有一个重大的隙缝，需要一个跳跃，也就是说行为自身的价值不一定是社会的价值，尼布尔形容这是“道德的个人”与“不道德的社会”。[1] 以前人们认为，老实努力、守住一己的德行，即可以得到好的回报，即可成为乡里中被尊敬的人，或是对整个社会、秩序有正面贡献的人。但是在近代“社会”观念引入后，却发现它与上述这个相沿数千年的认知南辕北辙。相似的情形在德川后期的日本也曾经历过。在德川后期，如“社会”“契约”之类的观念，铺天盖地而来；乡民之间原先所循守的“常民伦理”以及“道德经济”式的借贷关系被彻底改变了。德川后期大量的农民叛变，往往是因为农民发现自己即使在“常民伦理”之内做到极致也没有办法时才爆发的。[2]

三

还有几点是来不及在正文中申论，但值得在余论中提出的。

第一，在地人的观点并不总是比较高明的。最明显的例子是，灾难发生时，信息流动有不同的方式。由社群内部看（emic），并不总是比由社群外部看（etic）看得更清楚，有时反而会出现“灯下黑”的情形，故必须循环往复才能看得更深入。地方有它自己的方案，有它自己的“贴近感知经验”，这种“贴近感知经验”与“遥距感知经验”是有不同的[3]，有许多是“说”比“做”容易的事。故应该既由内部看，又时时由外部看，两者周流往复。

第二，解救出“地方”之后，下一步呢？可能有人会误以为从地方出发，即是满足于“地方之见”，要完全去中心化或除去大的历史框架。

---

① Reinhold Niebuhr, *Moral Man and Immoral Society: A Study in Ethics and Politics*, New York: Charles Scribner's Sons, 1960.

② Irokawa Daikichi; translation edited by Marius B. Jansen, *The Culture of the Meiji Period*, N. J.: Princeton University Press, 1985, p. 23.

③ ［美］吉尔兹：《地方性知识：阐释人类学论文集》，第72页。

事实当然不是如此。但是多这一道工作，有利于对全局的历史的了解。如果地方是如此，何以后来历史的发展却如彼，从“地方”到“全国”的局势如何调整变化，这就会产生许多新的、饶富意味的课题。譬如在五四时期，如果从地方出发看，大多数地方是保守的，那么何以仍有全国性的运动风潮？地方舆论动向与全国性运动如何发生关系？这好像是用荧光纳米显微镜观察内部分子作用的过程，最后还是要回到整个“人”的运作，否则历史会变得非常零碎，而且有狭窄化的倾向。

第三，地方的思维活动。地方的封闭性与局限性，“蚩蚩之氓”的识见，范围有限，但也可能在这种地方、这种方式下形成一种思维特色。[①] 清季在镇江已出现一种既不支持太平军，亦不满清朝的意识。[②] 此外，譬如地方知识人的组织、地方上的诗社，他们的诗歌往往反映地方上小读书人的思想、意态，值得深入分析。这些诗社的失势，有相当重要的时代意义。

第四，讨论地方上的文化问题时，仍应设想三个时间层次或多个时间层次。即地方上的文化存在多个层次，其中有的是长时段的、较稳定的，有的是随着时代而变的。

第五，我想在全球化的效应下，整个世界的“地方”都在消失，变得只有城内、郊区的差别而已。以台湾的“老街现象”为例，所有“地方”都在一致化。本文提到 19 世纪发生在慕尼黑的艺术运动，许多艺术品、剧作品，原来都是“地方”的，最后成为全国、全世界的，上下之间应该互相流动，有的往上走，有的往下走。多样性的地方，可能滋养社会，若地方枯竭且一致化时，社会便少了许多活力与资源。

此外，我必须郑重强调，关于“地方”，可以讨论的问题还非常多。譬如，地方上的公共空间或神圣空间。文庙曾是地方上的公共空间、精神堡垒，有其道德、政治、社会、文化功能。譬如前面提到，

---

① 2014 年诺贝尔文学奖得主艾莉丝·门罗（Alice Munro）就是写小地方。我们必须先承认地方的封闭性，而且封闭有时候是自己希望的，譬如德川时代的封闭性就是自己希望的，是自我希望维持在这样的状态之下。

② 忻元章：《一份记太平军在镇江的珍贵文献——介绍馆藏善本〈苹湖笔记〉》，《镇江文史资料》第 7 辑，政协镇江市文史资料研究会 1984 年编印，第 159 页。

原本布置艺术是一种象征性活动，既是说服自己，亦是说服别人。但是从某一个时间开始，自我与这个象征系统之间不再是有机的关系，艺术不再是“寓意系统”，而是纯粹欣赏的对象，是对象化、主客二分的。

最后，我觉得研究历史好比观看一个选手带球上篮，一般只注意他上篮的动作及是否得分，而忽略了他一路拍打着球，每一次拍击，球的内部承受的力量、撞击地板的角度都不同，球的内部有着不同的变化，球的反弹也相当不一样。拍打得太过用力，说不定球要泄气甚至破了；拍打得不够，球可能弹跳不起来。一方面球撞击地板，另一方面地板将之反弹而起，这些变化，就像是地方社会的变化。如果我们一直只从全国性的角度，或仅从制度着眼，等于只注意带球上篮、是否得分，忽略了拍打时篮球内部的变化。多年来我一直都在想着，我们如何既观赏带球上篮，又注意拍动的篮球，也就是说既不忽略地方社会的脉动，又能兼顾到整体的历史。

抗战初期中共军事发展方针变动的史实考析

——兼谈所谓“七分发展，二分应付，一分抗日”方针的真实性问题*

杨奎松

2015年7月7日，在台北参加纪念抗日战争胜利70周年学术研讨会。上午听完马英九的演讲，下午就轮到我评论台史政局前局长傅应川先生论抗战期间共军发展策略及影响的论文。① 在指出论文当中存在一些史实叙述上的错误之处，我着重就作者引用的一则材料做了评论。因时间所限，我的评论亦较简略，只着重说明，这则材料存在明显误植和演绎的情况，弄错了时间地点，不加考析地当作史据来引用，是不适当的。

事实上，1995年，在大陆史学界第一次组团赴台参加由“中研院”举办的纪念抗日战争胜利50周年学术研讨会上，台湾老一辈学者就在依据这则材料做史实的论证了。我当时就曾在会上对这则材料中的说法的可信度提出过质疑。以后，在其他场合中，我也不止一次地提到过，对这则材料只能在充分考证的条件下有分析地利用。但迄今为止，海内外不少学者在文章或专著中利用这则材料，却未见对这则材料中记述的内

---

* 本文原载《近代史研究》2015年第6期。

① 傅应川：《抗战期间共军的发展策略及其战略影响》，“战争的历史与记忆：抗战胜利七十周年学术讨论会”论文，台北，2015年7月。

容的真实性进行过最基本的考证。因此，时隔20年之后，不仅坊间许多人在用这则材料论证史实，甚至在纪念抗日战争胜利70周年学术研讨会上，也仍有研究者不加分析地大段引证这则材料来说明史实。

其实，任何利用这则材料者，都理当结合抗战初期毛泽东和中共中央军事战略及策略决策演变的具体史实。只要注意过笔者在1988年《近代史研究》第2期发表的《抗日战争爆发后中国共产党对日军事战略方针的演变》一文，或1991年笔者所著《失去的机会？——抗战前后国共谈判实录》一书中的进一步说明[①]，就应该看出这则材料与具体史实有颇多不合之处。但看来真正细读过笔者这两项研究成果者并不多。有鉴于此，笔者特就这则材料内容的真伪及其所涉及的毛泽东抗战爆发初期军事发展策略设想的变动情况，包括这期间十分关键的洛川会议的内容，做一专门的考析和说明。

一 关于李法卿材料的可信度问题

这里所谈的李法卿材料，就是流传甚久的所谓抗战爆发后毛泽东关于“七分发展，二分应付，一分抗日”的讲话或指示。该材料出自1940年4月6日国民党军事委员会调查统计局发自天津的密电，内容是报告刚刚逃到国民党方面的八路军一一五师独立师骑兵连支部书记李法卿的一段谈话记录。[②] 记录中李用回忆的方式，陈述了3年前（即1937年）夏八路军一一五师由陕北出发奔赴山西前线时，毛泽东、朱德当面训话的内容。

原文称：“我前随红军一二方面军到达陕北，曾受共党一年的训练。抗战后，随十八集团军出发，在出发时，毛泽东、朱德等曾召集训话，指示工作方针。大意谓：中日战争为本党（指共党）发展之绝好机会，我们的决策是七分发展，二分应付（国民党），一分抗日。”对于在这场

① 杨奎松：《抗日战争爆发后中国共产党对日军事战略方针的演变》，《近代史研究》1988年第2期；杨奎松：《失去的机会？——抗战前后国共谈判实录》，新星出版社2010年版，第81—94页。

② 傅应川：《抗战期间共军的发展策略及其战略影响》，“战争的历史与记忆：抗战胜利七十周年学术讨论会”论文，台北，2015年7月。

战争中如何发展的问题，毛、朱具体说明了设想好的三阶段的步骤：第一阶段“分二路由晋西北向前发展，一路东出雁门、五台，横断平汉线，深入冀东、冀中；一路越同蒲路，沿太行南端，伸入晋南、豫北和冀南、鲁西，横断津浦线，而入鲁北、鲁东，截断中央系军队联系，建立山地平原根据地”。经过 2—3 年工夫，等战争进入相持期，即转入第二阶段，任务是“要将黄河以北国民党的势力肃清”。待黄河以北巩固后，就开始争取第三阶段目标，即“伸入华中各地，建立如华北各地之根据地，分段遮断中央系军队的联系，瓦解和离间中央系的部队，而巩固中共的基础”。①

最早公开利用了这则材料的，是蒋介石，时间是 1956 年底。蒋在《苏俄在中国》一书中依据李的回忆，明确肯定毛泽东自抗战开始就有这样一个“七分发展，二分应付，一分抗日”的军事计划。蒋对调查局电报文字的引述既不具体也不严谨，也因此影响了之后利用这则材料的众多人士。如蒋把原报告中李回忆所说毛泽东、朱德召集讲话，改成了“朱德率领第八路军从陕北出发时，毛泽东向其部队讲话”；原报告并未提到八路军出发时间及毛、朱讲话时间，蒋则确定为“二十六年之秋”；李回忆所述中共中央所谓三阶段发展步骤的文字，也被蒋缩略成了很简单的三句话，即“第一阶段，与国民党妥协，以求生存发展；第二阶段，与国民党取得力量平衡，而与之相持；第三阶段，深入华中各地，建立华中根据地，向国民党反攻”。②

就目前所知，最早读到调查局电报原文并引用了部分关键内容的，是日本记者古屋奎二。他在 20 世纪 70 年代中后期由日本产经新闻社出版的《蒋总统秘录》中，详细引述了电报中李所回忆的毛、朱所谈第一阶段的发展任务。但古屋奎二也受了蒋书的影响，认定这不是报告中所说的毛、朱的训话，称这只是毛一个人的讲话。他进一步将蒋书所称讲话

---

① 见《第八路军中共支部书记李法卿揭述中共在抗战期间的整个阴谋》（无年月日），秦孝仪主编《中华民国重要史料初编——对日战争时期》第五编（一），（台北）中国国民党中央委员会党史委员会 1985 年版，第 357—360 页。

② 蒋中正：《苏俄在中国——中国与俄共三十年经历纪要》（1956 年 12 月），秦孝仪主编《总统蒋公思想言论总集》第 9 卷，（台北）中国国民党中央委员会党史委员会 1984 年版，第 79—80 页。

时间在“二十六年之秋”，具体化为“九月二十六日”。同时他认定毛当时召集的是“该军连长以上干部”。他对原报告中毛、朱三阶段论的理解，则明显接受了蒋的概括，且直接缩略成了6个字，即“妥协”“竞争”“反攻”。①

1985年，国民党中央党史会编辑出版了《中华民国重要史料初编——对日抗战时期》第五编，即“中共活动真相”，收录了藏在台北“总统府”机要档案中这一电报收报的节录稿。但有些奇怪的是，从那以后近30年中，不少引用到此则材料的学者，仍多转引第二手或第三手说法，很少去阅读及引用史料初编第五编中刊布的原始文献。自然，更未见到有对这则材料本身的可信度加以考证研究者。②

其实，即使不看李法卿回忆毛、朱讲话内容，只要看一下上述李法卿自己所谈经历，以及蒋介石、古屋奎二对毛讲话时间及对象的说法，对这一时期国共两党关系历史稍有了解的研究者，就理当注意到，这些说法与当时的若干历史背景并不完全相合。

第一，李称自己“随红军一二方面军到达陕北”，明显不确。众所周知，中共红军是分三路，先后开始长征的，到陕北的时间各路相差甚远。中共中央率一方面军于1935年6月中在川西甘孜与第四方面军会师后，双方很快关系破裂，9月10日中共中央率一方面军第一军团强行单独北上，下旬即已抵达陕北。红二、六军团迟至一年后，即1936年6月底方与四方面军会师，改编为二方面军后开始与四方面军一同北上，这一年10月下旬才与一方面军会师于甘肃北部，而非陕西北部。直到西安事变结束后，即1937年1月初，二方面军才又从甘肃合水等地移驻陕西关中一带，先后进驻过泾阳、富平、淳化、同官等地。到改编为八路军一二〇师出动抗日，主力都未驻过陕北。

第二，如果李法卿确是第一一五师独立第一师（1937年8月出发时

---

① ［日］古屋奎二：《蒋总统秘录——中日关系八十年之证言》第6册，“中央日报社”译，“中央日报社”1971年版，第117页。

② 如徐中约的《中国近代史》（计秋枫、朱庆葆译，香港中文大学出版社2005年版）和陈永发的《中国共产革命七十年》［（台北）联经出版事业股份有限公司2001年版］等都用到这一说法，但都未注文献出处。徐著为转引（见该书第587页），陈著未注释（见该书第346—347页）。

应为独立团）杨成武部属下，那么蒋介石和古屋奎二所称李 1937 年秋或 9 月 26 日当面听到毛送别训话的说法，也与史实相差甚远。查一下杨成武的回忆录、一一五师战史，或国民党西安行营这段时间的相关电报即可了解，一一五师是红军改编后第一批出动去前线的部队，该师第一旅 8 月 10 日已从甘肃镇原、庆阳、正宁之线集中陕西淳化、三原，全师主力 21 日完成改编并誓师，22 日出发东进，31 日部队已全部渡过黄河进入山西了。[①] 其他如一二〇师，9 月 2 日由耀县出动，7 日已到山西侯马。朱德率八路军总部由云阳镇出动的时间是 9 月 6 日，15 日也过了黄河。出动最晚的是一二九师，9 月上旬仍在陕西蒲城一带，9 月 30 日开动，10 月上旬才渡过黄河。[②] 所谓毛、朱当年秋或 9 月 26 日向一一五师连以上干部训话之说，无论从哪方面看都与史实不合。

第三，原报告根据李法卿的交代，说明李叛逃时的身份是“十八集团军独立第一师杨成武部骑兵连共产党支部书记”。查杨成武部 1937 年 11 月改编为独立第一师，当月杨部兼晋察冀军区一分区，12 月改属晋察冀军区，改称一支队。另外，该部原无骑兵，1938 年 4 月所部一团成功伏击日军，缴获大洋马数十匹，该支队才组建了一个骑兵连。但这个骑兵连的编制只使用了几个月，1939 年初即扩建成骑兵营了。1940 年 9 月，一、三分区两个骑兵营合并，改属晋察冀军区，成为骑兵团。由此可知，1940 年初李法卿叛逃时，杨成武部既不叫“独立第一师”，也不直属“十八集团军”（即八路军），更没有师属骑兵连的编制与名义。

二　洛川会议前毛泽东军事上关注的重心是什么？

李法卿回忆的内容是否可信呢？要验证其可信度，一个最直接的办

① 《毛泽东关于红军主力东开情况致太原电》（1937 年 8 月 30 日）；《钱大钧关于第一一五师行军等情给蒋介石的呈文》（1937 年 9 月 3 日），中国人民解放军历史资料丛书编审委员会编：《八路军（参考资料）》（1），解放军出版社 1992 年版，第 14 页；杨成武：《杨成武回忆录》，解放军出版社 1987 年版，第 357 页。

② 《毛泽东关于我军渡河情况致雪枫电》（1937 年 9 月 2 日）；《钱大钧关于八路军各师运输情形给蒋介石的呈文》（1937 年 9 月 8 日），《八路军（参考资料）》（1），第 17 页；《毛泽东关于各师在山西作战部署致周恩来、朱德、彭德怀电》（1937 年 10 月 5 日），中国人民解放军历史资料丛书编审委员会编：《八路军（文献）》，解放军出版社 1987 年版，第 57 页。

法，就是根据李回忆——五师出发的时间，即 1937 年 8 月下旬，或根据蒋介石、古屋奎二给出的毛泽东讲话的最晚时间，1937 年 9 月下旬，比较对照一下自抗战开始至 8 月下旬，至迟 9 月下旬前毛泽东及中共中央对抗战方针及军事策略的设想和内部指示具体是怎样的。中国大陆有关这方面资料的关键部分，即洛川会议后毛泽东关于八路军主力军事策略的基本主张和意见，最早公开发表于 1981 年 7 月 7 日《人民日报》，之后陆续补充披露于《毛泽东军事文选》《毛泽东文集》以及《毛泽东年谱》《毛泽东军事年谱》等出版物。有心者从中已可以了解战争爆发及八路军改编出动前后毛泽东和中共中央的基本战略策略设想是怎样的。当然，要具体了解洛川会议前，即 1937 年“七七事变”后到 8 月 22 日洛川会议前毛泽东对形势判断及军事应对战略策略的看法和意见变动经过，还需要对毛泽东相关文选、年谱等资料文献做进一步的爬梳和考察，才能有所了解。

卢沟桥事变发生于 1937 年 7 月 7 日，延安得知消息在两天后。① 因当时消息来源单一，中共中央无法清楚跟进事变发展进程。故毛泽东 9 日得到事变消息后，只去电给在外做统战工作的干部，提醒他们应“努力与政府党部及各界领袖协商迅速组成对付大事变的统一战线”，强调“唯有全国团结才能战胜日本”。② 中共中央正式对外表态的通电是 7 月 13 日发表的（对外标为“七月八日”），主要宣布两点：一是“愿在委员长领导之下，为国效命，与敌周旋”；二是“红军将士，义愤填胸，准备随时调动……与日寇决一死战”。③

这个时候，国共两党关于苏维埃政府改制和红军改编的谈判正处于僵持状况，毛泽东和中共中央的主要考虑点，是尽快打破僵局，实现中共党、政、军合法化。故中共中央对事变的第一反应，是向蒋介石表示出动抗日的坚定决心，以便推进交涉，实现红军改编。为此，中共中央

---

① 有关事变消息各报均报道于 7 月 9 日，《大公报》亦不例外。转见李云汉《卢沟桥事变：第二次中日战争的开端》，《中央研究院近代史研究所集刊》1987 年第 16 期，第 407 页。

② 《洛、毛关于迅速组成对付大事变的统一战线事致叶电》（1937 年 7 月 9 日），中共中央文献研究室编：《毛泽东年谱（1893—1949）》中，中央文献出版社 1993 年版，第 2 页。

③ 《红军将领为日寇进攻华北致蒋委员长电》（1937 年 7 月 8 日）；《红军将领为日寇进攻华北致宋哲元等电》（1937 年 7 月 8 日），《毛泽东年谱（1893—1949）》中，第 1 页。

军委亦开始做了出动的准备。11 日，毛、朱联名指示彭德怀等红军将领："中日战争有扩大之势，已电周转林向蒋交涉红军调赴河北应战。第一步拟派二十七军二十八军三十二军各改为团，加上骑兵团，编成一个小师，先行派去，主力编成后去。[①] 15 日，毛再电彭德怀和任弼时等强调："红军出动应作真实准备，须迅速，以便在蒋阎同意后不失时机向平绥线出动。"[②]

对于出动作战，包括毛泽东在内，中共中央这时做了两手准备："在许可主力红军参战条件下，拟以原一二四方面军出动"；"在不许可主力参战，但许可部分参战条件下，则以二十七军、二十八军、三十二军及骑兵团共三千余人，编成一游击师派去，活动于热察冀间，而多派红大干部随去，扩大义勇军运动"。[③] 基于当时中日对峙形势，可知毛泽东等这时考虑，如红军主力出动作战，则应参加平绥线方向的正面防御；如小部队出动，则可活动于热河、察哈尔与河北交界处，争取在日军侧翼做游击牵制动作。

但对于红军主力是否应担任正面防线一段之防御作战任务，毛泽东这时显然就已经开始有自己的考虑了。他在 7 月 14 日拟稿并与朱德、彭德怀等军事将领联署致叶剑英呈行营转蒋的电报中即委婉提议说明："已令各军十天内准备完毕，待命出动，同意担任平绥线国防。惟红军特长在运动战，防守非其所长，最长于同防守之友军配合作战，并愿以一部深入敌后，打其后方。"[④] 此电清楚地反映毛对红军打防御战、阵地战的能力有所担心，同时这也是他最早谈到红军应避免正面作战，发挥运动作战和在敌后游击作战特长的一封电报。

---

① 《毛、朱关于红军一部调赴河北抗战一事给彭、任、邓电》（1937 年 7 月 11 日），中国人民解放军军事科学院毛泽东军事思想研究所年谱组编：《毛泽东军事年谱（1927—1958）》，广西人民出版社 1994 年版，第 187 页；《毛泽东关于积极同中央军等协商抗战总方针事致剑英等电》（1937 年 7 月 13 日），《毛泽东年谱（1893—1949）》中，第 2 页。

② 《毛关于红军出动应作真实准备致彭、任、叶电》（1937 年 7 月 15 日）。

③ 《毛、朱关于红军编制及准备致彭、任等电》（1937 年 7 月 16 日），中共中央文献研究室、中国人民解放军军事科学院编：《毛泽东军事文集》第 2 卷，军事科学出版社、中央文献出版社 1993 年版，第 5—6 页。

④ 《毛泽东、朱德、彭德怀等关于红军主力准备随时出动抗日致剑英电》（1937 年 7 月 14 日），袁伟等编著：《朱德军事活动纪事》，解放军出版社 1996 年版，第 366 页。

7月27日，北平中日军队全面开战，各报纷纷告捷。蒋亦电催红军迅速改编，以便尽快出动，参加华北防御作战。注意到红军主力改编出动在即，而蒋介石此前的谈判中一直坚持改编后的红军不设指挥部，要由他直接指挥的情况，毛泽东又开始担心红军主力很可能被蒋调散，脱离中共中央军委指挥，最终被国民党吃掉的危险。因此，他在28日与洛甫（即张闻天）① 联名致谈判代表周恩来等电报中又改变了14日的提议，提出：红军可以在8月15日编好，20日出动，唯希望部队能"担任绥远方面之一线"防御，以争取"主力出动后集中作战不得分割（散）"。②

3天后，平津意外沦陷，消息传来，再次打乱了毛此前预想的军事策略方针。报载及中外广播中得到的各种消息显示，平津守军二十九军在与日军几度局部交手的过程中，"伤亡奇重"，佟麟阁副军长、赵登禹师长及约5000将士阵亡，宋哲元等均已退守保定、涿州一带。③ 毛泽东马上致电朱德、彭德怀等将领，提出："关于红军与日寇进行真面目战斗有许多新的实际的问题请你们着重考虑。"目前"部队东移不必开得太快，可下令从八月五日起（或更迟几天）开始东移，每天走五十里左右，每走三天休息一天，集中后一面改编一面加紧训练，一面要求南京补充"。④ 次日，毛、洛又联名致电正在云阳红军总部的周恩来等，进一步强调："红军抗日宣传与实行作战二者亦有缓急之分，实行作战须在一定条件之下，否则有损无益，请与前方同志过细考虑之。"⑤

上述情况再清楚不过地反映出毛泽东开始因应急剧变动中的国共关系和中日战争这一新形势时，判断、考虑和意见，一直是变动的。变动

---

① 因本文引用的张闻天当时签署的电报都使用的是"洛"或"洛甫"，故正文中亦用张当年在党内的这个名字。

② 《洛、毛关于红军改编计划致周、博、林电》（1937年7月28日），《毛泽东军事文集》第2卷，第18页。

③ 当时认定的损失情况可见《何委员应钦对于卢变经过及军情等报告》（1937年8月1日），章伯锋、庄建平主编《抗日战争》第2卷（上），四川大学出版社1997年版，第78—79页。

④ 《毛泽东关于部队东移不必开得太快致朱、彭、任、刘、张、贺、关并告剑英电》（1937年7月31日），《毛泽东军事年谱（1927—1958）》，第192页。注：《毛泽东军事年谱》摘录电文简略，此处引文多出的文字，系据电报原文。下同，不另注。

⑤ 《洛、毛关于与蒋商谈的时机问题致周、博电》（1937年8月1日），《毛泽东军事年谱（1927—1958）》，第192页。

的中心点集中在对红军有利还是不利这一关键问题上。真到红军主力要投身于对日作战的时候，他的顾虑和考量就越发谨慎小心。平津沦陷、二十九军遭重创的消息对他的冲击显然是很大的。他很清楚，红军历史上只擅长游击，打阵地战还没有成功的经验。这正是他7月14日主张请蒋考虑照顾红军这一特点的原因所在，但当时面对的问题主要还在如何促蒋同意按中共方面希望的方案改编部队，同时平津方面当时亦未全面开战，因此他还没有把红军出动后作战形式问题放在考虑的首位，且一度因担心主力出动后有被调散的危险，还明确提议过希望“担任绥远方面之一线”防御，以便主力能集中指挥和作战。但二十九军在平津的惨败让毛泽东意识到，如果多达10万之众的二十九军如此不堪一击，这时仅3万红军主力如全部投入对日正面防御作战，其危险程度不难想象。

在左思右想之后，毛泽东于8月1日正式提出了当前敌我情况下红军出动参战的两个原则，即“甲、在整个战略方针下执行独立自主的分散作战的游击战争，而不是阵地战，也不是集中作战，因此不能在战役战术上受束缚。只有如此才能发挥红军特长，给日寇以相当打击。乙、依上述原则，在开始阶段，红军以出三分之一的兵力为适宜，兵力过大，不能发挥游击战，而易受敌人的集中打击。其余兵力依战争发展，逐渐使用之”。[①] 而且，毛还主张：“红军抗日出动的路线、出动的兵力、作战的方法都不应请求蒋介石决定颁发，这些都只能待适当的时机，由我们提出，与之商定，方不吃亏。”据此，他明确电示准备出席南京召集的国防会议的中共代表向国民党方面提出以下四项要求：（1）给予红军“独立自主的指挥权”；（2）同意红军“依地形条件及战况之发展适当使用其兵力”，“分开使用而不是集中使用”；（3）同意红军“发动人民的武装自卫战”；（4）批准红军以三分之一主力“依冀察晋绥四省交界地区为中心向着沿平绥路西进及沿平汉路南进之敌执行侧面的游击战”，可以一团兵力“向热冀察边区活动，威胁敌后方”。[②]

---

① 《洛、毛关于红军作战的原则致周、博、林电》(1937年8月1日)，中共中央文献研究室编:《毛泽东文集》第2卷，中央文献出版社1993年版，第1页。

② 《洛、毛关于红军抗日出动的路线、兵力与战法不应请蒋决定致朱、周转彭、任电》(1937年8月1日)；《洛、毛对国防问题的意见致周、朱、叶电》(1937年8月4日)，《毛泽东军事文集》第2卷，第22—23页。

在这个时候，即平津沦陷，舆论沸腾，各界抗日情绪极度高涨，国共合作及全国抗日民族统一战线初成的情势下，中国共产党多数军政领导人颇难完全接受毛泽东的上述意见。这时在云阳的朱德、彭德怀、任弼时以及周恩来、博古、林伯渠等经过连日讨论，先后两电毛泽东和洛甫，提出了不同意见。其电称："我们再三考虑，认为仍以红军主力出去为妥。"考虑到政治影响，红军既不能拖延改编，也不应反对开察绥；红军虽不宜打阵地战，但仍应"要求独立自主担任一方面的作战任务"，因为在实际作战中完全可以"节约兵力，谨慎使用，不打硬仗，多行侧面的运动战与游击战"。①

毛泽东亦注意到自己的提议有考虑未周之处，故在给朱、周等领导人的复电中他修订了自己前电中的几处提法，表示，如在允许按情况使用兵力的原则下，我们可"承认开拔主力（主力在数量上可以是二分之一，可以是三分之二）"；在大家同意独立自主、以钳制作战为主，而不是"独当一面"的前提下，他不反对要求"担任一方面作战任务"和进行"游击运动战"。但他也具体说明了自己不同意主力全部出动的顾虑所在：第一，"须估计战争的长时间性与残酷性"；第二，"须估计陕甘是我们唯一可靠后方"，"红军全部开去是蒋之要求"，"蒋在陕甘则尚有十个师，以便把我们全部送去，他则稳占此后方"等。他因此重申，可否要求担任冀察晋绥四省交界地区"协助正面友军作战"的作战任务？②

8 月上旬，中日两军已在河北涿州、保定一带展开，同时首先在南口方向打响，守军防线全面溃败的情况尚未发生，故毛泽东明显地还主张红军要以"配合正面友军战略上的行动"为主。③ 他并且改变了此前提议过的派一游击师去敌后进行牵制作战的设想，开始提出主力应置于敌之

---

① 《朱、周等关于红军主力出去抗战的意见致毛、洛电》（1937 年 8 月 4 日）、《朱、周等关于全国对日抗战及红军参战问题的意见致洛、毛电》（1937 年 8 月 4 日），参见周恩来军事活动纪事编写组《周恩来军事活动纪事》上，中央文献出版社 2000 年版，第 415—416 页；袁伟等编著：《朱德军事活动纪事》，第 369—370 页；杨奎松：《失去的机会？——抗战前后国共谈判实录》，第 85—86 页。

② 《洛、毛关于红军参加抗战的作战任务与兵力使用原则致周、朱、博、林、彭、任电》（1937 年 8 月 5 日），《毛泽东军事文集》第 2 卷，第 125—126 页。

③ 《毛泽东关于同各方接洽要有谦逊态度给雪枫电》（1937 年 8 月 10 日），《毛泽东军事文集》第 2 卷，第 28—29 页。

侧翼，只宜派一团兵力去“威胁敌后方”。特别是 8 月 7 日中国共产党谈判代表报告蒋介石基本满足了中共中央关于红军改编的关键性要求，包括设自己的总指挥部之后，他亦表示不反对红军主力出动作战，只是强调在出兵的问题上应依据形势权宜行事。① 红军一、二、四三个方面军这时已按中共中央命令，开始誓师并准备按蒋要求，边开动边改编，甚至准备不等改编完成即出动，“到大同后再行改编”。②

这一情况却因国共谈判发生波折，再度极大地影响了毛泽东的形势判断和对红军出动等问题的想法。

新的波折和国民党改派复兴社书记长康泽介入谈判，对中国共产党态度突然变得强硬起来有关。此前中共中央曾提交给蒋一份宣言稿，准备在宣布改制改编的同时公开发表。蒋将此稿交给极端反共的康泽去审查，康做了大量删改，甚至连“共产党”三个字也不许提，同时并坚持红军改编必须要接受中央政府选派的参谋长和联络参谋等。

8 月 13 日，正在交涉中的朱德、周恩来、叶剑英电告了当天双方代表就此发生争执的情况，但三人仍旧提议：鉴于南京主战空气浓厚，我们应“努力抗战，参加作战显示政治力，以巩固蒋之决心”。红军出动不应受此影响，仍应“立即改编勿延，争取开动”。③ 毛泽东对此明确反对。他在次日晨的复电中明白提出：“宣言可以修改，但决不能照康泽提案。”谈判问题“欲速不达，缓则有济”，红军“不忙于迅速出动”。他随即电告彭德怀称：“红军本可迅速出动，因南京对于宣言纲领、指挥部、参谋长等问题诸多留难，以致尚须待朱、周此次在宁谈判结束才能确定出动日期。”④

康泽以强硬态度与朱、周等交涉宣言措辞和改编问题的当天，亦是

① 《毛关于阎锡山已答应红军由韩城渡河致朱、周电》(1937 年 8 月 12 日)，《毛泽东军事年谱（1927—1958)》，第 195 页。

② 《毛泽东关于三个方面军宜靠拢前进致彭、任电》（1937 年 8 月 8 日)，《毛泽东军事文集》第 2 卷，第 28—29 页；《洛、毛关于各军开誓师大会等事致彭、任并告博、林电》（1937 年 8 月 10 日)，《毛泽东年谱（1893—1949)》中，第 6 页；《毛泽东关于同各方接洽要有谦逊态度给雪枫电》(1937 年 8 月 10 日)，《毛泽东军事年谱（1927—1958)》，第 195 页。

③ 《朱德、周恩来、叶剑英关于与国民党谈判条件的建议》(1937 年 8 月 13 日)。

④ 《洛、毛关于“宣言”修改和发表时机问题致朱、周、叶电》（1937 年 8 月 14 日)；《毛关于谈判结束才能确定红军出动日期致彭电》(1937 年 8 月 14 日)。

上海“八一三”中日开战之时。眼看战火已燃到华东，全面战争打响，国共双方都很快开始做出妥协。但毛泽东对蒋介石国民党的防范心理还是明显加强了。此前，毛曾几度提议红军主力出动前要开一次中央政治局全体会议，因军政主要负责人分散各处，最后不得不放弃了。这时，毛泽东和洛甫显然相信，这个会是非开不可了。

18 日，毛、洛联名分别致电各主要军政领导人，明确提出：“国民党阴谋已表现得很明显。他的企图是：（一）将红军全部送上前线；（二）分路出动使不集中，强使听命；（三）红军受命出动后即变为蒋之属下，彼以命令行之，彼时党的问题与边区问题由彼解决，甚至将不许发表宣言，并取消苏区。”故我们必须坚持要国民党迅即实现“发表我党宣言”，“发表边区组织”，“发表指挥部”，同意“红军充任战略的游击支队”，“不分割使用”和“在总的战略方针下，执行独立自主的游击战争，发挥红军特长”。电称：鉴于“此事关系重大”，因此各领导人，包括在外的朱德、周恩来，必须“到洛川开会”，“慎重讨论”。[①]

三　毛泽东洛川会议报告及发言主要谈了些什么?

有关 1937 年 8 月 22—24 日中共中央在陕北洛川冯家村召开的政治局扩大会议，即所谓洛川会议的基本内容及其报告讨论情况，在许多早期的研究著作中都有较具体的介绍说明，包括个别较长的引文的引用。但因该会议记录从未开放查阅和全部公开发表，故当调查局报告所称毛泽东等抗战初期有过“七分发展，二分应付，一分抗日”的指示变得引人注目后，可以反映当时中共党内高层意见分歧的洛川会议，就成了海内外研究者格外关注的一个焦点。随之而来，毛泽东在会上的报告内容，

---

① 《中共中央书记处关于同国民党谈判的十项条件给朱德、周恩来、叶剑英的指示》(1937 年 8 月 17 日)、《洛、毛关于洛川会议讨论重大军事问题致博、林电》（1937 年 8 月 18 日)、《洛、毛关于须开洛川会议讨论国民党阴谋问题致博、林、彭、任电》（1937 年 8 月 18 日)、《洛、毛关于不能同意黄白案问题致周、叶电》（1937 年 8 月 18 日)，分见中央文献研究室、中央档案馆编《建党以来重要文献选编（1921—1949)》第 14 册，中央文献出版社 2011 年版，第 471—472 页；《毛泽东军事文集》第 2 卷，第 32 页；《毛泽东军事年谱（1927—1958)》，第 196—197 页；《毛泽东年谱（1893—1949)》中，第 13—14 页。

自然也就成了众说纷纭的一个议论话题。

在具体说明洛川会议内容之前，需要约略提到8月9日中共中央政治局会议。这次会议的举行，一方面与毛泽东、洛甫等力图统一党内对全国抗战形势的认识需要有关；另一方面也与毛泽东急于统一党内在军事策略方针上的设想有关。不过，由于多数主要党政军负责人在外不能参加，故此次会议并没有完全达成目的。包括对大战形势问题，毛、洛之间看法也未能完全统一起来。但是，在会上，毛泽东还是清楚地表述了他对形势的判断和对红军出动后必须坚守的原则的看法。

对形势，他的判断是，中日大战已经不可避免，蒋介石国民党也已下了抗战决心。只是，蒋的抗战是“应战主义”的，国民党的军事方针是单纯防御。照此打下去，太原、张家口、石家庄、涿州都有丢掉的可能。对红军应对战争的军事方针，他的意见是，国共合作已大体成功，但“防人之心不可无，应有戒心”，红军应当依据自身特点，实行独立自主的指挥和进行分散的游击战争。①

就在毛、洛发出召开洛川会议的电示当天，中共中央即得到通知，南京军委会正式发表了红军改编为第八路军的命令，朱、彭被任命为总、副指挥，下辖一一五、一二〇和一二九3个师。周恩来建议，宜马上派红一方面军一军团，即改编后的一一五师第一旅8000人为先遣兵团，即日由淳化出动，到侯马上车，受二战区司令长官阎锡山节制，至山西蔚县、涞源、广灵、灵丘地域集中。毛泽东对此表示同意，但他同时提出：“其余候南京发表两党宣言及边区组织后出动。”他的意见是，由于南京拖延不决，“共产党与红军还未取得合法地位，（此次）非取得此种地位不可”。②

所谓洛川会议，召开于8月22日晚，结束于8月24日，25日形成决议文字。与遵义会议以后历次中央会议的开会程序不同，本次会议没有由担任总书记的洛甫先作政治报告。由于会议的召开及主要目的是解

---

① 《毛泽东在中央政治局会议上的发言》（1937年8月9日），《毛泽东年谱（1893—1949）》中，第12页。

② 《毛泽东关于同意派一军团为抗日先遣部队致彭、任电》（1937年8月18日）、《毛关于我军同意受阎锡山节制致彭电》（1937年8月19日）、《毛泽东关于我先遣兵团日内出动致雪枫、胡服电》（1937年8月19日），《毛泽东军事年谱（1927—1958）》，第196—197页。

决红军主力改编出动后的军事策略问题，故会议召开当天就集中讨论了军事问题，因此首先由负责指导军事和统战工作的毛泽东报告了“军事外交问题”。①

毛泽东在报告中着重说明了他对军事形势及红军出动、作战方式等一系列问题的考虑。他认为，当前日军“主要打华北，向山西、绥远”，“辅助方面是上海等”。红军作战地区应为冀、察、晋三省交界地域，基本任务：“（1）创造根据地；（2）钳制与消灭敌人；（3）配合友军作战（战略支队任务）；（4）保存与扩大红军；（5）争取民族革命战争领导权。”为什么需要强调民族革命领导权问题呢？毛解释说：这是革命的长期性决定的。目前国民党还是领导的党，“据今天的条件说，（我们的）技术贫弱……相对的比蒋介石也差（数量和技术）”，“单从数量上不能解释此问题”。但他相信，红军“声威与地位则远超过之。根据过去红军能力，全国瞩望，以后还要用最大力量，争取政治上、组织上的领导地位（还要在其他方面取得领导地位）”，问题是要讲究“达到任务的方法”。一是“要一贯地运用游击战与运动战”，二是要坚持“红、国军共同作战（统一战线）”；三是红军作战的战略原则要坚持“独立自主的山地游击战争——包括有利条件下消灭敌人兵团与在平原发展游击战争——但着重于山地”。什么叫独立自主的山地游击战争？他的解释是，就指挥原则而言，应承认“在统一战线下，是相对的独立自主（在总的战略上），但一定争取战略方针的共同商量”。就作战原则而言，则应坚持“分散发动群众，集中消灭敌人，打得赢就打，打不赢就跑”的战法。为什么要强调山地作战？毛泽东明确讲，这是因为山地更便利创造根据地和进行游击战，山地也是红军长期熟悉的作战条件，对平原战则无经验。当然，毛泽东并不是打算放弃在华北平原作战和创造根据地的可能性。他的意见是，目前可派“小游击队去发展平原”。

除军事战略问题外，毛泽东的报告也特别说明了军事战略考虑的政

① 目前学界或研究者对洛川会议内容以及毛报告内容的引述，较多利用张国焘《我的回忆》中的说法。参见张国焘《我的回忆》第3卷，现代史料编刊社1981年版，第386—390页。另，亦有引用网络匿名伪造毛报告内容的情况，如戴晴《国共纷争》，http：//www. cclawnet com/daiqing/005. html，2015年8月8日。

治背景问题，即所谓“外交”问题。这里所指的“外交”，其实就是党的统战关系。毛泽东主要报告了他对两党关系状况的看法。他明确提出了“统一战线与政治警觉性”的关系问题。称：“资产阶级要对付日本，向红军招手，现在统一战线正成熟中，但另一方面党的阶级的独立性问题应提起全体党员注意！——防人之心不可无，在阶级上（两党）根本是敌人！”这一点不应须臾忘记。他列举了陕甘边土匪问题、宁夏马鸿逵威胁问题、南方闽粤边红军游击队改编时被缴械问题等情况，指出：“统一战线是问题的一方面，另一方面是党的阶级的独立性与警觉性。”他介绍了两党谈判及其反复的经过和中共中央可能接受的让步范围，认为谈判拖延不决，很大程度在于“国民党方针是一方面限制我们，一方面破坏我们”。他特别在意国民党限制红军的种种处置，包括坚持要向改编后的红军派参谋长等，声称这“是万万不可以（接受）的”。他提出，在红军改编问题基本解决之后，我们“现在要催促发宣言及决定边区的发表”。他也表示，他并不反对主力出动参战，但强调全部主力出动的时间要“按（问题解决）情况决定”。①

当晚讨论中半数与会者发表了意见。洛甫、林彪、聂荣臻、凯丰、张浩，包括张国焘，都明确表态支持毛泽东的主张，但朱德、彭德怀、周恩来、林伯渠等则表示异议。朱德认为，保存红军力量的方法“应当是积极的，向前的，发展的”，“只有积极活动，才能发展群众战”。故“出动不能停顿太久，不要让人家败了，不好”。周恩来提出：“对国民党的限制问题，要一步一步冲破，红军开拔还是早点开拔。”我们的军队“不仅是游击战争，同时要提出我们是可以打大仗的”，故提法上“还是运动游击战好”。要国民党不束缚我们的问题，不仅仅是军事问题，还是一个政治问题，是一个要做全国群众工作的问题，因此统战关系要弄好。彭德怀讲得更坦率：“红军出去基本的是打胜仗，树声威，开展统一战线。只有这样才能提高党和红军的地位。”“战术上要很谨慎，但在胜利把握较多的时候，就要集中优势兵力来袭击敌人。”事实上，“游击战和

① 《毛泽东关于军事外交工作的报告》(1937 年 8 月 22 日)。

运动战是红军密切不可分开的”作战形式。①

根据与会者讨论的意见，毛泽东最后作了进一步的解释说明。他解释说，他虽然力主在战略上红军目前在全国范围之内应“成为游击支队”，起牵制作用，但“并不否认在一定条件下取得消灭敌人的胜利”。在指挥关系上，他主张“不能违背军委方针去迁就国民党的方针”，但亦同意应该在“以我们的指挥为主”的基础上“适当来解决、来调剂（与国民党的关系）”。②

23 日，政治局休会一天，中央召开常委会，讨论安排了红军出动后各方面的人事问题，包括决定成立以毛泽东为书记，朱德、周恩来为副书记的中共中央军事委员会。③ 24 日继续召开政治局会议，洛甫就政治问题作了补充报告。他在谈到国共关系问题时，政治判断与毛泽东完全一致，主张在任何情况下都不能失掉自己的立场，强调与国民党的联合是基于抗战的需要。而且，“只有中共在抗战中取得领导权时，抗战胜利才能得到保障，才能使抗战胜利后完成民主共和国的任务！”④

在讨论过程中，毛泽东又进一步解释了他看红军作用、地位及作战方式等问题的其他一些背景方面的考量。他指出：“我们方针最基本的是持久战，不是速决战。”从持久战的角度，不宜把数量很小的红军的作用放在眼前正面战场的作战上。鉴于我们的长期目标是“争取共产党和红军成为抗战的核心，一切工作准备过渡到工农资产阶级联盟的民主共和国”，故提出“独立自主的游击战——是为着保持与扩大红军”，以便实现这一斗争目标。

---

① 讨论发言内容可参见《在洛川会议上的发言》（1937 年 8 月 22 日），中共党史研究室张闻天选集传记组编《张闻天文集》第 2 卷，中共党史出版社 1993 年版，第 340—341 页；袁伟等编著《朱德军事活动纪事》，第 372—373 页；周恩来军事活动纪事编写组《周恩来军事活动纪事》上，第 419 页；中共中央文献研究室编《周恩来年谱（1949—1976）》，中央文献出版社 1996 年版，第 386 页；王焰主编《彭德怀年谱》，人民出版社 1998 年版，第 178—179 页；张国焘《我的回忆》第 3 卷，第 385—390 页。注：张国焘对洛川会议内容的回忆，从会议召开的时间，主要报告人或报告的顺序及报告的内容，特别是他自己的发言内容，都与会议记录相差甚远。

② 《毛泽东关于军事外交工作的报告》（1937 年 8 月 22 日）。

③ 《周恩来军事活动纪事》上，第 419 页。

④ 《在洛川会议上的报告》（1937 年 8 月 24 日），《张闻天文集》第 2 卷，第 343—349 页。

对此，朱德和彭德怀仍旧表示了不同意见。他们在发言中认为，对与日本军队作战不应顾忌太多，日军毕竟是外国军队，红军的活动余地是很大的。“日本武器比较好，但战斗经验缺乏，有可能打垮一些，捉一些。”而在统一战线的条件下，“我们不能完全独立自主”，“警惕性过高是不对的”，“国民党今天还是想我们打胜仗，如说国民党集中力量专打我们的主意，是不对的”。在听取了几天会上会下讨论的意见后，洛甫最后作结论时，口气上和提法上也有了一些变化。他一方面肯定“阶级矛盾还继续着，警觉性问题要坚持”，另一方面也表示接受朱、彭的有些意见。如此前他还赞同毛的提法，说“在指挥问题上应是独立自主的原则”；“作战方面主要是游击战争”。这时则同意说，在清醒地意识到这场战争是持久战的前提下，红军“主要的作战方式应是运动战”。①

由上可知，洛川会议没有能够就毛泽东提出的红军出动、作战指挥、作战方式等问题达成统一意见。在洛甫和毛泽东看来，25 日形成的会议的书面决议，最主要的收获就是在肯定国民党发动全民族抗战的同时，批评了国民党惧怕和限制人民参战运动的方针“包含着极大的危险性”。从毛泽东的角度，他最关心和最想要在这次会上解决的军事战略及策略方针问题，却还没能得到解决。②

四　主力出动后毛泽东关注的重点是什么?

洛川会议结束后第三天，为进一步加强党内同志的阶级警觉性，在毛、洛的提议下，仍在洛川的主要党政军领导人又召开了一次政治座谈会。会议着重讨论了几个涉及国共两党关系和抗战前途的政治大问题。如“在统一战线中，是共产党吸引国民党，还是国民党吸引共产党?”“中国革命的前途有无和平转变的可能?”“和平转变后，在社会主义条件

---

① 《在洛川会议上的发言》(1937 年 8 月 22 日),《张闻天文集》第 2 卷，第 340 页；《洛甫关于政治形势报告的结论》(1937 年 8 月 24 日)。

② 会议通过的文件均未提到红军出动及作战和发展的军事战略、策略问题。《中央关于目前形势与党的任务的决定》(1937 年 8 月 25 日);(毛泽东拟稿并经会议通过的宣传鼓动提纲)《为动员一切力量争取抗战胜利而斗争》,《建党以来重要文献选编 (1921—1949)》第 14 册，第 473—474 页。

下有无两党存在的可能?”等。毛泽东在发言中明确提出：当前“主要危险是右倾机会主义”的问题。

紧接着，9月1日，在延安中央积极分子会议上，他在重申必须“反对右倾机会主义即投降主义”，共产党不能跟着国民党跑的问题的同时，又特别提出了党和红军阶段性任务的区别与联系问题。他提出，实行“独立自主的山地游击战争”，当好“壮气军”，是红军当下阶段的主要任务。在此基础上争取壮大发展，就能早日实现第二阶段的目标：“从现在的（壮气军）地位到实力领导地位。”①

洛川会议前后，虽然红军改编问题已基本解决，但国民党仍未发表中共宣言，亦未解决边区政权的合法地位问题。尽管朱德、彭德怀、任弼时以及周恩来、博古、林伯渠等这时都有电报提议3个师应迅速开动，毛泽东还是相信最多只能先开动两个师。他在8月31日的电报中还特别说明称：政府方面提供给红军及边区的补给、补充，“仅有衣物及少数弹药”和“月仅五十万元”经费，“无枪炮等之补充”，还一直拖延不发中共宣言，边区主席、红军参谋长及政治部副主任等蒋还坚持要由他指派中共难以接受的国民党人充任。他据此明确电告朱、彭等说：“第三师非待国民党对主要问题解决后决不出动。”②

但这时红军主力出动已成事实，故毛泽东关注的重心很快就转到红军主力出动后的作战区域安排问题上来了。这时西安行营和二战区指定给八路军的活动区域是晋东北的几个县，距华北前线尚远。9月初，毛泽东得知的情况是，平绥前线除二十九军退守保定及津浦线外，中央军汤恩伯部从南口防线一路败退，居庸关、张家口均告失守。“卫立煌军三个师位于居庸关以西永定河南岸，刘汝明师及晋军之七十二师撤集于洋河南岸，傅作义增援军约六个团约在怀来地域，赵承绶骑兵军大约在兴和天镇地域，晋军主力在大同、广灵、代县地域。”据此，他的提议是：“红军一二两军（即一一五、一二〇两师——引者注）约本月二十五日前

---

① 毛泽东：《中日战争爆发后的形势与任务》（1937年9月1日），《毛泽东军事年谱（1927—1958）》，第199页。

② 《毛泽东关于国民党对我军实行种种限制致小开电》（1937年8月31日）、《毛泽东关于第二、三师出动问题致朱、彭、任电》（1937年9月2日），《毛泽东军事年谱（1927—1958）》，第198页。

后可以展开于北平、石家庄、太原、大同、张家口之间。”具体活动区域应与二战区司令长官阎锡山交涉，争取如下地点：“（一）涿鹿、阳源、蔚县三县境内一切友军未驻地区。（二）宛平、房山、涞水、易县四县友军未驻地区。（三）完县、唐县、曲阳、行唐、灵寿、平山六县县城以西地区。（四）涞源、阜平、灵邱三个全县作为我军之中心根据地。（五）广灵、浑源、繁峙、五台、盂县五县。”①

由上可知，毛泽东并不赞成将八路军三个师的主力都集中晋东北数县范围内，希望最大限度地争取红军的活动范围，以利于进行游击作战。他所提这 21 个县，分布于晋、冀、察三省交界处，跨越了一、二两个战区，并不是敌后。故他也讲明：一要尽可能交涉到这些县内“一切友军未驻地区”；二要得到当地政府和友军的支持。毛特别告诉周恩来等说：此项交涉“必须确实指定并由南京及晋阎令知三省省政府转令各县县政府同时令知各县及其附近之驻军，说明红军之布防及创造游击根据地之任务。因为如不明白规定红军之区域及任务，并用通令下达友军及地方，势必因区域不明，任务不定，而发生许多纠纷”。可能的话，最好利用红军新到，与冀、察、晋、绥四省军政人物会面详谈，“以壮其气而相当改变其做法”。②

但这一设想很快就行不通了。9 月 7 日，周恩来、彭德怀等与阎锡山商定，八路军人晋后以太行山脉特别是太行山北端，即晋东北范围为根据地，展开游击运动战。部队可动员群众，但不得干涉县政。③ 而毛泽东当天却得到消息称，汤恩伯、卫立煌、刘汝明三部 6 万余人正开入蔚县、涞源、广灵和灵丘及其晋东北与冀察交界地区，他马上致电周恩来等提出：“上述地区已无红军活动余地”，红军活动地域应南移。“此时红军有利地区是阜平、唐县、曲阳、行唐、寿灵、平山、繁峙、浑源、五台、

① 《毛泽东关于与阎锡山交涉红军活动区域问题致周、朱、彭、任电》（1937 年 9 月 3 日)，《毛泽东军事文集》第 2 卷，第 40—41 页；《毛泽东关于国民党抗敌情况致朱、彭、任等电》(1937 年 9 月 3 日)，《毛泽东军事年谱（1927—1958)》，第 199 页。

② 《毛泽东关于与阎锡山交涉红军活动区域致周、朱、彭、任电》（1937 年 9 月 3 日)，《毛泽东军事文集》第 2 卷，第 40—41 页；《毛泽东关于请周恩来与四省军政人员面谈华北抗战事致雪枫转周电》(1937 年 9 月 4 日)，《毛泽东军事年谱（1927—1958)》，第 199—200 页。

③ 《周恩来军事活动纪事》上，第 421 页。

盂县及涞源、灵邱两县之南部地区，望与阎力争规定之。”①

几天后，周恩来再见阎锡山，要求送八路军到涞源、灵丘、阜平地域，背靠恒山山脉。② 但毛又得到消息，刘汝明师已开津浦线归还建制，汤恩伯部亦开平汉线整理，只剩卫立煌4个师留涞源东北。日军向大同进攻兵力5000人，国民党正面守军至少在20万人左右，唯士气不振，纷纷后撤，加上民众畏避，部队连吃饭都大成问题。阎锡山不得不放弃大同，准备改守雁门关。③ 据此，他再电周恩来等提出，请争取将“太行山脉之阜平、曲阳、灵寿、井陉、获鹿、五台、盂县、平定、昔阳、和顺等十县……定为我军补充区域”，以确保部队补给。④

这时，负责协助红军改编和出动的西安行营主任蒋鼎文再三催促一二九师出动。眼看山西局势严峻，红军两师尚未确定理想活动地域，更无展开空间，毛泽东对行营的催促自然十分不满。他并且判断称：“彼等用意或者不明白使用大兵团于一个狭小地域实不便于进行游击战争……或者他们含有恶意即企图迫使红军打硬仗。”恰好蒋介石要求彭德怀去南京，毛为此专门致电彭，要求彭“在晋、在冀、在京，均着重解释我军‘独立自主的山地游击战争’这个基本原则，取得他们的彻底了解与同意。”他并具体解释称：“此原则中包含（一）依照情况使用兵力的自由……（二）红军有发动群众创造根据地组织义勇军之自由，地方政权与邻近友军不得干涉……（三）南京只作战略规定，红军有执行此战略之一切自由；（四）坚持依傍山地与不打硬仗的原则。”毛在电报中特别强调，由于“我们对此原则并未向他们彻底坚持的有过说明”，这次不仅是一个重要机会，而且要想避免发生无穷纠葛，这次亦非取得对方了解和承认不可。⑤

---

① 《毛泽东关于力争把阜平等县规定为红军活动地区致周、彭、林电》（1937年9月7日），《毛泽东军事文集》第2卷，第42页。

② 《周恩来军事活动纪事》上，第421页。

③ 《毛泽东关于大同、蔚县一带国民党军情况致博、叶电》（1937年9月14日），《毛泽东军事年谱（1927—1958）》，第201页。

④ 《毛泽东关于改变我军补充区域问题致博、叶电》（1937年9月14日），《毛泽东军事年谱（1927—1958）》，第201页。

⑤ 《毛泽东关于对独立自主的山地游击战争基本原则的解释》（1937年9月12日），《毛泽东文集》第2卷，第11—12页。

不过，彭德怀那边尚未见到蒋，山西前线又传来坏消息："日寇分两路进攻，广灵、灵丘晋军已放弃大同，绥远全境实际已失。以五台为中心之晋东北日寇将以重兵进据并继进攻取太原。"针对朱、任 9 月 15 日建议一一五、一二〇师在晋东北山地"配合晋军行动"的电报[①]，毛泽东一改过去要求部队集中一地的方针，提出："在此情况下，我三个师已无集中晋东北一处之可能，更无此必要。"他转而向朱德等提议："以百十五师位于晋东北，以五台为活动重心，在灵丘、涞源不利时逐渐南移，改以太行山脉为活动区；以百二十师位于晋西北，以管涔山脉及吕梁山脉之北部为活动地区；以百二十九师位于晋南，以太岳山脉为活动地区。"[②]

毛泽东判断，日军放着南线不攻，先夺绥远、进山西，是"以大迂回姿式，企图夺取太原，威胁平汉线中央军……威胁河南、山东之背，而利于……完成其夺取华北五省之企图"。"涞源、灵邱为敌必争之地……恒山山脉必为敌军夺取冀察晋三省之战略中枢。"鉴于晋阎指挥下之各军已失锐气，"我们不能作出这些军队能够在现阵地根本破坏敌战略计划之结论"。故他相信继续以五台为中心创建根据地，势必受日军包围，"无持久可能"。他提出："过去决定红军全部在恒山山脉创造游击根据地的计划，在上述敌我情况下，已根本不适用了。"他以中央军委名义做出了新的战略部署："（一）我二方面军应集结于太原以北之忻县待命，准备在取得阎之同意下，转至晋西北管涔山脉地区活动。（二）我四方面军在外交问题解决后，或在适当时机，进至吕梁山脉活动。（三）我一方面军则以自觉的被动姿式，进至恒山山脉南段活动。如敌南进，而友军又未能将其击退，则准备依情况逐渐南移，展开于晋东南之太行、太岳两山脉中。"据此，毛泽东再度提醒前方将领称："红军此时是支队性质，不起决战的决定作用。但如部署得当，能起在华北，主要在山西，支持

---

① 《八路军朱、任关于一一五和一二〇两师宜在晋东北配合晋军行动致毛、彭电》（1937 年 9 月 15 日），袁伟等编著《朱德军事活动纪事》，第 376 页。

② 《毛泽东关于我三个师的活动部署致朱德、弼时电》（1937 年 9 月 16 日），《毛泽东军事年谱（1927—1958）》，第 202 页。

游击战争的决定作用。”①

不难看出，时至9月中旬末，毛泽东还没有将主力投入敌后的设想和计划。不仅如此，注意到国民党军队的士气和指挥上的严重情况，他又重新强调“山地游击战”战法的重要，强调主力要处于敌之翼侧，而且明确认为现在不存在洛川会议上讲的那种可以集中作战的“有利条件”，因而提出不仅暂时不适宜作“运动战”，而且应该劝告个别同志放弃集中打仗的观点。否则，“红军也同阎锡山相似，陷入于被动的、应付的、挨打的、被敌各个击破的境遇”。据此，9月21日，他明确电示彭德怀：今日红军，一“要在战略上有有力部队处于敌之翼侧”；二“要以创造根据地发动群众为主”。即“要分散兵力，而不是以集中打仗为主，集中打仗则不能做群众工作，做群众工作则不能集中打仗……而只有分散做群众工作，才是决定性地战胜敌人、援助友军的唯一无二的办法。集中打仗在目前是毫无结果之可言的”。②

五 平型关战斗后毛泽东的军事设想是怎样的？

严格地说，像阎锡山一样，毛泽东也担心日军西进。还在1937年7月20日，即平津尚未全面开打之际，他就曾去电阎锡山，提醒阎：如令日军进据北平及张家口，“则晋绥之危至”。故除应督责冀、察当局坚守平津、张家口等处外，晋绥军“似宜以一部向张家口出动增援”，并“力促蒋氏增兵北援”。③ 平津失陷后，他也曾进一步通过受邀参加南京国防会议的中共代表周恩来等向蒋建言：“第一防线是张家口、涿州、静海、青岛等处，重点在张家口，应集中第一次决战兵力”，并应以攻势防御给

① 《毛泽东关于敌情判断及八路军的战略部署致朱、彭、任等电》（1937年9月17日），《毛泽东文集》第2卷，第15—18页；《毛泽东关于八路军战略区域问题致德怀电》（1937年9月19日），《毛泽东军事文集》第2卷，第46—48、50页。

② 《毛泽东关于实行独立自主的山地游击战方针致彭德怀电》（1937年9月21日），《毛泽东文集》第2卷，第19—20页。

③ 《毛泽东为力保平津、张家口致阎锡山电》（1937年7月20日），《毛泽东军事文集》第2卷，第7页。

进攻之敌以歼灭的反攻。红军愿出动三分之一兵力，以游击战相配合。[①]

进入 9 月下旬，日军已经打进山西境内，明显威胁到黄河以西陕甘宁边区的安危了。而这时，一系列新的情况的出现，不可避免地促成了毛泽东军事方针及其策略的再度调整和转变。

其一，9 月 22 日，中共合作抗日宣言得以公布，蒋介石亦公开发表了肯定的谈话[②]。其二，一一五师首战平型关，在二战区的统一指挥下，集中一个多旅的兵力，与晋绥军配合，打了一个漂亮的伏击战，“将敌歼灭一千余人”。[③] 其三，就在中共宣言和蒋介石谈话发表当天，毛泽东收到八路军总部参谋处处长兼驻山西办事处主任彭雪枫的电报，报告阎锡山有意在山西与中共八路军全面合作，开辟敌后根据地，与日军长期周旋。这一情况让毛泽东颇感振奋，他当天就回电彭雪枫转告阎：完全同意关于在五台山脉建立游击区的想法。他并且进一步提议：“游击战争主要应处于敌之翼侧及后方，在山西应分为晋西北、晋东北、晋东南、晋西南四区，向着进入中心城市及要道之敌人，取四面包围袭击之姿势，不宜集中于五台山脉一区，集中一区是难以立足的。”毛表示，除五台山脉外，晋东南太行、太岳山脉均应利用，晋西南吕梁山脉，晋西北管涔山脉等，也应加紧准备。尤其是放手发动民众一事，关系到游击战争成败与否，更要高度重视。[④]

几乎与此同时，由于得到了阎锡山的首肯，在二战区前线地区，即

---

① 《洛、毛对国防问题的意见致周、朱、叶等电》(1937 年 8 月 4 日)，《毛泽东军事文集》第 2 卷，第 22—23 页。

② 中共中央对此表示高度肯定，除命令一二九师很快开动外，并通告党内称，此事“确定了共产党在全国的合法地位”，“宣布了统一战线的成功，建立了两党团结救国的必要基础”。《洛甫、毛泽东关于我们宣言及蒋谈话宣布了统一战线的建立致周电》(1937 年 9 月 25 日)，《毛泽东军事年谱 (1927—1958)》，第 204 页。

③ 《林、聂关于一一五师平型关战斗缴获和伤亡情况致毛、朱、彭电》(1937 年 9 月 26 日)。9 月 21 日毛泽东亦同意部队可适当集中，如林彪“这种一个旅的暂时集中，当然是可以的”。《毛泽东关于实行独立自主的山地游击战方针致彭德怀电》(1937 年 9 月 21 日)，《毛泽东文集》第 2 卷，第 19—20 页。

④ 此电原文因未注月份，故《毛泽东文集》和《毛泽东军事文集》编者对月份的判断有所差异。根据毛泽东原文内容及其前后和当日各电判断，笔者认同《毛泽东文集》编者认定的月份。《毛泽东关于在山西开展游击战争的意见致雪枫并告周、朱、彭等电》(1937 年 9 月 23 日)，《毛泽东文集》第 2 卷，第 21—22 页。

晋、绥、察三省交界各县，成立了有八路军代表参加的民族革命战争战地总动员委员会（简称“战动总会”），八路军总部亦顺利地在二战区范围内划分并成立了晋察冀军区、晋绥察军区、晋冀鲁豫军区和晋西南军分区，有了合法的活动空间。[①] 受此鼓舞，毛泽东显然开始相信，在国共合作的条件下，整个华北地区都有进行游击战争的可能性了。

9 月 25 日，他首度正式通电党政军负责人，尤其是电示北方局称：“整个华北工作，应以游击战争为唯一方向。一切工作，例如民运、统一战线等等，应环绕于游击战争。”山西地方党目前应在太原被敌占的假想下，“以全力布置恒山、五台、管涔三大山脉之游击战争，而重点于五台山脉。因该处可得阎、杨更多协助，将来可向北恒山山脉发展”。河北党应“注全力于游击战争，借着红军抗战的声威，发动全华北党（包括山东在内）动员群众，收编散兵散枪，普遍地但是有计划地组成游击队”。他并要求相关方面之干部“应立即开始普遍的组织地方支队（部）及群众组织，在半个月内应全部布置完毕，并表现初步成绩”。[②] 当然，他这时尚未完全形成敌后发展的思想，仍旧十分重视国民政府的承认问题。因而特别要求周恩来务必要先就此一工作方针可能带来的地方军政关系问题，与相关战区及军政负责人进行沟通。[③]

就在毛泽东发出上述指示的同时，朱德、彭德怀恰好也提出了向敌后活动的建议。他们提出，鉴于日军主力开始由平津大举南进，八路军似应考虑向敌后冀察方向派遣一支战术支队，一面游击作战，一面寻找发展条件。毛泽东接电后却表示了不同意见。他提出，原定向恒山山脉及其东、西、北三方向突击，展开敌人侧面游击战争的计划，因眼下条件不成熟，暂时亦应停止。派遣战术支队问题，“要待敌更深入后方，更分散才能执行”。[④]

---

① 《朱、彭、任关于冀察晋绥各省八路军部署问题致毛泽东电》（1937 年 10 月 25 日），袁伟等编著：《朱德军事活动纪事》，第 399—400 页。

② 《毛泽东关于在日军占太原的设想下布置五台山脉游击战争致周、朱、彭、任并告胡服、杨尚昆、朱瑞电》（1937 年 9 月 24 日），《毛泽东军事文集》第 2 卷，第 55 页。

③ 《毛泽东关于整个华北工作应以游击战争为唯一方向致周并转胡服、尚昆、朱瑞等电》（1937 年 9 月 25 日），《毛泽东文集》第 2 卷，第 23 页。

④ 《毛泽东关于向恒山山脉突击的计划暂无执行条件致朱、彭电》（1937 年 9 月 26 日），《毛泽东军事年谱（1927—1958）》，第 204 页。

值得注意的是，毛泽东这时对深入敌后作战的慎重态度，却不是出于对日军作战不摸底和担心集中作战对红军不利。他并不打算采取保守战法，甚至没有再提主力分散做群众工作和坚持山地的主张。他并且明白地提出，这是基于一定要在山西打一仗，挫敌锐气，争取稳定山西战局的大战略来考虑的。“目前红军不宜过早暴露”，是因为在“敌之主力尚未集中于其主要的攻击点，敌之后方尚未十分空虚之时”，过早派遣战术支队，“暴露红军目标，引起敌人注意，那是不利的”。①

就在同一天，毛泽东专门就此致电朱、彭等，提出了一个十分大胆的整体作战计划。他分析称，日军主力既选择在河北大举南进，在山西灵丘及河北涞源、广灵、蔚县诸县应不会留多兵据守，如此则是扭转山西战局的有利时机。“蒋阎保定决战、晋北固守的方针……完全是处在被动的挨打的姿式下”，他的建议是，商请“蒋、阎派何柱国骑兵军全部，另派桂军或中央军有力步兵一万五千至二万人，与我林师全部配合，受朱、彭指挥，在蔚、涞之敌向保守前进，灵、广之敌向代州前进，确已深入之际，从灵、源之间向北突击（反攻性质的中央突破），恢复灵、涞、广、蔚四县。然后向着大同、张家口、北平线，大同、太原线，北平、石家庄线，举行大规模的侧后袭击战，在灵、涞、广、蔚建立群众的及堡垒的根据地”。他提出，届时林师应以全部“向北突出，依情况再分成无数小支或分成二三个集团，向着恒山山脉以东以西以北广大地区敌之空虚侧后，举行广泛的袭击战”。他认为，只有照此进行，出此奇兵，山西战局“才能变被动为主动”，红军也必将会“发挥战略上的作用”。②

然而，就在毛泽东提出上述设想的同时，保定已失，日军用迂回战术一再轻易突破国民政府守军的正面防线。朱德和彭德怀于 9 月 28 日联名致电中共中央，再度提出可考虑在可能成为敌后的河北涞源、山西灵丘和广灵地区成立根据地问题。在他们看来，该地区亦属山地，且山脉很大，地形比晋西北好，人口不少，粮食不缺，如在上述地区连同山西

① 《毛泽东关于华北作战的战略意见致朱、彭、任、周电》(1937 年 9 月 25 日)，《毛泽东文集》第 2 卷，第 25 页。

② 同上书，第 25—26 页。

浑源、繁峙、五台、盂县、河北阜平一带创建抗日根据地，可与晋西北互相呼应。①

对此，毛泽东也复电表示认同。他说："河北局面已经完结了"，"不久后中国阵地将变为扼守黄河、运河两线"，"国民党如不妥协必将迁都"。山西依托长城抗战的战法也只是暂时的。我军今后的"根本方针是争取群众，组织群众的游击队，在这个总方针下实行有条件的集中作战"。但是，他仍旧表示，目前"阎必要求我军与他配合来打一二仗。为了给晋军以更好的影响，如果在确实有利的条件下，当然是可以参加的"。他认为他此前所提以一一五师为一奇兵打敌侧后的战役设想，就还有条件一试。他提出："关于使用一一五师配合国民党二三个师，待敌相当深入后，向灵、涞、广、蔚及其以此突破，找其空虚后方的计划，请你们着重研究一番。如实行此着，可能在一个时期内展开一个新局面。虽然不能根本的破坏敌人战略计划，但暂时的部分的破坏是可能的，这就大有利于在山西全省创立我们的根据地。"②

10月初，八路军主力主要位于平型关、雁门关、朔县之线两翼，同时组织有4个支队进入到日军侧后方。刘云彪骑兵支队约600人在河北涞源、紫荆关、易县、唐县、曲阳地区活动；杨成武独立团约3000人在山西灵丘、广灵、河北蔚县地区活动；宋时轮支队1000人在山西朔县、平鲁、左云、怀仁、浑源间活动；李井泉独立支队1000人在朔县以北地区活动。③ 毛泽东这时对八路军主力活动问题的地域设想，也主要着眼于晋东北和晋西北范围。他在4、5两日给朱、彭、任并周恩来的电报中对此讲得很清楚。他在4日电中同意一一五师以平型关以北，浑源城以南，灵丘、广灵以西，应县、广武以东地区为范围活动，不利时好适当南移；建议一二〇师"早日转入晋西北"；主张一二九师主力暂驻寿阳、平定、盂县，"将来准备转至太岳山脉"。5日得周恩来电，知道已与阎锡山商

① 《朱、彭关于争取在晋东西两大山脉创建抗日根据地致洛、毛、周、任等电》(1937年9月28日)，袁伟等编著：《朱德军事活动纪事》，第382页。

② 《毛泽东关于在华北局势危急情况下应坚持游击战争方针致周、朱、彭、任电》(1937年9月29日)，《毛泽东军事文集》第2卷，第65—66页。

③ 《朱、彭关于八路军作战部署及战况的通报》(1937年10月3日)，袁伟等编著：《朱德军事活动纪事》，第385页。

定作战计划，他除表示“完全同意”外，更是明令一一五师全部“集中于台怀镇以北，大营镇、沙河镇以南之山地。待敌人被吸引于原平、忻县地区，并打得激烈时，袭取平型关、大营、沙河、繁峙线。得手后，交友军占领该线，我向北突出，占领浑源、应县地区，开展新局面”。指示一二〇师暂时“隐蔽于五寨地区，待原平正面打得激烈时，我一一五师又已实行向大营、浑源行动时，即用主力出长城，袭击朔县、左云一带，与一一五师相呼应，捣乱敌人的整个后方”。要求一二九师“以一团位于孝义，主力位于包括娘子关在内之正太铁路侧后，主要任务是动员工人及两侧农民战略上策应林、贺两师，巩固后路”①。

整个 10 月上旬，由于不断收到周恩来关于阎锡山对毛泽东作战设想态度积极的报告，毛显然还沉浸在以八路军一一五、一二〇师为主力，与晋军正面防御相配合，对日军从侧翼展开突袭作战的运动游击战的军事设想中。他已估计到“敌人深入后，在后方的兵力只能守主要的据点，企图保持其交通线”，我完全可以小部队，如一个营，在敌后“开展游击运动，创造抗日根据地”，但他这时还不主张马上就把中国共产党整个战略重心转到游击战争上去。他认为，在地方创建游击队，只要保证有一个排的正规部队作基干即可。② 主力目前仍应集中，以便与晋绥军配合，争取能挽救山西危局。

阎锡山这时正紧锣密鼓地调动军队，准备组织太原会战，特别是想要固守忻口要塞。10 月 6 日，二战区商定了左、中、右三路部署，决定右路，含晋军 10 个团，统归朱、彭指挥。毛泽东更受鼓舞，当天即复电周恩来等，进一步说明了他的作战设想。称：“进入山西之敌，判断总数似不过两师半。为保卫晋北已经占领之数十县，至少分散一个师，则攻太原者似至多不过一师半。雁门关以南又须沿途分兵守备，则达忻口一带作战者，似将不过一个师左右，已处于我三面包围中。如果龙泉关、娘子关能坚守一个月，又如果我方部署适当，则以我方兵力数量与质量

---

① 《毛泽东关于八路军备师在山西的作战部署致朱、彭、任电》(1937 年 10 月 5 日),《毛泽东军事文集》第 2 卷，第 72—73 页。并见《周恩来军事活动纪事》上，第 425 页。

② 《中央军委关于在冀热边区创造根据地的指示》(1937 年 10 月 2 日)、《毛泽东关于晋西北工作布置致贺、萧电》(1937 年 10 月 4 日),《毛泽东军事文集》第 2 卷，第 74—75 页。

计算，有可能暂时破坏敌之攻击计划。”他明确认为：“山西军已处最后关头，将不得不打一仗。”除必须加派生力军坚守娘子关，以若干师担任正面出击兵力外，八路军两师亦应担任从东西两方破坏敌之侧后纵深地区的任务。“为此目的，我一一五师主力不但不应出河北，亦不宜位于龙泉关，似应第一步移至豆村、台怀之线，以便适时袭击大营、沙河、繁峙线，并准备于可能与必要时，北越长城出至浑源、应县，以此为中心，分为若干支队，采取夜间行动，袭击雁门大同线、大同张家口之铁路，袭击张家口广灵线、广灵代县线之汽车路。”他相信：“一一五师这一行动（如再加南京两个师更好），配合贺师主力在左云、右玉、平鲁、朔县之行动，将引起山西敌军正面攻击之停顿，甚至暂时部分的后退，并将引起平泽线敌军停止深入石家庄以南，而采取以一部守备北平、石家庄线，以另一部转向灵、涞、广、蔚地区对付我军。”如此大规模作战会不会给八路军造成严重损失呢？对于这个问题，他这时却认为这既是必需的，也是必要的。“在一一五师本身，则因转移与作战频繁，要准备付出相当之代价，即应准备减员二千至二千五百，并因减员而不得不将枪支一小部分交与地方民众，武装他们。但在支持山西作战，即用以支持华北作战较为长久之战略目的上，却有很大意义。”①

对于毛泽东上述的形势判断和作战设想，周恩来于10月12日委婉提出了不同看法。他分析了阎锡山指挥下各部队协同之难，认为“忻口反攻无充分把握，东面娘子关守备亦不大可靠”。如无国民党军队的有效配合，八路军主力的出击和使用都应慎重。② 朱德、彭德怀、任弼时也于当天致电中央军委，再度强调扩大晋东北和冀西控制区域的重要性，认为这将能够延缓友军过快退过黄河的危险。③

毛泽东次日回电，对两电均表同意，但他认为，部队协同问题不是

---

① 《毛泽东关于华北作战的补充意见致周、朱、彭等电》（1937年10月6日），《毛泽东文集》第2卷，第33—35页。

② 《周恩来关于与阎、卫商谈内容致毛、朱、彭电》（1937年10月12日），《周恩来军事活动纪事》上，第428页；并见《毛泽东关于华北战局重点在娘子关、龙泉关一带之太行山脉致周、朱、彭等电》（1937年10月13日），《毛泽东军事文集》第2卷，第80页。

③ 《朱、彭、任关于华北形势与八路军战略方针致中央军委电》（1937年10月12日），袁伟等编著：《朱德军事活动纪事》，第390页。

完全不能解决。比如，应该可以“向蒋、程、阎提议任命黄绍竑为娘子关、龙泉关沿太行山脉以东各军（红军不在内）之总司令，以统一指挥确保娘子关”。因桂系将领黄的身份较超然，可能便于协调。最重要的是，他相信，目前最关键的还在保住娘子关、龙泉关及其太行山脉，因为这才是控制整个山西甚至华北战局，以及影响友军的战略关键所在。他说，敌占太原并不要紧，只要四周山地都控制在我手中，“我军是还能有所作为的”。但若丢掉娘子关，就等于丢掉正太路，在太行山也难站住脚，如此“则华北战局立即变为局部战，失掉了全局意义”。他承认，这一计划较难实行，因为“华北弱点在军队太杂，无一个主力军，红军在力求配合作战，争取华北持久的原则下须同时顾到友军不可靠的处置”，确实问题多多。①

但是，在 10 月 13 日当天反复考虑后，毛泽东还是郑重致电周恩来、朱德、彭德怀等，请他们向蒋、阎等说明：太原失守不可怕，“华北大局之枢纽，现乃在恒山山脉及正太路”。“为确保太行山脉、正太铁路于我手中，准备向大同、张家口、北平线作战略反攻，支持华北持久战，用以消耗敌人，保卫中原各省之目的，应实行如下的部署：

一、以现有太行山脉以东各部，并增加生力军五个至十个师，位于龙泉关、娘子关及其以东地区，以黄绍竑为总司令，并构筑坚固侧面阵地，分向进攻之敌及平汉线举行运动中的歼灭战，以达确保该两关及整个恒山山脉之目的。

二、以卫立煌、郝梦麟、刘茂恩各部，另加川军两个师，以卫立煌为总司令，位于太原以东寿阳、盂县地区，除构筑坚固侧面阵地外，以运动歼灭战，对付太原之敌。

三、以红军一一五师、晋军陈长捷部，另加桂军两师、骑兵一师，位于五台地区，以一部除向平型关、沙河、代县、崞县、原平线袭击外，主力准备于可能与必要时，向北夺取恒山北段，并袭击平绥线。

① 《毛泽东关于华北战局重点在娘子关、龙泉关一带之太行山脉致周、朱、彭等电》(1937 年 10 月 13 日),《毛泽东军事文集》第 2 卷，第 80 页。

四、以红军一二九师，位于正太路以南平定、晋阳、榆次南部之地区，创造根据地，准备万一不利时之南面防御战。

五、以红军一二〇师主力配合晋军主力十五个团左右，位于晋西北直至外长城一带，确保该地区，袭击太原、大同线。

六、以晋军二十个团左右，配合红军一二〇师之陈伯钧部，位于太原以西之汾阳、孝义直至离石、中阳地区，反抗敌军西进。

七、以晋军之余部，位于太原以南之太谷、平遥地区，完成对太原之四面包围。①

以上所引电文，是目前所知这一段时间毛泽东替国民政府华北抗战，特别是替阎锡山、黄绍竑组织的太原会战出谋划策的数封电报中的最后一封。从这些电报的提议中可以清楚地看出，在红军改编和苏维埃政府改制基本落实，而日本已大举侵入山西的情况下，直至9月21日还反对红军集中作战，力主“依傍山地和不打硬仗”的毛泽东，从9月22日开始即一度转向了主张国共两军密切配合，集中兵力，以攻势防御挫败日军对山西的入侵的积极态度。

但是，由于毛身处陕北延安，他的提议要通过周恩来等转告，周等多半不能及时见到阎锡山和黄绍竑等，更不必说报送给蒋介石了，在战局瞬息万变的情况下他的提议难免会有所滞后。而更重要的是，蒋、阎、黄等实际上各有一套军事指挥观念，也各有自己的一堆问题和困难，他们也很难理解毛泽东以游击战为基础的运动战式的作战方法，更不必说接受其建议了。②

① 《毛泽东关于太原失守后华北战略部署的意见致周、朱、彭、博、叶五同志电》（1937年10月13日），《毛泽东军事文集》第2卷，第82—83页。

② 对于毛泽东10月13日两电的提议，周恩来16日电告：“此间作战指挥中心在太原，阎、黄对八路军使用均须与我们面商，电报往返非常不便。”周18日才见到黄绍竑，其当天电告毛称，已向黄说明娘子关重于太原，正面硬堵不如以少数钳制，主力向东北出击。对方尚未表态。但估计阎、黄很难同意。另关于毛、朱、彭所提电蒋增兵问题，周亦认为，恐蒋估计太原必失，亦不会派兵来。《周恩来军事活动纪事》上，第429页。

六 太原失守前后毛泽东军事方针有何变化?

对于蒋介石、阎锡山、黄绍竑使用的单纯防御式的“被动的呆板的战法”，毛泽东本不赞同。他看重的是“游击战和运动战”。他认为，如果国民党军能大量地采用运动战，“八路军则以游击战辅助之，则胜利之券，必操我手”。[①] 他 9 月下旬以来的种种建议和主张，均出于此。当然，虽然他的建议没有能为蒋、阎等所采纳，为阻止日军深入山西，进而威胁陕甘宁，整个 10 月他在推动八路军主力配合作战问题上，态度仍很积极。他这时所坚持的既定方针只有一条，即“用游击战配合友军作战”。[②] 在此基础上，他始终在督促朱、彭等指挥八路军主力积极参战，且并不反对有利条件下打运动战。[③]

如忻口战役打响前后，他就曾接连电示朱、彭主张：同意一一五师依阎、黄要求在繁峙、大营线动作，截击代县、繁峙间敌人，提议徐海东旅应转浑源、应县，以主力配合宋时轮支队截击大同、雁门关线，并以一部配合陈光旅截击平型关、代县线。主张杨成武团应侧向出击，截断广灵、平型关线。对这时刚刚投入战场的一二九师主力，他明确认为应部署在最重要的娘子关一带，配合守军作战。对该师陈赓旅主力还“没使用于娘子关以东之敌后截击，破坏敌攻娘子关计划，确保该关于我

① 毛泽东:《和英国记者贝特兰的谈话》(1937 年 10 月 25 日),《毛泽东选集》第 2 卷,第 379 页。

② 《毛泽东关于用游击战配合友军作战致林彪并告朱、任等电》(1937 年 10 月 16 日),《毛泽东军事文集》第 2 卷,第 85 页。

③ 关于 1937 年 10 月 17 日毛泽东和洛甫联名要求华北军分会停止传达 10 月 8 日训令的问题,过去一些人曾认为是因为训令中强调了“运动游击战”,不符合毛泽东“山地游击战”的提法。但这一解读并不准确。相关讨论可参见杨奎松《抗日战争爆发后中国共产党对日军事战略方针的演变》,《近代史研究》1988 年第 2 期;龚希光《朱德与华北抗战初期的运动游击战争问题》,《党的文献》1996 年第 6 期;李羿《彭德怀与华北抗战初期的“运动游击战”问题考析》,《军事历史研究》1999 年第 1 期。

手中”的情况，他还委婉地提请朱、彭“考虑”。[①]

直到太原沦陷前夕，毛泽东仍在督促朱、彭做积极配合守军控制正太路的作战。娘子关失守前一天，他还在强调：“目前决定的战斗在正太路”，故主张应将陈光旅也使用于正太路方向。说“为确实截断雁门南北大道起见，王震部似以加入雁门关一带，配合宋支队作战为有利”，“并且徐海东旅似亦有南下作战的必要”。[②] 娘子关失守后，他仍电示朱、彭，提出：“我右翼主力既集中于正太路，如打得好，当能有效制止敌进。”故一二〇师主力仍应北上，以两团兵力位于大同、怀仁、岱岳、左云、右玉至平鲁地区，分数支队，以主力袭击铁路线。另以一团位于山阴、雁门关、朔县地区，以主力袭击铁道。“目的在保证切断敌运输大道，又能发展北面工作。”[③]

不过，战争进行到10月20日夜，毛泽东已注意到娘子关守军有溃乱征兆，太原沦陷在即，正太路亦将不保，日军届时如再向汾河流域推进，在晋东北作战的八路军总部和一一五、一二九两师都有被隔断在敌后的危险。由于这时尚无敌后作战及发展的尝试与经验，毛当即电示朱、彭：一一五师不可再向北，一二九师不可再向东，出于安全考虑，八路军总部宜移至正太路附近，“以便于紧急时能够转移”。他并提议：“林师（即一一五师——引者注）主力准备转移于汾河以西吕梁山脉”，“总部准备转移至孝义、灵石区”，“刘师（一二九师——引者注）在正太路以南之现任地区坚持游击战争”，“贺师（一二〇师——引者注）坚持晋西北之游击战争”，唯可留一一五师独立团杨成武部于敌后的恒山、五台山地区，坚持游击战争。[④]

---

① 关于一一五师的战斗部署问题，可见周恩来10月8日电，《周恩来军事年谱》，第427页。余见《毛泽东关于一二九师先头团位置问题致周、朱、彭电》（1937年10月14日）、《毛泽东关于徐海东等部部署问题致周、朱、彭电》（1937年10月15日），《毛泽东军事年谱（1927—1958）》，第209—210页。

② 《毛泽东关于目前决定的战斗在正太路致朱、彭电》（1937年10月25日），《毛泽东军事文集》第2卷，第100页。

③ 《毛泽东关于一二〇师在晋西北的部署致朱、彭电》（1937年10月27日），《毛泽东军事文集》第2卷，第109页。

④ 《毛泽东关于日军占太原后八路军的作战部署致周、朱、彭、任电》（1937年10月20日），《毛泽东军事文集》第2卷，第87—88页。

这是毛泽东首次正式提议部署一团兵力于敌后。但孤悬一团于敌后，纵使游击于山地，缺少战略呼应，能否坚持，毛总感到有些担心。几经考虑，他于次日对这一计划又作了进一步的调整。他再电朱、彭、周称：因杨部要“准备长时期内独立自主地活动于冀察晋三省交界地区”，故请“速即配备军事上、政治上高级的可靠干部若干人以增强之”，并“通讯方法及通讯材料须准备用至两年之久”。另外，以杨部一团活动于三省交界处，怕很难顾及五台山脉，而五台山脉的控制战略上又极其重要，故他提出：“请考虑从总部特务团中派出一个最好的营，配备能够领导三千人以上的军政干部若干人，独立自主的长期活动于五台山脉地区，与杨成武部相呼应。”为使杨部能与后方形成战略呼应关系并便于联络，他还要求朱、彭考虑派宋时轮团全部“准备长期活动于长城以北大同、雁门以西地区，东与杨成武部、南与一二〇师主力相呼应”。①

11月初，忻口战役失利。8日，太原失守。毛泽东得知太原失守消息后，当即致电周、朱、彭、任并告各师首长，提出：太原失守后，“阎、卫、孙、曾、冯、赵、邓、孙等各军残部将大量溃散”，“华北正规战争阶段基本结束，游击战争阶段开始，这一阶段游击战争将以八路军为主体，其他则附于八路军”。毛因此明确要求：今后应以靠近陕北的晋西北吕梁山脉为“八路军的主要根据地”，一一五师主力及“总部宜立即开始西移”，唯“一二九师全部在晋东南，一二〇师在晋西北，准备坚持长期的游击战争，非至有被截断归路之危险时，其主力不应退出山西”。在他看来，今后“阎将无力再过分干涉八路军之地方工作”，因此首度提出八路军今后要准备在山西创建能够军政一体地扩军、筹粮的自己的根据地。其原话是：“应该在统一战线之原则下，放手发动群众，扩大自己，征集给养，收编散兵，应照每师扩大三个团之方针，不靠国民党发饷，而自己筹集供给之。”②

---

① 10月22日，毛泽东又提出“请考虑将总部特务团全部留驻五台山的问题”。《毛泽东关于一二九、一二〇师等部作战部署致朱、彭并告周电》(1937年10月21日)、《毛泽东关于总部与一一五师行动部署致朱、彭、任并告周电》(1937年10月22日)，《毛泽东军事文集》第2卷，第89—90、94页。

② 《毛泽东关于太原失守后华北将以八路军为主体开展抗日游击战争致周、朱、彭、任等电》(1937年11月8日)，《毛泽东军事文集》第2卷，第111—112页。

次日，因估计日军不久即将移其主力向山西各县之要点进攻，晋西北、晋东南及晋西南“敌均将向之前进”，毛泽东除明令一一五师“应即移至吕梁山脉”外，明确要求晋察冀军区和一二〇、一二九师务必独立自主地先行开入日军可能进入之地区，“放手发动人民，废除苛捐杂税，减轻租息，收编溃军，购买枪支，筹集军饷，实行自给，扩大部队，打击汉奸，谅纳左翼”。总之，“以控制一部为袭击队，大部尽量分散于各要地，组织民众武装为第一义……以便准备充分力量对付敌向内地各县之进攻”①。

11 月 11 日，八路军总部在石拐镇开会讨论了毛泽东的提议，主张已在晋西北的一二〇师继续留在同蒲路北段活动，一一五师主力退出晋东北后转到汾河流域和晋南一带做群众工作，留一部在太行山，配合一二九师在晋东南依托太行山脉开展游击战争。② 然而几天来毛泽东的思路却又有所转变。因为他注意到山西正面抵抗失利后军心民心正处于极度低落期，八路军若不能“多打小胜仗，兴奋士气”，马上分散去做群众工作，未必有利。故他于 13 日重新提议称：“林师徐旅速到吴城镇地区，准备与贺师之贺廖支队配合作战，打几个小胜仗。总部、林师师部、陈光旅速到汾西隰县地区，准备打几个小胜仗。刘师应以师部及陈赓旅位于太行山脉地区，多打几个小胜仗。刘师之另一团应交总部或林师指挥，位于介休、灵石以东汾河东岸，与西岸之陈旅配合，夹击沿汾河南下之敌，多打小胜仗。”③

由此不难了解，不仅自抗战开始以来毛泽东的军事部署及军事方针始终是和国共关系状态及中日战局发展变化的情况紧密互动着的，而且太原失守后至 1937 年 11 月，毛泽东和八路军总部虽然对在敌后建立根据地问题逐渐取得一致看法，但大家认定的可以创建敌后根据地的地方还

---

① 《毛泽东关于准备充分力量对付敌向内地各县之进攻致朱、彭、任并告周等电》（1937 年 10 月 9 日），《毛泽东军事文集》第 2 卷，第 114 页。

② 转见袁伟等编著《朱德军事活动纪事》，第 408—409 页。

③ 《毛泽东关于过渡期中八路军在华北的任务致朱、彭、任等电》（1937 年 11 月 13 日），《毛泽东军事文集》第 2 卷，第 116—117 页。

只限于两个，一是五台山山脉；二是晋察冀三省交界地区。① 不仅对其他敌后发展设想及方向都还未曾有过具体考虑，即对八路军主力的部署安排也仍着眼于敌之侧翼。毛泽东并多次强调，在考虑到红军安全寻找转移区域时，务必要注意到与国民党友军的关系。称："决不能束缚红军主力的适当使用与适当的转移"，红军主力在"有被截断归路之危险时"应及时转移至"不影响国民党友军，能扩大本身训练，有给养条件之地域"。②

毛泽东及中共中央什么时候开始有计划地尝试着部署小部队进入河北平原腹地敌后农村去活动呢？从已知的文献看，这已经是 1937 年 12 月中旬以后的事情了。当时，毛泽东根据晋察冀军区聂荣臻的提议，同意派一二九师和晋察冀军区各以两三个连的兵力，组成支队前往磁县、沙河、赵县以东和石家庄、保定、定县以东农村中活动。但派两支小部队去"活动"的目的还不是要建根据地，而是"侦察情况"；"收集遗散武器"；"破坏伪组织"；"扩大抗日统一战线，发动民众与组织游击队"，"扩大本身"。毛泽东亦明确讲，要想做到这些，"首先即须破坏保定、高阳、任丘至大城公路才易保持机动地区"。而这就要求两支队"须十分谨慎、周密、灵活，根据情况灵活地决定自己行动"，亦即不应设定任何硬性的任务。③

换言之，一直到 1937 年 12 月底，毛泽东更关注的还是中国共产党在山西以及西北地区的战略安危问题。29 日，注意到日军将要向南推进夺取孝义、沁县、灵石、霍县一带，他即电示朱、彭并告八路军三个师及北方局领导人，要求准备对进攻之敌实施"夹击"，争取在此次敌南进过程中，我军能"集中必要兵力在有利条件下打二三个好的胜仗"。④ 一旦

① 《洛、毛关于发展晋冀两省游击战争的部署致周、胡服、尚昆并告彭、任电》（1937 年 11 月 22 日），《毛泽东军事年谱（1927—1958）》，第 219 页。

② 《洛、毛关于坚持山西游击战争方针不能动摇致胡服、尚昆电》（1937 年 11 月 23 日）；《毛、周、彭关于徐海东旅行动原则致林彪并告朱、任电》（1937 年 12 月 8 日），《毛泽东军事年谱（1927—1958）》，第 219、221 页。

③ 《毛、彭关于派两个支队向平汉路以东游击致朱、任电》（1937 年 12 月 16 日），《毛泽东军事文集》第 2 卷，第 128—129 页。

④ 《毛泽东关于在敌南进中须集中兵力打两三个胜仗致朱、彭、任并告林、聂、贺萧、刘徐、胡杨电》（1937 年 12 月 29 日），《毛泽东军事文集》第 2 卷，第 132 页。

估计西北战局出现危险，毛还是会考虑将三个师的主力集中使用到主战场上来。

30日，毛泽东判断日军很可能会在占领济南、徐州、蚌埠、郑州、开封后，出于切断中国外援通道的谋略，“先占兰州、广州，而置武汉之占领于稍后”，从确保苏联援华陆路通道新兰、西兰两公路不被切断的设想出发，他又转经中共驻武汉的代表郑重向蒋提议：立即调八路军一师开甘、凉两州，一师开固原地区，一师开豫西地区，以求应对此一严重危险。当然，他也提议，请允许八路军三个师“在冀、晋各留一团兵力，配合游击队，坚持华北游击战争”。①

毛泽东什么时候下决心派一师主力出动到敌后河北、山东等地去的呢？是1938年2月中下旬。他这时接连致电朱、彭、林等提议称：请考虑“用一一五师全部向东出动，徐旅由阜平出至天津、沧州、北平、石家庄间，师部率陈旅由现地经邯郸、磁县地域出至沧州、齐河（济南北岸）、石家庄、彰德间活动一时期为第一步。如证明大兵团在平原地域作暂时活动是有利的，而且渡黄河向南与渡运河向西均不成问题，则实行第二、第三等步。否则至不能立足时及他方紧急时，向安徽、河南出动，或向西撤回”②。

毛泽东的第二、三步设想及条件是什么呢？他写道：“假定第一步有利，又能过河，又能得到国民党同意，则实行第二步。两旅并列，分数路突然渡河，转入山东境内，在津浦路东山东全境作战，并以鲁南山地为指挥根据地，并发展至徐海南北。在此步骤内依情况尽可能持久，然后实行第三步。”“第三步转入安徽，以鄂豫皖边为指挥根据地，为保卫武汉而作战。”“如第一步实行后，河南、武汉危急，则或不去山东，将第三步改为第二步，或以徐旅出山东，而以陈旅出安徽，此时当另以一

---

① 《毛泽东军事文集》第2卷刊印的文字为“三师在鲁、晋各留一团兵力配合游击队”，其中“鲁”字疑有误，应为“冀”字。因这时八路军最远的活动范围只到山西与河北交界地区，离山东尚远。查《毛泽东军事年谱》第223页，该句中该字为原缺，亦可证明“鲁”字应为《毛泽东军事文集》第2卷编者所植。参见《毛泽东对日军进攻形势的判断与我之部署的建议致陈、周、项、博、叶电》（1937年12月30日），《毛泽东军事文集》第2卷，第134页。

② 《毛泽东、滕代远致朱、彭、林、左并告周、叶电》（1938年2月15日），《毛泽东军事文集》第2卷，第157—158页。

二九师主力出豫西，策应作战。”①

毛泽东很清楚，此一部署“比较带冒险性”。但他强调：“在西安、武汉、长沙、南昌四点被敌进攻及万一不守时，必须力争建立抗战根据地的主要战略支点，而以苏鲁边区、冀南区、热冀边区、大青山脉辅助之。”“因此三个主力师位置，大体应预拟一个位于鄂豫皖区，一个位于鄂豫陕区，一个位于陕甘区，即两个在内线，一个在外线。”他认为：“要使三个师都有广大发展前途，在战争中起重要制敌作用，并影响全国，准备以一个师位于鄂豫皖是必要的。”②

需要指出的是，即使毛泽东这时有过如此建议，但还只是设想而已。他随后明确电告朱、彭及三个师的领导人说：“军委指导只提出大的方针，由朱彭根据此方针及当前情况作具体部署。军委有时提出具体作战意见，但是建议性质，是否切合情况，须由朱彭按当前敌情情形加以确定，军委不加干涉。”③ 对于敌后作战及发展方针，他这时提出的最重要的方针其实只有一条，即“在不被敌根本隔断条件下，我军均应在敌后配合友军坚决作战”。在这里，“不被敌根本隔断”仍旧至为关键。用毛泽东的话来说：“如果八路全部被限制于华北敌之包围圈中，根本不能转移至陕甘豫地区，则对整个抗战及全国政治关系都是不利的。这是政治局战略决定之基本精神。从战争长期性出发，必须如此，方为有利”④。

结　语

综上所述，对照李法卿回忆提到的毛、朱于 1937 年 8 月或 9 月向部队一般干部谈及的那个所谓“七分发展，二分应付，一分抗日”发展计划，可知以当时形势与战局变动之复杂，和毛、朱等对国共关系状况及

① 《毛泽东、滕代远致朱、彭、林、左并告周、叶电》(1938 年 2 月 15 日)，《毛泽东军事文集》第 2 卷，第 157—158 页。

② 《毛泽东关于力争建立长期抗战的主要战略支点致朱、彭等电》(1938 年 2 月 21 日)，《毛泽东军事文集》第 2 卷，第 160 页。

③ 《毛泽东关于军委指导只提出大的方针致朱彭、陈罗、贺萧关、刘徐邓、聂电》(1938 年 3 月 8 日)，《毛泽东军事文集》第 2 卷，第 190 页。

④ 《毛泽东关于八路军应准备转战陕甘豫地区致朱、彭电》(1938 年 3 月)，《毛泽东军事文集》第 2 卷，第 192—193 页。

中日战局变化了解之局限，是根本不可能预想和设计出来的。毛泽东和中共中央无论在对日作战问题上，还是在与国民党关系问题，以及在自身发展和活动区域选择等问题上，自战争打响以来，其实一直在依据当时当地的具体情况在摸索和改变着。李法卿所称红军主力“分二路由晋西北向前发展，一路东出雁门、五台，横断平汉线，深入冀东、冀中；一路越同蒲路，沿太行南端，伸入晋南、豫北和冀南、鲁西，横断津浦线，而入鲁北、鲁东，截断中央系军队联系，建立山地平原根据地”云云[①]，其实不过是1940年初人们对中共八路军自抗战爆发以来军事发展经过情形的一种描述或总结罢了。

这里需要指出的一点是，1940年春李法卿逃走前或许已了解到当年2月10日中共中央、中央军委关于在西北、华北、华中“猛烈发展”的重要指示的内容。这一指示的基本精神及其部署安排，确是将军事发展放在了决定性的位置上，并且具体规划了“在坚持游击战争的总的任务下，扫除一切投降派顽固派的进攻，将整个华北直至皖北、江南打成一片，化为民主的抗日根据地，置于共产党进步势力管理之下，同时极大发展鄂中与鄂东”的大发展目标及其实际步骤。[②] 但是，这毕竟是1939年国共两党关系发生急剧改变之后的情况了，与1937年抗战爆发初期的情况不能混为一谈，更不能张冠李戴。

---

① 《第八路军中共支部书记李法卿揭述中共在抗战期间的整个阴谋》（无年月日），秦孝仪主编：《中华民国重要史料初编——对日战争时期》第五编（一），第358页。

② 《中共中央、中央军委关于目前形势和任务的指示》（1940年2月10日），中共中央文献研究室、中央档案馆编：《建党以来重要文献选编（1921—1949）》第17册，中央文献出版社2011年版，第126—130页。

八大胡同与北京城的空间关系

——以清代和民国时期北京的妓院为中心*

熊远报

20世纪兴起的大众旅游和国际旅游业中，八大胡同作为吸引国内外游客的一个项目，成为北京的重要“风景”，在旅行指南中占有一席之地。发行量越来越大的旅行指南详载妓女、妓院的相关信息，加上外国人的中国观光记以及相关的调查研究，“八大胡同”早已驰名海内外。①

妓院通常被视为藏污纳垢之所，妓女从事的则是伤风败俗的秽业，

* 本文原载《近代史研究》2016年第1期。本文是2003年以来笔者探讨传统北京城市景观、社会空间与经济结构问题的一个环节。相关调查研究受惠以下研究基金：丰田财团个人项目（2003—2004年）、日本学术振兴会（基盘C、2005—2008年）、丰田财团重大项目（2006—2008年）、日本学术振兴会（基盘C、2009—2013年）以及日本学术振兴会（基盘C、2014—2018年）的资助，在此表示谢意！

① 《北京指南》（上海中华图书馆1916年版）与［日］脇川寿泉《北京名所案内》（1916年）、［日］丸山昏迷《北京》（1921年）、［日］村上知行《北京・名勝と風俗》（1934年）（此三册见“近代中国都市案内集成”重刊，東京，ゆまに書房2011—2012年版）、姚镛《北京便览》（文明书局1923年）、Robert W. Swallow 的 *Sidelights on Peking Life*（China Booksellers Ltd.，1927）、［日］藤原钦尔《北京观光案内》（1941年）（“近代中国都市案内集成”重刊，東京，ゆまに書房2012年版）、［日］安藤更生《北京案内记》（北京新民印书馆1941年版）、《北平指南》（北平民社1929年编印）、马芷庠主编《北平旅行指南》（经济新闻社1935年版，后续有增订，1938年版名为《北京旅行指南》）等均有八大胡同的相关介绍。

一直受到道德的谴责，但妓女、妓院，或者卖淫业并未因此而消失，几成古今中外城市的“必要之恶”。[①] 作为一个天堂与地狱、乐园与苦海两种截然相反的状态与结果并存的混合体，妓院对从业者、经营者、利用者、旁观者各有不同的含义，如果不仅仅从善恶的立场来审视，而是将妓女、妓院与政治、经济和社会运动联结起来，妓女、妓院的组织方式、人员构成与等级，妓女的来源与出身，妓女和领家、妓院老板间的契约与隶属关系，妓女的日常生活与归宿，妓院的经营方式，妓院的立足以及与周边街区的社会经济关系，性病与公共卫生，城市秩序的控制与管理等则为探讨城市史非常重要的侧面，可以说妓女妓院问题是观察城市经济与社会变迁的重要窗口。[②]

“八大胡同”作为清代和民国时期北京前门外的一个区域，含义丰富，至今仍让人联想起传统北京的妓女、妓院。但“八大胡同”为何、何时成为妓女聚集、妓院集中的“欢乐街”？它在传统北京的空间结构中具有什么地位？将是本文关注的中心问题。

---

① 有关妓女的社会功能，西方学者称“公娼为精液的排泄沟”，参见阿兰·科尔宾《娼妇》（*Les Filies De Noce*：*Misère sexuelle et prostitution*，法文版，Aubier Montaigne1978 年版；日文版，藤原书店 2010 年版）第一部第二章，清代才子袁枚将妓女喻为世间的“僧道”，称“人世之有娼妓，犹人世之有僧道。仆不喜二氏家言，独不厌僧道”。（徐珂编《清稗类钞》第 11 册，中华书局 1986 年版，第 5190—5191 页）按西方学者的逻辑，娼妓、妓院实为城市的另一种“公共厕所”。

② 西方史学界对妓女与妓院问题的重视主要受法国社会经济史学派的推动，相关研究以及对中国妓女、妓院问题的相关研究，参见阿兰·科尔宾《娼妇》：Judith R. Walkowitz，*Prostitution and Victorian Society*：*Women*，*Class*，*and the State*，London：Cambridge University Press，1982；［日］小野沢あかね《近代日本社会と公娼制度——民衆史と国際関係史の視点から》（吉川弘文館 2010 年版）；［日］服籐早苗、三成美保编著《権力と身体》（東京，明石書店 2011 年）；王书奴《中国娼妓史》（生活·读书·新知三联书店 1988 年版）；［日］大木康《中国遊里空間：明清秦淮妓女の世界》（東京，青土社 2001 年）；［日］小川陽一《明代の遊郭事情：風月機関》（東京，汲古書院 2006 年）等。王鸿泰《青楼名妓与情艺生活——明清间的妓女与文人》（熊秉真、吕妙芬编《礼教与情欲：前近代中国文化中的后现代性》，台北，“中研院”近代史研究所 1999 年版）、邵雍《中国近代妓女史》（上海人民出版社 2005 年版）、Christian Henriot，*Prostitution and Sexuality in Shanghai*：*A Social History*，1849 – 1949（London：Cambridge University Press，2001），Gail B. Hershatter，*Dangerous Pleasures*：*Prostitution and Modernity in Twentieth-Century Shanghai*（University of California Press，1997）等。

一 “旗汉分住”与北京“花街”区域的形成

八大胡同是一个含义并不严格的地名，位于前门大街西侧，主要指煤市街以西、五道庙以东、李铁拐斜街以南、西珠市口大街以北的区域。这一区域有不少形状各异的东西向与南北向的胡同，居民与商号等杂聚其中，以百顺胡同、胭脂胡同、韩家潭、陕西巷、石头胡同、王广福斜街、朱家胡同、李纱帽胡同为代表，包括清风巷、朱茅胡同、燕家胡同、火神庙、留守卫，以及王皮胡同、蔡家胡同在内（详见图 1、图 2）。1929 年版《北平指南》的“北平之乐户”一节中称此地“向称八埠，又曰八大胡同”，马芷庠在《北平旅游指南》“妓院”条下进一步指出，“旧日都门俗语，对前外花街，曾编十字口号曰：王蔡朱百柳，石广火燕纱。系按胡同顺口而来，更以大小明暗中别其等级”。清末进士陈宗藩则称其为“八大埠”。[①] 八大胡同与妓女、妓院被勾连的表述形式可能源于清末，但作为北京“欢乐街”的八大胡同区域并不源自晚清。

我们无法简明梳理人类社会为什么存在妓女、妓院这一难题，但对于这一既成事实，探讨作为游乐区域的八大胡同的形成背景仍然是必要的。首先需要厘清清代和民国时期在制度上是否允许妓院与妓女的存在。

中国古代存在一种具有继承性的惩罚制度——“乐户”，一部分特殊罪犯的女性家属被处罚为官妓，即“乐户”。作为为数不多的“贱民”之一，“乐户”在制度上被固化为一种社会身份和职业。[②] 清朝虽然有所继承，但顺治时废止了教坊女乐，制度意义上的地方官妓在康熙年间也基本消失。[③] 清政府不仅废止了官妓制度，在法律和行政条例上，对涉娼行为也作了相关规定。如要求严厉惩处官吏以及具有科举资格者的宿娼嫖妓行为，《刑律》“犯奸”中的“官吏宿娼律文”因袭明律，规定“凡

---

① 参见马芷庠《北京旅行指南》，经济新闻社 1938 年版，第 262—265 页；陈宗藩编著《燕都丛考》，北京古籍出版社 1991 年版，第 510 页。

② 清末外城巡警总厅设置“济良所”，世间常将妓女结婚表述为“从良”。在良贱意识逐渐淡薄的 20 世纪，“从良”并非社会身份或等级的转变，而是脱离性买卖这种劳动状态。

③ 参见王书奴《中国娼妓史》，第 261—262 页，以及《皇朝文献通考》第 174 卷，“乐考”二十“俗部乐”，商务印书馆 1936 年版。

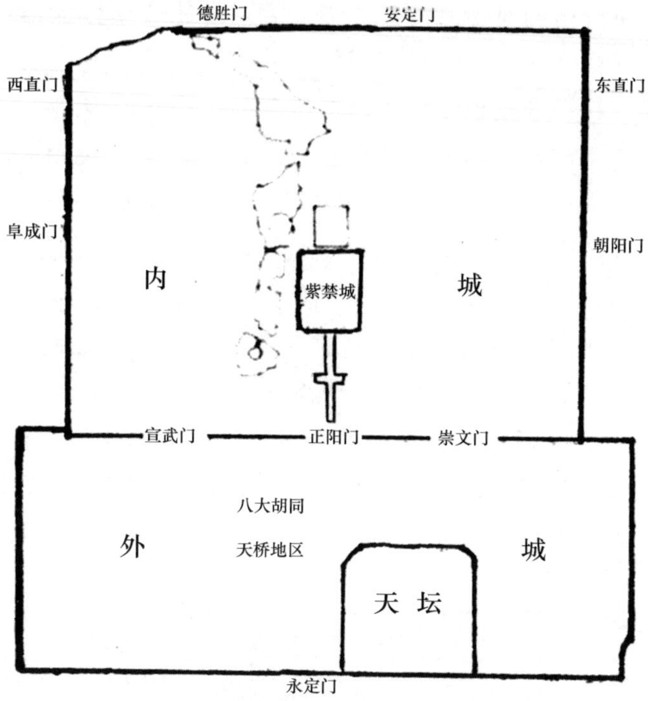

图 1　传统北京城与八大胡同位置关系图

资料来源：根据《加摹乾隆京城全图》（北京燕山出版社 1996 年版）制作。

（文武）官吏宿娼者，杖六十。（挟妓饮酒，亦坐此罪）……若官员子孙（应袭荫）宿娼者，罪亦如之"，文武官员以及将要荫袭官职的子弟都在嫖娼限制律文的限制之内。并将范围进一步扩大到监生、生员这类没有官职，但社会身份得到国家认可的阶层，对他们"挟妓赌博"的处罚也很严厉，"问发为民，各治以应得之罪"，其最严重者为剥夺社会身份。法律条文还规定对普通人或生监、兵丁、衙役等"窝顿流娼土妓"以及"娼优乐人买良人子女为娼优及娶为妻妾或乞养为子女"行为治罪①，对开设妓院容留娼妓营业者的身份明确设置禁区。这些规定一方面禁止具

① 相关规定较多，参见《大清律例通考校注》（马建石、杨育棠主编，中国政法大学出版社 1992 年版，第 961—962 页），《钦定兵部处分则例 · 八旗》第 31 卷（道光年间刊本，藏于东京大学东洋文化研究所大木文库），"官员宿娼犯奸"条；《钦定八旗通志》第 30 卷"旗分志"（李洵等整理，吉林文史出版社 2002 年版），乾隆四十六年七月"出城禁令"条等。

有官员和科举资格的身份者嫖娼，另一方面禁止普通社会身份者拥有或经营妓院、充当妓女。这似乎与废除“乐户”政策自相矛盾。因禁止普通人的涉足，结果导致娼妓行业仍由传统的“乐户”从业与经营。在清末民国时期北京市政当局的法规中仍有管理“乐户”规则，此时已无制度上的身份歧视，“乐户”只是对妓院或妓院经营者的一个习惯性表述。

在这些律条中，最为重要的一点是并没有禁止妓院与妓女，律条废止的只是官妓制度，并非取缔妓院和妓女；禁止的是官员和科举身份者的嫖娼，并未规定妓院的存在与普通人嫖娼的违法。包括官吏等在内的涉娼涉妓行为的处罚实际上与法令规定有很大差距，官僚、文人的嫖妓以及与娼妓交际的行为在各地依然存在。清代史料中经常能见到官僚、文人嫖娼宿妓的踪迹，很多叙事者甚至对此还津津乐道。① 另外，野史中有关皇帝、王公贵胄迷恋八大胡同妓院的记载也并非空穴来风。

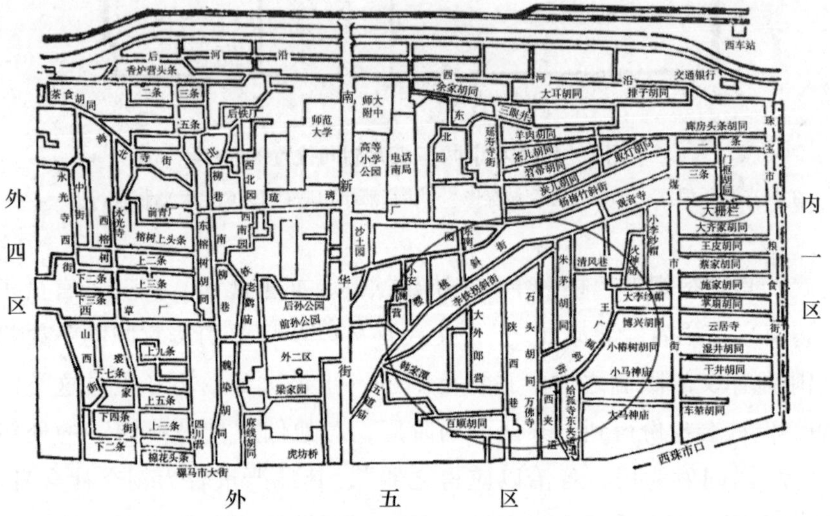

图 2　民国时期外城二区与八大胡同

资料来源：据陈宗藩《燕都丛考》“外二区图”制作。

---

① 参见俞蛟《梦厂杂著》（文化艺术出版社 1988 年版）、宣鼎《夜雨秋灯录》（上海古籍出版社 1987 年版）等。另外，明清法律中对官僚文人学士涉娼条文规定甚严，而实际上很少有因涉娼涉妓受处罚的记载。陈圆圆、柳如是、赛金花等为一时名妓，其先后成为高官、名士的侧室，对吴三桂、钱谦益、洪钧仕途与声名并无损害，说明中国传统社会对娼妓存在的宽容。

法律上并没有禁止妓女与妓院的存在，那么，妓女与妓院在北京的实际生存状态如何呢？因缺乏第一手资料，尚无法整理出明末清初北京妓院与妓女的具体状况，但在明清政权交替的混乱之际，的确有不少良家女子沦入卖淫行列。顺治九年（1652），清政府针对北京良家女子被掠卖为娼的社会现象，下令“禁卖良为娼”，拯救了不少良家妇女，结果“都下称快”。[①] 尽管还不太明确清代前期内外城妓女活动的细节，但相关文献中仍然能见到一些蛛丝马迹。[②]

在讨论清代北京的妓女、妓院的具体状况与空间分布问题时，“旗汉分住”这个制度性规定不能忽略。顺治初年，为拱卫皇室、稳固政权，在北京实施了“旗汉分住”政策，皇帝下令将普通汉民以及八旗以外的官僚士绅等逐出内城，由满族、蒙古、汉军八旗的士兵及其家属分区而住[③]，包括妓院、戏院在内的娱乐设施同时被逐出内城。清政府除禁止在内城开设娱乐设施外，甚至禁止开设营业性旅店。乾隆二十一年（1756）负责首都警备、治安的步兵统领衙门在给皇帝的报告中，以“城内开设店座，宵小匪徒易于藏匿”为理由，禁止在内城开设旅店，除治开店人违反之罪，还连带严惩失察步军校等官。[④] 在二百多年中，包括内城的非汉族居住、禁止娱乐设施等在内的规定、成例在顺天府、都察院五城兵马司、步军统领衙门的复合治安体制管理下，究竟执行到何种程度，其实有不少疑点。事实上，娼妓在内城并没有绝迹，康熙二十四年（1685）十一月，负责北京城市事务的五城御史吴震方发布“严禁查拿牌”中就有“包养旗娼”禁条。康熙二十五年（1686）三月，吴震方又发布“驱逐娼妓”命令，称“为驱逐娼妓以清地方事，照得娼妓所在，最为藏奸

---

① 谈迁：《北游录》，中华书局 1997 年版，第 384 页。

② “纪邮”系谈迁《北游录》的重要部分，记录其清初在北京及周边地区的游历和交际，涉及社交的欢乐场所等。

③ 所谓“凡蒙古、汉人输诚先服者，亦各编为八旗，列在亲信。迨定鼎燕京，统一四海，……定两翼之位，列八旗之方，拱卫皇居，星罗棋织”（《钦定八旗通志》第 1 卷，“旗分志”），参见熊远报《18 世紀における北京の都市景観と住民の生活世界：康熙六旬〈万寿盛典図〉を中心に》，東京大学《東洋文化研究所紀要》第 164 册，2013 年 12 月，第 205—270 页；刘小萌《清代北京旗人社会》，中国社会科学出版社 2008 年版，第 27—28 页。

④ 《金吾事例章程》第 3 卷，“京城内禁止开设店座”，咸丰元年刊本，藏于东京大学东洋文化研究所大木文库。

之薮，抑且败坏风俗。至于窝隐旗娼，新例甚严……本城虽向无巢窝妓馆，但如前案小雨儿、郑王氏等时有发觉，恐地方容情留止亦未可定”，要求东城辖区内“各坊总甲将旗娼、客娼、土娼限半月内尽行驱逐。每甲取具并无存留娼妓甘结送院”。[①] 当时内城虽无妓院名目，但有旗娼、客娼、土娼违反禁令，私下容留嫖客之实。治安管理机构针对这类现象，处理的方向不在于禁绝娼妓，而是将其逐出内城。

被逐出内城的妓院与妓女等究竟移至何处，处于何种状态？清初的状况不得而知，民国时期的王书奴推测“清初娼妓群居地方，大约外城内之东西，及外城外之南”[②]，地点等信息不甚明了，但其范围大致在外城可以确定。其他文献中可以追寻到一部分妓院以及娼妓活动的踪迹。乾隆十八年，理应居住内城的现职满洲官员、兵丁竟然有 400 余家移居外城，其后甚至出现“京城八旗满、蒙、汉军兵丁内……或称移住城外居住，房租价贱……或在前三门外歌唱曲戏地方附近居住，任意花费银钱，流连取乐，或搬在污秽地方居住，贪恋娼妓，妄行无忌……此皆不肖旗人，只顾在城外居住，显系妄费游荡。在闹市地方听戏曲，与娼妓耍闹，以为近便任意恣行”的现象，乾隆皇帝对旗人移居外城游乐区域，流连戏院和妓院，浪费钱财的现象极为震怒，谕旨中严词禁止，强调加强旗人管理[③]，由此可见旗人移住前三门南的外城，主要集中在听戏、嫖娼等便利的闹市区，而妓院与妓女活动的区域也应在距城门不远的闹市。

《燕京杂记》作者在观察乾嘉时期北京风俗时，注意到流行男性同性性行为的风气，所谓“京师娼妓虽多……豪商富官，多蛊惑于优童，鲜有暇及者”，“京官挟优挟妓，例所不许，然挟优尚可通融，而挟妓则人不齿之”，京官受王朝律条的限制和社会压力，将游乐的对象转至相对安全的男优，即达官富贾较少涉足为数众多的妓寮，而迷恋优童即姿色姣好的男优成为风尚。“至金鱼池、青草厂等处，连居比屋，当户倚门”等前门大街东边的妓院，“过而狎者，尤为下流无耻”，即普通人光顾的地方。“达官大贾及豪门公子挟优童以赴酒楼，一筵之费，动至数百金”，

---

① 吴震方：《巡城条约》，康熙二十五年刊本，藏于日本内阁文库。

② 王书奴：《中国娼妓史》，第 262 页。

③ 《钦定八旗通志》第 30 卷，“出城禁令”。

"优童自称其居曰下处，到下处者谓之打茶围"。[①] 一般京官往往在设置清雅的年轻男优"下处"交际休息，据曾任侍郎的何刚德亲身体验，称"入其中，皆有乐而忘返之意。像姑或工画，或知书，或谈时事，或熟掌故，各有一长，故学士文人皆乐与之游，不仅以顾曲为赏音也。然此皆闲曹年少时为之，若官跻卿贰……屏绝征逐，以避物议"。[②] 京城文士、官僚为之流连忘返、乐此不疲的戏曲演员主要居住在戏院、茶馆等娱乐设施集中的前门西边，即珠市口西街以北、大栅栏以南的地区。至晚乾隆年间，戏班和演艺人员已集中于以韩家潭为中心的这一片地区。乾隆末年"徽班"进京，居住地即为韩家潭，名优当时已与高官名流交际往返，魏长生同和珅的关系便是其中一例。[③] 据道光时期成书的《梦华琐簿》记载："乐部各有总寓，俗称大下处，春台寓百顺胡同，三庆寓韩家潭，四喜寓陕西巷，和春寓李铁拐斜街，嵩祝寓石头胡同，诸伶聚处其中"，其中的"生、旦"角色还别立"下处"。[④] 魏长生上京时住在稍南的西珠市，后来的演员"尽在樱桃斜街、胭脂胡同、玉皇庙、韩家潭、石头胡同、猪毛胡同、李铁拐斜街、李纱帽胡同、陕西巷、北（百）顺胡同、王广福斜街"，这一带热闹非凡，"每当华月照天，银筝拥夜，家有愁春，巷无闲火，门外青骢呜咽，正城头画角将阑矣。尝有倦客侵晨经过此地，但闻莺千燕万……是亦销魂之桥，迷香之洞耶"。[⑤] 清代优伶为男性，很多演员演戏之外，也成为上流社会的社交媒介和性玩物，所谓"像姑"即女性角色扮演者，他们的居所也与低级妓院相同，被称为"下处"，成为男性社交与淫乐的舞台。因此可以说至迟在乾隆以后，八大胡同地区已成为上流社会乐此不疲的色情游乐场所，只不过因律条的限制，达官富贾游乐的主要对象不是娼妓，而是男优。更多的商贾或一般居住者、流动人口，以及乾隆皇帝提到的八旗兵丁等则不在此列，大

---

① （阙名）《燕京杂记》，北京古籍出版社 1986 年版，第 127—129 页；何刚德：《春明梦录》，北京古籍出版社 1995 年版，第 139 页。

② 何刚德：《春明梦录》，第 139—140 页。

③ "魏长生于和珅有断袖之宠。"华胥大夫：《金台残泪记》第 3 卷，张次溪编纂：《清代燕都梨园史料》，中国戏剧出版社 1988 年版，第 251 页。

④ 参见张次溪编纂《清代燕都梨园史料》，第 351—352 页。

⑤ 华胥大夫：《金台残泪记》第 3 卷，张次溪编纂：《清代燕都梨园史料》，第 247 页。

多数人的性取向应该在正常范围。一旦限制上层的律条随清王朝崩溃而瓦解时，北洋政府首脑也会把八大胡同的妓院作为待客之地。清初李渔在韩家潭建芥子园时，周边是否已有妓女活动不得而知，同治时翰林院庶吉士沈锡晋居住芥子园时，在大门书一联“老骥伏枥，流莺比邻”①，已见妓女十分活跃。我们无法判断清初八大胡同区域是否已经存在众多的妓院与妓女，但至少可以推测，因娱乐业的相乘效果，到清代中期，妓院逐步集中于此地，与戏班、男娼的“下处”杂居。另外，道光时陈森的小说《品花宝鉴》将当时北京男女色情业与娼优、妓女的活动情况描写得相当仔细，主要舞台就在前门大街的西边一带，该书“虽为章回说部，影射当年时局甚悉。凡书中人物皆暗有所指”，部分被当时人视为实录。②

清末北京引入市政警察体系，制定了乐户、娼妓的管理规则和制度，将妓院和娼妓纳入市政的正式管理体系。经过必要的许可程序和身体检查以及按规定缴纳税费后，妓女和妓院可以正常营业，在行政层面认可了非社会身份与等级制下的“公娼”制度。在妓院的设置方面，巡警厅圈定范围，“准顶开不准添开”，即经营权和所有权可以转移，但不能增加妓院数量，妓院的房屋结构、形制、装饰、营业时间等必须遵守相关规定。③ 指定地段并非警察的随意而为，主要依据此地长期以来经营的行业与商业传统。清末警察制定的规则和制度被民国以来的市政继承、发展和细化，相关的妓女、妓院管理也进一步制度化。清代笔记小说多称八大胡同妓院兴盛于咸同之际④，但正如前文所述，作为色情娱乐业集中的这一特殊区域受“旗汉分住”政策的影响应始于清代前期，因道光之后的内外战争、政治经济变革要素，出现政权社会控制力减弱与制度约束力的衰解，律条对社会上层的作用日益形式化，素受抑制的妓院与卖

---

① 崇彝:《道咸以来朝野杂记》，北京古籍出版社 1982 年版，第 96 页。

② 陈森《品花宝鉴》（又名《燕京评花录》，漓江出版社 1994 年版）对 19 世纪中期以前北京的妓院、妓女与社会上层、文人、官僚等游乐的群像作了细致的描写。作者陈森是长期旅居北京的南方人，小说的主要舞台在外城，涉及不少妓院与妓女的场景。可见 19 世纪中叶以前，外城的妓院已经具有相当的规模。参见崇彝《道咸以来朝野杂记》，第 75 页；《清稗类钞选著述鉴赏》，书目文献出版社 1984 年版，第 34 页。

③ 田涛等整理:《清末北京城市管理法规》，北京燕山出版社 1996 年版。

④ 参见王书奴《中国娼妓史》，第 6 章。

淫业得以逐渐扩充生存空间而呈繁荣局面。

二 清末和民国时期北京的妓院与妓女

那么，清末、民国时期北京的妓院与妓女的实际状况又如何呢？

有关北京公娼的统计主要出现在民国以后，统计数据成为了解当时北京妓女、妓院面貌的基础。表 1 综合美国社会学家西德尼 · D. 甘博（Sidney David Gamble）20 世纪初期与麦倩曾 20 世纪 20 年代末的调查，以及 1941 年警察局娼妓管理事务所的资料与 1950 年《北京市处理妓女工作总结》的数据而制成。

表 1　　民国时期北京公娼数量统计

时间（年）	妓院数（家）	妓女数（人）	备注
1906	373		管理乐户规则规定妓院的最高限额为 373 家
1912	353	2996	
1913	366	3184	
1914	357	3330	
1915	388	3490	
1916	391	3500	
1917	406	3887	
1919	377	3130	
1929	332	2752	
1941	263	2597	
1949	224	1288	

资料来源：Sidney D. Gamble, *Peking: A Social Survey*, New York: George H. Doran Compant, 1921, chap. 10；麦倩曾：《北平娼妓调查》，《社会学界》第 5 卷，1931 年 6 月（转引李文海等编《民国时期社会调查丛编：底边社会卷》下，福建教育出版社 2014 年版，第 482—522 页）；［日］安藤更生：《北京案内记》，第 310—311 页；北京市档案馆：《北平解放》，中国档案出版社 2009 年版，第 770—782 页。

从表 1 的数据看来，清末北京市政当局设定了妓院不超过 373 家的数量上限，具体按一等 78 家、二等 100 家、三等 172 家、四等 23 家设限。

虽对妓女人数无明确限制，但每一份经营执照只能供 10 人使用，超过 1 名的妓院按 1 张新执照（10 人份）缴纳相关费用，实际上抑制了每家妓院的规模。1946 年恢复行使市政管理的北平政府对妓院数量也作了相应规定：一等 80 户、二等 60 户、三等 200 户、四等 40 户，共 380 户①，规定数量与清末基本相同。在 20 世纪最初的 20 年，注册妓女和妓院有上升趋势，动荡的北洋政府时期增加尤为明显。国民党北伐后迁都南京，北京的妓院数量下降，呈减少趋势。1937 年日军占领北京后，存在妓院废业、妓女逃离的现象②，不久八大胡同的青楼与妓女复旧，妓院数量尤其一、二等妓院数量下降不少，但妓女人数以及相关的登记、卫生管理制度并无太大变化。(详见表 2)

表 2　　1941 年北京妓院、妓女数量与所在地关系

妓院类型	清吟小班（一等）	茶室（二等）	下处（三等）	小下处（四等）	共计
乐户（户）	27	36	166	34	263
妓女（人）	330	370	1567	330	2597
妓院等级与所在地关系	韩家潭：星辉阁、春艳院、满春院、明花院、留春院、环翠阁、美仙院；百顺胡同：莳花馆、美凤院、群芳、鑫雅阁、凤鸣院、明凤院、兰湘、鑫凤院；石头胡同：三福、莲湘、桂香班、云和、文华、天宝、久椿院、贵莲、云兰阁、金美园、四海	石头胡同 14 王广福斜街 10 小李纱帽胡同 2 朱茅胡同 8 清风巷 1 朱家胡同 1			

资料来源：［日］安藤更生：《北京案内记》，第 306—320 页。

① 参见田涛等整理《清末北京城市管理法规》，光绪三十二年“管理乐户规则”；《北平市政府警察局管理乐户规则》（1946 年），《北平市警察局关于拟定管理乐户及妓女规则草案的呈》，北京市档案馆藏，北平市警察局档案，J181/016/03126。

② 参见马芷庠《北平旅行指南》，第 5—6 页；《文史精华》编辑部编《近代中国娼妓史料》，河北人民出版社 1997 年版，第 330—398 页。

从表1、表2可知，20世纪的前半期，无论等级，每一妓院注册妓女平均在10人左右。到1949年，北京妓女已不足1917年的1/3，不到1929年的一半，只是1941年的一半。减少的背景相当复杂，中央政府的南迁是重要原因，1949年的骤减当然有内战与北平解放的因素，但与前此市政当局的干预也有关系。1947年11月，在回答财政局询问“本市妓女限制名额及停办登记”理由时，北平市警察局解释“查本市妓女为数甚伙，性病传染与日俱增”，如按先进国家成例与据警察学标准计算妓女与流动人口的合适比例，北京妓女应限制在1200人以内。不过，警察局仍然依据实际情况，暂定本市妓女最高名额为2000人，并对妓女登记执业和妓院营业执照的许可课以严格的身体条件。① 此后警察当局公布妓女的登记办法，强调新申请入行的妓女审批除了身体等条件符合规范外，必须在2000人的名额限制内处理。② 当然，前面已经指出上述官方统计数据并非完全确实，每家妓院的实际操业人数很有可能比登记的要多。③

由此可见，市政当局相对严格的管理与限制对北京市登记的公娼和妓院数量有不小的影响。财政局所关心的是税收，因注册妓女与妓院按等级每月交纳一定的费用方可执业，限制妓女数量意味着减少财政收入和部门利益。表3虽缺乏20世纪20—40年代的相关资料，但《北京案内记》所载妓院和妓女的执照登记费用以及定期营业费用与此前相比并无太大变化。④ 可以看出妓女、妓院所交纳的税费对于当时薄弱的市财政仍具有重要的意义。

---

① 《北平市警察局关于限制北平市妓女名额的公函》，北京市档案馆藏，北平市警察局档案，J181/016/01412。

② 《北平市警察局关于政府管理电料商业行规则、查禁营业性舞厅、妓女女招待等营业执照费等项，发妓女检验证等训令》（1946年10月），北京市档案馆藏，北平市警察外城分局档案，J184/002/32036。

③ 1949年8月，共产党政权对北京的妓院、妓女问题做了比较详细的调查，一个一等妓院的伙计在回答调查时称“解放前每个妓院的妓女都在十几个人”也可以证实。参见《北平市第九区妓女调查总结报告》，《北京市第九区政府关于房屋问题报告及工作制度》，北京市档案馆藏，北京市前门区委员会档案，038/002/00001。

④ ［日］安藤更生：《北京案内记》，第313页。

表 3　民国初年政府来自妓女、妓院的财政收入　单位：银圆

时间（年）	来自妓女	来自妓院	合计	备注
1912	64190	41642	105832	
1913	82739	51715	133454	
1914	84832	51060	135892	
1915	89212	54250	143462	
1916	87938	54465	142403	
1917	45750	42084	87834	本年因张勋复辟事件只收到 9 个月税费

资料来源：Sidney D. Gamble, *Peking: A Social Survey*, p. 480.

妓院与嫖客之间，因不同标准和喜好，对妓女各有品评，有所谓“花魁”或“头牌”之名，这实际上延续了清代的业内惯例。1940 年春，好事者对北京妓女的才艺品貌进行“花国佳人”投票，当地小报 4 月 11 日报道了从 2500 余名妓女中评选的 24 名佳人，名次、艺名、所属妓院都被公之于众。① 北京妓女、妓院的所谓等级自有妓女的品貌、才艺等条件以及妓院设施、服务诸因素的影响，也有市政当局为了便于管理，设定等次的因素。光绪三十二年（1906）八月，由巡警部批准、外城巡警总厅制定的《管理娼妓规则》中，已经将妓院分为四等：清吟小班（一等)、茶室（二等)、下处（三等)、小下处（四等)。在《管理乐户规则》中，对各等妓院的总数作了前述的限定。② 北京这四个等级的妓女、妓院，自清末实施市政管理以来，按规定交纳营业税费等，违反条例和规则，其处罚也按妓女、妓院等级交纳不同的罚款。妓女的等级不同，不仅所交税金有差异，而且每月例行的身体检查费用也不一样，除四等免费外，其余各等身体检查费用以一等为最高。民国时期，一、二等妓院的每一营业执照允许 10 人营业，执照费一等 100 元、二等 50 元、三等 30 元、四等免费。妓院每月的营业税不是以营业额为基准，而是以固定

① ［日］安藤更生：《北京案内记》，第 320—321 页。

② 田涛等整理：《清末北京城市管理法规》，光绪三十二年“管理乐户规则”。

方式征收，一等32元、二等18元、三等10元、四等5元[①]，从市政的财政收入面看，一、二等妓院重要性更高。由《北京案内记》所引警察当局的数据可知，一、二等妓院与妓女分别占总数的24%与27%，三等妓院与妓女分别占总数的63%与60%，由于缺乏各等妓院与妓女营业额数据，无法判断卖淫业经营的实际状况，但麦倩曾《北平娼妓调查》和安藤更生《北京案内记》所载的妓女各等级服务收费以及不同类型服务的收费标准，可以看出中下等妓女与妓院是北京卖淫业的主力，也可见嫖客市场的中心在中低端客户。

麦倩曾根据1929年警察局娼妓执照事务所的数据，统计出当时北京共有332家妓院注册。一等妓院45家，其中韩家潭12家、百顺胡同11家、石头胡同9家、陕西巷7家、王广福斜街3家，八大胡同区域就有42家。二等妓院60家，其中石头胡同13家、朱茅胡同12家、王广福斜街10家、小李纱帽胡同9家、其他如燕家胡同等14家，八大胡同区域共58家。三等妓院193家，属八大胡同区域的蔡家胡同、王皮胡同、燕家胡同、博兴胡同等共71家。八大胡同地区在登记上无四等妓院，但一、二、三等妓院共171家，超过注册妓院总数的一半。由此可见，从传统城市的空间结构上，清末民国的妓院与公娼集中在八大胡同区域，而且妓院与妓女的一、二等几乎全部集中在这一区域。基于这一事实，1946年重回北平的国民党市政当局明确对妓院设置地区进行限制，指定只能在外城警察分局的一、二、三、四、五以及东郊、西郊分管范围，而且具体限定到胡同，新设妓院必须在指定地点。其中主要地区为外城警察二分局辖区的王皮、蔡家、朱茅、博兴、小李纱帽、石头、百顺等胡同及王广福斜街、留守卫、青风巷、庆云巷、庆福巷、火神庙夹道、陕西巷、韩家潭，即今所谓的八大胡同地区。[②]

除了通过登记向行政机构交纳税费的“公娼”和注册营业的妓院外，北京在清末民国时期存在众多“私娼”和“地下妓院”，这类“私娼”

---

① 麦倩曾：《北平娼妓调查》，《社会学界》第5卷，1931年6月。麦倩曾调查的20世纪20年代末的规定与甘博调查的20世纪10年代末的金额有区别，20年代末与此前十几年相比，增幅几近1/3。参见 Sidney D. Gamble, *Peking: A Social Survey*, pp. 477－485。

② 《北平市政府警察局管理乐户规则》，《北平市警察局关于拟定管理乐户及妓女规则草案的呈》，北京市档案馆藏，北平市警察局档案，J181/016/03126。

和“地下妓院”应是市政正式实施管理之前的传统形式。这类妓女散居内外城各处，虽非居无定所，但活动相对隐秘。对非注册的妓女人数无法计算，据甘博的推测为7000 人左右。民国初年，一部分活动在东城，包括不少生活无着的满族女性。麦倩曾所调查的私娼人数与甘博的调查基本相同。这两份报告都指出，20 世纪 10—20 年代包括公娼与私妓在内，北京有妓女 1 万人左右，这在世界各大城市妓女人数中属较高的数字。[①]

包括私娼在内的妓女活动主要在外城，但有清一代，正如前面已经指出的，内城也常有妓女活动的踪迹[②]，麦倩曾调查时期的内城妓女、妓院应主要出现在民国之后。另外，自第二次鸦片战争，特别是八国联军占领北京，欧美、日本各国在内城设置使馆、驻军之后，西方国家和日本、朝鲜的妓女也随之而来，她们主要活动在外国驻军与使馆区周边。晚清以后，八大胡同的嫖客已不限于中国人，也包括一些外国人。[③]

三　特殊的都城空间

北京内城与外城之间的城墙约长 7 公里，如图 1 显示，八大胡同中心区域大体上处于这一长度的中段，东北方向与前门直线相距不足 2 公里，距大栅栏仅数百米，离崇文门约 3 公里；东与正阳门大街，东南与天桥地区，西北与琉璃厂等地毗邻；西北距宣武门约 2 公里。八大胡同地处闹市，内部和周边有各种商业设施与众多民居，妓院与民居和商业设施犬牙交错、紧密相连。通常情况下，凡是一定规模的城市，在其规划设计或自然形成之际，与“死”“神”相关的主要设施，以及类似军营、传

---

① 参见 Sidney D. Gamble, *Peking*: *A Social Survey*, chap. 10；麦倩曾《北平娼妓调查》，《社会学界》1931 年第 5 卷。

② 崇彝指出，内城好餐馆不多，但西城的同和居（西四牌楼附近）、万福楼（西华门外丁字街路南）因“距口袋诸巷（砖塔胡同）妓院近，故终日车马盈门”。崇彝《道咸以来朝野杂记》，第 7 页。《京都日报》宣统元年 5 月 4 日“暗娼宜抄”条称“西单牌楼安福胡同中间有处暗娼，听说掌柜的是个旗人，专引诱那溜儿的年青妇女上他那儿借地方卖奸，该管地面许不知道吧?”

③ 明代并无内外城居住族群区分和相关娱乐禁令，有一部分妓女、妓院在砖塔胡同—粉子胡同一带。北京市档案馆中有一些外国人在八大胡同涉案资料。

染病院、监狱等特殊设施均同居住区保持一定距离。作为卖淫场所的妓院因对家庭秩序和社会风俗具有强烈的冲击性和影响力，自应与日常生活世界有一定的空间隔离。[①] 但清代八大胡同的妓院却并没有与闹市和居民区隔离。

清代北京居民的日常生活空间受传统城市结构的制约，主要时间被围在高大城墙的62平方公里空间中，“宵禁”是一种常态，城墙不可逾越，翻墙将受严厉惩处[②]，内城与外城之间亦如此。清代由正阳、宣武、崇文三个城门连接内外城，三个城门与北京其他城门同样，早晚依规定按时启闭，除紧急军务，大臣早朝日，皇帝、皇后参与重要祭祀、出巡，以及朝廷要务等特殊情况例外启闭，在步兵统领管辖下，士兵严格盘查，一般官吏、居民通常情况下均不能违时通过，朝廷对八旗官兵、朝廷官员的城外留宿和居住城外还有严格禁令。当时的居民出行，特别是在外城游乐者对城门启闭这一因素十分敏感。[③] 民国时期，城门管理虽无清朝严格，但各城门依然在军警守卫下，早晚按时启闭，居民只能按规定出入。清代北京城区域功能和特性区分明显。就内外城而言，处于政权中枢的满族人为了自身的政治利益，将普通汉族人全部逐出内城，包括朝廷大臣等高级官员在内的汉族人只能居住外城。内城与外城之间，以明代增筑北京城时原有的城墙和护城河相隔。内城的主要职能在政治与军事方面，八旗按区住、守，拱卫皇室。外城为内城以及首都全体提供日常性社会生活服务，主要机能表现在居住、容纳外来流动人口等经济、商业以及社会服务方面，如煤市胡同、米市胡同、草场胡同、鲜鱼口、

---

① 日本江户时代的吉原是一个典型。德川幕府在江户正式建设江户城，即设立了四周以人工深河相围，只留一门与外界相通的妓院特区吉原（旧吉原在今东京的日本桥附近，新吉原在今东京的浅草附近），是只有一条陆路通道与外部连接的“孤岛”。

② 参见《钦定兵部处分则例·八旗》第26卷，“失察越城”条。

③ 对官员、旗员兵丁的规定，参见道光《钦定兵部处分则例·八旗》第16卷，“官员城外过宿”“旗员兵丁居住城外”条。有关居民的空间移动和对城门启闭时间的敏感，可参见陈森《品花宝鉴》。

菜市口等地名显示的一样，各个区域的社会经济功能均有偏重。①

在弄清上述基本情况后，再来看八大胡同在首都城市空间结构上的多种含义。

在空间区位上，下面几个要素非常重要。前门距天安门约1公里，清朝和北洋政府时期中央政府的主要机构位于此间，这里作为中国的行政中心，是政治运行与各种权力幕后交易的主要舞台。第二次鸦片战争后，正阳门内东侧开始被迫辟为外国驻军和使馆区，紫禁城与中央行政机构周边增加了列强这一政治因素。八大胡同的东北、东边的大栅栏和正阳门大街东西两侧是北京最为繁华的商业区，包括粮食、燃料、生鲜食品、衣料、鞋帽、百货、珠宝，以及典当、钱庄等在内的商业、金融服务设施林立，既面向北京内外城居民，也瞄准南来北往的商贩和行旅，每天流转着大量的金钱，吞吐无数商品。西北的琉璃厂一带则集中了中国最大的书店和古董商店，是全国书籍、文具等文化商品的集散地。

“旗汉分住”政策对社会经济产生了一系列影响，作为这一政策的结果，各种娱乐设施集中在外城中轴线两侧，尤其是与政治中枢相距不远的正阳门至天桥一带（见图3）。同样因政策的限制与经营连续性的影响、娱乐消费以及空间移动面的便利，这一带集中了大量容纳外地行旅和流动人口的旅馆、饭店（见图4）。

而且各地方在北京的联络办事处兼旅馆——数百个规模不等的地方会馆聚集在宣武门外大街东至崇文门大街，前三门以南、珠市口大街以北的这片地区，宣武门西侧至前门以南，西珠市口大街以北地区尤为集中。②

---

① 参见笔者的相关研究，《清代民国時期における北京の水売買業と“水道路”》（東京，《社会経済史学》第66卷第2号，2000年）、《十八・二十世紀における北京の生活給水と都市の外来労働者》（都市史研究会编《年報　都市史研究12・伝統都市の分節構造》，東京，山川出版社2004年版）、《胡同と排泄物処理システム》（［日］吉田伸之、伊藤毅编《伝統都市》第4卷，東京，東京大学出版会2010年版）、《北京の歙県会館——明清時代徽州商人の北方拠点を中心に》（都市史研究会编《年報　都市史研究19・伝統都市論》，東京，山川出版社2012年版）。

② 参见侯仁之等编《北京宣南历史地图集》，学苑出版社2008年版。最近香港科技大学的苏基朗教授主持的民国时期相关地理信息系统数据库具有非常重要的价值。［“燕京思迁录：民国时期北京都市文化的历史地理信息研究”，Beijng in Transtion：*A Historical GIS Study of Urban Culture* (1912－1937)。］

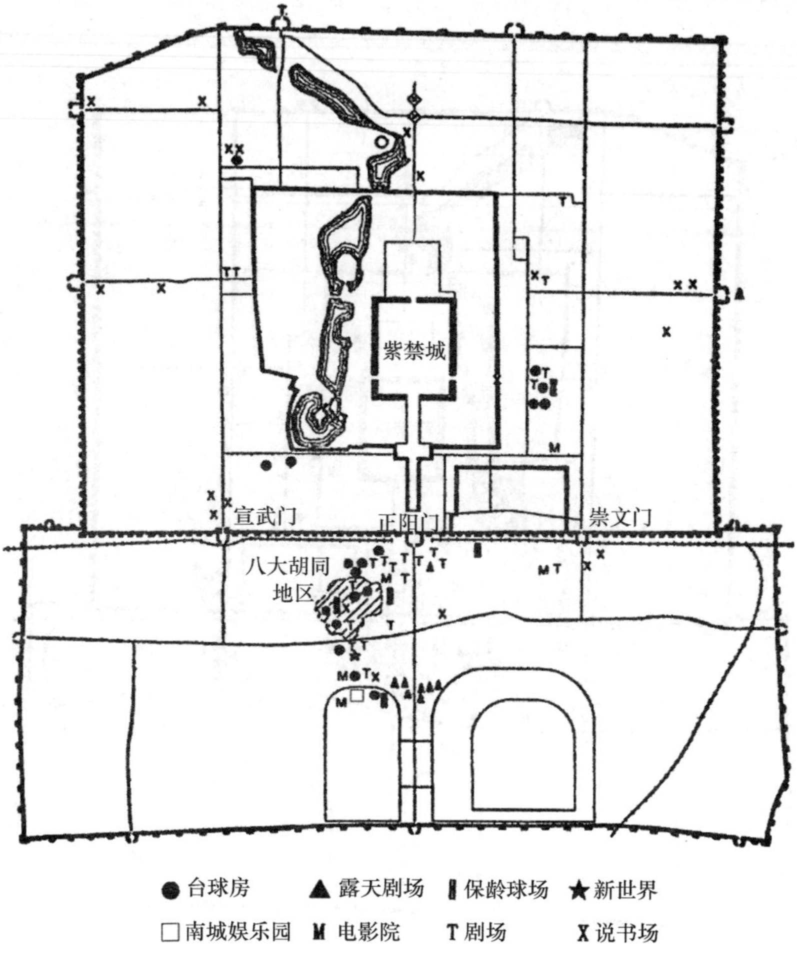

图3　民国时期北京娱乐业的空间分布图

资料来源：Sidney D. Gamble, *Peking*: *A Social Survey*, p. 225；另可参见陈愉秉等译《北京的社会调查》，第232页。

甘博曾对民初北京社会作了比较详尽的调查，其中部分调查所得资料具有无可替代的价值。我们利用的如娱乐行业、饭店旅馆等空间分布图（见图3、图4）是甘博基于当时状况绘制的。其调查离清朝灭亡不远，相关行业的细节有不少变化，如银行、近代制造业等一部分为新社会情势下应运而生，但基本框架和布局与鸦片战争以来的北京无太大区别。①

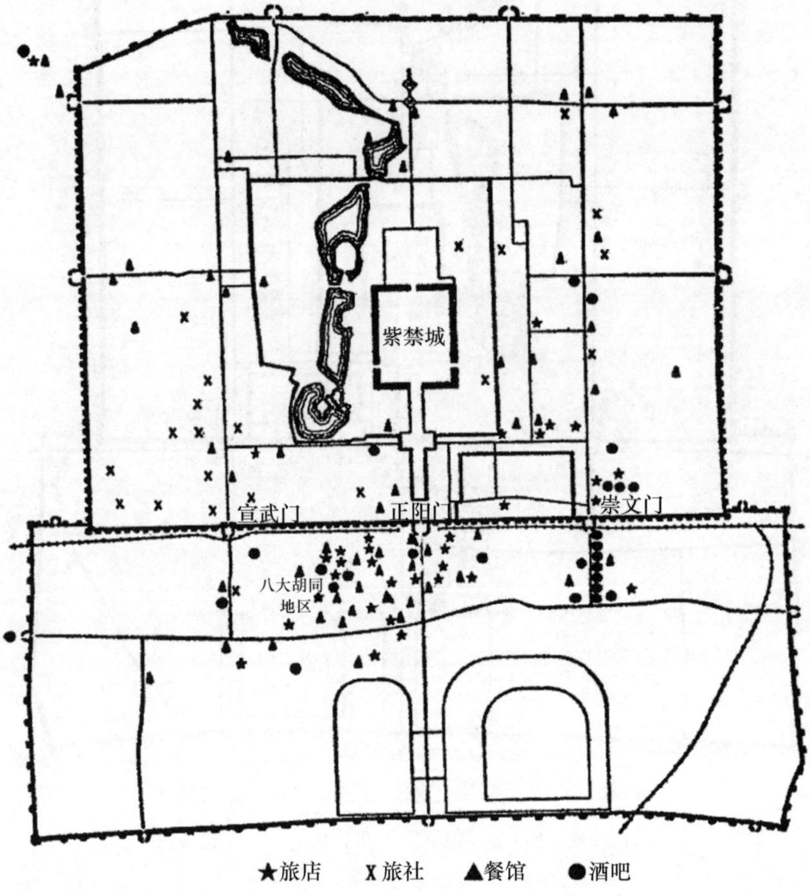

图 4　民国时期北京旅馆饭店分布图

资料来源：Sidney D. Gamble，*Peking*：*A Social Survey*，p. 231；另可参见陈愉秉等译《北京的社会调查》，第 240 页。

从上述地图及北京的外地会馆资料中，可以发现八大胡同区域在外

① 可参见 Sidney D. Gamble，*Peking*：*A Social Survey*，p. 214；陈愉秉等译《北京的社会调查》，中国书店 2010 年版，第 222 页。

城乃至整个北京城中的特殊区位关系大致为：与北京城内的主要区域距离很近，步行所需时间不多，具有交通便利的条件；周边集中了容纳流动人口的旅馆、饭店、会馆，以及商业与娱乐设施，是一个以华北乃至全国为市场的商业流通中心，不仅为北京居民提供各种日常生活必需品服务，而且面向南来北往的行商过旅，以及大批长期旅居外城的在京人员提供社会生活服务；还是清代以来以钱庄、票号、典当、银行为主要形式的华北地区金融中心；由于这一区域集中了全国各地的会馆，加上此地也是类似邸钞与京报等重要政治信息的采集、编辑与出版发行中心，所以也是一个全国的政治、经济、文化的信息中心。这里的经济活动非常活跃，一部分业务不局限于北京一地，而带有大地域甚至全国性质。[①] 这里是一个充满各种商业机会、政治机运的特殊区域。但能否抓住机会，重要之点在于能否建立各种有效的社会“关系”网络和整合各种有效的社会资源，而构建人际关系网络则需要多样的平台与媒介。

在讨论八大胡同的空间关系时，还有一个必须重视的因素。甘博给我们提供了一份非常重要的人口学资料，而且还依据这些资料作了细致的分析，并整理为当时北京的人口密度分布图以及人口男女性别比例图。由这两个分布图可知，前门至宣武门和崇文门的外城一带，为北京人口密度最高地区，这里的性别差最大。北京城男多女少，男性原本在62%左右，而这一地区则在1（女）比3（男），即男性比例近75%。[②] 如果考虑居住者流动人口数量很大这一因素，实际的男女性别比则更为悬殊。旅居北京的流动人口与外来人口主要为成年男性，这些成年男性中，社会地位很高如曾国藩在翰林院庶吉士期间将妻子接来北京同居者属凤毛麟角[③]，绝大多数为未婚或长期鳏居。大量成年男性高密度居住在远离家乡的围城之中，长期处在生理欲望被压抑与焦虑状况下，缺乏比较正常或隐秘的排解压力渠道。这种状态与潜在的需求并非唯一的理由，但无疑促进了性买卖与娱乐市场的成长。

---

① 有一些地方会馆成为当地商人在北方地域经营活动的中心据点。参见拙论《北京の歙県会館——明清時代徽州商人の北方拠点を中心に》，都市史研究会编《年報　都市史研究 19・伝統都市論》。

② Sidney D. Gamble，*Peking*：*A Social Survey*，chap. 5.

③ 参见曾国藩的日记与家书，邓云生编校《曾国藩全集》，岳麓书社1985年版。

四 结语

以上就清代和民国时期妓院与传统城市的空间相互关系，以八大胡同为中心作了探讨。晚清笔记和民国论著认为作为卖淫业集中区域的八大胡同兴于咸同之后。但因旗汉分住等政策导向，清朝娼妓、妓院主要集中在外城，很早就在地处商业、金融中心而流动人口众多的前三门区域发展起来了。八大胡同区域与主要的城门很近，与商业区、茶馆、饭馆、剧场相连，周边有很多会馆、饭店与旅馆，与流动人口毗邻而居，同顾客存在相互近水楼台的市场关系。同时因清初政策被逐出内城的娱乐业也在正阳门外寻找到立足之地，历经了 18 世纪的长期繁荣，进京的各地艺人、戏班纷纷进驻正阳门外大街的东西两侧，很多演员都居住在陕西巷、韩家潭、百顺胡同及周边，在天桥以北地区形成艺人、戏班杂居的状态，为受律条制约而偏好“相公”亦即男性性买卖的上流社会提供了场所。[①] 游艺、娱乐、餐饮、旅馆以及便利的购物、典质借贷设施交错、共集一地，形成了一个以消费为中心的相关行业连锁，各行业相辅相成的综合效果不仅扩大了不同目的顾客的多种消费行为，也推动了这一地区包括性买卖在内的娱乐行业的繁盛。

由以上的整理和说明，可以看出，八大胡同地区娼妓群集、妓院建筑在居住区域内鳞次栉比，绵绵相接的大街小巷灯红酒绿、莺歌燕舞的局面主要形成于清朝前期，其集中于外城是政治主导，即满汉分治、旗汉分居政策干预的结果。妓院和妓女集中在八大胡同区域是因为空间上的便利性、市场需求等多种因素促成下成长起来的，它与其他娱乐设施相辅相成，构成这一区域娱乐设施的要素之一。除了在空间结构上与其他行业密切关联这一特征外，妓院与卖淫业的集中区域的最大特征是地

---

① 艺人和戏班的行会会馆，各行业会馆主要在这一带。朱一新《京师坊巷志稿》下卷（北京古籍出版社 1982 年版）“精忠庙”条称“庙祀岳忠武，康熙时建，有大学士刘统勋碑。……旁有喜神庙，伶人所祀也。有龚鼎孳、刘跃云二碑。”另外参见仁井田陞 20 世纪 40 年代的调查，［日］佐伯有一等编《仁井田陞博士輯北京工商ギルド資料集》1—6，（東京）東京大学東洋文化研究所 1975—1983 年版。有关与“相公”包括当时的戏曲演员间的游乐与性交涉是陈森《品花宝鉴》的重要内容。

处繁华闹市，与住宅和一般商业设施杂居，尽管清末、民国市政当局对新设妓院场所限定空间范围①，但卖淫这一特殊行业所在区域相当集中，与一般住宅和商业设施距离几乎为零，而且并无空间隔离措施。清末、民国时期北京市政条例当然也有“净化社会道德”、尽量减少性买卖合法化对“公序良俗”冲击的考虑，对妓院招揽顾客的广告形式、深夜噪声等有具体规定，明文禁止可一览无余的长廊以及过度的灯彩等。在受到明治维新以来日本、19 世纪后期英法诸国的相关城市风俗营业管理条例的影响，将妓院与妓女卖淫合法化的同时，严格检查妓女身体，控制疾病传播，与英法等国实施“公娼”制度与性病传染控制的经验、考量有关。

妓女这一边缘社会群体、妓院这一特殊服务设施只是北京各行业与社会阶层的一个方面，我们并不否认妓女、妓院具有作为城市“必要之恶”而存在的社会功能，但同时不能单纯将妓女与妓院理解为男性性压力的一种排泄设施或者西方学者意指的另一种城市“公共厕所”。其实，妓女与妓院还具有多样性的社会功能，妓院与茶馆、饭店、剧场一样，是建立、维系人际关系的重要社交场，是一个便于利用、操纵的接待场所。妓女是建立人际关系网络的重要工具、媒介，在重视有效社会资源与人际关系构建的中国社会扮演重要角色。否则就无法准确解释 20 世纪前期，所谓“两院一府”的众多名流、学者与八大胡同区域的密切关系。② 我们不否认八大胡同的娱乐消费中，有很多避他人耳目、单纯满足性欲的私密行动，但同时存在大量的“招待性”“集团性”的行为，而无论参与者是否直接有性交涉行为。从这一意义上说八大胡同地区在传统城市北京具有不可替代的功能与作用——世人熟知的“公共性”社交区域。在传统中国的文化语境下，作为“生产力”的另一种方式的社交，

---

① 《北平市政府令：北平市政府警察局管理乐户规则》，《北平市警察局关于拟定管理乐户及妓女规则草案的呈》，北京市档案馆藏，北平市警察局档案，J181/016/03126。

② 北京大学文科学长陈独秀争风吃醋抓伤八大胡同妓女的事件闹得满城风雨，曾引起舆论的强烈批评。在既无律例限制，也无道德约束的北洋政府时期，连总统也在此设宴交际，八大胡同很长时间成为政治上层“出将入相”的乐园，常常悠游其间的如北京大学教授吴虞等文化知识界人物一般情况下并没有受到社会以及舆论的道德谴责，也反映了社会对利用风月之地交际的宽容。

"生产"不同形式的"社会资源"①，与这种社交相关的设施、舞台与形式、媒介都属于广义社会经济活动的一个个环节，对其"投资"或消费也应视为广义"交易成本"的一部分。因此，仅将妇女卖淫和男性买春视为一个道德问题，我们就难以理解古今中外无法根除妓女与妓院这种特殊的社会经济现象了。本文曾经指出进入 20 世纪后，八大胡同作为传统北京的一个"景点"已成为旅行指南津津乐道的内容，但这只是编著者与出版社的个人行为或营销策略，与日益全球化的 20 世纪后期，因区域间、国家间的激烈竞争，以及基于区域、国家的经济发展，将公开或隐藏的"性工作"上升为国家、地方政府的经济战略工具不可同日而语。②

---

① 笔者曾以"联宗统谱"即血缘和拟制血缘关系的组织化、扩大化为例，探讨 16 世纪中期以来竞争加剧状态下"社会资源"的生产形式。参照《聯宗統譜と祖先史の再構成——明清時代、徽州地域の宗族の展開と拡大を中心として》（東京，《中国：社会と文化》第 17 号，2002 年）。

② 与妓院等合法化诉求同质，最近有发达国家为与澳门等竞争，吸引各国游客、发展本国经济，探讨如何解除设置赌场的法律障碍，在国会成立议员专门委员会的现象。

苏维埃革命：从宣传口号到行动纲领

——以中国共产党早期武装暴动和政权建设为中心的解析*

于化民

倘若盘点一下对近代中国走向发生过重大影响的外来词语，“苏维埃”① 无疑是名列前茅的一个。中国共产党建党之初，即以建立苏俄式无产阶级专政的国家政权作为奋斗目标，标明承认无产阶级专政，承认“苏维埃管理制度”。② 当时共产党人对于苏维埃的了解，主要来自李大钊、瞿秋白所作的粗浅描述。国共两党结成国民革命的联合战线后，为了与新的形势和任务相适应，中国共产党将政权目标调整为“真正民主共和国”。③ 然而，国共联手进行的北伐战争没有造成预期中的平民政权，迎来的却是新军阀集团对工农革命群众的屠戮和新军事独裁政权的建立。中国共产党对大革命失败的主观原因进行了深刻自省，将其归结为指导

---

* 本文原载《近代史研究》2016 年第 1 期。

① 苏维埃是俄语 совет 的音译，原意是会议或代表会议。在中国革命史的特殊语境中，苏维埃一词被赋予了政权形式、社会制度、社会形态等多重含义。本文使用苏维埃一词所侧重的，还是其作为工农民主专政的国家政权的意义。

② 《中国共产党第一个纲领》，中共中央文献研究室、中央档案馆编：《建党以来重要文献选编（1921—1949）》第 1 册，中央文献出版社 2011 年版，第 1 页。

③ 《关于“国际帝国主义与中国和中国共产党”的决议案》，中央档案馆编：《中共中央文件选集》第 1 册，中共中央党校出版社 1989 年版，第 62 页。

路线上严重的机会主义错误。对于国民党新军阀的反动，中国共产党毫不迟疑地做出武装反抗的选择。稍后，重新提出苏维埃的斗争口号，并把工农武装暴动与创建苏维埃政权结合起来。苏维埃这一源自外国的政权形式被广泛地移植到中国大地上，凡有中国共产党领导的革命武装斗争的地方，大大小小的工农苏维埃政权纷纷建立起来，渐渐在远离中心城市和交通要道的偏僻乡村立稳了脚跟。于是，在一个仅仅保留了形式上统一的国家内，苏区和白区、红军和白军、苏维埃政权和国民党政权，这样两种政治势力、两个社会制度的对峙、博弈与厮杀，延续了整整十年，中国近代史上这个十年也因此永久留下了“苏维埃”的特殊印记。那么，大革命失败后中国共产党是如何选择了苏维埃，为什么要选择苏维埃，围绕苏维埃政权建设做了哪些实践上和理论上的探索？本文将循着中国共产党早期武装暴动和苏维埃政权建设的历史脉络，着重就上述问题进行考察并提出一些粗浅的看法。

一　莫斯科的争论与创建苏维埃方针的确定

对中国共产党而言，政权目标的转换并非水到渠成的结果，而是形势逼迫下的仓促决定。1927 年 7 月中旬，中共中央根据共产国际的指示进行改组，五人临时中央常委立即着手制订湘鄂粤赣四省暴动计划，同时决定在南昌举行武装起义。八七会议分析大革命失败后的国内政治形势，认为民族资产阶级已经离开革命的阵线走入反革命的营垒，国民政府也已经从革命的政权机关变成了资产阶级反动的执行机关，变成地主资产阶级的专政。会议选出的临时政治局决定用枪杆子对付枪杆子，对国民党新军阀的倒行逆施实行武装反抗，同时又想继续维系同国民党左派的合作，以便仍可利用国民党的旗帜号召民众。故会议之后中共方面的文件中出现了有关政权问题的自相矛盾的提法，一方面说暴动之后要“建设工农德谟克拉西专政的革命政权”“工农的民权独裁”①，另一方面

① 《中共中央临时政治局关于湖南省工作的决议》《中国共产党的政治任务与策略的议决案》，中共中央文献研究室、中央档案馆编：《建党以来重要文献选编（1921—1949）》第 4 册，中央文献出版社 2011 年版，第 452、469—470 页。

却又把这种政权称为“正式民权政府”“真正平民的民权政治”。[①] 前者实质上是指苏维埃式的国家政权，而后者则是国民革命的政治口号，政权构成中是包括资产阶级在内的。瞿秋白、李立三后来指出，八七会议的缺点之一，在于“对苏维埃政权口号看轻，没有指出唯一出路是建立苏维埃政权”[②]，错误地以为“革命的国民党的这种组织，可以使将来革命发展到更高的阶段时，政权形式将要进于工农兵代表苏维埃——那时的过渡更容易些”。[③] 8 月 21 日通过的中央决议，要求全党立即进行苏维埃口号的宣传。决议称“工农兵代表苏维埃，是一种革命的政权形式，即是保证工农民权独裁制直接进于无产阶级的社会主义独裁制；这种形式之下，最容易完成从民权革命生长而成社会主义革命的转变，而且是保证中国之非资本主义发展的唯一方式”。现在就应当开始在劳动群众之中宣传苏维埃的意义，以便到了必要的时期，立刻可以开始组织苏维埃。但目前只局限于宣传，而不提出组织苏维埃的口号。“只有到了组织革命的国民党之计划，完全失败，同时，革命又确在高涨之中，那时本党才应当实行建立苏维埃。”“如果组织革命的国民党的计划能够成功，那末本党就应当在革命超越资产阶级民权主义的范围时，使苏维埃制度得以从新的革命政权之中生长出来，——这种新的革命政权，现在就要着手组织，依照最广泛的各种革命阶级选举的最民权主义的代表制度。”[④] 这段晦涩难懂的文字想要表达的意思是，如果与国民党的左派合作失败，国民党的旗帜已无任何价值时，应当立即建立苏维埃；如果与国民党左派的合作成功，则苏维埃制度会从目前组织的工农民权独裁制的革命政权中生长出来。这清楚地表明，在是否建立苏维埃的问题上，中共中央把与国民党左派的关系作为一个极其重要的考量因素。

一个月后，在 9 月 19 日召开的政治局会议上，中共中央对于苏维埃

---

① 《中共中央临时政治局关于湖南省工作的决议》，《建党以来重要文献选编（1921—1949)》第 4 册，第 452 页。

② 李立三:《党史报告》，中共中央党史资料征集委员会、中央档案馆编：《八七会议》，中共党史资料出版社 1986 年版，第 179 页。

③ 瞿秋白:《中国革命与共产党》，《瞿秋白文集（政治理论编)》第 5 册，人民出版社 1995 年版，第 418 页。

④ 《中国共产党的政治任务与策略的议决案》，《建党以来重要文献选编（1921—1949)》第 4 册，第 477—478、478 页。

政权的态度却有了明显变化。会议承认复兴左派国民党的计划已无法实现，指出国民党的旗帜在群众的眼中已变成“资产阶级地主反革命的象征，白色恐怖的象征，空前未有的压迫与屠杀的象征”[①]。即使是资产阶级的民主革命，也不能再用国民党的旗帜。决定改变 8 月决议中有关苏维埃问题的规定，强调“现在的任务不仅宣传苏维埃的思想，并且在革命斗争新的高潮中应成立苏维埃”[②]。新决议也保留了一个尾巴，即苏维埃的组织应当是在广州、长沙那样的中心城市，而在小县城要坚决地拒绝组织苏维埃。乡村和小城市的政权仍须照中央原来的决议去组织，即在小城市一切权力归革命委员会，在乡村一切权力归农会。导致这一重大变化的主要原因，是共产国际对苏维埃问题有了新的指示。

在共产国际领导层内部，对中国应采取何种政权形式早就存在不同看法，并由此引发了国际执委会第八次全会上的激烈争辩。双方均是以列宁提交给共产国际第二次代表大会的《民族和殖民地问题提纲初稿》中的一段话为依据的。列宁提出，必须尽一切努力，用建立“劳动者苏维埃”等方法把苏维埃制度的基本原则应用到资本主义前的关系占统治地位的国家中去。[③] 他在给大会所作的报告中还说：苏维埃的组织形式，既可应用于无产阶级的关系，亦可应用于农民的封建和半封建的关系。“农民苏维埃、被剥削者苏维埃这种手段不仅适用于资本主义国家，也适用于还保留资本主义前的关系的国家。”[④] 列宁的这一思想为大会通过的《关于民族与殖民地问题的决议案》所采纳。不过，列宁对于“劳动者苏维埃”“农民苏维埃”的政权属性和阶级构成并未给出明晰的解释，从而为斯大林与托洛茨基的歧见埋下了伏笔。

首先提出在中国建立苏维埃的还不是托洛茨基，而是派驻上海的共产国际工作人员，时间在 1927 年 2 月初。当时中国共产党正在组织筹划

---

① 《关于“左派国民党”及苏维埃口号问题决议案》，《建党以来重要文献选编（1921—1949）》第 4 册，第 507 页。

② 同上书，第 508 页。

③ 《民族和殖民地问题提纲初稿》，中共中央党史研究室第一研究部译：《共产国际、联共（布）与中国革命档案资料丛书》第 2 卷，北京图书馆出版社 1997 年版，第 117—118 页。

④ 《民族和殖民地问题委员会的报告》，《共产国际、联共（布）与中国革命档案资料丛书》第 2 卷，第 125 页。

上海工人第二次武装起义，国际工作人员基于对北伐军事进展的乐观估计，向青年共产国际提议起义后应建立“能够成为政权机构的组织”，也就是苏维埃，“这个制度应该从我们的苏维埃那里搬来”。[①] 第三次武装起义前夕，共产国际远东局工作人员又一次提出：“上海无产阶级在相应的政权形式下能够对整个国民政府的进一步革命化产生极大的影响。正是上海的无产阶级有条件通过国家政权来真正保证无产阶级的领导权，而这一政权形式很快就能为中国各大城市所接受。我们认为完全有可能和有必要按照苏维埃制度建立起称之为‘人民代表会议’的政权。这个会议基本上采取苏维埃制度，应包括所有的反帝阶层。”[②] 这个意见得到了托洛茨基、季诺维也夫等人的支持。季诺维也夫在4月中旬所写的《关于中国革命的提纲》中提出：“可以和必须提出建立苏维埃这个口号的时候来到了，这个口号是建立工人、农民和手工业者苏维埃，其中也必须有国民军士兵的特别代表。”“只有建立苏维埃才能为工人阶级领导整个中国民族解放运动创造一个较好的形式。只有苏维埃才能摧毁旧的资产阶级的政府机构和开始建立新的政府机构。”他强调：中国的苏维埃必须适应中国的情况。苏维埃在今天还不能是无产阶级专政的机关，而是无产阶级、农民和城市贫民的专政。[③] 托洛茨基也认为，击退国民党新军阀的反革命政变，必须依靠无产阶级与城市农村被压迫群众的联合，“除了苏维埃以外找不到其他任何形式的组织，能够实现这种联合”[④]。

实际掌控共产国际主导权的斯大林、布哈林，对托洛茨基、季诺维也夫的主张嗤之以鼻。4月到8月，斯大林接连发表文章和讲话阐述自己的观点。他的理由是，列宁的提纲和演说都只说到农民苏维埃、劳动者

---

① 《纳索诺夫给青年共产国际执行委员会的信》，中共中央党史研究室第一研究部译：《共产国际、联共（布）与中国革命档案资料丛书》第4卷，北京图书馆出版社1998年版，第109—110页。

② 《曼达良、阿尔布列赫特、纳索诺夫、福京关于第二次上海起义的书面报告》，《共产国际、联共（布）与中国革命档案资料丛书》第4卷，第128—129页。

③ ［苏联］季诺维也夫：《关于中国革命的提纲（摘录）》，中共中央党史研究室第一研究部编：《共产国际、联共（布）与中国革命档案资料丛书》第6卷，北京图书馆出版社1998年版，第24、25—26页。

④ ［苏联］托洛茨基：《中国革命与斯大林大纲》，《共产国际、联共（布）与中国革命档案资料丛书》第6卷，第102页。

苏维埃，并未说到成立工人代表苏维埃。中国有上海、汉口、南京、长沙等工业中心，有近三百万组织在工会里的工人。在有一定数量的工业的现代中国，不仅要成立农民苏维埃、劳动者苏维埃，而且要成立工人和农民代表苏维埃。但是，“全部问题是在什么时候，在什么条件下，在什么环境中成立苏维埃”①。他再三强调，工人代表苏维埃是工人阶级和现存政权做斗争的机关，是起义机关，是新的革命政权机关。如果没有反对现存政权的群众起义的条件，没有组织新的革命政权的条件，成立工人苏维埃就是不适当的。② 在当下，在武汉国民政府统治下的地区，号召成立工农代表苏维埃，就是建立双重政权，成立反对武汉政府的起义机关。③ 就是号召起义以反对革命的国民党，就是企图跳过中国革命的国民党阶段，就是冒险把中国革命置于极端困难的境地。④ 在斯大林看来，什么时候才是建立苏维埃的适当时机呢？“在武汉革命政府巩固以后，在土地革命展开以后，在从土地革命、从资产阶级民主革命过渡到无产阶级革命的时候，是必须成立苏维埃的。”⑤

两派的分歧源自对苏维埃的不同理解。托洛茨基等人主张立即建立不包括资产阶级在内的苏维埃，斯大林则坚持在中国应建立工人苏维埃，而这一时机还没到来。发生在莫斯科的争论是建立在概念上而非基于对中国实际情况的透彻了解。很难简单地说主张立即建立苏维埃的意见就是正确的，反对这个意见就是错的，因为两种意见都包含了一个共同前提，即必须把资产阶级排除在政权之外。仅就中国共产党应独立建立和领导革命政权一点而言，托洛茨基的看法有一定的预见性。他在 5 月间就已指出汪精卫联合蒋介石背叛革命反对工农是“不可避免”的，并将其作为立即武装工人并建立工农士兵苏维埃的理由。⑥ 表面上看，斯大林的问题是机械地套用俄国 1905 年革命，1917 年二月革命和十月革命的模

---

① ［苏联］斯大林：《论中国革命的几个问题》，张仲实、曹葆华译，《列宁斯大林论中国》，人民出版社 1963 年版，第 120—121、122 页。

② ［苏联］斯大林：《论中国革命的几个问题》，《列宁斯大林论中国》，第 123 页。

③ ［苏联］斯大林：《和中山大学学生的谈话》，《列宁斯大林论中国》，第 145—146 页。

④ ［苏联］斯大林：《论中国革命的几个问题》，《列宁斯大林论中国》，第 124 页。

⑤ ［苏联］斯大林：《和中山大学学生的谈话》，《列宁斯大林论中国》，第 147 页。

⑥ 《托洛茨基在共产国际执委会第八次全会上的两次发言》，《共产国际与中国革命资料选辑（1925—1927）》，人民出版社 1985 年版，第 413—414 页。

式，高估中国社会发展水平和工人阶级的力量，实际上却是因为他仍对武汉政府和国民党左派抱有幻想。他反对立即组织苏维埃的另一个原因，即如托洛茨基指出的，是担心会授人以柄，用来攻击中国革命不是民族革命，而是“莫斯科苏维埃化”的人工造品。① 在1927年5月召开的国际执委会第八次会议上，有关的争论达到了高潮，斯大林、布哈林对托洛茨基等发起了围攻式的批判，结果是斯大林一派占了上风。会议通过的《关于中国问题决议案》断言：在目前提出工农代表苏维埃的口号是不适宜的。②

形势并未朝着斯大林期望的方向发展，向来被视为国民党左派代表的汪精卫于7月15日宣布“分共”。直到十多天后，斯大林才在《时事问题简评》中说，现在成立苏维埃的口号可以成为真正革命的口号，应当在广大劳动群众中广泛宣传拥护建立苏维埃的思想，同时又提出不要立即成立苏维埃。③ 联共（布）中央政治局8月8日决定，给共产国际驻华代表发去指示：发动国民党左派群众起来反对上层；如果不能争得国民党，而革命将走向高潮，那就必须提出苏维埃的口号并着手建立苏维埃；现在就开始宣传苏维埃。④ 8月12日再次发电澄清：没有建议成立苏维埃，只是讲宣传苏维埃的思想。电报强调，只有当重建革命国民党的尝试明显无望和明显失败，而随着这种失败出现新的革命高潮时，才走上建立苏维埃的道路。现在无论在叶挺的军队里还是在农村都不要建立苏维埃。⑤ 9月19日，共产国际和联共（布）中央向中国共产党发出必须建立苏维埃的指示，建立苏维埃和扩大苏维埃地区的时机由共产国际

---

① ［苏联］托洛茨基:《中国革命与斯大林大纲》,《共产国际、联共（布）与中国革命档案资料丛书》第6卷，第99页。

② 《共产国际第八次执行委员会全体会议关于中国问题决议案》,《共产国际与中国革命资料选辑（1925—1927)》，第432页。

③ ［苏联］斯大林:《时事问题简评》,《列宁斯大林论中国》，第203—204页。

④ 《联共（布）中央政治局会议第119号（特字第97号）记录》，中共中央党史研究室第一研究部编:《共产国际、联共（布）与中国革命档案资料丛书》第7卷，中央文献出版社2002年版，第18—19页。

⑤ 《联共（布）中央政治局会议第120号（特字第98号）记录》，《共产国际、联共（布）与中国革命档案资料丛书》第7卷，第22页。

执委会执行局和中共中央来决定。[①] 29 日，针对南昌起义部队向广东转移的情况向中国共产党提出补充建议，其中包含在广东大小工业城市里建立工人、手工业者和士兵代表苏维埃，在乡村中采取措施准备将农会转变为农村苏维埃等项内容。[②]

接奉共产国际和联共（布）的指示后，中共中央遂于 9 月政治局会议做出放弃国民党旗帜、建立苏维埃政权的决定，表明在政权主张上已经改弦易辙。此时，南昌起义部队南进途中遭受重大失利，仅有少量部队分头转移到海陆丰和湘南地区。政治局会议分析了南昌起义的失败原因以及在政权问题上的失误，指出起义领导机关“没有预备去建立工农贫民的政权，没有深切觉着自己应当代表工农贫民去行使权力，却只要‘继承国民党的正统’。没有信仰群众的力量——群众的革命独裁的力量。没有在群众之中去创造真正自己的军队和政权的力量”。批评前委在政治上策略上并未能真正代表工农的利益，没有提出鲜明的土地革命及工农贫民政权的政纲。中央提出：“政权问题——今后革命的任务，应当明显的确定是要创工农贫民的革命独裁的政权——苏维埃的政权。……必须是工农贫民代表会议（苏维埃）的政权——必须是群众选举的剥夺反革命的豪绅资产阶级选举权的政权。”[③] 如此指摘南昌起义前委显失公平，事实上，前委实行的政策无一不以共产国际和中共中央的指示为旨归。10 月下旬，中共中央机关刊《布尔什维克》发刊词提出要“实行苏维埃的政治制度”[④]，并把建立苏维埃政权视作资产阶级民主革命必须完成的任务之一。

11 月 9—10 日的中共中央临时政治局扩大会议，正式确定了建立苏维埃政权的方针。中央在月初制定的暴动政策，已经把暴动与建立苏维埃政权联系起来，提出要通过“工农民众暴动，建立工农贫民兵士代表

---

① 《联共（布）中央政治局会议第 125 号（特字第 103 号）记录》，《共产国际、联共（布）与中国革命档案资料丛书》第 7 卷，第 88 页。

② 《联共（布）中央政治局会议第 128 号文件（摘录）》，《共产国际、联共（布）与中国革命档案资料丛书》第 7 卷，第 118—119 页。

③ 《中央通告第十三号》，《建党以来重要文献选编（1921—1949）》第 4 册，第 577、580 页。

④ 瞿秋白：《〈布尔什维克〉发刊露布》，《瞿秋白文集（政治理论编）》第 5 卷，第 10 页。

会议的政权（苏维埃政权）”。“暴动之中要完全以发动群众为主要的革命力量，要广大的民众自己起来，自己感觉到非夺取政权不可，要在暴动期中及暴动胜利之后立刻能组成当地工农代表会议，为革命的权力机关。”暴动之前，由当地工农秘密团体组织临时革命委员会，指挥暴动；暴动之后，立刻召集工农兵代表会议，选举出革命政权。甚至期望，如果“发动范围能够扩大，联合好几县而成立某省临时革命政府……或夺得着省城，根本推翻当地的军阀政权；如此汇合而成全国，或某几省的暴动军联合的局面”①。随后召开的临时政治局扩大会议则更加明确地提出：“现时革命阶段之中，党的主要口号就是苏维埃——无产阶级领导之下的工农民权独裁制性质的政权，只有在苏维埃制度的形式里建立起来。”“一切政权归工农兵士贫民代表会议，是武装暴动的总口号。城市贫民应当包括工匠手工业者及一般非剥削者的小资产阶级。”② 会议决议指出了建立苏维埃政权的具体途径与时机，那就是，“暴动胜利一有巩固的可能，这类的群众组织③便要变成苏维埃，而为革命的政权机关”。“苏维埃的组织既不能在胜利绝未巩固之时开始，因为这可以陷于忽略军事战斗而专事选举，倾向于小资产阶级的民权主义成见，因而削弱革命的独裁制以至党的领导权之危险；苏维埃的组织也更不能藉口于军事尚未了结，基础尚未稳固，而延迟推宕，因为这便更加要增长暴动中的军事投机主义，这便将工农暴动完全变为军事行动，只去攻城夺地，只知道军事上的规画。”④ 换句话说，要通过暴动的胜利来建立苏维埃政权，再利用苏维埃政权来巩固和发展革命的胜利。为什么要在暴动后尽快建立属于工农自己的政权?《布尔什维克》上载文解释说：“反抗之后，暴动之后，不知道自觉的组织自己的政权，巩固革命的胜利，那就始终是要失败的。共产党应当明白地告诉工农群众：一切阶级斗争，都是争取政

---

① 《中央通告第十五号》，《建党以来重要文献选编（1921—1949）》第 4 册，第 604、607—608 页。

② 《中国现状与共产党的任务决议案》，《建党以来重要文献选编（1921—1949）》第 4 册，第 627、628 页。

③ 指暴动中的群众斗争组织总同盟罢工委员会、工人代表大会、革命委员会等，其中的革命委员会应当是领导暴动的中心机关。

④ 《中国现状与共产党的任务决议案》，《建党以来重要文献选编（1921—1949）》第 4 册，第 628 页。

权的斗争，只有胜利的革命暴动的工农贫民兵士群众，自己选派代表组织代表会议的政府，建立自己的政权，才能真正得着解放；共产党应当引导群众，使工农群众知道自觉的去取得政权。”① 从此，在各地陆续发生的工农武装暴动中，“苏维埃”由单纯的宣传口号进入实际斗争的层面。

从上面所作的简单梳理不难看出，大革命失败后中国共产党毅然走上武装斗争的道路，却没有同时提出建立苏维埃政权的问题，而是有过一个短暂的游移期。中国革命进入苏维埃革命的阶段，有其客观上的条件和历史的必然性。然而，实行建立苏维埃政权的方针并非中共中央独立自主做出的决策，而是执行了共产国际和联共（布）中央的指示。中国共产党自身对于建立工农民主专政的苏维埃政权，并没有做好理论上和组织上的充分准备。有关苏维埃政权的许多重要问题，也只能在以后的实际斗争中逐步探索和解决。

二 暴动计划实施与县级苏维埃政权的创建

即便是在具体的政权形式问题上曾经有过犹豫，中共中央对于夺取政权的紧迫性，对于新政权应当由共产党领导，应当以工人阶级和农民阶级为主体的认识，则是十分坚定的。汪精卫宣布“分共”后，临时中央常委会立即着手制订湘鄂粤赣四省秋收暴动计划。② 中央认为，中国革命已经到了土地革命的新阶段，“土地革命只是一个过程，政权争斗是这一过程的主要特点”。武汉的国民党中央和国民政府已经成为地主阶级的代表，是工农运动的镇压者。要完成土地革命，“需要一个无产阶级领导的工农小资产阶级的民主政权”。③ 南方各省工农群众基础较好，反动统治并不稳定，湘粤等省有建立新的革命政权的可能。1927 年 8 月 3 日，中共中央发出《湘鄂粤赣四省秋收暴动大纲》，对四省秋收暴动做出部

① 《布尔什维克主义万岁》，《布尔什维克》1927 年第 1 卷第 6 期，第 138 页。

② 中共中央文献研究室编：《毛泽东年谱（1893—1949）》上卷，人民出版社、中央文献出版社 1993 年版，第 206 页。

③ 《中央通告农字第九号》，《建党以来重要文献选编（1921—1949）》第 4 册，第 359、357 页。

署。大纲提出，暴动中“除夺取乡村政权之外，于可能的范围应夺取县政权”。对各地的具体要求则是：湖南应谋划成立湘南政府，建设革命政权，并在广东革命委员会指挥之下；江西应马上夺取乡县政权；广东在革命军所占地方原则与江西相同，军力暂未达到地方应即起来暴动，夺取乡村政权，如有可能立即夺取县政权，引导革命政权夺取全省。[①] 四省秋收暴动的总目标是：“推翻四省反动统治，建设工农德谟克拉西专政的革命政权。”[②] 这个计划得到八七会议的追认。为什么是四省暴动而不是全国的大暴动？中央临时政治局认为，中国各省的情形大不相同，又没有集权的政府，因此不能预定一个时期举行全国的暴动，以推翻国民党的中央政府。“现在本党总方针应当是：准备并组织那些已成农民运动中心的各省之武装暴动，现时便趁秋收时期而实行抗租抗税，在这一样的时期之中，各省暴动的时日，只能看当地情形及一般情形去决定。”[③] 8月29日，中央常委通过《两湖暴动计划决议案》，对湖南、湖北两省的暴动做出具体部署，要求各自创成一种独立暴动的局面。10月1日，又要求新成立的长江局坚决执行两湖暴动任务。

四省暴动计划涉及大半个南中国，稍前起事的南昌起义也被纳入进来，成为这个暴动计划的一部分。[④] 中共中央在给南昌起义前委的信中指出，南昌暴动的主要意义是在广泛的发动土地革命的斗争，应当与中央决定的秋收暴动计划“汇合为一贯的斗争”。[⑤] 9月底南昌起义部队汤坑

---

① 《中共中央关于湘鄂粤赣四省农民秋收暴动大纲》，《建党以来重要文献选编（1921—1949）》第4册，第383—384页。

② 《中共中央临时政治局关于湖南省工作的决议》，《建党以来重要文献选编（1921—1949）》第4册，第452页。

③ 《中国共产党的政治任务与策略的议决案》，《建党以来重要文献选编（1921—1949）》第4册，第475页。

④ 中共中央1927年8月5日给湖南省委的信中说：“现在南昌政变，其主要目的就是要发动土地革命，与湘粤赣鄂四省的暴动，其意义又是一贯的。因此南昌政变给了四省以有力的帮助。在此时四省即应给南昌政变以有力的响应。”（南昌八一纪念馆编：《南昌起义》，中共党史资料出版社1987年版，第44页）10月15日，中共南方局、广东省委联席会议通过的《中共广东省委通告（第十四号）》说：“中央七月底对于南昌暴动的决议，其意义完全为以前决定之四省暴动整个计划中的一部分，认为这部分从反动军队中脱离出来之革命军，将为农民暴动之一种帮助，而只是一种帮助。”（中共中央党史资料征集委员会等编：《广州起义》，中共党史资料出版社1988年版，第64页）

⑤ 《中共中央致前委信》，《南昌起义》，第40页。

之战失利后，中央强调，“现在叶贺部队固然失败了，工农民众的力量还却正开展，对于武装暴动夺取政权的必要之认识，正在与新旧军阀国民党的剧烈的斗争之中，日益广泛而深入于工农群众”。“我党准备组织发展工农武装暴动的总政策，仍旧应当积极的进行。”① 10月1日，中共中央对新成立的长江局的任务做出规定：“长江局的第一个最大任务便是坚决的发展土地革命。两湖的土地革命如一时不能发展到最大的限度——消灭唐生智统治，取得两湖政权，则须普遍的发展游击战争与没收地主的土地及杀戮土豪劣绅等工作，依两湖农民暴动的形势，某几县的农民可握得某几县的政权，以发展各地的农民暴动。”② 因受各种主客观条件的限制，四省秋收暴动的庞大计划未能全部实现，局部地区的工农暴动仍然此起彼伏，接连不断。随着武装斗争星星之火的点燃，广东海陆丰、琼崖陵水、江西万安与井冈山地区等最早一批县级苏维埃政权开始建立起来，“形成割据一隅的工农政权”。③ 它们共同开创了中国苏维埃政权建设的先河。

先来看广东。中共中央在南昌起义后即多次指示广东省委，不要等待起义部队到达，“即行发动普遍的暴动”。④ 以中央的四省秋收暴动大纲为依据，广东省委制定了《暴动后各县市工作大纲》，以指导各地暴动后的工作。内容包括政治组织、没收土地财产、武装工农、财政税收等项。该大纲提出了“建立工农独裁民主政府”的任务，并对乡、区、市、县各级政府的组织机构及人员构成做出细致规定。⑤ 9月23日，省委发出通告要求开始苏维埃口号的宣传。⑥ 10月15日，刚被任命为中共中央南方局书记的张太雷在南方局和广东省委联席会议上宣布：“以前只限于宣

① 《中央通告第十三号》，《建党以来重要文献选编（1921—1949）》第4册，第576页。

② 《中共中央对于长江局的任务决议案》，《建党以来重要文献选编（1921—1949）》第4册，第532页。

③ 《广东工作计划决议案》，《广州起义》，第79页。

④ 《中共中央给南方局并转广东省委的信》，《建党以来重要文献选编（1921—1949）》第4册，第511页。

⑤ 《暴动后各县市工作大纲》，《广州起义》，第31—32、33页。

⑥ 《中共广东省委通告（第十号）》，中央档案馆、广东省档案馆编：《广东革命历史文件汇集》第7册，1982年编印，第61页。

传，以后便要真正建设工农兵代表会。”[①] 同日，省委发布最新工作纲领，明确提出“政权应归工农兵代表会（苏维埃），使工农与士兵均能明确了解土地革命夺取政权而合作”，“一切政权归工农兵代表会”。[②] 自此，广东开始转入创建苏维埃政权的斗争。

海陆丰是中国最早的苏维埃政权的诞生地。大革命时期，在“农运大王”彭湃的领导下，海陆丰地区的农民运动开展得早，中共党组织以及农会组织、农军武装比较健全，群众斗争觉悟高，革命势力雄厚。广东地方党组织曾于1927年4月30日和9月7日在海陆丰地区先后组织两次武装起义，并且在第二次起义中提出建立工农独裁政权的口号，成立海丰县和陆丰县革命政府，由区、乡农民协会接管区、乡政权。11月1日，中共海陆丰县委利用广东李济深、张发奎两派军阀的矛盾，发动了第三次武装起义，占领海、陆丰两县城。起义胜利后，广东省委当即指示海陆丰县委，要“召集工农兵代表大会，组织苏维埃，乡区即以当地之农民协会接收政权，实行分配土地”。[③] 彭湃回到海陆丰，召开县委会议，筹备海丰、陆丰两县工农兵代表大会。11月9日，海陆丰县委向南方局和广东省委报告了组建县、区苏维埃政权的基本设想：“苏维埃政府已筹备组织了，东委[④]限海陆丰各县于五天内召集工农兵代表大会，实行产生苏维埃政府，组织法大概如下：1. 县农工兵代表大会人数定三百人，农民占百分之六十，工人百分之三十，兵士百分之十。工农兵的代表是由全县各职业团体及兵营所选出，代表人数之多寡系分配于各区、乡产生出来。2. 区政府即是区农民协会，其组织法及选举都照农民协会办法。3. 市苏维埃代表会（海陆丰县城两个；汕尾一个），人数一百五十人，成份是工人占百分之六十，农民百分之三十，驻防兵士百分之十（这些农民是指离城市五里以内者）。4. 乡政府即是乡农协，我们为要使农民在实际上得到乡村的政权，管理乡村的政权，所以，关于一切政治、财政、

---

① 《张太雷在南方局和广东省委联席会议上的报告》，《广东革命历史文件汇集》第7册，第81页。

② 《中共广东省委通告（第十四号）》，《广东革命历史文件汇集》第7册，第90、92页。

③ 《中共广东省委关于占领海陆丰后的工作致海陆丰县委函》，汕尾市革命老根据地建设委员会办公室等编：《海陆丰革命根据地》，中共党史出版社1991年版，第13页。

④ 指中共东江特委，彭湃任特委书记。

军事，以及其他各项工作，都使乡政府执行，使其实现出来。”① 11 月 13 日、18 日，陆丰、海丰两县的全县工农兵代表大会分别召开。大会代表按农民、工人、士兵的比例分配名额，由基层民主选举产生。大会设主席团、资格审查委员会和提案审查委员会。代表们逐一讨论表决提案，通过没收分配土地、改良工人士兵生活、取消苛捐杂税、临时禁止米谷出口等项决议。按照民主程序，大会投票选举产生政府委员会和裁判委员会。张威、庄梦祥、吴鉴良等 15 人当选陆丰县苏维埃政府委员，杨望、黄悦成、杨其珊等 15 人当选海丰县苏维埃政府委员。《布尔什维克》刊文称，“这次东江农民大暴动后创立的苏维埃，算是中国破天荒第一次的苏维埃”。苏维埃的成立，“使工农兵及一切贫苦的民众与各代表更明白的了解土地革命和苏维埃政权的意义”。②

海陆丰苏维埃政权成立后，主要开展了分配土地、完善组织机构、巩固工农武装、发展经济，以及工运、农运、青年、妇女等工作。政权全盛时的管辖范围，包括海丰全县，陆丰除西北山区上砂乡外的全部，共有人口 70 余万。③ 苏区还扩大到惠阳、紫金、五华、普宁、惠来、潮阳等县的一些乡村。④ 苏维埃政权的建立，完全改变了各阶级的社会地位。有文章说：“虽然海陆丰还是海陆丰，但在地主豪绅资产阶级和工农贫民阶级两副不同的眼睛看来，就会变成‘云泥相隔’的两个世界：一个是天堂，另外一个是地狱。”⑤ 到 1928 年 2 月底 3 月初，重新统治广东的桂系军阀李济深、陈铭枢派重兵进攻海陆丰苏区，陆丰、海丰县城相继失陷，东江特委、苏维埃政府和主力红军退往山区，坚持长期斗争。海陆丰苏维埃政权是大革命失败后中国共产党创建和领导的第一个地方性红色政权，其所具有的开创和示范意义是不言而喻的。中共中央给予高度肯定，称海陆丰起义“一开始便有极大的规模，而且在土地革命的

---

① 《关于海陆丰第三次暴动胜利后的形势和党务工作报告》，《海陆丰革命根据地》，第 18 页。从文中看，所谓“市苏维埃”的管辖范围包括县城与近郊农村，与“乡苏维埃”是平行关系，同在“县苏维埃”领导之下。

② 罗浮：《中国第一个苏维埃》，《布尔什维克》1927 年第 1 卷第 8 期。

③ 叶左能：《海陆丰革命根据地史》，中共中央党校出版社 2000 年版，第 123 页。

④ 《综述》，《海陆丰革命根据地》，第 9 页。

⑤ 绮园：《反动派与海陆丰苏维埃》，《布尔什维克》1928 年第 1 卷第 18 期。

性质上，也是空前的深入，极有组织，极有活动力量，中国革命之中，这是第一次由几万几十万农民群众自己动手实行土地革命的口号，第一次组织成工农兵群众的无限制的政权”。“海陆丰农民的苏维埃政权，他在广州苏维埃失败之后，仍在继续自己英勇的斗争，海陆丰苏维埃政权之丰富的材料，他的胜利，他的经验，应当充分的运用到一切农民暴动中去。”①

稍晚于海陆丰，海南岛的陵水也建立了苏维埃政权。陵水位于海南岛东部，是汉、黎、苗等民族聚居区，经济文化相对落后。大革命时期，中共琼崖地委组织动员民众，建立起工会、农会、青年和妇女组织，开展与地方土豪劣绅的斗争，陵水还组建了以黎族农民为主体的农民武装。1927 年 7 月中旬，中共琼崖特委和陵水县委领导农民自卫军举行起义，攻占陵水县城，成立县人民政府。中共中央密切关注海南岛的情况，指示南方局“特别注意海南岛之继续占领，并要立即派一人前往侦察其是否可以成为广东暴动的一根据地，调查结果报告中央”。② 11 月上旬琼崖特委召开第一次扩大会议，听取南方局代表杨殷传达南方局和广东省委指示，决定在琼崖扩大武装暴动，开展土地革命，建立苏维埃政权。11 月 25 日，陵水县委组织农军千余人，由县委书记黄振士率领，攻占陵水县城。12 月 16 日，在县城召开陵水县工农兵代表大会，成立陵水县苏维埃政府，王业熹为主席，黄振亚等为委员。下设七个科，分别是宣传、土地、财政、民政、交通、妇女、军事，为保障战时供给，还特别设立了经济委员会。③ 27 日，琼崖特委向广东省委报告：“我们已经夺取全县政权；召集工农兵代表建设新的县政府。”④ 县苏维埃政府颁布了《土地革命暂行条例》《财经税收条例》等法规，参照海陆丰土地决议案并结合琼崖的实际情况，没收地主土地分给农民耕种。经济方面主要是废除苛

① 《广州暴动之意义与教训》，中共中央文献研究室、中央档案馆编：《建党以来重要文献选编（1921—1949）》第 5 册，中央文献出版社 2011 年版，第 7、32 页。

② 《中共中央致南方局并转广东省委函》，《广州起义》，第 61 页。

③ 中共陵水县委党史办公室：《陵水起义和琼崖第一个苏维埃政权》，中共陵水县委党史办公室编：《琼崖第一个苏维埃政权》，1987 年编印，第 18 页。

④ 《中共琼崖特委给广东省委的报告》，转引自王苐章《陵水县苏维埃政府成立的时间考证》，《琼崖第一个苏维埃政权》，第 88 页。

捐杂税，实行“三七”减租，征收税款和组织贸易。其他方面的工作还有：镇压反动地主豪绅；破除封建迷信，废除庙宇，砸烂神像，没收道公道具，禁止算命卜卦；禁止嫖、赌、饮、吹，兴办平民学校，开展文娱宣传；实行男女平等，提倡婚姻自由，订婚不纳彩礼，结婚不坐红轿，号召妇女剪短发等。琼崖特委 1928 年 1 月的报告说：“陵水各区反动势力既已肃清，应即发展向外组织，以巩固革命基础，并继续焚毁一切红白契约，没收一切土地归农民，并召集工农代表会议，建立县苏维埃政权。”① 随着武装暴动的继续扩大，乐会、万宁两县苏维埃政府于 1928 年 5—6 月间先后成立。8 月，琼崖苏维埃政府成立，琼崖革命根据地形成。岛内国民党军队和豪绅势力进行了强力反扑，陵水县苏维埃在 1928 年 6 月中旬彭谷园战斗中被打散。尽管政权存续时间不长，但陵水的斗争为琼崖革命根据地的创建打下了基础。

江西万安也是较早建立的县级苏维埃政权之一。万安地处罗霄山脉东麓，赣江穿境而过。万安党组织在大革命中十分活跃，农民协会人数众多，势力很大，反土豪劣绅斗争开展得有声有色。大革命失败后，万安的工农运动也受到江西军阀朱培德的压制。1927 年 9 月中旬，中共万安县委召开全县党代表会议，传达八七会议文件和江西省委秋收暴动计划。会上成立了以曾天宇为书记的“万安行动委员会”，作为武装暴动的指挥部。12 月 12 日江西省委向中央报告了万安准备暴动的情况。② 12 月 21 日，江西省委发布全省总动员令，提出“赣西南应当以万安为爆发点，领导广大的农民群众及城市中小部分的工人店员汇合各乡的工农军联合武装暴动，夺取城市，占领乡村，马上形成西南总暴动的割据局面，为江西土地革命的发祥地，并联合湘东南的农民互相策应”。“由万安广大的农民群众和工农军武装暴动，夺取万安政权。”③ 11 月 20 日、12 月 18 日和 12 月 31 日，万安农军在曾天宇、张世熙、陈正人等人指挥下，接连

---

① 《中共琼崖特委一月份总报告》，转引自王苐章《陵水县苏维埃政府成立的时间考证》，《琼崖第一个苏维埃政权》，第 89 页。

② 《江西省委报告》，中共江西省委党史研究室等编：《中央革命根据地历史资料文库·党的系统》第 1 册，中央文献出版社、江西人民出版社 2011 年版，第 120 页。

③ 《江西省委紧急通告（节录）》，中共江西省委党史资料征集委员会、中共江西省委党史研究室编：《江西党史资料》第 5 辑，1988 年编印，第 29—30 页。

三次向县城发起攻击，因守敌顽抗，农军伤亡较大，攻城未果。第三次攻城受挫后，万安县委接到毛泽东的来信，大意是：泽东于本月×日集合部分同志来到井冈山，把原有井冈略加整理，听得万安工作同志的热情甚高，至为钦佩。又闻久攻敌人不下，是否要由我派一部分武装来协助进行，希明白详答。[①] 万安县委当即复信，约请毛泽东率部进占遂川县城，动摇万安守军斗志，以策应万安农军攻取万安县城。1928 年 1 月 5 日，毛泽东率工农革命军攻占遂川县城。9 日，万安县委领导农军和群众四万余人第四次进攻万安县城，守敌弃城逃往赣州。

1 月 11 日，万安县委在县城召开五千多人参加的群众大会。会上由县委提出苏维埃政府组成名单，推选雇工出身的刘光万为主席。万安县苏维埃政府由 7 名政府委员组成，其中政府主席 1 人。7 名委员中工人 2 人，农民 2 人，士兵 1 人，知识分子 2 人。政府下设土地、军事、交通、建设、教育、财政、惩办反革命等委员会。此外，尚有清查逆产和粮食管理两个临时委员会。各委员会因事务繁简不同由 3—7 人组成，委员会主席均由政府委员担任，每个委员会设秘书 1 人，由知识分子任之。政府所有成员均系中共党员。1928 年 1 月间，毛泽东函邀万安县委派人到遂川五华书院，参加前委和万安县委联席会议。听取曾天宇、张世熙、刘光万等的工作汇报后，毛泽东提醒他们要防止敌人卷土重来，并嘱咐万一有困难，万安游击中心可由河东转向河西罗塘一带，和井冈山保持联系。[②] 1 月 23 日，国民党军队重兵扑向万安，万安县委带领农军放弃县城，转入山区坚持斗争。对于万安暴动及县苏维埃政权的建立，江西省委在一个文件中做出这样的评价："不但是万安工农革命胜利的产儿，并且是江西第一个苏维埃，为江西革命开辟了一个新的局面——苏维埃的革命的局面。"[③] 不久，万安暴动领导人张世熙前往莫斯科参加中共六大，并向共产国际第六次代表大会作了介绍暴动经过的报告。

中共中央制定湘鄂粤赣四省秋收暴动计划的初衷，是想以自己掌握

① 许大权：《毛泽东关心万安暴动》，《江西党史资料》第 5 辑，第 135 页。

② 陈正人：《从投身革命到前委和万安县委联席会议》，《江西党史资料》第 5 辑，第 90—91 页。

③ 《江西工农革命的记录》，《江西党史资料》第 5 辑，第 35 页。

的正规军队配合以工农为主要力量的武装暴动，力争在湖南、湖北、广东、江西等省重创乃至推翻国民党新军阀的统治，建立起省一级的工农革命政权，把南方造成全国革命的战略基地。1927 年 10 月，中央宣称“湘鄂粤赣四省的秋收暴动均已告一段落”。① 尽管四省暴动计划没有像预期的那样全面开花，推涨全国的革命高潮，却催生出中国最早的一批县级苏维埃政权。除了当地群众基础好觉悟高、有过多次武装起义的经验、有强有力的党组织和领导人等共同条件外，这些地方大都远离中心城市和交通要道，地形条件较好，敌人力量相对薄弱。苏维埃政权经过工农兵士代表大会依照民主程序选举产生，政府工作人员主要来自工人、农民、城市贫民、士兵等阶层，建立起了粗具规模的政府机构组织，形成了以开展土地革命，镇压反革命分子，巩固政权和苏区，开展经济建设，建立工农地方武装，援助红军，加强青年和妇女工作，破除陈规陋习等为主要内容的施政纲领和工作思路。江西省委还制定了《江西苏维埃临时组织法》《江西苏维埃临时政纲》等法规性文件。早期苏维埃政权的创建产生了重大的示范效应，它们的经验对本省邻近地区乃至全国的影响都是不可低估的。

三 城市暴动:广州苏维埃的标志性意义

广东是中国大革命的发源地，北伐军的出发地，也是国民政府迁往武汉前的全国革命中心。蒋、汪的叛变，使得重回广东打造革命根据地成为中共中央的优先选择。在临时政治局的战略筹划中，广东从一开始就被确定为工农武装暴动的重点地区。南昌起义部队南下入粤，是中央决定起义时便已有所考虑的，也可以说是既定路线。② 中央曾指示广东省委：“贺叶公开与反革命分裂，一到广东即可引起农民的暴动，但粤省委仍应以农民为暴动的主力，只有如此，然后才能使贺叶的军队更加改变

① 转引自李维汉《回忆与研究》上册，中共党史资料出版社 1986 年版，第 180 页。

② 张国焘 1927 年 11 月 8 日给中共中央临时政治局并扩大会议的信中说：决定派恩来同志为前敌委员会书记，其任务是去指导前敌方面工作，准备于必要时，在南浔起义，由赣东入粤，与广东东江农民结合。《南昌起义》，第 68 页。

其性质，更成为革命的军队，如果广东两湖三省的农民暴动都起来了，全国即可改变一个形势；进到土地革命的新时期。”[①] 作为配合，中央还曾设想组建以毛泽东为书记的湘南特委，在湖南郴州、宜章、汝城地区建设革命政权，接受广东革命委员会的指挥。[②] 临时政治局甚至想把中央机关迁往广东[③]，就近指导南方革命的发展。

南昌起义部队南进受挫，中共中央并未因之放弃广州起义的计划，而是于1927年10月上旬指示南方局和广东省委，要尽可能广泛地发动广州周围地区的农民暴动。“广州城内，即须准备暴动，勇猛的号召工人、手工工人、一般贫民起来，夺取驻军、警察武装，以建立工农平民代表会议。”“如取得广州，应当召集各路暴动的农民、工人团体代表（能到多少是多少），开一革命会议，选出中国临时革命政府（广州市工农、兵士、贫民代表会议——实即苏维埃——应为政府之主干）。政府……以保证本党绝对领导权为原则。”并且强调，即使南昌起义部队完全败退，广州周边的农民大暴动，“也须积极进行”。[④] 得知南昌起义部队溃败的确切消息后，中央一度要求南方局停止广州暴动的计划。[⑤] 10月15日，张太雷在香港主持召开南方局、广东省委联席会议。会议认为，广东土地革命运动仍在高涨，暴动的计划仍应继续实现，现在的暴动不应停止，而应努力扩大。当下的任务是扩大土地革命与建立工农兵政权的宣传。土地革命应根本打倒地主制度（不限大、中地主），反对完租，使农民中贫农能普遍热烈地起来参加。政权应归于工农兵代表会（苏维埃），使工农与兵士均能明确的了解土地革命，夺取政权而合作。[⑥] 张太雷说：“过去我们不宣传苏维埃，此后我们将名不虚传地成立工农兵代表委员会。”[⑦]

---

① 《中央政治报告（节录）》，《南昌起义》，第50页。

② 《中共中央给前委的信》《中共中央关于湘鄂粤赣四省农民秋收暴动大纲》，《建党以来重要文献选编（1921—1949）》第4册，第375、383页。

③ 《中央对于长江局的任务决议案》，《建党以来重要文献选编（1921—1949）》第4册，第532页。

④ 《中共中央常委致南方局暨广东省委的信》，《广州起义》，第58—59页。

⑤ 《中共中央致南方并转广东省委函》，《广州起义》，第60页。

⑥ 《中共广东省委通告（第十四号）》，《广州起义》，第65、66—67页。

⑦ 张太雷：《未来的课题》，《广州起义》，第62页。

11 月中旬，粤桂战争爆发，广州落入汪精卫派的张发奎控制之下。广东省委提出要利用两派军阀相互厮杀的时机，扩大各地工农暴动，联合各地暴动成为广东全省的大暴动，以扑灭此两派军阀，建立工农兵的政权。[①] 17 日，中共中央通过《广东工作计划决议案》，要求广东省委迅速组织全省工农起义，建立广东的苏维埃政权。26 日，广东省委召开常委会，共产国际代表纽曼参加，会议决定在广州举行起义，夺取政权。[②] 12 月 5 日，中共中央批准广东省委的起义计划，要求省委“注意广州市及四郊工农群众之发动”，“以广州为集中的目标——夺取省政权是对的，但是，千万不要忽略了乡中土地革命苏维埃政权的根本工作”。并就政权问题特别指示，“应注意：使群众真切了解感觉苏维埃是他们自己的政权。故苏维埃成立之后，在此群众斗争之时，必须（1）多开苏维埃会议，一切重大政策办法都经过这种群众代表会议决定，一切执行政策，须在会议上报告——不要将实权尽归之于县苏维埃执委；（2）代表对选举人实行负责报告；（3）选举人应能实行撤换代表之权……；（4）县城中实行职业选举，工厂选举。”[③] 广东省委向中央报告了广州暴动的准备和策略，其中政纲的第一条即是“建立苏维埃政府（以工人九，农民三，兵士三，党三人组织之）”。[④]

汪精卫迭电张发奎促其坚决反共。张发奎连日密议，准备对广州城内的共产党人下手。形势危急，广东省委决定将暴动日期提前一天。1927 年 12 月 11 日凌晨，广州起义爆发。中国共产党掌握的第四军军官教导团和警卫团分路出击，攻占各重要机关和军事要地，工人赤卫队、市郊的农民赤卫队参加了攻打敌军据点的作战。上午 6 时，以苏兆征为主席的广州苏维埃政府宣告成立。广州苏维埃政府第一次会议随即召开，通过一切政权属于工农兵，实行八小时工作制等十项决议，以广州苏维埃主席苏兆征、人民军事委员张太雷、人民内务委员黄平、工农红军总司令叶挺的名义发表《广州苏维埃政府宣言》，公布了决议的内容。广州

---

① 《中共广东省委通告（第二十五号）》，《广州起义》，第 85 页。

② 《中共广东省委给中央信》《广东政治报告（二）》，《广州起义》，第 94、103 页。

③ 《中共中央给广东省委的信》，《建党以来重要文献选编（1921—1949）》第 4 册，第 738、740、739 页。

④ 《中共广东省委报告（三）》，《广州起义》，第 116 页。

苏维埃的告民众书宣布："广州政权已经被我们无产阶级夺取过来了，广州一切军队都在苏维埃指导之下了，中国被剥削阶级自己起来夺取了政权，这是在中国历史上第一次仅见的。我们誓死保护我们的政权！"① 12日，广东人民拥护苏维埃大会召开，通过了广州苏维埃政府委员名单、政纲。缓过神来的张发奎、黄琪翔调集援兵，在英、美、日等国军舰掩护下，与李福林的第五军合力反扑，包围广州。起义军民坚守街垒顽强抵抗，起义总指挥张太雷中弹牺牲。因敌众我寡，起义军被迫于13日撤离广州，分别向东江、北江地区转移。

被中共中央寄予厚望的广州起义为什么会失败？中共中央与广东省委的看法出现了严重分歧。1928年1月初，广东省委召开全体会议总结起义失败的原因及教训，由新任省委书记李立三主导通过《关于广州暴动问题决议案》。该决议案着重分析了主观指导上的问题，包括以下数点：暴动的最高指导机关完全由知识分子组成，缺乏指挥能力，到了危急时候便恐慌动摇；没有执行以群众为中心的暴动策略，把此次暴动变成军事投机②；工人群众尚未发动起来；农民群众参加暴动的很少；参加暴动的赤卫队数量很少，组织性弱，尤其缺乏军事技术的训练；过去未能积极做兵士工作，以致暴动时不能尽量瓦解敌人的军队；暴动以后党的组织几乎失掉作用，同志都自由行动起来，无法指挥，更无法去领导群众。省委认为，此次暴动"客观上是工农群众革命要求的爆发，但是当时指导完全是军事投机的方法，如偏重军事，不能注意发动群众，不注意党的组织等，以致使此次暴动的胜利不能维持"。③ 几乎同时，中共中央临时政治局也通过了一个决议案，给出了完全不同的看法。这个决议案是以参加起义的共产国际代表的报告为基础的。④ 决议也指出了指导机关的缺点和错误，但强调暴动失败的主要原因是敌人的强大：各派军阀在暴动胜利之后立刻联合起来，集合了三师的兵力，在英、日、法兵舰的帮助下，从北、西、南三个方向进攻广州，而起义的工农群众军事

---

① 《广州苏维埃政府告民众》，《广州起义》，第120页。

② 1928年1月25日的《中共广东省委通告（第七号）》，说明此句应为"把此次暴动计划变成军事投机的方法"。《广州起义》，第301页。

③ 《中共广东省委关于广州暴动决议案》，《广州起义》，第249—252页。

④ 《立三同志致中央政治局信》，《广州起义》，第300页。

上没有经验，缺乏训练，缺少武器弹药，等等。决议对暴动与建立苏维埃的意义给予极高的评价："暴动在苏维埃旗帜之下胜利了。……对于一切人都非常明显的是：这一暴动决不是政权从一派政客之手转移到别派，而是政权之阶级的社会的移转；这是全中国以及全亚洲第一次的伟大的尝试：用被剥削者的政权代替剥削者的政权。"① 起义也因此被中央看作区别不同革命阶段的重要标志："革命已经过渡于比简单的资产阶级国民革命更高的形势，这就是过渡于苏维埃革命——无产阶级领导之下的工农独裁革命，这苏维埃革命又是将来进于社会主义革命的历史阶梯。苏维埃革命已经不是最近将来的任务，而是现在已经开始了，已经成为实际的事实了。"② 其后，广东省委多次致信中央，指出中央决议与事实不符，中央则批评省委对暴动的意义估计不足。在中央的要求下，广东省委被迫撤销了自己的两个决议。③

同样是起义受挫或言失败，中共中央对南昌起义、秋收起义和广州起义采取了完全不同的处理方式，态度可谓天渊之别。南昌起义、秋收起义的领导人都受到组织处理，而广州起义虽败犹荣，中央对之不吝赞美。究其原因，是与八七会议之后的中共中央对革命形势、对道路问题的认识直接关联的。在形势估量和今后革命策略问题上，当时的中央是受"不间断革命"观点支配的。11 月，主持中央工作的瞿秋白发表《中国革命是什么样的革命?》一文，集中阐述了这个观点。文章说，中国革命的无间断性，是指它是由民主主义到社会主义的无间断的革命。中国只有一个革命，中国革命除非不胜利，要胜利便是工人阶级领导农民武装暴动获得政权开辟社会主义道路的革命。瞿秋白断言："革命并未低落，而正在高涨，中国革命的发展，就在速度上，也是有无间断的性质。现在虽还不是全国工农总暴动而有必然胜利之形势，但已经是工农民众四处自发的奋斗起来，有汇合而成较大范围的工农总暴动夺取政权之趋势。"④ 11 月政治局扩大会议决议遵循这一基调，进而提出"造成一省或

---

① 《广州暴动之意义与教训》，《广州起义》，第 266—267 页。

② 同上书，第 279—280 页。

③ 《中共中央通知（第三十五号）》，《广州起义》，第 333 页。

④ 瞿秋白：《中国革命是什么样的革命?》，《瞿秋白文集（政治理论编）》第 5 卷，第 76 页。

几省的革命胜利的局面”① 的口号。按照这个思路，广州起义被赋予了特别的意义。“在中央的认识上，深信这次广州暴动是广东总暴动的开始，是全国各地工农暴动的信号。……这次广州失陷，中央深信只要我们党努力领导已经爆发的农民革命的高潮，领导他作不断的发动，全省的暴动局面是必然成就的。”② 决议还进一步勾画出夺取全国政权的前景和路径。“中国革命阶级便尽有可能于全国工农革命胜利之前，在几个较大的区域之内，博得工农暴动的胜利，建设苏维埃政权，继而保障其胜利，更进而扩大争斗，使此政权扩展到其他区域以及整个四百兆人口的中国。共产党能够而且必须在相当具备的条件之下，在有二千万或四千万人口的省份之中，领导民众起来，夺取一省或几省，在暴动之后组织军队，建立苏维埃政权，使革命扩张于全中国。”③ 虽然广州苏维埃政权只维持三天便失败了，但在中央看来，这并不等于城市暴动道路的失败，城市暴动仍是夺取一省数省乃至全国政权的可靠途径。

与“无间断革命论”相联系的是“城市中心论”。中共中央在广州起义的筹划和发动过程中，多次给予指示，并在起义后发出告民众书，为起义造势。共产国际、赤色职工国际也密切关注起义的进展，连续发表宣言和文告，号召国际无产阶级和被压迫民众给起义以各种援助。中共中央和共产国际之所以如此看重广州起义，很大程度上是由广州的中心城市地位所决定的。无产阶级是中国革命的领导力量和主力军，而无产阶级多集中在大中城市。中国革命要取得胜利，也必须像俄国革命那样，采取城市暴动的斗争形式。这种观念在中央主要领导人瞿秋白、李立三等人头脑中是根深蒂固的。9 月的政治局决议就强调，只能在中心城市建立苏维埃。12 月 15 日，中央致信湖南省委说：“城市要成为暴动的中心指导者，尤其是工人阶级要在暴动中真能领导农民暴动才能成功。这无论在理论上与事实上都是应该如此的。”④ 广州起义失败后下达的有关武装暴动政策的中央通告重申：“城市——无产阶级的中心区域，在这种农

---

① 《中央通告第十六号》,《建党以来重要文献选编（1921—1949)》第 4 册，第 699 页。

② 《中共中央致广东省委信》,《广州起义》，第 221 页。

③ 《广州暴动之意义与教训》,《广州起义》，第 275 页。

④ 《中央致湖南省委信（一)》,《中央革命根据地历史资料文库・党的系统》第 1 册，第 138 页。

民暴动自发的汹涌潮流之中，自然应当成为夺取一或几省政权之总暴动的中心与指导者。”① 受上述观点的支配，中共中央把革命的成功完全寄托在城市暴动上，不仅没有从广州起义的失败真正吸取教训，反而将其看成是新的革命高潮开始的标志。

此外或许还有一个不便明言的原因，那就是，如果否定了广州起义，也就等于否定了共产国际和斯大林对中国革命指导的正确性，而这在当时是完全无法想象的。依照共产国际所谓的“第三期理论”，中国革命的第一时期，是总的民族联合战线时期，也就是广州时期。第二时期是左派国民党的时期，亦即所谓武汉时期。南昌暴动失败结束了左派国民党的时期，而广州暴动开始了中国革命的第三时期，即苏维埃时期。随着第三时期的到来，革命的任务也发生了相应变化。“中国革命现在资产阶级性民权主义的阶段上的第三个任务，已经就是力争建立工农兵代表会议（苏维埃）的政权，这是引进广大的劳动群众参加管理国事的最好方式，也就是实行工农民权独裁制的最好的方式。”“以苏维埃为国家政权形式的工农民权独裁，就可以成为转变到无产阶级独裁的出发点。”② 显然，海陆丰、琼崖、万安等地由地方党组织领导的以农民为主体的局部暴动，那些活动于偏远山区的县级苏维埃，是不足以承担如此使命的，只有依托广州苏维埃这样的大城市苏维埃，才有可能建立国家级的革命政权，实现从工农民主专政向无产阶级专政的转变。基于此，已经失败的广州起义被生生说成是“胜利的暴动”，成为“共产国际在中国革命中历来政策之正确”的证明。③

广州起义失败后的几年中，中共中央一而再再而三地强调广州起义开辟革命新阶段的巨大意义。1928 年 1 月 22 日的中央决议指出：广州暴动“开始了中国革命的新阶段——苏维埃革命的阶段”。“只有这一革命的扩大和深入，达到全国的胜利，才能够解放几万万中国的工农民众，而推翻帝国主义对于中国的统治，建立苏维埃的中国。”④ 中共六大的决

---

① 《中央通告第二十八号》,《建党以来重要文献选编（1921—1949）》第 5 册，第 48 页。

② 《政治议决案》,《建党以来重要文献选编（1921—1949）》第 5 册，第 378—379 页。

③ 《广州暴动之意义与教训》,《广州起义》，第 273 页。

④ 《中共中央关于中国政治现状与最近各省工作方针议决案》，《建党以来重要文献选编（1921—1949）》第 5 册，第 69 页。

议承认“广州暴动在革命失败过程中成为‘退兵时的一战’”，在由劳动群众直接选举产生苏维埃方面做得不够好，同时又肯定广州暴动“开始了中国革命的第三时期——苏维埃时期”。[①] 同年12月的《中国共产党对广州暴动纪念宣言》也称：广州暴动“证明了工农兵代表会议（苏维埃）政权，是完成中国革命（真正民主）政权形式；他开辟了中国革命的新时期——到了苏维埃的阶段”。[②] 1929年11月的一个文件更是不无夸张地放言：“广州暴动如果胜利了，毫无疑义的是中国资产阶级民主革命的最后完成，转变到无产阶级革命的正式开始。”[③] 这清楚地表明，中共中央仍沉浸于中心城市起义的幻想中，弯路还要继续往前走。只是随着农村包围城市的革命道路的确立，广州起义在特定背景下被赋予的符号意义才逐渐淡化了。

四 红色政权理论与新道路的求索

毛泽东是最早提出创建苏维埃政权的中共领导人之一。中央决定发动湘鄂赣粤四省暴动之后，毛泽东受命以中央特派员身份到湖南组织和领导湘赣边界秋收起义。1927年8月20日，毛泽东致信中央，强烈要求抛弃国民党的旗帜，坚决地树起共产党的红旗，用共产党的名义来号召暴动，提出在暴动中应迅即建立苏维埃政权。[④] 湖南省委给中央的报告中也提出：“坚决地夺取整个的湖南，实行土地革命，建立工农兵苏维埃政权。”[⑤] 客观地说，这个时候毛泽东对苏维埃革命的认识，尚未超出对苏俄模式的简单仿效。中央否决了毛泽东的主张，在复信中说，以为“可以抛去国民党的旗帜，实现苏维埃的政权”，“这是不对的”。眼下不是提出苏维埃口号的时机，更不是马上建立苏维埃的时机，起义仍要使用国

---

① 《政治议决案》，《建党以来重要文献选编（1921—1949）》第5册，第385、381页。

② 《中国共产党对广州暴动纪念宣言》，《广州起义》，第369页。

③ 《中共中央关于广州暴动二周年纪念宣传大纲》，《广州起义》，第383页。

④ 《湖南致中央函》，中央档案馆编：《中共中央文件选集》第3册，中共中央党校出版社1989年版，第483—484页。

⑤ 《中共湖南省委给中共中央的报告》，中共湖南省委党史资料征集研究委员会《湘赣边界秋收起义》协作组编：《湘赣边界秋收起义》，湖南人民出版社1987年版，第49页。

民党的旗帜。要求他们“务须”执行中央决议。[①] 秋收起义部队不顾中央禁令，还是举起共产党镰刀斧头的红旗，使用了“工农革命军”的名号。在暴动范围问题上，毛泽东与中央的看法也不一样。中央觉得湖南的条件较好，提出了湘南、湘中和湘东多点同时暴动，然后进攻长沙的暴动方案。[②] 毛泽东不赞同以长沙、衡阳、宝庆三处为中心的全省暴动计划，力主缩小暴动区域。省委采纳毛泽东的意见，决定首先在条件较好的平江、浏阳、醴陵、安源等地发起暴动。[③] 秋收起义遇挫后，毛泽东在文家市前委会议上断然否定了继续进攻长沙的意见，坚持起义部队应转向敌人力量薄弱的农村、山区，在那里寻求落脚点，保存实力再图发展。据谭震林回忆，在做出“安家井冈”决策的古城会议上，毛泽东指出，罗霄山脉中段地势险要，有利于武装割据，开展游击战争。边界特产丰富，群众基础又好。我们可以关了东面打西面，关了南面打北面。敌人奈何我们不得。中国的形势会有大的转变，广大农村是海洋，我们像鱼，农村是我们休养生息的地方。建立以宁冈为中心的湘赣边界武装割据，意义决不限于六县，对夺取湘鄂赣三省政权都是有很大意义的。[④] 避开强敌，主动走向农村，是秋收起义不同于南昌起义、广州起义的一个极其鲜明的特点。

就在批评毛泽东和湖南省委之后不到一个月，中共中央决定彻底抛弃国民党的旗帜，正式提出建立苏维埃政权的任务。11 月中央临时政治局扩大会议进一步提出，要把苏维埃作为党在现阶段的主要口号，把“一切政权归工农兵士贫民代表会议”作为武装暴动的总口号。就是在这次会议上，毛泽东被解除了中央临时政治局委员的职务，理由是他对湖南省委在秋收起义中“军事投机”的错误“应负严重的责任”。[⑤] 12 月 31 日，中共中央致信湖南省委，再次对毛泽东表示不满，责备他“未能

① 《中共中央复湖南省委函》,《湘赣边界秋收起义》, 第 55—56 页。

② 见《两湖暴动计划决议案》,《建党以来重要文献选编（1921—1949)》第 4 册, 第 488—489 页。

③ 《毛泽东年谱（1893—1949)》上卷, 第 212—213 页。

④ 谭震林:《回顾井冈山斗争历史》, 井冈山革命根据地党史资料征集编研协作小组、井冈山革命博物馆编:《井冈山革命根据地》下册, 中共党史资料出版社 1987 年版, 第 11 页。

⑤ 《政治纪律决议案》,《建党以来重要文献选编（1921—1949)》第 4 册, 第 646 页。

实现党的新的策略，在政治上确犯了极严重的错误”。命令湖南省委派人前往红四军传达11月会议决议，改造红四军内党的组织。① 中央的指责是有违实际的。其实大约就是在这个时候，毛泽东已经确定了“以宁冈为大本营”的想法，开始了对井冈山根据地的经营，这与中央来信提出的“在湘赣边境或湖南创造一个深入土地革命的割据局面”的目标是完全一致的。就井冈山地区的政权建设与土地革命而言，与海陆丰等地比较起来毫不逊色，而且更为深入。

从1927年11月底起，秋收起义部队便与省委和中央失去联系，除了偶尔得到湖南、江西两省委和经其转来的中央来信，“党的一切主张政策全不知道”。② 因此，井冈山根据地的政权建设，完全是靠毛泽东等人在实践中摸索着进行。通常的做法是，“红军一占领了某处后，即派大批同志去乡村组织苏维埃，首先召集一个群众大会，宣传苏维埃的意义，即时由群众中选举委员即产生执委”。到后来，已经形成从乡到区到县的比较完备的政权系统。“各县有县苏维埃，其下有区苏维埃、乡苏维埃，凡有党的组织处都有苏维埃的组织。”③ 茶陵县工农兵政府是井冈山地区建立的第一个县级红色政权。1927年11月中旬，工农革命军攻占茶陵，成立茶陵县人民委员会，部队派人去当县长，其他一切还是沿用旧政府的办法。毛泽东得知后，立即去信要求加以改变。11月28日，茶陵县工农兵政府成立，工人出身的谭震林被选为主席。新政权成立后，马上分派人员到城郊农村发动群众，打土豪，组织赤卫队。遂川县工农兵政府成立于1928年1月24日。工农革命军攻入遂川县城，赶走了地主武装靖卫团。在遂川县工农兵政府成立大会上，选举贫苦农民王次淳为政府主席，宣布全县工农兵代表大会为最高权力机构，宣读了由毛泽东主持制定的施政大纲三十条。2月21日，宁冈县工农兵政府成立，雇农出身的文根宗被选为主席。因为中央没有制定统一的苏维埃组织法和政纲，井冈山

---

① 《中央致湖南省委信》，井冈山革命根据地党史资料征集编研协作小组、井冈山革命博物馆编：《井冈山革命根据地》上册，中共党史资料出版社1987年版，第64页。

② 毛泽东：《井冈山前委对中央的报告》（1928年11月25日），《毛泽东选集》第4卷，东北书店1948年版，第517页。到1929年1月离开井冈山，红四军前委总共收到两封中央来信。

③ 《杨克敏关于湘赣边苏区情况的综合报告》，《井冈山革命根据地》上册，第277页。

各县政权机构都是根据实际需要设置的，县政府一般下设土地部、财政部、军事部、教育部等四五个部，每部有三四个工作人员。遂川县工农兵政府还发布了施政大纲，规定："工人、农民、士兵和其他贫民，都有参与政治的权利"；"凡工农兵平民有集会、结社、言论、出版、居住、罢工的绝对自由"；"全县工会、农民协会、工农革命军的组织到了全县以上的时候，应立即召集全县工农兵代表大会，并选举正式人民委员会，为全县执掌政权的机关"；"凡地主、祠庙、公共机关的田地、山林和一切附属"，分给"贫苦人民和退伍士兵耕种使用"；"工农平民从前的欠债、欠租、欠税、欠捐，一律停止偿还和缴纳"。① 这个大纲较为完整地反映了中国共产党在民主革命中的主要政治主张，代表了工农群众的要求和愿望，为井冈山地区和后来赣南、闽西等根据地的政权建设提供了蓝本。1928 年 5 月中旬，湘赣边界工农兵苏维埃政府在宁冈茅坪成立，袁文才任主席，设土地、军事、财政、司法四个部和工农运动、青年、妇女等三个委员会，统一领导边界各县工农兵政府。6 月 23 日龙源口战斗后，井冈山革命根据地进入全盛期。"割据区域计有宁冈全县、永新全县、莲花全县，吉安一小部分、安福一小部分，遂川之北乡、酃县之东南乡一部，横直数百里。方在极力做深入土地革命的工作，分配土地，建设苏维埃，肃清封建残余，创造工农武装，并发展党的组织，以期巩固即得之胜利，同时并企图渐次向外发展，以推广和扩大割据区域。"②

在井冈山的割据实践中，军事斗争是开辟、巩固和发展根据地的先决条件和有力支撑。政权建设也好，土地革命也好，都离不开武装力量的保卫。1928 年 4 月中旬朱毛部队会师，使井冈山的军事力量得到极大加强。毛泽东高度重视政治上建军，为部队确定了支部建在连上、官兵一致、三大任务、三大纪律六项注意等建军原则，通过强有力的思想政治工作，以及对绿林武装的改造，努力打造一支新型人民军队。除了打仗，发动群众、创建红色政权、领导分田分地也是红军的重要任务。在战略战术上，则是坚持以根据地为依托，灵活机动，力避强敌，拣弱的打，形成了以"十六字诀"为中心的游击战争作战原则。地方武装是主

① 《遂川工农县政府临时政纲》,《井冈山革命根据地》上册，第 71—73 页。

② 《杨克敏关于湘赣边苏区情况的综合报告》,《井冈山革命根据地》上册，第 260 页。

力红军的重要配合力量，随着割据区域的不断扩大，边界各县都建立了县赤卫大队，区、乡两级也有赤卫队、暴动队。“各县的地方武装，赤卫队各有快枪数十或两百余不等，枪枝半由红军中拨给，半由自己在斗争中得来，合计赤卫队的枪枝共有九百余枝。”① 红军在根据地作战时，地方武装给以有力配合。红军主力离开后，地方武装便承担起保卫根据地的重任。井冈山所创造的正规红军、地方武装、赤卫队相结合的武装力量体制，在保卫根据地和边界政权的军事斗争中发挥了重要作用，后来也为各大苏区所采用。

实行坚决的土地革命，则极大地激发出广大农民的革命积极性，组织起来的贫苦农民成为红色政权坚实的群众基础。1927 年 11 月和 1928 年 5 月，毛泽东分别在宁冈茅坪和永新塘边村开展农村调查，对边界地区土地占有状况得出如下结论：“大体说来，土地在百分之六十以上在地主手里，百分之四十以下在农民手里。”② 1928 年 2 月，毛泽东亲自到宁冈大陇乔林村进行分田试点。3 月，工农革命军在酃县中村、桂东沙田进行小规模分田试验。5 月，中共湘赣边界第一次代表大会提出了“深入割据地区的土地革命”的政策。此后的两个月，井冈山地区展开广泛的分田运动。分田主要在乡苏维埃主持下进行，部队抽调干部，深入各县发动群众，掌握政策，指导分田。湖南省委巡视员杜修经 6 月中旬的报告述及：“现在宁冈的土地已快分清楚，永新也分了一部分。分配的方法，多以乡苏维埃为单位，由区苏维埃派人协同乡苏维埃将全乡每家土地、人口调查清楚（如少报土地的，查出后，即取消其分田的权利），再由乡苏维埃将人口、土地统计，看每家分多少，乃根据他原有的田数定其应出进多少。分定后出一榜，又依榜到各田去插一牌子，即归其正式营业。如过去我耕田很多，现在分少了，原田分给别人了，农民便要拔去秧苗，不要好了别人，结果是由现得田的人补以工钱，或将来平均分谷解决了。照他们这种方法，每人可分谷八担，大小人口一样的多。”③ 中共湘赣边界特委书记杨克敏也在报告中说：在边界的割据区域内，曾经普遍地分

---

① 《杨克敏关于湘赣边苏区情况的综合报告》，《井冈山革命根据地》上册，第 267 页。

② 毛泽东：《井冈山前委对中央的报告》，《毛泽东选集》第 4 卷，第 529—530 页。

③ 《杜修经给湖南省委的报告》，《井冈山革命根据地》上册，第 130 页。

了田。[①] 土地革命的开展，摧毁了农村中的封建土地所有制和生产关系，实现了乡村社会结构的改变和重组。在斗争中得到实际利益的广大贫苦农民，成为边界苏维埃政权的忠实拥护者。

毛泽东是把井冈山作为长期的战略基地进行经营的。对中共中央、江西省委、湖南省委、湘南特委或要求红军去赣南，或去湘南，或去湘东，他内心都是不赞成的。1928年5月初，他经江西省委致信中央说明："所以不直下吉安者，因采取对内对外都使深入的策略，以永新为中心而附近各县发起暴动。对内建立党（军队的），军队筹款子做衣服；对外帮助地方发起工农暴动，建立工农政权分配土地。因此决定把打吉安的功夫来做这些事比较的有意义的多。"[②] 6月中旬，又致信湖南、江西两省委并转中央，阐述以宁冈为中心的考虑："以宁冈为大本营，其理由有三：A. 此间系罗霄山脉中段，地势极好，易守难攻。B. 党在此间是由无组织进为有组织，民众比较有基础（赤卫队、赤色游击队组织了），弃之可惜。C. 湘南、赣南只能影响一省并只及于上游，此间可影响两省并能及于下游。因此三个理由，我们只有用全部力量与敌人争斗，决无退却抛弃。"[③] 他还当面对湖南省委代表表示：我们看永新一县，要比一国还重要，所以现在集中人力在这一县内经营，想在最短的时间内，建设一个党的坚实基础。[④] 他在给湖南省委的信中感慨颇深地说："过去全国暴动，各地曾蓬勃一时，一旦敌人反攻，则如水洗河，一败涂地。此皆不求基础巩固，只求声势浩大之故。我们此刻力矫此病，一面为军事建立一大本营，一面为湘、赣两省暴动前途建立一巩固基础。"[⑤] 可惜，毛泽东的良苦用心并未得到理解。边界割据时期遭遇的两次重大损失，即"三月失败"和"八月失败"，均与湘南特委和湖南省委不顾湘敌强大，强令井冈山主力部队冒进湘南有关。

---

① 《杨克敏关于湘赣边苏区情况的综合报告》，《井冈山革命根据地》上册，第275页。

② 《中共江西省委转来毛泽东同志的信》，《中央革命根据地历史资料文库·党的系统》第1册，第327页。

③ 《给湖南江西省委转中央的信》，《毛泽东军事文集》第1卷，军事科学出版社、中央文献出版社1993年版，第8—9页。

④ 《杨克敏关于湘赣边苏区情况的综合报告》，《井冈山革命根据地》上册，第251页。

⑤ 《中共湘赣边特委和红四军军委给湖南省委的报告》，《井冈山革命根据地》上册，第248页。

经过一年多的湘赣边界地区割据的实践，毛泽东开始把对苏维埃政权建设的基本路径和内容，对于农村和农民在中国革命中的地位作用的认识，提炼为系统性的理论。在 1928 年 5 月下旬召开的中共湘赣边界第一次代表大会上，他所作的报告总结创建井冈山根据地的经验，初步回答了红四军部分官兵中存在的“红旗到底打得多久”的问题。[①] 10 月，又起草《湘赣边界各县党第二次代表大会决议案》，深入分析中国红色政权能够发生、存在的原因和条件，强调“‘工农武装割据’的观念，是共产党和割据地方工农群众必须充分具备的一个重要观念”。他还颇具远见地指出了小块红色政权存在与发展的前景：“全国革命是向前发展的，则小块红色政权之长期存在不但没有疑义，而且必然的要做政权取得的许多力量中间之一个力量。”“不但小块红色政权之长期存在没有疑义，而且是继续发展日渐接近总政权之取得的。”[②] 这清楚地说明，毛泽东已经从夺取全国政权的战略高度，看待边界割据及红色政权创建与发展的意义。

11 月初，红四军前委收到中共中央 6 月 4 日的来信。中央认为，目前工农革命运动虽尚未到一个全国的高潮，但一天一天地在继续高涨。湘、鄂、赣、粤几省已经进入了深入土地革命的阶段，在这几省有暴动夺取省政权的可能。中央给红四军的任务是，在湘赣或赣粤边界“发动广大的工农群众，实行土地革命，造成割据的局面向四周发展而推进湘鄂赣粤四省暴动局面的发展”。[③] 来信提出了一些正确意见，比如，强调加强无产阶级及其政党的领导作用，加强对红军组织上政治上的改造，加强苏维埃政权建设，防止党命令苏维埃的毛病，批评一个时期中存在的过度烧杀的现象，指示成立统一领导边界地区的红四军前委，成立割据区域的最高苏维埃等。毛泽东与井冈山党政军领导对来信进行深入讨论后，于 11 月 25 日写出《井冈山前委对中央的报告》。[④] 报告总结井冈山斗争中有关党的领导、武装斗争、土地革命、根据地建设等工作的经

---

① 《中国革命战争的战略问题》，《毛泽东选集》第 1 卷，人民出版社 1991 年版，第 188 页。

② 《湘赣边界各县党第二次代表大会决议案》，《井冈山革命根据地》上册，第 183—184 页。

③ 《中央给前敌委员会的信》，《井冈山革命根据地》上册，第 117 页。

④ 这个报告编入《毛泽东选集》时，题为《井冈山的斗争》。

验，对红色政权思想作了更为系统完整的阐述。报告指出，苏维埃割据的存在及发展，必须具备一些基本条件，这些条件是："（1）有很好的群众；（2）有很好的党；（3）有相当力量的红军；（4）有利于作战的地形；（5）有足够给养的经济力。"① 报告尤其强调了从战略高度进行正确判断和决策的重要性。"全国各地许多小块赤色政权之失败，不是客观上条件不具备，就是主观上策略弄错误。至于主观上策略之所以错误，乃全在未曾把统治阶级政权稳定时期与破裂时期这两个不同的时期分别清楚。"② 井冈山根据地能够不断发展，主要原因就在于采取了一系列正确的政策。毛泽东还对土地革命中的阶级政策进行了深入思考，提出了需要重视争取中间阶级的问题。他认为，实行没收一切土地重新分配的办法，对自耕农打击过重，是拿不住中间阶级的主因。其后果是，白色恐怖一来，中间阶级几乎完全依附于豪绅阶级，使贫农阶级成了孤军。他提出了"向自耕农让步"的设想，即在新区不采取没收政策，使自耕农帮助贫农打击豪绅势力。报告重申，以宁冈为中心的罗霄山脉中段是最有利于实行割据的，"罗霄山脉中段政权之创造与扩大这个政策，是十分必要与十分正确的"。③

红色政权理论产生于湘赣边界工农武装割据的实践土壤之中，它把移植于外国的苏维埃政权与中国社会自身要求的土地革命结合起来，着重解决了在中国进入土地革命阶段以后，共产党应该如何在偏远乡村创造根据地，建立和巩固革命政权，深入开展土地革命的问题。在这里，武装斗争是主要斗争形式，土地革命是主要斗争内容，革命根据地是主要战略依托，三者紧密联系，相互配合。这样一条苏维埃政权本土化的路子，显然有别于当时中央所主张和希望的，通过朝夕之间的突发式的中心城市起义，一举夺取政权取得革命胜利的路子。其突出特点有二：一是坚持立足乡村，经营乡村，以乡村为革命的前进基地。二是强调革命的渐进性和长期性，实行有步骤地推进。这无疑是中国共产党早期武装暴动和政权建设最重要的理论收获。当然，这个时候的毛泽东作为一个割据区域的领导人，也还

① 毛泽东：《井冈山前委对中央的报告》，《毛泽东选集》第4卷，第516页。

② 同上书，第516—517页。

③ 同上书，第542页。

没有全党应把工作中心放在乡村的思想，他的过人之处，在于对农村革命根据地和政权建设的战略作用，有了独创性的思考和认知。所以，毛泽东在 1965 年 5 月重上井冈山时才说：“土地革命时期，我们建立了农村革命根据地，点燃了‘工农武装割据’的燎原之火。井冈山的斗争，指出了农村包围城市、武装夺取政权道路的新方向。”① “新方向”一词，恰如其分地表达了井冈山红色政权建设实践的真正意义。

结 语

中国苏维埃运动的兴起，与国共合作破裂并由此导致的大革命失败有着历史的因果关系。依照中共二大以后形成的革命理路，民主革命的目标是建立一个基本上属于资产阶级性质的国家政权，等到这一步完成以后，再来进行社会主义革命，建立无产阶级专政的苏维埃国家。国民党新军阀突如其来的叛变，阻断了这个正常的逻辑进程，曾经前途光明的大革命訇然坍台，中途夭折。作为对这一重大事变的因应，中国共产党独立做出了武装反抗国民党的决策，组织和领导了一系列工农武装暴动。而暴动后采取苏维埃政权形式的决定，更大程度上是在共产国际主导下匆忙做出的。它是以这样一个判断为前提的，即资产阶级和小资产阶级上层已经完全背叛革命，革命的动力只有无产阶级和农民，中国革命只能由无产阶级领导农民来完成。因此，新政权的构成不应再包括资产阶级和小资产阶级上层在内，只能实行工农民主专政的苏维埃制度。这个推论在十年内战中一直影响着中国共产党政治路线和阶级政策的制定。不过，苏维埃这颗来自国外的种子，终究还是乘着工农武装暴动的风雨裹挟，沉落在古老中国的土壤里。在武装斗争的路径选择上，中国共产党决策层显然没有从广州起义的失败中汲取教训，仍把革命成功的全部希望寄托于城市暴动。准备暴动和实行暴动，被看作推翻帝国主义和国民党政权的唯一出路。② 为了实行这种以城市为中心、以暴动为夺取

① 汪东兴:《汪东兴日记》(1965 年 5 月 26 日)，中国社会科学出版社 1993 年版，第 230 页。

② 《政治议决案》,《建党以来重要文献选编（1921—1949)》第 5 册，第 389 页。

政权主要手段的斗争策略，中央要求被置于从属和配合地位上的农村根据地和红军“积极的向外发展，扩大苏维埃区域”[①]，以促成直接革命形势的及早到来，完全没有从事长期战争的思想准备和打算。然而，在远离莫斯科和大上海的井冈山，从湘赣边界工农武装割据的斗争实践中产生的红色政权理论，坚持把武装斗争、土地革命和政权建设有机结合起来，采取游击战争的战略战术与强敌周旋，在敌人统治薄弱的广大乡村经营长期的巩固的革命根据地，则为中国革命指示出另外一个可能的方向，开启了中国共产党人自主探索革命政权建设的先河。

① 《中共中央给毛泽东等的指示信》，《建党以来重要文献选编（1921—1949）》第5册，第588页。从内容判断，此信写于中共六大之后。

若即若离:战后中朝两党关系的初步形成(1945—1950)*

沈志华

中朝两国关系源远流长，但是对于20世纪以来的中朝关系，特别是中朝两国共产党人之间的关系，无论在中国还是国际学界，目前还缺乏深入的研究。[①] 笔者分阶段考察了自1919年朝鲜共产党建立到1945年第二次世界大战结束期间中朝两国共产党人之间的关系，研究的结论是，到1928年10月共产国际做出决议，宣布不承认现存的各派朝鲜共产党之前，除了少数朝鲜革命者加入中国共产党，中朝两党没有直接的联系和交往。30年代初，移居中国的朝鲜革命者和共产党人陆续融入中国共产党，他们或者以个人身份加入中国共产党（如在东北地区），或者以反法西斯国际同盟的名义接受中国共产党领导（如在关内地区），所以也谈不上存在两党关系。直到第二次世界大战结束，在苏联（哈巴罗夫斯克）和中国活动的朝鲜共产党人相继回国，并在苏共的帮助下建立起统一的

* 本文原载《近代史研究》2016年第2期。本文为国家社会科学基金特别委托项目“中国周边国家对华关系档案收集及历史研究”（15@ ZH009）的中期研究成果。

① 杨昭全：《建国60年来我国的朝鲜·韩国史和中朝、中韩关系史研究综述》，《朝鲜·韩国历史研究》第12辑，延边大学出版社2012年版，第434—479页。国外学者的专门研究也很少，只是在讨论朝鲜共产党早期历史或苏朝关系历史时，对中朝两党关系有所涉及。

朝鲜劳动党，中朝两党才初步建立起某种组织上的关系。①

1945—1949 年，中国大陆和朝鲜北部同时出现了共产党政权建立的历史过程，这是此期中朝关系最值得注意的历史背景。然而，相关的研究大多是讨论中华民国与大韩民国临时政府的关系②，偶尔涉及中国共产党与朝鲜劳动党之间的关系，也只是简单地提到国共内战期间北朝鲜对中国共产党的援助，且缺乏考证和分析。③ 笔者拟利用中国、朝鲜、俄国、美国的有关档案文献及史料，对此期中朝两党关系进行初步梳理。

此时中国共产党与朝鲜共同面对的问题是：战后不久形成的两大阵营对抗的冷战格局对中朝关系的发展有着明显的制约；北朝鲜成为苏联的卫星国，而中国共产党的成败也在很大程度上依赖苏共对华政策的变化，因此苏联因素在中朝两党关系中发挥了重要作用；在中国（主要是东北地区）生活着一百多万朝鲜移民，中共队伍里也有大量朝鲜族干部和战士，作为跨界民族，这个群体中绝大多数人的国籍尚未确定，并存在较强烈的民族情绪，从而使中朝这对革命战友陷入了民族认同的纠葛。④ 这些政治、历史和民族的背景，构成了此期中朝两党关系的特殊性：无论是相互支持和帮助，还是难以避免的分歧和矛盾，似乎都不是

---

① 详见沈志华、崔海智《朝鲜共产党早期历史再述：国外篇（1919—1924）》，《韩国研究论丛》第 27 辑，社会科学文献出版社 2014 年版；《朝鲜共产党早期历史再述：国内篇（1925—1935）》，《韩国研究论丛》第 29 辑，社会科学文献出版社 2015 年版；沈志华《同命相连：朝鲜共产党人融入中共的历史过程（1919—1936）》，《社会科学战线》2015 年第 2 期；《试论八十八旅与中苏朝三角关系——抗日战争期间国际反法西斯联盟一瞥》，《近代史研究》2015 年第 4 期；《苏联与北朝鲜政权的建构（1945—1949）》，《俄罗斯东欧中亚研究》2015 年第 3 期。

② 参见杨昭全《建国 60 年来我国的朝鲜·韩国史和中朝、中韩关系史研究综述》，《朝鲜·韩国历史研究》第 12 辑，第 468—474 页。

③ 如［韩］李钟奭《北韩—中国关系（1945—2000）》（韩文），（首尔）图书出版中心 2000 年版，第 59—70 页；赵素芬《周保中将军传》，解放军出版社 1988 年版，第 516—522 页；赵俊清《周保中传》，黑龙江人民出版社 2011 年版，第 493、590—591 页；姚光《解放战争时期朝鲜人民对我国的支持》，韩俊光、金元石主编《中国朝鲜族历史研究论丛》Ⅱ，黑龙江朝鲜民族出版社 1992 年版，第 53—57 页。

④ 直到 20 世纪 50 年代初，大部分移居中国的朝鲜人没有确定其国籍。对于他们的称呼，史料中有“朝鲜人”“朝鲜族”“韩人”“朝侨”“韩侨”等，概念比较混乱。笔者在使用这些概念时，只是出于行文方便，完全没有对其国民属性认定的意思。1953 年以后，这方面的概念比较明确，一般来说，朝鲜民族中没有加入中国国籍的统称“朝鲜人”，取得中国国籍的称“朝鲜族”，居留中国而来取得国籍的称“朝侨”。

公开表现出来的。总体感觉，在中华人民共和国成立之前，中朝两党的关系仍然处于一种若即若离的状态。

一　东北内战时期朝鲜提供的援助

关于中国内战时期中国共产党与朝鲜的关系，研究者通常都会谈到朝鲜援助中国共产党、帮助中国革命的各种情况。金日成本人在其著作和回忆录中也多次讲述这一问题。① 一些朝鲜作者对此更是赞不绝口：金日成以国际主义和世界革命的眼光看待中国革命；在东北解放战争中，朝鲜部队“作为主力”给中国“指战员以鼓舞和勇气”；在国共内战的严重关头，金日成亲赴丹东（安东）出席辽东军区作战会议，“指明了扭转当前困难局面的战略战术”；金日成还派了一个炮兵团援助中国共产党作战，从东北一直打到海南岛；1949 年 2 月中国共产党派人到平壤，请求朝鲜帮助把中国的解放战争进行到底，金日成“欣然答应”。② 尽管这些说法有很多夸张、吹嘘甚至虚构的成分，但朝鲜在中国内战时期向中国共产党提供了大量帮助却是一个基本史实。

从地理位置看，东北对于中国革命取得胜利的意义不言而喻。早在抗战胜利前夕，毛泽东就在中共七大提出，“东北是一个极其重要的区域”，是革命胜利的“基础”。③ 日本投降后不久，国共便开始争夺东北。1945 年 9 月 24 日，主持中央日常工作的刘少奇建议东北局，应将主力部队集中“布置在靠近热河、外蒙、苏联、朝鲜的地区，以便生存发展”。④ 9 月 28 日又指示：“我军进入东北的部署，应将重心首先放在背靠苏联、

---

① 《金日成全集》（朝鲜文），第 2 卷第 19—24 页，第 6 卷第 260—262 页，第 8 卷第 384—389 页，（平壤）朝鲜劳动党出版社 1992 年、1993 年、1994 年版；［朝］金日成：《金日成回忆录：与世纪同行》第 8 卷，（平壤）外文出版社 1998 年版，第 223—225、261—265 页。有趣的是，在平壤出版的中文版《金日成著作集》中，这些文章都没有收入。

② ［朝］吉在俊、李尚典：《金日成与中国东北解放战争》，韩宽浩等译，（平壤）外文出版社 2011 年版，第 62、139、168 页。

③ 中共中央文献研究室编：《毛泽东文集》第 3 卷，人民出版社 1996 年版，第 410—411 页。

④ 中共中央文献研究室编：《刘少奇年谱（1898—1969）》上卷，中央文献出版社 1996 年版，第 502 页。

朝鲜、外蒙、热河有依托的有重点的城市和乡村，建立持久斗争的基点。"[①] 在国民党大兵压境而苏联占领军出于外交考虑又不愿全力提供支持的不利情况下，中共中央提出了"让开大路、占领两厢"和建立东北根据地的应对方针。[②] 根据中央的精神，东北局 12 月 15 日提出，东北工作的重心是"背靠朝鲜、苏联、外蒙、热河创造大块的巩固根据地"。[③] 从上述指示的措辞变化便可以感到，中国共产党对朝鲜可能提供的实际帮助看得越来越重要。的确，中国共产党长期远离东北，突然要在这里建立根据地，自然是缺乏根基、困难重重。率部进入东北后，黄克诚在 1945 年 11 月 26 日致电毛泽东，报告了中国共产党及其部队在东北"七无"的情况：无党（组织)、无群众（支持)、无政权、无粮食、无经费、无医药、无衣服鞋袜。[④]

1946 年 4 月至 5 月，国民党军队大举北进，苏联占领军陆续撤出，中国共产党在东北面临严峻局面，建立巩固根据地已成当务之急。而在保障根据地军事、经济和社会供给方面，来自朝鲜的支持和援助无疑是至关重要的因素之一。为此，东北局副书记陈云指示："借道北朝鲜开辟水陆运输通道，解决我物质运输燃眉之急。"[⑤] 东北局寻求朝鲜援助，主要是通过两种联系方式：私人关系和设置机构。一般来说，紧急的、特殊的事情都通过私人渠道解决，而办事机构则处理日常事务。

金日成是一个很念旧的人，特别是对那些与他并肩战斗并帮助过他的中国战友。[⑥] 因此，原抗联教导旅（对外称苏联远东红旗军第八十八特别步兵旅）旅长周保中及其抗联旧部便成为中朝两党联系的重要纽带。[⑦]

---

① 中央档案馆编:《中共中央文件选集》第 15 册，中共中央党校出版社 1991 年版，第 300 页。

② 《刘少奇年谱（1898—1969)》上卷，第 530—531、534—535 页。

③ 中共中央党史资料征集委员会等编:《辽沈决战》下，人民出版社 1988 年版，第 600—601 页。

④ 黄克诚:《黄克诚自述》，人民出版社 1994 年版，第 196—197 页。

⑤ 赵俊清:《周保中传》，第 493 页。

⑥ 金日成在其回忆录中，有很大的篇幅讲述革命胜利后他与中国战友的友谊之情。见［朝］金日成《金日成回忆录：与世纪同行》第 8 卷，第 215—234 页。

⑦ 抗联教导旅及周保中与金日成的关系，详见沈志华《试论八十八旅与中苏朝三角关系》，《近代史研究》2015 年第 4 期。

金日成与周保中分手后，仍然保持着电台联系。[①] 周保中第一次到朝鲜是在1946年3月，以东北民主联军副司令的身份要求朝鲜提供紧急援助，而金日成则专程从平壤赶到图们对岸的南阳与其会面。金日成答应："凡是与中国战友将在东北进行的战争有关的问题，我们都将给予解决，给予一切可能的支援。"[②] 此后，周保中还派其夫人及战友王一知四次去朝鲜求援。其他抗联战友彭施鲁、王效明、姜焕周等也受各自所在部门的派遣，担任过这种联系工作。[③]

中共东北局在境内和境外分别设立了与朝鲜联系的办事处。1946年6月东北局和东北民主联军总部派人到东满根据地口岸城市图们设立办事处，主要任务是保护通往朝鲜南阳的图们江大桥，保障交通运输通畅，负责过往人员安全保卫，保证前方的物资供应。9月成立东北贸易总公司图们办事处，与东北局的办事处合署办公。11月东北局规定图们办事处为东北局、民主联军总部及吉林军区的"代表机关"，饶斌任处长，其职责是"掌管对外贸易政策及对外接洽"，全力完成吉林省的进出口任务，兼管治安、海关及边境事务。1947年6月改称东北行政委员会驻图们办事处。[④] 1946年7月，东北局指派朱理治和萧劲光到平壤组建东北局驻朝鲜办事处，对外称朝鲜利民公司。同年9月萧劲光回国，朱理治留平壤担任东北局派驻朝鲜的全权代表。办事处的主要任务是通过与朝鲜的交涉，撤退、安置部队伤病员；转移战略物资；沟通东北各根据地之间及与大连的物资交流；安排人员过境；采购军需物资；促进经济贸易往来；协同朝鲜做华侨工作。办事处还在南浦、新义州、满浦和罗津设有四个

---

① 周保中：《东北抗日游击日记》，人民出版社1991年版，第828页。

② ［朝］金日成：《金日成回忆录：与世纪同行》第8卷，第224页；吉在俊、李尚典：《金日成与中国东北解放战争》，第117—119页。

③ 赵素芬：《周保中将军传》，第517—522页；［朝］金日成：《金日成回忆录：与世纪同行》第8卷，第224—227页；中共吉林省委党史研究室编：《周保中将军和他的抗联战友》，吉林教育出版社1993年版，第81页。

④ 中共中央文献研究室编：《陈云文集》第1卷，中央文献出版社2005年版；第554—555页；蒋泽民《解放战争时期的图们办事处》，姚作起主编：《硝烟千里——解放战争时期的朝鲜族人民》，辽宁民族出版社1997年版，第102页。

分办事处。[①] 中朝双方都很重视办事处的工作，朝鲜劳动党平安北道委员会和人民委员会内务省都为此投入了很大精力，东北局财经委员会书记李富春也曾亲临平壤领导商务谈判。[②] 朱理治与金日成、崔庸健（崔石泉，Choe Yong - gon）等朝鲜领导人来往密切，更经常与朴一禹（Pak Ilu）、武亭（Mu Chong）、姜健（姜信泰，Kang Kon）等曾在中国战斗过的干部豪饮忆旧。就连驻朝苏军军官也喜欢到办事处来饮酒吃菜，联络感情。[③]

经过对目前已广泛使用但颇为混乱的史料进行梳理、考证，朝鲜提供的援助大体表现在以下几个方面。

第一，通过贸易的方式向中共提供急需的物资。双方的物资交流主要体现在一年一度的贸易协定上。朝鲜出口的主要是用于军事的硫酸、硝酸、甘油炸药和苦味炸药等，以及机车、机器、桥梁材料、油料、无烟煤、水产品和民用产品。如 1946 年和 1947 年春，在山东活动的中共军队两次就采购 420 吨炸药、200 吨硝酸、100 吨丙酮、300 万个雷管、120 万米导火索和 15 万双鞋子。[④] 中方出口的主要是粮食，以及烟煤、沥青和一些生活日用品。如陈云 1946 年 11 月指示，从 1947 年 1 月起，北满每月要向朝鲜发运 2500 吨粮食。[⑤] 仅 1947 年至 1948 年，中国共产党通过赠予和物资交换的方式，就向朝鲜提供了近 5 万吨粮食。[⑥] 除此之外，在紧急情况下，据驻韩美军获取的情报，中共军队（如李红光支队）也派

---

① 丁雪松等：《回忆东北解放战争期间东北局驻朝鲜办事处》，中共中央党史资料征集委员会编：《中共党史资料》第 17 辑，中共党史资料出版社 1986 年版，第 197—200 页。

② 中共河南省委党史研究室编：《纪念朱理治文集》，中共党史出版社 2007 年版，第 240 页；丁雪松等：《回忆东北解放战争期间东北局驻朝鲜办事处》，《中共党史资料》第 17 辑，第 204—205 页。

③ 吴殿尧、宋霖：《朱理治传》，中共党史出版社 2007 年版，第 468—470 页。

④ 丁雪松等：《回忆东北解放战争期间东北局驻朝鲜办事处》，《中共党史资料》第 17 辑，第 204—205 页；中共中央文献研究室编：《陈云年谱（1905—1995）》上卷，中央文献出版社 2000 年版，第 468 页。

⑤ 《陈云年谱（1905—1995）》上卷，第 472 页。

⑥ 丁雪松等：《回忆东北解放战争期间东北局驻朝鲜办事处》，《中共党史资料》第 17 辑，第 207 页。

人私下过境，与朝鲜方面直接联系，用粮食换取军需物资。① 到目前为止，尚未发现此期双边贸易总额的材料。

第二，在朝鲜境内为中共军队提供庇护所。1946 年夏季，国民党军队占领沈阳、长春，切断了中共南满与北满的联系，10 月在南满地区发动大规模进攻。② 中共军队被迫转移，但伤病员、家属很难随部队行动，大量物资更无法携带。为此，中共东北局只能求助于朝鲜。1946 年 11 月，据中国研究者的说法，周保中派王一知第二次赴朝，请金日成帮助解决南满部队中 2 万多名伤病员、家属及后勤人员和 2 万多吨物资转移到朝鲜的问题。③ 朝鲜的著作还提到，金日成曾回忆说，因受到辽东军区司令员萧华邀请，他亲自赶赴安东，经过会谈，同意接受中共部队的伤病员及其他人员。④ 但无论如何，中共党史资料显示，撤离安东前，“安东省政府已开始将大批军需物资和其他主要物资转移到太平哨和朝鲜”。⑤ 另根据朱理治给东北局的报告，通化、安东失守后，中国共产党有 1.5 万多名伤兵和家属退到北朝鲜，分散安置在朝鲜居民家中，重伤员则住进医院治疗，直到 1947 年 6 月还有 2000 多人滞留朝鲜。中国共产党暂交朝鲜保存的物资有 2 万多吨，往来都是动员朝鲜劳动党党员帮助搬运的。⑥ 不仅如此，除留下少量部队打游击，中共安东地委党政机关和地方武装也全部撤到了朝鲜。⑦ 此外，朝鲜也成为中共军队作战不利时的避难所。例如，1946 年 6 月，起义的国民党军 184 师被杜聿明部队追赶到鸭绿江

① 详细报告见 Institute of Asian Culture Studies，Hallym University（ed.），*HQ*，*USAFIK*，*Intelligence Summary Northern Korea*，1989，Vol. 1，No. 30，pp. 489 – 490；Vol. 2，No. 35，pp. 32 – 33；Vol. 4，No. 152，pp. 98 – 102。朝鲜的材料似乎可以证明部分情报的真实性，见吉在俊、李尚典《金日成与中国东北解放战争》，第 74—75 页。

② 《辽沈决战》下，第 620 页。

③ 赵素芬：《周保中将军传》，第 518—520 页。金日成在回忆录里把时间说成是 1947 年初（［朝］金日成：《金日成回忆录：与世纪同行》第 8 卷，第 225 页），有误。

④ ［朝］吉在俊、李尚典：《金日成与中国东北解放战争》，第 109—110 页。韩国学者的著作也提到此事，见［韩］李钟奭《北韩—中国关系（1945—2000）》（韩文），第 65 页。

⑤ 中共辽宁省委党史研究室、中共丹东市委党史研究室编：《解放战争时期的安东根据地》，中共党史出版社 1993 年版，第 10 页。

⑥ 《纪念朱理治文集》，第 240 页。也有材料说，过境伤病员等共 18000 人，战略物资的 85% 转移到鸭绿江东。丁雪松等：《回忆东北解放战争期间东北局驻朝鲜办事处》，《中共党史资料》第 17 辑，第 201 页。

⑦ 《解放战争时期的安东根据地》，第 12 页。

边的辑安，无路可逃，直到朝鲜允许入境才摆脱困境。① 据韩国独立党东北特派员办事处报告，“中央军进驻安东时，八路军约 4 万人进入朝鲜”。② 另据美军情报的“保守估计”，“1 万—2 万中共军被迫到北朝鲜避难是有可能的”。③ 总之，朱理治给东北局的报告说得不错：“北朝鲜对南满来说是起了大后方的作用。”④

第三，开辟交通线为中共转运物资和军队。从军事上讲，中共军队最善于运动战，而在东北大城市被敌占领、交通线路阻断后，朝鲜就成为中共物资和军队不可或缺的迂回转移通道。经过协商，东北局在朝鲜建立了四条水陆交通线：安东—新义州—南阳—图们、通化—辑安—满浦—图们、大连—南浦和大连—罗津。⑤ 转移物资中最具代表性的就是兵工厂的设备，1946 年 6 月东北民主联军军工部 300 多车皮的机器和物资，就是从通化经图们和南阳转移到珲春的。此外，军工部的子弹厂、炼钢厂、化学厂也是先迁到朝鲜阿吾地，最后又搬到珲春的。⑥ 根据双方协议，朝鲜对转运物资只收不足 1% 的税款，运价也较便宜，有的还免交运费。遇到紧急物资，朝鲜甚至停止自己的客运。⑦ 据不完全统计，1947 年 1 月至 7 月共转运物资 21 万吨，1948 年全年达 30.09 万吨。⑧ 关于中共军队进入朝鲜境内及调动的情况，驻韩美军情报中有大量反映，如“1946 年 8 月，中共军队分布于满浦、清津和定州的广阔地区”，“国民党夺取安东立刻导致大量中共军队向北朝鲜移动”，“北朝鲜几乎整个铁路网都被用来转移这些军队……1947 年 1 月份，中共军队仍持续不断地转移到

---

① 赵素芬：《周保中将军传》，第 516—518 页；赵俊清：《周保中传》，第 590—591 页。

② 闵石麟：《韩国现况报告》（1947 年 1 月 17 日），中国国民党党史会，特档 016—4，转引自石源华《战后韩国驻华代表团与中国政府关系述考》，复旦大学韩国研究中心编《韩国研究论丛》第 20 辑，世界知识出版社 2009 年版，第 269—271 页。

③ *HQ*, *USAFIK*, *ISNK*, Vol. 1, No. 25, pp. 386 - 391.

④ 《纪念朱理治文集》，第 242 页。

⑤ 丁雪松等：《回忆东北解放战争期间东北局驻朝鲜办事处》，《中共党史资料》第 17 辑，第 203 页。

⑥ 张维权：《珲春军工生产基地》，延边历史研究所编《延边历史研究》第 3 辑，1988 年编印，第 193—194 页。

⑦ 《纪念朱理治文集》，第 240 页。

⑧ 丁雪松等：《回忆东北解放战争期间东北局驻朝鲜办事处》，《中共党史资料》第 17 辑，第 202 页。

兴南—咸镜地区”。美国情报官员的总体评估是：“中共军队已经进入朝鲜的实际人数据估计不少于5万—7.5万人”，“有可能中共正利用北朝鲜作为后勤基地支持当前满洲的战事”。[①] 尽管数字不一定准确，但美军对中共军队如此调动意图的判断还是到位的。中方的有关资料很不完整，而且统计的只是正常通过口岸过境的人员（辽东地区往来干部不计在内）：至1947年6月转移近2万人，1948年仅从图们—南阳口岸转移的就有8685人。[②] 不管怎样，有朝鲜这样一块战略回旋空间，对于中国共产党在南满作战中反败为胜是有重要作用的。正如朱理治报告所言，实现了东北局“以北朝鲜为变相的、隐蔽的后方来支援南满作战”的意图。[③]

第四，向中共军队提供无偿的军火援助。内战初期，中共军队缺少武器弹药的情况十分严重，国共军力差距极大。1945年底，东北人民自治军总数10万余人，只有长枪不足4万支，机枪1244挺，掷弹筒59个，迫击炮64门。[④] 1946年1月，周恩来告诉苏联驻华大使，中共军队“因缺乏大炮和其他武器，无法坚守所占领的阵地”。2月，周恩来又向苏联大使出示了美军司令部发布的命令：向国民党军队提供50个师的装备，及一些飞机和舰船。[⑤] 周恩来这样做，当然是希望苏联提供援助。据杨奎松教授统计，至1946年夏秋，中国共产党获得长短枪20万—30万支，机枪8000挺，各种火炮1000多门。[⑥] 但中共中央显然并没有把这些武器全部留给东北部队，如彭真在1945年11月11日致电毛泽东称，已有12500支步枪、300挺机枪运往热河。[⑦] 1946年夏，因“华北战事激烈，

---

① *HQ*, *USAFIK*, *ISNK*, Vol. 1, No. 30, pp. 485－489.

② 《纪念朱理治文集》，第240页；丁雪松等：《回忆东北解放战争期间东北局驻朝鲜办事处》，第203页。

③ 《纪念朱理治文集》，第242页。

④ 刘统：《解放战争中东北野战武器来源探讨——兼与杨奎松先生商榷》，《党的文献》2000年第4期。

⑤ АВПРФ, ф. 0100, оп. 34, п. 253, д. 20, л. 7、16－17, *Самохпн А. В.* Советская военная помощь КПК, 1945－1946, гг. // Россия и АТР, 2007, №3, с. 62、63－64.

⑥ 杨奎松：《关于解放战争中的苏联军事援助问题——兼谈治学态度并答刘统先生》，《近代史研究》2001年第1期。

⑦ 本书编写组：《彭真年谱》第1卷，中央文献出版社2012年版，第315页。

弹药极缺”，中央又不断要求辽东军区和东北局与苏军联系，向华北调运大批武器弹药。[①] 所以，1946 年 5 月底退到北满时，东北民主联军虽有兵力 32 万多人，却只有长枪 16 万支，轻机枪 4033 挺，重机枪 749 挺，各种炮 556 门。[②] 为此，1946 年 10 月 3 日林彪派代表去苏联，要求给予军事援助。俄国学者指出，这是此期中国共产党向苏联要求军事援助唯一一份文件，但苏方没有给予答复。[③] 显然，苏联不愿因帮助中国共产党而引起外交纠纷。在这种情况下，援助中国共产党的责任自然就落在了金日成肩上。朝鲜在此期间究竟向中国共产党提供了多少军事援助，至今还没有一个明确的数字。根据朱理治的报告，到 1947 年 6 月，朝鲜援助东北局的物资（含部分交换）共 4 批 800—1000 个车皮，其中主要是缴获后留存朝鲜的日本军用物资，这批物资是金日成建议并主动帮助中国共产党向苏军索要的。[④] 这些物资里包括多少武器，都是什么武器？报告没有细说。有朝鲜著作引证金日成的回忆说，1946 年春，陈云受毛泽东委托到平壤会见金日成，提出要朝鲜援助武器。陈云走后，8 月 26 日金日成下达命令，把 10 万支枪及一些火炮和弹药装上 30 个车皮，秘密送往中国。[⑤] 不过，这个数字是值得怀疑的。俄国档案显示，截至 1945 年 9 月 3 日，占领北朝鲜的苏联第二十五集团军各部队所搜集和缴获的步枪总共是 43290 支，还有机枪 687 挺。[⑥]

关于朝鲜对中国共产党援助的评价，整体来讲，在中国共产党成功夺取全国政权的诸多因素中，外部原因是次要的，朝鲜的作用更为有限。不过，对于朝鲜本身来说，已经尽了力，而且就局部（如南满作战）而

① 《军委致萧（华）曾（克林）电》(1946 年 7 月 4 日)、《中央致东北局电》(1946 年 8 月 24 日)，未刊。凡标明“未刊”者，皆未公开出版的书籍或资料，华东师范大学冷战国际史研究中心资料室藏。下同，不再一一注明藏所。

② 刘统：《解放战争中东北野战军武器来源探讨》，《党的文献》2000 年第 4 期。

③ АВПРФ, ф. 0100, оп. 34, п. 254, д. 30, л. 27, *Самохпн А. В.* Советская военная помощь КПК, 1945－1946, гг. // Россия и АТР, 2007, №3, с. 64－65.

④ 《纪念朱理治文集》，第 239—240 页。

⑤ ［朝］吉在俊、李尚典：《金日成与中国东北解放战争》，第 59—61 页。

⑥ 《关于第二十五集团军缴获的战利品》，1945 年 9 月 3 日，ЦАМОРФ, ф. 379, оп. 11019, д. 27, л. 20。

言，朝鲜的援助甚至具有关键性作用。[①] 金日成曾在给林彪的信中说，中国共产党交办的事情，他总是尽力帮助的。[②] 中共革命在东北的命运与朝鲜密切相关，金日成对此看得很清楚。[③] 无论怎样，朝鲜是一个小国，资源有限，实力不足，能够为中国革命做出如此贡献，实属不易。如果从中朝关系的角度考察，关于朝鲜援助的问题还有两点必须加以说明。

第一，北朝鲜当时在苏联的占领和控制之下，所有重要决定都不是金日成可以独立做出的。[④] 朝鲜是否可以向中国共产党提供援助，如何援助，完全取决于莫斯科。苏联不同意，金日成想援助也不行，金日成不想援助，苏联提出要求他也得执行。尽管斯大林与毛泽东之间缺乏信任，苏军占领东北期间对中国共产党的态度和方针也是左右摇摆，但东北问题涉及苏联在亚洲的战略利益，斯大林从未想过放手不管。[⑤] 1946 年 3 月苏军被迫撤退前，斯大林一改过去谨慎、犹豫的态度，力促中国共产党进占东北各大城市，尤其北满"甚为重要"。[⑥] 苏联需要中国共产党控制东北，又担心美国插手，导致亚洲局势复杂化，就只有通过朝鲜出面援助中国共产党。[⑦] 事实上，在 1948 年底苏军撤退之前，朝鲜的重要部门和资源都在苏联占领军的掌控中。例如负责守卫中朝边境的，就是苏军

---

① 1946 年底陈云赴南满主持工作，在是否放弃南满根据地的争论中，陈云提出要"坚守"，其条件之一就是说这里"背靠沙发"（意指苏联、朝鲜的援助）。见萧劲光《四保临江的战斗岁月》，中共中央党史资料征集委员会等编《辽沈决战》上，人民出版社 1988 年版，第 255—256 页。萧劲光在讨论中也指出："背靠朝鲜，使我无后顾之忧，使我反击有依托"，是中国共产党坚持南满作战的根据之一。见中共吉林省党史工作委员会编《吉林党史资料》1985 年第 1 辑，1985 年编印，第 4—5 页。

② 《纪念朱理治文集》，第 239 页。

③ ［朝］金日成：《金日成回忆录：与世纪同行》第 8 卷，第 223—224 页。

④ 关于苏联对北朝鲜占领和控制情况，详见沈志华《苏联与北朝鲜政权的建构（1945—1949）》，《俄罗斯东欧中亚研究》2015 年第 3 期。

⑤ 详见沈志华《无奈的选择——冷战与中苏同盟的命运》上册，社会科学文献出版社 2013 年版。

⑥ 《东北局致中央电》（1946 年 3 月 18 日），未刊；本书编写组：《彭真传》第 1 卷，中央文献出版社 2012 年版，第 421 页。

⑦ 在暗中援助中国共产党方面，作为苏占区的旅大也起了重要作用，见汪朝光《战后中共与苏联在旅大关系研究》，《中共党史资料》2008 年第 4 期；郑成《国共内战时期东北地方层面上的中苏关系——以旅大地区苏军〈实话报〉为例》、何思凯《苏联人在旅顺和大连的活动（1945—1955）》，沈志华、李滨主编《脆弱的联盟：冷战与中苏关系》，社会科学文献出版社 2010 年版，第 1—27、28—46 页。

的两支边防部队，包括6个大队和128个哨所。[①] 没有苏军批准，中共军队和人员根本无法过境。再如铁路运输，所有枢纽和重要车站都由苏联军代表负责运营指挥，中共军队在朝鲜境内的调动，“如果没有苏军的指示和帮助，是不可能完成的”。[②] 所以在很大程度上可以说，朝鲜对中国共产党的援助实质上就是苏联对中国共产党的援助。

第二，在中国共产党与北朝鲜之间，还有一个对东北朝鲜人的身份认定问题。正如下面将要讲到的，在东北民主联军中的确有不少朝鲜人，东北地区（特别是延边地区）的朝鲜人也确实为中共革命做出了突出贡献，但问题在于这些人究竟是中国人还是朝鲜人，当时并没有清楚的界定。国际学术界曾在朝鲜是否派遣军队帮助中国共产党作战的问题上有过热烈争论，最后就归结到这一点。[③] 金日成和一些朝鲜作者所说朝鲜部队是中国军队的主力、从东北一直打到海南岛云云，因而认为中国革命是在朝鲜帮助下取得成功的，其前提就是把在中国生活的朝鲜人（包括军人）认定为北朝鲜的国民。[④] 实际上，这里涉及朝鲜人作为跨界民族对中国的民族认同这样一个非常复杂的问题，而这个问题长期困扰着中朝两党和两国关系。

二 革命与民族认同问题的纠葛

1912年中华民国成立，中国至少在形式上已成为现代民族国家。革命党人最初以“驱逐鞑虏，恢复中华”为政治口号推翻帝制，后来接受“五族共和”的主张，最后又提出“中华民族”的概念。从民族国家建构的角度来看，把民族主义的观念作为整合中央与边疆地区及各族人民的意识形态，无疑是一种进步，对于推动少数民族对中国的民族认同，也起到了积极作用。不过，这种主张当时主要还停留在一般政治号召的层

① 《苏联驻北朝鲜民事管理局总局工作报告（政治部分）》（1948年12月），АВПРФ，ф. 0480，оп. 4，д. 14，л. 46，с. 255。

② *HQ*，*USAFIK*，*ISNK*，Vol. 1，No. 30，pp. 488 – 489.

③ 详见［韩］李钟奭《北韩—中国关系（1945—2000）》，第69—70页。

④ 其实，在中国共产党数百万大军中，到1949年朝鲜族官兵总计约6.5万人（河北省档案馆，700/1/13，第7页），即便把他们都算为朝鲜籍，也只是一小部分。

面，特别是对于多数生活在中国边疆地区的跨界民族——东北的朝鲜人就是一个典型代表——实际影响并不大。

在实际操作层面，处理跨界民族问题的首要环节是确定国籍。到清朝末年，中国政府深知，只靠“剃发易服”已经很难归化外来民族，于是制定了国籍法。中华民国成立后，首先颁布的也是国籍法，随后又有两次修订，其目的就是使那些越界定居的外来民族尽快“归化入籍”。不过，总体看来，加入中国籍的朝鲜人数量并不可观。为了对抗日本人侵占东北的阴谋，国民政府在1929年修订国籍法时，取消了对双重国籍的限制。即使如此，20世纪30年代东北朝鲜居民中真正入籍者仍不到1/10，占绝对多数的是无国籍朝鲜人。①

朝鲜民族从19世纪开始向中国移民，在1910年日本兼并韩国和1931年“九一八”事变后形成两次高潮。到1945年8月，在东北地区居住的朝鲜人已达216.3万。② 日本投降后，有大批朝鲜人回国。中国关内的数万韩侨几乎全部被遣返，回到南朝鲜。③ 与关内不同，在中国东北的朝鲜人返回者大约只有1/3。到1947年，东北地区的朝鲜人还有约140

---

① 参见孙日春、沈英淑《论我国朝鲜族加入中华民族大家庭的历史过程》，《东疆学刊》2006年第4期。关于20世纪二三十年代东北朝鲜人国籍问题更详细的讨论，见玄千秋《日帝的“第一次领事会议”及对朝鲜族不公平的“二重国籍”问题》，中国朝鲜族历史足迹丛书编辑委员会编《火种·中国朝鲜族历史足迹丛书（2）》（朝鲜文），民族出版社1995年版，第13—25页。所谓“无国籍”，实际上是说不清国籍。日本吞并韩国以后，按道理朝鲜人应算是日本人，但这一点，不仅朝鲜人自己大多不认可，日本人也有争议，对那些移民中国的朝鲜人来说就更说不清了。

② 《东北韩侨概况》，辽宁省档案馆藏，东北行辕，JEI，转引自孙春日《中国朝鲜族移民史》，中华书局2009年版，第635页。周保中认为这个数字有些夸大，他掌握的可靠资料是170多万人。见延边朝鲜族自治州档案局（馆）编《中共延边吉东吉敦地委延边专署重要文件汇编》第1集，1985年，未刊，第332页。苏军总政治部掌握的数字更少，只有150多万人。见《苏联红军总政治部第八局情况汇报》（1945年9月12日），ЦАМОРФ，ф. 32，оп. 11306，д. 692，л. 35－39。

③ 关内韩侨的人数有不同说法，据《申报》刊载的中国官方透露的数字是65363人（1945年8月），而韩国学者提供的数字是7万—8万人（1945年10月）。但不管怎样，由于中国政府采取的遣返政策，至1946年底，据上海《大公报》报道，关内的韩侨已经“全部撤离中国”，共计5.8万人。见马军、单冠初《战后国民政府遣返韩人政策的演变及在上海地区的实践》，《史林》2006年第2期，［韩］金正仁《临政驻华代表团的组织与活动》（韩文），《历史与现实》1997年第24期。

万，其中九成以上生活在中国共产党占领和活动的地区。[①] 这些人不是不想回国，而是没有条件。据很多当事人讲，当时归国者大部分是在朝鲜半岛有亲戚或经济条件较好的城里人，而留下来的主要是生活贫困的农民。他们居留中国已有两三代，主要集中在延边地区，基本上都是自己聚成村落，只有少数与汉民杂居。在观念和心理上，他们始终感到自己是朝鲜人，“朝鲜是我的祖国”，所以加入中国籍的很少，绝大多数都属朝鲜侨民。日本投降后，朝鲜人的思乡之念更加强烈，很多人含着热泪，挥舞太极旗，高呼“朝鲜独立万岁”。[②] 这是中国共产党在革命和政权建设中所面对的一个重要问题。

应该说，东北城市居民中的朝鲜人回国还有一个重要原因，就是国民政府对朝鲜侨民驱逐和剥夺的政策。1945 年 8 月，蒋介石准备接收东北的计划中就规定，凡根据日本移民政策来华的“韩籍移民一律驱逐出境”。[③] 国民党军占领沈阳后，1946 年 4 月东北行营又规定，凡“从事于生产事业”以外及独身的韩侨，“一律即行遣送回国”。[④] 东北保安司令长官部则下令，凡被遣返或检举的韩侨产业，“一律暂予扣押”，而暂留韩侨的产业，则“发派本国人民逐年接管”。结果，仅到年底就查封朝鲜人产业 1516 处。[⑤] 此外，由于“满洲国”时期把东北的朝鲜人视为“二等国民”，中国人则是“三等国民”，日本投降后中国人存在的“报复心

① 《闵石麟致吴铁城函》，中国国民党党史会，特档 016—26，转引自石源华《战后韩国驻华代表团与中国政府关系述考》，《韩国研究论丛》第 20 辑，第 271—272 页；《东北韩侨概况》，辽宁省档案馆藏，东北行辕，JEI，转引自孙春日《中国朝鲜族移民史》，第 636 页。

② 赵凤彬：《我的人生自述：一个朝鲜族家族变迁史录》，民族出版社 2010 年版，第 86—87 页；［朝］韩泽洙：《庆贺解放之日》，中国朝鲜族历史足迹丛书编辑委员会编《胜利·中国朝鲜族历史足迹丛书（5）》（朝文），民族出版社 1992 年版，第 4—7 页；周保中：《延边朝鲜民族问题》（1946 年 12 月），《中共延边吉东吉敦地委延边专署重要文件汇编》第 1 辑，第 332—333 页；刘俊秀：《在朝鲜族人民中间》，《延边党史资料通讯》1987 年第 1 期，转引自孙春日《中国朝鲜族移民史》，第 722—724 页。

③ 中央设计局东北调查委员会：《东北复员计划》（下册），1945 年 8 月，未刊，第 175 页。

④ 《东北韩侨处理通则》（1946 年 4 月），国民大学校韩国学研究所编：《中国地区韩人归还与政策》第 3 卷，（首尔）历史空间出版社 2004 年版，第 250—255 页。

⑤ 《处理韩侨临时办法》《东北韩侨产业处理计划》，辽宁省档案馆藏，东北行辕，JEI，转引自姜丰裕《抗日战争胜利后中国共产党解决东北朝鲜族国籍问题的过程》，《延边大学学报》2012 年第 2 期。

理”也是朝鲜人遭到驱赶、剥夺甚至迫害的原因之一。[①] 中国共产党的情况很不相同，他们主要在农村活动，也不代表政府。国民党的出发点是政府处理侨民问题，而中国共产党的出发点是进行推翻现政府的革命。

在革命早期，中国共产党对民族问题的认识比较模糊，政策也是变化的。1928 年 7 月中共六大《关于民族问题决议案》认为，东北的朝鲜人是少数民族。但两个月后中共满洲省委却把东北的朝鲜农民称为从朝鲜“被逐出到满洲来的难民”。1929 年 6 月中共中央六届二中全会讨论组织问题时更含混，把在华外国人，甚至印度、越南、朝鲜，以及中国台湾地区的人民，都列入少数民族。[②] 20 世纪 30 年代中共满洲省委视“在满洲高丽人”为少数民族，但 1945 年 8 月八路军总部交代朝鲜义勇军的任务包括“组织在东北之朝鲜人民，以便达成解放朝鲜之任务”，似乎又把他们看成外国人。[③] 其政策最初也是混乱的，1922 年 7 月中共二大发表的宣言，同时提出了“自决”“自治”“民主自治邦”“联邦共和国”的口号和主张。从 1923 年 6 月中共三大到 1928 年 6 月中共六大，比较强调民族自决权。[④] 于是中共满洲省委在 30 年代初提出“努力建设在满高丽劳苦群众的苏维埃自治共和国”和中日韩联合的“满洲苏维埃”。[⑤] 全面抗战爆发以后，中国共产党转为提倡民族自治，如在 1941 年 5 月提出的“蒙回自治区”。1945 年 10 月更强调在内蒙古的“基本方针是实行区域自治”。[⑥] 这一时期中共中央基本与东北隔绝，东北的党组织和武装力量也基本上退入苏联境内，自然无暇顾及国内民族问题。[⑦] 然而抗战胜利后，如何处理朝鲜民族问题就成为中国共产党在东北（特别是东满）建立政

---

① 《中共延边吉东吉敦地委延边专署重要文件汇编》第 1 集，第 356、384 页。在东北国民党“收复区”朝鲜人受迫害的详细情况，见金春善《日本投降后国共两党对东北地区朝鲜人的政策及其影响》，《延边大学学报》2014 年第 5 期。

② 中共中央统战部编：《民族问题文献汇编》，中共中央党校出版社 1991 年版，第 87、94—95、109 页。

③ 中共延边州委党史研究所编：《东满地区革命历史文献汇编》，1999 年编印，第 925—929、1119 页；《中共中央文件选集》第 15 册，第 223 页。

④ 《民族问题文献汇编》，第 11—19、21—22、86 页。

⑤ 《东满地区革命历史文献汇编》，第 925—929、1119 页。

⑥ 《民族问题文献汇编》，第 595、678、964—965 页。

⑦ 详见沈志华《试论八十八旅与中苏朝三角关系》，《近代史研究》2015 年第 4 期。

权必须面对的主要问题之一。

马克思主义认为，民族问题说到底是阶级问题，民族要求应服从阶级斗争的需要。[①] 这种认识，不仅是源于世界革命和共产主义的理念，也是发动革命、夺取政权的实际要求。不管是哪个民族、哪个国家的人，只要动员他们加入无产阶级革命的洪流就达到目的了。所以，在革命的发动阶段，东北朝鲜人的国民属性并不重要，也没有必要马上搞清楚。1945 年 8 月进入东北地区后，中国共产党注意到了当地中国人和朝鲜人之间的民族矛盾，也感到问题比较严重。但按照传统的和习惯的做法，中国共产党在工作中主要还是强调民族平等和民族团结，尚未意识到国民属性问题。[②] 如 1945 年 11 月东北局主张，应保护"侨居东北的韩国人民"的生命与合法权益，公平合理地解决"中、韩两国人民"之间的纠纷。[③] 12 月 1 日安东省工委指示："更好地帮助朝鲜人民组织起来，为争取其祖国彻底解放而斗争"，要团结并"说服中国人民不要以狭隘的民族观点、报复手段去对付一般的日朝居民"。12 月 10 日东满人民自卫军司令萧华在安东的广播讲话提到"朝鲜人民……是被压迫民族"。[④] 后来通化地委关于朝鲜人工作的指示甚至提出，对通化各县"朝鲜人的态度应以国际主义的立场、阶级的立场，帮助他们独立"。[⑤] 由此可以看出，此时在中国共产党领导层眼里东北朝鲜人还是外国人。

---

① 参见《马克思恩格斯全集》第 4 卷第 488 页、第 8 卷第 231 页，人民出版社 1958 年、1961 年版；《列宁全集》第 24 卷第 137—138 页、第 25 卷第 238 页，人民出版社 1990 年、1988 年版；《斯大林全集》第 1 卷第 36 页，第 2 卷第 307 页，人民出版社 1953 年版。

② 姜东柱：《从"八·一五"到十一月间的延边工作》（1945 年 12 月）、周保中：《延边朝鲜民族问题》（1946 年 12 月），《中共延边吉东吉敦地委延边专署重要文件汇编》第 1 集，第 3、327—360 页。雍文涛：《创建延边根据地往事》，政协延边朝鲜族自治州文史资料委员会编《延边文史资料》第 9 辑，1999 年编印，第 54—55 页。周保中在报告中说，东北局在 1945 年 9 月底已经认为"除参加华北抗战的朝鲜义勇军外，在东北的朝鲜居民一般应视同中国境内的少数民族"（第 327 页）。有些学者也是这样认定的，见姜丰裕《抗日战争胜利后中国共产党解决东北朝鲜族国籍问题的过程》，《延边大学学报》2012 年第 2 期。但这个说法在目前可以看到的资料中无法得到印证。有关文献读后给人的印象是，似乎当时朝鲜民族问题在东北局还说不清楚或没有取得一致意见，只是周保中对这个问题认识得比较早。

③ 《民族问题文献汇编》，第 978 页。

④ 《解放战争时期的安东根据地》，第 34、39 页。

⑤ 《通化地委档案》第 1 卷，第 34 页，转引自王丽媛、吕明辉《东北解放战争期间朝鲜居民的国籍研究》，《社会科学战线》2014 年第 8 期，第 126 页。

延边公署副专员董昆一在1946年《新年献辞》中宣布，根据延边民主政府的规定，“愿意加入中国国籍的韩国人可以入籍，可以成为中华民国的国民，这样朝族可以成为中华民族中的一个少数民族”。虽然像抗日战争时期一样，已经意识到把东北朝鲜人列入少数民族对于动员他们拥护新政权的意义，但这毕竟只是一般号召，而没有具体实施办法，随意性比较强。比如几天后，延边地委书记雍文涛1月8日在地委会议上作报告时，还是把“韩国人”与“中国人”加以区别。这里有语言习惯问题，但也说明对问题并没有想清楚。直到3月下旬延边干部开会，对这个问题的解释还是含混的：朝鲜人“在中国居住就可以成为中国国民，在部队中的朝鲜人不仅是为朝鲜人服务的，也是为全延边服务的，中国人也是同样的”。[①] 安东省5月10日颁布的施政纲领，仍把“本省之韩国人民”一律称为“侨民”。[②] 雍文涛后来回忆说：“朝鲜族人民是中国公民还是朝鲜侨民的问题，成了东满根据地建设工作中必须解决的一个实际问题”，但当时“这个问题并没有完全解决”。[③]

在随后开展的土改运动中，中国共产党对问题有了进一步认识，但仍然限于阶级斗争的范畴。日本占领东北时期，为了巩固其统治基础，把大量从中国人那里掠夺的土地以“开拓地”“满拓地”等各种形式转交给日本和朝鲜农民。其结果，一方面削弱了大土地所有制，迅速扩大了中农阶层；另一方面引发了中朝农民之间的矛盾。中国共产党进占东北以后，把这些土地一律列入“公地”范围，分给无地和少地农民，在某种程度上加剧了中朝民族矛盾。[④] 陈云的头脑比较清醒，早在土改开始前（1946年1月17日）就提出，租种“开拓地”和“满拓地”的韩国农民应与中国农民同样分地。[⑤] 尽管如此，由于存在民族隔阂和偏见，在实际运动中损害朝鲜族农民利益的事情还是时有发生，有些地方甚至按照

---

① 《中共延边吉东吉敦地委延边专署重要文件汇编》第1集，第8、9—11、24—25、321页。

② 《解放战争时期的安东根据地》，第76页。

③ 雍文涛：《创建延边根据地往事》，《延边文史资料》第9辑，第57—58页。

④ 《中共延边吉东吉敦地委延边专署重要文件汇编》第1集，第99—129、132—136页。

⑤ 《陈云文集》第1卷，第485页。

"民族的原则"进行分地,"中国人先分或多分,朝鲜人后分或少分"。[①] 据延边地委书记孔原的说法,1947年初吉林解放区的朝鲜人61.6万,占人口总数的35%,延边地区朝鲜人54.4万,占人口总数的79%,而在农村许多地方则达到90%。[②] 正如吉林省委书记陈正人1947年7月24日指出的,创立根据地的中心任务之一,就是要"迅速确立与贯彻对朝鲜民族的政策。不能解决民族问题,就几乎等于不能发动大多数群众,也就不能创造根据地"。在会议上,与土改政策并行,"迅速明确规定"了民族政策,即宣布吉林省的朝鲜居民是"我国境内的少数民族"。[③] 依据这一政策,延边地委提出,"延边朝鲜民族问题本质上是一个农民土地问题",并确定了土改的原则和方法:以人口为标准,不分民族(中韩人民一律平等分地)、性别、年龄,按人口平均分配土地。[④] 这一做法得到各地认同。绥宁省作出规定,"对朝鲜族一视同仁地分给土地,并一样给他们土地所有权"。[⑤] 10月5日,辽东省民族部也建议"鲜民"可与中国农民一样分配土地。[⑥]

不过,周保中对此似乎还感到不满意。他在1946年12月召开的吉林省群众工作会议上发表了关于延边民族问题的长篇报告,并表示"这次会议提出延边朝鲜族问题,就是希望在领导思想和实际工作中得出明确方向"。报告中所说"党虽然在目前新环境中还没有明确宣布朝鲜人少数民族的地位,但实际上是执行着对朝鲜人——少数民族的平等政策,而且将来一定会发展下去的",应该反映了周保中的进一步企望:由中共中

① 《中共延边吉东吉敦地委延边专署重要文件汇编》第1集,第144页。

② 同上书,第131页。

③ 中共吉林省委党史研究室编:《东满根据地》,1994年编印,第50、52—53、312页。

④ 《中共延边吉东吉敦地委延边专署重要文件汇编》第1集,第102、146页。1947年2月20日,吉林省委作出了同样的决定。见《东满根据地》,第203—205页。

⑤ 徐基述主编:《黑龙江朝鲜民族》,黑龙江朝鲜民族出版社1988年版,第99—100页。1947年12月11日东北行政委员会颁布的关于实行《土地法大纲》补偿办法进一步规定:"在东北解放区境内少数民族应与汉人同等分地,并享有所有权。"见《中国的土地改革》编辑部、中国社会科学院经济研究所现代经济史组编:《中国土地改革史料选编》,国防大学出版社1988年版,第439页。

⑥ 辽宁省档案馆编:《中共中央东北局西满分局辽东省委档案文件汇集(1946—1947)》,1986年编印,第246页。

央确认并宣布这一政策。[①] 但在革命的进程中，中国共产党关注民族问题的主要出发点还是阶级斗争。1946 年 10 月 21 日，吉林省委关于进一步发动群众分配土地的决定就说，"加强中韩农民阶级友爱，提高他们对共同敌人的阶级仇恨，共同进行阶级斗争，以便在长期斗争与教育中来克服民族的隔阂和偏见"。陈正人在 1947 年 1 月和 7 月的县团级干部会议上反复强调，贯彻民族平等政策，就"要进一步发展民族内部的阶级斗争(采取民族的形式，发展阶级斗争的内容)"；如果"离开朝鲜民族内部的阶级斗争"来讨论民族区域的特殊性，"这不是我们的民族理论"。[②] 但无论如何，中共土改运动中的民族政策还是收到了极大效果，"基本上解决了（中朝）民族的对立和仇视"，被动员起来的朝鲜族民众积极投入到革命政权建立的洪流中。国共内战时期，在朝鲜族人口占绝对多数的延边地区参军人数达 5.2 万名（其中朝鲜族 4 万名），荣获战斗英雄称号的有 290 名，革命烈士 3350 名（其中朝鲜族 3041 名）。参战民工 30.23 万人次，立功受奖者 3434 名。此外，延边地区民众为支援前线作战，动员大车 1.9 万车次，捐款 2.65 亿元，连同实物按市价折合约 8 亿元。[③]

总体说来，在革命动员时期，东北局的民族政策还是成功的。但由于中国共产党的全国政权尚未建立，朝鲜人作为少数民族在中国的公民身份并没有得到法律认定。值得注意的是，这时国民党政府开始改变了对东北朝鲜人地位的认定。到 1947 年 8 月，国民政府改变了对韩国侨民的政策，允许他们领取居留证后暂居中国，而对定居延边一带的朝鲜人，则"应视同中国人民，确认其为中国国籍"。[④] 尽管由于不久后国民党政权溃败，这一政策已失去实际意义，但东北朝鲜人的国民属性问题已经

---

① 引言见《中共延边吉东吉敦地委延边专署重要文件汇编》第 1 集，第 358—359 页。

② 《东满根据地》，第 201、65 页；《中共延边吉东吉敦地委延边专署重要文件汇编》第 1 集，第 77 页。

③ 《三年来朝鲜民族工作的材料》（1949 年 6 月 2 日），河北省档案馆，700/1/13，第 2—12 页；中共延边州委组织部等编：《中国共产党吉林省延边朝鲜族自治州组织史资料（1928—1987)》，1988 年编印，第 101 页；《中共延边吉东吉敦地委延边专署重要文件汇编》第 1 集，第 86 页。资料中未标明币种。

④ 《东北韩侨居留证领发办法》（1947 年 8 月 18 日），《中国地区韩人归还与政策》第 3 卷，第 317 页；《外交部核复中央党部秘书处对东北韩侨处理意见》，辽宁省档案馆藏，东北行辕，JEI，转引自孙春日《中国朝鲜族移民史》，第 688—689 页。

在国家层面上得到重视则是无疑的。中国共产党刚刚取得政权，百废待兴，又缺乏治国经验和理念，对此考虑不周是容易理解的，而且当时中共中央与苏联占领的北朝鲜也没有直接关系。真正因其国民身份没有确定而与朝鲜产生纠葛的是另外一个群体——革命干部及其组织。

参与中共革命并发挥了重要作用的朝鲜族干部有三类：原在东北生活的当地朝鲜人、来自延安及其他关内地区的朝鲜义勇军成员和来自苏联的东北抗联队伍中的朝鲜人。其共同之处在于他们都被中国共产党吸纳，投身于中国的革命运动（大部分还是中国共产党党员），但国民身份并未确定，多数人内心还认定自己是朝鲜人。这种状况不仅造成敌方情报混乱，往往作出误判，也在革命队伍内部引起了一些麻烦。中国共产党对这个问题最初没有引起注意，只要愿意造反就是革命者，甚至允许朝鲜人在中共组织内建立独立支部。1945 年 10 月梁焕俊领导的中共吉林特别支部朝鲜人分支部（11 月改为吉林朝鲜支部）便是这样成立的，4 个月就吸收了三批党员。[①] 不过，大量出现的群众性朝鲜人组织和团体很快就令中国共产党担心了。

日本宣布投降后，在东北最先组织起来的是朝鲜人，主要分为两类，一类是总部在延安的朝鲜独立同盟利用其早期深入敌后工作的便利条件，在东北各省、县组建的地方委员会；另一类是各地群众纷纷自发成立的农民、青年、妇女同盟。这些组织的倾向还是革命的，欢迎苏军解放，接受中国共产党领导。但在中国共产党看来，也存在严重问题，主要是“领导成分复杂”，“闹朝鲜独立”（周保中语）。于是，中国共产党进入东北各地后，一方面承认并支持这些组织；另一方面加强对他们的领导和改造。首先是消除“独立”倾向，调入干部，改变名称，然后到时机成熟时予以解散，融入当地政权组织。如中国共产党进入延边后，立即对当地各种朝鲜人团体整合成的劳农青总同盟进行改组，于 1945 年 10 月成立了“延边人民民主大同盟”（委员长池喜谦）。到土改开始后，1946 年 8 月（一说 7 月）该组织“无形解体”（周保中语）。牡丹江高丽人民

---

① 梁焕俊：《中共吉林特别支部朝鲜人分支部》，《胜利》，第 147—152 页；中共吉林省委党史工作委员会：《永吉的黎明》，1989 年印，第 14 页。这种情况只在 1926 年的上海出现过，那时中共江苏省委建立了上海法南区韩人特别支部。

协会1945年11月改为朝鲜民族解放同盟，1946年底又改为牡丹江地区朝鲜（人）民主同盟。还有朝鲜独立同盟北满特别委员会（书记金泽明，即李相朝，Yi Sang - jo），1946年9月改为北满地区朝鲜（人）民主同盟（委员长郑京浩，Jeong Gyeong - ho），1947年8月宣告解散。朝鲜独立同盟南满工作委员会（主任方虎山，Bang Ho - san），1946年初改称南满地区朝鲜（人）民主联盟工作委员会，同年4月又改称辽宁省朝鲜（人）民主联盟工作委会，1948年8月宣布解散。尽管中国共产党认为这些组织在初期发挥了积极作用，在发动群众、剿灭土匪、反奸清算、土地改革、参军参战及支前等方面都作出了很大贡献，但是对其外来民族的独立性是不能长期容忍的。至于这些群众组织中的干部，除少数领导人返回朝鲜外，大部分都被中国共产党留用（很多人后来被边缘化）。如延边地区的土改工作队干部，一半以上都是来自民主大同盟的朝鲜骨干。辽宁省民盟解散后，有515名干部转入辽北、辽东省政府工作。[①] 当地干部与北朝鲜官方缺少联系，即使想走也没有门路，而留在中国的大批朝鲜义勇军干部的情况就不同了。

由于苏联占领军的阻止，朝鲜独立同盟及义勇军从延安出发的回国进程中断，除金科奉（Kim Tu - bong）、崔昌益（Choe Chang - ik）、武亭、韩斌等70多名领导干部外，整个部队被迫滞留中国东北，随后再次

---

① 详见《三年来朝鲜民族工作的材料》（1949年6月2日），河北省档案馆，700/1/13，第2—12页；《中共延边吉东吉敦地委延边专署重要文件汇编》第1集，第1—4、22—23、350—354页；徐基述主编《黑龙江朝鲜民族》，第102—105页；池喜谦《光复初期延边人民民主大同盟及其活动》，全国政协文史资料委员会编《文史资料选辑》第1辑，中华书局1960年版，第1—12页；《关于延边根据地的建设》，《吉林党史资料》1985年第1辑，第138页，崔支洙《朝鲜民主联盟琐忆》，政协哈尔滨市委员会编《哈尔滨文史资料》第10辑，1986年编印，第102—106页；韩武吉、梁在华《解放初期牡丹江市朝鲜人民民主同盟的活动》，延边历史研究所《延边历史研究》第1辑，1986年编印，第107—123页；崔刚、张礼信《南满地区东北朝鲜人民主联盟》，赵京亨、徐明勋《朝鲜独立同盟北满特委》，徐明勋、权宁河、梁在华《北满地区朝鲜人民主联盟》，《胜利》，第115—120、131—132、133—142页。关于这些朝鲜人的组织或团体的名称，现在著述中混用“朝鲜”“朝鲜人”“朝鲜族”和“朝鲜人民”。为了搞清这些译名，笔者委托东北师范大学张民军、詹欣老师帮助查阅当年的《东北日报》《吉林日报》《合江日报》等，结果是，用得最多的是“朝鲜人”和“朝鲜”，没见到“朝鲜族”，特别是“朝鲜人民”的用法。

为中国共产党所接收。[①] 1945 年 11 月朝鲜义勇军集结改编时，在沈阳、哈尔滨、安东及东北各地的部队共计 3500 余人。[②] 部队改编后，金雄（支队长）、方虎山（政委）率第一支队 1600 余人开赴南满通化地区，至 11 月底发展到 5000 多人。[③] 第三支队组建时，被任命为支队长的金泽明在哈尔滨已建立了一支朝鲜独立大队，政委朱德海率 19 名干部于 11 月 19 日抵达后，部队主动撤出哈尔滨，11 月 25 日在宾县裴克图正式宣布第三支队成立，兵力 600 多人。[④] 政委朴一禹（Pak Il - u）、支队长李益星（Lee Ik - seong）率第五支队 900 余人向东满进发，于 12 月底到达延吉，先期抵达的文正一已在那里设置了朝鲜义勇军延边办事处。[⑤] 此外，还有以韩青（Han Cheong）为队长的朝鲜义勇军独立大队，金浩（Kim Ho，蔡国范）、李明和金刚（Kim Gang）指挥的朝鲜义勇军鸭绿江支队，均在 1946 年 2 月进抵安东，兵力发展到近 6000 人。[⑥] 后来进入朝鲜义勇军序列的还有一支部队，11 月 29 日，由中共吉林市特别支部朝鲜人分支部建立的吉林保安第七大队，在桦甸奉命改编为朝鲜义勇军第七支队，后任命路经此地的第五支队朴勋一（Park Hun - il）为支队长兼政委，崔明（Choi Myeong）为副支队长。此二人都是延安培养出来的。[⑦]

与抗联部队中的朝鲜干部被认作中国少数民族不同，朝鲜义勇军干部在延安和八路军中，本来就是被当作外国盟友对待的，朱德下达的命令也是让他们回国干革命，现在虽暂时“寄人篱下”，但时刻也没有忘记自己是朝鲜人。第五支队行进到清远、磐石朝鲜人聚居的地方时，欢迎的人群拥抱他们，并哭泣着不停高呼“我们的队伍”“朝鲜独立万岁”。

---

① 关于朝鲜义勇军的建立、活动及第一次改编，详见沈志华《试论八十八旅与中苏朝三角关系》，《近代史研究》2015 年第 4 期。

② 崔刚：《朝鲜义勇军史》（朝鲜文），延边人民出版社 2006 年版，第 188 页。

③ 崔海岩：《朝鲜义勇军第一支队史》（朝鲜文），辽宁民族出版社 1992 年版，第 23、26、134—135 页；崔刚：《朝鲜义勇军第一支队》《胜利》，第 49—56 页。

④ 徐明勋：《朝鲜义勇军第三支队》，《哈尔滨文史资料》第 10 辑，第 3—5 页；赵京亨、徐明勋：《朝鲜独立同盟北满特委》，《胜利》，第 126—130 页。

⑤ 金应三、金焕：《朝鲜义勇军第五支队》，《胜利》，第 77—82 页；李昌役：《朝鲜义勇军及其第五支队》，《延边文史资料》第 9 辑，第 25—29 页。

⑥ 韩青、李枫：《朝鲜义勇军先遣纵队和独立大队》，《胜利》，第 38—43 页；崔海岩：《朝鲜义勇军第一支队史》（朝鲜文），第 29—30 页。

⑦ 宋武燮：《朝鲜义勇军第七支队》，《胜利》，第 94—99 页。

第一支队还把扩军的传单撒到了朝鲜平安北道的北部地区，号召那里的朝鲜青年踊跃参军。传单上说："参加朝鲜义勇军，为捍卫祖国的独立而战斗。"[①] 第五支队到达延吉几天后，延边朝鲜独立促进联合会就成立了，朴一禹、文正一都是委员。[②] 笔者还发现了这样一幅中国人很难接受的照片：李红光支队（前身即朝鲜义勇军第一支队）抬着革命领袖的画像游行，在马克思、恩格斯、列宁、斯大林的画像后面，跟着的竟然是金日成而不是毛泽东的画像。[③] 这种情绪不可能不对正在开始的中国革命进程产生微妙影响。1946 年 2—3 月中国共产党再次对朝鲜义勇军进行整编，而后大批官兵回国，与此应该不无关系。

1946 年 1 月，在美国总统特使马歇尔的协调下，国共签署了停战令，双方谈判进入整编军队的核心问题。中国共产党原则上接受取消自治军和使军队国家化的方案，准备以某些让步换取中共军队的合法化。2 月 25 日，三方签署了"关于军队整编及统编中共部队为国军之基本方案"。[④] 在这个过程中，中国共产党将东北所有各部队统编为东北民主联军。东北局提出，与抗联有关的部队改编为杨靖宇支队、赵尚志支队等，以避免苏联在外交上的责任，各地区主力及地方部队一半以上改编为地方保安部队或警察，以避免谈判中军队数量受到限制。[⑤] 朝鲜义勇军各支队自然也在改编之列。根据东北局和民主联军司令部 1946 年 2 月 10 日的决定（16 日下达命令），第一支队改成李红光支队，金雄、方虎山继续担任司令员和政委，归属通化保安司令部。[⑥] 金雄离职回国后，由副司令员王子仁（崔仁，Choi In）接任。改编后，部队建立了中共基层党组织。同年

---

① ［朝］金应三、金焕：《朝鲜义勇军第五支队》，《胜利》，第 78—79 页；［韩］李钟奭《北韩—中国关系（1945—2000）》（韩文），第 102 页。

② 韩光、哥华春：《解放战争时期延边重要事件选辑》，《延边历史研究》第 3 辑，第 66 页。

③ Bruce Cumings, *The Origins of the Korean War*, *Vol. 2*: *The Roaring of the Cataract*, *1947－1950*, Princeton: Princeton University Press, 1990, p. 362.

④ 详见牛军《从赫尔利到马歇尔：美国调处国共矛盾始末》，东方出版社 2009 年版，第 221—231 页。

⑤ 《彭真年谱》第 1 卷，第 371 页。

⑥ 中共中央组织部等编：《中国共产党组织史资料（1921 1997）》第 4 卷，中共党史出版社 2000 年版，第 884—885 页；唐洪森：《略谈东北人民解放军中的朝鲜官兵》，邢哥臣、白俊成主编：《东北解放战争中的少数民族》，民族出版社 1995 年版，第 144 页。

11 月，朝鲜义勇军独立大队和鸭绿江支队并入。① 1948 年 4 月李红光支队改编为东北野战军独立四师，由第二师师长刘子仪（汉族）接任师长，方虎山仍任政委，同时增派了几个汉族干部任副职。同年 11 月改为中国人民解放军第一六六师。② 第五支队到达延吉后即被编入延边军分区警备旅，与当地朝鲜人部队合并，改编为朝鲜义勇军第十五团，1946 年 3 月取消“朝鲜义勇军”番号编入吉东军区警备一旅。1948 年 11 月改为中国人民解放军第一五六师第四六六团（编入汉族一个营），原朝鲜义勇军第五支队参谋长全宇（Jeon U）任该师副师长。③ 第七支队 1946 年 3 月改编为桦甸保安团，调杨上堃（汉族）任团长，县委书记汪小川（汉族）兼任政委。9 月改编为吉南军分区第七十二团。第三支队改编较晚，1946 年 6 月金泽明离职回国后，由副支队长李德山接任，朱德海仍任政委，随即改编为东北民主联军松江军区第八团。这两个团于 1948 年 4 月归入新组建的东北野战军独立十一师建制，11 月该师改为中国人民解放军第一六四师，李德山任副师长。④ 在这个过程中，朝鲜义勇军消除了“朝鲜”色彩，逐步融入中共军队序列。

朝鲜义勇军第二次改编的直接结果是导致大批干部、战士回国。关于朝鲜义勇军官兵对这次改编的态度，几乎没有什么史料，只有一处简单的记载：1946 年 2 月，朝鲜义勇军各支队主要干部在梅河口召开会议，决定取消朝鲜义勇军名称，留下的部队全部编入东北民主联军和各地方部队。⑤ 说“决定取消”恐怕不确，应该是接受东北民主联军司令部的命令而“决定取消”。在 2 月 16 日发出改编朝鲜义勇军第一支队的命令后，

---

① 韩青、李枫：《朝鲜义勇军先遣纵队和独立大队》，《胜利》，第 38—43 页；［朝］崔海岩：《朝鲜义勇军第一支队史》（朝鲜文），第 29—30 页。

② 崔刚：《朝鲜义勇军第一支队》，《胜利》，第 49—56 页；中国人民解放军东北军区司令部编：《东北三年解放战争军事资料》，1949 年印，未刊，第 76 页。

③ 金应三、金焕：《朝鲜义勇军第五支队》，《胜利》，第 82—83 页；军事科学院军事图书馆编著：《中国人民解放军组织沿革和各级领导成员名录》，军事科学出版社 2000 年版，第 757、786 页。

④ 《永吉的黎明》，第 17 页；赵京亨、徐明勋：《朝鲜义勇军第三支队》，《胜利》，第 65—66 页；《东北三年解放战争军事资料》，第 76 页。

⑤ 韩光、哥华春：《解放战争时期延边重要事件选辑》，《延边历史研究》第 3 辑，第 78 页。

3 月 25 日，东北局制定了朝鲜义勇军暂编方案：“鉴于朝鲜义勇军无法全部回国，决定对其进行整编”，决定将 16500 名官兵中的 2000 人送回朝鲜，其余均暂编为东北地方性武装。[①] 如果这则史料可靠，大致可以判断，朝鲜义勇军对这次改编不满，并准备撤离中国，但出于不允许朝鲜义勇军先遣队入境的同样理由，苏军驻朝司令部也无法全部接受这一万多名官兵。所以，除主要干部和部分骨干返回朝鲜，大部分人只能留在中国。1946 年 2 月以后陆续回国的重要朝鲜干部有第一支队支队长金雄、参谋长安斌（An Bin）、政治部主任朱然（Ju Yeon）[②]；第三支队支队长金泽明、参谋长金延（Kim Yeon）、政治部主任李根山（Lee Geun - san）[③]；第五支队政委朴一禹及主要干部[④]；第七支队支队长朴勋一。[⑤] 鸭绿江支队政治部主任金刚自称是安东省委书记萧华指示他率部回国的。[⑥]

朝鲜义勇军官兵回国后不久，抗联教导旅中的朝鲜干部也陆续带领一批官兵返回了朝鲜。从苏联回到东北的抗联队伍中的朝鲜干部人数不多，但职位较高，作用很大，且主要领导人都与金日成本人有直接联系。日本投降后，苏联解散了驻扎在哈巴罗夫斯克的抗联教导旅，将其骨干力量分为两个工作团，分别送回中国东北和北朝鲜，协助苏联占领军工作。[⑦] 跟随周保中来到中国东北的有少量朝鲜干部，主要是两拨人，一拨由姜信泰（Gang Sin - tae）率领到延边，包括崔明锡（Choe Myeong - seok，即崔光）、朴洛权（Park Nak - gwon）、金万益（Kim Man - ik）、姜渭龙（Gang Wi - yong）、金昌奉（Kim Chang - bong）、金明珠（Kim

---

① 《中共中央东北局关于朝鲜义勇军暂编方案》（1946 年 3 月 25 日），转引自杨昭全《朝鲜独立同盟与朝鲜义勇军》，金健人主编《韩国独立运动研究》，学苑出版社 1999 年版，第 34 页。

② 崔海岩：《朝鲜义勇军第一支队史》（朝鲜文），第 55 页；崔刚：《朝鲜义勇军第一支队》，《胜利》，第 51 页。

③ 赵京亨、徐明勋：《朝鲜义勇军第三支队》，《胜利》，第 65—66 页。

④ 文正一：《战斗在我国战场上的朝鲜义勇军——为抗日战争胜利四十周年而作》，《黑龙江民族丛刊》1985 年第 3 期；《全心全意为人民，创建延边根据地》，韩俊光、姚作起《解放战争时期的东满根据地》，延边人民出版社 1991 年版，第 10—11 页。

⑤ 黄凤锡：《桦甸军政学校成立前后》，姚作起主编《东北军政大学吉林分校》，辽宁民族出版社 1994 年版，第 163 页。

⑥ 《金刚简历》（复印件），笔者私人收藏。

⑦ 详见沈志华《试论八十八旅与中苏朝三角关系》，《近代史研究》2015 年第 4 期。

Myeong - ju）等 22 人。[①] 另一拨由金光侠率领到牡丹江，包括柳昌权（Ryu Chang - gwon）、黄东华（即金东奎，Kim Dong - gyu）、赵明善（Jo Myeong - seon）、金镇浩（Kim Jin - ho）等人。[②] 当时（1945 年 9 月）抗联尚未与中共中央取得联系，周保中主持的东北党委员会命令抗联干部在东北各地组建地区党委，任命姜信泰为延吉地委书记，金光侠为牡丹江地委书记。此时，他们都是以中共干部的身份投入工作的。[③] 不过，他们都认定自己是朝鲜人，最终还是要为朝鲜服务的。1946 年 1 月延边朝鲜独立促进联合会成立时，姜信泰也是委员之一。[④] 1946 年 9 月牡丹江军政干部学校与军区教导团重组时，金光侠要求单独设立朝鲜人中队。[⑤]

1945 年 9 月 20—23 日，周保中、崔石泉、冯仲云向东北局书记彭真详细汇报了东北党和抗联的工作情况，随后根据中共中央指示移交了所属组织关系及档案资料，东北党委员会同时撤销，11 月东北抗日联军建制撤销，抗联及其干部从此回归中央领导。[⑥] 抗联干部的前期活动为中国共产党抢占东北发挥了重要作用，主要表现在两个方面：一是利用与苏军的特殊关系，取得大量武器弹药，1945 年 11 月中国共产党收到苏联占领军提供的大约 10 万支枪和一些大炮，其中大部分应该是抗联干部先期

---

① 中共延边州委党史工作委员会、党史研究所编：《延边历史事件党史人物录（新民主主义革命时期）》，1988 年编印，第 248—249 页；资料编辑室：《抗联配合苏军解放东北》，《吉林党史资料》1985 年第 1 辑，第 185—186 页；崔圣春主编：《中国共产党延边历史大事记》，民族出版社 2002 年版，第 220 页。

② 徐基述主编：《黑龙江朝鲜民族》，第 85—87 页；徐明勋：《解放战争时期黑龙江省剿匪斗争中的朝鲜族》，韩俊光、金元石编《中国朝鲜族历史研究论丛》Ⅱ，第 258—259 页；资料编辑室：《抗联配合苏军解放东北》，《吉林党史资料》1985 年第 1 辑，第 187 页。

③ 中共中央组织部等编：《中国共产党组织史资料（1921—1997）》第 3 卷，第 1323—1325 页。中共东北抗联教导旅委员会成立时，书记是崔石泉（崔庸健），17 名委员和候补委员中有 6 名朝鲜人。1945 年 8 月 24 日新组建的中共东北委员会，书记是周保中，委员中的朝鲜人有姜信泰和金光侠。

④ 韩光、哥华春：《解放战争时期延边重要事件选辑》，《延边历史研究》第 3 辑，第 66 页。

⑤ 梁在华：《牡丹江军区的朝鲜族官兵》，《胜利》，第 24—25 页。

⑥ 《中国共产党组织史资料（1921—1997）》第 3 卷，第 1289 页；《彭真年谱》第 1 卷，第 301 页。

收缴和周保中在苏军允许下在长春日军武器库搬运的。① 二是利用熟悉东北情况的优势大力发展人民武装力量。在 10 月关内干部抵达前，抗联已组织各种武装力量约 27000 人，其中有延边的朝鲜族部队 7000 人，牡丹江的 2000 人（以朝鲜人为主）。②

中共中央对抗联干部十分重视。1945 年 11 月初东北人民自治军成立时，因东北局的建议增补周保中为第三副司令。③ 12 月 26 日中央指示东北局："抗日联军过去有长期抗日的历史，与东北人民有密切联系，在关内有相当的影响，因此我们应充分地利用。"④ 东北局派到延边的负责人雍文涛对抗联干部招募的朝鲜族部队赞不绝口，认为朝鲜人革命性强，热情高，应该把"武装基础放在韩国同志身上"。⑤ 从中共组织史资料提供的抗联朝鲜干部在延边地方部队任职的情况看，他们是得到重用的。1945 年 11 月 23 日成立东北人民自治军延边军分区，姜信泰任司令员，所属警备旅 4 个团（7000 人），其中 3 个团长是朝鲜人：朴洛权、崔明锡、朴根植（Park Geun - sik）。1946 年 2 月成立东北民主联军吉东军区，姜信泰仍是司令员，所属 2 个旅 7 个团（19000 人），其中朝鲜人有一团团长朴洛权、三团团长南昌洙（Nam Chang - su）、五团政委文光德（Mun Gwang - deok）、六团团长金东波（Kim Dong - pa）、炮团团长金哲

---

① 毛泽东 11 月 12 日在政治局会议上讲是 12 万支枪和一些炮。见中共中央文献研究室编《毛泽东文集》第 4 卷，人民出版社 1996 年版，第 74 页。陈云 11 月 29 日给东北局和中央的报告说是枪 10 万支，炮 300 门。见《陈云给东北局、中央的报告》（1945 年 11 月 29 日），未刊。抗联干部收取武器的情况，详见《周保中文选》，云南人民出版社 1985 年版，第 130 页；赵素芬《周保中将军传》，第 477—478 页。

② 《东北三年解放战争军事资料》，第 20 页；周保中：《东北抗日游击日记》，第 829—830 页。周保中后来在另一篇回忆文章中说，当时抗联已建立部队十几个团，人数达 4 万以上。《周保中文选》，第 30 页。

③ 《彭真年谱》第 1 卷，第 325 页；《中国人民解放军组织沿革和各级领导成员名录》，第 749 页。但也有著作说周保中被任命为第四副司令。见中共中央文献研究室编：《毛泽东年谱（1893—1949）》下卷，人民出版社、中央文献出版社 1993 年版，第 48 页；《彭真传》第 1 卷，第 361 页。笔者无从考察，暂取解放军科学院的说法。

④ 《彭真年谱》第 1 卷，第 359—360 页。

⑤ 雍文涛：《创建延边根据地往事》，《延边文史资料》第 9 辑，第 52 页；《中共延边吉东吉敦地委延边专署重要文件汇编》第 1 集，第 11 页。雍文涛提到这样一个史实：在国民党发动进攻的危难时刻，中国共产党招募的很多队伍哗变。如敦化县 8 个武装大队中的 7 个都叛变了，唯独朝鲜族大队除外。

(Kim Cheol)。1946 年 7 月延边警备旅编入野战军序列，吉东军区改为吉东军分区，金光侠任司令员。[①] 姜信泰和金光侠均为中共吉林省委委员。[②]

尽管如此，这些干部毕竟是金日成的嫡系和骨干，他当然需要这批人。[③] 抗联教导旅干部准备从苏联回国时，分成了中国工作团和朝鲜工作团，据金日成回忆，是周保中“抢先要求”把这些朝鲜干部分配给他的。[④] 那时金日成接受周保中的直接领导，自然要服从上级。但现在的情况已经完全改变，金日成及其他回国干部在 1945 年 11 月已脱离中共党籍和抗联军籍[⑤]，而 1946—1947 年，正是金日成在苏联占领军的帮助下整合国内各派政治力量的关键时刻，他非常需要扩大自己的政治势力。[⑥] 金日成回忆说：“1946 年秋，我叫崔明锡选拔一批有才华的骨干回国，他很快移交了自己的部队，带着 200 多挑选的人回来了。”[⑦] 就这样，1946 年 7 月姜信泰首先回国，1947 年 5 月金光侠接着回国。[⑧] 正如金日成所期待的，姜信泰和金光侠都不是单身返回朝鲜的，据随同他们回国的老战士回忆，姜信泰回国时至少带了大约一个团的兵力，金光侠也带走了一个营。[⑨] 对此中国军方档案可以证明的是：1947 年吉东军区警备一旅二团的一个营计 1200 人被“送回朝鲜”。[⑩] 直到 1948 年，原朝鲜独立同盟主席金枓奉还在给他在东北的老朋友写信，希望他们回到朝鲜。[⑪]

这两批朝鲜干部率部回国，对于北朝鲜的政权建设起到了积极的推

---

① 《中国共产党吉林省延边朝鲜族自治州组织史资料（1928—1987）》，第 139—146 页。

② 《中国共产党组织史资料（1921—1997）》第 4 卷，第 925 页。

③ 金日成与姜信泰关系极为密切，私交甚笃，对其能力也颇为推崇。金日成：《金日成回忆录：与世纪同行》第 8 卷，第 242—245 页。

④ ［朝］金日成：《金日成回忆录：与世纪同行》第 8 卷，第 249 页。

⑤ 周保中：《东北抗日联军人员分布概况》，《周保中将军和他的抗联战友》，第 29 页。

⑥ 详见沈志华《苏联与北朝鲜政权的建构（1945—1949）》，《俄罗斯东欧中亚研究》2015 年第 3 期。

⑦ ［朝］金日成：《金日成回忆录：与世纪同行》第 8 卷，第 249 页。

⑧ 在中共党内和军中的任职，姜信泰到 1946 年 7 月结束，金光侠到 1947 年 5 月结束。《中国共产党组织史资料（1921—1997）》第 4 卷，第 925、941 页。

⑨ 徐龙男：《延边籍朝鲜人民军退伍军人采访录》，《冷战国际史研究》2008 年第 3 期。

⑩ 《吉林军区司令部三年工作报告》（1948 年 12 月），转引自邢安臣、白俊成主编《东北解放战争中的少数民族》，第 150 页。

⑪ 姜根模：《他的高尚的人格与情操》，中国朝鲜族历史足迹丛书编辑委员会编《风浪·中国朝鲜族历史足迹丛书（7）》（朝鲜文），民族出版社 2013 年版，第 348—353 页。

动作用。1946 年初金日成就急于建立一支朝鲜的正规部队，而苏联人当时似乎还在犹豫，对此并不上心。① 有了这样一支骨干队伍，金日成心里就踏实多了。事实上，经过哈巴罗夫斯克野营训练及东北战场实战锻炼的这两批朝鲜官兵回国后，便成为正在筹建的朝鲜人民军第一批指挥官。② 与此同时，这件事情对中共革命进程产生的负面影响也是显而易见的。1946 年 2—3 月正值国共内战前夕，双方都在积极筹备力量。当时东北局书记彭真正在为缺乏干部感到头疼，而苏军撤退前则要求中国共产党再增派干部、增调大批军队来东北。③ 1947 年又是国共争夺东北的关键时期，战场形势十分紧张。此时批准这些人地两熟且颇具战斗力的朝鲜骨干队伍撤离，中共领导人实属无奈。无论是苏联培养的，还是延安栽培的，这些干部本来就是朝鲜人，来到中国帮助革命，是履行国际主义义务，回到朝鲜建设革命政权，也是天经地义，何况金日成又亲自提出要求。关键的问题是，他们虽然在中国生活多年，但依恋祖国的民族情结并没有消失，更没有加入中国国籍。对于这个问题，随着地方政权的建立，中国共产党渐渐加深了认识，感到这是需要从国家关系和国民属性的层面加以解决的。

三　中共解决东北朝鲜人问题的方针

其实，在全国政权尚未建立之时，中国共产党与北朝鲜之间还谈不上国家关系，而两党关系也都笼罩在苏联的影响下，真正直接涉及双边关系的，主要就是东北朝鲜人的问题。在这方面，中国共产党从世界革命的理念出发，在培养干部和输送军队方面基本满足了北朝鲜的要求，

---

① ЦАМОРФ，ф. 379，оп. 166654，д. 1，л 12、59 – 60、72；АВПРФ，ф. 06，оп. 8，п. 39，д. 638，л. 93 – 94，转引自 *Кп Кван Со* Изистории формирования вооrженных сил северной с. 136 – 139。

② Цочмарев А. Н. Ие истории советско – корейских отношений в20 – 50 – е годы//Новая и новейшая история，1991，№5，с. 135 – 160；徐龙男：《延边籍朝鲜人民军退伍军人采访录》，《冷战国际史研究》2008 年第 3 期。关于朝鲜干部回国任职的详细介绍，见［朝］吉在俊、李尚典《金日成与中国东北解放战争》，第 11、16、23—28、31—38、70、84、89、101 页。朝鲜人民军成立时，姜信泰（姜健）任总参谋长，金光侠任作战部部长。

③ 《彭真年谱》第 1 卷，第 392、399 页。

但在处理边民、边境问题时，地方政权也感到了困惑。

首先是干部问题，中国共产党无法阻拦朝鲜义勇军和抗联朝鲜干部回国，但总可以自己培养一支朝鲜族干部队伍。在这方面，中国共产党是有丰富经验的。刚刚来到东北，尤其是朝鲜人的聚居区，最重要的任务之一就是培养和使用当地民族干部。东北局和吉林省委的具体做法是，通过大力开办各种培训班和干部学校，努力造就和起用一批年轻的朝鲜族新干部，以替代那些土生土长、历史复杂的老干部，特别是民主大同盟的一些干部。

早在 1945 年底，东北局下发的通知就指出：解决干部问题的基本办法，只能是就地取材，培养地方干部。各级党政军机关应大量开办训练班、教导队、军政学校等，大量吸收青年知识分子、小学教员及工农中的积极分子，给以短期训练即分配各种工作。①

东满地区是当时最主要的根据地之一，作为大后方自然就成为各种干部学校云集的地方。1946 年 1—2 月在这里出现了一批朝鲜人或以朝鲜人为主的军政学校：在延安抗大基础上成立的东北军政大学东满分校，朝鲜义勇军第七支队成立的朝鲜革命军政学校吉林分校（桦甸军政学校），吉东军区创办的吉东军政大学，以太行山朝鲜革命军政学校干部班为基础建立的朝阳川教导队等。6 月初吉东军区决定，将这些学校合并为东北军政大学东满分校，校址在延吉市北大营，涂锡道任校长兼党委书记。10 月 18 日正式开学，改名为东北军政大学吉林分校。1948 年 6 月迁至吉林，与总校合并。该校三年共培养军政干部 3760 名，其中朝鲜人 2520 名。② 1946 年 8 月，吉林省政府还在延吉建立了民主学院，下设工业、教育、行政、财经等学科，专门培养各行业的朝鲜族干部。1948 年 4 月又成立了延边干部学校，其宗旨是培养朝鲜族党政干部。③ 内战期间，

---

① 《彭真年谱》第 1 卷，第 362 页。

② 朱士焕：《在东满根据地创办军政大学》，姚作起主编《东北军政大学吉林分校》，第 55—73 页；金址云：《朝鲜族军政干部的摇篮——东北军政大学东满分校史略》，《延边大学学报》1986 年第 4 期。

③ 崔圣春主编：《中国共产党延边历史大事记》，第 244、276 页。

全东北地区共培养朝鲜族干部6200余人（各县干校不在内）。①

东北军政大学开办初期确实为北朝鲜培养和输送了不少人才。1946年8月应朝鲜政府的要求，东满分校约300名学员返回朝鲜，在整个学校的朝鲜族学员（2080人）中引起很大反响和震动，引得大多数学员都不安心留在中国。② 1947年5月，经东北局同意，朝鲜政府从吉林分校第一期朝鲜族学员中挑选了50名去平壤工作。7月第二期结业后，又有100名朝鲜族学员被送到朝鲜。③ 不过总体上说，还是为中国共产党自己培养出一支年轻的民族干部队伍。与此同时，对于原有的朝鲜族干部队伍进行了审查和整顿。1947年4月18日，中共吉林省委决定，在龙井的东北军政大学吉林分校开办高级干部研究班，实际上是集中对现有朝鲜干部进行甄别。学员为军队营以上、地方区以上干部116名，除1名外，全部是朝鲜人，其中中共党员93名。7月初进入审查阶段，至1948年1月结束，结果是71人被开除党籍，42人被解除职务。④ 当然，这次整顿并不妨碍整体上对民族干部的培养和使用。在整顿老干部的过程中，中共延边地委在1947年6月5日给各级组织的信中确定，要大胆培养和提拔当地干部，尤其是朝鲜族干部，要在朝鲜民族中多训练干部和积极分子。⑤

在培养干部的过程中，党组织自然也迅速发展起来。1947年7月吉东八县中共党员共计2337人，其中1173人属朝鲜民族。到1948年7月，

① 《三年来朝鲜民族工作的材料》（1949年6月2日），河北省档案馆，700/1/13，第7—8页。

② 金址云：《朝鲜族军政干部的摇篮》，《延边大学学报》1986年第4期；徐龙男：《延边籍朝鲜人民军退伍军人采访录》，《冷战国际史研究》2008年第3期。

③ 朱士焕：《在东满根据地创办军政大学》、周佑：《我在东北军政大学吉林分校的岁月》，姚作起主编《东北军政大学吉林分校》，第64、80页。到1948年5月吉林省委加强了对朝鲜族干部回国的限制，规定必须经地委审查和批准，并要求“如非确实需要者，不得轻易批准，尽可能越少越好”。《吉林省委组织部给延边地委的通知》（1948年5月21日），国民大学校韩国学研究所编《中国地区韩人归还与政策》第6卷，（首尔）历史空间出版社2004年版，第441页。

④ 《中国共产党吉林省延边朝鲜族自治州组织史资料（1928—1987）》，第99页；崔圣春主编：《中国共产党延边历史大事记》，第257—258页。另见白栋材《对东满根据地党的组织建设的回顾》，《东满根据地》，第355—356页；池喜谦《光复初期延边人民民主大同盟及其活动》，《文史资料选辑》第1辑，第9页。1985年中共延边州委组织部对这次审干重新审查，纠正了其中的错案。

⑤ 《中共延边吉东吉敦地委延边专署重要文件汇编》第1集，第59—62页。

延边五县已建立区级党委 34 个、村级党支部 221 个，党员数增加到 2999 名，其中朝鲜族党员 1689 名。大部分农村党的基层组织领导核心和积极分子队伍已经形成。到 1949 年 1 月，朝鲜族党员更增加到 3834 人，占党员总数的 73.1%。[①] 此时延边政府的区级干部已有 783 名，朝鲜族占 83.9%。村级干部 4631 名，朝鲜族占 79.7%。在所提拔的 221 名县、区级主要领导干部中，朝鲜族占 59.3%。[②] 大批朝鲜族干部的培养，无疑为中国共产党在东北朝鲜人聚居地区的政权建设奠定了坚实的基础，为下一步推行民族区域自治政策做好了政治和干部准备。

随着根据地日益巩固、东北战场局势明显好转，中国共产党开始加强地方政权的建设，并逐步开始以政府的名义解决边境管理、居民国籍、政权形式等一系列问题。1947 年 6 月 1 日吉林省委通过的一个文件中指出：全省韩民占 30%，而延边地区韩民占 70%，“因此正确地处理民族问题，如何重视朝鲜民族，发动他们积极参加根据地的建设，是非常重要的问题”。[③]

然而，在中朝边界地区，特别是朝鲜人的聚集地，情况特别复杂。据延边地委、专署报告，龙井、延吉、珲春三县与北朝鲜隔江相望，边界长 700 多里，水浅处可徒涉往来，冬天结冰更是无所阻隔。两岸居民多有姻亲关系，加上生活需求，往来频繁，已成习惯。且旧中国对边境管理不严，允许对岸居民到中国种地，朝来夕归，春种秋运。沿江居民毫无国境、边界概念。民主政府成立后，加强了边境管理，但因很多朝鲜居民认为“一身有两国”，分不清国民与侨民，对政府限制甚为不满，非法越境频繁，走私现象严重。此外，由于“朝鲜祖国”的思想浓厚，很多朝鲜居民，包括少数党员干部，要求回到朝鲜去，尤其在青年学生和

① 《中国共产党吉林省延边朝鲜族自治州组织史资料（1928—1987)》，第 156、101—102 页。

② 《关于延边根据地的建设——延边州委党史办综合材料》，《吉林党史资料》1985 年第 1 辑，第 142—143 页。

③ 《中国地区韩人归还与政策》第 6 卷，第 137 页。

知识分子中，这种观念比较强烈。[①] 从维护地方秩序和政权稳定的角度，中国共产党必须解决这个问题。同时，从朝鲜方面来说，需要的只是经过培训的干部和有作战经验的官兵，对于大量举家搬迁者则不允许随便入境。所以，从避免“影响两国关系”的角度考虑，也需要尽快采取措施。[②] 显然，权力过渡完成以后，中国共产党也开始从国家政权的层面考虑问题了。

1948 年 8 月 5 日，东北行政委员会颁发了“朝鲜人归国暂行办法”：凡申请归国的朝鲜人，必须获得所在地县以上政府的批准和北朝鲜人民委员会的复函同意，才可以按规定办理手续。[③] 然而，这个规定还是没有说清楚“朝鲜人”的国民属性——其实政府当时对“朝鲜人”究竟是中国国民还是朝鲜国民也没有确定的看法。为此，8 月 15 日延边地委作出决议，规定凡居住延边并登记过户籍的朝鲜族居民，为中国公民；家族在朝鲜而家长与财产在延边，并经过政府许可经常往来的朝鲜居民，可承认为中国公民。凡没有登记户籍者，或经过批准出国移住而返回者，为朝鲜侨民。此外还向省委建议，与北朝鲜互相建立具有外交性质的机关，及时处理和解决相关问题；考虑到朝鲜族的历史习惯，适当解决边境地区生活必需品的交换问题；图们江江源地区因江流改道造成国界不清，需要确定以主流为界，住在原地居民可依其自愿仍住原地或迁回本国。[④] 这个规定及所提建议已经接近从国民属性和国家关系角度考虑问

---

① 延边地委:《关于延边民族问题》(1948 年 8 月 15 日),《中共延边吉东吉敦地委延边专署重要文件汇编》第 1 集，第 384—385 页；延边公署:《延边中朝国境出入情况报告》(1950 年 3 月 28 日),《中国地区韩人归还与政策》第 6 卷，第 523—536 页。至于此期东北朝鲜人回国的人数，苏联驻朝鲜民事管理局按照过境登记的统计报告说，1946 年 6 月至 1948 年 12 月有 378296 人。见《苏联驻北朝鲜民事管理局总局工作报告（政治部分)》（1948 年 12 月)，АВПРФ, Ф. 0480，ОП. 4，П. 14，Д. 46，С. 255。但据中国地方政府的统计，到 1949 年初，居住东北的朝鲜人有 120 余万。见《三年来朝鲜民族工作的材料》(1949 年 6 月 2 日)，河北省档案馆，700/1/13/2，第 2—12 页。如果按照前引数字 1947 年东北朝鲜人还有 140 万计，那么回国者只有 20 万。此间的差距大概在于，苏军的统计数字只是过境人数，而在这些人中，应有一部分属频繁往来者或从其他口岸返回中国者（如前面提到的中共军队)。

② 《延边公署专员致各县长函》(1947 年 2 月 27 日)，《中国地区韩人归还与政策》第 6 卷，第 71—72 页。

③ 《中国地区韩人归还与政策》第 6 卷，第 454—455 页。

④ 《中共延边吉东吉敦地委延边专署重要文件汇编》第 1 集，第 387—391 页。

题了。

然而，由于受到革命理念的影响，并考虑到延边朝鲜族居民的观念和感情，中国共产党当时还是没有采取明确的划分国籍的政策。1948 年 12 月 9 日，中共延边地委书记刘俊秀讲到民族政策时，一方面提出：“确定居住在延边境内的朝鲜人民，承认为中国境内之朝鲜少数民族，是中华民主共和国的一部分。民主政府按民族平等的原则，给予朝鲜人民地权人权财权，并保护人民的生命财产之安全。”按此原则“严格区别公民与侨民”。另一方面又指出，“必须承认中国境内的朝鲜人民有原先自己的祖国——朝鲜民主共和国”。所以，当他们的祖国受到侵略或威胁时，中国境内的朝鲜人民就有责任去保卫祖国。① 这无异于承认东北的朝鲜人同时拥有两个国籍，既可以作为中国公民参加解放战争，又可以随时以朝鲜公民身份回国参加革命斗争。这说明，中国共产党开始考虑的国籍问题，仍含有革命的内容。这样区分公民和侨民，固然有策略性考虑②，但是在通过国籍法确认朝鲜人的国民属性之前，中国境内朝鲜人“少数民族化”的问题仍无法得到彻底解决。

尽管如此，在政权建设的进程中，实行民族区域自治的步伐并没有减慢。到 1947 年 5 月 1 日内蒙古自治政府成立并发布公告，表明中共已经确定未来新中国在少数民族地区将实行民族区域自治的方针。③ 1948 年 9 月 23 日，中共公布了《东北解放区县村各级政府组织条例草案》，其中关于民族自治区的条款规定，在各少数民族集中居住的地区，超过人口半数以上者，可以成立民族自治村、自治区、自治县。④ 12 月 9 日，延边地委提出，为了“有计划有步骤的从下而上地建立人民的民主的自治政府，实现民族自治”，必须做好充分的准备工作：在加强阶级团结的基础上巩固中朝民族团结；保证按不同民族的公民按比例公平选举；大胆提

---

① 《中共延边吉东吉敦地委延边专署重要文件汇编》第 1 集，第 392 页。

② 延边地委书记刘俊秀回忆说，当时朝鲜族人民“内心深处却仍然认为朝鲜是祖国”，“突然让他们加入中国国籍，是会伤害他们感情的”。所以，从策略出发，只能采取两个国籍的办法。刘俊秀：《在朝鲜族人民中间》，《胜利》，第 709—711 页。

③ 《民族问题文献汇编》，第 1128 页。

④ 同上书，第 1332 页。

拔民族干部；加强民族文化建设；妥善处理民族纠纷等。[①] 而在所有这些准备工作中，最主要的就是任用一批可靠的少数民族干部。

从延边地区中共党组织和政权机构中朝鲜族干部的任职情况可以看出，到1949年初，在这一地区成立民族自治政府的条件已经成熟。1945年10月至1948年3月，在地委一级，除了姜信泰和金光侠短期任职（朴一禹未到职）外，领导成员中没有朝鲜人。在县委一级，除文正一于1945年底担任过一个月延吉县委副书记外，在领导班子中一直没有朝鲜人。1948年4月以后情况有了明显变化。在新成立的延边地委中，1949年3月前林春秋任副书记，此后朱德海出任书记。地委各机构中朝鲜人担任的职务有宣传部部长、青年工委书记、妇女工委书记、延边日报社总编、东北朝鲜人民报社社长和总编、延边政治干部学校教育长。在县委一级，陆续由朝鲜人任职的有延吉县县委常委（2人）、干训班主任，和龙县县委秘书及妇女工委书记，汪清县县委秘书、组织部部长、党训班主任，安图县县委常委。在政府机构中，1945年11月延边行政督察专员公署成立，领导人员中没有朝鲜人，改为吉东公署后，文正一任副专员不到半年。除和龙县县长、副县长外，其他各县均无朝鲜人担任领导职务。1948年3月开始，专员依次由林春秋、文正一和朱德海出任，延吉、汪清、珲春县长，和龙、安图、敦化副县长均由朝鲜人出任。[②] 就整个东北地区而言，到1949年6月，在政府部门就任股长以上实职的朝鲜族干部共132名，此外还有1184朝鲜族人担任县区人民委员会委员或科员和助理。[③]

不过应该指出，对于中共政权来说，实现民族区域自治的最大障碍还是与国民属性相关联的境内“跨界民族”的民族认同（少数民族化）问题。在这里，中国共产党要解决的不仅是民族问题，也是未来政权与朝鲜的关系问题。长期生活在延边地区的朝鲜民族究竟是中国人还是朝鲜人，甚至延边地区究竟属于中国还是属于朝鲜？无论在观念上还是政

---

① 《中共延边吉东吉敦地委延边专署重要文件汇编》第1集，第393—395页。

② 《中国共产党吉林省延边朝鲜族自治州组织史资料（1928—1987）》，第104—136页。

③ 《三年来朝鲜民族工作的材料》（1949年6月2日），河北省档案馆，700/1/13，第7页。

策上，这些问题都没有解决。因此，在筹备延边自治政府的过程中就不可避免地闹出了一场风波。1948 年 12 月至 1949 年 2 月，中共吉林省委召开民族工作座谈会。会上讨论十分激烈，有人提出“朝鲜族的祖国是朝鲜”的主张，也有人提出“多祖国论”，即“无产阶级的祖国是苏联，民族的祖国是朝鲜，现实的祖国是中国”，还有些人主张应当像苏联那样，在朝鲜族聚居的延边建立加盟共和国。作为东北行政委员会民政部民族事务处处长，朱德海在会上明确指出，中国东北的朝鲜族与朝鲜国土上的朝鲜人虽属同一个民族，但“前者已是享受着不同公民权的中国朝鲜族了”，并坚持认为，在延边只能实行民族区域自治，不能建立加盟共和国。①

这件事表明，直到新中国政权建立前夕，东北朝鲜人的问题还在缠绕着中国共产党。在这个问题上，最让中国共产党感到棘手的，不是确定一般朝鲜居民的国民属性，而在于革命队伍内部很多干部的身份及其观念。在中共干部队伍中始终存在大量朝鲜人，这种情况极为特殊。抗战结束后，中国共产党加强了入党的组织审查，对外国人入党的限制十分严格。按照当时中共中央不成文的规定，外籍公民入党需要中共中央书记处书记批准。② 1949 年 10 月，中共中央明确指示：凡外国人请求加入中国共产党者，均须经中央组织部批准，但东北境内的朝鲜人除外。③这种特殊性，一方面与这些朝鲜人属于跨界民族有关；另一方面也涉及中国共产党与朝鲜的革命友谊。1949—1950 年约 4.8 万名朝鲜族官兵回国，就是一个典型事例。④

---

① 本书编写组：《朱德海一生》，民族出版社 1987 年版，第 135 页；中共党史人物研究会编：《中共党史人物传》第 17 卷，陕西人民出版社 1984 年版，第 273 页。

② 李敦白口述，徐秀丽撰写：《我是一个中国的美国人——李敦白口述历史》，九州出版社 2014 年版，第 63 页。

③ 《中共东北局组织部通知》(1949 年 10 月 19 日)，《中国地区韩人归还与政策》第 6 卷，第 522 页。

④ 关于这一事件的详细过程，学界已有专门研究，见金东吉《中国人民解放军中的朝鲜师回朝鲜问题新探》，《历史研究》2006 年第 6 期；金景一《关于中国军队中朝鲜族官兵返回朝鲜的历史考察》，《史学集刊》2007 年第 3 期；沈志华《毛泽东、斯大林与朝鲜战争》，广东人民出版社 2013 年版，第 196—199、211—213 页。这里仅讨论中国共产党处理朝鲜族官兵回国的态度和方式问题。

一直以来，朝鲜劳动党和朝鲜政府与中共中央没有任何直接联系，第一次接触就是朝鲜人民军总政治部主任金一（Kim Il）受朝鲜劳动党中央委托，索要中国人民解放军编制内朝鲜族部队及装备。1949 年 4 月 30 日金一先到沈阳，请高岗为他与中共中央取得联系。金一在北平与朱德和周恩来会谈四次，与毛泽东会见一次。对于朝鲜提出的要求，毛泽东满口答应：中国军队中有三个朝鲜师，两个师驻扎在沈阳和长春，随时可以全副武装移交给朝鲜政府；另一个师正在作战，战斗结束才能调回。至于这些部队所需弹药，毛泽东回复："朝方需要多少就能给多少。"[①] 根据斯大林得到的报告，毛泽东还说，有 200 名朝鲜军官正在接受补充训练，一个月后可以派往朝鲜；如果北南朝鲜发生战争，我们将提供力所能及的一切。[②] 毛泽东说的立即交付的这两个朝鲜师，就是一六四师和一六六师。一六四师原师长王效明、政治委员宋景华在移交朝鲜时调出，由副师长李德山接任师长兼政委。进入朝鲜时全师实有人员 10821 名。一六六师原师长刘子仪、政委方虎山，移交朝鲜时由方虎山出任师长兼政委。进入朝鲜时全师实有人员 10320 名。[③] 7 月上旬，金日成决定这两个朝鲜师调回朝鲜：沈阳师（一六六师）配置新义州，长春师（一六四师）配置罗南。[④]

1949 年 12 月 29 日，总参谋长聂荣臻电告正在莫斯科的毛泽东，第四野战军司令员林彪反映，目前在各部队服役的朝鲜族官兵有 1.6 万人左右，其中排以上干部 2092 人。他们在军中接受教育和锻炼，进步很大，具有作战、扩军和政治工作经验。其中有些人在部队南下后出现思想波动，要求回国。林彪提出，"为了朝鲜人民的利益"，"想把这些经过训练的干部送回朝鲜"。[⑤] 经过一番商议，1950 年 1 月中旬人民军总参谋部作战部部长金光侠来到中国，又提出新的要求——带走全部武器和装备。

---

① 《什特科夫致维辛斯基电》(1949 年 5 月 15 日)，АПРФ，ф. 3，оп. 65，д. 9，л. 51－55。

② 《科瓦廖夫致斯大林电》(1949 年 5 月 18 日)，АПРФ，ф. 45，оп. 1，д. 331，л. 59－61。

③ 《东北三年解放战争军事资料》，第 76—77 页。1949 年 6 月，东北局要求吉林省紧急为一六四师扩充朝鲜新战士 15000 名，限令 7 月 18 日前完成移交（《中国地区韩人归还与政策》第 6 卷，第 487、488 页）。这个数字应含在该师回国人数中。

④ 《什特科夫致维辛斯基电》(1949 年 7 月 13 日)，АПРФ，ф. 3，оп. 65，д. 5，л. 25－27。

⑤ 《聂荣臻致毛泽东电》（1949 年 12 月 29 日），АПРФ，ф. 45，оп. 1，д. 334，л. 8－9，Новая и новейшая история，2005，№5，с. 89－90。

毛泽东批示：同意照办。[①] 第四野战军接到命令后，立即将部队中的朝鲜籍官兵在郑州集中起来，编成一个师又一个团，总计 15800 人。这支部队政治素质非常好，中共党员占 69% 强，立功者多；武器配备也很强，炮兵装备齐全。在编组过程中，又按照金光侠的要求，“清洗”了年老体弱和成分不好者 3000 余人。[②] 实际上组织朝鲜族官兵回国这项工作不仅在四野部队，而是在整个解放军部队展开的。据中国军方的统计资料，1 月 29 日至 6 月，各军区、军兵种遵照中央军委的指示，通知所属部队的朝鲜籍人员集结回国。1 月至 4 月，中南军区的 22392 名朝鲜籍人员（其中师级干部 1 人，团级干部 13 人，营级干部 93 人，连级干部 88 人，排级干部 1857 人，战士 19887 人，其他工作人员 453 人），先后在郑州集中，整编为 1 个师又 1 个团、1 个干部大队、1 个教导大队和 1 个后方工作大队，于 4 月 15 日北上回国。[③] 这支部队是以一五六师（两个团）为骨干改编的，6 月回国前作为独立十五师编入东北军区序列，由原一五六师副师长全宇任师长。[④] 此外还有一些零散部队回到北朝鲜，如在沈阳的空军部队警卫连 1000 人，由沈阳航空学校副校长带队，以野营训练的名义于 3 月进入朝鲜。[⑤] 铁道兵团的 3231 名朝鲜籍人员，也于 6 月 20 日由石家庄启程回国。[⑥] 如此算来，第二批回国的朝鲜族部队应在 26623 人以上，加上 1949 年返回的人员，解放军中朝鲜族官兵回国人数总计已超过 47764 人。

上述朝鲜族官兵回国，与后来发生的朝鲜战争并没有直接关系。斯大林本来一直反对金日成采取武力行动解决统一问题，直到 1950 年 1 月 31 日才改变主意，4 月中旬才与金日成在莫斯科商定计划。[⑦] 而如前所

① 中共中央文献研究室、中央档案馆编：《建国以来刘少奇文稿》第 1 册，中央文献出版社 2005 年版，第 320—321 页；《刘少奇致毛泽东电》（1950 年 1 月 22 日），АПРФ，ф. 45，оп. 1，д. 334，л. 22。

② 《邓子恢、谭政给军委、总政及林彪的报告》（1950 年 5 月 11 日），未刊。文件中使用“朝鲜籍”的说法并不准确，因为当时在中国的朝鲜人绝大多数并未确定国籍。

③ 中国人民解放军总参谋部：《中国人民解放军军事工作大事记》上册，1988 年印，第 4 页。

④ 《中国人民解放军组织沿革和各级领导成员名录》，第 882 页。

⑤ 徐龙男：《延边籍朝鲜人民军退伍军人采访录》，《冷战国际史研究》2008 年第 3 期。

⑥ 《中国人民解放军军事工作大事记》上册，第 4 页。

⑦ 详细过程见沈志华《毛泽东、斯大林与朝鲜战争》，第 185—228 页。

说，毛泽东同意金一的请求，以及批准林彪关于送朝鲜族部队回国的建议，都发生在1950年1月底之前。当然，这支全副武装且经历长期战争磨炼的部队回到朝鲜时，金日成已经摩拳擦掌准备发动进攻了，从而在客观上增强了人民军的战斗力。不过，就战争准备而言，金日成对此可能盼望已久，而当时中国人还蒙在鼓里。[①] 实际上，中国同意或建议四野部队中的朝鲜族官兵回国，主要是基于这样一种认识：他们本来就是朝鲜人，现在主动要求回国，朝鲜又有所需要，而中共也承担着国际主义义务，毛泽东一直想组建亚洲共产党情报局，这样做完全在情理之中。[②]

归纳起来，在战后初期至朝鲜战争爆发前这段时间，中国共产党与朝鲜劳动党及朝鲜政府的关系非常微妙，同中国共产党与其他各国共产党的关系相比，也显得十分特殊。总体来看，可以说是处在一种“若即若离”的状态，对于这种情况，可以从下面几个方面去理解。

第一，中国共产党和朝鲜劳动党都是革命党，共同的革命目标和理念把他们联系在一起，马克思主义的国际主义理论构建了双方关系的基础。因此，他们之间的帮助是相互的。与此同时，中朝之间（尤其是在高层）几乎没有什么直接的组织联系，与双方有关的任何事情都要经过苏共的批准，甚至需要通过莫斯科来沟通。其根本原因在于，在国际共产主义运动和世界革命潮流中，中国共产党和北朝鲜都处在莫斯科的领导、支持和帮助下，中国共产党尚未取得政权，朝鲜则是苏联的卫星国。因此，他们之间的关系以及相互帮助的形式和程度，本质上都取决于斯大林的对华政策和远东政策的需要。

第二，在革命的进程中，特别是因为这种革命发生在亚洲民族国家形成不久的历史阶段，革命政权的建立遇到了理论与现实的矛盾。按照马克思主义的理论，革命应该首先在一些欧洲发达国家同时爆发，即世界革命，其逻辑的结果就是消灭国家和民族，建立共产主义的大同世界。在现实中，革命首先在落后的俄国爆发，现在又发生在两个更加落后的亚洲国家，世

---

① 1950年5月3日，斯大林电告毛泽东，金日成到莫斯科来谈了一些事情。5月13日，金日成在斯大林的催促下来到北京，向毛泽东通报他的计划。沈志华：《毛泽东、斯大林与朝鲜战争》，第219—220页。

② 关于亚洲共产党情报局的问题，详见沈志华《毛泽东与东方情报局：亚洲革命领导权的转移》，《华东师范大学学报》2011年第6期。

界大同的目标显然是可望而不可即的。中国共产党和朝鲜劳动党接管或建立的在地理上相互连接的两个民族国家，在理论上应该是统一的、同一的革命政权，但实际上是各自独立而无法融合的不同政治体。这在冷战时期的社会主义国家间乃是一种普遍现象，也是它们之间关系的现实基础。

第三，在此期间，中朝两党还要面对一个特殊问题：长期生活在中国的大量朝鲜人属跨界民族，直到中华人民共和国成立时，他们多数人的国籍尚未确定，无论一般居民还是革命者，都存在强烈的民族情绪，而缺乏对中华民族的认同感。尤其是因为在中共系统中存在大量朝鲜族党员和干部，而在朝鲜劳动党系统中存在一批曾在中国长期生活和工作的干部（甚至有人还保留着中国国籍），使得中朝之间有着一种“剪不断、理还乱”的联系，简直就是“你中有我，我中有你”。[①] 这种情况既成为中国共产党与北朝鲜联系的纽带，也给他们处理两党及以后两个政权关系带来了麻烦和困难。

第四，随着在内战中取得军事胜利和地方政权的建立，中国共产党开始从国家关系和国民属性的角度考虑并处理中国的朝鲜民族问题。中国共产党对于东北朝鲜人的国籍问题，朝鲜民族的属性问题，以及政权建设中的民族区域自治问题，都有一个根据需要而认识不断深化的过程。但是，总体思路仍然没有摆脱苏联的影响和世界革命的框架，无论处理国际关系还是党际关系，朝鲜似乎都有一种特殊性。[②]

这种看似亲近实则疏远的状态，在中国革命成功后许多年还是中朝关系的主要特征之一。

---

① 甚至到 1956 年，在朝鲜人民军中还有 5000 多中国籍朝鲜人，而在中国人民解放军中工作的朝鲜籍人员尚有百余人，其中很多人要求回国。国务院办公厅大事记编写组：《中华人民共和国中央人民政府大事记（送审稿）》第 4 卷，1991 年，未刊，第 61、153—154 页。

② 这是一个需要专门讨论的问题。根据美国社会学家沃勒斯坦（I. Wallerstein）的观点，即种族（Race）是“以基因遗传的群体”，民族是“历史的社会—政治群体”，而族群是“文化群体”，中国学者马戎建议，保留中华民族（the Chinese Nation）的提法，而将原来习惯称呼的“少数民族”（Minority Nationality）改成“族群”或“少数族群”（Ethnic Group）。见马戎《族群、民族与国家构建——当代中国民族问题》，社会科学文献出版社 2012 年版，第 3—20 页。笔者赞同这一看法，并认为以此来阐释“朝鲜民族”问题，具有学术和现实的意义。

从龙王庙到水管所

——明清以来河西走廊灌溉活动中的国家与信仰*

张景平　王忠静

一　拆庙建所：一个国家与信仰关系的隐喻

1962年初春，正在酒泉南干渠工地劳动的酒泉县文殊公社社员邢玉同被不远处隐隐传来的砼砼锤凿之声吸引，这声音在以土方开挖为主的沉闷工地上显得十分清脆。不一会儿便有消息传来：废弃多年的讨赖河南龙王庙，正被人拆下屋梁。由于邢玉同的父亲曾经是这座庙宇的看守人，童年时代的邢玉同就生活在这座庙中，正殿中一般农家所罕见的粗壮梁柱给他留下了深刻的印象。对于主持这场拆除活动的水利干部老郑，邢玉同也并不陌生。这位南干渠水管所所长曾和其他水利工作人员一起长期在南龙王庙居住办公。当新建中的南干渠水管所急需木料时，南龙王庙的粗壮梁柱自然浮现于老郑的脑海之中。在近50年后，已过古稀之年的邢玉同老人仍然能清晰指出，经过几度改建的水管所中有一座凉亭保留了南龙王庙的建筑材料，其中至少两根略带棱角的柱子是用正殿主

---

* 本文原载《近代史研究》2016年第3期。本文系国家自然科学基金青年项目“历史时期敦煌酒泉绿洲典型渠系复原及相关方法论研究”（41501150）、国家自然科学基金重点项目“水权框架下黑河流域治理的水文—生态—经济过程耦合与演化”（91125018）的阶段成果。承蒙张掖市档案馆梁永芳馆长帮助得以使用馆藏未编目民国档案，在此谨致谢忱。

梁改造而成。①

以上场景是20 世纪50—60 年代之交河西走廊龙王庙拆除过程中典型的一幕。中华人民共和国成立之初，干旱少雨而灌溉农业发达的河西走廊地区曾密布着数以百计的龙王庙；而在此后不到10 年的时间里，这些庙宇迅速消失，取而代之的是一座座隶属于各级政府的水利管理所，简称水管所。这些水管所大多离龙王庙不远甚至就在原址上重建，龙王庙的建筑材料普遍为第一代水管所建筑利用。如果单就“拆庙”这一点而言，将其放在特定的意识形态背景下似乎并不难理解，何况中国历史上政权向神权宣战的例子屡见不鲜。但一个有趣的现象是，当改革开放后河西走廊的各种宗教与民间信仰陆续复兴之时，类似于近 30 年来山西“四社五村”祭祀体系与晋祠“河会”组织的恢复发展并没有在这里出现，龙王庙以及龙王信仰已逐渐为这里民众所遗忘。②“拆庙”后建立的水管所成为当地最有权威的基层政府部门之一，时至今日水资源管理机构仍然在地方经济社会事务中发挥着重大作用，水利人员仍然受到河西走廊一般民众的普遍尊敬。因此我们有理由认为，半个世纪前的“拆庙建所”活动绝不仅仅是特定时代的国家意志的反映，而是河西走廊水利发展史上具有象征意义的重大事件：它以一种略显粗暴的方式宣告旧时代的终结，也宣示着新时代不可逆转的到来。

众所周知，龙王信仰是中国传统民间信仰的重要组成部分，龙王庙在水利活动中发挥着重要功能。当前学术界对于龙王信仰与龙王庙问题的研究主要从两个方面展开：从宗教学角度探讨龙王信仰的渊源、形成、

---

① 邢玉同口述材料，张景平、郑航、齐桂花主编：《河西走廊水利史文献类编·讨赖河卷》，科学出版社2016 年版，第908—910 页。邢玉同，1940 年生，嘉峪关市文殊乡河口村农民。

② 关于山西民间水利信仰的当代复兴，可参见董晓萍、蓝克利《不灌而治：山西四社五村水利文献与民俗》，中华书局 2003 年版；张亚辉《水德配天：一个晋中水利社会的历史与道德》，民族出版社 2008 年版；李红武《晋水记忆：一个水利社区建设的历史与当下》，中国社会科学出版社 2011 年版。关于改革开放以来河西走廊龙王庙与龙王信仰逐渐淡出群众记忆的例子，可参见张景平、郑航、齐桂花主编《河西走廊水利史文献类编·讨赖河卷》，第 100、904 页。

流变，重点是其中的佛教要素以及相关神仙谱系的问题[①]；从人类学、历史学的相关维度，视古今龙王信仰为多元水利信仰的一部分，重点探讨这些信仰以及相关组织、仪式背后所蕴含的社会文化权力。[②] 在既有研究中，学者都很注重当代龙王信仰与龙王庙问题的研究，即使重点关注历史问题的学者也需依赖深入的田野调查才能解读或补充有关历史文献。大多数研究者认为，包括龙王信仰在内的水神崇拜今天仍然“活着”，尽管其影响力大不如前，并在现代化浪潮中发生种种变异，20 世纪 50—60 年代政府对于民间信仰的激进态度并未将其根除。然而河西走廊龙王庙的彻底消亡则说明，龙王庙被拆除，绝不仅仅是外力作用的结果，其社会基础的松动或许在政治力量介入之前就已经存在，应该从传统区域社会的内在特征及其特定的现代化进程中去探讨国家与民间信仰之间的关系。本文将水管所与龙王庙相提并论，不仅因为二者具有明显的时空承袭关系，更因为二者在不同时代的灌溉活动中，始终处于历史舞台的核心。

二　从祈雨圣地到配套工程：明初至清中叶河西走廊龙王庙的修建

一般意义上的河西走廊，系指甘肃省西部介于祁连山与龙首山、合黎山以及马鬃山之间的狭长区域，整体呈东南—西北走向，长约 1000 千米，宽度从数千米到 100 千米不等。河西走廊是丝绸之路上的咽喉路段，亦是我国著名的灌溉农业区，自东至西分属石羊河、黑河、讨赖河、疏勒河、党河五大内流河流域（见表 1）。[③] 关于河西走廊龙王庙的史料比

---

① 此类研究成果多散见于中国龙文化相关的研究中。关于中古时代龙王神祇的变化，杜文玉、王颜对此作过简明概括，参见杜文玉、王颜《中印文明与龙王信仰》，《文史哲》2006 年第 2 期。关于近世龙王信仰中诸神祇的研究，可参见苑利《华北地区龙王庙配祀神祇考略》，《西北民族研究》2002 年第 2 期。

② 代表作有赵世瑜《分水之争：公共资源与乡土社会的权力和象征——以明清山西汾水流域的若干案例为中心》，《中国社会科学》2005 年第 2 期；行龙《晋水流域 36 村水利祭祀系统个案研究》，《史林》2005 年第 4 期。

③ 讨赖河为黑河第一大支流，党河为疏勒河第一大支流，但因两河灌溉面积巨大、在水利上自成体系，一般将其视为独立流域。

较罕见，相关研究成果不多。[①] 目前可以确定的河西走廊最早的龙王庙，是位于走廊中部黑河流域的甘州三庙，即始建于西夏时期的上、中、下龙王庙。此外，修建于明代中期的酒泉洪水坝龙王庙营建时间也比较早。不过细读文献，这些庙宇在修建之初，供奉的对象是广义的山川之神，修庙动机不一定专门指向灌溉活动。[②] 这种供奉祭祀应类似于或属于明清时期官方认可的山川祭祀活动，主要表达对自然的敬意。[③] 到明代中后期，“龙王庙”之名才开始出现在河西文献中。

表 1　　河西走廊主要内流河流域概况一览

水系	流域	古称	流经主要城市	位于河西走廊的位置
石羊河	石羊河	白亭水	武威市、金昌市、民勤县、古浪县、永昌县	东部
黑河	黑河	弱水、张掖河	张掖市、山丹县、民乐县、临泽县、高台县	中部
	讨赖河	多乐水、金河	酒泉市、嘉峪关市、金塔县	中部
疏勒河	疏勒河	藉端水、冥水	玉门市、瓜州县	西部
	党河	氐置水、甘泉水	敦煌市	西部

虽然河西走廊的水利开发历史可追溯至汉代，但该地区的水利发展并未呈现一种线性演进的趋势。受各种复杂因素尤其是军政格局的影响，河西走廊的水利开发几度兴衰，至明代初期，主要灌区仅局限于中东部地区凉州卫（今武威市凉州区）、甘州卫（今张掖市甘州区）与肃

① 涉及河西龙王庙与龙王信仰研究的论文有：李智君《清代河陇民间信仰的地域格局与边塞特征》，《复旦学报》2006 年第 4 期；孟凡港《从碑刻看明清时期张掖的民间信仰》，《世界宗教文化》2012 年第 2 期；谢继忠《明清以来张掖龙王信仰研究》，《河西学院学报》2013 年第 6 期。

② 张掖上龙王庙旧称“河渎神庙”，参见乾隆《甘州府志》第 5 卷，“营建 · 坛庙”，第 186 页；酒泉洪水坝龙王庙为肃州兵备道岁祭“山川之神”之处，只是“俗呼为龙王庙”，参见万历《肃镇华夷志》第 2 卷，“水利”，第 43 页。

③ 对于国家山川祭祀的基本精神，参见李媛《明代国家祭祀制度研究》，中国社会科学出版社 2011 年版，第 3 章“祭祀体系中的‘神圣’世界”；关于西北地方官员对山川祭祀的研究，可参见李大海《清代新疆地区官主山川祭祀研究》，《西域研究》2007 年第 2 期。

州卫（今酒泉市肃州区）附近，即石羊河流域以及黑河、讨赖河中游地区。汉唐时期灌区密布的河西走廊西部疏勒河、党河流域以及走廊中部的黑河、讨赖河下游地区因处于长城之外，农业与水利尽皆废弛。此种格局持续至清康熙末年方有改观。明代至清初，中央政府控制下的河西走廊中东部地区逐渐形成了灌溉系统的主体渠系，时至今日仍然是河西走廊灌溉条件最好、农业最为发达、人口最为密集的地区。[①] 河西走廊中东部龙王庙在这一时期开始陆续出现，我们姑且把这些龙王庙称为第一期龙王庙。

从方志与所存碑刻来观察，明代与清初河西龙王庙的兴建或重修与政府官员的“祈雨”有明显关联，其中张掖附近的中龙王庙相关记载最为详细。此庙在康熙初年已圮毁多年，适逢康熙五年（1666）张掖大旱，阖城军民吁请甘肃提督张勇前往庙址祈雨，居然“灵验”，遂由张勇本人倡议集资予以修复。[②] 虽然河西走廊在整体上都属于降水量远远小于蒸发量的干旱区，但其降水量绝对值存在较大的空间差异，自东向西呈现明显的减少趋势。根据现代气象记录，走廊东端的武威绿洲年降水量可以达到 200 毫米以上，西端的敦煌绿洲则在 50 毫米以下。在 1949 年之前，河西走廊中东部地区存在大量无灌溉条件的旱地，被称为“撞田”，其中走廊东端地区的石羊河流域的“撞田”比例达到耕地总面积的四成；这一比例自东向西呈现明显递减，到酒泉讨赖河流域只有零星“撞田”存在，更往西的疏勒河、党河流域则完全没有“撞田”的存在。[③] 与水浇地相比，“撞田”的产量十分低下，从来不构成河西走廊粮食的主体；但在灌溉能力不足的传统技术条件下，靠天吃饭的“撞田”是农业生产的重要补充。尤其是，明代至清初河西走廊主要灌溉系统的修建是一个渐进过程，很多地区行政建制的出现远远早于骨干工程的建设，“撞田”必然

---

① 甘肃省水利志编辑部编：《甘肃省志 · 水利志》，甘肃文化出版社 1997 年版，第 61—104 页；王元第主编：《黑河水系农田水利开发史》，甘肃民族出版社 2003 年版，第 111—139 页。

② 袁州佐：《重修中龙王庙合祀碑记》，乾隆《甘州府志》第 14 卷，“艺文中”，第 585—594 页。

③ 中华民国水利部河西水利工程总队：《石羊河流域灌溉工程计划书》，1948 年油印版，第 7 页，甘肃省图书馆西北文献部藏；中华民国水利部河西水利工程总队：《临水河流域灌溉工程计划书》，1948 年油印版，第 8 页，甘肃省图书馆西北文献部藏。

在某些时期内具有更加重要的地位。因此，河西走廊中东部的第一期龙王庙与华北地区无甚区别，“祈雨”构成了其日常功能的主要部分。如甘州三庙中存有大量明代与清初地方官员的祈雨碑刻，顺治《重修甘镇志》、乾隆《甘州府志》等地方志中皆有记载。[①]

由于缺乏史料，我们对于河西走廊第一期龙王庙的相关细节所知不多，但兴衰无常似乎是其共同特点，各地方志中普遍有龙王庙多次重修的记录，这应该与祈雨不是年年进行有关。此外，第一期龙王庙还时常在佛、道二教祠庙之间摇摆，有的甚至还有藏传佛教僧人入住。[②] 不过，由于龙王并非唯一司雨的神祇，如果单就祈雨这一功能而言，雷神可能具有更加突出的地位。如《山丹县志》特别记载的“雷坛”，是明初与城隍、关帝等同时期建立的第一批庙宇之一，自永乐九年（1411）建成后在明代经历四次重修，每次皆由地方官吏主持，而龙王庙则没有这样“显赫”的历史。[③] 在今临泽县，明天启二年（1622）修建的三元庙中就专辟雷祖殿三间供奉雷神，且有碑文证其修造之隆重，龙王庙则在县志中记载简略。[④] 在今武威市凉州区矗立着一座名为雷台的巨大道观，供奉雨神雷祖，因其下方的一座汉墓出土有中国旅游标志“马踏飞燕”而闻名全国。在整个石羊河流域，龙王庙自始至终都没有在规模上超越雷台，围绕雷台举行的盛大庙会活动也是龙王庙所不能相比的。因此，侧重祈雨的第一期龙王庙虽然已具有专门水利祠庙的性质，但显然并未获得独尊地位。

从康熙五十四年（1715）直至乾隆二十四年（1759），清王朝为用兵

---

① 对地方志中甘州三庙祈雨碑刻的系统排比，参见孟凡港《从碑刻看明清时期张掖的民间信仰》，《世界宗教文化》2012 年第 2 期。

② 龙王庙转换为道教祠庙的例子，如嘉庆三年《上六坝水则》中提道：“三官庙地当头、二坝分水处，即前明达千总龙王庙也。”此水则收入双营志编委会编《双营志》，2006 年印，第 356 页。又有记载：“（张掖中龙王庙）创于西夏，宣统时重建，有青海藏僧二人驻锡，云其人五百年前即来此募化。”《张掖县宗教场所调查表》（1948 年 6 月），张掖市档案馆藏，未编目民国档案。

③ 顺治《重刊甘镇志》，“建置志 · 祠庙”，第 209 页；道光《山丹县志》第 4 卷，“营建 · 坛庙”，第 81 页。

④ 《抚彝建修玉皇阁三元庙碑记》，民国《创修临泽县志》第 13 卷，“金石”，第 360—361 页。

西域，开始在河西走廊大兴屯田。在之后近40多年中，河西走廊迎来了一个水利建设的高潮。清廷突破明长城与嘉峪关为边界的空间格局，将行政机构的设置覆盖河西走廊全境，西部的疏勒河、党河流域以及中部黑河、讨赖河下游地区都展开了规模巨大的移民屯田运动，石羊河下游垦区亦迅速扩大。[①] 与明代老垦区的水利建设经历较长时间不同，这些新开发地区的水利建设一般由政府在短时间内一次建成。在这个过程中，一批新龙王庙随之建设起来，我们姑且将其称为第二期龙王庙。讨赖河下游的王子庄龙王庙、疏勒河中游的玉门上下龙王庙、疏勒河下游的安西北大桥龙王庙以及党河流域的敦煌西河口龙王庙是其中的代表。[②]

第二期龙王庙在修建之初就表现出与第一期龙王庙的不同。在空间分布上，第一期龙王庙多集中于县城或村镇周边，如张掖中龙王庙、酒泉洪水坝龙王庙分别位于甘州、肃州府城附近的人烟稠密之处，这应该与方便祭祀与求雨活动的展开有关；第二期龙王庙则多建于灌溉系统的重要节点，主要在干渠渠首与干渠分水处，因此往往远离城镇，如位于安西、玉门第一道分水口的上龙王庙坐落在戈壁滩深处，距离最近的乡镇也有8000米的距离。从修建时间来看，第一期龙王庙是在数百年间逐渐修成，往往滞后于干渠系统的建设，且并非所有灌区都有龙王庙；第二期龙王庙则是与新灌区建设同时进行，每个灌区必有自己的龙王庙。套用今天的工程术语，第二期龙王庙更像是灌区建设的“配套工程”。那么，官方坚持修建这一“配套工程”的目的究竟是什么呢？

三 “庙”的凸显与“龙王”的淡出：清中叶河西走廊龙王庙系统的变化

雍正十三年（1735），位于讨赖河支流马营河的九家窑屯田区建设完毕，其核心工程是一条名为千人坝的引水干渠。为获取有利的引水工

---

① 王希隆：《清代西北屯田研究》，新疆人民出版社2012年版，第273—281页。

② 乾隆《重修肃州新志》，“肃州册·祠庙”，第145页；徐松：《西域水道记》第2卷，“哈喇淖尔所受水”，《续修四库全书》第728册，第102、104页；乾隆《敦煌县志》第3卷，“建置·庙宇”，第140页。

程，千人坝干渠的上游穿行于深山峡谷之中，工程艰巨。以戴罪之身主持工程的署理肃州知州童华捐资修建了千人坝龙王庙，并亲自撰写《祭千人坝龙神文》。这篇祭文首先点明国家开设屯田的意义，接着抒发自己对水利事业的感情，并以大篇幅深情回顾了施工中的种种艰难，最后称颂总督、知州等各级官员的亲切关怀与大力支持。祭文虽名为龙王而作，但提到龙王与其他神祇只有两处：一是在谈及开凿引水隧道屡遭失败时"祈求祷祀，念靡神之不宗"，这是病急乱投医的真实写照，并不是专"念"龙王；二是在结尾处说道"人事既臧，神庥斯降"，在描述水利工程带来的丰收场面后感谢"神力之成全"。①

这篇500余字的祭文反映了清代河西走廊新垦区龙王庙修建者的心路历程。在这篇祭文中，龙王虽然仍得到尊敬，但其"功德"实际上被置于微不足道的地位，结尾处的称颂更像是作者推己功于神灵的谦逊态度。称颂国家屯田政策的英明并借此凸显执事者的功绩才是这篇文章的主旨。童华的这篇祭文是否被当场刻成石碑尚不明确，但可以肯定的是，在其离任后当地居民所立的《大清乾隆丙申童华去思碑》则基本参考了相关内容，有些句子甚至是直接引用，并且就竖立在童华主持新建的龙王庙中。② 至此，童华以称颂龙王为名所作的文字在此终于回归其本旨，借民众之口成为国家与官员的颂歌。从这个事例可以看出，以修建龙王庙作为宣示国家意志与官员政绩的契机，并以庙宇本身作为国家意志的象征物与纪念地，是第二期龙王庙成为屯田水利"配套工程"的重要原因。之所以选择龙王庙，很可能因为彼时龙王信仰已在中国北方大多数地区甚为流行，但推广这一信仰本身并不是官方首要出发点。

对于更多的新垦区而言，建立龙王庙除彰显国家意志与官员功德，还有更为重要的实际功用：确定水利秩序并充当水权博弈场所。许多新垦区自开发伊始，便面临着水资源空间分配不均的严重问题。康熙五十四年（1715），疏勒河流域开始屯田；至康熙五十八年（1719），灌区建

① 童华：《九家窑屯工记·祭千人坝龙神文》，北京图书馆古籍出版编辑组编：《北京图书馆古籍珍本丛刊》第79辑，书目文献出版社2000年版，第259—261页。

② 《大清乾隆丙申童华去思碑》今已不存，系从《酒泉马营河查勘报告书》辑出。参见甘肃水利林牧公司酒泉工作总站《酒泉马营河查勘报告书》（1943年），酒泉市档案馆藏，历1/3/479，第13—14页。

设尚未完工，下游柳沟所（今瓜州县三道沟镇）与上游靖逆卫（今玉门市）之间的用水冲突已经爆发。官方遂制定两地的“三七”分水方案，在分水节点修建龙王庙，并将镌刻相关规定的石碑竖立其中。[①] 此后疏勒河流域安西、玉门两县的水利纠纷时有发生，龙王庙成为此后历次水案的博弈场所，官府往往于庙中召集纠纷双方协商调停并画押有关文书，并将有约束力的文件刻石保存于此。[②] 这些碑刻原件虽已无存，但从方志所载的碑文来看，一般是详细叙明原委后，地方官员或维护既有水权分配秩序或作出某些调整，但并未有片字提到“龙王”；即便是篇末套语，如“永远遵守无违”之类也并未请龙王“作证”，而是多用“感天恩之溥惠、思牧守之劬劳”“义存推让、利在均沾”之类的话语作为争端双方达成一致的思想基础。[③] 可见龙王信仰本身作为一种文化要素已不再被参与到水利纠纷的调处中，我们只能看到龙王庙这一特殊空间在水利事务中发挥着作用，整个纠纷解决的过程完全没有超自然力量的介入。

与第一期龙王庙相比较，河西走廊第二期龙王庙的建设无疑体现了国家对于水利事务更为直接与深入的干预，但龙王的实际重要性反而有所降低。这并非代表国家信仰与水利政策的刻意调整，而是由特殊区域屯田活动的基本性质所决定。一方面，屯田活动本身是国家意志直接主导下的活动，国家在其中保持着强势存在，其地位为任何神明不能替代。另一方面，清代河西走廊屯田区特殊的气候与水文条件也决定了龙王的超自然力量难以发挥作用。首先，新垦区的有效降雨稀少，农业完全依靠灌溉，因此龙王行云布雨的神奇能力在这里失去意义。其次，河西走廊诸内流河的径流补给，自东向西呈现降雨补给比例减少、冰川融雪补给比例增加的趋势，这导致河西走廊西部诸河在每年5—6月灌溉关键期

① 1913年成书的《安西县水志》曾提道：“（安玉水案）碑原在睡佛洞口，及（康熙五十九年）仲春上龙王庙告竣，两造军民共移于廊下。”佚名《安西县水志》（手稿），1913年，第5页，酒泉市档案馆藏。

② 《安西县水志·水案》载：“迤后一切处分条例并执照等事勒石于（龙王）庙者，今（按：指民国二年）历历具在。”《安西县水志》（手稿），1913年，第7页，酒泉市档案馆藏。

③ 《安西县水志》（手稿），1913年，第8—10页，酒泉市档案馆藏。

的径流较之走廊东部更加稳定[①]；因此，新垦区集中的西部诸河“龙王”似乎远比东部更为“和善”，不会随意“动怒”而减少水源，所以“不需”民众隆重祭奠以示“恳求”。由于自然要素带给河西走廊西部新垦区民众的不确定性要比东部小很多，民众对龙王的敬畏度降低，龙王在日常水利活动中实际作用的淡化不可避免。

当新垦区龙王庙建设如火如荼之时，老垦区的龙王庙系统也在发生变化，最为显著的是区域性大龙王庙的出现。第一期龙王庙与祈雨活动关系密切，虽然某些龙王庙作为地方长官的固定祈雨地而具有较高的地位，但这种地位相对模糊，未能通过一套稳定的仪式加以确认。随着河西走廊屯田活动的大规模展开，水资源的利用率大幅提高，各流域内上下游、左右岸之间的用水关系趋于复杂，覆盖面积更大、规定更为精密的水源分配法则开始在老垦区出现。以讨赖河为例，酒泉盆地在明代就形成了右岸“南三渠”、左岸“北四渠”的灌溉格局，七渠原本各自顺河取水、互无联系[②]；至清中叶，七渠合并为左右岸两个总口、共用一道拦河坝，并按照各自承担的田赋份额按比例分配水源，被称为“按粮分水”。[③] 与此同时，在讨赖河南北两个总口分别出现了隔河相对的南龙王庙与北龙王庙，并列为酒泉盆地水利活动的中心，其中又以本文开头提到的南龙王庙为大。每年立夏这一天，讨赖河“南三渠”“北四渠”的负责人都云集南龙王庙举行年度开河分水大典，其中的核心包括向龙王献祭、赠匾以及民间水利负责人的新老交接、当众丈量各渠渠口以及唱戏等，有时也会宣布水利规则的重大改动，俨然为区域一大盛事，而地方官员的出席则表明了这一仪式得到官方支持。[④] 南龙王庙位于讨赖河出山

① 参见王忠静、张景平、郑航《历史维度下河西走廊水资源利用管理探讨》，《南水北调与水利科技》2003 年第 1 期；张景平《“旱”何以成“灾”：河西走廊西部地区水利现代化进程中“旱灾”观念演变研究》，“旱暵水溢：世界历史上的河流、洪涝与旱灾国际学术研讨会”论文，北京，2013 年 5 月。

② 万历《肃镇华夷志》第 2 卷，“水利”，第 35 页。

③ 佚名：《酒金两县水系图》，1915 年绘制，“图右文字说明”，甘肃省图书馆西北文献部藏。

④ 参见张掖专区文化局编《河西志》，1958 年编印，第六章“水利”，第 44 页，甘肃省图书馆西北文献部藏；邢玉同口述材料，张景平、郑航、齐桂花主编：《河西走廊水利史文献类编·讨赖河卷》，第 908—910 页。

口，距离肃州州城将近20千米。每年立夏，地方长官率领民间水利负责人不辞辛苦、风雨无阻地来龙王庙俯身祭拜，南龙王庙由此获得了凌驾其他龙王庙之上的地位。

同样的情形在黑河流域也出现。甘州三庙中离城较近的中龙王庙在清代中叶以后继续保持着祈雨的功能，但远在黑河出山口、庙宇狭隘的上龙王庙则于乾隆年间异军突起，经张掖知县王廷赞大规模扩建并获题“甘民衣食源”的匾额后成为流域水利活动的中心，其仪式内容略同于讨赖河南龙王庙，为官民一体祭拜。[①] 与第一期龙王庙相比，这些新建或扩建的大龙王庙规模宏大，且普遍拥有受政府特别保护的香火田、草湖等庙产。[②] 虽然目前尚不清楚大庙的日常管理办法，但其显然与佛、道二教划清界限，如张掖上龙王庙、高台县镇彝五堡龙王庙等大龙王庙的日常运作都由政府直接监管、民间水利领袖商议决定，不涉及任何宗教团体。[③] 本文开头提到的邢玉同老人，其父亲原是因饥荒流落到肃州的难民，经民间水利负责人首肯后受雇看守讨赖河南龙王庙，其本身不具有任何宗教背景。

通过区域性的水利仪式的举办及地方官员的支持，黑河、讨赖河老垦区大龙王庙中的龙王普遍获得地方水利最高神祇的独尊地位，完全压倒雷神等其他水利神祇，成为地方水利活动的守护神。清中叶以后，地方官绅在每年规定的日子到大龙王庙行礼如仪，自然比遭逢旱灾时才有的祈雨更加常态与正式；但祭拜者内心对龙王的诚悫之心，恐怕远远不能与祈雨时“大旱望云霓”般的诚惶诚恐相提并论。大龙王庙内举行的年度区域性水利仪式，就其本质而言是为了重申水资源分配秩序，然而这并不是以龙王之名确定的，其核心是维护“按粮分水”的权威。一方面，民众承担的皇粮国税即是他们获取水权的依据；另一方面，保障灌溉以完成赋税的足额征收是政府适度介入水利活动的动机。新垦区通过新建龙王庙而明确水利秩序，老垦区通过兴建大龙王庙亦实现了这一目

---

① 乾隆《甘州府志》第5卷，“营建·坛庙”，第186页。

② 乾隆《甘州府志》第14卷，“艺文中·重建黑河龙王庙碑记附载给发执照”，第597—598页。

③ 《河西志》，第6章“水利”，第44—47页。

标；不同之处在于，前者主要为地方行政当局直接推动，后者则表现为国家与社会的合谋。

四 从“龙神其寝”到“毛主席就是活龙王”：龙王庙的近代命运

自清康熙朝后期河西走廊兴起的水利开发浪潮，直接造就了河西走廊100多年间的持续发展，这一进程因19世纪60—70年代的陕甘回民大起义戛然终止。左宗棠率军攻取回民起义的最后堡垒肃州时，曾云讨赖河流域“民人存者不过十之三四，地亩荒废，居其大半”①，而疏勒河流域的玉门一带“其遗黎能自耕者不过十之一二”。② 这样大比例的人口损耗，直到1949年仍未完全恢复。地方水利秩序在战争期间基本瓦解，大多数水利文书遗落无存。③ 第二期龙王庙在此次战乱中遭到普遍破坏，不过这并非完全直接由交战造成。战时被迫坚壁自守的民众无法随时樵采，只得在战斗间隙拆毁各种祠庙以作为薪爨储备之用，龙王庙也在其中。④ 各类神像多为木质，较之梁柱大木更适宜首先分解为柴薪。就龙王而言，这位平日里专司水利的神祇以化作火焰的形式继续保障着非常时期的民生，无疑说明：普通民众生存受到威胁时，信仰的物质形态难以存在下去。

民国时期河西走廊地方文献中所见的龙王庙，大多是晚清以来各地在第二期龙王庙基础上陆续修复，我们姑且将此称为第三期龙王庙。此时国家多故，中央政府无暇西顾，协饷断绝又导致地方政府财政拮据，

---

① 左宗棠：《官军出关宜分起行走并筹粮运事宜折》（同治十二年十二月初十日），《左宗棠全集·奏稿五》，岳麓书社1991年版，第538页。

② 左宗棠：《嵩武军开抵玉门片》（同治十三年二月十六日），《左宗棠全集·奏稿六》，岳麓书社1991年版，第17页。

③ 以酒泉为例，民国时期地方政府收集各渠水规，各乡皆云“自同治肃城遭变，分水红册、老字据均遗失无存”。酒泉县第一区：《奉命查验讨来河七坝分水规则给酒泉县长的呈文》（1936年3月28日），酒泉市档案馆藏，历2/3/262/18。

④ 其典型事例，参见《重修镇彝龙王庙碑》，民国《新纂高台县志》第8卷，“艺文下·碑”，第450—451页。此文详细记载了战乱期间镇彝龙王庙为堡民拆毁作薪事，可为一明显例证。

第三期龙王庙多由元气大伤的地方社会集资重建，故其规模普遍没有达到政府主导的第二期龙王庙的水准。始建于明代的酒泉洪水坝大龙王庙曾与讨赖河南、北龙王庙并列为酒泉盆地三大龙王庙，酒泉市博物馆原馆长冯明义回忆当时所见时谈道，“首先是院子里空地太多；其次是正殿台基宽阔，但上面的建筑却只有普通民房那么大；其三是整体建筑风格过于朴素，没有斗拱、彩头”①。乾隆时期的张掖上龙王庙实际由相对高差约 10 米的两组建筑构成，到民国时仅有位置较低的一组建筑被修复，且只重建了正殿、山门，没有东西两厢。② 第二期龙王庙修建之时正值清代国力鼎盛，第三期龙王庙则重建于近代中国风雨飘摇之日。民国时期的河西走廊，地方政府除收取苛捐杂税外已无力提供各种公共服务③；而就国家暴力机关而言，20 世纪 20 年代河西走廊西部地区 7 个县尚未设警察，而驻军总数常常不足一营，排长级别的军官公然在酒泉发动兵变并洗劫全城。④ 国家力量由盛转衰，整个龙王庙系统在水利组织中的作用逐渐偏离第二期的轨道，呈现种种畸变之态。

关于民国时期河西走廊第三期龙王庙，缺乏碑刻与方志方面的集中记载，但在档案文献中有极高的出现频率。民国时期该区域的各种水利纠纷层出不穷，在大量民事诉状、询问笔录以及官方调查中，“龙王庙”几乎成为一个与“纠纷”相联系的词。如 1935—1947 年，民乐、山丹两县共有的草湖坝灌区发生的一系列连环水利纠纷中，龙王庙常常成为相关民事纠纷甚至刑事案件的触发地，各利益方围绕清理年度水利活动中的积欠时常发生争执。触发争执的最重要原因，则是青海军队在此处驻扎所摊派的苛捐杂税导致清代“按粮分水”制度的紊乱。⑤ 在龙王庙争当

---

① 冯明义口述材料，张景平、郑航、齐桂花主编：《河西走廊水利史文献类编 · 讨赖河卷》，第 905—908 页。冯明义，1929 年生，酒泉市博物馆原馆长。

② 乾隆时甘州上龙王庙状况的直观反映，参见乾隆《甘州府志》，“上龙王庙图”，第 14 页；关于民国时期上龙王庙情况，根据刘普年口述材料。刘普年，1927 年生，张掖市甘州区大满镇松树屯庄农民；采访人：张景平；采访时间：2014 年 10 月 27 日。

③ 李扩清：《甘肃河西农村经济之研究》，萧铮主编：《民国二十年代中国大陆土地问题资料》，成文出版社 1977 年版，第 26464—26465 页。

④ 佚名：《民国酒泉兵变材料》，甘肃省图书馆西北文献部藏。

⑤ 《民乐县民事诉讼案卷》第 4、6、7、8 号案卷，1935—1947 年，张掖市档案馆藏，未编目民国档案。

水利事务负责人则是纠纷的另一种诱因，民国酒泉洪水坝大龙王庙的“打刍牛”就是一个十分生动的例子。在第二期龙王庙体现的水利秩序中，洪水坝灌区的水利事务负责人原本由各渠代表按渠道顺序轮流担任，规则清晰且得到政府认可，在清末尚有重申。[①] 但到民国时期，各渠代表常为争当水利负责人相持不下，只能在龙王庙以所谓“打刍牛”的方法予以确定。所谓“刍牛”，系用细木头扎成松散骨架，中填亚麻草，相争者各执一棍棒，在龙王塑像前同时敲打，何人最后一棒把刍牛打散使牛腹中的亚麻草散在地上，就是水利负责人。在龙王面前以类似抽签的方法进行权力分配，似乎是争议双方都把龙王当作权威，从而为偶然的结果赋予神圣性。但事实上，经常是多个争议方都声称自己最后打散刍牛并争执不下，最终大打出手并酿成命案。[②] 因此，“打刍牛”中棍棒交加的过程本身更像是好勇斗狠的丛林法则，龙王的权威并未真正参与到这种具有明显缺陷的争斗中来。而在民乐县一份民众请求县政府介入处理龙王庙前纠纷的申诉上，民乐县长批示“饬（保长）照地方习惯处理”。[③] 在这种推诿之中，龙王背后的国家亦告缺席。

明清时期中国北方的水权博弈中很多带有暴力色彩，有的还相当残忍，如山西地区著名的“油锅捞钱”就是一例。[④] 河西走廊的特殊性在于，这种暴力色彩可能是晚清与民国时期新出现的现象。民国以来及 20 世纪 50 年代的文献记载，始建于明代的张掖洞子渠曾在乾隆时期有一次大规模扩修，其时有吴姓族长杀了同族的聋哑人祭龙王，由此获得民众普遍认可的水利特权。[⑤] 然而清代地方官参与刊刻的《洞子渠龙王庙神功碑》只说吴姓家族因出钱出力最多且有多位族人在工地上因公遇难，由

① 《光绪十二年红水坝下四闸水规》，《甘肃河西荒地区域调查报告》，1932 年中华民国农林部编印，第 33—34 页。

② 参见冯明义口述材料，张景平、郑航、齐桂花主编：《河西走廊水利史文献类编 · 讨赖河卷》，第 905—908 页。

③ 王殿抚等：《呈为恃财强霸水源故污涝池事》（1940 年 6 月 10 日），张掖市档案馆藏，未编目民国档案。

④ 张俊峰：《油锅捞钱与三七分水——明清汾水流域的水冲突与水文化》，《中国社会经济史研究》2009 年第 4 期。

⑤ 《河西志》，第 6 章“水利”，第 45—46 页；《张掖洞子渠渠民代表会议记录》（1944 年 10 月），张掖市档案馆藏，未编目民国档案。

此获得政府褒奖而世袭农官一职。这说明当时即便确有杀人祭龙王其事，也是清代地方当局不愿承认的，当局并不希望这种暴力元素进入官方主导的水利文化体系。[①] 而在民国公开流传的暴力传说中，龙王被塑造成一尊残暴的神祇，安然享受人血的供奉而不显灵惩戒这种行径。民国时期，河西走廊龙王庙也见证了太多的血腥场面，“打刍牛”及引起的纷争实属其中较为微末者。酒泉、金塔两县民众因争水发生长期纠纷，由甘肃省政府下令裁决，每年由金塔民众定期到酒泉掘毁拦河坝以实现“均水”。1940 年 6 月，酒泉民众在讨赖河南龙王庙设下埋伏，袭击前来“均水”的金塔绅民，造成多人重伤，现场惨不忍睹。地方政府对此事处理不力，最终不了了之，所谓“均水”亦未能实现。[②] 从馨香祷祝之地变为血雨腥风之区，龙王庙的转变令人唏嘘。

无论带有几分荒诞色彩的“打刍牛”仪式、杀人祭龙王的水权论述还是南龙王庙中的残酷殴斗，国家或视而不见，或无可奈何；在充满暴力色彩的仪式与传说中，龙王或为默默的旁观者，或为面目可怖的同谋。清末民国时期，河西走廊水利纠纷频发，一场全面的水利危机席卷走廊。关于这场危机的原因尚须深究，但国家在危机处理中的地位，如同其曾强势独尊的龙王一样急剧衰微，地方社会开始在国家角色弱化的条件下重新塑造龙王庙的功能。如果说第三期龙王庙还有什么与第二期龙王庙相似的地方，那就是地方社会仍然看重龙王庙这一空间的特殊意义，故一般没有选择迁建而是就地重修。但对于官方曾极力独尊的龙王信仰本身，地方社会已经表现了某种怠慢之态。金塔县王子庄六坪龙王庙的消失与高台县镇彝龙王庙与阎如岳祠的主从易位，是两个较为突出的例子。

金塔县王子庄六坪是雍正、乾隆年间集中开发的新灌区，位于讨赖河最下游，六坪即放射状分布的六条干渠之意。乾隆《重修肃州新志》明确记载了该地有一处作为配套工程修建的大龙王庙，彼时其上游的南、北龙王庙还没有兴建。[③] 该庙在清末被毁后并未重建，取而代之的是民国

---

① 《洞子渠龙王庙神功碑》（原碑不存），李汉儒等：《呈为呈请洞子渠冬水不济准以民工节余口粮助修龙口事》（1948 年 3 月 7 日），张掖市档案馆藏，未编目民国档案。

② 此次事件详见甘肃省第七区公署《关于西河口均水时酒泉民众持械殴伤金塔民众事给酒泉金塔两县的训令》（1940 年 6 月），酒泉市档案馆藏，历 1/2/688/3—5。

③ 乾隆《重修肃州新志》，“肃州册・祠庙”，第 145 页。

时期六坪各自兴建的龙王庙，在大龙王庙的故址出现了六庙并立的局面。大龙王庙的消失，标志着官方塑造、六坪共同尊奉的龙王已不复存在。六小庙对龙王的供奉也日益淡化，不再塑像，只在石灰墙上绘制简易的龙王牌位；其功能已从水利秩序的象征转为各渠水利人员的临时栖身之所，甚至连龙王庙之名也逐渐被淡忘，民众改称其为“石庙子”。[①] 高台县镇彝龙王庙是黑河中游最末端灌区 5 个屯堡的总庙，其修建历史可追溯到明代。自乾隆年间开始，当地民众将一位水利英雄阎如岳的牌位供奉于龙王庙东厢并将其作为阎如岳祠。[②] 阎如岳的主要功绩在于，通过坚持不懈的“告状”使官府对黑河流域灌溉水源进行了较为公平的分配，这种分配主要是通过在全流域实行有计划的轮灌并确定每个灌区的独占灌溉时间来实现，凡违背者都须缴纳罚款，其中相当一部分充当镇彝龙王庙的香火钱。但在晚清时期重建龙王庙与阎如岳祠后，庙与祠之间开始出现明显的主从易位。如 1931 年的均水罚款尚缴纳至“龙王庙并阎如岳祠前”,1943 年的均水罚款则直接缴纳至“阎如岳祠前”，并不言“龙王庙”。[③] 显然，当地民众已经将人间英雄阎如岳视为水利秩序的主要象征。

将龙王与国家相联系，并非笔者出于“后见之明”所作的比附，当时人的思想中已经有这样的明确认识。1912 年，由于疏勒河流域的安西(今瓜州县)、玉门水案迟迟得不到解决，安西三道沟民众在龙王庙悬挂“龙王其寝”的匾额，以表达对政府的不满。[④] 当时政府的反应不得而知，不过从流域局势的后续发展来看，龙王显然没有“醒来”：与河西走廊大多数水利问题一样，疏勒河流域水利危机的彻底解决是 1949 年以后的事情。对此，民国水利工程师们也毫不怀疑，他们一方面认为以龙王庙为核心的传统水利精神“法良意美”，另一方面也清楚要解决现实中的水利纠纷、实现灌溉系统现代化，“需要充分准备工作与政治力量”，而这是

① 民国《创修金塔县志》第 3 卷，“庙宇”，第 89 页。

② 关于阎如岳事迹考辨，可参见崔云胜《从均水到调水——黑河均水制度的产生与演变》,《河西学院学报》2005 年第 3 期。

③ 《均水罚款清册》(1931 年 9 月)、《均水罚款四柱清册》(1943 年 9 月)，张掖市档案馆藏，未编目民国档案。

④ 《安西县水志 · 水案》，1913 年，第 11 页，酒泉市档案馆藏。

民国时期地方当局所不具备的。[①]

中华人民共和国成立后，一场“破除封建水规运动”蓬勃展开，龙王庙首当其冲。1951 年，河西走廊各级政府明确不许干部参加龙王庙举行的各种祭祀活动；1952 年，禁止在龙王庙举行各种与水利活动相关的仪式；1953 年，由政府控制、自上而下深入乡村的水利管理体制开始建立。[②] 至此，龙王庙完全失去在水利事务中的地位。但由于龙王庙多位于灌溉系统节点，新成立的水利管理机构往往首先借用龙王庙办公，随后逐渐借用其原料修建新房舍，于是就出现了本文开头的一幕场景。在龙王庙被终止其功能的同时，国家再次主动介入水利事务。不过，中华人民共和国在三个方面显示了与历代的根本不同：其一，宣布废除以赋役为标准的水资源分配模式，改以耕地面积为标准，这一原则上的重大变化一如昔年“按粮分水”的全面推广[③]；其二，发挥中国共产党的干部优势，中共干部深入水利活动的第一线，而不再如清代国家依赖民间水利共同体来完成日常灌溉活动[④]；其三，系统引入现代化水利技术，通过水库与渠系的修建，大为提升水资源利用率，使得开辟更多耕地成为可能。[⑤] 经过 30 年的努力，至改革开放初期，河西走廊所有核心农田已经完全实现现代化灌溉网络覆盖，绝大多数地区实现了旱涝保收。

理解以上三点，便可以了解龙王庙何以迅速结束其历史使命。国家实际掌控了从水利工程建设到分水入户的全部过程，水利纠纷得到有效解决，无须再人为制造民间水利共同体，更无须龙王庙这一特定空间及

---

① 佚名：《河西水利问题——兰州工程师年会专题讨论之一》，兰州《同人通讯》总第 37 期，1945 年 9 月 20 日，第 15—18 页。

② 甘肃省水利局：《甘肃省民营渠道灌溉管理报告》，《西北灌溉管理工作会议汇刊》，中共西北局 1953 年编印，第 58 页；《酒泉市水利水电志》，酒泉市水利电力局 1986 年编印，第 41—45 页。

③ 《河西志》，第 6 章“水利”，第 48—49 页。

④ 关于河西走廊各界干部直接参与基层水利管理的规定，参见甘肃省水利局《甘肃省民营渠道灌溉管理报告》，《西北灌溉管理工作会议汇刊》，第 58 页；酒泉区专员公署《酒泉专区四年来水利工作总结报告》，《西北灌溉管理工作会议汇刊》，第 62 页。关于个人的代表事迹，参见赵发礼《中共金塔县第一任书记马能元》，《金塔文史资料》第 1 辑，政协金塔县委员会 1991 年编印，第 55—60 页。

⑤ 河西走廊 20 世纪 50 年代水利建设成就的统计，参见《河西志》，第 6 章“水利”，第 57—61 页。

其相关仪式来维持共同体的存在。无神论国家在水利活动中的意志与权威，可以通过一系列富于效率的行政措施与技术手段予以实现与保证，不能允许也不再需要通过龙王庙这种象征资源予以体现。河西走廊特别是其中西部的自然条件，使地方社会对龙王本来就缺乏天然的敬畏，且围绕第二期龙王庙形成的一套空间与仪式崇拜本来就是一种理性选择的结果；第三期龙王庙在遭遇了“龙王共寝”的不成功运行后，夹杂暴力的水权争夺摧残了龙王与龙王庙的神圣性，地方社会维持或振兴龙王庙的动力明显不足。1949 年后，政府全面控制水利活动并促使现实水利问题逐渐解决，此时让民众放弃对龙王与龙王庙的尊崇并未使他们感到不适。1956 年，张掖地区临泽县农民刘攀桂因为自家田地平生第一次浇足了三遍水，喊出了“毛主席就是活龙王”的口号。[①] 去掉特定时代的政治诠释，我们似乎可以这样理解这句话的标志性意义：龙王的实际功能已完全为政府所取代，无论在现实与精神层面都是如此。因此即便在改革开放后对社会的意识形态控制趋于宽松的总体氛围下，龙王庙在河西走廊并未复兴，这是因为政府提供的可靠灌溉保障使这里不需要一个类似晋祠“河会”式的组织用于求雨之类的事宜。[②] 在这个意义上，我们可以认为水管所就是龙王庙的延续，虽然二者在性质、功能、组织结构方面存在天壤之别。

五 结论

综上所述，河西走廊的龙王庙系统滥觞于明代，全盛于清中叶，畸变衰微于晚清与民国时期，终结于 20 世纪 50 年代。其一度成为区域水利事务核心源于国家的大力扶持，其衰落由于国家力量的孱弱，其消失则因为国家直接走向水利事务的前台。国家建起龙王庙，并非意味着龙王信仰就此扎根于民众精神之中。耕作中依靠灌溉而非降雨的民众其

① 佚名：《灌好三水，争取丰收》，《张掖专区灌溉手册》，张掖专区水利局 1956 年编印，第 20—22 页。

② 晋祠“河会”复兴的原因中，当地水环境恶化以及政府提供的灌溉用水不足使用无疑居于首位，张亚辉《水德配天：一个晋中水利社会的历史与道德》与李红武《晋水记忆：一个水利社区建设的历史与当下》两书都持此观点，可参看。

实十分清楚，大家躬身叩拜的龙王不过是国家在水利秩序中的化身。对于一个区域而言，当某种资源对于社会生活具有先决性，但通过人为努力可以稳定获取时，这种资源分配活动中的“神道设教”就难以实现，民众更愿意选择尊奉一种人间的权威来保证分配秩序的公正合理。国家与神祇的关系固然复杂，但如果神祇不能够比国家提供更多的东西而仅仅是国家形象的投影时，国家的实力与意志便决定着民间信仰的命运。

梳理明清以来河西走廊龙王庙的历史变迁，笔者不止一次注意到，很多流域内最著名的龙王庙与枢纽型水管所都建立于河流出山口的台地之上。站在讨赖河南龙王庙旧址即今日的渠首水管所，向南仰望祁连峰高谷深、激流急湍，向北俯瞰肃州沃野弥望、渠道纵横，漫长的河道沿线只有这个位置能同时看到两种截然不同的河道景观，故20世纪上半叶的外国探险家与考察者常常选取这里作为同时拍摄峡谷河床与平原河床的地点。① 这一地点无疑最有利于直观呈现干旱区水利活动的意义：通过人为努力，将无法利用的山谷激流转化为能够润泽桑梓的溶溶渠水。从龙王庙到水管所，这种象征意义一以贯之。

---

① 曾参加中瑞西北考察团的地理学家布林1929年在酒泉南龙王庙拍摄的讨赖河河道照片两帧最为典型。参见 B. Bohlin, *Notes on the Hydrography of Western Kansu*, Stockholm: Tryckeriaktiebolaget Thule, 1940，卷首图片第47、48幅。

民族主义的再发现：抗战时期中国朝野对“中华民族”的讨论*

黄克武

一　前言

中国近代的民族主义包含对于“中国”所具有的民族、人种、国家与文化之认同。此一民族意识与“中华民族”概念的创造、发展有密切的关系。“中华民族”不是一个本质性的信仰或意义确定的认同对象，而是一个经由辩论之激荡而衍生、变化的过程；同时，“民族”与“国家”之关系也经过多次的重整。清末以来，“中华民族”这一观念经过几次转折。首先，此词由梁启超所提出，主要指汉族与“炎黄遗族”等，不过也包含其他民族。对梁启超等“立宪派”人士来说，中国境内各族群虽有差异，然而因历史与文化之关系，紧密联结，故应消除彼此之畛域，以塑造“同种合体”的现代民族国家。诚如杨度所说，“中华云者，以华夷别文化之高下也，即此以言，则中华之名词，不仅非一地域之国名，亦且非一血统之种名，乃为一文化之族名”；他因而主张“满汉平等蒙回同化，所以完成君主立宪之制”。① 这种观点被梁启超称为“大民族主

---

* 本文原载《近代史研究》2016 年第 4 期。

① 杨度：《金铁主义说》，《中国新报》1907 年第 5 号。亦参见吴启讷《中华民族宗族论与中华民国的边疆自治实践》，黄自进、潘光哲主编《蒋介石与现代中国的形塑：领袖的淬炼》，（台北）“中研院”近代史研究所 2013 年版，第 164—165 页。

义”。革命党则采取不同的策略，主张“驱逐鞑虏，恢复中华”，此处之“中华”实指汉族人。梁启超将革命党的政治主张描述成“小民族主义”，又批评“小民族主义”鼓吹汉族独立建国，而将他族排除在外，有碍融合。当辛亥革命成功肇建民国，为弭平革命所造成之创伤，提出“五族共和”与“民族融合”的口号。此后，“中华民族”之观念广为流传。1924 年，孙中山于《三民主义》演讲之中提倡将汉、满、蒙、回、藏五族归成一个“中华民族”。在“民族主义”的演讲中，他认为：“就中国的民族说，总数是四万万人，当中参杂的不过是几百万蒙古人，百多万满洲人，几百万西藏人，百几十万回教之突厥人，外来的总数不过一千万人。所以就大多数说，四万万中国人，可以说完全是汉人。同一血统，同一语言文字，同一宗教、同一习惯，完全是一个民族。”孙中山认为在受到国外压迫之时，国人要将“一盘散沙”的四万万人团结起来，而团结的方法是“把各姓的宗族团体，先联合起来，更由宗族团体，结合成一个民族的大团体”，以“抵抗外国人”。[①] 总之，孙中山的根本理念是要以汉族为主体，融合同化中国境内其他少数民族，形成一个统一的中华民族。清末民初可谓“中华民族”观念的原生期，也是现代中国民族主义的萌芽期。1924 年底，孙中山又在日本神户提出“大亚洲主义”，主张亚洲应复兴王道文化，以亚洲王道文化为基础，联合亚洲各民族，解除基于功利强权之霸道文化的西方国家之压迫，以完成亚洲各民族之独立。[②]

至 20 世纪 20—40 年代，受到中日战争的影响，“中华民族”的讨论再度勃兴，并与日本人所提出类似孙中山“大亚洲主义”的“东亚民族主义”或“东亚协同体论”对峙。此一讨论涉及政治与学术的双重背景。本文将描述抗战时期中国朝野对于“中华民族”的讨论，析论其背景、内涵与意义。此处所指之朝野意指当时的学术与政治精英之讨论，主要是学者在报刊上所发表之论调，此外也包括以中文（或透过翻译）表达

---

① 孙中山：《三民主义》，黄克武、潘光哲主编：《十种影响中华民国建立的书刊》第 10 册，（台北）文景书局 2013 年版，第 62 页。

② 孙中山：《在神户各团体欢迎宴会的演说》（1924 年 11 月 28 日），中国社会科学院近代史研究所等编：《孙中山全集》第 11 卷，中华书局 2011 年版，第 410—413 页。

意见的外国学者之观点。政治方面的讨论，则以蒋介石于 1943 年出版的《中国之命运》一书为例，探讨此书有关中华民族之论点，以及出版后所引发国内外各派人物之关注。

关于抗战时期民族主义的议题已有不少研究成果。[①] 在本文中，笔者将选择几个以往为人忽略之个案来探讨这一问题。首先，笔者将分析“日本因素”对此议题的影响，除了大家所熟知的帝国主义的侵略、威胁所造成“同仇敌忾”的情绪外[②]，笔者也将强调日本知识界对于战争性质与“中华民族”“民族性”“国民性”等课题讨论对中国人造成的影响。其中，特别以中国学者与外交官米内山庸夫（Yonaiyama Tsuneo，1888—1969）及具有反抗意识的左派漫画家柳濑正梦（Yanase Masamu，1900—1945）为例，探讨他们的作品如何被引介（摘述、改写）至中文报刊。其次，笔者将讨论中国知识界对“中华民族”议题之辩论，参与讨论的学者包括历史学家芮逸夫、傅斯年、顾颉刚、翦伯赞，社会学家吴文藻、费孝通等。论辩的主要分歧在于“中华民族是一个”，还是应承认各少数民族的生存、独立与自由发展。再次，则以 1943 年蒋介石的《中国之命运》一书为例，探讨该书所揭橥中华民族的理念及其所造成的巨大反响。蒋介石的观念源自孙中山，并受到知识界“民族一元论”的“同化论”与“同源论”的影响，也与部分日本学者对中华民族之观察颇为类似。根据此一理论，“汉族”为中华民族之主体，依赖文化“同化”的方式而如滚雪球般地逐步拓展，而非汉的少数民族则为远古以来绵延不断的中华民族谱系之分支。笔者除了介绍大家所熟知的一般读者与中国共产党之反应外，也述及汪派知识分子对该书论点之讨论与批判。最后，则综述抗战时“中华民族”之讨论所造成既团结又分裂之状况。

---

① 如黄兴涛、郑大华有关“中华民族”的相关论文。见黄兴涛《民族自觉与符号认同：“中华民族”观念萌生与确立的历史考察》，许纪霖编选《现代中国思想史论》上，上海人民出版社 2014 年版；郑大华《中国近代民族主义与中华民族自我意识的觉醒》，《民族研究》2013 年第 3 期。最近的一篇相关研究是葛兆光《纳“四裔”入“中华”？——1920—1930 年代中国学界有关“中国”与“中华民族”的论述》，（台北）《思想》2014 年第 27 期。

② 一个典型的观点是赛珍珠（Pearl S. Buck，1892—1973）在 1944 年所说的，“日本使中国的军阀、共产党和国民政府三者团结起来了。中国人是不由外国受到再难忍受的程度的威胁绝不能团结的民族”。赛珍珠：《中日事变与中日的国民性》，野雀译，（北平）《敦邻》1944 年第 1 卷第 1 期。

二 从国民性、民族性、民族主义理解战时中国：日本学者的观点①

在战争期间中日双方都对战争发展、预期的结果、双方应和还是应战乃至战争的本质等问题有不少的讨论。日本学者户部良一指出：如果比较中日双方对战争的认识，有一个重要的对照，亦即中国人的“战争观”是比较一致的，认为这是一场抵抗日本帝国主义侵略的战争。② 中国方面争论较大的议题是和、战问题。日本方面“对此战的理解却形形色色，常出现对立与矛盾”。③

在战争初期，许多有丰富中国经验的日本学者均强调中国民族性的负面特点（亦即中国人所谓的民族“劣根性”）。这一点和日本人在明治、大正时期到中国旅行、调查的印象有类似之处。④ 如曾担任东亚同文书院教授、著有《现代中国人精神构造研究》（上海：东亚同文书院中国研究部1935年版）、《中国国民性与经济精神》（东京：岩松堂1943年版）的大谷孝太郎（Ōtani Kōtarō，1900—?）于1939年8月在《事变与中国民族的世界观》一文中认为，战争的本质是日本民族与中国民族“世界观”的矛盾与冲突。他提出了当时很典型的一种对中国民族性的看法，认为

---

① 本节内容受到户部良一教授的《日本人如何理解日中战争：1937—1941》一文之启发，不敢掠美。Tobe Ryoichi，“How Japanese People Understood the Sino - Japanese War，1937 - 41”，吕芳上主编：《战争的历史与记忆：和与战》，（台北）“国史馆”2015年版，第9—41页。笔者依循他的思路，又补充了一些原始史料。

② 王一之在1939年所写的《中国民族主义之本质及其发展过程》是很好的代表。他说，从“九一八”到“七七”，“中国人民认清了日本是中国的唯一的敌人，中国民族非打倒日本帝国主义是不能生存的。所以才由九一八的炮声唤醒了沉睡的中华儿女；由七七的炮声，燃起了中华民族主义的火焰”。王一之：《中国民族主义之本质及其发展过程》，《新政治月刊》1939年第1卷第5期。

③ Tobe Ryoichi，“How Japanese People Understood the Sino - Japanese War，1937 - 41，” p. 10.

④ 有关此一议题研究成果不少，许多旅行的见闻录都认为中国人保守、落后、肮脏、不卫生、身体衰弱（吸食鸦片所致）等。Che - chia Chang，“Health and Hygiene in Late Qing China as Seen through the Eyes of Japanese Travelers，” in Pei - yin Lin and Weipin Tsai（eds.），*Print，Profit and Perception：Ideas，Information and Knowledge in Chinese Societies*，1859 - 1949，Leiden：Brill，2014，pp. 40 - 63.

中国人“虚无、没自信、不会感动、空虚又自大，热衷于憎恨，擅长合理盘算，当走向极端就会做出不合理的盘算，即使陷入矛盾也不会感觉到矛盾的苦恼，乐天的”。此种对中国民族性的负面论述，容易为一般民众所接受。

针对此一情况，大谷孝太郎指出“合理的”处理对策是：整合日本国内的人力、物力与精神力之组织，彻底歼灭蒋介石政权，停止第三势力的援蒋行动，扫荡占领区之游击队，恢复治安、振兴经济，建设政治的、经济的、文化的“东亚新秩序”。然而上述工作只是“末”而非“本”。战争处理对策的根本，在于一方面发扬日本民族的世界观，亦即追求“力的扩充”与“信义之昂扬”，另一方面则需要改造上述中国的世界观。如此方为建设东亚新秩序之基石。①

另一个类似的作品是 1942 年兼井鸿臣（Kanei Hiroomi，生卒年不详）所著《赤裸的在日华人》。他也对中日民族性的差异作系统的论述。本书从精神面、形上面说明“日本魂”与“支那魂”的不同，以增进“日华提携亲善”，而促进“大东亚大团结”的“圣业”。作者所指出的差异，有一部分是生活习惯的不同，有些是性格的不同。如中国人重储蓄、自保（自扫门前雪）；重吃、戏、赌、色、鸦片等享乐（如中国人的饮食像鸡尾酒一样是复合味，即使夏天也喝热茶等）；保守的命定论；自大而好面子；迟钝而顽强等。他也指出日中两国人性格相反之处：一是性急，一是性缓；一是是非分明，一是不分明；一是尚武，一是卑武；一是牺牲精神，一是利己精神；一是重荣誉与尊严（日文称为“面目”），一是重“面子”；一是简明直接，一是老谋深算等。作者也指出中国人（尤其汉民族）生命力旺盛，同化力很强，即使曾受到武力的征服，但不曾有整个民族受到绝对的征服，而且征服者最后都被汉民族所同化。作者用“蚯蚓国家”来比喻中国的生命力——头被切掉，头可以继续活；尾被切掉，尾可以继续活。这些地方是日本人应仔细考虑之处。② 以蚯蚓来比喻中国强劲的生命力在当时日本颇为流行，下文中还有另一个例子。

---

① ［日］大谷孝太郎：《事變と支那民族の世界觀》，《外交時報》1939 年第 832 号。

② ［日］兼井鴻臣：《赤裸の日華人》，（東京）人文閣 1942 年版，第 21、26—27、51—52 页。这一点与蒋介石于 1943 年出版的《中国之命运》的论点完全一致。

曾任日本驻杭州领事的米内山庸夫同样对中国民族性有所批评。他强调“日支民族性”的差异，以及战争的原因在于中日“两民族的生存竞争本能”。1937 年 10 月，他所写的《日支两民族之对峙》一文认为，“日支不亲善”是两国之宿命，并悲观地指出未来双方可能永远不会亲善。他从中国的历史发展中发现，汉民族完成国家统一且国力强大之后，必定会想要征服周遭民族。在 1937 年 12 月的《南京政府之将来》一文中，他也对中日和谈表示悲观，认为就算实现了和平，也只是一时的掩饰，将来有可能会发生更严重的冲突。①

随着战争的持续发展，南京和武汉相继失守。1938 年之后有些日本学者开始思考日本人对中国的认识是否有误。因为战争开始之后，日本人对中国政府、军队与民众做出了不少错误的估计。② 较关键的问题是探究为何这场战争会“长期化”? 曾任职南满铁路株式会社的和田耕作（Wada Kōsaku，1907—2006）认为，其中一个解释是外国势力的援助，如英国与苏联在背后操纵。另一个解释是中国所具有“封建性格”。中国能长期抵抗的原因，在于中国未能以全国为单位建立统一的经济体。所以，即使部分地区被截断，整体也不会丧失功能——这本来是一个弱点，却反而增加了中国的韧性。和田耕作也以蚯蚓来作比喻，“正如同蚯蚓被切成两段还能存活”。③

然而对“长期化”最普遍的解释是归之于战争造成中国人的团结。中国人团结的结果使“抗日民族意识”高涨，此种意识可以解释为何中国在经济、军事乃至现代化的程度落后于日本（亦即“近代化不够彻底”)，却可以“长期抗战”。亦即中国人在战争之中“重新发现了”民族主义。因此，对日本人而言，对于战争的深入理解的一个关键，是确切地认识“中国的民族主义”的特质。同时，中日之间的冲突乃源于中

① ［日］米内山庸夫:《日支兩民族の對峙》,《外交時報》1937 年第 788 号;《南京政府の將來》,《中央公論》1937 年 12 月号。

② 卢沟桥事变之后，有些日本“中国通”轻视中国人的抗战意志，提出“对支一击论”，认为只要日本坚决出兵，中国人将如以往一样不战而屈服。后来中国人顽强抗战，证明此一观点是错误的。［日］户部良一:《日本军人的蒋介石观》，黄自进、潘光哲主编:《蒋介石与现代中国的形塑（第 1 册）: 领袖的淬炼》，第 140—141 页。

③ ［日］和田耕作:《長期戰の特質と大陸政策の方向》,《中央公論》1938 年 7 月号。

国“抗日的民族主义”与日本所秉持的超国家的、抵抗西方帝国主义的“东亚协同体”之民族主义之对抗。对于日本评论家、记者尾崎秀实(Ozaki Hotsumi，1901—1944)来说，解决中日战争的方法，是基于孙中山的“大亚细亚主义”的东亚协同体论，日本人必须积极与中国民族主义之动向合作，将重点放在“增加生产力”，协助中国脱离半殖民地状态，以达到“解放和福祉”。① 日军驻汪精卫政府最高代表影佐祯昭(Kagesa Sadaaki，1893—1948)早在 1933 年至 1934 年即认识到深入理解中国民族主义的重要性。他区隔了中日合作、促进东亚和平的“稳健圆满”的民族主义，以及中国另一种“激烈褊狭的、排日的”民族主义。他认为“对于中国的民族主义，要以十分的理解心来看待，期待其能圆满发展，中国能因此完成国家的统一，日本应该不吝予以协助……但是像这种以排日为骨干的极端激进民族主义，对于东亚和平其实是非常有害的，故无条件地附和民族主义绝非树立东亚大计之道。九一八事变就是起源于褊狭的民族主义”。②

以上是战争初期日本知识界与政、军精英对于战争以及中国民族性的一些重要讨论。这些讨论都发表于日本的刊物上，对多数中国人来说，其实并不清楚他们的观点。不过部分日本学者的论点在中国人的解读之下，被认为可以用来鼓舞国人之士气，因而被翻译或改写为中文，并影响到中国人对“民族性”与“民族主义”与战争前景的认识。其中过去较少有人注意的是外交官米内山庸夫与一位日本漫画家柳濑正梦。

三 被翻译的民族主义：米内山庸夫与柳濑正梦

米内山庸夫出生于日本青森县上北郡七户町。1907 年进入仙台第二

① [日] 尾崎秀實:《“東亞協同體”の理念とその成立の客觀的基礎》,《中央公論》1939 年 1 月号。

② [日] 影佐祯昭:《曾走路我记》,東京みすず书房 1966 年版,第 353 页;户部良一:《日本军人的蒋介石观》,黄自进、潘光哲主编:《蒋介石与现代中国的形塑(第 1 册):领袖的淬炼》,第 150 页。

高等学校，1908 年进入上海东亚同文书院读书，为第八期的学生，1911 年毕业。其后进入日本外务省担任外交官。他先任职于广东，1924—1928 年担任济南副领事。1927 年 10 月，北洋政府国务院国务总理潘复（1883—1936）曾颁给他“四等嘉禾章”。[①] 1928—1932 年，他任职于杭州的日本领事馆，后又调至满洲海拉尔领事馆。1936 年起任职日本外务部文化事业部。1940 年，他是外务省“临时本省勤务领事”。[②] 米内山庸夫精通汉语，诗文造诣颇高，爱好中国的陶瓷、古玩、绘画等，并曾在中国内地旅行调查，著作颇丰，如《云南四川踏查记》《蒙古及蒙古人》《蒙古风土记》《支那风土记》等，也曾参与《支那省别全志》的编纂工作。[③] 他还在日本报纸杂志发表许多有关中国的言论，仅在《外交时报》上就有 20 余篇作品，另在《朝日新闻》上也有一些评论文章。战时他在日本杂志上发表的 3 篇政论文章被引介到中文报刊。

第一篇文章是 1940 年 2 月米内山庸夫在《外交时报》上发表的《事变处理的基调》。[④]《外交时报》创于 1898 年，由“外交时报社”发行，创刊者为国际法专家有贺长雄（Ariga Nagao，1860—1921）。此刊是 20 世纪前半叶日本有关国际关系与外交问题的一个专业杂志。[⑤]《事变处理的基调》发表次日，即 1940 年 2 月 2 日，立宪民政党之议员斋藤隆夫（Saitō Takao，1870—1949）在帝国议会的众议院会议发表演说，此即著名的“反军演说”。演说中对于中日战争提出根本的质疑与批判。[⑥] 因斋藤演说的内容与米内山庸夫的《事变处理的基调》一文之观点颇为类似，

① 《政府公报》1927 年第 4128 号。

② 《米内山領事，筆禍で辭意》，《朝日新聞》（朝刊）1940 年 3 月 1 日。

③ ［日］中村亞希子：《米内山庸夫コレクションの瓦》，东京大学教养学部美术博物馆 2010 年版，第 7 页。

④ ［日］米内山庸夫：《事變處理の基調》，《外交時報》1940 年第 844 号。

⑤ ［日］伊藤信哉：《解题》，伊藤信哉編：《外交時報総目次・執筆者索引・戦前編》，日本图书センター 2008 年版，第 5—6 页。

⑥ ［日］臼井勝美編：《齋藤隆夫代議士質問演說速記》（昭和十五年二月二日），《現代史資料 13：日中戦争 5》，（東京）みすず書房 1966 年版，第 336—348 页。其要点有五：第一，质疑近卫声明等观点是否是事变处理的最妥善的方法；第二，所谓东亚新秩序建设的内容究竟为何；第三，世界战争史说明，东亚和平才能带来世界和平；第四，对新建的中国政权（汪精卫政权）的几个疑问；第五，论事变以来政府的责任，以及对现内阁的警告等。

米内山为避免此事对其上司造成困扰，乃提出辞职，并于 3 月 2 日获准[①]，3 月 7 日斋藤因上述演说被众议院除名。

这一件事情在 1940 年 3 月 4 日的《申报》有一报道。其标题为“米内山庸夫辞职照准；逐出斋藤主张，引起议会反响”。内容则为：

> 香港东京电：日外务省领事米内山庸夫，现服务于文化事业部，因于二月廿［一］日《外交时报》撰“处理事变之基调”一文，否认近卫声明，并谓东亚共同体之理想，究非中国民族所能接受，致与斋藤之质问演说，引起关联问题。该氏惧牵累上峰，自动呈辞，现在照准。（二日电）东京：登载米内山庸夫一文之《外交时报》，现已不复在市上出售，即未售出之部份，亦由警察将该文删去（三日合众电）。[②]

此外，斋藤隆夫“失言事件”在《东方杂志》《时与潮》等刊物上亦有报道。[③]

这篇文章因公开反对近卫宣言（如“不割地、不赔款”之看法），并质疑“东亚共同体”之理想，又呼吁实现议和停战（如割地赔款）。此一论点在日本受到批判，却颇受中国人欢迎。出版之后立刻出现了三个中文版本。第一个版本摘述该文之大要，刊登在商务印书馆发行的《东方杂志》上，该杂志于 1937 年战争爆发后由上海迁至长沙，1940 年 1 月又搬至香港，而在大陆的 9 个城市（长沙、重庆、成都、西安、金华、梧州、昆明、贵阳、福州）设有分发行所，该刊的基本立场为支持国民政府。米内山译文之篇名为《世界各国著名杂志论文摘要：事变处理的基

---

① 《米内山領事，筆禍で辭意》，《朝日新聞》（朝刊）1940 年 3 月 1 日；《米内山氏依愿免官》，《朝日新闻》（夕刊）1940 年 3 月 2 日。米内山辞职后仍任职于外务省，担任调查局第二课“嘱托”。见《解明される支那血滲む学徒の踏査を基礎に尨大な編纂計画進む》，《朝日新聞》（夕刊）1940 年 11 月 19 日；《半生の支那研究あたら灰燼に再起する老篤学者外務省出火余聞》，《朝日新聞》（夕刊）1942 年 2 月 20 日；《重慶が頼みの穀倉、陥つ常徳は蒋軍蠢動の大動脈》，《朝日新聞》（朝刊）1943 年 12 月 5 日。

② 《申报》1940 年 3 月 4 日第 4 版。

③ 运公：《日本议会逐出斋藤隆夫》，《东方杂志》1940 年第 37 卷第 7 号；仲颐：《所谓斋藤隆夫事件》，《时与潮》1940 年第 5 卷第 3 期。

调》，此篇没有列出译者，应系东方杂志社的编译部门所做的摘述。篇首的简介即指出：“本文载在本年二月一日出版的日本《外交时报》，对于近卫声明表示不满，主张日本应该提出具体条件，尤其应该向中国要索割地赔款，以收得战争的效果。文中暗示中国不能征服，应该和中国正式政府讲和的意思。兹录其要旨。作者系日本外务省事务员，熟悉中国事情。”①

第二种版本是全译本，刊于《建国旬刊》之上，篇名为《中国事变处理之基调》，译者青园（应为笔名）。《建国旬刊》是西北联合大学所主办的一个刊物，1938 年创刊，社址在陕西南郑。根据稿约，其宗旨为刊登有关“阐扬三民主义及抗战建国理论”，“国内现状之叙述与各种生产建设之具体方案”以及“国际情势与敌情之分析，各国战时政策”等方面的文章。在该译文之前有一说明：“此篇原载在日本《外交时报》二月号，为日本外务省领事米内山庸夫所作，著者居留中国，垂三十年，熟识中国历史国情，关于中国著述颇多。自此篇论文发刊之后，即引起轩然大波，又因斋藤失言事件影响，诚恐株连上官，外务省已将他免职，其内容根本否定近卫声明，主张收获绝大战果，但又认为绝少可能，此种思想直无异否定中国可用武力征服或可用傀儡过渡而征服者，特译之以告读者。”②

第三种版本也是全译本，刊登于香港的《国际周报》，由周景翻译，篇名为《事变之基调》，分两期刊出。《国际周报》为汪精卫派所办的刊物，由樊仲云（1901—1989）主编。③ 樊仲云于 1938 年春由上海赴香港，在此担任《青岛日报》总主笔，并主编《国际周报》（后出任汪精卫南京国民政府教育部政务次长、中央大学校长）。该周报是由周佛海（1897—1948）、陶希圣（1899—1988）所主持的“艺文研究会”在香港的分会“国际编译社”之下的一份刊物，每周出版一期，主要刊登翻译文章。根据朱朴（1901—1970）的回忆，该社之组织为“柏生主持一切

① 《世界各国著名杂志论文摘要：事变处理的基调》，《东方杂志》1940 年第 37 卷第 6 号。

② ［日］米内山庸夫：《中国事变处理之基调》，青园译，《建国旬刊》1940 年第 7 期。

③ 有关樊仲云之生平，请参考蔡登山《政论家樊仲云的人间蒸发》，《叛国者与“亲日”文人》，（台北）独立作家 2015 年版，第 371—387 页。

总务，思平主编国际丛书，仲云主编国际周报，我则主编国际通讯。助编者有张百高、胡兰成、薛典曾（已故）、龙大均、连士升、杜衡、林一新、刘石克等诸兄；古泳今兄为秘书；此外尚有办事员若干……国际编译社遍定［订］各国时势杂志，每星期出版国际周报一期，国际通讯两期，选材谨严，为研究国际问题一时之权威”①。在《国际周报》所刊登的《事变之基调》之前有译者之说明：“三月三日东京合众社电：日本外务省领事米内山庸夫，现服务于文化事业部，因于二月一日‘外交时报’著‘事变处理之基调’一文，否认近卫声明，致被认为与斋藤隆夫之演说有连带关系，于是米内山立即自动引咎辞职，登载该文之‘外交时报’亦停止出售。兹觅得原文，特为译出，想为国人所乐观也。”②

这三种中译版本分别刊登于总公司在香港而流通于国统区主要城市的《东方杂志》、陕西的《建国旬刊》与香港的《国际周刊》，三家刊物分别代表不同地区与不同政治立场之观点，却不约而同地选译米内山庸夫的作品，显示该文之观点为国人所欢迎。三者都大致将米内山的观点译介到中文世界，然就其细节与质量来说，香港汪派《国际周刊》的信息最为完整。

米内山庸夫第二篇被翻译为中文的作品是《世界之大势与中日两民族》，原文刊于东京《东洋》杂志5月号③，中译刊登于1941年的《译丛月刊》之上。该杂志从1941年延续到1943年，是南京汪精卫政府之下的“中日文化协会”所办的刊物，由褚民谊委托作家张资平主编。④ 汪政府行政院宣传部部长林柏生在该刊的《卷首语》有如下的说明：

---

① 朱朴：《记蔚蓝书店》，《古今半月刊》1942年第13期；蔡登山：《文史杂志的尤物——朱朴与〈古今〉及其他》，蔡登山主编《古今》（一），（台北）秀威资讯科技股份有限公司2015年版，第iv页。

② ［日］米内山庸夫：《事变之基调》，周景译，（香港）《国际周报》1940年第9期；［日］米内山庸夫：《事变之基调》（续完），周景译，（香港）《国际周报》1940年第10期。

③ 米内山庸夫：《世界の大勢と日支兩民族》，《東洋》1941年5月號。

④ “中日文化协会”是汪精卫政府成立的文化机构。1940年7月28日在南京成立。汪精卫和日本驻国民政府大使阿部信行出席了成立会议，并担任名誉理事长，褚民谊任理事长，陈群、江亢虎、林柏生等14人为理事，陈公博、梁鸿志、周佛海、津田静枝、儿玉谦次等15人为名誉理事，傅式说为总干事。该协会成立之经纬，可参考黄美真编《伪廷幽影录——对汪伪政权的回忆纪实》，东方出版社2010年版，第47页。

中日两国之真诚合作，中日和平之真正实现，有待于两国国民之刷新建设……本会成立后，鉴于所负责任之重大，特发行中日文化杂志，为中日文化界共同之园地，谋彼此意见之交流。兹复奉名誉理事长汪主席之命，创办《译丛月刊》，综合选译日本各大杂志言论精华，介绍国人。①

米内山的文章刊登在该刊物 1941 年第 1 卷第 5 期之上，译者为不二。这篇文章之主旨与上述 1937 年所刊登的《日支两民族之对峙》类似。作者首先指出世界之大势“其基础是民族主义，渐次成为民族对峙之形式”。在东洋，民族对峙有两种形式，一是“东洋人与白人之对峙”，一是“东洋各民族之对峙”。对于第一点，他说东洋人“想要把白人的势力，从东洋驱逐出去，建设东洋人的东洋。这是觉悟的东洋人，都抱有此心，也是大多数人所赞成的思想”。此一观点与汪精卫政权的想法接近，应该也是编者选译此文之原因。但是另一方面，东洋内部的对峙也不容忽略，而中日之关系，因“日本民族之勃兴，日本民族之大陆进出”出现对峙。米内山在本文中特别强调“中日亲善之难实现”。其原因在于中国人自大之性格，“不愿居于同种之黄色人之下”。作者的结论是“中国民族”有强劲的吸引力与黏着力：

中国既存有这种性格，心理总是不肯受异民族之支配的。汉民族虽曾受满州［洲］族清朝所支配，约有一百六十年，然其实清朝仅有了国家的名义，汉民族反吸了满州［洲］族之血滋大起来。支配异民族时，则傲然自大；为异民族所支配时，则于受支配之间，反吸其血以自滋大，中国民族黏着力之强大，诚足惊异。现在日本民族，正与此具有惊异的强大黏着力之中国民族，在大陆上相与角逐，不可不知。②

米内山庸夫第三篇被翻译为中文的作品是《支那民族之将来》，此文

---

① 林柏生:《卷首语》,《译丛》1941 年第 1 卷第 1 期。

② ［日］米内山庸夫:《世界之大势与中日两民族》,《译丛》1941 年第 1 卷第 5 期。

原刊于 1943 年 1 月《外交时报》，讨论中国的“强处”（日文之原文是“强味”）在于土地广大、人口众多与中国文化之同化力等三方面，因此难以为外族所征服，也难以加以同化。同时中华民族具有吸收同化他民族而日益膨胀的强大力量。其同化力之根源在于该民族坚韧的生存力与中国文化。① 这篇文章有两种翻译本。第一种是刊登于 1943 年汪政权统治下的南京所出版的一个文学杂志《新流》之上，名为《中国民族的将来》。② 该刊强调处于战争之中，“要在荒芜的文坛上，握住时代的使命，负起时代的重任，披榛斩棘的开拓文艺之路，建设新文艺”。③ 该文刊登在第 1 卷第 2 期之上，翻译者是天孙。此文只翻译了前半部，至“广漠的平原”一节，后来似乎没有再继续译出下半部。

第二种译本影响力较大，刊登于《中央周刊》，为坚瓯所摘译，篇名为《敌人论中华民族的将来》。《中央周刊》为中国国民党的刊物，主旨是倡导党务，探讨革命理论、实际方案、国际问题等。在该文之前有编者案语：

> 本文题名为“支那民族之将来”，载在本年一月份的日本“外交时报”第百五卷第一号，作者为米内山庸夫，是一个相当有名的评论家。他这篇文章一方面表示他对于中华民族衷心的惊叹与感服，一方面却暗示敌国人民要征服中国，不但要征服中国全领土，而且要征服中国全体人民，不但要征服中国人民，而且要征服中国的文化，否则必将为中国民族所同化，而自己将无影无踪的消灭。这是中国六年来的英勇抗战，使敌人方才认识中华民族这一巨人的伟大。这种意见，不仅是米内山一个人的意见，敌国大多数人，也都有这种感想。中华民族是不可征服的，敌人也就不得不老实地承认了。④

① ［日］米内山庸夫：《支那民族の將來》，《外交時報》1943 年第 914 号。

② ［日］米内山庸夫：《中国民族的将来》，天孙译，南京《新流》1943 年第 1 卷第 2 期。

③ 依山：《卷头语》，《新流》1943 年第 1 卷第 3 期。

④ ［日］米内山庸夫：《敌人论中华民族的将来》，坚瓯译，《中央周刊》1943 年第 5 卷第 33 期。

《中央周刊》的编者刊登此文之意图，无疑是希望借着日本学者之观点来鼓舞国人之士气。这篇文章显然达到了目的。1943 年初也正是蒋介石发表《中国之命运》一书的时候，蒋的书与米内山的文章成为当时知识分子思考民族问题的重要参考。1943 年 4 月 8 日，当时担任行政院参事的陈克文（1898—1986）在日记中写道：“与敦伟、衡夫谈中国民族问题，系因《中国之命运》与敌方米内山庸夫近著《中国民族的将来》一文而起。米内山此文颇有见解，当系我国抗战六年，始令彼邦学者有此认识。”① 这显然是因为陈克文读到《中央周刊》中此篇译文之后引发的感想。

抗战时期米内山庸夫文章之中文翻译有几个特点：第一，这些翻译出版之刊物经由发行管道，散播至中国各地，而分属于蒋介石与汪精卫两个不同的政治团体。这两者显然都对日本舆论界有所认识，因而借用日本人之文章来鼓舞士气，并图谋解决战争问题。从米内山庸夫文章之译介可见蒋汪两派虽一主战、一主和，然对战争仍有共识。第二，不论属于何种阵营，这些文章的翻译者几乎都以笔名发表，不列真名，应该是属于刊物的专业编译部门，也可能是集体的翻译成果。由此可见随着战争之推展，翻译工作成为各派思想动员的重要工作，也因而推动了译者专业化的发展。不过这一与国家战动员相关之翻译活动，其重点在于所传达的信息，而不突出译者之自我认同。第三，米内山庸夫的作品虽被译为中文，并且许多人认为他“对于中华民族衷心的惊叹与感服”，然而我们必须注意米内山庸夫任职于日本外务省，他的观点其实并不能说是同情中国，而是根据其亲身体验，务实地站在日本立场所做的思考。他一贯的看法是中日两民族因“民族性”的不同，处于对峙状态。他一再预言“中国人不会屈服”“中国人完全不了解亚细亚主义的理想”，而其根柢是中国人对日本人的“轻侮”，这使得日中的“亲善提携”难以达成。他认为：现在只有两种中国人，一种是拿武器和日本作战的中国人，

---

① 陈克文著，陈方正编辑校订：《陈克文日记 1937—1952》，（台北）“中研院”近代史研究所 2012 年版，第 738 页。文中之友人敦伟为罗敦伟（1897—1964），经济学者，著有《五十年回忆录》；衡夫为陈祖平（1904—?），陈立夫之堂兄弟。两人当时均任职于行政院，与陈克文为同事。

一种是伪装亲善而在骨子里主仗的中国人。他悲观地认为中日两国只有日本武力支配中国，或日本屈服于中国，除此之外没有第三条路。[①] 米内山庸夫的重点在于以研究中国专家的身份警告日本人战争的危险，此一面向与中国人所强调的“中华民族”之坚忍伟大、具有同化他族之能力的想法有所不同。再者，他（和斋藤隆夫一样）并不质疑侵略战争，而是主张解决“中国事变”必须取得“代价”。就此而言中文的译作是一种“挪用”。

然而上述米内山庸夫的文章对中华民族具有强劲的生命力与同化力不会被征服的看法，却是抗战时期各种文宣反复出现的主题。其中张文元（1910—1992）依据日本漫画家的作品改绘而成的四格漫画，颇能表现此一特色。此一漫画刊登于 1939 年的《抗战画刊》之上。该刊创刊于 1938 年，由冯玉祥主办，赵望云与汪子美等人担任编辑。该社随着战事之发展从武汉迁到长沙，又迁到桂林。其主旨是以漫画作为“文化武器”向“敌人投刺”。[②]

张文元为抗战时著名的漫画家。其四格漫画（见图 1），刊于《抗战画刊》第 26 期之上，也刊登于《抗建三日刊》（为地方政府印制之宣传品，发放学校与机关）。[③]

据作者张文元说，这一漫画是模仿“日本反战作家柳濑正梦原画”，其内容描绘日本军人进入中国内地，想要肆行侵略。结果他却挖出了一个“中华民族”之巨人，最终被此巨人之巨拳所打败。柳濑正梦（1900—1945）是日本大正末期到昭和初期左翼漫画的领导人。他生于爱媛县松山市，小学毕业后离开家乡，15 岁到东京学习绘画。16 岁时以油画之风景画入选重要的画展，被认为是一位具有天才的画家。不过，他却不愿朝着纯艺术方向发展。出于强烈的正义感，他于第一次大战之后受到革命风潮之影响，开始学习社会主义，献身于劳工与农民的解放运动。他将全部的精力用来为“大众”画漫画，创作了许多具有战斗力的政治漫画。

---

① ［日］米内山庸夫：《興亞院の設立と我が對支政策》，《外交時報》1939 年第 819 号。

② 汪子美：《编后记》，桂林《抗战画刊》，1938 年第 21 期。

③ 张文元（改作）：《中华民族潜在的力量，终于被敌人发掘了出来》，《抗战画刊》1939 年第 26 期；《抗建三日刊》1939 年第 12 期。

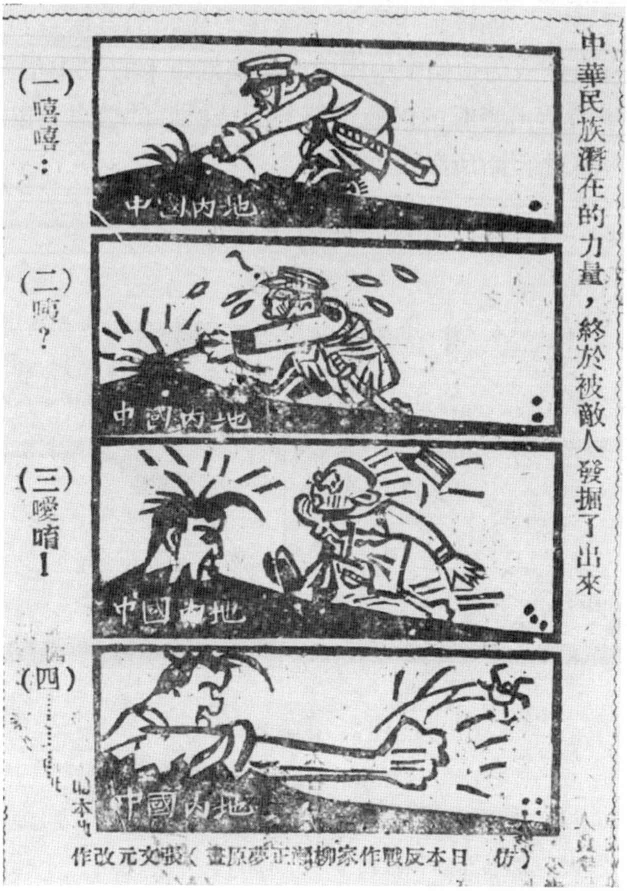

图 1　中华民族潜在的力量，终于被敌人发掘了出来

他曾被捕入狱，也曾遭到禁止绘画的处分。他的漫画从20世纪30年代开始就多次被引介到中国的刊物上，并对中国漫画有所影响。1945年5月25日，柳濑正梦在东京新宿车站前因美国飞机空袭而牺牲，当时才45岁。①

上述张文元模仿之原画名为“拔除杂草”（见图2）。这一幅漫画其实与中国无关。图中戴着大礼帽的人是资本家，穿和服的人是地主，而在前面拔草的人是资本家与地主的手下，被践踏的杂草则比喻劳动者。

① ［日］松山文雄：《漫画学校》，（東京）大雅堂1950年版，第154—159页。

柳濑正梦相信，这些被奴役的底层的劳动者，最后必将取得胜利。① 然而经过张文元之改绘，他将地主、资本家连手的剥削者改为日本军人，而被奴役的劳动者则成为他们在中国内地所挖掘出来的“中华民族”，这一漫画很贴切地表达出当时的国族情感与抗战必胜的信念，以及“中华民族”是被日本人之侵略所激发出来的。

图2 拔除杂草

抗战时期因日军之入侵，激发起国人的团结精神，而强调“中华民族”坚忍与强大。然而这种民族主义的昂扬及其表达，不仅受到日本因素如米内山庸夫的论述与改编自柳濑正梦之漫画的影响，更重要的是由于中国知识分子在受到日本人的侵略之下自觉地提倡、讨论这一议题。

四 抗战时知识分子有关“中华民族”之讨论：以历史学家为中心

中日战争开始后，中国知识分子受战事影响纷纷迁移，由北平、天津、山东、湖北等地向西南大后方云南、四川等地集中。在动荡中，这些知识分子仍坚守岗位，克服环境干扰，从事学术研究。其中许多历史

① ［日］松山文雄：《漫画学校》，（東京）大雅堂1950年版，第154—159页。

学家的学术研究工作都涉及“中华民族”之议题。此处的“史学”是广义的，包括历史学、人类学与考古学等。下文分别叙述中央研究院历史语言研究所（以下简称中研院史语所）有关西南边疆之考察，傅斯年（1896—1950）、吴文藻（1901—1985）与费孝通（1910—2005）等学者有关“中华民族”之辩论。从这类活动可窥见战争对学术活动之影响，以及知识分子学术报国的心态。

（一）史语所的边疆调查

中研院历史语言研究所成立于1928年，直到1937年的10年间，因大环境的安定，而在考古、语言调查等方面获得不错的发展，尤其是15次河南安阳的殷墟发掘，更是傲视世界的重大考古发现，这是史语所在前期最为蓬勃发展的时期。[①] 随着抗战军兴，史语所迁移到云南昆明，停留3年，后因越南被日军攻占而奉命转移，最后在四川宜宾李庄落脚，并在此度过5年。这段时期研究人员饱受山坳酷热、气候潮湿之苦。虽然物资极其匮乏，生活艰难困顿，研究人员却仍勉力继续研究工作，完成学术任务。史语所在傅斯年的领导下，度过8年抗战，在考古、语言与古建筑等方面均有贡献。

此时由于局限于西南边陲，促使对西南边疆的研究，这些研究一方面划定了国族边界，另一方面则从少数民族调查开始，将帝国边缘之蛮夷转化为共和国内“少数民族”之国民，并进而建立起“中华民族”之谱系。其中西南少数民族的调查由芮逸夫（1898—1991）、凌纯声（1902—1981）领军。芮逸夫等人于1933年开始从事湘西苗族的调查，搜集了大量的民俗文化资料。1934年因为英国觊觎滇南之矿产，引起当地土司、头人之抵抗，英国遂要求共同勘定国界。1935—1936年，芮逸夫与凌纯声参与了滇缅南段界务会勘。此事虽没有立即达成共识，但在此过程中搜集了不少田野资料，了解各族群的分布情况。1939—1940年间，芮逸夫曾到过贵州的大定、花溪等苗区进行调查。1940年芮逸夫又接受国民政府行政院之委托，订定“改正西南少数民族命名表”，将带有

---

① 《本所简史》，见“中研院历史语言研究所”网站：http：//www2. ihp. sinica. edu. tw/intro1. php? TM = 2&M = 1，2015年5月20日。

污辱性的称谓（如“犬”“牛”“羊”偏旁之字眼），改为“人”字之偏旁，“以期泯除界线，团结整个中华民族”。[①] 紧接着在 1941 年，史语所与中央博物院合作进行川康调查，芮逸夫、凌纯声等人进入汶川、康定等地，调查“西番”与羌族；1942—1943 年，芮逸夫等人又进入川南的叙永进行苗族考察，这一次停留在苗区较长时间，参与并访查许多苗民的生老病死的典礼、参观其生活作息及观看家谱等，发现有些家族的源流可上溯到明朝，后来辗转迁移至川南。[②] 这些研究对于理解家族与民族迁移过程颇有帮助。根据田野调查，1941—1946 年间，芮逸夫发表一系列关于“中华国族”的文章，包括《中华国族解》（1942）[③]、《中华国族的分支及其分布》（1944）[④]、《再论中华国族的支派及其分布：订正在中国民族学会十周年纪念论文集发表之文》（1946）等。[⑤] 在这些文章中，他认为民族、国家与国族是三位一体的，而所谓“中华国族”一词即结合了民族与国家，而具有社会、文化、政治、法律等方面的综合意涵。他强调“这四亿五千万中国人，可以说完全是一个民族……综合起来说，它是经过几千年，融合古往今来各种不同的族类，及其思想、情感和意志，混凝同化而归于一的”[⑥]。芮逸夫提出界定民族的六项特质，包括区位、人种、语言、生业、群居、观念，再描述中国民族各支系上述特质之情况或有无。借此，他“试图建立一个知识体系，来说明中华民族中究竟有多少‘民族’，他们又如何构成一整体的中华民族”，进而了解其整体结构，再纳入世界民族分类体系。芮逸夫等人所做的西南苗族的田

---

① 这是国民政府于 1940 年 9 月 18 日所发《改正西南少数民族命名表》中的用语。收入芮逸夫《西南少数民族虫兽偏旁命名考略》，《中央研究院历史语言研究所人类学集刊》第 2 卷第 2 期，1941 年；并收入芮逸夫《中国民族及其文化论稿》，（台北）艺文印书馆 1972 年版，引文见该著第 95 页。

② 王明珂：《简介芮逸夫先生》，《川南苗族调查日志 1942—1943》，（台北）“中研院”历史语言研究所 2010 年版，第 VI—IX 页。

③ 芮逸夫：《中华国族解》，《人文科学学报》1942 年第 1 卷第 2 期。作者注记此文完成于 1942 年 6 月 12 日。

④ 芮逸夫：《中华国族的分支及其分布》，《中国民族学会十周年纪念论文集》，中国民族学会，四川成都，1944 年。

⑤ 芮逸夫：《再论中华国族的支派及其分布：订正在中国民族学会十周年纪念论文集发表之文》，《民族学研究集刊》1946 年第 5 期。

⑥ 同上书，第 30—32 页。

野调查，具有重构华夏边族及其文化之新义。旧帝国时代被统辖的异族，经过近代的“国族边缘再造”后，成为中华民族一分支，亦即成为具“少数民族”身份之国民，以重新定义中华民族的概念，可说是“华夏工程”的一部分。①

（二）傅斯年、顾颉刚等人关于“中华民族”之讨论

傅斯年曾是五四运动学生领袖之一，也是中研院史语所创办者，还曾代理北京大学校长，后出任台湾大学校长，1950 年病逝于台湾。他的重要著作之一是《东北史纲（第 1 卷）：古代之东北》（北平：国立中央研究院历史语言研究所 1932 年 10 月初版）。该书原计划完成 5 卷，由傅斯年、方壮猷（1902—1970）、徐中舒（1898—1991）、萧一山（1902—1978）、蒋廷黻（1895—1965）五人各以其专业领域写就，依次是傅斯年负责古代的东北史，方壮猷写隋代至元末，徐中舒写明清之东北，萧一山写清代东北之官制及移民，蒋廷黻写东北的外交。② 目前只看到傅斯年的部分，即古代东北史，以及李济（1896—1979）依据各篇内容之稿本所写的英文节略本（*Manchuria in History*：*A Summarywith Maps and a Chronological Table*，Peking：Peking Union Bookstore，1932）③，其他部分则未能完成或已佚失。④ 此书的写作动机是傅斯年感慨“持东北事以问国人，每多不知其蕴”，并反驳日本人“满蒙在历史上非支那领土”之“妄

---

① 王明珂：《简介芮逸夫先生》，《川南苗族调查日志 1942—1943》，（台北）“中研院”历史语言研究所 2010 年版，第 IV 页；王明珂：《寻访凌纯声、芮逸夫两先生的足迹：史语所早期中国西南民族调查的回顾》，《古今论衡》2008 年第 18 期；谢世忠：《国族论述：中国与北东南亚的场域》，（台北）台大出版中心 2004 年版，第 261 页。

② 傅斯年：《告白》，傅斯年等著，傅斯年编：《东北史纲（第 1 卷）：古代之东北》，（北平）国立中央研究院历史语言研究所 1932 年版，无页码。

③ 此一英文版是为了控诉日本侵略东北而提交的部分资料，全部材料由顾维钧总纂，交“李顿调查团”。叶碧玲：《九一八事变后中国史学界对日本“满蒙论”之驳斥——以〈东北史纲〉第一卷为中心之探讨》，《国史馆学术集刊》2007 年第 11 期。

④ 其中徐中舒所撰《明清之东北》之一部分残余之手稿影本，由其孙子徐亮工捐给史语所，刊于《古今论衡》之上。徐中舒：《东三省之封禁（东北史纲选）》，《古今论衡》2005 年第 12 期。有关东北史纲各卷出版状况以及未能出版之原因分析，参见徐亮工为上述文章所写的“校后记”，《古今论衡》2005 年第 12 期。

说”。[①] 本书以考古为骨干，纵论东北古代历史，其主旨在说明东北与中原关系之演变，证明东北在历代即与中原及各朝代有语言、文化相连的关系，借此反驳日本学者所谓东北是大陆政策下的满蒙生命线，或“满蒙在历史上非支那国土”等论调。[②] 傅斯年的《东北史纲》以考古为主轴缕述其与中原王朝关系的纪史方式，结合了考古、历史地理视角写作地方历史，并与中国历朝之史作经纬相接。此书坚持东北与中原有密切的关系，反驳日本学者之观念，表达出强烈的民族主义之关怀。当时在《申报》上该书之广告声称：该书关于“满蒙为中国领土之科学的与历史的考证……为国难期中国民必不可少之常识”。[③]

此书出版之后国内有四篇书评，第一篇是陈绍箕于 1933 年初在《大夏周报》上所发表的书评。作者对此书持正面的立场，认为“傅先生由人种的历史的地理的反驳日本人立说的错误，并说明东北在远古即是中国之一体”，此书对日本人来说乃“一当头棒”。他并指出该书最精彩之处是利用各种史料证明东北部落之习俗生活，与中国殷商之神话传说实无二致。他唯一的批评是认为傅斯年接受王国维《殷周制度论》所谓殷人兴起于东方，而由东至西迁徙。此点与夏、周、秦人由西而东之方向不同，故他认为这一观点“实属可疑”。最后他则希望中研院能在短期内将其他各卷赶印出版、公诸国人。[④]

第二篇是清华大学历史系教授邵循正（1909—1973）的《评傅斯年〈东北史纲〉第一卷古代之东北》，邵同意该书之主旨“中国有东北之地久矣”，认为此文“就历史之证明，做公允之叙述”。他只对其中一些历史细节、史料根据有所保留。不过他认为如此之学术论述其实于事无补，“欲明东北之为中国领土，最有力之证据，莫如武力收复”。[⑤]

---

① 傅斯年：《引语》，傅斯年等著，傅斯年编：《东北史纲（第 1 卷）：古代之东北》，第 1 页。

② 傅斯年：《引语》，傅斯年等著，傅斯年编：《东北史纲（第 1 卷）：古代之东北》，第 1 页。参见叶碧玲《九一八事变后中国史学界对日本“满蒙论”之驳斥——以〈东北史纲〉第一卷为中心之探讨》，《国史馆学术集刊》2007 年第 11 期。

③ 《申报》1933 年 3 月 18 日第 7 版。

④ 陈绍箕：《书评：东北史纲初稿》，（上海）《大夏周刊》1933 年第 9 卷第 17 期。

⑤ 邵循正：《评傅斯年〈东北史纲〉第一卷古代之东北》，《大公报》1933 年 5 月 1 日第 11 版。

第三篇书评出自柳诒徵（1880—1956）的学生、南京大学历史系教授缪凤林（1899—1959）。此篇书评与上篇书评均刊登于吴宓（1894—1978）主编之《大公报》的《文学副刊》，在某种程度上与当时学术界的南北之争（也是新文化运动与反新文化运动之争）有关，是南派对北派的抨击。[①] 缪凤林没有就书中之主旨亦即“东北自古属于中国”提出讨论，在这方面他并无质疑。不过，他却指出许多历史方法与史料根据之错误。他说“傅君所著，虽仅寥寥数十页，其缺漏纰谬，殆突破任何出版史籍之记录”。他所举出的错误包括引证不当、推论错误，又对国内外研究成果“了无所知”。他说：“有关汉代东北史之记载，傅君亦未能尽读”；“书中所引史文，颇多不明文理，不通句读之处”；“综观傅君之书，大抵仅据正史中与东北有关之东夷传……故他纪传中有关东北史事之重重材料，大都缺如，而又好生曲解，好发议论，遂至无往而不表现其缺谬”。在文章的结尾处，缪凤林指出日本学者如白鸟库吉（Shiratori Kurakichi，1865—1942）、津田左右吉（Tsuda Sōkichi，1873—1961）等在日俄战争之后开始对于东北、朝鲜“作学术上根本的研究”，获得大量的研究成果，这些日本人的著作虽有缺点，然其“可供吾人指斥者”则远远不如傅著。缪凤林语重心长地指出，中日民族处于“永久斗争之地位”，欲求胜利，需与日本人相抗衡，而“慎重立言”，写出具有高学术水平之著作，我民族方有前途。[②]

第四篇书评为任职于国立编译馆的史学家郑鹤声（1901—1989）于1933年底所写的书评《傅斯年等编〈东北史纲〉初稿》。郑氏亦为柳诒徵之学生，他说缪凤林的批评过于激烈，自己的书评则较为温和，他也认识到此书“含有国际宣传之重要性”。不过他和缪文一样针对傅书的各种“缺漏舛误”提出检讨，因为“不能不严加指摘，以期完善”。他的结论是，“就傅君编著之第一卷论之，觉其剪裁议论颇有独到之处，求之于吾国学者论述之东北史书中，尚属少见，洵足以破日本人之妄说，而感

---

① 参见王汎森《思想史与生活史有交集吗？——读傅斯年档案》，王汎森《中国近代思想与学术的系谱》，（台北）联经出版事业股份有限公司2003年版，第501页。

② 缪凤林：《评傅斯年君〈东北史纲〉卷首》，《大公报》1933年6月12、19、26日，7月3、31日，9月4、25日第11版。

世人之兴会”。[①]

在日本方面，傅著出版之后也立即有所反应。日本京都大学东洋史教授矢野仁一（Yano Jinichi，1872—1970）于 1933 年出版了《满洲国历史》一书。矢野一贯主张“满蒙藏非中国本来之领土”，中国只是“中国本部”，而满蒙则是“边疆”。[②]《满洲国历史》一书中第二章驳斥“李顿报告书”所谓“满洲为中国完全之一体；满洲与中国之关系为永久的且本质的”，故满洲应归还中国之见解。矢野认为报告书之基础来自傅斯年与李济，以及调查团成员杨格（Carl Walter Young）的《日本在满洲之特殊地位》（*Japan's Special Position in Manchuria*，Baltimore：Johns Hopkins Press，1931）一书。[③] 矢野反对这些人主张“满洲是中国的一部分”的看法，力主“满洲与中国是全然各别的存在”。他强调满蒙自古即非汉民族居住之所，唐代以后设置都督府，其后各朝之统治均处于与“中国本部”不相同之统治体制。在清朝满洲是封禁地，20 世纪开始才有汉族人移入。[④] 该书出版次年，即由对东北问题十分关心并译有《甲午战前日本挑战史》(田保桥洁著，南京书店 1932 年版）的王仲廉翻译为中文，刊登于《图书评论》之上。译者表示，矢野仁一戴着学者的面具，对中国发出荒谬之言论，而成为日本人侵略中国之根据。他为了“一以供傅氏等参考，一以使国人知日本于使用武力之外，尚有无聊文人为之宣传焉”而翻译此文。他还提醒读者，矢野仁一“所引《东北史纲》及英文节略本之处，颇多随意撮合，以便其驳击者，殊不忠实”。[⑤]

陈绍箕、邵循正、缪凤林、郑鹤声及王仲廉等人无疑地都赞成傅斯年之主要观点，认为东北为中国之一部分，只是他们认为，对于民族问题之讨论需奠立在扎实的学术基础之上。傅斯年对于上述评论以及矢野

---

① 郑鹤声:《傅斯年等编东北史纲初稿》,《图书评论》1933 年第 1 卷第 11 期。

② ［日］矢野仁一:《滿蒙藏は支那本來の領土に非る論》,《外交時報》1922 年第 412 号。有关矢野的经历，如参与晚清教育改革和“满洲国”、出任大亚细亚协会副会长等，可参考王汎森《思想史与生活史有交集吗? ——读傅斯年档案》, 第 502 页。

③ 此书很快被译为日文，シー・ウオルター・ヤング:《滿洲に于ける日本の特殊地位》,(东京）拓务大臣官房文书课 1932 年版。

④ ［日］矢野仁一:《滿洲國歷史》,(東京）目黑書店 1933 年版。

⑤ 王仲廉译:《傅斯年等编著东北史纲在日本所生之影响》,《图书评论》1934 年第 2 卷第 8 期。

仁一的批评似乎并无响应。[①] 然而其著作已被纳入“李顿报告书”而发挥了具体的影响，故对国家已有贡献。

傅斯年对中华民族的看法终其一生是一以贯之的，并对顾颉刚产生影响。自第一次世界大战之后，受到美国总统威尔逊（Thomas Woodrow Wilson，1856—1924）提倡“民族自决”的影响，国内一些少数族群颇有“自立”之动因。而“九一八”事变后，部分满族人也以此名义，接受日本的扶植而成立伪满洲国。在20世纪20—40年代，满蒙受日本挑拨，企图以民族自决的名义争取脱离中国独立。这些现象使傅斯年深有感触，他对于两个名词之使用很敏感，一是“民族”，一是“边疆”。当史语所刊行凌纯声《赫哲族研究》（即《松花江下游的赫哲族》，1934）时，傅斯年即力求审慎而主张避免使用“赫哲民族”。[②] 抗战后退居西南，傅斯年对由顾颉刚主编的《益世报》副刊《边疆周刊》[③] 使用“边疆”为刊名亦颇有意见。加上此报刊登了甘城发表的一篇文章，提到“汉人殖民云南，是一部用鲜血来写的争斗史。在今日，边地夷民时有叛乱情事”，令傅斯年与友人“不胜骇怪”。于是他写信给顾颉刚，提醒他谨慎使用“民族”一词，并建议刊物名最好改为“云南”“地理”“西南”而

---

① 他的学生陈磐为他辩护。陈磐说：“东北事变，大局震荡，孟真师忧心如焚，百忙中而有《东北史纲》之作。这部用民族学、语言学的眼光和旧籍的史地数据，来证明东北原是我们中国的郡县；我们的文化、种族，和这一块地方有着不可分离的关系。这种史学方法和史识，是最现代的、科学的。但书出版以后，颇受人批评。其实这书的间架轮廓，非高手不能辨。批评的人从细枝末节着眼，当然不无话可说。但是能批评的人，却不一定就能搭起这样的间架，描绘出这样的轮廓。”陈磐：《怀故恩师傅孟真先生有述》，《新时代》1963年第3卷第3期。王汎森在傅斯年档案中发现傅斯年曾计划写作“答缪凤林等评《东北史纲》”。王汎森：《思想史与生活史有交集吗？——读傅斯年档案》，《中国近代思想与学术的系谱》，第504页。

② 傅斯年：《傅斯年致顾颉刚》（1939年2月1日），王汎森、潘光哲、吴政上主编《傅斯年遗札》第2卷，（台北）“中研院”历史语言研究所2011年版，第953页；傅乐成：《傅孟真先生的民族思想》，《时代追忆论文集》，（台北）时报文化出版公司1984年版，第149页。

③ 《益世报》于1915年创刊于天津，1937年因战乱停刊，1938年在云南复刊，后迁至重庆，可惜因其创办人雷鸣远神父过世，于1940年结束。1938年在云南复刊时，顾颉刚将副刊名定为《边疆周刊》，12月15日作发刊词，12月19日出第1期。参见顾颉刚《顾颉刚日记》第4卷，（台北）联经出版公司2007年版，第173页；顾潮编著《顾颉刚年谱》，中国社会科学出版社1993年版，第291页；宋稚青《雷鸣远神父与天津〈益世报〉》，《神学论集》1991年第87期。

不要再用“边疆”。[①]

顾颉刚虽受到傅斯年的批评，然而他对民族的看法其实与傅斯年十分类似。顾于1934年创办禹贡学会，发行《禹贡半月刊》。在《发刊词》中即说：“我们的东邻蓄意侵略我们，造了‘本部’一名来称呼我们的十八省，暗示我们边陲之地不是原有的”，该刊的目的之一即对此谬论从学理上加以驳斥。[②] 1937年1月10日在《申报》“星期论坛”上，顾颉刚曾写《中华民族的团结》一文，主张“在中国的版图里只有一个中华民族……离之则兼伤，合之则并茂”。[③] 1939年1月27日，《中央日报》转载了他在《益世报》上发表《“中国本部”一名亟应废弃》，他认为此一词汇源自日本教科书，具有政治目的，使用此词“许多边疆不成中国领土”，故应重视词汇之使用（这也是为了回应矢野仁一所谓“中国仅有中国本部”的观点）。1939年2月13日，他又写了一篇《中华民族是一个》，登于《益世报》的《边疆周刊》，开宗明义即说“凡是中国人都是中华民族，在中华民族之内我们绝不再析出什么民族，从今以后大家应当留神使用这‘民族’二字”。该文刊出之后，各地报纸纷纷转载，成为人们关注之焦点。[④] 一直到1947年在南京的《西北通讯》创刊时又转载了一次，编者表示“顾先生此文，引证详博，议论正大，为促进民族团结最为有力之作。其热情洋溢，感人尤深”。[⑤]

顾颉刚撰写此文的近因是受到傅斯年的批评。他在日记中记载：“昨得孟真来函，责备我在《益世报》办《边疆周刊》，登载文字多分析中华民族为若干民族，足以启分裂之祸，因写此文以告国人。”[⑥] 撰写此文之远因，则是他对此一议题早有关心（他表示此一议题“久蓄我心”）。他在《我为什么要写“中华民族是一个”?》一文中就表示，1922年商务印

---

① 傅乐成:《傅孟真先生的民族思想》,《时代追忆论文集》,第150页。

② 顾颉刚:《发刊词》,《禹贡半月刊》1934年第1卷第1期。

③ 顾颉刚:《中华民族的团结》,《申报》1937年1月10日第7版。

④ 顾颉刚:《顾颉刚日记》第4卷，（台北）联经出版公司2007年版，第215页。“前在《益世报》发表两文，方神父告我，转载者极多，如《中央日报》、《东南日报》、安徽屯溪某报、湖南衡阳某报、贵州某报皆是。日前得李梦瑛书，悉《西京平报》亦转载，想不到此二文乃如此引人注意。又得万章信，悉广东某报亦载。”（1939年4月15日）

⑤ 顾颉刚:《中华民族是一个》,（南京）《西北通讯》1947年第1期。

⑥ 顾颉刚:《顾颉刚日记》第4卷，第197页。

书馆请他编中学历史教科书，他参阅史料而反复思考的一个问题是：为何其他古老的民族都灭亡了，而中国却能支持下去？他的答案是中华民族一直处于“同化过程之中”，“使常有浅化而强壮的异族血液渗透进来，使衰老民族回复少壮”。“七七”事变之后，他又前往西北游历，目睹回汉冲突之惨况，“亲身接触到边民受苦的经验”，了解到族群冲突与分裂会让帝国主义国家有机可乘，因而决定撰文，以从事民族心理建设。①

此文引起当时云南大学教授、社会学者吴文藻（1901—1985）的不满，并由其学生费孝通（1910—2005）写了《关于民族问题的讨论》投稿《边疆周刊》，提出了类似后来他所大力提倡的“中华民族多元一体格局”。他说中国有很多个民族，而文化、语言、体质上的分歧，并不阻碍大家形成一个统一的政治体。费氏又认为“中国本部一名词有其科学的根据，中华民族不能说是一个，即苗、猺、猓猡皆是民族”。② 之后顾又再以万余字的一篇《续论中华民族是一个》回应费孝通的批评。③

另一位批评顾颉刚的学者，是维吾尔族历史学家翦伯赞（1898—1968）。1937 年 5 月，翦伯赞加入中国共产党。此后，在共产党的领导下，长期从事统一战线、理论宣传和史学研究工作。他的文章刊登在重庆的《中苏文化》之上。这是少数在国统区“能公开发表共产党领袖的文章”，又能较为系统地宣传马列主义、社会主义的阵地之一。④ 他看了顾颉刚于 1939 年 5 月 29 日在《益世报》的《边疆周刊》所发表的《续论中华民族是一个》一文，而提出他的评论。

翦伯赞指出，应“依据具体的客观事实，科学地去理解”民族问题。

---

① 顾颉刚:《我为什么要写“中华民族是一个”?》,《西北通讯》1947 年第 2 期。

② 这是傅斯年对他的观点之转述，傅斯年说吴文藻与费孝通“一切帝国主义殖民地的道理他都接受了”。《傅斯年致朱家骅、杭立武》（1939 年 7 月 7 日），王汎森、潘光哲、吴政上主编《傅斯年遗札》第 2 卷，（台北）“中研院”历史语言研究所 2011 年版，第 1015 页。

③ 傅乐成:《傅孟真先生的民族思想》，第 148—152 页；黄天华:《民族意识与国家观念——抗战前后关于“中华民族是一个”的争论》，中国社会科学院近代史研究所民国史研究室、四川师范大学历史文化学院编:《一九四〇年代的中国》下卷，社会科学文献出版社 2009 年版，第 1044—1061 页。

④ 此一杂志从 1936 年办到 1949 年，宗旨为促进中苏文化交流。会长原为孙科，1940 年改组之后中共成为主导力量。由郭沫若任研究委员会主任，王昆仑任杂志委员会主任，侯外庐与翦伯赞为副主任。侯外庐:《韧的追求》，生活·读书·新知三联书店 1985 年版，第 92—95 页。

他认为顾颉刚“中华民族是一个”的命题不正确，是“大汉民族主义的表现”，“包含着否定国内少数民族存在之意义”。他肯定在外患压迫下“团结”有其重要性。但是团结不是“消灭”“否定”其他民族，而是扶助他们独立自由地发展，从而形成自由、平等之结合。他觉得应该回到孙中山的理论，“以最大的真诚，以兄弟的友爱，以现实的利害，用革命与战斗在中山先生的民族主义的旗帜下把国内各民族真真的团结起来，反对日本法西斯侵略战争夺取中华民族的自由”。

首先，他认为顾颉刚的错误在于将民族与民族意识混淆在一起，认为民族是“心理现象”“团结的情绪”。这样一来民族没有物质的基础与客观的存在，只是主观的意识。其次，顾颉刚将民族与国家混同起来。最后，顾颉刚把民族混合与民族消灭混为一谈。他说顾颉刚所提出的“滚雪球理论”，越滚越大，使汉族成为“世界上独一无二的大民族”。这种看法只看到外族加入汉族，而没有看到汉族加入外族。翦伯赞说，“民族的混合，不是片面的，而是相互的，在混合过程中相互影响。不是所有的外族，一与汉族接触，他便被同化于汉族了”；“一直到今日，在中国的境内除汉族之外还存在着满蒙回藏苗……等少数民族，这是一个不可否认的事实”。总之，他认为应承认各民族之生存乃至独立自由发展之权利，各族建立经济和政治上平等的关系，才能实现真正的民族大团结。①

这次笔战双方壁垒分明。傅与顾虽倡学术自由与学术不应为政治服务，却皆考虑到学术对政治之影响。傅斯年十分同意顾颉刚的观点，他说顾所提出的两个观点，一是“中国本部”这一名词不通；一是“中华民族是一个”，“立意甚为正大，实是今日政治上对民族一问题惟一之立场”。傅斯年更批评吴文藻在云南设立“民族学会”，“此地正在同化中，来了此辈‘学者’”，乃拾“帝国主义在殖民地发达之科学之牙慧”，大谈民族、打击同化、刺激国族分化之意识，增加部落意识，“无聊之学问

---

① 翦伯赞:《论中华民族与民族主义——读顾颉刚续论“中华民族是一个”以后》,《中苏文化》1940 年第 6 卷第 1 期。

其恶影响及于政治，自当在取缔之列”[①]，可见傅斯年史学思想中的民族主义。至于反对傅、顾“中华民族是一个”之主张者，一为吴文藻、费孝通等社会学者，一为翦伯赞等少数民族出身之马克思主义者。此一分歧继续存在，至1943年蒋介石发表《中国之命运》而再度爆发争论。蒋接受了傅斯年、顾颉刚以及上述芮逸夫等人以汉族为中心的同化论与“中华民族是一个”的观点（也补充了其他观点），而反对者则沿袭了吴、费与翦的看法。

五　蒋介石的《中国之命运》之民族观及其争议

《中国之命运》全书共8章，10万余字。一般认为该书由陶希圣执笔完成初稿，其后由蒋介石修改而成。初版发表于1943年3月，蒋又根据各种建议进行增订，1944年1月出版“增订版”。[②]

日本人对于此书之出版颇为关心，1943年5月1日《读卖报知》上刊登了该书出版之消息，认为此书代表蒋对抗战前途之忧虑，企图借此“收拾民心”，重振士气。[③] 此书的日文翻译本有三部，一本由种村保三郎翻译，由台北的东宁书局出版（1943年12月）[④]；一本由共同通讯社东亚部翻译，并附了毛泽东的《新民主主义》一文[⑤]；第三个译本是由波多野乾一翻译，日本评论社出版（1946）。[⑥] 英文版也有两部，一部为正式得到授权的版本，由王宠惠（1881—1958）据增订版翻译、林语堂写序，麦克米伦出版公司出版[⑦]；另一部是由一家较小的出版社罗依出版公司

---

① 《傅斯年致朱家骅、杭立武》（1939年7月7日），王汎森、潘光哲、吴政上主编：《傅斯年遗札》第2卷，第1014—1016页。

② 蒋中正：《中国之命运》，（重庆）正中书局1943年3月初版，1944年1月增订版。

③ 《民心收拾に躍起蔣、抗戰陣の動搖に狼狽》，《読賣報知》（夕刊）1943年5月1日。

④ 蒋中正：《中國の運命》，種村保三郎譯，（臺北）東寧書局1945年版。

⑤ 《［廣告］中國の運命・付新民主主義/ユマニテ社》，《読賣報知》（朝刊）1946年1月1日。

⑥ 蒋中正：《中國の命運》，波多野乾一譯，（東京）日本評論社1946年版。

⑦ Chiang Kai－Shek，Authorized translation by Wang Chung－Hui；with an introduction by Lin Yutang，China's Destiny，New York：The Macmillan Co. ，1947.

(Roy Publishers) 出版，由“查飞所编辑，由两位不署名的中国教授”据1943年初版翻译，此一版本未得到授权。两个版本的出版时间都是1947年。① 此外还有越南文版，由胡志明翻译。②

此书中心思想是孙中山的《三民主义》，认为《三民主义》的本质是国民革命，而国民革命以废除不平等条约为重点，“国民革命的初步成功，即为建国工作真正的开始”。“国民革命的现阶段，是由民族主义的完成，到民权主义民生主义的贯彻。”在民族问题方面也承袭了孙中山的观点，却回避了孙所提出来的“大亚洲主义”的问题。

《中国之命运》一书总结中国的五千年历史演变和儒家文化底蕴，主张中国只有一个民族，即中华民族；接着又回顾了中国近代史，论述了不平等条约之废除是信仰三民主义的结果，其中又特别提出了国民革命军北伐和抗战。该书严厉批判了自由主义与共产主义，指出自由主义与共产主义均破坏中国传统文化，二者之间的争论实际上是英美思想与苏俄思想的对立。国民革命之完成，有赖中国国民党依据三民主义，实行民族复兴的事业。③《中国之命运》是蒋一生政治、社会和文化观念之总结，体现其反共、反帝之建国构想。《中国之命运》一书出版后，在国内外造成极大的影响。当时有人指出：此书是重庆国民政府统治区域内销行最广的书籍。党政教育机关均规定为工作人员及青年学生的必读书籍，《中央周刊》等官方刊物及三民主义青年团并特设奖金以征求青年对该书的读书报告和研究报告。④ 中国共产党对此也有所回应，毛泽东甚至亲自组织了一场批判行动，把《中国之命运》视为“掀起第三次反共高潮的宣传书”，并抨击蒋介石是“中国的法西斯”。⑤

---

① 爱德华·罗卜(Edward Rohbough)：《“中国之命运”在美国的出版竞赛》，章麟译，《文萃》1947年第21期；未名：《中国之命运在美国》，（香港）《群众》1947年第6期；Chiang, Kai-shek, *China's Destiny & Chinese Economic Theory*, New York: Roy Publishers, 1947。最近，博睿又将此书再版（Leiden: Brill, 2012）。查飞的英文名字是Philip Jaffe。

② 《文化消息》，《国立中央图书馆馆刊》1947年复刊第1号。

③ 这是汪政府统治区域内一位作者对于此书的观察，下文会再做分析。李伯敖：《蒋著〈中国之命运〉的批判》，(上海)《政治月刊》1944年第7卷第5期。

④ 李伯敖：《蒋著〈中国之命运〉的批判》，(上海)《政治月刊》1944年第7卷第5期。

⑤ 陈进金：《现代中国的建构：蒋介石及其〈中国之命运〉》，《国史馆馆刊》2014年第42期。

有关《中国之命运》一书已有不少研究[①]，本文利用一些史料讨论该书之中对于“中华民族”的看法及其引发之争议。蒋介石在该书中所阐释之理念从“中华民族的成长与发达”开始。该书初版中提到类似上述顾颉刚等人所述“滚雪球”理论之“同化论”。他说：“就民族成长的历史来说：我们中华民族是多数宗族融合而成的。融合于中华民族的宗族，历代都有增加，但融合的动力是文化不是武力，融合的方法是同化而不是征服。”“我们中华民族对于异族，抵抗其武力，而不施以武力，吸收其文化，而广被以文化。这是我们民族生存与发展过程里面最为显著的特质与特征。”[②]

除了同化论之外，蒋介石又加上了“同源论”的民族观。[③] 他说：“四海之内，各地的宗族，若非同源于一个始祖，即是相结以累世的婚姻。《诗经》上说：‘文王孙子，本支百世’，就是说同一血统的大小宗支。《诗经》上又说：‘岂伊异人，昆弟甥舅’，就是说各宗族之间，血统相维之外，还有婚姻的系属。古代中国的民族就是这样构成的。”[④] 此一以宗族论为中心的民族观与孙中山的看法也很类似。

由此可见将“同化论”与“同源论”结合在一起，并运用“宗支”“宗族”的繁衍发展，来解释中华民族的形成，这是蒋介石民族观之特色。书中开宗明义地指出中华民族是在“自然”之中成长，“其宗支不断的融合而其人口亦逐渐繁殖，乃至于强大，于是国家的领域亦相随扩张，然而中华民族从来没有超越其自然成长所要求的界线”。[⑤]

这样的民族观与陶希圣的《中国社会之史的分析》（1929）虽有类似

---

① 如李杨《蒋介石与〈中国之命运〉》，《开放时代》2008 年第 6 期；《陶希圣与〈中国之命运〉新解》，《中国社会导刊》2008 年第 13 期。

② 蒋中正：《中国之命运》，第 2、5 页。

③ “同源论”是民初以来即很流行的一个理论，参见娄贵品《陶希圣与〈中国之命运〉中的“中华民族”论述》，（香港）《二十一世纪》2012 年第 131 期。

④ 蒋中正：《中国之命运》，第 2 页。

⑤ 同上书，第 1 页。

之处，然两者的主张是截然不同的。[①] 两者类似之处是：首先，《中国之命运》吸收了陶希圣对民族之定义，亦即“民族不是人种或种族的偶然的结合。而是依历史的融合过程而构成的永续的共同体……所以，民族是依一定的融合过程，由语言，地域生活，经济生活，及文化的共同性而统一的历史上构成的永续的共同体”。其次，陶希圣在讨论周代之发展时强调“宗族”的重要，他说“周室建国……分封异姓功臣和同宗子弟，一方面在同宗宗族内，厉行‘本支百世’的组织；一方面于异姓各族间，交互通婚，以组亲戚之网”。[②] 蒋的书一方面接受了民族为融合而成的观点，又把陶希圣所说的周代宗法封建的政治秩序，如“本支百世”的观念从周人扩大而为中华民族的发展过程。

陶希圣《中国社会之史的分析》的民族观其实与蒋介石的看法并不相同。陶认为“中国的民族不是单一的民族，所以中国的文化也不是单一的文化”，陶希圣书中不断地谈到中国有“种族”观念，有许多“民族的单位（Ethnic Units）如甘新的回民，川滇的苗猺，外藩的蒙藏”，彼此之间有“长期民族斗争”。其次，陶希圣认为周代宗法只是周族的制度，别族并不实行；宗法只是贵族制度，平民不通用。[③] 他甚至说周代的宗法只是儒家的理论，并非遍行之制度。他也了解到在历史上“华夏和夷戎的接触”，在“种族融合为民族的过程中”，外族往往依附为黄帝或颛顼之子孙，以建立和汉族血源上的联系，然而这是“把宗族的传说来隐蔽种族的差异”。由上述的对照来看，陶著是一种学术观点，蒋著则明显地借学术表达政治。具体而言，陶希圣大致上可以同意“同化论”，却不赞成“同源论”；同时也应该不会同意蒋介石将同化论与同源论结合成的

① 陶希圣：《中国社会之史的分析》，（台北）食货出版社 1972 年版。此书为 1929 年上海初版。该书之主要观点在解答“中国社会是什么社会”。陶希圣否认当时所谓“封建社会”或“资本主义社会”这两种主张，提出“中国社会是封建制度崩坏而资本主义尚未发达的社会”。陶希圣：《台湾版校后记》，《中国社会之史的分析》，第 157 页。

② 陶希圣：《中国社会之史的分析》，第 96—97、36 页。

③ 同上书，第 71、108、35—36 页。

“中华民族是一个”的宣称。[1] 不过基于政治表态，陶希圣在初版问世之后立刻在《中央周刊》发表心得《读〈中国之命运〉》一文，认为蒋著“超越往古……立德立言，蔚然大备”。[2]

《中国之命运》出版之后受到中共党人的严厉批判，尤其是蒋所谓“没有国民党，就没有新中国”的论调深具政治意涵，国共双方乃就此议题展开一场激烈之论辩。[3] 其中广为人知的是陈伯达（时任中共中央研究室副主任）在《解放日报》（1943 年 7 月 21 日）所写的《评〈中国之命运〉》。文中对于蒋对“中华民族”的看法提出严厉批判。他说蒋以宗族发展为中心的“民族血统论”，“和本来的历史真实情况完全不相符合”。此类理论是德、意、日法西斯主义侵略全世界的工具。他否认中华民族内之各族都是“文王的孙子”，也否认有婚姻上的联系。他说昭君或文成公主出嫁外族，并没有使匈奴或藏族人成为汉族人之“宗支”。因此他说蒋的民族理论违反常识。陈伯达又说蒋所提倡的“单一民族论”其实是提倡一种“大汉族主义”而“欺压国内弱小民族”。最后陈伯达将民族问题转为“阶级”问题，他认为蒋所谓的民族是“大地主大资产阶级”盗民族为其私有，事实上“民族的主体”是“工农大众”。民族问题的解决是“动员民众，实行民主”，而指导方针是毛泽东所提出的“新民主主义”。[4]

---

① 娄贵品的观察是正确的，书中中华民族同源论的主张与陶希圣的观点“差异明显”。不过他认为“同源论”在初版之时不存在，在增订版之中才出现的。此一观点有待商榷。再者，他认为陶希圣至 1938 年的《中华民族战史》中观念有所改变，已经认为中华民族是“单一的民族”。娄贵品:《陶希圣与〈中国之命运〉中的“中华民族”论述》，（香港）《二十一世纪》2012 年第 131 期。

② 陶希圣:《读〈中国之命运〉》，《中央周刊》1943 年第 5 卷第 33 期。

③ 邓野:《蒋介石关于〈中国之命运〉的命题与国共的两个口号》，《历史研究》2008 年第 4 期。

④ 陈伯达:《评〈中国之命运〉》，《解放日报》1943 年 7 月 21 日第 1、3、4 版。俄国学者潘佐夫将蒋中正《中国之命运》中的新权威主义与毛泽东新民主主义视为抗战时两种追求社会进步之典范。Alexander V. Pantsov, “Mao Zedong's ‘New Democracy’ and Chiang Kai - shek's ‘New Authoritarianism’: Two Paradigms of Social Progress during the Sino - Japanese War”，吕芳上主编:《战争的历史与记忆: 和与战》。

陈伯达之后艾思奇、续范亭等人也发表评论呼应他的看法。[①] 这些文章也发行了单行本的小册子，但立刻遭到国民政府的查禁。1943 年 12 月 1 日湖北省政府省主席陈诚发布了查禁令，“奸党陈伯达等著‘［评］中国之命运’各书言论反动……诋毁领袖，污蔑中央，言论反动应予查禁”。[②]

汪派人士在看到《中国之命运》之后也有不少的响应。如胡兰成在《新东方杂志》上写《〈中国之命运〉的批判》。胡兰成批判蒋的民族观是“以独裁主义的全体主义来歪曲历史”。他说：“民族不是自然形成的，是经过征服然后同化”；如果根据蒋的谬论，“如五胡乱华之类简直等于不曾发生，而辛亥革命的意义也无从了解”。1945 年在他主编的《苦竹》中又刊登敦仁的《〈中国之命运〉与蒋介石》批判蒋著。[③] 当时汪政府统治区内更直接批判蒋的中华民族观点的文章，是李伯敖在《政治月刊》上写的《蒋著〈中国之命运〉的批判》。

李伯敖的真名为恽逸群（1905—1978），当时任职于日本特务机关“岩井公馆”，负责宣传与教育文化的工作，后来证实他为中国共产党地下党员，1926 年入党，1942 年进入上海的日本特务机关，为中国共产党收集情报，受潘汉年领导。[④] 此文的主旨在于以下几点：第一，肯定蒋介石在此书中对“共党的罪恶已有深切的认识”，缺点则为行动上不够坚决，不了解放弃抗战、与日和平为反共的先决条件。第二，肯定蒋介石

---

① 艾思奇：《〈中国之命运〉——极端唯心论的愚民哲学》，此文最早发表在 1939 年 8 月 11 日的《解放日报》。他说：“大地主大资产阶级之所以要宣传唯心论的哲学，就因为他们需要把一切道理加以颠倒，而唯心论正符合了他们的需要。”“《中国之命运》宣传的是反理性的唯心论哲学，是极端有害的愚民哲学，是为了藉以维持大地主大资产阶级一党专政的中国式法西斯主义的统治”。此文收入艾思奇等著《论中国之命运》（出版地不详，晓光社 1946 年版，第 1—24 页）。续范亭的观点与艾思奇类似，认为蒋“完全是以唯心论、主观主义、自私自利、独裁梦想的个人英雄主义来决定中国之命运的”。续范亭：《感言》，《解放日报》1943 年 8 月 16 日第 1 版。

② 《湖北省政府公报》1944 年第 492 期。

③ 胡兰成：《〈中国之命运〉的批判》，《新东方杂志》1944 年第 9 卷第 2 期；敦仁：《〈中国之命运〉与蒋介石》，《苦竹》1945 年第 3 期。

④ 韩文宁：《恽逸群在“岩井公馆”的日子》，崔广怀主编《世纪风采》增刊（《世纪风采创刊 10 周年纪念专集 1994—2004》），2004 年 1 月，第 281 页。茹予我、闻继衷：《战士的风骨——记恽逸群》，陆炳炎主编《恽逸群同志纪念文集》，上海三联书店 2005 年版，第 90 页。

反对英美帝国主义、自由主义，然自己却“甘供英美帝国主义利用，为它们作牺牲”。第三，肯定蒋介石主张恢复民族固有的德行，故“已有回复到中国的觉醒”，然如不坚决“反共反英美”则无法回复到东方固有的精神。在民族问题上，作者则呼应日本学者的观点从“东亚民族主义”的角度来论述。他指出蒋介石将民族生存的领域包括东北、台澎与中南半岛，是“大汉族主义的帝国主义”，“有可批评之处”。但是蒋认识到中国传统是以“固有的德行”来维系各族，这是最正确的。他的观点是应“反共”“亲日”，把“东亚”当作一个单位与“白种人”对抗：

> 正确地讲，回藏夷蒙等族和汉族的不出于同一血统，和中国日本的区别没有两样。如果我们把东亚民族当作一个单位，以与白种人相对称，则东亚各民族之间，才真正是大小宗派的关系。但蒋先生又没有回到东亚本位的勇气，所以弄得上不在天，下不在地，而没有着落。[①]

以上主要是中国共产党与汪派对《中国之命运》的批评，此外国民党内对此也有一些意见。蒋对于上述各种批评应了然于心。1943 年 3 月初《中国之命运》初版发行之后，他立即阅读，“晚以《中国之命运》正版印就出书，乃即阅读第一与第二各章，不忍掩卷，直至十一时方睡”[②]，“上、下午皆审阅《中国之命运》全书，至晚间方完”[③]，对于此书他“颇觉自得”。[④] 同时，他命令“各级学校机关皆限期检讨《中国之命运》后，提出报告”“令各高级将领检讨《中国之命运》”“令中心小学与中学，每班必备《中国之命运》”。[⑤] 他在 1943 年 4 月底就因受到各方面的回馈，着手修改初版之文字。根据蒋的日记：

---

① 李伯敖：《蒋著〈中国之命运〉的批判》，（上海）《政治月刊》1944 年第 7 卷第 5 期。

② 《蒋介石日记》，1943 年 3 月 5 日，美国斯坦福大学胡佛研究所藏。

③ 《蒋介石日记》，1943 年 3 月 6 日。

④ 《蒋介石日记》记载：“晚餐后听读《中国之命运》广播，颇觉自得。”《蒋介石日记》，1943 年 4 月 2 日。

⑤ 《蒋介石日记》，1943 年 3 月 20 日、1943 年 3 月 30 日、1943 年 3 月 31 日。

昨日下午修正《中国之命运》第四章第五节后，召见工业会员。（《蒋介石日记》，1943 年 4 月 29 日）

修正《中国之命运》第一章，关于民族问题引征尚嫌不足也。（《蒋介石日记》，1943 年 4 月 30 日）

正午接妻电……下午修正《中国之命运》。（《蒋介石日记》，1943 年 5 月 18 日）

上午校阅《中国之命运》第五章，午后校阅第二章。（《蒋介石日记》，1943 年 5 月 19 日）

《中国之命运》校阅完毕。（《蒋介石日记》，1943 年 5 月 23 日）

此后蒋仍陆续修订，10 月 3—4 日时他看到中国共产党对此书之批评。日记中写道："下午看共匪所评论之中国命运小册，不足为异，毫无理论根据决不能煽动阅者对中国命运本书之信心"，"看共匪对《中国之命运》之评论小册完，毫无动心，此种横逆与诬蔑之来，今则视同无物矣！"至 1943 年 12 月 11 日，蒋结束增订，将稿子付印，1944 年 1 月 1 日，发行增订版。

如果比较初版与增订版文字上的变动，可以看出蒋介石还是针对外界所疑虑的"汉族中心主义"提出修正，不过此一修正只是语气程度上的微调，并非主旨之变更。娄品贵已经指出两书在第 2 页"就民族成长的历史来说"一段的内容改动很大，增加了民族起源及各族关系的论述。例如原文是"融合于中华民族的宗族，历代都有增加"（1943 年 3 月初版，第 2 页），改为"这多数的宗族，本是一个种族和一个体系的分支……然而五千年来，他们彼此之间，随接触机会之多，与迁徙往复之繁，乃不断相与融合成为一个民族"（1944 年 1 月增订版，第 2 页）。此外还有一些较小的文字更动。例如，蒋将"融合的方法是同化而不是征服"改为"融合的方法是扶持而不是征服"。从"同化"改为"扶持"是一个比较大的变动。娄品贵指出这很可能主要是根据军令部部长徐永昌的建议。①

---

① 娄贵品：《陶希圣与〈中国之命运〉中的"中华民族"论述》，香港《二十一世纪》2012 年第 131 期。

娄文没有注意到的另一个增订是在“至于各宗族历史上共同的命运之造成……”一段的最后，蒋增加了一段，强调“同源论”，并认为“五族”的区分不是“人种血系的不同”，而是“宗教与地理环境的差异”。以下是新版增添之文字：

> 在此悠久的历史过程中，各宗族往往在文化交融之际，各回溯其世系而发见其同源。即如蒙古是匈奴的后裔，而《史记》《汉书》考其远祖实出于夏后氏。东北女真与西藏的吐蕃，是鲜卑的子孙，而《晋书》《魏书》考其远祖皆出于黄帝轩辕氏，我们再稽考周书、辽史、及文献通考以为推求，则今日之满族与藏族及由此流衍而来。至于今日之所谓回族，其实大多数皆为汉族信仰“伊斯兰”教之回教徒，故汉回之间其实只有宗教信仰之分，与生活习惯之别而已。总之，我们各宗族，实同为一个民族，亦且为一个体系之一个种族……这是我中华民国全国同胞不可不彻底了解的。（增订版，第8—9页）[①]

除了此处之差异之外，两个版本还有许多的不同，主要都是将书中原来谈到“契丹”“女真”“蒙古”“满族”的“同化”二字改为“融化”（增订版，第4页）或改为“融和”（增订版，第10页）。其次在维系各宗族情感方面，原为以德行来“感化各宗族固有的特性”，改为“协和各宗族固有的特性”（增订版，第7页）。四邻各宗族入据中原之后“感受同化”，改为“同受融化”（增订版，第7页）。初版说西藏“其同化亦超过一千三百年以上”（初版，第8页），增订版改为“其融化亦超过一千三百年以上”（增订版，第8页）。由“同”改为“融”以略为松动强烈汉族中心主义的印象。

不过即使有这些更动，蒋介石《中国之命运》中的民族观，如吴启

---

① 最早注意到《中国之命运》初版与增订版文字差异的是当时的一位读者，参见澄性《“中国之命运”增订点之介绍与认识》,《安徽青年》1944年第4卷第1、2期。有关“中华民族”的部分，作者注意到第2、第13段两处修改。在比对两个版本的差异之后，他指出“团长这部著作，经此修订，更臻完美之璧，益显其意义之重大”，但同时他也郑重地引用陈布雷的话说“文字上间有修订或校正之处，但于全书意旨，均无改易”（第12页）。

讷所述，可以称为“中华民族宗族论”。吴启讷指出：“从孙中山版的‘三民主义·民族主义’/中华民族国族主义，到蒋介石的中华民族宗族论，都是汉民族主义与‘五族共和’间的妥协性产物。以地方自治涵括民族自治，也是从近代西方民主政治的角度，压制可能对汉族人统治和国土完整构成挑战之非汉族人民族主义政治主张的妥协性措施。中华民族宗族论和中华民国地方自治背后的意图，都是试图仿照美利坚民族，塑造以汉文化体系为核心的，具高度同构型的中华民族；都是寻求透过掩饰境内族群间的差异，达到消弭族群间的差异之政治目标。”[①] 这是很中肯的论断。

六 结论

本文描述了抗战时期中国朝野有关中华民族之讨论。笔者指出 20 世纪 30—40 年代有关此议题之讨论，是因应日本侵略中国而引发。因此，笔者先追溯日本学界对此议题的讨论，以及部分日方观念如何透过翻译而引介到中文世界，并激发了国人之民族情绪与民族自信心。其次，厘清中国知识分子的讨论，其中傅斯年与顾颉刚是代表性的人物，他们所提出东北自古以来是中国的一部分，以及“中华民族是一个”的观点最具影响力；芮逸夫有关“中华国族”与“少数民族”的看法与他们的观点也相互配合。然而傅与顾亦引发了吴文藻、费孝通与中共党员、维吾尔族历史学家翦伯赞的反驳，至 1943 年蒋介石发表《中国之命运》，其中的民族议题又再度引发争议。蒋的观念一方面与顾颉刚的“滚雪球”理论相类似，另一方面亦受到陶希圣的影响。然而，他将“同化论”与“同源论”结合成的“中华民族宗族论”无疑是他本身之见解。此书引起中国共产党与汪派的批评，前者根据毛泽东的“新民主主义”论立论，试图以阶级与民主来取代民族；后者则呼应日本的“东亚民族主义”。总之，抗战时期有关中华民族之讨论，其主旨在寻求国人之“团结”，而结果却是引发出“不团结”。换言之，此一讨论的背后，仍是蒋汪内部与国

① 吴启讷：《中华民族宗族论与中华民国的边疆自治实践》，黄自进、潘光哲主编：《蒋介石与现代中国的形塑：领袖的淬炼》，第 211 页。

共之分歧及权力的斗争。然而不容忽略的是，“中华民族”观念所造成之凝聚性，仍在某种程度上有效地团结人心以共赴国难。诚如日本学者所述，中日之间的战争是日本民族主义或“东亚民族主义”与中国民族主义的对冲，或说是“大和魂”与“中国魂”的冲突。而中国取得最后胜利的原因之一是“民族主义再发现”。然而“再发现”过程中所出现的不同观点，成为引发日后各种政治、族群争议的重要原因。

六届四中全会与罗章龙另立中央*

张 永

六届四中全会在中共党史上影响很大，留苏学生群体在这次会议上进入中央领导层，在中国革命从城市向农村战略转移的关键阶段，开启了长达四年的所谓“王明路线”时期。杨奎松对这段历史做了深入的研究①，披露了不少罕见史料，基本清晰地勾画出了历史图景，但是他研究的重点在王明这一派，对作为对立面的罗章龙派叙述比较简略。徐保琪披露了部分罕见的四中全会记录稿②；曹仲彬考证了关于六届四中全会的基本史实③；李海文考证了对反对派打击较大的东方旅社事件④；戴茂林、曹仲彬的《王明传》对于六届四中全会前后的党内斗争进行了梳理⑤，不过涉及罗章龙派的内容也比较简略。戴茂林的《六届四中全会前后有关

---

* 本文原载《近代史研究》2017 年第 1 期。

① 杨奎松：《王明上台记》，《民国人物过眼录》，广东人民出版社 2009 年版；《“中间地带”的革命——国际大背景下看中共成功之道》，山西人民出版社 2010 年版。

② 徐保琪：《对有关党的六届四中全会几个史实的补正》，《党史研究资料》1984 年第 11 期。

③ 曹仲彬：《六届四中全会召开的日期、地点、出席人数问题》，《党史资料丛刊》1981 年第 3 期。

④ 李海文：《东方旅社事件与李求实等人的被捕牺牲》，《中共党史拐点中的人物与事件》，中国青年出版社 2014 年版。

⑤ 戴茂林、曹仲彬：《王明传》，中共党史出版社 2008 年版。

王明研究的几则史实辨析》中，涉及米夫在六届四中全会前后的一些史实[①]；郭德宏编的《王明年谱》汇集了大量关于六届四中全会的史料，给研究者带来很大方便[②]；卢庆洪简要梳理了罗章龙另立中央的过程，但写得比较简单。[③]

总的来说，史学界关于六届四中全会前后党内斗争的研究，偏重于胜利者王明这一派，而对于试图通过抗争取得中央领导权但最终失败的罗章龙、何孟雄派，研究不够深入。以罗章龙、何孟雄为代表的反对派从形成到走向分裂，既有政治上的原因，也有组织上的原因。反对派的形成，大致是因为政治上反对立三路线；它最后走向分裂，则主要是在组织上不满共产国际代表改组中央的计划以及对党内民主的压制。本文力图梳理反对派从形成到失败的基本史实，并尝试分析当时中国共产党在组织上面对的尖锐矛盾。李立三强调集中却犯下重大失误，罗章龙呼吁民主却走向组织分裂，中国共产党不得不面临艰难的选择。

一　反对派初步形成，中共中央持续压制

1930 年 5 月到 8 月是立三路线最狂热的时期，以 6 月 11 日题为《新的革命高潮与一省或几省首先胜利》的政治局决议为标志，中共中央要求各地都采取进攻路线，白区党组织在这种盲动之中损失惨重。在这个阶段，反对派还没有形成，只有个别人公开提出不同意见。何孟雄一直是具有独立思想并且敢于公开表达的干部，他本来是江苏省委的主要领导人之一，但是在 1929 年反对中央兼江苏省委的纷争中，被降职到上海担任沪东区委书记，后来又调任沪中区委书记。

在立三路线统治时期，上海通常每周召开一次区委书记联席会议，有时中央领导也参加。据时任闸北区委书记的黄理文回忆，在一次区委书记会议上，李立三公开宣称“工人要大干，不要小干，只要有人领导，

① 戴茂林：《六届四中全会前后有关王明研究的几则史实辨析》，《中共党史研究》2011 年第 11 期。

② 郭德宏编：《王明年谱》，社会科学文献出版社 2014 年版。

③ 卢庆洪：《罗章龙策划“第二中央”始末》，《文史精华》2008 年第 8 期。

一呼百应，罢工就能罢起来”。何孟雄当场起来反驳，认为“实际情况不是这样的”。在另一次区委书记联席会议上，江苏省委常委、上海工联党团书记王克全也说过类似的话。①

但像何孟雄、王克全这样公开质疑的人不多，还算不上一个派别，后来属于反对派的很多人当时并不反对立三路线，甚至是立三路线的支持者，比如罗章龙就没有公开反对。在7月9日中央工作人员会议上，起来反对6月11日决议的是王明、博古、王稼祥、何子述等几个留苏学生。据王明说：“罗章龙那天虽然也出席了，可是没有说一句反对这个决议案的话，而且声明同意这个决议。”② 据向忠发的报告，后来反对派的不少重要骨干都曾支持立三路线，比如“蔡伯真同志当时因为努力反对何孟雄同志而取得沪中区委书记，等到国际来信后，蔡伯真同志却又投入右派的营垒”；“戴晓云一向是立三路线执行者，等到立三路线揭发之后，他也由‘左’而跑到右”；“李求实、张昆弟、林育南等同志都是立三主义统治时期被称许为很进步的同志，但以后都成为右派中的健将”。③

1931年8月下旬，周恩来、瞿秋白从苏联回到上海后，传达了共产国际七月决议，批评了李立三的错误。七月决议体现了共产国际指导中国革命的重大战略转变，说明斯大林已经认识到中国革命的特殊性，开始把革命重心从城市转向红军和苏区。在周恩来回国之前，斯大林当面叮嘱要把红军问题放在中国革命的第一位。④ 共产国际决议提出，中国革命特殊性在于“斗争的群众不能一开始就占有工业中心”，“暂时我们还没有全中国的客观革命形势”；“建立完全有战斗力的政治上坚定的红军，在现时中国的特殊条件之下，是第一等的任务”；“苏维埃的运动，已经对于党提出组织苏维埃中央政府”，“这一任务是有第一等重要意义的”。⑤

---

① 黄理文：《1930年江苏省委和闸北区委的一些情况》，《党史资料丛刊》1981年第3辑。

② 王明：《为中共更加布尔什维克化而斗争》（1931—1932），《建党以来重要文献选编》第8册，中央文献出版社2011年版，第210页。

③ 向忠发：《中共中央总书记向忠发给共产国际的报告》（1931年2月22日），《建党以来重要文献选编》第8册，第76页。

④ 《周恩来年谱》（1898—1949），中共中央文献出版社、人民出版社1989年版，第183页。

⑤ 《共产国际执委会政治秘书处关于中国问题的议决案》（1930年7月23日），《中共中央文件选集》第6册，中共中央党校出版社1989年版，第584、585页。

在周恩来、瞿秋白准备召开六届三中全会的时期，反对派初步形成，在何孟雄周围逐渐聚集了一些人。在9月1日上海区委、产委联席会议上，何孟雄再次与李立三发生激烈冲突，并提出了“立三路线”的说法，他认为：“发生了许多工作上的弱点，是立三指导路线得来的结果。”[①] 但是李立三不但没有接受意见，反而粗暴禁止何孟雄继续发言，并骂何是“取消派的暗探”，并且会后把何孟雄撤职。产委书记、印刷工人领袖沈先定在会上声援何孟雄，要求公布共产国际指示，也遭到压制。[②] 但何孟雄等人并不屈服，他们已经知道共产国际对李立三的批评。何孟雄于9月8日给中共中央写了《政治意见书》，并表示意见书“并不是他个人的意见写的，而是开小组织会议讨论后写的”。徐锡根参加了这个小组织会议，他是政治局委员，较早听到了周恩来、瞿秋白传达共产国际决议和对立三的批评，并且把消息扩散了。[③] 何孟雄在意见书中明确说：“我在工作检阅中有许多地方又遇到中央路线行不通，最近听说国际对于中央路线也有根本指示（决议案和电报），因此，要求中央宣布交全党讨论。”[④]

李立三坚持认为自己大体正确，只是策略失误，并说服周恩来、瞿秋白为维护中央的权威，不能承认路线错误。在9月12日上海活动分子会议上，周恩来批评何孟雄如果“把国际路线和中央路线分开”，“可以动摇同志”。[⑤] 在9月24日至28日召开的六届三中全会上，“右倾分子”作为拥有“右倾路线”的派别受到重点批评。全会决议案认为中央政治局的路线是“正确的，是和共产国际的路线是一致的”，只有一些策略失误，比如“忽略苏维埃根据地的重要，忽略工业区域日常斗争和政治问

---

① 何孟雄：《在上海区委、产委联席会议上的发言》（1930年9月1日），《何孟雄文集》，人民出版社1986年版，第174页。

② 《江南省委关于部分改组省委给中央政治局的报告》（1930年12月23日），《江苏革命历史文件汇集》（甲9），中央档案馆、江苏省档案馆1984年版，第544页。

③ 王明：《为中共更加布尔什维克化而斗争》（1931—1932），《建党以来重要文献选编》第8册，第213页。

④ 何孟雄：《政治意见书》（1930年9月8日），《何孟雄文集》，第186页。

⑤ 何孟雄：《在上海活动分子会上的发言》（1930年9月12日），《何孟雄文集》，第186页。

题的联系”。[①] 决议却用相当篇幅批评右倾分子“利用中央政治局策略上组织上的个别错误，不但造谣诬蔑挑拨离间，进行小团体的活动，而且宣传中央的路线和国际是不一致的”，“这些分子的领袖，又正好就是从二中全会以前、江苏问题的争论、反对陈独秀斗争的最初阶段以来，一贯的是反对中央的”[②]，这显然指何孟雄。

在瞿秋白的发言中，罗章龙与何孟雄都受到点名批评，这说明罗章龙也已成为反对派的代表人物。瞿秋白明确批评罗章龙右倾：“并不是以前过于注意总同盟罢工、武装暴动，而现在是要将他放的很遥远的前途去。如果以为现在占第一位的是‘小范围的斗争’，那就是客观上是犯了右倾。章龙同志认为政治罢工和总同盟罢工现在不应当占‘第一位’，就是犯了这种错误。”[③] 瞿秋白对何孟雄的批评更是升级到反党高度：“中共中央最近有一点错误，绝不是总的政治路线不正确，而右派机会主义的分子却利用来反党。我以为孟雄的立场显然是这样的。”[④]

在六届三中全会上，中共中央不仅在政治上压制了反对派，在组织上也是如此。这是一次扩大会议，出席的中央委员只有 14 人，中央审查委员 2 人，列席代表则多达 20 人，结果竟补选出 15 名新的中央委员，支持李立三的江南省委书记李维汉和北方局书记贺昌都当选中央委员，李维汉还直接进入政治局。李立三虽然被要求去莫斯科接受批评，但仍保留了政治局委员的位置。这很难让反对派服气，何孟雄说：“不是我的意见，如何承认，替人承认错，万事罪己，这种认错的态度不是布尔什维克党员认错的态度。”[⑤] 这明显是拒绝承认六届三中全会的结论。

在 1930 年 8 月以前，共产国际并没有把李立三等的错误上升为路线斗争，在 7 月 29 日关于中国共产党与远东局分歧的决议中，第一条就说

---

① 《关于政治状况和党的总任务议决案》(1930 年 9 月)，《建党以来重要文献选编》第 7 册，中央文献出版社 2011 年版，第 465 页。

② 同上书，第 478—479 页。

③ 瞿秋白：《中共扩大的六届三中全会政治讨论的结论》(1930 年 9 月)，《建党以来重要文献选编》第 7 册，第 528 页。

④ 同上书，第 520 页。

⑤ 何孟雄：《政治意见书》(1930 年 10 月 5 日)，《何孟雄文集》，第 190 页。

“中共中央总的说来执行了正确的方针”。[①] 但是，共产国际在周恩来、瞿秋白离开后，陆续收到后续报告，特别是8月1日和3日李立三等激烈对抗共产国际代表的会议记录，认为中共中央拒绝服从共产国际的领导，威胁到了共产国际的布尔什维克组织体系。共产国际致信中共中央，把批评上升到路线斗争的高度，认为“在中国革命最重要的时机，有了两条原则上不同的政治路线互相对立”；“立三同志的发言之中，有最危险的精神”，“就是说共产国际不知道当地情形，说中国的例外情形，说共产国际不了解中国革命的发展趋势的理论。他竟敢于把对于共产国际的忠实和对于中国革命的忠实互相对立起来，他在八月三日政治局会议上说，忠实于共产国际，遵守共产国际的纪律是一件事，忠实于中国革命又是一件事”，这是“敌视共产国际的言论”。[②]

中共中央接到10月指示信之前，青年团的王盛荣、陈昌浩、陈绩之、凯丰、宋磐铭等留苏学生刚好准备回国，青年国际负责人要求他们自下而上反对中共中央的错误路线。[③] 这些留苏学生大约11月初回到国内，传播了共产国际的新指示，何孟雄、罗章龙、王明等闻讯士气大涨。一时间党内暗潮汹涌，他们公开表达不满，积极进行小组织活动。温裕成提道：“一些同志从青年共产国际学校回到祖国后，他们说，萨法罗夫同志召集他们进行谈话，他讲道：‘在中国党内有盲动主义错误，以及立三左倾机会主义路线。这条路线是很严重的，你们回到祖国后应该同它进行斗争。’现在基层有许多奇怪的情绪，无疑是因这些人散布了上述谈话。此外，他们还说，已经看过孟雄的声明并认为他的声明是正确的，而中央的声明是错误的。”[④]

中共中央在11月16日接到共产国际来信后，表示接受批评，但同时

---

① 《关于远东局与中共政治局之间在1930年2月17日至8月期间接连发生的分歧》（1930年7月29日于莫斯科），中共党史研究室第一研究部编：《联共（布）、共产国际与中国苏维埃运动（1927—1931）》（9），中共党史出版社2007年版，第235页。

② 《共产国际执委关于立三路线问题给中共中央的信》（1930年10月），中共中央党史研究室第一研究部编：《共产国际、联共（布）与中国革命文献资料选辑》（12），中央文献出版社2002年版，第351—352、360页。

③ 杨奎松：《王明上台记》，《民国人物过眼录》，第352页。

④ 《中共中央政治局会议记录》（1930年11月18日），《联共（布）、共产国际与中国苏维埃运动（1927—1931）》（9），第461页。

继续压制反对派。11 月 25 日《中央政治局关于最近国际来信的决议》只承认三中全会“对于立三同志路线显然不充分的揭发，包含着对于‘左倾’错误的调和态度”。同时，决议仍坚持“集中全力反对党内机会主义的消极态度和实际工作上的机会主义”，拒绝在党内公开辩论立三路线的要求，并强调“反对露骨的机会主义的曲解的企图”，这显然是针对反对派的。中央并不想召开新的会议，只想把决议“用通信方法询问所有的中央委员是否同意，并且把这一决议报告国际执委”。①

中央也不得不认可何孟雄的部分观点，但认为他的活动在组织上起着破坏作用。11 月 18 日政治局会议上，周恩来说：“应该召集那些已经知道共产国际来信的同志们（例如，从莫斯科回来的同志）开一个会，并号召他们站在巩固党和帮助中央领导的立场上开展自己的工作。不允许他们不经组织同意采取分裂党的方式”；“关于孟雄的问题，需要紧急作出答复，而且这个答复应该是总的答复。他所提出的正确思想，我们应该承认是正确的，但是他攻击党的活动是以破坏党为出发点的。党应该彻底调查，他在支部工作中是如何进行活动的，并应该在一些支部中同他的破坏活动进行斗争。”②

12 月 11 日，《中共中央告同志书》在批评立三路线和三中全会调和主义之后，不但拒绝在党内“公开辩论”，反而继续攻击反对派是党的主要危险，号召“党必须坚决的斗争反对这种露骨的机会主义曲解的企图，反对这种最有害的右倾机会主义”，“要实行绝不调和的两条战线的斗争——反对‘左’倾和右倾的机会主义，集中火力对付右倾的主要危险”③，不过这次没有再提以中央委员通信通过新决议，因为紧急会议的计划已经启动了。

共产国际新任远东局书记米夫也于 11 月中旬到达上海，他的使命是否定三中全会，改组中共中央，指导中国共产党实现从城市到农村的战

---

① 《中央政治局关于最近国际来信的决议》（1930 年 11 月 25 日），《共产国际、联共（布）与中国革命文献资料选辑》(12)，第 362 页。

② 《中共中央政治局会议记录》（1930 年 11 月 18 日），《联共（布）、共产国际与中国苏维埃运动（1927—1931）》(9)，第 458、459 页。

③ 《中共中央告全党同志书》（1930 年 12 月 11 日），《建党以来重要文献选编》第 7 册，第 744 页。

略转移。担负如此重要职务和重大责任的米夫此时只有29岁，比王明大3岁，比周恩来小3岁。在上海指导中国共产党的这段时间，米夫确实表现出年轻气盛、不够成熟老练的特点。12月2日米夫从上海给共产国际写信，详细报告了李立三路线的危害、三中全会不成功的原因，赞扬了他的得意门生王明等的正确立场，并在结尾要求从莫斯科派张国焘、蔡和森前来助阵。米夫认为三中全会没有成功，主要是周恩来和瞿秋白回来之后，"遇到了组织严密的李立三集团，他们开始有些动摇，因而采取了调和主义态度"。①

在远东局的指示之下，中共中央于12月9日做出《中央政治局关于召集中央紧急会议的决议》，提出通过召开中央紧急会议来纠正三中全会的错误："政治局认为必须通过新的政治决议案，以纠正三中全会的严重错误，而彻底明确的完全遵照国际路线来规定党的任务和策略。"② 远东局在12月10日给中共中央的信中，说明了"紧急党代表会议"的详细计划，这个设想和后来召开的四中全会明显不同。计划主要是纠正三中全会的错误，批判立三路线，只提出李立三退出政治局，连瞿秋白都没有触及，提拔新干部的重点也仍是工人出身，还特别把帮助苏区反"围剿"当作最主要任务。紧急会议的设想是这样的："远东局得出结论：紧急召开为期一天的党代表会议（应遵守一切必要的保密规划）是适宜的，参加人员为在上海的中央委员、各省委代表和共青团中央局成员。远东局认为，这次代表会议应该通过一个包含下列内容的简短决议"："根据共产国际执委会来信的精神对李立三同志的路线作出评价"；"提出把新干部，首先是工人积极分子提拔到领导岗位上的任务"；"提出党动员各个方面力量来反击对苏区的总围剿问题，将此作为最主要的任务"；"指出中共领导对共产国际执委会代表机构所采取的不老实态度"；"远东局认为，让李立三同志退出政治局是适宜的"。③

---

① 《米夫给共产国际执行委员会的信》(1930年12月2日于上海)，《联共（布）、共产国际与中国苏维埃运动（1927—1931）》(9)，第502、503页。

② 《中央政治局关于召集中央紧急会议的决议》(1930年12月9日)，《共产国际、联共（布）与中国革命文献资料选辑》(12)，第449—450页。

③ 《共产国际执行委员会远东局给中共中央政治局的信》(1930年12月10日于上海)，《联共（布）、共产国际与中国苏维埃运动（1927—1931）》(9)，第525、529页。

二　党内民主爆发，反对派争领导权

远东局批评了中共中央的“不老实态度”，党内的抗议压力也越来越大，中共中央对反对派的态度在 12 月中旬发生了戏剧性的变化，先是于 16 日通过了向何孟雄认错的决议，然后在 23 日的九十六号通告中号召自下批评、党内民主化。这大大鼓舞了反对派。反对派更加积极活动，准备自下而上改组中共中央，取得领导权。这就涉及一个大问题——党内民主。

1928 年中共六大强调党内民主和集体领导，但是在实行过程中却出现很多弊端。中国共产党在白区两个最重要的地方组织即江苏省委和顺直省委都发生混乱，红军主力红四军也发生了“朱毛之争”，毛泽东甚至一度被赶出红军。为纠正这些弊端，中共中央在整个 1929 年一直反对“极端民主化”，逐渐建立起比较集中的权力结构。但是在权力集中以后，也发生了严重弊端，李立三利用中央权力推行盲动路线，对下级不同意见采取处分、撤职等高压政策，这种独断专行的结果是造成惨重损失，也遭到了共产国际的批评。于是，党内民主的呼声又高涨起来，无论是罗章龙、何孟雄反对派，还是王明派，都要求扩大党内民主。甚至可以说，罗章龙、何孟雄等自下而上改组领导机构的尝试，就是这次党内民主爆发的直接产物。

全国苏维埃代表大会中央准备委员会党团书记林育南得知紧急会议计划后，给中央写信呼吁党内民主：“党的组织有历史遗留的许多病象，再加以政治上立三路线的流毒，使党的组织在组织上军事化，‘家长式的领导’‘命令主义’‘委派制度’‘惩办制度’等等都继续扩大起来，这完全是违反布尔什维克、列宁主义的组织原则，这使党员达到消极、达到盲从，使党脱离群众，减弱党战斗力量”；“在紧急会议上应明白指出过去党组织制度的根本错误，从此应坚决彻底的改正，肃清一切家长式领导的命令、委派、惩办等制度，保证党内必要限度的‘民主化’，发展党内布尔什维克的‘自我批评’和‘政治讨论’，尽量在秘密工作条件许可之下实行党的选举。总之必须以正确的‘民主集中制’代替‘家长制度’，以说服和教育同志的态度去执行‘铁的纪律’以代替‘惩办制度’。”“紧急会议上必须准备——在不久的将来，召集第七次全国代表大会。”[①] 王明也要求“在组织上实行布尔什维克的民主集中制的原则，坚决反对家长制度、命令主义、委派制度、惩办制度等等”[②]。

12月16日，政治局通过了向反对派认错的《关于何孟雄同志问题的决议》，承认“何孟雄同志政治意见书一般的是正确的，是合乎国际路线所要求的观点，来反对当时中央立三路线的观点的”；“中央代表发言上给孟雄同志以取消派暗探作用和一贯的右倾机会主义路线的批评和攻击，是很大的错误”；“江苏省委总行委停止孟雄同志的工作，后来省委扩大会没有要孟雄同志出席并开除其候补省委委员，这是严重的错误，并且这些攻击与处分，完全是抑制自我批评的家长制度与惩办的具体体现——这本是立三路线的组织原则”。[③] 同日，中央也做出了《关于取消陈韶玉、秦邦宪、王稼蔷、何子述四同志的处分问题的决议》。

12月23日，中共中央又发布了《中央通告九十六号》。通告承认，接到国际来信后，中央政治局在11月25日、12月9日“两决议案中，在中央告同志书中，还是保持着调和主义的态度”，“中央政治局现在公开承认这些错误，并暴露这些错误于全党”；通告承认中央压制党内民主的错误，称“家长制度的统治抑制了党的自我批评，打击了为国际路线而斗争的同志”，“使布尔什维克党的生活变成了毫无生气的官僚机关，使党的领导走上一错再错的覆辙——这是目前党内最严重的危机！”通告号召“自下的自我批评，而反对抑制与恐惧自我批评，必须坚决实行党内民主化”，提出“采取非常紧急的办法，在适合秘密条件下，产生新的政治决议来代替三中全会的一切决议”。[④]

中共中央突然向反对派认错，显然是受到了远东局的压力，而米夫似乎只想到对付立三路线和调和主义，没有预料到中央彻底丧失威信可

---

① 林育南：《给中共中央的信》（1930年），《罗章龙回忆录》（下），（美国）溪流出版社2005年版，第450—451页。《罗章龙回忆录》中不准确的地方很多，使用必须非常小心，尽可能用其他资料核对，回忆录附录里保存了不少有价值的文献。

② 王明：《为中共更加布尔什维克化而斗争》（1931—1932），《建党以来重要文献选编》第8册，第177页。

③ 《关于何孟雄同志问题的决议》（1930年12月16日），《何孟雄文集》，第215—216页。

④ 《中共中央紧急通告（中央通告九十六号）》（1930年12月23日），《建党以来重要文献选编》第7册，第747、748页。

能引发的严重后果。仅仅一个月以后，王明领导江苏省委通过的《对于中央第四次扩大会议总结及目前党的任务的决议》中就反过来批评极端民主化了，指责罗章龙派“要求极端民主化，以便利于他们反党活动，实行他们分裂党的阴谋”。[①] 可见九十六号通告引发的后果让米夫和中央深感后悔。

中共中央在 12 月中下旬的连续认错中威信扫地，长时间受到压抑的反对派爆发了。他们不满足于自下而上的批评，在群情激奋的情势之下，反对派开始自下而上改组领导机构，夺取领导权。中共江南省委是立三路线时期由江苏省委升级而来的，是中国共产党在白区最重要的地方组织，其领导范围包括江苏、浙江、安徽和中央所在地上海。原书记李维汉因为追随立三路线已经丧失威信，12 月 23 日江南省委常委会议不经中央许可，自行改选领导机构，新常委会给中央政治局的报告很强硬：“今日省委常委全体会议决议部分改组省委指导机关，克全代理书记，并通过常委名单七人”，即何孟雄、王克全、夏曦、蒋云、许畏三、沈先定、陈资平，“望政治局立刻批准”。[②]

新当选的代理书记王克全，是当时很受推重的工人干部。1930 年 8 月武汉长江局项英等人感觉人手不足，写信给中央要人时就说：“请求中央在上海派一最好干部（如王克全之类）来此，参加主席团，负工会总责。”[③] 不过，江南省委和中央同在上海，中共中央迅速做出反应，力图重新控制局势。中央拒绝承认江南省委的改选，于 25 日任命王明为代理江南省委书记。王明此时还不是中央委员，但事实上已经进入中共领导层。

但是中央已陷入墙倒众人推的尴尬境地，各主要领导 12 月 28 日分别参加上海五个区的积极分子会议，在会上都遭到围攻，甚至被要求“开除党籍”，只有徐锡根早与反对派有联系，境遇较好。据何孟雄说：“昨

① 《罗章龙右倾分裂主义批判资料》，编辑者不详，1972 年 5 月铅印本，北京大学国际关系学院图书馆藏，第 18 页。

② 《江南省委关于部分改组省委给中央政治局的报告》（1930 年 12 月 23 日），《江苏革命历史文件汇集》（甲 9），中央档案馆、江苏档案馆 1984 年版，第 543 页。

③ 《中共长江局关于目前武汉形势与工作状况向中央的报告》（1930 年 8 月 20 日），《中共中央长江局文件汇集》，中央档案馆 1985 年版，第 251 页。

大召开了五个区的积极分子会议”，在沪中区周恩来代表政治局讲了话。会议决定，撤销周恩来的政治局委员和中央委员职务，还提出了把他开除出党的要求，主要理由是：周恩来在共产国际时，“赞成一切决议，而回到中国后背叛了共产国际”。瞿秋白出席了闸北区的会议，“会议也决定撤销他的政治局委员和中央委员职务，并把他开除出党。理由是：他在莫斯科呆了两年，而回到中国后背叛了共产国际。向忠发同志出席了沪东区会议。会议决定撤销他的总书记职务”。关向应出席了法租界的会议，同样也决定撤销他的政治局委员和中央委员职务。“徐锡根同志出席了沪西区会议并发表了反对政治局的讲话。全体与会人员都赞成他的意见，并且欢迎他站出来反对政治局中的李立三分子。电话局支部作出决定，要求撤销所有容忍三中全会犯错误的人的政治局委员职务。”①

反对派不满足于中央的退让，继续穷追猛打。以罗章龙为书记的全国总工会党团于1931年1月1日开会通过《关于对中央九十六号紧急通告的异议及意见》，认为“中央的威信是丧失得干干净净，中央的领导在政治上早已完全破产”，要求“立即停止中央行使权威”，“根本改造政治局”，废除三中全会决议及补选的中央委员，对“严重错误主要责任的中央领导人”，“给予组织上最严厉的制裁”。决议要求由国际代表领导组织临时中央机关，速即召集紧急会议，“要求坚决的实行引进工人同志及群众组织能干的干部到领导机关参加工作，肃清自中央到各级党部的工人同志为招牌，小儿和书生为实质的最虚伪的恶劣方式”。② 很明显，全总决议对原中央领导和王明派留苏学生都进行了公开的、正式的、不留余地的抨击，实际是要求自己一派掌握中央领导权。

当九十六号通告传到天津，也立刻引发了华北党组织的混乱。当时华北党组织的领导机构设在天津，立三路线高潮时期设立了以贺昌为书记的北方局。立三路线遭到批判后，中共中央于12月9日决定“北方局的组织取消”，成立河北省委，负责范围包括北京、天津、河北、河南北

---

① 《共产国际执行委员会远东局成员与何孟雄和温裕成的谈话记录》（1930年12月29日于上海），《联共（布）、共产国际与中国苏维埃运动（1927—1931）》（9），第565、566页。

② 《反对罗章龙右倾分裂主义资料汇编》，“文化大革命”时期铅印本，北京大学国际关系学院图书馆收藏，第4—5页。

部、陕西、甘肃[①]，与江南省委并称中国共产党在白区最重要的地方组织。

据天津市委书记童长荣给中央的报告，接到中央九十六号通告以后，在1931年1月3日市委扩大会上，本来已决定调往上海的曹策突然发起挑战，“开会时曹策和另外一个常委临时提议今天的会议要改为紧急会议，一致通过，赵茨平主席，曹策报告人”，童长荣作为立三路线执行者受到批判，也“没有抵抗”。天津紧急会议认为，立三路线的第一个来源是六大产生的中央，“第二个来源是党的家长制度”；会议宣布“党的领导，中央、省委和天津市委的领导破产”，“停止中央和省委的职权，号召各地党部一致斗争”，速来天津“召集紧急会议”。会议宣布童长荣被撤职，选出了新的天津临时市委，曹策、赵茨平、赵普为常委。[②]

1月5日，曹策、阮啸仙、张昆弟等宣布成立紧急会议筹备处，曹策（天津）、蒋晓海（互济会）、李友才（唐山）、徐树文（共青团）为常委，张昆弟为筹备委员，李友才为秘书长，蒋晓海为宣传部部长，曹策为组织部部长。[③] 1月7日，河北省委机关开直属支部组长联席会，筹备处派人参加，“曹策出席作了4小时以上痛哭流涕的报告，煽动省委工作人员自由选择工作，对省委罢工怠工，为筹备处工作。啸仙同志代表省委出席，在会议上正式决议直支加入筹备处，派吴华梓作代表参加筹备处工作，承认筹备处总的精神正确，组织上是群众反立三路线的布尔塞维克创作，指出省委阻碍反立三路线斗争，政治上组织上都完全破产”，“省委机关整个动摇，秘书长起直至大部分工作人员都加入筹备处”。[④]

阮啸仙是代理河北省委书记，张昆弟是省委委员，吴华梓（吴化之）是省委秘书长，由于九十六号通告的影响，河北省委多数干部没有反对紧急会议筹备处，反而帮助它夺取了华北党组织的领导权。紧急会议筹

---

① 《中共中央关于取消北方局组织的决定》（1930年12月9日），《中共中央北方局·土地革命时期》上册，中共党史出版社2000年版，第407页。

② 《童长荣关于河北反立三主义路线的斗争与右倾机会主义反党的报告》（1931年2月3日），《河北革命历史文件汇集》（甲7），中央档案馆、河北省档案馆1992年版，第24—26页。

③ 《河北临时省委关于筹备处反省委反中央问题的报告》（1931年3月12日），《河北革命历史文件汇集》（甲7），第118—119页。

④ 《最近一个月的河北情形》（1931年3月14日），《河北革命历史文件汇集》（甲7），第127页。

备处在天津成立之后，派人到北京、唐山、山西、陕西等地活动。曹策后来回忆说，他们派人到各地是准备召集大会。[①] 虽然大会计划没有成功，但在各处都引发了党组织的混乱和动摇，中国共产党在华北的组织体系基本瘫痪。

在中央权威崩溃的情况下，各级组织已经开始自发准备紧急会议，改组中共中央和各级领导机构。但是，共产国际执委会却最终确定召开六届四中全会。莫斯科的决定很可能是在12月23日以后的几天内到达上海的，因为23日的九十六号通告还是透露出召开紧急会议的意思。

共产国际给远东局的电报草稿标明不早于12月18日，从草稿到正式稿再到发出，大概几天后才能到上海。共产国际指示四中全会的主要任务是："（1）无条件地执行共产国际执委会在电报和信函中提出的路线"；"（2）修改和批判三中全会的决议"；"（3）团结全党去执行共产国际执委会的路线"，把瞿秋白"赶出政治局，用新的力量补充中央委员会，达到新老干部的团结并坚决消除他们之间发生冲突的可能性"。从电稿可以看出，四中全会最具实质性的任务是改组中共中央，共产国际执委会明确要求："用新的力量补充中央委员会，达到新老干部的团结"，而并未强调新干部的工人成分。执委会预料到准备四中全会有一定难度，需要更多时间，特别提到如果"需要推迟一段时间的话，我们将不反对"。[②]

此时共产国际是维持中共党内秩序的唯一权威，但米夫和远东局面对的局势有点棘手。中共中央已经在连续认错之后威信扫地，而四中全会的主体显然是原中央委员，其中还包括已被宣布为错误的三中全会增选的15个中央委员，由这些人开会来决定中国共产党的新领导机构和新政策，显然很难说服群情激奋的反对派。不仅如此，米夫早就想把王明等得意门生提拔到中共领导岗位，而且在反立三路线之后，这个想法已经得到共产国际高层的认可，但毕竟王明等留苏学生经验和资历都很不够，很难得到罗章龙、何孟雄等反对派资深干部的支持。

---

① 曹策：《河北紧急会议筹备处与北平天津党组织》，《北京革命史回忆录》第2辑，北京出版社1991年版，第35页。

② 《共产国际执行委员会政治书记处政治委员会给共产国际执行委员会远东局的电报草稿》（不早于1930年12月18日），《联共（布）、共产国际与中国苏维埃运动（1927—1931）》（9），第543—544页。

所谓罗章龙、何孟雄反对派并不是一个严密的组织，只是在反立三路线和三中全会调和主义的大旗下聚集起来，力图通过党内民主自下而上改组中共中央和各级组织的干部群体，他们的政治思想并不一致，甚至其中很多人并没有成熟的政治思想，他们的要求主要是在组织上争取领导权。具体地讲，反对派基地包括以两任党团书记罗章龙、徐锡根领导的全国总工会，以何孟雄、王克全为核心的江苏省委及上海地方组织，以党团书记林育南、秘书长李求实为核心的苏维埃代表大会中央准备委员会，还包括铁总、海总、互济会、华北地方组织等。反对派多数都是有长期斗争经验和历史功绩的干部，很多是中国工人运动的骨干，其中不少是六大选出的中央委员，他们看不起王明等毫无经验的留苏学生，自以为有资格取代屡犯错误的中共中央。

米夫在后来给共产国际的信中，谈到了当时王明派和罗章龙派斗争的混乱情况，“旧的领导被排挤到了一边，整个党内斗争实际上是由其他两派人在进行”。一派是号称“青年共产国际派”的王明、王稼祥、沈泽民、夏曦、陈原道等，“公认这一派在共产国际来信前早就对李立三路线进行了原则性的斗争”；另一派包括全总的几名工人领袖，“以何孟雄和罗章龙为首，在四中全会前夕活跃起来。起初，这两派以‘不成文的协议’（或未商定的联盟）方式共同反对立三主义和立三派分子。但很快——越往后越明显——暴露出了这两派之间的分歧。在反立三主义斗争最激烈的时候，实际上党内展开了这两派之间的斗争，这实质上构成了四中全会前夕（12月）和全会期间整个党内斗争的内容”。①

为了顺利召开四中全会，共产国际远东局成员不得不亲自出马，直接做何孟雄等人的工作。在12月29日远东局成员与何孟雄、温裕成的谈话中，何孟雄明确反对召开四中全会，坚持召开能容纳更多本派代表的紧急会议：“出席四中全会的将是一些旧中央委员，他们不了解群众在做什么，党内群众在想什么。”何孟雄明确表示，原政治局成员应撤职，王明等缺乏经验，应该由反对派的代表人物进入新的政治局。“在回答需要撤销哪些人的政治局委员和中央委员职务时”，何孟雄同志回答，应该撤

① 米夫：《共产国际执行委员会远东局给共产国际的信》（1931年2月22、23、25、28日于上海），《联共（布）、共产国际与中国苏维埃运动（1927—1931）》（10），第116—117页。

销周恩来、瞿秋白、向忠发、关向应、项英的政治局委员职务，撤销李维汉和贺昌的中央委员职务。何孟雄还说："所谓的青年派"王明等人"只会写点东西，而且常常写一些连他们自己也不明白的东西"。"在回答同志们会建议什么人进入政治局以取代他们建议开除的那些政治局委员时"，何孟雄说："来自实际工作中的工人积极分子。"很显然，何孟雄不能接受毫无经验和功绩的年轻留学生担任中央领导职务。远东局成员谈话后形成了这样的印象，何孟雄"是个精力充沛型的人，政治上受过良好的教育，是位明白事理的人。但是他给我留下一个狡猾的印象，他善于利用工人与政治局作斗争，他自己想当领袖"。①

12 月 30 日埃斯勒同徐锡根进行了谈话。徐锡根是政治局候补委员，虽然是中央领导成员，但在政治局属于边缘人物。他此时倒向了反对派，在谈话中猛烈攻击中共中央，同时攻击王明等留苏学生，想要掌权的意图十分明显："目前在党内，特别是在上海，形成了非常危急的形势。基层党组织反对中央并要求坚决进行改组。我的意见以及工人同志的意见是：应该解决政治局和中央改组的问题。一切错误都是中央犯的。""我们的情绪是一种，认为这个中央是没有希望的。基层党组织不信任这个中央。对回来的大学生也一点儿不信任，在基层党组织中对他们存在着强烈的反感情绪。当然，他们会写，但是他们没有任何实践经验。戈卢别夫（即王明——引者注）曾经在上海工作过，但是他进行过无原则的斗争。"②

徐锡根甚至提出新政治局和中央委员名单，谈话记录显示："问：关于中央委员会和政治局的组成你有什么建议？答：我们在自己内部曾讨论过多次，我这里有一份完整的名单。"中央领导人中应该撤职的有：李立三、项英、关向应、罗登贤、李维汉、温裕成、瞿秋白、周恩来。中央委员会和政治局应该由这些同志组成，政治局：陈郁、张国焘、罗章龙、卢福坦。中央委员会：李庆强、徐炳根、韩连会、沈先定、许畏三、杨

① 《共产国际执行委员会远东局成员与何孟雄和温裕成的谈话记录》（1930 年 12 月 29 日于上海），《联共（布）、共产国际与中国苏维埃运动（1927—1931）》（9），第 567、568 页。

② 《埃斯勒同徐锡根谈话记录》（1930 年 12 月 30 日于上海），《联共（布）、共产国际与中国苏维埃运动（1927—1931）》（9），第 569、570 页。

立安、宁迪卿、汪第万、周逸群、刘林元、刘达潮、曾山、滕代远、王首道、刘希奇、李财舍、林育南、刘子载、何孟雄、萧明、陈云、李震瀛、李富春、徐阿梅、孟坚。“问：这个名单你是怎么拟定的?”“答：我们在中华全国总工会讨论过这个名单，它是讨论的结果。”①

1 月 3 日，埃斯勒又与徐锡根、陈郁和王克全进行了谈话，这三人是远东局准备提拔进入领导核心的工人干部，徐锡根将被提拔成政治局正式委员，陈郁和王克全将被提拔进入政治局。谈话的核心是四中全会的代表组成和新中央的人选，但这三个人的意见明显接近反对派。徐锡根提出罗章龙等应该进入新政治局：“有些同志建议增加两名政治局委员。应该进入政治局的还有罗章龙和卢福坦。”陈郁则提出：“不能同意四中全会的人员组成，我认为，曾经支持过李立三的中央委员应该退出中央委员会。”王克全也认为：“四中全会的大多数应该由与李立三进行过斗争的人员组成。他们应该拥有表决权。我们反对周恩来，他对南京起义负有责任。向忠发所犯的错误太多，他不应该留在总书记职位上。必须改组所有领导机构。”②

从这份中华全国总工会讨论产生的中央领导名单可以看出，罗章龙等确有全面掌握中共中央领导权的意图。他们力主召开紧急会议，反对召开以原中央委员为主体的四中全会，以便容纳更多本派的支持者，在会议中取得多数优势，彻底改组中共中央。中共中央在 12 月中旬让步太大，反对派的胃口已经被吊起来，很难轻易满足了，共产国际成员与反对派主要代表的多次谈话没有取得满意结果。让远东局更为不满的是，他们和李立三一样具有相当的独立性，不像王明等人那样完全服从，这使得反对派很难得到共产国际的信任和重用。

反对派的危险倾向使得米夫等人认为必须严格控制四中全会，与反对派无法合作，只能采取分化瓦解的方法，孤立罗章龙、何孟雄等知识分子领袖，力争把受他们影响的工人干部拉过来。在后来给共产国际的

---

① 《埃斯勒同徐锡根谈话记录》（1930 年 12 月 30 日于上海），《联共（布）、共产国际与中国苏维埃运动（1927—1931）》(9)，第 570、571、572 页。

② 《埃斯勒与徐锡根、陈郁和王克全的谈话记录》（1931 年 1 月 3 日于上海），《联共（布）、共产国际与中国苏维埃运动（1927—1931）》(9)，第 585—586 页。

信中，米夫对反对派做了政治分析：反对派“要求立即撤消所有中央委员的职务并将他们开除，立即停止政治局的活动，紧急召开代表大会，它把从原则高度同立三主义的斗争完全转化为狭隘小集团的、纯粹个人的斗争”。何孟雄在同雷利斯基同志谈话时，“完全否认党内右的危险”，而郭妙根则“重复了陈独秀关于红军是匪帮的胡言，他公开讲中国苏维埃运动没有前途，共产国际七月来信的方针和决定是不正确的”。“我们很清楚”，第二派“只是利用这一斗争和打着这一斗争的旗号追逐小集团的而不是党的利益，它所谓的反对立三主义的斗争不是从共产国际的立场出发的，而主要是从右派立场出发的”。①

米夫的方案是由多数原中央领导、王明等留苏学生、从反对派分化的工人干部，组成一个“三结合”的新中央。他在2月底给共产国际的报告中，说明了改组中央的思路：“为旧领导中的优秀分子保留领导工作机会”；“把坚定地为共产国际路线而斗争的所谓‘青年人’推上负责工作岗位”；“使工人同志离开罗章龙，使他们脱离派别分子的影响，争取使他们同‘青年人’和旧领导中的优秀部分联合在一起。关于后一项任务，即关于分化罗章龙派的必要性再说两句。何孟雄和罗章龙是陈独秀式的旧知识分子干部的典型代表。但他们这一派包括部分工人。其中有徐锡根、陈郁、余飞、王克全，他们都是中央委员”，“被罗章龙拉进了不是追求党的利益的派别。虽然他们不是党内优秀的工人分子，但失去他们毕竟没有任何意义，相反，应使他们脱离罗章龙的影响，同时还应把他们推上重要的领导岗位”。②

三　六届四中全会与罗章龙等的分裂活动

米夫分化反对派、成立“三结合”中央的计划有其合理性，但分化工作需要时间，也需要合适的人来做。实际上，张国焘很快就要回来了，他和反对派领袖罗章龙、何孟雄是北大同学，一起开创了北方工人运动，

---

① 米夫：《共产国际执行委员会远东局给共产国际的信》（1931年2月22、23、25、28日于上海），《联共（布）、共产国际与中国苏维埃运动（1927—1931）》（10），第117—118页。

② 同上书，第118—119页。

在工人干部群体中有很深的历史影响，是与反对派沟通的最佳人选，连周恩来都认为，如果张国焘早点回来，“和他们事先谈谈，可能一切迎刃而解”。[①] 也许是因为米夫对共产国际的权威过于自信，也许是考虑到在白色恐怖下党内混乱状态拖下去太危险，六届四中全会在没有充分准备的情况下仓促召开了。

1931年1月7日，扩大的六届四中全会在共产国际代表的直接领导下召开[②]，会议开了一整天，“到会的人数三十七人：工人成分二十二，农民一，中央委员二十二人，非中央委员十五人”。[③] 不少学者认为米夫通过增加列席代表才操控了四中全会，但实际上15名列席代表中7人属于反对派。下面列出四中全会出席名单和他们在全会前后对远东局的态度，当然这里的“支持”或“反对”是相对的，比如瞿秋白、李维汉、贺昌受到降级处分，他们的“支持”未必心甘情愿，只是遵守纪律，不敢对抗共产国际而已，具体投票时有些人的选择可能受到会场气氛影响。根据会议前后档案材料中对各人表现的记录，结合罗章龙、李维汉、张金保、陈郁等会议参加者的回忆，情况大致如下：

（一）中央委员和候补中央委员（22人，其中6人为三中全会补选）：

支持派（14人）：向忠发、周恩来、关向应、罗登贤、任弼时、顾顺章、温裕成、陈云、周秀珠（女）、徐兰芝、袁炳辉、瞿秋白、李维汉、贺昌

反对派（6人）：罗章龙、史文彬、张金保（女）、王凤飞、王克全、余飞

动摇派（2人）：徐锡根、陈郁

---

① 张国焘：《我的回忆》第2册，东方出版社1991年版，第460页。

② 杨奎松在《王明上台记》中根据俄国档案中署名艾伯特的德文总结发言，认为是远东局新来的德国人艾伯特主持。不过，1930年7月29日共产国际决定的远东局组成6人名单中无艾伯特，四中全会前后和中国共产党接触的远东局代表大多是德国人罗伯特（埃斯勒），1931年2月20日在莫斯科向共产国际执委会汇报四中全会过程的也是他，当时革命者用很多别名，或许艾伯特是罗伯特（埃斯勒）的别名。

③ 《中共中央致共产国际执行委员会电——报告四中全会经过》（1931年2月22日），《共产国际、联共（布）与中国革命文献资料选辑》（12），第523—524页。

（二）列席人员（15人）：

支持派（8人）：王明、沈泽民、王稼祥、陈原道、夏曦、博古、柯庆施、顾作霖

反对派（7人）：何孟雄、韩连会、许畏三、沈先定、肖道德、邱泮林、袁乃祥①

米夫等人布置四中全会是秘密的，这也许是在白色恐怖下出于安全的考虑，也许是故意不让反对派有机会事先准备。罗章龙等到会场后才知道要召开四中全会，他们公开表示异议，罗章龙、韩连会、王凤飞提议改为召开紧急会议，国际代表则坚持按原计划召开四中全会。向忠发主持表决，会议记录显示："赞成国际代表意见的十九票"，"反对国际代表提议的，无"，这大概就是罗章龙等后来说会上有十九人集团的由来。②其实无论是紧急会议，还是扩大的四中全会，都只能由远东局召集，出席名单由远东局确定。会场上出席人员已经很难改变，名称的差别意义有限，投票有一定随意性，反对的"无"，当然不是说无人反对，罗章龙等不想刚开会就与国际代表决裂，他们最关注的还是涉及权力分配的领导机构改组。

在做政治报告和进行政治讨论的过程中，虽然有争论，但总体还算顺利进行。向忠发做了政治报告，表示既要反对立三路线，也要反对右倾机会主义。王明做了很长的理论性的发言。瞿秋白、周恩来、李维汉等做了自我批评的发言，多数代表都发了言，大致都批评立三路线和三中全会。③ 反对派虽然也表达了一些不同意见，罗章龙谈到"目前没有革命高潮"，何孟雄说"不要夸大了右倾危险"。④ 但总的来说，反对派对共产国际的政治路线表示支持，并没有提出根本不同的政治主张，何孟

---

① 王健英编：《中国共产党组织史资料汇编——领导机构沿革和成员名录》，红旗出版社1983年版，第145—146页。

② 徐保琪：《对有关党的六届四中全会几个史实的补正》，《党史研究资料》1984年第11期。

③ 李维汉：《回忆与研究》（上），中共党史资料出版社1986年版，第325—328页。

④ 《中央政治局关于1月17日全总党团会议与江苏省委报告的决议》（1931年1月20日中央政治局通过），《共产国际、联共（布）与中国革命文献资料选辑》（12），第475—476页。

雄还在发言中明确说:"我同意忠发同志报告。"[①]

最激烈的对抗发生在选举过程中。在政治局选举中,远东局提出了16 人名单,"二十一票通过远东局提出的中央政治局名单";在中央委员会选举中,远东局提出了一个名单,史文彬提出了另一个名单,总表决结果是"赞成远东局名单的二十票,反对二票",通过;"赞成史文彬名单七票",被否决。[②] 远东局的政治局和中委名单拒绝了反对派绝大部分要求,他们非常失望,愤而退场,但被人拉住,他们拒绝参加表决。罗章龙回忆中描述了当时激烈混乱的场面:"座中诸同志不耐,以脚擦地板,会场上一片嘘声四起,登时秩序紊乱。"[③] 工人代表袁乃祥对提升王明参加中央领导极为愤怒,"声色俱厉"地说四中全会"是充满欺骗、诡诈、奸谋的丑恶把戏,你们背叛党章,违反全体党员的意志"。[④] 王明对这一场景也印象深刻,说袁乃祥当时"拍案咆哮"。[⑤]

远东局掌握了会场上的多数,在混乱中勉强完成了选举。分化反对派的策略发挥了一定作用,徐锡根、陈郁等反对派的重要人物勉强接受了四中全会的决定,当选为政治局委员。陈郁后来回忆说:"当时我深刻考虑和分析了当时情形,当时我想若我还继续反对中央立场,显然是违背党利益,所以自己决定不反对,主张开会,另方面我仍是希望四中全会可能会解决目前党一些需要的任务,所以自己转变了过去反对立场,并在会议上的言论行动都进行与不同意开四中全会的人(韩、罗等人)作坚决斗争,结果会议开成功","四中全会改造中央时,我是被选政治局委员之一"。[⑥] 德国人埃斯勒在向共产国际汇报时也说:"工人小组领导

① 何孟雄:《在党的六届四中全会上的发言》(1931 年 1 月 7 日),《何孟雄文集》,第 213 页。

② 徐保琪:《对有关党的六届四中全会几个史实的补正》,《党史研究资料》1984 年第 11 期。

③ 《罗章龙回忆录》(下),第 460—461 页。

④ 同上书,第 628 页。

⑤ 陈绍禹:《为中共更加布尔什维克化而奋斗》,《中共中央文件选集》(7),第 714 页。

⑥ 陈郁:《反立三路线中我的错误经过——陈郁同志在延安中央党校时思想总结的第三部分》,《罗章龙回忆录》(下),第 678—679 页。

人陈郁和徐锡根同志在这次全会上表现得信心不足，但比较守规矩。”①

毫无疑问，六届四中全会的主要任务就是改组中共中央，选举结果是：李立三、瞿秋白、李维汉退出政治局，陈郁、任弼时、王明、刘少奇、王克全5人加入政治局；中央委员会亦退出了李维汉、贺昌2人，而补选了韩连会、沈先定、许畏三、王尽仁、黄苏、王明、沈泽民、夏曦、曾炳春9人。从改组结果看，多数中央领导继续留任，但也让不少反对派的工人干部进入中央，陈郁、王克全进入政治局，韩连会、沈先定、许畏三等进入中央委员会。但反对派的灵魂人物罗章龙、何孟雄被刻意压制，反对派要求罗章龙进政治局、何孟雄进中央委员会未被接受，大概是考虑到这两位北大出身的知识分子不像工人干部那样容易控制。留学生进入中央领导层的并不多，王明、沈泽民、夏曦被选入中央委员会，王明直接进入政治局，博古则连中央委员会都没有进，实际结果就是米夫计划的由旧中央、留苏学生、工人干部三方结合的领导集体。

实际上，罗章龙预料到远东局不会接受本派的要求，在四中全会前已经提出了分裂的主张，而且开始了分裂的准备。据徐锡根后来说，“四中全会前，罗章龙、何孟雄便找徐锡根、王克全、陈郁等同志开小组织式的会议，讨论党的前途，罗章龙即主张分裂”。② 徐锡根后来在声明书中说：“四中全会以前，我曾经与文虎（即罗章龙），孟雄，大汉（即李震瀛）等同志最初谈过一次话，主要的是对紧急会议与四中全会问题，大家一致主张开紧急会议，同时说到党的前途问题”，“文虎主张离开党与分裂党的斗争”。③

米夫也提到罗章龙在四中全会前已开始做分裂的准备：“罗章龙早在全会以前就有意识地、精心地和深思熟虑地拼凑了反党集团，采取了分裂党的方针。从涉及派别分子的一些声明中和根据现在发现的一系列事实可以清楚地看到：（1）罗章龙在四中全会前一周就将总工会印刷厂转

---

① 《埃斯勒在共产国际执行委员会东方书记处会议上的报告》（1931年2月20日于莫斯科），《联共（布）、共产国际与中国苏维埃运动（1927—1931）》（10），第97页。

② 《中共中央致共产国际执行委员会电——报告四中全会经过》（1931年2月22日），《共产国际、联共（布）与中国革命文献资料选辑》（12），第524—525页。

③ 徐锡根：《拥护四中全会宣布脱离右派的声明书》，《共产国际、联共（布）与中国革命文献资料选辑》（12），第549—550页。

移到了另一个只有他知道的地方；（2）他把工会的资金留在他自己那里；（3）他在四中全会后立即编写和出版了他那本有名的小册子；（4）在全会后第二天他在一家旅馆里召开了这个派别领导人的会议，罗章龙在会上作出了关于开始公开反对中央、反对四中全会和反对我局的决定；（5）早在四中全会前他就成立了自己的上海省委，等等。”①

1931 年 1 月 8 日，四中全会后仅一天，反对派即召开“反对四中全会代表团会议”。参加此会的自称“十六代表”，大致包括四中全会上持反对派立场的 13 人：罗章龙、史文彬、张金保（女）、王凤飞、王克全、余飞、何孟雄、韩连会、许畏三、沈先定、肖道德、邱泮林、袁乃祥，加上会后又倒向反对派的 2 人：徐锡根、陈郁，以及到上海后却没能参会的东北中央委员唐宏经。会上通过了罗章龙起草的《力争紧急会议反对四中全会的报告大纲》，成立了由罗章龙、何孟雄、徐锡根、王克全、王凤飞 5 人组成的所谓“临时中央干事会”，开始在组织上准备分裂。②

据徐锡根说，“文虎与我影响下的十几个出席代表通通不满意四中全会”，“召集不满意四中全会的出席代表开了一次联席会。在会议上决定发布反党的《力争紧急会议反对四中全会报告大纲》小册子，同时决定了文虎，孟雄，克全，凤飞，以及我自己分裂党的干事会的组织”。③ 余飞后来在声明书中解释了分裂原因，主要是对本派没有取得中央领导权不满：“我对于四中全会是表示不很满意”，“四中全会没有彻底的改造，犯错误同志仍占大多数，在选择时候整个名单付总表决，选举结果只补充了几个人。没有引进许多新分子”④。

反四中全会代表团会议开过以后，题为《力争紧急会议反对四中全会报告大纲》的小册子“即由全总印厂铅印分发，经全总交通路线发到

① 米夫：《共产国际执行委员会远东局给共产国际的信》（1931 年 2 月 22、23、25、28 日于上海），《联共（布）、共产国际与中国苏维埃运动（1927—1931）》（10），第 121—122 页。

② 《中共中央致共产国际执行委员会电——报告四中全会经过》（1931 年 2 月 22 日），《共产国际、联共（布）与中国革命文献资料选辑》（12），第 525 页。

③ 徐锡根：《拥护四中全会宣布脱离右派的声明书》，《共产国际、联共（布）与中国革命文献资料选辑》（12），第 549—550 页。

④ 徐锡根：《拥护四中全会宣布脱离右派的声明书》，《共产国际、联共（布）与中国革命文献资料选辑》（12），第 554—555 页。

各省各工会中去，江苏经王克全的活动，连敌人士兵支部中都散进去了”。[①] 罗章龙回忆，《报告大纲》提出后，“在纲领上签名者有九十六人，包括上述第九项各级党组织负责人”，“铅印五千份，分送党内各支部作为报告讨论之用。同时将纲领转寄各苏区支部。纲领译文送第三国际、赤色职工国际、少共国际以及各国兄弟党”。[②]

这份大纲集中表达了罗章龙等的政治主张，首先就是要彻底改组整个中共中央，“从根本的解决政治上组织上诸问题”。《报告大纲》声称反对派阵容强大，有代表性，“包含有中央委员之一部分，全总党团，海总党团，铁路总工会办事处党团，上海工联党团，上海反帝同盟党团，苏维埃区代表团全体同志，苏准会工作全体同志，江南省委外县委员会书记全体同志，北方天津党部，山东省委，青岛市委，上海各区委（闸北沪东沪西法南沪中等）及上述各地的所属多数产业支部，中心支部，中央直属小组以及全国积极的工会干部同志等（青岛上海天津武汉海员铁路苏区厦门等地）”。[③]

大纲还抨击四中全会违反民主，没有合法性，“是丝毫没有民主化的包办式的会议”；同时指责四中全会没有完成改组中共中央的任务，保留了多数犯错误的原中央成员，而新选入的王明等人毫无经验：“周恩来、向忠发、项英、任弼时等仍旧继续中央政治局的领导，李立三、瞿秋白仍使其隐藏中央委员会之内，对于毫无工作经验同样犯有立三路线错误的陈绍禹等，使其加入政治局负领导重责。”罗章龙派还不敢公然反对共产国际，把矛头指向了米夫，抨击其曲解国际路线，刻意提拔自己的私人亲信王明等人，“坚决的要求国际撤换他的职务，纠正他的错误”。[④]

值得注意的是，在四中全会上没有表示反对并当选政治局委员的陈郁、徐锡根，仅仅在一天之后就又倒向了反对派，可以看出这些工人干

---

① 《中共中央致共产国际执行委员会电——报告四中全会经过》（1931 年 2 月 22 日），《共产国际、联共（布）与中国革命文献资料选辑》（12），第 525 页。

② 《罗章龙回忆录》（下），第 487 页。

③ 《力争紧急会议反对四中全会报告大纲》（1931 年 1 月），《共产国际、联共（布）与中国革命文献资料选辑》（12），第 463—465 页。

④ 《力争紧急会议反对四中全会报告大纲》（1931 年 1 月），《共产国际、联共（布）与中国革命文献资料选辑》（12），第 466—469 页。

部在政治上不太成熟。据陈郁回忆，“我对中央新成分那些人，他们过去没有做过什么工作，又没有受过革命斗争中锻炼，那时我对那些人是没有一点信仰的情绪”，“四中全会后，在全总党团会议上，自己的发言是坚决反对这个会议，主要内容是这次会议没有解决问题”。① 相对于王明等人，陈郁、徐锡根等受长期领导工人运动的罗章龙等人影响更大。陈郁后来说：“罗章龙那些人在他们未分裂党之前，我个人对他们信仰当然比较好，主要是我知道他是工运工作很长历史，在斗争中锻炼出来的干部”，“当时我思想上认识对中国革命重要性主要是工人运动，自己的重视党内干部也是从工人运动中有锻炼的干部是较相信的，的确我有些偏向是过分看重工人运动和不足够认识革命其他部分的倾向的毛病”。②

在反对派的积极活动下，很多党组织都受到了影响，甚至发生了分裂，其中比较重要的是江苏省委、全总党团等。王克全、许畏三、蒋云、陈资平、吴国治、刘瑞龙“在江苏省委发动，反对四中全会后新中央政治局改组的新省委，而占领省委机关，召集江苏二次代表大会选出的一部分省委委员成立第二省委”；“王凤飞便在上海的闸北，蔡伯真、彭泽湘在上海的中区，蒋云便在外县来上海的同志中成立他们的第二区委，宣告外县工作独立，来反对省委来分裂党”。③ 王克全等“还侵占工会经费作为第二党第二工会的活动费”。④“全总党团大多数同志在罗章龙、徐锡根、余飞三同志领导之下，公开的反对四中全会，反对国际代表在国际路线下的领导。”⑤

据当时在江苏省委工作的刘晓回忆：“王克全带了几个人闯到老靶子路十号的省委秘书处的秘密机关，要接收省委文件。负责省委财务工作

① 陈郁：《反立三路线中我的错误经过——陈郁同志在延安中央党校时思想总结的第三部分》，《罗章龙回忆录》（下），第678—679页。

② 同上书，第680—681页。

③ 《中共中央致共产国际执行委员会电——报告四中全会经过》（1931年2月22日），《共产国际、联共（布）与中国革命文献资料选辑》（12），第525页。

④ 《关于开除王克全党籍决议案》（1931年1月30日中央政治局通过），《共产国际、联共（布）与中国革命文献资料选辑》（12），第499页。

⑤ 《中央政治局关于1月17日全总党团会议与江苏省委报告的决议》（1931年1月20日中央政治局通过），《共产国际、联共（布）与中国革命文献资料选辑》（12），第475—476页。

的彭休士和我都在场，我们拒绝交出，他们就吵吵嚷嚷不肯罢休。”[①] 当时李初梨是上海沪东区巡视员，是王明的支持者。据他回忆，“沪东区是何孟雄等人的大本营，反对四中全会的人最多，只有张琴秋一人拥护四中全会”。1月17日他和张琴秋去华德路小学参加支部会，参加者有二三十人，大家情绪非常激动，“都是昏头昏脑。支部大会作出决议反对四中全会，这时张琴秋站起来宣布：我代表区委解散你们支部大会”。两人说完赶紧离开会场，主要是害怕挨一顿打。[②]

远东局为阻止党的分裂，于1931年1月17日召集全总党团20多人在沪西一个花园别墅开会，罗章龙后来称其为“花园会议”，但是会上仍然是激烈对抗、当场决裂。中共中央报告提道，“全总党团在罗章龙、徐锡根领导之下于一月十七日会议席上公开反对四中全会，反对国际代表，并成立与党对立的决议”。[③]

据罗章龙回忆，在会上“国际代表轮流发言，作了长篇讲话，态度极为强硬”。讲话主要意思包括：“当前中共党内主要问题是右倾”，“对国际应绝对服从，国际指示是绝对正确的，四中全会是体现国际正确路线的”，“王明虽然犯过组织纪律错误，但他们是真正的布尔什维克，政治上很正确，中国革命离开他们是不行的”。但是反对派并未屈服，“国际代表发言后，在坐的中委、干部都积极发言，也讲了几个钟点”。他们的发言内容包括：“王明本人脱离实际，脱离群众”；“反对四中全会的斗争是辨别党内大是大非的原则性斗争，我们要求国际代表以中国革命为重，对四中全会决议收回成命，定期召开七大会议或紧急会议”；“坚持不同意王明当选中央委员”。“最后，国际代表宣布：‘今天会议到此为止，你们反对国际路线，反对四中全会就是反党、反国际’。”[④]

埃斯勒在报告中也提到工人干部的动摇和全总党团会议上的决裂：

---

① 刘晓：《党的六届三、四中全会前后白区党内斗争的一些情况》，《红色往事》第1册，济南出版社2012年版，第126页。

② 李初梨：《六届四中全会前后纪实》，《中共重大历史事件亲历记》第1编，四川人民出版社2010年版，第109页。

③ 《中共中央致共产国际执行委员会电——报告四中全会经过》（1931年2月22日），《共产国际、联共（布）与中国革命文献资料选辑》（12），第525页。

④ 罗章龙：《致中央政治局常委会函》（1979年10月），《罗章龙回忆录》（下），第734—735页。

"四中全会后，在有一名右派参加的编辑委员会内，这名同志拒绝了他在一天前投票赞成的决议。徐锡根和陈郁又开始摇摆不定，他们成了企图把上海组织和工会抓到手的右派集团的工具。全会后一两天，海员工会党团领导人、政治局委员陈郁同志就作了反对四中全会的报告。四中全会后几天还召开了中华全国总工会党团会议，出席会议的大约有 20 名同志。另一名政治局委员同时又是红色工会领导人的徐锡根同志在会上发表了讲话。他在那里开展了反对四中全会的斗争，这次会议变成了精心策划的攻击共产国际及其政策的会议"，共产国际代表的决议案"被否决，这时他们就离开了会场"。①

张金保在回忆中说，表决中只有罗登贤、关向应、杜作祥和唐某 4 人支持国际代表的决议案。② 会议通过了反对四中全会的《全总党团对于四中全会扩大会议决议案》，明确反对"引进同样犯有坚决执行立三路线、调和主义、丝毫无实际工作经验的陈韶玉等负政治局领导重责"，同时强烈抗议国际代表"对于多数同志们提出的政治意见，不采用党内正确的思想斗争的方式，而实行一种无原则的谩骂、挑拨、诬蔑同志的宣传和煽动，并且一再强迫同志通过其无理由的决议"，"要求国际撤换负四中全会主要错误责任的代表，另派真正能够执行国际路线的代表来领导中国革命"。③

四 罗章龙等成立"非常委员会"及其对各地影响

罗章龙等的分裂活动很快遭遇意外挫折。当时白色恐怖很严重，国民党特务机关非常狡猾，如果被捕中共党员叛变，在答应做特务工作后，

---

① 《埃斯勒在共产国际执行委员会东方书记处会议上的报告》（1931 年 2 月 20 日于莫斯科），《联共（布）、共产国际与中国苏维埃运动（1927—1931）》（10），第 97—98 页。

② 张金保：《张金保回忆录》，湖南人民出版社 1985 年版，第 169 页。

③ 《全总党团对于四中全会扩大会议决议案》（1931 年 1 月 17 日），转引自杨奎松《"中间地带"的革命——国际大背景下看中共成功之道》，第 247—248 页。

可能被很快释放，此人就不知不觉成了潜伏的暗探。[1] 但中国共产党有严格的秘密工作原则，一般是纵向单线联系，所以暗探的破坏也有限。但当党内斗争达到高潮后，很多秘密原则都被打破，横向联系增加，到处串联谈话，甚至轻率召开人数众多、人员混杂的会议，这就给国民党特务机关创造了机会。

1月17日反对派在东方饭店举行江苏、上海活动分子会议，显然由于叛徒出卖，参会者遭到了租界巡捕的围捕，后来又有多人在中山旅社等地被捕，林育南、何孟雄、李求实、龙大道等30多人很快被移交国民党政府。2月7日，其中24人被上海警备司令部枪杀于龙华。被捕遇难者大多是江苏、上海的地方干部，其中林育南、何孟雄、李求实、龙大道等人是反对派的重要骨干。不过出席四中全会的反对派主要成员十几人中，只有何孟雄一人被捕，反对派的中央委员都安然无恙。东方饭店事件确实对反对派造成严重打击，但这个打击并不是致命的。

面对反对派的分裂活动，中共中央在远东局指导下迅速展开了分化瓦解工作，积极争取各个地方组织和反对派重要成员，很多组织和个人又重新回到中共中央的领导下。1月17日，王明主持江苏省委常委会通过了《拥护四中全会反对右派分裂党的行动的决议》，批评王克全“在政治上既走上与右倾机会主义一致的立场，当然不可免地在组织上要走上分裂党的统一，和破坏党的组织的行动的地步”。[2]

据刘晓回忆，在争夺上海地方组织的斗争中，以王明为首的省委派他去和沪西区委谈判，威胁如果反对省委，就要停发生活费。当时多数党的工作者都没有正式职业，没有任何其他收入，很多人为生活所迫，不得不服从组织，与何孟雄等反对派断绝关系。[3] 反对派控制的一个印刷厂也很快被夺走了，据罗章龙说，“劫夺印厂是由临中派政治保卫科负责人顾顺章亲率十余人伪称工部局包探，引便衣武装前往印厂搜查，首先

---

① 徐恩曾：《我和共产党斗争的回忆》，《细说中统军统》，（台北）传记文学出版社1992年版，第185页。

② 《拥护四中全会反对右派分裂党的行动的决议》（1931年1月17日江苏省委常委会通过），《共产国际、联共（布）与中国革命文献资料选辑》（12），第471—472页。

③ 刘晓：《党的六届三、四中全会前后白区党内斗争的一些情况》，《红色往事》第1册，第128页。

进厂把全体职工禁管。李梅羹时正生病，卧床不起，彼等进屋，不由分说，将印厂机器设备及纸张等全部装上预先准备好的几辆汽车运走”。①

1 月 20 日，政治局召开会议，通过《中央政治局关于 1 月 17 日全总党团会议与江苏省委报告的决议》，号召全党“要有布尔塞维克的坚定性，要像一个人一样，坚决的反对这一反党反国际的右倾机会主义行动”。决议宣布撤销王克全在江苏省委和上海工联的领导职务，撤销罗章龙、徐锡根、余飞在全总党团的领导职务，改组全总党团和上海工联党团。海总领导陈郁虽然在政治局承认了错误，仍被要求召开海总党团会议，在会上书面检讨，海总党团也被改组。②

陈郁是反对派的三个政治局委员中第一个回头的，他在政治局会议上放弃了反对派立场。据陈郁说：“我当开始反对四中全会时，自己是没有估计到罗章龙等人，把个非委会去分裂和建立第二党、工会系统等行动”；“中央政治局第一次会议（四中全会后几天）在会议上提出这个问题时候，我是承认自己所作的行动是错误，声明放弃自己反对四中全会立场”，“但政治局委员徐锡根，王克全两人在会议上仍坚持他们原来反对四中全会立场，并声明他们行动是对的”。③ 陈郁脱离反对派后，许炳良、谭寿林、马骥、朱宝亭等气愤地写信谴责陈郁：“双方决胜关键时刻，你忽见利忘义，临阵脱走”，“你一念之差不仅丢尽工人阶级的体面”，“并且还遗误自己一生名誉”。④

1 月 25 日中共中央向全党和共青团公开发布《中央委员会为肃清李立三主义、反对右派罗章龙告全体党员和共青团员书》，谴责罗章龙等人“组织无原则的派别，不得中央与省委许可，私自召集会议，成立第二省委、第二区委来分裂党，并在这些会议上提出决议反对四中全会，反对中央”；号召“给一切派别和小组织以无情的反抗”，“不要听信那些人召

① 《罗章龙回忆录》下，第 513 页。

② 《中央政治局关于 1 月 17 日全总党团会议与江苏省委报告的决议》（1931 年 1 月 20 日中央政治局通过），《共产国际、联共（布）与中国革命文献资料选辑》（12），第 476 页。

③ 陈郁：《反立三路线中我的错误经过——陈郁同志在延安中央党校时思想总结的第三部分》，《罗章龙回忆录》下，第 679、680 页。

④ 《许炳良、谭寿林、马骥、朱宝亭等给陈郁信》（1931 年），《罗章龙回忆录》（下），第 487—488 页。

集你们去作继续不断的讨论和谈话，去开秘密的分裂党的会议”，并威胁要把这些分裂分子开除出党。[①] 1 月 26 日，改组后的全总党团通过决议：“全总党团常委会认为全总党团过去在右派组织者罗章龙，徐锡根等领导之下，所通过的一月一号决议案，这个决议案是以反立三路线作掩蔽右派小组织活动的纲领”；“全总党团常委会完全同意中央对罗章龙、徐锡根撤销工作立刻停止小组织活动的决议，如果他们仍继续分裂党的小组织的活动，党应给他们以组织上的制裁”。[②]

2 月 4 日，江南省委书记王明报告了反对派在上海的失败：“右翼反对派已被粉碎，并已完全投降。”2 月 3 日，反对派省委决定解散并回到党内。王克全写了声明，请求同王明会见并进行谈话。“上海右翼反对派领导人作出这个突然决定，主要是因为最近一周内上海的几乎所有区委和关键性支部、三个省的某些县委和市委在弄清右翼反对派的分裂和诋毁活动后立即脱离了反对派。”“在曾经是清一色反对派的沪中区，所有支部现在都处于我们的影响之下。昨天举行了该区积极分子大会，有 7 个支部的代表参加。大会通过了反对反对派的分裂活动、反对王克全、支持四中全会、支持中央和省委的决议”，沪北、沪南、沪西区也实现了类似的转变，“只有东区情况不妙”。[③] 米夫也提到沪东区是反对派最后的基地：“罗章龙的支持者将自己力量都集中在沪东区。他们在其他组织中不再起任何作用。至于沪东区，他们起初利用自己原有的联系保留了三个支部。近几天才把他们从那里赶走。现在他们没有一个支部，只是在两三个支部内有个别几名成员。”[④]

中共中央在 2 月 22 日给共产国际的报告中，详细叙述了反对派重要人物的转变过程，“徐锡根同志则经中央政治局多次解说之后，现在正式宣告脱离右派小组织，向党写过两次声明书”；“王克全则在被开除后，

---

① 《中央委员会为肃清李立三主义、反对右派罗章龙告全体党员和共青团员书》（1931 年 1 月 25 日），《六大以来》（上），人民出版社 1980 年版，第 123—124 页。

② 《全总党团常委决议案》（1931 年 1 月 26 日通过），《共产国际、联共（布）与中国革命文献资料选辑》（12），第 480 页。

③ 《共产国际执行委员会远东局成员同陈绍禹谈话记录》（1931 年 2 月 4 日于上海），《联共（布）、共产国际与中国苏维埃运动（1927—1931）》（10），第 38—39 页。

④ 米夫：《共产国际执行委员会远东局给共产国际执行委员会的信》（1931 年 3 月 28 日于上海），《联共（布）、共产国际与中国苏维埃运动（1927—1931）》（10），第 206—207 页。

始向党声明他愿立刻停止第二省委活动，并报告罗章龙第二党的中央非常委员会现改推王克全、罗章龙、吴雨铭、王凤飞、蒋云等六人负责，并推他做书记，为他拒绝。目前可以说，自罗章龙反四中全会反党反国际的第二党活动及反革命小册子暴露以后，加以中央省委对他们加紧斗争，右派便在党内宣告破产，所以全总党团中余飞等同志便开始承认错误，海总党团彻底转变”；“江苏省委中沈先定、刘瑞龙等同志亦诚恳的承认错误，各区委中外县工作人员中亦多部分转变过来，尤其是上海各支部最初被右派蒙蔽而反对四中全会的，现在亦已多回到国际路线下来，而拥护四中全会，并反对右派”。①

中共中央宣布反对派回党的 3 项条件：“1. 立即停止反党小组织活动，并写声明书承认错误；2. 在党指定的会议上和工作中去承认和改正自己的错误；3. 把原来担负的工作组织交代清楚并公开向党宣布自己参加罗章龙右派活动的经过及自己所知道的关于这反革命派的一切情形。”②米夫还提到把徐锡根和王克全等送去莫斯科学习的计划：“将来我们可能要派一些人去莫斯科。例如，徐锡根和王克全的问题就可能是这样，在四中全会上，我们曾有点轻率地把他们推举为政治局候选人，现在他们请求去学习。”③

到 1 月底，反对派不少核心成员已经屈服，徐锡根和余飞写了拥护四中全会的声明书，1 月 27 日中央政治局通过决议，永远开除罗章龙党籍，决议称罗章龙“利用全总机关作为进行第二党组织与活动的大本营”，“决定开除罗章龙的中央委员与永远的开除罗章龙的党籍，并报告共产国际请求批准”。④

罗章龙等人被开除党籍后，反抗更加激烈，于 1931 年 1 月 31 日成立了“中国共产党非常委员会”。据罗章龙回忆，非常委员会“是国际代表

① 《中共中央致共产国际执行委员会电——报告四中全会经过》(1931 年 2 月 22 日)，《共产国际、联共（布）与中国革命文献资料选辑》(12)，第 526—527 页。

② 《反对罗章龙右倾分裂主义资料汇编》，“文化大革命”时期铅印本，北京大学国际关系学院图书馆藏，第 10 页。

③ 米夫：《共产国际执行委员会远东局给共产国际的信》(1931 年 2 月 22、23、25、28 日于上海)，《联共（布）、共产国际与中国苏维埃运动（1927—1931）》(10)，第 140 页。

④ 《关于开除罗章龙中央委员及党籍的决议案》(1931 年 1 月 27 日中央政治局通过)，《共产国际、联共（布）与中国革命文献资料选辑》(12)，第 491—494 页。

和临时中央宣布开除许多同志的中委、党籍，并停止他们的工作以后，才被迫成立的”，“主要是中共六大中委、全总、铁总、海总、上总以及北方、东北区、江苏、山东和全国苏维埃准备会议委员等在上海的老干部”①，主要成员有罗章龙、史文彬、李震瀛、王仲一、唐宏经、袁乃祥、沈先定、张昆弟、王凤飞、谭寿林、张金保等。

3 月 4 日，“非常委员会”写信给共产国际②，要求“迅速撤换米乎，收回成命，解散非法成立的临时中央”，“迅速派公正人员查明四中全会事件经过，对肇事人员予以纪律制裁”。③ 非委还发出了《告全党同志书》，号召“各支部根据非委‘提纲’通告文件内容开展全党讨论”，“以实际革命行动为表率批判米、王集团”。④ 同一时期，非委在《致中共各苏区信》中，呼吁“禁止米、王死党进入苏区”，“米乎、王明、向忠发等罪行重大，如派人窜入苏区，对首恶应处理制止，以平民愤”。⑤

“非常委员会”有许多资深的工运领导人，他们走向分裂后，派人到各地联系，华北、东北党组织受到较大影响。据罗章龙回忆，“非常委员会”宣布“伪中央及其一切决议与命令一律无效。党的一切问题听候召集临时会议（即紧急会议）成立七大会合理解决”；“非委中央乃派人分途出发，前往北方、南方与中部地区布置新任务与新工作。决定文虎赴北京、唐山、辽沈、哈尔滨各地”，“又决定苏准会代表迅速回到本苏区开展武装与工农群众工作”。⑥

“非常委员会”虽然在上海成立，但到 2 月在江苏和上海就很快衰败了，受影响时间更长的是北方党组织。1931 年 1 月 5 日天津成立紧急会议筹备处的时候，并不知道要召开四中全会。1 月 21 日袁乃祥回到天津以后，带来了四中全会的消息，并鼓动筹备处反对四中全会。张金刃

---

① 罗章龙：《致中央政治局常委会函》（1979 年 10 月），《罗章龙回忆录》（下），第 735—736 页。

② 《中国共产党非常委员会致共产国际的信》（1931 年 3 月 4 日），杨奎松：《“中间地带”的革命——国际大背景下看中共成功之道》，第 249 页。

③ 《中共中央非常委员会致共产国际信》，《罗章龙回忆录》（下），第 494 页。

④ 《中共中央非常委员会告全党同志书》，《罗章龙回忆录》（下），第 496 页。

⑤ 《中共中央非常委员会致中共各苏区信》，《罗章龙回忆录》（下），第 497—498 页。

⑥ 《罗章龙回忆录》（下），第 487—488 页。

（张慕陶）、韩连会、王仲一等从上海回来后，更是和曹策一起成为筹备处的灵魂人物。在 1928 年蔡和森写的北方干部简历中，张金刃、韩连会、吴雨铭被认为是顺直地区最强的 3 个干部①，此时三人都成了分裂华北组织的骨干，破坏力之大可以想见。

筹备处在张金刃等的领导下，宣布自己就是省委，除早已掌控天津市委，还派吴华梓去北平，郝清玉去直南，曹振华去山西、保属，叶善之、袁乃祥、张昆弟去唐山。在筹备处的影响下，北平召开代表大会“通过加入筹备处与反四中全会”，赵作霖、肖鸣等成立第二市委，北大、中国大学等重要支部倒向分裂派；顺直互济会党团加入筹备处②；保属特委在曹振华、徐步云等领导下加入筹备处，“太原特委表示积极参加筹备处，直南特委承认筹备处精神正确”。除了京东唐山党组织对筹备处进行抵制，华北多数党组织一度都倒向分裂派。③

在 2 月 6 日《河北紧急会议筹备处给中央非常委员会干事局信》中，筹备处明确表示支持罗章龙等的“非常委员会”，认为党内存在“两个绝不相同的鲜明旗帜，一方面是真正布尔塞维克的营垒——由反四中全会十六个代表所领导的全国各地为坚决执行国际路线、彻底肃清立三路线、反调和主义斗争的党部和党团。一面是小资产阶级的集团——由十九个人所领导的李立三派及陈绍禹派的小组织”。筹备处甚至认为罗章龙等不够勇敢，建议“非常委员会”宣布代行中央职权：“1. 中央非常委员会的组织，应立刻公开号召全党，它是目前党的最高领导机关。2. 中央非常委员会干事局应确定执行中央临时政治局职权，制定各项决议，领导全国工作，统一全国斗争，并迅速准备全国紧急会议的召集。”④

筹备处在支持“非常委员会”的同时也要求经费支持，2 月 10 日给

---

① 《蔡和森关于北方干部简历》（1928 年 8 月 3 日），《中共中央北方局文件汇集》（一），中央档案馆 1992 年版，第 143 页。

② 《最近一个月的河北情形》（1931 年 3 月 14 日），《河北革命历史文件汇集》（甲 7），第 130—132 页。

③ 《河北临时省委关于筹备处反省委反中央问题的报告》（1931 年 3 月 12 日），《河北革命历史文件汇集》（甲 7），第 122—123 页。

④ 《河北紧急会议筹备处给中央非常委员会干事局信》（1931 年 2 月 6 日），《河北革命历史文件汇集》（甲 7），第 49—51 页。

“非常委员会”写信：“紧急会议的筹备及陕西去人都万分急需经费，此间零星接待万难维持，望急设法寄款为要，并望即批准预算。”① 筹备处确实派人去了陕西，本来陕西省委接到中央四中全会文件后，已经于2月15日决议接受四中全会决议，但是从山西来的筹备处代表到达并报告后，陕西省委又“开始动摇犹豫了，由常委会又成立一决议，反对四中全会”，“参加河北紧急会议筹备处”。到3月28日，陕西省委召开全体会议，又转向拥护四中全会，回到中共中央旗下。②

1月底，徐兰芝、陈原道、贺昌等组成的中央代表团到达天津，2月6日召集会议并决议成立河北省临时省委，同时宣布“解散右倾机会主义分裂党行动的筹备处组织及天津临时市委”。③ 河北临时省委以徐兰芝为书记，陈原道为组织部部长，和原省委成员阮啸仙、余泽鸿等一起与筹备处展开了激烈的斗争。2月18日临时省委决议开除张金刃、韩连会、曹策、叶善之党籍，2月24日又开除吴华梓党籍。

在2月22日中共中央给共产国际的报告中提到，罗章龙等“派张金刃、韩麟会、王仲一到顺直去，唐宏经到满洲去；李震瀛到香港去，进行第二党的活动”。“惟顺直党中，机会主义根基较深，而右派一些领袖又多在顺直做过工作，如吴雨铭、韩连会、张金刃、袁乃祥、李希逸、张昆弟、王仲一甚至韩磷符，他们都集中在天津，并且还影响了一些干部，所以那里的斗争还很艰苦，中央现在更派负责同志去巡视。”④ 这位负责同志，就是政治局常委张国焘，他于2月下旬在天津召集“北方区紧急会议”，一定程度稳定了北方党组织。⑤ 但是，一直到3月，虽然河北临时省委逐渐占据优势，一些参加过筹备处活动的人开始回到党内，但是筹备处还在继续活动。

---

① 《河北省紧急会议筹备处关于工作情况及经费问题致中央非常干事会的信》（1931年2月10日），《河北革命历史文件汇集》（甲7），第58页。

② 《陕西省委第六次全体会议决议案》，《陕西革命历史文件汇集》（甲3），中央档案馆、陕西省档案馆1992年版，第326页。

③ 《河北省临时省委拥护四中全会与接受中央对河北党工作指示的决议》（1931年2月6日），《河北革命历史文件汇集》（甲7），第47页。

④ 《中共中央致共产国际执行委员会电——报告四中全会经过》（1931年2月22日），《共产国际、联共（布）与中国革命文献资料选辑》（12），第525—527页。

⑤ 张国焘：《我的回忆》第2册，第475页。

4月8日，双方的斗争以出人意料的方式结束。在狂热的党内斗争中，秘密工作规则被打破，也很容易出叛徒。当天河北临时省委召开常委全体会议，同一天筹备处也召集秘密会议。国民党天津公安局显然获得了准确情报，同时搜捕了两处会场，逮捕了河北临时省委徐兰芝、陈原道等13人，也逮捕了紧急会议筹备处张金刃、吴华梓等11人。[①] 筹备处在遭到破获之后无力重建，基本覆灭；而河北临时省委虽然迁往北平之后重新建立，但下层组织经过这番大动荡之后也损失惨重、所剩无几。据杨纤如回忆，当时北平基层党组织主要是在各大学。在这场党内斗争中，“北大支部整个瓦解了”，有的跟筹备处跑，有的消极了。当杨受命恢复组织时，有人伤感于党内斗争的翻脸无情，表示只想安心读书，有人说暗探时常出没不要再来，有人三言两语打发，有人甚至直接将其推出门外。[②] 华北党组织元气大伤，短期内很难恢复。

东北党组织受到分裂活动的影响也比较大。1931年1月下旬，唐宏经和徐文雅夫妇回到沈阳进行分裂活动，但是受到了满洲省委的抵制，“省委已严厉拒绝与他们发生任何组织关系，指斥他们的错误，反对他们这种活动，禁止他们在满洲党内作任何活动”。[③] 但是唐宏经在北满有深厚基础，到哈尔滨后“领导特委一部分同志组织第二特委，占据党的机关，拒绝同志参加会议”，并且影响了共青团的张豁然采取同一立场。[④] 虽然满洲省委开除了唐宏经等人的党籍，但是自身损失也很大，“哈尔滨从前听说有七个士兵支部，但都是把持在右倾小组织的分子手里，所以现在一个也没有了”。[⑤]

在上海失败后，罗章龙1931年春季亲自到哈尔滨，此时唐宏经虽已

---

① 《河北临时省委关于省委被破坏情况致中央的信》(1931年4月21日),《河北革命历史文件汇集》(甲7), 第192—193页。

② 杨纤如:《30年代初北平地下党斗争片段录》,《北京革命史回忆录》第2辑, 第42—43页。

③ 《中共满洲省委紧急通知》(1931年1月31日),《东北地区革命历史文件汇集》(甲7), 中央档案馆1988年版, 第58—59页。

④ 《团满洲省委铎的工作报告》(1931年3月2日),《东北地区革命历史文件汇集》(甲7), 第282—283页。

⑤ 《中共满洲省委给中央的报告》(1931年4月24日),《东北地区革命历史文件汇集》(甲8), 第46—47页。

被捕，但反对派仍有一些基础。罗章龙准备利用士兵支部策划兵变，但没有成功。据他回忆："文虎与当地非委在哈尔滨军事策划布置已有头绪，但事为罗登贤所侦知，便极力从中加以破坏"，"因此当丁超得知部下有异图时，便采用严厉镇压手段，将军中地下党组织主持人捕去，更利用哈尔滨投敌的中共党员作眼线，继续破坏非委的组织"。①

分裂活动对南方影响不大，李震瀛以全总巡视员身份到香港后遭到了广东省委的冷遇。据广东省委2月1日给中央的信，广东省委与李谈话并看了全总文件后，决定"省委未有接到中央已开四中全会通告及四中全会决议案以前，省委对四中全会的政治上组织上的决议无从讨论"，全总文件"不发到各级党部，对全总党团的意见在未接到四中全会的通告和决议以前亦不应讨论"。②

"非常委员会"还曾试图通过"苏准会"对苏区党组织发挥影响。中国共产党原计划1930年12月11日广州起义纪念日召开全国苏维埃大会，成立中华苏维埃中央政府。"苏准会"是为全国苏维埃大会制定文件的筹备会，有各苏区代表参加。苏准会秘书长林育南和党团书记李求实都是反对派骨干，很多苏区代表受到了罗章龙派的影响，1月7日《苏准会工作人员会议决议案》也提出"彻底改造党的领导机关"，和全总1月1日决议立场一致。③"在四中全会党内斗争期间，苏准会代表首先在反四中全会提纲文件上签名赞成，并立即加入中共中央非常委员会作为非委成员之一。"④

罗章龙还试图利用和各苏区领导人的个人关系进行分裂活动。罗章龙是中国共产党最早的党员之一，长期在中共中央担任重要工作，和各苏区的领导人都比较熟悉，他给中央苏区的毛泽东，鄂豫皖苏区的张国焘，湘鄂西苏区的夏曦、贺龙、贺锦斋都写了信，试图拉拢他们支持自

---

① 陈郁：《反立三路线中我的错误经过——陈郁同志在延安中央党校时思想总结的第三部分》，《罗章龙回忆录》（下），第693页。

② 《中共广东省委给中央信》（1931年2月1日），《广东革命历史文件汇集》（甲19），中央档案馆、广东档案馆1982年版，第15—16页。

③ 《苏准会工作人员会议决议案》（1931年1月7日），见杨祖培《反立三路线、反调和路线之剖析》，《近代史研究》1982年第2期。

④ 《罗章龙回忆录》（下），第485页。

己的分裂立场。

毛泽东是和罗章龙私交最深的苏区领导人，他们在长沙共同创建新民学会，在北京游学期间更是一个锅吃饭、一张床睡觉，是年轻时的亲密朋友。罗章龙另立中央后在给毛泽东的信中说："如果说当时作为堂堂之党，正正之旗的中共中央及全党，对此竟万马齐喑嘿无声，不加评论，不加抨击，不仅宁非咄咄怪事！如果是这样下去，不仅是中国革命蒙上奇耻大辱，而且适足以证明全党无人了！这难道是无关轻重的小事，可以坐视不理吗?!"罗章龙称赞毛泽东"对革命忠心耿耿，疾恶如仇，是党的中流砥柱"，希望毛"对此小撮坏人篡夺行径，毁党叛革命奸谋"，"奋起反击，树之风声则群小慑服，全体党员闻风响应"。[①] 但毛泽东不仅没有支持，反而毫不客气地批评罗章龙过分在意"鸡虫得失小节"，表示自己"决不预闻个人恩怨门户之私"。[②]

罗章龙与张国焘私交也很深，两人在北京大学求学期间接受了共产主义，共同开创了北方工人运动，共同参与了中国共产党的创建，又一起在中央共事很久。但是，当张国焘回国后试图劝说罗章龙时，罗一直避而不见，也许他在何孟雄等被捕牺牲后，担心遭到暗算。这种担心也不无道理，张国焘提到，当时远东局代表波兰人（应该指雷利斯基——作者注）确实曾提出暗杀罗章龙。[③] 不过后来在张国焘夫人杨子烈来访之后，罗章龙给已去鄂豫皖苏区的张国焘写了一封信，希望张国焘"反戈一击，肃清内奸"，同时希望张重用受自己影响的苏准会代表，"郑芹瑞、钱伯符、曾中圣、徐朋云诸同志均属革命英才，应加垂青，予以爱护"。[④]

罗章龙给湘鄂西领导人贺龙、贺锦斋、夏曦也写了信。信中说："湘鄂西出席苏准会代表团已会毕返原防驻地，此间近日情况当由他们当面转，一切请按非委'提纲'施行。"[⑤] 夏曦与罗章龙在参与湖南新民学会时就比较熟悉，四中全会后曾经受命去劝说罗章龙。夏曦前往湘鄂西苏区建立中央分局后，罗章龙给夏曦的信中说："石庐见访，倾谈竟日，非

① 《罗章龙致毛泽东信（残件）第二件》，《罗章龙回忆录》（下），第 502 页。
② 《罗章龙致毛泽东信（残件）第一件》，《罗章龙回忆录》（下），第 501 页。
③ 张国焘：《我的回忆》第 2 册，第 461 页。
④ 《罗章龙致张国焘信》，《罗章龙回忆录》（下），第 499—500 页。
⑤ 《罗章龙、王仲一致贺龙、贺锦斋信》，《罗章龙回忆录》（下），第 500 页。

委提纲已蒙理解”；“德昌为人极为明白通达，智勇兼资，缓急可以相助”；希望夏曦“挥兵靖难，拨乱反正”。①

但是，罗章龙这些对苏区领导人的分化都没有成功。“非常委员会”既要面对国民党和租界当局的残酷镇压，又要面对共产国际和中共中央的分化瓦解，他们拥有的资源极为有限，逐渐力不从心，分崩离析。共产国际对中国共产党处于支配地位，一个直接的原因就是当时中共中央的绝大部分经费是由共产国际提供的。反对派拒绝服从共产国际和中共中央后，很快被断绝了生活补助费，他们的基本生活陷入困境，政治活动更难开展。据非委女工部部长张金保回忆：“我们这些人的生活由此处于极端困难的境地。有的卖光了自己家中有限的一点值钱的东西，晚上睡在地板上，经常饿肚子，有的只好到救济难民的地方去喝一点施粥度日。我则依靠金泽霖沿街叫卖瓜子、小孩玩具来维持生活。”②

罗章龙在东北活动一年，逐渐在哈尔滨也难以立足，于1932年潜回上海。“九一八”事变和上海“一·二八”抗战之后，群众运动出现复兴之势，他也曾尝试重整旗鼓，但收效不大。罗章龙于1933年4月被捕③，被蔡元培保释出来后，一直在大学教书，退出了政治生活。在先后参加反对派的重要人物中，罗章龙、李震瀛、邱泮林脱离政治活动；张金保、唐宏经在20世纪40年代重新回到中国共产党，史文彬也想重回中国共产党，但病死在去延安的路上；张金刃1932年曾一度恢复党籍，但1933年被再次开除，他继续在西北军和东北军中从事革命活动，1941年被国民党杀害；张昆弟死于湘鄂西肃反；王仲一病死在国民党狱中；更多的人包括徐锡根、王克全、余飞、沈先定、许畏三、吴雨铭、韩连会、袁乃祥等则对革命前途绝望，被捕后成了叛徒，他们的特务活动给中共白区党组织造成了严重破坏。

反对派虽然走向了失败，但是失去了这些经验丰富的工运骨干，中

① 《罗章龙、刘鄢致夏曦信》，《罗章龙回忆录》（下），第501页。

② 张金保：《张金保回忆录》，第173页。

③ 《社会新闻》1933年第2卷第4期，转引自《罗章龙右倾分裂主义批判资料》，编辑者不详，1972年5月铅印本，北京大学国际关系学院图书馆藏，第72—73页。

国共产党在工人运动中的组织也受到很大损失。埃斯勒在共产国际执委会东方书记处会议上说:“党和工会完全脱离了群众。我们同工人罢工和日常斗争的联系从来没有像现在这样薄弱。我们不能认真地开展某种运动,不能动员基层组织进行工作。工会、中华全国总工会(其领导已经重新改组)很快就失去了会员。例如,上海如今才600名工会会员,也就是说比党员还少。”①

五 余论

中国共产党是实行民主集中制的革命党,但民主和集中本是一对矛盾,何时应该民主,何时应该集中,是始终需要面对的难题。中共六大之后强调民主,但引发了很多混乱,于是转向集中,反对极端民主化。但中国共产党当时并没有成熟的、众望所归的领袖,李立三等集中权力以后,却推行脱离现实的空想冒险政策,造成惨重损失。据张国焘说,“本来共产国际寄望于周恩来”,希望他“担负起中共中央的实际领导责任”,1931年特别“邀请他去莫斯科,以便面授机宜”,“谁知后来,他回到中国以后,仍不以第一首脑自居”。② 周恩来有自知之明,瞿秋白书生气较重,结果六届三中全会不但没能完全纠正立三路线,反而把李立三的支持者李维汉、贺昌等补选进中央委员会,同时继续压制不同意见,三中全会后的中共中央仍然难以获得全党的信任和尊重。

罗章龙、何孟雄在五四运动中接受了民主思想。在1921年中国共产党建党之初,何孟雄本来接近无政府主义,反对一切集权,当罗章龙劝他加入时,他特别强调“须以党内实行充分民主为条件”,罗章龙当时回答:“只要大家意志坚强统一,内部谁敢专制?万一将来党内发生妄人,群众自然把他打倒”③,这段对话可以看成他们后来另立中央的思想源头。1930年他们这一群人对李立三等的集权领导非常不满,希望通过党内民

---

① 《埃斯勒在共产国际执行委员会东方书记处会议上的报告》(1931年2月20日于莫斯科),《联共(布)、共产国际与中国苏维埃运动(1927—1931)》(10),第92页。

② 张国焘:《我的回忆》第2册,第438—439页。

③ 罗章龙:《椿园载记》,东方出版社1989年版,第104—105页。

主改组领导机构，这甚至一度得到了远东局和中共中央某种程度的认可，所以才有九十六号通告的发布。但当时中国共产党毕竟是共产国际的支部，共产国际是中国共产党的上级。罗章龙等的要求被独断专行的米夫拒绝后，愤而走向组织决裂。但等待他们的是白色恐怖下的残酷现实，他们当中有的心灰意冷、退出了政治活动，更多的被捕后成了叛徒，帮助国民党抓捕昔日同志，中共组织也因失去一批经验丰富的干部而遭受重大损失。

共产国际在中共组织发展中起到的作用是复杂的，一方面中国共产党是在共产国际指导下在中国建立的全新组织，初期并不成熟，既没有产生众望所归的领导核心，也很难说有严密的组织纪律，经常陷入内部混乱之中，共产国际是当时全党公认的唯一权威，在中共组织的稳定和建设中发挥着难以替代的作用；另一方面，共产国际领导人是在莫斯科遥控指挥的外国人，对中国国情终究隔膜，对不熟悉的中共领导人不够信任，无论是六大选拔大量工人干部进入中央，还是六届四中全会后重用留苏学生，都产生了明显的负面影响。

当时远东局领导米夫只有 29 岁，不够成熟老练，也是导致六届四中全会后发生组织分裂的原因。在米夫的指导下，中共中央在 1930 年 12 月中旬对反对派让步过大，自陷于被动地位。当反对派的民主热情被激发起来后，米夫却没有耐心与之充分沟通，只是居高临下地强制命令，仓促召开四中全会。另外，他过于急切地把毫无经验和功绩的留苏学生王明等人提拔到领导岗位，是难以服众的。中国共产党虽然当时仍年轻，但也已有 10 年斗争历史，领导了规模巨大的工人运动、农民运动和武装斗争，其中涌现出不少有杰出才能和历史功绩的领导人。王明等人才 20 多岁，回国工作只有一年多，其间并没有表现出杰出才能，也没有显赫功绩。对于罗章龙、何孟雄等有经验、有才能的干部来说，很难心悦诚服地接受王明等的领导。

米夫不惜失去一批经验丰富的老干部，把得意门生王明扶上了中共领导人的地位。但是，无论是王明，还是后来在中央苏区实际掌权的博古，很难说他们有独立的政治思想、有自己的路线。正如罗章龙、何孟雄等批评的，他们只是些毫无经验的年轻学生，他们只会写点文章，而且是写一些他们自己都不太明白的文章，以他们的才能和威望根本不可能在党内取得领导地位，他们完全是共产国际特别是米夫强加给中国共产党的听话的代理人。王明、博古自己也认为他们只是坚决贯彻国际路线，1931—1934 年的所谓“王明路线”时期，实际就是共产国际试图通过王明等留苏学生严格控制中国共产党的时期。

抗战胜利后国民政府收复南海诸岛主权述论*

陈谦平

进入20世纪以来，中国边疆地区面临严重危机，中国南海诸岛亦面临法、日帝国主义的觊觎和侵占。1907年8月11日，日本人西泽吉次私自登上东沙岛，“树立日旗，建筑宿舍，开采鸟粪”，更将该岛命名为“西泽岛”。南洋海军飞鹰舰管带黄钟英随后奉令率两艘军舰前往东沙群岛实地勘察。中国政府几经交涉，于1909年10月11日将东沙岛收回。为了维护中国在南海诸岛主权，两广总督张人骏派副将吴敬荣前往西沙群岛查勘，并于1909年5月“设局筹办经营”。② 同年5月19日，水师提督李准率海军士兵170余人乘伏波、琛航、广金三艘舰艇，前往西沙群岛查勘，用该三艘军舰命名了西沙群岛中的三座岛屿③，并在伏波岛插黄龙旗，立碑志记。④

中华民国政府建立以后，中国对南海诸岛一直实施有效管理（当时

---

* 本文原载《近代史研究》2017年第2期。

② 西泽吉次私占东沙岛及中日交涉详情，参见张大军编著《中越国界研究》，（台北）“光复大陆设计委员会”编印“国界问题研究丛书”，1977年版，第159—162页；王彦威、王亮辑编《清季外交史料》（8），湖南师范大学出版社2015年版，第3923、3940、3966页。

③ 清政府将四江岛（Drummond Island）命名为伏波岛，大三脚岛（Duncan Island）命名为琛航岛，三脚屿（Palm Island）命名为广金岛。

④ 《中华民国南海四大群岛节略》（油印本），（台北）“内政部地政司”1974年印行，转引自张大军编著《中越国界研究》，第168页。

该群岛归琼州管辖）。1917 年至 1923 年间，先后有多家实业公司申请开发西沙群岛。南京国民政府建立后，广东省政府于 1928 年 5 月 22 日派海瑞号军舰前往西沙的林岛（今永兴岛）等岛查勘。[①] 1929 年以后，广东省政府先后批准宋锡权、严景枝、苏子江等三家华资公司参与西沙群岛的鸟粪开采。[②]

“九一八”事变后，日本侵占中国东北三省，法属印度支那殖民当局乘机于 1933 年 4 月上旬派军舰占领中国南海中的九座小岛。[③] 中国政府屡次向法国政府提出抗议和交涉，强调该九座小岛“为华人居住和历代属我”的史实。为了宣示中国对南海诸岛的主权，国民政府内政部水陆地图审查委员会于 1935 年 4 月绘制了《中国南海各岛屿图》，首次确定中国南海最南的疆域线至北纬 4°附近的曾母滩，并第一次将南海诸岛明确地分成东沙、西沙、南沙（即今中沙）和团沙（即今南沙）四大群岛。

全面抗战爆发后，法国趁火打劫，于 1938 年 7 月初派兵占领西沙群岛。1939 年 2 月，日军占领海南岛后，立即侵占西沙群岛和团沙群岛。1939 年 3 月 30 日，日本政府将其所占领的团沙群岛改名为新南群岛，隶属于台湾高雄州高雄市管辖。

抗战胜利后，作为四强之一的中国按照开罗会议和波茨坦会议所构建的战后亚太国际新秩序，依据国际法，从日本手中收回南海诸岛主权。国民政府不仅派海军驻守南海各重要岛屿，重建国碑，测绘详图，设治管理，还于 1947 年 12 月 1 日正式核定南海中属于中国领土之东沙、西沙、中沙、南沙等各岛屿和岛礁名称，以此宣示主权，并昭告于世界。

关于本专题研究，学界已经产生了一些有影响的研究成果。如林金枝叙述了国民政府战后接收南海诸岛的经过，但由于缺乏档案文献，该文也存在较严重的史实错误。李国强运用较丰富的资料，对战后国民政府接收南沙群岛做了较深入的论述。吴士存以中国第二历史档案馆收藏的相关档案为基础，从中国政府对南海诸岛的主权交涉、设治管理和开

① 参见张大军编著《中越国界研究》，第 170 页。

② 《西沙群岛交涉及法占九岛事》，《外交部公报》1933 年第 6 卷第 3 号。

③ 参见徐公肃《法国占领九小岛事件》，《外交评论》1933 年第 2 卷第 9 期。该九座小岛今属南沙群岛。

发建设三个方面展开论述，很有新意。李金明对抗战前日本和法国对南海诸岛的资源掠夺和岛屿侵占、战后中国政府收复南海诸岛的过程均做了较全面的叙述，但在史实上亦有错误。谭卫元将考察重点放在中国政府对南海诸岛的设治管理上，其中涉及战后部分，史料丰富，视野开阔，是近几年来少见的颇有新意的论文。① 笔者近几年在台北“国史馆”和近代史研究所档案馆搜集了较完整的档案史料，加以郑资约先生捐献的南海诸岛资料，在此基础上，拟对国民政府战后收复南海诸岛，并以十一段线划定南海疆域的全过程予以详述，以纠正以往研究由于资料缺失而出现的错误。

一 国民政府收复南海诸岛的擘划

南海诸岛的战略地位十分重要，战后收复东、西、南、团沙诸群岛，早已为蒋介石所考虑。1945 年 11 月，英国政府曾向国民政府提出要求，拟由该国海军派遣一艘小军舰“赴东沙岛考察，并在岛上设气象台”。这个请求被蒋介石“婉拒”。② 蒋当即指示陆军总司令何应钦，要其饬令军事委员会广州行辕主任张发奎立即“派兵驻守东、西沙群岛”。但张发奎于 1946 年 1 月 26 日报称：“因海风甚大，须于本年三月间始可成行”。3 月 24 日，蒋介石致电张发奎，询问“该岛驻兵已否派出？希即查报”。③

1946 年 4 月 4 日，台湾省行政长官陈仪致电行政院院长宋子文，请示接收西沙、东沙及新南三群岛事宜。陈仪报称：（1）“海南岛东南之西沙群岛系我国领土，民 23 年被法占领。太平洋战事发生，又被日进占。

---

① 林金枝：《1912—1949 年中国政府行使和维护南海诸岛主权的斗争》，《南洋问题研究》1991 年第 4 期。该文将东沙群岛的接收时间和前往接收舰船均弄错。李国强：《民国政府与南沙群岛》，《近代史研究》1992 年第 6 期。吴士存：《民国时期的南海诸岛问题》，《民国档案》1996 年第 3 期。李金明：《抗战前后中国政府维护西沙、南沙群岛主权的斗争》，《中国边疆史地研究》1998 年第 3 期。谭卫元：《民国时期中国政府对南海诸岛设治管辖的历史考察》，《中国边疆史地研究》2016 年第 2 期。

② 《陈诚呈蒋主席十月五日签呈》（1946 年 10 月 5 日），台北“国史馆”藏，“蒋中正总统档案”（以下简称“蒋档”），002/020400/00050/045/001x_05_04_2016。

③ 《蒋主席致张发奎敬电》（1946 年 3 月 24 日），蒋档，002/090106/00017/242/001a_05_05_2016。

前台湾总督府曾在该岛设立测候所。经本省气象局派员前往该岛调查摄影，并竖立本省接收木标。”请示该群岛“是否由本省接收”？(2)“台湾西南之东沙群岛侧近高雄县，有关本省渔业颇大。前经日本占领，拟由本省接收，隶高雄县。”（3）“菲岛附近之新南群岛，大小共 13 岛，距高雄港 770 里。前日本统治台湾时，该群岛于 1938 年划归高雄州高雄市管辖。现正积极备办接收事宜。”对于接收新南群岛事宜，陈仪恳请国民政府“转电菲岛美军总部于接收时予以协助”。[①]

从陈仪的电报可见，当时他对新南群岛的情况并不十分清楚，但他对新南群岛所处的地理位置的描述是准确的，并了解该群岛在日据时期归高雄州高雄市管辖。

行政院在接到陈仪的电报后，立即命令“内政、外交两部迅即核复”。但内政部仅查到“东沙、西沙等岛屿在战前系由广东省管辖”，至于“各该群岛人口、面积、经济、交通、文化及与其所辖县之距离（以海里计算）”等情况，“未尽明晰”。[②]

而外交部的回函除了对新南群岛情况不了解外，关于东沙和西沙群岛的报告较为翔实。

（一）“西沙群岛约处于经度 112°、纬度 16°强之间，位于海南岛之东南，早已列入我国版图。但我方并未实际占领。”报告又指出：“按一八八七年六月二十六日中法界务专条五条，其第三款规定：‘……至于海中各岛，照两国勘界大臣所划红线向南接划。此线正过茶古社东边山头，即以该线为界（茶古社汉文名万注，在芒街以南竹山西南）。该线以东海中各岛归中国，该线以西海中九头山（越名格多）及各小岛归越南……’”报告又指出：尽管在条约上并未提及西沙名称，但“若按其位置，应属于‘以东海中各岛’。……该岛曾被法占领，复经日敌进占，自应由我接收。”关于是否应该由台湾省接收的问题，外交部认为，“从条约观点而论，西沙群岛既系近于海南岛，则其隶辖，自应与海南岛同属于广

① 《陈仪为接收东沙西沙及新南群岛致行政院长宋子文代电》（1946 年 4 月 4 日），台北“国史馆”藏，“外交部”档案，“西沙群岛”（五），020/049904/0005/0013a。

② 《内政部为接收东沙西沙及新南群岛致外交部代电》（1946 年 4 月 24 日），台北“国史馆”藏，“外交部”档案，“西沙群岛”（五），020/049904/0005/0017a。

东省”。

（二）“东沙群岛原属我国领土，并未发生国际上之争执。前既经日本占领，此次收回后，以其地较近于台湾省，似可隶属该省治。”

（三）对于新南群岛，仅表示“关于转电菲岛美军总部协助我方接收新南群岛一节，本部业已电驻马尼剌总领事馆照办”。①

外交部欧洲司于4月30日致电中国驻马尼拉总领事馆：“菲岛附近之新南群岛，大小共十三座岛，前日本统治台湾时割归高雄州。现台湾省正积极准备接收，仰迅洽菲岛美军总部于接收时予以协助，并电复。”②但驻马尼拉总领馆的回复迟迟未至。王世杰又于6月致电驻日代表朱世明，告知“我现正积极准备接收”菲律宾附近的新南群岛，“请即商洽麦帅电菲岛美军总部就近协助接收”。③

外交部积极与军令部、军政部洽商派兵接收东沙、西沙群岛事宜。5月21日，军令部部长徐永昌就派兵驻守东、西沙群岛一事致电外交部部长王世杰，称蒋介石曾令饬张发奎：“由第四六军及海口海军办事处各派兵一部进驻西沙群岛；又由第六四军及粤越区海军办事处各派兵一部进驻东沙群岛。俟完成一切准备，即可开动。”但徐永昌称，“关于各部队开动及进驻情形尚未据报”④。

后来外交部秘书周书楷向王世杰报告了他所了解的情况。

第一，东、西沙群岛接收事宜原由军令部第一厅主办，但因该厅最近并入国防部，其机构处于改组中，所以没有人员负责接洽。

第二，军政部海军处副处长周宪章报称：“该处少数气象人员曾由英舰运往东沙群岛工作，西沙群岛则情况不明。”至于派兵驻守岛屿一节，周的答复是：“运输补给在在需要船只，而该处在华南无船可调”，并声称“此事向由军令部办理”。

---

① 《外交部为接收东沙西沙及新南群岛致行政院秘书处函》（1946年4月30日），台北“国史馆”藏，“外交部”档案，“西沙群岛”（五），020/049904/0005/0029x。

② 《外交部致马尼剌总领事馆电》（1946年4月30日），台北“国史馆”藏，“外交部”档案，“西沙群岛”（五），020/049904/0005/0030x。

③ 《王世杰为请商洽麦克阿瑟电菲律宾美军协助接收新南群岛致驻日朱代表》（1946年6月17日），台北“国史馆”藏，“外交部”档案，“西沙群岛”（五），020/049904/0005/0041x。

④ 《为接收东沙、西沙群岛情形军令部部长徐永昌致外交部部长王世杰代电》（1946年5月21日），台北“国史馆”藏，“外交部”档案，“西沙群岛”（五），020/049904/0005/0032a。

第三，国民政府军务局主管人员告诉他，“［蒋］主席去年已电饬张主任发奎派兵前往各岛，并限于十一月底到达，嗣因气候关系，展限至本年4月。惟办理情形尚未据报”。①

王世杰遂于6月4日致电张发奎，称“东、西沙群岛由我接收后亟待派兵驻守，确立主权。此事闻已交由尊处办理。该项部队何时可以到达？请见示为荷”。② 张发奎复称：“东、西沙群岛驻兵，前以驻粤军办事处［缺］乏适当舰船输送，致延进驻时间。最近始奉准将海硕舰拨用。如无其他阻碍，驻西沙群岛部队巳月底前可达到。至东沙群岛则须午月初旬方能开始输送。”③

当时的实际情况是，由于中国海军缺乏大型舰船，加之南海区域天气复杂，风浪较大，为确保接收部队的安全，接收时间只得推迟。值得庆幸的是，此时中华民国海军驻美舰队司令官林遵正率领着抗战后期美国援助中国的军舰④，从古巴关塔那摩海军基地启程回国。

二　新南群岛名称与位置之确认

1946年7月5日，行政院秘书长蒋梦麟致函外交部，令其迅速查明新南群岛“是否即系南沙群岛之别称”⑤。7月24日又致电台湾省行政长官公署，要求其调查新南群岛的确切名称与位置。⑥

---

① 《周书楷为接收东沙、西沙群岛情形致王世杰签呈》（1946年6月1日），台北“国史馆”藏，“外交部”档案，“西沙群岛”（五），020/049904/0005/0033x。

② 《为接收东沙、西沙及新南群岛王世杰致张发奎电》（1946年6月4日），台北“国史馆”藏，“外交部”档案，“西沙群岛”（五），020/049904/0005/0034x。

③ 《张发奎致王世杰电》（1946年6月12日），台北“国史馆”藏，“外交部”档案，西沙群岛（五），020/049904/0005/0035a。巳月即6月；午月即7月。

④ 包括护航驱逐舰“太康”号、“太平”号，扫雷舰“永胜”号、“永顺”号、“永定”号、“永宁”号，海岸巡防舰“永泰”号、“永兴”号等8艘军舰。同时美国又派一艘万吨级补给舰作为林遵的旗舰沿途护送和补给，同年7月抵达上海后，这艘军舰也移交中国，被命名为“峨嵋”号。

⑤ 《行政院秘书处公函》（1946年7月5日），台北“国史馆”藏，“外交部”档案，“西沙群岛”（五），020/049904/0005/0042x。

⑥ 《台湾省行政长官公署致外交部代电》（1946年8月17日），台北“中研院”近代史研究所档案馆藏，“外交部”档案，“南沙群岛（接收团沙群岛）”（1946年7月—1947年4月），11/EPA/04152，第202857—202859页。

外交部分别从两个渠道得到新南群岛的翔实资料。

其一为驻日代表朱世明的电报。该电报称在日本收集到“1938年日本编入该新南群岛于台湾领土之有关资料（新南群島トソノ帰属問題·經緯）及该群岛地图一份”。朱世明指出：“详阅其内容，在日本编入该群岛于台湾领土之时，对该岛领土主权之国际间问题尚未解决。”朱世明提醒外交部：“刻我方准备接收，事前似有详加研究之必要。”①

其二为中国驻马尼拉总领事段茂澜的报告。段茂澜称“此事经向各方及美海军司令探询，均无所知”。但他曾于7月19日在菲律宾报纸上读到菲律宾外长的谈话，声称“菲南之龟群岛及菲西之新南群岛（Shinnangunto）均应列入菲岛版图”。段茂澜遂于8月5日上午拜谒菲外长“询究竟”。菲外长的答复是：“十五年前彼任财长时，曾缉获日渔船，均谓系往新南群岛。彼乃注意调查，始悉该岛系珊瑚礁岛，毫无经济价值，距菲属 Palawan② 二百英里，距亚洲大陆近两千英里，最先为英人发现，后为法国占领，派船往拾鸟粪层肥料，最后被日本人占领，作攻击菲岛根据地。”菲外长声称：该群岛“目前似无居民。菲岛以国防关系，似应管理该岛”。外交部查阅了商务印书馆于1938年3月出版的由谭廉绘制的《最新世界地图集》，发现“菲外长所称之新南群岛，谭图书为团沙群岛，似属一地两名，为日本人所称者”。因此，外交部电告行政院：“团沙岛据谭图所志，属于我国。”③

实际上，鉴于法属印度支那殖民政府1933年4月对南海九小岛的侵占，国民政府内政部早在同年6月7日就成立了“水陆地图审查委员会”，决定出版中国南海疆域详细地图，并对南海疆域内各岛礁的中英文地名进行统一审定。该委员会从成立起至1935年3月22日，共召开审查会议29次。1935年4月，该委员会出版了《中国南海各岛屿图》，首次确定了中国南海最南的疆域线至北纬4度附近的曾母滩，并第一次将南海诸岛明确分成东沙群岛、西沙群岛、南沙群岛（即今中沙群岛）和团

---

① 《中华民国驻日代表团致外交部代电》（1946年7月25日），台北“国史馆”藏，“外交部”档案，“西沙群岛”（五），020/049904/0005/0042x。

② 即菲律宾巴拉望岛。

③ 《外交部为新南群岛是否即系南沙群岛致行政院秘书处公函》（1946年8月5日），台北“国史馆”藏，“外交部”档案，“西沙群岛”（五），020/049904/0005/0059/0060x。

沙群岛(即今南沙群岛)。[1]

1936年白眉初编绘《中华建设新图》，获准收录《中国南海各岛屿图》。该图在中国地图上最早出现南海疆域线，即今日中国南海地图上U形断续线的雏形。该图在南海疆域内标有东沙群岛、西沙群岛、南沙群岛和团沙群岛，其周围用国界线标明，以示南海诸岛同属中国版图。[2]

台湾省行政长官公署亦于8月17日向外交部确认：前高雄州高雄市管辖的新南群岛，即为战前和战时先后被法属安南和日本侵占的我国领土团沙群岛。新南群岛在商务印书馆出版的地图[3]中"载为团沙群岛……位于本省高雄市南西约七百七十里处，当南中国海之中央稍偏南，在西沙群岛、菲律宾婆罗洲及交趾半岛之间，航海图上称之为危险区域"。

团沙群岛面积"约七万五千六百平方里"，其十三座岛屿的名字分别叫北二子岛(North - East Cay)、南二子岛(South - West Cay)、西青岛(West York I.)、三角岛(ThiTu I.)、中小岛(Loaita I. or South I.)、龟甲岛(Feat I.)、南洋岛(无英文译名)、长岛(Itu Aba I.)、北小岛(无英文译名)、南小岛(Nam Yit I.)、飞鸟岛(Sin Cowe I.)、西鸟岛(Spray I.)和丸岛(Amboyna Cay)，"散布于北纬七度至十二度，东经一百十一度至一百十七度，各岛面积均狭小，其中以长岛为最大"。

该电报进一步指出，新南群岛"前仅我国海南岛渔夫居住"，后来"有少数日本人因采鸟粪、磷矿探险，自谓发现法国于1933年7月25日宣布领有其中西鸟岛、丸岛、长岛、[北]二子岛、中小岛、三角岛等六个小岛"。"我国政府获悉，曾令我驻法大使顾维钧向法政府提出抗议。"而"日本亦于是年8月19日向法政府提出抗议"。电报明确指出：该群岛"迨1939年3月30日被日本强力占据，由前台湾总督府以第一二二号告示向中外宣告，各该岛屿名为新南群岛(Sinnan Gunto)，并以府令第三十一号划归前高雄州高雄市管辖"。

台湾省行政长官公署向外交部报告说："本省光复后，将该群岛改划高雄县管辖，并准备本年四月前往接收。"但"因新南群岛原属西沙群岛

---

① 参见李国强《民国政府与南沙群岛》，《近代史研究》1992年第6期。

② 白眉初编绘：《中华建设新图》，建设图书馆1936年版。

③ 应为谭廉绘制的《最新世界地图集》，商务印书馆1938年版。

之一部，是否仍由本省接管？经一再电请行政院核示，日久未奉指复”。“加之该岛屿在航行危险区域之内，每年7月至翌年3月间风险浪大，浓雾密布，一至台风季节，航行尤多困难，致尚未接收。”

该公署同时询问外交部：“至《字林西报》所云中菲争议之岛系Spratley，未知是否Spraty I.（西鸟岛）之误？”

该电报最后强调：“查新南群岛系属我国领土，乃因国家多故，致被日本侵占。现抗战胜利，自应收回接管。”电报还附送了《新南群岛全图》1份、“前台湾总督府告示第一二二号”及“府令第三十一号”译文各1份、台湾省气象局“新南群岛调查报告”1份，还有翻译日本人撰写的《新南群岛概观》1份。①

其中前台湾总督小林跻造于昭和十四年（1939）3月30日发布的第122号告示最有价值，它将中国领土团沙群岛划入台湾高雄州高雄市新南群岛之区域。

> 依府令第31号，高雄州高雄市新南群岛之区域如下开。
>
> 一、新南群岛系指左列逐次连结各地点区域内之全岛屿：
>
> 北纬12度　9度30分　8度　7度　7度　9度　12度
>
> 东经117度　117度　116度　114度　111度30分　111度30分　114度
>
> 二、新南群岛主要岛屿之名称如下列：
>
> 北二子岛　南二子岛　西青岛　三角岛　中小岛　龟甲岛　南洋岛　长岛　北小岛　南小岛　飞鸟岛　西鸟岛　丸岛②

根据1946年12月12日奉命接收南沙群岛的内政部代表、内政部专门委员郑资约先生后人捐赠给南京大学图书馆的“郑资约收藏文献”中

---

① 《台湾省行政长官公署致外交部代电》（1946年8月17日），台北“中研院”近代史研究所档案馆藏，“外交部”档案，“南沙群岛（接收团沙群岛）”（1946年7月—1947年4月），11/EPA/04152，第202857—202859页。

② 《台湾总督小林跻造府令第三十一号》（昭和十四年三月三十日发布），台北“中研院”近代史研究所档案馆藏，“外交部”档案，“南沙群岛（接收团沙群岛）”（1946年7月—1947年4月），11/EPA/04152，第202893—202894页。

所藏各类“南沙群岛”绘图资料，并参照广州利达印书局 1948 年 5 月出版的由杜定友编的《东西南沙群岛资料目录》中所编“东、西、南沙岛名索引”，以及美国《国家地理》杂志于 1952 年出版的由吉尔伯特·格罗夫纳（Gilbert Grosvenor）编辑的《东亚地图》(*The Far East*)，笔者对 1939 年 3 月 30 日日本台湾总督宣布划入高雄市管辖的新南群岛所属 13 个岛屿作如下考订：

1. 北二子岛（North – East Cay）：英文又称 North Danger。今称北子岛，也叫北双子岛、双子礁、北尼岛等，位于今南沙群岛最北端。[①]

2. 南二子岛（South – West Cay）：英文又称 South Danger。今称南子岛，也叫南双子礁、北危岛、西南礁、双峙等，位于北子岛南面。一般将北子岛和南子岛合称为双子礁，位于今南沙群岛北端。

3. 西青岛（West York I.）：今称西月岛，也叫红草峙、西约先岛等，位于今南沙群岛北端。

4. 三角岛（ThiTu I.）：英文又称 Thitu Island。今称中业岛，也叫帝都岛、千川、铁峙、铁道沙、士杜、西德欧岛、西杜、帝居等，位于今南沙群岛北端。

5. 中小岛（Loaita I. or South I.）：英文又称 Loavita Island。今称南钥岛，也叫罗挨打岛、洛伊塔岛、罗保打岛、核子牌浅，位于今南沙群岛道明群礁南部边缘。

6. 龟甲岛（Feat I.）：英文又称 Flat Island。今称费信岛，亦称平岛、扁岛、罗孔岛，位于今南沙群岛东北端。

7. 南洋岛：英文名为 Nanshan Island 或 Nanschan Island。今称马欢岛，位于今南沙群岛中部。

8. 长岛（Itu Aba I.）：英文又称 Ituaba Island 或 Ituapa Island。今称太平岛，过去亦称大岛、黄山马峙、伊塔亚巴、伊秋伯岛、伊托阿巴、伊脱巴亚岛、伊吐巴、伊吐亚巴等，位于今南沙群岛中部之郑和群礁内。

---

① 参见郑资约编《南中国海岛名索引》（手稿），南京大学图书馆藏，“郑资约收藏文献”；杜定友编《东西南沙群岛资料目录》，“东、西、南沙岛名索引”，利达印书局 1948 年版，第 14 页；Gilbert Grosvenor edit，*The Far East*，*Compiled and Drawn in the Cartographic Section of the National Geographic Society for National Geographic Magazine*，Washington D. C. ，The National Geographic Society，September 1952。以下各岛同。

9. 北小岛：英文名为 Sand Cay。今称敦谦沙洲，位于今南沙群岛中部之郑和群礁内。

10. 南小岛（Nam Yit I.）：英文又称 Nam Yet Island 或 Nan Yit Island。今称鸿庥岛，亦称南伊岛、沙岛、南伊峙、纳伊脱岛等，位于今南沙群岛郑和群礁南部。

11. 飞鸟岛（Sin Cowe I.）：英文又称 Sin Gows。今称景宏岛，又称地峙、辛科威岛等，位于今南沙群岛中部。

12. 西鸟岛（Spray I.）：英文又称 Spratly Island 或 Spratley Island，也叫 Storm Island。今称南威岛，也叫鸟子岛、斯巴拉脱莱岛、斯泼拉脱莱岛、斯巴得来、士伯拉里、暴风岛、风雨岛等，位于今南沙群岛中部。

13. 丸岛（Amboyna Cay）：英文又称 Amboyne Cay。今称安波沙洲，亦称作同章峙、安布哇岛、安得拿岛、开唐巴亚岛、达姻巴宾等，位于今南沙群岛南威岛南面。

需要提出的是，台湾省行政长官公署在电报中所称新南群岛原属西沙群岛之一部，显然是不准确的。但是无论如何，来自台湾省行政长官公署和中国驻日代表、驻马尼拉总领馆的报告提供的信息，已经相当明确地证实：所谓“新南群岛”，实际上就是中国政府在 1935 年 4 月早经划定的中国领土团沙群岛。

三　国民政府接收南海诸岛之军事准备

自此，新南群岛的名称和位置已经确定，即我国领土团沙群岛。为此，行政院于 1946 年 8 月 8 日“令饬广东省政府暂行接收东沙、西沙、南沙、团沙各群岛”。[①] 9 月 13 日，外交部、内政部、国防部和海军总司令部各派代表，携带相关图书资料，在外交部开会商讨接收新南群岛（团沙群岛）事宜。[②]

① 《外交部为接收东沙、西沙、南沙、团沙各群岛致马尼拉段总领事电》（1946 年 8 月 9 日），台北“国史馆”藏，“外交部”档案，“西沙群岛”（五），020/049904/0005/0059/0062x。

② 《行政院关于会商接收新南群岛办法的通知》（1946 年 9 月 8 日），台北“国史馆”藏，“外交部”档案，“西沙群岛”（五），020/049904/0005/0067a。

蒋介石于1946 年10 月3 日向参谋总长陈诚发布“府军忠字第408 号手令”:“东沙群岛与西沙群岛应派陆军由海军运输前往进驻（限本月内实施)。其兵力不必过多，每处约一连已足。但每年必须瓜代一次为要。”①

陈诚10 月5 日向蒋介石报告:“查东、西、南沙三群岛（位置如附图）为国防要地，亟宜派兵进驻，以防外人觊觎。惟海上补给殊感困难，必须有种种设备及海军陆战队之配合，方可确保无虞。”陈诚向蒋介石说明“东沙群岛已派气象工作人员及一部分兵员进驻”。而“目前亟须进驻者为西沙群岛及南沙群岛（引者按：此处南沙群岛指的是国民政府内政部水陆地图审查委员会1935 年4 月在《中国南海各岛屿图》中划定的团沙群岛)，而后者之国防价值尤大”。陈诚报告了接收西沙群岛和南沙群岛的步骤，即“拟先派一军舰搭载必要人员前往巡视，并搜集必要资料，以为初步进驻之准备”；然后再“派气象及电讯工作人员前往设置，同时编组海军陆战队”。陈诚指出，须等一切设备完成以后，才可实施对西沙群岛和南沙群岛的兵员进驻。②

但蒋介石认为陈诚的派兵进驻计划过于迟缓，于10 月6 日命令陈诚迅速派兵进驻。他指出:“西、南两沙群岛不论如何，应先派兵各一排携帐幕，限一个月内进驻勿误。至前往巡视，自可同时并举也。”③

在蒋介石的亲自过问下，国防部于10 月9 日下午邀集外交部、内政部、海军总司令部代表在第三厅召开会议，用“特密”的方式讨论派兵进驻南海各群岛问题。内容包括:

（一）派兵进驻西沙、南沙两群岛的时机。会议认为，“如待派人侦察后再行实施进驻，则需时较长，且易招致外人之注意或竟落外人之后”。遂按照蒋介石的指示，决定采取“进驻与侦察同时”的方针。

（二）初步进驻各该岛屿计划。1. 拟由内政、外交、国防三部及海军总司令部会同粤省府各派员前往各该群岛，尽速开始实地勘察。2.

---

① 《蒋中正手令》(1946 年10 月3 日)，蒋档，002/080200/00553/181/001a_05_04_2016。

② 《陈诚呈蒋主席十月五日签呈》(1946 年10 月5 日)，蒋档，002/020400/00050/045/001x_05_04_2016。

③ 《蒋中正对俞济时十月六日签呈之批示》(1946 年10 月6 日)，蒋档，002/020400/00050/045/001x_05_04_2016。

对各该群岛采取“同时上陆或逐次上陆”的方法。西沙群岛以武德岛（Woody I.）为重要据点；南沙群岛以长岛（Idu Aba）为重要据点。“凡先遣进驻各该群岛工作人员所需之锚地、饮水、道路等，似可先以该两岛作为着手进行之目标。”3. 国界勘定与测绘制图。“由内政部查案划定国界、绘制舆图”。4. 登陆部队之兵种、兵力配合。“由国防部指派优秀工兵一排，以资建筑临时工程，及选派步兵一排以任警卫。”5. 输送及护航船只之调配。“指派最新大型军舰一二艘并酌予配备小轮、民驳。以后应由粤省府规定专轮行驶，以利交通。”6. 气象报警台。由海军总司令部“迅即开始在西沙群岛之武德岛先行成立气象报警台，开始广播，并尽速继续成立南沙群岛报警台”。7. 通信、卫生及人员。“选派电信、气象及医务人员两班，迅即先行前往西沙群岛，照预定进驻地（武德岛）着手设立报警台，并应随带工程师从事勘察、建筑工程。”8. 器材。“柴油机、发电机、无线电机每处三份及气象仪器各一份，连同配件、修理工具等，应尽速配购应用。”9. 房舍设备。“在新建筑未完成前，应须携带充分军粮、帐篷及行政院向美剩余物资清理委员会所让购之活动金属房屋，并配置工兵器材，以便择地先行构筑房舍。”10. 给养。“主食、米粮、副食、干菜、罐头、燃料、火种、文具、医药等及各种应用必需品，均以半年为准。”11. 经费。“所需经费应编造概算呈核。在未奉核准前，须有充裕之开办费。又各该岛均系荒芜之区，所派遣之工作人员待遇，必须特别从优（海军总司令部所派东沙岛工作人员之薪饷系三倍发给。合并注明）。”

（三）各该岛屿的永久建设计划。包括拟订永久建设计划之机关以及测量、岛屿命名、海军陆战队之组成及瓜代、港岸设备、移民及开发、其他建设、各项建设经费之开支等永久建设计划内容。决定应由海军总部会同内政部办理。

（四）讨论外交上之准备。会议认为，由于“主权问题似宜先造成既成事实”，因此“暂不向各国提出”主权问题。而“有关主权问题之资料”，由“内政部、国防部及海军总部搜集，汇送外交部”备用。由教育部负责地理教材修订。

会议还讨论了南海各群岛之隶属系统问题，如各该群岛在行政上之暂时隶属关系如何？尔后之军事隶属关系如何？等等。[①]

四 国民政府接收南海诸岛

国民政府接收南海诸岛的军事行动实际上从1946年5月就已经开始。

（一）东沙群岛之接收。如前所述，在蒋介石一再电令下，国民政府于1946年5月23日派海军抵达东沙群岛，设置气象台。根据参谋总长陈诚转呈海军总司令部报告派军进驻东沙群岛情况："（1）第一批。由海军总部派气象台一个，计官兵三十五员名，本年五月二十三日抵岛，六月十五日开始气象广播。（2）第二批。由广州行辕续派整六十四师之一排（欠一班）乘万宁舰，于本年八月十二日到达东沙岛西南二浬处遇险。香港英、美海军闻警驰援获救，万宁舰沉没。迄十五日，员兵十人抵岛，现仍驻守中。拟由海军总部编组第三独立排前往瓜代。"[②] 随后，陆军总司令何应钦命令张发奎由整编第64师第159团"派兵一排，配无线电一班"，于9月前往东沙群岛，部队于9月12日再次登陆成功。[③]

但由于担任广州至东沙群岛运输补给的万宁舰已于8月15日沉没，岛上驻守部队的补给发生困难。9月18日，张发奎致电陈诚："驻东沙守军五十余人，因万宁舰沉毁，补给断绝，已绝粮二日，请派机一架来粤投补。"陈诚立即于9月20日令"空军派机投送，并饬海军总部派舰一艘，担任运输"。[④] 至此，东沙群岛的驻守完成。

由于中国海军缺乏大型舰船，派军进驻西、南沙群岛的任务一直等到林遵率领的海军驻美舰队于1946年7月回到南京后才得以实施。

（二）西沙群岛之接收。海军总司令部派独立第1排及观象台一个，

---

① 以上内容见《为讨论进驻西沙群岛等办法国防部致外交部代电》（1946年10月8日）之附件一"议程提要"和附件二"桂代总司令建议接收建设之方式"，台北"国史馆"藏，"外交部"档案，"西沙群岛"（五），020/049904/0005/0068a—0072x。

② 高素兰编：《蒋中正总统档案·事略稿本》(68)，（台北）"国史馆"2012年版，第138页。

③ 《为讨论进驻西沙群岛等办法国防部致外交部代电》（1946年10月8日），台北"国史馆"藏，"外交部"档案，"西沙群岛"（五），020/049904/0005/0068a—0072x。

④ 《俞济时呈蒋主席十月六日签呈》（1946年10月6日），蒋档，002/020400/00050/045/001x_05_04_2016。

由西沙接收专员萧次尹和驻西、南沙群岛舰队副指挥官姚汝钰率领，乘永兴和中建两艘军舰，于1946年11月28日进驻西沙群岛之武德岛。[①]据林遵报告："永兴、中建两舰，于十一月二十七日航往西沙永兴岛，二十八日到达，运送部队物资登陆，十二月三日回航，巡经罗勃、巴特诸岛，返抵榆林港。"林遵还报告说：西沙永兴岛"上无居民，有房屋、栈桥、树木、水池、水井及日本人所遗牛、豕、狗等物"。[②]

海军总司令部在1947年1月制定的《西、南沙群岛建设实施意见表》中十分详细地报告了接收西沙群岛的经过。

> 遵主席蒋电令，由本军派永兴炮舰、中建登陆艇护送进驻。部队于三十五年十月廿三日由京出发，经上海、虎门至榆林港守候。天气较佳后，于十一月廿七日下午三时出发。十一月廿八日下午三时，由本部独立第一排及西沙群岛观象电台进驻武德岛。环岛暗礁隐伏，水道闭塞。岛上遍生麻疯桐及状似马铃薯之藤茎。西南海滨有日本人鸟粪厂仓库及矮小工舍十余间，建丛树中。电台、气象台、大小储水池及水井均大部完好。壁刻一九三八年号教堂一座，内楼二座，仅留四壁。此外有小型铁轨数十条。
>
> 两舰又至群岛区西侧各岛附近侦察一周，望见白托岛[③]附近有建筑物数幢，灯塔遗迹及电台天线柱两根极高，但无居民迹象。罗勃岛[④]有旧式碉堡一座，附近小屋一间。[⑤]

海军总司令部还报告了该岛进驻人数："进驻部队为独立排一排及西沙群岛观象台。该排官兵33员名，配轻机枪2挺、步枪16杆。该台官佐

---

① 前述陈诚报告中进驻西沙群岛时间为12月28日，有误。根据海军总司令部和林遵的报告，登陆武德岛时间为11月28日。参见高素兰编《蒋中正总统档案·事略稿本》（69），（台北）"国史馆"2012年版，第139、505页。

② 高素兰编：《蒋中正总统档案·事略稿本》（69），第505页。

③ 英文为Pattle Island，即珊瑚岛，中文又叫毕岛、笔岛、拔陶儿岛等。

④ 英文为Robert Island，即甘泉岛，中文又叫吕岛、罗拔岛。

⑤ 海军总司令部调制：《西、南沙群岛建设实施意见表》（1947年元月），台北"国史馆"藏，"外交部"档案，"西沙群岛"（六），020/049904/0006/0024 x—0025x。

11员、兵32名，配250瓦特发报机，已与本部直接通报。”[①] 因此，西沙群岛的接收人员应为76人，《蒋中正总统档案·事略稿本》第68辑中所述“六十七人”，应该是笔误。

（三）南沙群岛之接收。海军总司令部派独立第2排及观象台一个，由南沙接收专员麦蕴瑜、指挥官林遵和内政部专员郑资约等率领，乘太平、中业两军舰赴南沙群岛实施接收。据林遵报告：“太平、中业两舰，十一月十二、十八两日曾两度出发往南沙，均因风浪大折回。至十二月九日第三度出发成功，于十二日抵南沙太平岛，运送部队、物资登陆。十五日回航，途次巡经雷伊泰[②]、帝都、双子等岛，十二月十七日安抵榆林港。”林遵描述了当时太平岛的情景：“南沙太平岛树木茂盛，有房屋、码头遗址及水井、水池等。该岛似经盟机轰炸。”[③] 海军代总司令桂永清向陈诚报称：“该岛并无居民，仅建有房屋甚多，发现淡水井五个，草木遍地，海边皆珊瑚崖，但锚位尚好，登陆部队及物资计已运毕。”[④]

海军总司令部对接收南沙群岛之长岛（即太平岛）亦有报告：

> 与进驻西沙同案。由本军派太平驱逐舰、中业登陆艇护送进驻部队，于三十五年十月廿三日由京出发，经上海、虎门至榆林港守候，天气良好后，于十二月九日晨开航，并已于十二月十二日晨八时进驻长岛扬旗立碑。[⑤]

关于进驻南沙群岛长岛的部队，该报告指出“为独立排及观象台，其编成与配备与西沙群岛同”。[⑥] 这就是说，南沙群岛接收部队人数也是76人。

① 海军总司令部调制：《西、南沙群岛建设实施意见表》（1947年元月），台北“国史馆”藏，“外交部”档案，“西沙群岛”（六），020/049904/0006/0024 x—0025x。

② Loaita Island，即南钥岛。

③ 高素兰编：《蒋中正总统档案·事略稿本》（69），第504—505页。

④ 高素兰编：《蒋中正总统档案·事略稿本》（68），第139页。

⑤ 海军总司令部调制：《西、南沙群岛建设实施意见表》（1947年元月），台北“国史馆”藏，“外交部”档案，“西沙群岛”（六），020/049904/0006/0024 x—0025x。

⑥ 海军总司令部调制：《西、南沙群岛建设实施意见表》（1947年元月），台北“国史馆”藏，“外交部”档案，“西沙群岛”（六），020/049904/0006/0024 x—0025x。

同时，海军总司令部也报告了长岛概况：

> 长岛为其中较大之鸟岛，形狭长，宛若巨舰。面积约为半方公里，海拔约为八公尺。锚地良好，产水果，有水井，树木茂盛，可蔽烈日。所惜日本人、法人所建房屋、电台、码头、围堤均残迹。

报告指出：日本军队侵占长岛后，曾于南面海滨建围堤620米，内辟水深2.5米、面积1300平方米的船舶所港口。沿船舶所还建有172米长的码头及仓库。尽管这些设施已被破坏，但“我进驻后即应就此继续兴筑”。①

在南京大学图书馆特藏的郑资约先生捐献的资料中，有一块10厘米长、6厘米宽的象牙纪念牌照片，上刻书：②

> 大中华民国三十五年十二月十二日为代表等及太平、中业军舰奉命率军进驻我南沙群岛主岛太平岛之期，计同年十月二十三日乘舰离京，历程二千海里，冒尽惊涛骇浪，费时五十一日，方克探索到达。本主席蒋以实际考察方式作永久建设计划之指示，举凡登陆、勘查、测图、建碑诸任务一一完成。从此山河永固，并寿南天。同人等荣膺行役，爰为之记。

内政部代表	郑资约（冀）		曹照孟（冀）
空军总部	蒋孝棠（浙）		仲景元（浙）
联勤总部	戴蕃瑱（川）		
广州行辕	李恩孙（桂）		
海军海道测量局	刘天民（苏）		
太平舰舰长	麦士尧（粤）		
中业舰舰长	李敦谦（赣）	副长	杨鸿庥（川）
轮机长	刘鉴淙（粤）	轮机副	李学灵（粤）

① 海军总司令部调制：《西、南沙群岛建设实施意见表》（1947年元月），台北“国史馆”藏，“外交部”档案，“西沙群岛”（六），020/049904/0006/0024 x—0025x。

② “郑资约接收南沙群岛资料与照片”，南京大学图书馆藏，“郑资约收藏文献”。

这份史料详细记载了中国政府接收南沙太平岛之详情，具有极高的史料价值。

五 国民政府对西、南沙群岛之岛礁建设与命名

西沙群岛和南沙群岛分别位于中国南海西北部和南部，“正扼新加坡通达香港之咽喉，在军事上及海运上均极重要”，且“各国均存觊觎之心”。该两“群岛范围广泛，未经精测，小岛暗礁，星罗棋布，互相拱卫，形势天然”。其中尤以西沙之武德岛为最大，其次为南沙之长岛。此外，西沙之罗勃岛、白托岛，南沙之双子礁、帝都岛、洛伊塔岛、南伊岛、暴风岛等岛屿，面积虽略小，但“形势更要”，“均堪建设成为我国防前哨”。①

在中国军队进驻武德岛和长岛后，海军总司令部于 1947 年 1 月制定了《西、南沙群岛建设实施意见表》，显现出中国政府在西沙和南沙群岛实施军事部署的决心，并计划进行岛礁建设。

西沙群岛方面，以武德岛为军事部署之核心。为减少由于海路运输不便而造成的给养困难，决定减少岛上的守备兵力，“在精而不在多”。要点为加强守岛部队的火力配备，“其武器改以 2.5 公分机关炮为主，轻机步炮为辅”。另外，还计划从武德岛“酌抽其兵员配以机炮，分驻于罗勃岛及白托岛”，“因该两岛距越南甚近，恐被争先占领”。除了军事配置外，还计划“修建围堤、港湾、码头、仓库、宿舍等，俾往来船舰停泊及避风与储藏物资，并使驻岛工作人员生活居住臻于舒适”。各岛屿筹划“设立灯塔、潮汐站、信号站、航行标志等”，以便“指示水道，记载潮汐状况”，便于船舰之安全航行。海军总部计划由海道测量局“派遣测量班详测各水道及其他各小岛面积、海道，调制精密海图，俾今后航行其地有所遵循”。海军总部还建议“武德岛应备五、六百吨运输舰或巡逻舰

① 本段及以下三段，均见海军总司令部调制《西、南沙群岛建设实施意见表》（1947 年元月），台北“国史馆”藏，“外交部”档案，“西沙群岛”（六），020/049904/0006/0024 x—0025x。

一艘，俾经常往返各岛巡察，各小岛亦应有小火轮及小艇，俾能自行戒备其海面”。

南沙群岛方面。除在长岛“增强火力，添配机关炮”外，计划“另选二、三小岛予以进占，俾与长岛互相策应”。海军总部指出，南沙群岛在围堤、港湾、码头等设备和航道、灯塔等方面的一切建设，“可仿西沙群岛酌量进行”。但由于“长岛锚位较佳，应使可容吃水较深之船只出入”。由于长岛距离海南岛更远，交通不便，因此南海水道之测量实为当务之急。由于一般船舰“对航行其地，多视为畏途，故宜迅予测量……俾能早惠及航海船舶”。海军总部还建议长岛与“海南岛之交通运输”由“榆林港控制舰船担任”，并调整加强该岛驻军瓜代的时间频率，以利于强化守军的战斗力。海军总部拟将长岛建成类似中途岛的“海上强垒”。

1947 年 1 月 16 日，国防部召开“关于西南沙群岛建设实施会议”，国防部部长白崇禧和次长林蔚、秦德纯、刘士毅均出席会议。会议邀请内政部方域司司长傅角今、外交部欧洲司司长叶公超、财政部关务署署长朱偰与会讨论。参加会议的还有陆军总部参谋长汤垚、海军总部参谋长周宪章、国防部第二厅厅长侯腾、军令部第二厅少将专员马定波以及国防部第三厅处长许朗轩、海军总部第二署处长何希琨、外交部科长陈泽湝等。

白崇禧向与会者报告西、南沙群岛“最近已由我海军进驻”。他指出，“就军事观点言，我国海防自台湾、海南岛，为我在太平洋上海军重要根据地，亦可谓前卫根据地。西、南沙群岛更为海南岛之外围，无论在军事与航海情形，各方面均有重大关系。现我海军进驻以后，对岛上应有措施，自应从速完成，以对友邦表示我之建设性”。他还提到，由于“法国曾表示该岛非我国领土，故进驻该岛后，外交谈判必须注意与军事相配合”。①

周宪章和叶公超分别报告了西、南沙群岛现况和关于各该群岛之中法谈判经过。会议重点是讨论“关于我海军接收进驻西南沙群岛后建设

---

① 《关于西南沙群岛建设实施会议记录》（1947 年 1 月 16 日），蒋档，002/020400/00050/054/003x_05_04_2016。亦可参见台北“国史馆”藏，“外交部”档案，“西沙群岛”（六），020/049904/0006/0024 x、0042x—0043x。

措施方案”。

会议最后决定：（1）关于各该群岛主权问题，“由外交部搜集史料及有关外交文件慎重决定后，再答复法政府”。（2）增加兵力武器及建筑炮台等事宜，由海军总司令部负责办理。（3）各群岛上建筑灯塔事宜由财政部饬海关办理；气象台由海军总司令部负责设备，先建设西沙群岛（武德岛、罗勃岛），“限三月一日前将人员器材运达”。（4）各岛之测量工作。“陆测由内政部、水测由海军总司令部分别派员测量。”（5）西、南沙群岛“应归入我国版图，其经纬度之界限、岛名之更订，由内政部审订，再饬出版机构遵办，并由教育部通饬各级学校”。（6）西、南沙群岛的行政归属，“俟最近海南岛行政特别区奉准设立后，即归属该区统辖。目前暂由海军管理”。（7）由农林部派土壤专家前往各该群岛“调查土壤是否适宜耕种，以备移民垦殖”。（8）电请广东省政府依照过去惯例，为前往西、南沙群岛渔垦的民众发放护照。（9）正式宣布接收西、南沙群岛的时间。“俟岛上灯塔、气象台设备完成，再由外交部照会各友邦。”（10）由海军总司令部和外交部商定对经航该海域外国船只的“临时限制办法”，“除避风停泊外，如有人员登陆时，应由驻在海军提出声明该岛为未开放之港口”。（11）岛礁建设的一切费用，“请财政部另拨专款”。①

从 1947 年起，内政部方域司召开了一系列关于南海诸岛范围及主权之确定与公布会议，为此后的中国南海主权确定了基调和范围。郑资约等一大批专家亦根据测绘资料绘制南海东沙、西沙、中沙和南沙群岛地图，编写各该群岛的岛名索引等。

1947 年 3 月 15 日，经国民政府批准，将南沙群岛“暂行交由海军管理”。②

1947 年 4 月 3 日，内政部部长张厉生函达各部会，宣布经国民政府核准，已将西、南沙群岛之武德岛改名永兴岛、长岛更名太平岛。该公

① 《关于西南沙群岛建设实施会议记录》（1947 年 1 月 16 日），蒋档，002/020400/00050/054/003x_05_04_2016。

② 《中华民国领有南沙及西沙群岛根据之说帖》（1974 年 1 月），台北“中研院”近代史研究所档案馆藏，“外交部”档案，“南沙群岛（中越部分）”，11/EPA/04590，第 105537 页。

函全文如下：

> 查本部为纪念接收西、南沙群岛，经商得海军总司令部同意，以所派军舰舰名接收各岛。即西沙群岛中之武德岛（Woody Island）改名永兴岛，南沙群岛中之长岛（Itu Aba Island）改名太平岛，并由本部接收人员刻制石碑，永作凭志。兹复经呈奉行政院三十六年三月二十六日从壹字〈10881〉号指令，以业经呈奉国民政府三十六年三月十四日处字第四二八号指令照准等因，相应函达查照。又其余南海各岛正由本部分别拟议命名中，一俟核定，再行奉闻。[①]

后来，内政部又将西沙群岛的螺岛命名为“中建岛”，将南沙群岛的帝都岛命名为“中业岛”，还以中业舰舰长李敦谦的名字将南沙沙岛命名为“敦谦沙洲”，以中业舰副舰长杨鸿庥的名字将南沙南伊岛命名为“鸿庥岛”。

1947年5月，胡木兰等36名参政员在国民参政会第四届第三次大会上提出“为建设西南沙群岛巩固国防请政府力保主权明定疆界加紧国防建设奖励接收守土得力人员案”，得到与会参政员热烈响应，会议通过了“建设西、南沙群岛，巩固国防，请政府力保主权、明定疆界、加紧国防建设”的决议，要求将该案“交国防部、外交部。一面切实据理交涉，促法军自行撤退，保我主权；一面派舰增兵，加强西沙群岛防务，限期法军退出，必要时加以驱逐”。[②] 为此，国防部饬令海军总司令部再详细制定西、南沙群岛的建设方案。

1947年9月，海军总司令部向行政院呈递了“西、南沙群岛建设计划（军事部分）草案”。主要内容有：

（一）建设方针。第一，建设经费应拨专款。海军进驻永兴岛和太平岛后，该两岛屿所有费用“概系本部行政经费项下开支，致本区建设大

---

① 《内政部公函》（1947年4月3日），台北“国史馆”藏，“外交部”档案，“西沙群岛”（八），020/049904/0008/0104x。

② 《国防部长白崇禧致外交部长王世杰代电》（1947年8月15日），台北“国史馆”藏，“外交部”档案，“西沙群岛”（九），020/049904/0009/0076a；《国民参政会第四届第三次大会提案原文》第1册，“审一第二十五号”，国民参政会秘书处印，1947年5月。

受限制，无法展开工作”。因此建议“今后建设，无论为军事的或经济的，应请政府拨给专款，并指定机构负责统筹办理，以专责成”。第二，加派守岛部队。建议“以熟悉并习惯海南岛情形与生活之士兵为主”。第三，南海岛屿交由海军管理。指出“就本区管制制度言，依各国成例，以应交由海军管辖较为妥善”。同时建议“凡由本区天然物资如磷肥、渔业等，经人工开发所得之财源，应悉数移作本区各种建设之用”。

（二）具体实施办法。由于西、南沙群岛的地势、地质与气候“不适于大型舰船及大兵团长期驻留训练之用”，因此建议分两个阶段进行军事、经济建设。

第一阶段：第一，自 1946 年 11 月派兵进驻永兴、太平两岛后，防御工事只完成一部分。“尔后应增设高、平射机关炮垒，以期加强防御。”第二，以充实岛上人员生活设备为重点。“淡水、粮食、燃料为本区取求不易之生活必需品”，在过去日军占领期间，“永兴岛筑有大量蓄水池（太平岛较少），积蓄天然雨水，并有造水机，以补蓄水之不足或中断。现造水机已废，仅藉进驻时修复之少量水池蓄水饮用”。现在建设过程中“人员增多，水池必感不敷”。所以当务之急为“建筑足敷应用之蓄水池”。岛上的粮食与燃料“全凭舰船自大陆购运而来”，“万一天候及意外影响，不克及时接济，断绝堪虞”。因此建议在岛上“筑高燥坚固之仓库，常年存储三个月粮食、燃料，以策安全”。此外，岛上官兵的住宿条件亦亟待改善。“本岛营房前曾构筑活动房屋数栋，暂可敷岛上工作人员及驻军之用。待经济力量许可时，宜添建房屋，以供未来前往岛上人员居住之用。”第三，岛上物资运输和航泊设备建设。计划指出：“去冬我军进驻时担任输送之永兴、太平、中建、中业等舰，以气候酷热、风浪汹涌及无港湾码头避风系泊等关系，全部军被、粮食、器材、物品，驳卸不及一半，即急遽驶返。此种情形对于执行任务及员兵心理上妨害甚大。”计划建议，“将来扩大建设，输送物资材料数量当十百倍于去冬。为解除此种困难，宜先建简单之航泊设备，以供舰船驳进起卸之用”。建议“在永兴岛西南方及太平岛西侧珊瑚礁内，各地掘避风塘一处，设立碑帜，俾搭载物资由大船驳上小艇，再由小艇运入港内起卸”，并且“经常可泊快速小艇二、三艘于塘内，遇天候良好时即可出海巡逻各岛”。由于目前该两岛屿尚无建筑码头及钢骨水泥桥梁之财力与人力，建议“暂可在永兴、太平二岛日本人前筑栈桥、码头废址设立小型浮桥及浮码头，应用时铺设，不用时拖置陆上”。第四，气象台及雷达站之设立。由于“永兴岛现设有气象台一座，任测候及气象资料之统计，并每日定时播送气象报告，供船只往来、渔捞进出之参考。此项工作自开办以来，甚得国际间之好评，实有助于承认我进驻本区之合法权，今后对此宜充实设备、加紧业务进行，俾成为我国极南地区之良好气象台”。其次，应在永兴与太平二岛“各设置雷达站一座，以供军用”。“我国将来如能于海南岛建立雷达站一座，使与本地区之雷达站配合使用，其对于进出本地区外舰行动之侦察判断，定多裨益。”

第二阶段：第一，在太平岛设立气象台。因“西沙群岛与南沙群岛相距甚远，气象自有变化。应在南沙群岛之太平岛设立测候站一所”，将每日测得之气候数据“报告永兴岛气象台”。第二，设立无线电指向台。因西、南沙群岛“珊瑚礁累累、风浪汹涌，历年触礁沉没船舶甚多，航行极为困难”。为减少航行意外，计划在“永兴、太平二岛各设立无线电指向台一座，以策安全”。第三，继续修建避风塘工程，并从速完成。第四，改善驻岛人员生活。因西、南沙群岛“远隔大陆，地势平垠狭小，草木难生，纬度甚低，气候酷热，飓风常袭。驻岛人员之生活设备，亟宜改善”。其中最重要的是“在永兴、太平二岛各装置新式大型发电机二座，供造水、造冰、通讯及电力上一切应用”。此外，“营房、厂房力求坚固舒适，并充实娱乐、消遣工具，以减思乡、寂寞、单调之苦”。①

行政院院长张群于10月9日将该草案“交内政部会同国防、财政、经济、农林、外交、交通等部”研商。10月15日内政部邀请相关各部人员开会讨论，由内政部方域司司长傅角今主持，出席人员有国防部徐懋禧、曾继业，经济部汤克成，农林部李积新，海军总部丁其璋，交通部雷鸣蛰，财政部黄品城，外交部刘家驹等。与会人员均认为“西南沙群岛经济价值不大重要，而在军事地位上则极形重要”，因此重点讨论各该岛屿的军事建设与建设经费问题。会议认为“惟此项建设必先实地考察，估计建设费用，及配合驻兵、设营与供给上之实际需要，方得编立具体

① 《西、南沙群岛建设计划（军事部分）草案》（海军总司令部1947年9月拟订），台北“国史馆”藏，“外交部”档案，“西沙群岛”（十），020/049904/0010/0011 x—0018x。

计划，再由内政部召集开会讨论，呈院核办，决非今日即席所能定夺”。会议最后决定三项：第一，由国防部召集各有关军事机关（海、陆、空）先行会商，组织考察团，并请经济部、交通部、关务署、农林部等派技术人员随同考察团前往协助办理。第二，就各机关已经调查所得之关于各种建设资料，先行汇递国防部参考。第三，俟考察团回京时，再由内政部召集各有关机关开会讨论，拟具具体办法呈院核办。①

六　南海诸岛范围及主权之确定与公布

鉴于法属印度支那殖民当局曾于 1933 年占领中国南海中的 9 座岛礁，1938 年又悍然侵占西沙群岛，国民政府在派军进驻西、南沙群岛时极为谨慎，防止事前泄露消息。海军总司令部在电告外交部永兴、中建两舰已于 1946 年 11 月 28 日“进抵西沙武德岛，现进驻官兵及轻便装备已登陆”的消息时，特地要求其“在南沙群岛受气候影响尚未能进占前，请暂勿公布”此消息。为的就是怕消息走漏，导致法属印度支那当局抢先侵占长岛。②

太平、中业两舰于 12 月 12 日进抵南沙长岛并进驻军队以后，国民政府外交部发言人遂在 1947 年 1 月 7 日举行的新闻发布会上向全世界宣布：“中国政府已由日本占领中收回西沙群岛。该群岛主权本属中国，故无须经过向任何方面请求收回之手续。”③

中国接收西沙群岛的消息引起国际媒体的极大关注。

英国广播公司于 1 月 9 日广播称：“西沙群岛已由中国接收。法政府认为系突然之举，因日军占领前，该地有法军；日军投降后亦有法军进

---

① 《刘家驹关于会商西南沙群岛建设计划的报告》（1947 年 10 月 16 日），台北“国史馆”藏，“外交部”档案，“西沙群岛”（十），020/049904/0010/0007 x—0008x。

② 《海军总司令部致外交部代电》（1946 年 12 月 7 日），台北“国史馆”藏，“外交部”档案，“西沙群岛”（五），020/049904/0005/0068a—0075x。

③ 《中法关于西沙群岛交涉大略》（1947 年 2 月 1 日），台北“国史馆”藏，“外交部”档案，“西沙群岛”（七），020/049904/0007/0010x；《照译法大使馆一九四七年一月十三日关于西沙群岛事致本部》，台北“国史馆”藏，“外交部”档案，“西沙群岛”（五），020/049904/0005/0015 x—0016x。

驻。而中国政府突然接收，实使法政府不解。”① 路透社巴黎9日电讯：“继最近报载中国军队已占领南中国海西沙群岛之消息后，法外交部发言人今日发表声明称：‘法国一向认为该列岛屿系属于越南者’。法政府在上述传说未证实前，尚未决定应采何种行动。该发言人称，该岛屿之重要性为战略方面者，但战时法国从未将该群岛作战略目的之用。”

法国新闻社巴黎10日电称：“关于西沙群岛之宗主权问题，近日各方对此均极注意……安南国王在十八世纪及十九世纪时，曾迭次要求取得西沙群岛之宗主权。迨至一九二〇年中国占领西沙群岛，并将其行政权划入海南岛，至一九三〇年中国政府决定开采此等岛屿之资源。”该电讯还称：“去年六月，法国海军侦察机确定西沙群岛上并无军队。最近中国军队已占领该群岛。外交发言人亦宣称中国国旗已再度飘扬在西沙群岛上。”

法国大使馆于1947年1月13日向国民政府外交部递交节略，“兹请外交部注意法国以越南名义对该群岛所行使之主权”。法国政府在节略中声称：“法政府虽仍维持其一九三七年七月节略中所主张，此事应由两国友好解决之提议。惟已被迫须对一月七日外交部声明对华军行使该群岛占领权利后发生之效果，作最明确之保留。”②

1947年1月17日上午，满载海军陆战队官兵的法舰F-43号“藉口西沙群岛系法属领土”，驶抵武德岛抛锚。其舰长声称“奉命前来登陆，并运送华方人员离岛”，并威胁驻岛中国军人于18日上午8时前离岛，否则“强行登陆”。中国驻岛官兵坚拒法军要求，表示“决予抵抗”。法舰遂于19日凌晨离开武德岛，并侵占了50海里外的拔陶儿岛。③

对于法舰和法军在武德岛强行登陆以及后来侵占中国西沙珊瑚岛之事，国民政府外交部和中国驻法大使钱泰多次向法国政府进行交涉和抗议。

1月19日，钱泰在巴黎会晤法国外交部秘书长，“请其训令，速将法

① 本段及下段，见海军总司令部调制《西、南沙群岛建设实施意见表》（1947年元月），台北“国史馆”藏，“外交部”档案，“西沙群岛”（六），020/049904/0006/0024 x—0025x。

② 《照译法大使馆一九四七年一月十三日关于西沙群岛事致本部》，台北“国史馆”藏，“外交部”档案，“西沙群岛”（五），020/049904/0005/0015 x—0016x。

③ 即珊瑚岛。《参谋总长陈诚报告》（1947年1月20日），高素兰编：《蒋中正总统档案·事略稿本》（68），第443—444页。

舰撤退”。但该秘书长声称:“此事完全系该舰长自由动作，决非法政府之意”，表示已经训令法属印度支那总督达任留“速行制止”，并请“中国政府处以冷静”。随后，法国外交部亚洲司司长“亲来本馆解释”，称由于中国外交部发言人提及西沙群岛，法国外交部遂于 13 日向中国驻法大使照会并重申其所持立场，同时通知了达任留。“达氏派舰视察，曾训令如华军业已占领，不必登岸，不料该舰长超出训令范围。”该司长称“法政府但期和平仲裁解决，并决不愿以此而伤中法友谊。希望中国政府勿扩大其事”。钱泰“询以派舰是否系外交部训令?彼云，并非外交部本意，已电达任留撤退”。①

1 月 23 日，国民政府外交部欧洲司司长叶公超向报界宣布:“西沙群岛自日本投降后即被中国军队重新占领，现悬中国国旗。该群岛继续成为中国领土之一部。”②

为维护中国在南海主权，国民政府于 1947 年 1 月至 4 月间与法国政府数度谈判，“法方表示循外交途径和平仲裁解决，而我方则表示该群岛之主权属于我国毫无疑问”。③

但是，我国派军进驻南沙太平岛的消息却迟迟没有向外界公布。国民政府考虑的问题有二。

第一，公布时间及方式。国民政府自 1946 年 11 月至 12 月间接收西、南沙群岛并由海军进驻武德、太平两岛后，各该群岛主权已属中国所有。因此，“为明主权并避免他国觊觎及发生纠纷起见，应以公布为宜”。另外，“本国国境范围亟应确定。值此全国民众对西、南沙问题发生兴趣之时，似应公布，以激发民众对南海之思想，并确定国境范围”。公布时间和方法应予讨论决定。

第二，西、南沙群岛范围的确定。“西沙群岛离我海南岛榆［林］港仅百余至二百海里，我国军舰、渔船甚常前往。其全部主权应属我有，

---

① 《钱大使泰由巴黎致外交部呈蒋主席电》(1947 年 1 月 19 日)，台北“国史馆”藏，国民政府档案，“钱泰与郑天锡呈驻法英情报”(1946 年 4 月 13 日—1948 年 12 月 10 日)，200000000A/0662. 20/8350. 01/01。

② 《驻法大使馆呈外交部》(第 240 号，1947 年 1 月 24 日)，台北“中研院”近代史研究所档案馆藏，“外交部”档案，“南沙群岛(中越部分)”，11/EPA/04141，第 200065 页。

③ 高素兰编:《蒋中正总统档案·事略稿本》(68)，第 444—446 页。

实属天经地义，应宣布全部属为我有。”但南沙群岛“范围甚广，其主要之太平岛已离榆林港五百余海里，而离菲列宾则仅有二百余海里。故其公布范围似应加以研究”。当时南沙群岛的划定有三种意见：（1）以日本人划定的新南群岛为范围。“即凡属北纬七度至十二度、东经一百十一度至一百十七度所有之岛屿、礁石，均属我有。”（2）以北纬七度至十二度、东经一百十一度至一百十五度半为范围。（3）以北纬十度至十二度、东经一百十四度至一百十五度为范围。①

国民政府指示由内政部主持召集各方加以研讨。

1947 年 4 月 14 日，傅角今召集国防部马定波，外交部沈默、陈泽淮，海军总司令部林遵、丁其璋以及内政部王政诗等开会商讨相关事宜。傅角今指出：“我国南海疆域需要明确规定。前在民国廿年，我国官方舆图系以曾母暗沙为我国最南之疆界。现在东沙、西沙、南沙各群岛已自日本人手中接收，拟讨论两点：一、南沙群岛之范围若何规定？二、各群岛之公布方式若何？”②

会议最后决定：（1）“南海领土范围最南应至曾母滩”。会议指出：“此项范围，抗战前我国政府机关、学校及书局出版物均以此为准，并曾经内政部呈奉有案。仍照原案不变。”（2）“西、南沙群岛主权之公布，由内政部命名后附具图说，呈请国民政府备案。仍由内政部通告全国周知。在公布前并由海军总司令部将各该群岛所属各岛，尽可能予以进驻。”（3）“西、南沙群岛渔汛瞬届，前往各该群岛渔民由海军总司令部及广东省政府予以保护及运输、通讯等便利。”③

同年 5 月，林遵致函国民政府，建议尽快公布“西、南沙群岛为我收复事”。林遵建议的公布范围为：“西沙群岛应以全部为范围；南沙群岛可分为两案：（a）宣布全部群岛为我收复。（b）如以最东之群岛过于菲律宾

---

①《西、南沙群岛范围及主权之确定与公布案会议纪录》（1947 年 4 月 14 日），台北“国史馆”藏，“外交部”档案，“西沙群岛”（八），020/049904/0008/0086 x—0091x。

②《外交部陈泽淮关于南沙群岛范围及主权之确定与公布案会议报告》（1947 年 4 月 15 日），台北“国史馆”藏，“外交部”档案，“西沙群岛”（八），020/049904/0008/0095 x—0096x。

③《西、南沙群岛范围及主权之确定与公布案会议纪录》（1947 年 4 月 14 日），台北“国史馆”藏，“外交部”档案，“西沙群岛”（八），020/049904/0008/0086 x—0091x。

领海，将其放弃，可宣布北纬 7 度至 12 度，东经 111 度至 115 度 30 分内之群岛，为我收复。"[①] 国民政府遂饬令行政院召集相关部会会同核议。

6 月 10 日，行政院秘书处召集内政、外交、国防三部官员讨论林遵的提案。会议由行政院参事管欧主持。傅角今不赞成林遵"关于南沙群岛之收回范围"，主张按照"上次召开有关本案会议之决议办理"，即以"战前我国机关学校所出版之关于南海领土范围之刊物"为标准。关于公布时间，他主张"应在国防部对可进驻岛屿实际进驻之后"。他还指出，南沙群岛"与菲律宾相距最近之处，亦在一百海里以外，且菲律宾对我当时收复该岛无何异议，故不成问题"。国防部代表甘礼经指出："日本对南沙群岛，原亦定有范围，系包括全部岛屿，但不远至西部公海。我既自日本人手中接收，自仍可照此范围为准。否则如照原提案办法，不啻默认邻近菲律宾之岛屿已为该国主权矣。"外交部刘家驹科长表示："西沙群岛问题，虽中法双方尚在争执中，但在我国固已肯定其为中国领土。"他还指出："我方主张主权之引证，较法方所提出者殊多根据，现正继续收集资料，并要求法方即速撤退其在白托岛之军队。"而外交部美洲司专员沈默则表示：应该"遵照钧座指示……似应先由国防部再就该群岛中较重要者实行派军驻守，俟此项派驻工作达到后，再行决定公布之范围与方式"。[②]

会议最后形成下列决议：(1) 关于公布范围。"应照内政部呈准之我国南海领土范围为公布范围。"(2) 关于公布方式。"采用发表新闻方式，在国内宣布，并由内政部编制西、南沙群岛史地及设施情形，及附图说明，呈送国府备案。同时通饬国内机关学校一体知照。"(3) 关于公布时间。"应俟南沙群岛中之重要岛屿（如双子岛及南威岛）进驻后，并于邻近之次要岛屿上竖立领土标识后，予以公布。"[③]

蒋介石核准了会议审查意见，并饬令行政院"查明详报南沙群岛应

---

① 《行政院秘书处公函》(1947 年 6 月 2 日)，台北"国史馆"藏，"外交部"档案，"西沙群岛"(九)，020/049904/0009/0035x。

② 《外交部刘家驹呈关于审查公布西、南沙群岛为我收复案会议讨论与决议情形》(1947 年 6 月 11 日)，台北"国史馆"藏，"外交部"档案，"西沙群岛"(九)，020/049904/0009/0029 a—0033a。

③ 同上。

属我国之根据”。[①]

6 月 16 日，张群将会议审查意见抄发国防、内政、外交三部。修订后的《审查意见》内容包括：

（一）确定西、南沙群岛之范围。西沙群岛：“原建议应以全部为范围，此点与内政部所定该群岛之范围相同。”南沙群岛：“内政部原定为全部，该群岛之最东岛屿与菲律宾相距尚在一百海里以外，菲方并无据有之表示，是南沙群岛亦应以全部为范围。”

（二）宣布各岛屿为我收复。“西沙群岛全部，我国已迭次声明主权属我，似无宣布收复之必要（其中拔陶儿岛，现尚为法国派兵侵占，外交部正在交涉中）。”“南沙群岛（我国仅实际占领其中之一，即太平岛）目前似无宣布其全部或部分属我之必要。”

（三）派兵进驻西、南沙群岛其他重要岛屿。“迄现为止，我国在西、南沙群岛中，仅实地占领永兴（在西沙）、太平（在南沙）两岛，似应由国防部再就各该群岛中较重要岛屿，如双子岛、斯普拉特岛[②]等迅即实行派兵驻守。”

（四）将来宣布收复西、南沙群岛的时间和方法。“应于何时及运用何种方式表示各该群岛属我或为我收复，应视西、南沙群岛中岛屿之占领实际情形，由内政部会商有关机构决定之。”[③]

为了使西沙、南沙群岛主权范围具体化，内政部方域司印制了《南海诸岛位置略图》，该图成为现代中国南海地图的重要蓝本。该位置略图有几个重要特点：第一，用 11 根断续线组成的 U 形线圈定了中国南海海疆范围。该线成为如今中国宣示南海海疆主权之九段线的来源，这是我国维护南海诸岛领土主权的重要法理依据。第二，对南海诸岛各岛群名称作了调整：将“团沙群岛”改名“南沙群岛”，原“南沙群岛”改名“中沙群岛”。第三，再次明确中国海疆线最南端在北纬 4 度的“曾母滩”，并将其改名为“曾母暗沙”。8 月中旬，内

① 《行政院训令》（1947 年 7 月 16 日），台北“国史馆”藏，“外交部”档案，“西沙群岛”（九），020/049904/0009/0042 x—0043x。

② Spratly Island，即南威岛。

③ 《行政院训令》（1947 年 7 月 16 日），台北“国史馆”藏，“外交部”档案，“西沙群岛”（九），020/049904/0009/0042 x—0043x。

政部将包括所有南海岛屿位置及名称的《南海诸岛位置略图》《西沙群岛图》《中沙群岛图》《南沙群岛图》《太平岛图》《永兴岛及石岛图》等6种以及《南海诸岛新旧名称对照表》1种，呈奉行政院审核。国民政府主席蒋介石在审核了《南海诸岛位置略图》后决定，“应以各该群岛全部为范围”。①

11月，由郑资约编著的内政部方域丛书第一种《南海诸岛地理志略》由商务印书馆出版。书中收录了《南海诸岛位置略图》等地图以及《南海诸岛新旧名称对照表》。内政部方域司于11月19日将该书检送国民政府各部会参考。②

12月1日，国民政府内政部正式核定南海中属于中国领土之东沙、西沙、中沙、南沙等各岛屿和岛礁名称，并刊载于当时的国内外报刊，昭告世人，完成了国际法上所规定之程序。从此，南海诸岛正式重返祖国版图。

1949年4月1日，海南特别行政区成立，东沙、西沙、中沙与南沙群岛均正式改隶海南特别行政区管辖。③

七 余论

中国对南海诸岛拥有主权具有坚实的历史依据和国际法依据。

首先，1887年6月26日，中法两国签订《续议界务专条》（*Convention relative à la Délimitation de la Frontière entre la Chine et le Tonkin*），划定了中国和法属印度支那之间的边境线。两国勘界大臣会商议定：“永远遵守所有商定办法”，“将两国勘界大臣之节略并所绘界图亲自画押者，现

① 《内政部公函》（1947年9月4日），台北“国史馆”藏，“外交部”档案，“西沙群岛”（十），020/049904/0010/0039x。“曾母滩”亦称作“詹姆滩”。

② 《内政部方域司函》（1947年11月19日），台北“国史馆”藏，“外交部”档案，“西沙群岛”（十），020/049904/0010/0042x。

③ 《中华民国领有南沙及西沙群岛根据之说帖》（1974年1月），台北“中研院”近代史研究所档案馆藏，“外交部”档案，“南沙群岛（中越部分）”，11/EPA/04590，第105537页。

在互相校阅，各无异议”。[①] 而中越海上边界，便以东经 108 度 02 分线（即中法两国勘界大臣所划红线）向南垂直接划。这样，基于国际条约的中越海上边界线即已划定。越南海岸在竹山以西，无论怎样向南接划，南海诸群岛都远在该线以东海面，其归属中国不言自明。也就是说，法国政府早在 1887 年 6 月 26 日就已经承认南海诸岛属于中国所有；中国对南海诸岛拥有主权，已为国际法所认定。因此，东经 108 度 02 分线也成为国民政府划定南海疆域线的起点。

自有史籍记载以来，中国海南岛渔民即定期前往南海诸群岛作业，并在各主要岛屿不定期居住。20 世纪 30 年代日本对中国东北的侵略，是造成中国南海主权危机的根源。法国于 1933 年侵占中国南海九小岛，1938 年 7 月又出兵侵占西沙群岛。日军于 1939 年 2 月驱逐法国军警，占领西、团沙群岛。

其次，国际反法西斯战争和中国抗日战争的胜利暨战后国际秩序，赋予了中国收复南海主权的权利。作为第二次世界大战战胜国和联合国常任理事国的中国，遵照《开罗宣言》和《波茨坦公告》，收回了被日本侵占的中国东北四省、台湾、澎湖和南海诸岛，重新确立了中华民国的版图。这是第二次世界大战后联合国和同盟国赋予中国的权利，更是中国依据战后国际秩序所享有的权利。当时美、英两国，尤其是美国政府，在南海诸岛主权归属问题上也倾向于支持中国。据史料记载，1920 年，日本南兴实业公司欲在西沙群岛开采磷矿，曾函询法属印度支那海军司令该群岛“是否属于法国？司令答曰否”。1927 年 12 月 5 日，法属印度支那总督向法国政府报告说，时任日本驻西贡总领事黑泽向该总督署外交负责人员表示：“通常称谓西沙群岛者（Paracels），实在日本版图以外，日本政府不加过问。”[②] 可见，中国对西沙群岛拥有的历史主权证据确凿，已为国际公认。因此，当法舰于 1947 年 1 月 18 日侵占西沙珊瑚岛后，美、英两国政府于 1 月 28 日指示各该国驻法大使“先后往访法外长贝得

---

① 中法《续议界务专条》（清朝光绪十三年五月初六，西历一八八七年六月廿六日）第一、二、三款。台北“中研院”近代史研究所档案馆藏，“外交部”档案，“南沙群岛（中越部分）”，11/EPA/04590，第 105560—105561 页。

② 胡焕庸：《法日觊觎之南海诸岛》，《外交评论》1935 年第 3 卷第 5 期。

尔”，关于西沙群岛之主权问题，“两人均根据其政府指示”，要法国“慎重考虑中国政府所提供中国与西沙群岛主权有历史性之资料”；“二大使事先并商得同一具体原则，即希望法国对西沙群岛事件，应循外交途径，在不损及中法善意友谊下，以求解决”。①

由此可见，中国对南海诸岛拥有不容置疑的主权。

① 《保密局呈蒋主席二月七日情报》（1947 年 2 月 11 日），蒋档，002/020400/00050/056/001x_05_04_2016。

辛亥祭奠的死亡表达

——黄花岗七十二烈士墓骷髅符号释读*

武洹宇

1911 年农历三月二十九日下午，黄兴率领 120 余名革命志士发动武装起义，袭击两广总督署，史称“三二九起义”。这是同盟会发起的第十次武装起义，亦是革命党人牺牲最为惨烈的一次，百余名革命党人在起义中牺牲。当时尚未暴露身份的革命党人潘达微①以记者身份联合善堂，收敛了其中七十二名烈士遗骸合葬于广州黄花岗，故此次起义亦称“黄花岗起义”。今天，当年烈士遗骸的下葬之处已经成为广州市的一个著名地标——黄花岗七十二烈士墓。不过，以其如今的格局和样貌，世人很难想象，在民国初年，人们曾经踏着一条饰有骷髅雕塑的墓道，陟彼岗上，鞠躬拜祭。

---

* 本文原载《近代史研究》2017 年第 2 期。本文为广东省哲学社会科学“十三五”规划学科共建项目“广东志士与中国近代公益话语的萌芽”（GD16XLS06）、中山大学人文社会科学青年教师桐山基金（1709001）的阶段性成果。感谢两位匿名审稿人的宝贵意见！此外，本文在搜集资料的过程中，得到黄大德先生的无私帮助以及黄花岗公园余奕华先生的全力支持，特此致谢！

① 潘达微（1880—1929），号心薇，字冷残、铁苍、影吾、景吾等，亦有多种笔名，兼画家、摄影师、实业家和慈善公益人等多种身份，是广州广仁善堂的善董潘文卿之子。

一 黄花岗的骷髅符号

黄大德是最早留意到黄花岗七十二烈士墓这些骷髅雕塑的学者。在《潘达微与黄花岗》一文中，他曾写道：

> 此墓道的骷髅早已不复存在，据黄花岗公园管理人员说，曾有工作人员挖出来这些铁铸的骷髅，觉得难看，又把它埋掉了，但埋在哪里已无人知晓，图片仅见于 1921 年出版的《黄花岗烈士事略》中。①

黄先生文中提到的这本 1921 年版《黄花岗烈士事略》，实际刊印于 1923 年，由邹鲁编写，孙中山亲自作序。该书没有再版，不易寻觅，笔者在香港中文大学图书馆所藏“林森寄赠”的原版书中，见到了这幅历史图片②（见图 1），该图的下方标有“黄花岗七十二烈士墓道铁柱顶”的字样，说明这些骷髅雕塑曾置于陵园墓道某些铁柱的顶部。为了进一步弄清骷髅雕塑、铁柱与墓道之间的具体关系，笔者广泛查阅了民国时期的各种报刊，发现两条线索。

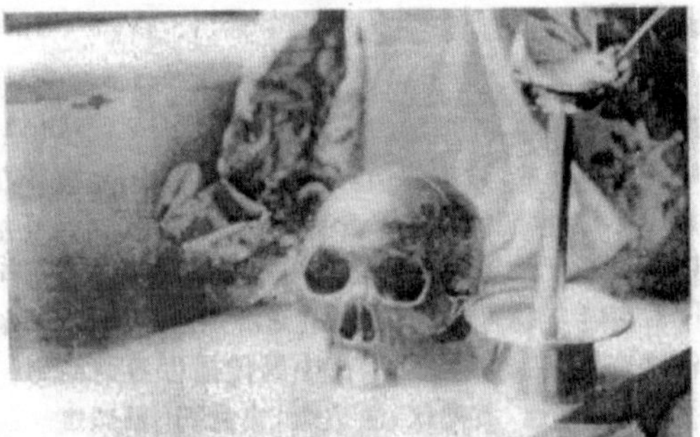

图 1　墓道铁柱顶的骷髅形象

---

① 黄大德：《潘达微与黄花岗》，《天河文史》2001 年第 9 期。

② 邹鲁：《黄花岗烈士事略》，1923 年版。原书无页码，亦无出版信息。

1924 年，诗人黄药眠发表的《黄花岗的秋风暮雨》长诗中写道："巨砲儿高竖在墓道门前，口含着狰狞的骷髅欷歔"①；1928 年 3 月 29 日，香港《大光报》为纪念辛亥年"三二九之役"，特设"黄花特刊"专版，刊登了一张题为"黄花岗之马路口"的照片②（见图 2），尺幅不大，仅见 4 根高柱，照片下端的文字清楚地说明"每柱以旧礮为之，柱顶摆一骷髅"。

图 2　《大光报》所刊登的骷髅墓道

其中，黄药眠诗句中"砲"字与《大光报》中所用"礮"字皆通"炮"，结合图片与文字信息方能得知：在黄花岗陵园的墓道口处，曾设有高柱，柱体为废旧炮管③，在每根柱子顶端的炮口处，各置一骷髅雕塑。细观图 2，可见骷髅构件的下端呈明显的圆柱形"榫头"，恰好可以插入空心铁柱的"卯眼"，且三个"榫头"上皆穿有小孔，应是作为固定之用的专门设计。由此可以推断：图 1 中的骷髅构件即是图 2 中置于柱子顶端的骷髅雕塑。

---

① 黄药眠：《黄花岗的秋风暮雨》，《黄花岗上》，上海创造社 1928 年版，第 49 页。

② 裕生：《黄花片片录》，（香港）《大光报》1928 年 3 月 29 日。

③ 陆丹林写于 1929 年的《黄花冈纪游》中有一句："还有废砲十余尊排列两旁，杀人利器，日有进步，此受天然淘汰者，思之惘然。"可见当时炮柱不止《大光报》图中所摄四根，假若每根炮柱之上皆有骷髅雕塑，那么该墓道之骷髅亦不止四个。参见陆丹林《黄花冈纪游》，《旅行杂志》1929 年第 3 卷第 2 期。

2016 年 2 月，笔者与黄花岗公园的工作人员在黄花岗公园共同进行了现场勘察，在今黄花岗七十二烈士墓的墓园正门与红铁门之间的“二横门”入口处，发现图 2 中的四个柱墩尚存三个，故推测当年这一旧墓道的位置很可能位于二横门一带。今天，在黄花亭重檐的四条栏杆两端，依然可见彩绘的骷髅图案①，与当年墓道的骷髅彼此呼应，构成祭奠主题的系列符号，它们究竟有何深意？

在目前有关黄花岗的研究中，这一问题尚无涉及。而学界对于清末民初骷髅符号的使用以及死亡文化的探讨，尽管算不上完全空白，但确是凤毛麟角。就笔者阅读所及，仅见美术史学者李伟铭注意到“在民初的视觉艺术中，‘骷髅’作为一个象征符号曾被广泛使用”②，但也仅列举了一些例子，并没有系统论述。黄大德参与编撰的《魂系黄花：纪念潘达微诞辰一百二十周年》一书是目前有关潘达微史料的最全文集③，其中有一定的篇幅介绍了潘达微的骷髅情结，可以明确潘氏以骷髅符号祭奠烈士，但对于其中的文化逻辑、符号原理及其与时代背景的关联等问题亦未涉及。此外，王晓葵在分析黄花岗七十二烈士陵园如何作为生产革命话语与辛亥记忆“神圣空间”的文章中，虽也提到 1921 年黄花岗七十二烈士陵园建成时，墓道旁侧曾出现骷髅形象，却同样因为“设置这些骷髅像的缘由现在并不清楚”④，而没有展开进一步的讨论。简言之，学界基本认为黄花岗七十二烈士陵园早期的骷髅符号与潘达微祭奠烈士的特殊方式密切相关，但由于资料缺乏等原因，对此事的讨论多止于潘达微的个人偏好。然而，为何个体的特殊偏好能够出现在黄花岗七十二烈士陵园——这一生产革命话语和辛亥记忆的“神圣空间”长达近十年之久？

米歇尔·沃维尔（Michel Vovelle）在《死亡文化史》中曾指出：骷

---

① 黄花亭重檐上的彩绘骷髅特写，参见广州市黄花岗公园编《黄花皓月：黄花岗七十二烈士墓园百年图录》，广东人民出版社 2011 年版，第 103 页。

② 李伟铭：《忍死与恨生：辛亥革命遗老的世俗情怀——以〈天荒〉（1917）为证例》，《文艺研究》2012 年第 7 期。

③ 广东省政协文史委员会、广东省美术馆编：《魂系黄花：纪念潘达微诞辰一百二十周年》，广东人民出版社 2001 年版。

④ 王晓葵：《革命记忆与近代公共空间——从“黄花岗公园”到“广州起义烈士陵园”》，黄东兰主编：《身体·心性·权力》，浙江人民出版社 2005 年版，第 118 页。

髅形象的流行往往是死亡频发的文化表达，是时代死亡文化的一种象征浓缩。[①] 值得留意的是，清末民初的中国社会亦是一个死亡频发的年代。海青在《“自杀时代”的来临?》一书中集中探讨了当时知识群体频繁自杀的现象及其背后的文化逻辑，其中特别指出人们对自杀与死亡的讨论在五四时期达到高潮[②]；大量文学领域的研究亦表明，随着西方唯美颓废思潮的传入以及国内时局的剧变，以死亡为主题的各种文艺实践在民初悄然兴起，并于五四前后出现高峰。[③] 黄花岗七十二烈士陵园的营建是在1919年至1921年间，恰逢五四爆发——难道一切只是巧合？抑或其中潜藏着一股尚不为今人所知的文化伏流，不过是经由黄花岗七十二烈士陵园的一张旧照而显露峥嵘？

这些看似稀奇古怪、晦涩难解的历史细节，对于美国历史学家罗伯特·达恩顿（Robert Darnton）来说，恰可以成为带领我们通往时间另一端那个陌生世界的最好契机。达恩顿曾在法国的一份旧档案中发现18世纪30年代末巴黎的一间印刷铺里，几个学徒举行了一场诡异而残忍的屠猫仪式，并且欢笑不已。对此，达恩顿写道：“我们笑不出来，这正说明了阻隔我们和工业化之前的欧洲工人之间的距离。察觉到那一段距离的存在可作为从事一项探究工作的起点，因为人类学家已经发现最不透光的地方似乎就是穿透异文化最理想的入口处。”[④]

达恩顿所说的“人类学家”特指与其在普林斯顿大学共同执教的解释人类学之父克利福德·格尔茨（Clifford Geertz）。在格尔茨的理论中，个体与文化之间的联系在于一张由符号象征织就的“意义之网”，而人类正是悬挂在这张意义之网上的动物。因此，要探索个体与文化之间的逻辑联系，关键就在于解析（explicate）那些表面上看似晦涩难懂的符号表

---

① ［法］米歇尔·沃维尔：《死亡文化史》，高凌瀚、蔡锦涛译，中国人民大学出版社2010年版，第6—18页。

② 海青：《“自杀时代”的来临？——二十世纪早期中国知识群体的激烈行为和价值选择》，中国人民大学出版社2010年版。

③ 参见李伟铭《忍死与恨生：辛亥革命遗老的世俗情怀——以〈天荒〉（1917）为证例》，《文艺研究》2012年第7期；李欧梵《漫谈中国现代文学中的“颓废”》，《现代性的追求：李欧梵文化评论精选集》，生活·读书·新知三联书店2000年版，第141—173页。

④ ［美］罗伯特·达恩顿：《屠猫记：法国文化史钩沉》，吕健忠译，新星出版社2006年版，第79—80页。

达，由此深入彼时彼地的具体情景中去学习、理解和感知异文化意义系统中符号象征的共享意义，以“深描”（thick description）的方法来呈现他者的文化逻辑。①

对于达恩顿的研究方法，《屠猫记》的中文译者吕健忠打了一个比方：“如果把一个国家的文化比喻为一个有机体，本书可以说是从法国文化史上取下的一个组织切片，然后拿来做断层扫描。”② 事实上，将如今看来难以理解的历史切片还原到其所处的时代情境之中，扫描出与之相连的一整套象征体系，再从中体会、解读最初那一块切片的做法，无疑是将格尔茨解析“意义之网”的阐释手法运用到了时间另一端的“他者”身上。达恩顿将这一新的史学尝试称为“心灵史”或“文化史”的研究，同时对研究方法的原理做了明确阐述，他写道：

> 历史的人类学模式自有其行规……它始于这样的前提：个体无不透过通行的语法从事自我表达，我们在我们的文化所提供的网络之内透过思考而学习对种种感受进行分类并了解事物的意义。因此，这个模式应该可以让历史学家发现思想的社会面向，并且从文献中梳理出意义，只要他们深入故纸堆探索其与周遭环境的关联，在文本与其文义格局之间来回穿梭，直到清理出一条通路穿越陌生的心灵世界。③

笔者沿着格尔茨与达恩顿的思路，试图在今天的我们与百年以前的那一位骷髅设计者之间，梳理出一条穿越陌生心灵的符号路径。

二 潘达微的骷髅情结

早在同盟会成立前，潘达微就开始利用世家子弟身份的便利，帮助

---

① ［法］克利福德·格尔茨：《文化的解释》，韩莉译，译林出版社 2008 年版，第 3—42 页。

② 吕健忠：“译序”，罗伯特·达恩顿：《屠猫记：法国文化史钩沉》，第 1 页。

③ 同上书，第 4 页。

孙中山谋划革命。1905 年，受孙中山嘱托，潘达微为革命筹款数千，同时创办《拒约画报》（后更名《时事画报》），以“震懦砭愚”为己任，宣传革命思想，力图成为时代的“暗室之孤灯，迷津之片筏”[①]；1908 年，潘达微分别在香港德辅道创办“民生画报社”，在广州的河南[②]担杆巷设“守真阁”，作为革命党人的秘密机关；1910 年，潘达微与高剑父策动“庚戌新军起义”，同时与高剑父、陈树人等在广州的河南办美术瓷窑所，秘密研制炸药；1911 年农历三月，潘达微携妻陈玮庄为“黄花岗起义”运送军火。[③]

起义的实况异常惨烈。原计划参加起义的十路大军，只有黄兴一路孤军血战，悲壮无比——“是役也，碧血横飞……草木为之含悲，风云为之变色”[④] ——孙中山如此写道。起义失败后，清廷将百余具革命党人尸首移至广东谘议局[⑤]，潘达微亲自记录了 1911 年农历四月初三日目睹尸骨惨状时的情境：“陈尸场上，逻者洞察尚严，积尸分数叠，折臂断胫，血肉模糊，目不忍睹。”[⑥] 当探知清廷欲将烈士尸骨抛于一处随意掩埋行刑犯人的“臭岗”中时，他当即前往两粤广仁善堂请求协助，妥善掩埋烈士遗骨。农历四月初四日，阴雨绵绵，潘氏整日处理葬事：

> 当时伤心惨目，不可言喻。盖陈尸数日，继以夜雨，尸体霉胀，且各义士多被假发，发去脑袋，中攒无数小虫蠕蠕动，体缚以铁索，多合二三人为一束。呜呼！……是日也，风雨愁云，行人绝迹……余

---

① 讱生：《时事画报出世感言》，《时事画报》1905 年第 1 期。

② 晚清民国时期，广州市珠江以南的区域被称作“河南”，其地理范围基本等同于今天的海珠区。

③ 李文健：《有关我外公潘达微的一些资料》，广东省立中山图书馆藏，黄大德捐赠于 1991 年。

④ 孙中山：《〈黄花岗烈士事略〉序》，邹鲁编：《黄花岗烈士事略》，1923 年版，无出版机构信息。

⑤ 广东谘议局旧址，现位于广州起义烈士陵园内，即今“近代史博物馆”的建筑主体。

⑥ 潘达微：《黄花岗七十二烈士殡葬之情形》，《魂系黄花：纪念潘达微诞辰一百二十周年》，第 194—195 页。有学者认为“清政府如此对待烈士尸骨，无疑含有警示社会之意：他们希望民众记住反抗朝廷者的下场，莫再犯事”。详见王楠《墓地：原质性的纪念空间》，罗福惠、朱英主编《辛亥革命的百年记忆与诠释》第 4 卷，华中师范大学出版社 2011 年版，第 132—133 页。

随最后一棺，步送至红花岗……①

自殡葬结束，潘氏终其一生，皆以其独特的美学手法祭奠先烈。首先，他将烈士埋骨的地点“红花岗”改为“黄花岗”，盖显雄浑。② 其次，当潘氏为躲避龙济光迫害而亡命上海的那一年，曾特命自己的一双年少儿女代为祭拜，且专门指定了祭拜方式：骑白马，穿白衣，披白绶带，并于绶带上书写“黄花岗之子”与“黄花岗之女”。③ 最后，有关黄花岗的题材几乎贯穿了他在辛亥年以后的诗文、绘画和摄影等各种艺术创作。凡此种种，说明先烈惨死的强烈刺激长久挥之不去：当年慷慨赴死的青年才俊，多为他的故友，眼见鲜活生命骤然变得血肉模糊、“尸体霉胀”“小虫蠕动”，如此巨大的惊骇与伤恸所带来的高度震撼，其实与艺术创作所追求的极致体验并无二致。黄花岗的经历因此而成为潘达微创作灵感的不绝源泉，与此同时，对有关黄花岗的诸种事，他亦表现出极高的审美要求。

据黄大德对墓园最初状况的考察，其中骷髅符号的使用很可能出自潘达微本人手笔，依据有二：一是画家帅铭初为潘达微所题的挽联称“黄花碧血，独凭意匠经营”，由此猜度应是潘达微提出了墓园设计的整体构想；二是潘氏故友黄金海的回忆，明确指出了修建黄花岗墓园之时，潘氏废寝忘食，大到陵园的整体布局、风格，小到石材、雕塑、图案纹样的搭配，皆亲力亲为，事无巨细，其中很可能就包括了骷髅符号的设计。④

笔者认同这一判断，除了上述原因外，还有另外两个重要依据：第一，民国成立后，潘达微曾两次被推举操持修墓一事，这些情况在他自撰的《黄花岗七十二烈士殡葬之情形》一文中，有明确记叙：“民国五年，省参议会复提前案，举余为修筑黄花岗协理，随孙、周二先生后，但事至今日，尚无切实进行办法。”⑤ 而在黄花岗陵园正式修建的 1919 年

---

① 潘达微：《黄花岗七十二烈士殡葬之情形》，《魂系黄花：纪念潘达微诞辰一百二十周年》，第 194 页。

② 同上。

③ 黄大德：《潘剑波、李文健问答录》，《魂系黄花：纪念潘达微诞辰一百二十周年》，第 251 页。

④ 黄大德：《潘达微与黄花岗》，《天河文史》2001 年第 9 期。

⑤ 潘达微：《黄花岗七十二烈士殡葬之情形》，《魂系黄花：纪念潘达微诞辰一百二十周年》，第 194 页。

至1921年间，潘达微主要的活动地点就在广州[①]，如此大事，于情于理他都应参与。第二，在义葬烈士之后，骷髅题材开始频繁地出现在潘达微的私人生活与艺术创作中，依时序整理如下。

1914年，潘氏亲手烧制两颗瓷质骷髅，一摆于书案，一放置房间，每逢黄花节[②]和重阳节“皆对骷髅写黄花，一以寄怀先烈，一以感慨时事”[③]；1915年，与王秋湄主编《天荒》画刊，封面即为一架骷髅骸骨临窗阅读，内页中还有一幅题为“天地不仁万物刍狗万古凄凉不堪回首”的画作，其上绘一老虎坐卧山前，身旁是骷髅骸骨[④]；1916年，作《美人骷髅图》并题诗四首[⑤]；1920年，在其为南洋兄弟烟草公司策办的“劝国人用国货”广告征集活动中，遴选出一幅骷髅题材的漫画为获奖作品[⑥]；1926年，创办《微笑》杂志，刊登画家何颖量插图，画面为一裸身女子独坐在骷髅头骨之上弹奏乐器，图下配文两句：“一具骷髅，干得尽。百千闻见，自无差。”[⑦]

1929年是潘达微生命的最后一年，骷髅创作的密集度达到顶峰：春季，在广州中央公园举行的菊展会上，在其手植的黄菊旁置一骷髅，题曰《碧血黄花》[⑧]；4月，在《非非画报》上发表《黄花寥落》和《黄花白骨》两帧摄影；10月，再次于《非非画报》上发表摄影作品《心灯》[⑨]，画面为一颗骷髅和将熄的灯盏并置桌案。

除此之外，潘达微尚有大量作品或遗失不存或散落在各种杂志报纸和潘氏后人手中[⑩]，故骷髅题材的出现次数应远多于以上所列。究竟为何在辛亥年之后长达15年的时间里，从墓道设计到花展、摄影、绘画，再

---

① 黄大德：《潘达微年表》，《魂系黄花：纪念潘达微诞辰一百二十周年》，第268—269页。

② 民国成立以后，为纪念死难先烈，民国政府将公历3月29日定为“黄花节”。

③ 黄大德：《潘达微年表》，《魂系黄花：纪念潘达微诞辰一百二十周年》，第266页。

④ 在《天荒》画刊封面的右下角，有“Kwok”字样签名，具体何人待考。

⑤ 孙璞：《革命诗画》，《广东文献》1972年第2卷第4期。

⑥ 漫画作者不详，画报详见《魂系黄花：纪念潘达微诞辰一百二十周年》，第113页。

⑦ 《微笑》1926年第1期。

⑧ 郑春霆：《潘达微先生其人其事》，《广东文献》1971年第1卷第4期。

⑨ 《非非画报》1929年第9期。

⑩ 潘达微晚年所作百余幅画作大多未曾公开，为潘氏后人私藏。

到对画报封面和广告设计的甄选上，凡其所涉之处，几乎都有骷髅的踪影？这一符号灵感从何而来？

三 骷髅符号的思想资源

通过对潘达微的艺术创作及其人际网络的详细考察，不难发现他当时所可能接触到的与骷髅有关的艺术传统和符号仪式有着多种来源。

（一）红粉骷髅

第一种是源自中国文学传统题材中的“红粉骷髅”意象，最早见于曹丕所作的《列异传》中《谈生》一文，后相继出现于各个时期的文学作品，皆以绝色佳人忽现骷髅的瞬间来警示世人：莫要沉迷色相。[①] 其中，最为著名的一例当属《红楼梦》里贾瑞被所痴迷的王熙凤捉弄以后，大病在床，照了道士送来的一面“风月宝鉴”的情节：

> 贾瑞收了镜子，拿起“风月鉴”来，向反面一照，只见一个骷髅立在里面，唬得贾瑞连忙掩了，骂：“道士混账，如何吓我！——我倒再照正面是什么。”想着，又将正面一照，只见凤姐站在里面招手叫他。贾瑞心中一喜，荡悠悠的觉得进了镜子，与凤姐云雨一番，凤姐仍送他出来。到了床上，嗳哟了一声，一睁眼，镜子从手里掉过来，仍是反面立着一个骷髅。贾瑞自觉汗津津的……如此三四次，……旁边服侍贾瑞的众人，只见他先还拿着镜子照，落下来，仍睁开眼拾在手内，末后镜子落下来便不动了。众人上来看看，已没了气……[②]

有关“风月宝鉴”的宗教渊源，学界基本认同佛、道两教的综合影响，笔者在此无意深究，而意在呈现一种与“红粉骷髅”密切相关的文艺传统。在潘达微个人的绘画创作中，亦出现过红粉骷髅的题材。此图虽已不存，但潘氏好友孙璞完整地记录了《骷髅美人图》上的四首题画

① 于硕：《浅议“粉骷髅”》，《河北经贸大学学报》2010 年第 3 期。

② 曹雪芹：《红楼梦》，人民文学出版社 2005 年版，第 166—167 页。

诗作，弥足珍贵，诗文如下：

> 我闻佛菩萨，人我俱能忘。又闻大千界，一击成粃糠。如何世之人，嗜色如稻粮。一朝不得饱，有若群鬼猖。昨夜萦长梦，梦登色界场。
>
> 美人何娟娟，窈窕来吾旁。头顶珊瑚冠，耳缀明珠铛。饮我群花酿，招我由其房。才华复飙发，识曲弹清商。此时我心醉，乐哉温柔乡。
>
> 携手忽太息，好景惧无常。谁知只须臾，美人如电光。照眼骷髅影，不见涂鸦黄。脂香与眉语，一一俱潜藏。人生本骷髅，何为时事装。
>
> 传闻智勇人，拒色如拒尫。我佛本慈悲，视色如视殇。色空两难住，人我俱无相。我今为此图，菩萨施津梁。寄语汉文帝，何必长生方。①

“昨夜萦长梦，梦登色界场”，“美人何娟娟，窈窕来吾旁”，“美人如电光”，“照眼骷髅影”等诗句，几乎再现了“风月宝鉴”的情节，同时融合了佛教“视色如视殇”的寂空观念，表达了“人生本骷髅，何为时事装”的虚无态度。这些诗句在很大程度上体现了潘氏在辛亥革命后产生虚无感受，亦预示了他后来皈依佛门的人生选择。

（二）虚空画派

第二种是源自中世纪欧洲盛行一时的“虚空画派”（vanitas），起源于文艺复兴晚期的荷兰。当时由于黑死病的流行，无数辉煌的城池变为死地，鲜活的男女化为腐骨，人们不得不时刻面对鲜活与死腐的猛然切换并习以为常，恰如画面上熠熠生辉的珠宝和新鲜华美的花果紧挨着可怖陈腐的骷髅：强烈的反差使观者能够在极短的惊怖中，间接地经历生命的终结，有深刻的警示意味。② 这种以对立共存的瞬间击中观者的手法

---

① 孙璞：《革命诗画》，《广东文献》1972 年第 2 卷第 4 期。

② Micheal Kammen, "Vanitas and the Historian's Vocation," *Reviews in American History*, Vol. 10, No. 4 (1982), pp. 1 – 27.

与“红粉骷髅”的表现原理可谓异曲同工。

虚空画派对后世影响深远，在很多著名画家的作品中皆能找到骷髅静物的题材。事实上，潘氏晚年的一幅摄影作品《心灯》（图 3）中骷髅与灯盏的摆放位置即与法国“新艺术之父”保罗·塞尚（Paul Cézanne）的画作《头骨与灯盏静物》（图 4）[①] 如出一辙。

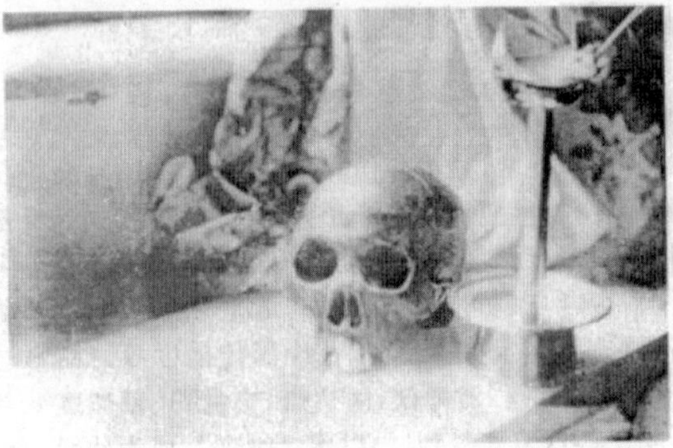

图 3　潘达微摄影作品《心灯》

资料来源：《非非画报》1929 年第 9 期。

图 4　塞尚画作《头骨静物》

资料来源：德国斯图加特国立美术馆。

① ［法］保罗·塞尚：《头骨与灯盏景物》（*Still Life with Skull and Candlestick*），德国斯图加特国立美术馆（State Gallery Stuttgart）藏。

《心灯》发表于1929年的《非非画报》，在当时刊载《心灯》的同一版面，还附有一段题为《心灯跋》的文字，其中有几句意味深长的自白：

今有至幻之美，而为世人所未及知者，神秘画派是也。然世之聪明睿知，其画也亦多术矣，未有解无味之味，不美之美者。……彷徨昼夜，精爽枯竭，迄弗获少窥枢奥，是以颓然崩然。意以为用无情之情，而创造无美感之美，吾子安知吾之所谓美，迥非世又之所谓美也，至吾之所谓美，又非美也。①

题跋者署名“痴尘”，应为潘氏笔名。原因有三：首先，行文叙述的口吻完全不像评读他人作品，而更似作者独语，譬如第一人称的频繁使用、多处提到书写者本人的生活细节和当下心绪，若非图文同出一人，则大有喧宾夺主之嫌；其次，《心灯》一作发表于1929年《非非画报》第9期，正值潘氏晚年重病之时，而该跋开篇即云“余日必扶病曳筇”；最后，潘氏病重时曾绘《病梅》一幅，并题诗四首，其中两句云“荣枯阅尽真无味，悔向尘中问此津”②，“无味”“尘中”与《心灯跋》中的“无味之味”及“痴尘”之名前后相契，诸种迹象一一吻合，应不是偶然。

作者在《心灯跋》中明确写道“神秘画派是也”，即点明了《心灯》的内容和意象并不是个人臆造，而是承自某种特定的艺术派别和美学脉络。

（三）虚无党人

第三种可能的影响来自当时革命团体中的某些秘密仪式和符号标识。1910年，著名无政府主义者刘师复在香港发起“支那暗杀团”；1911年6月19日，暗杀团团员林冠慈炸伤广东水师提督李准，清廷随即派遣新任

① 《非非画报》1929年第9期。

② 李崧：《医生回忆录》，香港商报1987年版，第92—102页。

命的“广州将军”凤山[①]前来镇压革命；9 月，凤山被李沛基炸死，支那暗杀团从中协助，所用炸药即由潘达微之妻陈玮庄假扮新娘运送进城。当时，这一暗杀团的入团宣誓仪式即与骷髅有关：

> 入团宣誓的仪式，为着避人耳目，是在夜间进行的。宣誓时，厅房四围张以黑布，当中置一圆桌，围以白幔，上面放一骷髅头，层边燃着一支白蜡烛，熄了灯，但见烛影摇红，入团者一人独对骷髅三分钟，由主盟者宣读团的宗旨、方略。[②]

刘师复的妹夫郑佩刚认为，该仪式的目的是考验胆量，同时增加神秘气氛，且很可能模仿自俄国的虚无党人。[③] 而刘师复与潘达微的交情也并不寻常，除了合作炸死凤山一役，两人还曾在同一时期亡命上海，并往来密切。1913 年 8 月 3 日，袁世凯任命龙济光为广东都督，9 月 15 日龙济光设宴诱杀潘达微挚友、广东光复后的首任警察厅厅长陈景华，同时下令缉捕潘达微。潘氏于是取道香港、南洋，而后隐姓埋名流亡上海。[④] 1914 年初，同样为了躲避龙济光的迫害，刘师复亦抵达上海。据郑佩刚回忆，当时与刘师复往来密切的有“陆式卿（在中国传播世界语的第一人）、乐无、白萍洲、汪千仞、沈若仙、林君复、煮尘、林直勉、黄禅侠、潘达微、史孟德（俄国虚无主义者）等”[⑤]。这一年，潘达微亲手铸制两颗骷髅，“一以寄怀先烈，一以感慨时事”，成为他后来一系列骷髅作品的起点。时间上联系如此紧密，其中兼有刘师复及其他虚无党人的影响，亦合情合理。

---

① 凤山（1859—1911），字禹门，汉军镶白旗。1911 年派任为广州将军，行抵广州时，被李沛基炸亡。详见张晓辉、秦洪芳《凤山将军被刺案新探》，《晋阳学刊》2004 年第 2 期。

② 郑佩刚：《关于刘师复之暗杀活动》，政协广州市文史资料研究委员会编：《广州文史资料》第 5 辑，1962 年内部发行，第 28—29 页。

③ 郑佩刚：《关于刘师复之暗杀活动》，《广州文史资料》第 5 辑，第 29 页。

④ 黄大德：《潘达微年表》，《魂系黄花：纪念潘达微诞辰一百二十周年》，第 266—267 页。

⑤ 郑佩刚：《无政府主义在中国的若干史实》，葛懋春等编：《无政府主义思想资料选》下卷，北京大学出版社 1984 年版，第 946 页。

（四）颓废思潮

最后，还有一种可能的影响来自西方唯美颓废思潮的译介和传播，其源流可回溯至18世纪英国的墓园诗派以及随后兴起的哥特小说。这些文学作品的场景通常设在荒废古堡或古老墓地，渲染死亡意境和鬼魅气氛。19世纪的法国作家波德莱尔（Charles Pierre Baudelaire）与英国作家奥斯卡·王尔德（Oscar Wilde）深受影响，将之发扬光大，共同开启了盛极一时的唯美颓废主义风潮，高频使用骷髅、腐尸、人头等血腥的死亡意象搭配凄艳女色，以对抗维多利亚时期所盛行的布尔乔亚媚俗艺术。[①]

这股颓废思潮自20世纪初开始传入中国，对鲁迅、郁达夫、苏雪林、邵洵美、石评梅等众多与潘达微同时代的作家产生了深刻影响，并于五四时期达到创作高潮。而潘达微在1915年至1917年间所办的《天荒》画刊，极尽"研朱滴粉"与"说鬼谈玄"之哀艳[②]，亦显露出非常相近的"中国式"颓废气息：不仅在封面及多处插图和文字中出现骷髅、墓地、棺材屋与鬼火等死亡意象，且频频配以幽艳女子的照片画作，营造荒凉鬼魅的神秘气氛。李欧梵曾对近代中国颓废文学做过专门考察，指出早在西方的颓废风潮传入前，著于明末时期的《红楼梦》就已经开创了一种颓荡哀艳的叙事传统，对后世产生深刻影响。[③] 清末民初之际，随着这一传统与西方颓废风潮的交织融合，便诞生了诸如《天荒》一类带有混合特质的文艺实践。

由上观之，潘氏所能接触到的多种思想资源皆是开放性的，这便意味着对骷髅符号的吸收、转化和使用必然不会仅仅出现在某一个体的创作之中，而是有着更为广阔的表现空间。那么，当时的人们究竟想以骷

---

① 参见［德］彼得-安德雷·阿尔特《恶的美学历程：一种浪漫主义解读》，宁瑛、王德峰、钟长盛译，中央编译出版社2014年版。

② 出自柳亚子为《天荒》的题诗："地老天荒此尽头，且凭琐屑耗穷愁。研朱滴粉成何用，说鬼谈玄苦未休。谁遣流民图郑侠，空教绝技擅僧繇。烦君画出神皋景，立马昆仑一览收。"《天荒》画刊，1917年，仅出1卷，未标页码，卷末盖朱文方红印，印中写道："随喜投报，版权所无，翻刻不究。"

③ 李欧梵：《漫谈中国现代文学中的"颓废"》，《现代性的追求：李欧梵文化评论精选集》，第143页。

髅符号来表达什么？是否在潘氏的作品之外，亦有人将骷髅符号与烈士之死相联系？其中实践着怎样的符号逻辑？要回答这些问题，首先要了解骷髅符号的直接含义——死亡，在当时连接着怎样的经验记忆。

四 骷髅、死亡与革命

研究者发现，对死亡的思考与讨论是清末民初时期一个显著的文化现象。① 当时革命与战乱并存，社会新旧交替，个体的死亡讯息频繁见报，恰如林觉民在《与妻书》中所言：

> ……第以今日事势观之，天灾可以死，盗贼可以死，瓜分之日可以死，奸官污吏虐民可以死，吾辈处今日之中国，国中无地无时不可以死……②

于是，高频的非正常死亡构成了整个时代对个体死亡原因的热切讨论，诸如天灾盗贼、列强瓜分、奸官污吏等，无一不指向内忧外患的社会现实。因此，骷髅骸骨不仅用以象征死亡事件、表达死亡态度，同时亦被频繁地用以象征对社会现实的揭露和批判。在潘达微主编的《时事画报》及其身边友人的活动中，骷髅骸骨的形象在革命前后的含义主要有以下几种。

（一）革命成功以前

从 1905 年《时事画报》创刊到 1911 年辛亥革命成功之前，总计出现骷髅骸骨的形象十次，皆用于揭露现实的黑暗，其具体的象征语义有四种，以下各举两例加以说明。

第一，反映弱国国民之苦。1907 年第 1 期刊登的一幅漫画中，绘一

---

① 参见海青《“自杀时代”的来临？——二十世纪早期中国知识群体的激烈行为和价值选择》；李国《连接生死之间——清末至五四的祭悼文学及文化转型》，博士学位论文，南开大学，2012 年；王凤仙《民初小说的辛亥叙事研究（1912—1919）》，博士学位论文，山东师范大学，2014 年。

② 摘自《与妻书》原件，福建省博物馆藏，原文无标点。

堆满笑容的亚洲胖子止携着一位傲慢得意的洋人大步踏上“亚细亚”的地图，迎接他们的是一手行军礼、一手举旗帜的亚洲军官，旗上写道：“新国魂万岁”，在这三人的身后，却是一派连绵的坟包和骸骨状呼救的国民，其间竖一小牌，其上写：“中国长眠地”[①]；在1908年第29期，刊登了“剑士”所绘的《寓言警画》，画面上半部绘一体形硕大之人伸脚去踩两个逃命状的微型小人，下半部则绘一身着警服、头戴警帽的公鸡踩踏一具写着“粤人”字样的骸骨。[②]

第二，揭示弱国侨民之苦。1894年3月31日，清政府与美国签订《限制来美华工保护寓美华人条约》，意味着美国排华即将合法化，致使在美华工遭受严重不公对待和种族侮辱。该条约为期十年，1904年12月期满，然美国当局拒绝废约，继续以旧约戕害华人，清政府的屈从态度激起举国愤慨，各地纷纷掀起抗美拒约运动。事实上，《时事画报》的前身即为《拒约画报》，故对拒约运动的发展保持着高度关注。在该画报1905年第6期刊登的一幅漫画中，绘者以一只表情冷漠的狮子象征清政府，身后跟着大群象征旅美华工的骷髅骸骨[③]；在1906年第3期的“讴粤”栏目中，一位署名“恨生”的作者写了一篇题为“唔记得”（粤语“不记得”）的小文，插图是一架骸骨正在讴歌，全文以粤语写成，转译如下：

> 君呀，怎不记得讲一讲，抵制的功夫。想下事情如此重要，岂能了结含糊。或你近来多急务，分身无暇，故此暂缓须臾。虽铁路现要集股，国民责任不可辞劳。不怪你奔走不遑、心意难分，只为我粤人生命，痛切肌肤。君呀，你可知现在旅美同胞，终日这样吃苦。已自堕落千重苦海，都期望我们扶起。如此凄凉受难，何忍坐视不管。救他一条生命，免至日夜号呼。君呀，再看一下近日美货渐通行，路通无限制。看一下胡礼卫生衣，已然挂满路。还有人含一口吕宋臭烟，随处吞吐。真正可恼。血性谁人没有。这下美人定

① 《万岁新国魂》，《时事画报》1907年第1期。

② 剑士：《厉言警画》，《时事画报》1908年第29期。

③ 《拒约》，《时事画报》1905年第6期。

觉我们可笑。君呀，你知道没有。[①]

第三，批判弱国国民的劣根性。在该画报 1906 年第 22 期刊登的一幅漫画中，绘者以骷髅象征毒害社会的鸦片“烟精”[②]；同年第 25 期刊登的一幅漫画中，则以一架巨大的骷髅骸骨象征“无群族之华种、无公德之华种、无廉耻之华种、无血气之华种”[③]，两幅漫画均署名“剑士”。在《时事画报》所刊“美术同人表”中[④]，姓名或字、号为“剑士”的仅有一名，表中记载为“何昺，字剑士”，为当时著名的时政漫画家。在岭南美术史上，多称其为“何剑士”。[⑤]

上述三种语义之中，民众受苦的具体内容和《与妻书》里的种种描述互为印证，共同构成一幅连贯而清晰的社会图景：在天灾不断、盗贼横行、官吏虐民的贫弱国度，民智长久未开，百姓命如草芥，侨民备受欺辱，列强因此而虎视眈眈，意图瓜分国土。对个体的生命威胁与亡国灭种的集体危机紧密相连，一场巨大的变革势在必行：或推行君主立宪，或彻底推翻帝制，建立一个全新世界。以黄花岗七十二烈士为代表的革命志士显然选择了后一种立场，坚信推翻帝制，建立共和，便一定能彻底扭转国事，救民于水火，诚如方声洞绝笔所言：“祖国之存亡，在此一举……如事成，则四万万人皆生，而虽死亦乐也。”[⑥] 一时间暗杀成风，起义不断，骷髅、骸骨的符号由此生出了一种摄人心魄的积极意涵。

第四，象征视死如归的革命志士。如前所述，刘师复于 1910 年在香港发起“支那暗杀团”，其入团仪式即为暗夜独对骷髅，以模拟直面死亡的心理体验，考验入团者的勇气与胆识，亦象征革命志士的赴死决心。海青指出：“在现代中国的一个世纪的历史中，革命一直是最重要的具有教化与净化功能的价值符号，其迷人之处莫过于暴力和苦难可能换来的

---

① 恨生：《讴粤》，《时事画报》1906 年第 3 期。

② 《烟精怪状》，《时事画报》1906 年第 22 期。

③ 剑士：《最近种族爱情之比较》，《时事画报》1906 年第 25 期。

④ “美术同人表”，《时事画报》1906 年第 7 期。

⑤ 有关何剑士生平，可参见李伟铭《一剑风尘自负奇——重读何剑士》，《美术研究》2004 年第 1 期。

⑥ 方声洞：《方声洞致父绝命书》，《黄花岗七十二烈士纪念刊》，广东省中山图书馆藏民国文献，原书未标注出版时间，亦无页码。

美好前景，以及个体价值升华为全人类解放事业的一个组成部分。”① 换言之，在革命的话语感召下，个体的死亡得以从随机的、无意义的被动发生中解脱出来，成为可控的、有意义的主动选择。1911 年 10 月，武昌起义推翻清廷，中华民国随之而立，价值检验的时刻如期而至：那些为之牺牲的个体生命，是否得到了革命话语所预设的意义兑现？

（二）民国成立后

从民国元年（1912）到修筑陵园（1919）的七年之间，先是发生了讨袁的“二次革命”和反袁称帝的“护国运动”，紧接着是黎元洪与段祺瑞的“府院之争”以及由此引发的张勋复辟和“护法运动”，多种势力反复拉锯，各路军阀与地方势力趁乱兴起，战事不断、民不聊生。广东光复之时，大批出身草莽的军队开赴进城，自诩革命功臣，在城内吸烟赌博、肆意抢掠、为所欲为。② 因此，在民初《时事画报》的美术同人笔下，骷髅与骸骨的形象亦多次出现，具体语义有以下四种。

第一，描绘贫民之苦。在 1912 年《时事画报》第 2 期刊登的一幅漫画中，一堆巨大的骷髅、骸骨位于画面最显眼处，其上写着“贫民之骨”，一旁的富人则抱着堆积成山的银币③；同年第 6 期刊登了一组讽刺社会怪状的系列图画，其中一个场景为富人立于骷髅、骸骨旁，作者题文“他把人膏血吸尽了便呛死”。④ 两幅作品均署名“剑士”。

第二，表现美人骷髅。在《时事画报》第 7 期首次出现了骷髅题材的封面作品，且表达了一种前所未有的象征语义：色相幻灭。画中绘一美人对镜梳妆，镜中惊现骷髅，显然出自红粉骷髅与风月宝鉴的典故。⑤ 民国元年为何要在画报的封面上专门表现美色幻灭？事实上，潘达微在民初亦绘有一幅《骷髅美人图》，其好友孙璞曾披露：当时“忧国若瘆之情

---

① 海青：《“自杀时代”的来临？——二十世纪早期中国知识群体的激烈行为和价值选择》，第 294 页。

② 萧文：《广东北伐军见闻录》，政协广东文史资料研究委员会编：《广东辛亥革命史料》，广东人民出版社 1962 年版，第 177—183 页。

③ 剑士：《纸毙银币》，《时事画报》1912 年第 2 期。

④ 剑士：《冠之状》，《时事画报》1912 年第 6 期。

⑤ 谭云波作，《时事画报》1912 年第 7 期，封面。

绪，往往互托于荒凉怪诞哀伤幽艳之作，以抒其积愤”。[①] 此外，何剑士在同一时期也绘有几组《共和变相制造社会》的漫画[②]，其中一组为四个形状怪异的“人”，何氏在旁逐一题写“老变少”“怪变妍”“美变丑”“善变恶”——其中“怪变妍”所配的即是一具美人头脸的骸骨。由此不难窥见，当时色相幻灭的主题所影射的真正对象，实乃“共和”美称之下种种令人忧恨的社会现状。

第三，象征死难烈士。1913年，何剑士为《时事画报》创作了两幅赠送画页，分别为《民国一裸形》与《雄鬼》。前者描绘一个弃于道旁的裸身稚儿，备受惊吓，惨弱可怜，题跋写道：“民国一裸形……才脱血污来……风日黯无光，魔鬼来相迫。草木变刀兵，日日受惊吓。更恐资虎狼，骨肉恣吞食。”后者描画一位身着西服的骷髅烈士，虽手持利刃，却彷徨不知应刺何物，一旁配有“昔为烈士杀贼，今为雄鬼杀谁？满眼黄花零落，秋坟自去唱诗”的题画诗[③]，这是迄今发现最早的一件以骷髅象征辛亥烈士的作品。

第四，表达哀感虚无。1914年，何剑士与傅寿宜合作《骷髅翁仲图》，绘有一穿袍戴帽的落寞背影，独对荒草间的骷髅。[④] 同年，潘达微开始进行骷髅题材的创作。1915年，何剑士再次以一幅骷髅主题的作品表现人生荒唐、世道不堪：画中骷髅的左眼眶里满是钱钞，右眼眶中尽是美人，题跋写道：“一副骨头到底穷，毕生辛苦作佣工。黄金子女留遗孽，到死何曾看得空。”[⑤] 同年，何剑士病故，潘达微与王秋湄在香港办《天荒》画刊，开专版纪念何氏，画刊封面即一具骷髅骸骨临窗阅读。

由此可见，潘达微的骷髅情结很可能直接受到何剑士等一批革命美术同人的影响——如果说他们所使用的骷髅符号曾受到过多种本土或外来思想资源的启发，那么这一群体的骷髅情结便是多种资源在清末民初

① 孙璞：《革命诗画》，《广东文献》1972年第2卷第4期。

② 何剑士：《共和变相制造社会》，《真相画报》1912年第1卷第9期。

③ 《时事画报》1913年附送的画页，广州澄天阁印本，由黄大德先生提供。图像亦刊登于李伟铭《忍死与恨生：辛亥革命遗老的世俗情怀——以天荒（1917）为例证》，《文艺研究》2012年第7期。

④ 何剑士、傅寿宜合绘：《骷髅翁仲图》，广东省博物馆藏。

⑤ 李健儿：《广东现代画人传》，广文书局1942年版，第20页。

的现实语境中被本土化与再诠释的结果：它既可以指向内忧外患的社会现实，亦可作为志士仁人舍身取义的集体图腾，还可以成为对革命结果失望哀恸从而质疑个体牺牲价值的隐晦表达。这种符号演变过程中所出现的多重语义，被杜赞奇（Prasenjit Duara）称为符号的“阐释领域”，与格尔茨的“意义之网”可谓异曲同工。

五　意义之网中的个人创作

综观骷髅符号在革命前后两个阶段的种种语义，可归纳为恶劣现实、死难烈士、哀感心绪三个主要的阐释领域，详见表1。

表1　骷髅符号的时代语义和阐释领域

时段 / 阐释领域	辛亥革命前	民国成立后
第一种：恶劣现实	国民之苦 侨民之苦 国民劣根性	贫民之苦
第二种：死难烈士	胆量与希望	彷徨与失望
第三种：哀感心绪		忧国若痗、人生虚无

由表1可见，革命之前象征“恶劣现实”的第一种阐释领域在革命成功以后依然存在，民众的苦难并没有因为革命的成功而有所改变，这便意味着那些曾经为之牺牲的个体生命，根本无法获得其牺牲之时所预设的意义兑现。于是，先烈的死亡意蕴极速地滑向了先前的反面：由积极乐观的勇气和相信改变的希望，转变为无力改变的失落与消极悲观的彷徨，并与同时新生的第三种阐释领域“哀感心绪”相互吻合。

诸种阐释领域相互支撑，构成逻辑清晰的意义网络，使任何一个意义点上的骷髅符号都能触及整个意义网络所涵盖的种种意蕴。对此，杜赞奇指出，符号的每一次复刻（the superscription of symbols）都有可能产生新的含义，但即使新的解释成为主导，旧有的解释也不会消失，而是与之建立新的关系，因为新生的意义需要“阐释领域内的其他阐释来支撑其自身的有效性”。①

以目前的资料看，潘达微的骷髅创作始于 1914 年，终于其生命的最后一年，即 1929 年，作品意涵亦横跨三个主要的阐释领域，具体如表 2 所示。

表 2 潘达微的骷髅作品的意义系统

时段 阐释领域	辛亥革命前 (1912 年以前)	民国成立后 (1912 年以后)	潘达微的骷髅创作 (1914—1929)
第一种：恶劣现实	国民之苦 侨民之苦 国民劣根性	贫民之苦	1914 两颗瓷制骷髅：感慨时事 1920 南洋兄弟烟草公司获奖广告
第二种：死难烈士	胆量与希望	彷徨与失望	1914 两颗瓷制骷髅：寄怀烈士 1919 黄花岗墓道：骷髅雕塑 1929《碧血黄花》菊展摆设 1929《黄花白骨》摄影 1929《心灯》摄影
第三种：哀感心绪		忧国若痗、 人生虚无	1916《骷髅美人图》 1917《天荒》中出现的系列骷髅 1926《微笑》杂志：骷髅美人插图

其中，位于第二种阐释领域——象征“死难烈士”的作品数量最多，可见潘氏与身边的革命艺术家们经历着同样的失落与哀恸，并将这些情感强烈而集中地投掷在对死难烈士牺牲价值的质问当中。他在辛亥年之后经历了什么？其政治立场与个人境遇将如何作用于他对辛亥革命及其牺牲者的记忆与认知？

民国元年，广东时局混乱，潘氏痛心国事，拒绝了政府官职，投身公益慈善，并自编自演了话剧《声声泪》，揭露各色“慈善家”、新官吏和新权贵的欺世盗名，在广州公演引起轰动，时任警察厅厅长的陈景华

① 杜赞奇：《复划符号：关帝的神话》，张颂仁等编：《历史意识与国家认同——杜赞奇读本》，上海人民出版社 2013 年版，第 7 页。

观看以后，为之题写了“天地不仁”四字，并与潘氏成为挚友，鼎力支持其所办各项公益慈善事业。[①]

1913 年夏末，袁世凯任龙济光为广东省都督。龙氏到任后，一方面重新起用前清遗臣，并“优礼有加”；一方面对支持孙中山讨袁的革命党人实施诱杀、缉捕和迫害，陈景华不幸被杀。潘氏为了躲避龙济光的迫害，亡命上海，于是有了前述与刘师复往来密切的经历。

1914 年春，客居沪上的潘氏在一座棺材形状的小屋旁，摄下一张神情落寞的照片，自题“与鬼为邻”。[②] 同年 10 月 23 日，同盟会的两位女性成员秋心（黄扶庸）、秋零（邓慕芬）相携沉于肇庆鼎湖山深潭，事件轰动一时。在潘氏纪念二女的文章中，披露了一张“秋零与鬼为邻之图”[③]，其中棺材屋上的瓦片与潘氏“与鬼为邻”图中的完全一致，可以想见二者之间的密切关系。“秋零与鬼为邻之图”摄于“甲寅春尽”，即 1914 年初，距其自尽仅隔数月。可见哀感情绪在潘氏的密友圈内，已不仅流露于探索死亡美学的艺术实践，而且直接导致了实施死亡行为的生命实践。

对此，潘达微写道：“二女死得所矣，尘尘孽识，有生便是烦恼，求大解脱，唯真是归。”[④] 可以窥见他对秋心、秋零挣脱时代“孽识”勇气的赏识以及对佛教思想的亲近。据二女的同学赵连城讲述：“潘达微在辛亥革命后是郁郁不得志的，他在女子教育院时就常对黄、邓两人大讲庄子和佛学，助长了两人对人生的消极悲观思想。”[⑤] 事实上，类似这样的自杀现象在民初十分常见，以致出现了“自杀时代”的说法。[⑥] 海青一针见血地指出：“在个体被强烈的无力感所压倒的幽暗时刻，自杀的魅力更

---

① 黄大德：《潘达微年表》，《魂系黄花：纪念潘达微诞辰一百二十周年》，第 264—265 页。

② 潘达微：《与鬼为邻图》，《魂系黄花：纪念潘达微诞辰一百二十周年》，第 109 页。

③ 潘达微：《秋零与鬼为邻之图》，《天荒》画刊，1917 年。

④ 影庐（潘达微）：《寒潭殒玉记》，《天荒》画刊，1917 年。

⑤ 赵连城：《光复前后广东妇女参加同盟会的活动》，广州市政协学习和文史资料委员会编：《浩气长存——广州辛亥革命一百周年史料》，广州出版社 2011 年版，第 16 页。

⑥ 当时很多名人都专门撰写过讨论自杀的文章，其中“自杀时代”一说最早出自李大钊的文章《原杀（暗杀与自杀）》，中国李大钊研究会编《李大钊全集》第 1 卷，河北教育出版社 1999 年版，第 606—620 页。

加激动人心了，自杀预设了一个有能力追求超越价值的自我，在沉闷的现实世界中，无疑是一种拯救。”① 从中可见，个体主动选择的死亡在革命前后呈现出迥然不同的意涵：在前者的预设中，以死亡为代价的生命过程蕴含着极大的意义能量——诸如起义、暗杀、革命等冒死而为之的活动，无不寄托了改变社会、拯救世人的理想，而后者的实践逻辑则直接否定了生命过程所可能抵达的一切意义，于是，死亡本身成为表达个体意志和实现行动效力的唯一途径。

六 “骷髅黄花”的符号建构

随着生死观念所发生的巨大变化，回首当年先烈之死，其牺牲价值与革命意义也随之被不断质疑。在 1917 年刊印的潘达微主编的《天荒》画刊中，选登了一篇题为《堕泪碑》的短篇小说，故事以黄花岗七十二烈士墓地的冷寂景象为背景，虚构了一对男女在墓地邂逅的对话。

> “娘子，诸烈士慷慨死义，自然有人景仰，今日这般冷清，却是何故？”“先生有所不知，诸烈士希冀共和，甘心一死……方今共和已去，诸烈士反为多事，遂尔寂寥，真真可叹！”②

文中对“共和已去”的感慨和“诸烈士反为多事”的议论，与何剑士生前所作《雄鬼》画面中身着西服、手持利刃、神情彷徨的骷髅烈士意旨暗合，共同表达了辛亥亲历者对革命故友死亡价值的悲切质问。此文发表两年以后（1919），五四运动爆发，各种自杀事件接连不断③，渲染死亡意境的颓废思潮风靡一时，对死亡意义的讨论和有关死亡美学的实践

① 海青：《“自杀时代”的来临？——二十世纪早期中国知识群体的激烈行为和价值选择》，第 296 页。

② 东海恨人：《堕泪碑》，《天荒》画刊，1917 年。李伟铭认为“东海恨人”极有可能是潘达微笔名，参见《忍死与恨生：辛亥革命遗老的世俗情怀——以〈天荒〉（1917）为证例》，《文艺研究》2012 年第 7 期。

③ 海青：《“自杀时代”的来临？——二十世纪早期中国知识群体的激烈行为和价值选择》，第 5 页。

成为主流议题。正是在这一年，黄花岗七十二烈士墓的陵园修建正式开始。

因此，潘达微在这一时期所设计的骷髅符号，实则是在对当时死亡文化的呼应中，寄寓了他对先烈牺牲价值以及辛亥革命意义的终极追问。置于墓道柱顶的骷髅雕塑，而今仅余三个影像得以留存，从中可见每颗骷髅之下的底座各不相同，由左至右分别为欧洲、清朝与汉族人的帝王冠冕（详见图1），分置于炮管门柱之上，直观地表现了黄花岗英烈以武装起义推翻帝制的赴死之举。巧思独具的设计语言充满提示：一方面将当年满怀希望与勇气的赴死之举表现得淋漓尽致，另一方面又在实际的感受过程中，将观者置于一系列高高在上的骷髅逼视之下，以强烈的视觉冲击彰显死亡的惊悚与恐怖，使观者本能地联系起骷髅符号所涵盖的几种阐释领域——恶劣的现实与民众的苦难并没有随着革命的成功而有所改变，先烈牺牲的意义根本无从兑现，曾经的勇气与希望瞬间化为无力与绝望，于是哀感顿生，悲从中来。骷髅语义的层层积淀在即时的联想中翻涌而出，恰如“诗句的力量来自诸多半隐晦的关联”[①]，接受美学家沃夫冈·伊赛尔（Wolfgang Iser）将此称为符号的潜在效应（potential effect）。[②] 作为艺术领域的通才和大众传媒的巨子，潘达微深明此理。他主编的《时事画报》曾明确提出“笔墨灵通，色相可穷，眼见与共耳闻，同一妙用”的道理[③]，同时指出须“重滋味深摹”方能达到当头棒喝的效果[④]——即在那一瞬间的惊怖中，通过隐晦的关联所带来的潜在效应，唤起有关骷髅、死亡与革命的种种意蕴。

当年，陵园的修筑工程其实并非由国家主持的政府行为，而是一种带有官方色彩的公益活动，其原委与民初的政治环境有密切关系。民国元年，修陵之事曾一度提上议程，后因讨袁等种种原因而未能启动。对此，孙中山亦曾撰文说明：“顾自民国肇造，变乱纷乘，黄花岗上一抔

---

① 杜赞奇：《复划符号：关帝的神话》，张颂仁等编：《历史意识与国族认同——杜赞奇读本》，第7页。

② Wolfgang Iser, *The Act of Reading* , Baltimore: Johns Hopkins University Press, 1976.

③ 拍鸣：《粤讴》，《时事画报》1905年第1期。

④ 剑士：《〈抵制余谈、特别抵制会议、末造状元〉组画题跋》，《时事画报》1905年第1期。

土，犹淹没于荒烟蔓草间，延至七年，始有墓碣之修建，十年始有事迹之编撰。”①

1918 年一个修筑墓园的契机终于出现：七十二烈士之一的方声洞之兄方声涛“提倡捐筑石冢，阅六个月始告完工”。② 当时，恰逢与黄花岗之役颇有渊源的林森在广州担任非常国会参议长，全力支持修墓一事，并以自己的名义向国内各地劝募集资。③ 1919 年 1 月，林森向海外发起劝募，筹资修建墓园的纪功坊，同时上书孙中山说明：“（修墓）所有费用只向国内同志募捐，立意不向各衙署开口。因虽口言护法者，未必与吾党宗旨相和，故不愿借用其力，恐污先烈名誉”；同时“筹筑七十二烈士纪功石坊一座，专向海外同志募捐，表示吾党在海外之能力，聊表先烈之功于万一”。④ 同年 9 月，孙中山专门致信国民党海外各埠，为劝募助力。⑤

从方声涛最初提倡的“捐筑石冢”到林森后来的屡次劝募，可见这一工程虽由官方人士牵头主持，但工程所动用的资源并非来自政府，而是来自社会。因此，具体的实施平台实则处在官方与社会之间的模糊地带，设计方案与修筑过程亦无须经过政府部门的重重审批，仅需林森一人把握。故可推断，墓道骷髅雕塑的设计构想之所以能够实施，应得到了林森认可。首先，将数只骷髅置于墓道开端的显要位置，让人实难忽略。其次，林森对墓园的营建十分用心，有文记载：“他在广州时，每天政务之暇，就徘徊于黄花岗的左右，今日七十二烈士坟场之建筑，关于经费的募集，图样的设计，实以他所花心血最多。”⑥ 这段记录说明林森不仅知晓陵园的设计构思，而且还参与了方案设计。最后，墓园竣工之时，林森曾编撰了一本《黄花岗烈士事略》，该书封面即为骷髅雕塑的特写照片。笔者所见香港中文大学的馆藏本，封面上盖有“林森寄赠”的

---

① 孙中山：《〈黄花岗烈士事略〉序》，中国社会科学院近代史研究所中华民国史研究室等编：《孙中山全集》第 6 卷，中华书局 2011 年版，第 50 页。

② 林逸：《民国青芝老人林子超先生年谱》，台湾商务印书馆 1986 年版，第 51—52 页。

③ 同上。

④ 同上。

⑤ 孙中山：《致海外同志函》，中国社会科学院近代史研究所中华民国史研究室等编：《孙中山全集》第 5 卷，中华书局 2011 年版，第 111—112 页。

⑥ 伏龙：《谈林子超先生》，《逸经》1937 年第 1 期。

印章，证明林森对全书面貌完全清楚并表示认可。综上所述，可以断定林森必然知晓并首肯了骷髅雕塑的设计方案，抑或他同时参与了具体设计也未可知，足见当时对骷髅符号的接受并不困难。此外，以半官方的公益慈善平台推进修陵工程，为个人的设计构想提供了很大的发挥余地，摒除了政府主导的官方色彩及其可能对个人情感寄寓的淡化。

以目前的资料来看，可以确定饰有骷髅雕塑的墓道至少在1921年至1928年间存在和使用过。自陵园正式竣工以来，民国政府和社会各界举行多次大祭，使之成为塑造辛亥记忆与生产革命话语的重要媒介。郭辉的研究发现："三二九"的祭祀级别在民初逐年升高——从同盟会的祭祀上升为整个国民党的党派祭祀，而后又上升为国家公祭。[①] 这一过程主要发生在1921年至1930年间，与骷髅墓道的存在区间基本重合。在此期间，仅有记载的大型祭祀和纪念活动即有八次，其中1921年由孙中山亲率社会各界举行公祭；1925年公祭在暴雨中举行，到场人数达50余万；1926年公祭人数亦达30余万，众人在雨中高呼七十二烈士精神不死[②]，可谓群情激昂。

值得注意的是，处于墓道口显要位置的骷髅雕塑在这期间不仅未被拆除，并且在新增建的黄花亭上[③]，再次以彩绘形式呈现骷髅符号，意味着骷髅黄花这一象征组合在当时应获得了一定程度的认同与共识。事实上，黄花符号在清末民初之际便经常用以象征推翻清廷的革命，如清末的童谣《黄花歌》里即有一句"黄花黄时清朝亡"。[④] 在民国初年，更是涌现大批以"黄花"为题眼的革命小说，如《血泪黄花》《碧血黄花》

① 郭辉：《民国时期黄花岗起义纪念与国民党政治诉求的表达》，《广东社会科学》2011年第3期。

② 黄花岗起义指挥部旧址纪念馆、广东省博物馆编：《辛亥黄花岗起义》，上海古籍出版社2006年版，第144—145页。

③ 据黄花亭公园所编《黄花皓月：黄花岗七十二烈士墓百年图录》一书中称，黄花亭修建于1926年。然笔者在1927年4月2日的《广州民国日报》中见有一则新闻称"黄花亭将落成"，故该亭应于1927年才修建完成。

④ 陈一萍：《先行者之歌——辛亥革命时期歌曲200首》，武汉大学出版社2009年版，第73—74页。

《鞠有黄花》以及《黄花晚节》等。[①] 在潘达微及其友人的艺术创作中，明确象征烈士的骷髅符号亦往往与黄花意象同时出现，如何剑士的《雄鬼》与潘达微的《碧血黄花》《黄花白骨》等作品皆是如此。骷髅符号的基本含义即是死亡，所以，骷髅黄花的象征组合其实非常直观地表达了死于革命的行为主体——辛亥先烈。

在中国第二历史档案馆所藏的民国时期的一张明信片上，印有黄花岗七十二烈士墓纪功坊的照片，并特意在原图基础上专门添加制作了骷髅白骨和数朵菊花图案。在该图四周，还附有一段“三二九”起义介绍，其中一句为：“民国现建立成功，但一战功成万骨枯矣，可胜叹哉，此后黄花白骨永供后人凭吊，而为民国开国之纪念地也。”[②] 此外，在 1927 年 3 月 31 日《广州民国日报》的黄花节纪念专版上，“黄花节”三字笔画亦由骷髅白骨拼接而成[③]；1928 年《非非画报》上刊登一幅傅宛灵女士所作水墨景物，题为《黄花白骨》，画中几笔寥落兰草伴四只骷髅[④]；甚至在 1935 年一首《祭黄花岗烈士》的诗中，还能见到“留将白骨葬黄花”的诗句[⑤]。人们不约而同以“骷髅黄花”的象征组合来祭奠先烈，可见当时对“三二九”起义的历史记忆已经在某种程度上开始了符号化的进程。

有趣的是，这一进程的发生与民国政府对黄花岗纪念空间的意义建构同时进行，或许是因为骷髅符号所指向的价值追问及其对辛亥革命所隐含的解构性影响与当时民国政府所需要建构的价值导向之间并无明显冲突，抑或是民初的混乱与动荡反而为另一种话语和声音留下了一丝缝隙，不论何种情况，可以肯定的一点是：至少在 1921 年至 1928 年间的黄花岗陵园中，曾经一度存在解构性追问与建构性仪式交织并存的张力空间，这大约是我们今日回眸辛亥所不易察觉的。

---

① 参见王凤仙《民初小说的辛亥叙事研究（1912—1919）》，博士学位论文，山东师范大学，2014 年。

② 此明信片刊于 1991 年第 4 期《民国档案》封二。笔者多次联系《民国档案》编辑部与中国第二历史档案馆，试图找到明信片原件的档案编号，至今未有结果。

③ 在此纪念特刊上，“黄花节”三字为刊首标题美术字，应为该报美编设计，《广州民国日报》1927 年 3 月 29 日，第 1 页（版页）。

④ 《非非画报》1928 年第 5 期。

⑤ 袁嘉平：《祭黄花岗烈士：其一》，《新村半月刊》1935 年第 40 期。

1930—1931 年主力红军整编的源起、规划与实践*

应　星

大革命失败后，中共中央发动了南昌起义，并在八七会议上确立了举行工农武装暴动的方针。自此，中共逐渐建立起自己的独立武装，军事斗争开始在中共革命中占据重要的地位。不过，在 1929 年前，正规的红军建设并不被中央特别重视。中央对各地陆续建立的主力红军只有原则上的指导，而缺乏统一的规划、整编和指挥。这些武装大多由省委一级或特委一级的党组织自行规划和指挥。各地在组织武装暴动和建立苏维埃政权的过程中，如果过于倚重正规武装，就可能被上级扣上“军事机会主义”的帽子。随着各种形势的变化，中共六届二中全会提高了对红军重要性的认识，将“分开以深入发动农民群众”的策略改变为“集中游击以发动群众的策略。② 1930 年 2 月，中央军事部首次向中央提出将全国红军编为 8 个军③，由此揭开了主力红军整编的序幕。

---

* 本文原载《近代史研究》2018 年第 2 期。本文系国家社会科学基金项目“苏区时期的军事化、社会结构与政党文化研究”17BSH016）与中国政法大学优秀中青年教师培养支持计划的中期成果。

② 《中央政治局工作报告纲要》（1929 年月 25 日），中央档案馆编：《中共中央文件选集》第 5 册，中共中央党校出版社 1990 年版，第 158 页。

③ 《中共中央军事部关于一九三〇年一月份工作给中央的报告》1930 年 2 月 1 日，中国人民解放军历史资料丛书编审委员会编：《中国人民解放军组织沿革·综述（1）文献（1）》，解放军出版社 2007 年版，第 403 页。

学界至今对主力红军整编问题研究甚少，仅有的一些零星研究也只是介绍了各支红军队伍整编的结果，而未触及整编过程中面临的各种矛盾及其解决办法。[①] 实际上，主力红军的整编过程甚为复杂，远不是按照中央一纸命令来执行的。这里面既涉及中央和主力红军之间的关系，也涉及主力红军与地方党组织之间的关系、主力红军与地方武装之间的关系以及主力红军与主力红军之间的关系。由于这些关系的复杂性，使主力红军的整编出现了许多不同的类型，展现出不同的组织形态。1930—1931 年是红军整编的高峰时期，红军历史上 63 个军含不同部队的重复番号，不含同一部队的不同番号中的 32 个、10 个军团中的 4 个和 3 个方面军中的 2 个都是在这个时期完成整编的。[②] 我们通过对这一时期红军整编中复杂的组织关系的研究，既可以深入理解作为中国共产党基本组织制度的民主集中制在红军中的发育过程，也可以揭示出中国共产党领导的人民军队在历次整编过程中的基本特点和机制，尤其是可以展现出毛泽东在这个时期所形成的“伴着发展”的军事战略思想对中国共产党军队成长的重要影响。此外，红军整编中所面临的一些张力也使我们能够从一个侧面深化对苏区后来发生的大规模肃反现象的认识。

一　红军统一整编前的基本类型

在中央对各地红军实施整编前夕的 1930 年 3 月，各地红军有 62700 多人，编为 13 个军，分布在南方 8 省 127 个县。[③] 这些红军有许多不同的发展模式。毛泽东 1930 年年初曾把当时的根据地和红军分成“朱毛

---

① 首先，有公认的领袖和稳定的核心领导层。红四军自建立以来，虽然曾经历过内部纷争的风张国琦《第二次国内革命战争时期红军编成情况》，《近代史研究》1981 年第 2 期；张国琦《第二次国内革命战争时期红军编成情况》（续），《近代史研究》1981 年第 4 期；何永桃《红军创建时期的番号形态之蠡测》，《湖湘论坛》1991 年第 2 期；王健英《中国红军发展史》，广东人民出版社 2000 年版。

② 参见王健英《中国红军发展史》，第 150—398 页。

③ 中央文献研究室编：《周恩来年谱 1898—1949)》，中央文献出版社 1998 年版，第 184 页。

式、贺龙式、李文林式、方志敏式”4 种类型。[①] 朱毛红军不仅在中央统一整编前已经发展成为最有实力的主力红军，而且由于毛泽东独具高度的战略思想而展现出十分独特的发展道路。彭德怀领导的红五军是当时另一支实力较强的主力红军，与朱毛红军有着密切的关系其战略思想深受毛泽东影响，因此，可以将其归属在朱毛红军这一类型中。以贺龙、李文林和方志敏为领袖的各根据地红军虽然各有特点，不过，它们又都属于拥有卓越领袖、发展达到一定规模的地方红军，从这个角度可以把它们看成同一种类型的红军。值得注意的是，毛泽东对根据地和红军的类型划分中没有将鄂豫皖包括进去。这个遗漏并不是偶然的，因为当时的鄂豫皖红军虽然已发展到一定规模，在组织上却处于缺乏公认领袖的状态。下文对红军统一整编前基本类型的划分就以朱毛红军、贺龙红军及鄂豫皖红军为代表。这三支部队正是后来的三大红军主力的原型。

（一）朱毛红军

朱毛红军即 1928 年 4 月中旬由毛泽东率领的秋收起义部队与朱德、陈毅率领的南昌起义余部整编而成的红四军。月初将湘南农军遣散后，全军仍有 6000 多人，2200 支步枪。[②] 其军队主干出自国民革命军，职业化程度高，实战经验丰富，是当时全国红军中人数最多、战斗力最强、游击半径最广的一支红军，先后建立了井冈山、闽西、赣西南等根据地。朱毛红军在组织上有个突出特点：

首先，有公认的领袖和稳定的核心领导层。红四军自建立以来，虽然经历过内部纷争的风波，但毛泽东、朱德和陈毅一直是其核心的领导，并在古田会议上最终确立了毛泽东的领袖地位和前敌委员会的领导模式。

其次，毛泽东从扎根井冈山时期到游击赣西南、闽西时期，逐步摸索出“伴着发展”“波浪式的向前发展”“同时扩大，同时深入”的战略发展模式。这种模式从军队与地方的关系来说，强调的是军队不仅要打

---

① 毛泽东：《给林彪同志的信》1930 年 1 月 5 日，竹内实监修：《毛泽东集》第 2 卷，東京：蒼蒼社 1983 年版，第 129 頁。

② 《杜修经给湖南省委的报告》（1928 年 6 月 15 日），井冈山革命根据地党史资料征集编研协作小组等编：《井冈山革命根据地》上册，中共党史资料出版社 1987 年版，第 129 页。

仗，而且要做地方工作，充分发动群众，建立革命政权。而从主力部队与地方武装的关系来说，强调的是主力红军对地方武装要精心加以培育，“游击部队对于地方武装是与他的工作同始终的”，看重地方武装如同看重自己的部队一样。①

再次，正因为毛泽东有着独特的战略思想，所以，他所领导的红四军在组织上与当时的中央保持着相对的独立性。中央对红四军这支最强大的红军部队一直高度关注，并发出过许多指示。而毛泽东并不盲从中央的指示，总是根据自己的洞察力有选择性地接受或婉拒中央指示。比如，1928 年 11 月，他就婉拒了中央提出的在军中以政委制来替代党代表制度的要求，而在 1929 年 4 月初又对中央提出的红军分散行动及朱毛离开部队的指示提出了明确的异议。② 不过，从中共六大到 1930 年年初，位于中央决策层并主管军事工作的周恩来对毛泽东的见地比较重视，也明确支持毛泽东在红四军的领导地位。③ 因此，毛泽东对红四军特立独行的领导与中央尚不构成直接的冲突。从红四军的军政主官职位来看是高度稳定的，中央既调不出人，也派不进人。

最后，红四军的行动基本独立于地方党组织的领导。红四军最初的成立是奉湘南特委之命。但红四军的指挥权从 1928 年到 1929 年不断上移先是归属于毛泽东任书记的湘赣边特委，而后归湖南省委和江西省委共同领导，最后直接归属于中央。1929 年后，红四军前委还反过来对割据区域的特委乃至省委构成了实际的领导关系。④

(二) 贺龙红军

贺龙红军指的是贺龙 1928 年 7 月建立的湘鄂西红四军与朱毛红四军番号相同，本节用“湘鄂西红四军”以示区别。在八七会议的号召下，

① 《前委通告第三号》(1930 年 3 月 18 日)，江西省档案馆等编：《中央革命根据地史料选编》中册，江西人民出版社 1982 年版，第 492—493 页。

② 《井冈山前委给中央的报告》(1928 年 11 月 25 日)，竹内实编：《毛泽东集》第 2 卷，第 25—26 页；《红军第四军前委给中央的信》(1929 年 4 月 5 日)，中央文献研究室编：《毛泽东文集》第 1 卷，人民出版社 1993 年版，第 54—57 页。

③ 参见金冲及《六大以后两年间中共中央的历史作用》，《中共党史研究》1988 年第 3 期。

④ 详见应星《红四军领导机构的演化与主力红军的组织形态》，《苏区研究》2016 年第 3 期。

各地建立的这类以本地人为主的工农武装很多而贺龙红军的一个突出特点是其领袖具有全国性的声望。贺龙年轻时就在家乡组织武装，后曾任国民革命军第二十军军长、南昌起义部队总指挥，是全国著名的军事将领，在湘西北一带拥有极高的声望，其旧部、朋友、亲戚因为追随他而从军者甚多。虽然湘鄂西红四军成立不久就被打散，但贺龙又能很快将队伍重新组织起来，并通过加强党的改造而提高了部队的战斗力。另外，因为贺龙与领导鄂西红军的周逸群的特殊关系，贺龙的影响力扩大到了整个湘鄂西地区。周逸群曾长期在贺龙军中任党代表、师长，1928 年 1 月又与贺龙同受中央派遣来湘鄂边发展武装，4 月在战斗中与贺龙失散，转往洪湖地区，在鄂西发展起来一支游击队伍。① 湘鄂西红四军与鄂西游击总队虽然在 1930 年前被敌军分割开来，却因为贺龙与周逸群的关系而具有较强的整合基础。

从组织关系来看，贺龙红军与上级党组织之间保持着相当的独立性。贺龙与周逸群在 1928 年 1 月从上海去湖南组建湘西北特委时系受中央的委派。月，湖南省委决定将当时已停止工作的湘西北特委并入湘西特委，并在贺龙部队中组建由他任书记的湘西前委。但湘鄂西红四军在随后的半年里遭受了重大挫折，与中央、省委和特委均失去了联系，直到 11 月初才与中央重新接上关系。此后湘西前委就归属中央直接领导。但两者之间交通困难，中央对湘西实际情况很不了解，难以进行具体指导。即使中央提出一些意见，贺龙也和毛泽东一样并不盲从于中央的指示。1928 年 104 月日，中央致信贺龙，希望他离开部队到中央来工作。而贺龙在农历九月前后和 1929 年 4 月给中央的两次来信中都婉拒了中央要他们把部队分散开来以及让他离开队伍的要求。② 周恩来在 1929 年 3 月 17

---

① 《贺龙给中央的报告》（1928 年农历 9 月），中国工农红军第二方面军战史编辑委员会编:《中国工农红军第二方面军战史资料选编》（一），解放军出版社 1995 年版，第 218—219 页;《中共鄂西特委逸群的报告》（1928 年 9 月 19 日），《中国工农红军第二方面军战史资料选编》（一），第 223 页。

② 《中央关于军事策略问题给贺龙的指示信》（1928 年 10 月 4 日）;《中国工农红军第二方面军战史资料选编》（一）;第 218 页;《贺龙给中央的报告》（1928 年农历 9 月）;《中国工农红军第二方面军战史资料选编》（一） 第 229 页;《中共湘鄂西前敌委员会给中央的报告》（1929 年 4 月 10 日），《中国工农红军第二方面军战史资料选编》（一） 第 309 页;李烈编《贺龙年谱》，人民出版社 1996 年版，第 108 页。

日给贺龙的信中，承认中央对当地的实际情形上不十分明了，不能具体答复他们关于发展区域问题的请示，让他们自行“斟酌实际环境，取这些条件最多者而选择之”[①]。

(三) 鄂豫皖红军

与朱毛红军相较，鄂豫皖红军与贺龙红军在 1930 年前都属于实力尚不强、以本地兵源为主的地方红军。而当时鄂豫皖红军与贺龙红军又有一个明显的不同缺乏公认的军中领袖。

1928 年 7 月，在麻黄起义基础上成立了红十一军第三十一师。1929 年 5 月，在商南起义基础上成立了红十一军第三十二师。1930 年 1 月，在六霍起义基础上成立了红十一军第三十三师。鄂东北、豫东南和皖西这三个根据地及其红军的建立，有赖于这些地方出生的激进知识分子较多，在起义初期起到了重要的动员作用。然而，这三地领导者的地方意识都很强，他们中缺乏类似贺龙这样跨地区的领袖，因而缺乏把这支队伍聚拢在一起的灵魂人物。[②] 商城甚至发生了鄂东北和皖西派往红三十二师的两任党代表以及区委书记均被杀害的恶性事件。中央巡视员斥责“商城同志地域观念非常浓厚，对于外去工作的同志，异常嫉视，尤其是努力而且坚决的同志，都受到他们的排斥”，“党和军队中的关系，同志与同志，官长与士兵，都是以封建的感情维聚着，不是主义，不是政治信仰，所以同志中、士兵里不能保证党的领导”。[③] 尤其是红三十一师与红三十二师之间戒心重重。1929 年 9 月初，红三十一师和三十二师虽然会合在一起，但红三十一师官兵晚上睡觉时都枕着枪，以防意外，而红三十二师也在一夜之间不辞而别。[④]

由于红三十一、三十二、三十三师的地方意识都相当强，因此在与

---

① 周恩来《关于湘鄂西苏区发展的几个问题》(1929 年 3 月 17 日)，中央文献研究室编：《周恩来军事文选》第 1 卷，人民出版社 1997 年版，第 79 页。

② 《郑位三同志全七次谈话录》，黄文治编《亲历“苏维埃革命”——大别山区革命者讲述自己的革命史》，纽约，柯捷出版社 2015 年版，第 70、75、78 页。

③ 《郭树勋巡视河南商城情况给中央的报告》(1930 年 2 月 19 日)；中国工农红军第四方面军战史编辑委员会编：《中国工农红军第四方面军战史资料选编》鄂豫皖时期上册解放军出版社 1993 年版，第 587 页。

④ 徐向前：《徐向前回忆录》，解放军出版社 2007 年版，第 58—59 页。

地方党组织的关系上呈现出这样的特点直接领导这些部队的地方党组织层级较低军队与来源本地的党组织关系相当密切而与来源外地的党组织的关系比较紧张。红三十一师一直由特委一级党组织直接领导先是鄂东特委，后演化为鄂东北特委，再后发展为鄂豫边特委。红三十三师由六安中心县委直接领导。这里最复杂的情况是红三十二师与党组织的关系。商南起义在策划时，商城县委遭到破坏，所以豫东南特委将商南的党组织委托给鄂东特委领导，鄂东特委为此专门成立了商罗麻特别区委来领导起义。因此，红三十二师在 1929 年 5 月成立时归商罗麻特别区委领导。6 月，豫东南特委撤销后新成立的信阳中心县委与由鄂东特委改建的鄂东北特委召开联席会议，决定将商南党组织与红三十二师交还给商城县委领导，由信阳中心县委派人接收并组建商城县委。但原来由鄂东特委派出的商罗麻区委书记徐子清和红三十二师党代表徐其虚抵制接收，提出要建立鄂豫皖特别区委。结果造成商城县委和红三十二师将徐子清和徐其虚先后杀害的事件。① 这说明鄂东特委派到红三十二师的人只承认鄂东特委而不愿承认商城县委，红三十二师的商南籍本土干部又不愿承认鄂东特委及商罗麻特别区委而只承认商城县委。在徐子清和徐其虚被害后，红三十二师一度发展到除商城县委外拒绝听从任何上级党组织的地步。8 月，信阳中心县委决定将红三十二师直接归中心县委指挥红三十二师竟拒绝接受。红三十二师甚至与中央巡视员的关系也达到剑拔弩张的程度。在中央 9 月决定成立鄂豫边特委并将商城县委和红三十二师划归特委领导后，信阳中心县委也指示红三十二师须执行中央决定，但红三十二师拒不执行命令，反倒图谋危害前来商城解决问题的中央巡视员及新派到商城及红三十二师工作的干部。直到 1930 年 1 月，商城县委和红三十二

① 《郭树勋给商城县委的信》（1929 年 6 月 12 日），《中国工农红军第四方面军战史资料选编》（鄂豫皖时期上册），第 456 页；《商城临时县委关于处置鄂豫皖特区问题给中央的报告》（1929 年 7 月 9 日），《中国工农红军第四方面军战史资料选编》（鄂豫皖时期上册），第 465—469 页。

师才承认鄂豫边特委的领导关系。①

上述三种类型的红军在其发展中呈现出各不相同的组织形态。我们在下文中将看到，这种不同对随后开展的大规模的红军整编进程产生了直接的影响。

二 中央对红军整编的规划

1929年3月蒋桂战争爆发，揭开了国民党军阀混战的序幕。5月，中东路事件爆发，共产国际把此事件看作帝国主义对苏联进攻的开始，并向中共中央发出了一系列“左倾”的指示。中共六大关于新的革命高潮尚未到来，现在尚处于积蓄力量、争取群众、准备暴动的阶段的结论随即被改变。9月18日，中央发出第49号通告，将反对进攻苏联和反对军阀战争作为现阶段的中心任务。12月8日，中央又发出第60号通告，提出中国革命形势“无疑的要更快的爆发革命高潮”，因此“须极力扩大与集中红军的组织与战斗力量，尽可能的鼓动广大农民起来加入红军，集中农民的武装群众编成正式的红军”，“红军发展须实行大规模的游击，过去避免夺取主要城市之策略，也须改变”。② 正是在这个背景下，中央开始强调红军的统一编制和指挥，红军也由此开始了从游击战到运动战的战略转变。中央关于红军的整编规划不是一次性完成的，而是从1929年年底持续到1930年10月左右。

中央在规划中首先明确了对红军的指挥权，地方党组织与红军只能发生横的关系，而不存在纵向领导关系。在1930年前，除了红七军外，

① 《豫东南县书联席会决案议》(1929年8月28日)，《中国工农红军第四方面军战史资料选编》(鄂豫皖时期上册)，第473—474页；《中央巡视员郭树勋巡视豫南报告》(1929年10月22日)，《中国工农红军第四方面军战史资料选编》(鄂豫皖时期上册)，第487—492页；《郭树勋关于派往商城工作的同志离商经过给中央的报告》(1930年1月19日)；《中国工农红军第四方面军战史资料选编》(鄂豫皖时期上册)，第566—567页；《信阳中心县委扩大会的决议案》(1930年2月5日)，中央档案馆、河南省档案馆编：《河南革命历史文件汇集》乙种本1927—1934年卷，1984年印行，第93—100页。

② 《中央通告第四十九号》(1929年9月18日)，中央档案馆编：《中共中央文件选集》第5册，中共中央党校出版社1990年版，第463页；《中央通告第六十号》(1929年12月8日)，《中共中央文件选集》第5册，第565、570—571页。

其他红军番号都是由地方党组织自行授予的，因此各地红军在名义上是归属于省委或特委甚至县委指挥的。中央军事部对各地红军并无指挥权，而只负组织、联络和原则指导之责。中央军事部 1929 年 12 月 19 日发布的《扩大红军的计划大纲》初步对六大红色区域的红军扩大与发展策略进行了布置。[①] 1930 年 2 月 1 日，中央军事部正式提出将全国红军统一编为八个军。但中央的这个命令并没有得到非常有效的执行。这促使中央月日专门发布了关于全国红军指挥问题的通知，明确了红军与中央及地方党组织的关系“以后各地已组织的正式红军，一切指挥权完全统一于中央军委。”“各省省委以至特委必须更密切地与当地的红军发生很密切的经常的横的关系相互帮助。”为了解决中央与各地红军距离太远、指挥不灵便的问题，该通知还决定成立军委南方办事处和武汉办事处正式成立时定名为长江办事处）。[②] 此后，中央对红军的指挥权又进行了多次重申。比如，中央 7 月 21 日强调“各地红军成立军的名义，除必须有相当的基础，先报告中央，由中央审查批准后，才能挂出军的名义，及至军成立之后，则上级的指挥管理均归中央军委指挥，地方只与发生横向关系”[③]。中共六届三中全会以后，红军的统一指挥权移交给中央革命军事委员会“革命军事委员会有全权指挥所属的红军与一切武装力量，只有其上级政府与党的苏区中央局或特区委员会可以变更其决定。地方政府与地方党部均无权干涉”[④]。为了更有力地领导苏区工作，中央还在 1931 年先后成立了苏区中央局、湘鄂西中央分局和鄂豫皖中央分局。

中央对红军的整编重点在军级部队番号的颁布。1930 年 2 月 1 日，中央军事部计划将全国红军编成个军“鄂东北、豫东南的原三十一、三

---

① 《中共中央军事部颁发的目前扩大红军的计划大纲》（1929 年 12 月 19 日），中国人民解放军历史资料丛书编审委员会编：《中国人民解放军组织沿革·综述（1）文献（1）》，解放军出版社 2007 年版，第 386—391 页。

② 《中共中央关于全国红军指挥问题的通知》（1930 年 4 月 3 日），《中国人民解放军组织沿革·综述（1）文献（1）》，第 417 页；《中央军委长江办事处工作计划》（1930 年 5 月 23 日），《中国人民解放军组织沿革·综述（1）文献（1）》，第 452 页。

③ 《中共中央关于红军成立军的通知》（1930 年 7 月 21 日），《中国人民解放军组织沿革·综述（1）文献（1）》，第 482 页。

④ 《中央政治局关于苏维埃区域目前工作计划》（1930 年 10 月 24 日），中央档案馆编：《中共中央文件选集》第 6 册，中共中央党校出版社 1989 年版，第 440 页。

十二师为第一军，贺龙为第二军，赣西南之二、三、四团为第三军，朱毛为第四军，彭德怀部为第五军，鄂西原周逸群部为第六军，广西为第七军，阳新、大冶之红军及此次由独立十五旅兵士叛变过来的为第八军"①。4 月 10 日，中央决定将东江红军编为红十一军，闽西红军编为红十二军②。5 月在上海召开第一次全国红军代表会议时，中央提出了 14 个军的整编规划，新增红九、十、十三和十四军。9 月底，中央又将 14 个军调整为 12 个军，红九、十三、十四军番号取消，红十军的番号改授赣东北红军，红十二军改为红二十军，新增了红十六军其他军番号照旧。③10 月 24 日，中央军委按照新通过的"三三制"编制方案充实各军力量，把主力红军重新调整为六大根据地的个军"第一集团军改编为第一军，第三集团军改编为第二军，第二集团军改编为第三军，原第一军、第十五军、第九军合编为第四军，原第十军编为第五军，闽西两军东江一军合编为第六军，原第七军仍编为第七军。"④

除军的番号外，中央还提出了比军更高一级的军团番号的规划。1930 年 4 月 15 日，中央军委提出红军"为适应斗争环境各军协同动作起见，必须成立军团以上的统一指挥机关"。该文件将红三、四、五军规划为一个军团，将红二、六、十军规划为一个军团，将红七、十一、十二军规划为一个军团，但这些军团的番号并未确定。⑤ 直到 5 月 23 日，中央军委长江办事处才确定将红三、四、十军规划为红一军团，将红五、八军规划为红二军团，将红二、六军规划为红三军团，将红一、九军规

① 《中共中央军事部关于一九三〇年一月份工作给中央的报告》（1930 年 2 月 1 日），《中国人民解放军组织沿革·综述（1）文献（1）》，第 403 页。

② 《中共中央关于目前军事工作的策略与计划给中央军委南方办事处及广东省委军委的指示信》（1930 年 4 月 10 日），《中国人民解放军组织沿革·综述（1）文献（1）》，第 423—424 页。

③ 周恩来：《目前红军的中心任务及其几个根本问题》（1930 年 9 月 30 日），《周恩来军事文选》第 1 卷，第 116—119 页。

④ 《中共中央政治局关于苏维埃区域目前工作计划大纲》（1930 年 10 月 24 日），《中共中央文件选集》第 6 册，第 460 页。

⑤ 《中央军委军事工作计划大纲》（1930 年 4 月 15 日），《中国人民解放军组织沿革·综述（1）文献（1）》，第 434 页。

划为红四军团。[1] 而比军团更高层级的方面军的成立并不在中央原来的规划中，红一、四方面军都是自行成立的。

中央对红军整编的规划虽然大体处于李立三在中央占据领导地位的时期，但主管军事工作的周恩来对革命形势的估量及在军事武装的组织策略上与李立三之间存在着一些分歧，使李立三的“左”倾思想有所遏制。比如，他们对地方武装的态度就有明显差别。李立三主导时期 1930 年 3 月到 8 月中旬，这段时期周恩来正好不在国内强调的是“地方的赤卫队游击队及一切地方性的武装，均应渐次集中组织为红军，但在未成立红军之前，仍归地方指挥，一至成立红军后则指挥权应移交中央军委”。[2] 而在周恩来主导的时期月下旬以后，周恩来开始受共产国际之命纠正李立三的“左”倾冒险错误强调的是“红军的周围，应该围绕着广大的游击队、赤卫队，要在广大的游击队、赤卫队的基础上建立红军广泛的补充军，吸收他们到红军中来，补充红军，扩大红军”[3]。10 月 24 日颁布的《中央政治局关于苏维埃区域目前工作计划》正式确立了红军、游击队和赤卫队的三级军事体系。[4] 其实，红军还可以细分为两类：一类是完全不受地区限制的主力红军，另一类是地区性的红军，介入县区游击队与主力军之间。“这种武装，利于地区的巩固与发展，也使主力红军不受地区性的顾虑而行动自由，主力到这地区的时候，可以得到地区性红军的配合也可以升级为主力红军。”[5] 因此，准确地说，苏区的军事体系由四级构成赤卫队是不脱产的武装游击队是脱产而不离家乡一般以县或县辖区为单位的武装地方红军是脱产而不离地区一般由邻近的若干县构成的地域的武装主力红军是脱产而超地区的武装。在下文的分析中，

---

① 《中央军委长江办事处工作计划》（1930 年 5 月 23 日），《中国人民解放军组织沿革·综述（1）文献（1）》，第 453—454 页。

② 《中共中央关于全国红军指挥问题的通知》（1930 年 4 月 3 日），《中国人民解放军组织沿革·综述（1）文献（1）》，第 417 页。

③ 周恩来：《目前红军的中心任务及其几个根本问题》（1930 年 9 月 30 日），《周恩来军事文选》第 1 卷，第 124—125 页；中央文献研究室编：《周恩来年谱（1898—1949）》，第 184、188—189 页。

④ 《中共中央政治局关于苏维埃区域目前工作计划大纲》（1930 年 10 月 24 日），《中共中央文件选集》第 6 册，第 457—458 页。

⑤ 萧克：《朱毛红军侧记》，中共中央党校出版社 1993 年版，第 54 页。

将看到对苏区军事体系的这四级划分是非常必要的。

值得注意的是，中央对红军的统一整编，不仅仅体现在军队番号的颁布和战略方向的规划上也体现在对主力军重要领导干部的委派上。在中央掌握的干部资源中，主要有两大系统：一个是由周恩来掌握的军事系统。周恩来曾任黄埔军校政治部主任，又从大革命时期开始就是中央军事机构的主要负责人，尤其是从 1929 年 6 月到 1930 年春还开办了三期中央军事训练班，因此，他积累和掌握了一大批可用以调遣的军事干部。比如，曾中生、邝继勋、蔡申熙、许继慎、徐向前、柳克明、孙德清、郭述申等都出自这个系统。[①] 另一个系统是旅莫派。旅莫派人员众多，成分复杂，在莫斯科的逗留时间和回国时间也各不相同。大体而言，旅莫斯科东方大学支部的归国干部在大革命时期是核心力量，而六大以后尤其是六届四中全会以后，以王明为首、以所谓“二十八个半布尔什维克”为核心的旅莫斯科中山大学的归国干部崛起在中共政坛，成为中央机关及中央外派各地的领导核心。比如，陈昌浩、沈泽民、夏曦等都出自这个系统。[②] 此外，中国共产党早期还有一些著名的工人运动领袖，同时参与过中央军事部的领导工作，后来也在旅莫归国后被派往苏区担任主要领导。这类干部有张国焘、邓中夏等。[③] 这样一来，周恩来领导的军事系统、旅莫派和工运领袖就作为中央的外派干部，与各苏区经过暴动成长起来的本土干部，纵横交织构成了一个复杂的红军组织网络。中央期望通过外派干部按照中央的意图来推动红军的整编，但这些外派干部在整编中究竟能发挥什么作用、如何发挥作用，还取决于苏区革命复杂的实践进程。

三　主力红军整编的实践形态之一：中央苏区

中央苏区 1930—1931 年间的红军整编线索较为繁杂，其中最为关键

① 王健英：《红军统帅部考实》，广东人民出版社 2000 年版，第 70—78 页。

② 孙会修：《旅莫支部归国干部与大革命期间中共组织制度的改造》，《中共党史研究》2015 年第 5 期。盛岳：《莫斯科中山大学和中国革命》，东方出版社 2004 年版，第 211—232 页；孙耀文：《风雨五载——莫斯科中山大学始末》，中央编译出版社 1996 年版，第 233—300 页。

③ 王健英：《红军统帅部考实》，第 7—9、26—29、39—53 页。

的线索是新组建的主力红军与红四军之间的关系。本节即以此线索来分析中央苏区主力红军整编中四个重要的节点。①

（一）闽西红军的整编

闽西根据地是中央苏区的核心组成部分之一。在红四军入闽前，邓子恢、张鼎丞、傅柏翠等人组织过一些地方武装。但这些武装缺乏严密的组织和必要的训练，临时性强，易聚易散，很难形成战斗力。1929年6月，红四军第二次入闽，前委决定将闽西地方武装整编为红四军第四纵队。红四军对第四纵队进行了精心的培养——从派干部到给枪支再到在实战中培养。尤其是1930年1月第四纵队随红四军主力去江西开展游击战争，经受了全方位的锻炼，使其战斗力迅速得到了提升。② 3月，闽西苏维埃政府军事委员会决定将闽西其他地方武装升级为正规红军，成立红九军，以弥补第四纵队离闽的空缺。4月，中央指令将红九军整编为红十二军，并令其出击广东东江。这是中央将这支地方红军变成主力红军并用于实现割据广东的战略目标的结果。5月，闽西苏维埃政府再次将余下的地方武装升级为闽西红二十军。这是闽西第三次将地方武装整编为正规红军，体现出他们发展地方红军的执着努力。不过，红二十军组成后实力较弱，各纵队基本分散在各县独立活动，颇像一个戴着地方红军帽子的游击队联合体。6月中旬，毛泽东在汀州主持召开红四军前委和闽西特委联席会议，按照中央指示进行整编，组建红一路军不久改称红一军团。原红十二军第二、三纵队整编为红四军第三纵队，以原红四军第三纵队为基础组建红十二军，随红一路军北上而红四军第四纵队和原红十二军第一纵队留在闽西，不久这两支队伍整编为红二十

① 主力红军的番号有非常复杂的变化，许多部队在不同的根据地使用的是同一番号，如红三、四、六、十一、二十军。不过不存在两支部队在同一个根据地同时使用同一番号的情况。本文以下是按照不同的根据地来分述的。因此，如果不加特别说明下文在各根据地所提到的红军番号指的都是当地使用该番号的部队。

② 邓子恢、张鼎丞：《闽西暴动与红十二军》，“中国人民解放军三十年”征文编辑委员会编：《星火燎原》上册，人民文学出版社1958年版，第390、399—400页。

一军。① 按照毛泽东一贯的战略思想以及作为汀州会议主持者的身份，将身经百战的红四军第三纵队与尚且稚嫩的原红十二军对调、通过红四军的主干力量来培养原红十二军的战斗力，同时将已经成熟的第四纵队留在闽西巩固和扩大苏区，并带动红二十军等地方红军的成长，这很可能来自毛泽东的思路。然而，中央早在 4 月 28 日给闽西特委的信中明确要求闽西红军全力向东江推进。② 7 月闽西第二次党代会召开，福建省委特派员王海萍将闽西党的任务确定为“集中一切革命力量，扩大斗争到广东去”。他甚至宣称“我们在东江胜利了，即使丢掉闽西苏区也没有关系”。③ 邓子恢因为所谓“保守倾向”被免去了特委书记和红二十一军政委职务，红二十一军政委由积极贯彻中央指令的广东人李力一接任。④ 8 月和 10 月，红二十一军两次出击东江，连连失利。不过，由于闽西特委的坚持红二十军没有同去东江，而是留在了闽西各县，算是保住了基本实力。11 月 7 日，中央特派员施简主持会议，将红二十一军和二十军合编为新十二军，施简任政委，左权任军长。⑤ 新十二军虽然名义上先后归属闽西特委和闽粤赣边特委领导，但因为政委施简、军长左权、代军长李宗孚、闽粤赣边特委书记邓发均系中央派出的干部，所以，新十二军实际上是由中央掌控的。直到 1931 年 9 月，毛泽东、朱德率领红一方面军再入闽西，新十二军即被并入红一军团第十二军，从此纳入红一方面

① 《汉秋关于福建全省群众组织情形报告》(1930 年 7 月 13 日)，中央档案馆、福建省档案馆编《福建革命历史文件汇集》省委文件 1930 年卷，1984 年编印，第 287 页；《红九军、红十二军的组建及其活动情况》、《闽西红二十军》，福建省龙岩军分区政治部等编：《闽西地方武装概略》，1986 年印行，第 5—6、10 页。

② 《中共中央给闽西特委信》(1930 年 4 月 28 日)，龙岩地委党史资料征集领导小组等编：《闽西革命史文献资料》第 3 辑，1982 年印行，第 261 页。

③ 《省委代表卢哇利在中共闽西第二次代表大会上的致词》(1930 年 7 月 8 日)，龙岩地委党史资料征集领导小组等编：《西革命史文献资料》第 3 辑，1982 年编印，第 370 页；邓子恢、张鼎丞《闽西暴动与红十二军》，《星火燎原》上册，第 403—404 页。

④ 《红二十一军委书记李任予给中央军部南方办事处、广东总行委的报告》(1930 年 9 月 21 日)，龙岩地委党史资料征集究委员会等编：《闽西革命史文献资料》第 3 辑，1983 年印行，第 139 页。

⑤ 《左权、施简给南方局、中央的报告》(1930 年 12 月 29 日)，《闽西革命史文献资料》第 4 辑，第 469—470 页。

军序列。[①]

可以看到，闽西红军的整编同时受到种发展思路的交错影响。从闽西地方党组织的角度来说，他们需要比游击队更正规、实力更强的红军来保卫苏区政权，因此，他们希望发展的是自己直接领导的地方红军。从李立三掌控的中央来说，“绝对反对过去那种无条件的分散武装给农民，或建立地方性很浓厚的赤卫队”，强调迅速扩大主力红军队伍并集中主力攻打中心城市和战略要地。[②] 而对以毛泽东为首的红四军前委来说，遵循的是“波浪式的向前扩大”的思路“伴着原有小块红色区域发展，及成立新的小块红色区域，再促进他去发展”，而“扩大红色区域主要条件就是农民武装，若不能创造农民武装，则所谓深入工作只是一句空话，游击队所到之处，凡属做有深入工作希望的地区，不但不能把原群众武装收缴了去扩大红军，要在广大赤色区域的腹地部队土地斗争业已深入，武装作用减少了的时候，才能有计划地集中一部分地方武装编为红军。在红军斗争力不大，感觉损失的条件之下，还一定要由红军拨枪支去武装群众，不但要出枪，有时还出子弹，不但拨出子弹，有时还要拨出军事工作人。在红军力量不强，事实上无法拨出子弹及人员的时候，就要尽可能的努力去收缴豪绅及小部队敌军的武装去武装农民”。[③] 因此，毛泽东虽然也非常重视扩大主力红军，但他同时高度重视发展地方武装，他强调的是在地方武装发展成熟的时候水到渠成地被主力红军所吸纳。虽然闽西特委及苏维埃政府力图保持一支由自己控制的地方红军，但在红四军和中央的双重外力作用下往往难以如愿。而在红四军前委和中央这两种力量之间，尽管中央从 1930 年 4 月起就在法理上确立了对红军的直接领导权，但实际上，中央的指令只在红四军离开闽西时才有较强的效力，而只要红四军一进入闽西地界，就会对闽西的地方红军产生强烈

---

① 《中国人民解放军组织沿革·单位沿革（1）》，第 43、48、159—169 页；《中央军委南方办事处关于派干部去各地工作问题给央军委的报告》（1931 年 1 月 23 日），中央档案馆编：《中共中央南方局文件汇集》1927—1931 年卷，1985 年编印，第 188—189 页。

② 《中共中央关于目前军事工作的策略与计划给中央军委南方办事处及广东省委军委的指示信》（1930 年 4 月 10 日），《国人民解放军组织沿革·综述（1）文献（1）》，第 424 页。

③ 《前委通告第三号》（1930 年 3 月 18 日），《中央革命根据地史料选编》中册，第 492—493 页。

的辐射力。这种辐射力来源于红四军三次入闽对苏区的开创性影响，来源于红四军对闽西红军全方位的带动和精心的培养。而当时的中央高高在上，对闽西苏区毫不在意，只一味让闽西红军向东江出击，结果屡败不止，严重影响了中央在闽西的权威。我们就此可以把闽西红军红四军第四纵队和红十二军视为在红四军延伸基础上发展起来的“主力辐射型”红军。

（二）赣西南红军的第一次整编

赣西南根据地是中央苏区的另一个核心组成部分，其地方武装先后经历了两次大规模的整编。就其整编与红四军的关系而言有较大差别，下面分别加以论述。

赣西南红军的第一次整编是以东固、延福及湘赣边的地方武装为基础组建红六军。围绕红六军的建军，以中央巡视员彭清泉、赣西特委书记刘士奇为一方，江西省委巡视员张怀万为另一方，双方发生过激烈的争执。但彭清泉、刘士奇在彭德怀的支持下，于 1930 年 1 月 18 日完成了红六军的建军工作。[①] 红五军派出副军长黄公略任红六军军长，派出 43 名骨干担任该军各级领导职务，另派干部训练大队及人枪各百余充实该军。[②] 2 月 7 日，红四军前委、红五军军委、红六军军委和赣西特委、赣南特委在吉安陂头召开了联席会议史称“二七会议”决定成立以毛泽东为书记的红四、五、六军共同前委，红六军的上级也从赣西特委转为共同前委。红六军主要的武装基础是东固红军领袖李文林领导的江西红军独立第二、四团。毛泽东对这支队伍曾颇有好感，称其创建了“李文林式的根据地”，并一度想把这支队伍直接纳入红四军，只是因赣西特委的反对而未果。[③] 尽管在二七会议上毛泽东与李文林已经在政治观点上产生

---

① 应星：《苏区地方干部、红色武装与组织形态——东固根据地与延福根据地的对比研究》，《开放时代》2015 年第 6 期。

② 《中国工农红军第六军》，江西省委党史资料征集委员会等编：《江西党史资料》第 23 辑，1992 年印行，第 9 页。

③ 毛泽东：《给林彪同志的信》（1930 年 1 月 5 日），《毛泽东集》第 2 卷，第 129 页；《中共赣西特委给江西省委的综合报告》（1929 年 4 月），中央档案馆、江西省档案馆编：《江西革命历史文件汇集》1929 年卷（一），1987 年编印，第 122 页。

了重大分歧，但毛泽东对李文林创建的这支队伍还是非常看重的。二七会议后，原来在红六军任职的一批赣西南干部包括红六军政委刘士奇回到地方去工作，而毛泽东从红四军抽调了一批干部到红六军，该军政委也由陈毅接任。因为红四军与江西红军独立第二、四团的历史渊源，加上由红四军和红五军派出的干部占据了红六军的重要岗位，红六军迅速成为朱毛红军的核心组成部分。中央2月还曾自以为与这支部队关系较好，到4月却很恼怒地发现本已给该军授番号为红三军，不料被红四军前委改称为红六军。其实这只是因为中央的命令未能及时传达到部队的缘故。7月，红六军接令即按指示改称红三军。[①] 不过，这支部队与红四军的关系紧密程度的确远超过与中央的关系。

如果将赣西南红军的第一次整编与闽西红军的整编相较的话，可以发现，红六军并不是在红四军的架构内精心培育和全面带动起来的，而是在独立建军后，由红四军及红五军通过大批的干部派遣将其融入主力队伍。不过，这种通过干部桥梁而整编出来的部队与闽西红军相似的地方在于，它与红四军之间也有着比较密切的关系。

（三）赣西南红军的第二次整编

自红六军在二七会议上从赣西南特委领导的地方红军升格为共同前委领导的主力红军后，特委又将余下的赣西地方武装整编成一支新的地方红军——赣西南红二十军。这支军队是特委为攻打赣西重镇吉安城而组建起来的。从1929年11月到1930年10月，特委先后组织了九次进攻吉安的战斗，红二十军是在1930年7月第七次攻吉战斗结束后成立的，特委书记刘士奇兼任政委，赣西南苏维埃政府军事部长曾炳春任军长。[②] 红二十军刚开始是特委自行确定组建并直接领导的与红四军无关。这与同一时期由赣南地方武装整编而成的红二十二军有所不同红二十二军是6

---

① 《中国工农红军第六军》，《江西党史资料》第23辑，第9—10页；《中共中央军事部关于一九三〇年一月份工作给中央的报告》（1930年2月1日），《中国人民解放军组织沿革·综述（1）文献（1）》，第403页；《中共中央关于全国红军指挥问题的通知》（1930年4月3日），《中国人民解放军组织沿革·综述（1）文献（1）》，第417页。

② 《十万工农下吉安综述》，江西省委党史资料征集委员会等编：《江西党史资料》第7辑，1988年印行，第1—18页。

月在毛泽东主持的汀州会议上决定成立的，陈毅被任命为军长。[①] 不过，刘士奇是毛泽东颇为信任的连襟和湖南同乡，其政治主张为毛泽东所支持，所以，红二十军与红四军本不构成潜在的紧张关系。不料到了 8 月风云突变。8 月 5 日，赣西南特委第二次全体委员会议（史称“二全会议”）召开，在上海出席了全国苏维埃代表大会的李文林在会上传达了“立三路线”的主张，刘士奇遭到了猛烈批判并被开除了党籍，他的特委书记兼红二十军政委自然被免。[②] 毛泽东对此事极其恼怒，认定这是赣西南党组织被 AB 团掌握的明证，二全会议完全是和他所主持的二七会议对着干的“在二七会议后，猛攻富农地主，富农地主于是不仅从行动上积极反对分田，不仅从组织上积极发展 AB 团取消派，而且要建设一贯的反革命理论，二全会议就完成了这一任务”[③]。不过，毛泽东当时对李文林等人的恼怒和怀疑因战事紧张还引而未发。9 月，为了转移中央要求红一方面军攻打长沙的压力以及部分干部要求攻打南昌、九江的压力，毛泽东提出由红一军团攻打吉安，获得长江局代表周以粟及总前委其他委员的认可。[④] 为此，作为历次攻吉主力的红二十军划归红一军团指挥。10 月 5 日吉安城被打下后，红二十军主要领导发生变动军长由刘铁超担任，政委由原军长曾炳春改任，参谋长由原红二十二军参谋长钟效蔚调任，政治部主任谢汉昌留任。[⑤] 虽然红二十军在最后一次攻吉战斗中已经被红一军团纳入战斗序列，但与红一军团的关系仍然是相当疏远的，红一军团在 10 月 7 日的扩红通令中就没有将该军纳入。[⑥] 可以说，攻打吉安时红二十军划归红一军团指挥尚具有临时性，而特委对该军在攻占吉安后的

---

① 刘树发编:《陈毅年谱》上卷，人民出版社 1995 年版，第 149 页。

② 《赣西南特委二全会议决议案之二》(1930 年 8 月 27 日)，江西省档案馆等编:《中央革命根据地史料选编》中册，江西人民出版社 1982 年版，第 247—250 页。

③ 《总前委的一封答辩信》(1930 年 12 月)，解放军政治学院中共党史教研室编:《中共党史教学参考资料》第 14 册，1985 年编印，第 637 页。

④ 中央文献研究室编:《毛泽东年谱 1893—1949)》上卷，中央文献出版社 2013 年版，第 315 页。

⑤ 《中国工农红军第二十军》，江西省委党史资料征集委员会等编:《江西党史资料》第 23 辑，1992 年编印，第 134—135 页。

⑥ 《红一军团总攻吉安的命令》(1930 年 10 月 3 日)，江西省委党史资料征集委员会等编:《江西党史资料》第 23 辑，1988 年编印，第 152 页;《红一军团总指挥部通令》(1930 年 10 月 7 日)，《中国人民解放军组织沿革 · 综述 (1) 文献 (1)》，第 515—516 页。

初期还具有很大的掌控力。政委曾炳春和政治部主任谢汉昌都是原在该军高层任职的赣西南本地人。军长刘铁超虽然是出自红四军的湖南人，但他早在 1929 年 3 月就被红四军留在赣西地方武装任职，二七会议后又一直在赣西南特委任职。参谋长钟效蔚虽自红二十二军调任，却也是赣西南本地人（江西兴国籍）。[①] 由此可以推断，红二十军的高层干部调整此时仍基本出自特委的安排，红四军并未过多过问。之所以会把军长曾炳春换成刘铁超，这是因为特委在当初决议成立红二十军时就认为曾炳春并不是最理想的人选他“本来当一军长不够，因为这些部队是赣西南本地重生出来的，曾为西南的群众领袖，是过去二团政治部主任，是西南赤卫军总指挥部的总指挥特委军委会书记，对于战争的经验是有的，不过他没有讲过军校，是一师范生，是赣西红军的开山祖师”[②]。而在刘士奇的政委去职后，将曾炳春调任军政委，让黄埔军校出身、参加过湘南起义、又在赣西南地方武装和特委工作过的刘铁超出任军长，对特委来说就是一种更理想的选择。不过，从赣西革命的资历和威望来说，曾炳春在红二十军的影响力仍是最大的。而曾炳春与攻下吉安后新成立的江西省行动委员会的书记李文林又同是东固红军领导人，关系紧密。由于前述二全会议与二七会议的针锋相对，红二十军也就被卷入矛盾的漩涡中。毛泽东对这样的军队在政治上自然是不信任的。1930 年 10 月 4 日红一军团攻占吉安城后，在敌军司令部缴获了一份收条。这个收条被误认为李文林父亲充当 AB 团分子的证据，由此更加深了红一军团领导人对李文林的怀疑。[③] 在红一军团经历过吉安战事、准备向北开拔时，毛泽东就强调“近来赣西南党全般的呈一非常严重的危机，全党完全是富农路线领导”，“党团两特委机关，赣西南苏维埃政府，红军学校，发现大批 AB 团分子，各级指导机关，无论内外多数为 AB 团的富农所充塞领导机

---

① 谢长战：《刘铁超》，中共党史人物研究会编：《中共党史人物传》第 72 卷，中央文献出版社 2000 年版，第 455—457 页；中国工农红军第一方面军史编审委员会编：《中国工农红军第一方面军人物志》，解放军出版社 1995 年版，第 508 页。

② 《赣西南刘作抚给中央的综合性报告》（1930 年 7 月 22 日），江西省档案馆等编：《中央革命根据地史料选编》上册，江西人民出版社 1982 年版，第 240 页。

③ 史沫特莱：《伟大的道路》，东方出版社 2005 年版，第 330 页。

关”，“赣西南党非来一番根本改造，决不能挽救这一危机”。[①] 10月，红一方面军总前委在峡江和罗坊召开会议，李文林以江西省行委书记的身份参加会议并明确反对毛泽东提出的“诱敌深入”方针。虽然罗坊会议最后通过了毛泽东的主张，但毛泽东已认定李文林是AB团首领。11月底，李文林在宁都县黄陂被捕。[②] 12月7日，毛泽东派总前委秘书长李韶九率红十二军一连人到江西省行委和红二十军肃AB团。12月12日，富田事变爆发，红二十军随即向吉安永阳转移，脱离红一军团，但仍坚持对敌斗争。1931年7月，红二十军番号被中央正式撤销。[③]

红二十二军虽然是在汀州会议上成立的并由陈毅任军长，但因为这支部队来自赣南地方武装在红一军团与赣西南地方干部关系日益紧张的情形下，也被认定受到所谓“赣西南富农路线”的影响，因此在1930年11月开展的红一方面军黄陂肃反中成为重点对象。[④] 富田事变的发生使红二十二军更招嫌疑。12月15日，富田事变爆发后的第四天，红二十二军被划归为红十二军指挥。12月中下旬，红二十二军缩编为红六十四师。[⑤] 另一支由赣南地方武装于1930年10月组建的红三十五军，尽管在1931年1月赣南行动委员会发动的响应富田事变、反对毛泽东的“信丰事件”中坚决支持毛泽东，尤其是赣南籍的军政委罗贵波与红四军出身的湖南籍军长邓毅刚态度一致，行动坚决，扣押了发动“信丰事件”的赣南行委负责人，但罗贵波还是失去了总前委的信任，被免去了军政委的职务。月，红三十五军缩编为红军独立第三师。[⑥]

可以看出，由于复杂的政治因素，红一军团与赣西南地方红军除红六军外的关系是比较疏远的。在1930—1931年间，尽管红一军团的构成

---

① 毛泽东《给中央的信》（1930年10月14日），江西省委党史资料征集委员会等编《江西党史资料》第6辑，1988年印行，第165页。

② 中共吉水县委党史办：《关于李文林被错杀的情况调查》，江西省委党史资料征集委员会等编：《江西党史资料》第1辑，1987年编印，第322页。

③ 戴向青、罗惠兰：《AB团与富田事变始末》，河南人民出版社1994年版，第102—124、148—152页。

④ 徐复祖：《一九三〇年的艰苦斗争》（1970年10月），江西省于都县博物馆藏。

⑤ 刘树发编：《陈毅年谱》上卷，第156页。

⑥ 中共赣州地委党史工作办公室编：《赣南人民革命史》，中共党史出版社1998年版，第160—161页；罗贵波：《革命回忆录》，中国档案出版社1997年版，第65—66页。

多有变迁，但其核心部队始终是红四军、红十二军和红六军后称红三军其他部队都处在非常边缘和不稳定的地位。

（四）红一方面军的组成

如果说闽西和赣西南地方红军的整编特点是受到红四军这支主力部队强大的辐射影响的话，那么，由红一、三军团组成红一方面军时则体现出强强联合的特点。如前所述，中央只规划了军团一级的番号，并未提出方面军的构想。不过，中央已把红一、三军团所在的区域规划为同一个战略区域，强调“在军事上是集中一切武装力量并统一它的指挥”。[①] 那么，中央为什么一直不将红一、三军团合编为更高的军事单位呢这很可能是因为中央 1930 年 88 月在红一、三军团合力攻打长沙时，就已派关向应来组织苏区中央局。但关向应因战区相隔，未能与红一、三军团会面。而后中央又决定派周恩来尽快赴苏区组织中央局。在周恩来到苏区前，中央提出的统一指挥的过渡方案是苏区中央局先行成立，以毛泽东为代理书记，军事上以朱德为两个军团总指挥，“一切政治军事指导统集中到中央局”。[②] 可见，中央并不愿意成立方面军这样的正式机构，以免影响到苏区中央局对军队的指挥权。不过，既有雄才大略又军权在手的毛泽东自有主张。他对集中武装攻打中心城市毫无兴趣，但对主力军团的正式整编却十分积极。1930 年月 23 日红一、三军团的前委联席会决定成立红一方面军，由毛泽东任总前委书记兼总政委，朱德任总司令。[③]

红一方面军之所以能够顺利成立，除了毛泽东的战略构想外，一个非常关键的因素在于红三军团领导人彭德怀。彭德怀对搭虚架子扩建部队番号不感兴趣，同时他早从内心服膺于毛泽东的眼光和才干，甘愿接受他的指挥。他 1928 年带红五军上井冈山时就自愿将红五军缩编为红四

---

① 周恩来：《目前红军的中心任务及其几个根本问题》（1930 年 9 月 30 日），《周恩来军事文选》第 1 卷，第 116 页；《中央关于对付敌人“围剿”的策略问题给一、三集团军前委诸同志的指示》（1930 年 10 月 29 日），中央档案馆编：《中共中央文件选集》第 6 册，中共中央党校出版社 1989 年版，第 479 页。

② 《中央关于对付敌人“围剿”的策略问题给一、三集团军前委诸同志的指示》（1930 年 10 月 29 日），《中共中央文件选集》第 6 册，第 477、482 页。

③ 《毛泽东年谱（1893—1949）》上卷，第 312 页。

军第三十团。这次也是由他首先提议“成立第一方面军和总前委”,“三军团之五、八军编为一方面军建制,便于统一指挥”。[①] 当然,这一提议极合毛泽东的心意,因此两军的合编一拍即合。当时,红一军团的人数(约 2 万)虽然比红三军团的人数(约 1 万)多[②],但两支部队都是有很强战斗力的主力部队,彭德怀却乐意接受红一方面军总前委书记、总政委和总司令均由红一军团的人出任。没有彭德怀的这种胸怀,我们是很难想见红一方面军顺利诞生的。不过,红一方面军组成后并非没有遭遇过内部分裂的危险。红一方面军 1930 年 9 月第二次攻打长沙失利后,撤围长沙,红一军团攻占吉安、红三军团攻取峡江,而后一起向袁水流域推进。从 10 月 17 日到 26 日,红一方面军总前委先后召开了峡江会议、太平圩会议和罗坊会议,围绕是否继续攻打大城市、要不要过赣江及诱敌深入等重大问题展开了激烈的争论。争论主要在红一军团和红三军团之间展开。红三军团的官兵以平江、浏阳、阳新和大冶人为多,他们不愿离开湖南,不愿丢失湘鄂赣苏区和湘赣苏区,不愿过赣江,主张红一、三军团分家,夹江而击。在这个过程中,总前委书记毛泽东做了大量耐心细致的说服工作,争取到长江局军事部负责人周以粟站到他这一边。而彭德怀刚开始对毛泽东的战略意图是迟疑的,对红三军团的顾虑是同情的。但在红一、三军团面临分裂的关头,在周以粟的劝说下,彭德怀转变态度,坚决表示必须过赣江,在总前委的统一领导下集中兵力打破敌人的“围剿”。[③] 彭德怀以其决定性的一票推动了红三军团过江,红一军团和红三军团长期合作、并肩战斗的格局也由此稳固下来。在各自拥有重兵的主力联合中,如果在军事行动方针上出现分歧,执掌兵权者的人格和胸襟是保障主力团结的一个关键因素。

---

① 彭德怀:《彭德怀自述》,解放军文艺出版社 2002 年版,第 153、161 页。

② 中央文献研究室编:《朱德年谱(1886—1976)》上卷,中央文献出版社 2006 年版,第 180、185 页。

③ 彭德怀:《彭德怀自述》,第 164—166 页;何长工:《何长工回忆录》,解放军出版社 1987 年版,第 286—293 页;《罗坊会议前后综述》,《江西党史资料》第 6 辑,第 24—39 页;曾山:《给陈毅并转江西省峡江县委的信》(1962 年 6 月),《江西党史资料》第 6 辑,第 249—250 页。

四　主力红军整编的实践形态之二：湘鄂西苏区与鄂豫皖苏区

湘鄂西苏区与鄂豫皖苏区在中央统一整编前都不存在朱毛红军那样已经成型的主力部队，因此，它们主要是通过若干地方红军的联合来组建主力红军。而这两个苏区由于整编前的状况有别在部队的联合中又表现出各异的组织形态。

（一）湘鄂西红军的整编

1930 年 5 月，全国红军代表会议决定将贺龙在湘鄂边率领的湘鄂西红四军和周逸群在洪湖领导的红六军整编为红二军团。湘鄂西红军的这次整编牵动了三方面的组织关系。

首先是与中央的关系。7 月，红四军和红六军几经努力终于会师，合编为红二军团，周逸群任前委书记兼总政委，贺龙任总指挥红四军改番号为红二军。由于贺龙、周逸群在全国都有较高的声望，且他们原来就系中央派出的干部。所以，红二军团初建时期有较强的自主性，中央对此也较为尊重。这表现在军团的两位主要负责人都是在两支队伍内部产生的，中央巡视员柳克明仅担任政治部主任。[①] 而更典型的例证是红六军军长的任职调整。红六军于 1930 年 2 月成立时，先由孙德清任军长。3 月，孙德清因病去上海治疗，中央派旷继勋继任军长。[②] 但旷继勋就任后表现出专断自大的作风，引起鄂西特委及红六军政委周逸群的反感。特委 6 月给中央打报告提出“继勋同志一定要调动，中央给以训练”[③]。红二军团成立时虽然由旷继勋继续任红六军军长，但到 9 月中央即同意将旷继勋调回。那时邓中夏刚由中央派来担任军团前委书记不久，对红二

---

① 呙玉临、万建芳：《柳直荀》，中共党史人物研究会编：《中共党史人物传》第 24 卷，陕西人民出版社 1985 年版，第 158、176 页。

② 《孙德清》，民政部编：《中华著名烈士》第 10 卷，中央文献出版社 2001 年版，第 174 页。

③ 《中共鄂西特委给中央的报告》（1930 年 6 月 10 日），《中国工农红军第二方面军战史资料选编》（一），第 481 页。

军团的这种自主性也比较尊重。在旷继勋去职后，军团决定将红六军副军长段德昌提升为军长。不料没过几天，中央派汤慕禹来担任军长。前委认为不便变动段德昌的军长任职。于是贺龙在前委会上提出自己免兼红二军军长，军团参谋长孙德清改任红二军军长，汤慕禹改任军团参谋长，获得前委通过。① 我们后面将看到，像湘鄂西红军这种拒纳或改任中央委派干部的情况，在鄂豫皖红军那里是难以想见的。当然，红二军团的自主性还是有限的。尽管周逸群、贺龙在执行"立三路线"上打了折扣，但在特委及省行动委员会的高压下，不得不执行了攻打沙市、进逼武汉的行动。② 党内威望比贺龙和周逸群要高得多的邓中夏在中共六届三中全会召开前夕，受周恩来委派来湘鄂西苏区，停止执行进攻武汉的"立三路线"。③ 邓中夏在红二军团期间，其指导思想主要受到周恩来的两点影响：一是六届三中全会确定的新的红军政策；二是周恩来受到朱毛红军战略思想的影响，对湘鄂西红军的发展也强调"依山建军，再向平原发展"。④ 后来夏曦等人批邓中夏"提'离水就陆'的怪理论"，"曲解革命根据地是'山势险要足资依据'"。⑤ 其实，邓中夏对根据地的这种理论来自周恩来。不过，随着六届四中全会的召开，周恩来很快转变了立场。周恩来 1931 年 3 月 10 日起草了中央给湘鄂西特委的信，指责邓中夏执行的是"不要根据地的冒进政策"和"上山逃跑主义"，"对国际路线没有丝毫了解与接受"。⑥ 如果说周恩来与邓中夏还只是政策立场分歧的话，那么，以王明为首的旅莫派与邓中夏则有着很深的个人积怨。邓

---

① 《邓中夏给长江局并转中央的报告》(1930 年 9 月 30 日)，《中国工农红军第二方面军战史资料选编》(一)，第 540 页。

② 《关于鄂西工作总任务附结论》(1930 年 6 月)，《中国工农红军第二方面军战史资料选编》(一) 第 486—491 页；《中共鄂西特委给中央的报告》(1930 年 8 月 10 日)，《中国工农红军第二方面军战史资料选编》(一)，第 532 页。

③ 李致宁：《邓中夏年谱》，李致宁编：《邓中夏全集》下册，人民出版社 2014 年版，第 1854 页。

④ 贺龙：《回忆红二方面军》，《近代史研究》1981 年第 1 期。

⑤ 《中共湘鄂西省委对邓中夏同志的决议》(1931 年 12 月 9 日)，《中国工农红军第二方面军战史资料选编》(一)，第 760 页。

⑥ 《中央给湘鄂西特委信》(1931 年 3 月 10 日)，中央档案馆编：《中共中央文件选集》第 7 册，中共中央党校出版社 1991 年版，第 172—173 页；中央文献研究室编：《周恩来年谱(1898—1949)》，第 210 页。

中夏与张国焘1928年同为中共驻莫斯科代表团成员并受命处理莫斯科中山大学中国学生的派系纠纷。张国焘介入较浅，不愿卷入莫斯科中大那个矛盾的漩涡，而邓中夏介入很深，与米夫为首的中大当局和王明为首的“二十八个半布尔什维克”有过许多正面冲突。① 所以，旅莫派在六届四中全会上台后，对张国焘较为礼遇，而对邓中夏必欲除之而后快。1931年3月，中央派夏曦就任湘鄂西中央分局书记。同月，中央分局发布的第一个命令，就是按照中央决定，撤销邓中夏的一切职务，将红二军团改编为红三军，贺龙为军长，唐赤英为代政委，并取消前委。3月31日，在枝柘坪休整的红二军团接到了中央分局的指示信，但中央分局任命的代政委唐赤英并没有赶到。② 这封信先到了邓中夏手中。据贺龙回忆，他并不知道信的内容，只知道特委严厉批评了邓中夏。在随后召开的前委会议批判了“上山路线”确定了新的北渡军事计划，将红二军团改编为红三军，但邓中夏被中央撤职的事并没有被公布。邓中夏在改编后依然是红三军政委，前委也没有被取消，红三军前委书记依然是邓中夏。③ 因为改编红二军团的决定是随着中央对前委书记邓中夏的批判一起传达到的，贺龙对此改编决定非常不满，误以为“邓中夏犯了错误我们都受处分”。④ 其实，红二军团改为红三军早在中央1930年10月的整编规划中，与六届四中全会后的新中央对邓中夏的批判并无关系。不过，邓中夏当时很可能对军中瞒下了中央撤销他职务的命令，如果他再违抗中央关于改编军队的命令，那么，他的错误性质将来在中央那里势必会升级。所以，他才强压下了大家对改编的不满，执行了中央的命令。从1931年4月1日到9月27日，红三军的领导就处于一个特殊的状态中央

---

① 李致宁：《邓中夏年谱》，《邓中夏全集》下册，第1842—1850页；张国焘：《我的回忆》第册，东方出版社1998年版，第395、407页。

② 《中共湘鄂西中央分局给二军团前委的信》（1931年月21日），《中国工农红军第二方面军战史资料选编》（一），第633页；《邓中夏报告的总结》（1931年12月8日），《中国工农红军第二方面军战史资料选编》（一），第758页；《湘鄂边特委致湘鄂西中央分局信》（1931年9月6日），《中国工农红军第二方面军战史资料选编》（一），第685页。

③ 贺龙：《回忆红二方面军》，《近代史研究》1981年第1期；《红三军前委关于区内情况及意图向中央的报告》（1931年7月4日），《中国工农红军第二方面军战史资料选编》（一），第656页。

④ 贺龙：《回忆红二方面军》，《近代史研究》1981年第1期。

和中央分局已经根本不承认邓中夏的领导而与中央和中央分局失去联系的红三军仍由邓中夏为首的前委领导。直到 9 月 28 日，中央分局派去的万涛随红三军第九师与红三军主力会合，万涛才接替了邓中夏的红三军政委职务。不过，万涛接任不久，就被夏曦撤职。夏曦先派杨光华接任，而后又自己接任了政委。“万夏之争”构成夏曦在湘鄂西卖力执行王明“左倾”路线并持续开展肃反的导火索。[①]

其次是红二军团内部的关系。中央在 1930 年 5 月决定组建红二军团时，红四军有枪 2000 支左右，红六军有枪 3000 支左右，两军实力相当，红六军稍强。[②] 不过，红四军军长贺龙威名赫赫，红六军军长旷继勋因无望当上军团总指挥而对两军合编一事非常消极。当红六军在政委周逸群和特委的督促下在普济观与红四军终于会师时，红六军居然对红四军派出了警戒哨，两军开联席会时红六军也只派一个代表来参加。[③] 这显然是旷继勋指使的。红二军团组成后，两军发展历史、官兵构成和作战方式本来就有所不同，遭遇战斗不顺时更会彼此埋怨。不过，红二军团内部的矛盾远不像早期的鄂豫皖红军那样尖锐。这主要有三方面原因。一是两军虽有隔膜但并无宿怨。二是两军各有一个公认的跨地区领袖——贺龙与周逸群，而他们两人之间又渊源深厚，关系亲密。红六军宁愿向中央提出调离旷继勋，也绝不与红四军发生冲突。三是当邓中夏接替周逸群的军团前委书记、周逸群离开部队回地方后，邓中夏非常注意维护两军之间的内部团结。[④]

红二军团更值得琢磨的内部关系不是在两军之间，而是在最高军政首长之间。从红二军团的组成到红三军的改建，尽管政委换了几任，但贺龙始终是军事总指挥。这表明贺龙在中央那里尤其是周恩来那里享有很高的声望，甚至中央在决定是否派夏曦就任中央分局书记时也考虑到

---

① 杨光华：《湘鄂西党的“四大”前后》(1981 年)，《中国工农红军第二方面军战史资料选编》(二)，第 721—725 页。

② 《中共鄂西特委给中央的信》(1930 年 8 月 10 日)，《中国工农红军第二方面军战史资料选编》(一)，第 532 页。

③ 《中共鄂西特委给中央的报告》(1930 年 6 月 10 日)，《中国工农红军第二方面军战史资料选编》(一)，第 480—481 页；贺龙：《回忆红二方面军》，《近代史研究》1981 年第 1 期。

④ 《邓中夏给长江局并转中央的报告》(1930 年 9 月 30 日)，《中国工农红军第二方面军战史资料选编》(一)，第 540 页。

夏曦与贺龙以往的私人关系较好。[①] 然而，在红二军团和红三军中，我们看到贺龙在军中所发挥的决策作用远没有邓中夏或夏曦那样大。有的时候，邓中夏或夏曦在前委会上甚至是孤家寡人，但决策还是大多按照他们的个人意见来定调。贺龙对这种现象的解释是“政治委员具有最后决定权”。[②] 但所谓“政委的最后决定权”其实有一个演化的过程。共产国际在中共六大后，指导中国红军建设时的确强调苏俄红军初建时的政委制度，甚至提出“政治委员是一把指向指挥员太阳穴的手枪”。[③] 不过，朱毛红军从 1928 年到 1930 年坚持的都是前委领导制度，而且这种领导模式也得到了中央的高度肯定，并将此推荐给各地红军。1931 年苏区中央局和中央分局建立后，前委制度逐渐让位于政委制度，但直到 11 月赣南会议通过的《红军问题决议案》才最后确定了政治委员一长制。[④] 因此就本文所研究的时段而言，在军中掌握最后决定权的一般是前委书记。但这种最后决定权在实践中存在着各种复杂的变形。比如，在朱毛红军中，最后决定权掌握在作为前委书记的毛泽东的手中。但这种权力的获得首先不是中央赐予的，而是毛泽东凭其眼光、能力、战绩和资历获得的，是在红四军的内部较量中胜出的，最后也获得了中央的支持。而在彭德怀的部队中，尽管彭德怀是军事主官，但最后决定权一直在彭德怀手上。因为这支部队的主力是由彭德怀一手带出来的，从平江起义时就追随着他，彭德怀在军中的威望无人可及。而红五军的党代表滕代远不是中央委派的，而是作为湖南省委特派员参与平江起义的策划后，被彭德怀提名留在部队任党代表的。[⑤] 这也就不难理解成立红三军团时，中央指定的

---

① 《雷利斯基同向忠发和周恩来谈话记录》（1931 年 2 月 19 日），中央党史研究室第一研究部编译：《共产国际、联共布与中国革命档案资料丛书》第 10 卷，中央文献出版社 2002 年版，第 87 页。

② 贺龙：《回忆红二方面军》，《近代史研究》1981 年第 1 期。

③ 《马马耶夫在共产国际执行委员会东方书记处处务委员会扩大会议上的讲话》（1930 年 4 月 15 日），中央党史研究室第一研究部编译：《共产国际、联共布与中国革命档案资料丛书》第 9 卷，中央文献出版社 2002 年版，第 116 页。

④ 《红军问题决议案》（1931 年 11 月），中央档馆编：《中共中央文件选集》第 7 册，中共中央党校出版社 1991 年版，第 488—489 页。

⑤ 《湘赣边界工作报告》：（1929 年 5—8 月），江西省档案馆等编：《中央革命根据地史料选编》上册，江西人民出版社 1982 年版，第 124 页；彭德怀：《彭德怀自述》，第 102 页。

前委书记并不是总政委滕代远，而是总指挥彭德怀。彭德怀其实对前委书记这个职务并不太在乎，曾提出把此职让给有意争权的邓乾元。[①] 但彭德怀无论当不当前委书记，都掌握着军中的最后决定权。总之，在朱毛红军或红五军这样历史悠久、实力雄厚的主力红军中，所谓的最后决定权并不是制度或职位赋予的，而是由复杂的历史和个人因素造就的。而对其他新生的主力红军来说，制度规定、中央委派和党内地位成为在军中行使最后决定权更为重要的因素。但这里仍有一些差别。在下文将要分析的鄂豫皖红军中，军长和政委人选都非常不稳定，鄂豫皖红四军成立时并没有建立前委，其最后决定权实际上在特委书记兼军委主席曾中生那里。当曾中生就任鄂豫皖红四军政委时，这种决定权又随之转移到政委手中。直到中央分局书记兼军委主席张国焘用肃反的方式才把这种决定权转移到他自己手中。而在拥有跨地区领袖的红二军团中，贺龙作为军事首长的位置无人可以挑战。但贺龙入党时间晚，在党内的地位较低，对党务、群众工作都很陌生，红二军团建立时他所一手带起来的部队也仅仅占一半左右，所以，他个人的军事地位并没有像彭德怀那样转化成在红二军团的最后决定权。[②] 而邓中夏、夏曦的党内资历和地位都远高于贺龙，中央分局的地位又高于省委，所以，他们担任前委书记、政委或中央分局书记时就掌握着最后决定权。[③] 当然，掌握了军中的最后决定权，并不就能拥有相应的威望。鄂豫皖苏区与湘鄂西苏区的差别在于张国焘一方面通过残酷的肃反，另一方面也通过个人的手腕，巩固了中央赋予他的权位。而夏曦由于个人能力极为有限，在权位和威望上存在着巨大的落差，所以不得不通过一次又一次的肃反来维护自己的权位。因此，湘鄂西的肃反才呈现出比其他苏区肃反的打击面更宽、持续时间

---

① 彭德怀:《彭德怀自述》，第 156 页。

② 贺龙在两军合并前担任湘西前委书记、湘鄂西前委书记，这表明他在湘鄂西红四军中是可以行使最后决定权的。

③ 邓中夏 1931 年底回到洪湖苏区受审查期间，曾声称“虽然我在第二军团没有最后决定权，然而不论任何同志的意见，经过前委的决议，我就应该完全负责”。《邓中夏报告的总结》(1931 年 12 月 8 日)，《中国工农红军第二方面军战史资料选编》（一），第 759 页。但他所谓“没有最后决定权”，指的只是红三军领导班子在 1931 年 4 月 1 日到 9 月 27 日间的特殊时期，他的领导地位实际上已经不具有合法地位。即使在这个时期，他也承认自己应该完全负责。

更长、结果更惨重的局面。[①]

最后是军队与地方党组织关系。与鄂豫皖苏区相较，湘鄂西红军与地方党组织之间的关系比较简单。这是因为从红二军团建立起，军队就归属特委领导。而特委书记同时兼任军团前委书记和政委，所以，军队与地方党组织之间的指挥权较为统一，不存在两张皮的问题。不过，湘鄂西红军与地方党组织之间关系的特殊性在于，党组织的最高负责人是随军行动的，因此工作重心在军队里。留在苏区的特委负责人只是代理书记，名义上他们可以特委的身份来命令军队，但真正的特委书记却身在军队中，代理书记是很难指挥得动真正的书记的。具体来说，1930 年 7 月红二军团建立时，周逸群担任军团前委书记、政委、鄂西特委书记，周小康代理特委书记。9 月，邓中夏接任军团前委书记、政委、湘鄂西特委书记，周逸群回地方，代理特委书记兼湘鄂西联县政府主席。1931 年 9 月，万涛接任红三军前委书记兼政委。10 月，中央分局书记夏曦先是任命彭之玉接任红三军前委书记，而后又任命自己为红三军政委。中央分局成员宋盘铭主持后方工作。直到 1932 年 1 月，中央派关向应任红三军政委，夏曦才回到中央分局主持工作。[②] 在这种格局下，军队的行动实际上是地方党组织无法控制的。当中央 1930 年年末提出在红军中取消前委、由特委直接指导时周逸群就知道这在湘鄂西苏区无法实现，他向中央提出还是保留前委名义为好。[③] 但他仍努力与前委协调军队的行动方向。尤其是当苏区遭遇国民党军“围剿”时，他急切地盼望红二军团回防苏区，然而邓中夏根本不予理睬。周逸群怒斥他“特委紧急会议决议案是你亲笔写的，巩固苏区根据地这一路线是你来传达的，你又最后指出湘鄂西的逃跑主义的危机，但是你在行动上完全违背这一路线……我们写给你们的信不下数十信，均置之不理，不知是何用意，特此向你提出严重的警告。”[④]

---

① 参见张永《湘鄂西苏区肃反研究》，《史学集刊》2015 年第 4 期。

② 《中国工农红军第二方面军战史》，第 58、64、102、105 页；《中共湘鄂西中央分局、湘鄂西省委给中央的信》（1931 年 10 月 24 日），《中国工农红军第二方面军战史资料选编》（一），第 735 页。

③ 《中共湘鄂西特委给中央的信》（1931 年 1 月 16 日），《中国工农红军第二方面军战史资料选编》（一）第 604—605 页。

④ 《湘鄂西特委致邓中夏信》（1931 年 1 月 16 日），《中国工农红军第二方面军战史资料选编》（一）第 619—620 页。

但是，这种警告完全无济于事，因为特委真正的代表并非周逸群，而是邓中夏。类似的问题在周逸群本人任军团前委书记和夏曦任红三军政委时都出现过。

（二）鄂豫皖红军的整编

1930 年 3 月，中央指示鄂豫皖红十一军三十一、三十二、三十三师组建红一军。10 月，中央又决定红一军与鄂东南的红十五军整编为鄂豫皖红四军。① 鄂豫皖红军的这两次整编也可以从三方面的组织关系来探讨。

首先是与中央的关系。一般来说，苏区时期各地都急需干部尤其是富有军校经历和战争经验的军事干部及有较高政策水平的党务干部。因此，各地都纷纷向中央要干部。鄂豫皖苏区的一个机遇是中央从 1930 年到 1931 年给他们派出了大批重要干部。然而，该地后来出现的一个问题却正如徐向前在回忆录里所抱怨的那样："中央的委派制度有问题，致使鄂豫皖革命根据地的党和红军的领导干部改组太频繁。"② 徐向前是 1929 年 6 月由中央派到鄂豫皖苏区的，当时中央派来的干部还不多，也不担任当地党军主要领导职务。这种情况从 1930 年中央决定整编军队起发生了根本的变化。4 月，中央派郭述申赴任新成立的鄂豫皖边特委书记。许继慎赴任新成立的红一军军长，而红一军前委书记兼政委曹大骏、政治部主任熊受暄，加上副军长徐向前，均为中央外派干部。11 月 28 日，中央派曾中生任鄂豫皖特委书记兼军委主席。1931 年 1 月红四军成立后，中央又派来旷继勋和余笃三分别担任军长和政委。5 月，中央又派张国焘出任新成立的鄂豫皖中央分局书记兼鄂豫皖革命军委会主席，沈泽民任鄂豫皖省委书记，陈昌浩任鄂豫皖团中央分局书记。7 月，中央加派刘士

---

① 1931 年 10 月，鄂豫皖中央分局将红四军与红二十五军自行整编为红四方面军时，红二十五军仅下辖由红四军部分部队改编的红七十三师。这实际上只是在原有的部队基础上搭了一个新的部队架子，牵涉的组织关系相对简单，本文不拟展开分析。

② 徐向前：《徐向前回忆录》，第 103 页。

奇担任红四军政治部主任。[①] 中央之所以一批批地向鄂豫皖苏区派出主要领导干部，有两个原因：一个原因是鄂豫皖苏区位于长江北岸，邻近武汉，是当时中国共产党开展武装斗争、争取革命高潮到来的战略重心所在。另一个原因是此时的中央政策及主要领导人更换很快从李立三主导的中央到瞿秋白、周恩来主导的六届三中全会再到王明主导的六届四中全会，中共在一年多的时间里迅速走过了从“立三路线”到所谓的“调和路线”再到所谓的“反立三路线”的政策轨迹。红一军整编时期、红四军整编时期以及鄂豫皖中央分局成立时期，就同步反映了中央这三个时期的政策变化。中央在这三个时期里对鄂豫皖前一时期的工作总是非常不满意[②]，因此，企图通过更换主要负责人来贯彻新的政策意图。周恩来掌握的军事系统干部、王明控制的旅莫派以及工运领袖都先后汇聚在这里担任重要职位。结果，造成红四军所有师以上的干部，鄂豫皖边特委或中央分局常委的大部分成员都系外派干部。而中央之所以能够顺利地向鄂豫皖苏区一次又一次地派出主要领导，一个重要的因素在于鄂豫皖苏区本身既缺乏公认的跨地区领袖，又缺乏具有高度独立性和很强战斗力的主力红军，因此使中央对苏区人事有很强的干预能力。当曾中生向中央提出“日后派来干部，除必要外，中央不必指定具体工作”，“同志初到苏区，必须先了解实际问题，遽然做高级指导，的确有不适宜的地方”，中央却对曾中生的这一说法进行了严厉的申斥。[③] 由于外派的高层干部太多，而且又各自打着外派当初的中央政策烙印，结果造成苏区外派高层干部之间的矛盾一层一层地叠加起来，有些类似于考古学意义

---

① 徐向前、倪志亮：《鄂豫皖苏区红军历史一九三〇年春——一九三二年秋》，《中国工农红军第四方面军战史资料选编》（鄂豫皖时期上册），第 24—34 页；李衷凯、谢志强：《刘士奇》，中共党史人物研究会编：《中共党史人物传》第 57 卷，陕西人民出版社 1996 年版，第 103 页。

② 《中共中央给鄂豫皖边特委并转红军三十一、三十二、三十三师师委及全体同志信》（1930 年 3 月 18 日），《鄂豫皖革命根据地》编委会编《鄂豫皖革命根据地》第 1 册，河南人民出版社 1989 年版，第 77—82 页；《中共中央给鄂豫皖特委的指示信》（1930 年 10 月 18 日），《鄂豫皖革命根据地》第 1 册，第 106—110 页；《中共中央关于传达党的六届四中全会精神问题给鄂豫皖特委信》（1931 年 1 月 6 日），《鄂豫皖革命根据地》第 1 册，第 111—112 页。

③ 《鄂豫皖特区新特委给中央的报告》（1931 年 4 月 10 日），中国工农红军第四方面军战史编辑委员会编：《中国工农红军第四方面军战史资料选编》鄂豫皖时期下册解放军出版社 1993 年版，第 132 页；《中央对曾中生、旷继勋等同志的报告的复示》（1931 年 5 月 31 日），《中国工农红军第四方面军战史资料选编》（鄂豫皖时期下册），第 184—185 页。

上的“层累地”而这些外派干部将本地干部几乎从高层都挤了出去，从而又造成外派高层干部与本地中基层干部之间的矛盾。

其次是军队内部的关系。鄂豫皖红军原来在红三十一师与红三十二、三十三师之间存在很深的裂隙。中央为了统一指挥三省边界红军，于1930 年 3 月指示，“集中组织统一指挥”，“在组织上要执行三师合编的编制，一方面可以利用彼此的斗争经验，一方面可以减弱地方的保守的农民意识”。文中特别强调“三十二师的地方观念更是异常严重问题”。[①] 4 月，红一军在黄安北部的箭厂河正式成立，军级领导干部也按照中央的安排到任，三个师先后被改编为红一军第一、二、三师，但第一师多在鄂东北至京汉线南段活动，而第二、三师多在皖西作战，三师的合编迟迟未能实行。直到 8 月下旬，三师才首次会合，但彼此间的隔阂仍深。“虽然在京汉路上三师会合了，然而士兵群众大都保持着明显的地方观念的结合，形成斗争生活的隔离，而各师师长也有‘这一师是我们的观念。因此虽有军部为之领导，各师的系统仍然是保存着。”“在作战方面，二师负责人处处存在着有保存二师实力的观念，每次合成作战二师不积极向前，一师受了几次损失，也不满二师。但一师对二、三师及军部都有点老大劳苦功高，老大哥的表现，二、三师也不满意。”[②] 红一军 10 月中旬攻下光山后，先后召开了全军第一次党员代表大会和各师党的活动分子会议，对部队进行整编。这次整编的重点有两个方面：一是根据许继慎、徐向前的主张，对三个师实行了混编，一师由三个团合编为三个团，二、三师合编为二师，辖二个团，同时从一、二师各抽五个连对调混编[③]；三个团二是对原来的二师进行了整治，将二师师长漆德伟撤职，开除了二师参谋长漆海峰党籍并将其枪决。这次整编虽然从人事上处分了二师的干部，却又在队伍上将原来兵强马壮的一师给打散了，因此它并

① 《中共中央给鄂豫皖边特委并转红军三十一、三十二、三十三师师委及全体同志信》(1930 年 3 月 18 日)，《鄂豫皖革命根据地》第 1 册，第 78—79 页。

② 《红一军前委关于部队整编情况给长江总行委的报告》(1930 年 10 月 31 日)，《中国工农红军第四方面军战史资料选编》(鄂豫皖时期上册)，第 838 页；《鄂豫边特委综合报告》(1930 年 12 月)，《中国工农红军第四方面军战史资料选编》(鄂豫皖时期上册)，第 902 页。

③ 国防大学《徐向前年谱》编委会编：《徐向前年谱》上卷，解放军出版社 2016 年版，第 59 页。

不是“站在一师观点而改造二、三师”，而是“站在全军的观点而改造”。[①] 虽然一师的干部对此多有不满，如原兼任师长的徐向前就认为“对一师，拆得太厉害，将一些干部调往外师降职使用，是不妥当的”[②] 不过，从平衡原三十一师与三十二、三十三师的力量，消除历史积怨的角度来说，这种整编方法还是有其积极效果的。经此整编，红一军内部的山头之争基本消除。几乎就在红一军在光山进行整编的同时，中央已经决定将红一军和由红八军第四、五纵队扩编成的红十五军及活动在鄂北的红九军合编为红四军。[③] 不过，红九军在合编开始时已兵败溃散。1931 年 1 月中旬，在麻城福田河参与合编的军队只有红一军和红十五军。从军力上看，红一军大约有枪 5500 多支，而红十五军只有枪 900 多支，两军实力悬殊。不过，由于中央新委派的旷继勋与余笃三占据了军长和军政委的位置红一军和红十五军进行混编后分别编成第十师和第十一师，原红十五军方面由蔡申熙和陈奇出任第十师师长和政委，原红一军方面由许继慎出任第十一师师长。所以，红一军和红十五军在合编中可以说是平分秋色。加上红十五军原是从红八军分出来的队伍，与红一军素无积怨，而红十五军刚到鄂豫皖苏区时在子弹和钱粮均严重匮乏、红一军远在根据地外围的情况下艰难承担起保卫苏区的重任，所以，两军之间的关系是较为平稳的。红四军组成后的矛盾集中在原红一军军长许继慎与红四军军长旷继勋、原红一军政委曹大骏与红四军政委余笃三之间。[④] 不过，这种矛盾后来因红四军与中央分局的矛盾激化而被淡化了。

最后是军队与地方党组织的关系。如前所述，鄂豫皖红军在中央统一整编前分别归属层级较低的地方党组织领导，其与来源本地的党组织关系相当密切，而与来源外地的党组织的关系比较紧张。这种情况在中央统一整编开始后发生了较为复杂的变化。由于鄂豫皖本地干部都被挤

---

① 《红一军前委关于部队整编情况给长江总行委的报告》（1930 年 10 月 31 日），《中国工农红军第四方面军战史资料选编》（鄂豫皖时期上册），第 838—839 页。

② 徐向前：《徐向前回忆录》，第 83 页。

③ 《中央关于贯彻三中全会精神及红一军、红十五军合编为红四军的指示》（1930 年 10 月 18 日），《中国工农红军第四方面军战史资料选编》（鄂豫皖时期下册），第 8 页。

④ 《鄂豫皖特委曾中生给中央的报告》（1931 年 2 月 10 日），《中国工农红军第四方面军战史资料选编》（鄂豫皖时期下册），第 64—65 页；徐向前：《徐向前回忆录》，第 103 页。

压到地方党组织的中下层，而鄂豫皖红军几经整编后本地化程度已经大大降低，加上其高度的游动性，因此，红军与地方党组织的关系在中下层表现为外地军队与本地党组织之间的矛盾。而在高层，因为其主要负责人都是由中央派来的，因此已不存在外来军队干部与本地党务干部的矛盾。但同为外来干部，党军高层之间另有矛盾。这种矛盾的演化可以分为三个时期。第一个时期是红一军建立后，直属中央军委领导，与特委及省委都只发生横的关系。两者有分歧时，直接决之于中央。① 由于鄂豫皖特委和红一军前委当时均缺乏公认的跨地区领袖，而他们在组织上又是并列关系，因此红一军与特委之间发生争执时常常难以化解。特委不随军队行动而是扎根在根据地，因此总是希望靠军队来保卫和巩固苏区政权。军队则希望灵活机动地行动。“有时甚至出现前委指挥特委的情况，助长单纯军事观点和枪杆子主义的发展。而地方党委囿于地方情况，往往主张红军硬攻敌人的强固据点，啃硬骨头，不考虑红军的装备和力量，也容易和军队闹矛盾。双方开联席会议发生争执时，地方同志说‘军队不能自己说了算，想干什么就干什么’前委的同志就说‘你报告中央就好了’往往弄得不欢而散，各行其是，的确影响工作的开展。”② 在这个时期，红一军因为有武装力量的依靠而略显优势。“特委时常提议同前委开联席会，前委总不愿意开，他们说开会妨碍了工作，关系要在工作上去纠正，会议是空的，因此联席会议一直没有开过。”③ 第二个时期是红四军建立后，中央明确指示该军归属特委和革命军事委员会领导。而此时特委书记和军委主席均由中央新派出的曾中生担任。由于曾中生获得了统一领导苏区党军力量的授权，而他又受命纠正“立三路线的“左”倾错误，加上他个人深远的战略思想与高超的领导艺术，使他在军中获得了较高的威望。这个时期红军与地方党组织的矛盾有较大程度的缓和。应该说，曾中生是鄂豫皖苏区诞生的第一个超地区性的领袖。可惜他领导时期不长，苏区又进入了第三个时期，即红四军归属中央分局

---

① 《中央关于成立红一军及军事工作的指示》(1930年3月17日)，《中国工农红军第四方面军战史资料选编》(鄂豫皖时期上册)，第742页。

② 徐向前:《徐向前回忆录》，第73页。

③ 《鄂豫边特委综合报告》(1930年12月)，《中国工农红军第四方面军战史资料选编》(鄂豫皖时期上册)，第906页。

领导的时期。这个时期红军与中央分局的矛盾达到了白热化的程度。中央分局比特委或省委的权威性更高，而张国焘从中共成立起就是全国性的领袖人物，那么，为什么以张国焘为首的中央分局与红四军的矛盾反而达到异常尖锐的地步呢？这里面有许多复杂的因素。一个因素是张国焘来鄂豫皖肩负的任务是贯彻六届四中全会精神，反对“立三路线”残余及所谓“调和路线”，纠正红军中的“游击习气”和土匪军阀倾向，实施巩固苏维埃和红军的路线。尽管张国焘并非共产国际及王明特别信任的人，但他也承认了四中全会的路线，而且他身边还有两个忠实贯彻王明路线的“二十八个半布尔什维克”成员——沈泽民与陈昌浩。整肃红军成为中央分局的一个重要任务。而被中央分局调任红四军政委的曾中生就被认定为所谓“调和路线”的代表人物，红十一师师长许继慎被认定为个人英雄主义和土匪军阀倾向的代表人物。他们在 6 月下旬召开的中央分局第一次扩大会议上成为重点批判对象，但他们对这种批判并不服气。[①] 中央分局与红四军对立的另一个因素在于张国焘是一个有极强个性和权力欲的人。他在大革命时期就常与陈独秀发生争执，而在六大上更与中央负责人瞿秋白发生了异常激烈的争吵。以他的资历及职位，按说鄂豫皖苏区是无人可以与他挑战的。然而，张国焘毕竟与红四军素无渊源，他当时也没有领导过军队，无法理解军队行动的机动性，更无法容忍红四军不仅擅自决定南下，而且还在鸡鸣河召开党的活动分子会议，直接对抗中央分局的指示。张国焘就想借助肃反来剪除异已，建立个人统治。[②] 此外，红四军本身也存在着军纪松弛、违背组织原则等错误。[③] 这些复杂的因素导致了中央分局 9 月在白雀园开始对红四军的残酷肃反。

① 《鄂豫皖中央分局第一次扩大会议政治决议案》（1931 年 6 月），《中国工农红军第四方面军战史资料选编》（鄂豫皖时期下册），第 250—254 页；《鄂豫皖中央分局张国焘给中央的报告》（1931 年 11 月 25 日），《中国工农红军第四方面军战史资料选编》（鄂豫皖时期下册），第 455—457 页；张国焘：《我的回忆》第 3 册，第 40、90—96 页。

② 《鄂豫皖中央分局关于红四军的决议》（1931 年 10 月），《中国工农红军第四方面军战史资料选编》（鄂豫皖时期下册），第 395—401 页；徐向前：《徐向前回忆录》，第 113 页。

③ 张永：《鄂豫皖苏区肃反问题新探》，《近代史研究》2012 年第 4 期。

五 结语

1930—1931 年间中共中央对红军进行了统一的整编，进一步增强了军队在苏维埃革命中的分量，促进了红军从游击战到运动战的战略转变，客观上为日后粉碎敌人对各苏区的大规模“围剿奠定了军事基础。在整编的实践过程中，各地红军既受到中央的制度规定和统一规划的影响，同时又因各种因素的作用而在执行上保持着或多或少的自主性主力军队在与地方党组织之间的关系上也有着较高的独立性，虽然因此而带来种种问题，但这些问题又保持在基本可控的范围内。红军整编既不是仅凭中央授权就能畅通无阻，也不是单靠人多枪多就能自行其是。整编是在授权、理想、纪律、实力和人脉之间进行复杂博弈的结果。中央通过强化双重党权在红军中的前委或政委领导制以及在苏区的中央局和中央分局设置通过委派、混编等种种举措，克服了中国近代以来“革命军兴，革命党亡”的乱象，避免了军阀割据、中央失控的局面。而以毛泽东为杰出领袖的朱毛红军充分利用相对自主的行动空间，开辟了“伴着发展”“波浪式前进”的红军发展道路，大大削弱了中央在红军整编中的“左倾”政策所带来的消极影响。毛泽东后来所说的中共军队“战略的集中指挥和战役战斗中的分散指挥”的关系、刘少奇后来所说的中共组织“集中领导、分散经营”的关系①，在红军的整编实践中初见端倪。

红军整编的实践在整编前已有主力红军存在的中央苏区与无主力红军存在的湘鄂西苏区、鄂豫皖苏区之间存在着巨大的差别，我们可以把前一种整编形态称之为“主力辐射型”，把后一种整编形态称之为“地方武装联合型”。在“主力辐射型”的整编中，新编的军队受到原有的主力军尤其是朱毛红军的巨大影响，整编开始得早，开展得积极主动，受中央的制度规定、政策影响和人事变迁的影响较小。“主力辐射型”的内部差异主要取决于原有主力军对新编军队产生辐射的不同方式而带来的亲

① 毛泽东：《抗日游击战争的战略问题》，中央文献研究室等编：《毛泽东军事文集》第 2 卷，军事科学出版社 1993 年版，第 262 页；刘少奇：《论党》，中央文献研究室等编：《刘少奇论党的建设》，中央文献出版社 1991 年版，第 467 页。

疏差别。而在“地武联合型”的整编中，军队整编开始得晚，较为被动，其进程更多受中央牵制。“地武联合型”的内部差异主要受制于整编前军队的裂隙程度及有无跨地区的领袖。在鄂豫皖苏区这样早期不存在跨地区领袖、内部裂隙很深的军队整编中，中央有很强的干预能力，其整编过程几乎完整地反映了中央的政策变迁，因此与中央的政策具有同步性。但这种同步性在苏区内造成干部的构成类似考古学意义上的“层累地”，带来重重的矛盾。而在湘鄂西苏区这种存在跨地区领袖、内部裂隙较浅的军队的整编中，中央的干预能力受到一定的限制，军队整编并不同步反映中央的政策变化。

红军的整编带来地方干部与外来干部关系的复杂化。由于各苏区的内部组织结构不同，其关系复杂性的表现形式也有所不同。在“主力辐射型”的整编中，原有的主力军尤其是朱毛红军成为最主要的干部输出源头。而在“地武联合型”的整编中，周恩来领导的军事系统、王明控制的旅莫派以及工运领袖成为最主要的干部输出源头。红军的组织凝聚力除了受到理想激励、制度约束、历史影响等因素影响外，还打着很深的个人烙印。比如，毛泽东独特、深远的战略眼光开辟了红四军和红一军团独具高度的发展道路彭德怀的胸怀和气度确保了红五军与红四军、红三军团与红一军团的携手并进。此外，所谓的前委书记或政委在军中的“最后决定权”的具体运作也带着相当的个人色彩，而不完全是由制度或中央授权所决定的。

各苏区都曾走过肃反的弯路。肃反的开展，除了来自共产国际和中共中央“左倾”路线的压力外，也与苏区内部积累的各种矛盾直接相关。红军的整编一方面有利于集中力量、统一指挥，另一方面也在某种程度上引发了新的矛盾或激化了固有的矛盾。在各种复杂的因素促动下，原有的主力红军与受其辐射的某些新生的主力红军之间的裂隙可能日益扩大乃至白热化新生的主力红军与中央分局之间、军中掌握着“最后决定权”的前委书记或政委与其他干部之间，也可能因为恃才傲物、拥兵自重、德才错位或才不配位等因素加深矛盾。因此，在军队整编中如何尽可能地减轻震荡、化解矛盾，避免以肃反这种性质极其恶劣、手段极其残酷、后果极其严重的方式来解决问题，是中共军队在日后长期的革命实践中需要面对的。

集中化地方主义与近代国家建设

——民国北京政府时期军阀政治的再认识*

李怀印

关于民国北京政府时期（1912—1928）中央及地方各派系之间的政治和军事角逐，无论在国内还是国外的中国近现代史研究领域，都曾一度成为重点议题之一。在国内，除了两套以《北洋军阀》命名的资料丛书之外，有关此一时期军阀政治、军事和关键人物的著述次第出版。① 在西方尤其是美国，此一专题的研究也曾在1970年代至1990年代初兴盛一

* 本文原载《近代史研究》2018年第5期。

① 两套资料丛书分别为来新夏编《北洋军阀》，上海人民出版社1988年版，以及中国史学会、中国社会科学院近代史研究所编《北洋军阀》，武汉出版社1990年版。专著方面，参见李新、李宗一主编《中华民国史》第2编第1卷、第2编第2卷，中华书局1987年版；杨天石主编《中华民国史》第2编第5卷，中华书局1996年版；汪朝光主编《中华民国史》第4卷，中华书局2011年版；罗志田等《中华民国史》第5卷，中华书局2011年版；曾宪林等《北洋军阀史》，四川人民出版社1991年版；郭剑林主编《北洋政府简史》，天津古籍出版社2000年版；来新夏等著《北洋军阀史》，南开大学出版社2001年版；潘荣《北洋军阀史论稿》，中国文史出版社2007年版。人物研究方面，参见王鸿宾主编《张作霖和奉系军阀》，河南人民出版社1989年版；黄征等《段祺瑞与皖系军阀》，河南人民出版社1990年版；吕伟俊《冯国璋与直系军阀》，河南人民出版社1993年版。近年来作为大众读物的军阀人物传记虽然屡见不鲜，但多为故事堆砌，学术价值有限。

时，关于各个主要派系及其首领的活动，均有专著出现①但近二十多年来，随着中西史学界的兴趣从政治史特别是宏观的政治事件和主要历史人物，转移到更为具体的历史现象或制度、观念的研究，传统意义上的北洋军阀政治和军事研究已经趋淡。在国内史学界，虽然有关北京政府时期的人物、制度，全国及各地经济、社会、文化变迁的论著仍层出不穷，但专门探讨此一时期军阀政治和军事的有份量的研究已不多见。英文学术界更是如此，除少数关于民国史的著述涉及北京政府时期，研究军阀现象和相关人物的学术著述更属凤毛麟角。②

本文试图在国内外现有研究基础上，对北京政府时期各军阀派系的兴衰过程重新梳理，但出发点和视角跟过去有所不同。大体上，以往对北洋军阀历史的认识，多被置于革命史或现代化史的叙事架构之下。在革命史叙事里，北洋时期相关著述的主调是突出军事割据、政治分裂、对外妥协和社会动荡，从而为以五四运动为中心的思想解放和以国民革

① 关于军阀政治的综合研究，参见 Lucian Pye，*Warlord Politics*：*Conflict and Coalition in the Modernization of Republican China*，New York：Praeger，1971；James Sheridan，*Chinain Disintegration*：*The Republican Era in Chinese History*，*1912 – 1949*，New York：The Free Press，1975；Hsi – shengCh'i，Warlord Politicsin China，1916 – 1928，Stanford：Stanford University Press，1976；AnderwJ. Nathan，*Beijing Politics*，*1918 – 1923*：*Factionalismand the Failure of Constitutionalism*（Berkeley：University of California Press，1976）；JeromeCh'en，*The Military – Gentry Coalition*：*China under the Warlords*，Toronto：University of Toronto – York University Joint Centeron Modern EastAsia，1979，本书中文版参见陈志让《军绅政权——近代中国的军阀时期》，生活·读书·新知三联书店 1980 年版；Diana Lary，*Warlord Soldiers*：*Chinese Common Soldiers*，*1911 – 1937*，Cambridge：Cambridge University Press，1985；Edward McCord，*The Power of the Gun*：*The Emergence of Modern Chinese Warlordism*，Berkeley：University of California Press，1993。关于具体派系及其首领的研究，见 James Sheridan，*Chinese Warlord*：*The Career of Feng Yu – hsiang*，Stanford：Stanford University Press，1966；Donald Gillin，*Warlord*：*Yen Hsi – Shan in Shansi Province*，*1911 – 1949*，Princeton：Princeton University Press，1967；Robert Kapp，*Szechwan and the Chinese Republic*，New Haven：Yale University Press，1973；Diana Lary，*Region and Nation*：*The Kwangsi Cliquein Chinese Politics*，*1925 – 1937*，Cambridge：Cambridge University Press，1974；Gavan Ma Cormack，*Chang Tso – Linin Northeast China*，*1911 – 1928*，Stanford：Stan ford University Press，1977；OdoricY. K. Wou，*Militarism in Modern China*：*The Career of WuPei – fu*，*1916 – 1939*，Folkestone：Dawson，1978。已被本文引用的相关论著详见文中注释，这里不一一列举。

② Arthur Waldron，*From Warto Nationalism*：*China'sTurning Point*，*1924 – 1925*，Berkeley：University of California Press，1995；Ronald Suleski，*Civil Governmentin Warlord China*：*Tradition*，*Modernization*，*and Manchuria*，NewYork：PeterLang，2002；Edward McCord，*Military Forceand Elite Powerin the Formationof Modern China*，NewYork：Routledge，2014.

命为起点的政治变革大潮的涌动起铺垫作用。[①] 而在现代化叙事里，关注的焦点从过去的消极、负面的内容转向较为正面、向上的内容，诸如政府、法律、出版、教育、工商业和市政建设等从传统走向近代的种种迹象。[②]

本文则把侧重点放在影响北京政府时期军阀势力兴衰的一些较为关键但过去未受到足够重视的因素，并把此一历史过程置于世界史特别是现代国家形成的视野下加以分析。所谓现代国家的形成，作为一个政治学和历史学界的议题，兴起于 1970 年代。由于不满于流行一时的现代化理论对所谓政治现代化的抽象空洞乃至意识形态化的描述，一些立场持中或偏左的学者倡导回到历史过程之中，重新认识欧洲现代国家的成长过程。最早的研究突出了战争在国家形成过程中的关键作用，认为正是国与国之间的竞争和交战，驱动这些国家为了抽取用于战争的财源而走向权力集中化、政府体系科层化和军队的常规化、正规化，同时也改变了欧洲的政治版图，使欧洲从原来数百个大小不等、形式不一的政治实体，经过数百年的兼并、重组，到 19 世纪变成了由数十个主权国家所构成的国际体系。[③] 而在战争背后，各个国家所处的特定的地缘格局、财政状况以及由此所产生的军事实力，驱动各方展开角逐或结盟，最终决定军事较量的胜负和国家形成的结局。最近几十年来关于欧洲现代国家形成过程的研究，主要在这些方面着力，并且将那些形成中的现代政权称

---

① 参见 James Sheridan, *Chinain Disintegration*; Diana Lary, *Warlord Soldiers*; 来新夏《北洋军阀集团的特点》,《福建论坛》2000 年第 2 期；胡玉海《近代中国军阀政治的形成及特征》,《社会科学辑刊》2003 年第 1 期。

② 参见 Lucian Pye, *Warlord Politics*; Arthur Waldron, *From War to Nationalism*: *China's Turning Point*, *1924 - 1925*; 刘会军《北洋军阀政府政治制度新论》,《史学集刊》2001 年第 3 期；李秀清《近代中国联邦制的理论和实践——北洋军阀时期省宪运动述评》,《环球法律评论》2001 年冬季号。

③ Charles Tilly (ed.), *The Formation of National States in Western Europe*, Princeton: PrincetonUniversityPress, 1975.

做“财政—军事国家”（*fiscal* - military states）。① 随着研究的深化，关注的焦点也从当初的财政和军事变革内容本身，转向寻找财政与社会经济结构之间的关联②，或者另辟蹊径，从欧洲国家中世纪以来的政治文化传统和法律制度的演变中寻找现代国家的起源。③

对近现代中国的国家变革历史的认识，当然不可照搬源自欧洲历史经验的研究路径和相关概念。中国与欧洲（主要是西欧）各国的早期近代（15 世纪晚期至 18 世纪晚期）以及近代（18 世纪晚期工业革命发轫以来）历史的最大不同在于，中国到 18 世纪中叶亦即清朝的鼎盛期，已经形成了比较固定的疆域，与周边各国划界相对明确，并拥有一个高度集权的官僚制的政府体系以及一支庞大的常备军。此时的欧洲刚刚形成独具特色的受“国际法”制约的“主权国家”体系，中国虽然身处这一体系之外，但是已经具备欧洲各国经过数百年的“国家形成”过程才发展起来的一些最基本特性，所以不妨谓之“疆域国家”（territorial state），以区别于欧洲的“主权国家”。或因其具备与早期代欧洲国家相仿的若干

---

① John Brewer, *The Sinews of Power: War, Money and the English State, 1688 - 1783*, London: Routledge, 1989.

Jan Glete, *War and the Statein Early Modern Europe: Spain, the Dutch Republic and Swedenas Fiscal - Military States, 1500 - 1660*, New York: Routledge, 2002; Michael Mann, *The Sources of Social Power, Vol. 1: A History of Power from the Beginning to A. D. 1760*, Cambridge: Cambridge University Press, 1986; Karen Rasler and William Thompson, *War and State Making: The Shaping of the Global Powers*, Boston: Unwin Hyman, 1989; Brian Downing, *The Military Revolution and Political Change: Origins of Democracy and Autocracy in Early Modern Europe*, Princeton: Princeton University Press, 1992; Christopher Storrs (ed.), *The Fiscal - Military Statein Eighteenth - Century Europe: Essays in Honor of P. G. M. Dickson*, Burlington: Ashgate, 2009.

② Charles Tilly, *Coercion, Capital, and European States, AD990 - 1992*, Malden: Blackwell, 1990.

③ Thomas Ertman, *Birth of the Leviathan: Building States and Regimes in Medieval and Early Modern Europe*, Cambridge: Cambridge University Press, 1997; Joseph RStrayer, *On the Medieval Origins of the Modern State*, Princeton: Princeton University Press, 1970, pp. 35 - 89; Martin van Creveld, *The Rise and Decline of the State*, Cambridge: Cambridge University Press, 1999, pp. 126 - 184; Alan Harding, *Medieval Law and the Foundations of the State*, New York: Oxford University Press, 2002, pp. 295 - 335; RichardW. Kaeuper, *War, Justice, and Public Order: England and France in the Later Middle Ages*, NewYork: Oxford University Press, 1988, pp. 134 - 184; GeraldHarriss, “PoliticalSocietyandthe-GrowthofGovernmentinLateMedievalEngland,” *Past & Present*, No. 138 (1993), pp. 28 - 57; Steven Gunn, David Grummitt, and Hans Cools, “Warand the Statein Early Modern Europe: Widening the Debate,” *War in History*, Vol. 15, No. 4 (2008), pp. 371 - 388.

基本特征，而谓之“早期近代疆域国家”（early modern territorial state）。中国的现代国家形成，实际上是一个从早期近代疆域国家向现代主权国家转型的过程，而不同于大多数欧洲国家经过帝国的衰落和裂变、国与国之间的竞争和重组，向民族国家过渡的过程。[①] 不过，关于近代欧洲国家的形成历史的研究，在方法论方面仍有值得借鉴的地方，特别是其对地缘政治和财政构造所起作用的重视。所谓地缘政治，主要是指处于竞争中的政治实体所控制的特定地域的位置和规模、该地域所拥有的人力物力资源，以及与其他竞争对象之间所构成的战略关系；而财政构造则指政治实体赖以运作的收入、支出的结构、渠道和规模，尤其是主要由税收和信贷所构成的财力及其对国家的军事实力所起的决定性作用。地缘政治和财政构造之所以值得重视，是因为它们在很大程度上决定了国与国之间竞争的态势和结局以及现代国家的形成路径。那些具备地缘优势和财政实力的国家，往往会打造一支比其对手更为强大的军队，通过战争击败乃至消灭对手，成为竞争中的赢家；而条件相反的竞争者则会成为输家，遭受前者的吞并或支配。

从地缘和财政的角度理解军阀势力的消长，对于理解近现代中国国家转型的独特路径有其价值。北洋时期是中国近现代史上一个承前启后的关键时期。承前，是因为在它之前的清朝数百年间，中国曾经是一个具有若干早期近代特征的疆域国家，并且在其最后的半个世纪开启了向近代主权国家过渡的过程，同时避免了所有其他帝国所经历的疆土四分五裂的结局，从而奠定了现代中国作为一个主权国家赖以生存的疆域基础；启后，是因为以 1926 年北伐战争为起点，特别是在 1927 年国民政府定都南京之后，中国又重新开始了在全国范围内政治上走向统一和集权的过程，最终经过历时数年的国共内战，在 1949 年基本完成了此一转型过程。从清朝经北洋到南京政府时期，现代中国国家的形成是一个各历史环节相互连贯、不可隔断的过程。但过去学术界对北洋时期在现代中国国家转型过程中的意义认识不足，对这一时期的历史的认知过多强调军阀混战和政治失序。在解读各军阀势力的相互角逐和兴衰过程时，大

---

① 参见李怀印《中国是怎样成为现代国家的？——国家转型的宏观历史解读》，《开放时代》2017 年第 2 期。

体上侧重于以下两种因素的诠释。其一是军阀派系内部的私人关系，即派系首领和各级军官之间的友朋、同僚、亲信、乡邻乃至血缘等纽带对派系的形成和消长所起的作用，认为这在源自晚清北洋集团的各支军阀派系身上尤为明显，由此所形成的军阀势力具有封建性和保守性。[①] 其二，对于1920年代由国民党所领导的或者受国民党影响的各支地方政治军事势力的崛起，则较多地强调意识形态宣传和民众动员能力所起的作用，认为其具有不同程度的进步性和革命性，不可与“旧军阀”同日而语。[②] 对于源自北洋军集团的各支旧军阀与国民党旗帜下的新势力之间的不同，做这样的刻画大体上可以成立，但也不可过分强调它们的差异。国民党首领蒋介石在其崛起和巩固个人权力过程中，同样依赖传统私人纽带，重用跟自己有同乡、师生、亲属关系的下属，或用结拜方式拉拢各地军事首领。所谓旧军阀，也并非不讲意识形态。部分派系首领在对外交涉时，为国家利益或个人名声计，往往持鲜明的民族主义立场；而国民党的早期领袖人物，也或许会为了自身集团一时的利益而丧失应有的民族立场。

因此，我们还需在私人关系或者意识形态之外，另从地缘和财政的角度，进一步认识北京政府时期军阀势力的消长及其对现代中国国家转型的意义。对于军阀兴衰背后的核心动力，本文拟以“集中化地方主义”（centralized localism）这一术语加以概括。首先，整个北京政府时期的各支竞争势力，本质上是地方主义的。中央政府无论是在名义上还是实质上都已经大部分或者完全地失去了对各地方的控制权；各省的督军、都督、省长或其他名号的军政首领所组成的军阀派系各霸一方，控制了所在区域的军事、财政和行政权力和资源。其次，这些军阀势力或派系能否或者究竟在多大程度上击败自己的对手，成为竞争中的赢家，端看其内部政权建设的集中化程度，亦即在其所置身的特定地域内，动员和利用各项资源，打造其财政和军事实力的能力。那些拥有固定地盘，且地

---

① 参见来新夏《北洋军阀集团的特点》，《福建论坛》2000年第2期；莫建来《论皖系军阀的形成》，《安徽史学》2006年第1期。

② 参见罗志田《南北新旧与北伐成功的再诠释》，《开放时代》2000年第9期；陈志让《军绅政权》，第150—158页。

理位置优越，同时又通过建立高度集权的行政制度、正规化的军队组织、有效的社会控制体系，更重要的是依靠有效的税收制度和信贷杠杆，从而积聚了雄厚财力的地方政权，最具军事竞争的潜力，终将在各地方势力的角逐中脱颖而出；而那些没有固定地盘且未致力打造高度集中化的资源动员和抽取机制的地方势力，将会在竞争中败北。最具竞争力的一方，总是地缘优势最为明显、资源动员机制的集中化程度最高的一方，它击败所有对手，使自己由地方政权变成全国政权。现代中国国家的形成过程，是一个集中化的政权建设通过各地方势力之间的角逐，由区域走向全国的过程，并非遵循欧洲先行者们所经历的自上而下的路径（比如法国和英国，其国家权力的集中化和行政体系的科层化均系从中央向地方拓展）；相反，在清末“新政”时期自上而下的类似实验失败后，中国所走的是自下而上的路径，一如德国、意大利和日本等国家建设的后起者，由强大的区域政权在统一国家和建立全国政府的过程中起带头作用。

一　军阀竞争中的财政与军事

（一）中央与各省

民国早期军阀派系的崛起，源自晚清财政和军事权力的下移趋势。太平天国以后，清廷力图规复用来集中控制各省税收的京饷和协饷制度，同时还要求各省完成以下两项义务：第一专项经费，即同治之后每年上交中央的用于具体军政项目的固定款项；二是摊派，即强制性地分摊外债和战争赔款，始于 1895 年中日战争后，1901 年后急剧增长。[①] 19 世纪末至 20 世纪初，清廷不断尝试将各省所征收和管理的田赋、海关税和各种捐费加以规范化和集中化。清末数年间调查各省财政状况的一系列行为，更导致正式上报的地方财政收入急剧增长。盐税在集中管理之后，也很快超过了田赋和海关税，成为财政收入的最大来源。此外中央还力

---

① 参见刘增合《“财”与“政”：清季财政改制研究》，生活·读书·新知三联书店 2014 年版，第 49—58 页；史志宏、徐毅《晚清财政：1851—1894》，上海财经大学出版社 2008 年版，第 124—141 页；周育民：《晚清财政与社会变迁》，上海人民出版社 2000 年版，第 242—244，389—396 页。

图建立一个近代预算体制。然而，辛亥革命的爆发中断了通往财政集权化的所有进展。

在1912年和1913年，北京的民国政府每年只有区区几百万元可供支配，且大多来自邻近省份的盐税和内地关税，然而其行政和军事开销却高达每月四五百万。[①] 满足政府财政需求的唯一办法是举借外债和发行国债，其中最大宗便是1913年4月由五国银行团向袁世凯政府提供的2500万英镑（相当于2.483亿元）“善后大借款”。接下来的几年中，在加强对各省的控制之后，袁世凯重新建立财政摊派系统，各省每年必须向北京提交固定数额的地方税款。“中央解款”则从1913年的560万元增至1914年的1400万元，1915年更达1902万元。此外，袁政府还从各省获得被指定为中央政府的专属税款（即“中央专款”），包括契税、印花税、盐税和烟草销售执照税及销售佣金，其数额也在逐渐增加，至1915年超过1870万元，1916年增至2440万元。上述各种税源加在一起，使得袁世凯政府从各省获得的收入，在1915年达到近3800万元，1916年超过4300万元（约3000万两），远远超过19世纪末各省上缴清廷的专款（2200万两）。[②] 所有这些，对致力于财政和军事的重新集权的袁政府来说，是相当大的成就。在镇压南方各省国民党势力之后，袁的影响力如日中天，似乎已经成为最有能力在中国重建政治秩序的领袖。

然而，1916年袁世凯复辟帝制的失败及其去世，为接下来十年间各派系之间的权力竞争打开了大门。虽然中央政府依然存在，但其财政十分脆弱，因为1922年以后各省供款（解款和中央专款）不复存在，而且1921年以后来自“关余”（大部分海关税被海关税务司保留作为偿还外债和战争赔款）的财政收入也因为用来抵押公债而消失殆尽。[③] “盐余”（1913年以后大部分盐税也被留作偿还外债）在20世纪10年代曾是国内财政收入的最大来源，到20世纪20年代也在减少，至1926年已不足900万元。因此，北京政府不得不日益依赖外国借款和发行公债，但随着

---

① 中国第二历史档案馆编：《中华民国史档案资料汇编》第3辑第1编，江苏古籍出版社1991年版，第87页；贾士毅：《民国财政史》，商务印书馆1934年版，第45—46、170页。

② 周育民：《晚清财政与社会变迁》，第371页。

③ 杨荫溥：《民国财政史》，中国财政经济出版社1985年版，第7页。

政府的举借能力下降，其财政收入也从 1917 年 1.37 亿元左右缩减到 1922 年的 1.26 亿元左右，到 1926 年只有约 2900 万元（表 1）。

表 1　　　　民国中央政府的岁入（1912—1929）　　　　单位：千元

年份	海关税	常关税/统税	盐税	中央解款	中央专款	印花税	烟酒税	外国借款	公债	国库券	银行贷款	实际岁入
1912								111700	6200	0		
1913				5600				331900	6800	2200		
1914				14000				33500	25000	10100		
1915		6000	31389	19018	18748			1600	25800	400	1160	130678
1916		6000		18875	24400			35100	8800	1800	0	
1917	10800	5000		15472	10360	2000	6000	68800	10500	200	8000	137000
1918	2700	4200	52800	6043	5755	2000	4000	126200	139400	7000	0	350000
1919	21700	4800	43300	5553	4245	2000	2673	34000	28400	5300	669	153000
1920	17800	3500	36100	4917	4245	1500	2230	36200	122000	24700	2736	256000
1921	0	3600	29500	2959	4245	800	1784	27400	115400	29000	45163	260000
1922	0	690	21000	0	0	750	1450	9700	83200	2200	6885	126000
1923	0	718	20000	0	0	720	1400	31000	5000	3500	5858	68000
1924	0	668	15000	0	0	720	1400	16200	5200	100	185	39000
1925	0	668	12000	0	0	720	1400	125900	23000	0		16000
1926	0	668	8900			720	1400			1900	15400	29000
1927	12500	600	2080						70000			148256
1928	179142	27691	29542	14544		3034	3549		44506	24048	28078	434440
1929	275545	36567	122146	11385		5427	6831		90511			539005

资料来源：杨荫溥：《民国财政史》，第 7—8、10、12、15—16、22、45、47、64、104、107、109、112、150 页；贾士毅：《民国续财政史》（一），第 55—63、158—159 页；贾士毅：《民国续财政史》（二），商务印书馆 1933 年版，第 160—170、199—206、296—299、409—410、556—559 页；贾士毅：《民国财政史》，第 60—61 页；中国第二历史档案馆编：《中华民国史档案资料汇编》第 3 辑第 1 编，第 197—200，212—216 页；《中华民国史档案资料汇编》第 5 辑第 1 编第 1 册，第 547—549、551—553、565—567、572—581、599—600 页；Arthur N. Young, *China's Nation-Building Effort, 1927 - 1937: The Financial and Economic Record* (Hoover Institution Press, 1971, pp. 38, 52, 56, 73。说明：1912 至 1926 年数据为银元；1928 年前的海关税和盐税为关余和盐余；1928 年前为常关税，1928 年起为统税。

与北京政府的匮乏形成鲜明对比的是各省军阀的财政和军事力量的稳步增长。按照来新夏等学者的说法，北洋军阀三大派系在1920年6月直皖战争爆发前夕分别控制如下省份：（1）皖系，占据山东、山西、安徽、浙江、福建、陕西、甘肃和新疆八省以及热河、察哈尔等区；（2）直系，控制直隶、江苏、河南、湖北和江西五省以及绥远、宁夏等区；（3）奉系，统治东北奉天、吉林和黑龙江三省。① 此外还有一些势力较小的派系，如占据广西的桂系（包括一度控制两广的以陆荣廷为首的旧桂系和1924年以后李宗仁等为首的新桂系），以及控制云南且一度占据贵州的滇系。

（二）奉系之崛起

就财政力量而言，前两个派系不相上下：皖系八省两区的税收总额约5400万元，而直系五省两区的总额近5100万元。② 皖系和直系的财政收入如此接近，在某种程度上可以解释为什么它们各自的军力在1920年6月战争前夕旗鼓相当，皖系军队5.5万人，直系军队5.6万人。③ 相形之下，奉系似乎稍显弱势，财政收入只有2600万元。但是皖系和直系也有自身的弱点。两个派系各自的首领，即段祺瑞和冯国璋，曾是袁世凯最能干和最受信任的下属，但两人自袁在世时便已相互竞争。袁世凯死后，段祺瑞以国务院总理的身份控制了中央政府，并依靠督军们对他的效忠一度控制上述八省两区；冯国璋则是最富庶的江苏省督军，并与长江流域各省督军结成联盟，直至1918年10月同时担任北京政府的副总统和代理总统。但是，各省督军在段祺瑞或冯国璋（以及1919年冯死后的曹锟）领导下所形成的派系，只是基于他们各自与两个领袖的私人关系。段祺瑞或冯国璋之所以能够建立各自的派系，只是借助他们在北京政府的职位，来任命或推荐自己所信任的人作为其势力范围内的各省督军；一旦他们在任命督军时起了冲突，则不得不进行协商，来实现各自引荐人选的总体平衡。当两个派系发生战争时，这种私人网络和对派系领导

---

① 来新夏等：《北洋军阀史》，第594页。

② 贾士毅：《民国续财政史》（一），商务印书馆1932年版，第138—139页。

③ 来新夏等：《北洋军阀史》，第618—619页。

者的忠诚确实起到了作用；对督军们来说，参战是维持其自身位置和军事力量的最好方式。然而，无论是段祺瑞还是冯国璋，都没能将各自派系转变成一个自成一体的财政军事实体。各个督军完全控制着各自的军队，并负责筹集足够款项来供养自己的士兵；他们也完全控制了所辖省内的财政税收，不愿意上缴中央。简而言之，皖系和直系从根本上说是军阀之间的松散联合体，并没有高度集权的行政或军事机制把各省督军结合在一起，保持高度的团体凝聚力。1926—1927 年，直系之所以失去对长江流域的控制，正是因为这个派系的核心成员（湖北的吴佩孚和江苏的孙传芳）未能一致行动对抗其共同的对手，结果被国民党轻而易举地各个击破。阻碍皖系或直系建立起集权式财政军事实体的另一个原因，是这些派系所属各省在地理上分布于不同区域，与敌对派系的省份交织在一起。这种分散性，不仅将各省暴露在敌人的军事攻击下，而且妨碍同一派系内部各省调动自身资源。

奉系的情况截然不同。其领袖张作霖自辛亥后便控制了驻守奉天省的新军 27 师，并以此为根基占据了奉天督军和省长职位，1916 年后又新建第 29 师，吞并第 28 师。在完全控制了奉天之后，张作霖通过举荐姻亲鲍贵卿成为黑龙江省的督军，于 1917 年将其势力范围伸展至该省。张作霖自己也接受了北京的任命，于 1918 年担任东三省巡阅使，正式成为东北的军政统治者。通过任命亲信担任督军以控制邻近的省份，就此而言，张作霖与皖系和直系领袖建立各自派系的做法并无区别。张作霖本人也谈不上有什么政治理念或原则，但他重用那些对他忠心不二的下属，因此能吸引不少人才。[①] 不过张氏之所以能在各军阀派系的角逐中最终胜出，主要还是因为他充分利用东北相对孤立的地理位置，将东北三省变成了一个独立的且在行政、财政和军事上高度集权的实体。

为实现这一目标，张作霖于 1922 年 4 月直奉战争失利之后，宣告独立于北京政府，切断东三省与直系控制的中央政府的政治联系。1922 年 9 月，张作霖引进公务员考试制度，依据个人能力招纳不同层次的政府官员，力图使东北的行政体制正规化。张作霖还改组了自己的军队，用日本或北京军校毕业生替换了大部分土匪出身的中低级军官；扩大了东北

---

① Gavan MacCormack, *Chang Tso - Lin in Northeast China, 1911 - 1928*, p. 243.

讲武堂的规模，以培训自己的军官，并召集高中毕业生进行集训，为服役做好准备。为根除军队中的私人网络（高级军官多为结拜兄弟），张作霖把原有的三个师（第27、28、29师）和新成立的一个师重组为27个混成旅和5个骑兵旅，任命自己的亲信为领导。[①] 东北的行政和军事统一对奉系意义重大，它避免了三省之间的内部冲突，确保了政治稳定和社会秩序，让东北免于困扰关内各省的频仍战乱，还能让张作霖调动三省资源，实现其战略目标。为了扩大和维持军力，张作霖通过几个渠道来创造财政收入。除了征收田赋和工商税之外，奉系还从事大规模政府投资，范围包括矿业、木料、纺织、电力、制糖和国防工业，最重要的是铁路网建设。它还使用金融工具，以创造额外税收，如发行公债，印制"奉票"，在1917年至1924年初一直保持币值稳定，因而在东北地区广为流通。[②]

简言之，奉系的强项，在于能将东三省整合成单一的行政、财政和军事实体。这个实体中的三个省，分开来看，没有一个算得上是中国的富省。例如，1925年江苏省岁入总额1670万元，远高于奉天省（东北三省中最富的省）；另外两个内地省份（四川和广东）的岁入高于或接近奉天（表2）。但是问题在于，对于关内各军阀派系来说，同一个派系内部各省的财政资源均落入控制该省的督军手里，没有任何一个派系领袖能够一手控制所辖各省的全部资源。而在控制了整个东北之后，张作霖能够从所有三省中抽取财政资源以供其军备建设；三省的年收入总额达2730万元（表2），这还未包括他通过发行公债和印刷纸币创造的额外收入。因此，他的财力超过关内任何一个督军。

---

① 参见郝秉让《奉系军事》，辽海出版社2001年版，第39页。

② *Ronald Suleski*, *Civil Government in Warlord China*: *Tradition*, *Modernization*, *and Manchuria*, pp. 47 – 49. 参见孔经纬、傅笑枫《奉系军阀官僚资本》，吉林大学出版社1989年版，第41—42页。

表 2　　**1925 年各省岁入岁出预算**　　单位：银元

省份	田赋	货物税	地方税	地方杂费	官营企业收入	杂项收入	岁入总额	军费	岁出总额
直隶	5809139	926790	1592809	270384	460436	282605	934216	36692844	10961692
奉天	4086999	5049778	1359044		300644	1597089	12393554	6918538	10131248
吉林	2157052	3770359	2041420	117		255876	8224824	8686404	11930995
黑龙江	1483047	3270218	1153793	43606	656815	60253	6667732	5641262	7818573
山东	8135171	797364	1281933	3500	2860	185441	10406269	13800000	17306301
河南	5471148	846000	1186134	680000	10203	133788	9327273	16817253	19824134
山西	5929289	743980	622423			40000	7335692	5636044	8021263
陕西	3643281	1010000	195943				4849224	2468226	4328662
甘肃	1467451	997067	349561	129800	3776	10850	2958505	3051569	5258741
新疆	1590412	472401	377129		34551	86062	2560555	3331116	4882701
江苏	8496046	6428507	1620000		64612	168150	16777315	6122374	14892393
安徽	3822137	1538700	1370800			30380	6762017	3800305	6472491
江西	4355234	2572511	889407	20000		376964	8214116	9528914	12156409
湖北	2659757	3223227	1605265	568465		31250	8087964	8130415	10974811
湖南	2801952	2352456	702990			60000	5917398	3564014	6989338
四川	6861394	819402	4466484		132287	265000	12544567	26296358	30061790
浙江	5928980	1819822	869000	2240475		319591	11177868	9876625	14371463
福建	3235290	1430000	1167054			240974	6073318	10624000	13204829
广东	3889585	4562179	3302274	447285		135860	1233718	315959398	19662056
广西	2324800	1435441	283100	10800		50000	4104141	5673435	7469452
云南	1153377	642015	263169		145815	13692	2218068	2131416	4260138
贵州	739313	461289	295481				1496102	2814300	4489078
热河	157204	364148	295986	18000	52000	71761	959099	997208	1575683
察哈尔	445572	72140	47734			64103	629549	1245538	1796439
绥远	94338	66290	58921	262386	4284	44865	531084	709864	1072115
总计	87515719	45428798	28942549	4768718	1873283	4561630	173333992	182418613	253797479

资料来源：贾士毅：《民国续财政史》（一），第 146—152 页。

东北与关内的地理隔绝，也有助于张氏在与内地军阀派系的争斗中取胜。在控制东三省之后，张便介入与华北、华东地区军阀的对抗，借此来扩展其军事和政治影响力。他会趁各军阀派系互斗之际，冒险出兵关内。一旦失着，可轻易地从关内抽身而退，保持其在关外的基地毫发无损；然后再集中全力，在东北积蓄足够的财力和军力，等待下一个入关时机。在关内各支军阀连年混战、耗尽资源之后，他确实成功了。这种地缘优势，加上奉系与关内各派系在财政构造方面的不同，以及由此所带来的军事实力上的差异，使奉系最终在中国北方各支军阀中胜出，并控制住北京政府。

（三）小省强人

事实上，利用地理隔绝的优势，建立一个高度集权的财政和军事实体，并在与其他军阀派系的竞争中胜出，奉系并非其中唯一的例子。另一个例子是山西省。山西省面积虽小，但易守难攻。整个民国时期，它一直处于强人阎锡山的控制之下。阎锡山作为督军统治山西始于辛亥革命后，在1917年控制了省内的所有武装力量。像所有军阀一样，阎锡山通过大力扩张军队来建立其权力基础，其军队从1916年前不过7000人，增长到1917年约2万人，到1930年已超过20万人，他也因此成为华北地区具有全国性影响的少数几个地方实力派之一。①

阎锡山之所以能长期据守山西，固然得益于其本人在各方势力的角逐中善于骑墙、随机应变，加上该省经济落后，对省外的军事强人也没有多大吸引力；不过根本原因还在于他充分利用山西地理位置封闭的有利条件，在全省范围内建设和维持一个高效且高度集权的政治军事体系，使其在日本入侵之前，基本上免于社会动荡和战火蔓延。他将亲信安插在关键的军事职位上，这些人多来自其故乡五台，或者至少来自省内。但是，他也注重官员们的个人才能，任用一些符合条件的应征人员，而不论其地域来源。其中许多人因此从普通百姓晋升高级职位，并对阎锡山终身感戴。为了把乡村地区纳入其有效控制，阎推动了所谓的“村本政治”，乡村社区借此进行“编村”，每村包含约300户，分成若干闾，每闾再分成五邻，每邻为五户。这些组织的首领承担起本地治安、征税

---

① 参见中共中央党校本书编写组《阎锡山评传》，中共中央党校出版社1991年版；DonaldGillin，*Warlord*：*Yen Hsi - Shanin Shansi Province*，*1911 - 1949*，pp. 19 - 29，103 - 124。

和帮助政府征兵的责任。村本政治的目标，是所谓“兵农合一”，即为了备战而将乡村社会军事化。

为了把山西建成一个独立的行政和军事体系，阎锡山还投入相当大的精力，促进当地经济的持续发展和自给自足。他在乡村倡办“六政”(即水利、植树、蚕桑、禁烟、天足和剪辫) 和“三事”(种棉、造林和畜牧)。① 其政府还在现代工业和交通方面进行大规模投资，于 1930 年代初成立西北实业公司，经营范围囊括采矿、冶炼、发电、机械、化学、建筑材料、纺织、皮革以及消费品制造各行业。但最重要和最成功的项目则是著名的太原兵工厂，为 1920 年代至 1930 年代中国三大兵工厂之一(其他两所位于湖北汉阳和奉天沈阳)。到 1920 年代末，通过动员乡村人口和发挥兵工厂的能量，阎锡山已使其军队上升为华北三大势力之一(另两支则为奉系和冯玉祥所部)。

广西省的例子也可以看出地缘的安全屏障和地盘的集权控制，对于军阀们生存和做强的重要性。广西位于西南边陲，位置偏远且相对孤立，也为胸怀大志的地方强人们提供了有利条件。广西的军事强人最初是陆荣廷，自 1911 年起他便统治该省长达十年，后来因其成功剿匪和维持地方安宁，而被当地人怀念。陆荣廷于 1917 年打败广东的竞争对手，统治这一邻省长达三年，其影响力也达到鼎盛。然而，广西作为其根据地毕竟资源有限，制约了他的军事扩张，很大程度上导致他无力面对广东新兴势力的竞争（其核心指挥官的倒戈对他更是致命一击)。相比之下，1924 年以后取代他统治广西的新军阀们更加成功。

其他各省军阀常常为了独自控制某块地盘而相互争夺，广西的几位新强人李宗仁、白崇禧和黄绍竑，却能非同寻常地联手合作，共同打造一支统一的政治军事力量——事实上，广西的有限地盘和资源，使他们中的任何一位都无法经得起内耗；因此，对他们来说，最好的生存策略就是合为一体。② 新桂系非常清楚，这个贫穷省份的有限收入极大地制约

① 参见贺渊《1912—1927 年阎锡山治晋思想初探》，《近代史研究》1998 年第 1 期。

② 在某种程度上，这三个强人能够通力合作，也因为他们各自性格的完美互补。据说李仁厚大度，使他成为一位很受欢迎的政治领袖；白口才流利、足智多谋、坚决果断，使其成为一名出众的军事指挥官；黄注重细节、讲求实际，使其成为一个很好的执行者。参见王玉贵《试析新桂系久据民国政坛的原因》，《广西社会科学》1996 年第 3 期。

了他们的军事潜力，所以他们采取了与阎锡山在山西截然不同的办法来积蓄其财政和军事实力。这个办法被总结为“三自政策”：一是“自卫”，即军事建设。由于缺乏足够的财政收入来支撑一支相当规模的常备军，他们选取社会军事化路径，推行所谓“三寓政策”，即“寓兵于团”“寓将于学”“寓征于募”。因此，在1937年卢沟桥事变爆发后广西成为全国动员最快的省份，两个月内即招满足够的士兵，组建4个军和40个团。[①]二是“自治”，旨在清除腐败官员、培养合格干部；更重要的是，在保甲制度下重建乡村社会，由乡长或村长兼任学校校长和民团头领，力图建立高效、廉洁的基层政权。三是“自给”，即致力于投资制造业、采矿业和交通项目，推动义务教育和高等教育，发展林业和农业。[②] 有研究者提出，新桂系的这套做法，不宜简单等同于区域主义（regionalism），因为其目标是使广西成为“一场民族主义运动的一部分”；这些桂系领导人既是区域主义者，又是民族主义者，相信“有层次的民族主义”理念，即以当时的区域主义作为手段，以达到未来的民族主义目标。[③]

（四）赢家与输家

奉系、晋系和新桂系的相对成功，主要在其长期经营固定地盘和由此所产生的财政和军事实力。它们均致力于打造高度集权的行政控制和资源抽取机制。除了征收田赋和货物税等传统办法之外，它们皆投资现代工业和交通运输，利用现代金融工具来额外创收。但是奉系与晋、桂两系在地理面积和经济规模上的差异，又使它们各自的政权建设和军事扩张道路大相径庭。在广袤的东北地区，现代工业和交通的快速发展，以及大量的工业产出，使得奉系有可能主要依靠货物税和营业税，而不是田赋，来支撑其财政收入。1925年，来源于货物和其他非农业部门的

---

① 李宗仁口述，唐德刚撰写：《李宗仁回忆录》，广西师范大学出版社2005年版，第505页。

② 李宗仁口述，唐德刚撰写：《李宗仁回忆录》，第196—198页；谭肇毅：《新桂系论》，《广西社会科学》2009年第6期；谭肇毅：《新桂系的“三自政策”》，《广西地方志》2010年第1期。

③ Diana Lary, *Region and Nation: The Kwangsi Cliquein Chinese Politics, 1925 – 1937*, pp. 211 – 213.

税收达到 1660 万元，是田赋的整整两倍。相形之下，山西和广西尽管也有工业化的努力，但其经济仍然以农业为主。在广西，来自货物和非农业部门的税收只相当于其田赋收入的约 73%，山西更低至 23%。更令人讶异的是奉系与晋、桂两系在全年税收绝对值上的对比。1925 年，奉系三省的财政收入总计为 2730 万元，而晋系只有约 730 万元，桂系不足 410 万元（表 2）。所有这些当然只是预算的数字，可能低于各自的实际收入，但却显示了它们之间的差距，因此奉系能够在军事方面花费更多便不足为奇。它在 1925 年的军费预算超过 2100 万元，大约是晋系和桂系军费的三倍。对这两个较小的派系来说，由于缺乏足够的军费，军事建设不得不借助社会军事化这样一种更省钱的办法，即整编乡村人口，广泛建立民团，使其随时可供动员和招募。

与赢家们形成鲜明对比的是那些因缺乏上述各种优势而失利的军阀派系或省份。其中之一是吴佩孚。吴在清末从保定陆军速成学堂毕业后，从低级军官做起，跟随北洋将领曹锟，最终上升为直系首领，到 1920 年代势力最强时曾拥兵数十万，纵横中原各省。但是，吴始终没有一个属于自己的稳定地盘。尽管他在自己所控制的辖区内不择手段地征税，但其财政状况一直十分吃紧，最终在各路势力的角逐中败北。① 更典型的例子是冯玉祥。他在 1920 年代末达到事业顶峰时，曾拥有一支 40 多万人的军队，控制了华北和西北的大部分地区。然而，冯的最大弱点同样在于缺乏一个牢固可靠的基地来支撑其军队。其军队从未在任何一块地方连续驻守超过三年，因此无法认真经营地盘，改变当地的经济社会状态。尽管他曾尝试过各种办法，比如截留盐税、提高铁路运输费、在占领区强制出售公债，但一直未能有效解决士兵给养问题。② 冯玉祥之所以能够扩张军力并纵横十余年，直至 1930 年其军队才最终瓦解，部分原因在于他的策略具有高度的投机性，在与其他派系交手的过程中频繁地倒戈、

---

① Odoric Y. K. Wou，*Militarismin Modern China*：*The Careerof Wu Pei－fu*，*1916－39*，pp. 55－80.

② 刘敬忠：《国民军史纲》，人民出版社 2004 年版，第 79—82、104—105、275、316、356—357 页。

结盟、分裂、重组，但更重要的是1925年后获得苏联的慷慨援助。[①] 在苏联切断其供应之后，其竞争力大受影响。除了财政破产这一因素之外，同样致命的是其所控制的区域支离破碎，因而冯从未能够认真整编所属各军、师、旅，加以集中控制。[②]

与那些成功的派系形成鲜明对比的第三个例子，是四川的各支军阀。事实上，四川有着产生一个有全国竞争力的强势军阀的理想条件。该省地处西南边陲，有群山包围，与其他省份相对隔绝，而其内部大面积的盆地是中国最肥沃的地区之一，有着高度发达的农业和高度密集的人口。在全国各省中，四川的耕地面积最大（1.51亿亩），人口最多（4700万）。[③] 该省的政府年度预算一直位居全国第二，在1910年代末和1920年代约为1250万两，仅次于江苏省。[④] 然而，正因为其面积如此之大，又是如此重要的税源和士兵来源，省内省外的各路军阀都想各分一杯羹，结果没有任何一路军阀可以独占全省。经过辛亥革命后的长年竞争和混乱之后，1918—1919年出现所谓“防区制”，使该省变得支离破碎。在这个制度下，全省被分成15个（或更多）防区，每个防区有若干个县（少则9或10个县，最多的达33县）。各防区的部队给养均靠区内的税收。四川南部和成都市周围的大多数防区，落入来自邻省云南和贵州的军阀之手；其余防区则归四川本地势力。尽管有一个省政府存在，各防区的军阀都把所占地盘变成自己的独立王国，自行委任区内的政府官员、征税并截留那些本应解送省政府或中央的税款。为保卫或扩大所在的防区，各路军阀年复一年地你争我夺；因此，四川的军事开销也是全国最高的，在1925年超过2600万元，是当年全省财政预算的两倍。四川的分裂和混乱一直持续到1935年，才实现国民党政府统一控制。[⑤] 在此之前，行政

---

① 至1926年8月止，苏联给冯玉祥的军队提供了31500支步枪，5100万发子弹，272支机关枪，60门大炮，58000发炮弹，还有10架飞机（刘敬忠：《国民军史纲》，第369页）。另见James Sheridan，*Chinese Warlord: The Career of Feng Yu-hsiang*，p. 167。

② 刘敬忠：《国民军史纲》，第342、397—400页。

③ 国民政府主计处统计局编：《中华民国统计提要》（三十六年），1946年印行，第2、14页。

④ 贾士毅：《民国续财政史》（一），第139页；另见表2。

⑤ 事实上，此后中央的控制力仍然有限。至1938年刘湘死时，军阀主义依然在四川盛行。参见Robert Kapp，*Szechwan and the Chinese Republic*，pp. 136-141。

和军事的分裂，使得任何一个四川军阀都无力在国内政治中发挥与该省的财富和人口相匹配的影响力。

再看在帝制和民国时期富甲全国的江苏省。在 1910 年代末和 1920 年代初，该省预算收入超过 1600 万元，远远高于其他各省，而其实际财政收入也与预算相差无几，每年约 1500 万元，这还不包括从该省拨出的海关税和盐税（总额超过 2000 万元）。[①] 但是有两个因素阻碍该省成为全国范围内强大的军事竞争者。第一个因素是地缘格局。江苏地处长江下游，平原遍布，与邻近各省之间没有任何地理障碍可以用来隔绝和保护自己。作为中国最富饶的省份，它是外来军阀们争夺的目标，但由于各派系的竞争，没有任何一个军阀能够长期独霸江苏。令军阀们无法以集权的方式持久控制江苏的第二个因素，是该省存在一个强有力的绅商阶层，对军阀们试图从该省榨取过多税收进行了有效抵制。从民初至 1927 年，为了维持其合法性，统治江苏的军阀们一直很注意地方精英的舆论，偶尔会向后者让步。当地士绅们提出"军民分治""苏人治苏"，试图阻止督军干涉省内行政事务，尤其是省政府的关键职位（包括省长和财政厅长）的任命，坚持应由本省人而不是由外省人来充任。[②] 江苏绅商的顽强抵抗极大地限制了军阀们榨取地方资源和扩张势力的空间；也正因为这一事实，尽管该省的财政收入高于其他各省，但它在 1919 年的军费开支预算却只有 390 万元，占财政收入的 23%。1925 年军费开支预算为 610 万元，占财政收入的 36%，仅相当于同年四川省军费开支的 23%。相比之下，1919 年和 1925 年全国的军事开支分别占政府收入的 46% 和 105%。[③]

二　为何广东国民党势力胜出

最后，让我们来看广东的情况。广东的繁荣程度和税收水平仅次于江苏。孙中山于 1917 年 8 月起任广州军政府大元帅，1921 年 4 月后任民

① 沈嘉荣编：《江苏史纲》近代卷，江苏古籍出版社 1993 年版，第 292 页。

② 江苏省政协文史资料研究委员会编：《民国江苏的督军和省长》，1993 年编印，第 102 页；陈明胜、申晓云：《江苏省废督运动与省自治》，《江苏社会科学》2009 年第 6 期。

③ 贾士毅：《民国续财政史》（一），第 140 页；另见表 2。

国“非常大总统”，但影响力仅及于广东和广西。他力图建立一支强大的军队，以铲除军阀和统一中国，但屡遭失败。不过，在其去世仅一年后，国民革命军便开始北伐，且出人意料地仅用不到十个月的时间，即打败了长江中下游的军阀，进一步北上清除了关内的奉系势力，并于1928年6月推翻了北京政府。1928年12月，东北军阀张学良宣告易帜，服从新成立的南京国民政府，孙中山统一中国的梦想，终于变成了现实。

国民革命军不同于军阀武装的地方，在其受苏俄的影响，用政党组织加强军队的凝聚力，以党代表制消除军阀式的自行其是，避免军权分裂，同时注重以反帝、反军阀的意识形态灌输士兵，力图克服下级对上级的私人忠诚，使部队成为所谓“党军”。[①] 但国民革命军之所以能一路取胜，最主要的原因是其无可匹敌的财政实力。其财力的发展分三个重要步骤进行。第一步，是在广东建立牢固的财政—军事政权，使国民党势力得以发动北伐，并在数月内占领华南的大部分地区和长江中下游流域。第二步，是在占领上海后与江浙财阀结盟，通过不断出售公债来迅速增加财政收入，为国民党持续北伐提供补给。第三步，是在1928年12月统一全国后恢复中国的关税自主，并很快使关税成为中央政府最重要的财源，1920年代末和1930年代初约占其全部岁入的60%（表1）。

（一）广东与北伐

孙中山在广东屡遭失败，部分原因在其过于依赖地方军阀，而没有自己的军队。他先是寻求广西军阀的支持，然而后者在控制了军政府之后，反而把他架空；后来他又转向军阀陈炯明，结果陈炯明坚决反对他的北伐主张，只想在当地经营地盘。孙还曾于1922年末试图联合奉系来打击直系，后来又在冯玉祥于1924年10月打败吴佩孚并结束直系对北京政府的控制之后，试图与冯玉祥联盟。正是在接受冯玉祥和其他强人的邀请、为了完成统一中国的使命而赶赴北京后不久，孙中山过世了，给自己的追随者留下“革命尚未成功，同志仍需努力”的遗嘱。

然而，导致孙中山失败的一个更根本的原因，是1925年前其政府没有足够的财政收入，而这又与1920年代初广东支离破碎的政治地图有关。

---

① Edward Mc Cord, *The Power of the Gun*, pp. 313 – 315.

1923 年 2 月，孙在广西和云南军队的帮助下打败陈炯明，回到广州，发现自己的命令只在广州一地有效；广东的其他部分要么在陈的余部控制之下，要么在云南、广西、湖南甚至远至河南的军队手中。结果，他的政府在 1924 年上半年只征收到 46087 万元的税款，多半是通过商人包税获得的，而财政部长们也因为在增加税收上的巨大困难，一个接一个地辞职。孙的军事建设的转折点之一，是 1923 年 5 月后获得来自苏俄的财政援助和军事供应，包括 1924 年 200 万卢布的贷款，1925 年价值 280 万卢布和 1926 年至少价值 284 万卢布的各种援助。[①] 苏俄的援助，使孙有能力在 1924 年 5 月创立黄埔军校，组建包括军校学生在内的新部队，于 1925 年 2 月和 10 月先后展开两次“东征”，最终击败了陈炯明和其他军阀势力，控制全省。

统一广东之后，国民党政权的财政收入逐年激增。1925 年，随着国民党迅速扩大对该省的控制，其税收从上半年的大约 400 万元增至下半年的 1220 万元，全年税收超过 1600 万元，是 1924 年（860 万元）的近两倍。在接下来的两年，国民党在广东的财政收入，增长更为显著，1926 年为 6900 万元，1927 年达 9650 万元，是 1924 年的十倍多，也是清末数年广东省岁入（3740 万两）的 2.4 倍。[②] 不过，全省的统一并非国民党财政收入暴涨的唯一原因，更为重要的因素是宋子文所采取的一系列财政措施。宋是哥伦比亚大学的经济学博士，1925 年 9 月担任国民党政权的财政部长和广东省财政厅长。他的措施可以分成以下几类[③]：（1）政府财政收支的集中化。例如从驻守各地的部队手中接管征税权，终止商人包税，禁止各军政机构截留税款，向新占领区域派员建立地方财政机构，直接对省政府负责。（2）征税机构的科层化。例如将现有的各自为政的印花税、赌博税、禁烟税征收机关归财政部统一管理，在财政部内建立统计部以增强会计和审计能力，建立一个全省范围内的武装来稽查商品

① 朱洪：《大革命时期苏联和共产国际对国共两党经济援助之比较研究》，《党的文献》2007 年第 2 期。

② 秦庆钧：《北伐战争时期的广东省财政》，《广州文史资料》第 27 辑，广州市政协文史资料研究委员会 1982 年编印。一两白银在 1910 年相当于 1.09 银元。

③ 中国第二历史档案馆编：《中华民国史档案资料汇编》第 4 辑，江苏古籍出版社 1986 年版，第 1400—1404 页；秦庆钧：《北伐战争时期的广东省财政》，《广州文史资料》第 27 辑。

走私；最重要的是通过公开考试的方式招聘财政部公务员，并惩罚官员的腐败行为。(3) 主要税源的整顿。例如调整印花销售渠道，对酒精和鞭炮征收印花税，并对所有商品的印花使用加以标准化（1926 年的印花税从 60 万元增加到 304 万元），对煤油征收特别税（在 1926 年下半年创造了 200 万元收入）；调查沿海的沙地并征税（年度增额超过 100 万元），通过禁止走私垄断鸦片销售（该项来源的半年收入从 1925 年的 200 万元增至次年的 900 万余元）；调查并审计对所有国内货物的厘金征收，1926 年 1 月增加税率 20%，次月再增加 30%（该项来源的年度收入因此在 1926 年增加了两倍，达到近 1600 万元）；对所有货物征收“国内税”，普通商品税率为 2.5%，奢侈品税率为 5%（始于 1926 年底，每年约征收 500 万元）；发售公债（到 1926 年 9 月达 2428 万元），以取代过去靠中央银行发行大额纸币，从而保障了银行信用，也避免了通货膨胀。

这是一个令人印象深刻的清单。这些措施汇聚在一起，创造了一个集权、有效的行政管理体系，能够充分调动全省的财政资源（该省的经济发达程度仅次于江苏，而在国内外贸易上甚至超越后者），结果令人惊讶。自从宋担任财政部长的仅仅两年时间里，广东省的年度税收增加了十多倍，到 1927 年已超过 9000 万元。在参与武力竞争的国内各派势力中，国民党的财力是最雄厚的。

多年以来，奉系曾是国内最具实力的派系，1920 年代中期东北三省的年度财政收入超过 2700 万元，其他军阀势力无法望其项背；在 1924 年打败直系并控制北京政府以后，在华北已无任何对手。但是国民党势力在广东的崛起改变了这一局势，而支撑国民党势力迅速崛起的，则是宋子文所推动和建立的一个集权且富有效率的财政机器，调动了该省的各路资源，并使其发挥到极致。

宋在广东的财政手段是强硬的。作为该省的最大财源，厘金和杂税覆盖了几乎所有种类的商品和服务，且税率之高前所未见。1925 年以后统治广西、后来加入北伐的李宗仁，因此如实地把宋在广东的措施描绘为“竭泽而渔”“横征暴敛”。[①] 然而宋的政策奏效了，这些措施所产生的充足收入，为国民党军队在 1926 年北伐成功提供了不可或缺的财政支

---

① 李宗仁口述，唐德刚撰写：《李宗仁回忆录》，第 251 页。

撑。根据宋子文的一份财政状况报告，1925 年 10 月至 1926 年 9 月，广东国民政府的财政收入总额达 8020 万元，其开支也增至 7830 万元，其中 6130 万元（占 78.3%）用于军事。直到 1926 年 11 月，当国民党完全占据湖南、江西、福建和湖北省，并准备挺进河南和长江下游区域时，广东省依然是其获取税收的唯一来源。在北伐进入河南、浙江和江苏之后，每月的军事和战争开支增加了 730 万元。宋曾得意地声称，“唯历来革命根据地唯有广东一省，以一省而供给中国全国革命之需用。最近纵横中原，北伐经费，全赖广东”①。无疑，北伐的成功与各种因素有关，包括国民党军队高涨的士气、严格的纪律以及民众的支持，还有来自广西的军队及冯玉祥部队的合作，另一方面，也由于长江中下游的军阀们缺乏协调。但是国民党军队之所以能够在战场上保持战力并获得胜利，关键在于其兵力的迅速扩充（从北伐开始时的 13 万人迅速发展到 1927 年初的 55 万人），武器和弹药的充足供应，以及对士兵们的慷慨津贴②，如果没有来自广东省的无可匹敌的财政收入，所有这些均不可能发生。

（二）北伐之推进

国民党内部左右两派之间的裂痕，早在北伐之前便已显现。北伐期间，两派之间的紧张关系逐渐加剧，发展成以汪精卫为首的武汉国民政府与蒋介石在南京成立的国民政府之间的公开对抗。蒋对自己所控制的城市中的共产党人进行了清洗。1927 年底，蒋在国民党内巩固了自己的权力，最终战胜了国民党左派，于 1928 年 1 月恢复了总司令的职位，并在三个月之后重新开始北伐。

武汉国民政府之所以不能持久，跟自身所处的财政困境有关。1927 年 1 月国民政府从广州迁至武汉不久，湖北便取代广东成为其财政收入的主要来源。在财政部长宋子文看来，在支撑了一年的北伐之后，广东已是“孔需亟矣，罗掘俱穷”，让国民政府控制下的其他各省与广东一起共同分担财政负担势在必行。③ 由于广东不再是其财政收入的重要来源，

---

① 转引自吴景平《宋子文评传》，福建人民出版社 1992 年版，第 43 页。

② 曾宪林等：《北洋军阀史》，第 73、197 页。

③ 吴景平：《宋子文评传》，第 43、61 页。

而在占领区实现财政统一之前，其他省又不愿意贡献其财政收入，所以武汉国民政府只能靠湖北一省的税收。为了扩大政府收入，宋在湖北尝试了许多曾在广东成功的措施。不幸的是，湖北的情况相当不同。在经受了不同军阀派系之间十余年混战之后，该省的经济已经凋敝不堪；因此，尽管在湖北施行了与广东类似的措施，武汉国民政府在 1926 年 9 月到 1927 年 9 月间，只能从各种税收中获得约 1900 万元的财政收入，仅相当于广东政府在 1926 年 9 月以前通过征税所获岁入的 34%。结果武汉政府不得不依靠发行公债、向银行借款、印刷纸币作为其财政收入的主要来源（占同期财政收入总额的 84.5%）。[①] 但在牢固控制该省之前，武汉国民政府难以获得当地商业和金融精英的合作。由于跟南京的国民党势力关系趋于紧张，并遭到后者的贸易禁运，其财政更加吃紧。武汉政府因此不得不采取极端措施，禁止现金流出武汉，市面上只许使用武汉政府印制的纸币。但这些举措只会疏离本地商业精英，引发通货膨胀，使经济状况进一步恶化。[②] 在丧失了财政信用之后，武汉政府要通过发行公债或印刷纸币来筹集资金越发困难，它很快便放弃了与华北军阀和长江下游蒋介石势力的竞争。

相比之下，蒋之所以能够崛起为国民党的新领袖，并在随后的北伐中战胜华北军阀，最重要的原因是他控制了上海以及最富庶的长江下游地区，因而能够充分利用这一区域丰富的财政资源。蒋出生于浙江，曾于 1920 年至 1921 年在上海证券物品交易所做过经纪人，该交易所由曾做过上海总商会会长的虞洽卿经营，这些背景对他与那些多来自浙江的上海财阀们建立联系非常关键。为了与蒋合作，虞很快于 1927 年 3 月创立了上海商业联合会，以取代曾经支持过军阀孙传芳的组织

紊乱的上海总商会，并表示他对蒋的国民党军队的公开支持。蒋抵达上海后，便采取行动清除共产党。在 1927 年 4 月南京国民政府成立两天之后，蒋正式成立苏沪财政委员会，15 名成员中有 10 位系来自上海和江苏的商业和金融领袖，并由上海银行联合会主席陈光甫任主任委员，

---

① 贾士毅：《民国续财政史》（一），第 114—116 页；吴景平：《宋子文评传》，第 112 页。

② 中国第二历史档案馆编：《中华民国史档案资料汇编》第 4 辑，第 1485—1486 页；杨天石主编：《中华民国史》第 2 编第 5 卷，第 420—427 页。

其主要职责便是为国民政府筹集资金。作为交换，蒋允许该委员会在任命和管理国民政府的所有财政机构上有完全的自主权。① 委员会的第一个举措，便是在 1927 年 4 月向蒋介石提供两笔短期贷款，数额均为 300 万元。② 更大的一项举措，是支持国民政府在 1927 年 5 月发行 3000 万元的公债，由政府此后通过提高海关税率 2.5% 所获得的额外收入作为担保。为此设立了一个由 14 人组成的委员会来管理通过发行国债募集的资金，其成员多为来自江浙的商业领袖。③ 1927 年 10 月，国民政府又发行 2400 万元国债，仍以海关税新增收入作为担保。④

然而，销售如此巨额的国债，对蒋和购买者都是一项巨大挑战。对蒋来说，要维持新成立的南京政府，巩固对江浙的军事控制，都急需大量资金，通过出售公债及时募集足够的资金，“军政党务之命脉全在于此”。为此，蒋在 1927 年 5 月写信求助于陈光甫：“党国存亡，民族荣辱，全在此举（指出售政府公债）。”⑤ 而银行家和企业主们则试图以各种借口减少或拖延购买被分摊的公债。因此，蒋不断采取强制性措施。例如，面对公债出售进展缓慢的局势，他强迫中国银行上海分行预付 1000 万元以满足军事开销的紧急需求；对曾为武汉国民政府提供资金的该分行经理，以“阻碍革命”和“有意附逆”的罪名相威胁。⑥ 对于那些未按要求购买足够公债的企业主，他下令逮捕企业主本人或其家人，还以其曾资助军阀的反革命活动为借口将其财产充公。⑦ 但这些胁迫手段只能一时有效，不能成为其筹措资金的常规办法。因此，当 1927 年 10 月销售另一笔 4000 万元公债时，因购买系自愿行为，进展极为缓慢。身陷与武汉国民政府旷日持久的对抗，加上北伐部队出师不利，在徐州被北

① 吴景平：《宋子文评传》，第 58—59 页。

② 上海市档案馆编：《一九二七年的上海商业联合会》，上海人民出版社 1983 年版，第 57—59 页。

③ 同上书，第 74—75 页。

④ 中国第二历史档案馆编：《中华民国史档案资料汇编》第 5 辑第 1 编第 1 册，江苏古籍出版社 1994 年版，第 521—522 页。

⑤ 上海市档案馆编：《一九二七年的上海商业联合会》，第 110 页。

⑥ 王正华：《1927 年蒋介石与上海金融界的关系》，《近代史研究》2002 年第 4 期。

⑦ *Parks Coble*, *The Shanghai Capitalists and the Nationalist Government*, *1927 - 1937*, Cambridge, MA: Harvard University Press, 1986, pp. 32 - 35.

方军阀击败，蒋只好在 1927 年 8 月暂时辞去总司令职位，让武汉和南京之间进行和解，也使自己有时间重新建立起与上海财阀之间的私人联系。[①]

不出众人所料，蒋在 1928 年 1 月重新上台，此时的局面已大为改观：武汉国民政府成员已前往南京，加入那里的国民政府；蒋本人也于 1927 年 12 月与宋美龄完婚，成为宋子文的连襟；最重要的是，宋子文在蒋恢复总司令职位之前，便已接受了南京政府的财政部长职位。有了宋的帮助，南京政府的财政状况在 1928 年迅速改善。自出任财政部长六个月之后，通过银行贷款、出售公债以及征税等手段，宋子文为国民政府筹集资金计达 1.9 亿元。[②] 这笔巨额资金使得蒋可以再度北伐，并于 1928 年 4 月对奉系发动全面攻势。在战争高潮期间，宋子文被要求每 5 天提供 160 万元。事实上，他不仅做到了，而且所筹集的资金远多于规定数额。[③] 国民革命军于 1928 年 6 月占领北京，北伐至此达到顶峰。南京国民政府于 6 月 15 日正式宣告全国统一。然而，这更多地是反映了国民党的政治决心，而非国家的现实，因为奉系虽从北京撤退，却仍控制着东北三省。要挺进东北的广大地区，击败奉系军队，这将是国民党人最具挑战性的任务。恰在此时，曾抵制日本控制东北的张作霖，于 1928 年 6 月 4 日死于日本关东军所策划的爆炸中，其子张学良成为奉系的新领袖。张学良于 1928 年 12 月 29 日正式接受南京政府的领导，全国各省由此正式统一于蒋介石麾下。

三　比较分析：从区域到全国的建国路径

世界历史上中央集权的统一民族国家的崛起，大体上可分两种不同的路径。一是先行者如英国、法国及其他一些西欧和西北欧国家。这些国家早在 10－13 世纪便通过征服实现了扩张和巩固其领土的目标，进而

---

① Ibid.，pp. 32－35.

② 中国第二历史档案馆编：《中华民国史档案资料汇编》第 5 辑第 1 编第 1 册，第 520—521 页。

③ 贾士毅：《民国续财政史》（一），第 216 页。

形成涵盖全国的中央集权的君主制；在接下来的几个世纪，它们通过消除各种中间势力（诸如教士、土地贵族、城市寡头或封建骑上）的自主权，建立常备军以取代雇佣兵，并扩大政府官僚机器，以增强其征税和军备能力，从而将君主对国家的间接统治变成了直接统治，由此巩固了国家权力。另一路径流行于较晚才出现的那些现代民族国家，诸如德国、意大利以及 19 世纪幸免于欧洲殖民统治的亚洲国家。这些国家在现代国家建设过程中最大的挑战，是其国土四分五裂，多个区域性政权并存，或者由列强间接支配乃至直接统治其部分土地。所以，后进国的国家建设，首先意味着统一国土，扫除外来支配势力。因此，不同于先行者的建国轨迹(即国家权力自上而下地向地方渗透)，后进国的国家建设往往是从区域向全国铺展，始于地方财政—军事政权之间的相互竞争。每个地方政权为求生存都致力于行政体系的集中化和军事的现代化，其中最强大的一方在打败所有竞争对手或者驱逐外国势力之后最终崛起，建立了全国统治。德国和意大利均沿着此一路径，在 1871 年次第完成统一。同一年，日本的大名也在推翻幕府后，纷纷将各自的领地奉还新成立的中央政府。对于这些后进国来说，地方势力在现代国家建设中起了最具决定性的作用。

作为近代国家建设的后来者，中国走的是自下而上的第二条道路，这里谓之“集中化地方主义”（centralized localism)。它源自晚清的“地方化集中主义”(localized centralism)，人们很容易在太平天国以后军事、财政和用人权力的下移，与民国初年省级军事强人和军阀派系的崛起之间，找到各种直接或间接的联系。但是，它与晚清的地方化集中主义又有着根本的不同。首先，民初的地方势力拥有自己的完全独立于中央的军队、财政乃至行政体系，且这种独立性是公开的、不加掩饰的，甚至是合法的；那些独霸一方的军事强人，都用自己所创设的一套冠冕堂皇的说辞或纲领，为辖区内自成一体的建设项目加以合法化。而 19 世纪后半期各省督抚的自主性通常都是以一种临时的权宜措施或者掩蔽的、不合法的手法出现的。其次，更为重要的是，它们与中央政权的关系完全不同。晚清的中央政权虽然不能完全掌握地方的财源及那些作为权宜之计而设置的临时机构的用人权，后来也无法控制“新军”内部中下层军官的任免，但是，清廷始终控制了那些封疆大吏以及清末新设置的军政机构关键职位的任免权；对于中央与地方之间的财政收入的再分配以及军队的调配和使用，也有最终的决定权。地方疆吏只能在中央许可或容忍的范围内，在自己的辖区内便宜行事，但绝不能公开对抗中央。归根到底，晚清的中央与地方关系，仍具有“集中主义”的根本特征，地方的自主性是在中央集权的前提下存在和运作的。而民初的地方强人和派系首领，则拥有对辖区内的军事、财政资源和行政体系的完全控制权，可以不听命于中央，甚至公开与中央叫板，以武力推翻当政者，具有“地方主义”的本质特征。最后，晚清地方化集中主义虽然对于整个王朝在内乱和外患中存续下来甚至一度走向“中兴”至关重要，但是也导致中央对地方的控制变得日益脆弱。一旦掌控地方资源的汉人精英失去对朝廷的认同，这种控制便不再有任何效力，这正是清末最后几年出现的局面。辛亥易帜期间，那些拥兵一方的督抚们纷纷宣告独立，便不足为奇。相比之下，民国早期的地方强人和派系首领虽然不听命于中央，但并不寻求独立，相反，他们均以民族主义为号召，以全国的统一为职志，并往往把阻扰统一、破坏和平当做攻击对方的借口。事实上，实现全国统一，不光是军阀们为掩饰自己滥用武力的说辞，通过战争手段打败对手也是在分裂和混乱中赖以自存和壮大实力的最佳途径。

相较于早期近代以及近代欧洲民族建国的历史经验，民国早期各区域竞争势力的军事和政权建设，也呈现出反差明显的不同路径。研究者发现，一个国家或区域政权的财政军事实力的高低，归根到底取决于那里现存的经济和社会结构。那些拥有庞大的农村人口、商业化经济发展相对滞后的国家，在应付战争及其他政府行为时，往往难以增加收入(收入主要来自土地税的征收)，因此只能扩大财政机器，建立专制主义政权，以强制手段“动员”农村地区的财力和人力资源。另一方面，那些拥有高度发达的商业经济、资源丰富的地区，相对容易通过征收商业税和地主精英的财产税，获得足够的收入，因此不必建立一个中央集权的官僚体制，而是朝着宪政政府发展。[①] 查尔斯·蒂利对欧洲近代国家的

① Charles Tilly, “War Making and State Makingas Organized Crime,” in Peter Evans, Dietrich Rueschemeyer and Theda Skocpol (eds.), *Bringing the State Back In*, Cambridge: Cambridge University Press, 1985, pp. 172–182; Michael Mann, *The Sources of Social Power*, Vol. 1, pp. 456, 476, 479; Brian Downing, *The Military Revolution and Political Change*, p. 9; *Ertman*, *Birth of the Leviathan*, p. 13.

研究，据此进一步区分了三种不同模式，以阐明经济如何制约国家活动：在“强制密集型”地区，农业占主导地位，统治者为了发动战争及其他活动，倾向于依赖人头税和土地税，为此建立了庞大的征税体制，并让地方精英在其中握有各种权力；在“资本密集型”地区，由于商业经济的存在，国家倾向于依靠更易获取的关税和消费税，将信贷资金作为国家的收入来源，因此导致中央权力受到限制和分割。在这两种理想类型之间，存在着第三种模式，即“资本化强制模式”（capitalized coercion），国家同时从土地和商业贸易中获取资源，创造了双重国家结构，在这一过程中，土地精英既要直面金融家的挑战，同时又要寻求合作机遇。①

这样的划分，对于理解北洋时期各个军阀的兴衰有参考价值。在内地人口众多但资源贫乏、经济上主要以传统农业为主的省份，独霸一方的地方势力只能依靠强制手段，以土地为对象，最大程度地榨取财源。以四川省为例，控制该省各防区的大大小小的军阀不仅每年征收田赋的次数频繁，有的多达 10—14 次，而且用预征田赋的办法搜刮财富，个别地方在 1934 年甚至预征田赋数十年，最晚预征到 2009 年。② 这里只有罗掘俱穷、“强制密集”的搜刮方式，却没有认真的地方近代政权建设。与此截然不同的是广东国民党势力和东北奉系集团为代表的另一种地方政权形态。他们不仅致力于打造一个集中、统一的地方政权，财源也主要依靠当地较为发达的工商业和现代金融业，同时也未放弃对乡村资源的榨取，其政权建设路径更接近于蒂利所谓的“资本化强制模式”。

因此，东北、广东和其他省份多个地方政权的崛起，从更为宽广的国家转型视角来看，是中国长达一个世纪之久的国家重建过程中最为重要的突破，开启了中国走上国家权力重新集中和国土重新统一的道路。这些地方势力的国家建设的努力，可以跟世界其他地区的国家建设过程中最令人激动的时刻相提并论。例如，奉系控制下的东北，如果其发展进程不受到日本的阻碍，很有可能与国民党势力一争高下，甚或在统一中国过程中扮演着类似普鲁士在德国的角色。国民党在财政部长宋子文

---

① Charles Tilly, *Coercion, Capital, and European States, AD 990 - 1992*, Malden: Blackwell, 1990, pp. 16 - 33.

② 陈志让:《军绅政权》，第 124 页。

领导下，努力在广东打造一个强大、健全的财政体系，对国民党崛起起到关键作用，这在很多方面与皮埃蒙特—撒丁王国的财政大臣（后来的首相）加富尔遥相呼应，后者曾使意大利北方的这个王国在统一整个半岛的过程中起到主导作用。

但是中国至少在以下几个方面不同于其他后进国。第一，它地域辽阔，相比其他小规模的国家，有更多的国内竞争对手在争夺国家统治权。实现国家统一和权力集中，对于中国的国家建设者来说是更为艰难的目标。第二，中国的地缘政治环境比其他后进国家更严峻，因为它所面临的威胁来自比中国更强大、更富有的列强，尤其是极具侵略性的邻居日本，始终构成中国追求统一的最大障碍。第三，德国和意大利在国家统一之前，便已建立了一个强大的、集权的地方政权，而民国初期的各个地方政权尽管已在军事建设、经济重建和权力整合方面作出诸多努力，仍只停留在国家建设的最初阶段。它们中的每一个，距离建成一个发达的经济体系、高效的行政机制和强大的军事机器的目标，都还有很长的路要走。对于从 1920 年代后期开始统治全国的国民党政权来说，怎样巩固其统治，并将中国变成一个真正统一、集权的民族国家，仍然是接下来几十年最具挑战性的任务。

最后，在北京政府和南京政府时期国内各地方势力相互竞争和绞杀的背后，我们还应该看到它们在中国政治统一问题上所结成的共识。各个军阀势力在军事上的自主及其对各省的实际控制，本来为它们各自建立独立的主权国家提供了肥沃的土壤，这在现代世界的其他许多地方已经司空见惯。的确，边陲省份的军阀们，尤其是东北三省的张作霖，广西省的陆荣廷和后来的李宗仁、白崇禧，云南省的唐继尧和后来的龙云，以及山西省的阎锡山等，都已经把自己的省份变得了实际上独立的政权，不受中央政府的行政控制。尽管如此，却没有任何一个军阀公开挑战中国作为一个领土完整的单一国家的观念。① 恰恰相反，每当某个军阀或军阀派系对其敌手发起进攻之时，事先总要发表通电，攻击对方破坏国家

① 参见 Philip Kuhn，*Origins of the Modern Chinese State*，Stanford：Stanford University Press，2002，p. 134。

统一，声称自己出兵是为了捍卫政治统一和国家利益[①]，或者是为了全国的和平及秩序[②]，或者是为了保卫约法，反对当政派系的独裁和滥权。[③]在多数时候，这些通电只不过是冠冕堂皇的借口而已，他们的真正意图是扩大地盘，或者阻止对方吞并自己的地盘。不过，各路军阀在中国的政治和领土统一上的共识又是真实的，这一共识阻止了任何一方公然分裂国家，或将自己掌控的地盘出卖给外国列强，以换取后者的军事援助。事实上，为了使自己的统治正当化，控制中央和地方各省的军阀们都不遗余力地或者至少是摆出姿态去捍卫中国的边疆。个别时候，那些控制南方或西南部分省份的地方势力也建立起自己的权力中心，挑战北京的中央政府的合法性，但没有哪个军阀试图脱离中国，另建一个独立国家。这种致力于中国的政治和领土统一的共识反映了一个事实，即民国时代的政治精英，包括那些大大小小的军阀，大多继承了帝制时代所遗留下来的关于族群和政治认同的传统价值观，以及晚清以来日渐流行的民族主义观念。因此，尽管民国早期出现旷日持久的政治紊乱和军事竞争，尽管中央政府软弱无力，而国土又如此广袤，其族群和政治构成又如此多样，中国依然能够作为一个单一的政治实体幸存下来，避免了分裂为多个独立的国家，避免了把自己的领土割让给外国列强。这不能不说是中国现代历史上的一个奇迹。

① 中国第二历史档案馆编：《中华民国史档案资料汇编》第 3 辑第 2 编，江苏古籍出版社 1991 年版，第 4、6、63、65、74、79、180、276 页。

② 同上书，第 6、74、181、276 页。

③ 同上书，第 12、13、15、74、277、383 页。

编后记

学术期刊的繁荣是社会稳定和富有创造力的一个表征。世界上历史最长的学术刊物《哲学汇刊》（英国）和《学者杂志》（法国）均创办于1665年，迄今已逾350年。我国早期的学术期刊普遍存续时间短暂，像《东方杂志》这样出版了45年的刊物（中间有短暂停顿）实为凤毛麟角，仅出版一两年甚至一两期的刊物则不胜枚举。1978年改革开放以来创办的学术期刊，大多至今生机盎然。我们相信，只要继续保持政治稳定、经济繁荣、文化宽容，包括《近代史研究》在内的学术期刊不但必将长期出版，而且必将保持旺盛的学术创造力，为学术事业和国家的整体发展做出更大的贡献。

《近代史研究》创刊于改革开放初期的1979年，生逢其时。40年中，刊物的开本、版式、装帧，文章的选题、关怀、格式，编辑作业的规范程度和精细程度，都已经有了不小的变化，但刊物的学术精神一以贯之，并逐渐形成一种受学界认可和尊重的“风格”。从这套《文存》中，读者可以大概看见这种变与不变，并从一个侧面体会学术和时代的深切关联。

这套《文存》的首要选稿标准是学术水平，尤甚是发表当时的创新度和在学术史上的影响力。当然这也只是相对而言。有些作者在本刊发表了多篇富有创见、影响重大的文章，然而我们的另外一条选稿标准是每位作者只选一篇；限于我们的认知水平和其他原因，难免遗珠之憾；我们还有尽量兼顾年份平衡之类考虑，也会对学术性造成一定影响。

初期发表的文章不那么讲究形式，也不“统一”；后来逐渐“规范化”，内容提要、关键词、作者简介、学术史渐成“标配”，注释则严格遵循格式。这大概是学术演进的一种自然而且必然的要求。《文存》统一删除了内容提要、关键词、作者简介，把注释统一成了脚注。早期刊物错乱较多，我们尽可能做了弥补，包括核对引文，纠正错别字等，但因有的作者无法取得联系，有些引文资料难以确定版本或者难以找到，舛误恐仍难免。

40 年虽然并不太久，但大时代中也蕴含了曲折的变化，作者的表述难免时代印痕。我们本考虑让需要说明背景的作者以附言的方式略为陈说，后来觉得这其实并不是作者个人的问题，何况这部《文存》的读者大致将是史学同行，对历史背景和历史进程具有职业敏感和理解，也就不多此一举了。编辑过程中做了适应当前出版要求的少量技术性改动，以不损害文意为原则。

《文存》由近代史研究编辑部集体选编，参加具体工作的同仁包括以下各位：徐秀丽、谢维、杨宏、胡永恒、潘晓霞、薛刚、郑晴蕾、贾亚娟。选编工作得到《近代史研究》编辑委员会的指导，中国社会科学院近代史研究所学术委员会对篇目进行了审核。

借《文存》出版之机，我们对《近代史研究》的所有作者、读者、编者、审稿人、出版者，对史学界众多前辈和同行，对刊物所在的中国社会科学院近代史研究所全体同仁，对本书的出版方中国社会科学出版社，表达真诚的敬意和感谢。

编者

2019 年 10 月